Zivilgerichtliche Verfahren

# Schriftenreihe des Centrum für Deutsches & Europäisches Insolvenzrecht

Herausgegeben von Stefan Smid, Silke Wehdeking und Mark Zeuner

Volume 7

PL ACADEMIC RESEARCH

Stefan Smid

# Zivilgerichtliche Verfahren

Grundlagen des Zivilprozesses
und der Freiwilligen Gerichtsbarkeit

Ein Studienbuch

PL ACADEMIC RESEARCH

**Bibliografische Information der Deutschen Nationalbibliothek**
Die Deutsche Nationalbibliothek verzeichnet diese Publikation in der Deutschen Nationalbibliografie; detaillierte bibliografische Daten sind im Internet über http://dnb.d-nb.de abrufbar.

ISSN 2194-4881
ISBN 978-3-631-64395-2 (Print)
E-ISBN 978-3-653-03497-4 (E-Book)
DOI 10.3726/978-3-653-03497-4


PL Academic Research ist ein Imprint der Peter Lang GmbH.

Peter Lang – Frankfurt am Main · Bern · Bruxelles · New York · Oxford · Warszawa · Wien



Dieses Buch erscheint in einer Herausgeberreihe bei PL Academic Research und wurde vor Erscheinen peer reviewed.

www.peterlang.com

# Vorwort

Die vorliegende Darstellung dient dem problemorientierten Zugang zu Verfahren vor den ordentlichen Gerichten, denen die Zivilgerichtsbarkeit des streitigen Zivilprozesses ebenso wie die Angelegenheit der freiwilligen Gerichtsbarkeit und nicht zuletzt die familiengerichtlichen Verfahren anvertraut sind. Anders als ein Lehrbuch des ZivilProzessrechts (oder früher: der freiwilligen Gerichtsbarkeit) nimmt diese Darstellung zivilgerichtliche Verfahren in wesentlichen struktur- und systembildenden Schwerpunkten in den Blick. Diese Darstellung soll Verständnis für verfahrensrechtliche Fragen und für das Verhältnis zwischen Zivilverfahren und materiellem Zivilrecht fördern. Sie soll besonders Schwerpunktstudenten des Studienschwerpunktes „Zivilverfahren“ Material an die Hand geben, nachzuvollziehen, dass Verfahren in zivilrechtlichen Angelegenheiten der Erfüllung unterschiedlicher Aufgaben dienen: Deren Grundprobleme und Strukturen werden hier beispielhaft behandelt. Dabei wird der Zivilprozess als Grundform und nichtstreitige Verfahren als Form richterlicher Aufgabenerfüllung außerhalb der Streitentscheidung erörtert.

Diese Überlegungen gründen nicht zuletzt in dem mit Hans-Martin Pawlowski 1990 veröffentlichten Lehrbuch „Freiwillige Gerichtsbarkeit“. Viele Überlegungen, für die Hans-Martin Pawlowski verantwortlich zeichnete, haben Eingang in diese Darstellung gefunden, auch wenn heute der mit dem Inkrafttreten des FamFG im Oktober 2009 veränderten Rechtslage Rechnung zu tragen war.

Dank schulde ich den Mitarbeitern meines Lehrstuhls an der Christian Albrechts-Universität zu Kiel für ihre vielfältige Hilfe bei der Ausarbeitung, die sich über einen langen Zeitraum hingezogen hat und deren Ergebnis erst ein Versuch ist. Dank schulde ich weiter Herrn Rechtsanwalt Torsten Martini, der das Buch als Ganzes kritisch gelesen und wertvolle Hinweise gegeben hat. Meine Familie hat besonders in der Schlussphase durch ihre Geduld die Fertigstellung ermöglicht.

Strande, Dezember 2013

# Inhalt

# Teil 1: Einleitung

## § 1 Recht und Verfahren

### I. Rechtsquellen

Wer sich mit einem Rechtsgebiet beschäftigen will, wird sich mit den Aufgaben, die auf ihm abgearbeitet werden, befassen, seinem Standort im Rechtssystem und mit den Grundstrukturen, die es kennzeichnen. Da das moderne Recht durch seine Positivierung – also die Fassung des Rechts in Form staatlicher Gesetze im materiellen Sinn[1] - gekennzeichnet ist[2], geht jedem systematischen Einstieg ein Blick auf die Gesetze voran, die als „Rechtsquellen" den verschiedenen Problemen einen Ort und einen Namen geben. 1

Die verschiedenen Verfahren vor den Zivilgerichten werden herkömmlich von einer Reihe von Gesetzen geregelt. Welche Gerichte zuständig sind, regelt die verfassungsrechtliche Festschreibung der ordentlichen Gerichtsbarkeit (Art. 95 Abs.1 GG, § 12 GVG). Der Zugang zum Rechtsweg zu den ordentlichen Gerichten folgt aus § 13 GVG bzw. § 40 VwGO. Die Verfahren vor den Fachgerichtsbarkeiten – die Arbeitsgerichtsbarkeit, die Verwaltungsgerichtsbarkeit und die Sozialgerichtsbarkeit (Art. 95 Abs.1 GG) – werden durch eigene Verfahrensordnungen geregelt. Für Arbeitsrechtsstreitigkeiten ist in § 48 ArbGG ein eigener Rechtsweg vorgesehen (zur Rechtswegzuständigkeit unten § 4 Rn. 4 ff.)[3] 2

Die Struktur (die interne Gerichtsverfassung) der ordentlichen Gerichtsbarkeit, der die zivilgerichtlichen Verfahren verfassungsrechtlich zugewiesen sind, normiert das GVG. 3

Vor ordentlichen Gerichten werden freilich nicht allein Zivilverfahren verhandelt, sondern herkömmlich auch Strafsachen (vgl. §§ 28 ff., 60 GVG). Dabei geht es darum, den Angeklagten mit einem von der Staatsanwaltschaft erhobenen Schuldvorwurf zu konfrontieren. Im Strafurteil wird die Schuld des Angeklagten vom Strafrichter als unparteiischem Dritten festgestellt – oder der Angeklagte freigesprochen[4] - die Fälle der §§ 153 ff. StP seien an dieser Stelle ausgeblendet. 4

---

1 Parlamentsgesetze, Verordnungen, Satzungen.

2 *Luhmann*, Legitimation durch Verfahren, S. 141.

3 *Koch*, in: Erfurter Kommentar, ArbR, § 48, Rn. 1.

4 Zum Ganzen eingehend *Schild*, Der Strafrichter in der Hauptverhandlung, 1983, S. 9 f.,73. ff. et passim; zum Charakter des Strafverfahrens als Verfahren materieller Rechtsprechung vgl. *Smid*, Rechtsprechung, § 3 II 2.

5 Das Verfahren des Rechtsstreits in Zivilsachen vor den ordentlichen Gerichten (die im Einklang mit Usancen im deutschen Sprachraum als Zivilgerichte bezeichnet[5] werden) wird im Wesentlichen von der ZPO geregelt. Bereits vor dem Inkrafttreten des FamFG galten Besonderheiten für den Scheidungsprozess. Denn die Ehescheidung wurde und wird als sogenanntes Verbundverfahren geregelt, in dem der eigentliche Scheidungsprozess mit rechtsgestaltenden Verfahren verbunden wird. Wegen dieser „Folgesachen" wurde von der ZPO bis zum Inkrafttreten des FamFG auf das FGG verwiesen. Nunmehr ist das Verbundverfahren in Scheidungssachen nicht mehr durch die ZPO geregelt, sondern Gegenstand des FamFG, das wegen der streitigen Elemente des Verfahrens auf die ZPO verweist. Im Übrigen werden im FamFG von Familiensachen wie besonders Angelegenheiten der Vormundschaft, Betreuungssachen über Erbschaftsangelegenheiten hin bis zu unternehmensrechtlichen Registersachen verschiedene Gegenstände der freiwilligen Gerichtsbarkeit geregelt, in denen es nicht um die Entscheidung eines Rechtstreits zwischen den Parteien geht, sondern um Hilfestellung des Gerichts bei der Abwicklung bestimmter Rechtsgestaltungen.

6 Hinzu kommen auf dem Gebiet der freiwilligen Gerichtsbarkeit Grundbuchsachen, die nach der GBO abgewickelt werden, weitere Registersachen sowie das Insolvenzverfahren.[6]

7 Das ArbGG in seinem § 46 ArbGG und die VwGO in ihrem § 167 VwGO, im Rahmen von zivilgerichtlichen Verfahren aber auch § 4 InsO[7], verweisen zur Füllung von „Lücken" auf die ZPO, stellen aber im Übrigen eigene Kodifikationen dar, in denen auf die Besonderheiten des Verhältnisses des Arbeitnehmers zum Arbeitgeber ebenso wie auf das Informations- und Machtgefälle zuungunsten des Bürgers in dessen Verhältnis zur Verwaltung (vgl. § 99 VwGO) reagiert wird. Den ordentlichen Gerichten ist das Insolvenzverfahren überantwortet, das von den Eigenheiten der Insolvenzabwicklung geprägt ist und zur „Lückenfüllung" gem. § 4 InsO auf die ZPO verwiesen wird. Eine Reihe von Vorschriften des FamFG verweisen ebenfalls auf einzelne Regelungen der ZPO, z.B. § 6 Abs. 2, § 7 Abs. 5 S. 2, § 9 Abs. 5, § 10 Abs. 3 S. 3, § 11 S. 5, § 13 Abs. 5 S. 1 und 2 usf.

8 Die Reform des deutschen Rechts zivilgerichtlicher Verfahren verfolgte nach alledem nicht das Ziel, eine einheitliche Kodifikation an die Stelle einer Reihe verfahrensrechtlicher Regelungen treten zu lassen.

---

5 Vgl. *Rechberger/Simotta*, Grundriss des österreichischen Zivilprozessrechts, 7. Aufl. 2009 Rn. 186.

6 Zu dessen nichtstreitigem Charakter vgl. BGH, Beschluss vom 04.03.2004, Az.: IX ZB 133/03 = ZIP 2004, 915; BVerfG, Beschluss vom 03.08.2004, Az.: 1. BvR 135/00; 1. BvR 1086/01 = ZIP 2004, 1649 (Auswahl des Insolvenzverwalters)

7 *Smid/Leonhardt*, in: Leonhardt/Smid/Zeuner, InsO, § 4 Rn. 1 ff.

Das FGG regelte nichtstreitige Verfahren, in dem das Gericht an Stelle der Verwaltung hoheitliche Aufgaben zu erfüllen hatte. Dessen Stellung in diesen Verfahren wurde z.T. als unangemessen empfunden. Die Reform, die an die Stelle des FGG das FamFG gesetzt hat, verfolgte das Ziel, die zivilgerichtlichen Verfahren auf das Niveau moderner verfassungsrechtlicher Anforderungen zu stellen. Die Struktur nichtstreitiger Verfahren, ihr Charakter als Ausübung materieller Verwaltungstätigkeiten durch das Gericht, hat sich dadurch indes nicht geändert. 9

Wir werden noch im Folgenden nähere Überlegungen dazu anstellen, dass die Unterscheidung von Rechtsprechung und Verwaltung, die quer durch das Gebiet der freiwilligen Gerichtsbarkeit verläuft, besonders in der Organisation des scheidungsrechtlichen Verbundverfahrens nachdrückliche Relevanz erlangt hat, weil hier im Wechsel der unterschiedlichen Verfahren die Rolle des Richters als unparteiischer Dritter auf der einen und rechtsfürsorgerischer Beteiligter auf der anderen Seite permanent changiert.[8] 10

## II. „Verfahren" als juristische Grundfertigkeit

Eine Betrachtung zivilgerichtlicher Verfahren tut daher gut daran, sich zu vergegenwärtigen, welche Aufgaben in den jeweiligen Verfahren erledigt werden. Das lenkt den Blick auf die unterschiedlichen Elemente, die die verschiedenen zivilgerichtlichen Verfahren unterscheiden ebenso wie ihre Gemeinsamkeiten als Verfahren, in denen Recht mit den Instrumentarien angewendet wird, die spezifisch Gerichten zu Gebote stehen. 11

Die überkommenen zivilverfahrensrechtlichen Gesetze – die ZPO und das im Herbst 2009 außer Kraft getretene FGG – sind mit dem FamFG neuen Formen von Einteilungen unterworfen worden. Betrachtet man das FamFG[9], mit dem das familiengerichtliche Verbundverfahren, Vormundschafts- sowie nachlass- und handelsregisterrechtliche Angelegenheiten geregelt werden, kommen Zweifel daran auf, ob solche Gesetzgebungen am Ende mehr Klarheit zu bringen geeignet sind. Unabhängig davon macht das FamFG indes deutlich, von welcher Vielfalt verfahrensrechtlicher Gestaltungen die Rede ist, wenn zivilgerichtliche Verfahren behandelt werden; zugleich zeigt das Tätigwerden des Gesetzgebers 12

---

8 *Diederichsen* hat die Befürchtung geäußert, dass der Richter durch den Verbund in Scheidungssachen zum Chamäleon werden müsse. Zum Spannungsverhältnis zwischen prozessualen und administrativ-nichtstreitigen Familiensachen (nach dem FGG) vgl. eindrücklich: *Firsching*, in: Gilles (Hrsg.), Effektiver Rechtsschutz. 1983, S. 259 ff., 266 ff.

9 Mit Reform von 2008 beschlossen: Ausgliederung des familiengerichtlichen Verfahrens und der Angelegenheiten der freiwilligen Gerichtsbarkeit aus der ZPO.

an, dass ein Bedarf an Klärung der unterschiedlichen Probleme besteht, die in den verschiedenen Bereichen zivilgerichtlicher Tätigkeit auftreten.

13 Unter der Überschrift zivilgerichtlicher Verfahren werden im Folgenden die unterschiedlichen Verfahren in ihrer Verschiedenartigkeit „für sich" betrachtet, woraus sich Schnittpunkte ergeben, die es erlauben, die jeweiligen Probleme vor dem Hintergrund gerichtlicher Tätigkeit als verbindendem Element zu begreifen. Dabei wird insbesondere darauf einzugehen sein, wie sich rechtsfürsorgerische Verfahren von streitentscheidenden Verfahren strukturell unterscheiden.

14

## III. Prozess als Rechtserkenntnis

Streitentscheidung ist gleichsam die zivilgerichtliche Aufgabe, mit der Zivilverfahren zunächst zusammengedacht werden. Und Streitentscheidung geschieht durch Erkenntnis des zwischen den Streitenden ungewissen Rechts: Recht zu haben mag ein Rechtssubjekt behaupten. Was an dieser Behauptung dran ist, ob die Behauptung des einen, Recht zu haben, von anderen geteilt wird, wird interessant, wenn ein anderes Rechtssubjekt der Rechtsbehauptung entgegentritt. Nur wenn seine Rechtsbehauptung anderen gleichgültig ist oder ein anderer sie anerkennt steht der Rechtsträger unangefochten dar. Probleme treten auf, wenn ein anderer das behauptete Recht leugnet, es verletzt oder dem Zuweisungsgehalt des Rechts zuwiderhandelt. Die bloße Behauptung, Recht zu haben, nützt dann ersichtlich nicht mehr. Der Rechtsträger ist dann darauf angewiesen, sein behauptetes Recht auch „zu bekommen". Genauer: Sein behauptetes Recht wird bestritten und damit ungewiss. Es muss von einem Dritten erkannt und festgestellt werden. Dies zu leisten ist Aufgabe des Zivilprozesses, dessen Kern folgerichtig als Erkenntnisverfahren bezeichnet wird, in dem richterliche Kognitionsleistungen erbracht werden. Der Zivilprozess dient m.a.W. dazu, dass die Parteien ihren Streit um behauptete Rechte austragen können, die durch das Urteil festgestellt werden.[10]

15 Bei dem behaupteten Recht kann es sich um verfahrensrechtliche Positionen oder um „materielles Recht" handeln. Es widerstreitet zunächst einem verbreiteten Vorverständnis des materiellen Rechts, dass das Recht zweifelhaft, unklar und erst im prozessualen Erkenntnisverfahren geklärt wird. Das Recht scheint sein Träger doch „zu haben". Seine Leugnung scheint Unrecht zu sein. Ein Urteil, das die vor ihm existierende, „eigentliche" Rechtslage nicht wiedergibt, scheint falsch, äußerlich, nur formell zu sein. Es wäre aber selbst mit einem Verständnis vom Recht als Freiheitsordnung unvereinbar, wollte man von einer Rechtslage auszugehen, nur weil eine Partei behauptet, Recht zu haben. Denn

---

10 *Henckel*, Prozessrecht und materielles Recht, 1970, 151.

eine Ordnung, in der die Behauptung der Partei das Recht schon verschaffen würde, wäre eine Form der Herrschaft desjenigen, dem die Befugnis zur Definition der Rechtslage eingeräumt wurde. Eine freiheitliche Gesellschaft aber gründet die Freiheit der Bürger (der Rechtsgenossen) auf die Überwindung der Herrschaft der Rechtsansicht einzelner durch die Herrschaft des Rechts. Damit die Rechtssubjekte gleichermaßen nur dem Recht, und nicht der Behauptung eines der Rechtssubjekte unterworfen sind, muss die Rechtsbehauptung des einen in einem Erkenntnisverfahren von anderen in Frage gestellt werden können.

Das stimmt mit den Bedingungen überein, unter denen Recht – eine Rechts- 16
ordnung – den „Rechtsgenossen" die Verbindlichkeit ihrer Regelungen garantieren kann. Bliebe es nämlich bei der Rechtsetzung der Bürger in Verträgen und wäre der Vergleich das einzige Instrument, Ungewissheiten über das inter partes geltende Recht auszuräumen, wäre das Recht – bestenfalls – immer nur „relativ". Seine Aufgabe, im Streitfall dadurch richtige Entscheidungen zu gewährleisten, dass gleiche Sachverhalte gleich entschieden werden[11], könnte nicht erfüllt werden, da es bei den Vertrags- bzw. Vergleichsparteien läge, von Fall zu Fall zu entscheiden. Das Recht gilt als verbindliche Ordnung, weil es durch Gerichte dadurch erkannt werden kann, dass über die Fragestellungen des Einzelfalls hinaus die allgemeinen Vorentscheidungen des Rechts zur Rechtserkenntnis herangezogen werden.[12] Der Zivilprozess ist daher als Verfahren der Erkenntnis des Rechts mit den methodischen Mitteln der Gesamtrechtsordnung zu verstehen.[13]

Im Rahmen dieser systematischen Betrachtung des Zivilprozesses kann 17
durchaus von rechtstatsächlichen Problemen abgesehen werden, die aus mangelnder Ausbildung einzelner Gerichtspersonen, Voreingenommenheiten u.dgl.m. im Einzelfall herrühren und dort Zweifel daran nähren mögen, ob der Zivilprozess in der Tat die geschilderten Leistungen erbringt. *Hier* geht es um den Zivilprozess als Erscheinung des Rechts – was es rechtfertigt und erfordert, von diesen rechtstatsächlichen Erscheinungen abzusehen. Das Gesetz selbst nimmt sich der Korrektur solcher tatsächlicher Brüche an – wie durch die noch zu diskutierenden Regelungen der Inhabilität der Gerichtspersonen (§ 41 ZPO) du der Befangenheitsablehnung (§ 42 ZPO – unten Kap. 2 Rn 17).

Das materielle Recht und das Verfahren seiner Erkenntnis hängen damit eng 18
zusammen, sind aufeinander bezogen. Mehr noch. Bereits um richtig und damit

11 *Pawlowski*, Methodenlehre für Juristen, § 10 Rn. 38, 50.

12 *Pawlowski*, Methodenlehre für Juristen, § 3 Rn. 31 ff.; *Degenkolb*, Beiträge zum Zivilprozess, S. 29.

13 Vgl. *Pawlowski*, Methodenlehre für Juristen, § 1 Rn.6 ff.; *Schilken*, Zivilprozessrecht, S. 1 ff.

wirksam (materielle) Rechte begründen, erwerben und ausüben zu können, ist es vielfach erforderlich, dass sich die Beteiligten bestimmter Verfahren bedienen. So ist die Begründung von Rechten an unbeweglichen Sachen von Grundbuchverfahren abhängig (§ 873 BGB[14]), gesellschaftsrechtliche Gestaltungen beziehen sich auf Handelsregisterverfahren[15] und nicht zuletzt sind im Familienrecht materielle Rechtsinstitute und Verfahren aufeinander bezogen. So kann eine Zivilehe oder eine gleichgeschlechtliche Lebenspartnerschaft wirksam nur vor dem Standesamt eingegangen werden (§§ 1310 Abs.1 BGB[16]), während nichteheliche Gemeinschaften ohne Einhaltung verfahrensrechtlicher Formen begründet werden und durch formlos (§ 125 BGB) eingegangene Verträge (§§ 715 ff. BG) Rechtsfolgen zeitigen.

19 Dennoch oder gerade deswegen sind Verfahren vor Zivilgerichten jedenfalls im deutschen Recht offenkundig sehr unanschaulich und sperren sich dem Verständnis selbst von Juristinnen und Juristen. Das trifft bereits auf den Zivilprozess zu – obwohl dessen äußerer Gang sich durchaus erschließen lässt, bleibt seine Funktionsweise nicht selten verborgen. Dies gilt noch mehr für andere zivilgerichtliche Verfahren, namentlich solche der freiwilligen Gerichtsbarkeit.

20 Das Verständnis von Zivilverfahren im weiteren Sinne hilft, die Wirkungsweise des materiellen Rechts besser zu verstehen. Auch verfahrensrechtliche Fragen zu begreifen setzt einen Vorgang des Verstehens voraus, und Verstehen kostet Zeit und den Einsatz von Mühe. Das politische Bestreben einer Verkürzung der juristischen Ausbildung setzt oft an den verfahrensrechtlichen Vorlesungen an – die mit Blick auf eine Unterrichtung in „praktischen" Ausbildungsabschnitten (dem Referendardienst) entbehrlich oder doch eines Rückschnitts zugänglich erscheinen.

21 Das mag bedenklich und fragwürdig erscheinen, macht aber eine Besinnung auf Zusammenhänge und Grundfragen unabweisbar, die durch eine bloßpragmatische Näherung an das Verfahrensrecht durch vereinzelte praktische Hinweise im Referendardienst nicht ersetzt werden kann, sondern diese erst sinnvoll macht.

22 Kurz: Der Aufbau und die Funktionsweise zivilgerichtlicher Verfahren erschließt das Verständnis des Rechts.

---

14 *Kohler,* in: MünchKomm, BGB, § 873, Rn. 2 ff.

15 So kann z.B. satzungsgemäß vorgesehen werden, dass die Bestellung von Geschäftsführern einer GmbH durch notarielle Beurkundung erfolgen muss, vgl. ferner: *Römermann*, in: Michalski, GmbHG, 2. Aufl. 2010, § 45 Rn. 13 ff.

16 *Müller-Gindullis*, in: MünchKomm, BGB, § 1310 Rn. 1.

## IV. Materielles Recht und formelles Verfahrensrecht

An verschiedenen Stellen verweisen Vorschriften des bürgerlichen Rechts auf unterschiedliche zivilgerichtliche Verfahren bzw. Entscheidungen, die auf zivilgerichtliche Verfahren hin ergehen. So sprechen § 1564 BGB und § 133 HGB davon, dass die Ehe durch Beschluss geschieden[17] und die oHG durch Urteil aufgelöst[18] wird. Mit Rechtshängigkeit – also der Zustellung der Klagschrift an den Beklagten, § 261 ZPO[19], tritt die verschärfte Haftung des unrechtmäßigen Besitzers gegenüber dem Eigentümer wegen Verschlechterungen der Sache ein, § 989 BGB.[20] Das materielle Recht selbst schließt in sich gleichsam verfahrensrechtliche Regelungen ein – so sind bestimmte Verfahrensweisen zu beachten, um wirksam Dauerschuldverhältnisse wie den Wohnraummietvertrag (§ 549 BGB[21]) oder ein arbeitsvertragliches Verhältnis (§ 611 BGB[22]) zu kündigen. 23

Dass Prozessrecht und materielles Recht voneinander getrennt sind, sieht man, wie *Henckel*[23] gezeigt hat, bereits daran, dass verschiedene Gesetze ihre Bereiche regeln. Zum materiellen Recht schlägt Henckels Ansicht[24] nach die Brücke zum materiellen Recht der Prozesszweck. So verweisen die §§ 66 und 72 ZPO auf materielle Rechtsbeziehungen.[25] Derartige Darstellungen sind nicht vollständig neu. So hat bekanntlich Kohler das Prozessrechtsverhältnis als eine prozessual ausgeformte Erscheinung der materiellen Rechtsbeziehung der Parteien behandelt,[26] wogegen Goldschmidt[27] sich ausdrücklich gewandt hat.[28] 24

Beachten die Vertragsparteien die formellen - verfahrensrechtlichen - Regelungen nicht, deren Einhaltung Voraussetzung für die von ihnen intendierte Rechtsgestaltung ist, verfehlt ihr Handeln das Ziel. Die Abwehr der arbeitsrechtlichen Kündigung durch den Arbeitnehmer[29] oder die Kündigung von Wohn- 25

---

17 *Ey,* in: MünchKomm, BGB, § 156, Rn.9; *Heiter,* in: MünchKomm, ZPO, § 142 FamFG Rn. 12ff.

18 *K. Schmidt*, in: MünchKomm, HGB, § 133 Rn. 59.

19 *Foerste,*in: Musielak, ZPO, § 261 Rn. 1.

20 *Baldus*, in: MünchKomm, BGB, § 989 Rn. 1.

21 *Teichmann,*in: Jauernig, BGB, § 549 Rn. 1.

22 *Müller-Glöge*, in: MünchKomm, § 611 Rn. 1.

23 *Henckel*, Prozessrecht und materielles Recht, 1970, 5.

24 *Henckel*, Prozessrecht und materielles Recht, 1970, 7.

25 *Henckel*, Prozessrecht und materielles Rechtk, 9.

26 *Kohler*, Der Prozeß als Rechtsverhältnis, in: Kleine zivilprozeßrechtliche Schriften, Bd. 22 , S. 1 ff.

27 *Goldschmidt*, Der Prozess als Rechtslage, 1 ff.

28 *Henckel*, Prozessrecht und materielles Recht, 1970, 12.

29 *Müller-Glöge*, in: Erfurter Kommentar, Arbeitsrecht, § 623 Rn. 1.

raum durch den Vermieter[30] bleiben erfolglos, wenn diese Akte nicht in der richtigen Form – unter Einhaltung der gebotenen Verfahrensschritte – erfolgen.

26 Obwohl das bürgerliche Recht auf das Prozessrecht Bezug nimmt und selbst Verfahrensstrukturen aufweist, wird es doch vielfach als materielles Recht in Gegensatz zum formellen Prozessrecht gesetzt.[31] Das formelle Recht erscheint darin als äußerlich bleibendes Anhängsel, das nur dazu da ist, die „Wertungen" des materiellen Rechts umzusetzen. Es hat sich aber bereits bei diesen ersten Überlegungen gezeigt, dass es verfehlt wäre, einen derartigen Gegensatz zu konstruieren.

27 Die Aufgaben gerichtlicher „Zivilverfahren" entsprechen den Funktionen des Privatrechts. Der erste Zugang offenbart eine zunächst verwirrende Vielfalt von Erscheinungen. Neben dem zivilprozessualen Erkenntnisverfahren begegnen uns Sonderformen des zivilgerichtlichen Verfahrens insbesondere in familiengerichtlichen Verfahren. Diese unterscheiden sich nicht unerheblich nach dem Gegenstand, über den gerade verhandelt wird: Die Aufgaben des Familiengerichts als Vormundschaftsgericht unterscheiden sich von denen des Familiengerichts als Gericht der Streitentscheidung zwischen Ehegatten z.B. im Güterrechtsstreit, je nachdem, ob Maßnahmen (§ 151 Nr. 4, 157 Abs. 1 FamFG[32]) zu veranlassen sind, weil ein Baby in einer sog. „Babyklappe" anonym abgegeben worden ist oder ob ein kinderloses Ehepaar die Scheidung begehrt (§ 121 Nr. 1, 133 ff. FamFG[33]). Wieder andere Fragen treten auf, wenn der Käufer eines Grundstücks beim Grundbuchamt die Umschreibung des Eigentums auf sich beantragt (§13 GBO[34]) oder das Handelsregistergericht eine Entscheidung über die Ersetzung von organschaftlichen Vertretern (vgl. z. B. § 81 Abs. 1 AktG[35], § 39 Abs.1 GmbHG[36]) fällt.

28 Betrachtet man freilich den Prozess in seiner Beziehung zu materiellen Pflichten der Parteien gegeneinander (oder auch prozessuale Pflichten), treten die Wahrheitspflicht und die Erscheinenspflicht zutage. *Henckel* führt überzeugend aus, dass die so genannte Wahrheitspflicht des § 138 Abs. 1 ZPO dadurch sanktioniert wird, dass die Partei, der ein Wahrheitsverstoß zur Last gelegt werden kann, dadurch Nachteile erleidet, dass ihre Aussage nicht verwertet wird und im Übrigen ggfls. neben strafrechtlichen Verfolgungen wegen Prozessbetrugs die Wiederaufnahme des Verfahrens nach § 580 Nr. 4 ZPO betrieben wer-

---

30 *Gramlich*, MietR, § 568 BGB.

31 *Rauscher*, in: MünchKomm, ZPO, Einl. Rn. 25.

32 *Bumiller/Harders,* FamFG, § 151Rn.1 ff.

33 *Bumiller/Harders*, FamFG, § 121 Rn. 1 ff.

34 *Hügel*, GBO, 2007, § 13 Rn. 1 ff.

35 *Spindler*, in: MünchKomm, AktG, § 81 Rn. 4 ff.

36 *Terlau*, in: Michalski, GmbHG, § 39 Rn. 1.

den kann.[37] Die gerichtlich angeordnete Pflicht der Partei vor Gericht zu erscheinen, kann in der Tat – wird sie verletzt – durch Verhängung von Ordnungsmaßnahmen bestraft werden. Eine bloße prozessuale Sanktionierung, wie durch den Erlass eines Versäumnisurteils, kommt nicht in Betracht, wenn das persönliche Erscheinen der Parteien nach § 141 ZPO angeordnet worden ist. Denn hier ist nicht nur gemeint, dass die Partei überhaupt vertreten ist, wie in den §§ 330, 331 ZPO vorausgesetzt, sondern dass sie in personam erscheint – was mit einem Versäumnisurteil nicht erreicht werden könnte.[38] Die Strafe soll erzwingen, dass die Partei auch gegen ihre eigenen Interessen an der Aufklärung des Sachverhalts mitzuwirken hat. Hier besteht – wie *Henckel*[39] gezeigt hat – der Zusammenhang mit der Leitung des Prozesses durch das Gericht nach § 139 ZPO.

Das Gemeinsame dieser nach ihrem Gegenstand ebenso wie ihrer Anlage 29
sehr verschiedenartigen Verfahren liegt zum einen in ihrem Bezug zum „Privatrecht", zum anderen darin, dass es sich jeweils um „Verfahren" vor einem „Gericht"[40] handelt.

## V. Zivilgerichtliche Verfahren im Verhältnis zu Strafprozess und Verwaltungsgerichtsprozess

Betrachten wir zunächst die Gemeinsamkeit der beispielhaft genannten Erschei- 30
nungen als „gerichtliche Verfahren".[41] Ein jeder „Prozess" weist Eigenschaften auf, die ihn mit anderen Prozessen vergleichbar erscheinen lassen. Diese strukturellen Übereinstimmungen können insbesondere in einem Vergleich von zivil- und strafprozessualen Fragestellungen herausgearbeitet werden. Für den Verwaltungsgerichtsprozess ergeben sie sich unmittelbar aus dem Verweis des § 173 VwGO[42] auf die ZPO.

Nun verweist auch § 4 InsO auf die ZPO; anders als im Insolvenzverfahren, 31
bei dem es sich strukturell um ein nichtstreitiges Verfahren der freiwilligen Gerichtsbarkeit handelt, in dem nicht das streitige Recht inter partes erkannt wird.

37 *Henckel* (Fn. 10) 14, 15.

38 *Henckel* (Fn. 10) 15.

39 *Henckel* (Fn. 10) 1970, 16.

40 Grundbuchämter können Abteilungen von Gerichten in einem formellen Sinne sein, sind indes in Baden-Württemberg als Behörden organisiert: Vgl.§ 149 GBO

41 Dies entspricht einem in den zwanziger (*Neuner*, Privatrecht und Prozessrecht, 1925) und später (*Sauer*, Allgemeine Prozessrechtslehre, 1951), besonders in den siebziger Jahren des vergangenen Jahrhunderts verbreiteten Ansatz, *Wolf*, Gerichtliches Verfahrensrecht, 1978; *Grunsky*, Grundlagen des Verfahrensrechts, 2. Aufl. 1974.

42 *Meissner*, in: Schoch/Schmidt-Aßmann/Pietzner, VwGO, § 173, Rn. 21.

[43] Beim Verwaltungsgerichtsprozess handelt es sich demgegenüber um streitige Rechtserkenntnis (unten Rn. 36).

32 Eine vergleichende Betrachtung kann dabei helfen, zu verstehen, wie Verfahren abgewickelt werden. Sie setzt voraus, dass dem Bereich des materiellen Rechts einer „des Verfahrensrechts" entgegengestellt wird. Damit erscheint das Verfahrensrecht als die Summe der Regelungen, die unabhängig vom jeweiligen materiellrechtlichen Gegenstand, um den es im Prozess geht, bei der Abwicklung gerichtlicher Verfahren zu berücksichtigen sind. Die Hauptverhandlung in Strafsachen[44] und die mündliche Verhandlung im Zivilprozess erscheinen dann gleichermaßen als Formen eines gerichtlichen Verfahrens. In all diesen Verfahren geht es schließlich um die Erkenntnis des Rechts.[45]

33 Der Unterschied der in einer Rechtsordnung vorgesehenen Gerichtsverfahren scheint daher auf einer verfassungsrechtlichen „Wertentscheidung" zu beruhen, wie sie in Deutschland Art. 95 Abs.1 GG mit der Einrichtung einer „ordentlichen" Zivil- und Strafgerichtsbarkeit, einer Verwaltungs-, Arbeits- und Sozialgerichtsbarkeit getroffen hat.[46] Die Besonderheiten der Zivilgerichtsbarkeit beruhen dann vordergründig auf gerichtsverfassungsrechtlichen Fragen.[47]

34 Eine so verstandene vergleichende Verfahrenslehre muss allerdings weitgehend ausblenden, worum es *der Sache nach* in den verschiedenen Formen von Prozessen geht – und damit in dem Sinne *allgemein* bleiben, dass sie die besonderen Fragestellungen nicht eingehender behandeln kann, die sich auf ganz unterschiedliche Weise in Zivil-, Straf- oder Verwaltungsgerichtsprozessen stellen. Der materiellrechtliche Gegenstand (der Streitgegenstand) des jeweiligen Prozesses ist indes für seinen Aufbau und Gang von erheblicher Bedeutung:

35 Im Strafprozess soll es um die Verwirklichung der „Zwecke" des Strafrechts – General- oder Spezialprävention, Opferschutz u.dgl.m. gehen.[48] Der Staat tritt im Strafprozess dem Angeklagten entgegen – man spricht davon, es werde ein „staatlicher Strafanspruch" verfolgt. Bereits *Schmidhäuser*[49] hat darauf hingewiesen, dass diese verschiedenen Zwecke auf unterschiedliche Institutionen verweisen, nämlich die Polizei, die Staatsanwaltschaft als Herrin des Vollstreckungsverfahrens usf. Betrachtet man dagegen den Strafprozess als Erscheinung

---

43 So auch z.B.: *Berges*, KTS 1957, 49; *ders*., KTS 1960, 1; *Klopp/Kluth*, in: Gottwald, Insolvenzrechts-Handbuch, § 17 Rn. 20; die Einordnung ist aber umstritten, vgl. *Kilger/K.Schmidt*, KO, § 71 Anm. 1.

44 *Schild*, Der Strafrichter in der Hauptverhandlung, 1984, S. 80 ff.

45 *Smid*, Richterliche Rechtserkenntnis, 1989, S. 55ff.

46 *Zimmermann*, in: MünchKomm, ZPO, § 12 GVG Rn. 4

47 *Schilken*, Gerichtsverfassungsrecht, S. 8.

48 Vgl. allein *Schünemann*, in: Grundfragen des modernen Strafrechtssystems, S. 153 ff.

49 *Schmidhäuser*, Vom Sinn der Strafe, S. 69 ff.

des Rechts, so fällt auf, dass es in der Hauptverhandlung im Strafprozess darum geht, die Schuld des Angeklagten festzustellen – mit dem Angeklagten ein Rechtsgespräch über seine Schuld zu führen, auf dessen Grundlage das Strafurteil erlassen werden kann.[50] Daraus ergeben sich eigene Probleme, die nicht aus allgemeinen Prozessstrukturen abgeleitet werden können. So kann in Strafverfahren ein Versäumnisurteil gegen den flüchtigen Angeklagten nicht ergehen[51]; wohl aber kann er unter bestimmten Voraussetzungen ganz oder teilweise von der Teilnahme an der Hauptverhandlung ausgeschlossen werden (§ 231b StPO[52]).

Im Verwaltungsgerichtsprozess geht es im weitesten Sinne darum, über 36
Rechtmäßigkeit oder Unrechtmäßigkeit staatlichen Verwaltungshandelns zu erkennen; der Verwaltungsgerichtsprozess ist wesentliches Merkmal moderner Rechtsstaaten.[53] Der typischerweise als Kläger auftretende Bürger[54] macht geltend, dass die Träger der hoheitlichen Gewalt in ihren Entscheidungen an und durch Recht und Gesetz gebunden sind. So stellen sich z. B. die Verweigerung der Erteilung einer Baugenehmigung (z.B. nach § 78 LBO-SH), der Entzug der Gewerbeerlaubnis (§ 35 Abs.1 GewO) oder der polizeiliche Platzverweis (z. B. nach § 201 LVwG-SH) als Entscheidungen von Hoheitsträgern (regelmäßig Beamten) dar, die darin nicht frei sind, sondern ihre Entscheidung *begründen* und *rechtfertigen* müssen.[55] Im Allgemeinen ist es daher Gegenstand des Verwaltungsgerichtsprozesses, dass darüber gestritten wird, ob die Entscheidung eines Hoheitsträgers im Rahmen seiner Bindung an hoheitliche Vorgaben aus Gesetz, aber auch Verwaltungsvorschriften, getroffen worden ist. Der Hoheitsträger ist mit seiner Entscheidung für ein Allgemeines (den Staat, das öffentliche Interesse) aufgrund einer besonderen Ermächtigung tätig geworden. Man spricht insofern auch von einem Über- und Unterordnungsverhältnis zwischen der verbindliche Hoheitsakte erlassenden Behörde und dem ihr „unterworfenen“ Bürger.[56]

---

50 *Schild* , Der Strafrichter in der Hauptverhandlung, 1984, S. 74 f.

*51* Siehe § 230 StPO, zu den Gründen vgl.*: Meyer-Goßner, StPO, § 230 Rn. 3.*

52 *Gmel*, in: Karlsruher Kommentar, StPO, § 231b Rn. 2.

53 Zur historischen Entwicklung: *v. Gneist*, Der Rechtsstaat und die Verwaltungsgerichte in Deutschland.

54 Hier können Sonderkonstellationen des verwaltungsgerichtlichen Streits zwischen Hoheitsträgern (z.B. innerhalb einer allgemeinen Leistungsklage, vgl. §§ 43 Abs. 2, 111, 113 Abs. 4 VwGO) ausgeblendet werden.

55 *Pawlowski*, Allgemeiner Teil des BGB, Rn. 2 ff., 6 aE; *ders.*, Methodenlehre für Juristen, Rn. 660 ff.

56 Subjektionstheorie: im Gegensatz zum öffentlichen Recht besteht bei Rechtsverhältnissen des bürgerlichen Rechts kein Subordinationsverhältnis, sondern ein Rechtsverhältnis der Gleichordnung, vgl. *Zimmermann,* in: MünchKomm, ZPO, § 13 GVG, Rn. 7.

Freilich kennzeichnet es Rechtsstaaten, dass der Verwaltungsgerichtsprozess angesichts der damit verbundenen *Ungleichheit* die Bindung der Verwaltung an Recht und Gesetz durch Gewährleistung prozessualer Waffengleichheit des betroffenen Bürgers herstellt.[57] Die aus der Unterordnung des Bürgers unter die Staatsmacht hervorgehende Ungleichheit wird m.a.W. durch das Verwaltungs-Recht in Gleichheit überführt und die Staatsmacht auf die Rechtsanwendung konditioniert. Der ermächtigte Entscheidungsträger muss nach Rechtsgründen dafür suchen, weshalb seine Entscheidung rechtlich gerechtfertigt ist.

37 Nicht minder unscharf ist zunächst das Bild, das sich bei der Frage nach den Aufgaben zivilgerichtlicher Verfahren ergibt. Bereits die Funktion des Zivilprozesses ist streitig. So ist davon die Rede, im Zivilprozess werde das Recht „geschützt"[58] oder gar „durchgesetzt"[59] – was indes, nimmt man diesen Ausdruck wörtlich, nicht auf das Erkenntnisverfahren, sondern auf Verfahren vorläufigen Rechtsschutzes (§§ 916 ff. ZPO[60]) bzw. auf das Vollstreckungsverfahren[61], aber auch auf nichtstreitige Verfahren der freiwilligen Gerichtsbarkeit verweist.[62] Der Bereich der letztgenannten Verfahren steckt die Weite des Rahmens ab, der betrachtet werden muss, wenn zivilgerichtliche Verfahren in den Blick genommen werden. Wenn vom Zivilprozess die Rede ist, geht es um die Erkenntnis des zwischen zwei Privatrechtssubjekten streitigen Rechts.

38 Diesen zivilgerichtlichen Verfahren ist gemeinsam, dass sie in verschiedener Weise bürgerlich-rechtliche Rechte und Rechtsbeziehungen zum Gegenstand haben. Verfahrensbeteiligte[63] sind Träger von Rechten, die jedenfalls überwiegend nicht auf hoheitlichen Verleihungen beruhen. So wird die Fähigkeit, Verträge auszuhandeln und zu schließen, Eigentümer oder Inhaber von Forderungen oder Rechten zu sein oder den Status als Ehegatte oder Elternteil innezuhaben, verfassungsrechtlich geschützt (Art. 2 Abs. 1, Art. 14 Abs. 1 und Art. 6 Abs. 1 GG). Dies zeigt aber, dass diese rechtlichen Fähigkeiten nicht auf einem staatli-

---

57 *Smid*, Rechtsprechung. Zur Unterscheidung von Rechtsfürsorge und Prozeß, 282, 286 ff.

58 Vgl. *Laumen*, das Rechtsgespräch im Zivilprozess, S. 77; *Schilken*, Zivilprozess, § 1 Rn. 8.

59 *Gaul*, AcP (168) 27, 46; *Henckel*, S. 57; *Rosenberg/Schwab/Gottwald*, § 1 III 2 und 3 m. w. N.

60 *Finger*, in: MünchKomm, ZPO, § 620 Rn. 57 f.

61 *Rauscher*, in: MünchKomm, ZPO, Einl. Rn. 20.

62 *Pawlowski/* Smid, Freiwillige Gerichtsbarkeit, Rn. 22, 24, (39)

63 Zum *Richter* als Verfahrensbeteiligtem in Verfahren der nichtstreitigen freiwilligen Gerichtsbarkeit *Pawlowski/Smid*, Freiwillige Gerichtsbarkeit, Rn. 63, 134 (Vormundschaftssachen), 609 (richterliche Vertragshilfe), 780 (Urteilsschelte), 823, 847, 850 (justizförmige Verwaltung).

chen Hoheitsakt beruhen, da ihr grundrechtlicher Schutz sie dem Zugriff aufgrund staatlicher Entscheidungen entzieht.[64]

## VI. Privatrecht

Um näher bestimmen zu können, wie sich die unterschiedlichen zivilgerichtlichen Verfahren im Hinblick auf das Privatrecht darstellen und gliedern, muss daher zunächst bestimmt werden, was überhaupt unter dem Privatrecht zu verstehen ist. Auch dies bereitet in dem Sinne Probleme, dass es nicht selbstverständlich ist, wie der Bereich und die Aufgabe des "Privatrechts" zu bestimmen sind. 39

Herkömmlich wird das Privatrecht als System der Regelungen beschrieben, die Rechtsbeziehungen zwischen Gleichberechtigten regeln.[65] Damit soll es vom öffentlichen Recht unterschieden werden, in dem der Staat dem Bürger hoheitlich entgegentritt. Freilich hat sich bereits gezeigt, dass dies für die jeweiligen *Verfahren* keinen abschließenden Erklärungswert hat, da der Verwaltungsgerichtsprozess die prozessuale Gleichheit der in ihm auftretenden Parteien – und d.h. regelmäßig von Staat und Bürger – herstellt.[66] Wenn der Verwaltungsgerichtsprozess sich dadurch auszeichnet, dass der hoheitliche Entscheidungsträger sein Handeln zu rechtfertigen gezwungen wird, weil er sich gegenüber dem betroffenen Bürger in einer Sonderrolle befindet, erscheint die Gleichheit der Privatrechtssubjekte sich aus ihrer Rechtsstellung zu ergeben: Der Eigentümer kann mit seinem Eigentum nach Belieben umgehen (§ 903 BGB[67]), das Privatrechtssubjekt ist darin frei, Verträge zu schließen oder Normen zu formulieren, die andere im Umgang mit ihm zu beachten haben.[68] Fragt das öffentliche Recht nach der rechtlichen Reichweite hoheitlicher Ermächtigungen, geht es im Zivilrecht um das Handeln von Rechtssubjekten, die frei von hoheitlichen Vorgaben ihr Recht ausüben und es jeweils neu schaffen.[69] 40

Das geltende Privatrecht befindet sich allerdings in einer Umbruchsituation.[70] Selbstverständlich geglaubte Grundlinien weichen Neuem, dessen Auswir- 41

---

64 Vgl. *Schmidt-Bleibtreu/Klein*, GG, vor. Art.1 Rn. 2.

65 *Rennert,* in: Eyermann, VwGO, § 40 Rn. 42.

66 *Rennert,* in: Eyermann, VwGO, § 40 Rn. 42.

67 Zur Unterscheidung von Substanz- und Funktionseigentum vgl. *Pawlowski,* AcP (165), 395 ff.

68 Zu AGB als von Privatrechtssubjekten formulierten Normen vgl. § 545 Abs. 1 ZPO; vgl. *Krüger*, in: MünchKomm, ZPO, § 545 Rn. 3.

69 Eindrucksvoll *Pawlowski*, Allgemeiner Teil des BGB, 7. Aufl. 2003, Rn. 24.

70 *Leible*, NJW 2008, 2558, 2559; *Müller-Graf*, NJW 1993, 13 ff; *Säcker*, in: MünchKomm, BGB, Einl. Rn. 213 ff.

kungen auf das Recht im Ganzen oft nicht in vollem Umfang erkennbar sind. Das geltende Privatrecht unterliegt gegenwärtig Änderungen in seinem materiellen Bestand sowohl aufgrund der europäischen Integration und Rechtsvereinheitlichung[71] als auch besonderen rechtspolitischen Anliegen, wie sie insbesondere in der Durchsetzung verfassungsrechtlicher und weltanschaulicher Vorstellungen im Rahmen von Anti-Diskriminierungsgesetzgebungen[72] zum Ausdruck kommen. Das erschwert die Erklärung dessen, was gemeint ist, wenn vom Privatrecht die Rede ist. So besteht eine Tendenz, das Privatrechtssubjekt vergleichbar einem Staatsfunktionär zum Amtswahrer übergeordneter Interessen zu machen – der Eigentümer soll bei der Abwehr von Belästigungen Vernunft und Toleranz walten lassen[73], dramatischer noch: der Gesetzgeber hat mit dem Anti-Diskriminierungsgesetz (Allgemeines Gleichbehandlungsgesetz) die Vertragsabschlussfreiheit zum Schutz von „Minderheiten" eingeschränkt.[74] Es kann hier dahingestellt bleiben, welche Tragweite derartige Strömungen haben.

42 Solange die verfassungsrechtliche *Grundentscheidung* für die Respektierung der Privatautonomie aufrechterhalten bleibt, werden damit verschiedene Verfahrensweisen bzw. -arten (nach einer Formulierung von *H.-M. Pawlowski*[75]) der Entscheidung festgelegt mit der Folge, dass im Bereich des Privatrechts der Einzelne nach seinen Wünschen entscheiden kann, ohne sich an (öffentlich-rechtliche) Vorgaben von Verfassung, planendem Gesetz bzw. Dienstanweisungen gebunden zu sein. Die bürgerlich-rechtliche Gleichheit beruht auf der gleichen Willkür, mit der die Rechtssubjekte ihre Beziehungen gestalten. Wenn aber das (materielle) Recht selbst als *Verfahrensweise* beschrieben werden kann – nämlich als bestimmte Art der Begründung von Entscheidungen handelnder Rechtssubjekte – stellt sich die Frage, was denn dann unter dem Zivilverfahren zu verstehen ist.

43 Die hier entwickelte Beschreibung des Privatrechts scheint den herkömmlichen Unterschied zwischen „materiellem" und „formellen" Recht wenn nicht aufzuheben, so doch in dem Sinne zu „relativieren", dass materielles Recht und Prozessrecht aufeinander bezogen sind und Sinn und Geltung aus der jeweils anderen Seite beziehen. Damit ist etwas anderes gemeint, als wenn davon die Rede ist, z.B. der eine Schadenersatzpflicht des zu Unrecht die Zwangsvollstreckung aus einem vorläufig vollstreckbaren Titel betreibenden Gläubiger normie-

---

71 *Gebauer/Wiedmann*, Zivilrecht unter europäischem Einfluss, S. 1 ff.

72 *Thüsing,* in: MünchKomm, BGB, Einl. Rn. 57 ff.

73 So das BVerfG in Fällen von Beseitigungs- bzw. Unterlassungsklagen gegen benachbarte Behindertenwohnheime, Beschluss vom 28.5.1998, Az.: 1BvR 329/98; vgl. aber auch OLG Köln, Urteil vom 08.01.1998, Az.: 7 U 83/96 = NJW 1998, 763.

74 *Thüsing*, in: MünchKomm, BGB, 5. Aufl. 2007, Einl. Rn. 83.

75 *Pawlowski*, Allgemeiner Teil des BGB, Rn. 24.

renden § 717 Abs. 2 ZPO[76] sei eine materiell-rechtliche Vorschrift[77] im Rahmen einer verfahrensrechtlichen Kodifikation. Hier ist angesprochen, dass bestimmte (materiellen) „Rechte in bestimmten Verfahren registriert, erworben, festgestellt und durchgesetzt werden – das m.a.W. das Verfahren immer notwendiger Teil eines Rechts ist, dessen Betrachtungsweise als vor und außerhalb von Verfahren existierendes materielles Recht wesentliche Aspekte seiner Voraussetzungen und Wirkungsweisen ausblenden würde.

Allerdings darf damit nicht ausgeblendet werden, dass die Abgrenzung von materiellem Recht und Verfahrensrecht einen sachlichen Hintergrund hat. Darum geht es im Folgenden. 44

## VII. Verfahrensrecht als Teil des öffentlichen Rechts

### 1. Klagen, denen kein materieller Anspruch entspricht

Das Verhältnis von materiellem Recht und Prozessrecht ist - rechtshistorisch betrachtet - ein „neueres" Thema, zieht man die lange Geschichte in Betracht, auf die der Zivilprozess als Erscheinung des Rechts zurückweist.[78] „Materielles" und „formelles" Recht waren lange nicht unterschieden worden. Von „Recht" war die Rede im Zusammenhang von Klagen (actiones). Klage und Recht bildeten eine Einheit. (Materielles) Recht - Anspruch - und Klage entsprachen sich.[79] 45

Dieses Verhältnis genauer zu bestimmen wurde erst problematisch, als Klagen auftraten, denen ein („materieller") Anspruch *nicht* entsprach. Mit der Zulassung von Feststellungsklagen traten Klagen auf, die nicht auf einem „Anspruch" beruhten, der mit dem begehrten Urteil tituliert wurde: Ältere Anerkenntnisklagen[80] gründeten sich auf „Anerkenntnisansprüche". Dagegen setzt die Feststellungsklage gem. § 256 Abs. 1 ZPO ein rechtliches Feststellungs*interesse* voraus.[81] Das warf die Frage nach dem mit der Feststellungsklage verfolgten Recht – dem geltend gemachten Anspruch – auf. Ende des 19. Jahrhunderts wurde dies zunächst von *A. Wach*[82] auf eine folgenreiche Weise beantwortet. 46

76 *Krüger*, in: MünchKomm, ZPO, § 717 Rn. 1ff.
77 *Krüger*, in: MünchKomm, ZPO, § 717 Rn. 9.
78 Vgl. *Wesel*, Geschichte des Rechts in Europa, S. 57 Rn. 25 ff.
79 *Wesel*, Geschichte des Rechts in Europa, S. 57 Rn. 25.
80 Vgl. *Wach*, Der Feststellungsanspruch, 1888, S. 4.
81 *Becker/Eberhard*, in: MünchKomm, ZPO, § 256 Rn. 35 ff.; *Foerste,* in: Musielak, ZPO, § 256 Rn.7.
82 *Wach*, Der Feststellungsanspruch, 1888, S. 14 f.

## 2. Lehre vom Rechtsschutzanspruch

47 *Wach*[83] erklärte ausgehend von der Feststellungsklage, einer *jeden* Klage läge ein *Rechtsschutzanspruch*[84] zugrunde, der sich gegen den Staat richte. Die Lehre vom Rechtsschutzanspruch, die vielfältige Entwicklungen durchlaufen hat, findet ihren verfassungsrechtlichen Nachhall im Justizgewährungsanspruch[85], der zu den rechtsstaatlichen Grundrechten gezählt wird.[86] Ende des 19. Jahrhunderts hatte die Lehre vom Rechtsschutzanspruch allerdings eine weitere Bedeutung, als sie mit dem Justizgewährungsanspruch heute verbunden wird. Mit ihr wurde ausgedrückt, dass der Prozess (für den damals vor der Ausdifferenzierung einer unabhängigen Verwaltungsgerichtsbarkeit der Zivilprozess stand) zum öffentlichen Recht gehörte. Die Klage richtet sich im Verständnis dieser Lehre als *Antrag an den Staat* (das staatliche Gericht), *Rechtsschutz zu gewähren*.[87] Der materiell-rechtliche Anspruch (seit Inkrafttreten des BGB also das Recht, ein Tun oder Unterlassen vom Gegner verlangen zu können, § 194 BGB[88]) wurde damit gleichsam dadurch „verdoppelt", dass ein prozessualer öffentlich-rechtlicher Anspruch das Verfahren auslöst, in dem ein materiell-bürgerlich-rechtlicher Anspruch erkannt wird.

48 Die Lehre vom Rechtsschutzanspruch wird in ihrer von *A. Wach* und *Hellwig* entwickelten Form heute nicht mehr vertreten; es mag daher bei ihrer Skizzierung hier sein Bewenden haben.[89] *Methodisch* ist es gerade ihr Ansatz, der gegen sie spricht. Denn es ruft vielfältige Erklärungsprobleme hervor, aufgrund eines öffentlich rechtlichen Verfahrens „über" materiell-rechtliche Ansprüche des bürgerlichen Rechts entscheiden zu lassen.[90] Darüber hinaus setzt sie sich Einwendungen aus, die aus den Rechtfertigungsbedingungen des Rechts und Entscheidungen über das Recht erwachsen. Ende des 19. Jahrhunderts wurde das

---

83 *Wach*, Handbuch, S. 19 ff.; *ders.*, Der Feststellungsanspruch, S. 15, und nach ihm *Hellwig*, Anspruch und Klagrecht, S. 145 ff. und *Mes*, Der Rechtsanspruch, S. 131 f. et passim.

84 *Rimmelspacher*, Materiellrechtlicher Anspruch und Streitgegenstandsprobleme im Zivilprozeß, 4 ff.

85 *Rauscher*, in: MünchKomm, ZPO, 3. Aufl. 2008, Einl. Rn. 16f.

86 *Remmert*, in: Maunz-Dürig, GG, 61. Ergänzungslieferung 2010, Art. 19 Rn. 6 f.

87 So bereits angelegt in der Anspruchslehre: *Windscheids*, Die actio des römischen Civilrechts vom Standpunkte des heutigen Rechts, 1858, 17; dazu *Rimmelspacher*, Materiellrechtlicher Anspruch und Streitgegenstandsprobleme im Zivilprozeß, 1970, 20.

88 *Rimmelspacher*, Materiellrechtlicher Anspruch und Streitgegenstandsprobleme im Zivilprozeß, 1970, 15 ff.

89 Vgl. im Übrigen *Smid*, Rechtsprechung, Zur Unterscheidung von Rechtsfürsorge und Prozeß, 1990, S. 133 ff.

90 Dies hat bei *Goldtschmidt*, Der Prozeß als Rechtslage, 1925, 228 ff., zur Konstruktion einer Justizrechtsordnung und einer bürgerlichen Rechtsordnung geführt.

positive Recht noch aus einem Rückgriff auf die besondere Stellung des Monarchen gerechtfertigt[91] – auch wenn parlamentarische Verfahren bereits auf andere Rechtsquellen hindeuteten. Das deutsche positive Recht leitet sich vom Volk als Gesetzgeber ab.[92] Und die Gerichte urteilen im Namen des Volkes.[93] Die Rechtgenossen sind daher Urheber sowohl des zwischen ihnen kraft autonomer Einigungen geltenden Rechts als auch der Gesetze und Urteile darüber, wie die Rechtsverhältnisse zwischen den einzelnen Rechtsgenossen anzusehen sind.[94] Der Zivilprozess kann vor diesem Hintergrund zwar öffentlich-rechtliche Elemente aufweisen. Denn er ist eine staatliche Veranstaltung, soweit er vor staatlichen Gerichten durchgeführt wird. Dies ist aber nicht zwangsläufig der Fall, da die Parteien sich auf ein Schiedsverfahren einigen und damit die Entscheidung durch ein staatliches Gericht vermeiden können, §§ 1025 ff. ZPO.[95]

Im Zivilprozess geht es m.a.W. nicht darum, dass der Kläger oder beide Par- 49
teien eine Entscheidung „von oben" – von einem hoheitlich agierenden Gericht erwarten, das verbindlich entscheidet, weil ihm die Autorität des Souveräns zur Seite steht. Zwischen den Parteien des Zivilprozesses und dem Gericht besteht kein Unter- und Überordnungsverhältnis. Das Gericht erlässt jedenfalls im Urteil keine hoheitlichen Befehle (gleiches lässt sich im Übrigen vom Prozess vor dem Verwaltungsgericht[96] und vom Strafprozess[97] sagen). Urteile in streitigen Rechtssachen sind in Bezug auf ihre inhaltliche Richtigkeit allein anhand des Rechts zu beurteilen und unterstehen nicht den übrigen verfassungs- und öffentlich-rechtlichen Schranken der Ausübung öffentlicher Gewalt wie insbesondere dem Verhältnismäßigkeitsprinzip.[98] So wird der auf Zahlung vor dem ordentlichen Zivilgericht in Anspruch genommene Beklagte auch dann verurteilt, wenn die z.B. seine Insolvenz nach sich zieht und damit Arbeitsplätze gefährdet werden.

Das macht eine Betrachtung der funktionalen Äquivalente der Inanspruch- 50
nahme streitiger gerichtlicher Rechtserkenntnis durch die Parteien mit dem Ziel der Erlangung eines Urteils deutlich: Den Parteien steht immerhin eine bessere Form, die zwischen ihnen streitigen Fragen auszuräumen, zur Verfügung: Sie

---

91 Vgl. *Smid*, Richterliche Rechtserkenntnis, S. 62.

92 Präambel des GG, Art. 20 Abs. 2 GG; *Greszick*, in: Maunz/Düring, GG, 61. Ergänzungslieferung 2011, Art. 20 Rn. 61

93 §§ 311 Abs. 1 ZPO, 268 Abs. 1 StPO, 117 Abs. 1 S. 1 VwGO, 105 Abs. 1 S. FGO, § 132 Abs. 1 S. 1 SGG.

94 *Pawlowski,* Methodenlehre, § 2 Rn. 13, 23.

95 *Münch, in:* MünchKomm, ZPO, § 1025 Rn. 2

96 Vgl. *Smid*, Richterliche Rechtserkenntnis, S. 114

97 *Smid* (Fn. 96).

98 *Smid* (Fn. 96).

können sich durch gegenseitiges Nachgeben nach § 779 BGB vergleichen[99] - worauf noch näher einzugehen sein wird. Gelingt es den Parteien nicht, die „Ungewissheit" – den Streit – über das zwischen ihnen geltende Recht auszuräumen, bedarf es der Entscheidung durch einen Dritten.[100] Der Kläger ruft das Gericht an, weil er dort eine unparteiische Entscheidung erwarten kann – die am Recht orientiert das Recht erkennt.[101]

### 3. Prozessrechtsverhältnis

51 Dies wird in einem von *J. Kohler* geprägten Begriff zum Ausdruck gebracht, der von einem Prozessrechtsverhältnis[102] gesprochen hat. Damit wird zum einen angesprochen, dass die Parteien aufgrund des Prozesses bestimmte Beschränkungen und Lasten eingehen – die von dem Ausschluss erneuter Klagen in derselben Sache (§ 261 ZPO) über die aus der Pflicht zur Prozessteilnahme (§ 141 ZPO) bis hin zur Rechtskraftwirkung von Entscheidungen (§§ 322 bis 325 ZPO) reichen. Bezieht man das Gericht in diese Betrachtung mit ein, wird deutlich, dass es sich beim zivilprozessualen Erkenntnisverfahren um einen Vorgang handelt, in dessen Verlauf Kläger, Beklagter und Gericht über die zwischen den Parteien streitigen Rechtsfragen verhandelt und daraufhin „das Recht erkannt" wird.

52 So wie das (materielle) Recht Formen vorgibt, unter denen die Parteien miteinander in Rechtsbeziehungen treten, in dem die Art der Erklärung von Kündigungen (bestimmte Schriftform, § 568 Abs.1 BGB) oder der Einigung über den Übergang des Eigentums an Immobilien (Auflassung, § 925 BGB) geregelt wird, stellt sich daher der Prozess als Form dar, innerhalb derer die Parteien den Streit über das zwischen ihnen geltende Recht ausräumen. Diese Formen gehören dem Privatrecht an und sind ihm nicht entgegengesetzt.

53 Der Staat hat die Pflicht zur Justizgewährung. Insoweit gehört der so genannte Rechtsschutzanspruch, wie *Henckel*[103] gezeigt hat, in den Zusammenhang des Prozessrechts und nicht allein, wie es *Goldschmidt*[104] gemeint hat, allein in das materielle öffentliche Recht. Das Prozessrecht enthält Regelungen, aufgrund derer der Richter verpflichtet ist, die ordnungsgemäß erhobene Klage zustellen zu lassen, Termine anzuberaumen, den Parteien rechtliches Gehör zu

---

99 *Habersack*, in: MüchKomm, BGB, § 779 Rn. 1ff.

100 *Smid*, Rechtsprechung, Einl. S. 4.

101 *Smid* (Fn. 96) 55 ff.

102 *Kohler*, Prozeß als Rechtsverhältnis, in: Kleine zivilprozeßrechtliche Schriften, Bd. 22, S. 1 ff.

103 *Henckel* (Fn. 10) 18.

104 *Goldschmidt*, Der Prozess als Rechtlage, S. 9ff .

gewähren usf., wie *Henckel*[105] eindrucksvoll gezeigt hat. § 141 ZPO hat m.a.W. den Zweck, eine friedliche Beilegung des Streits zu ermöglichen, jedenfalls aber durch die Mitwirkung der Parteien an der Sachverhaltsaufklärung seine Erledigung zu beschleunigen; die gegen die Partei verhängte Ordnungsstrafe bei Verletzung dieser Pflicht dient also der Sanktionierung der Vereitelung dieser Zwecke.[106] Prozessrecht und materielles Recht erscheinen nicht als Rechtsmaterien oder Rechtsgebiete, die einander ausschließen bzw. gegeneinander abgegrenzt werden. Vielmehr handelt es sich um Regelungen, die unterschiedliche Lebensbereiche betreffen, was im Prozess abgewickelt wird bzw. eine Handlung, die im Prozess vorgenommen wird ist, wie *Henckel* gemeint hat, kein außerprozessualer Vorgang. Es kann aber an einen prozessualen Vorgang eine materiellrechtliche Rechtsfolge geknüpft werden. Ebenso wie außerprozessuale Ereignisse Tatbestand einer prozessualen Norm sein können.[107]

### 4. Anspruch und Prozess

*Rimmelspacher*[108] hat den Anspruchsbegriff in die Rechtsposition des Inhabers 54
und die Schutzmittel zu ihrer Verteidigung analytisch zerlegt. Dabei bezeichnet „Rechtsposition" die Rechtsstellung des Berechtigten, die sich nicht dadurch definiert, dass sie sich gegen einen Verpflichteten als passives Subjekt richtet.[109] Sie erweist sich als „Anwartschaft" auf Wertinteresse.[110] Die im Anspruch angelegte Rechtsposition ist damit von Schutzmitteln losgelöst,[111] die sich als materielle Rechtsbehelfe erweisen, die Rechtsposition zu schützen.[112] Der Anspruch hat damit einen Bezugspunkt zu Sicherungsrechten,[113] wie sich in den §§ 1228 Abs. 1, 1282 Abs. 1 BGB zeigt.[114]

Geht es im Prozess um behauptete Rechte, während die materiell-rechtliche 55
oder vorprozessuale Ordnung[115] gleichsam von „feststehenden" Rechten ausgeht, handelt es sich dabei um verschiedenartige Erscheinungen, die die Rechts-

105 *Henckel*, (Fn. 10) 18.

106 *Henckel*, (Fn. 10) 16.

107 *Henckel*, (Fn. 10) 25.

108 *Rimmelspacher*, Materiell-rechtlicher Anspruch und Streitgegenstandsprobleme im Zivilprozess, 1970.

109 *Rimmelspacher* (Fn. 108) 103.

110 *Rimmelspacher* (Fn. 108) 99.

111 *Rimmelspacher* (Fn. 108) 91.

112 *Rimmelspacher* (Fn. 108) 113.

113 *Rimmelspacher* (Fn. 108) 81 ff.

114 *Rimmelspacher* (Fn. 108) 115.

115 *Rimmelspacher* (Fn. 108) 205; *Pawlowski*, Rechtsgeschäftliche Folgen nichtiger Willenserklärung, 283 ff.

position in prozessualer und außerprozessualer Rücksicht betreffen, wie Rimmelspacher[116] überzeugend dargestellt hat. Daher handelt es sich bei dem Anspruch, von dem § 322 Abs. 1 ZPO spricht, um die Rechtsposition, wie sie Rimmelspacher entwickelt hat.[117]

## VIII. Hoheitlicher Schutz privater Rechte

56 Diese Überlegungen treffen auf den Zivilprozess zu, der allerdings nur einen – wenn auch sehr wichtigen – Bereich zivilgerichtlicher Verfahren betrifft. Davon unterscheiden sich bereits Verfahren vorläufigen Rechtsschutzes vor den Prozessgerichten, aber auch insbesondere die sogenannten nichtstreitigen Verfahren der freiwilligen Gerichtsbarkeit.[118] Beim vorläufigen Rechtsschutz geht es nicht darum, in einem Urteil die Rechtslage zu „erkennen, sondern das bedrohte Recht des Antragstellers zu schützen (vgl. §§ 917 Abs. 1, 935, 940 ZPO). Das Familiengericht hat als Vormundschaftsgericht u. a. Maßregeln zu treffen, die geeignet sind, die gedeihliche Entwicklung des Mündels zu fördern.[119] Darüber hinaus haben die Verfahren vor den unterschiedlichen Registergerichten Funktionen eigener Art. Sie dienen der Herstellung verschiedener Formen von Publizität und damit dem Schutz des Rechtsverkehrs.

57 Auch in all diesen zivilgerichtlichen Verfahren geht es um Rechte von Privatpersonen. Das Gericht verhält sich aber in einer anderen Weise zu diesen Rechten als im Zivilprozess. Es hat nicht die Aufgabe, sie zu „erkennen", sondern nimmt Verrichtungen[120] vor, um diese Rechte zu schützen. Diese Art der Beschreibung scheint freilich zu „statisch" zu sein. Denn der Akt der „Erkenntnis" erschöpft sich nicht in einer „Abbildung" eines vorhandenen Rechts.

## IX. Rechtsfortbildung durch zivilverfahrensrechtliche Entscheidungen

### 1. Problem des „neuen" Rechts

58 Es ist nicht zu bestreiten, dass sich nicht nur die Gesetze, sondern auch deren Anwendung und Auslegung fortlaufend ändern. Aufgrund dieser zeitlichen Dimension der Rechtsanwendung wird – häufig bei der Erörterung „richterrechtlicher" Modelle – von einer Rechtsfortbildung durch die Rechtsprechung gespro-

116 *Rimmelspacher* (Fn. 108) 207.

117 *Rimmelspacher* (Fn. 108) 213 unten.

118 Das österreichische Recht spricht anschaulicher von „Außerstreitverfahren".

119 *Pawlowski*, in: Pawlowski/ Smid, Freiwillige Gerichtsbarkeit, Rn. 65, 142

120 Hierzu: *Pawlowski/Smid*, Freiwillige Gerichtsbarkeit, § 9 Rn. 301.

chen, die durch § 137 GVG eine positivrechtliche Anerkennung gefunden hat[121]. Die Gerichte scheinen das Recht „fortzubilden“. In einer solchen Beschreibung sind die Gerichte als Subjekte gesetzt, denen das „neue Recht“ als Urhebern, d. h. als Quasigesetzgebern, zuzurechnen sei. Angesichts der nicht leugbaren Beeinflussung des Rechts durch den Wandel der Rechtsprechung scheinen sich damit die Einwände gegen "volitive" (und damit auch autoritativ-planende) Entscheidungen des Richters schließlich als gegenstandslos zu erweisen.

Jede Entscheidung bringt „neues Recht“ hervor. Die Frage lautet indessen, 59
ob deshalb in der Tat ein richterlicher Willensakt für dieses „neue“, fortgebildete Recht verantwortlich gemacht werden kann.[122] Wenn dem Richter nämlich die Aufgabe obliegt, „das Recht“ zu erkennen und da dieses Recht selbst nicht autoritativ strukturiert ist, sondern auf den privatautonomen Definitionen der Parteien beruht, stellt sich die Frage anders. Rechtsfortbildung ist kein Selbstzweck, sondern an die Existenz einer den Rechtsstreit betreibenden Partei und damit in die Entscheidung des konkreten Streits eingebunden.[123] Es kommt dann nämlich in den Blick, dass die Bürger die allgemeine Kompetenz haben, das Recht zu konkretisieren und fortzuentwickeln[124]. Die Akte der Rechtsfortbildung, die gewöhnlich der Rechtsprechung zugerechnet werden, stellen sich daher zunächst als Ausübung der privatautonomen Rechtssetzungskompetenz der Parteien dar, die in den Entscheidungen der Gerichte als „neues Recht“ zu berücksichtigen, zu erkennen sind[125].

So sind es zunächst einmal die Parteien, die das Recht fortbilden, indem sie 60
unter Zugrundelegung ihrer wirtschaftlichen Bedürfnisse neue Vertragsgestaltungen und –typen entwickeln wie z. B. den noch Ende der fünfziger Jahre weithin unbekannten „Leasingvertrag“[126]. Es war freilich nicht die Rechtsprechung, die sich diesen neuen Vertragstypus „ausgedacht“ hatte – sondern die Kautelarpraxis, mit der steuerrechtliche Gestaltungen optimiert werden sollten.[127]. Auch und gerade im Zusammenhang der Rechtsfortbildung muss zwingend in der Rechtsordnung einer freiheitlichen Gesellschaft von einem intellektuell-kognitiven Prozess ausgegangen werden, in dem der Richter das von den Partei-

---

121 Vgl. *Kissel*, GVG § 137 Rn. 7; *Pawlowski*, Rechtsgeschäftliche Folgen nichtiger Willenserklärungen S. 283 ff., 285.

122 *Smid*, Richterliche Rechtserkenntnis, S. 74.

123 *Hergenröder*, Richterliche Rechtsfortbildung, S. 239.

124 Vgl. die eingehende Darstellung durch *Pawlowski*, Allgemeiner Teil des BGB Rn. 834 ff., 836.

125 Vgl. *Bucher*, Subjektives Recht als Normsetzungsbefugnis, 1965.

126 Zu den methodischen Bedingungen der „Typenbildung“ vgl. grundsätzlich: *Leenen*, Typus und Rechtsfindung, passim.

127 *Smid*, Richterliche Rechtserkenntnis, S. 74.

en gestaltete Recht erkennt und mit den Arbeitsmitteln der Rechtsdogmatik „reformuliert“[128].

## 2. Demokratietheoretische Kritik richterrechtlicher Modelle

61 Eine Befugnis der Parteien zur Rechtsfortbildung des Zivilprozesses wird im Schrifttum insbesondere von *Henckel*[129] mit Nachdruck bestritten. Es fehle, so lautet sein Argument, den Zivilrechtssubjekten die Legitimation dazu, neues Recht "zu setzen". Demgegenüber sei es Aufgabe der Gerichte (im Rahmen ihrer Bindung an Gesetz und Recht) das Recht fortzubilden. Zunächst scheint dies zu überzeugen, da jedenfalls zwei Bürger keine allgemeine oder unmittelbare Gesetzgebungskompetenz haben, gleich ob es sich bei einer Rechtsordnung im Übrigen um eine parlamentarisch-repräsentative, eine plebiszitäre Demokratie oder eine Diktatur handelt. Diesem Verständnis liegt indes eine Verkürzung zugrunde. Rechtstheoretisch gesprochen sind die Bürger Urheber des zwischen ihnen geltenden Rechts, da ihnen die Freiheit eigen ist, sich als Rechtsgenossen miteinander in Rechtsverkehr zu setzen. Die damit zwischen den Parteien in Geltung gesetzten Rechtssätze kann ein staatliches Gesetz nicht von vornherein regeln - und regelt es auch nicht. Das Gesetz ist somit Arbeitsmittel - Instrument - der Rechtserkenntnis.[130] Die Bindung des Richters an Recht und Gesetz bedeutet daher, dass er mit den Mitteln des Gesetzes (und nicht denen von Moral und Ethik) danach suchen muss, wie die Parteien ihre Rechtsbeziehungen gestaltet haben. Diese rechtsphilosophisch-methodische Grundlegung kann naturgemäß hier nicht näher ausgeführt werden.[131]

62 Das Prozessrechtsverhältnis kann als spezifische Erscheinung des Rechtserkenntnisrechts verstanden werden, wenn man es nicht mit *J. Goldschmidt*[132] als eine Verdoppelung des materiell-rechtlichen Verhältnisses zwischen den Parteien begreift. Das Prozessrechtsverhältnis ist das Verhältnis, in das Parteien und Gericht zueinander treten, um abschließend Gewissheit über das zwischen den Parteien streitige Recht zu gewinnen. Es geht dabei nicht um die „Durchsetzung“ eines Anspruchs des Klägers auf Leistung von x oder die Unterlassung von y durch den Beklagten. Die rechtliche Verteilung bzw. Zurechnung von Gütern, Leistungen usf. ist Gegenstand materiell-rechtlicher Betrachtungen. Im Prozess streiten die Parteien darum, ob die Rechtsansicht des Klägers oder die

---

128 Zum Ganzen *Pawlowski*, Allgemeiner Teil des BGB, Rn. 834 ff., 907.

129 *Henckel* (Fn. 10) S. 56.

130 *Pawlowski*, Methodenlehre für Juristen, § 1 Rn. 8.

131 *Smid*, Einführung in die Philosophie des Rechts, § 13 III.

132 *Goldschmidt*, Der Prozeß als Rechtslage, 1925, S. 1 ff.

des Beklagten zutreffend ist[133]. Die rechtliche Leistung des Prozesses besteht darin, das materielle Recht dahin umzuformulieren, dass es abschließend entscheidbar ist. Das Prozessrechtsverhältnis bezeichnet die Bedingungen, unter denen rechtskräftig geurteilt werden kann. Die Erkenntnis des Rechts setzt aber voraus, dass ein unparteiischer Dritter urteilt. Die Unparteilichkeit des Richters wird durch eine Reihe prozessualer Bedingungen gesichert: Die Unparteilichkeit des richterlichen Urteils wird durch die Waffengleichheit der Parteien, die Gelegenheit zur streitigen Erörterung ihrer Rechtsansichten und die institutionelle Distanzierung des Richters von „Vorurteilen" gewährleistet. Dies alles sind prozessuale, aber nur scheinbar technische Fragen. Denn die „technischen" Konstituentien des Prozesses haben ihren Grund nicht in „rechtsstaatlichen" Anforderungen, die dem Prozessrecht im Übrigen „äußerlich" wären. Vielmehr widerspiegelt sich im Prozessrecht als dem Rechtserkenntnisrecht die Struktur des Rechts selbst[134]. Das Prozessrechtsverhältnis bezeichnet die wechselseitige Verbundenheit von Parteien und Gericht zur Mitwirkung an der Herstellung der Bedingungen, unter denen Recht erkannt werden kann[135].

Der Anspruch auf rechtliches Gehör bedeutet folgerichtig jedenfalls im Zi- 63
vilprozess, dass die Parteien zur Mitwirkung an der richterlichen Erkenntnis des Rechts nicht allein berechtigt sind, sondern dass ihre Teilnahme die Rechtserkenntnis überhaupt erst möglich macht. Selbst im Ehescheidungsverfahren, in dem nach § 127 Abs. 1 FamFG der eingeschränkte Amtsermittlungsgrundsatz gilt, kann das Zivilgericht nämlich das Recht nur erkennen, wenn die Parteien durch ihren Vortrag mitwirken. Das zeigt sich in nur vordergründig paradoxer Weise auch im Versäumnisurteil, das nicht anders als § 138 Abs. 3 ZPO aus dem Ausbleiben des Vortrags einer Partei (prozess-)rechtliche Schlüsse zieht. Daher ist im Zivilprozess der Prozessbetrieb der Parteien die Grundvoraussetzung richterlicher Tätigkeit.[136]

133 Dafür, dass der Prozess als „Kommunikation über das Recht" zu verstehen sei, vgl. hier aus juristischer Sicht: *Binder*, Prozess und Recht, bes. S. 103 ff., und aus soziologischer Perspektive *Luhmann*, JbRsozRth. Bd. 6 (1980), 99 ff.

134 Vgl. hier *Binder*, Prozess und Recht, S. 136/137; *Pawlowski*, rechtsgeschäftliche Folgen nichtiger Willenserklärungen, S. 283-287; *Ders.*, Studium der Rechtswissenschaft, S. 97-100.

135 Dies hat zutreffend *Kininger* (Theorie und Soziologie des zivilgerichtlichen Verfahrens, S. 25) dargestellt. Damit ist aber ein Gesichtspunkt angesprochen, der über den Zivilprozess hinaus allgemein für alle Prozesse zutrifft.

136 *Hergenröder*, Richterliche Rechtsfortbildung, S. 239.

## 3. Keine Deckungsgleichheit des Urteils mit den Vorstellungen der Parteien

64 Im Urteil (oder in dem urteilsersetzenden Beschluss) als Form der richterlichen Rechtserkenntnis findet sich „das“ zwischen den Parteien geltende Recht freilich nicht zwingend wieder, worauf *Hergenröder*[137] aufmerksam gemacht hat. Die Parteien leben "an sich", außerhalb des Urteils, gewiss "ihr Recht". Was sie dabei einmal gesagt und getan haben, ob es darauf und auf ihre Motive ankommt, wenn es darum geht, festzustellen, was zwischen ihnen rechtens ist, ist bereits ihnen häufig nicht oder nicht mehr bekannt, wenn es denn zum Streit kommt. Indem die zivilprozessuale Rechtserkenntnis sich im zivilprozessual geregelten Ablauf vollzieht, ist das Ergebnis des richterlichen Kognitionsvorgangs möglicherweise, nicht aber zwingend, deckungsgleich mit der Erkenntnis, die ein ebenso allwissender wie juristisch gebildeter Beobachter des Handelns und Sprechens der Parteien aus seiner universellen Kenntnis der Lage ziehen könnte. Dabei geht es nicht allein um das „Fehlurteil“, in dem das Gericht das Instrument des Gesetzes fehlerhaft anwendet - Anspruchsgrundlagen verkennt oder Prozessrechtsregeln missdeutet. Umgekehrt ist vielmehr ausschlaggebend, dass die Erkenntnis des Rechts durch das Gericht im Zivilprozess nur dann fehlerfrei erfolgt, wenn das Gericht sich sowohl am Vortrag der Parteien als auch der methodisch zutreffenden Ermittlung der Vorentscheidungen des geltenden Rechts orientiert hat.

## 4. Zur Stellung der arbeitsgerichtlichen Judikatur

65 Dagegen wird häufig das Arbeitsrecht als Beispiel einer Rechtsfortbildung im „rechtsfreien Raum“ angeführt.[138] Dieses Beispiel trägt jedoch nicht. Denn in Gestalt der Vorentscheidungen des BGB, insbesondere der Verfassung wie aber auch der lang zurückreichenden arbeitskampfrechtlichen Judikatur lagen und liegen nämlich der Rechtsprechung immer bereits rechtliche Vorentscheidungen vor, auf die sie bei ihren Entscheidungen zurückgreifen konnte und kann. Und die Gerichte müssen wegen ihrer Bindung an Recht und Gesetz auf diese Vorentscheidungen als Bestandteile des „geltenden Rechts“ zurückgreifen. Anders ausgedrückt ist auch die Arbeitsgerichtsbarkeit auf diesem Gebiet auf die Anwendung des „vorhandenen“ Rechts angewiesen.

66 So wird denn auch häufig angesprochen, die Entwicklung eigenen „Richterrechts“ fände bei der Anwendung von Generalklauseln statt. Aber auch die Anwendung von Generalklauseln unterscheidet sich in keiner Weise von der An-

---

137 *Hergenröder*, Richterliche Rechtsfortbildung, S. 159.

138 *Smid*, Richterliche Rechtserkenntnis, S. 74.

wendung und Auslegung anderer gesetzlicher Tatbestände. *F. Wieacker* hat in seiner Darstellung des § 242 BGB[139] deutlich gemacht, wie diese Rechtsanwendung vor sich geht, nämlich durch die Bildung von Fallreihen, die Gewinnung von Kriterien, Argumenten aus vergleichbaren Konfigurationen usf.[140]

Dass diese Art quasilegislatorischer Rechtsfortbildung dem Richter anver- 67
traut sei, gilt indes als verfassungsrechtlicher topos[141], der auch in Prozessrechtslehrbüchern[142] angeführt und den anzuzweifeln als Sakrileg angesehen wird. Man darf kaum noch die Kompetenz des Richters zur Rechtsfortbildung bestreiten, um nicht in Ruf längst abgetaner Begriffsjurisprudenz zu geraten[143]. Doch fällt an den Diskussionen um die Rechtsfortbildung auf, dass sie in der Regel von einer bestimmten Perspektive beherrscht sind: Es wird nämlich nach der materiellen Legitimation des Richters zur „Ergänzung“ des Rechts nach unserer Verfassung gefragt, und aus diesen materiellen Überlegungen werden dann Folgerungen abgeleitet[144]. Nun haben demgegenüber bereits die Untersuchungen *J. Goldschmidts*[145] deutlich gemacht, dass mit dieser Art der Betrachtung freilich nur eine, begrenzte Dimension der Frage nach der Rechtsfortbildung im Prozess in den Blick tritt. Es bleibt außer Acht, dass neben der Frage nach der materiellrechtlichen Befugnis zur „Rechtserweiterung“ eine prozessuale Betrachtungsweise andere Maßstäbe anlegt und anlegen muss.

Denn es ist zu kurz gegriffen, wenn man einfach argumentativ durchgreift 68
und folgert, da der Richter das Recht fortbilde, sei er als Prozessbeteiligter anzusehen. Denn auch wenn sich die Rechtserkenntnis des Richters Feststellung des geltenden Rechts als dessen Fortbildung insofern darstellt, wie seine Präjudizien

---

139 *Wieacker*, Zur rechtstheoretischen Präzisierung des § 242, 1956. Vgl. zum Ganzen eingehend *H.-E. Henke*, die Tatfrage, bes. S. 106 ff., 101 ff.

140 So sieht auch *Lefringhausen*, Untersuchungen zur materiellen Abgrenzung der Rechtsprechung von der Verwaltung, S. 48, dass die Rechtsprechung das („lückenhafte“) Recht aus dem Recht – den vorhandenen Vorentscheidungen – unter Maßgabe des Gleichbehandlungsgrundsatzes ergänzt.

141 Vgl. allein die Nachweise BK-*Achterbergs*, Art. 92 Rn. 128.

142 Vgl. nur *Jauernig*, Zivilprozessrecht § 1 I 2.

143 Ein zentrales Beispiel bildet *Bydlinski*, Juristische Methodenlehre und Rechtsbegriff, 1982, der die Frage nach der prozessual-instrumentellen Seite des Rechts beinahe völlig außer Acht lässt.

144 Es kann hier auch nicht annähernd der umfassenden Literatur Rechnung getragen werden, die besonders seit Beginn der sechziger Jahre zu diesem Themenkreis erschienen ist. Vgl. daher allein die hier weithin „willkürlich“ getroffene Auswahl: *Larenz*, Methodenlehre der Rechtswissenschaft II. Kap. 5, 6; *ders.*, Henkel-F. 1974 S. 31 ff.; *ders.*, *Nikisch-F.* 1985 S. 275 ff.; *Fikentscher*, Methoden des Rechts, Bd. 4 bes. S. 374 ff.; *Hilger*, Larenz-F. 1973 S. 121 ff.; *Flume* 46. DJT Bd. II K.

145 Der Prozess als Rechtslage, S. 152 ff. m. um f. N.

aus den unterschiedlichsten Gründen zu beachten sind, erheischt doch die Analyse des Prozesses eine Betrachtungsweise, die diese materiell-rechtlichen Problemstellungen verlässt und nach prozessualen Befugnissen fragt. Erst dadurch gelangen wir nämlich – jenseits aller methodischen Behauptungen (in der juristischen Methodenlehre mit prozessualen Überlegungen vornehmlich *H.-M. Pawlowski*[146] und *J. Schapp*[147]) – zu der Beurteilung prozessualer Kompetenzen: Gewiss ist der Richter nicht als ein „Ersatzgesetzgeber" in dem Sinne zur Prozessrechtsfortbildung befugt, dass er das Recht aufgrund seines rechtspolitischen Dafürhaltens jenseits der Definitionen der Parteien „verbesserte". Sieht man aber das Prozessrecht als Konstitutions- und Erkenntnismodus des geltenden Rechts an, so wird deutlich, dass hier völlig andere Probleme liegen als in einer materiell-rechtlichen Diskussion.

69 Der Grund der Rechtsfortbildung durch die Gerichte ist darin zu sehen, dass das Recht eine Entscheidung des konkreten Falles häufig noch nicht ausdrücklich vorsieht - weil die Parteien neue Formen des gemeinsamen Rechtsverkehrs gefunden haben. Das Gericht muss den Rechtsstreit aber entscheiden - daher muss es neues Recht finden. Die Erkenntnis des zwischen den Parteien streitigen Rechts lässt sich in zwei Seiten zerlegen. Das Gericht hat die Pflicht, im Einzelfall zu entscheiden; es ist verfassungsrechtlich gem. Art. 20 Abs. 3 GG[148] daran gehindert, den Parteien die Erkenntnis des Rechts zu verweigern.[149] Hieraus ergeben sich zwei Konsequenzen. Zum einen hat das Gericht einen Rechtssatz zu finden, unter den es den festgestellten Sachverhalt - den Tatbestand - subsumiert. Das Gericht darf die Entscheidung nicht wegen Unkenntnis des Rechts verweigern. Und ebenso hat es jedenfalls einen Tatbestand zu erkennen, d.h. aufgrund des von den Parteien vorgetragenen Sachverhalts einen Tatbestand auch dann als Untersatz der Entscheidung zu verfassen, wenn die Parteien es unterlassen, Behauptungen aufzustellen oder wenn sie ihre streitigen Behauptungen nicht unter Beweis stellen können. Denn wie sich noch unten zeigen wird greifen für diese Fälle rechtliche Regelungen sowohl des Prozessrechts (§§ 138 Abs. 2 und Abs. 3 ZPO) als auch des materiellen bürgerlichen Rechts ein: Zur Rechtserkenntnisaufgabe des Gerichts gehört die Erkenntnis der prozessualen Regelungen über die Verhandlung und Beibringung von Tatsachen ebenso wie der materiell-rechtlichen Beweislastregeln.

---

146 *Pawlowski*, Methodenlehre für Juristen, Rn. 71.

147 *Schapp*, Hauptproblem der juristischen Methodenlehre, bes. S. 61 ff.

148 *Hergenröder*, Richterliche Rechtsfortbildung 173.

149 *Hergenröder*, Richterliche Rechtsfortbildung 152 et passim.

### *5. Präjudizien*

Häufig wird freilich ein anderes Problem als das der „volitiven Rechtsfortbildung“ durch die Rechtsprechung unter dem Titel des „Richterrechts“ diskutiert – nämlich die Frage nach der Geltung und „Bindungskraft“ richterlicher Entscheidungen. Zum einen ist damit die materielle Rechtskraft angesprochen[150]; hier geht es um einen anderen Fragenkreis, nämlich darum, zu untersuchen, weshalb eine „ständige Rechtsprechung“ von (anderen) Gerichten bei der Rechtsanwendung als ein Datum des geltenden Rechts berücksichtigt werden muss. Darauf antwortet eine Reihe von Autoren mit dem Hinweis, die Rechtsprechung „setze“ permanent neues Recht.[151] Diese Ansicht hat eine gewisse Berechtigung, denn es ist unverkennbar, dass eine Entscheidung, die ohne Grund von der Rechtsprechung der Obergerichte abweicht, falsch, ungerecht wäre. Der Grund dafür liegt allerdings nicht in einer quasilegislatorischen oder sublegislatorischen Gesetzgebungskompetenz der Rechtsprechung, die ihr häufig zugesprochen wird. Die Rechtsgeltung von Präjudizien lässt sich vielmehr zwanglos aus dem rechtlichen Gebot der Gleichbehandlung erklären: Zwar gelten richterliche Erkenntnisse nicht gleich Gesetzen bis zur ihrer „Aufhebung“, doch darf nur dann in gleichgelagerten Fällen von der Rechtsprechung der Obergerichte abgewichen werden, wenn für eine derartige Abweichung – die immer Ungleichbehandlungen einschließt – Gründe vorliegen. 70

## X. Zivilgerichtliche Verfahren als privatrechtliche Verkehrsform

### 1. Verfahrenselemente des rechtlichen Handelns der Beteiligten

Wenn im Folgenden von Verfahren als dem Oberbegriff von Zivilprozess und anderen zivilgerichtlichen Verfahren die Rede sein wird, ist damit eine Form des rechtlichen Verkehrs der Verfahrensbeteiligten angesprochen.[152] Im Verfahren verfolgen die Beteiligten bestimmte Aufgaben – die Mitwirkung an der Rechterkenntnis, die Förderung der Entwicklung des Kindes oder die Durchführung von Immobiliartransaktionen, um nur drei Beispiele zu nennen. So kann ein wirtschaftlich angeschlagener Unternehmensträger in einer "außergerichtlichen Sanierung" reorganisiert werden. Die beteiligten Akteure vermeiden beim Scheitern eines derartigen Versuchs aber nur unter der Voraussetzung eine eigene Haftung, dass sie sich an die verfahrensrechtlichen Vorgaben, z.B. des IDW- 71

150 Vgl. *Smid*, Rechtsprechung § 6 m. w. N.

151 M. w. N. *Achterberg*, in: BK, GG, Art. 92 Rn.130ff.

152 *Pawlowski, in:* Pawlowski/ Smid, Freiwillige Gerichtsbarkeit, § 2 Rn. 35 ff.

Standards Nr. 6 halten - der selbst an der Verkehrsform für gerichtliche Sanierungen, dem Insolvenzplanverfahren nach den §§ 217 ff. InsO - orientiert ist.

### 2. Materielles Rechtshandeln in gerichtlichen Verfahrensformen

72 Die Gemeinsamkeit zivilgerichtlicher Verfahren – also des Zivilprozesses, streitiger, aber auch nichtstreitiger Verfahren nach dem FamFG - wird im Wesentlichen dadurch begründet, dass die Gerichte die ihnen übertragenen Verwaltungsaufgaben *prozessual* erledigen. Die Wahrnehmung materieller Verwaltungstätigkeiten durch Gerichte erfolgt also in den Verfahrensformen, die gerichtliche Tätigkeiten kennzeichnen. Unter „Verfahren" sind dabei allerdings nicht all diejenigen Maßnahmen zu verstehen , die *ein Richter* in bestimmten Angelegenheiten ergreifen muss – *Pawlowski*[153] nennt in diesem Zusammenhang als Beispiele die Art und Weise, in der der Richter im Verfahren in Vormundschaftssachen einen Vormund aussucht, wen er über entscheidungserhebliche Umstände befragt usf. Denn diese Vorstellung von „Verfahren" mag zwar aus der Perspektive des Richters zunächst eine gewisse Plausibilität haben; für ihn mögen sich das FamFG und die übrigen Gesetze, die für das Verfahren in Vormundschaftssachen von Bedeutung sind, sowie die GBO oder die InsO, als ein Komplex von Bestimmungen darstellen, die *seine* Arbeitsweise regeln[154]. Zivilgerichtliche Verfahren sind aber über die Tätigkeiten des Richters hinaus durch das Zusammenwirken verschiedener Beteiligter gekennzeichnet, worauf noch näher einzugehen sein wird.

---

153 *Pawlowski*, in: *Pawlowski/Smid*, FGG, § 2 Rn. 36 ff.

154 Aus dieser Perspektive schreiben die Gesetze den Richtern vor, was sie tun dürfen, wie sie eine Entscheidung zu fällen haben usw. Ein derartiges Verständnis der Gesetze ist zwar möglich und in sich konsequent. Ihm entspricht z. B. die *von Ihrering* begründete Theorie vom Wesen des Gesetzes als eines Inbegriffs von Rechtsnormen, deren einziger Adressat die Behörden sind, die das Gesetz anzuwenden haben (Der Zweck im Recht. Bd. I, 2. Aufl. 1884, S. 331 ff.; ähnlich dann *Max Ernst Mayer*, Rechtsnormen und Kulturnormen. 1903 (Neudruck 1965), S. 4 ff.; *Binder*, Rechtsnorm und Rechtspflicht. 1912, S. 21 ff., *ders*., Der Adressat der Rechtsnorm. 1927, S. 4 ff. Anklänge an diese Theorie finden sich schon im früheren Schrifttum; dazu i. ü. die Darstellung bei *Krüger*, Der Adressat des Rechtsgesetzes. 1969, S. 19 ff.). Diese technische Perspektive hilft aber nicht bei den Bemühungen um das Verständnis des *Rechts*, das nicht mit den Gesetzen identisch ist – auch nicht nach den Vorstellungen der oben angeführten Autoren.

### 3. Abgrenzung zum naturwissenschaftlichen Begriff des Verfahrens

Verfahren wird in den Naturwissenschaften als Vorgang verstanden, der von einem Subjekt gesteuert wird, das außerhalb und überhalb dieses Vorgangs steht. Der *Versuchsaufbau* des Physikers oder Chemikers nicht anders als seine Umsetzung in der Industrie beruhen darauf, dass der Naturwissenschaftler bestimmte Abläufe initiiert und ihren Gang und ihre Ergebnisse beschreibt. Es wäre aber verfehlt, ein zivilgerichtliches Verfahren nach diesem Bild der naturwissenschaftlichen Versuchsanordnungen als Verfahren des *Richters* verstehen zu wollen. Allerdings sind derartige Beschreibungen durchaus vertreten worden.[155] Ihnen liegt ein Verständnis vom Gesetz zugrunde, das sich allein an die gesetzesanwendenden Behörden – also auch an die Gerichte – wendet. Die (übrigen) Beteiligten eines zivilgerichtlichen Verfahrens und die rechtliche Bedeutung ihrer Handlungen im Verfahren können von diesem Bild nicht angemessen erfasst werden. 73

Im *demokratischen* Rechtsstaat, in dem die staatlichen Amtsträger nicht „über" den Untertanen stehen, in denen ihnen vielmehr eine Dienstleistungsfunktion zukommt, die sie „zwischen die Bürger" stellt[156], stellt sich das gerichtliche Verfahren dagegen als eine besondere „Verkehrsform zwischen verschiedenen Beteiligten" (bzw. Gruppen von Beteiligten) dar. So sieht das Gesetz ausdrücklich vor, dass das Urteil im Namen des Volkes ergeht (§ 311 Abs. 1 ZPO).[157] 74

Den legitimationstheoretischen (verfassungsrechtlich bedingten) Vorgaben gerichtlicher Verfahren ist es daher angemessen, unter Verfahrensrecht die Festlegung einer Verkehrsform für bestimmte Personen zu begreifen, die durch ihre unterschiedlichen Handlungen im Verfahren die Entscheidung gemeinsam hervorbringen. Verfahrensrecht erscheint damit als Organisationsrecht der am Verfahren zu Beteiligenden und Beteiligten, das die Art der Zusammenarbeit dieser Personen rechtlich regelt. Aus diesem Blickwinkel betrachtet geht es zunächst immer darum, festzustellen, wer zu einer zu treffenden Entscheidung einen Beitrag leisten kann (oder ggf. muss) – wer also bei einer Entscheidung mitzuwirken hat. 75

Wenn daher hier vom zivilgerichtlichen Verfahren die Rede ist, wird damit allein nicht das Handeln eines Richters angesprochen, der mit den Beteiligten gleichsam wie ein Chemiker mit Elementen „verfährt", die er nach einem „Ge- 76

155 *LLewellyn*, Recht, Rechtsleben und Gesellschaft, S. 35 ff.

156 Dazu ausführlich *Pawlowski,* ZZP 1980, S. 345 ff. und *ders*. in: R. Weber-Fas (Hrsg.), Jurisprudenz. 1978, S. 637 ff.

157 *Musielak*, in: Musielak, ZPO, § 311 Rn. 1.

setz" „anordnet". Es geht nicht um die Beobachtung der Wirkung von (Natur-)Gesetzen, sondern um das Recht, das zwischen den Beteiligten entsteht, gilt und zu erkennen oder zu ordnen ist. Zivilgerichtliche Verfahren sind daher Erscheinungen des Rechts. Sie erweisen sich als Regelung von geordneter Zusammenarbeit[158]. Das Recht entsteht oder wird gebildet immer nur in einem bestimmten Verfahren: der Gesetzgebung, der Verwaltung oder im Prozess. Recht geht immer aus dem organisierten Zusammenwirken verschiedener Beteiligter hervor: Bei der Gesetzgebung aus dem Zusammenwirken der Repräsentanten aller Rechtsgenossen, beim Urteil aus dem Zusammenwirken aller Beteiligten – des Richters und der Parteien. Verfahren ist somit immer die Regelung der Beziehungen bestimmter Personen (Subjekte). Es legt die Verkehrsform von Personen fest, die eine gemeinsame rechtliche Aufgabe zu erfüllen haben.

77 Das mag das familiengerichtliche Verfahren in vormundschaftsrechtlichen Kindschaftssachen beispielhaft deutlich machen. Beim Vormundschaftsverfahren handelt es sich darum, dass die Aufgabe, das Recht des Minderjährigen auf Erziehung zu gewährleisten, von den verschiedenen Personen und Institutionen - und nicht zuletzt vom Familiengericht - erfüllt wird, denen diese Aufgabe kraft Gesetzes zufällt. Mit dem Wort „Verfahren" wird daher nicht isoliert die Arbeitsweise des Richters angesprochen, sondern die Organisation der Zusammenarbeit verschiedener Personen. So geht es im Vormundschaftsverfahren um die Organisation der Zusammenarbeit derjenigen, denen die Aufgabe der Vormundschaft bei einem Minderjährigen übertragen worden ist, m. a.W. um die Aufgabe der Erziehung und der Vermögenssorge.

## XI. Gang der Darstellung

78 Diese Vorbemerkungen haben den Raum für die Analyse der „Elemente" zivilgerichtlicher Verfahren geöffnet. Da in Verfahren bestimmte Person Rollen einnehmen und handeln, setzt diese Darstellung mit der Analyse dieser Rollen ein. Zunächst soll behandelt werden, welches das richtige Gericht ist – welches Gericht zuständig und welcher Richter zum Richteramt in concreto berufen ist. Das leitet zu den Beteiligten am Verfahren im weitesten Sinne ein. Sind die Handelnden dargestellt, geht es darum, deren Handlungen zu beschreiben. Das verweist zunächst auf die Art der Einleitung von Verfahren, auf Anträge und amtswegige Handlungen. Da Verfahren final auf Entscheidungen im weitesten Sinne hin gerichtet sind, geht es auch um die Art der Gewinnung derjenigen Erkenntnisse, die den zu fällenden Entscheidungen zugrunde zu legen sind. Schließlich

158 Zum Unterschied und zu den Implikationen der monologischen und der dialogischen Perspektive vgl. *Pawlowski*, Einführung in die juristische Methodenlehre, Rn. 92 ff.

sind die Entscheidungen, ihre Wirkung und die Möglichkeiten ihrer Korrektur zu erörtern.

# § 2 Rechtsprechende Streitentscheidung und verwaltende Rechtspflege

## I. Rechtsprechung als Streitentscheidung über abgeschlossene Sachverhalte

### 1. Urteilen in Streitsachen liegen keine (finalen) Zwecke zugrunde

Die Rechtsprechung (als funktionale rechtsanwendend-streitentscheidende Rechtsprechung verstanden) schafft sich ihre Fälle nicht selbst. Sie reagiert - anders als die Verwaltung - nicht auf einen vermeintlichen „Regelungsbedarf“ in der Gesellschaft, den ihre Entscheidungen „abzudecken“ hätten.[159] Sie entscheidet über in der Vergangenheit liegende Sachverhalte, und zwar deshalb, weil sie ihre Tätigkeit erst aufgrund des Begehrens der „rechtssuchenden“ Parteien aufnimmt. 1

Dies gilt auch für Gestaltungsurteile[160] (bzw. der gem. § 142 Abs. 1 FamFG an die Stelle eines Gestaltungsurteils tretende Beschluss über die Ehescheidung) - auf deren Struktur noch im Folgenden einzugehen sein wird. Denn die Antizipation - und insofern Vorverlagerung - des künftigen Streits um die Wirksamkeit der Ausübung von Gestaltungsrechten ändert nichts daran, dass in der Entscheidung dieses Streits ein abgeschlossener Sachverhalt - nämlich die konkrete Kündigung, das Scheidungsbegehren usf. - verhandelt wird. Auf Folgenorientierungen stellt der Richter seine Entscheidung auch in diesem Zusammenhang keinesfalls ab. 2

Rechtsprechung ist insofern nämlich nicht an „finalen“ Zwecksetzungen ausgerichtet, wie sie für das Handeln der Verwaltung bestimmend sind.[161] Während die Verwaltung Vorstellungen über eine Verbesserung der Wirklichkeit dadurch umsetzt, dass sie Projekte des Straßenbaus, der Kulturförderungen usf. durchführt, lassen sich vergleichbare Zwecksetzungen in der Rechtsprechung nicht antreffen. Es sei denn, man wollte - emphatisch - von der Verwirklichung von „Gerechtigkeit“ als dem Zweck der Rechtsprechung sprechen.[162] Übersetzt aber hieße eine solche Orientierung der Rechtsprechung an der Produktion „gerechter“ Entscheidungen, dass Rechtsprechung nicht mit der Durchsetzung „bes- 3

---

159 Zu den verschiedenen sozial- und rechtspolitischen Zwecken der gerichtlichen, materiell der Verwaltung zugehörigen Verfahren nach dem FGG vgl. *Smid*, Rechtsprechung § 3 und Teil 3.

160 Vgl. *Smid*, Rechtsprechung, § 3 III,196.

161 *Smid*, Grundzüge des neuen Insolvenzrechts, § 1 Rn. 10.

162 So aber z. B. *Lefringhausen*, Diss.,17 ff.

serer" Verhältnisse (in der Zukunft), sondern der gerechten, weil rechtsförmig-rechtmäßigen Lösung sozialer Konflikte befasst ist.[163]

4 Wenn der Rückgriff auf „zukunftsbezogene" Zwecke (Zielvorgaben) der Rechtsprechung jedoch verwehrt ist, so muss nach den Kriterien gefragt werden, aufgrund derer sie ihre Entscheidungen begründet. Dabei kann auf Überlegungen zurückgegriffen werden, die im Zusammenhang der Begründung der Rechtsprechungsqualität des Strafprozesses angestellt werden.[164] Rechtsprechung ist an Recht und Gesetz gebunden, und zwar erkennbar in einer anderen Weise, als dies bei der Verwaltung der Fall ist. Während die Verwaltung „zweckrational"[165] organisiert ist, spricht man in Anlehnung an systemtheoretische Begriffsbildungen von einer „konditionalen" Programmierung der Rechtsprechung.[166] Hinter diesem Begriff steht die Erkenntnis, dass die Anwendung des geltenden Rechts der einzige Zweck der Rechtsprechung als eines „input"-orientierten Verfahrens ist. Die Entscheidungen der Rechtsprechung[167] stehen nicht unter Bedingung, Bedeutung für zukünftige Prozesse zu haben; sie werden „konditioniert" durch die Summe von Vorentscheidungen des Gesetzgebers (oder im Hinblick auf die zu verwirklichende Gleichbehandlung wesentlich gleicher Sachverhalte[168] durch die Entscheidungen anderer Gerichte, die das geltende Recht mit ausmachen). Mit anderen Worten werden die Entscheidungen der Rechtsprechung nicht durch ihre Effizienz im Hinblick auf soziologische oder ökonomische Sachverhaltsregelungen hin „programmiert"[169]. Sondern es kann

---

163 *Luhmann*, Zweckbegriff und Systemrationalität,31 ff. *Luhmann* hat gezeigt, dass sich die Tätigkeit des Rechtssystems nicht mehr als Reproduktion einer Gerechtigkeit erfassen lässt. Rechtsprechung wird nicht durch die (vorgegebene) Gerechtigkeit ihrer Entscheidungen legitimiert, sondern kann nur kraft der Legitimation ihrer Entscheidungen aufgrund förmlicher Verfahren gerecht entscheiden.

164 Vgl. *Smid*, Rechtsprechung, § 3 II,184.

165*Luhmann*, Zweckbegriff und Systemrationalität,100: „Zwei der wichtigsten Begriffsschwierigkeiten und Kontroversen des „Allgemeinen Verwaltungsrechts", die Frage nach dem Umfang des Prinzips der Gesetzmäßigkeit der Verwaltung und die Frage nach der Abgrenzung des „Ermessens" vom „unbestimmten Rechtsbegriff" beziehen sich auf dieses Problem der Gegensätzlichkeit von Zweckprogramm und Konditionalprogramm".

166 Vgl. *Luhmann*, Lob der Routine, in: Politische Planung,113 ff.; Verwaltung zeichnet sich danach durch andere Systemgrenzen und andere Verarbeitungskapazitäten aus.

167 Output steht für eine Orientierung an den Folgen (Auswirkungen) des Handelns. Input spricht an, welche „vorhandene" Kriterienkontexte („Programme") dem Systemhandeln unterlegt werden.

168 *Pawlowski*, Methodenlehre für Juristen, Rn. 330.

169 Vgl. freilich auch die – rechtssoziologische – Arbeit von *Adams*, Ökonomische Analyse des Zivilprozesses, 1981, insbes.75 ff., der versucht, die „Wohlfahrtswirkungen des Zivilprozesses" im Sinne des proberty rights approach zu untersuchen (vgl. hierzu

von einer konditionalen Programmierung[170] gesprochen werden, weil Rechtsprechung allein auf das Recht[171] hin tätig wird[172], oder, zugespitzt ausgedrückt: Justitia agiert aus Gründen mit verbunden Augen, die in ihrer Struktur selbst liegen. Es versteht sich damit aber auch von selbst, dass Rechtsprechung von jedweder Rücksichtnahme auf die Folgen ihres Tuns losgesprochen wird. Und gegenüber den mannigfaltigen, durch die jeweiligen heterogenen Aufgabenstellungen bestimmten Verwaltungszwecken, die zur Bestimmung der Folgenerwägungen der jeweiligen Verwaltung bedeutsam sind, kann für die Beschreibung der von der Rechtsprechung anzustellenden Folgenerwägungen auf den „Zweck" der Rechtsprechung zurückgegriffen werden, wie er hier als endgültige Streitentscheidung dargestellt wurde.

Die Erkenntnis des jeweils - heute im Einzelfall - geltenden Rechts ist auch 5
dann nicht „frei"[173], wenn sie durch unabhängige Richter gewonnen wird, hat sich doch oben in Anlehnung an die Bemühungen der juristischen Methodenlehre gezeigt, dass der unabhängige richterliche Status allein durch die Gesetzesbindung des Richters erträglich ist. Sie ist selbst durch die Regeln der juristischen Dogmatik definiert.[174] Und das bedeutet, dass Rechtsprechung bei den von ihr zu fällenden Entscheidungen deren dogmatische Konsistenz zu berücksichtigen hat. Die jeweilige Entscheidung muss mit dem System von Vorentscheidungen, die das Gericht zu berücksichtigen hat, in Einklang stehen, „stimmig" sein, um die rechtliche Gleichbehandlung der Parteien zu gewährleisten. Und damit kann auch gegenüber modernen Ansätzen, die z. T. von einer „Unerkennbarkeit" der Richtigkeit oder Unrichtigkeit von Entscheidungen ihren Ausgang nehmen, angegeben werden, dass die Richtigkeit gerichtlicher Entschei-

---

*Furubotn/Pejovich*, The Economics of Property Rights, 1974). Vgl. auch bereits *Kisch*, Iudicium Bd. 1 (1928/29),10-19.

170 *Luhmann*, Rechtssoziologie,88.

171 Vgl. ferner *Fenge*, Fr. Weber-F. 1975,135 ff., 139. Zum Prozess als Verfahren der Rechtsanwendung „schlechthin" vgl. *Scheuerle*, Rechtsanwendung, 1952,42.

172 Freilich verweist *Luhmann*, Recht und Automatisation in der öffentlichen Verwaltung,36 ff., darauf, dass auch Verwaltungshandeln „konditional-programmiert" sein könne, was z. B. in der Leistungsverwaltung häufig der Fall ist. Dies ändert jedoch an der grundsätzlichen Zweckorientierung auch dieser Verwaltungstätigkeit nichts.

173 Freiheit des Richters „vom Gesetz" bedeutet seit *Bülow* (Gesetz und Richteramt), *Reichel* (Gesetz und Richterspruch) und *Isay* (Rechtsnorm und Entscheidung; hierzu: *Nierwetbert* ARSP Bd. 68 <1983>529 ff.) im Gefolge der Kritik der inversiven Begriffsjurisprudenz nicht die Lösung des Richters von dem zwang zu juristischer Argumentation, sondern allein gegenüber den – partikularen – historischen Zwecken des Gesetzgebers die Begründung juristischer Dogmatik.

174 *Smid*, Richterliche Rechtserkenntnis,74; *Hergenröder*, Zivilprozessuale Grundlagen richterlicher Rechtsfortbildung, S.10.

dungen anhand des Materials vorhandener Vorentscheidungen geprüft und ihre Unrichtigkeit festgestellt werden kann, wenn sie zu ungerechtfertigen Ungleichbehandlungen führen.

## 2. Zwangsvollstreckungsverfahren

6 So wurde von der gemeinrechtlichen Lehre[175] das Zwangsvollstreckungsrecht lange nicht als Teil des Zivilprozessrechts angesehen. Und in der Tat geht es in ihm um andere Sachfragen als im zivilprozessualen Erkenntnisverfahren. Während in letzterem das Recht der Parteien festgestellt wird, geht es im Zwangsvollstreckungsverfahren wesentlich auch um die rechtsförmige „Rechtsdurchsetzung" (nämlich dort, wo Eingriffe in den Haftungsverband des Schuldners organisiert werden). Anderes gilt für die Verfahren, in denen der Haftungsverband z. B. durch die Feststellung der Pfändungsfreibeträge der Umfang des Haftungsverbandes festgestellt wird oder Streit um die Rechtsmäßigkeit von Vollstreckungsmaßnahmen geführt wird. Der obsiegenden Partei wird insofern die Vollstreckung nicht anheim gestellt, als im Rahmen der Durchführung der Zwangsvollstreckung durch staatliche Organe sozialpolitische Zwecke berücksichtigt werden können und müssen.[176]

## 3. Ausschluss inadäquater und dysfunktionaler Entscheidungsfolgen

7 Der Richter hat der Wahrnehmung von Aufgaben materieller Rechtsprechung zwar die empirischen sozialen, wirtschaftlichen usf. Folgen seiner Entscheidungen außer Acht zu lassen, muss aber danach trachten, ungewollte „Adaptionsfolgen" (*G. Lübbe-Wolff*[177]) zu vermeiden. Die von der Rechtsprechung bei ihren Entscheidungen in Betracht zu ziehenden Folgen beziehen sich daher immer auch auf die Auswirkungen, welche diese Entscheidungen auf das Rechtssystem selbst haben: Es stellt sich somit für den Richter, der im konkreten Fall das Recht in einer bestimmten Weise auslegt, immer die Frage, ob von der gefällten Entscheidung her mit den vorhandenen Normen konsistent argumentiert werden kann, oder ob durch eine beabsichtigte Entscheidung Handlungen zukünftiger

---

175 *Wetzell*, System des ordentlichen Zivilprozesses, 3. Aufl. 1878 §§ 47, 50, 73; *Linde*, Lehrbuch des deutschen gemeinen Civilprozesses, 1825, §§ 333-341, stellt die Mittel des Zwangsvollstreckungsverfahrens dar; vgl. auch *Renaud*, Lehrbuch des gemeinen deutschen Civilprozesses, 2. Aufl. 1873, §§ 219 ff.

176 Vgl. *Gerhardt*, Vollstreckungsrecht § 1 III; *Wieser*, ZZP Bd. 98 (1985),427 ff.; beide m. w. N.

177 *Lübbe-Wolff*, Rechtsfolgen und Realfolgen, 1981,137 ff.

Parteien möglicher späterer Rechtsstreitigkeiten provoziert werden, die unerwünscht sind und für die von vornherein kein Anlass in der Art der Rechtsprechung geboten werden soll[178].

Dabei geht es m.a.W. um die Verallgemeinerungsfähigkeit der vom Richter 8
vorgenommenen Rechtsanwendung. Denn eine Art der Auslegung des Rechts im konkreten Fall kann nicht beanspruchen, allgemein verbindlich zu sein, die in anderen Fällen zu einem Verhalten der betroffenen und beteiligten Bürger führt, das unerwünscht sein muss und in anderen Fällen durch eine andere Auslegung des Rechts vermieden werden könnte.[179] Das Gebot der Gleichbehandlung wesentlich gleicher Sachverhalte[180] steht aber einer ungleichen Behandlung strukturell gleicher Fälle entgegen - wobei zu beachten ist, dass die zu erwartenden unterschiedlichen Folgen einer Entscheidung nicht ausschlaggebend sein können, für deren Vergleich mit anderen Fällen. Über die Vergleichbarkeit oder Unvergleichbarkeit von Fällen entscheidet der tatbestandsmäßige Sachverhalt.[181]

Die von der Rechtsprechung anzustellenden Folgenerwägungen sind also 9
nicht „einseitig" darauf begrenzt, dass die jeweils gefällte Entscheidung mit der Summe ihrer einschlägigen Vorentscheidung übereinstimmt. Es sind vom Richter nicht allein Folgen seiner Entscheidung für das Rechtssystem selbst zu bedenken. Darüber hinaus muss die Rechtsprechung inadäquate Folgen ihrer Entscheidungen ausschließen. Sie muss immer bei der Fällung einer Entscheidung mitbedenken, welchen „Gebrauch" die Parteien künftiger Prozesse von diesem Präjudiz machen können. Es muss also immer berücksichtigt werden, ob eine Entscheidung geeignet ist, unerwünschte Folgen zu zeitigen, Missbräuche hervorzurufen, Schäden zu verursachen usf.[182]

So ist in der Literatur[183] eine Entscheidung des BVerfG[184] zu den Schei- 10
dungsvoraussetzungen angegriffen worden, in der das BVerfG entschied, es sei von Verfassungs wegen nicht angängig, eine Ehe „automatisch" nach Ablauf der Fünf-Jahres-Frist des § 1568 Abs. 2 BGB a.F. auch dann zu scheiden, wenn der scheidungsunwillige Partner glaubhaft mit Selbstmord drohe. Denn diese Entscheidung kann dazu führen, dass eine Anzahl Scheidungsunwilliger Selbstmordversuche unternehmen werden, um ihr Begehren im Verfahren - ggf. durch mehrere Instanzen - glaubhaft zu machen. Diese Kritik kann also mittels negativer Argumente den Nachweis der Dysfunktionalität der bundesverfassungsge-

---

178 *Pawlowski*, in: R. Weimar-F 353 ff., 359 ff.

179 *Pawlowski*, Methodenlehre, Rn. 40 ff.

180 *Pawlowski*, Methodenlehre, Rn. 36; *Rüthers*, Rechtstheorie, 5. Aufl., Rn. 650.

181 *Pawlowski*, Methodenlehre, Rn. 36.

182 *Smid*, Richterliche Rechtserkenntnis,82.

183 *Smid* (Fn. 182).

184 BVerfG, Beschluss vom 21.10.1980, Az.: 1 BvR 1284/79 = NJW 1981,108f.

richtlichen Entscheidung führen. Verfehlt dagegen wäre dagegen eine Kritik, die darauf rekurrieren würde, das BVerfG habe mit seiner Entscheidung die humanitären Ziele eines liberalen Scheidungsrechts o.ä. verkannt. Das BVerfG entschied nämlich insofern als Rechtsprechungsorgan. Und daher war es nicht seine Aufgabe, mit seiner Entscheidung politische „Verbesserungen" des geltenden Rechts zu befördern.[185]

11 Eine Vororientierung richterlicher Tätigkeit an den zu erwartenden sozialen Folgen (Adaptionsfolgen) der Entscheidungen findet also statt - aber ausschließlich auf Argumentationsstrukturen von Parteien künftiger Prozesse und das sonstige Verhalten im Rechtsverkehr[186], die nicht in der heutigen Rechtsprechung angelegt werden sollen.[187] Diese Art der „Folgenorientierung" ist nichts anderes als die gewöhnliche rechtsdogmatische Frage danach, welches die rechtstechnisch angemessene Form der Verwirklichung rechtlicher Gleichbehandlung sei. Anders ausgedrückt: Weder aufgrund ihrer Art der Organisation noch im Hinblick auf ihre „Programmierung" ist Rechtsprechung in den Stand gesetzt, auch nur die möglichen „positiven" Folgen zu erkennen, an denen sich zu orientieren ihr ein Großteil der Literatur empfiehlt.[188] Was allein so nötig wie prozessual der Rechtsprechung auch möglich ist, liegt in einer Ausrichtung der zu füllenden Entscheidung an zu vermeidenden dogmatischen Fehlentwicklungen als den auszuschließenden Folgen.

### 4. Rechtsprechung und sozial Steuerung

12 Rechtsprechung nimmt nach alledem nicht dadurch soziale „Steuerungsfunktionen" wahr, dass sie „Gerechtigkeit"[189] oktroyierend nach eigenen Zielvorstellungen setzt. Sie „steuert"[190] soziale Konflikte allein durch die Bereitstellung

185 *Smid*, Richterliche Rechtserkenntnis,83.

186 Deutlich wird diese im Steuerrecht, in dem die Rechtsprechung des BFH unmittelbar für Vertragsgestaltungen folgenreich wird.

187 In diesem Zusammenhang ist es zu sehen, wenn Entscheidungen kritisiert werden, die „Missbrauchsmöglichkeiten" durch ihre Art der Auslegung des Gesetzes erst den Parteien nahe legen. Denn derartige Entscheidungen berücksichtigen nicht, welchen Umgang die, rechtlich beratenen Parteinen mit dem Gesetz machen können. Oder anders ausgedrückt, sie lassen außer Acht, dass zu den bei der Auslegung zu berücksichtigenden Folgen gehört, wie das Handeln der Parteien durch den Umgang mit dem Gesetz „programmiert" wird.

188 So die Kritik *Pawlowskis*, DÖV 1976,505 ff.

189 Bereits in unserer Kritik von Ansätzen der Wertungsjurisprudenz her hat sich gezeigt, dass deshalb Darstellungen wie die *Lefringhausens*, Diss.11 ff. notwendig insignifikant werden müssen.

190 Der Ausdruck der „Steuerung" durch Rechtsprechung erweist sich insofern als misslich, vgl. *Fenge*, in: Weber-F.,135 ff.

von rechtsförmigen (und dadurch gegenüber dem Streit der Parteien verobjektivierten) friedensstiftenden Entscheidungen, ohne ein „finales“ oder gar voluntaristisches Element.[191]

Damit hat sich herausgestellt, dass die von funktionaler Rechtsprechung erbrachten Steuerungsleistungen ausschließlich indirekt greifen. Die Argumentation aus Normen statt aus kognitiven zukünftigen (und damit abänderbaren) Erwartungen macht es erst möglich, die Beteiligten von Verfahren zu Selbstdefinitionen - zur Formulierung und Festlegung dessen, was sie für Recht erachten - zu veranlassen und auf dieser Basis abschließend zu entscheiden. Dieser Prozess kann nun gleichermaßen als „Überzeugungsbildung“[192] wie auch als Ausschluss der Möglichkeit nachträglicher Beschwerden[193] begriff werden, ohne dass notwendig einem dieser Aspekte ein Vorwurf des Überschwanges oder Zynismus[194] gemacht werden müsste. Beide Darstellungsweisen stellen sich vielmehr als Momente einer Funktion des Prozesses dar. Verfahren der Rechtsprechung organisieren „Diskurse“ der Rechtsfestlegung und der überzeugenden – weil dogmatisch rekonstruierten – Entscheidung auf der Basis dieser Definitionen der Parteien. Weil Verfahren der Rechtsprechung normativ diese Aufgabe erfüllen, kann in der Rechtssoziologie das staatliche Verfahren unter dem Aspekt seiner empirischen Bedeutung als Herrschafts- oder Repressionsinstrument beschrieben werden. Ob nämlich die Parteien die Entscheidung schließlich als richtig – gerecht – akzeptieren, hängt nicht zuletzt auch von ihnen selbst ab[195] - ist eine quaestio facti und als solche Gegenstand sozialwissenschaftlicher Forschung. 13

191 *Smid* (Fn. 182)83.

192 *Ballweg*, Rechtswissenschaft und Jurisprudenz, 1970,120; *Fenge*, in: Weber-F., 135 ff., 152 f.

193 Vgl. *Gilles*‘ Kritik an *Luhmanns* Ansatz, Schiedermair-F. 1976,133 ff. *Gilles* Fragestellung ist freilich von vornherein dem Luhmannschen Ansatz inadäquat; er fragt nach der Korrektur von Fehlurteilen und ihrer Korrektur, wobei ihm *Luhmanns* Legitimationsansatz hinderlich erscheint. Der Kritik *Gilles* vergleichbar der Ansatz *Kiningers* (Theorie und Soziologie des zivilgerichtlichen Verfahrens, dort insbes.20), der sich auf systemtheoretische Überlegungen stützt.

194 *Ballweg*, Rechtswissenschaft und Jurisprudenz,113 ff. statt vieler.

195 Dies machen empirische Studien zur sozialen Verteilung der Vergleichsbereitschaft deutlich, in denen sich die Fähigkeit der Parteien zu autonomen Rechtsdefinitionen widerspiegelt.

## II. Die unterschiedliche Kostenorientierung von Verwaltung und Rechtsprechung als Kriterium ihrer Unterscheidung

14 Aus dem Verhältnis, in das die Rechtsprechung zu den Folgen ihrer Entscheidungen tritt, ergeben sich weitere Konsequenzen: Rechtsprechung und Verwaltung lassen sich nach der unterschiedlichen Bedeutung differenzieren, die für sie die Ökonomie des jeweiligen Verfahrens als Entscheidungskriterium haben. Zweckverfolgung (folgenorientierte Entscheidung) ist nur dann funktional angemessen orientiert, wenn sich die Kosten der Entscheidungen als wirtschaftlich - als verhältnismäßig - erweisen. Und es hat sich ergeben, dass diesem Erfordernis der Wirtschaftlichkeit für die Verwaltung seinen Ausdruck in einer Zweck / Mittel-Relation findet, an der die Verwaltung ihr Handeln auszurichten hat. Die Kosten der Entscheidungsprozesse der Verwaltung müssen, so lautet diese Relation, geringer sein als die bei der praktischen Umsetzung ihrer Maßnahmen anfallenden Aufwendungen.

### 1. Kosten/Nutzen-Relationen in der Verwaltungsentscheidung

15 Das Verwaltungshandeln selbst führt zu einer Veränderung der Tatsachengrundlagen, auf der die (folgenorientierten) Verwaltungsentscheidungen gefällt und von der her das Verwaltungshandeln „programmiert" werden. Damit kommt zugleich in den Blick, dass die Mittel beschränkt sind, derer sich die Verwaltung bedienen kann, will sie entscheiden oder ggf. auf die veränderten Tatsachen reagieren und einmal gefällte Entscheidungen abändern. Damit wird ein weiteres, entscheidendes Strukturmerkmal von Verwaltungsentscheidungen erkennbar, das bereits in dem Hinweis auf die Knappheit von Zeit und Mitteln angelegt ist. Die Verwaltung hat nämlich dem Grundsatz der Sparsamkeit[196] der von ihr aufgewendeten Mittel bei ihren Entscheidungen Rechnung zu tragen. Sie hat, auf den Begriff gebracht, „wirtschaftlich", also effizient zu handeln. Und Verwal-

196 *Bohne*, Der informale Rechtsstaat, 217; *Bohne*, Die Verwaltung Bd. 9 (1976) 19 ff.; *Leissner*, Effizienz als Rechtsprinzip, 1971; *Derlien*, Die Verwaltung Bd. 7 (1974) 1 ff.; *Lohmann*, Die Zweckmäßigkeit der Ermessensentscheidung als verwaltungsrechtliches Rechtsprinzip, 1972,24 ff.; *Rehm*, Die Verwaltung Bd. 13 (1980)77 ff.; *Siedentopf*, Wirtschaftlichkeit der Verwaltung, 1969; *Schmidt*, Wirtschaftlichkeit der öffentlichen Verwaltung, 2. Aufl. 1977; *Püttner*, Verwaltungslehre 1982236 ff.; *Thieme*, Verwaltungslehre Rn. 414, Eingehend im Übrigen *Achterberg*, Allgemeines Verwaltungsrecht § 18 Rn. 23 ff.; r. *Mayntz*, Soziologie der öffentlichen Verwaltung, 1978126; *Hüttl*, in F. M. Marx (Hrsg.), Verwaltung283 ff.

tungseffizienz[197] bemisst sich sowohl nach den von der Verwaltung einzusetzenden Mitteln als aber auch wesentlich nach den Folgelasten, die dem Bürger aus dem Verwaltungshandeln erwachsen. Denn Verwaltung ist auch im Rechtsstaat nicht Selbstzweck. Sie hat schonend zu operieren. In dem Gebot zweckmäßigen Handelns treffen sich mithin die der Verwaltung eigene Ökonomie auf der einen und der Grundsatz der Verhältnismäßigkeit auf der anderen Seite. Eine Zweck-Mittel-Relation[198] (Kosten-Nutzen) kann so nicht allein als Kriterium für die gegenüber dem Recht „neutrale" Verwaltungseffizienz dienen. Die Richtigkeit von Verwaltungsentscheidungen selbst hängt von der Einhaltung von Grundsätzen der Sparsamkeit der aufgewendeten Mittel ab.[199] Ergibt sich aus dieser Zweck-Mittel-Relation freilich die Unwirtschaftlichkeit der Verwaltung, so kann von dort aus unproblematisch auf deren Dysfunktionalität geschlossen werden - vorausgesetzt, die Aufwendung von Mitteln ist nicht bereits politisch gerechtfertigt: Das Straßenbauvorhaben, dessen Genehmigungsverfahren teurer (aufwendiger) als seine technische Ausführung ist, oder die Wahl eines Mittels im Polizeirecht, das den Bürger stark belastet[200], obwohl ein schonenderes und damit für den beteiligten Bürger billigeres Mittel bereit gestanden hätte, erweisen sich so auch unabhängig von den positiv-rechtlichen Regelungen (vor einer verwaltungsrechtlichen Beurteilung) als falsch.[201]

197 Vgl. die eingehenden Erörterungen auf der Staatsrechtlehrertagung 1982 VVDStRL Bd. 41151 ff. (Referat von Wahl und Korreferat von *Pietzer*,193 ff.); ferner *Degenhardt* DVBl 1982872 ff.; *Ossenbühl,* NVwZ 1982465 ff.; *Reinermann*, in: Becker/ Thieme, Handbuch, H.4.6.2 ff., 3; m. w. N. *Arndt*, Praktikabilität und Effizienz, zur „Effizienz als Rechtsbegriff"102 ff.

198 Mit umfassender Würdigung der Judikatur des BVerfG vgl. *Grabitz* , AöR Bd. 98 (1973)567 ff. sowie ferner die Göttinger Habilitationsschrift *Hirschbergs*, Der Grundsatz der Verhältnismäßigkeit, 1981, insbes.202.

199 *Hüttl*, 285, ferner zu input / output-projections im Rahmen der Prognosestellung vgl. *Michalski / Gerberding*, Hdbch. H.4.3.13 f. *Meyer zu Drewer*, in: Mattern (Hrsg.), Ziel- und ergebnisorientiertes Verwaltungshandeln215 ff. Zu den betriebswirtschaftlichen Aspekten der „Ökonomie" des Verwaltungsverfahrens vgl. eingehend (auch für die Unternehmens"verwaltung") *Kraus*, Grundriss einer Theorie der Verwaltung, 1969 insbes.79 ff. Ferner *Thieme*, Verwaltungslehre Rn. 421. Zu den Problemen einer solchen Betrachtungsweise vgl. ferner *Luhmann*, Recht und Automatisation in der öffentlichen Verwaltung116 ff.

200 *Reinermann*, in: Becker/Thieme, Handbuch, H.4.6,7 stellt heraus, dass die Zweck-Mittel-Relation zwar ein zunächst „rein formales Prinzip" sei, jedoch ihre Bedeutung auch im Kontext konkreter prozessualer Entscheidungen erlange.

201 Aus der Perspektive des Bürgers erscheint diese Frage unter dem Titel der „Verhältnismäßigkeit" des Verwaltungshandelns als Argument zur Abwehr staatlicher Eingriffe.

16 Die Ausbildung eines „rechtsschutzorientierten" Verwaltungsrechts als Konsequenz der Dogmatik subjektiv-öffentlicher Rechte[202] gegen die kameralistischen Traditionen hat dazu beigetragen, den geschilderten Zusammenhang zu verwischen, der zwischen der Richtigkeit und der Effizienz von Verwaltung besteht. Oder, anders ausgedrückt: Ob Verwaltung effizient ist, kümmert den Verwaltungsrichter nicht oder doch erst an dem (vom Standpunkt einer Betrachtung der Verwaltung als staatlicher Tätigkeit) marginalen Punkt, an dem Ineffizienz der Verwaltung subjektiv-öffentliche Rechte des Bürgers zu tangieren droht. Und paradoxer Weise nimmt damit gerade die am „Rechtsschutz" so nachdrücklich interessierte Tendenz der heutigen verwaltungsrechtlichen Dogmatik einen wesentlichen Aspekt der Verwaltung aus dem Recht heraus. Dass nämlich der Bürger durch ineffektives Verwaltungsverfahren in der Regel stärker belastet wird als durch effektive Verwaltungsmaßnahmen ist nicht zu leugnen – da er häufiger zur Behörde, zu seinem Anwalt oder Steuerberater gehen muss, seine Rechtsteilung oder die Buchhaltung stärker beansprucht, einen höheren Aufwand an Schriftverkehr hat usf. Die Verwaltungslehre hat sich dieses Problems unter Themen wie der „Normenflut"[203] oder der „Bürgernähe der Verwaltung" angenommen. Die Betonung eines materiellen subjektiv-öffentlichen Rechts jenseits des Verwaltungsverfahrens kann sich so gegen sich selbst kehren - oder genauer ausgedrückt: Gegen den Bürger als seinem Träger. Und es leuchtet auf der anderen Seite ein, dass auf dem Gebiet der Innenverwaltung durch die Einrichtung von Effizienzkontrollen (sogleich 2.) Belastungen des Bürgers gegengesteuert zu werden vermag. Im Rahmen von Verfahren materieller Verwaltung der freiwilligen Gerichtsbarkeit aber scheint „selbstverständlich" eine derartige Kontrolle aus Gründen der richterlichen Unabhängigkeit nicht in Betracht zu kommen, wenngleich es sich wie wir an anderer Stelle gezeigt haben[204], dass die Beschwerdeinstanz gegenüber der erstinstanzlichen Entscheidung in nichtstreitigen Verfahren der freiwilligen Gerichtsbarkeit diese Aufgabe einer Effizienzkontrolle wahrzunehmen hat, was dort zu eigenen Problemen führt.[205]

17 In der Binnenperspektive der Verwaltung sind anhand der aufzuwendenden Kosten Kriterien für die Richtigkeit von Verwaltungshandeln gegeben. Und zwar Kriterien einer internen Überprüfung der Effizienz der ins Werk gesetzten Maßnahmen, die der Rechtskontrolle (aus Perspektive „rechtsschutzgewährender" Verwaltungsgerichte betrachtet) noch vorgeschaltet sind. In der Verwaltung

202 So für „die freiwillige Gerichtsbarkeit": *Dorndorf*, Rechtsbeständigkeit von Entscheidungen,119.

203 *Kirchhoff*, in: Scholz (Hrsg.), Wandlungen in Technik und Wirtschaft als Herausforderungen des Rechts,257 ff., m. w. N.

204 *Smid*, Rechtsprechung, § 8,473.

205 *Smid*, Rechtsprechung, § 8 II 2,3,485.

hat diese „Ökonomie“ mithin die näher Bedeutung, Kriterien auch für die Beurteilung der Richtigkeit von Verwaltungsentscheidungen auch aus deren Zweckmäßigkeit[206] zu gewinnen.

## 2. Selbstkontrolle der Verwaltung durch Effizienzprüfung

Die Ausrichtung der Verwaltung an Zweckverfolgung bringt es mit sich, dass 18
sie eine Selbstkontrolle[207] einrichten kann, die - unabhängig von der Rechtmäßigkeit des Verwaltungshandelns - deren Effizienz überprüft. Diese Überlegung mag es verständlicher machen, weshalb nicht selten Verwaltung durch ihre angeblich „weniger intensive“ Bindung an das Gesetz charakterisiert wurde[208]: Neben den verfassungsgeschichtlichen Voraussetzungen dieser Beschreibung findet sie ihren Hintergrund eben auch vor dieser spezifischen Möglichkeit der Verwaltung, ihr eigenes Handeln aufgrund eine Rechnungslegung über die aufgewandten Mittel zu kontrollieren. Diese Selbstkontrolle entzieht sich nämlich selbst weitgehend der „gerichtlichen Überprüfung“, ob diese nun allein im Hinblick auf den Schutz der subjektiv-öffentlichen Rechte der Bürger durch die Verwaltungsgerichte (und damit „eingeschränkt“) oder als Organisation eines Rechtsstreits zwischen Bürger und Verwaltung verstanden wird[209]: Ein Verwaltungsakt kann gegenüber dem Widerspruch des Betroffenen allein unter dem Aspekt seiner Rechtmäßigkeit Bestand haben – als rechtmäßig zu qualifizieren sein[210] - unabhängig davon aber ist zu beurteilen, ob die Widerspruchsbehörde aufgrund ihrer Beurteilung der Wirtschaftlichkeit (Effizienz) dieses Aktes diesen aufhebt[211].

---

206 Damit ist deutlich, dass eine verfahrensrechtliche Untersuchung administrativer Gerichtsverfahren von vornherein auch das materielle Recht mit zu bedenken hat; vgl. zum Verwaltungsrecht: *Lohmann*, Die Zweckmäßigkeit der Ermessensentscheidung als verwaltungsrechtliches Rechtsprinzip, passim.

207 *Marx*, Das Dilemma des Verwaltungsmannes,372, zur Einrichtung von Kontrollmechanismen, die zur Dienstbarmachung von Ressourcen beitragen; *Thieme*, Verwaltungslehre, Rn. 423; *Püttner*, Verwaltungslehre,337 ff.

208 Zur Ambivalenz derartiger Darstellungen mit umf. *Forsthoff*, Lb. § 5,80 ff.

209 § 113 VwGO.

210 Vgl. statt vieler *Forsthoff*, Lb. Bd. 1,6.

211 Daher geht *Becker*, Das allgemeine Verwaltungsverfahren in Theorie und Gesetzgebung,55, fehl, wenn er argumentiert, das „Fehlen“ einer Zweckmäßigkeitskontrolle der Verwaltung durch die Gerichte werde durch die Zweckmäßigkeitskontrolle im verwaltungsverfahrensrechtlichen „Rechtsmittelverfahren“ ergänzt und dadurch werde der gebotene Rechtsschutz „effektuiert“. Denn die Beschränkung des gerichtlichen „Rechtsschutzes“ auf eine „reine Rechtmäßigkeitskontrolle“ konstituiert die spezifische Leistung der Rechtsprechung, vgl. dazu *Smid*, Rechtsprechung § 4,251, § 5,313.

19 Es haben sich somit zwei wesentliche Bedingungen gezeigt, unter denen Verwaltungshandeln steht. Zum einen ist Verwaltung an der Verfolgung heterogener, vorgegebener Zwecke orientiert. Zum anderen hat sie ihre Zweckverfolgung unter der Prämisse einer Zweck-Mittel-Relation zu stellen. Diese Darstellung mag demjenigen dürftig, zu „wenig inhaltlich" erscheinen, der ontologische (Seins- oder Wesens-) Beschreibungen von Verwaltung erwartet. Doch um diese geht es hier nicht. Mit den beiden Polen – Zweckverfolgung und Wirtschaftlichkeit – liegen strukturelle Eigenheiten des Verwaltungsverfahrens[212] offen, die mit der Struktur von Prozessen kontrastiert werden können. In diesen Verfahren werden die verfassungsrechtlich durch den Prozessvorbehalt des Art. 19 Abs. 4 GG garantierten Leistungen der unabhängigen und unparteiischen Rechtserkenntnis mit den Mitteln des Rechts verwirklicht, was zu einer grundsätzlich anderen Bedeutung der Kosten des zu fällenden Urteils für die Entscheidungskriterien führt als im Verwaltungshandeln.[213]

### 3. Prozessökonomie und Privatautonomie

#### *a) „Wirtschaftlichkeit" des Verfahrens als Kriterium*

20 Für die Rechtsprechung lässt sich kein vergleichbares Kriterium für die Effizienz ihres Handelns aus ökonomischen Zweck-Mittel-Erwägungen ableiten.[214] Bei der Rechtsprechung steht als ihr Produkt allein die Streitentscheidung zur Diskussion – und nicht konkrete Zwecke, die sich in praktisch messbaren Vorhaben wie denen der Verwaltung ausdrücken lassen. Das Ergebnis der Entschei-

---

212 Uns reichen diese sparsamen Überlegungen für eine prozessuale Grundlegung der Unterscheidung von Verwaltung und Rechtsprechung aus, die für eine umfassende, spezifische Analyse der Verwaltung mit ihren ausgedehnten organisationsrechtlichen und – soziologischen Implikationen gewiss nicht hinreichen würde (vgl. *Mayntz* , organisationssoziologischen Untersuchungen, Soziologie der Verwaltung; *Baars*, Strukturmodelle für die öffentliche Verwaltung, 1973). Zur unterschiedlichen Perspektive einer verwaltungswissenschaftlichen und einer (prozess-)rechtlichen Untersuchung vgl. auch *Wimmer*, Die Verwaltung Bd. 8 (1975),141 ff.

213 Daher ist eine Darstellung wie diejenige *Beckers*, der Verwaltung „subsumtiv" nach „Prozessmaximen" betrachtet (dazu St. Smid, Rechtsprechung § 4), außerordentlich zweifelhaft.

214 So beschränkt sich auch die Literatur auf Aussagen wie die *Gilles*, Rechtsmittel im Zivilprozess,247, es sei „ja nicht gesagt, dass mit der Vermehrung des Verfahrensaufwandes und der zunehmenden Dauer des Prozesses die Gewähr für die Rechtmäßigkeit der Entscheidung proportional steigt". Und das bedeutet zugleich die Unmöglichkeit, vermittels empirischer Messungen die normativ bestimmten Aufgaben von Rechtsprechung zu erfassen.

dungen der Rechtsprechung lässt sich daher nicht[215] - oder doch nur bedingt[216] - in Bezug auf die Kosten setzen, die zu seiner Erreichung aufgewandt werden müssen. Oder anders ausgedrückt: Der Wert des - untechnisch gesprochen - Streitgegenstandes der Entscheidung muss nicht höher sein als die durch den Prozess verschlungenen Kosten. Der Prozess kann „teurer" sein als das eingeklagte Interesse der Parteien. Denn es geht im Prozess nicht (allein) um einen Akt der Distribution von wirtschaftlichen Werten, deren Zuteilung streitig geworden ist.[217] Wäre dies so, ließen sich auftretende Konflikte insbesondere im bürgerlichen Recht am geeignetsten durch Wirtschaftsfachleute bereinigen.[218]

So wird zwar von einer Reihe von Autoren die Erhebung des Sachverständi- 21
gen zum Richter gefordert. Ohne auf die Erörterung der prozessualen Einwände[219] vorzugreifen ist bereits deutlich geworden, das die Probleme weniger in der Unterscheidung von „Rolle", „Status" oder „Ethik" von Richtern und Sachverständigen liegen als in deren unterschiedlicher Arbeits- und besonders Erkenntnisweise; wickelt ein Wirtschaftsfachmann z. B. einen gestörten Werklieferungsvertrag ab, wird er nicht selten bei seinen Entscheidungen von der ökonomischen Zweckmäßigkeit und nicht von normativen Kriterien ausgehen.[220] M.a.W. stellen sich Entscheidungen grundsätzlich verschieden dar, wenn sie vom Standpunkt des rechtsanwendenden Richters oder dem des mit wirtschaftlichem Kalkül (oder technischem Verstand, medizinischem Kunstwissen usf.) operierenden „Fachmann" gefällt werden (- was freilich nicht gegen den Richter spricht, der sich in die Ausführungen des Sachverständigen hineindenkt – im Gegenteil!).

---

215 *Pohle*, Lent-F., 195 ff., 205 weist darauf hin, dass die Parteien eher als der Richter wissen, was für sie „wirtschaftlich" ist.

216 Zu den gesetzlichen Ausformungen der Prozessökonomie und ihrer „verfassungskonformen Auslegung" im Folgenden.

217 Dies wird von explizit ökonomischen Analyseansätzen wie dem *Adams*, Ökonomische Analysen des Zivilprozesses, passim, oftmals nicht hinreichend berücksichtigt (vgl. *Adams*5 ff.).

218 Vgl. die Überlegungen *Hagens* (Elemente einer allgemeinen Verfahrenslehre62 ff.) zur volkswirtschaftlichen Analyse des Zivilprozesses. Und als Pendant drängt sich für die emotionale Beteiligung der Parteien dann der Therapeut auf, wenn man nicht den Prozess als „Kampf ums Recht" begreift. Noch einen Schritt weiter gedacht könnte – als zweifelsohne äußerst effizientes – Instrument strafrechtlichen „Rechtsgüterschutzes" die „Psychiatrierung" des Angeklagten in den Blick treten, was drastisch den Zusammenhang von Recht und Freiheit erhellt.

219 Vgl. die Darstellung bei *Smid*, Rechtsprechung, § 5,313.

220 Wie es umgekehrt auch in der Kautelarjurisprudenz falsch wäre, etwa von „Werten" usf. statt von den wirtschaftlichen Anforderungen an die Vertragsgestaltung auszugehen.

22 Die Rechtsprechung hat daher (im Gegensatz zur Wirtschaftsverwaltung) nicht für wirtschaftlich effizientes Handeln der Beteiligten zu sorgen - denn dies können die Beteiligten selbst besser. Rechtsprechung hat das zwischen den Beteiligten ungewisse, streitige Recht zum Gegenstand. Und den Parteien geht es neben und oftmals noch vor der Erreichung ihrer ökonomischen Ziele gerade darum: Nämlich um ihr Recht. Und dies Recht ist gerade dann kaum noch in wirtschaftliche Werte zurückzurechnen, wenn es überhaupt einmal zum Prozess gekommen[221] ist, nachdem die Parteien einen außergerichtlichen Ausgleich nicht haben finden können.

23 Der Prozess gewinnt insofern eine Eigengesetzlichkeit, auf die sich die Parteien auch in Bezug auf die von ihnen zu tragenden Kosten eingelassen haben. Insofern steht dem Richter nicht die Kompetenz zu, die Parteien kostenrechtlich zu bevormunden.[222]

*b) Prozesskosten*

24 Im Prozess als Streit der Parteien um die Erkenntnis des zwischen ihnen geltenden Rechts fallen verschiedene Kosten an. Zum einen sind die Gerichtskosten zu nennen, bei denen es sich um Gebühren und Auslagen handelt, die nach dem GKG anfallen. Die Kostenschuld gegenüber dem Staat ist einschließlich der Vorschußpflicht in den §§ 49 bis 69 GKG geregelt.[223] Zu den (aussergerichtlichen) Kosten des Rechtsstreits zählen auch die Kosten, die einem Beteiligten unmittelbar in Zusammenhang mit der Prozessführung entstehen. Drei Fallgruppen sind von besonderer Bedeutung: Die Kosten der Partei selbst (Verdienstausfall, Reisekosten etc.), ihre Vertretungskosten (insbesondere die Gebührenforderung des Anwalts) sowie die Kosten der Vorbereitung des Rechtsstreits (Mahnschreiben, Parteigutachten, Informationsbeschaffung etc.).[224]

25 Die Kosten trägt der Unterlegene, gegebenenfalls sind die Kosten nach Obsiegen und Unterliegen einer Partei zu teilen, § 92 ZPO. Dieses formale Erfolgsprinzip ist in § 91 Abs. 1 S. 1 ZPO verankert; in ihm kommt der Streitcharakter des Rechtserkenntnisverfahrens deutlich zum Ausdruck. Dieses Prinzip zielt auf eine Vereinfachung der Abrechnung der Kosten – und macht durch Verweisung

---

221 Was plastisch *Jhering* gezeigt hat; *Brüggemann*, iudex statutor und iudex investigator41. Der Verweis auf *Jhering* knüpft an eine Rechtswissenschaft an, die in ihre Dogmatik die Elemente des Rechts aufnimmt, die nicht unmittelbar „juristisch" sind: Zum Recht gehören eine Anzahl historischer und sozialer Determinanten, die in die Dogmatik aufzunehmen sind – die „Interessen" der Parteien, ihre Usancen etc. Die heutige Lehre will diese Bezüge häufig aus der Dogmatik heraushalten, vgl. *Achterberg* (Hrsg.), Rechtsprechungslehre, S. 3 ff.

222 So jedoch bereits etwa *Hartfeld*, Der Streit der Parteien, passim.

223 *Steiner*, in: Wieczorek/Schütze, ZPO 3. Aufl. Vor § 91 Rn. 5.

224 *Steiner*, in: Wieczorek/Schütze, ZPO 3. Aufl. Vor § 91 Rn. 6.

auf gesetzliche Gebührentatbestände eine gegenüber ausländischen Rechtsordnungen spürbare Verbilligung der Prozessführung möglich. Alle Kosten dem Verlierer ohne Rücksicht darauf, welchen Grund sein Unterliegens hat. Daher trägt die unterliegende Partei die Kosten selbst in solchen Fällen, in denen sie den Prozess nur verloren hat, weil während des Prozesses ein ihr ungünstiges Gesetz erlassen wurde.[225]

*c) Waffengleichheit und Kostentragung: Prozesskostenhilfe und Prozesskostensicherheit*

aa) Prozesskostenhilfe und Prozessfinanzierung

Um auch solche Personen, die Prozesskosten nicht aufbringen können, den Rechtsweg nicht aus wirtschaftlichen Gründen zu versperren, regelt das Gesetz die Gewährung einer Subvention – der Prozesskostenhilfe. Deren Voraussetzungen regelt allgemein § 114 S. 1 ZPO. Danach erhält eine Partei, die nach ihren persönlichen und wirtschaftlichen Verhältnissen die Kosten der Prozessführung nicht, nur zum Teil oder nur in Raten aufbringen kann, auf Antrag Prozesskostenhilfe, wenn die beabsichtigte Rechtsverfolgung oder Rechtsverteidigung hinreichende Aussicht auf Erfolg bietet und nicht mutwillig erscheint. 26

Sonderprobleme treten bei der Finanzierung der Führung von Aktivprozessen durch den Insolvenzverwalter als Partei kraft Amtes auf. § 116 Abs. 1 Nr. 1 ZPO sieht hier vor, dass eine Partei kraft Amtes auf Antrag Prozesskostenhilfe erhält, wenn die Kosten aus der verwalteten Vermögensmasse nicht aufgebracht werden können und den am Gegenstand des Rechtsstreits wirtschaftlich Beteiligten nicht zuzumuten ist, die Kosten aufzubringen. Der Insolvenzverwalter muss daher die Bevorschussung der Prozesskosten durch Insolvenzgläubiger[226] erreichen, was nicht immer möglich ist. Die Rechtsprechung behandelt die Prozeßkostenhilfegewährung an den Insolvenzverwalter sehr restriktiv[227], was vor dem Hintergrund der Gewährleistungen eines due and fair process of law (Art. 6 Abs. 1 EMRK) bedenklich ist.[228] Die Praxis behilft sich hier der Inanspruch- 27

225 BGH, Urteil vom 20.06.1962, Az.: V ZR 219/60 = BGHZ 37, 233, 246; auch BGH, Urteil vom 09.10.1964, Az.:Ib ZR 183/62 = NJW 1965, 296 (anspruchgewährendes Gesetz wurde für verfassungswidrig erklärt)

226 Auch Absonderungsberechtigte: BGH, Beschluss vom 03.05.2012, Az.: V 138/11 = ZIP 2012, 2215.

227 Vgl. allein BGH, Beschluss vom 06.03.2006, Az.: II ZB 11/05 = ZIP 2006, 682; BGH, Beschluss vom 16.07.2009, Az.: IX ZB 221/0 = ZIP 2009, 1591; BGH, Beschluss vom 03.05.2012, Az.: V 138/11 = ZIP 2012, 2215.

228 EuGH, Urteil vom 22.10.2010, Az.: Rs C-279/09 = ZIP 2011, 143.

nahme von Prozessfinanzierern, die am siegreichen Ausgang des Prozesses wirtschaftlich beteiligt werden, um übrigen aber das Prozessrisiko tragen.[229]

28 In Anwaltsprozessen (§ 78 Abs. 1 ZPO, § 114 FamFG) wirdbei Bewilligung der Prozesskostenhilfe der Partei ein Rechtsanwalt seiner Wahl gem. § 121 ZPO beigeordnet.[230]

bb) Prozesskostensicherheit

29 Die Prozessführung gegen bestimmte Gegner kann wirtschaftlich deshalb riskant sein, weil die Vollstreckung wegen der Prozesskosten auf Schwierigkeiten stößt. So sind Kläger, die ihren gewöhnlichen Aufenthalt bzw. bei Gesellschaften ihren tatsächlichen Verwaltungssitz[231] nicht in einem Mitgliedstaat der Europäischen Union[232] oder einem Vertragsstaat des Abkommens über den Europäischen Wirtschaftsraum haben, gem. § 110 Abs. 1 ZPO verpflichtet, auf Verlangen des Beklagten wegen der Prozesskosten Sicherheit zu leisten, es sei denn auf Grund völkerrechtlicher Verträge keine Sicherheit verlangt werden kann (§ 110 Abs. 2 Nr. 1 ZPO) oder wenn der Kläger im Inland ein zur Deckung der Prozesskosten hinreichendes Grundvermögen oder dinglich gesicherte Forderungen besitzt (§ 110 Abs. 2 Nr. 3 ZPO). Befreit ist nach § 110 Abs. 2 Nr. 4 ZPO von der Prozesskostensicherungspflicht auch die Widerklage.[233]

### 4. Rationalisierung des Verfahrens und Einsparung von Mitteln

30 Die technischen Mittel - die behördlichen Einrichtungen -, die zur Produktion von Streitentscheidungen vom Staat bereitgestellt werden, sind den unterschiedlichsten Streitgegenständen angepasst. Dies leistet im Zivilprozess der Zuständigkeitsstreitwert, der - je nachdem - zur Kompetenz des (wirtschaftlicher ausgestatteten) Amtsgerichts oder des („teureren“) Landgerichts[234] führt. Und die

229 Hierzu eigengehend *Böttger*, Gewerbliche Prozeßfinanzierung und staatliche Prozeßkostenhilfe, 2008.

230 Auch eine Societät: BGH, Beschluss vom 17.09.2008, Az.: IV ZR 343/07 = ZIP 2009, 147.

231 Nicht der satzungsgemäße Sitz: So überzeugend OLG München, Urteil vom 24.06.2010, Az.: 29 U 3381/09 = ZIP 2010, 2069.

232 Nicht daher eine britische Limited mit geringen Haftungskapital, aber zustellungsfähiger Adresse in Großbritannien: LG München I, Urteil vom 20.05.2009, Az.: 21 O 12220/08 = ZIP 2009, 1979.

233 OLG München, Urteil vom 25.02.2010, Az.: 29 U 1513, 07 = ZIP 2010, 2118.

234 Dies zeigen die nachdrücklichen Diskussionen, die einsetzen, wenn die Zuständigkeitsverteilungen geändert werden; vgl. allein zur Streitwerterhöhung zum 1.7.1982 *Stanicki*, DRiZ 1982,65 ff.; ferner DRiZ 1982,152 ff., (Auszug aus der Debatte des Deutschen Bundestages).

Zuständigkeit der Revisionsinstanz hängt von der Erreichung einer bestimmten Beschwer ab - was freilich für Fälle von besonderer Bedeutung durchbrochen werden kann. Schon diese Ausnahmen aber machen deutlich, dass die Anpassung der sächlichen Aufwendungen des Staates - seiner „Vorhaltekosten" - an die Bedeutung der jeweiligen Verfahren noch keinesfalls etwas darüber besagt, welche Kosten im konkreten Verfahren anfallen können, um zu einer Streitentscheidung zu gelangen.

Die Prozessführung und mit ihr: die Sorge für deren Kosten liegt nämlich 31
bei den Parteien[235]. Die (scheinbar) mangelnde wirtschaftliche Vernünftigkeit eines Streits kann jedenfalls dem Begehren der Parteien nicht entgegengehalten werden; das Gericht muss entscheiden, auch wenn das „Interesse" an der Entscheidung die Höhe der für sie aufzuwendenden Kosten nicht erreicht.[236] Wollen die Parteien eine streitige Entscheidung „um jeden Preis", so fallen ihnen die eventuell sehr hohen Kosten zur Last (denen nicht notwendig in entsprechender Höhe staatliche Aufwendungen entgegenstehen).

An diesem grundsätzlichen Problem haben auch die zahlreichen Versuche, 32
durch Reformen des Zivilprozesses sein Verfahren „wirtschaftlicher" auszugestalten, nichts geändert. Denn auch diese Versuche haben sich im Rahmen der Vorentscheidung einer grundsätzlichen Überantwortung der Kosten auf die Parteien bewegt. Sowohl die Rationalisierungsbemühungen der Emmingerreform[237] und die – kriegsbedingten - VereinfV[238] sollten wie auch die Beschleunigungs-

---

235 Dies wurde schon stark während der Emmingerreform betont, vgl. *v. Mettenheim*, Der Grundsatz der Prozessökonomie,31.

236 *Rödig*, Theorie des gerichtlichen Erkenntnisverfahrens,160, versucht, Kriterien aus einer „Opfergrenze" zu entwickeln, die bei der Fällung richterlicher Entscheidungen nicht überschritten werden dürfe. Dem ist - mit den aus Art. 19 IV, 103 I GG gebotenen nachdrücklichen Restriktionen - soweit zuzustimmen, wie die Aufwendungen des Staates angesprochen sind. Der Rekurs *Rödig* auf ein Opfer an „Interessen" verwischt diesen Zusammenhang eher. Im Zivil- und Verwaltungsrechtsstreit haben die Parteien bereits darüber entschieden, was sie für die Feststellung ihres Rechts aufwenden („opfern") wollen; dort greift *Rödigs* Argumentation also nicht. Und im Strafprozess droht sie gar eine gefährliche Wendung zu nehmen. Denn dort auf die „Opfergrenzen" beteiligter Interessen zurückzugreifen, trägt in sich die Tendenz, aus prozessualen Abwägungen heraus Eingriffe in Grundrechte der Beteiligten (nicht zuletzt: der Zeugen!) zuzulassen (vgl. zu *Amelung* ,Darstellung in seiner Untersuchung „Rechtsschutz gegen strafprozessuale Grundrechtseingriffe" S*mid*, Rechtsprechung, § 1, S.37.).

237 Vgl. hier allein die Darstellung bei *Stein/Jonas,* ZPO, 14. Aufl. 1928 Einl. 5, 6 m. w. N. der damaligen Diskussion.

238 Vgl. *Jonas*, ZPO 16. Aufl., 4. Nachtrag 1943.

novelle von 1977[239], soweit sie eine wirtschaftlichere Ausgestaltung des Prozesses bezweckten, die staatlichen „Vorhaltekosten“ für die Unterhaltung des Justizapparates mindern. Der einzelne Prozess sollte weniger Kräfte des Justizapparates absorbieren. Und nicht zuletzt soll die „Verbilligung“ des Prozesses den Parteien ein Urteil verschaffen, das „gerechter“ ist, weil es „schnell“ gefällt wird. Damit ist freilich auch immer die Statuierung von „Prozessförderungspflichten“[240] verbunden, die gegenüber den Parteien verhängt werden. Denn insofern lassen sich das Parteiverhalten und die aufzubringenden staatlichen „Vorhaltekosten“ für die sächliche und personelle Ausstattung der Rechtsprechung nicht voneinander trennen, deckt doch die Kostenpauschalierung nicht die im Einzelfall anfallenden Kosten eines Verfahrens.[241] Freilich hat jetzt das BVerfG[242] in einer Entscheidung zum Verhältnis der Präklusionsvorschrift des § 295 ZPO auf der einen und der Beziehung von Prozess und Recht auf der anderen Seite gezeigt, dass die Beschleunigungsvorschriften allein Pflichten der Parteien auf Förderung des Prozesses als Pflichten gegen sich selbst normierten; gegen den BGH hat das BVerfG daher hervorgehoben, dass die Präklusionsvorschrift ihren Sinn erst erhält, wenn sie als Ermöglichung eines sowohl schnellen (und deshalb „besseren“) als auch („materiell“) gerechten Urteils begriffen wird, was es jedenfalls voraussetzt, dass den Parteien nicht zum Zwecke der Prozessbeschleunigung das rechtliche Gehör abgeschnitten wird.

33 Eine Streitentscheidung durch das Gericht kann auch dann nicht abgelehnt werden, wenn von vornherein erkennbar ist, dass die Schaffung ihrer Voraussetzungen - die Erreichung der „Entscheidungsreife“ - durch die Erhebung erforderlicher Beweise usf. erheblich mehr Aufwendungen kosten werde, als sie in der klaglosen Hinnahme des ungeklärten, streitigen Rechtsverhältnisses durch die Parteien für diese liegen würde.[243] Freilich steht dies immer unter der Voraussetzung, dass die vorgenommenen Schritte des Gerichts tatsächlich „gebo-

---

239 Aus der unüberschaubaren Fülle der Literatur, vgl. hier allein den Bericht der Kommission für das Zivilprozessrecht, 197729 ff. sowie *Franzki*, DRiZ 197761 und *ders.*, NJW 1979,9 ff.

240 *Stürner*, Aufklärungspflichten der Parteien im Zivilprozess (krit. zu Stürners Argumentationsgang näher *Smid*, Rechtsprechung, § 4,251.

241 Zur Kostenpauschalierung vgl. *Hagen*, Elemente einer allgemeinen Prozesslehre,68 f.; ferner *Oliver*, Die Kostenverteilung im Zivilurteil, 1980; *Loritz*, Die Konkurrenz materiellrechtlicher und prozessualer Kostenerstattung, 1981 sowie zur Funktion der Prozesskosten *Pawlowski*, JZ 1975,197 ff.

242 BVerfG , Beschluss vom 30.01.1986, Az.: 1 BvR 99/84 = NJW 1985,1149f.

243 Wenn dagegen *Hagen*, Allgemeine Verfahrenslehre und verfassungsgerichtliches Verfahren,36 die Auffassung vertritt, im Kontext der Verfahrensökonomie seien die zur Entscheidung stehenden „Werte“ bedeutsam, so liegt darin die Gefahr der Relativierung prozessualer Gewährleistungen, wie sie bereits oben gegenüber dem Ansatz *Rödigs* kritisiert wurde.

ten“ sind. Dies bemisst sich anhand des einschlägigen materiellen Rechts oder des Prozessrechts: Allein der relevante Beweis ist zu erheben usf.[244]

34 Es kann nicht unter Berufung auf die Wirtschaftlichkeit des Verfahrens die Durchführung eines streitentscheidenden Verfahrens abgelehnt werden, was insbesondere im familiengerichtlichen Verbundverfahren im Verhältnis zwischen den Verfahren einstweiligen Rechtsschutzes und deren Hauptsacheverfahren von Bedeutung ist und dort oftmals unter dem Aspekt des Fehlens eines „Rechtsschutzbedürfnisses“[245] behandelt wird.[246]

## III. Kriterien bei der Beurteilung der Richtigkeit von Entscheidungen der Rechtsprechung und der Verwaltung

35 An die Entscheidungen von Rechtsprechung und Verwaltung sind daher unterschiedliche Kriterien zur Beurteilung ihrer Richtigkeit anzulegen. Verwaltungsentscheidungen beurteilen sich nach ihren sozialen Folgen unter sozioökonomischen, sozialpolitischen, polizeilichen und auch militärischen usf. Aspekten, worauf bereits oben bei der Behandlung der Struktur von Verwaltungsverfahren näher eingegangen worden ist. Die Entscheidungen der Rechtsprechung dagegen sind nach ihrer Übereinstimmung mit den Vorentscheidungen des Systems der juristischen Dogmatik als richtig oder falsch oder - solange es (in „unklaren“, „neuen“ Fällen) an einer Aufarbeitung der dogmatischen Kriterien für „richtige“ Urteile fehlt - als „vertretbar“ oder als „unvertretbar“ - zu qualifizieren.

36 Nach alledem spricht die Unterscheidung von Rechtsprechung und Verwaltung nicht allein die Attitüden des betroffenen Personals an: etwa in dem Sinne, dass der Richter sozial unbeweglich und politisch „reaktionär“ sei, da er sich an keinen anderen Daten als am Recht orientiere, wie dies etwa *Kaupen*[247] glaubte. Es lassen sich vielmehr prozessuale Strukturmerkmale aus diesen unterschiedlichen Richtigkeitskriterien ableiten.

---

244 Näher zum Beweisverfahren: *Smid*, Rechtsprechung, § 4, 251.

245 Vgl. *Philippi,* in: Zöller-ZPO, § 620 Anm. 7 a, b.

246 So meinte das OLG Hamm, Beschluss vom 26.05.1978, Az.: 3 WF 230/78 = FamRZ 1978, 1535, es sei ihm nicht zumutbar (!), zweimal über dieselbe Sache (den Unterhalt) zu entscheiden; vgl. ferner *Philippi*, in: Zöller (Fn. 76). Ein Verdikt wie das *Putzos* (NJW 1965, 1018 f.), der meint, mit der Kategorie der Prozesswirtschaftlichkeit ließen sich beliebig solche Entscheidungen rechtfertigen, mittels derer Arbeitsersparnisse für die Gerichte herbeigeführt würden, scheinen ihre Bestätigung in Entscheidungen wie der zitierten des OLG Hamm zu finden - die freilich der Sache nach im Hinblick auf die Rechtsprechung des BGH zum Verhältnis von Getrenntlebensunterhalt und nachehelichem Unterhalt als getrennten Streitgegenständen heute kaum noch in dieser Form denkbar erscheint.

247 *Kaupen*, Die Hüter von Recht und Ordnung, passim.

## IV. Ermessen und Rechtsschutz

### 1. Gesetzesbindung des Zivilgerichts

37 *Schlosser*[248] hat ausgeführt, entgegen der Bindung an „gesetzliche" Tatbestände sei der Richter angesichts der unterschiedlichen Möglichkeiten bei der Gestaltung von Rechtsverhältnissen, die ihm eingeräumt seien, darauf verwiesen, auf sein „Gerechtigkeitsgefühl" und seine „Wertvorstellungen" zurückzugreifen. Damit meint Schlosser nicht allein die Ausübung richterlichen Ermessens im Rahmen von Verfahren einstweiligen Rechtsschutzes, wo allenfalls noch denkbar wäre, dass der Richter (administrativ) rechtsschützend in Rechtsverhältnisse eingriffe und dabei - amtliche - Präferenzen zum Tragen brächte. Schlosser hält dies für die gesamte richterliche Tätigkeit - und d.h. besonders auch für die Urteilstätigkeit - für eine angemessene Beschreibung. Dies ist umso erstaunlicher, als seit Beginn der fünfziger Jahre intensiv im Verwaltungsrecht um die Justiziabilität von Ermessensentscheidungen der Verwaltung gestritten wird.[249] Bereits von *Jesch*[250] wurde jedoch auf die Autonomie juristischer gegenüber ethischer, sozialer usf. „Richtigkeit" hingewiesen: Für die Ermessensausübung des Richters bei seinen Entscheidungen in Gestaltungssachen folgt daraus eine Begrenzung der zulässigen „Wertungen[251], die der Richter *Schlosser* zufolge anzustellen hat.[252] Die Ausübung richterlichen Ermessens in „Regelungsstreitigkeiten"[253] darf sich nicht parteiisch an der Erreichung bestimmter Ziele ausrichten, auch wenn sie dem subjektiven Wertgefühl des Richters als sozial usf. erstrebenswert erscheinen. Das scheint auf eine kausal determinierte Dezision des Richters zu verweisen[254].

38 Damit ist die Scheidelinie darstellbar geworden, an der diejenige Tätigkeit der Zivilgerichte gegenüber dem Verwaltungsermessens unterschieden wird, die materiell als „Rechtsprechung“ ausgezeichnet ist und mit der das Zivilgericht Ermessen ausübt. Denn das richterliche Ermessen ist in Fällen der Organisation des Prozesses durch das Gericht auf die zweckmäßige Erfüllung seiner, technisch zu umschreibenden, öffentlichen Aufgabe der Leitung und Beaufsichti-

---

248 Gestaltungsklagen und Gestaltungsurteile,69.

249 Vgl. Nachw. bei *Frisch*, Revisionsrechtliche Probleme der Strafzumessung, 116 N. 13.

250 *Jesch*, AöR Bd. 82, 163 ff., 208.

251 *Ders.,*S. 182.

252 Diese Limitation zu begründen erscheint als das eigentliche Problem der Wertungsjurisprudenz.

253 *Bötticher*, Lent-F.,89 ff.

254 *Jesch,*163 ff.

gung des Streits der Parteien gerichtet, und hat, soweit es diesen Bereich der Prozessführung umfasst, eine Struktur aufzuweisen[255], die der des Verwaltungsermessens vergleichbar ist. Anders ausgedrückt. Der Unterschied, der sich in verschiedenen Formen richterlichen Ermessens bereits im Streitverfahren abzeichnet, liegt in der Differenz begründet, die sich zwischen den unterschiedlichen „Zwecksetzungen" oder Aufgabenstellungen auftut, die diesen richterlichen Tätigkeiten unterlegt sind.

Dies zeigt eine Betrachtung des Verwaltungsermessens deutlicher. Es wurde 39
bereits dargestellt, dass die Verwaltung das ihr eingeräumte Ermessen zweckmäßig ausüben muss. Sie muss ihre Aufgaben jedenfalls rational, zweckmäßig[256] und sparsam[257] erledigen. Mit anderen Worten hat sie ihre Entscheidungsprozesse so zu strukturieren, dass deren Kosten niedriger sind als die des durchzuführenden Projektes. Zum anderen steht der Verwaltung aber auch hinsichtlich der zu erledigenden Aufgaben ein „Auswahlermessen"[258] zu: Sie hat dann die Kompetenz, Vordringliches von Nachrangigerem zu scheiden[259]. Oder drastischer, zu entscheiden, ob überhaupt seitens der Verwaltung gehandelt werden soll. *R. v. Laun*[260] und *W. Jellinek*[261] haben diese Struktur des zweckmäßigen Verwaltungsermessens dadurch beschrieben, dass die Verwaltung ihre Zweckmäßigkeitserwägung als Wahl nicht allein des Mittels, sondern des Zwecks (*R. v. Laun*) anstellt oder dass das Verwaltungsermessen der Verwaltung die Möglichkeit eröffne, selbst zu bestimmen, was „gut" sein soll (*W. Jellinek*). Das „metajuristische" Moment des verwaltungsrechtlichen Handlungsermessens liegt m.a.W. in dessen planungsorientierter Struktur[262], die schon unter dem Gesichtspunkt der Rechtsprechung nicht vindiziert werden kann, dass diese technisch nicht dazu imstande ist, die damit verbundenen Aufgaben zu bewältigen.

## 2. Zum „Beurteilungsspielraum"

Vordergründig scheint dem Richter mit der Strafzumessung ein Beurteilungs- 40
spielraum eingeräumt zu sein ("Spielraumtheorie"); die Stellung des Strafrich-

255 *Jansen*, FGG § 27 Rn. 23 ff.

256 *Lohmann*,19 ff.

257 *Rupp*, Grundfragen der heutigen Verwaltungslehre, 1965.

258 Vgl. statt vieler *Erichsen/Martens*, Allgemeines Verwaltungsrecht, § 12 II 2 b.

259 Was dann stets zur Frage nach der Judiziabilität dieser Ermessensentscheidungen der Verwaltung durch die Verwaltungsgerichte führt, vgl. *Ehmke* und *Stern*.

260 *Laun,* Das freie Ermessen und seine Grenzen, 1910,61 ff.

261 *Jellinek,* Gesetz, Gesetzesanwendung und Zweckmäßigkeit,30 ff.

262 Zum Ganzen eindringlich *Frisch*, Revisionsrechtliche Probleme der Strafzumessung,118 f.

ters bei der Strafzumessung scheint demzufolge der des sein Ermessen ausübenden Verwaltungsbeamten stark angenähert.[263] Dabei stellt sich - vereinfacht zusammengefasst - die Frage, ob (vor dem Hintergrund der gesamten Rechtsordnung) der Richter überhaupt zwischen mehreren Alternativentscheidungen wählen könne, was im Strafrecht erkennbar hinter der Frage nach der revisionsgerichtlichen Kontrollierbarkeit der Strafzumessung Schwierigkeiten mit dem Gleichbehandlungsgrundsatz verursacht - und zwar auch und gerade dann, wenn man durchaus die Existenz unterschiedlicher (z. B. regional verschiedener) Strafmaßbereiche befürwortet[264].

41 Wenn aber dem Tatrichter[265] ein unüberprüfbarer Beurteilungsspielraum[266] bei seiner Entscheidung eingeräumt wäre und deshalb mehrere Entscheidungen „vertretbar" sein könnten (wobei schon die Diktion die Verabschiedung der Richtigkeit des Urteils anzeigt!), wäre der Unterschied zur Verwaltung und ihrem Handlungsermessen nunmehr graduell. In der Tat haben daher in der Literatur Autoren wie *C. -H. Ule*[267] und *O. Bachof*[268] diese Ansicht des „wertenden Charakters" dieser Entscheidungen wegen (und für die Wertungsjurisprudenz stellt sich eine jede Entscheidung als Akt der Wertung dar!) vertreten, und die Rechtsprechung ist ihnen darin zunächst in einer Reihe von Entscheidungen gefolgt[269]. Freilich haben wir insofern in unseren Überlegungen zur Bedeutung der Unterscheidung von Rechts- und Tatfrage gesehen[270], dass die abstrakte Möglichkeit verschiedener, „vertretbarer“ Auslegungen von unbestimmten Rechtsbegriffen nicht den Weg zu einer prinzipiell beliebigen und damit letztendlich willkürlichen Auslegung öffnet. Der Unterschied zwischen der Bedeutung unbestimmter Rechtsbegriffe und der Eröffnung eines Beurteilungsspielraumes der Verwaltung liegt darin, dass sich hier Fragen im Kontext der Gewaltenteilung ergeben. Denn es fragt sich, wie weit die Wertungen der von der Rechtsprechung unabhängigen Verwaltung von der Rechtsprechung überprüft und durch

---

263 Vgl. *Frisch* (Fn. 262)75 ff., 112 m. w. N.

264 *Frisch* (Fn. 262)54 ff.

265 *Frisch* (Fn. 262)65 f.

266 Eingehend jetzt zur verwaltungsrechtlichen Diskussion *Berg*, Die verwaltungsrechtliche Entscheidung bei ungewissem Sachverhalt,140 ff.

267 *Jellinek*, in: GS, 324 ff.

268 *Bachof*, JZ 1955, 97 ff.

269 Vgl. BVerwG, Urteil vom 16.12.1971, Az.: I C 31.68 = BVerwGE Bd. 39, 197 (Jugendgefährdende Schriften).

270 Unter Berufung auf *Wieackers* Schrift „Zur rechttheoretischen Präzisierung des § 242 BGB“.

ein verwaltungsgerichtliches Urteil ersetzt werden können[271]. Innerhalb der Rechtsprechung tritt dieses Problem dagegen gar nicht erst auf. Im Gegenteil liegen mit der Organisation der rechtsprechenden Gewalt die institutionellen Voraussetzungen dafür vor, vermittels derer normative Kriterien für die richtige Auslegung unbestimmter Rechtsbegriffe- der „Ausfüllung" von Beurteilungsspielräumen durch eine Vielzahl vergleichbarer und zu systematisierender Präjudizien - ermittelt werden können. *Wolfgang Frisch*[272] bezeichnet diese institutionellen Kriterien als „Letztentscheidungsrecht"[273]; angesichts verschiedener vertretbarer „Wertungen" versteht sich die Frage des „quis iudicabit" im Zusammenhang der Rechtsprechung als Problem des Instanzenzuges. Oder, um es ganz einfach auszudrücken, man hat sich als Anwalt oder Richter in Ermangelung weiterer gravierender Gründe an der Rechtsprechung der Obergerichte - an deren Vorentscheidungen in „ähnlichen Fällen" - zu orientieren. *Frisch*[274] führt dazu aus, „der Grundsatz der Gewaltenteilung ändert ... nichts daran, dass ... das Obergericht das letzte Wort hat, vielmehr ist es innerhalb der Gerichtsbarkeit gerade Aufgabe der Revisionsinstanz[275], Zweifel über die anzuwendenden rechtlichen ... Normen zu klären....Selbst wenn für die Beurteilung eine Norm als objektive Richtschnur (noch) fehlt, ist der Revisionsrichter nicht der Aufgabe enthoben, ... einen richtungsweisenden Maßstab zu setzen". Diese Ausführungen aber machen deutlich, wo die entscheidende Grenzlinie zwischen Rechtsprechung und Verwaltung sub specie des Ermessens- rsp. Beurteilungsspielraums verläuft. Sie liegt zwischen der unbeteiligten Rechtsanwendung und der beteiligten Zwecksetzung und Zweckverfolgung.

### 3. Administrativer Gesetzesvollzug

Dem widerspricht es nicht, dass es Verwaltungsentscheidungen gibt, die allein 42
„Gesetze exekutieren" - wenn z. B. Statistische Landesämter Erhebungen durchführen.[276] Auch wenn in derartigen Verfahren die Verwaltung nicht mehr genötigt ist, eigene Zweckmäßigkeitsüberlegungen anzustellen, sondern einfach „das Gesetz" als eine Anweisung befolgt (und damit in einem gewissen Sinne „anwendet"), tritt sie doch damit in ein anderes Verhältnis zum zu entscheidenden

271 Grundlegend *Zippelius*, Wertungsprobleme im System der Grundrechte, 1967,197 ff.; *Schmidt Salzer*, Der Beurteilungsspielraum der Verwaltungsbehörden, 1968.

272 *Frisch,* Revisionsrechtliche Probleme der Strafzumessung, 225-227.

273 Zu administrativen Letztentscheidungsermächtigungen vgl. dagegen *Schmidt-Aßmann*, in: Maunz/Dürig/Herzog/Scholz, Art. 19 IV Rn. 188 ff.

274 *Frisch* (Fn. 262)226.

275 Zur Rechtsprechungsqualität der Revision vgl. *Smid*, Rechtsprechung, §§ 5, 8.

276 *Luhmann*, Recht und Automatisation in der öffentlichen Verwaltung, 36 ff.

Sachverhalt und zugleich zu dem ihr Verhalten normierenden Recht als die Rechtsprechung in den ihr anvertrauten Verfahren. Denn auch sofern Fälle denkbar sind, in denen sich das Verwaltungshandeln als bloßer Gesetzesvollzug darstellt, bewegt sich dieser doch in der Umsetzung staatlich normierter Zwecke und damit im Rahmen von Verfahren funktionaler Verwaltung. Das häufig behauptete richterliche Ermessen bei der Rechtsanwendung, deren Folgen nie feststehen, ist damit nicht zu vergleichen, sondern allein als ein missverständlicher Ausdruck für die dogmatische Reformulierung der Erkenntnis des „neuen Rechts" der Parteien durch den Richter im Prozess.[277]

## V. Funktion von Richtervorbehalten in administrativen Gerichtsverfahren

### 1. Verlagerung der Aufgaben gem. Art. 104 Abs. 2 GG auf unparteiische Gerichte

43 Gerichte der freiwilligen Gerichtsbarkeit nehmen in einer Reihe von Verfahren administrative Eingriffe in Rechte der Verfahrensbeteiligten vor. Diese Eingriffe können unmittelbar die persönliche Freiheit des Betroffenen einschränken, wie sich im Zusammenhang der Erörterung vormundschaftsgerichtlicher Verfahren zeigen wird. Dass das Verfahren der freiwilligen Gerichtsbarkeit keineswegs auf die Funktion eines öffentlichen Notariats beschränkt ist, sondern dass es durchaus aufgrund von Grundrechtseingriffen des Richters der freiwilligen Gerichtsbarkeit einen Zwangscharakter haben kann, wird besonders deutlich im Freiheitsentziehungsverfahren nach den §§ 415 ff. FamFG, das an die Stelle des Gesetzes über das gerichtliche Verfahren bei Freiheitsentziehungen (FEVG) vom 20. Juni 1956 getreten sind. Die Freiheitsentziehung bringt erhebliche Grundrechtseingriffe mit sich. Die verfahrensrechtlichen Voraussetzungen dieser Eingriffe sind selbst verfassungsrechtlich normiert – nämlich in den Art. 2 Abs. 2, 104 GG.

44 Art. 104 Abs. 2 S. 4 GG fordert daneben eine gesetzliche Regelung der Umstände einer Freiheitsentziehung. Durch die §§ 415 ff. FamFG ist den Gerichten für eine Reihe von Fällen außerhalb des Bereichs vormundschaftsgerichtlicher Tätigkeiten die Aufgabe der Freiheitsentziehung[278] zugewiesen worden. Das Ge-

---

277 Zur unterschiedlichen Struktur der Entscheidung von Strafrichter und Verwaltungsbeamten *Frisch*, Revisionsrechtliche Probleme der Strafzumessung124.

278 Zur Differenzierung zwischen einer nach Art. 2 Abs. 22 GG möglichen Beschränkung der Freiheit durch Gesetz und einer nach Art. 104 GG unter Richtervorbehalt gestellten Entziehung der Freiheit vgl. *Gusy*, NJW 1992,457 ff.

richt hat danach unter bestimmten spezialgesetzlich geregelten materiellen Voraussetzungen die „Unterbringung einer Person gegen ihren Willen oder im Zustande der Willenlosigkeit“ in einer entsprechenden Anstalt (§ 415 Abs. 2 FamFG) anzuordnen. Die §§ 415 ff. FamFG greifen in allen diesen Fällen ein, in denen bundesgesetzlich die Freiheitsentziehung angeordnet, aber keine spezialgesetzliche Regelung des dabei einzuhaltenden Verfahrens getroffen worden ist, § 415 Abs. 1 FamFG. Während daher Freiheitsentziehungen ausscheiden, die aufgrund eines Strafverfahrens (StPO) oder der Haft gem. §§ 901 ff., 918 oder 933 ZPO angeordnet werden, fallen unter das FEVG Freiheitsentziehungen, die einzelne Gesetze vorsehen, ohne dabei besondere Verfahrensregelungen zu treffen: So z. B. die Abschiebehaft nach § 16 AusländerG oder gesundheitspolizeiliche Verhängung der Quarantäne nach §30 InfektionsschG.

Im Einzelnen werden von den Freiheitsentziehungsgesetzen folgende Fälle nicht erfasst: 45

1. Das administrative Verfahren bei Freiheitsentziehungen.[279]
2. Bloße Beschränkungen der persönlichen Freiheit.[280] Der Begriff der Freiheitsentziehung wird in § 415 Abs. 2 FamFG[281] eng als Unterbringung einer Person ohne ihren Willen in einem - wie auch immer gearteten - Haftraum wie einen Gewahrsamraum oder abgeschlossenen Teil eines Krankenhauses definiert.
3. Freiheitsentziehungen aufgrund von landesrechtlichen Vorschriften wie z. B. der Polizeigesetze oder der Landespsychiatriegesetze.
4. Durch speziellere Bundesgesetze (z. B. StPO, ZPO) normierte Fälle, insbesondere Kriminalstr fen.

Die Länder haben eigene Gesetze zur Unterbringung von Geisteskranken und Süchtigen erlassen[282], wobei auch in diesen Fällen die Unterbringung in den Aufgabenbereich eines Gerichts der freiwilligen Gerichtsbarkeit fällt.

## 2. Ablauf des Verfahrens der Freiheitsentziehung

### *a) Zuständigkeit*

Die örtliche Zuständigkeit bestimmt sich nach § 416 S. 1 FamFG. Danach liegt die Zuständigkeit grundsätzlich bei dem Amtsgericht, in dessen Gerichtsbezirk der Betroffene seinen gewöhnlichen Aufenthalt hat. Ist dieser nicht feststellbar oder liegt er außerhalb Deutschlands, so ist das Amtsgericht zuständig, in dessen Bezirk das Bedürfnis für die Freiheitsentziehungen entsteht. Das ist in der Regel 46

279 *Wendtland*, in: MünchKomm, ZPO, § 415 FamFG, Rn. 9.

280 *Budde*, in: Keidel, FamfG, § 415 Rn. 4.

281 *Wendtland*, in: MünchKomm, ZPO,§ 415 FamFG, Rn. 3,6.

282 Z.B. Unterbringungsgesetz Baden-Würtemberg; Gesetz zur Hilfe und Unterbringung psychisch kranker Menschen (Psychisch-Kranken-Gesetz – PsychKG, Schleswig-Holstein).

der Bezirk, in dem sich der Betroffene aufhält, wenn der Grund für die Unterbringung entsteht. Weiter trifft § 416 S. 2 FamFG für den Fall eine Sonderregelung, dass die betroffene Person bereits in einer Anstalt untergebracht ist.[283] In solchen Fällen ist das Gericht örtlich zuständig, in dessen Bezirk die Anstalt liegt. Das ist nicht unbedenklich, denn durch das Verbringen einer Person in eine Anstalt kann eine Zuständigkeit hergestellt werden, was die Gefahr von Manipulationen jedenfalls nicht verringert.

*b) Antragserfordernis*

47 Eine Freiheitsentziehung erfordert gem. § 417 Abs. 1 FamFG stets einen Antrag der zuständigen Verwaltungsbehörde (§ 3 S. 1 FEVG aF[284]). Die Zuständigkeit richtet sich nach dem der Freiheitsentziehung zugrunde liegenden materiellen Recht (z. B. § 30 IfSG; § 70 Abs. 3 AufenthG[285]). Ein Antrag anderer Stellen oder Personen ist stets als unzulässig zurückzuweisen. Nach § 417 Abs. 2 FamFG ist der Antrag unter Angabe der Identität des Betroffenen, der Erforderlichkeit der Freiheitsentziehung sowie ihrer voraussichtlichen Dauer und in Abschiebeverfahren der Darlegung der Verlassenspflicht des Betroffenen zu begründen.

*c) Beteiligte*

48 Verfahrensbeteiligte sind nach der sich aus der Sache selbst ergebenden Regelung des § 418 Abs. 1 FamFG zunächst der Betroffene und die antragstellende Behörde. § 418 Abs. 2 FamFG nennt als weitere Person den durch seine Bestellung zum Beteiligten werdenden Verfahrenspfleger, der nach § 419 Abs. 1 FamFG bestellt wird, wenn von der Anhörung des Betroffenen nach § 420 Abs. 2 FamFG abgesehen werden soll. Nach § 418 Abs. 3 FamFG[286] können im Interesse des Betroffenen Ehegatten oder Lebenspartner, sofern sie nicht dauernd vom Betroffenen getrennt leben, Eltern und Kinder, soweit der Betroffene bei diesen lebt oder zum Zeitpunkt der Verfahrenseinleitung gelebt hat, oder vom Betroffenen benannte Personen seines Vertrauens, beteiligt werden.

*d) Amtsermittlung und Anhörung der Beteiligten*

49 Im Verfahren der Freiheitsentziehung nach den §§ 415 ff. FamFG gilt nach allgemeinen Grundsätzen des § 26 FamFG der Untersuchungsgrundsatz. Das Ge-

---

283 *Heidebach*, in: Haußleiter,FamFG, 2011, § 416 Rn. 3.

284 FEVG durch §§ 415 ff. FamFG abgelöst, FGG-ReformG v. 17.12.2008 (BGBl. I 2586, 2694).

285 *Dienelt*, in: Renner, Ausländerrecht, § 70 Rn. 2 ff.

286 *Wendtland*, in: MünchKomm,ZPO,§ 418 FamFG Rn. 4 ff.

richt ist daher nicht an das Vorbringen der Verfahrensbeteiligten gebunden und hat von Amts wegen alle maßgeblichen Tatsachen zu ermitteln.

Art. 103 Abs. 1 GG gewährt jedermann vor Gericht Anspruch auf rechtli- 50
ches Gehör. Die Anhörungsregelung des § 420 Abs. 1, Abs. 3 FamFG ist vor diesem Hintergrund zu sehen[287]; sie geht allerdings über das durch Art. 103 Abs. 1 GG Gebotene hinaus. Art. 104 Abs. 1 S. 1 GG erhebt die Pflicht, die gesetzliche Form bei der Freiheitsentziehung zu beachten, jedoch in den Rang eines Verfassungsgebotes.[288] Eine Verletzung dieses Gebots kann daher letztlich auch mit der Verfassungsbeschwerde geltend gemacht werden.

Der Anspruch auf rechtliches Gehör (Art. 103 Abs. 1 GG) verlangt, das ge- 51
richtlichen Entscheidungen nur solche Tatsachen zugrund gelegt werden, zu denen sich der Betroffene äußern konnte.[289] Dazu muss er das dem Gericht vorliegende Tatsachenmaterial kennen. Zur Stellungnahme muss ihm eine angemessene Frist eingeräumt werden. Der Richter hat die wesentlichen Gesichtspunkte mit dem Betroffenen ausführlich zu erörtern - eine Anhörung durch den Rechtspfleger reicht nicht aus. § 420 Abs. 1 und Abs. 2 FamFG gewähren dem Betroffenen weitergehende Rechte. So ist er in den Tatsacheninstanzen, also auch von dem Gericht der Erstbeschwerde, gem. § 420 Abs. 1 S. 1 FamFG[290] persönlich, und d.h. grundsätzlich mündlich zu hören, die Gelegenheit zur schriftlichen Stellungnahme genügt daher nicht. Darin liegt nicht eine bloße Formvorschrift, sonder eine „Weisung für die Ermittlungstätigkeit" des Gerichts[291]: Ausnahmen von der Anhörungspflicht gibt es in den Fällen des § 420 Abs. 2 FamFG.[292] Danach kann eine Anhörung nur unterbleiben, wenn sie nach ärztlichem Gutachten gesundheitliche Nachteile für den Betroffenen mit sich brächte oder wenn er an einer ansteckenden Krankheit im Sinne des § 1 InfektionschG leidet. Dem Betroffenen ist in diesen Fällen ein Verfahrenspfleger gem. § 419 FamFG zu bestellen, wenn er weder durch einen Rechtsanwalt vertreten wird noch einen gesetzlichen Vertreter in den persönlichen Angelegenheiten hat. Diese Ausnahmen lassen das rechtliche Gehör (Art. 103 Abs. 1 GG) unberührt.

Das rechtliche Gehör (Art 103 Abs. 1 GG) steht allen formell und materiell 52
Beteiligten des Verfahrens zu, also neben dem Betroffenen gem. § 418 Abs. 2 und 3 FamFG auch seinen Eltern, dem Vormund oder Pfleger, dem Ehegatten und der Vertrauensperson - sofern sie dem Verfahren beigetreten sind.[293] Gem.

---

287 BVerfG 58,208 ff., 221

288 BVerfG 58,208 ff., 220.

289 BVerfG 7,239 ff.,

290 *Wendtland, in:* MünchKomm, ZPO, § 420 FamFG Rn. 3,4.

291 *Saage/Göppinger*, FreihEntz, § 5 Rn. 14.

292 *Wendtlandt*, in: MünchKomm, ZPO, § 420 FamFG Rn. 7 ff.

293 *Saage/Göppinger*, FreihEntz, § 5 Rn 11.

§ 420 Abs. 3 FamFG sind - unbeschadet des Rechts auf rechtliches Gehör folgende Personen obligatorisch zu hören:
In den persönlichen Angelegenheiten des Betroffenen dessen gesetzlicher Vertreter; wenn der Betroffene unter elterlicher Sorge steht, beide Elternteile, sofern sie nicht dauernd getrennt leben; der Ehegatte des Betroffenen, sofern die Eheleute nicht dauernd getrennt leben.
Die Anhörung nach § 420 Abs. 3 FamFG muss im Gegensatz zur Anhörung des Betroffenen nicht mündlich erfolgen und kann unterbleiben, wenn sie mit unverhältnismäßigen Kosten verbunden wäre oder wenn ihre Durchführung das Verfahren erheblich verzögern würde.

*e) Entscheidung*

53 Das Verfahren führt - wenn es nicht vorher eingestellt wird - zu einem mit Gründen versehenen Beschluss des Gerichts. Wird die Freiheitsentziehung gem. § 421 FamFG[294] oder ihre Fortdauer (vgl. § 425 Abs. 2 S. 1, 1.Halbs. FamFG[295]) angeordnet, ist die Entscheidung allen in § 418 FamFG genannten Beteiligten mitzuteilen. Von der Bekanntgabe an den Betroffenen ist davon abzusehen, soweit dies nach ärztlichem Zeugnis erforderlich ist, um erhebliche Nachteile für seine Gesundheit zu vermeiden. Die Entscheidung wird gem. § 422 Abs. 1 FamFG erst mit Eintritt der formellen Rechtskraft wirksam, wenn das Gericht die sofortige Wirksamkeit nicht ausdrücklich anordnet (§ 422 Abs. 2 S. 1 FamFG)[296], was voraussetzt, dass sowohl der Beschluss als auch die Anordnung der sofortigen Wirksamkeit dem Betroffenen, der zuständigen Verwaltungsbehörde und ggf. dem Verfahrenspfleger bekannt gegeben worden sind, § 422 Abs. 2 S. 2 FamFG. Diese Entscheidung beendet zunächst einmal das auf Antrag der Behörde eingeleitete einzelne Verfahren auf Freiheitsentziehung. Wegen der Schwere des mit dieser Entscheidung verbundenen Grundrechtseingriffs sieht § 425 Abs. 2 FamFG vor, dass eine Frist von höchstens einem Jahr bestimmt werden muss, vor deren Ablauf über die Fortdauer der Freiheitsentziehung zu entscheiden ist. Das Verfahren der Freiheitsentziehung ist also wie das noch zu behandelnde Verfahren in Vormundschaftsangelegenheiten oder das Betreuungsverfahren ein Dauerverfahren. Die Entscheidung über die Fortdauer der Unterbringung fällt gem. § 425 Abs. 3 FamFG in entsprechender Anwendung der Vorschriften über das Verfahren bei Anordnung der Freiheitsentziehung. Wird keine derartige Entscheidung gefällt oder entfällt der Grund für die Freiheitsentziehung, so ist der Untergebrachte von Amts wegen freizulassen (§ 426 Abs. 1 FamFG).

294 *Budde*, in: Keidel, FamFG, § 423 Rn. 1.
295 *Ders.*, § 425 Rn. 6.
296 *Bumiller/Harders,* in: Bumiller/Haders, FamFG, § 422 Rn. 1 ff.

Bei dringendem Bedürfnis einer sofortigen Unterbringung steht dem Gericht das Mittel der einstweiligen Anordnung der Freiheitsentziehung zur Verfügung (§ 427 Abs. 1 S. 1 FamFG). Eine solche Freiheitsentziehung darf gem. § 427 Abs. 1 S. 2 FamFG die Dauer von sechs Wochen nicht übersteigen. Bei Gefahr im Verzuge kann die gem. § 420 Abs. 1 FamFG verlangte Anhörung des Betroffenen unterbleiben, sie muss jedoch unverzüglich nachgeholt werden (§ 427 Abs. 2 FamFG). 54

## 3. Das Verfahren der Freiheitsentziehung als Verfahren der nichtstreitigen freiwilligen Gerichtsbarkeit

*a) Streitentscheidung oder richterliche Rechtsfürsorge?*

Das Verfahren nach den §§ 415 ff. FamFG bzw. nach den mit ihn korrespondierenden Ländergesetzen werden von vielen als Verfahren der streitigen freiwilligen Gerichtsbarkeit eingeordnet.[297] Das hat Gründe, die in den verfassungsrechtlichen Bezügen der freiwilligen Gerichtsbarkeit zu sehen sind. Nach Art. 104 Abs. 2 GG ist ausschließlich ein Richter befugt, über Zulässigkeit und Fortdauer einer Freiheitsentziehung zu unterscheiden. Anders als die §§ 3 und 4 FEVG formuliert das FamFG dieses sog. Richterprivileg für das Freiheitsentziehungsverfahren nicht mehr aus. Nach einer in der Literatur verbreiteten Ansicht[298] sollen nun die besonderen Regelungen des Grundgesetzes, vermittels derer den Richtern Aufgaben zugewiesen werden (wie eben Art. 104 Abs. 2 GG oder aber auch Art. 13 Abs. GG), nur den positiv-rechtlichen normierten Bestand von Rechtsprechung i. S. Art. 92 GG umschreiben[299] - weil Art. 92 nur einen Kernbereich der Rechtsprechung normiere[300]. Diese verbreitete Art der Darstellung ist konsequent, wenn die Rechtsweggarantie des Art. 19 Abs. 4 GG allein auf die statusrechtlichen Normierungen des Art. 92 GG verweisen würde – wenn Rechtsprechung also als „Tätigkeit von Richtern“ beschrieben werden könnte.[301] 55

297 Bemerkenswerterweise verzichtet z. B. *Habscheid*, FGG, § 62, auf eine nähere Qualifikation dieser Verfahren.

298 *Menger/Erichsen*, VerwA 59 (1968),67 ff., 71 gehen davon aus, dass Art. 92 GG die Kompetenzzuweisungen an „die Richter“ rein deklaratorisch zusammenfassen.

299 Vgl. *Maunz/Herzog*, GG, Art. 92, Rn. 33.

300 *Maunz/Herzog*, GG, Art. 92, Rn. 33.

301 Sei es aufgrund einer engen Auslegung wie durch *Menger/Erichsen*, VerwA 59 (1968),72; *Möllinger*, AöR 80 (1955/1956),276 ff., 290 und *Niese*, ZStW 70 (1958),337 ff., 352 (zur Kritik vgl. nur *Maunz/Herzog*, GG, Art. 92, Rn. 33 und Bonner Kommentar zum Grundgesetz (Achterberg), 2. Aufl. 1981, Art. 92, Rn. 63) oder sei es aufgrund einer, von *Herzog* a.a.O., als „deskriptiv-teleologisch“ verstandenen Interpretation – die auf die vorhandenen gesetzlichen Zuweisungen verweist (krit. *Achterberg* a.a.O., Rn. 77, 80).

Rechtsprechung im materiellen Sinne lässt sich aber nicht schlechthin mit der „Tätigkeit von Richtern“ gleichsetzen.[302]

56 Eine streitige Struktur der Freiheitsentziehungsverfahren und damit deren Zugehörigkeit zum Bereich materieller Rechtsprechung lassen sich daher nicht ohne weiteres daraus ableiten, dass die Aufgabe der Entscheidung über Freiheitsentziehungen grundgesetzlich „Richtern“ zugewiesen worden ist. Die verfassungsrechtlichen Richtervorbehalte (außerhalb des Art. 92 GG) hätten andernfalls eine bloß deklaratorische Bedeutung: Sie würden nur über Art. 92 GG hinaus noch einmal ausdrücklich klarstellen, dass Richter die in ihnen normierten Aufgaben als Rechtsprechung wahrnehmen. Nun können in diesen Katalogen - je nach der prozessualen Ausgestaltung der jeweiligen Verfahren - Aufgaben funktionaler Rechtsprechung in dem hier administrativen Aufgaben entgegengesetzten, verfahrensrechtlich eigenständigen Sinne aufgeführt sein.

57 *N. Achterberg*[303] hatte dagegen anders argumentiert. Er führte zwar aus, dass gegenüber dem Bestand an gesetzlichen Zuweisungen in den vorhandenen Regelungen aus Normen des Grundgesetzes über die Rechtsprechung zu ermitteln sei, was „Rechtsprechung“ im Zusammenhang des Grundgesetzes bedeute, verwies dann jedoch auf den subjektiven Willen des Verfassungsgesetzgebers, also nicht mehr auf objektive Kriterien. Später[304] vertrat er die Ansicht, dass es keinen Unterschied mache, ob in verfassungsrechtlichen Bestimmungen von der Eröffnung des Rechtsweges oder der Zuweisung von Aufgaben an den Richter die Rede sei. Denn diese Zuweisungen sagten insgesamt nichts aus, da der Richter auch andere als Rechtsprechungsaufgaben wahrnehmen dürfe.

58 Neben den Verfahren nach Art. 104 Abs. 2 GG bietet Art. 14 Abs. 3 S. 3 GG ein Beispiel für eine derartige ausdrückliche verfassungsrechtliche Zuweisung von Aufgaben an Richter. Art. 14 Abs. 2 S. 3 GG eröffnet den Rechtsweg für Rechtsstreitigkeiten über die Höhe der Enteignungsentschädigung an die ordentlichen Gerichte. Diese Eröffnung des Rechtswegs bei der ordentlichen Gerichtsbarkeit und die Zuständigkeit der Ziviljustiz ist aber nur historisch zu erklären.[305] Der Rechtsprechungscharakter dieser Verfahren ergibt sich dabei entgegen der Ansicht eines Teiles der Lehre nicht bereits aus ihrer Auflistung als „richterlicher Aufgabe“ im GG. Es trifft eben nicht zu, dass der Rechtsprechungsbegriff des Art. 92 GG durch die konkreten grundgesetzlichen Aufgabenzuweisungen an Richter „konkretisiert“ oder „angefüllt“ wird. Denn diese Auf-

302 Dazu ausführlich *Smid*, Rechtsprechung, § 3,96.

303 *Achterberg* in: BK (Fn. 15), Art. 92 Rn. 92.

304 *Achterberg* in: Festschrift für Menger. 1985,125 ff., 130.

305 *Smid*, Rechtsprechung, § 1,86 ff.

gabenkataloge stellen sich nur dann als gesetzestechnisch[306] sinnvolle Regelungen dar, wenn ihr Inhalt nicht bereits von Art. 92 GG erfasst wird, der die Rechtsprechung insgesamt den Richtern zuweist. Die Sonderzuweisungen von Aufgaben an die Richter durch die Verfassung hätten keinen Sinn, wenn die durch sie erfassten Tätigkeitsbereiche bereits der Rechtsprechung unterfielen.

Damit ist nicht allein ein rechtsmethodisch-rechtsästhetisches Problem (eine inelegantia iuris) der Interpretation der verfassungsrechtlichen Richtervorbehalte als Normierungen eines Bereichs materieller Rechtsprechungstätigkeiten angesprochen. Diese Überlegung zielt vielmehr hermeneutisch auf das Verständnis der Verfassung als eines Sinnzusammenhangs ab, dessen Normierungen sich inhaltlich (in ihrem Regelungsbereich) voneinander unterscheiden lassen. Wenn dies so ist, dann regelt Art. 92 GG etwas anderes als etwa die Art. 13 Abs. 2 oder 104 Abs. 2 GG. Sobald dies in den Blick tritt, wird aber deutlich, dass die Art. 13 Abs. 2 und 104 Abs. 2 GG deshalb Aufgaben an Richter zuweisen müssen, weil diese Aufgaben nicht notwendig in den verfahrensrechtlichen Formen funktionaler Rechtsprechung wahrgenommen werden müssen. Es spricht m. a. W. viel dafür, dass diese Aufgaben nicht aus sich selbst heraus in dem funktionellen Sinn des Art. 92 GG als „Rechtsprechung“ zu verstehen sind. 59

### *b) Stellung des Gerichts in den Freiheitsentziehungsverfahrennach den §§ 415 ff. FamFG*

In § 417 Abs. 1 FamFG ist wie gezeigt ebenso wie in den Unterbringungsverfahren der Länder normiert, dass das Gericht erst auf Initiative der Behörde hin tätig wird, die eine Freiheitsentziehung bzw. Unterbringung betreibt[307]: Das Gericht fungiert danach allein als Kontrollinstanz der Verwaltung. Damit ist indes der materielle Rechtsprechungscharakter dieser Verfahren noch nicht erwiesen. Das ergibt sich aus einer Reihe von Gründen. Zum einen kontrolliert auch die Verwaltung Verwaltungshandeln – und zwar, wie die unabhängig gestellten Landesrechnungshöfe zeigen, durchaus auch unter Durchbrechung von Anweisungshierarchien. Der Satz der Paulskirchenverfassung „Die Verwaltungsgerichtsbarkeit ist abgeschafft“ richtet sich gerade gegen eine nur als Kontrollinstanz verstandene Verwaltungsgerichtsbarkeit, da diese Instanz weiterhin 60

306 Vgl. *Pawlowski*, Methodenlehre für Juristen, Rn. 418 ff.

307 Vgl. die Nachw. bei *Baumann*, Unterbringungsrecht. 1966,306 ff.: Gesetz über die Unterbringung von Geisteskranken und Suchtkranken § 3 Abs. 2; Bayr. VwG § 2 I; UnterbringungsG Berlin § 3 I; UnterbringungsG Bremen § 3; Gesetz zur Ausführung des Art. 104 GG, § 1 I, Abs. 2; FEG Hessen § 2 I; ÖSOG Niedersachsen § 10 I; UnterbringungsG NRW § 3 I; UnterbringungsG Rheinland-Pfalz § 3.

Zwecke der Verwaltung verfolgt und daher nicht unparteiisch das Recht der Parteien eines Rechtsstreits erkennt und feststellt.[308]

61 Die Literatur[309] versucht auch z. T., die Unterbringungsvoraussetzungen als reine Rechtsprobleme und das Unterbringungsverfahren als Verfahren reiner Rechtsanwendung darzustellen. Das Gericht hätte nach dieser Ansicht zu überprüfen, ob die Verwaltung das ihr im Rahmen der sicherheits- und fürsorgerechtlichen Aspekte der Unterbringung eingeräumte Handlungsermessen[310] rechtmäßig gebraucht habe. Aber: Auch eine derartige reine Rechtsanwendung stellt sich nicht schon als Rechtsprechung dar - es sei hier allein an die Rentenberechnung erinnert, die einen typische Fall reiner Rechtsanwendung darstellt: Dem Beamten steht bei der Anwendung der einschlägigen Rechtsnormen keinerlei Ermessensspielraum offen. Wenn sich aber das gerichtliche Unterbringungsverfahren dergestalt als nur rechtsanwendendes Verfahren darstellt, tritt die Frage nach der Wirkung der gerichtlichen Entscheidungen auf.[311] Denn der durch Art. 19 Abs. 4 GG garantierte Rechtsweg (der gerichtliche Rechtsschutz) gegen die behördliche Maßnahme der Freiheitsentziehung wird erst dann durch das entsprechende gerichtliche Verfahren gewährleistet, wenn die Gründe im Verfahren konsumiert werden, aufgrund derer die Behörde den betroffenen Bürger in Anspruch genommen hat - sie daher den Bürger nicht erneut aufgrund ihrer bislang angeführten Erwägungen erneut unterbringen kann. Dies wird z. T. bejaht[312] - unter Hinweis darauf, dass ein dem Strafprozess vergleichbares Verfahren vorläge, so dass der Grundsatz des ne bis in idem zur Anwendung zu gelangen habe. Dies Argument trifft jedoch nicht zu: Einmal wird im Verfahren nach dem FEVG nicht die Schuld des Betroffenen streitig festgestellt[313], sondern aus polizeilichen Gründen nach dem Vorliegen der Unterbringungsvoraussetzungen gefragt. Da es bei der Entscheidung um Gefahrenabwehr geht, kann und will die Entscheidung über die Freiheitsentziehung keinen endgültigen Charakter haben, sondern bei besserer Erkenntnis muss und soll sie geändert werden können.

62 Daher wird zu Recht überwiegend die Auffassung vertreten, dass die Entscheidung des Gerichts im Freiheitsentziehungsverfahren nach den §§ 415 ff. FamFG nicht der Rechtskraft fähig sei.[314] Freilich wird insofern differenziert:

---

308 Zum ganzen vgl. *Smid*, Rechtsprechung, § 1 II 16,79 ff.

309 *Baumann*, Unterbringungsrecht,233 ff.

310 Vgl. *Smid*, Rechtserkenntnis,96 ff.

311 *Smid*, Rechtsprechung, § 3,181, § 6,363.

312 Vgl. die Nachweise bei *Baumann*, Unterbringungsrecht,413.

313 *Smid*, Rechtsprechung, § 3 II,184 ff. zum Rechtsprechungscharakter des Strafprozesses.

314 *Saage/Göppinger*, FreihEntz, § 8, Rn. 7, 8; Vgl. aber auch *Baumann*, Unterbringungsrecht (FN 21),413.

Hinsichtlich des Regelungsmoments, welches der gerichtlichen Freiheitsentziehung zukommt, soll keine materielle Rechtskraftwirkung eintreten. Soweit aber das Gericht gem. § 13 FamFG die Rechtmäßigkeit oder Unrechtmäßigkeit einer vorangegangenen Entziehung durch die Behörde oder hinsichtlich eines Antrages dessen Unbegründetheit festgestellt habe[315], soll diese Feststellung in Rechtskraft erwachsen. Diese Art der Unterscheidung ist alles andere als plausibel. Ausschlaggebend ist nicht, ob der Richter einen Sachverhalt etwa durch die Anordnung der Freiheitsentziehung regelt oder ob er eine Feststellung über behördliche oder seitens der Bürger gestellte Anträge trifft. Denn in beiden Fällen handelt der Richter zum Zwecke der Gefahrenabwehr. Wird deutlich, dass die Beurteilung des Falles falsch und eine Einweisung des Betroffenen geboten ist, ist das Gericht nicht an die einmal getroffene Entscheidung gebunden – und zwar auch dann nicht, wenn der Sachverhalt, der dem Verfahren zugrunde liegt, sich in keiner Weise geändert hat.

Daher stellt sich das Verfahren nach Art. 104 Abs. 2 S. 1 GG als Verfahren 63
materieller Verwaltung dar.[316] Eine Rechtsschutzfunktion kommt der richterlichen Anordnung der Freiheitsentziehung allerdings insofern[317] zu, als zum einen auch der Verwaltungstätigkeit ausübende Richter anders entscheidet als ein Verwaltungsbeamter, zum anderen aber sich stets unabhängig davon die richterliche Anordnung der Freiheitsentziehung deshalb als materiell verwaltender Rechtsschutz darstellt, als es in diesen Verfahren in der Sache um Gefahrenabwehr geht. Ist das Verfahren so organisiert, dass der Richter zum Zwecke der Gefahrenabwehr handelt, ergibt sich daraus die Qualifikation des Verfahrens als eines der nichtstreitigen freiwilligen Gerichtsbarkeit.[318] Anders wäre dies nur dann zu beurteilen[319], wenn der Richter nicht über die Zweckmäßigkeit der Frei-

---

315 *Saage/Göppinger*, FreihEntz, Rn. 8.

316 So auch *Dürig*, in: Maunz/Dürig, GG, Art. 104, Rn. 25. Es erscheint daher als vorschnell, wenn *Bettermann* (JBl. 1972,57, 67) meint, allein schon durch Richtervorbehalte werde es dem Bürger möglich, sich gegenüber der Verwaltung auf sein Recht zu berufen, und diese dazu gezwungen, in einem prozessförmigen Verfahren als Partei ihre Rechtsansicht zu begründen. Vielmehr kommt es auf die konkrete Ausgestaltung des jeweiligen Gerichtsverfahrens an.

317 *Bachof*, DÖV 1952,394.

318 *Dürig*, in: Maunz/Dürig, GG, Art. 104, Rn. 25. So die Qualifikation des Verfahrens der Freiheitsentziehung in der Literatur zum FGG; *Habscheid*, FGG, § 8 Abs. 2, 3; *H. Zimmermann*, Rechtspfleger 1978,285 ff., 290. Zimmermanns Begründung überzeugt freilich nicht. Er hebt nämlich nur auf die angeblich fehlende Rechtskraft der gerichtlichen Entscheidungen ab. Dies ist aber allein kein Grund, diese Verfahren als „Verwaltung" einzuordnen. Denn die Durchbrechung der Rechtskraft von Urteilen mit zeitlich gestreckter Wirkung ist auch dem Prozessrecht nicht fremd; vgl. *Smid*, Rechtsprechung, § 6, S.163.

319 Näher *Smid*, Rechtsprechung, § 3,181, § 7,397.

heitsentziehung selbst zu urteilen hätte, sondern wenn er diese nur anordnet und im Verfahren allein auf den Antrag der Verwaltung (oder anderer Dritter) die rechtlichen Voraussetzungen für eine Unterbringung des Betroffenen abschließend überprüfen würde. Bei einer derartigen Verfahrensgestaltung läge kein nichtstreitiges Verfahren, sondern eine besondere Form des verwaltungsgerichtlichen Streits vor den ordentlichen Gerichten vor.[320]

64 Nichts anderes gilt im Übrigen für die Verfahren gem. Art. 13 Abs. 2 GG. Dort fungiert der Richter als Kontrollorgan[321] der Exekutive. Denn der Richter hat dort nicht die Zweckmäßigkeit der Haussuchung zu überprüfen, sondern - nach Maßgabe der durch das Bundesverfassungsgericht genannten Kriterien - das Vorliegen ihrer rechtlichen Voraussetzungen zu beurteilen. Anders dagegen der frühere Untersuchungsrichter, der z. B. Durchsuchungen anordnete, wenn diese sich im Rahmen des Vermittlungsverfahrens als zweckmäßig erwiesen.

---

320 Zur Rechtsprechungsqualität von Verfahren bei Gestaltungsklagen: *Smid*, Rechtsprechung, § 3, III,196 ff.

321 *Papier*, in: Maunz/Dürig, GG, Art. 13, Rn.13 c.

# Teil 2: Rollen in zivilgerichtlichen Verfahren - Gericht , Parteien und Beteiligte

## § 3 Richter und Rechtspfleger

### I. Gerichtliche Funktionsträger

Welche Amtspersonen nehmen die gerichtlichen Funktionen in zivilgerichtlichen Verfahren wahr? An Gerichten ist eine Reihe von Funktionsträgern beschäftigt. Die Gerichtsvollzieherverteilungsstelle weist den Gerichtsvollziehern als Vollstreckungsbeamten Vollstreckungsaufträge zu[322], Justizwachtmeister setzen die Anordnungen der Richter oder Rechtspfleger in Ausübung ihrer Sitzungspolizei um.[323] Es liegt auf der Hand, dass diese Amtsträger keine eigenen Entscheidungsbefugnisse in zivilgerichtlichen Verfahren ausüben, sondern wenngleich wichtige, so doch eher technische, Hilfsfunktionen wahrnehmen. 1

Etwas anderes gilt schon für die Geschäftstellen der Gerichte, bei denen nicht nur die Akten geführt werden. Dem Urkundsbeamten der Geschäftsstelle obliegt die Erteilung des Zeugnisses der Vollstreckbarkeit eines Titel – die Erteilung der sog. Vollstreckungsklausel gem. § 725 ZPO.[324] 2

### II. Entscheidungskompetenzen: "Das Gericht"

1. Richter im verfassungs- und gerichtsverfassungsrechtlichem Sinne

Entscheidungsbefugnisse haben dagegen sowohl Richter als auch Rechtspfleger. Rechtspfleger nehmen Aufgaben war, die keine spezifisch richterlichen sind, also solche, die nicht als materielle Rechtsprechung nach Art. 92 GG gerade den Richtern zugewiesen sind.[325] Hier sei daran erinnert, dass der Terminus „Richter“ auf dem Gebiet der freiwilligen Gerichtsbarkeit vielfach den Rechtspfleger bezeichnet.[326] Dies trifft insbesondere auf dem Gebiet des Vormundschaftsrechts zu (vgl. die §§ 3Nr. 2a, 14 RPflG).[327] Daneben ist zu beachten, dass hier dem Landesrecht ein weiterer Spielraum vorbehalten ist - weshalb z. B. in Baden-Württemberg ein Teil der Aufgaben des Grundbuchrichters von den Bezirks- 3

---

322 *Sievers*, in: Kindl/Meller/Hannich/Wolf , Zwangsvollstreckung, 2010, § 753 Rn. 14 ff..
323 *Pfeiffer*, in: StPO, § 175 GVG, Rn. 1.
324 *Wolfsteiner*, in: MünchKomm, ZPO, § 725 Rn. 1.
325 *Zeiss/Schreiber*, ZPrR 11. Aufl. 2009 Rn. 53.
326 *Pawlowski*, in: Pawlowski/Smid, Freiwillige Gerichtsbarkeit, § 2 Rn. 55.
327 *Wolf* , in: Kindl/Meller/Hannich/Wolf , Zwangsvollstreckung, 2010, § 3 Rn. 1.

notaren wahrgenommen wird; vgl. die §§ 1 Abs. 2, 37 LFGG. "Gericht" sind übrigens Grundbuchämter oder das Insolvenzgericht als Abteilungen der Amtsgerichte, um nur zwei Beispiele zu nennen.

4 Richter und Rechtspfleger treten nach außen als „das Gericht“ auf. Bereits an dieser Stelle spielt die Unterscheidung zwischen der prozessualen Streitentscheidung als Verfahren materieller Rechtsprechung und nichtstreitigen Verfahren, in denen das Gericht verwaltende Aufgaben wahrnimmt, eine Rolle. Denn die Rechtsprechung ist in Art. 92 GG „den Richtern“ zugewiesen. Damit ist ein Richter i. S. d DRiG gemeint.[328] Der Rechtspfleger entscheidet, wie das BVerfG in st. Rspr.[329] erkannt hat, zwar innerhalb des ihm übertragenen Aufgabenkreises als "Gericht". Er ist aber kein Richter, weder im Sinne des Verfassungsrechts noch im Sinne des Gerichtsverfassungsrechts[330]. Damit ist negativ deutlich, dass Urteile im Zivilprozess oder urteilsersetzende Beschlüsse im Ehescheidungsverfahren und in weiteren Streitverfahren der freiwilligen Gerichtsbarkeit nicht vom Rechtspfleger erlassen werden dürfen. Er ist in diesen Angelegenheiten funktionell nicht zuständig.[331] Urteile und urteilsersetzende Beschlüsse darf wirksam nur ein Richter i. S. d. DRiG erlassen, der hierfür funktionell zuständig ist, weil Aufgaben materieller Rechtsprechung ausschließlich den Richtern zugewiesen sind.[332]

5 Besonderheiten gelten für das Grundbuchverfahren. Zuständig für die Grundbuchverfahren sind heute die Amtsgerichte, die nach §1S. 1 GBO als Grundbuchämter die Grundbücher führen - nur in Baden-Württemberg werden die Grundbücher von den staatlichen Grundbuchämtern geführt, die in jeder Gemeinde eingerichtet und jeweils mit badischen oder württembergischen Bezirksnotaren besetzt sind). Im Grundbuchverfahren geht es also anders als im Vormundschaftsverfahren von vornherein nicht um die Zuständigkeit des Grundbuchrichters, sondern um die des Grundbuchamtes. Letzteres hat auch seinen Grund: Grundbuchrichter ist zwar der Amtsrichter; und soweit es um den Grundbuchrichter geht, gilt auch im Grundbuchverfahren § 22d GVG, nach dem eine Amtshandlung nicht deshalb unwirksam ist, weil sie ein Richter vorgenommen hat, der nach der Geschäftsverteilung nicht zuständig war. Soweit es aber um die Zuständigkeit des Grundbuchamtes geht, hilft diese Vorschrift

328 Vgl. *Morgenthaler*, in: Epping/Hillgruber GG, 2009, Art. 92 Rn. 29 f.; *Wolff*, in: Umbach/Clemens ,GG, 2002, Art. 92 Rn. 34.

329 BVerfG v. 18.1.2000 - 1 BvR 321/96; BVerfG v. 20.1.1981 - 2 BvL 2/80, BVerfGE 56, 110, 127.

330 BVerfG v. 20.1.1981 - 2 BvL 2/80, BVerfGE 56, 110, 127.

331 *Zeiss/Schreiber*, ZPrR 11. Aufl. 2009 Rn. 65.

332 BVerfG, Beschluss vom 06.06.1967, Az.: 2 BvR 375/60 = NJW 1967, 1219f.

nicht: Kommt es z. B. darauf an, wann ein Antrag beim Grundbücher eingegangen ist, dann kommt es nicht darauf an, wann der Antrag allgemein beim Amtsgericht eingegangen ist, sondern darauf, wann es beim Grundbuchamt eingegangen ist. Dies ist z. B. für die Reihenfolge, in der die Anträge erledigt werden - und damit für die Rangfolge der Rechte von Bedeutung, vgl. die §§ 17, 45 GBO.

### 2. Verfahrensrechtliche Konsequenzen - rechtliches Gehör

Nach der Rechtsprechung des BVerfG[333] gewährt Art. 103 Abs. 1 GG einen Anspruch auf rechtliches Gehör nur in Verfahren vor dem Richter iSv Art. 92 GG. Da der Rechtspfleger aber als "Gericht", nicht aber als Richter[334] entscheide (oben Rn. 4), hält das BVerfG eine einschränkende Auslegung des Art. 103 Abs. 1 GG für geboten. Danach ist allein die Gewährung rechtlichen Gehörs in solchen Verfahren garantiert, die vor und durch den Richter iSd DRiG und des Art. 92 GG geführt werden. 6

Dies begegnet aber der Kritik.[335] Richtig ist, dass unabhängig davon, ob der Richter iSd Art. 92 GG materielle Rechtsprechungsaufgaben wahrnimmt oder, wie im Falle der Entscheidung nach Art. 13 Abs. 2 GG oder Freiheitsenziehungsmaßnahmen (oben § 2 Rn. 39 ff.) Entscheidungen übertragen bekommen hat, die materiell zur Verwaltungstätigkeit gehören, Art. 103 Abs. 1 GG greift. Denn für den Prozess bildet die Gewährung rechtlichen Gehörs ein konstitutives Element; die Übertragung materieller Tätigkeiten auf den Richter hat dabei nur Sinn, wenn dieser „Prozessförmig" handelt – also insbesondere den Betroffenen rechtliches Geghör gewährt. Im Falle der Tätigkeit des Rechtspflegers sieht nun bereits das Gesetz unterverfassungsrechtliche dessen Überpüfung vor (§ 11 RPflG).Es begegnet aber Bedenken, wenn das BVerfG zwischen solchen Gerichtsverfahren unterscheidet, in denen und solchen, in denen kein rechtliches Gehör gewährt wird – weil hierfür sachliche Gründe nicht ersichtlich sind.[336]

## III. Aufgabenverteilung

Welche Aufgaben der Rechtspfleger hat, ergibt sich aus der enumerativen Auflistung in § 3 i.V. m. 20 RPflG.[337] Aus den §§ 14 ff. RPflG ergeben sich dagegen Richtervorbehalte, die solche Geschäfte betreffen, die, wiewohl sie den unter die gesetzliche Zuständigkeit von Rechtspflegern nach § 3 RPflG fallen wür- 7

333 BVerfG, Beschluss vom 18.01.2000, Az.: 1 BvR 321/96.

334 BVerfG, Beschluss vom 20.01.1981, Az.: 2 BvL 2/80 = BVerfGE 56, 110, 127.

335 Vgl. allein *Pawlowski* JZ 2000, 913, 915, 916.

336*Pawlowski* (Fn. 335).

337 *Wolf*, in: Kindl/Meller/Hannich/Wolf , Zwangsvollstreckung, 2010, § 20 RPflG Rn. 1.

den, durch den Gesetzgeber ausschließlich Richtern zugewiesen worden sind. Diese Geschäfte werden damit freilich nicht zu Angelegenheiten materieller Rechtsprechung. Denn Grund der Sonderzuständigkeit von Richtern für die Wahrnehmung „an sich" rechtspflegerischer Tätigkeiten ist nicht, dass diese Angelegenheiten den Rechtspflegern nicht zugewiesen werden dürften. Vielmehr handelt es sich bei den Vormundschafts- und Betreuungssachen nach den §§ 14, 15 RPflG um Verfahren, in denen es nicht (nur) um die Anwendung von Rechtsvorschriften geht, sondern um Maßregeln höchst persönlicher Tragweite; hier erwartet der Gesetzgeber, dass die Zuweisung an Richter der Entscheidung eine höhere Akzeptanzfähigkeit verleiht.[338] Vergleichbares gilt für die Tätigkeit des Richters im Insolvenzeröffnungsverfahren (§§ 18, 18a RPflG)[339] und in Nachlassteilungsverfahren (§ 16 RPflG).[340] Weiter können sich Richter Angelegenheiten vorbehalten.[341]

8 Dabei tritt in den Blick, dass Rechtspfleger in summarischen Verfahren tätig werden. Es wird unten das Mahnverfahren aber auch das Vereinfachte Kindesunterhaltsverfahren nach den §§ 238 ff. FamFG einzugehen sein.

## IV. Beispiel: Insolvenzverfahren

### 1. Wechsel der funktionellen Zuständigkeit mit der Eröffnung des Insolvenzverfahrens

9 Dies soll am Beispiel der funktionalen Zuständigkeiten für das Insolvenzverfahren beispielhaft illustriert werden: Die im Zusammenhang mit dem Insolvenzverfahren stehenden Aufgaben des Insolvenzgerichts werden vom Insolvenzrichter oder vom Rechtspfleger wahrgenommen. Die Aufgabenverteilung innerhalb des Insolvenzgerichts, d.h. die funktionelle Zuständigkeit von Insolvenzrichter und Rechtspfleger, regelt abschließend das Rechtspflegergesetz in den §§ 3 Abs. 2 lit. e, 4, 18 RPflG. Gem. § 18 Abs. 1 Nr. 1 RPflG bleiben Verfahren nach der InsO dem Insolvenzrichter nur bis zur Entscheidung über den Eröffnungsantrag vorbehalten. Die Entscheidung über die Eröffnung bildet eine zeitliche Zäsur, mit der der Rechtspfleger funktionell zuständig wird[342], sofern nicht

338 BT-Drucks. 11/4528; *Bassenge/Roth*, FamFG, RPflG § 15 Rn. 1 m. w. N.

339 *Frindt*, NZI 2002, 138, 139.

340 *Schmid*, Nomos-Erläuterungen zum Deutschen Bundesrecht, § 16 RpflG.

341 Vgl. *Wolf*, in: Kindl/Meller/Hannich/Wolf , Zwangsvollstreckung, 2010, § 18 Rn. 2.

342 Die Zuständigkeit des Rechtspflegers in Konkurssachen wurde erstmals durch die §§ 3 Abs.1 Nr. 3c, 21 Abs.1 des RPflG v. 8.2.1957 eingeführt; zuvor bestand eine Alleinzuständigkeit des Konkursrichters. Vgl. *Gerhardt*, in : Jaeger, § 2 Rn. 46 ff.

der Richter bei Vorliegen eines Insolvenzplans zuständig bleibt.[343] Dabei findet der Übergang der funktionellen Zuständigkeit auf den Rechtspfleger unabhängig davon statt, ob dem Eröffnungsantrag stattgegeben oder der Antrag mangels einer die Kosten deckenden Masse abgewiesen wurde.[344]

Die Beschränkung der Verantwortlichkeit des Insolvenzrichters auf Entscheidungen des Eröffnungsverfahrens soll ihn von Massegeschäften und den Angelegenheiten der Vermögenssorge entlasten und dessen Zuständigkeit auf Angelegenheiten mit bes. rechtlicher Schwierigkeit oder Schwere des Eingriffs in Rechtspositionen beschränken.[345] Der Insolvenzrichter trifft seine Entscheidungen und Maßnahmen als Einzelrichter (§ 22 Abs. 1 GVG).[346] 10

Nach der maßgeblichen Zuständigkeitsnorm des § 18 RPflG ist der Richter ausschließlich zuständig für das Eröffnungsverfahren bis zum Erlass des Eröffnungsbeschluss (§ 27 InsO) und der Ernennung des Insolvenzverwalters (vgl. auch § 56 InsO). Ferner ist der Richter nach § 18 Abs. 1 Nr. 1 RPflG für das Schuldenbereinigungsverfahren und das Insolvenzplanverfahren zuständig. 11

Insbesondere die Zuständigkeit des Richters nach dem DRiG für das Insolvenzplanverfahren ist nicht ohne Schwierigkeiten umzusetzen. Denn die Begründung der ausschließlichen funktionellen Zuständigkeit des Richters für „Insolvenzplanverfahren“ wirft Fragen auf, die sich erst in der praktischen Anwendung des ESUG werden beantworten lassen: 12

➔ Welche Einflüsse wird dies auf die Verwalterauswahlentscheidung haben? Und, dramatischer noch:

➔ Was ist ein „Insolvenzplanverfahren“? Was geschieht beim Wechsel der funktionellen Zuständigkeit nach Berichtstermin? Hat der Rechtspfleger bis dahin das Verfahren geleitet, muss mit der Entscheidung der Gläubigerversammlung nach § 157 InsO, dass ein Insolvenzplan ausgearbeitet werden soll, der Richter iSd DRiG die Leitung der Gläubigerversammlung (und natürlich: das weitere Verfahren) übernehmen.[347] Verrichtungen des Rechtspflegers nach diesem Zeitpunkt führen zur Unwirksamkeit von Entscheidungen, aber auch von Beschlussfassungen der durch ihn

343 Die Zuständigkeit wurde durch das ESUG auf den Richter übertragen, s. § 18 RPflG n.F.

344 *Fuchs*, ZInsO 2001, 1033, 1034.

345 *Franke/Burger*, NZI 2001, 403; 2. Bericht der Kommission für Insolvenzrecht, Begr. zu Leitsatz 2.2.

346 *Häsemeyer*, InsR, Rn. 6.02.

347 Hierzu zutreffende Bedenken von *Frind* ZInsO 2011, 656, 659.

trotz mangels funktioneller Zuständigkeit geleiteten Gläubigerversammlung, § 8 Abs. 4 RPflG.[348]

## 2. Kompetenz-Kompetenz des Richters

13 § 18 Abs. 1 Nr. 3 RPflG begründet zudem eine Zuständigkeit für Entscheidungen im Zusammenhang mit ausländischen Insolvenzverfahren (§§ 344, 346 InsO). Nach § 18 Abs. 3 S. 2 RPflG ist der Richter weiter für die Entscheidung über die Erteilung oder Versagung des Stimmrechts durch den Rechtspfleger gem. §§ 77, 237 f. InsO zuständig. Damit wollte der Gesetzgeber zugleich verfassungsrechtlichen Bedenken[349] Rechnung tragen und es vermeiden, die Stimmrechtsentscheidung beschwerdefähig auszugestalten. Weiterhin ist der Insolvenzrichter für Entscheidungen über die Vollstreckungserinnerung gem. § 766 ZPO (§§ 89 Abs. 3, 148 Abs. 2 S. 2, §§ 3 Nr. 3a, 20 Nr. 17 S. 2 RPflG) zuständig.[350] Der Richter hat ferner den Schuldner gem. §§ 14 Abs. 2, 20 RPflG anzuhören. Er ist gem. § 4 Abs. 2 RPflG ausschließlich zuständig für die Abnahme von Eiden und die Anordnung der Vorführung bzw. die Verhängung der Haft (§ 98 InsO).[351] Schließlich hat er die ihm durch den Rechtspfleger nach § 5 RPflG vorgelegten Angelegenheiten wahrzunehmen.

14 Gem. § 18 Abs. 2 S. 1 RPflG ist der Richter befugt sich das Insolvenzverfahren auch im Übrigen ganz oder teilweise vorzubehalten[352], wenn er dies für geboten hält (sog. Kompetenz-Kompetenz). Hat der Richter von diesem Vorbehaltsrecht Gebrauch gemacht, kann er später das Verfahren dem Rechtspfleger wieder übertragen, wenn er den Vorbehalt nicht mehr für erforderlich hält (§ 18 Abs. 2 S. 2 RPflG). Nach Übergang der Verfahrenszuständigkeit auf den Rechtspfleger steht dem Insolvenzrichter ein Evokationsrecht zu[353] und er bleibt befugt, das Verfahren wieder an sich zu ziehen, wenn und solange er es für erforderlich hält (§ 18 Abs. 2 S. 3 RPflG). Hierfür ist nicht erforderlich, dass der Insolvenzrichter sich das Insolvenzverfahren oder Teile von diesem zuvor nach

---

348 Radke, in: Kindl/Meller-Hannich/Wolf, Gesamtes Recht der Zwangsvollstreckung, 1. Aufl. 2010, RpflG, § 8 Rn. 3; Roth, in: Bassenge/Roth, RPflG, 12. Aufl. 2009, § 8 Rn. 4.

349 Vgl. *Smid,* KTS 1993, 1, 2 ff.

350 BGH, Beschluss vom 02.06.2005, Az.: IX ZB 287/03 = ZInsO 2005, 708; Beschluss vom 05.02.2004, Az.: IX ZB 97/03 = ZInsO 2004, 391, 392.

351 *Kirchhof,* in: Kreft, § 2 Rn. 4.

352 Zu thematischen Teilvorbehalten vgl. *Frind*, ZInsO 2001, 993 ff.; *Fuchs,* ZInsO 2001, 1033, 1036 f.

353 Von der Evokation unterscheidet sich das Vorbehaltsrecht dadurch, dass der Richter nicht ein Geschäft des Rechtspflegers an sich zieht, sondern die eigene Zuständigkeit erweitert, vgl. Jaeger/*Gerhardt*, § 2 Rn. 54 m.w.N.

§ 18 Abs. 2 S. 1 RPflG vorbehalten hat.[354] Dies folgt aus dem Gesetzeszweck des § 18 Abs. 2 RPflG, der darin liegt, eine weitestgehend flexible Regelung der Zuständigkeitsabgrenzung zu erreichen[355], durch die Aufgaben und Belastungen in dem konkreten Insolvenzverfahren angemessen und mit Außenwirkung verteilt werden.[356]

Vor Ausübung des Vorbehalts- bzw. Evokationsrechts muss der Insolvenz- 15
richter dessen Gebotenheit bzw. Erforderlichkeit prüfen. Hierbei ist dem Richter dogmatisch kein Ermessen, sondern ein Beurteilungsspielraum eingeräumt.[357] Die Ausübung des Vorbehalts- bzw. Evokationsrecht kommt insbesondere dann in Betracht, wenn das Verfahren bes. umfangreich, mit erheblichen rechtlichen Schwierigkeiten verbunden oder für die Betroffenen, die Region oder die Wirtschaft von bes. Bedeutung ist.[358] Zieht der Richter Verfahrenshandlungen an sich, ist diese Entscheidung unanfechtbar.[359] Angesichts der z.T. komplizierten Entscheidungslagen des Insolvenzrechts ist die Nichtausübung des Vorbehalts durch den Insolvenzrichter kein Verfahrensfehler. Der Vorbehalt oder die Ausübung des Evokationsrechts bedarf keines formellen Beschluss[360], jedoch empfiehlt es sich, dieses durch einen Vermerk aktenkundig zu machen[361] und kurz zu begründen, da bes. in umstrittenen und öffentlichkeitsträchtigen Verfahren so der böse Schein der Befangenheit vermieden werden kann.

### 3. Zuständigkeit des Rechtspflegers

Die funktionelle Zuständigkeit des Rechtspflegers im Insolvenzverfahren ist 16
gem. § 3 Abs. 2e) RPflG insoweit gegeben, als die Geschäfte des Insolvenzgerichts nicht gem. § 18 RPflG vom Insolvenzrichter wahrzunehmen sind oder in Ausübung seines Vorbehalts- oder Evokationsrecht (§ 18 Abs. 2 S. 1, 3 RPflG) wahrgenommen werden. Im Rahmen dieser Zuständigkeit hat der Rechtspfleger alle Maßnahmen zu treffen, die für die ordnungsgemäße und gesetzmäßige Ab-

---

354 AG Köln, Beschluss vom 8.2.2000, Az.: 72 IK 69/99 = DZWIR 2000, 170, 171; *Fuchs*, ZInsO 2001, 1033, 1034; *Gerhardt*, in: Jaeger, § 2 Rn. 55; *Uhlenbruck*, in: Uhlenbruck, § 2 Rn. 6; **a.A.** *Bernsen*, in: KS, 1843, 1846 Rn. 5; *Meyer-Stolte*, in: Arnold/Meyer-Stolte, RPflG, § 18 Rn. 54.

355 Vgl. *Meyer-Stolte*, in: Arnold/Meyer-Stolte, RPflG, § 18 Rn. 43; *Haarmeyer/Wutzke/Förster*, Handbuch zur InsO, Kap. 2, Rn. 2/104.

356 *Häsemeyer*, InsR, Rn. 6.02.

357 *Ganter*, in: MünchKomm,§ 2 Rn. 21; *Gerhardt*, in: Jaeger, § 2 Rn. 57.

358 *Haarmeyer/Wutzke/Förster*, Hb. InsO, Kap. 2 Rn. 105 ff.; *Rüther*, in: HambKomm, § 3 Rn. 11; *Uhlenbruck*, in: Uhlenbruck, § 2 Rn. 6.

359 *Gerhardt*, in: Jaeger, § 2 Rn. 58.

360 BGH, Urteil vom 21.06.1968, Az.: V ZR 33/65 = BGHZ 50, 258, 260.

361 *Haarmeyer/Wutzke/Förster*, Hb. InsO, Kap. 2 II 2 Rn. 110.

wicklung des Insolvenzverfahrens erforderlich sind (§ 4 Abs. 1 RPflG). Hiervon ausgenommen sind die in § 4 Abs. 2 RPflG aufgeführten, dem Insolvenzrichter vorbehaltenen Maßnahmen zur Durchsetzung der Pflichten des Schuldners (§ 98 InsO). Hält der Rechtspfleger Entscheidungen für geboten, für die er nach § 4 Abs. 2 RPflG nicht zuständig ist, so legt er deswegen die Sache dem Richter zur Entscheidung vor (§ 4 Abs. 3 RPflG). Ebenso ist er nach § 5 RPflG gehalten, ihm übertragene Geschäfte dem Richter vorzulegen, wenn sich bei der Bearbeitung rechtliche Schwierigkeiten ergeben, ausländisches Recht zur Anwendung kommt oder ein enger Sachzusammenhang mit einer dem Richter vorbehaltenen Entscheidung besteht.[362] Gibt der Richter eine vorgelegte Sache an den Rechtspfleger mit einer bestimmten Rechtsauffassung zurück, so ist der Rechtspfleger gem. § 5 Abs. 2 S. 3 RPflG an diese Auffassung gebunden.

17 Im Einzelnen hat der Rechtspfleger die Aufgabe, den Insolvenzverwalter zu beaufsichtigen (§ 58 InsO) und diesen unter den Voraus. des § 59 InsO zu entlassen, die Vergütung des vorläufigen Insolvenzverwalters (§§ 21 Abs. 2 Nr. 1, 64 InsO)[363] und des Insolvenzverwalters festzusetzen, Mitglieder des Gläubigerausschusses zu entlassen (§ 70 S. 1 InsO), die Vergütung der Mitglieder des Gläubigerausschusses festzusetzen (§ 73 InsO), die Gläubigerversammlung einzuberufen (§ 74 Abs. 1 S. 1 InsO) und zu leiten (§ 76 Abs. 1 InsO), dort insbesondere die Sitzungspolizei zu gewährleisten (§ 169 GVG), auf Antrag Beschlüsse der Gläubigerversammlung aufzuheben (§ 78 Abs. 1 InsO), Auskünfte vom Schuldner einzuholen bzw. entgegenzunehmen (§ 97 Abs. 1 S. 1 InsO), die Gestattung, die Erstellung eines Verzeichnisses der Massegegenstände zu unterlassen (§ 151 Abs. 3 S. 1 InsO), die Untersagung der Stilllegung auf Antrag des Schuldners (§ 158 Abs. 2 S. 2 InsO), die Anordnung der Betriebsveräußerung nur mit Zustimmung der Gläubigerversammlung (§ 163 Abs. 1 InsO), die Aufforderung nachrangiger Gläubiger zur Forderungsanmeldung (§ 174 Abs. 3 InsO), sofern dies nach Verfahrenseröffnung geschieht, die Entscheidung über Einwendungen gegen das Verteilungsverzeichnis (§ 194 Abs. 1 und 2 InsO), die Zustimmung zur Schlussverteilung (§ 196 Abs. 2) und zur Hinterlegung zurückbehaltener Beträge (§ 198 InsO), die Aufhebung des Insolvenzverfahrens (§ 200 Abs. 1), die Anordnung der Nachtragsverteilung (§ 203 Abs. 1 und Abs. 2 In-

---

362 *Haarmeyer/Wutzke/Förster*, Hb. InsO, Kap. 2 Rn. 112.

363 H.M: OLG Köln, Beschluss vom 18.08.2000, Az.: 2 W 97/00 = ZIP 2000, 1993, 1995; OLG Zweibrücken, Beschluss vom 23.05.2000, Az.: 3 W 58/00 = ZIP 2000, 1306, 1307; LG Düsseldorf, Beschluss vom 23.11.1999, Az.: 25 T 937/99 = NZI 2000, 182; AG Düsseldorf, Beschluss vom 24.11.1999, Az.: 502 IN 76/99 = ZInsO 2000, 54; *Franke/Burger,* NZI 2001, 403, 406; *Haarmeyer/Wutzke/Förster*, InsVV, § 8 Rn. 14; *Lüke*, in: Kübler/Prütting/Bork, § 64 Rn. 9; a. A. Zuständigkeit des Insolvenzrichters: AG Köln, Beschluss vom 21.01.2000, Az.: 72 IK 69/99 = ZInsO 2000, 118.

sO), die Einstellung des Verfahrens mangels Masse (§§ 207 Abs. 1, 211 Abs. 1, 212, 213 InsO), die Zurückweisung des Plans (§ 231 InsO), die Festsetzung des Erörterungs- und Abstimmungstermins (§§ 235, 236 InsO), die Stimmrechtsfestsetzungen (§§ 77, 237, 238 InsO), die Anordnung eines gesonderten Abstimmungstermins (§ 241 InsO), die Bestätigung des Plans (§ 248 InsO), die Aufhebung des Insolvenzverfahrens (§ 258 Abs. 1 InsO), die Aufhebung der Planüberwachung (§ 268 Abs. 1 InsO), die Anordnung der Zustimmungsbedürftigkeit, sofern diese nicht mit dem Eröffnungsbeschluss erfolgt (§ 277 Abs. 1 InsO).

### 4. Entscheidung bei Ungewißheit über die funktionelle Zuständigkeit

Bei Streit oder Ungewissheit darüber, ob ein Geschäft von dem Insolvenzrichter 18
oder dem Rechtspfleger zu bearbeiten ist, entscheidet der Insolvenzrichter gem. § 7 S. 1 RPflG über die Zuständigkeit durch Beschluss. Nicht ausreichend ist es, wenn der Insolvenzrichter dem Rechtspfleger die Sache im Wege einer innerdienstlichen, den Beteiligten nicht bekannt gemachten Verfügung „zuständigkeitshalber" zuschreibt.[364] Ein Rechtsmittel gegen den richterlichen Beschluss ist nicht gegeben (§ 7 S. 2 RPflG). Ist der Rechtspfleger kraft Gesetzes oder aufgrund richterlicher Übertragung (§ 18 Abs. 2 S. 2 RPflG) funktionell zuständig, entscheidet dieser sachlich unabhängig und ist nur an Recht und Gesetz gebunden(§ 9 RPflG). Der Insolvenzrichter ist nicht befugt, dem funktionell zuständigen Rechtspfleger Weisungen zu erteilen.[365]

## V. Vereinfachtes Verfahren wegen Kindesunterhalts, §§ 249 – 260 FamFG

Im vereinfachten Verfahren wegen Kindesunterhalts nach den §§ 249 – 260 Fa- 19
mFG wird auf Antrag der Unterhalt eines minderjährigen Kindes, das mit dem in Anspruch genommenen Elternteil nicht in einem Haushalt lebt, festgesetzt, soweit der Unterhalt vor Berücksichtigung der Leistungen nach § 1612b BGB oder § 1612c BGB das 1,2fache des Mindestunterhalts nach § 1612a Abs. 1 BGB nicht übersteigt. Für dieses Verfahren ist nach § 25 Nr. 2 c RPflG die funktionelle Zuständigkeit des Rechtspflegers begründet

364 BGH, Beschluss vom 02.06.2005, Az.: IX ZB 287/03 = NZI 2005, 520.
365 Vgl. ferner: *Wolf*, in: Kindl/Meller/Hannich/Wolf, Zwangsvollstreckung, 2010, § 9 Rn. 2.

## VI. Folgen der Entscheidung eines funktionell unzuständigen Organs

20 Handelt der funktionell unzuständige Insolvenzrichter, indem er ein gem. § 3 Abs. 2e) RPflG dem Rechtspfleger übertragenes Geschäft wahrnimmt, so bleibt diese Maßnahme gem. § 8 Abs. 1 RPflG wirksam.366 Im umgekehrten Fall, wenn der funktionell unzuständige Rechtspfleger eine Maßnahme trifft, die ihm nach dem Gesetz weder übertragen ist, noch übertragen werden kann, so ist dieses Geschäft gem. § 8 Abs. 4 RPflG unwirksam.367 Ein grundsätzlich auf den Rechtspfleger übertragbares Geschäft bleibt wirksam, selbst wenn die Übertragung nicht erfolgt ist (§ 18 Abs. 2 RPflG). Auch wenn der Rechtspfleger bei der Vornahme einer Handlung gegen die Vorlagepflicht des § 5 RPflG verstößt, bleibt diese Handlung wirksam, soweit es sich nur um ein dem Rechtspfleger übertragenes Rechtsgeschäft handelt (§ 8 Abs. 3 RPflG).368

## VII. Festlegung des „gesetzlichen Richters" durch den Geschäftsverteilungsplan des Gerichts

21 Die Verfassung garantiert, dass die Rechtsprechung nicht durch Sondergerichte ausgeübt wird, die für den Einzelfall gebildet werden. Denn die Unparteilichkeit solcher Sondergerichte wäre nicht gewährleistet. Vielmehr gewährleistet Art. 101 Abs. 1 S. 2 GG, dass die Rechtsprechung, aber auch Aufgaben materieller Verwaltung, die den Gerichten anvertraut sind, durch „den gesetzlichen Richter" ausgeübt werden – was vom BGH als „Eckpfeiler rechtsstaatlicher Gerichtsverfassung" bezeichnet wird.[369]

22 Um den gesetzlichen Richter bestimmen zu können, bedarf es allgemeiner Kriterien, die zu seiner Ermittlung heranzuziehen sind. Diese werden nach § 21e GVG durch Geschäftsverteilungspläne der Gerichte festgelegt, die von deren Präsidien aufgestellt werden und es erlauben, im Voraus darüber Aussagen zu

366OLG Köln, Beschluss vom 18.08.2000, Az.: 2 W 97/00 = NJW-RR 2001, 559, 560 (für die Festsetzung der Vergütung des vorläufigen Insolvenzverwalters durch den Insolvenzrichter); LG Göttingen, Beschluss vom 04.07.2003, Az.: 10 T 37/03 = NZI 2003, 1353, 1354 (bei Entlassung des Insolvenzverwalters gem. § 59 Abs.1 durch den Insolvenzrichter); *Klopp/Kluth*, in Gottwald, Insolvenzrechts-Handbuch, § 17 Rn. 14.

367 *Wolf,* in: Kindl/Meller/Hannich/Wolf, Zwangsvollstreckung, 2010, § 8 Rn. 3.

368 *Schmid*, Nomos-Erläuterungen zum Deutschen Bundesrecht, § 8 RPflG.

369 BGH, Urteil vom 16.05.1962, Az.: V ZR 155/60 = BGHZ 37, 125, 129; *Zeiss/Schreiber*, ZPrR, 11. Aufl. 2009 Rn. 121.

treffen, welcher Richter (oder Rechtspfleger) zur Wahrnehmung von Entscheidungstätigkeiten in einer bestimmten Sache berufen ist.[370]

---

370 *Zeiss/Schreiber*, ZPrR, 11. Aufl. 2009 Rn. 122.

# § 4 Das richtige Gericht (I): Zuständigkeit

## I. Fragestellung

Im vorangegangenen Paragraphen ist die funktionelle Zuständigkeit des Richter oder des Rechtspflegers erörtert, sind also die Funktionsträger dargestellt worden, die als das Gericht auftreten. Im Folgenden geht es darum, unter den verschiedenen Gerichten, denen Zivilverfahren anvertraut sind, das sachlich und örtlich zuständige Gericht zu bestimmen. 1

Im Zivilprozess kann das Gericht seine Aufgaben nur dann erfüllen, wenn es unparteilich zu urteilen in der Lage ist. Und in nichtstreitigen Verfahren ist der Einsatz von Gerichten nur unter der Vorrausetzung sinnvoll, dass das Gericht von äußeren Einflüssen auf seine Tätigkeit frei ist. 2

Die Unparteilichkeit – Neutralität – eines Gerichts im zivilprozessualen Erkenntnisverfahren setzt zunächst voraus, dass es ohne Ansehung der Parteien tätig wird. Dies ist nur der Fall, wenn unter einer Vielzahl von Gerichten das zuständige Gericht nach generellen Gesichtspunkten ermittelt werden kann.[371] 3

## II. Rechtswegzuständigkeit

Die Rechtswegzuständigkeit bestimmt, welche Gerichtsbarkeit in einer rechtlichen Angelegenheit zuständig ist. 4

### 1. Ordentliche Gerichtsbarkeit und Verwaltungsgerichtsbarkeit

§ 40 Abs. 1 VwGO eröffnet in allen öffentlich-rechtlichen Streitigkeiten nichtverfassungsrechtlicher Art den Verwaltungsrechtsweg. Für vermögensrechtliche Ansprüche aus Aufopferung für das gemeine Wohl und aus öffentlich-rechtlicher Verwahrung sowie für Schadensersatzansprüche aus der Verletzung öffentlich-rechtlicher Pflichten, die nicht auf einem öffentlich-rechtlichen Vertrag beruhen, sieht § 40 Abs. 2 VwGO den ordentlichen Rechtsweg vor. 5

### 2. Zivilprozess und Vergütungsfestsetzung

Die Probleme, um die es hier geht, illustriert das Verfahren der Vergütungsfestsetzung nach §§ 63, 64 InsO. Dieses Verfahren dient dazu, dem Insolvenzverwalter die Durchsetzung seiner Vergütungsansprüche gegen die Insolvenzmasse 6

371 *Rauscher/Wax/ Wenzel*, in: MünchKomm, ZPO, §1 Rn. 22.

zu erleichtern.[372] Dies gilt auch für die Vergütungsansprüche, die der vorläufige Insolvenzverwalter gegen die Masse nach § 11 InsVV hat. § 63 Abs. 1 S. 1 InsO regelt, dass der Insolvenzverwalter Anspruch auf Vergütung für seine Geschäftsführung mit Erstattung angemessener Auslagen hat. § 11 Abs. 1 InsVV sieht darüber hinaus vor, dass der vorläufige Insolvenzverwalter eine besondere Vergütung für seine Tätigkeit erhält. Gem. § 63 S. 2 InsO hängt die Höhe der Vergütung des Insolvenzverwalters vom Wert der verwalteten und verwerteten Insolvenzmasse ab. Das Insolvenzgericht setzt gem. § 64 Abs. 1 InsO die Vergütung und die zu erstattenden Auslagen des Insolvenzverwalters durch Beschluss fest. Der Festsetzungsantrag wird gem. § 8 Abs. 1 S. 3 InsVV mit Übersendung der Schlussrechnung an das Insolvenzgericht gestellt. Die gerichtliche Festsetzung der Vergütung nach § 64 InsO erspart es dem Insolvenzverwalter, klagweise seine Vergütung gegen die Masse geltend machen zu müssen. Der Zivilrechtsweg ist daher im Allgemeinen für die Durchsetzung der Vergütungsansprüche nicht eröffnet.[373] Die insolvenzgerichtliche Vergütungsfestsetzung stellt sich in diesem Zusammenhang als Titel dar, aufgrund dessen der Insolvenzverwalter auf die Masse zugreifen kann.[374] Kommt es nicht zur Eröffnung des Insolvenzverfahrens, stellt sich die Frage, wie der vorläufige Insolvenzverwalter seinen Vergütungsanspruch beitreiben kann. In Fällen der gegen juristische Personen oder Personenhandelsgesellschaft gerichteten Insolvenzverfahren ist diese Frage weniger dramatisch. Denn der IX. Zivilsenat des *BGH* hat in ständiger Rechtsprechung darauf erkannt, dass der vorläufige Insolvenzverwalter keinen Anspruch auf eine Deckung seiner Vergütung durch die Staatskasse im Wege einer Ausfallhaftung hat, wenn sich herausstellt, dass das schuldnerische Vermögen seine Vergütung zu decken nicht imstande ist.[375] In derartigen Fällen wird durch die Stellung des Insolvenzantrags der schuldnerische Unternehmensträger liquidiert. Anders verhält es sich dagegen, wenn es sich bei dem Schuldner um eine natürliche Person handelt. Auch wenn die Eröffnung des Insolvenzverfahrens über ihr Vermögen mangels Masse nicht erfolgen kann, bleibt es doch bei einer Haftung des Schuldners für die Vergütung des Insolvenzverwalters. Damit stellt sich aber die Frage, in welcher Weise in derartigen Fällen der Vergütungsanspruch durch den vorläufigen Insolvenzverwalter gegen den Schuldner geltend gemacht werden kann.

---

372 BGH, Beschluss vom 03.12.2009, Az.: IX ZB 280/08 = ZIP 2010, 89.

373 *Nowak,* in: MünchKomm, InsO, § 64 Rn 1.

374 *Smid/Leonhardt,* in: LSZ, InsO, 3. Aufl. 2010, § 64 InsO, Rn. 11.

375 BGH, Beschluss vom 22.01.2004, Az.: IX ZB 123/103 = DZWiR 2004, 418 = BGHZ 157, 370.

Der IX. Zivilsenat des *BGH* hat in einem Beschluss vom 3.12.2009[376] darauf erkannt, dass eine Vergütungsfestsetzung durch das Insolvenzgericht in derartigen Fällen nicht erfolgen darf. Denn die Vergütungsfestsetzung setzt voraus, dass es sich bei dem Vergütungsanspruch um eine Massekostenforderung gem. § 54 Nr. 2 InsO handelt. Dies aber kann nur im eröffneten Insolvenzverfahren der Fall sein. Bereits zur Vergütung des Sequesters im Gesamtvollstreckungs- bzw. im Konkursverfahren hatte der *BGH*[377] darauf erkannt, dass in dem Fall, in dem das Insolvenzverfahren nicht eröffnet worden ist, die Vergütung des vorläufigen Insolvenzverwalters nicht dem Verfahren nach § 64 InsO, §§ 8, 10 InsVV festgesetzt werden könne. Hieran hält der IX. Zivilsenat im vorliegenden Beschluss für das Insolvenzverfahren fest. Dem Amtsgericht ist es als Insolvenzgericht auch nicht möglich, eine Kostengrundentscheidung dergestalt zu fällen, dass die Kosten des Verfahrens dem Antragsteller auferlegt werden, da die Vergütung und die Auslagen des vorläufigen Insolvenzverwalters nicht zu den Kosten des Verfahrens zu zählen sind.[378] Im Eröffnungsverfahren stehen anders als im eröffneten Insolvenzverfahren nur der antragstellende Gläubiger und der Schuldner den Parteien eines Zivilprozesses ähnlich gegenüber, während, wie der IX. Zivilsenat ausführt, der vorläufige Insolvenzverwalter nicht Partei des Verfahrens ist. Er ist auch nicht in dem Sinne Beteiligter, dass es um seine Befugnisse und Rechte ginge. Daher greift das Festsetzungsverfahren nicht. 7

Der vorläufige Insolvenzverwalter wird, wie bereits durch den *BGH* nach altem Recht, auch unter Geltung der InsO und der InsVV auf den allgemeinen Rechtsweg verwiesen. Denn im Falle der Nichteröffnung des Insolvenzverfahrens hat er einen materiell-rechtlichen Vergütungsanspruch gegen den Schuldner, den er jedoch im streitigen Zivilverfahren geltend machen muss. Diesen Anspruch leitet der *BGH* aus einer Analogie zu den §§ 1835, 1836, 1915, 1987, 221 BGB ab.[379] 8

Die in dieser Fallgestaltung für den vorläufigen Insolvenzverwalter im Vergütungsfestsetzungsverfahren nach §§ 21 Abs. 2 Nr. 1 i.V.m. §§ 63 ff. InsO bestehende Regelungslücke hat der Gesetzgeber mit der am 1.3.2012 in Kraft tretenden Vorschrift des § 26a InsO[380] geschlossen, indem die Zuständigkeit des Insolvenzgerichts für die Festsetzung des Vergütungs- und Auslagenerstattungs- 9

---

376 BGH, Beschluss vom 03.12.2009, Az.: IX ZB 280/08 = ZIP 2010, 89.

377 BGH, Urteil vom 13.12.2007, Az.: IX ZR 196/06 = BGHZ 175, 48; Beschluss vom 23.07.2004, Az.: IX ZB 256/03 = BeckRS 2004, 08556.

378 BGH, Beschluss vom 22.1.2004, Az.: IX ZB 123/03 = BGHZ 157, 370, 374.

379 *BGH*, Urteil vom 13.12.2007, Az.: IX ZR 196/06 = BGHZ 175, 48, 53.

380 Gesetz zur weiteren Erleichterung der Sanierung von Unternehmen (ESUG) vom 13.12.2011, BGBl I 2582.

anspruchs des vorläufigen Insolvenzverwalters auch in dem Fall, dass das Insolvenzverfahren nicht eröffnet wird, begründet wird.

### 3. „Zusammenhangsstreitigkeiten“

10 Mit Zusammenhangszuständigkeit bezeichnet man die in § 2 Abs. 3 ArbGG geregelte erweiternde, fakultative arbeitsgerichtliche Rechtwegzuständigkeit für an sich rechtswegfremde Streitgegenstände kraft Sachzusammenhang. § 2 Abs. 3 ArbGG lautet: „Vor die Gerichte für Arbeitssachen können auch nicht unter die Absätze 1 und 2 fallende Rechtsstreitigkeiten gebracht werden, wenn der Anspruch mit einer bei einem Arbeitsgericht anhängigen oder gleichzeitig anhängig werdenden bürgerlichen Rechtsstreitigkeit der in den Absätzen 1 und 2 bezeichneten Art in rechtlichem oder unmittelbar wirtschaftlichem Zusammenhang steht und für seine Geltendmachung nicht die ausschließliche Zuständigkeit eines anderen Gerichts gegeben ist.“ Nach einer gängigen Formulierung des BAG dient § 2 Abs. 3 ArbGG dazu, „die Teilung rechtlich oder innerlich zusammengehörender Verfahren zwischen den ordentlichen Gerichten und den Gerichten für Arbeitssachen im gebotenem Umfang verhindern“.[381] Dies ermöglicht es, „innerlich zusammengehörende Verfahren auch einheitlich zu verhandeln und zu entscheiden“[382] bzw. eine „einheitliche Verhandlung und Entscheidung“[383] eines einheitlichen Lebenssachverhalts herbeizuführen.[384]

11 Gegen diese Art der Regelung und ihr Verständnis bestehen verfassungsrechtliche Bedenken.[385] Diesen Bedenken versucht das BAG dadurch zu begegnen, dass es § 2 Abs. 3 ArbGG als eine Ausnahmevorschrift eng auslegen will.[386]

12 Durch § 2 Abs. 3 ArbGG kann nur die Rechtswegzuständigkeit des Arbeitsgerichts erweitert werden. Streitgegenstände für die das Arbeitsgericht nach § 2 Abs. 1 und 2 ArbGG zuständig ist, können aber nicht kraft Sachzusammenhang anderen Gerichtsbarkeiten zugeordnet werden.

---

381 BAG [15.08.1975] - 5 AZR 217/75 - ArbGG § 2 Zuständigkeitsprüfung Nr. 32; ebenso BAG [01.03.1993] - 3 AZB 44/92 - AP ArbGG 1979 § 2 Nr. 25; fast wortgleich auch ErfK/Koch, 7. Aufl. [2007], ArbGG § 2 Rn. 34; Matthes, in: Germelmann/Matthes/Prütting/Müller-Glöge, ArbGG, 5. Aufl. [2004], § 2 Rn. 118.

382 BAG [15.08.1975] - 5 AZR 217/75 - ArbGG § 2 Zuständigkeitsprüfung Nr. 32 (zu § 3 ArbGG a.F.).

383 BAG [14.06.1983] - 3 AZR 619/80 - n.v. = juris, Rn. 15.

384 BAG [01.03.1993] - 3 AZB 44/92 - AP ArbGG 1979 § 2 Nr. 25; ErfK/Koch, 7. Aufl. [2007], ArbGG § 2 Rn. 37 spricht von "ganzheitlicher Sachentscheidung.

385 Vgl. *Kluth*, NZA 2000, 1275 ff.

386 BAG [23.08.2001] - 5 AZB 20/01 - AP ArbGG 1979 § 2 Nr. 76.

## 4. Anfechtung von Lohnzahlungen:

### *a) Judikatur des BAG*

Mit Urteil aus dem Oktober 2011[387] hat das *BAG* zur Insolvenzanfechtung für Lohnzahlungen zu entscheiden gehabt. 13

Fall: Der Kläger war bei der Insolvenzschuldnerin als handwerklich-technischer Leiter des Betriebs der Schuldnerin in R beschäftigt. In dieser Eigenschaft hatte er den handwerklich-technischen Arbeitsablauf zu steuern, zu betreuen und zu überwachen. Im Jahr 2006 traten Lohn- und Gehaltsrückstände der Schuldnerin. Die Probleme verschärften sich Anfang 2007. Ein Großteil der Arbeitnehmer hatte die Vergütung für die ersten drei Monate des Jahres nicht erhalten. Dies führte auf einer Betriebsversammlung im April 2007 zu Diskussionen in deren Verlauf die Schuldnerin erklärte Fördermittel beantragt zu haben, deren Auszahlung bevorstehe. Es könnten dann alle Lohn- und Gehaltsrückstände auf einmal beglichen werden. Anfang Mai 2007 zahlte die Schuldnerin dem Kläger für den Januar 2007 900 Euro netto und wenige Tage später 310 Euro netto. Für Februar erhielt der Kläger 2.350 Euro netto. Der Insolvenzverwalter in dem über das Vermögen der Schuldnerin eröffneten Insolvenzverfahren begehrte Rückzahlung dieses Arbeitsentgelts, wogegen sich der Kläger mit dem Begehren auf Feststellung wandte, dass der beklagte Insolvenzverwalter keinen Anspruch auf Rückzahlung zur Masse habe. 14

Das BAG meint, im vorliegenden Fall sei die Zahlung kongruent. Auch sei bei verspäteten Entgeltzahlungen des Arbeitsgebers eine Frist von drei Wochen oder unter Heranziehung der in § 286 Abs. 3 S. 1 BGB geregelten Verzugsfrist von 30 Tagen zu kurz bemessen, um beurteilen zu können, ob es sich um ein Bargeschäft iSv. § 142 InsO handele. Es werde bei dauerhaft geleisteter Arbeit mit der Berichtigung von Lohnrückständen erkauft, dass die Arbeitnehmer „bei der Stange bleiben". Das überzeugt wenig, da die Zahlungen nicht zu dem Zeitpunkt geleistet worden sind, zu dem sie geschuldet waren. Schließlich meint das BAG, die Feststellung des Landesarbeitsgerichts sei nicht zu beanstanden, dass der Kläger zum Zeitpunkt der Zahlung keine positive Kenntnis von der Zahlungsunfähigkeit der Schuldnerin gehabt habe. Denn er hat aus den Umständen darauf schließen müssen, dass die Schuldnerin einen wesentlichen Teil ihrer Verbindlichkeiten nicht hat begleichen können. Die Entscheidung ist in hohem Maße bedenklich, da sie von allen Maßstäben ohne ersichtlichen sinnvollen Grund abweicht, die in der höchstrichterlichen Judikatur zu § 130 Abs. 2 InsO und § 142 InsO gesetzt worden sind. 15

### *b) Judikatur des BAG*

Im Schrifttum ist zu Recht darauf hingewiesen worden, dass die Judikatur des BAG, der zufolge die Insolvenzanfechtung von Lohnzahlungen an den Arbeit- 16

387 *BAG*, Urteil vom 6.10.2011, Az.: 6 AZR 262/10 = ZIP 2011, 2366.

nehmer des insolventen Arbeitgebers in der kritischen Zeit zur Rechtswegzuständigkeit der Arbeitsgerichte führt, methodisch verfehlt, sachlich abwegig und überhaupt zu kritisieren – ja zu tadeln sei.[388] Dem wäre eigentlich nichts hinzuzufügen. Tatsächlich sind die Insolvenzverwalter aber über die Judikatur der gemeinsamen Senate[389], die die Rechtswegzuständigkeit des BAG bestätigt hat, und die Rechtsprechung des BAG, mit der die tatbestandlichen Voraussetzungen der §§ 130, 131 InsO nichts weniger als systemwillig aufgelöst worden ist, gar nicht unglücklich. Gäbe es diese Judikatur nicht, müsste der Insolvenzverwalter die Insolvenzanfechtung der erfolgten Lohn- und Gehaltszahlungen vornehmen, da er ansonsten die Masse nicht in rechtmäßiger Weise verwerten würde. Die Berufung auf die Judikatur des *BAG* indes erlaubt es dem Insolvenzverwalter, auf Anfechtungsprozesse gegen Arbeitnehmer zu verzichten, und damit für ein in Fällen der Betriebsfortführung unerlässliches positives Betriebsklima zu sorgen. Fälle im Übrigen, in denen der Insolvenzverwalter auf ein stillgelegtes Unternehmen trifft, zeichnen sich in aller Regel dadurch aus, dass in der kritischen Zeit vor Antragstellung ohnedies schon der Betrieb stillgelegt, die Arbeitnehmer sich zerstreut haben und eine Anfechtung von Lohn- und Gehaltszahlungen daher aus rein tatsächlichen Gründen nicht in Betracht kommt.

17 In der Tat hat aber *Kreft*[390] völlig zu Recht darauf aufmerksam gemacht, dass die Verlagerung von Zuständigkeiten zwischen den grundgesetzlich eingerichteten Rechtswegen nicht Angelegenheit der Rechtserkenntnis durch die Judikatur sein kann, sondern zu den eigenen Aufgaben der Gesetzgebung gehört. Vor diesem Hintergrund mag es den Insolvenzverwaltern lästig anmuten, wenn der IX. Zivilsenat bei Insolvenzanfechtungen einer Lohnzahlung durch einen Dritten für den später insolventen Arbeitgeber daran festhält, dass der Rechtsweg zu den ordentlichen Gerichten eröffnet sei.[391]

18 Fall: Der Insolvenzverwalter hatte einen Arbeitnehmer im Wege der Insolvenzanfechtung in Anspruch genommen. Der beklagte Arbeitnehmer war bei der GKG, einer Gesellschaft beschäftigt, deren Alleingesellschafterin die Schuldnerin ist. Die Schuldnerin hatte anstelle der GKG Lohnzahlungen an den Arbeitnehmer geleistet. Daraufhin nahm der klagende Insolvenzverwalter den beklagten Arbeitnehmer nach § 134 Abs. 1 InsO in Anspruch.

19 Der IX. Zivilsenat sieht die Voraussetzungen der Entscheidung des GmS-OBG vom 27.9.2010 als nicht gegeben an, da es sich im vorliegenden Fall nicht um eine Rechtstreitigkeit aus einem Arbeitsverhältnis handele, die die Rückabwick-

---

388 *Kreft* ZIP 2012, 241 ff.

389 GmS-OGB, Beschluss vom 27.9.2010, Az.: GmS-OGB 1/09 = ZIP 2010, 2468.

390 *Kreft* (Fn. 388).

391 BGH, Beschluss vom 19.07.2012, Az.: IX ZB 27/12 = ZIP 2012, 1681.

lung von Leistungen aus einer arbeitsrechtlichen Leistungsbeziehung zum Gegenstand habe. Hierfür sei Voraussetzung, dass die anfechtbare Leistung von einem Arbeitgeber erbracht worden sei, also demjenigen, der einen Arbeitnehmer oder eine arbeitnehmerähnliche Person beschäftigt. Insoweit werde nämlich nach den Prämissen der Entscheidung des GmS-OBG der Insolvenzverwalter durch seine Bestellung quasi für die Zeit des Insolvenzverfahrens Arbeitgeber. Im vorliegenden Fall haben aber eine solche Arbeitgeberstellung der zahlenden Schuldnerin und damit eine Arbeitgeberposition des Insolvenzverwalters nicht vorgelegen.

Die Angelegenheit wird im vorliegenden Fall dadurch kompliziert, dass seitens des beklagten Arbeitnehmers vorgetragen worden war, auf Weisung der Schuldnerin und nach Überlassung der notwendigen Betriebsmittel auf deren Baustelle tätig geworden zu sein. Das könnte dazu führen, dass der Beklagte als Leiharbeitnehmer für die Schuldnerin tätig war. Dies führt nach § 2 Abs. 1 Nr. 3a ArbGG zur Zuständigkeit der Arbeitsgerichte, wenn der Leiharbeitgeber die Arbeitgeberfunktion wahrnimmt. Im vorliegenden Fall sieht der BGH die Voraussetzung einer Zuständigkeit der Arbeitsgerichte aber deshalb als nicht gegeben an, weil der Beklagte einen Anspruch auf Arbeitsentgelt gegen die GKG, nicht aber gegen die Schuldnerin, gehabt habe. Deren freiwillige Leistung des Arbeitsentgelts sei daher anfechtungsrechtlich ebenso wie die Leistung eines sonstigen Dritten zu behandeln. 20

Dem Insolvenzverwalter wird durch die vorliegende Entscheidung die unerfreuliche Prüfung auferlegt, ob er aufgrund einer Aufspaltung von Arbeitgeberfunktionen im Rahmen einer Arbeitnehmerüberlassung nach AÜG in die Lage des Arbeitgebers wegen einer gewerbsmäßigen auf eine gewisse Dauer angelegten und auf die Erzielung unmittelbarer oder mittelbarer wirtschaftlicher Vorteile gerichteter selbständiger Überlassungstätigkeit oder im Rahmen einer nach § 1 Abs. 3 Nr. 2 AÜG erlaubnisfreien Arbeitnehmerüberlassung zwischen Konzernunternehmen in die Arbeitgeberfunktion eingerückt ist oder ob dies nicht der Fall ist. Hiervon hängt dann ab, ob mit einer Anfechtungsklage vorgegangen werden muss – um Schadenersatzansprüche anderer Gläubiger wegen Vernachlässigung der Pflichten des Insolvenzverwalters vermeiden oder ob diese Klage gar unzulässig oder zulässigerweise, aber wenig Erfolg versprechend vor den Arbeitsgerichten zu erheben wäre. 21

## III. Regeln über die sachliche Zuständigkeit im zivilprozessualen Erkenntnisverfahren

### 1. Wertgrenzen und Eingangsgerichte

22 Die §§ 1 bis 40 ZPO regeln die Abgrenzung des Geschäftskreises der einzelnen Gerichte und damit ihre Befugnis, im Einzelfall die Gerichtsbarkeit auszuüben (Zuständigkeit).[392] Die Zuständigkeitsregeln stellen keine äußerliche Formalität dar, sondern sind von erheblicherer Bedeutung für das Prozessrecht. Sie regeln die Voraussetzungen, unter denen der gesetzliche Richter i. S. v. Art. 101 Abs. 1 S. 2 GG zu ermitteln ist. Die Orientierung an ihren Regeln trägt entscheidend dazu bei, die Neutralität der Rechtspflege dadurch zu gewährleisten, dass die Bildung von – verfassungsrechtlich verbotenen – Sondergerichten ausgeschlossen ist. § 1 ZPO verweist auf das GVG, welches die Art des im Einzelfall berufenen Gerichts regelt. Insoweit das GVG Wertgrenzen über die Art des berufenen Gerichts entscheiden lässt, stellt § 1 ZPO den Zusammenhang zwischen dem GVG und den §§ 2 bis 11 ZPO her.[393]

23 Gem. § 3 EGZPO, §§ 2, 3 EGGVG bezieht sich § 1 ZPO auf die ordentliche Gerichtsbarkeit. § 1 ZPO regelt die Zuständigkeit in bürgerlich-rechtlichen Streitigkeiten. Die darauf gründende Rechtswegzuständigkeit folgt eigenen, in den §§ 17 ff. GVG bestimmten Regeln.

24 Der Gesetzgeber der Reichsjustizgesetze bestimmte einen viergliedrigen Aufbau der ordentlichen Gerichtsbarkeit und damit zwei Eingangsgerichte der Ziviljustiz, das Amtsgericht und das Landgericht.[394] Hieraus folgte das Problem der sachlichen Zuständigkeit, denn es muss die Kompetenz der beiden Gerichte gegeneinander abgegrenzt werden. Der historische Gesetzgeber entschied sich für ein relativ einfaches System. Danach war das Landgericht bei allen nichtvermögensrechtlichen Streitfällen das zuständige Eingangsgericht. Dies galt unabhängig vom Streitwert für die den Fiskus und die Beamten betreffenden Klagen. Darüber hinaus war das Landgericht entsprechend dem Streitwert, sofern dieser über 300 Mark lag, für Streitigkeiten als erste Instanz berufen. Unterhalb dieses Streitwerts war das Amtsgericht zuständig. Ohne Berücksichtigung des Streitwertes waren dem Amtsgericht in Ausnahmefällen auch eine Reihe von Klagen zugewiesen, welche eine besondere Ortsnähe oder eine möglichst schnelle Entscheidung erforderten. Eine ausschließliche sachliche Zuständigkeit gab es für das Amtsgericht nicht, so dass das Landgericht bei Einverständnis der

392 *Vollkommer*, in: Zöller, ZPO, §1 Rn. 1; *Roth,* in: Stein/Jonas, §1 I, Rn. 1.
393 *Vollkommer*, in: Zöller, ZPO, §1 Rn. 3 ff.
394 *Heinrich*, in: Musielak, ZPO, § 1 Rn. 3.

Parteien entscheiden konnte. Berufungsgericht gegenüber dem Amtsgericht war stets das Landgericht.

Diese Ausgangssituation hat im Verlaufe der Zeit eine grundlegende Ände- 25
rung erfahren. Ließ sich früher ein Stufenverhältnis zwischen Amts- und Landgericht entsprechend der Bedeutsamkeit der Streitfälle entnehmen, so ist eine derartige Hierarchie heute nicht oder doch nicht mehr in allen Fällen feststellbar; mit Einführung von Familiengerichten als Abteilungen an Amtsgerichten und Familiensenaten der Oberlandesgerichte wurde für Familiensachen ein dreistufiger Instanzenzug eingeführt. Für das Amtsgericht wurden ausschließliche sachliche Zuständigkeiten festgelegt. Das RpflEntlG vom 11. 1. 1993 beseitigte die grundsätzliche sachliche Zuständigkeit des Landgerichts für nichtvermögensrechtliche Streitigkeiten. Seither ist das Amtsgericht auch für nichtvermögensrechtliche Ansprüche sachlich zuständig, wenn ihr Streitwert innerhalb der amtsgerichtlichen Streitwertgrenzen liegt. Auch ist in bestimmten Fällen (§ 119 Abs. 1 Nr. 1 u. 2 GVG) das Oberlandesgericht die Berufungsinstanz zum Amtsgericht.

Amtsgericht und Landgericht stehen als gleichwertige Eingangsgerichte ne- 26
beneinander.[395] Damit soll den Gedanken der Ortsnähe sowie der Prozessbeschleunigung im besonderen Maße Rechnung getragen werden. Hinzu kommt, dass – vor dem Hintergrund von Sparmaßnahmen auch im Justizressort – das Kollegialprinzip durch den Einsatz von Einzelrichtern am Landgericht in den Hintergrund gedrängt und damit der sachliche Grund für die Unterscheidung zwischen den beiden Eingangsgerichten zusehends fragwürdig wird, vgl. für den originären Einzelrichter in der 1. Instanz § 348 ZPO, für die Berufungsinstanz § 526 ZPO sowie für die sofortige Beschwerde § 568 ZPO.

## 2. Fragen der sachlichen Zuständigkeit

Die Zuständigkeitsordnung der ordentlichen Gerichtsbarkeit wird durch vier 27
Fragen bestimmt: Die internationale Zuständigkeit regelt, ob eine Streitigkeit mit Auslandsbezug eine Zuständigkeit eines deutschen Gerichts begründen kann. Die sachliche Zuständigkeit verteilt die Rechtsstreitigkeiten erster Instanz auf die Gerichte verschiedener Ordnung (Amtsgericht, Landgericht) und verschiedener Art innerhalb eines Gerichtsbezirks. Die örtliche Zuständigkeit verteilt die Prozesse erster Instanz anhand des örtlichen Bezugs der beteiligten Personen bzw. der Streitsache unter die Gerichte gleicher Art, welche in abgegrenzten Bezirken errichtet sind. Die funktionelle Zuständigkeit[396] kennzeichnet die Zuständigkeit, welche der Disposition der Parteien entzogen ist. Insbesondere ist

395 Vgl. *Zimmermann*, in: MünchKomm, ZPO, § 71 GVG Rn. 2.
396 Grundlegend zum Begriff: *Wach*, Handbuch des Zivilprozesses, 1885,347.

zwischen der funktionellen Zuständigkeit im engeren Sinne, welche in derselben Sache die verschiedenartigen Rechtspflegeaufgaben auf verschiedene Gerichte (Instanzenordnung) verteilt, und der im weiteren Sinne zu unterscheiden, letztere grenzt eine verschiedenartige Berufung mehrerer Organe (Rechtspfleger, Richter) an einem Gericht ab. Schließlich ergibt sich aus der gesetzlich geregelten Geschäftsverteilung (§ 93 GVG: Kammer für Handelssachen; § 23b GVG: Familiengericht; §§ 764, 828: Amtsgericht als Vollstreckungsgericht) das Verhältnis des allgemeinen Prozessgerichts zur Zuständigkeit der in den zitierten Vorschriften vorgesehenen besonderen Spruchkörper.

28 Der Verweis des § 1 ZPO auf das GVG ist nicht abschließend. Zusätzlich zu den Regelungen des GVG über die sachliche Zuständigkeit (vgl. § 27 GVG) enthalten weitere Gesetze, einschließlich der ZPO, Normen, welche die sachliche Eingangszuständigkeit regeln. Nach dem GVG entscheidet über die Eingangszuständigkeit grundsätzlich der Streitwert. Abweichend von diesem Grundsatz werden für besondere Streitigkeiten Zuständigkeiten unabhängig vom Streitwert getroffen. Eine Regelung der Eingangszuständigkeit aufgrund der Unterscheidung zwischen vermögensrechtlichem bzw. nicht-vermögensrechtlichem Anspruch ist seit dem RpflEntlG nicht mehr gegeben. In vermögensrechtlichen Angelegenheiten ist die Zuständigkeit im Allgemeinen nicht ausschließlich, während die gesetzliche Zuständigkeit in nichtvermögensrechtlichen Sachen stets ausschließlichen Charakter hat.[397] Bedeutung hat die Unterscheidung bei der Bestimmung des Gerichtsstands des Aufenthaltsorts z. B. bei Auszubildenden (§ 20 ZPO), bei der Unzulässigkeit der Prorogation (§ 40 Abs. 2 ZPO) oder im Rahmen des Ausschlusses der Berufung auf die örtliche Unzuständigkeit bei vermögensrechtlichen Ansprüchen nach § 512a ZPO und die Revisionssumme bei vermögensrechtlichen Ansprüchen, § 546 ZPO.

29 Nach § 23 Nr. 1 GVG sind für Streitigkeiten bis zu einem Streitwert von einschließlich € 5 000,– die Amtsgerichte sachlich zur Gerichtsbarkeit im Einzelfall berufen. Unabhängig vom Streitwert ergibt sich eine sachliche Zuständigkeit der Amtsgerichte aus: § 23 Nr. 2a GVG für wohnraummietrechtliche Streitigkeiten (neugefasst als Generalklausel durch das RpflEntlG); § 23 Nr. 2b GVG für bestimmte reisevertragsrechtliche Streitigkeiten; § 23 Nr. 2c GVG für Streitigkeiten wegen Viehmängeln; § 23 Nr. 2d GVG für Streitigkeiten wegen Wildschadens; § 23 Nr. 2g GVG für Streitigkeiten über Ansprüche aus einem mit der Überlassung eines Grundstücks in Verbindung stehenden Leibgedings-, Leibzuchts-, Altenteils- oder Auszugsvertrag; § 23 Nr. 2h GVG für das Aufgebotsverfahren (§ 946 ff.); § 23a GVG für Kindschafts-, Unterhalts- und Ehesachen. § 23b GVG regelt hingegen nicht die sachliche Zuständigkeit der Amtsge-

397 *Vollkommer*, in: Zöller, ZPO, Rn. 1, 10, 11.

richte, sondern setzt diese voraus. In den Fällen des § 23b GVG wird auf eine besondere Abteilung des Amtsgerichts, nämlich das Familiengericht verwiesen. § 23b regelt folglich nur die Geschäftsverteilung.[398] Weiterhin sind die Amtsgerichte gem. § 157 GVG für die Gewährung von Rechtshilfe sachlich berufen.

Gem. § 71 Abs. 1 GVG sind die Landgerichte als Eingangsgerichte sachlich berufen für alle bürgerlich-rechtlichen Streitigkeiten, welche nicht den Amtsgerichten zugewiesen sind. Eine Erweiterung des ordentlichen Rechtswegs ergibt sich aus dieser Vorschrift nicht, denn § 71 Abs. 1 GVG setzt den ordentlichen Rechtsweg voraus.[399] Nach §§ 71 Abs. 1, 23 Nr. 1 GVG ergibt sich eine Eingangszuständigkeit der Landgerichte für Streitigkeiten, deren Streitwert € 5 000,– übersteigt, sofern diese nicht schon in besonderen Vorschriften den Amtsgerichten zugewiesen sind. 30

## 3. Regelungen der ZPO über die sachliche Zuständigkeit

Auch in der ZPO finden sich Regelungen über die sachliche Zuständigkeit der Gerichte. Ohne Berücksichtigung des Streitwerts ergibt sich eine Zuständigkeit des Amtsgerichts aus § 689 für das Mahnverfahren. Eine Zuständigkeit des Amtsgerichts als Vollstreckungsgericht ergibt sich aus § 764 für die den Gerichten zugewiesenen Anordnungen von Vollstreckungshandlungen. Die sachliche Zuständigkeit eines Amtsgerichts neben dem Gericht der Hauptsache ergibt sich für den Erlass von Arresten und einstweiligen Verfügungen aus den §§ 919, 936, 942 ZPO. Sachlich zuständig sind die Amtsgerichte gem. §§ 761, 188 ZPO ferner bei der Gestattung von Zustellungen und Vollstreckungshandlungen zur Nachtzeit und an Sonn- und Feiertagen. 31

Die sachliche sowie auch die örtliche Zuständigkeit eines Amtsgerichts bzw. eines Landgerichts kann sich auch aufgrund des Sachzusammenhangs ergeben. Voraussetzung dafür ist, dass dies gesetzlich angeordnet ist. Eine solche gesetzliche Anordnung der Zuständigkeit kraft Sachzusammenhangs liegt vor, wenn eine Vorschrift eine Entscheidung dem Prozessgericht bzw. dem Gericht der Hauptsache zuweist. Derartige Regelungen enthalten beispielsweise die §§ 25, 34, 486 Abs. 2, 584, 767 Abs. 1, 919, 936, 942 ZPO. 32

---

398 H. M: BGH, Urteil vom 29.01.1986, Az.: IVb ZR 8/85 = BGHZ 97, 79, 82 m. weit. Nachw.; a. A. *Jauernig* ZPR § 9 II 3.

399 BGH, Urteil vom 18.05.1953, Az.: III ZR 364/52 = BGHZ 9, 322, 323 f. = NJW 1953, 1064.

## 4. „Übergesetzliche" Zuständigkeit kraft Sachzusammenhangs?

33 Eine über die gesetzliche Normierung hinausgehende sachliche Zuständigkeit kraft Sachzusammenhangs lässt sich dem bislang geltenden Prozessrecht hingegen nicht entnehmen,[400] auch wenn jedes Gericht des zulässigen Rechtswegs nach § 17 Abs. 2 Nr. 1 GVG unter allen in Betracht kommenden rechtlichen Gesichtspunkten zu entscheiden hat. Dies kann zwar dazu führen, dass für ein und denselben Streitgegenstand die sachliche Zuständigkeit entsprechend der Anspruchsgrundlage differiert. Denn die unterschiedliche sachliche Zuständigkeit führt dazu, dass das angerufene Gericht nur innerhalb seiner Zuständigkeit entscheiden kann. Die Lösung der hiermit verbundenen Schwierigkeiten kann aber nur durch Entscheidungen des Gesetzgebers erfolgen. Denn die Auslegung der Kompetenzvorschriften, mit denen der Gesetzgeber Zuständigkeiten angeordnet hat, ist mit Blick auf die verfassungsrechtliche Dimension der Zuständigkeitsregeln im besonderen Maße an dessen subjektiven Willen gebunden. Die gesetzliche Zuständigkeitsordnung darf daher insbesondere nicht mit Blick auf Zweckmäßigkeitserwägungen unterlaufen werden.

## 5. Zuständigkeit als erste Sachurteilsvoraussetzung

34 Es entspricht dem Gebot der Waffengleichheit der Parteien und der Verfahrensfairness, dass nach rechtlichen Regeln ermittelt wird, welches Gericht zuständig ist. Daraus folgt, dass das angerufene Gericht, bevor es in der Sache entscheidet, prüft, ob seine Zuständigkeit gegeben ist. Die Zuständigkeit des Gerichts ist Sachurteilsvoraussetzung (Prozessvoraussetzung), deren Fehlen vom Beklagten nicht allein gem. §§ 282, 296 Abs. 3 ZPO gerügt werden kann, sondern ihn dazu berechtigt, der Verhandlung fernzubleiben, ohne Nachteile befürchten zu müssen - ihn trifft kein Einlassungszwang (unten § 20). Nur das sachlich, örtlich, international und funktionell zuständige Gericht darf eine Sachentscheidung vornehmen. Die Voraussetzungen der nicht ausschließlichen Zuständigkeit hat das Gericht im Parteiprozess daher von Amts wegen zu prüfen.

35 Dies bedeutet aber nicht, dass eine Amtsermittlung stattfindet. Es gelten die allgemeinen Grundsätze über eine Prüfung von Amtswegen. Dem Kläger obliegt es, die Tatsachen darzutun, welche die Zuständigkeit des angerufenen Gerichts begründen. Grundsätzlich kommt es bei der Feststellung der Zuständigkeit auf eine Einlassung des Beklagten nicht an. Das Vorbringen des Beklagten kann aber dazu führen, dass das klägerische Vorbringen zur Zuständigkeit unschlüssig wird.

---

400 H. M: vgl. BGH, Urteil vom 8.12.1970, Az.: VI ZR 174/68 = NJW 1971, 564 m. weit. Nachw.; zum Streitstand in dieser Frage vgl. *Roth,* in: Stein/Jonas, §1 I, Rn 10 f.

Geht es von seiner Unzuständigkeit aus, entscheidet das Gericht im Zivilprozess gem. § 11 ZPO. Die Entscheidung bindet im Hinblick auf die sachliche Unzuständigkeit nicht nur das örtlich entscheidende Amts- oder Landgericht, sondern ein jedes Amts- oder Landgericht.[401] Erklärt sich das andere Gericht unter Verstoß gegen die vorangegangene Entscheidung ebenfalls für sachlich unzuständig, so ist das zuständige Gericht nach § 36 zu bestimmen.[402] Die Bindungswirkung entfällt jedoch, wenn dem Verweisungsbeschluss jede Rechtsgrundlage fehlt und er sich deshalb als willkürlich erweist.[403] 36

Eine Entscheidung nach § 11 ZPO ist ausgeschlossen, wenn das angerufene Gericht die Sache nach den §§ 281, 506 auf ZPO Antrag verweist (vgl. auch § 48 Abs. 1 ZPO i. V. m. § 17a Abs. 2 GVG) oder nach den §§ 696, 700 Abs. 3 ZPO abgibt. 37

## IV. Die örtliche Zuständigkeit im Zivilprozess

### 1. Sitz des Beklagten

Nicht minder wichtig als die Bestimmung des sachlich zuständigen Gerichts ist die der örtlichen Zuständigkeit. Denn es ist für den Beklagten entscheidend, ob er gegebenenfalls längere Wege in Kauf nehmen muss, um sich an einem fremden Ort gegen die Klage zu verteidigen. Die örtliche Zuständigkeit knüpft primär an dem Gerichtsstand des Beklagten an. Gerichtsstand ist in der Begrifflichkeit der ZPO derjenige Ort, an dem der Kläger wegen eines konkreten Streits Klage erheben muss, da der Beklagte dort verpflichtet ist, vor Gericht zu erscheinen. Die §§ 12 ff. ZPO treffen Regelungen darüber, an welchem Ort ein Gericht mit der Folge angerufen werden kann, dass der Beklagte sich auf den Prozess einlassen muss: Die Regelungen über den Gerichtsstand i. e. S. lassen also die Bestimmung des örtlich zuständigen Gerichts zu. Ausnahmen stellen die §§ 34, 40 Abs. 2, 802 ZPO dar, in denen Anordnungen der sachlichen Zuständigkeit getroffen werden. Die Bestimmung des Gerichtsstandes erfolgt im Allgemeinen aufgrund örtlicher Beziehungen der Parteien bzw. der geltend gemachten Ansprüche oder auch der streitbefangenen Sachen. 38

§ 12 ZPO bestimmt einen allgemeinen örtlichen Gerichtsstand. Mit dessen Hilfe ist festzustellen, vor welchem Gericht ein Rechtsstreit auszutragen ist, wenn besondere Regelungen nicht eingreifen. Der allgemeine Gerichtsstand des 39

401 *Lappe*, in: MünchKomm, ZPO Voraufl., § 11, Rn. 7.

402 BGH, Beschluss vom 2.5.1955, Az.: I ARZ213/54 = BGHZ 17, 168, 170 f. = NJW 1955, 948; BGH NJW 1997, 869.

403 KG, Beschluss vom 27.11.1997, Az.: 28 AR55/97 = KG NJW-RR 99, 1011; KG, Beschluss vom 13.8.1998, AZ.: 28 AR 63/98 = MDR 1999, 438.

§ 12 ZPO greift wenigstens auffangweise für alle Zivilprozesse ein, die gegen eine Person geführt werden. Die Bestimmung des Gerichtsstandes ist nicht allein Frage einer Zweckmäßigkeitsentscheidung,[404] die gewährleistet, dass ein orts- und sachnahes Gericht zur Entscheidung berufen wird. Vom Gerichtsstand hängt vielmehr ab, ob den Parteien der gesetzliche Richter gewährt wird, worauf sie einen durch Art. 101 Abs. 1 S. 2 GG[405] verbürgten Anspruch haben. Die Regelungen der §§ 12 ff. ZPO bestimmen den gesetzlichen Richter dabei nach Gesichtspunkten, denen der Gedanke der Waffengleichheit der Parteien im Zivilprozess zugrunde liegt. In diesem Zusammenhang wird von einem eigenen Gerechtigkeitswert der den Gerichtsstand begründenden Vorschriften gesprochen.[406] Dass der Beklagte grundsätzlich an seinem Wohnsitz (§§ 13 ff. ZPO) bzw. eine juristische Person an ihrem Sitz (§§ 17 ff. ZPO) verklagt werden muss, trägt dem Umstand Rechnung, dass der Kläger den Vorteil genießt, mit seiner (im übrigen zulässigen) Klage den Beklagten zur Einlassung zu zwingen. Es würde die Waffengleichheit der Parteien verletzen, wäre der Beklagte gezwungen, sich vor einem auswärtigen Gericht zu verteidigen. Der Beklagte genießt daher grundsätzlich den favor defensionis,[407] umgekehrt hat der Kläger den Beklagten “aufzusuchen”, um ihn zu verklagen (actor sequitur forum rei).[408] Der Gerechtigkeitswert der Gerichtsstandsregelungen rechtfertigt über evidente Zweckmäßigkeitsgesichtspunkte hinaus auch die besonderen Gerichtsstände. Beispielsweise trägt der deliktische Gerichtsstand des § 32 ZPO dem Umstand Rechnung, dass der örtliche Bezug der Veranlassung des Rechtsstreits zufällig war, es mit der Waffengleichheit der Parteien daher nicht vereinbar wäre, den Geschädigten mit seiner Klage an das Gericht des Gerichtsstandes des Beklagten zu verweisen; ähnliches gilt für die dinglichen Gerichtsstände (§§ 23 ff. ZPO).

40 Für den Gerichtsstand, also die örtliche Zuständigkeit, sind im Allgemeinen nach den §§ 13 bis 19 ZPO die örtlichen Verhältnisse des Beklagten wesentlich. Der Wohnsitz bzw. Sitz des Klägers stellt demgegenüber grundsätzlich keinen Anknüpfungspunkt für die Bestimmung der örtlichen Zuständigkeit dar.

---

404 So aber z. T. die Rechtsprechung, vgl. LG München, Urteil vom 28.3.1973, Az.: 15 S 918/72 = NJW 1973, 1617 f.

405 *Vollkommer*, in: Zöller, ZPO, § 12 Rn. 2 a. E.

406 *Roth,* in: Stein/Jonas, ZPO, Vorb. 12, Rn. 3; *Patzina,* in: MünchKomm, ZPO, § 12, Rn. 2; *Vollkommer*, in: Zöller, ZPO, § 12 Rn. 2.

407 BGH, Urteil vom 26.10.1983, Az.: II ZR 87/83 = BGHZ 88, 331, 335 = NJW 1984, 739; BGH, Beschluss vom 16.04.1986, Az.: IV b ARZ 4/86 = NJW 1986, 3209; OLG Hamm, Urteil vom 15.05.1986, Az.: 4 U 326/85 = OLGZ 1987, 336, 338 = NJW 1987, 138.

408 BGH, Urteil vom 02.07.1991, Az.: XI ZR 206/90 = BGHZ 115, 90, 92 = NJW 1991, 3092.

## 2. Parteien kraft Amtes

Dies gilt auch für Klagen, die gegen eine Partei kraft Amtes gerichtet sind, die für oder gegen das Interesse eines fremden Vermögens klagen oder verklagt werden können. Klagen gegen den vorläufigen Verwalter gem. § 22 InsO, Zwangsverwalter, Nachlassverwalter und Testamentsvollstrecker sind an deren Gerichtsstand zu erheben,[409] da sie nicht als Vertreter oder Organ[410] des verwalteten Vermögens zu qualifizieren sind.[411] 41

Für die Klagen gegen den Insolvenzverwalter nach der InsO gilt jedoch § 19a ZPO. Der allgemeine Gerichtsstand eines Insolvenzverwalters für Klagen, die sich auf die Insolvenzmasse beziehen, wird durch den Sitz des Insolvenzgerichts bestimmt. Dies schließt den allgemeinen Gerichtsstand am Wohnsitz des Insolvenzverwalters für Klagen aus, die sich auf die Insolvenzmasse beziehen. Da der Gerichtsstand gem. § 19a ZPO nicht ausschließlich ist, kommen weiterhin andere besondere und ausschließliche Gerichtsstände in Betracht, so z.B. § 29 ZPO. Ein Wechsel in der Person des Verwalters (veranlasst durch Tod, Prozessunfähigkeit, anderweitige Wahl i. S. d. § 57 InsO oder Entlassung nach § 59 InsO) stellt zwar einen Parteiwechsel dar, lässt aber die Zuständigkeit für laufende und künftige Prozesse unberührt, da dazu allein an den Sitz des Insolvenzgerichts angeknüpft wird; § 261 Abs. 3 Nr. 2 ZPO braucht für laufende Verfahren nicht herangezogen zu werden. Bedeutung entfaltet § 19a ZPO für Klagen aller Art, die sich gegen die Insolvenzmasse richten. Die Insolvenzmasse umfasst nur Gegenstände, die dem Schuldner gehören, §§ 35 f. InsO. Beispiele für solche Verfahren sind Streitigkeiten um die Einbeziehung von Gegenständen zur Masse (§ 148 InsO), insbesondere über Ansprüche auf Aussonderung von Gegenständen, die nicht zur Insolvenzmasse gehören (§ 47 InsO). Darüber hinaus kann das Bestehen von Absonderungsrechten infolge von Vorrechten nach §§ 49 ff. InsO (Folge von Absonderungsrechten ist die Verwertung nach §§ 165 ff. InsO) Gegenstand von Klagen mit dem Gerichtsstand des § 19a ZPO sein. Ausgenommen sind Insolvenzfeststellungsklagen nach §§ 179 ff. InsO mit ihrem ausschließlichen Gerichtsstand (§ 180 InsO) und der weiten Rechtskraftwirkung (§ 183 InsO), die zur Feststellung bestrittener Forderungen von Gläubigern ein spezielles Verfahren bereitstellen. Für Klagen, die der Insolvenzverwalter erhebt, gelten 42

---

409 BGH, Urteil vom 10.03.1960, Az.: II ZR 56/59 = BGHZ 32, 114, 118 = NJW 1960, 1006; BGH, Urteil vom 30.10.1967, Az.: VIII ZR 176/65 = BGHZ 49, 11, 16 = NJW 1968, 300; BGH, Urteil vom 10.12.1976, Az.: V ZR 145/74 = BGHZ 68, 16, 17 = NJW 1977, 900; BGH, Beschluß vom 27-10-1983, Az.: I ARZ 334/83 = BGHZ 88, 331, 334 = NJW 1984, 739.

410 So aber *K. Schmidt*, KTS 1984, 345, 382; *Kilger/Schmidt* Anm. 2b zu § 6 KO; krit. dagegen *Smid/Rattunde* § 80 Rn. 11 ff.

411 RG, Urteil vom 21.02.1928, Az.: VII 369/27 = RGZ 120, 189, 192; BGH, Beschluss vom 27.10.1983, Az.: I ARZ 334/83 = BGHZ 88, 331, 334 = NJW 1984, 739.

die allgemeinen Zuständigkeitsregeln. Die örtliche Zuständigkeit des Insolvenzgerichts bestimmt § 3 InsO.

### 3. Sachnähe und Sachzusammenhang

43 Den allgemeinen Gerichtsständen stehen die besonderen Gerichtsstände der §§ 20 bis 34 ZPO gegenüber, deren Bestimmung verschiedenartige Anknüpfungspunkte berücksichtigt. Ihren Regelungen liegt der Gedanke einer besonderen Sachnähe des Gerichts zugrunde, wobei örtliche Gesichtspunkte ebenfalls eine Rolle spielen: § 24 ZPO knüpft an die Belegenheit des Grundstücks bzw. § 29b ZPO an die von Räumen, § 23 ZPO an die des Streitobjekts an; § 32 ZPO stellt den Begehungsort der unerlaubten Handlung bzw. der Umwelthaftung gem. § 32a ZPO in den Vordergrund sowie § 29 ZPO den Erfüllungsort eines Vertrages. Die örtliche Zuständigkeit bei einer Schuldklage aus einem Grundpfandrecht gem. § 25 ZPO, die der Widerklage gem. § 33 ZPO und der Honorarklagen des Prozessbevollmächtigten gem. § 34 ZPO folgt aus dem Gedanken des Sachzusammenhanges.

44 Als weitere besondere Gerichtsstände in der ZPO sind zu nennen: die §§ 64 ff. ZPO für die Hauptintervention, § 256 Abs. 2 ZPO für Zwischenfeststellungsinzidentklagen und -widerklagen, für die Beweissicherung § 486 ZPO, für die Nichtigkeits- und Restitutionsklagen § 584 ZPO, für den Wechsel- und Scheckprozess § 603 ZPO, für das Mahnverfahren § 689 Abs. 2 ZPO, im Zwangsvollstreckungsverfahren die §§ 731, 764, 767, 771, 802 ZPO, im Verfahren des vorläufigen Rechtsschutzes die §§ 919, 937, 942, 943 ZPO, für das Aufgebotsverfahren §§ 946, 978 ZPO und schließlich § 1062 ZPO für das Schiedsverfahren. Außerhalb der ZPO finden sich Regelungen besonderer Gerichtsstände in § 14 AGBG; § 26 FernUSG; § 48 VVG; § 24 UWG; §§ 246 Abs. 3, 249, 275 AktG; § 3 Abs. 1 BinnSchVerfG; § 49 BörsG; § 14 HpflG; § 20 GebrMG; §§ 87, 109 GenG; §§ 61 ff. GmbHG; §§ 488, 508 HGB; §§ 3, 180, 202 InsO; §§ 109 iVm. § 106 Abs. 2, 110a Abs. 2 VAG.

45 In der Literatur haben sich eine Vielzahl von Autoren[412] für eine Zuständigkeit kraft Sachzusammenhangs ausgesprochen. Die durch die ZPO normierte Zuständigkeitsordnung rufe Zuständigkeitsüberschneidungen geradezu hervor; die Befürwortung der Zuständigkeit kraft Sachzusammenhangs sei geboten, um zweckmäßige und prozessökonomisch sinnvolle Streiterledigungen zu ermögli-

---

412*Baur*, FS für Hippel, 1967, 1, 15 ff.; *Fischer*, ZZP 49 (1923), 343, 353 ff.; *Rimmelspacher*, AcP 174 (1974), 509; *Spellenberg*, ZZP 95 (1982), 17, 35; *Rosenberg*, ZZP 57 (1933), 185, 213 ff.; *Zöller/Vollkommer* Rn. 21; *Rosenberg/Schwab/Gottwald*, § 36 VI 2; *Hoffmann*, ZZP 107 (1994), 3, 11 ff.; *Schwab*, FS für Zeuner, 1994, 499; *Lüke*, in: MünchKomm, ZPO, vor § 253 Rn. 39; *Schilken*, ZPR Rn. 319; *Zeiss* Rn. 91; *Baur/Grunsky* Rn. 59a.

chen. Dem ist aber entgegenzuhalten, dass die Gerichtsstände der §§ 12 ff. ZPO eine gerechte, weil unter Bedingungen der Waffengleichheit der Parteien unter Berechenbarkeit des gesetzlichen Richters begründete, Zuständigkeit anstreben Daher ist diese Lehre abzulehnen. Sie vermengt – berechtigte – legislatorische Intentionen einer Reform des Zivilprozessrechts mit der Auslegung seiner gesetzten Regelungen. Etwas anderes gilt auch nicht aufgrund § 17 Abs. 2 GVG i. d. F. durch Art. 23 des 4. VwGOÄndG,[413] der im Hinblick auf die Rechtswegzuständigkeit bestimmt, dass das angerufene Gericht den Rechtsstreit dann umfassend entscheidet, wenn es wegen eines Klagegrundes zuständig ist. Daraus wird von der wohl herrschenden Ansicht in der neueren Literatur[414] der Schluss gezogen, die damit verbundene Verfahrenskonzentration bei einem Gericht habe auch für die "innerzivilprozessuale" Zuständigkeitsordnung zu gelten. Eine Erweiterung besonderer Gerichtsstände besonders durch die Annahme einer örtlichen Zuständigkeit kraft Sachzusammenhangs ist nach alledem mit der älteren höchstrichterlichen Judikatur[415] grundsätzlich abzulehnen. Stützt der Kläger seinen Klageantrag auf mehrere Klagegründe, für die isoliert betrachtet verschiedene Gerichtsstände begründet wären, stellt sich die Frage, ob für das angerufene Gericht eine örtliche Zuständigkeit kraft Sachzusammenhangs begründet ist oder ob es, soweit es für die zur Begründung von Teilen der Klage aufgrund des vorgebrachten Lebenssachverhalts einschlägigen Klagegründe unzuständig ist, eine Teilabweisung oder Teilverweisung[416] entsprechend § 281 Abs. 2 S. 1 ZPO an das zuständige Gericht vorzunehmen hat.[417] Letzterem Wege ist der Vorzug einzuräumen;[418] er entspricht den gesetzlich geregelten Zuständigkeiten[419] und löst das Problem konkurrierender Zuständigkeiten mit dem durch das Gesetz zur Verfügung gestellten Instrumentarium. Soweit der BGH[420] keinen Raum für eine Verweisung sieht, da zwei verschiedene Begründungen des Klagebegehrens

---

413 BT-Drucks. 11/703037.

414 Fn. 23.

415 BGH, Urteil vom 08.12.1970, Az.: VI ZR 174/68 = NJW 1971, 564; BGH, Urteil vom 6. 11. 1973, Az.: VI ZR 199/71 = NJW 1974, 410 m. krit. Anm. *Geimer,* NJW 1974, 1045; OLG Freiburg, Entscheidung vom 18.12.1952, Az.: 2 U 59/52 = JZ 1953, 473; RG, Beschluss vom 09.02.1891, Az.: II 196/90 = RGZ 27, 385, 386.

416 Abl. BGH, Urteil vom 8.12.1970, Az.: VI ZR 174/68 = NJW 1971, 564.

417 Ebenfalls abl. BGH, Urteil vom 8. 2. 1952, Az.. V ZR 122/50 = BGHZ 5, 105, 107 = NJW 1952, 619; BGH, Urteil vom 27.4.1954, Az.: I ZR 239/52 = BGHZ 13, 145, 154 = NJW 1954, 1321; BGH, Urteil vom 9.11.1967, Az.: KZR 10/66 = BGHZ 49, 33, 36 = NJW 1968, 351.

418 *Patzina,* in: MünchKomm, ZPO, §12 Rn. 49; a. A. *Vollkommer*, in: Zöller, ZPO, §12, Rn. 21 m.w.N.

419 Vgl. auch *Grunsky,* JZ 1971, 337.

420 BGH (Fn. 10); krit. *Bökelmann,* JR 1971, 246; *Grunsky* (Fn. 13).

keine verschiedenen Klageansprüche im prozessualen Sinne darstellen, zwingt dies nicht dazu, eine Verweisung dann auszuschließen, wenn sich im Fall einer am Gerichtsstand des § 32 ZPO erhobenen Klage herausstellt, dass die Klage zwar nicht aus dem Gesichtspunkt des Delikts, wohl aber aus dem des Vertrages begründet sein kann.[421] Die Ansicht des BGH ist auch aus dem Grunde abzulehnen, dass, folgte man der Behandlung der verfolgten Ansprüche als einem einheitlichen prozessualen Gegenstand, die Rechtskraft der Sachabweisung der deliktischen Klage einer neuen Klage wegen der vertraglichen Ansprüche entgegenstünde.[422]

46 Die örtliche Zuständigkeit kann ferner durch Parteidisposition unter den Voraussetzungen der §§ 38 ff. ZPO oder durch das rügelose Einlassen des Beklagten (§ 39 ZPO) begründet werden.

## V. Internationale Zuständigkeit

47 Die internationale Zuständigkeit regelt die Frage, wann ein deutsches Zivilgericht in einem konkreten Fall zur Entscheidung berufen ist. Die EuGVVO enthält in ihren Art. 2 bis 31 unmittelbar anwendbare Zuständigkeitsregelungen, die auch die örtliche Zuständigkeit betreffen. Durch sie wird die innerstaatliche Zuständigkeitsordnung der Vertragsparteien verdrängt. Diese Regelungen sind bereits im Erkenntnisverfahren vom deutschen Richter anzuwenden.[423]

## VI. Die Zuständigkeit des Gerichts in nichtstreitigen Verfahren nach dem FamFG

### 1. Regelungen des FamFG

48 Wie sich in den vorangegangenen Erwägungen gezeigt hat, unterscheidet man im Zivilprozessrecht die Fragenkreise des Rechtsweges, der örtlichen, sachlichen und funktionellen Zuständigkeit sowie der sog. internationalen Zuständigkeit – also der Frage, ob deutsche oder ausländische Gerichte bzw. Behörden zuständig sind[424]. Die gleichen Fragen treten auch im Verfahren der freiwilligen Gerichtsbarkeit auf. In der Vergangenheit, aber auch heute noch Außerkrafttreten des FGG unter Geltung des FamFG, werden allerdings teilweise andere Bezeichnungen zur Beschreibung der Probleme gewählt. Auch in Verfahren der

421 *Ritter* NJW 1971, 1217.

422 *Bökelmann* (Fn. 36).

423 Siehe zur internationalen Zuständigkeit: *Zöller/Vollkommer,* § 13 Rn. 16 f.

424 Dazu u. a. *Kuntze*, in: Keidel, FGG, § 35a, Rn. 2.

freiwilligen Gerichtsbarkeit ist danach zu fragen, ob eine bestimmte Angelegenheit überhaupt der Gerichtsbarkeit bzw. der Amtsgewalt des Richters unterliegt.

Ob die Amtsgewalt eines Richters in Verfahren der freiwilligen Gerichts- 49
barkeit eine konkrete Angelegenheit erfasst, gehört dem Problem an, ob „der Rechtsweg“ gegeben ist. In diesem Zusammenhang wird von „Gerichtsbarkeit“ oder besser „Amtsgewalt“ gesprochen. Denn gerade auch die Gerichte der freiwilligen Gerichtsbarkeit gehören zur ordentlichen Gerichtsbarkeit: Sie steht als ordentliche, nichtstreitige Gerichtsbarkeit neben der ordentlichen, streitigen Gerichtsbarkeit, gehört aber unzweifelhaft zur ordentlichen Gerichtsbarkeit.[425] Die Frage, ob über eine Angelegenheit der Prozessrichter oder der Richter der freiwilligen Gerichtsbarkeit zu entscheiden hat, ist schlechthin keine Frage des Rechtsweges i. e. S.[426] Daher ist es genauer, wenn hier von „Amtsgewalt“ oder „Verfahrenszuständigkeit“[427] die Rede ist.

## 2. Die sogenannte Ressortverwechselung

### *a) Entschärfung durch die Zuständigkeit des Familiengerichts in Vormundschaftssachen?*

Dies mag ein unter der Geltung des FGG diskutiertes Beispiel deutlich machen: 50
Stellt das Jugendamt als Amtsvormund beim Familienrichter als Vormundschaftsrichter den Antrag, den Vater eines Minderjährigen zur Unterhaltszahlung "heranzuziehen" und ihm eine entsprechende Pflicht durch Beschluss aufzuerlegen, liegt evident eine ressortielle Unzuständigkeit des angerufenen Familiengerichts vor. Denn die Entscheidung über den Unterhaltsanspruch gehört nach § 23a GVG vor das Amtsgericht als Prozessgericht. Würde der Vormundschaftsrichter den Vater dennoch im Beschlusswege die Pflicht zur Unterhaltszahlung auferlegen, wäre dieser Beschluss mit einem schweren Fehler behaftet, da dem Familienrichter als Vormundschaftsrichter die Amtsgewalt zu dieser Entscheidung fehlt, da sie „in ein anderes Ressort“ gehört, nämlich vor das Familiengericht, soweit es in Unterhaltssachen gem. § 231 ff. FamFG zu entscheiden hat.

---

425 *Pawlowski*, in: Pawlowski/Smid § 4 Rn. 103.

426 *Baur*, FamRZ 1956,120 ff., 130; *ders.*, FGG, § 2, B III 5,32 m. Nachw.; *Zimmermann*, FGG,2; BGH, Urteil vom 22.05.1963, Az.: IV ZR 224/62 = BGHZ 40,1, 5.

427 Vgl. u. a. BGH, Urteil vom 10.07.1980, Az.: VII ZR 328/79 = BGHZ 78, 57, 63; *Reichert*, in: Keidel, FGG, § 7, Rn. 24a ff.; *Bärmann,* FGG, § 6, II,39 ff. Andere sprechen allerdings auch bei der fG von „Rechtsweg“; so z. B. *Habscheid*, FGG, § 11, V 2,78 f.; *Weirich*, FGG, § 5, I,44; *Brehm*, FGG, § 5, I,59 (*Brehm* sucht dann noch zwischen Rechtsweg und Verfahrenszuständigkeit zu unterscheiden; vgl. § 6, I,61).

51 Diese Fragen heute zu beurteilen ist dadurch nicht einfacher geworden, dass das Amt des Vormundschaftsrichters nun vom Familienrichter wahrgenommen wird, der auch für Unterhaltsprozesse zuständig ist (§ 233 FamFG). Das spricht dafür, die Grundannahme der Lehre vom fehlerhaften Staatsakt[428] auf Ressortverwechselungen im Vormundschaftsgericht anzuwenden. Danach sind fehlerhafte Staatsakte grundsätzlich gültig, da die Bürger auf die Gültigkeit von Staatsakten vertrauen können müssen.[429] Überdies können die betroffenen Bürger die Fehlerhaftigkeit derartiger Akte schon deshalb in aller Regel nicht erkennen, weil ein und dieselbe Amtsperson - wenn auch in unterschiedlichen Verfahren handelt. Nach der Lehre vom fehlerhaften Staatsakt sollen dagegen nur schwere Fehler dazu führen, dass der Staatsakt „das Kainsmal der Nichtigkeit auf der Stirn trägt", wie es so schön heißt. Dazu zählen einmal Entscheidungen, die ohne einen für sie erforderlichen Antrag erlassen worden sind[430] oder für die jede gesetzliche Grundlage fehlt.[431]

52 Wenn die betreffenden Staatsbehörden überhaupt keine Kompetenz zu Handlungen dieser Art haben und damit außerhalb ihrer Amtsgewalt tätig werden, ist davon auszugehen, dass Handlungen und Entscheidungen von Staatsbehörden jedenfalls nichtig und nicht nur anfechtbar sind. *Fr. Baur*[432] spricht in diesen Fällen von einer Ressortverwechslung. Diese liegt vor, wenn z. B. Polizeibeamten Urteile fällen, Bürgermeister Urteile vollstrecken usw. Im Fall des vom Jugendamt zur Unterhaltsfestsetzung angerufenen Familienrichters würde dies bedeuten, dass die Entscheidungen eines Richters der freiwilligen Gerichtsbarkeit über Verfahren, die vor das Prozessgericht gehören, nichtig wären, weil den Richtern der freiwilligen Gerichtsbarkeit jede Amtsgewalt zur Entscheidung von zivilrechtlichen Streitigkeiten fehlt. Ein großer Teil der Lehre und Praxis[433]

---

428 So zu Recht *Jansen*, FGG, § 7, Rn. 11; vgl. auch *Brehm*, FGG, § 19,160 ff.; (Anders *J. Habscheid*, NJW 1966,1187 ff.; zust. *Bärmann*, FGG, § 24 II, 167 ff.9, der sich einmal dagegen wendet, generelle Aussagen über die Folgen fehlerhafter Staatsakte zu machen (S. 1189), dann aber bei Lücken auf die Entscheidungen der freiwilligen Gerichtsbarkeit die Lehren von den fehlerhaften Urteilen anwenden will (S. 1190); dagegen gleich im Text.

429 Vgl. dazu allgemein die Darstellung bei *Lüke/Zawar*, JuS 1970,205 ff. – und zum Verwaltungsrecht jetzt § 44 VwVfG, der die damals herrschende Meinung kodifizierte.

430 Vgl. *Jansen*, FGG, § 7, Rn. 22 f.; *Reichert*, in: Keidel, FGG, § 7, Rn 42a; *Habscheid*, FGG, § 25, III 1,188; *Henckel*, ZZP 77,321 ff., 322; BayObLGZ 1986,229 ff., 233; 1988,259 ff.

431 Vgl. *Reichert*, in: Keidel, FGG, § 7, Rn. 42 b; *Habscheid*, FGG, § 25, II 2,185.

432 *Baur*, FGG, § 2, BIV,35 ff.

433 BGH, Urteil vom 26.01.1959, Az.: II ZR 119/57 = BGHZ 29, 223, 228 f.; *Pikart/Henn*, FGG,66; Fr. Baur, FGG, § 2, B V 1; *Jansen*, FGG, § 7, Rn. 19 mit. Nachw.; anders *Reichert*, in: Keidel, FGG, § 7, Rn. 24a; *Habscheid*, NJW 1966,1787 ff., 1792; *Bärmann*, FGG,

zum alten Recht hat daher die Verfügung des Vormundschaftsrichters über einen Unterhaltsanspruch als nichtig qualifiziert.

Dagegen spricht auch nicht, dass gerichtliche Entscheidungen in vergleichbaren Fällen nicht nichtig[434] sind und sich ihre Wirksamkeit aus § 17 GVG ergibt, nach dem die Gerichte der ordentlichen Gerichtsbarkeit den Bereich ihrer Gerichtsbarkeit unangreifbar feststellen können. Diese Kompetenz-Kompetenz greift insbesondere gegenüber der Verwaltung. Zwar gehören die Familiengerichte, denen Aufgaben der freiwilligen Gerichtsbarkeit übertragen worden sind, zur ordentlichen Gerichtsbarkeit. Die angesprochene Aufgabe der Abgrenzung im Einzelfall gehört aber der Sache nach zur Rechtsprechung. Die Rechtsprechung verfügt über die sog. Kompetenz-Kompetenz[435] Sie gründet im und gehört nach heutigem Verständnis zum Rechtsprechungsmonopol (Art. 92 GG)[436]. Die Zuweisung von Aufgaben der nichtstreitigen freiwilligen Gerichtsbarkeit an Familiengerichte, denen neben nichtstreitigen Verfahren mit Scheidungsverfahren auch nach Inkrafttreten des FamFG unstreitig Aufgaben materieller Rechtsprechung zugewiesen sind, macht das Bild unklarer. Denn es könnte deshalb die Ansicht vertreten werden, § 17 GVG auch insoweit anzuwenden, als ein Familiengericht als Vormundschaftsgericht in Angelegenheiten der nichtstreitigen freiwilligen Gerichtsbarkeit tätig ist.[437] Seine Entscheidungen könnten auch in 53

§ 6, II 4;41 f.; *Rosenberg/Schwab*, ZPR, § 11, III 1,55 f.; *W. Zimmermann*, FGG,6; vgl. dazu gleich den Text Rn. 107.

434 Vgl. dazu allgemein *Jauernig*, Das fehlerhafte Zivilurteil. 1958, § 14,165 ff. und im Übrigen *Jansen*, FGG, § 7, Rn. 20 mit Nachw.; anders allerdings *Pikart/Henn*, FGG,66.

435 Diese sog. Kompetenz-Kompetenz stand den ordentlichen Gerichten früher nicht nur gegenüber der Verwaltung, sondern auch gegenüber den Verwaltungsgerichten zu. Daher meint *Schwab*, dass heute der Justiz die Kompetenz-Kompetenz nur noch im Verhältnis zu den Schiedsgerichten zustehe (*Rosenberg/Schwab*, ZPR, § 9, III 1,46 und § 174, VI 3,1159) – weil nach unserer Verfassung inzwischen auch die Verwaltungsgerichte als Teil der rechtsprechenden Gewalt anerkannt seien, so dass im Verhältnis zwischen Justiz- und Verwaltungsgerichten der Prioritätsgrundsatz gilt. Letzteres trifft zwar zu; das sollte aber nicht den Blick dafür verstellen, dass sich im Verhältnis zwischen Verwaltung und rechtsprechender Gewalt (und das heißt eben auch: zwischen fG und rechtsprechender Gewalt) weiterhin das Problem der Kompetenz-Kompetenz stellt.

436 Daher bestimmte § 17a GVG, der den Ländern die Möglichkeit vorbehielt, „die Entscheidung von Streitigkeiten zwischen den Gerichten und den Verwaltungsbehörden oder Verwaltungsgerichten über die Zulässigkeit des Rechtswegs ... besonderen Behörden zu übertragen", dass die Mitglieder dieser „Behörden" den Status von Richtern haben müssen.

437 Vgl. *Habscheid*, FGG, § 13, II 1,89;. *Bärmann*, FGG, § 6, II 4,43; *Brehm*, FGG, § 6, V,68; *Bassenge/Herbst*, FGG, § 7, 3; ebenso *Rosenberg/Schwab*, ZPR, § 11, III 1,56 und jetzt *Schilken*, Zivilprozessrecht. 1992, Rn. 22; vgl. auch BayObLGZ 1986,459. Man weist dazu darauf hin, dass § 17 GVG die freiwillige Gerichtsbarkeit nur deshalb nicht berück-

den Fällen der Ressortverwechslung als anfechtbar, aber wirksam zu qualifizieren sein.

54 Dagegen aber spricht, dass der sachliche Grund der Kompetenz-Kompetenz eines Gerichts darin liegt, dass es die Befugnis zur abschließenden Zuständigkeitsfeststellung in Verfahren materieller Rechtsprechung hat, da es andernfalls seine Stellung gegenüber der Verwaltung (Art. 19 Abs. 4 GG) nicht behaupten könnte. Wenn dagegen in der Vergangenheit ausgeführt wurde, auch die freiwillige Gerichtsbarkeit sei als „Gerichtsbarkeit“ ein Zweig der rechtsprechenden Gewalt, der die Kompetenz-Kompetenz zustehe, wird damit der alte Begriff der „Gerichtsbarkeit“ (der auf die Organisation abstellt, nämlich auf den Zusammenhang der Gerichte) zu unrecht mit dem heute entscheidenden Begriff der „Rechtsprechung“ verwirrt, die den Richtern anvertraut ist und nicht den Gerichten. Die Angelegenheiten der freiwilligen Gerichtsbarkeit werden zwar von überwiegend von Richtern (wie die Vormundschaftssachen gem. § 151 Nr. 4 FamFG von Familienrichtern) erledigt. Dies allein rechtfertigt es aber nicht, die Entscheidungen, die dabei getroffen werden, der Rechtsprechung zuzuordnen. Denn die Richter der freiwilligen Gerichtsbarkeit sind auch nach der Regelung unter dem „einheitlichen Dach“ des FamFG – soweit sie im Bereich der klassischen nichtstreitigen freiwilligen Gerichtsbarkeit tätig sind – kein Teil der rechtsprechenden Gewalt. Anders verhält es sich freilich im Bereich der Streitverfahren.

55 Überschreitet daher der Familienrichter in einem vormundschaftsgerichtlichen Verfahren die Grenze seiner Gerichtsbarkeit, so sind seine Entscheidungen, die außerhalb seines Ressorts liegen – anders als die eines Prozessrichters – nichtig. Denn die Entscheidung einer Verwaltungsbehörde – und das sind auch die Entscheidungen der Richter auf dem Gebiet der klassischen nichtstreitigen freiwilligen Gerichtsbarkeit – können nicht als Erscheinungen der Rechtsprechung anerkannt werden.

56 Dies ist indes näher zu fassen. Denn es ist näher zu beschreiben, worin denn die Ressortüberschreitung liegt. Dabei wird deutlich, dass nicht das Tätigwerden eines bestimmten Amtsträgers bereits ipso iure zur Nichtigkeit der ressortüberschreitend getroffenen Entscheidung führt. Nichtig sind diese fraglichen Akte erst dann, wenn sie die Ressortüberschreitung erkennen lassen. So ist das im vormundschaftsgerichtlichen Verfahren vom Familienrichter gefällte Unterhaltsurteil nichtig. Hat der Familienrichter als Vormundschaftsrichter dagegen einen Beschluss erlassen, der den Vater z.B. verpflichtet, zu Händen des Jugendamtes Unterhaltszahlungen für den Minderjährigen zu erlegen, kann grund-

---

sichtigt habe, weil diese bei Erlass des GVG (1877) Landessache gewesen sei – man legt also die §§ 17 GVG, 2 EGGVG historisch aus.

sätzlich eine Verfügung in Beschlussform ergehen. Der Beschluss erfüllt damit seiner Form – also seiner Außenwirkung – nach die Voraussetzungen einer Entscheidung aus dem Bereich der klassischen nichtstreitigen Verfahren der freiwilligen Gerichtsbarkeit. Damit handelt es sich aber um einen wirksamen, wenn auch anfechtbaren Staatsakt. Er kann daher wie (rechtswidrige) Verwaltungsakte als rechtswidrige Entscheidungen eines Gerichts der freiwilligen Gerichtsbarkeit angefochten werden[438].

*b) Ressortüberschreitung des Insolvenzgerichts*

Der V. Zivilsenat des BGH hat in einem Fall, in dem es um die Klärung der Voraussetzungen für die Löschung einer Sicherungshypothek ging, die von einer insolvenzrechtlichen Rückschlagsperre erfasst ist, einen Fall einer Ressortüberschreitung des Insolvenzgerichts und ihre Folgen zu entscheiden gehabt[439] Der Entscheidung lag folgender Sachverhalt zugrunde, der im Folgenden vereinfacht wiedergegeben wird: 57

> Fall: Der in dem am 9.3.2011 über das Vermögen des Insolvenzschuldners eröffneten Insolvenzverfahren bestellte Insolvenzverwalter beantragte die Löschung einer Zwangssicherungshypothek, deren Eintragung in das Grundbuch zur Belastung eines Grundstücks des Insolvenzschuldners im Zeitraum des § 88 InsO bewirkt worden war. Das Grundbuchamt hatte mit Zwischenverfügung dem Insolvenzverwalter aufgegeben, die Löschungsbewilligung des Gläubigers sowie die Zustimmung des Eigentümers zu den Löschungen in grundbuchmäßiger Form vorzulegen. 58

Das grundbuchverfahrensrechtliche Problem des Falles liegt darin, dass die so genannte Rückschlagsperre des § 88 InsO „automatisch" wirkt. Anders als ein Anfechtungsurteil über den Erwerb von Zwangssicherungshypotheken in dem kritischen Zeitraum von zwei bzw. drei Monaten vor Insolvenzantragstellung gem. § 131 Abs. 1 Nr. 2 bzw. Nr. 3 InsO, bedarf es im Falle des § 88 InsO keines weiteren Aktes – mit der Folge, dass für das Grundbuchverfahren zunächst einmal keine Urkunde vorliegt, aus der sich die Unrichtigkeit des Grundbuches ergibt. 59

Der V. Zivilsenat des BGH hat zunächst einmal überzeugend ausgeführt, dass im Falle der von einer Rückschlagsperre des § 88 InsO erfassten Zwangssicherungshypothek gem. § 867 ZPO es der Bewilligung des Gläubigers zur Löschung der Zwangssicherungshypothek im Grundbuch nicht bedarf, da dieser allein die materiell-rechtliche Unwirksamkeit des Rechtserwerbs mit der Folge 60

---

438 Vgl zu den Entscheidungen der Beschwerdeausschüsse nach dem Lastenausgleichsgesetz BVerwG, Urteil vom 08.09.1953, Az.: III A 8/53 = BVerwGE 1, 4.

439 BGH,Beschluss vom 12.07.2012, Az.: V ZB 219/11 = ZIP 2012, 1767.

des Erlöschens der Hypothek betrifft.[440] Diese Rechtsfolge vermag die Bewilligung des Gläubigers nicht zu berühren. Würde der Insolvenzverwalter daher das Grundstück freigeben, solange die Zwangssicherungshypothek noch im Grundbuch eingetragen ist, könnte dieser wiederum neu entstehen. Sie würde dann aber einen veränderten Rang einnehmen.[441] Daher bedarf es zur Beseitigung der durch das Erlöschen der Zwangssicherungshypothek zunächst bewirkten Unrichtigkeit des Grundbuchs keiner Bewilligung des Gläubigers nach § 19 GBO.

61 Es genügt, dass die Unrichtigkeit des Grundbuchs nach § 22 GBO nachgewiesen wird.[442] Damit ist dem Insolvenzverwalter aber nicht viel geholfen. Denn der V. Zivilsenat führt aus, dieser könnte den Unrichtigkeitsnachweis entweder durch Klage nach § 894 ZPO auf Erteilung der Löschungsbewilligung oder nach § 22 Abs. 1 GBO führen. Im letzteren Falle bedürfe es aber des Unrichtigkeitsnachweises mit den in § 29 GBO als Beweismittel zugelassenen Urkunden. Im letzteren Fall bedürfte es einer Bewilligung des Gläubigers nicht. Denn wegen der spezifischen Wirkungsweise des § 88 InsO kann der Insolvenzverwalter in der Tat den Unrichtigkeitsnachweis nach Meinung des V. Zivilsenats nicht führen. Hierfür müsste er nämlich öffentliche Urkunden vorlegen können. Im vorliegenden Fall hatte der Insolvenzverwalter eine Bescheinigung des Insolvenzgerichts vorgelegt, in der mitgeteilt wurde, unter welchem Datum der Eingang des Eröffnungsantrags erfolgt war. Dies hält der V. Zivilsenat nicht für ausreichend, um im Grundbuchverfahren den Nachweis der Unrichtigkeit des Grundbuchs führen zu können. Allerdings hat das Insolvenzgericht mit seiner Bescheinigung einer Urkunde nach § 415 Abs. 1 ZPO erstellt. Dabei aber habe es, wie der V. Zivilsenat meint, seine ihm zugewiesenen Befugnisse überschritten, da es nicht die Aufgabe habe, gegenüber dem Grundbuchamt das Datum des Eingangs des der Insolvenzeröffnung zugrunde liegenden Antrags zu bescheinigen. Dies ergibt sich nach der Argumentation des V. Zivilsenates aus einem Vergleich zum Anfechtungsprozess, in dem es ebenfalls zur Berechnung der Fristen der Kongruenz – oder der Inkongruenzanfechtung – auf das Eingangsdatum des ersten zulässigen und begründeten Antrages ankommen kann. Dies festzustellen ist, anders als es in der Reformdiskussion der 80er Jahre erörtert wor-

---

440 BGH, Urteil vom 03.08.1995, Az.: IX ZR 34/95 = BGHZ 130, 347, 353 = ZIP 1995, 1425; BGH, Urteil vom 19.1.2006, Az.: IX ZR 232/04 = BGHZ 166, 74, 78 = ZIP 2006, 479.

441 BGH, Urteil vom 19.1.12006, Az.: IX ZR 232/04 = BGHZ 166, 74, 78.

442 Der V. Zivilsenat beruft sich insoweit auf Entscheidungen des OLG Köln, Beschluss vom 14.7.2010, Az.: 2 Wx 86/10 = ZIP 2010, 1763, 1765 und des OLG München, Beschluss vom 27.10.2011, Az.: 34 Wx 435/11 = ZIP 2012, 382, 383.

den war, nicht Aufgabe des Insolvenzgerichts, sondern Angelegenheit des Prozessgerichts, das über die Anfechtungsklage zu entscheiden hat.[443]

*c) Resortüberschreitung des Nachlassgerichts*

Fall: Über das Vermögen des Dr. Th. war das Insolvenzverfahren beantragt und ins Grundbuch ein Vermerk nach § 32 InsO eingetragen, der gelöscht wurde, als das Verfahren mangels Masse nicht eröffnet worden war. Der verstorbene Dr. Th. war zusammen mit seiner Lebensgefährtin zu je 1/2 Miteigentümer einer Immobilie. Diese war mit diversen Grundschulden zu Gunsten einer Bank (A) belastet. Nach dem Tod des Dr. Th. wurde eine Nachlasspflegschaft angeordnet. Der Nachlasspfleger beantragte die Eröffnung eines Insolvenzverfahrens. Nach Eröffnung des Nachlassinsolvenzverfahrens ließ sich der Nachlasspfleger vom Nachlassgericht dazu ermächtigen, den 1/2 Miteigentumsanteil des Verstorbenen an dessen vormalige Lebensgefährtin zu veräußern. Er bewilligte eine Auflassungsvormerkung zu Gunsten der Lebensgefährtin, welche im Grundbuch eingetragen wurde. Darüber hinaus bevollmächtigte er die Lebensgefährtin zur Finanzierung des Immobilienkaufes Grundschulden auf der gesamten Immobilie eintragen zu lassen. Unter Ausnutzung dieser Vollmacht bewilligte die Lebensgefährtin einer Bank (B) eine Grundschuld, welche auch im Grundbuch eingetragen worden ist. Die Bank (A) hatte zwischenzeitlich Löschungsbewilligungen für die zu ihren Gunsten eingetragenen Grundschulden erteilt. Dagegen hat der Nachlassinsolvenzverwalter sofortige Beschwerde eingelegt. Alle hier interessierenden Rechtshandlungen wurden nach Eröffnung des Insolvenzverfahrens vorgenommen. Mit Beschluss vom 15. 11. 2010 hob das Nachlassgericht M. wegen vollständiger Abwicklung des Nachlasses die Nachlasspflegschaft auf. Der Eintragungsantrag wurde mit Beschluss vom 13.12.2010 vom AG B-Grundbuchamt - zurückgewiesen, da ein Hindernis innerhalb gerichtlich gerichtlich gesetzter Frist nicht behoben worden ist. In seiner vorangegangenen Zwischenverfügung hatte das Gericht dies mit dem Übergang der Bewilligungsbefugnis auf den Insolvenzverwalter begründet . 62

§ 891 Abs. 1 Satz 2 BGB sieht vor, dass die Verfügungsbeschränkung wegen eines im Grundbuch eingetragenen Rechts zugunsten einer bestimmten Person gegenüber dem Erwerber nur wirksam ist, wenn sie ins Grundbuch eingetragen oder dem Erwerber bekannt ist. Da es im vorliegenden Fall an der Eintragung des Insolvenzvermerks gem. § 32 InsO fehlt kommt es darauf an, ob der Erwerberin die sich als allgemeine Folge der Eröffnung des Nachlassinsolvenzverfahrens aus § 81 InsO folgende Verfügungsbeschränkung bekannt war. Die Kenntnis einer Person von einer Tatsache stellt sich als sogenannte „innere Tatsache“ dar. Abgesehen von dem hier nicht vorliegenden Fall des Geständnisses der betreffenden Person, Kenntnis von einer Tatsache zu haben, lässt sich auf das Vorliegen der Kenntnis aus äußeren Umständen schließen. Die Tatsache, von der die Erwerberin Kenntnis gehabt haben muss, ist die Eröffnung des Nachlassin- 63

443 § 158 Reg E InsO, BT-Drucks. 12/2443,34, 176.

solvenzverfahrens.[444] Hier kann es im Allgemeinen zwar möglich sein, dass jemand keine Kenntnis vom Erlass des Eröffnungsbeschlusses erlangt hat, mit dem die Beschlagnahme des Schuldnervermögens und der Übergang der Verwaltungs- und Verfügungsbefugnis vom Schuldner auf den Verwalter vollzogen wird. Im vorliegenden Fall steht aber positiv fest, dass die Erwerberin Kenntnis von der Eröffnung des Insolvenzverfahrens hatte. Denn sie hat als Gläubigern Forderungen im Nachlassinsolvenzverfahren angemeldet, was zwingend auf ihre Kenntnis von dessen Eröffnung schliessen lässt. Daher stellt sich nur die Frage, ob es darauf ankommt, ob die Erwerberin aus der ihr bekannten Eröffnung des Nachlassinsolvenzverfahrens die richtigen rechtlichen Schlüsse darauf gezogen hat, dass der Nachlasspfleger nicht mehr über Nachlassgegenstände verfügungsbefugt war, sondern dass diese Verfügungsbefugnis auf den Nachlassinsolvenzverwalter übergegangen ist. In diesem Zusammenhang ist es unerheblich, dass es sich bei der Erwerberin um einen juristischen Laien gehandelt hat. Es kommt auch nicht darauf an, dass der Nachlasspfleger vom Nachlassgericht (§ 1962 BGB, § § 342 Abs. 1 Nr. 2 FamFG) zur Verfügung über das Grundstück im eröffneten Nachlassinsolvenzverfahren ermächtigt worden ist. Denn es fehlte dem Nachlassgericht zu dieser Ermächtigung an der erforderlichen funktionalen Zuständigkeit, da es allein zur Anordnung von Maßnahmen der Sicherung des Nachlasses gem. § 1960 Abs. 1 S. 1 BGB befugt ist. Die Kompetenzüberschreitung des Nachlassgerichts ergibt sich aus §§ 1975 Abs. 1, 1988 BGB: War die Nachlasspflegschaft (also die Nachlassverwaltung) zum Zwecke der Befriedigung der Nachlassgläubiger angeordnet, ergibt sich zwingend aus dem Gesetz, dass die Nachlassverwaltung mit der Eröffnung des Nachlassinsolvenzverfahrens endigt, § 1988 Abs. 1 BGB. Die Zuständigkeit geht dann vom Nachlassgericht auf das Insolvenzgericht über. Eine Ermächtigung des Nachlasspflegers mit Befugnissen, die von Gesetzes wegen dem Nachlassinsolvenzverwalter zustehen, ist damit nicht allein rechtswidrig, sondern nichtig, da sie unter offensichtlichen Verstoss gegen die funktionelle Zuständigkeitsordnung vorgenommen worden ist. Der Ermächtigungsbeschluss des Nachlassgerichts hat keinen guten Glauben in den Erwerbern auslösen können, dass die gesetzlichen Wirkungen der § 1988 Abs. 1 BGB, § 80 Abs. 1 InsO nicht ausgelöst werden. Denn durch die Ermächtigungsentscheidung maßst sich das Nachlassgericht materiell die Befugnis an, jedenfalls in bestimmten Verwaltungsbereichen die Person des Insolvenzverwalters zu bestimmen. Diese Enscheidung liegt aber ausschließlich beim Insolvenzgericht, § 27 Abs. 1 InsO. Hier liegt m.a.W. ein Fall vor, in dem die betreffende „Staatsbehörde“ – das Nachlassgericht - überhaupt keine Kompetenz zu Handlungen der vorgenommenen Art gehabt hat.

444 Vgl. BGH, Urteil vom 23.4.2009, Az.: IX ZR 65/08.

## 3. Fehlerhafte Form der Entscheidung

Von den soeben behandelten Ressortverwechslungen sind im Übrigen die Fehlgriffe in der Form der Entscheidung zu unterscheiden: Ein Fehlgriff in der Form der Entscheidung liegt z. B. vor, wenn ein Gericht durch Urteil statt durch Beschluss entscheidet[445] oder umgekehrt – was u. a. zu anderen Rechtsmitteln führt. Die herrschende Meinung folgt in diesen Fällen dem sog. Meistbegünstigungsprinzip: Die Verfahrensbeteiligten können sowohl die Rechtsmittel einlegen, die gegen die vom Gericht gewählte Form der Entscheidung zulässig sind, wie auch die Rechtsmittel, die den Beteiligten gegen die korrekte Entscheidung zustehen würden. 64

In Streitsachen nach dem FamFG oder dem WEG oder anderen Gesetzen verhält es sich dagegen anders. Entspricht das Verhältnis der klassischen nichtstreitigen freiwilligen Gerichtsbarkeit zu den Zivil- oder Verwaltungsprozessen dem Verhältnis von Rechtsprechung und Verwaltung, so geht es im Verhältnis der Streitverfahren zum Zivil- oder Verwaltungsgerichtsprozess um Fragen der sachlichen Zuständigkeit[446] oder um Probleme des Nebeneinanders verschiedener Verfahrensarten. Damit werden Probleme bezeichnet, die zwar nicht mit dem Problem des Rechtsweges identisch sind, ihm aber doch sehr ähneln[447]: So gibt es eine ganze Reihe streitiger Verfahren, bei denen nach wie vor nicht wirklich klar ist, ob sie vor das Landwirtschaftsgericht oder vor das Prozessgericht gehören[448]. Gleiches gilt für eine ganze Reihe von Streitigkeiten nach dem WEG.[449] Leiten die Beteiligten ein Verfahren, das in die Zuständigkeit des Prozessgerichts gehört, vor dem Landwirtschaftsgericht etc. ein, dann sehen die Gesetze zunächst nach dem Vorbild des (heutigen) § 281 ZPO in einer Reihe von Fällen[450] bindende Verweisungen[451] vor. In den Fällen, die von diesen Bestimmungen nicht erfasst werden, hat sich dann der Bundesgerichtshof zu Recht für 65

445 Vgl. BGH, Urteil vom 17.10.1986, Az.: V ZR 169/85 = BGHZ 98,362, 364 f. oder BGH, Urteil vom 05.07.1990, Az.: LwZR 7/89 = NJW-RR 1990,1483 mit weiteren Nachweisen.

446 So zum Verhältnis von Prozessgericht und Landwirtschaftsgericht z. B. BGH, Urteil vom 18.02.1954, Az.: III ZR 311/52 = BGHZ 12,324 ff.; BGH, Urteil vom 5.2.1954, Az.: V ZR 38/53 = BGHZ 12,254 ff., 257.

447 BGHZ 40,1 ff.; 59,58 ff.

448 Vgl. dazu u. a. BGH, Urteil vom 18.02.1954, Az.: III ZR 311/52 = BGHZ 12,324 ff. und im Übrigen die Darstellung bei *Müller*, ZZP 67,1 ff.; *Jansen*, FGG, § 1, Rn. 93 ff.; *Wieczorek*, ZPO, § 17, GVG, C Ia1; *Reichert*, in: Keidel, FGG, § 7, Rn. 25.

449 Dazu *Jansen*, FGG, § 1, Rn. 92; *Wieczorek*, ZPO, § 17 GVG, C Ia3.

450 Allerdings aufgrund des in den Verfahren der freiwilligen Gerichtsbarkeit geltenden Amtsprinzips auch ohne Antrag der Beteiligten.

451 Vgl. u. a. die §§ 12 LwVG, 43, 46 WEG, 18 HausratsVO u. a. m.

eine analoge Anwendung des § 17 GVG[452] ausgesprochen. Und dies muss für alle Streitverfahren der freiwilligen Gerichtsbarkeit gelten[453]. Eine Analogie zu den §§ 276 (heute 281) ZPO, 48 ArbGG lehnt der BGH dagegen zu Recht ab: Weil es sich nicht wie in diesen Bestimmungen darum handelt, einen Rechtsstreit an ein anderes Gericht zu verweisen, das nach demselben Verfahren judiziert, sondern wie in den Fällen des Rechtsweges um die Verweisung an ein Gericht, das nach einem anderen Verfahren entscheidet.

### 4. Abgabe an ein anderes Gericht in Verfahren der freiwilligen Gerichtsbarkeit

66 Nach § 3 Abs. 1 FamFG erfolgt die Verweisung bei örtlicher oder sachlicher Unzuständigkeit des verweisenden Gerichts nach Anhörung der Beteiligten. Nimmt ein Gericht administrative Aufgaben wahr wie der Familienrichter in Vormundschaftssachen liegt es nahe, dass seine Verrichtungen nicht deshalb unwirksam sind, weil er örtlich unzuständig ist. Dies sieht § 2 Abs. 3 FamFG ausdrücklich vor.[454]

67 Vor diesem Hintergrund wird deutlich, dass es Probleme aufwirft, wenn ein Gericht in einem nichtstreitig-administrativen Verfahren die Zuständigkeit eines Prozessgerichts zu begründen versucht. Dies erfolgt im Prozess durch die Verweisung, unter der zu verstehen ist, dass eine (alle anderen Gerichte) bindende Entscheidung erlassen wird, die erstens den Inhalt hat, dass das verweisende Gericht nicht zuständig ist (vgl. § 17 Abs. 3 GVG) und zweitens den, dass ein anderes Gericht zuständig ist. Die zweite Entscheidung ist in den Fällen unanfechtbar und für das empfangende Gericht verbindlich, in denen das Gesetz dies explizit bestimmt (wie z. B. in den §§ 281 ZPO, 48 ArbGG oder 12 LwVG, 46 WEG); in den übrigen Fällen ist sie anfechtbar und für das empfangende Gericht nur insoweit verbindlich, als sie eine Rückverweisung[455] sowie eine Weiterverweisung an eine andere Gerichtsbarkeit ausschließt – nicht aber eine weitere

452 Vgl. BGH, Urteil vom 22.5.1963, Az.: IV ZR 224/62 = BGHZ 40,1 ff., 6; anders noch BGH, Urteil vom 08.07.1953, Az.: II ZR 127/52 = BGHZ 10,155 ff., 162, der in einem Streitverfahren eine Analogie zu § 18 HausratsVO für möglich hielt.

453 Vgl. *Jansen*, FGG, § 1, Rn. 6, 88; *Wieczorek*, ZPO, § 17 GVG, CI a; *Brehm*, FGG, § 19, II,160; BGH, Urteil vom 17.10.1986, Az.: V ZR 169/85 = BGHZ 98,362 ff., 364; 40,1 ff.; 59,58 ff.; KG, Entscheidung vom 31.1.1963, Az.: 1 W 2296/62 = DVBl. 1963,295 ff.; KG, Beschluss vom 9.1.1979, Az.: 1 AR 74/78 = OLGZ 1979,150 ff.; OLG Hamm, Beschluss vom 29.1.1990, Az.: 15 W 483/89 = OLGZ 1990,291 ff.

454 *Sternal*, in: Keidel, FamFG, § 2 Rn. 30 ff.

455 BGH NJW 1970, 2466 ff.; KG, Entscheidung vom 31.1.1963, Az.: 1 W 2296/62 = DVBl. 1963,295 ff.; *Jansen*, FGG, § 1, Rn. 90; *Wieczorek*, ZPO, § 17 GVG, C.

Verweisung an ein anderes örtlich, sachlich oder funktionell zuständiges Gericht[456].

Einen solchen Fall sieht § 153 FamFG vor. Diese Vorschrift ordnet unter 68
Verweis auf § 281 ZPO an, dass der Familienrichter ein vormundschaftsgerichtliches Verfahren an das zuständige Gericht abzugeben hat, an dem eine Ehesache anhängig ist.

Verweisungen ergingen bisher im allgemeinen nur auf Antrag[457]; jetzt gilt 69
dies nur noch für die Verweisungen innerhalb einer Gerichtsbarkeit, während die Gerichte über die Frage des Rechtsweges von Amts wegen durch Beschluss entscheiden können. Im Übrigen können die Gerichte den Rechtsstreit auch in Verfahren, in denen der Amtsermittlungsgrundsatz herrscht, ohne Antrag verweisen.[458]

Da § 2 Abs. 2 FamFG die perpetuatio fori normiert, sieht § 4 FamFG nun 70
ausdrücklich die Abgabe aus wichtigem Grund durch das sachlich und örtlich zuständige Gericht vor. *F. Schlegelberger*[459] hat zum alten Rechtszustand allerdings zu Recht darauf hingewiesen, dass das Gericht die Sache „nötigenfalls nach Rückfrage bei dem Antragsteller“ abgeben solle. Dies schreibt heute § 4 FamFG ausdrücklich vor.

In Kindschaftssachen (Vormundschaftssachen) wie in allen Verfahren im 71
Bereich der klassischen freiwilligen Gerichtsbarkeit sind Verweisungen von einem Gericht der freiwilligen Gerichtsbarkeit an ein Gericht der streitigen Gerichtsbarkeit grundsätzlich nicht möglich. Im Unterschied dazu sehen bei den Streitverfahren der freiwilligen Gerichtsbarkeit die Gesetze z. T. explizit bindende Verweisungen vor. Wo dies nicht geschehen ist, erkennen Rechtsprechung und Lehre in Analogie zu § 17 GVG an, dass sowohl die Gerichte der freiwilligen Gerichtsbarkeit als auch die Prozessgerichte den Rechtstreit an das zuständige Gericht verweisen können[460]; das empfangende Gericht kann dann den Streit zwar innerhalb seiner Gerichtsbarkeit weiter verweisen – es ist aber insoweit an die Verweisung gebunden, als es den Streit weder zurück- noch an

456 So die jetzt im Einigungsvertrag durch die Neufassung der §§ 17 ff. GVG getroffene Neuregelung des Rechtsweges; vgl. *Kissel*, NJW 1991,946 ff.

457 Vgl. *Jansen*, FGG, § 1, Rn. 87.

458 Vgl. BGH, Urteil vom 21.05.1954, Az.: V ZR 4/53 = BGHZ 13, 324 ff.

459 FGG, § 2, 2.

460 Diese Verweisungen können im Wege der Beschwerde angefochten werden, vgl. BGH, Urteil vom 02.04.1986, Az.: IV a ZR 216/84 = NJW 1986, 1994 ff.; *Müller*, ZZP 67,1 ff., 12.

eine andere Gerichtsbarkeit verweisen kann[461]. Im Vormundschaftsverfahren ist eine derartige – bindende – Verweisung aber ausgeschlossen, weil der Vormundschaftsrichter wie andere Verwaltungsbehörden den (Prozess-) Richter nicht binden kann.

72 Das Auseinanderfallen von örtlicher Zuständigkeit des Jugendamtes und des Vormundschaftsgerichts ergibt sich im Übrigen aus der Möglichkeit des Ortswechsels. Der Ortswechsel wirft also ein allgemeines Verfahrensproblem auf, das mit den ihm entsprechenden Mitteln gelöst werden muss. Im Verfahren der freiwilligen Gerichtsbarkeit gilt zunächst wie in allen Gerichtsverfahren der Grundsatz der perpetuatio fori (vgl. § 3 Abs. 2 FamFG, § 261 Abs. Nr. 2 ZPO)[462]. Eine einmal begründete, örtliche[463] Zuständigkeit bleibt bestehen, auch wenn sich die Umstände ändern, die sie begründet haben. D. h., dass für das Verfahren in Vormundschaftssachen zunächst immer das Vormundschaftsgericht örtlich zuständig ist, in dessen Bezirk das Kind seinen ersten Wohnsitz hatte (§ 154 FamfG verweist auf § 152 Abs. 2 FamFG) – auch wenn das Kind einen anderen Wohnsitz erhält

461 Nach der früheren Regelung war nur die Rückverweisung ausgeschlossen (vgl. die Nachw. FN 34). Die Neuregelung der Probleme des Rechtsweges (FN 12) ist auch bei der analogen Anwendung der §§ 17 ff. GVG zu berücksichtigen (vgl. FN 24).

462 *Baur*, FGG, § 17, II 2,172; *Habscheid*, FGG, § 11, IV 2,76; BayObLG, Beschluss vom 13.7.1970, Az.: Allg. Reg. 22/70 = BayObLGZ 1970,148 ff., 150.

463 Dies gilt jetzt nach der Neuregelung der §§ 17 ff. GVG auch für die Frage der Gerichtsbarkeit; dazu *Kissel*, NJW 1991,946 ff.

# § 5 Das richtige Gericht (II): Unparteilichkeit des Gerichts

## I. Iudex inhabilis

### 1. Persönliche Bedingungen der Unparteilichkeit des Richters

Mit den Überlegungen zur funktionellen, sachlichen und örtlichen Zuständigkeit „des Richters" ist „das Gericht" noch nicht hinreichend beschrieben. Denn der danach zuständige Richter oder Rechtspfleger muss in seiner Person bestimmten Anforderungen genügen, damit die Gewähr dafür gegeben ist, dass ein konkretes Verfahren ordnungsgemäß geleitet wird. Denn nur der unparteiisch, in Distanz zum streitigen Interesse objektiv entscheidende Richter kann gesetzlicher Richter i.S. d. Art. 101 Abs. 1 S. 2 GG sein.[464] 1

### 2. Funktion des § 41 ZPO

Die §§ 41 ff. ZPO stellen in diesem Zusammenhang Tatbestände auf und treffen Regelungen eines Verfahrens zur Gewährleistung der Unparteilichkeit der Richter. Diese Vorschriften stellen daher ein Kernstück der Vorkehrungen des Zivilprozessrechts dar, durch die eine an Recht und Gesetz gebundene Rechtserkenntnis garantiert wird.[465] Denn dass ein Urteil allein auf der Erkenntnis des Rechts beruht und daher als richtig und gerecht wahrgenommen werden kann, setzt voraus, dass das Gericht als unparteiischer und neutraler Dritter entscheidet. Dessen Unparteilichkeit ist institutionell durch die richterliche Unabhängigkeit (Art. 97 Abs. 1 GG) sichergestellt. Dagegen kann die Unparteilichkeit des einzelnen Richters fraglich sein, dem es aufgrund fehlender Distanz zu Parteien und Streitgegenstand an der gebotenen Unvoreingenommenheit fehlt. Der einzelne Richter in Person – nicht das Gericht – ist daher iudex inhabilis, wenn ein Tatbestand des § 41 ZPO eingreift.[466] 2

Liegt ein oder liegen mehrere Ausschließungsgründe des § 41 ZPO vor, wird damit von Gesetzes wegen unwiderleglich vermutet, dass der Richter sein Amt nicht unparteiisch wahrnehmen kann. Er ist daher für jede richterliche Tätigkeit im Zivilprozess innerhalb und außerhalb der mündlichen Verhandlung 3

464 BVerfG, Urteil vom 20.07.1954, Az.: 1 BvR 801/52 = BVerfGE 4, 12, 416; BVerfG, Urteil vom 20. 3. 1956, Az.: 1 BvR 479/55 = NJW 1956, 545; BVerfG, Beschluss vom 08.02.1967, Az.: 2 BvR 235/64 = BVerfGE 21, 139, 145 f. = NJW 1967, 1123; BVerfG, Beschluß vom 26.01.1971, Az.: 2 BvR 443/69 = BVerfGE 30, 149, 153 = NJW 1971, 1029; BVerfG, Beschluß vom 28.10.1975, Az.: 2 BvL 9/74 = BVerfGE 40, 268, 271.

465 *Zeiss/Schreiber*, ZPrR 11. Aufl. 2009 45.

466 Vgl. *Niemann,* in: Wieczorek/Schütze, ZPO, § 41 Rn. 1.

ausgeschlossen.[467] Der Ausschluss bezieht sich stets auf das konkrete Verfahren, in dem die Tatbestände des § 41 ZPO vorliegen sowie auf die gem. §§ 59, 60, 147 ZPO verbundenen Verfahren.[468]

### 3. Berücksichtigung auch ohne Parteiantrag

4 Der ausgeschlossene Richter muss sich auch ohne Parteiantrag vom Verfahren fernhalten. An seine Stelle tritt der nach dem Geschäftsverteilungsplan bestimmte Vertreter (§§ 21e, 21g GVG); im Übrigen ist nach § 36 ZPO zu verfahren. Die Mitwirkung des ausgeschlossenen Richters macht die Entscheidung nicht nichtig, sondern anfechtbar gem. §§ 551 Nr. 2, 579 Abs. 1 Nr. 2 ZPO oder mit der sog. Nichtigkeitsbeschwerde gem. § 577 Abs. 2 S. 3 ZPO. Andere Prozesshandlungen, die der ausgeschlossene Richter vorgenommen oder an denen er mitgewirkt hat, können von oder mit dem Vertreter wiederholt werden, wenn das Gericht nicht daran gebunden (§ 318 ZPO) und der Rechtszug noch nicht beendet ist. Die Wirksamkeit der Prozesshandlungen der Parteien wird nicht berührt.

5 Die Ausschließung vom Richteramt des disqualifizierten iudex inhabilis gem. § 41 ZPO ist also von Amts wegen zu berücksichtigen.[469] Der ausgeschlossene Richter hat sich auch ohne Erlass einer entsprechenden Entscheidung kraft Gesetzes jeder richterlichen Tätigkeit zu enthalten[470]. Zum Zwecke der Nachprüfbarkeit der Vorgänge und der Gewähr des gesetzlichen Richters ist ein Vermerk in die Prozessakte aufzunehmen.[471] Allerdings haben auch die Parteien die Befugnis, im Wege der Ablehnung des der Inhabilität suspekten Richters dessen Ausschließung vom Verfahren zu verlangen; dann ist nach Maßgabe der §§ 43 ff. ZPO über das Vorliegen eines Ausschließungsgrundes zu entscheiden.[472]

6 § 41 ZPO führt die Ausschließungsgründe abschließend auf. Eine erweiternde Auslegung würde gegen Art. 101 Abs. 1 S. 2 GG verstoßen und ist daher abzulehnen.[473] Ähnliche Fallgestaltungen sind nach § 42 ZPO zu würdigen.

---

467 BGH, Urteil vom 15.10.1962, Az.: II ZR 194/61 = NJW 1963, 46.

468 *Niemann*, in: Wieczorek/Schütze, ZPO, § 41 Rn. 1 aE.

469 *Gehrlein,* in: MünchKomm, ZPO,§ 41 Rn. 2.

470 RG, Urteil vom 08.06.1900, Az.: 1831/00 = RGSt 33, 309 f.

471 Vgl. *Niemann*, in: Wieczorek/Schütze, ZPO, § 41 Rn. 15.

472 Vgl. *Gehrlein*, in: MünchKomm, ZPO, § 44 Rn. 1.

473 BGH LM GG Art. 101 Nr. 19; BGH ,Urteil vom 26.04.1976, Az.: VIII ZR 290/74 = MDR 1976, 837; BGH, Urteil vom 05.12.1980, Az.: V ZR 16/80 = NJW 1981, 1273; BGH, Urteil vom 04.12.1989, Az.: RiZ (R) 5/89 = NJW 1991, 425; BVerwG, Beschluss vom

Die Vorschriften der §§ 41 ff. ZPO gelten in allen Verfahren und Verfahrensarten der ZPO. Sie kommen daher im Erkenntnisverfahren einschließlich summarischer Verfahren (Urkunds-, Scheck- und Wechselprozesse) zum Zuge, im Mahnverfahren und in den Verfahren vorläufigen Rechtsschutzes. 7

### 4. Geltung auch in Verfahren nach dem FamFG

In den vom FamFG geregelten Verfahren kommt nunmehr § 6 Abs. 1 FamFG zum Zuge, der freilich auf die §§ 41 bis 49 ZPO verweist.[474] Damit ist eine Reihe von Problemen verbunden, die zu behandeln sein werden. 8

## II. Ausschließungsgründe im Einzelnen

### 1. Personen- und familienbezogene Ausschließungsgründe

Grundvoraussetzung unparteilicher Rechtserkenntnis ist die Beachtung des Grundsatzes, dass niemand Richter in eigener Sache sein darf, nemo iudex in sua causa. Das ist der Fall, wenn der Richter als Partei (Kläger, Beklagter, Antragsteller, Antragsgegner) im Verfahren agiert. Als Partei zu qualifizieren wäre er einerseits als Insolvenzverwalter oder Testamentsvollstrecker (Partei kraft Amtes), andererseits auch als Gemeinschuldner oder Erbe (Vermögensträger). Die Voraussetzungen des § 41 Nr. 1 ZPO sind auch erfüllt, wenn er gem. §§ 265 f., 325 ff., 727 ff. ZPO das Urteil gegen sich wirken lassen müsste (Rechtskrafterstreckung) und auch wenn der Richter als Dritter gem. §§ 75 ff. ZPO oder als Nebenintervenient gem. § 66 ZPO am Verfahren teilnimmt. Allein die Streitverkündung gem. §§ 72, 73 ZPO ohne darauf erfolgten Beitritt gem. § 74 ZPO genügt nicht, um iSv. § 41 Nr. 1 ZPO die Inhabilität des Richters herbeizuführen, wohl aber kann ihr ein Mitberechtigungs-, Mitverpflichtungs- oder Regressverhältnis zwischen dem Richter und einer der Parteien zugrunde liegen. Dies ist der Fall, wenn der Richter unmittelbar in Gesamtschuldverhältnisse, in Bürgschaftsverträge als Bürge und in die Wechselhaftung eingebunden oder Eigentümer eines haftenden Grundstücks[475] ist. Ferner kann ein Regress- oder Mitverpflichtungsverhältnis vorliegen, wenn der Richter Gesellschafter einer OHG oder KG – auch Kommanditist[476] –, Gesellschafter einer BGB- 9

06.10.1989, Az.: 4 CB 23/89 = NVwZ 1990, 460, 461; OLG Zweibrücken, Beschluss vom 10.01.1973, Az.: 3 W 143/72 = NJW 1974, 955.

474 *Zimmermann*, in: Keidel, FamFG, § 6 Rn.1.

475 *Gehrlein*, in: MünchKomm, ZPO, § 41 Rn. 16.

476 *Niemann*, in: Wieczorek/Schütze, ZPO, § 41 Rn. 4.

Gesellschaft[477] oder Mitglied eines nichtrechtsfähigen Vereins ist,[478] es sei denn, dass dem Richter aus einem Unterliegen keine eigene Haftung[479] oder ansonsten begründeter Nachteil daraus erwachsen kann, der einen Befangenheitstatbestand begründet.

10 Erfasst wird die bestehende, aber auch die geschiedene, aufgehobene oder für nichtig erklärte Ehe[480] zwischen dem Richter und einer Partei des Verfahrens oder einer Person, die zu einer Partei des Verfahrens in einem Mitberechtigungs, Mitverpflichtungs- oder Regressverhältnis steht.[481] Verlöbnis oder eheähnliches Zusammenleben fallen nicht unter § 41 Nr. 2 ZPO.[482]

## 2. Ausschließung aufgrund von Sachnähe oder Vorbefasstheit

11 Gewillkürte Vertretung einer Partei durch den Richter in demselben Verfahren als Prozessbevollmächtigter gem. § 81 bzw. § 83 Abs. 2 ZPO, als Unterbevollmächtigter oder als Beistand gem. § 90 ZPO begründen ohne Rücksicht auf den Umfang der Vollmacht den Ausschluss nach § 41 Nr. 4 ZPO. Der Richter muss den der Vollmacht zugrundeliegenden Auftrag angenommen haben, einseitige Vollmachtserteilung durch die Partei gem. § 167 BGB führt noch nicht zum Ausschluss nach § 41 Nr. 4 ZPO. Eine an einen Sozius erteilte Vollmacht führt zum Ausschluss auch der anderen Sozien, wenn nicht die Vollmacht ausdrücklich personenbezogen erteilt worden ist.[483] Ferner sind vom Ausschlusstatbestand der Nr. 4 diejenigen Personen erfasst, die nach §§ 52, 53 BRAO zum Vertreter eines Bevollmächtigten oder gem. § 55 BRAO zum Abwickler seiner Kanzlei bestellt worden sind. Der Richter ist auch dann ausgeschlossen, wenn er in der Sache nicht tätig geworden ist, da er sich dann ein Vor-Urteil in der Sache gebildet hat und – wie in Fällen der § 41 Nr. 5 ZPO – nicht mehr unparteiisch urteilen kann.[484] Verfahrensgleichheit ist nicht erforderlich; in § 41 Nr. 4 ZPO bedeutet Sachgleichheit Identität des Streitgegenstandes.[485] Die Gegenansicht[486] verkennt die Bedeutung der aus dem Mandat folgenden Bindungen des Bevollmächtigten. Gesetzlicher Vertreter (vgl. § 51) der Partei ist der Richter als El-

---

477 Zum Schiedsrichter: LG Hamburg, Urteil vom 29.11.1950, Az.: 23 S 69/50 = MDR 1951, 177 f.

478 OLG Königsberg, Urteil vom 6.9.1930, Az.: 2 U 192/30 = JW 1931, 226.

479 BAG AP Nr. 1.

480 RG HRR 1930 Nr. 1059.

481 *Gehrlein*, in: Münch/Komm, ZPO, § 41 Rn. 17.

482 *Niemann*, in: Wieczorek/Schütze, ZPO, § 41 Rn. 5.

483 *Niemann*, in: Wieczorek/Schütze, ZPO, § 41 Rn. 8.

484 RG, Urteil vom 21.04.1936, Az.: III 161/35 = RGZ 152, 9, 10.

485 RG (Fn. 484); *Niemann*, in Wieczorek/Schütze, ZPO, § 41 Rn. 10.

486 *Gehrlein*, in: MünchKomm, ZPO, § 41 Rn. 19 a. E.

ternteil, Vormund gem. § 1773 BGB, Betreuer gem. §§ 1896 ff. BGB oder Pfleger gem. §§ 1909 ff. BGB sowie als Organ der juristischen Person.

12 Ein Richter, der in einer früheren Instanz oder in einem vorangegangenen schiedsrichterlichen Verfahren[487] mit der Sache vorbefasst war, ist unter den weiteren Voraussetzungen der § 41 Nr. 6 ZPO vom Richteramt in derselben Sache ausgeschlossen. Sinn der Vorschrift ist es, die Funktionstüchtigkeit eines unparteiisch entscheidenden Instanzenzuges[488] dadurch zu gewährleisten, dass die durch Vorbefassung in ihrem Urteil bereits festgelegten Richter an der neuen Entscheidung nicht mitzuwirken berechtigt sind. Ausgeschlossen ist der Richter aufgrund der Mitwirkung (beim Erlass, § 309 ZPO, nicht Verkündung) an jeder Entscheidung, die nach der Einlegung von Rechtsbehelfen einer Überprüfung durch das Rechtsmittelgericht unterliegt.[489]

## III. § 41 Nr. 5 ZPO als "Sonderfall"[490]

### 1. Verhältnis zu den Tatbeständen des § 41 Nrn.1-4, 6 ZPO

13 Die Tatbestände der Nrn. 1 bis 4, Nr. 6 des § 41 ZPO sind letztendlich selbstverständlich. Dies gilt nicht für den Fall der Nr. 5. Gerade deshalb ist aber diese Vorschrift methodisch und zum Verständnis der Wirkungsweise des Zivilprozesses von hohem Interesse. Denn sie stellt fest, dass der Richter typischerweise befangen und daher von Gesetzes wegen vom Richteramt ausgeschlossen ist, der tatsächlich zur Sache im Verfahren als Zeuge oder Sachverständiger schriftlich oder mündlich vernommen (§§ 377 Abs. 3, 411 ZPO) worden ist, da er sich dann mit seinem unter Wahrheitspflicht erstatteten Zeugnis festgelegt hat und nicht mehr zur freien Beweiswürdigung fähig ist. Nr. 5 stellt einen Sonderfall des Ausschlusses des iudex in sua causa (Nr. 1) dar. Daher ist Voraussetzung des Ausschlusses nach Nr. 5, dass der Richter tatsächlich zur Sache vernommen worden und nicht allein als solcher benannt worden ist,[491] so dass er noch an der Beschlussfassung über seine Vernehmung im Verfahren mitwirken kann.[492] Die Vernehmung muss zur identischen Sache erfolgt sein, was aber nicht notwendig

487 LG Bonn, Beschluss vom 03.11.1995, Az.: 5 AR 30/95 = NJW 1996, 2168.

488 *M. J. Schmid,* NJW 1974, 729.

489 *Niemann*, in: Wieczorek/Schütze, ZPO, § 41 Rn. 13.

490 Eingehend hierzu *V. Lipp*, Das private Wissen des Richters,84 ff.

491 BVerwG, Entscheidung vom 12.10.1979, Az.: 1 WB 161, 166/77 = MDR 1980, 168.

492 RG, Urteil vom 20.06.1899, Az.: III 60/99 = RGZ 44, 394, 395.

im selben rechtlichen Verfahren geschehen sein muss,[493] eines rechtlichen Zusammenhangs zwischen beiden Verfahren bedarf es nicht.[494]

## 2. Funktionsweise des § 41 Nr.5. ZPO

14 § 41 Nr. 5 ZPO ist auf den ersten Blick verwirrend. Denn es scheint vordergründig, dass der Richter, der Zeuge der dem Rechtsstreit zugrunde liegenden Tatsachen geworden ist, am ehesten zur Entscheidung berufen sei. Es wird aber noch im Rahmen der Tatsachenermittlung - des Beweises i. w. S. - zu erörtern sein, dass der Ausschluss des Zeugen vom Richteramt gem. § 41 Nr. 5 ZPO besonderer Ausdruck der prozessualen Absicherung der Neutralität des Gerichts ist, um die Ergebnisoffenheit des Prozesses zu gewährleisten.[495]

15 Die Fälle, in denen der Richter aufgrund seines „privaten Wissens" vom Richteramt ausgeschlossen ist, stellen allerdings die „Minderzahl" dar[496]. „Allgemein bekannte" Tatsachen darf der Richter kennen, und zwar schon deshalb, weil deren Kenntnis faktisch nicht auszuschließen ist. Es war wiederum *Stein*[497], der diese Probleme zusammengefasst hat: „... Was der Richter etwa im Amtsgeheimnis des Eheprozesses erfahren hat, mag er noch so genau wissen, es mag ihm \`offenkundig´ sein, aber es hat nicht die Natur einer \`offenkundigen´ Tatsache. Der Einzelne, der die Tatsache wahrgenommen hat oder der sie in Folge ihrer allgemeinen Verbreitung weiß, wird *fungible Person:* die Möglichkeit von Wahrnehmungsfehlern wird durch die Masse der Wahrnehmenden ausgeglichen, und die allgemeine Verbreitung, die es regelmäßig unmöglich macht uns zu erinnern, wo wir etwa die Tatsache zuerst gehört oder gelesen haben, lässt *die Wissensquelle* im Gegensatz zu den nicht-allgemeinbekannten Tatsachen als *unerheblich* erscheinen ... und damit entfällt das Bedenken … (der) psychologische(n) Unvereinbarkeit von Richter- und Zeugenstellung, denn es fehlt jeder Verarbeitung eines Sinneseindrucks zu einem persönlichen Tatsachenurteil." Daraus folgt: Unter Ausschluss der Öffentlichkeit - im Eheprozess, in vormundschaftsgerichtlichen Verfahren usf. - gewonnene Tatsachenkenntnisse werden vom Geheimnisschutz erfasst, den der Ausschluss der Öffentlichkeit in diesen Verfahren gewähren soll und sind daher nicht einzuführen; ob dann eine Befan-

493 OLG Frankfurt/M, Entscheidung vom 14.10.1988, Az.: 3 UFH 12/88 = FamRZ 1989, 518, 519; OLG Kiel, Entscheidung vom 30.04.1936, Az.: 4 W 110/36 = HRR 1936, Nr. 1249: Vollstreckungsgegenklage.

494 *Niemann*, in: Wieczorek/Schütze-ZPO, § 41 Rn. 11.

495 *Hergenröder*, Richterliche Rechtsfortbildung,163.

496 *Stein,* Das private Wissen des Richters, 2.

497 *Stein,* Das private Wissen des Richters, *2.*

genheitslage vorliegt, ist eine Frage für sich. Im übrigen können und müssen gerichtsnotorische Tatsachen - ein auf Zahlung außerordentlich hohen Werklohns klagendes Sanitärunternehmen ist allen Amtsgerichtsdezernaten für die Art seines Geschäftsgebarens bekannt - vom Gericht in den Streit eingeführt werden, um den Parteien insbesondere mit Blick auf § 287 ZPO Gehör zu gewähren - damit deutlich wird, worauf sich die Wertungen des Gerichts gründen und der betroffenen Partei Gelegenheit zur Richtigstellung zu geben. Schließlich sind allgemeinkundige Tatsachen in das Verfahren schon deshalb einzuführen, weil sich aus deren Kenntnis ein Bedarf nach Richtig- oder Klarstellung von Behauptungen der Parteien ergeben kann - etwa über Witterungsverhältnisse im Rahmen des Streits um Verkehrsunfälle, der Lage von Feiertagen, der Abhaltung von Märkten usf.

## IV. Der Ausschluss des befangenen Richters

### 1. Befangenheit

Ein Richter kann gem. § 42 Abs. 1 ZPO sowohl in den Fällen, in denen er von 16
der Ausübung des Richteramts kraft Gesetzes ausgeschlossen ist, als auch wegen Besorgnis der Befangenheit abgelehnt werden. Wegen Besorgnis der Befangenheit findet gem. § 42 Abs. 2 ZPO die Ablehnung statt, wenn ein Grund vorliegt, der geeignet ist, Misstrauen gegen die Unparteilichkeit eines Richters zu rechtfertigen. Das Ablehnungsrecht steht nach § 42 Abs. 3 ZPO in jedem Falle beiden Parteien zu. Über die gesetzlich normierten Fälle des § 41 ZPO hinaus, in denen eine Befangenheit des Richters unwiderleglich vermutet wird, bedarf es der Gewährleistung der Unparteilichkeit des zur Entscheidung berufenen Richters in weiteren Fällen, in denen er befangen ist, ohne vom Richteramt ausgeschlossen zu sein. § 42 ZPO stellt den Parteien mit der Möglichkeit der Befangenheitsablehnung ein Mittel zur Verfügung, den Ausschluss des befangenen Richters durchzusetzen und die Unparteilichkeit der Rechtserkenntnis zu wahren; eine Ablehnung des Gerichts als solchem kann dagegen nicht begehrt werden (§ 41 ZPO). Aus § 42 ZPO ergeben sich die Ablehnungsgründe. Rechtstatsächlich führen Ablehnungsgesuche der Parteien selten zu der beantragten Entscheidung und gelten im Hinblick auf das Verhältnis der prozessbevollmächtigten Anwälte zum Gericht als riskant.[498]

498 *Heinrich*, in: Musielak, ZPO, § 42 Rn. 1.

17 Unter Befangenheit ist eine innere Einstellung[499] des Richters zu den Parteien zu verstehen, aufgrund der er die erforderliche Distanz zu dem Streit und die notwendige Unparteilichkeit gegenüber den Parteien vermissen lässt,[500] was dazu führen kann, dass es aufgrund sachfremder Erwägungen[501] zu Bevorzugungen oder Benachteiligungen einer Partei kommen kann.[502] Auf eine tatsächliche Befangenheit des Richters kommt es nicht an, da sich seine tatsächliche innere Befindlichkeit einer Feststellung entzieht; vielmehr genügt es, dass in einer Partei subjektiv die Besorgnis der Befangenheit des abgelehnten Richters erwachsen ist.[503] Die Grenze des damit anzusetzenden subjektiven[504] Beurteilungsmaßstabes liegt bei der Äußerung unbesonnener oder unvernünftiger Vorstellungen[505] durch die Partei. Überzogenes ("unnormales") Misstrauen[506] einer Partei ist daher unberücksichtigt zu lassen. Die naturgemäß objektivere ("besonnene und vernünftige") Sichtweise des Gerichts darf aber nicht an die Stelle derjenigen der Partei treten, auf deren Wahrnehmungen es ankommt.[507]

18 Die Feststellung der Befangenheit erfolgt durch Feststellung äußerer Tatsachen, aus denen sich die Besorgnis, der Richter sei befangen, schließen lässt.[508] Zur Darlegung und Glaubhaftmachung der Tatsachen vgl. § 44 Abs. 2 ZPO. Dabei ist zu berücksichtigen, wie die ablehnende Partei die Tatsachen aus ihrer ungewohnten Rolle als Prozessbeteiligte heraus verstanden hat.[509] Die Sicht eines "Dritten" ist insofern nicht entscheidend.[510] Eigenes Verhalten der Partei wie

499 BGH, Urteil vom 9.2.1951, Az.: 3 StR 48/50 = BGHSt 1, 34, 39 = NJW 1951, 323, 324.

500 BGH, Beschluss vom 30.01.1986, Az.: X ZR 70/84 = NJW-RR 1986, 738 = LM Nr. 6.

501 *Gehrlein*, in: MünchKomm, ZPO, § 42 Rn. 5.

502 *Niemann*, in: Wieczorek/Schütze, ZPO, § 42 Rn. 4.

503 *Gehrlein*, in: MünchKomm, ZPO, § 42 Rn. 4.

504 *Arzt*, Der befangene Strafrichter, 1969,21 ff.

505 BayObLG, Beschluss vom 25.09.1987, Az.: BReg. 2 Z 89/87 = NJW-RR 1988, 191; OLG Hamburg, Entscheidung vom 08.05.1987, Az.: 10 U 146/86 = FamRZ 1988, 186; OLG Karlsruhe, Beschluss vom 27.05.1986, Az.: 12 W 21/86 = NJW-RR 1987, 126, 127.

506 BGH, Urteil vom 06.09.1968, Az.: 4 StR 339/68 = JZ 1969, 437, 438 m. abl. Anm. *Arzt*.

507 BayObLG, Entscheidung vom 15.06.1988, Az.: BReg. 1a Z 37/88 = MDR 1988, 970.

508 BVerfG, Entscheidung vom 12.07.1986, Az.: 1 BvR 713/83 = BVerfGE 73, 330, 335 = NJW 1987, 430; BVerfG, Beschluss vom 05.04.1990, Az.: 2 BvR 413/88 = BVerfGE 82, 30, 37 f. = NJW 1990, 2457; BVerfG, Beschluss vom 02.12.1992, Az.: 2 BvF 2/90 u. a. = NJW 1993, 2230; BGH, Beschluss vom 30.01.1986, Az.: X ZR 70/84 = NJW-RR 1986, 738 = LM Nr. 6; BGH, Urteil vom 18.4.1980, Az.: RiZ (R) 1/80 = BGHZ 77, 70, 72 = NJW 1980, 2530, 2531; BVerwG, Beschluss vom 07.10.1987, Az.: 9 CB 20/87 = NJW 1988, 722.

509 OLG Celle, Urteil vom 29.08.1989, Az.: 1 Ss 174/89 = NJW 1990, 1308, 1309.

510 Anders VGH Mannheim, Beschluss vom 24.07.1985, Az.: 5 S 1616/85 = NJW 1986, 2068.

beleidigende Äußerungen gegenüber dem Richter oder eine gegen ihn erstattete Strafanzeige[511] rechtfertigen die Befangenheitsablehnung nicht, da es andernfalls in der Hand der Partei läge, durch eigenes unangemessenes Verhalten eine Situation herbeizuführen, in der die Ablehnung des Richters gleichsam automatisch vonstatten geht. Insoweit kommt es nicht auf das vorangegangene Verhalten der Partei, sondern auf die Reaktion des Richters auf dieses Verhalten an[512].

Aufgrund der Dispositionsbefugnis der Partei bleibt es ihr unbenommen, ob 19
sie Ablehnungsgründe vortragen will; der Verzicht darauf wirkt nur in dem jeweils anhängigen Verfahren. In weiteren Verfahren wirkt der Verlust des Ablehnungsrechts gem. § 43 ZPO, in einem vorangegangenen früheren Verfahren dagegen nicht.[513]

## 2. Verfahren

Das Ablehnungsgesuch ist nach § 44 Abs. 1 ZPO bei dem Gericht, dem der 20
Richter angehört, anzubringen; es kann vor der Geschäftsstelle zu Protokoll erklärt werden. Voraussetzung für den Antrag ist die Partei- und Prozessfähigkeit des Antragstellers.[514] Im Ablehnungsverfahren ist der Antragsteller als partei- und prozessführungsbefugt zu behandeln, wenn hierüber Streit besteht.[515] Form und Frist: Das Ablehnungsgesuch ist schriftlich, mündlich in der Verhandlung oder mündlich zu Protokoll der Geschäftsstelle bei dem Gericht zu stellen, bei dem der abgelehnte Richter amtiert. Unter Gericht i. S. d. Abs. 1 sind das Dezernat oder der Spruchkörper (Kammer, Senat) zu verstehen, die mit der Hauptsache befasst sind,[516] also bei einem an das OLG abgeordneten Richter (§ 37 DRiG) das OLG.[517] Das Gesuch kann durch die Partei, den Parteivertreter oder

---

511 OLG Saarbrücken, Beschluss vom 28.02.1994, Az.: 5 AR 2/94 – 2 = NJW-RR 1994, 763, 766.

512 *Günther,* ZZP 105 (1992), 20, 40.

513 OLG Karlsruhe, Beschluss vom 18.11.1991, Az.: 6 W 60/91 = NJW-RR 1992, 571, 572; OLG Celle, Beschluss vom 30.11.1950, Az.: 8 W 63/50 = NdsRpfl. 1951, 11; OLG Düsseldorf, Beschluss vom 13.09.1954, Az.: 12 W 16/54 = NJW 1955, 553; OLG Koblenz, Beschluss vom 6.3.1989, Az.: 4 W 165/89 = MDR 1989, 647; a. A. OLG Celle, Beschluss vom 09.04.1960, Az.: 1 W 35/60 = NJW 1960, 1670; OLG Hamm, Beschluss vom 27.06.1967, Az.: 9 U 206/66 = NJW 1967, 1864 m. abl. Anm. *Teplitzky*2318.

514 RG, Beschluss vom 29.7.1935, Az.: VI B 23/35 = JW 1935, 2895; LG Stuttgart, Beschluss v. 3.11.1955, Az.: 1 AR 56/55 = ZZP 69 (1956), 48; VGH Baden-Württemberg, Entscheidung vom 20.09.1989, Az.: 6 S 1545/89 = VBlBW 1990, 135.

515 BGH, Urteil vom 11.4.1957, Az.: VII ZR 280/56 = BGHZ 24, 91, 94; BGH, Beschluss vom 22.3.1961, Az.: IV ZB 308/60, Az.: BGHZ 35, 1, 6; BGH, Urteil vom 23.02.1990, Az.: V ZR 188/88 = NJW 1990, 1734, 1735.

516 RG, Beschluss vom 02.11.1895, Az.: VI 164/95 = RGZ 36, 362, 364.

517 *Gehrlein*, in: MünchKomm, ZPO, § 44 Rn. 2.

durch Nebenintervenienten gem. § 67 ZPO erhoben werden;[518] Anwaltszwang besteht gem. § 78 Abs. 3 ZPO nicht.[519] Das Ablehnungsgesuch kann von der Anhängigkeit des Verfahrens bis zur Verkündung einer Sachentscheidung angebracht werden,[520] aber auch noch im Tatbestandsberichtigungsverfahren gem. § 320 ZPO.[521] Ausschließungsgründe können noch in der Rechtsmittelinstanz berücksichtigt werden, §§ 539, 551 Abs. 1 Nr. 2 ZPO.[522]

21 Der abgelehnte Richter hat sich gem. § 44 Abs. 3 ZPO über den Ablehnungsgrund dienstlich zu äußern. Die Anhörung iSv. § 44 Abs. 3 ZPO stellt sich nach der höchstrichterlichen Judikatur[523] als Teil der richterlichen Tätigkeit (§ 26 DRiG) dar und ist damit der Dienstaufsicht entzogen.[524] Sie ist nicht richteramtsrechtlich zu verstehen.[525]

22 Über das Ablehnungsgesuch entscheidet gem. § 45 Abs. 1 ZPO das Gericht, dem der Abgelehnte angehört[526]; wenn dieses Gericht durch Ausscheiden des abgelehnten Mitglieds beschlussunfähig wird, das im Rechtszuge zunächst höhere Gericht. Nach § 45 Abs. 2 S. 2 ZPO bedarf es einer Entscheidung bedarf nicht, wenn der Richter beim Amtsgericht das Ablehnungsgesuch für begründet hält. Die Vorschrift regelt die Zuständigkeit zur Entscheidung gem. § 46 ZPO. Die förmliche Entscheidung ist erforderlich, da es um die Gewährung des gesetzlichen Richters geht; sie ist daher selbst dann erforderlich, wenn alle Mitglieder des Spruchkörpers unter Einschluss des Abgelehnten die Ablehnung für begründet halten;[527]. Das Gericht muss über ein Ablehnungsgesuch entscheiden; es genügt nicht Vertagung und weitere Verhandlung ohne den Abgelehnten.[528] Kein Entscheidungszwang besteht, wenn das Ablehnungsgesuch offenkundig missbräuchlich ist. Den Parteien ist im Verfahren über das Ablehnungsgesuch dadurch rechtliches Gehör zu gewähren, dass ihnen die Tatsachen unter Einschluss der dienstlichen Äußerung des Abgelehnten gem. § 44 Abs. 3 ZPO[529]

518 OLG Karlsruhe, Beschluss vom 27.5.1986, Az.: 12 W 21/86 = NJW-RR 1987, 126, 127.

519 RG, Urteil vom 07.03.1895, Az.: IV 341/94 = RGZ 35, 351, 358.

520 *Niemann*, in: Wieczorek/Schütze, ZPO, § 44 Rn. 6.

521 BGH, Urteil vom 3.10.1962, Az.: V ZR 212/60 = NJW 1963, 46 = ZZP 76 (1963), 118, 119.

522 *Niemann*, in: Wieczorek/Schütze, ZPO, § 44 Rn. 6 a. E.

523 BGH, Urteil vom 18.4.1980, Az.: RiZ (R) 1/80 = BGHZ 77, 70, 72 = NJW 1980, 2530.

524 Krit. *Gehrlein*, in: MünchKomm, ZPO, § 44 Rn. 9.

525 Vgl. *Gehrlein*, in: MünchKomm, ZPO, § 44 Rn. 9.

526 BGH,Beschluss vom 06.04.2006, Az.: V ZB 194/05 = NJW 2006, 2492.

527 OLG Frankfurt/M., Urteil vom 25.05.1976, Az.: 5 U 152/75 = NJW 1976, 1545.

528 BAG, Urteil vom 25.01.1963, Az.: 1 AZR 527/61 = BAGE 14, 46, 48 = NJW 1963, 1518 = AP Nr. 1 zu § 45 m. Anm. *Pohle*.

529 BVerfG, Beschluss vom 25.6.1968, Az.: 2 BvR 599, 677/67 = NJW 1968, 1621; VGH Kassel, Beschluss vom 31.1.1969, Az.: V TM 1/68 = NJW 1969, 1399; OLG Köln, Be-

bekanntgegeben werden, auf die das Gericht seine Entscheidung zu stützen gedenkt. Das rechtliche Gehör kann in der Beschwerdeinstanz nachgeholt werden.[530] Die Entscheidung ergeht durch Beschluss.

## V. Iudex inhabilis in nichtstreitigen Verfahren

### 1. Verweisung auf die §§ 41 bis 49 ZPO

§ 6 Abs. 1 FamFG bestimmt, dass für die Ausschließung und Ablehnung der 23
Gerichtspersonen die §§ 41 bis 49 der Zivilprozessordnung entsprechend gelten und dass auch derjenige ausgeschlossen ist, wer bei einem vorausgegangenen Verwaltungsverfahren mitgewirkt hat.[531]

Mit der Regelung im FamFG wird einer vor mehr als vier Jahrzehnten ein- 24
geleiteten Entwicklung Rechnung getragen.[532] Das mit dem Inkrafttreten des FamFG außer Kraft gesetzte FGG kannte nach seinem Text nur den Ausschluss des Richters (§ 6 FGG). Daneben hatte der Richter allerdings die Möglichkeit, sich wegen Befangenheit von sich aus seines Amtes zu enthalten (§ 6 Abs. 2 FGG). Eine Ablehnung durch die Beteiligten war aber ausdrücklich ausgeschlossen (§ 6 Abs. S. 2 FGG). 1967 ist diese Vorschrift vom Bundesverfassungsgericht in einer Entscheidung zum Erbscheinsverfahren für nichtig erklärt worden[533]. Seitdem wurden in allen Verfahren der freiwilligen GerichtsbarkeitG die §§ 42 ff. ZPO analog mit der Begründung angewandt[534], dass von Verfassungswegen die Ablehnung von Richtern in jeder Verfahrensart möglich zu sein habe[535].

### 2. Problem

Diese schematische Übertragung der §§ 42 ZPO auf alle Verfahren der freiwilli- 25
gen Gerichtsbarkeit wird aber – wie bereits *Pawlowski*[536] kritisiert hat – den Sachproblemen nicht gerecht, die in nichtstreitigen Verfahren der freiwilligen

---

schluss vom 18.9.1972, Az.: 2 W 70/72 = MDR 1973, 57; OLG Karlsruhe, Beschluss vom 10. 8. 1983, Az.: 7 W 25/83 = OLGZ 1984, 102.

530 OLG Koblenz, Beschluss vom 16. 6. 1976, Az.: 4 W 325/76 = OLGZ 1977, 109, 111; VGH Kassel Beschluß vom 11-10-1982, Az.: V TE 58/82 = NJW 1983, 901.

531 *Pabst*, in: MünchKomm, ZPO, § 6 FamFG Rn. 5 ff.

532 Ergibt sich aus: BVerfG, Beschluss vom 08.02.1967, Az.: 2 BvR 235/64 = BVerfGE 21,139 ff.

533 BVerfG, Beschluss vom 08.02.1967, Az.: 2 BvR 235/64 = BVerfGE 21,139 ff.

534 Vgl. *Habscheid*, FGG, § 12, II 2,83; BayObLG, Beschluss vom 30.10.1979, Az.: BReg. 1 Z 71/79 = BayObLGZ 1979,364 ff., 366.

535 So *Reichert*, in: Keidel, FGG, § 6, Rn. 39.

536 *Pawlowski*, in: Pawlowski/Smid, Freiwillige Gerichtsbarkeit, § 2 Rn 26.

Gerichtsbarkeit auftreten. Wie zuvor in der bundesverfassungsgerichtlichen Judikatur und in Stellungnahmen von Teilen des Schrifttums hat der Gesetzgeber des FamFG durch die Regelung des § 6 Abs. 1 FamFG ausgeblendet, welche Besonderheiten die materiell-verwaltenden Tätigkeiten in nichtstreitigen Verfahren auszeichnen. Die Kritik, die an § 6 Abs. 2 S. 2 FGG geübt worden ist, hatte freilich ihre zutreffenden Seiten.[537] Denn die Anwendung der §§ 42 ZPO und des § 41 Nr. 5 ZPO ist von der Sache her in den Streitverfahren der freiwilligen Gerichtsbarkeit durchaus geboten, da die Lage des Gerichts sich in ihnen nicht von derjenigen im streitigen Zivilprozess unterscheidet. Daneben kam und kommt eine Anwendung der §§ 41 ff. ZPO noch in den Verfahren der freiwilligen Gerichtsbarkeit in Betracht, in denen es lediglich um die korrekte Anwendung der gesetzlichen Normen geht. Rechtsstreitigkeiten können, wie zu den Voraussetzungen eines Verfahrens materieller Rechtsprechung erörtert, nur durch einen unparteiischen Richter entschieden werden, der feststellt, dass eine Partei Recht hat und die andere Partei sich wegen der Leugnung der Rechtsbehauptung des Obsiegenden im Unrecht befindet.[538] Auch im Falle von Entscheidungen, bei denen es nicht um Gestaltung, sondern nur um die korrekte Anwendung der Gesetze geht, trägt die Neutralität der Amtsperson zur Legitimation der Entscheidung bei.

### 3. Unterscheidung nach Prognoseentscheidungen oder reiner Rechtsnormanwendung

26 Diese Frage ist deshalb von ausschlaggebender Bedeutung, weil hier ein wesentlicher Unterschied zwischen Rechtsprechung und Verwaltung erkennbar wird. Da die Verwaltung notwendig parteiisch — als *Beteiligte* „im öffentlichen Interesse“, zum Schutz „des Kindeswohls“, „der Umwelt“ usf. agiert, stellt sich ihr keine von ihrer rechtlichen Prüfung der Bedingungen ihres Handelns *unterschiedene* Tatfrage. Sie hat stets zu „werten“, „abzuwägen“, da sich ihr die „tatsächlichen“ Voraussetzungen ihres Einschreitens immer auch dann als Fragen der Zweckmäßigkeit des Tätigwerdens darstellen, wenn ihre Entscheidung „konditional-programmiert“. Der polizeirechtliche Begriff der „Gefahr“ ist dafür

---

537 So z. B. schon 1901 von *Schneider*, ZZP 29,96 ff., 119 – dies allerdings nur im Hinblick auf Streitsachen, nicht aber für den Bereich der justizförmigen Verwaltung; vgl. Fn.103 aaO. *Habscheid* hatte in diesem Zusammenhang hervorgehoben, dass sich die Regelung des § 6 Abs. 2 FGG nicht mit Art. 97 GG vereinbaren lasse und sich daher für die entsprechende Anwendung der §§ 42 ff. ZPO eingesetzt. Und der BGH hat dies für die echten Streitsachen auch bereits übernommen; vgl. BGH, Beschluss vom 31.10.1966, Az.: AnwZ (B) 3/66 = BGHZ 46,195 ff., 198.

538 Dazu ausführlich *Smid*, Rechtsprechung, §§ 4 und 5,251 ff.

paradigmatisch: Ob eine *zukünftige* Entwicklung „Gefahren“ in sich birgt, stellt nicht allein eine Frage der rechtlichen Prüfung dar, sondern hängt von Bewertungen der heute schon vorhandenen Erkenntnisse ab. Es geht dabei insofern nicht allein um die Beurteilung der „Glaubwürdigkeit“ von Zeugen oder der Wahrscheinlichkeit einer kausalen Schadensverursachung u. dgl. m. Vielmehr stellt sich für die Verwaltung die Aufgabe, *Annahmen* über künftige Ereignisse zu formulieren, deren Eintritt zu erwarten ist und die die Verwaltung verhindern oder nutzen will.

27 Um dies am Beispiel der Maßnahmen des Familiengerichts in Kindschaftssachen im Interesse des Kindeswohls zu verdeutlichen, können wir uns vor Augen führen, dass der Vormundschaftsrichter etwa bei der Erteilung von Genehmigungen gem. § 1822 BGB immer seiner Entscheidung auch *eigene* Wertungen zugrunde zu legen hat, wenn er "ermittelt", wie die Vermögensverhältnisse des Kindes beschaffen sind, und vor allem wenn er darüber Aussagen trifft, wie sich diese Verhältnisse voraussichtlich entwickeln werden.

28 D. h. nun selbstverständlich nicht, dass der Richter bei der Wahrnehmung administrativer Aufgaben oder dass ein Verwaltungsbeamter bei seinen Dienstgeschäften seine *privaten* Präferenzen geltend machen könne oder gar solle - was im übrigen schon deshalb ausgeschlossen ist, weil ein solches Verhalten nicht nur den Richter, sondern jeden Beamten überfordern würde - da er sich nicht an Routinen orientieren könnte, wäre er *ernsthaft* zu privaten „Wertungen“ aufgefordert. Sondern es geht um „Wertungen“, die schon aufgrund der Wahrnehmung des Amtes naheliegen: *Hier* liegt daher ein Ort, an dem — wie z. B. auch im Jugendstrafverfahren! — ein Engagement der *Attitüdenforschung* erfolgversprechend erscheint.

### 4. Organisatorisch-gerichtsverfassungsrechtliche Bewältigung des Ausscheidens des Richters im konkreten Fall

29 In Fällen, in denen es nicht um Wertungen i.S.v. Prognoseentscheidungen geht, sondern allein um die Anwendung von Rechtsnormen, führt die Ablehnung auch nicht zu besonderen organisatorischen Problemen in der gerichtsverfassungsrechtlichen Bewältigung der durch das Ausfallen eines Richters im konkreten Verfahren geschaffenen Lage. Wird der Richter in einem Rechtsstreit von einer Partei abgelehnt, so entscheidet sein geschäftsplanmäßiger Vertreter diesen einzelnen Fall an seiner Stelle – in der Kammer sitzt einmal ein anderer, am Amtsgericht übernimmt ein anderer die einzelne Sache.

30 Die Auswirkungen der Befangenheit des Richter gegenüber der Partei in einem Streitverfahrens sind danach sehr genau zu übersehen, da allein an Stelle des Befangenen sein Vertreter den einzelnen Rechtsstreit zu übernehmen hat. Ist

der Richter aber z. B. dem Vormund gegenüber befangen, dann ergeben sich weitere Fragen: Der Richter bliebe dann an sich in den Angelegenheiten, an denen der Vormund nicht beteiligt ist, weiterhin für das Verfahren über die Angelegenheiten des Mündels zuständig. Das würde zu einer nicht allein unpraktikablen, sondern die Aufgabe des Verfahrens der Vormundschaft behindernden Doppelzuständigkeit führen: Denn der befangene Richter hätte weiterhin in den Angelegenheiten zu entscheiden, an denen der Vormund nicht beteiligt ist, während für die Angelegenheiten, an denen der Vormund beteiligt ist, der Vertreter des befangenen Richters zuständig ist. Den Interessen des Mündels wäre dies regelmäßig nicht förderlich. Eine Überantwortung des gesamten Vormundschaftsverfahrens an den Vertreter[539] müsste zu einer Änderung der Geschäftsverteilung führen. Das begegnet verfassungsrechtlichen Bedenken.

### 5. Lage in Dauerverfahren

31 In einem Dauerverfahren wie dem Vormundschaftsverfahren wirft die Ablehnung des Richters dagegen andere Probleme auf: Hat z. B. der Vormundschaftsrichter eine besondere Beziehung zum Mündel – weil dieses das Kind eines verstorbenen Freundes ist – oder hat er Streit mit einem Vormund gehabt und ist er seitdem mit ihm verfeindet, so wäre er in einem Rechtsstreit des Mündels befangen. Die freundschaftlichen Beziehungen zum Mündel führen jedoch nicht dazu, dass er jetzt seine Arbeit in den Angelegenheiten der Vormundschaft nicht mehr sinnvoll ausüben kann: Der Vormundschaftsrichter soll nicht in dem Sinne unparteiisch über die Rechte des Mündels entscheiden wie ein Richter in einer Streitsache; er soll nicht feststellen, ob das Mündel objektiv Recht hat. Seine Aufgabe besteht vielmehr darin, darauf hinzuwirken, dass das Mündel die bestmögliche Erziehung erhält, dass zum Wohle des Mündels gehandelt wird. Und für diese Aufgabe ist er nicht deshalb ungeeignet, weil er etwas für das Mündel übrig hat. So legt es der Streit mit dem Vormund zwar nahe, dafür zu sorgen, dass für die Personen- und Vermögenssorge für das Kind Personen zuständig sind, die untereinander nicht verfeindet sind. Daraus ergibt sich aber nicht, dass jetzt der Vormund durch ein Ablehnungsgesuch die Möglichkeit haben muss, den Vormundschaftsrichter aus dem Verfahren zu entfernen.

32 Bei einzelnen Verfahrensteilen ist daher zu differenzieren. Wenn Ordnungsstrafen wegen Pflichtverletzung des Vormunds zu erlassen sind (§ 1837 Abs.2 BGB) wird aus dem Verfahren in der Angelegenheit der Vormundschaft ein Verfahren gegen den Vormund. Es geht dann um eine Lage, in der vom Vormundschaftsrichter einem Verwaltungsbeamten vergleichbar in Rechte des Vormundes eingegriffen wird. Hier schließt seine Befangenheit den Richter aber

539 Was im Wege der Abgabe geschehen kann.

ebenfalls von der Wahrnehmung seines Amtes im Verfahren nicht aus. Denn der Vormundschaftsrichter nimmt auch hier nicht die Rolle eines Richters ein, der unparteiisch die Rechtmäßigkeit einer Maßnahme zu beurteilen hat. Ihm obliegen im Vormundschaftsverfahren vielmehr Aufgaben, die in der Vergangenheit als „rechtspolizeilich" bezeichnet worden sind. Die vormundschaftsgerichtlichen Ge- und Verbote und die sich daraus ergebenden Ordnungsstrafen können und sollen den Vormund nur zur Erfüllung gesetzlich bestimmter Pflichten anhalten. Strukturell haben sie Ähnlichkeit mit Verfügungen der Polizei oder auch der Ordnungsstrafen des Richters gegenüber Zeugen und Zuschauern. Man kann einem Polizisten[540] oder auch dem Vorsitzenden des Gerichts, der Ordnungsstrafen gegen Zuhörer verhängt, nicht dessen Befangenheit entgegenhalten. Anders wäre dies in der Rechtsmittelinstanz, in der über die Beschwerde gegen derartige Maßnahmen entschieden wird.

Vor diesem Hintergrund lässt es sich auch heute noch bei einer „verfas- 33
sungskonformen" Betrachtung nachvollziehen, weshalb es einen Sinn hatte, dass das FGG zwar die Möglichkeit vorsah, dass sich der Richter in diesen Fällen der Amtsausübung enthält und dass evtl. mit seinem Kollegen eine andere Geschäftsverteilung ausmacht, dass es den Beteiligten aber nicht wie die anderen Verfahrensordnungen ein allgemeines Ablehnungsrecht einräumte.

Im familiengerichtlichen Verfahren in Kindschaftssachen (Vormundschafts- 34
sachen) sind bereits unter Geltung des FGG andere Lösungen empfohlen worden, als sie die §§ 42 ff. ZPO vorschreiben. Die Sachprobleme haben sich dabei mit Inkrafttreten des FamFG nicht geändert. Der Verweis des FamFG auf diese Vorschriften ist dabei insofern näher auszulegen, wobei die konkrete verfahrensrechtliche Lage zu berücksichtigen ist. Steht der Richter zum Mündel oder zum Vormund in besonders freundschaftlichen Beziehungen, führt dies nicht dazu, dass er zur Wahrnehmung der in diesen Verfahren anfallenden Aufgaben unge-

---

540 Das Verwaltungsverfahrensrecht orientiert sich zwar auch am Objektivitäts- und Unbefangenheitsprinzip (vgl. u. a. *Stelkens/Bonk/Leonhardt*, Verwaltungsverfahrensgesetz. 3. Aufl. 1990, § 20, Rn. 1; Rn. 7 m. Nachw.) - weshalb die §§ 20 f VwVfG die Ausschließung wegen Beteiligung und Befangenheit regeln. Diese Regelungen unterscheiden sich jedoch nicht unerheblich von den Regelungen, die in Streitverfahren gelten – was den sachlichen Unterschieden von Rechtsprechung und Verwaltung Rechnung trägt: So haben in Fällen besonderer Dringlichkeit selbst die ausgeschlossenen Beamten unaufschiebbare Maßnahmen zu treffen (vgl. die §§ 20 III, 3 IV, 28 II 1 VwVfG; dazu *Stelkens/Bonk/Leonhardt* aa0., § 20, Rn. 42); Beamte, die sich für befangen halten oder die von einem der Beteiligten als befangen angesehen werden, haben dies ihrem Vorgesetzten mitzuteilen „und sich auf dessen Anweisung der Mitwirkung zu enthalten" (§ 21 VwVfG), bis zu dieser Anweisung haben sie die notwendigen Maßnahmen zu treffen; der Beamte selbst hat vor der Entscheidung des Behördenleiters nicht das Recht, über seine Mitwirkung zu entscheiden (*Stelkens/Bonk/Leonhardt* aaO., § 21, Rn. 15).

eignet ist. Eine Befangenheitslage liegt nicht vor. Anders als in der vom BVerfG zum Erbscheinsverfahren gefällten Entscheidung lässt sich eine Befangenheit des Vormundschaftsrichters auch nicht im Hinblick auf das Verfahren in Vormundschaftssachen aus Art. 101 GG ableiten. Ergeben sich Differenzen zwischen Richter und Vormund über die zweckmäßige Führung der Vormundschaft, dann schadet es ersichtlich auf Dauer dem Mündel, wenn die an seiner Erziehung beteiligten Personen gegeneinander arbeiten. Es leuchtet aber nicht ein, dass diesem Übel immer dadurch abgegolten werden sollte, dass nun der Richter (Rechtspfleger) auf ein Ablehnungsgesuch eines Erziehers hin aus dem Verfahren der Erziehung ausscheidet – was in Streitsachen die einzige Möglichkeit ist. Der Uneinigkeit zwischen den Erziehern kann und sollte dagegen in vielen Fällen dadurch gesteuert werden, dass der Vormund (Beistand oder Pfleger) ausscheidet.

35 Es sollte jedenfalls klar geworden sein, dass „Befangenheit“ in verschiedenen Konstellationen verschiedenes bedeutet – und dass man nicht „mehr Rechtsschutz“ oder „mehr Rechtsstaatlichkeit“ gewährleistet, wenn man verfahrensrechtliche Sicherungen, die in einem bestimmten Kontext ihren Sinn haben, in andere Zusammenhänge überträgt[541]: „Mehr“ Rechtsstaatlichkeit ergibt sich vielmehr immer nur daraus, dass die Verfahren sachlich verbessert – dass sie also den jeweiligen Sachstrukturen angepasst – werden.

36 § 6 Abs. 1 FamFG ist daher in dem Sinne „teleologisch zu reduzieren“, dass in nichtstreitigen Dauerverfahren die besondere Stellung des Gerichts, soweit es prognoseorientierte zu treffen hat, berücksichtigt werden kann.

---

541 *Kollhosser*, ZZP 93,265 ff.

# § 6 Die „richtige“ Partei im prozessualen Erkenntnisverfahren (I): Materieller und formeller Parteibegriff

## I. Zwecke der Beteiligten im Verfahren

1 Eingangs (§ 1 Rn. 71 ff.) hat sich ergeben, dass Verfahren sich als Verkehrsform von Rechtssubjekten erklären. Um die Struktur - die Funktionsweise - der unterschiedlichen zivilgerichtlichen Verfahren vom zivilprozessualen Erkenntnisverfahren bis zu den nichtstreitigen Verfahren nach dem FamFG verstehen zu können, ist es daher unerlässlich, sich vor Augen zu führen, wer da mit wem in Verkehr tritt, also die im weitesten Sinne an den zivilgerichtlichen Verfahren Beteiligten und die unterschiedlichen Rollen in den Blick zu nehmen, die sie in den Verfahren einnehmen. Der gegen die andere Seite - den Beklagten - gerichtete Antrag (die Klage) ist damit der Akt, mit dem der Prozess eingeleitet wird.

2 Die unterschiedliche Funktion und Regelung der zivilgerichtlichen Verfahren - des Zivilprozesses, seiner besonderen Erscheinungsformen, aber auch der den Zivilgerichten zugewiesenen nichtstreitigen Verfahren - werden durch die besonderen Rollen der Personen geformt, die an dem Verfahren beteiligt oder zu beteiligen sind.[542] Diese nehmen unterschiedliche prozessuale Aufgaben war, die z.T. eigenen Zwecken entsprechen, die von ihnen verfolgt werden, z.T. darauf beruhen, dass ihnen die Verfolgung bestimmter Ziele durch die Rechtsordnung aufgegeben worden sind. Man kann dies in einer sozialwissenschaftlichen Terminologie damit beschreiben, dass die Beteiligten verschiedene Rollen einnehmen, durch die ihr Handeln im Verfahren bestimmt wird.

3 Im technischen juristischen Sprachgebrauch werden als Beteiligte eines Verfahrens nur bestimmte der in ein Verfahren verwickelten Personen bezeichnet. Im Zivilprozess handelt es sich dabei um die Parteien, für und gegen die das beantragte Urteil ergehen soll. In nichtstreitigen Verfahren sind dies allgemeiner die Personen, deren Recht und Pflichten die zu erwartende Entscheidung *unmittelbar betreffen* bzw. ändern kann. Richter, Sachverständigen oder Zeugen gehören ersichtlich nicht zu diesem Personenkreis. Im Gegenteil. Ist ein Richter am Ausgang des Rechtsstreits interessiert, schließt ihn § 42 ZPO wegen des Verdachts der Befangenheit vom Richteramt aus; § 41 ZPO sieht diesen Ausschluss in gesetzlich typisierten Fällen vor. Gleiches gilt gem. § 406 Abs. 1 ZPO für den Sachverständigen. Der Zeuge mag am Ausgang des Rechtsstreits interessiert sein, weil er mit der Partei verwandt oder verschwägert ist oder aus anderen Gründen ein Interesse am Obsiegen einer Partei hat – darf diese Zwecke aber im

542 *Pawlowski*, in: Pawlowski/Smid, Freiwillige Gerichtsbarkeit Rn. 62.

Verfahren nicht verfolgen und wird bestraft (§ 156 StGB), wenn er es gleichwohl unter Verletzung seiner prozessualen Rolle tut, die ihm gesteigerte Wahrheitspflichten auferlegt (§ 138 ZPO).

4 In einer Reihe von Verfahren, deren Lauf durch das FamFG geregelt wird, gilt grundsätzlich nichts anderes. Auch dort wird der am Verfahren *persönlich* interessierte Richter von der Wahrnehmung seiner Amtsgeschäfte ausgeschlossen (§ 6 FamFG, § 41 ZPO). Und soweit in diesen Verfahren strengbeweislich Tatsachen festgestellt werden, gilt die Wahrheitspflicht selbstredend auch für die Zeugen (§§ 395 ff.). Richter, Sachverständige und Zeugen fallen daher terminologisch auch in diesen Verfahren nicht unter den Beteiligtenbegriff.

5 An dieser Stelle geht es aber um etwas anderes. Nachdem wir das Verfahren als Form der Kommunikation - als Verkehrsform - gekennzeichnet haben, ist hier die „Beteiligung“ am Verfahren zunächst allgemeiner zu beschreiben. Es geht nämlich darum, welche Personen miteinander in ein verfahrensrechtliches Verhältnis zu treten haben bzw. treten können, um an der Bearbeitung der Aufgaben mitzuwirken die sich im Verfahren stellen.

## II. Zivilprozessuale Erkenntnisverfahren

6 Im Zivilprozess werden die Beteiligten als „Parteien“ bezeichnet. An einem Zivilprozess wird man beteiligt, wenn man klagt oder verklagt wird - wenn man sich also formell an dem Verfahren beteiligt. Man sagt daher, dass im Zivilprozess der formelle Parteibegriff gelte. Die Entscheidung - das Urteil oder im Scheidungsverfahren der Beschluss -, zu der der Zivilprozess führt, wirkt grundsätzlich nur für und gegen die formell Beteiligten - nämlich die Parteien. Gegenstand des Zivilprozesses sind immer nur die Rechte und Pflichten derjenigen, die sich formell an den Verfahren beteiligten: Nur deren Verhältnis ist Gegenstand des Verfahrens. Diese Regel wird durch die Ausnahmefällen bestätigt, in denen die Entscheidung auch gegen Personen wirkt, die nicht formell an dem Verfahren beteiligt waren. Hier wird auch für den Zivilprozess der formelle Parteibegriff durch einen materiellen Parteibegriff[543] ergänzt: Die Stellung des Nebenintervenienten oder des Streitgenossen bestimmt sich nach materiellen Gesichtspunkten (vgl. die §§ 66 ff. ZPO). Es wird noch auf die Fälle der sogenannten Prozessstandschaft einzugehen sein, in der ebenfalls Elemente des materiellen Parteibegriffs zum Tragen kommen.[544] Dies läuft darauf hinaus, demjenigen, der

543 *Zeiss/Schreiber* ZPrR 11. Aufl. 2009 Rn. 127 f.

544 Dazu *Pawlowski,* JuS 1990,378 ff.; vgl. auch schon *ders.*, ZZP 78, 1965,397 ff. und JZ 1975,681 ff.

materiell von der zu fällenden Entscheidung betroffen werden kann, auch das Recht einzuräumen, sich formell an dem Verfahren zu beteiligen.

## III. Konstitution des Prozesses durch das Auftreten zweier Parteien[545]

### 1. Rollen im Zivilprozess: Kontradiktorische Rechtsbehauptungen

Im Zivilprozess sind stets drei Personen oder Personengruppen beteiligt: Der Kläger spielt die Rolle des Angreifers. Er stellt eine Rechtsbehauptung auf, gegen die sich der Beklagte verteidigt. Den dadurch beschriebenen Streit entscheidet der Richter. Es ist einleuchtend, dass Kläger und Beklagter regelmäßig „eigene" Zwecke verfolgen - also die Rechte festgestellt wissen wollen, mit denen sie privatautonom - frei - umgehen. Das Gericht (die Person des Richters) verfolgt demgegenüber amtliche Ziele, nämlich den Streit dadurch zu beenden, dass den Parteien Hilfestellung bei einem Vergleichsschluss gegeben wird (§ 278 Abs. 1 ZPO) oder das streitige Recht in einem instanzbeendenden Urteil (Endurteil, § 300 ZPO) zu erkennen. 7

Es wird sich im weiteren Gang dieser Überlegungen zeigen, dass die gerichtliche Hilfe beim Vergleich regelmäßig nicht angemessen möglich ist, ohne dass die Rechtslage durch das Gericht in einer Weise durchdrungen worden ist, wie es zur Abfassung oder wenigstens gründlichen Vorbereitung eines Urteils erforderlich ist. 8

### 2. Waffengleichheit der Parteien als tragendes Prinzip eines jeden Prozesses

Die Parteien sind im Prozess gleich. In ihrem Streit herrscht Waffengleichheit. Diese Waffengleichheit macht den rechtlichen Inhalt aus, der das streitige Zwei-Parteien-Verhältnis, das den Prozess charakterisiert (unten Rn. 17 ff.), zur Erscheinung des Rechts macht. 9

In nichtstreitigen Verfahren stehen sich dagegen Gericht und Beteiligte dergestalt gegenüber, dass das Gericht das Recht (die Rechte) von Beteiligten wahrt: Es führt Register, um den Rechtsverkehr zu erleichtern, es überwacht Vormünder, um die Mündel zu schützen, um nur zwei Beispiele zu nennen. Kurz: Es wird „rechtsfürsorgerisch" tätig. 10

545 *Zeiss/Schreiber* ZPrR 11. Aufl. 2009 Rn. 141.

## 3. Trennung von Richter und Zeugen

11 Die Distanz des Gerichts vom Sachverhalt, über den es urteilen muss, setzt die Trennung von Richter und Zeugen voraus, wie im vorangegangenen Paragraphen gezeigt worden ist. Diese Trennung bildet aber nur eine Seite der Konstitutionsbedingungen der richterlichen Unparteilichkeit, auf der materielle Rechtsprechung beruht. Deren andere Seite bildet die „Zweckfreiheit" des richterlichen Urteils. Rechtsprechung urteilt *„en quelque façon nulle"*.[546]

## 4. Differenzierung von Partei auf der einen und Zeugen und Nebenintervenienten auf der anderen Seite

### *a) Partei und Zeuge*

12 *Nemo testis in re sua*, dass niemand in eigener Sache Zeuge sein soll, ist ein bei einer unmittelbaren Betrachtung überzeugender Grundsatz. Geht man dem Grund dieses Satzes nach, fällt auf, dass er dann unverzichtbar ist, wenn strikte Beweisregeln gelten. So kann niemand einen Leumundsbeweis für sich selber abgeben – weil das sinnlos wäre. Die Zivilprozessordnung hat indes den Grundsatz der freien Würdigung des Beweises (§ 286 ZPO) in den Mittelpunkt der Ermittlung der Tatsachengrundlage der richterlichen Erkenntnis gehoben. Der Zeuge, ebenso wie die vernommene Partei, geben Wahrnehmungen über Tatsachen wieder. Im Unterschied dazu vermittelt der Sachverständige dem Gericht Fachwissen zur Beurteilung von Tatsachen.[547] Der Sachverständige erläutert aufgrund seiner wissenschaftlichen oder technisch empirischen Erfahrung Tatsachen und zieht daraus für die Beurteilung des vorliegenden Falles Schlüsse aufgrund seiner besonderen Sachkunde.[548] Zeuge und die vernommene Partei unterscheiden sich m.a.w. nicht im Hinblick auf die Art der im Prozess vorzunehmenden Begründung. Allerdings greift die positiv-rechtliche Regelung der Parteivernehmung den alten Satz des nemo testis in sua causa dadurch auf, dass die Parteivernehmung als bloß subsidiäres Beweismittel ausgestaltet ist, während die Erhebung des Beweises durch Einvernahme von Zeugen stets zulässig ist.[549] Diese Subsidiarität der Parteivernehmung hat es als attraktives Mittel der Verteidigung im Prozess erscheinen lassen, eine Person als Partei erscheinen zu lassen. Wer Partei und wer somit nicht Zeuge ist, beurteilt sich nach der formellen Stellung im Verfahren. Dagegen hat Müller[550] die Ansicht vertreten, der

546 Oben, Einleitung Fn. 11.
547 BGH, Urteil vom 18.03.1993, Az.: IX ZR 198/92 = NJW 1993, 1796, 1797.
548 *Ahrens*, in: Wieczorek/Schütze, ZPO, vor § 373 Rn-Nr. 5.
549 *Ahrens*, in: Wieczorek/Schütze, ZPO, vor § 373 Rn-Nr. 9.
550 *Müller*, Parteien als Zeugen, 1992, 132.

Grundsatz nemo testis in re sua erfordere eine materielle Abgrenzung zwischen Zeuge und Partei, bei der die Interessenlage der zur Aussage heranzuziehenden Person im Hinblick auf den Ausgang des Rechtsstreits zugrunde zu legen sei.

*b) Partei und Nebenintervenient*

Der II. Zivilsenat des BGH hat über die Nebenintervention eines Aufsichtsrats- 13 mitglieds zu entscheiden gehabt, der in einem Prozess, den die AG mit einem Vorstandsmitglied über dessen Abberufung geführt hat, auf Seiten der AG dem Streit beigetreten ist.

Fall:[551] Die Kläger waren Mitglieder des Vorstandes einer AG. Die Anteile an der 14 AG wurden zu gleichen Teilen von zwei Brüdern, den Firmengründern, gehalten. Von den sechs Mitgliedern des Aufsichtsrates der AG wurden drei auf den Vorschlag des Bruders 1, drei weitere auf den Vorschlag des Bruders 2 hin bestellt. Nachdem gegen die Vorstandsmitglieder Vorwürfe eines groben Fehlverhaltens erhoben worden waren, kam es zu einer Sitzung des Aufsichtsrates zur Abberufung der späteren Kläger als Vorstände. Die drei dem Firmengründer 1 zuzuordnenden Aufsichtsratsmitglieder stimmten für eine Abberufung, die dem Firmengründer 2 zuzurechnenden Aufsichtsratsmitglieder lehnten eine Abberufung ab. Der Aufsichtsratsvorsitzende, der dem Firmengründer 1 zuzurechnen ist, entschied, dass die gegen die Abberufung stimmenden Aufsichtsratsmitglieder ihr Stimmrecht missbräuchlich ausgeübt hätten. Folglich seien ihre Stimmen nicht zu berücksichtigen. Die Abberufung der Kläger als Vorstände sei daher 3:0 beschlossen worden. Die Kläger wandten sich nun gegen die AG, mit dem Antrag festzustellen, dass ein Beschluss, sie aus wichtigem Grund abzuberufen, nicht ergangen sei. Ein dem Firmengründer 1 zuzuordnendes Aufsichtsratsmitglied hat auf Seiten der beklagten AG die Nebenintervention erklärt.

Fraglich ist, ob das Aufsichtsratsmitglied iSv § 76 Abs. 1 ZPO als eine „andere 15 Person" als die der Partei anzusehen ist und ob bejahendenfalls der Nebenintervenient ein rechtliches Interesse am Beitritt verfolgt. Im Schrifttum wird zum Teil vertreten, dass der gesetzliche Vertreter einer Partei keine andere Person iSv § 66 Abs. 1 ZPO im Verhältnis zu dieser Partei sein könne. Daher komme eine Nebenintervention nicht in Betracht.[552] An anderer Stelle wird die Ansicht vertreten, dass für den Fall, dass der gesetzliche Vertreter ein eigenes rechtliches Interesse geltend machen könne, die Nebenintervention im Einzelfall als zulässig anzusehen sei.[553] Der BGH stellt hier allerdings zutreffend fest, dass es auf diesen Streit im vorliegenden Fall nicht ankommt. Denn die AG wird zwar nach dem Ausscheiden von Vorstandsmitgliedern durch den Aufsichtsrat als Organ

551 BGH, Zwischenurteil vom 29.01.2013, Az.: II ZB 1/11 = ZIP 2013, 483.

552 *Schultes*, in: MünchKomm, ZPO, § 66 Rn. 4.

553 *Mansel*, in: Wieczorek/Schütze, ZPO, § 66 Rn. 23.

vertreten[554]. Das einzelne Aufsichtsratsmitglied ist aber nicht mit dem Aufsichtsrat als Organ gleichzustellen. Der Aufsichtsrat handelt nämlich aufgrund einer einheitlichen Willensbildung, während das einzelne Aufsichtsratsmitglied eigene Ziele verfolgen kann. Daher kann das einzelne Aufsichtsratsmitglied auch ein rechtliches Interesse am Beitritt haben. In der Vergangenheit hat der II. Zivilsenat des BGH bereits darauf erkannt, dass einzelne Aufsichtsratsmitglieder ein rechtliches Interesse daran haben können, die Nichtigkeit von Aufsichtsratsbeschlüssen feststellen zu lassen. Im vorliegenden Fall hat der erkennende Senat umgekehrt darauf erkannt, dass auch ein rechtliches Interesse an der Feststellung der Rechtmäßigkeit der gefassten Beschlüsse bestehen kann.

### 5. Verwirklichung der objektiven Rechtsordnung

16 Die Rechtsprechung ist die Staatsgewalt, durch deren Verfahren die objektive Rechtsordnung verwirklicht wird. Diese Verwirklichung der objektiven Rechtsordnung vollzieht sich dadurch, dass das ungewisse Recht vom Gericht erkannt wird[555]. Aber um urteilen zu können (oder zu müssen), bedarf es zunächst eines Streits. Der Streit bildet den Hintergrund, vor dem das Urteil als Rechtsprechungsakt seinen Sinn gewinnt. Der Streit ist alles andere als „zweckfrei". Die Parteien streiten nicht, um die objektive Rechtsordnung zu verwirklichen. Sie streiten um ihr Recht - weil sie Recht bekommen wollen[556]. Und die streitenden Parteien setzen sich auch oftmals nicht allein um des Rechts willen auseinander. Sie streiten, weil sie konkrete Zwecke verfolgen. Die Parteien im Zivilprozess wollen bestimmte wirtschaftliche Ziele durch das Obsiegen im Prozess erreichen. Der Bürger wendet sich im Verwaltungsgerichtsprozess gegen bestimmte Maßnahmen der Verwaltung oder begehrt ein bestimmtes Verwaltungshandeln. Umgekehrt ficht die Verwaltung dafür, ihre Ziele wahrnehmen zu können, ihre Routinen nicht umstellen zu müssen usf. Wir werden noch sehen, dass dieser Befund auch strukturell auf den Strafprozess bzw. seine Ausgestaltung zutrifft.

---

554 BGH, Urteil vom 16.02.2009, Az.: II ZR 282/07 = ZIP 2009, 717.

555 *Smid*, Richterliche Rechtserkenntnis, Kap. VI.

556 Sobald sich die Parteien auf einen Prozess einlassen, kommen sie nicht an dessen immanenten Gesetzmäßigkeiten vorbei: Sie müssen dann eine „Kommunikation über das Recht" führen – und insofern wenigstens in ihrem Vortrag von ihren Motiven z. T. absehen bzw. können diese nicht ohne weiteres artikulieren (vgl. hier allein *Luhmann*, Legitimation durch Verfahren, bes.94, 96 et passim).

## *6. Zwei-Parteien-Grundsatz*

Das Zwei-Parteien-Schema zeichnet die streitentscheidenden Verfahren und damit nach unseren methodischen Vorüberlegungen die Verfahren der Rechtsprechung als Verfahren der unparteiischen Erkenntnis des inter partes ungewissen Rechts i. S. d. Art. 19 Abs. 4 GG aus[557]. Wir haben gesehen, dass für die Konstitution von Rechtsprechung i. S. d. Prozessvorbehalts des Art. 19 Abs. 4 GG die Entscheidung durch strukturell am Streit der Parteien unbeteiligte Dritte Voraussetzung ist. Und zwar eines unbeteiligten Dritten, der deshalb gegenüber dem Streit - und damit seinem Urteil - uninteressiert entscheiden kann, weil er mit den Tatsachen und den Parteien nichts zu tun hat. Zugleich ist aber deutlich geworden, dass diese Form unbeteiligten Entscheidens in solchen Gerichtsverfahren keine Geltung beansprucht, in denen der Richter (zumindest insofern der Situation eines Verwaltungsbeamten vergleichbar) nur einem Beteiligten gegenübersteht- oder beide Beteiligte „etwas“ vom Richter „wollen“ (das „mehr“ ist als ein streitig-rechtsanwendendes Urteil - so etwa eine Genehmigung, Eintragung usf.). Diese Überlegungen in den vorangegangenen Paragraphen haben 17

557Dies wird in der Literatur allgemein anerkannt; vgl. (ohne den Anspruch der Vollständigkeit): *Renaud*, Lb., § 46,109 („Jeder Prozess <iudicium> setzt wesentlich einen Kläger und einen Verklagten voraus …“); *Wetzell*, System, § 5 („So ist auch ein iudicium nicht möglich ohne zwei Streittheile, einen Kläger und einen Beklagten“); *Gönner*, Hdbch. Bd. 1, XIII § 2,305; *Linde*, Lb.,118; *Kohler*, Der Prozess als Rechtsverhältnis,6, 101 ff et passim; *Sauer*, Grundlagen des Prozessrechts,301 f.; *ders.*, Allgemeine Prozesslehre, § 6 III 1; *Heinsheimer*, Wach-F. Bd. 3,129 ff. (das Zwei-Parteien-Schema sei ein prozessualer, aber kein <bloß> formaler Grundsatz!); *Blomeyer*, in: Hedemann-F.,191 ff., 195 f.; *Cohn*, Internat. Encyclop. Comp. Law, vol. XVI chap. 5, passim; Hinweise zum englischen Recht: *Vollkommer*, Diss.,19; R. *Schmidt*, Lehrbuch des deutschen Zivilprozessrechts, § 50 I,310; *Stein*, Lb., § 3 III; *Herrnritt*, Das Verwaltungsverfahren,1, 2; *Eichenberger*, Die richterliche Unabhängigkeit als staatsrechtliches Problem,162 m. Nachw.; *Ule*, Lb., § 18 I; *Blomeyer*, Lb., § 6 II; *Bernhardt*, Lb., § 19 III,115 f.; *Nikisch*, Lb., § 28 I; *Schönke/Kuchinke*, Lb., § 21 I; *Jauernig*, Lb., § 18 VI; Stein/Jonas/*Schumann*,(zitierweise) Einl. IV A Rn. 228; *Bork*, in: Stein/Jonas, ZPO, Vor § 50 Rn. 17; *Vollkommer*, in: Zöller, ZPO, Vor § 50 Rn. 1; *Hartmann*, in: Baumbach/Lauterbach/Albers/Hartmann, ZPO, Vor § 50 Anm. 3 F; *Prütting*, Gegenwartsprobleme der Beweislast,35; *Becker*, Das allgemeine Verwaltungsverfahren,14; *Ehlers*, in: Manger-F.,379; in der rechtstheoretischen Diskussion: *Kininger*, Theorie und Soziologie des zivilgerichtlichen Verfahrens,23 ff.; unklar dagegen *Schaper*, Theorie und Soziologie des gerichtlichen Verfahrens,170/171, 254. Es leuchtet ein, dass das Zwei-Parteien-Schema als Grundvoraussetzung auch der Konzeption *Goldschmidts* unterlegt ist: Der Prozess als Rechtslage, passim, sowie *ders.*, Lb., § 3,4. Dagegen überrascht es nicht, dass bei *Wach*, Hdbch. Bd. 1,518/519 ,und *Hellwig*, Lb. Bd. 1,40, das Zwei-Parteien-Schema nicht dramatisch als konstitutives Element des Prozesses genannt wird; vgl. aber auch *Hellwig*, System Bd. 1, § 66 I 2,144.

unsere These weiter erhärtet, nach der die Differenzierung von Rechtsprechung und Verwaltung entlang der Linie der Uninteressiertheit des Richters verläuft - die indes wesentlich auch darauf beruht, dass der Richter inter partes zu urteilen hat. Diese Stellung als Dritter, und d. h. nicht als „Anderer“, Zweiter - als pars eines Rechtsverhältnisses - beruht wesentlich auf dem Vorhandensein von Parteien. *Audiatur ad altera* pars ist nur unter der Voraussetzung als eine sinnvolle Forderung denkbar, dass widerstreitende Parteien vor dem Richter auftreten.

18 Der Richter nimmt m. a. W. im Prozess keine „Vertragshilfe“ vor. Er „schlichtet“ nicht, heilt nicht gestörte Sozialbeziehungen. Wichtiger noch: Der Richter „schützt“ nicht eine Partei vor der anderen. Denn der Richter steht nicht auf der Seite einer Partei. Und er „bestraft“ mit seinem Urteil nicht die unterlegene Seite.

19 *Eb. Schmidt*[558] führte zudem aus, Beteiligte seien nur dann als Parteien zu qualifizieren, wenn sie einander prozessual gleichgestellt seien. Es kann hier dahingestellt bleiben, ob und wie weit dies im Strafverfahren der Fall ist - der Zivilprozess ist jedenfalls durch die Gleichheit der Parteien gekennzeichnet.

20 Fraglich ist aber, weshalb der Prozess immer ein Zwei-Parteien-Prozess und nicht etwa ein polylaterales Verfahren von drei, vier oder infinit mehr „Parteien“ sei[559]: Soweit weitere Personen am Prozess beteiligt werden, gruppieren sie sich um diese Beteiligten; sie nehmen keine selbständige Rolle in Ansehung der zu fällenden Entscheidung war, auch wenn sie gegebenenfalls eigene Zwecke verfolgen (wie etwa der Streitverkündete angesichts eines drohenden Regresses, vgl. § 72 ZPO): So treten auf der Seite der Parteien u.U. Streithelfer und Anwälte auf, Zeugen und Sachverständige unterstützen die Tatsachenbehauptungen der Parteien, Sachverständige können aber auch an der Seite des Richters dessen Verständnis eines komplexen Streitstoffes fördern (Sachverständiger als Richtergehilfe, § 274 Abs. 2 Nr. 4 ZPO). Diese weiteren Personen ordnen sich also gleichsam „Lagern“ zu (*Josef Kohler*) und unterstützen jeweils einen der drei primär Beteiligten in der Rolle, die er im Prozess wahrnimmt.

### 7. Lagerbildung

21 Diesen Vorgang einer „Lagerbildung“ mag ein Beispiel deutlicher werden lassen: In einer Erbengemeinschaft A, B, C und D erhebt der Miterbe A die Auseinandersetzungsklage gem. § 2042 BGB unter Vorlage eines Teilungsplanes. Treten B, C und D unter Vorlage jeweils eines eigenen Teilungsplanes entgegen,

558 LK Bd. 1, Rn. 67/68.

559 Vgl. eingehend *Kohler*, Der Prozess als Rechtsverhältnis,101 ff. sowie jüngst *Häsemeyer*, ZZP Bd. 101 (1988) 385 ff., 393 (zu den materiellrechtlichen Gründen, auf denen das Zwei-Parteienprinzip beruht).

dann wird nicht zugleich über die Rechtmäßigkeit der Vorstellungen von A, B, C und D verhandelt. B, C und D werden vielmehr auf der Beklagtenseite (in einer Reihe von Verfahren der actio pro socio zusammen mit A !) als eine Partei zusammengefasst[560].

Ein weiteres Beispiel soll dies beleuchten: Soll ein Gesellschafter einer oHG durch gerichtliches Urteil aus der Gesellschaft ausgeschlossen werden (§ 140 HGB[561]), sind die verbleibenden Gesellschafter notwendige Streitgenossen und müssen gemeinsam klagen. Denn das Urteil greift in die Rechtsbeziehung der verbleibenden Gesellschafter zu dem ausgeschiedenen Gesellschafter ein. Das Interesse nur eines Gesellschafters an dem Ausschluss gewährt dem einzelnen nicht bereits die aktive Prozessführungsbefugnis für die Ausschließungsklage[562]. Die verbleibenden Gesellschafter vertreten dabei den Auszuschließenden im Sinne einer actio pro socio.[563] Vergleichbares gilt für Klagen, gem. §§ 117, 127 HGB[564] auf Entziehung der Geschäftsführungs- und Vertretungsbefugnis eines Gesellschafters.[565] 22

Anders verhält es sich bei der Erbunwürdigkeitsklage gem. § 2342 BGB[566]. Würden mehrere Personen als Erben an die Stelle des Erbunwürdigen treten, ist jeder einzelne dieser Prätendenten die „richtige Partei“ i. S. v. § 2341 BGB[567], die auf „Gestaltung“ klagen kann, da den nachrückenden Erben dadurch kein Nachteil erwächst.[568] Denn jeder kann für sich die Erbschaft ausschlagen und damit Folgen vermeiden, denen er nicht ausgesetzt sein will. Schließlich kennt das Recht mit der Gestaltungsklage auf Anfechtung des Hauptversammlungsbeschlusses einer AG gem. § 198 AktG klagen an, die unabhängig von der Verfügungsbefugnis des Klägers über das von der Gestaltung betroffener Rechtsver- 23

560 *De Boor* (Zur Auflockerung des Zivilprozesses) hat im Rahmen seiner Überlegungen zur Prozessrechtsreform (unter dem Vorzeichen eines antiliberalistischen Prozesszwecks, der „über die Interessen der Parteien hinausgeht“ <S. 29 ff., 39 f.>) demgegenüber überlegt, ob gerade in diesen Fällen in Anlehnung an den römischen Adiudicationsprozess Abschied vom Zwei-Parteien-Schema zu nehmen sei (S. 63). Heute – unter politisch anderen Vorzeichen – argumentiert z. B. *Schaper* (Theorie und Soziologie des gerichtlichen Verfahrens,170/171) in vergleichbarer Weise.

561 *K. Schmidt*, in: MünchKomm, HGB, § 140 Rn. 2, 81.

562 *Henckel*, Parteilehre und Streitgegenstand, 1961,97.

563 Vgl. *Schäfer*, in: Staub HGB Bd. 3, 5. Auflage 2009, § 140 Rn. 37; *Henckel*, Parteilehre und Streitgegenstand, 1961,98.

564 *Schwab*, Prozeßrecht gesellschaftsinterner Streitigkeiten, Heidelberg 2002,241 ff.

565 *Ders.*, Prozeßrecht,241; *Henckel*,98.

566 *Müller-Christmann*, in: Bamberger/Roth, BGB, § 2342 Rn. 1.

567 *Helms*, in: MünchKomm, BGB, § 2341 Rn. 2.

568 *Henckel*, Parteilehre und Streitgegenstand, 1961,99.

hältnisse erhoben werden dürfen.[569] Nur soweit mehrere Vorstandsmitglieder gem. § 248 AktG klagen, sieht das Gesetz eine notwendige Streitgenossenschaft vor.

24 Durch die Herstellung eines Zwei-Parteien-Prozesses über Recht oder Unrecht kann im Beispiel (Rn. 19) über den Antrag des A geurteilt werden. Werden von einem oder mehreren der Beklagten widerklagend[570] jeweils eigene Teilungspläne geltend gemacht, dann wäre hinsichtlich jedes Klagbegehrens in einem eigenen Verfahrensabschnitt zu verhandeln, gegebenenfalls die Widerklage gem. § 148 ZPO abzutrennen, um die Zwei-Parteien-Struktur des Prozesses herzustellen. Deshalb hat *J. Kohler*[571] schon früh darauf aufmerksam gemacht, dass im Prozess nicht viele Parteien agieren, sondern im Falle des Auftretens von mehr als zwei Akteuren zwei Parteilager wie zwei „feindliche Heere" gegeneinander streiten.

25 Mit dem nichtstreitigen Teilungsverfahren nach den §§ 342 ff. FamFG steht nämlich ein „funktionales Äquivalent" zur Teilungsklage zur Verfügung. Und in diesem Verfahren definiert das Gericht durch die Aufstellung des Teilungsplanes gem. § 368 FamFG die „Zwecke" des Verfahrens gegenüber der Vielzahl von Beteiligten.

## IV. Nichtstreitige Verfahren

26 Diese typische Zwei-Parteien-Struktur des streitigen Verfahrens lässt sich dagegen auf nichtstreitige Verfahren keinesfalls übertragen. Das fällt nicht sofort auf. Im Grundbuchverfahren können sich der voreingetragene und der Antragsteller „gegenüberstehen" - und das Verfahren wird auch durch einen Antrag eingeleitet; eine streitige Entscheidung ergeht indes keinesfalls (vgl. § 20 GBO), da die Beteiligten einen gegebenenfalls auftretenden Streit vor den „ordentlichen Gerichten" - also im Zivilprozess - klären müssen. Betrachtet man das vormundschaftsgerichtliche Verfahren vor dem Familiengericht (§ 151 Nr. 3 FamFG), wird deutlicher, wovon hier die Rede ist: Der Richter kann und muss das Verfahren selbst einleiten, wenn dies im Interesse des Kindes geboten ist. In diesem Verfahren kommt die Rolle von Beteiligten, die kontradiktorische *Rechtsbehauptungen* aufstellen und das Verfahren damit einleiten, nicht vor.[572] Der Familienrichter hat daher im Verfahren über die Vormundschaftsangelegenheiten

---

569 *Henckel* (Fn. 568)100.

570 Hierzu und zum Ganzen: *Wetzell,* System, § 5,39/40, sowie § 46,562.

571 *Kohler*, Der Prozess als Rechtsverhältnis,101 ff. Ebenso ausdrücklich: *Hellwig*, System Bd. 1, § 66 I 3,144. Vgl. auch grundlegend *v. Planck*, Die Mehrheit der Rechtsstreitigkeiten im Prozessrecht,105 et passim.

572 *Sternal*, in: Keidel, § 26 Rn.7.

bei Minderjährigen nicht die Aufgabe, über die Richtigkeit von Rechtsbehauptungen als Dritter zu entscheiden.

Die Beteiligung in nichtstreitigen Verfahren der freiwilligen Gerichtsbarkeit 27
kann an dieser Stelle indes noch nicht in ihren Dimensionen vollständig erläutert werden. Denn die damit verbundenen Fragen beziehen sich auf den zivilprozessualen Parteibegriff, den sie in ihrem eigenen Zusammenhang umstrukturieren.

# § 7 Die „richtige“ Partei im prozessualen Erkenntnisverfahren (II): Formen der Beteiligung Dritter am Zivilprozess

## I. Hauptintervention

### 1. Einmischungsklage

1 Die ZPO lässt die Einmischung eines Dritten in einen zwischen andern Personen anhängigen Rechtsstreit zu.[573] Diese Einmischung nennt man Hauptintervention. Mit der Hauptintervention verfolgt der Intervenient den Zweck, die Sache oder das Recht, dass zwischen den Prozessparteien im Streit steht, ganz oder teilweise für sich in Anspruch zu nehmen.[574] Diese „Einmischung“ erfolgt gem. § 64 ZPO durch eine gegen die beiden Parteien des bisherigen Prozesses gerichtete Klage bei dem Gericht, vor dem der *Hauptproze*ss in erster Instanz anhängig wurde. Die „Einmischungsklage“ ist bis zur rechtskräftigen *Entscheidung* des Hauptprozesses oder Erstprozesses zulässig.[575] Sie kann somit auch noch während der Anhängigkeit des Hauptprozesses in einer höheren Instanz erhoben werden[576].

2 Die Einmischungsklage stellt also keinen Fall einer „Drittbeteiligung“ in einem Prozessrechtsverhältnis dar; sie begründet vielmehr ein neues Prozessrechtsverhältnis zwischen zwei Parteien![577]

### 2. Begründung eines neuen Prozesses

3 In diesem neuen Prozess nehmen die Parteien des Hauptprozesses die Rolle der Beklagten ein. Damit werden die Kläger und Beklagten des Erstprozesses zu Streitgenossen im Interventionsprozess.[578]

4 Dieser Einmischungsprozess nimmt unabhängig vom Erstprozess seinen Lauf. Durch die Hauptintervention soll aber dem Intervenienten die Möglichkeit eröffnet werden, seine Rechte dergestalt geltend zu machen, dass er ein zwar nur inter partes der Parteien des Hauptprozesses wirkendes, aber im Falle des Durchdringens der von ihm geltend gemachten Rechtsbehauptungen gegebenen-

---

573 *Lüke*, Zivilprozessrecht, Rd. 103

574 *Weth*, in: Musielak, ZPO, § 65 ZPO, Rd. 1ff.

575 *Wittschier*, in: Musielak, ZPO, § 103 GVG, Rd. 1f.

576 *Schultes*, in: Münch/Komm, ZPO, § 64, Rd. 4.

577 *Weth*, in: Musielak, ZPO, § 65 ZPO, Rd. 2.

578 *Schultes*, in: Münch/Komm, ZPO, § 64, Rd. 12; *Vollkommer*, in: Zöller, ZPO, § 64, Rn. 5.

falls widersprechendes und unnützes Urteil zu vermeiden.[579] Die Parteien des Erstprozess können sich im Interventionsprozess gegenseitig den Streit verkünden um zweifache Verurteilungen zu vermeiden.[580]

5 Beispiel: Verklagt der Kläger A den Lieferanten B auf Herausgabe einer Maschine mit der Behauptung, er habe diese wirksam nach § 931 BGB vom Käufer S erworben, kann der in dem über das Vermögen des S eröffneten Insolvenzverfahren bestellte Insolvenzverwalter A und B auf Feststellung verklagen, dass die Maschine als Teil der Masse vom A nicht hat erworben werden können.

6 Interventionsgrund für die Hauptintervention liegt daher vor, wenn der Hauptintervenient die Sache oder das Recht über die im Erstprozess gestritten wird, für sich in Anspruch nimmt.[581]

## II. Nebenintervention

### 1. Aufgaben der Nebenintervention

7 Anders als die Hauptintervention wird durch die Nebenintervention die Beteiligung eines Dritten an einem Prozess verwirklicht; sie durchbricht das Zwei-Parteien-Prinzip aber nicht, da diese Beteiligung auf der Seite (oder - wie es *Josef Kohler*[582] ausdrückte - im „Lager") einer der beiden Parteien vollzogen wird. Ein Dritter, der weder Kläger noch Beklagter ist, kann ein Interesse daran haben, auf der Seite einer Partei sich an einem Prozess zu beteiligen. In diesen Fällen spricht man von einer Nebenintervention gemäß § 66 ZPO. Eine Nebenintervention liegt vor, wenn jemand in einem Rechtsstreit zwischen anderen Personen ein Interesse daran hat, dass eine der Parteien obsiegt. In diesem Fall kann der Nebenintervenient dieser Partei (die man als Hauptpartei bezeichnet) im Prozess beitreten. Die Nebenintervention kann ebenso, wie die Einmischungsklage des Hauptintervenienten während des gesamten Rechtsstreits erhoben werden kann, während des Verlaufs des gesamten Rechtsstreits, also auch in höheren Instanzen, d.h. auch im Berufungs- und Revisionsverfahren, erfolgen.[583]

8 Eine Nebenintervention kann z.B. in Fällen in Betracht gezogen werden, in denen der Mieter M seinen Vermieter V auf Schadensersatz wegen eines Mangels an der Mietsache verklagt und V sich mit dem Vorbringen verteidigt, der Mangel sei vom Fachbetrieb H ordnungsgemäß beseitigt worden, was M seinerseits bestreitet. H kann dann dem V als Nebenintervenient beitreten, weil er Inte-

---

579 *Schultes*, in: Münch/Komm, ZPO, § 64, Rd. 2.

580 Rosenberg/Schwab/Gottwald, § 52 IV.

581 *Schultes*, in: Münch/Komm, ZPO, § 64, Rd. 6.

582 *Kohler*, Der Prozeß als Rechtsverhältnis, 1888, 6 ff., 96 ff. et passim.

583 *Weth*, in: Musielak, ZPO, § 66 ZPO, Rd. 2.

resse an dessen Obsiegen hat, um nicht im Regresswege in Anspruch genommen zu werden.

Ein wichtiges Feld der Intervention ist das Gesellschaftsrecht: So hat der Aktionär, der eine aktienrechtliche Anfechtungsklage des Klägers unterstützt, das von § 66 ZPO geforderte Interesse, da das stattgebende Anfechtungsurteil gem. § 248 Abs. 1 AktG ihm gegenüber Rechtskraft- und Gestaltungswirkungen entfaltet.[584] 9

## 2. Voraussetzungen der Nebenintervention

Das Beispiel Rn. 8 verweist auf die Voraussetzungen der Nebenintervention: Sie setzt voraus, dass der Rechtsstreit anhängig ist und der Nebenintervenient in diesem Rechtsstreit nicht Partei oder gesetzlicher Vertreter einer Partei ist. Es muss weiter ein Interventionsgrund vorliegen. Dies setzt voraus, dass der Nebenintervenient ein rechtliches Interesse am Sieg der Hauptpartei hat.[585] Stellt eine der ursprünglichen Parteien einen Antrag auf Zurückweisung der Nebenintervention, wird über die Zulässigkeit der Intervention nach mündlicher Verhandlung per Zwischenurteil entschieden (§ 71 ZPO). 10

## 3. Rechtsstellung des Nebenintervenienten

Der „Beitritt" zum Hauptprozess stellt sich im Unterschied zur Hauptintervention aber nicht als eigenständige Klage dar. Der Nebenintervenient wird demzufolge nicht Partei des Verfahrens. Er „unterstützt" die Partei, auf deren Seite die Nebenintervention erfolgt.[586] Das Urteil ist nicht gegen den Nebenintervenienten gerichtet. Dem Nebenintervenienten kann weder etwas zugesprochen noch aberkannt werden. 11

Als „Helfer" der Hauptpartei kann der Nebenintervenient grundsätzlich alle Prozesshandlungen durchführen.[587] Es liegt auf der Hand, dass der streitgegenständliche Anspruch von der Hauptpartei behauptet wird und damit ausschließlich deren Dispositionsbefugnis unterfällt. Der Nebenintervenient hat daher nicht die Befugnis, über den Streitgegenstand zu verfügen.[588] Als Verfügungen über den Streitgegenstand stellen sich namentlich die Aufrechnung, Klageänderung, Klagerücknahme, Verzicht, Anerkenntnis dar.[589] Damit ist der Nebenintervenient auf prozessuale Handlungen beschränkt: er kann im Prozess Angriffs- 12

584 BGH, Beschluss vom 26. 5. 2008, Az.: II ZB 23/07 = ZIP 2008, 1398.

585 *Schultes*, in: Münch/Komm, ZPO, § 66, Rd. 5 ff.

586 *Schultes*, in: Münch/Komm, ZPO, § 66, Rd. 1.

587 BGH, Urteil vom 28.03.1985, Az.: VII ZR 317/84 = NJW 1985, 2480.

588 *Vollkommer*, in: Zöller, ZPO, § 67, Rn. 9.

589 *Weth*, in: Musielak, ZPO, § 67 ZPO, Rd. 6.

und Verteidigungsmittel geltend machen und so Einfluss auf die Rechtserkenntnis nehmen.

13 Im einzelnen kann der Nebenintervenient daher Behauptungen der Gegenpartei bestreiten, rechtshindernde und rechtsvernichtende Einwendungen und rechtshemmende Einreden geltend machen, Beweise antreten, aber auch durch seine Beteiligung eine Säumnis der Hauptpartei hindern. Der Nebenintervenient ist nach alledem berechtigt alle Angriffs- und Verteidigungsmittel geltend zu machen und alle Prozesshandlungen vorzunehmen. Denn seine Prozesshandlungen wirken, als wären sie von der Partei selbst vorgenommen worden. Ist z.B. die Hauptpartei säumig, aber der Nebenintervenient anwesend und verhandlungsbereit, darf ein Versäumnisurteil nicht ergehen.

14 Diese Befugnisse finden ihre Grenze aber in der Stellung der Hauptpartei als Subjekt des Prozesses. Widerspricht der Nebenintervenient mit seinen Handlungen der Hauptpartei, ist sein Vorbringen gem. § 67 ZPO unbeachtlich.[590] Daher muss der Nebenintervenient den Rechtsstreit in der Lage annehmen in der er sich befindet (§ 67 S. 1 ZPO). So kann der Nebenintervenient ein Geständnis der Hauptpartei nach h. M.[591] nur unter der Voraussetzung widerrufen, dass die Hauptpartei nicht an ihrem Geständnis festzuhalten gedenkt und eine entsprechende Erklärung abgegeben hat.[592]

### 4. Wirkung der Nebenintervention

15 Die Wirkung der Nebenintervention liegt darin, dass im Prozess zwischen dem früheren Nebenintervenienten und der Partei des Vorprozesses der Nebenintervenient gem. § 68 ZPO mit der Hauptpartei nicht mehr geltend machen kann, der Rechtsstreit sei unrichtig entschieden worden.[593] Der Richter ist im Folgeprozess an das erste Urteil und die den Urteilsspruch tragenden tatsächlichen und rechtlichen Feststellungen gebunden.[594] Dagegen kann er den Einwand die Hauptpartei habe den Rechtsstreit mangelhaft geführt, nur insoweit geltend machen, als er durch die Lage des Prozesses zur Zeit seines Beitritts selbst an der Geltendmachung entsprechender Erklärungen oder Handlungen gehindert war (§ 68 ZPO). Nach Ansicht des BGH wirkt die Nebenintervention aber nicht zum

590 OLG Hamm, Urteil vom 17.06.2009, Az.: 11 U 112/08 = MDR 2010, 326; *Weth*, in: Musielak, ZPO, § 67 ZPO, Rd. 7.

591 BGH, Urteil vom 14.10.1975, Az.: VI ZR 226/74 = NJW 1976, 292; OLG München, Urteil vom 18.10.1955, Az.: 4 U 232/55 = NJW 1956, 1926; *Hüßtege*, in: Thomas/Putzo, ZPO, § 67 Rn. 13; Rosenberg/Schwab/Gottwald, §50, Rn. 41.

592 BGH, Urteil vom 14.10.1975, Az.: VI ZR 226/74 = NJW 1976, 292.

593 *Schultes*, in: Münch/Komm, ZPO, § 68, Rd. 6.

594 BGH, Urteil vom 15.11.1984 Az.: III ZR 97/83 = BGH VersR 1985, 568; *Weth*, in: Musielak, ZPO, § 68 ZPO, Rn. 4.

Nachteil der Hauptpartei, d.h. der Nebenintervenient kann sich in einem späteren Rechtsstreit mit der Hauptpartei nicht auf das Urteil berufen.[595]

## III. Streitverkündung

### 1. Aufgabe der Streitverkündung

Ebenso wie der Nebenintervenient als Dritter neben Kläger und Beklagtem eines Prozesses ein eigenes Interesse an dem Ausgang dieses Rechtsstreits haben kann, ist eine Partei nicht selten daran interessiert, dass sich die Urteilswirkungen wie bei einer Nebenintervention auf einen Dritten erstrecken. Dies erreicht die Partei durch die sogenannte Streitverkündung. Darunter versteht man gem. § 72 ZPO die durch den *Streitverkünder* (Litisdenunziant) ausgesprochene Benachrichtigung des (*Streitverkündungsempfänger* oder *Streitverkündeter* (Litisdenunziat) von dem zwischen dem Streitverkünder und X anhängigen Rechtsstreit.[596] Diese Benachrichtigung ist mit der Aufforderung verbunden, als Nebenintervenient dem Streit beizutreten. Unabhängig von der Entscheidung des Dritten führt die Streitverkündung gemäß § 74 Abs. 3 ZPO zur Wirkung der Nebenintervention gem. § 68 ZPO.[597] 16

### 2. Wirkung der Streitverkündung

Durch die Streitverkündung wird daher wie ausgeführt die Beteiligung eines Dritten an einem Rechtsstreit herbeigeführt. Der Zweck ist die Bindung des Dritten an die Entscheidung des vorangegangenen Prozesses mit Hinblick auf einen etwaigen Folgeprozess gegen diesen Dritten. Ausgangspunkt der Streitverkündung ist, dass eine Partei in einem aktuellen Prozess (dem sogenannten Vorprozess) einen ihr ungünstigen Ausgang befürchten muss, andererseits für diesen Fall erwarten kann, einen „Anspruch auf Gewährleistung oder Schadloshaltung" gegen einen Dritten geltend machen zu können (*§ 72* ZPO). Der Wortlaut des Gesetzestextes gibt die Voraussetzungen der Streitverkündung nur unzureichend wieder; dies wird unten III. näher untersucht. Hier genügt aber vorerst die Feststellung, dass der Streitverkündete nach seiner Wahl einer der beiden Parteien beitreten kann.[598] Tritt er nicht oder auf Seiten des Streitverkünders bei, tritt die Wirkung der *Nebenintervention* nur gegenüber diesem ein (§ 74 17

595 BGH, Urteil vom 26.03.1987 - VII ZR 122/86 = BGHZ 100, 257, 260 ff.

596 *Weth*, in: Musielak, ZPO, § 72 ZPO, Rd. 1 ff.

597 *Vollkommer*, in: Zöller, ZPO, § 74, Rn. 4.

598 *Schultes*, in: Münch/Komm, ZPO, § 74, Rd. 3.

Abs. 3 ZPO).[599] Tritt er dem Gegner bei, so tritt die Wirkung der Nebenintervention gegenüber beiden Parteien ein.[600] Tritt der Streitverkündete nicht bei, führt sie erst im Nachfolgeprozess zwischen dem Streitverkünder und dem Streitverkündeten dazu, dass die *tragenden Tatsachenfeststellungen* und Gründe Bindungswirkung entfalten.[601]

18 Die Wirkung der Streitverkündung liegt darin, dass nach § 74 Abs. 3 ZPO (auch dann, wenn kein Beitritt als Nebenintervenient erfolgt) für die Streitverkündung die Wirkung der Nebenintervention entsprechend § 68 ZPO gilt. Das bedeutet, dass im Folgeprozess zu Gunsten des Streitverkünders eine Bindung an das Ergebnis des Vorprozesses eintritt.

### 3. § 841 ZPO

19 Nach § 841 ZPO ist der Gläubiger, der die Forderung einklagt, verpflichtet, dem Schuldner gerichtlich den Streit zu verkünden, sofern nicht eine Zustellung im Ausland oder eine öffentliche Zustellung erforderlich.[602]

## IV. Alternative Rechtsverhältnisse

### 1. Beispielsfall

20 Ob die Voraussetzungen einer Streitverkündung gegeben sind, kann im einzelnen fraglich sein, wie folgender Fall zeigt:

21 Mit Beschluss des Amtsgerichtes G vom 2. Oktober 2008 ist das Insolvenzverfahren über das Vermögen der Mall Karpaten Ltd. & Co. KG unter gleichzeitiger Bestellung Herrn X zum Insolvenzverwalter eröffnet worden. Im Jahre 2008 hielt die Y-Bank eine Forderung, grundpfandrechtlich gesichert, gegen die Mall Dr. Seltsam KG über ca. 170 MEUR. Die Karpaten Ltd. Beabsichtigte, Kommanditanteile zu erwerben und als Komplementär in diese KG einzutreten, was später auch geschah. Zum Erwerb der Beteiligungen erhielten sie von der Y-Bank einen Ankaufskredit, gesichert durch Verpfändung der erworbenen Anteile. Die Y-Bank verlangte die Schuldübernahme der Kommanditgesellschaft selbst, die später aufgrund Gesellschafterbeschlusses durch Abgabe eines abstrakten Schuldversprechens auch erfolgte, und eine Verpfändung des Grundstücks auch für diesen Kredit, der durch die Schuldübernahme nunmehr über

599 *Weth*, in: Musielak, ZPO, § 74 ZPO, Rd. 3.

600 *Hüßtege*, in: Thomas/Putzo, ZPO, § 74 Rn. 2.

601 BGH, Urteil vom 09.10.1975 - VII ZR 130/73 = BGHZ 65, 127; *Vollkommer*, in: Zöller, ZPO, § 74, Rn. 5.

602 *Becker*, in: Musielak, ZPO, § 841 ZPO, Rd. 1 ff.

235 MEUR valutierte. Die Y-Bank hat für sich und die von ihr vertretenen Konsorten Forderungen über rd. 260 MEUR aus Darlehen, Zinsen und Kosten sowie weitere rd. 260 MEUR aus für Darlehen, Zinsen und Kosten abgegebenem abstrakten Schuldanerkenntnis zur Tabelle in dem über das Vermögen der Mall Karpaten Ltd. & Co KG eröffneten Insolvenzverfahrens angemeldet. Aus Maßnahmen der Insolvenzverwaltung im Rahmen der Masseverwertung ergibt sich eine Tilgungssumme über insgesamt rd. 200 MEUR. Die angemeldeten Forderungen sind vorläufig bestritten. Insbesondere im Kalenderjahr 2006 sind Zahlungen an Kommanditisten erfolgt. Es handelte sich hierbei um Zahlungen des Kaufpreises an sogenannte Altkommanditisten, die ihren Anteil an der insolvenzschuldnerischen KG veräußert haben. Zum anderen ist eine (teilweise) Rückzahlung der Kommanditeinlage im Rahmen der Schuldübernahme an Kommanditisten erfolgt, die ihren Anteil nicht verkauft haben und als Gesellschafter in der Gemeinschuldnerin verblieben sind. Bestünde die angemeldete Forderung der Y- Bank zu Recht, dann hafteten die ausgeschiedenen Kommanditisten nach § 172 HGB, weil in der Entgegennahme des Kaufpreises für den jeweiligen Anteil der Karpaten Ltd. bzw. der Insolvenzschuldnerin eine Einlagenrückgewähr liegt. Da die Karpaten Ltd. den Ankaufskredit am Grundstück besicherte, ist die Auszahlung an die Kommanditisten aus dem Gesellschaftsvermögen geleistet worden, weil der Ankaufskredit teilweise bei der Veräußerung des Grundstücks aus dem Grundstück getilgt wurde. Würde der Insolvenzverwalter die Forderung der Y-Bank feststellen, dann müsste er gegen die Kommanditisten gem. § 93 InsO die offene Forderung der Deutsche Bank AG einklagen. Seitens Kommanditisten wird eingewandt, die Schuldübernahme der Kommanditgesellschaft für den Ankaufskredit sei gem. §§ 129, 134 InsO anfechtbar. Da die Y-Bank gegen die Insolvenzschuldnerin einen solchen Anspruch nicht gehabt habe, sei dieser unentgeltlich, d.h. ohne Gegenleistung, erworben. Auf die Gegenleistung komme es zwar im Dreiecksverhältnis für § 134 InsO nicht entscheidend an; insofern ist zusätzlich nach der Rechtsprechung des Bundesgerichtshofs[603] zu fordern, dass der Anfechtungsgegner kein Vermögensopfer erbracht hat. Der Insolvenzverwalter kann sich auf den Standpunkt stellen, so liege es hier: Die Forderung gegen die Karpaten Ltd., eine Gesellschaft cypriotischen Rechts mit Sitz in Nicosia, sei von Anfang an wertlos gewesen, da die Karpaten Ltd. nur ein vergleichsweise geringfügige Stammkapital von wenigen hundert Euro, sonst aber nichts besessen habe. Auch die Kommanditanteile seien nicht geopfert worden, weil die Y-Bank das Pfandrecht hieran bis heute hält. Wäre dieser Einwand richtig, so dürfte der Insolvenzverwalter die Forderung aus der Schuldübernahme nicht feststellen, seine Klage gegen die

603 BGH, Urteil vom 30.03.2006, Az.: IX ZR 84/05 = ZIP 2006, 957.

Kommanditisten bliebe unschlüssig. Im Gegenteil müsste der Insolvenzverwalter die Anfechtbarkeit der Forderung gegen die Y-Bank im Wege der feststellenden Anfechtungsklage verfolgen. Im Frühjahr 2011 droht die Verjährung der Nachhaftung der 2006 ausgeschiedenen Kommanditisten nach §§ 159, 160 HGB.

## 2. Alternativität

22 Ein Grund für die Streitverkündung könnte in dem geschilderten Fall aus dem Umstand folgen, dass sich einerseits der Verzicht der Forderungen aus der Schuldübernahme bzw. deren Anfechtbarkeit und andererseits die Haftungsansprüche aus § 172 Abs. 4 HGB gegen die ehemaligen Kommanditisten wechselseitig ausschließen. Im Falle des ungünstigen Prozessausgangs gegenüber der Deutschen Bank würde die Forderung der Deutschen Bank gegen die Insolvenzschuldnerin Bestand haben. Dies hätte zur Folge, dass die berechtige Annahme eines Haftungsanspruchs gegen die ehemaligen Kommanditisten bestünde.

23 Voraussetzung der Streitverkündung ist zunächst, dass für den Fall eines ungünstigen Ausganges des Vorprozesses der Streitverkünder gegenüber dem Streitverkündeten Ansprüche aus Gewährleistung oder Schadloshaltung geltend machen kann. Dies ist über die hier nicht vorliegende Lage eines Gewährleistungsanspruchs hinaus der einen der Fall, wenn in umgekehrten Regressketten der Geschädigte zunächst einen Zweiten, dann den Dritten als Schadenverursacher in Anspruch nimmt.[604] Auch dies liegt hier nicht vor.

24 Über den Wortlaut des § 72 ZPO hinaus wird anerkannt, dass auch in Fällen der alternativen Gläubigerschaft die Streitverkündung zulässig ist.

25 Gewährleistungsansprüche i.S.v. § 72 Abs. 1 Hs. 1, Alt. 1 ZPO sind beispielsweise Ansprüche aus den §§ 433, 434 ff., 459 ff., 480 ff. BGB, 377 ff. HGB, um nur einige Ansprüche zu nennen.[605] Unter Ansprüchen auf Schadloshaltung i.S.v. § 72 Abs. 1 Hs. 1, Alt. 2 ZPO versteht man die Möglichkeit der Schadensverlagerung, in dem der im Vorprozess unterlegene Kläger sich wegen des infolge des Prozessverlusts eingetretenen Nachteils bei einem anderen, nämlich dem Streitverkündeten, schadlos hält.[606] Das kann der Fall sein, wenn dem Streitverkündenden beim ungünstigen Ausgang des Vorprozesses gegen den Streitverkündeten Schadenersatz-Erstattungs-Rückzahlungsansprüche zustehen werden.

604 *Mansel*, in: Wieczorek-Schütze, ZPO, § 72 Rn. 69.
605 Weitere Ansprüche bei *Mansel*, in: Wieczorek-Schütze, ZPO, § 72 Rd. 51.
606 *Mansel*, in: Wieczorek-Schütze, ZPO, § 72 Rd. 52.

Nach heute einhelliger Meinung[607] betrifft über den Wortlaut des § 72 Abs. 1 Hs. 1 ZPO hinaus die Vorschrift auch Fälle so genannter alternativer Schuldnerschaft. Danach soll die Vorschrift dem klagenden Gläubiger erlauben, denjenigen aus dem Kreis der potenziellen Schuldner, die er im Vorprozess nicht verklagt, den Streit zu verkünden. Hier liegt eine andere prozessuale Situation vor als in Fällen, in denen sich durch das Unterliegen des klagenden Gläubigers im Vorprozess bei diesem ein Schaden manifestiert, der durch das Geltendmachen von Gewährleistungs- oder Rückgriffsansprüchen in einem Folgeprozess auf den Streitverkündungsempfänger abgewälzt werden kann. In Fällen alternativer Schuldnerschaft steht demgegenüber der streitverkündenden Erstpartei, in den Fällen der Streitverkündung bei alternativer Schuldnerschaft stehen der streitverkündenden Partei des Vorprozesses von vornherein gegen die andere Erstpartei oder den Streitverkündungsempfänger Ansprüche zu, die auf dasselbe zielen. Gegenstand der alternativen Schuldnerschaft kann daher jede Art von Anspruch sein.[608] Die Richtung der geltend zu machenden Ansprüche „auf dasselbe" bedeutet nun nicht, dass die Alternativansprüche auf derselben Rechtsgrundlage beruhen müssten.[609] Es genügt, dass die Alternativansprüche ihrem Inhalt oder Umfang nach identisch sind.[610] Daher genügt es, wenn mit den Ansprüchen das gleiche wirtschaftliche Ziel verfolgt wird. 26

Der VII. Zivilsenat des BGH[611] hat darauf erkannt, dass, wenn der Kläger zurzeit seiner Streitverkündung mit der Möglichkeit rechnen könne, dass ihm nicht der Beklagte, sondern nur der Streitverkündungsgegner hafte, der Zulässigkeit der Streitverkündung nicht entgegensteht, dass zu diesem Zeitpunkt für einen Teil des im Vorprozess geltend gemachten Anspruchs statt einer alternativen auch eine kumulative Haftung beider in Betracht komme.[612] Dabei hat der IX. Zivilsenat ausdrücklich darauf erkannt, dass die alternativ in Betracht kommenden Ansprüche weder auf derselben Rechtsgrundlage zu beruhen, noch ihrem sonstigen Inhalt und Umfang nach identisch zu sein haben. Es genügt, dass sie im Ergebnis auf dasselbe Ziel gerichtet sind. Dieser Entscheidung lag folgender, vereinfacht dargestellter Sachverhalt zugrunde: 27

---

607 Stein-Jonas-ZPO-*Bork*, § 72 Rd. 14; *Grunsky*, Taktik im Zivilprozess, 1990, 17 ff.; *Jauernig*, Zivilprozessrecht § 83 II; Rosenberg/Schwab/*Gottwald*, Zivilprozessrecht § 51 II 3 b; Zeiss, Zivilprozessrecht, Rd. 762; *Mansel*, in: Wieczorek-Schütze, ZPO, § 72 Rd. 53.

608 *Sedemund-Treiber*, ZRP 1970, 121, 126; *Mansel*, in: Wieczorek-Schütze, ZPO, § 72 Rd. 56.

609 *Mansel*, in: Wieczorek-Schütze, ZPO, § 72 Rd. 56, 2. Abs.

610 *Mansel*, in: Wieczorek-Schütze, ZPO, § 72 Rd. 56, 2. Abs.

611 BGH, Urteil vom 9.10.1975, Az.: VII ZR 130/73 = BGHZ 65, 127 ff.

612 *Eibner,* Möglichkeiten und Grenzen der Streitverkündung, Diss. 1986, 158 f.

28 Die Beklagte hatte für die Klägerin Maurerarbeiten an einem Haus durchgeführt, wobei insbesondere der Keller des Hauses wasserdicht zu machen war. Hierzu beauftragte die Klägerin weiter die Firma D KG. Zunächst hatte die Klägerin gegen die D. KG Klage erhoben und der späteren Beklagten den Streit verkündet. Im zweiten Prozess hatte die Beklagte jegliche Bindungswirkung der Streitverkündung geleugnet. Der IX. Zivilsenat stellt fest, die Streitverkündung sei hinsichtlich solcher Ansprüche unzulässig, die nach Lage der Dinge von vornherein sowohl gegenüber dem Beklagten des Vorprozesses als auch gegenüber dem Dritten geltend gemacht werden können. Aus der Sicht des Streitverkünders sind das solche Ansprüche, für die im Zeitpunkt der Streitverkündung eine gesamtschuldnerische Haftung des Beklagten und des Dritten in Betracht kommt.[613] In derartigen Fällen liegt eine alternative Schuldnerschaft nicht vor. In einer weiteren Entscheidung aus dem Jahr 1991[614] hat der I. Zivilsenat des BGH darauf erkannt, dass der Anwendungsbereich des § 72 Abs. 1 ZPO nicht auf die im Wortlaut des § 72 Abs. 1 ZPO formulierten Gesetzesalternativen beschränkt ist. Vielmehr sei, wie der I. Zivilsenat feststellt, die Regelung entsprechend dem Zweck der Streitverkündung weit auszulegen und beruft sich dabei auf die Literatur[615]. Dabei verweist der I. Zivilsenat zutreffend darauf, welche Aufgaben die Streitverkündung zu erfüllen hat. Hierbei tritt in den Blick, dass es sich bei der Streitverkündung um einen prozessualen Behelf handelt, der den Interessen des Streitverkündenden dient. Es sollen damit verschiedene Beurteilungen desselben Tatbestandes vermieden werden. Durch die Bindungswirkung des § 74, 68 ZPO wird der Streitverkündete, wie der I. Zivilsenat festhält,[616] vor dem Risiko bewahrt, dass er wegen der materiell-rechtlichen Verknüpfung der im Vor- und Folgeprozess geltend gemachten bzw. geltend zu machenden Ansprüche mehrere Prozesse führen muss, dabei aber Gefahr läuft, alle zu verlieren, obwohl er zumindest einen gewinnen müsste.[617]

---

613 BGH, Urteil vom 13.11.1952, Az.: III ZR 72/52 = BGHZ 8, 72, 80; BGH, Urteil vom 9.10.1975, Az.: VII ZR 130/ 73 = BGHZ 65, 131.

614 BGH, 1 ZS, Urteil vom 14.11.1991, Az.: I ZR 236/89 = BGHZ 116, 95 ff.

615 *Vollkommer*, in: Zöller, ZPO, § 72 Rn. 5; Baumbach-Lauterbach-Hartmann-ZPO, § 72 Rn. xxx.

616 BGH (Fn. 614) S. 100.

617 Vgl. bereits BGH, VII ZS, Urteil vom 26.3.1987, Az.: VII ZR 122/86 = BGHZ 100, 257. Dort hat der VII. Zivilsenat darauf erkannt, dass die Streithilfewirkung zugunsten der Hauptpartei eintritt – sie sei aber nicht gegen die Hauptpartei gerichtet. Die Streitverkündung habe daher keine gestaltende Funktion im Vorprozess, so dass sich der Streitverkündungsempfänger im Folgeprozess nicht auf den Vorprozess zu seinen Gunsten berufen kann. Hierbei hat der VII. Zivilsenat (262) sich auf den Zweck der Streitverkündung wegen der besonderen Interessenlage des Streitverkündungserklärenden, nicht erfolglos mehrere Prozesse führen zu müssen, berufen.

## 3. Tatsächliche Alternativität

Einen Sonderfall stellt die so genannte natürliche oder tatsächliche Alternativität dar.[618] In diesem Fall hatte die frühere Judikatur des OLG Hamburg[619] die Zulässigkeit der Streitverkündung abgelehnt. Das OLG hat dies damit begründet, in derartigen Lagen sei der Zusammenhang zwischen den Rechtsverhältnissen der streitverkündenden Erstpartei zu dem Beklagten des Vorprozesses und demjenigen zu dem Dritten darauf beschränkt, dass der Streitverkünder keinen Folgeprozess anstrengen werde, wenn er im Vorprozess obsiege. Beide Ansprüche stünden aber nicht in einem rechtlichen Verhältnis zueinander. Es bestehe vielmehr allein ein tatsächlicher Zusammenhang. Dem sind *Bruns*[620] und *Häsemeyer*[621] gefolgt. 29

Bereits *Bruns*[622] sprach von Alternativ-aktiv-bzw. Passivlegitimation.[623] 30
*Häsemeyer*[624] hat die Interventionswirkung im Zivilprozess mit der Aufgabe der Sicherung materiell-rechtlicher Alternativverhältnisse erklärt. Dabei hat er zunächst die Interventionswirkung vor dem Hintergrund der inter-partes-Wirkung der Rechtskraft gem. § 325 Abs. 1 ZPO betrachtet. Diese inter-partes-Wirkung, die in engem Zusammenhang mit der Zweiparteienstruktur des Zivilprozesses[625] steht, lässt nur unter besonderen Umständen und Voraussetzungen ein Urteil und seine Wirkungen sich auf Dritte erstrecken. Dies ist der Fall in Statusverfahren, die heute im Wesentlichen nach dem FamFG abgewickelt werden, in Fällen der Tatbestandswirkung oder der Gestaltungswirkung rechtskräftiger Urteile. Einen besonderen Fall stellen die Nebenintervention oder Streitverkündung mit der in § 68 ZPO geregelten Nebeninterventionswirkung dar. Die Fälle der echten Drittwirkung von Urteilen i.S.v. einer Rechtskrafterstreckung auf Dritte sind freilich selten, so dass die Wirkungserstreckung von Urteilen sich im Wesentlichen aus Nebeninterventionswirkungen ergibt.[626] *Häsemeyer*[627] geht nun davon

618 *Mansel*, in: Wieczorek-Schütze, ZPO, § 72 Rd. 61.

619 OLG Hamburg, Hans GZ 1891, Bbl. Nr. 86; weitere Nachweise bei *Mansel* (618), Fn. 121.

620 *Bruns* in: Bötticher-Festschr. 119 f., der ein besonderes materiellrechtlichen Verhältnis zwischen Streitverkündendem und Streitverkündungsempfänger fordert.

621 *Häsemeyer* ZZP Bd. 84 (1971) 179 ff.

622 *Bruns* in: Bötticher-Festschr. 121 f., 122.

623 Vgl. *Eibner* Möglichkeiten und Grenzen der Streitverkündung, Diss. 1986, 45 ff.; 156 f.; Musielak-*Weth*, ZPO, 8. Aufl. § 72 Rn. 6; Bischof JurBüro 1984, 969, 971.

624 *Häsemeyer* (Fn. 621).

625 *Cohn*, Int. Encycl. Comp Law XVI Chap. 5.

626 *Häsemeyer* (Fn. 621) 180.

627 *Häsemeyer* (Fn. 621) 181.

aus, dass sich aus der positiv rechtlichen Regelung des § 68 ZPO die Systematik der Zulässigkeitsvoraussetzung von Nebenintervention und Streitverkündung nicht ohne weiteres erschließen lässt. Denn § 68 ZPO erklärt, dass die Nebeninterventionswirkungen dann eintreten, wenn die Nebenintervention im Folgeprozess nicht rechtskräftig für unzulässig erklärt worden ist. Daraus konnte der Schluss gezogen werden, dass die Nebeninterventionen immer dann zulässig sein, wenn das rechtliche Interesse am Obsiegen einer Partei glaubhaft gemacht wird. Dies ist denn auch der Ansatz, den die Judikatur in diesem Zusammenhang gewählt hat, wenn sie sich mit dem Zweck der Interventionswirkung auseinandergesetzt hat.[628] *Häsemeyer*[629] hält dies allerdings für keine hinreichende Erklärung. Im Verhältnis der Beteiligten und darüber hinaus der durch Nebenintervention oder Streitverkündung in die Wirkungen des Prozesses einbezogenen Dritten spielt, wie Häsemeyer nicht ohne Überzeugungskraft ausführt, auch im Übrigen die Verhinderung neuer Prozesse bzw. der Ausschluss sich widersprechender Urteile eine nicht immer tragende Bedeutung, da nur die Entscheidung über den erhobenen Anspruch nach § 322 Abs. 1 ZPO in Rechtskraft erwächst und damit Raum für Folgeprozesse gegeben ist.[630] *Häsemeyer* unternimmt es daher, die Interventionswirkung aus den Voraussetzungen der Streitverkündung zu erklären[631]. Dabei stößt *Häsemeyer*[632] darauf, dass nach § 72 Abs. 1 ZPO eine spezifische Form der Abhängigkeit zwischen dem Vorprozess und dem Verhältnis zwischen der streitverkündenden Partei des Vorprozesses und dem dritten bestehenden Rechtsverhältnis vorliegen muss, nämlich Gewährleistung oder Schadloshaltung, auf die bereits hingewiesen worden ist. Damit sei mehr angesprochen als bloß eine logische Verbindung mehrerer Rechtsverhältnisse. Vielmehr gehe es, soweit aus § 72 Abs. 1 ZPO über dessen Wortlaut hinaus eine Streitverkündung für zulässig zu erachten sei, bei der von dieser Vorschrift vorausgesetzten Abhängigkeit um eine bedingende Abhängigkeit. Darunter versteht *Häsemeyer*[633], dass das im Streit stehende Rechtsverhältnis zum Tatbestand des Rechtsverhältnisses mit dem Dritten gehört – wie es im klassischen Fall der Streitverkündung wegen Regressansprüchen der Fall sei. Das allein hält er aber nicht für eine hinreichende Art der Beschreibung, sondern führt aus, dass die Interventionswirkung allein auf derartige Alternativverhältnisse zweckhaft bezogen und nur derentwegen gerechtfertigt ist, wenn aufgrund der Alternativität die Feststellung eines Rechtsverhältnisses die eines anderen gleichwertigen

628 Vgl. allein *Schultes*, in: Münch/Komm, ZPO ,§ 73 Rn. 3.
629 *Häsemeyer* (Fn. 621) 181/182.
630 *Häsemeyer* (Fn. 621) 182.
631 *Häsemeyer* (Fn. 621) 182.
632 *Häsemeyer* (Fn. 621) 183.
633 *Häsemeyer* (Fn. 621) 183/184.

Rechtsverhältnisses ausschließt.[634] Eine Streitverkündung ist danach (wiederum über den Wortlaut des § 172 ZPO hinaus zulässig, wenn „bei einheitlicher Feststellung der alternierenden Voraussetzungen Rechtsfolgen nur aus dem einen oder aus dem anderen Rechtsverhältnis begründet sind, dagegen niemals zugleich aus beiden Rechtsverhältnissen“.[635] Vor diesem Hintergrund stellt sich die Interventionswirkung in der Diktion *Häsemeyers*[636] als positiv kompensierende Alternativität dar, wenn jemand für den Fall, dass ihm ein Recht nicht zusteht, an einem anderen dafür sich schadlos halten kann oder als negativ kompensierende Alternativität, wenn jemand für den Fall, dass ihm ein Recht nicht zusteht, von einem anderen dafür gerade nicht haftbar gemacht werden kann.[637] Aus diesen Erwägungen heraus bestimmt *Häsemeyer* dann die Aufgabe der Interventionswirkung „als Sicherung der Alternativität gegen Umschlag in Gleichordnung mit Kumulationseffekt“.[638] Er formuliert dies[639] damit, dass ohne die Interventionswirkung die Alternativität in eine Gleichordnung der betroffenen Rechtsverhältnisse „mit positiven oder negativen Kumulationseffekt“ verkehrt würde: „An die Stelle des entweder – oder tritt dann ein sowohl als auch oder ein überhaupt nicht“. Dies macht es erforderlich, die materiell-rechtliche Struktur der jeweils im Streit befindlichen Ansprüche auf ihre mögliche Alternativität und die Möglichkeit einer Kumulation her zu überprüfen.

Zur Beurteilung der Frage, ob im Verhältnis zwischen der Insolvenzanfech- 31
tungsklage des Insolvenzverwalters gegen die Y-Bank als Anfechtungsgegnerin einerseits und der Klage auf Rückgewähr ausgezahlter Einlagen gem. § 172 Abs. 2 HGB eine die Zulässigkeit der Streitverkündung begründende Alternativität besteht, ist zunächst der Inhalt des Anspruchs aus § 172 Abs. 2 HGB näher zu betrachten.

Nach der Judikatur des BGH[640] ist eine Streitverkündung wegen solcher An- 32
sprüche unzulässig, die von vornherein nicht nur gegen den Beklagten des Vorprozesses, sondern auch gegen den Streitverkündungsempfänger geltend gemacht werden könnten. Das ist der Fall, wenn eine gesamtschuldnerische Haftung von Beklagtem und Streitverkündungsempfänger vorläge. Dies ist hier aber nicht der Fall.

634 So wörtlich: *Häsemeyer* (Fn. 621) 184.
635 *Häsemeyer* (Fn. 621) 184.
636 *Häsemeyer* (Fn. 621) 185.
637 *Häsemeyer* (Fn. 621) 185.
638 *Häsemeyer* (Fn. 621) 185.
639 *Häsemeyer* (Fn. 621) 186.
640 BGH, Urteil vom 6.12.2007, Az.: IX ZR 143/06 = VersR 2009, 90, hierzu jurisPR-BGHZivilR 3/2008, Anm. 4 m. Anm. *Reinelt*.

33 Der Gesellschaft steht ein – dem über ihr Vermögen eröffneten Insolvenzverfahren vom Insolvenzverwalter nach § 93 InsO geltend zu machender – Anspruch auf Zahlung gegen den Gesellschafter (Kommanditisten) nach § 172 Abs. 4 S. 2 HGB zu, wenn der Kommanditist Gewinnanteile entnimmt, während sein Kapitalanteil durch Verlust unter den Betrag der geleisteten Einlage herabgemindert wird. Dies ist im vorliegenden Fall nur unter der Voraussetzung zu bejahen, dass der durch den Verkauf an die Taurus erzielte Erlös nicht bei der Gesellschaft verblieben ist, sondern dass die Gesellschaft wirksam und in einem über ihr Vermögen eröffneten Insolvenzverfahren nicht anfechtbar im Wege eines abstrakten Schuldversprechens eine Verbindlichkeit in dem Umfang des erzielten Erlöses eingegangen ist. Dann nämlich hat die Entnahme dazu geführt, dass der Kapitalanteil unter dem Betrag der geleisteten Einlage herabgemindert wurde – was auch dann der Fall ist, wenn zum Zeitpunkt der Einlagenrückgewähr noch kein Verlust entstanden war, aber Gewinnanteile den Kapitalanteil gemindert haben.[641]Betrachtet man nun den Anfechtungsanspruch, den der Insolvenzverwalter gegen die Y-Bank verfolgt, dann wird deutlich, dass insofern die Alternativität der zu treffenden Feststellung nicht so einfach zu begründen ist. Denn die vom Insolvenzverwalter beabsichtigte Schenkungsanfechtung nach § 134 InsO scheint in ihren Tatbestandsvoraussetzungen von dem Ausgang eines Prozesses aus § 172 HGB gegen die Kommanditisten nicht beeinflusst zu werden. Denn die Abgabe des abstrakten Schuldversprechens der Insolvenzschuldnerin gegenüber der Y-Bank AG an das von der Anfechtungsgegnerin die zur Kaufpreis finanzierte Vergabe des Darlehens an den Anteilskäufer abhängig gemacht wurde, erweist sich unabhängig davon als unentgeltlich i.S.v. § 134 InsO die Kommanditisten gem. § 172 HGB Gewinnentnahmen zurückzuzahlen, haben oder nicht. Die Alternativität der angesprochenen materiellen Rechtsverhältnisse liegt aber auf dem allgemeinen Tatbestandselement der Insolvenzanfechtung, nämlich dem der Gläubigerbenachteiligung. Die Erhöhung der Passivmasse durch die Abgabe des abstrakten Schuldversprechens erweist sich nur unter der Voraussetzung als gläubigerbenachteiligend, dass nicht zugleich damit die Aktivmasse vermehrt worden ist. Legt man *Häsemeyers* Art der Bestimmung der von Grund und Grenzen der Interventionswirkung zugrunde, gelangt man für den Fall, dass der Insolvenzverwalter der den Prozess gegen die Y-Bank führt, mit *Häsemeyer* zu dem gleichen Ergebnis, zu dem man nach der vorherrschenden Judikatur und überkommenen Lehre gelangt. Denn auch *Häsemeyer* würde in diesem Fall wegen der Alternativität der materiell-rechtlichen Vermögenslage die Zulässigkeit der Streitverkündung an die Kommanditisten bejahen, um eine weder-noch-Lage auszuschließen.

641 Baumbach/Hopt, HGB 34. Aufl. 2010, § 172 Rd. 8.

### 4. Verjährung

Durch die Zustellung einer Streitverkündung wird gem. § 204 Abs. 1 Nr. 6 BGB die Verjährung gehemmt.[642] 34

Der IX. Zivilsenat des BGH[643] hat im Falle einer (ordnungsgemäß zugestellten Streitverkündung an die den Kläger aufgrund fehlerhafter Beratung schädigende Steuerberatungsgesellschaft in dessen Schadenersatzprozess gegen den in der Sache beurkundenden Notar darauf erkannt, die Verjährungshemmung verlange allein die Zustellung der Streitverkündung; es komme auf einen Beitritt des Streitverkündungsempfängers nicht an. Voraussetzung für die Hemmungswirkung ist aber die Zulässigkeit der Streitverkündung, die hier vorliegen (B II 2). Die Hemmungswirkung tritt freilich dann nicht ein, wenn auch vom Standpunkt der streitverkündenden Partei aus der vermeintliche Anspruch, der der Streitverkündung zugrunde liegt, durch den Ausgang des Vorprozesses nicht beeinflusst wird.[644] 35

Die Hemmung endet sechs Monate nach der rechtskräftigen Entscheidung oder anderweitigen Beendigung des Rechtsstreits (§ 204 Abs. 2 S. 1 BGB). Die Vorschrift gilt entsprechend § 160 Abs. 1 S. 3 HGB auch für die Verjährung der Haftungsansprüche gegen ausgeschiedene Kommanditisten. 36

---

642 Zur Verjährungsunterbrechung nach früherem Recht: *Milleker* ZZP Bd. 80 (1967) 289, 291 f.; *Kuhnen*, Die Unterbrechung der Verjährung durch die Streitverkündung, Diss. 1933, passim

643 BGH, Urteil vom 6.12.2007, Az.: IX ZR 143/06 (Fn. 640).

644 BGH, Urteil vom 21.2.2002, Az.: IX ZR 127/00 = VersR 2002, 489.

# § 8 Die „richtige“ Partei im prozessualen Erkenntnisverfahren (III): Sammelklagen und Musterverfahren

## I. Sinn von Musterprozessen und Sammelverfahren

Häufig wollen die Parteien die Ungewissheit der Deutung (Auslegung) desjenigen, was sie gesagt oder getan haben, aus dem Weg räumen, wenn sie z.B. in Musterprozessen für diesen und andere Fälle Klarheit zu schaffen versuchen. Musterprozesse können daher von den Parteien vereinbart und durchgeführt werden; das Gericht kann dies nicht mit der Begründung verhindern, es fehle der Prozessführung an Ernstlichkeit[645] - wenn z.B. die Kaufhaus AG gegen den Ladendieb B klagt und ihm die Prozessführung finanziert, um eine Grundsatzentscheidung (möglichst der letzten Instanz) zu erlangen.[646] Musterprozessabreden dienen insbesondere dazu, den Parteien dort eine über den konkreten Rechtsstreit hinausreichend verbindliche Entscheidung zu geben, wo wegen der letztinstanzlichen Zuständigkeit von Amtsgericht oder Landgericht eine Vereinheitlichung nicht zu erreichen wäre.[647] Sind weitere Prozesse dieser Art anhängig, können die Parteien anregen, dass das Gericht diese nach § 148 ZPO[648] bis zur rechtskräftigen Entscheidung des Musterprozesses aussetzt.[649] Der Musterprozess erlangt freilich nur inter partes Wirkung; allein vermittels entsprechender Vereinbarungen erlangt das Urteil für andere Prozesse und Parteien Bindungswirkung. 1

Im Rahmen von Verbandsklagen und Musterprozessen kommt es auf den abgeschlossenen Sachverhalt, der zu entscheiden ist, nunmehr marginal an.[650] Das Urteil soll die Zukunft gestalten helfen. 2

645 *Hergenröder*, Rechtsfortbildung, S. 317.
646 BGH, Urteil vom 06.11.1979, Az.: VI ZR 254/77 = BGHZ 75, 238.
647 *Hergenröder*, Rechtsfortbildung, S. 267.
648 *Wagner*, in: MünchKomm, ZPO, § 148 Rn. 1.
649 *Wagner*, in: MünchKomm, ZPO, § 148 Rn. 9.
650 *Hergenröder*, Rechtsfortbildung, S. 228/229.

# II. Das Verfahren nach dem Kapitalanleger-Musterverfahrensgesetz

## 1. Gesetzgebungsgeschichte und Funktion des Verfahrens

### a) *Lex Telekom*

3 Am 1. November 2005 trat das Kapitalanleger-Musterverfahrensgesetz (KapMuG oder auch Lex Telekom genannt) in Kraft.[651] Dieses Gesetz soll geschädigten Anlegern die Durchsetzung von Schadensersatzansprüchen wegen fehlerhafter Informationen am Kapitalmarkt erleichtern. Damit sind Musterverfahren für geschädigte Kapitalanleger wegen falscher, irreführender oder unterlassener öffentlicher Kapitalmarktinformationen – etwa in Jahresabschlüssen oder Börsenprospekten – zulässig. Die mehreren tausend Verfahren, die beispielsweise vor dem LG Franfurt a.M. gegen die Deutsche Telekom AG oder vor dem LG Göttingen gegen die Initiatoren der Securenta AG anhängig waren und teilweise noch sind, machen die Erwägungen des Gesetzgebers zur Schaffung eines Instruments zur Konzentration von Massenverfahren verständlich. Mit dem KapMuG hat sich der deutsche Gesetzgeber bewusst gegen die Einführung von Sammelklagen, wie sie aus den USA bekannt sind, entschieden.[652]

### *b) § 93a VwGO*

4 Ein dem Musterprozess nach dem KapMuG vergleichbares Verfahren kennt § 93 a VwGO[653], wonach das Gericht ein oder mehrere geeignete Verfahren (Musterverfahren) vorab durchführen und die übrigen Verfahren aussetzen kann, wenn die Rechtmäßigkeit einer behördlichen Maßnahme Gegenstand von mehr als zwanzig Verfahren ist. Nach rechtskräftiger Entscheidung des Musterverfahrens kann das Verwaltungsgericht nach Anhörung der Beteiligten über die ausgesetzten Verfahren durch Beschluss entscheiden, wenn es einstimmig der Auffassung ist, dass die Sachen gegenüber dem Musterverfahren keine wesentlichen Besonderheiten tatsächlicher oder rechtlicher Art aufweisen und der Sachverhalt geklärt ist.[654]

### *c )Voraussetzungen einer Prozessverbindung nach § 147*

5 Nach § 147 ZPO kann das Gericht die Verbindung mehrerer bei ihm anhängiger Prozesse derselben oder verschiedener Parteien zum Zwecke der gleichzeitigen Verhandlung und Entscheidung anordnen, wenn die Ansprüche, die den Gegen-

---

651 BGBl I 2005, 2437.

652 BT-Drs. 15/5091, S. 17.

653 *Rudisile*, in: Schoch/Schneider/Bier, VwGO, § 93a Rn. 6.

654 *Rudisile*, in: Schoch/Schneider/Bier, VwGO, § 93a Rn. 9 ff.

stand dieser Prozesse bilden, in rechtlichem Zusammenhang stehen oder in einer Klage hätten geltend gemacht werden können.

Nach der Vorschrift des § 147 ZPO liegt es im pflichtgemäßen Ermessen des Gerichts, verschiedene Prozesse zur Verhandlung und Entscheidung in einem einheitlichen Prozess zusammenzufassen.[655] Die Verhandlung in einem einheitlichen Prozess vermeidet eine ansonsten denkbare abweichende oder gar widersprüchliche Behandlung[656] eines einheitlichen Sachverhalts durch verschiedene Spruchkörper eines Gerichts oder sogar durch ein und denselben Spruchkörper. Zudem kommt § 147 ZPO eine die Verfahrenseffizienz steigernde Funktion zu.[657] Zur Umsetzung gebracht wird dieser Gedanke durch eine einheitliche Beweisaufnahme und Beweiswürdigung.[658] Dadurch soll nicht allein Gesichtspunkten der Prozessökonomie Rechnung dadurch getragen werden, dass Arbeit und Kosten der parallelen Ermittlung eines einheitlichen Sachverhalts in nebeneinander laufenden Verfahren erspart werden. Vielmehr dient die Prozessverbindung wesentlich auch dazu, einander widersprechende Sachverhaltsfeststellungen zu vermeiden. Insofern ist die Prozessverbindung nach § 147 ZPO ebenso eine prozessleitende Maßnahme wie ihr Gegenstück, die Prozesstrennung nach § 145 ZPO. Die Bestimmung des § 147 ZPO ist nicht nur auf Klageverfahren anwendbar, sondern auf zivilprozessuale Erkenntnisverfahren aller Art. Deshalb dürfen bei Vorliegen der übrigen Voraussetzungen auch zwei selbständige Beweisverfahren miteinander verbunden werden.[659] 6

Um verbunden werden zu können, müssen mehrere Prozesse bei demselben Gericht zumindest *anhängig*[660] (nicht rechtshängig) sein. Unter dem Gericht i. S. d. Vorschrift versteht man die organisatorische gerichtsverfassungsrechtliche Einheit eines örtlich zuständigen Amtsgerichts, Landgerichts, Oberlandesgerichts oder des BGH, da eine Verbindung auch in dieser Rechtsmittelinstanz in Betracht kommt[661]. Eine Verbindung kommt daher auch dann in Betracht, wenn die Prozesse bei verschiedenen Spruchkörpern eines Gerichts, also verschiede- 7

655 *Smid*, in: Wieczorek-Schütze, ZPO § 147 Rn. 1.

656 Dazu BAG Urteil vom 28.6.1983, Az.: 3 AZR 176/81 = DB 1983, 2579.

657 Vgl. BGH, Urteil vom 18.10.1976, Az.: II ZR 98/75 = BGHZ 68, 81; a.A. *Kollhosser* NJW 1976, 144 zur Frage der Verbindung von Klage auf Zustimmung zur Ausschließung eines Gesellschafters und der Klage auf die Ausschließung selbst.

658 *Peters*, in: MünchKomm, ZPO, 3 147 Rn. 1.

659 OLG Koblenz, Beschluss vom 1.9.2003, Az.: 3 W 424/03 = OLGR Koblenz 2004, 69.

660 Allgemeine Meinung: *Wagner,* in: MünchKomm, ZPO, § 147 Rn. 3; *Leipold*, in: Stein/Jonas, ZPO, § 147 Rn. 2; *Rosenberg/Schwab/Gottwald* , § 100 Rn. 1; *Greger*, in: Zöller, ZPO, § 147 Rn. 2.

661 BGH, Beschluss vom 18.01.1977, Az.: VI ZR 82/76 = NJW 1977, 1152.

nen Abteilungen, Kammern oder Senaten anhängig sind[662]. Das Gericht entscheidet über die Prozessverbindung von Amts wegen[663]. Anträge der Parteien stellen sich als Anregungen dar; das Gericht ist an sie nicht gebunden.[664] Die Prozessverbindung[665] soll die einheitliche Entscheidung gewährleisten. Daher ist ein einheitliches Endurteil zu erlassen.[666]

## 2. Struktur des Mustererfahrens

### a) *Zentralisierung bei einem OLG*

8 Im Musterverfahren wird mit Bindungswirkung für alle gleichgerichteten Verfahren über das Vorliegen einer fehlerhaften Kapitalmarktinformation entschieden.[667] Kerngedanke des KapMuG ist es, dass vor dem Oberlandesgericht ein Musterverfahren geführt wird, in dem die zentralen tatsächlichen und rechtlichen Fragen der gleichgerichteten Klagen mit *Bindungswirkung für alle anhängigen Prozesse* entschieden werden. Hierdurch soll das Prozesskostenrisiko für den einzelnen geschädigten Anleger begrenzt werden.[668] Gleichzeitig werden die Gerichte entlastet, die sich in Folgeprozessen auf das Ergebnis des Musterverfahrens stützen können. Das beklagte Unternehmen wiederum kann seine Bemühungen zur Abwehr der Klagen ebenfalls im Musterverfahren bündeln.

9 Nach § 1 KapMuG kann nicht die Feststellung begehrt werden, dass dem Kläger ein (konkreter) Schadenersatzanspruch zu steht oder dass die unrichtige Mitteilung für eine Kaufentscheidung kausal geworden ist.[669] Dagegen können mittlerweile aber nach der Reform des KapMuG Schadenersatzansprüche auf-

662 *Wagner*, in: MünchKomm, ZPO, § 147 Rn. 3.

663 *Leipold*, in: Stein/Jonas, ZPO, § 147 Rn. 18; a. A. *Greger*, in: Zöller, ZPO, § 147 Rn. 7: „auf Antrag oder von Amts wegen“.

664 *Smid*, in: Wieczorek/Schütze, ZPO, § 147 Rn. 11.

665 Zu unterscheiden ist die Verbindung von einer bloß tatsächlichen gemeinsamen Verhandlung, was durch Auslegung zu ermitteln ist: BGH Urteil vom 30.10.1956, Az.: I ZR 82/55 = NJW 1957, 183; *Leipold*, in: Stein/Jonas, ZPO§ 147 Rn. 22. Im Zweifel darf man wohl von einer Anordnung nach § 147 ausgehen: BGH aaO; a. A. *Wagner*, in: MünchKomm, ZPO, § 147 Rn. 15.

666 *Stadler*, in: Musielak, ZPO, § 147 Rn.7.

667 Der Musterentscheid hat urteilsersetzenden Charakter: BT-Drucks. 15/5091, S. 29; zur Bindungswirkung: *Wolf*, in: Vorwerk/Wolf, KapMuG, § 16 Rn. 1 ff.

668 BT Drucks. 15/5091, S. 19.

669 BGH, Beschluss vom 13.12.2011, Az.: II ZB 6/09 = ZIP 2012, 117 m. Anm. *Allmendinger* EWiR § 4 KapMuG 1/12, 395; LG München I,Beschluss vom 16.3.2006, Az.: 27 O 3657/06 m.Anm. *Assmann* EWiR § 1 KapMug 1/07, 151 f.

grund von Beratungsfehlern einer Anlageberatung Gegenstand eines Musterverfahrens sein.[670]

b) *Abgrenzung von class actions: Prozessführung durch Aktionäre im eigenen Namen*

10 Die Sammelklagen (*class action*[671]) dienen in den USA dazu, allen Geschädigten Schadensersatz zu gewähren, wenn die Sammelklage erfolgreich ist. Der Anspruchsteller muss keine eigene Klage erhoben haben. Es genügt, dass er innerhalb einer bestimmten Frist einen entsprechenden Antrag gestellt hat. Bei class actions nach US-amerikanischem Recht machen die Kläger (*class representives*) nicht nur Rechte im eigenen Namen, sondern auch für eine Vielzahl anderer Geschädigter, die durch dasselbe Geschehen in ihren Rechten verletzt worden sind (*class members*), geltend.[672] Der einzelne Geschädigte ist nur angewiesen, seine Zugehörigkeit zur Gruppe (*class*) nachzuweisen. Die Tatsachen- und Rechtsfragen werden für alle durch die Kläger vertretenden Geschädigten verbindlich geklärt, auch wenn sie nicht namentlich genannt werden müssen und teilweise sogar unbekannt bleiben.[673]

11 Nach dem KapMuG muss im Gegensatz zu den US-amerikanischen Sammelklagen jeder Aktionär im eigenen Namen Klage erheben, um am Musterverfahren als Beteiligter teilnehmen zu können. Dadurch soll sichergestellt werden, dass die Besonderheiten jedes Einzelfalls berücksichtigt werden können. Seit der KapMuG-Reform aus 2012 gibt es aber die Möglichkeit passiv am Musterverfahren teilzunehmen. Nach § 10 Abs. 2, 3 KapMuG können Forderungen beim Oberlandesgericht zum Musterverfahren angemeldet werden. Diese Anmeldung hemmt aber lediglich gem. § 204 Abs. 1 Nr. 6a BGB die Verjährung der Ansprüche. Die Kläger, die ihre Ansprüche angemeldet haben, gelten nicht als Beteiligte (vgl. § 9 KapMuG) und können somit auch keine eigenen Rechte im Verfahren geltend machen. Auch der Musterentscheid entfaltet für die Forderungsanmelder keine Bindungswirkung. Diese Teilnahmemöglichkeit bietet die Chance den Verfahrensausgang abzuwarten, um dann ggf. selbst einen Prozess zu führen.

670 Anders nach altem Recht BGH, Beschluss vom 30.10.2008, Az.: III ZB 92/07 = ZIP 2009, 290.

671 *Federal Rules of Civil Procedure, Title 28 United States Code Appendix Rule 23; dazu: Greiner, Die Class Action im amerikanischen Recht und deutscher ordre public, 1998.*

672 *Schütze*, in: Assmann/Schütze, KapitalanlageR, § 24 Rn. 35

673 *Hübinger*, in: Beck'sches Rechtsanwalts-Handbuch, § 26 Rn. 96.

### 3. Voraussetzungen des Musterverfahrens

12 Voraussetzung für ein derartiges Musterverfahren ist nach § 2 Abs. 1 KapMuG dass in erstinstanzlicher Instanz ein sogenannter Musterverfahrensantrag gestellt wird, in dem der Antragsteller einen Schadensersatzanspruch wegen falscher, irreführender oder unterlassener öffentlicher Kapitalmarktinformation oder ein Erfüllungsanspruch aus Vertrag geltend, der auf einem Angebot nach dem Wertpapiererwerbs- und Übernahmegesetz beruht. Der Anwendungsbereich wurde inzwischen durch die KapMuG-Reform[674] von 2012 erweitert und umfasst nun auch Ansprüche aufgrund fehlerhafter Beratung.[675] Mit dem Musterverfahrensantrag verfolgt der Antragsteller sogenannte Feststellungsziele; indem er die Feststellung des Vorliegens oder Nichtvorliegens anspruchsbegründender oder anspruchsausschließender Voraussetzungen oder die Klärung von Rechtsfragen begehrt, wenn die Entscheidung des Rechtsstreits hiervon abhängt. Der Musterverfahrensantrag kann vom Kläger und vom Beklagten gestellt werden.

13 Der Musterverfahrensantrag ist nach § 2 Abs. 2 KapMuG bei dem Prozessgericht unter Angabe der Feststellungsziele und der öffentlichen Kapitalmarktinformation zu stellen. Dabei hat der Antragsteller nach § 2 Abs. 3 S. 2 KapMuG darzulegen, dass der Entscheidung über den Musterfeststellungsantrag Bedeutung über den einzelnen Rechtsstreit hinaus für andere gleichgelagerte Rechtsstreitigkeiten zukommen kann.

### 4. Registrierung des Musterfeststellungsantrags und Prozessunterbrechung

14 Mit der Bekanntmachung des Musterverfahrensantrags in dem im elektronischen Bundesanzeiger gem. § 3 Abs. 2 KapMuG zu führenden Klageregister wird gem. § 5 KapMuG das Verfahren vor dem Prozessgericht erster Instanz unterbrochen. Das Prozessgericht führt gem. § 6 Abs. 1 KapMuG durch Beschluss eine Entscheidung des im Rechtszug übergeordneten Oberlandesgerichts über die Feststellungsziele gleichgerichteter Musterverfahrensanträge (Musterentscheid) herbei, wenn in dem Verfahren bei dem Prozessgericht der zeitlich erste Musterverfahrensantrag gestellt wurde und innerhalb von sechs Monaten nach seiner Bekanntmachung in mindestens neun weiteren Verfahren bei demselben oder anderen Gerichten gleichgerichtete Musterfeststellungsanträge gestellt wurden. Der Vorlagebeschluss ist gem. § 6 Abs. 1 S. 2 KapMuG unanfechtbar und für das Oberlandesgericht bindend. Die zeitliche Reihenfolge der bei den

674 BGBl.-I 2012, 2182.

675 Vgl. § 1 Abs. 1 Nr. 2 KapMuG.

Prozessgerichten gestellten Musterfeststellungsanträge bestimmt sich nach der Bekanntmachung im Klageregister.

Nach der Bekanntmachung des Musterverfahrens im Klageregister durch das Oberlandesgericht gem. § 6 Abs. 4 KapMuG setzt das Prozessgericht gem. § 8 Abs. 1 KapMuG von Amts wegen alle bereits anhängigen oder bis zum Erlass des Musterentscheids noch anhängig werdenden Verfahren aus, deren Entscheidung von der im Musterverfahren zu treffenden Feststellung oder der im Musterverfahren zu klärenden Rechtsfrage abhängt. 15

Nach § 7 S. 1 KapMug ist mit Erlass des Vorlagebeschlusses die Einleitung eines weiteren Musterverfahrens für die gemäß § 8 Abs. 1 auszusetzenden Verfahren unzulässig. Die Parteien können, wenn die Aussetzung unter Verstoß gegen diese Vorschrift erfolgte, jederzeit die Fortsetzung des Rechtsstreits verlangen.[676] 16

## 5. Beteiligung

Beteiligte des Musterverfahrens sind gem. § 9 Abs. 1 KapMuG der Musterkläger, die Musterbeklagten, und die gem. § 9 Abs. 3 KapMuG beizuladenden Kläger und Beklagten der übrigen ausgesetzten Verfahren. Nach § 9 Abs. 2 KapMuG bestimmt das Oberlandesgericht nach billigem Ermessen durch Beschluss den Musterkläger aus den Klägern bei dem Gericht, das den Musterentscheid einholt. Zu berücksichtigen sind die Höhe des Anspruchs sowie eine etwaigen Verständigung mehrerer Kläger auf einen Musterkläger. 17

## 6. Wirkungen des Musterentscheids

Das Oberlandesgericht erlässt gem. § 16 Abs. 1 S. 1 KapMuG einen Musterentscheid durch Beschluss. Dieser Musterentscheid bindet gem. § 22 Abs. 1 S. 1 die Prozessgerichte, deren Entscheidung von der im Musterverfahren getroffenen Feststellung oder der im Musterverfahren zu klärenden Rechtsfrage abhängt. Der Beschluss ist der Rechtskraft insoweit fähig, als über den Streitgegenstand des Musterverfahrens entschieden ist, § 22 Abs. 2 KapMuG. Der Musterentscheid wirkt gem. § 22 Abs. 1 S. 2 KapMuG für und gegen alle Beigeladenen des Musterverfahrens unabhängig davon, ob die Beigeladenen selbst alle Streitpunkte ausdrücklich geltend gemacht haben oder ob sie beigetreten sind. Die Beigeladenen werden in ihren Rechtsstreiten gegenüber dem Gegner nach § 9 Abs. 4 KapMuG mit der Behauptung, dass die Hauptpartei das Musterverfahren 18

676 BGH, Beschluss vom 11.9.2012, Az.: XI ZB 32/11 = ZIP 2012, 2227 m. Anm. *Wigand* EWiR § 7 KapMuG a.F. 1/13, 23f.; vgl. auch BGH,Beschluss vom 16. 6. 2009, Az.: XI ZB 33/08 = ZIP 2009, 1393 m. Anm. *Bergmeister* EWiR § 7 KapMuG 1/09, 653.

mangelhaft geführt habe, nur insoweit gehört, als sie durch die Lage des Musterverfahrens zur Zeit ihrer Beiladung oder durch Erklärungen und Handlungen der Hauptpartei verhindert worden sind, Angriffs- oder Verteidigungsmittel geltend zu machen, oder als Angriffs- oder Verteidigungsmittel, die ihnen unbekannt waren, von der Hauptpartei absichtlich oder durch grobes Verschulden nicht geltend gemacht sind.

19 Mit der Einreichung des rechtskräftigen Musterentscheids durch einen Beteiligten des Musterverfahrens beim Prozessgericht wird gem. § 22 Abs. 4 KapMuG das Verfahren in der Hauptsache wieder aufgenommen.

## III. Vertreter des öffentlichen Interesses

20 In bestimmten zivilgerichtlichen Verfahren ist ein Vertreter des öffentlichen Interesses beteiligt, um die Anliegen der Gesamtrechtsordnung geltend zu machen.[677] Liegt gem. § 1306 BGB ein Eheverbot vor, kann beim Vorliegen von Anfechtungsgründen gem. § 1314 BGB die Ehe gem. § 1313 BGB durch richterliche Entscheidung auf Antrag sowohl der Ehegatten als auch der zuständigen Verwaltungsbehörde (§ 1316 Abs. 1 Nr. 1 bzw. Abs. 3 BGB) aufgehoben werden. Stellt die zuständige Verwaltungsbehörde den Antrag, ist dieser gegen beide Ehegatten zu richten (§ 129 Abs. 1 FamFG), die dadurch notwendige Streitgenossen gem. § 62 ZPO werden. Ein Beitritt eines Ehegatten als Streithelfer der Behörde ist ausgeschlossen.[678] Denn in erster Linie wird dieses Verfahren im öffentlichen Interesse durchgeführt. Stellt ein Ehegatte den Antrag, ist die zuständige Behörde zu benachrichtigen. Diese kann dann das Verfahren gem. § 129 Abs. 2 S. 1 und 2 FamFG selbst betreiben. Im Falle der Antragsrücknahme durch den Ehegatten wird das Verfahren nicht beendet, das von der Behörde fortgesetzt werden kann.

21 Hat in den Fällen des § 1316 Abs. 1 Nr. 1 BGB ein Ehegatte oder die dritte Person den Antrag gestellt, ist nach § 129 Abs. 2 S. 1 FamFG die zuständige Verwaltungsbehörde über den Antrag zu unterrichten.[679] Die zuständige Verwaltungsbehörde kann in diesen Fällen, auch wenn sie den Antrag nicht gestellt hat, nach § 129 Abs. 2 S. 2 FamFG das Verfahren betreiben, insbesondere selbständig Anträge stellen oder Rechtsmittel einlegen.[680] Dies gilt nach § 129 Abs. 2 S.

---

677 *Hergenröder*, Rechtfortbildung, S. 221.

678 OLG München, Beschluss vom 21.11.1956, Az.: BerReg 4 UH 67/56 = NJW 1957, 954.

679 *Weber*, in: Keidel, FamFG §129 Rn. 8.

680 *Weber*, in: Keidel, FamFG §129 Rn. 8.

3 FamFG auch im Fall eines Antrags auf Feststellung des Bestehens oder Nichtbestehens einer Ehe zwischen den Beteiligten.[681]

681 *Weber*, in: Keidel, FamFG §129 Rn. 9.

# § 9 Der „richtige“ Kläger im prozessualen Erkenntnisverfahren (IV) Prozessstandschaft und die Partei kraft Amtes

## I. Formeller und materieller Parteibegriff

### 1. Richtiges am formellen Parteibegriff

Betrachtet man äußerlich den Hergang der Einleitung eines Prozesses, scheint sich die Frage, wer an ihm als Kläger und Beklagter beteiligt ist, von selbst aus dem Rubrum (dem Urteilseingang) zu ergeben. Kläger ist danach der Antragsteller, Beklagter derjenige, gegen den die Klage erhoben wird. Der vorherrschende sogenannte formelle Parteibegriff hat insofern etwas Richtiges an sich. Denn auch wenn jemand ein Recht als Kläger zu haben behauptet, dass ihm nicht zustehen kann, wird die im Übrigen zulässige Klage dem Beklagten zugestellt, was auch geschieht, wenn der Beklagte überhaupt nicht der Adressat des behaupteten Anspruchs des Klägers sein kann. Beide sind also in einem formellen Sinne in der Tat am Verfahren beteiligt. Und setzt sich der Beklagte nicht in gehöriger Form - vor dem Landgericht gem. § 78 Abs. 1 ZPO durch Bestellung eines Anwalts als postulationsbefähigten Prozessvertreter[682] - zur Wehr, droht er auch dann den Prozess zu verlieren, wenn der Kläger nicht Inhaber des geltend gemachten Anspruchs oder der Beklagte nicht Anspruchsgegner ist. So einfach verhalten sich die Dinge aber nicht. 1

### 2. Zum Begriff der Aktivlegitimation

Wer der richtige Kläger sei, wird nicht selten mit dem Begriff der sog. Aktivlegitimation beschrieben. Als „aktivlegitimiert“ wird häufig derjenige Kläger bezeichnet, der Inhaber des geltend gemachten Rechts ist.[683] Und folgt man einer verbreiteten Darstellung, ist die Klage als unbegründet abzuweisen. Denn die Frage, ob der Kläger Inhaber des Rechtes ist, auf dem die Klage gründet, sei eine Frage des materiellen Rechts und damit der Begründetheit seiner Klage.[684] 2

Ist beispielsweise der Eigentümer eines bei einem Unfall zu Schaden gekommenen Fahrzeugs nicht dessen Halter, so ist er, nicht aber der Halter für die Geltendmachung von Schadensersatzansprüche „legitimiert“ – also zur Erhebung einer Schadenersatzklage prozessführungsbefugt.[685] Das ergibt sich 3

682 *Toussaint*, in: MünchKomm, ZPO, § 78 Rn. 1.
683 *Weth*, in: Musielak, ZPO, § 51 Rn. 18.
684 *Weth*, in: Musielak, ZPO, § 51 Rn. 18.
685 Hierzu *Zeiss/Schreiber* ZPrR 11. Aufl. 2009 Rn. 130.

zwanglos aus der materiell-sachenrechtlichen Zuordnung der beschädigten Sache – denn der Substanzschaden ist beim Eigentümer entstanden. Anders ist der Fall zu beurteilen, wenn der Halter im Falle einer Sicherungsübereignung des Fahrzeugs an die finanzierende Bank zur Geltendmachung etwaiger Schadenersatzansprüche in der Sicherungsabrede ausdrücklich ermächtigt ist – da es sich dann um eine gewillkürte, im eigenen wirtschaftlichen Interesse des Halters für die geschädigte Bank vereinbarte Prozessstandschaft[686] handelt.[687]

4 Das geltende Recht macht hiervon allerdings eine Ausnahme im Wettbewerbsrecht bei der Verletzung von Verbraucherrechten: Das UklaG (unten Rn. 79 ff.) gibt bestimmten Verbänden ein Recht zur Abmahnung, sofern deren Zweck sachlich in ihren Statuten festgeschrieben ist. Daher kann z.B. ein Katzenzüchterverein nicht bei Verstößen im Mietrecht tätig werden.

5 Sieht man von der Klagbefugnis bestimmter Verbände ab, wird aber deutlich, dass nur in einfachen Gestaltungen wie der des Beispielsfalles Rn. 3 die Darstellung der „Aktivlegitimation" als materiellrechtlicher Sachbefugnis des Klägers zutreffend ist. Denn wie sich unten zeigen wird, gilt dies nicht im Falle der gesetzlichen Prozessstandschaft oder der Veräußerung der streitbefangenen Sache bzw. der Abtretung des streitbefangenen Rechts. Denn in diesen Fällen treten Eigentum bzw. materielle Inhaberschaft des streitbefangenen Recht und Prozessführungsbefugnis auseinander. Der Begriff der Aktivlegitimation wird damit ersichtlich schillernd:

6 Die „Aktivlegitimation" bezeichnete im gemeinen Prozessrecht in der Tat die behauptete Inhaberschaft des Rechts, dass der angestrengten Klage zugrunde lag; dem lag die Vorstellung zugrunde, dass die actio eine Einheit von Klagrecht (dem Rechtsbehelf) und dem Anspruch, der verfolgt wurde, bildete.[688]

7 Aber auch heute hat der Begriff der Aktivlegitimation im Zivilprozessrecht also durchaus keine „rein materiellrechtliche" Bedeutung, wie bisweilen behauptet wird.[689] Nimmt man nämlich die angesprochenen Lagen einer Prozessstandschaft oder des § 265 ZPO in Betracht, wird deutlich, dass es durchaus nicht allein um die materielle Stellung als Berechtigter geht, sondern um die Befugnis zur Führung des Prozesses:

8 Das wird besonders deutlich, betrachtet man Wettbewerbsprozesse: So wird im Falle des Fehlens der Aktivlegitimation der Abmahner als nicht klagebefugt angesehen.[690] Und die Aktivlegitimation kann der Abmahner auch verwirken[691],

---

686 *Zeiss/Schreiber* ZPrR 11. Aufl. 2009 Rn. 132.

687 BGH, Urteil vom 23.11.1976, Az.: VI ZR 191/74 = VersR 1977, 227.

688 Vgl. u.a. *Danz*, Grundsätze des gemeinen, ordentlichen bürgerlichen Prozess, S. 239.

689 Ferner: *Büscher*, in: Wieczorek/Schütze, ZPO, § 322 Rn. 187 mwN.

690 Vgl. u.a. *Köhler*, in: Köhler/Bornkamm, UWG, § 8 Rn. 3.10.

691 *Köhler*, in: Köhler/Bornkamm, UWG, § 8 Rn. 4.1 ff.

wenn die Abmahnung missbräuchlich betrieben wird, etwa, wenn der Abmahner nur aus Gebührenerzielungsinteresse[692] oder mehrfach mit verbundenen Unternehmen gegen einen Gegner vorgeht.[693]

## 3. Entwicklung vom materiellen zum formellen Parteibegriff

Noch im 19. Jahrhundert herrschte ein materieller Parteibegriff vor, dessen Be- 9
rechtigung seit längerem wieder im Zivilprozessrecht erörtert wird. Der materielle Parteibegriff gründet sich auf der Vorstellung von der Einheit des materiellen und prozessualen Rechts.[694] Die Partei ist danach das Objekt des Prozessrechtsverhältnisses und zugleich Subjekt des materiellen Rechtsverhältnisses, das den Prozess auslöst. Nur die aktiven und passiven Subjekte der „res in iudicium deducta" konnten Partei sein. Danach war die Legitimation zur Prozessführung durch die materielle Rechtslage zu erbringen, was sichtlich zu der Schwierigkeit führte, die Zulässigkeit der Prozessführung davon abhängig zu machen, die materielle Rechtslage zu prüfen. Dies wurde zu umgehen versucht durch eine Unterscheidung des Rechts nach seinem objektiven Bestand und seinen subjektiven Elementen. Erstgenannter war Gegenstand des Prozesses. Die subjektive Seite wurde zur Prüfung der Prozessführungsbefugnis geprüft.[695]

Bereits in der Mitte des 19. Jahrhunderts wurde diese strenge materielle Par- 10
teilehre aber aufgegeben. Wegen einer fehlenden Legitimation zur Sache konnte die Einlassung auf die Klage durch den Beklagten nicht mehr verweigert werden. Dies *legitimatio ad causam* bedingte also nicht mehr die Gültigkeit des Verfahrens.[696] *Wolfram Henckel*[697] hat deutlich gemacht, dass damit der Übergang zum formellen Parteibegriff fasst beinahe schon vollzogen war. Allein der Umstand, dass der Kläger „Rechtsschutz" sucht, und zwar gegen den Beklagten, begründet die Parteieigenschaft der Prozessobjekte.[698] Dieses ist auf *Friedrich Oetker* zurückzuführen, der den Kläger schlicht als denjenigen, der die Sache vor Gericht bringt und den Beklagten als denjenigen, gegen den eine Sache vor Gericht gebracht wird, bezeichnete.[699] Während *Oetker* die Legitimation des Klägers zur Klage noch aus seiner Beziehung zu dem im Urteil festzustellenden

---

692 *Köhler*, in: Köhler/Bornkamm, UWG, § 8 Rn. 4.1 ff; OLG Hamm, Urteil vom 28.7.2011, Az.: 1 4 U 55/11 = MMR 2013,340893.

693 Vgl. BGH, Urteil vom 17.1.2002, Az.: I ZR 241/99 = GRUR 2002, 357, 358; *Fezer/Büscher*, Lauterkeitsrecht: UWG, § 8 Rn. 228.

694 *Henckel*, Parteilehre und Streitgegenstand im Zivilprozeß, Heidelberg 1961, S. 15.

695 *Henckel* (Fn. 694) S. 16.

696 *Henckel* (Fn. 694).

697 *Henckel* (Fn. 694) S. 17.

698 *Henckel* (Fn. 694).

699 *Oetker*, Juristisches Literaturblatt, 1890, S. 188 f.

Recht begründete (dem Recht, für das der Kläger Schutz begehrt), entwickelt sich dies m. a. W. zu einem jeden Inhalts baren Bestimmung. *Henckel*[700] spricht von einem leeren, formellen Parteibegriff. In der ersten Hälfte des vergangenen Jahrhunderts hat *de Boor* diesen leer-formellen Parteibegriff einen funktionellen Parteibegriff entgegengesetzt.[701] Damit gelangt *de Boor* wiederum zu der Möglichkeit, dass der Kläger, der nicht klagen darf, weil ihm die Prozessführungsbefugnis fehlt, abgewiesen wird, weil er nicht Partei sein kann.[702] Dieser Ansatz *de Boors* ist vor dem Hintergrund nachvollziehbar, dass der formelle Parteibegriff den Beklagten ohne jede Schranke zur Verteidigung auch gegen einen solchen Kläger zwingt, der zu dem Recht, um das es geht, in keiner Verbindung steht, wenn der Kläger gar nicht befugt ist, über das Recht zu bestimmen, um das es im Prozess geht. *De Boor* versucht nun, die richtige Partei, gegenüber derjenigen sich der Beklagte einlassen muss, der gegenüber ein Einlassungszwang entfaltet wird, dadurch zu bestimmen,[703] wer in einem Prozess um Vermögensrechte das Vermögen, um das es geht, zu verwalten berechtigt ist. Partei ist deshalb derjenige, dem die betreffende Verwaltungsfunktion zusteht. Partei im Vermögensprozess ist der befugte Vermögensverwalter.[704] Partei ist damit derjenige, der die Verwaltung des Vermögens innehat, für und das der Streit geführt wird und in das im Ergebnis die Zwangsvollstreckung aus dem angestrebten Urteil vorgenommen werden kann. Bereits an dieser Stelle ist deutlich, dass diese Lehre für den Bereich der statusrechtlichen Gestaltungsklagen nur äußerst bedingt aussagekräftig sein kann.

11 *De Boor* setzte, blendet man den genannten Bereich von Statusprozessen aus, an einem Punkt an, der die Kernfrage des Prozesses[705] anspricht, nämlich der Frage der Reichweite der Rechtskraft des zu erlassenden Urteils. Die Prozessführungsbefugnis der Partei ist die subjektive Seite des Streitgegenstandes[706]. Die subjektiven Grenzen der Rechtskraft sind indes weiter als die subjektiven Grenzen des durch die Parteien individualisierten Streitgegenstandes.

12 Die alte aktionenrechtliche Betrachtung des Rechtsstreits kann man sich an einem Beispiel vor Augen führen. Gläubiger und Schuldner wurden als Subjekte des streitigen Rechtsverhältnisses und damit zugleich als Parteien des darüber geführten Prozesses angesehen. So wurde der Eigentümer in seinem Recht als durch den Besitz des Nichtberechtigten (Nichteigentümers) verletzt angesehen.

700 *Henckel* (Fn. 694) 18.

701 *de Boor*, Parteiwechsel, S.50, § 8.

702 *Henckel* (Fn. 694) 18.

703 *de Boor*, Parteiwechsel, S. 57, 89, 100.

704 *De Boor*, Parteiwechsel, 53; *Henkel*, ( Fn.1), S. 18.

705 *Goldschmidt*, Prozeß als Rechtslage, S. 151 ff.

706 *Henckel* (Fn. 694) 19.

Seine actio, die auf Herausgabe zielte, wurde damit als Rechtsschutz des Eigentums konstruiert. Gegenstand des Streits war also das verletzte dinglich Recht in seiner Richtung gegen den Verletzer.[707] Nach der Ablösung des alten Begriffs der actio durch den Windscheidschen materiellen Anspruchsbegriff[708] erfolgte eine Umdefinition. Es wurde nicht mehr das verletzte dingliche Recht, sondern der durch die Verletzung des Rechts begründete dingliche Anspruch auf Herausgabe der Sache zum Gegenstand des Prozesses gemacht. Für Leistungs- und Unterlassungsklagen waren damit Subjekte des materiellen Anspruchs zugleich die Parteien, die den Streitgegenstand nach der subjektiven Seite abgrenzen.

Wie *Henckel*[709] dargestellt hat, hat der formelle Parteibegriff diese Einheit 13
des Anspruchsbegriffs aufgehoben. Da nunmehr auch Dritte Parteien sein konnten, waren die Subjekte des Streitgegenstandes nicht mehr notwendig die Parteien des Rechtsstreits und damit Subjekte des Prozessrechtsverhältnisses. Die Parteieigenschaft verlor also ihre Bedeutung für die Bestimmung des Streitgegenstandes. Mit der Benennung der Parteien in der Klagschrift (§ 253 Abs. 2 Nr. 2 ZPO) wurde also nicht mehr der Streitgegenstand in subjektiver Hinsicht, sondern nur noch die Prozessobjekte festgelegt.[710]

## 4. Streitvermögen und Partei

### *a) Funktionelle Streitgegenstandsbestimmung*

*Henckel* weist auf die Besonderheiten hin, die sich aus dem funktionellen Par- 14
teibegriff *de Boors* ergeben. Dabei ist zunächst darauf aufmerksam zu machen, dass sich das Streitvermögen nicht nach der Partei bestimmt, die im Prozess auftritt. Dies wird deutlich, betrachtet man Klagen des Insolvenzschuldners. Der Insolvenzschuldner ist nämlich prozessführungsbefugt, soweit es um beschlagsfreies Vermögen geht.[711] Würde die Klage eines Insolvenzschuldners das beschlagsfreie Vermögen betreffen (vgl. § 36 Abs. 1 InsO), wäre eine jede von ihm erhobene Klage zulässig. Es sind aber eine Reihe von Fällen denkbar, in denen zwischen dem Insolvenzverwalter und dem Insolvenzschuldner streitig ist, auf welche Vermögensmassen sich der Insolvenzbeschlag bezieht. Erhebt nun der Insolvenzschuldner eine Klage und trägt vor, der Gegenstand gehöre zwar zur Masse, er habe aber weiterhin eine Prozessführungsbefugnis, dann streitet er für ein Vermögen, dass ihm zwar haftungsrechtlich zugerechnet, aber

707 *Henckel* (Fn. 694) 21 f.

708 *Windscheid*, Die Actio des römischen Zivilrechts, S. 5 ff.

709 *Henckel* (Fn. 694) 22.

710 *Henckel* (Fn. 694) 22.

711 *Weber*, KTS 1955, 102, 105; *Henckel* (Fn. 694) 23.

nicht seiner Verwaltung unterworfen ist.[712] Seine Parteieigenschaft liegt m. a. W. jedenfalls in einem funktionellen Sinne nicht vor.

*b) Vergütungsprozess des früheren vorläufigen Insolvenzverwalters gegen den Schuldner*

15 Der IX. Zivilsenat des *BGH*[713] hatte bekanntlich zum alten Recht vor Inkrafttreten des ESUG am 1. März 2012 festgestellt, dass die Festsetzung einer Vergütung eines vorläufigen Verwalters die Eröffnung eines Insolvenzverfahrens voraussetzt. Kommt es dagegen nicht zur Eröffnung des Insolvenzverfahrens, sei es, weil im Eröffnungsverfahren der Insolvenzgrund beseitigt wird, sei es weil die Eröffnung des Insolvenzverfahrens mangels Masse abgelehnt wird, ist der vorläufige Insolvenzverwalter gehalten, seine Vergütung auf dem Zivilrechtsweg von dem Schuldner zu verlangen. Über einen derartigen Fall hatte das *LG Lüneburg*[714] zu entscheiden; der Sachverhalt ist im Folgenden vereinfacht wiedergegeben.

16 Fall: Krankenkassen hatten als Sozialversicherungsträger den Fremdantrag gestellt, über das Vermögen des späteren Beklagten ein Insolvenzverfahren zu eröffnen. Der spätere Kläger wurde zunächst zum Gutachter, sodann aber zum vorläufigen Insolvenzverwalter bestellt, in welcher Eigenschaft er begann, sich einen Überblick über das Grundvermögen des später beklagten Insolvenzschuldners zu verschaffen. Er schrieb Banken an, die er auf Verfügungsbeschränkungen aus dem Anordnungsbeschluss hinwies und veranlasste die Eintragung eines Insolvenzvermerks zur Sicherung des Grundvermögens. Der später beklagte Insolvenzschuldner beglich die den Fremdanträgen zugrundliegenden Forderungen und legte gegen die Anordnung der vorläufigen Verwaltung sofortige Beschwerde ein. Nach Erledigungserklärung der Fremdanträge hob das Insolvenzgericht die Anordnung der vorläufigen Verwaltung auf. Gegen die Klage auf Zahlung der Vergütung wandte sich der beklagte vormalige Insolvenzschuldner. Das vorläufige Insolvenzverfahren sei aufgrund falscher Informationen eingeleitet worden. Der Gutachtenauftrag sei vom Kläger missbraucht worden, da die angeführten Tätigkeiten nicht korrekt durchgeführt worden seien.

17 Gegen das rechtliche Vorbringen des Beklagten, der klagende vorläufige Insolvenzverwalter sei nicht „aktiv legitimiert", hat das *LG Lüneburg* zutreffend vorgehalten, dass ein im Rubrum der Klageschrift gewählter Zusatz „in seiner Eigenschaft als ehemaliger vorläufiger Insolvenzverwalter" allein der Klarstellung diene. Ein derartiger Zusatz verweist nicht etwa darauf, dass der klagende frühere vorläufige Insolvenzverwalter etwa im Rahmen dieses Amtes den Prozess führe. Überdies ist eine Angabe zum „*Stand oder Gewerbe*" der Parteien in vor-

---

712 *Henckel* (Fn. 694) 23.

713 BGH, Beschluss vom 3.12.2009, Az.: IX ZB 280/08 = ZIP 2010, 89.

714 LG Lüneburg, Urteil vom 18.2.2011, Az.: 3 O 207/10.

bereitenden Schriftsätzen nach § 130 Nr. 1 ZPO wenn nicht für die Zulässigkeit erforderlich, so doch sinnvoll.

*c) Feststellungsklagen über fremde Rechte*

18 Die Fragestellung mag eine Beispielskonstalleation verdeutlichen: Dem Gesellschafter einer Personengesellschaft fehlt die Prozessführungsbefugnis für eine Feststellungsklage, wenn er die aus dem festzustellenden Rechtsverhältnis entspringenden Ansprüche mit der Leistungsklage im eigenen Namen geltend zu machen nicht befugt wäre.[715] Dem ist *Henckel*[716] mit dem Argument entgegengetreten, die für eine Leistungsklage fehlende Prozessführungsbefugnis des Gesellschafters schließe nicht zwingend aus, dass er auch eine Feststellung nicht begehren könne.

19 *Henckel*[717] unterscheidet die Feststellungs- von der Leistungsklage durch das Ziel der „Rechtsschutzbitte". Er meint nämlich, dass der streitige Anspruch Objekt des Rechtsschutzes bei der Leistungsklage sei. Die Partei hat ein schutzwürdiges Interesse, am Schutz des Rechts wenigstens deshalb, weil die Verwirklichung dieses Rechts ihrem eigenen Vermögen mittelbar zum Vorteil dient.[718] Auf diese Art und Weise wird die gewillkürte Prozessstandschaft begründet.[719] Demgegenüber zielt die Feststellungsklage nicht zwingend auf den Schutz des festzustellenden Rechtsverhältnisses. Das Recht, das Objekt des Rechtsschutzes ist, muss nicht identisch sein mit dem Recht, das festgestellt werden soll, wie *Henckel*[720] ausführt.

20 *Henckel*[721] macht dies an einem Beispiel deutlich: Eine Reihe von Opernsängern klagte gegen einen Bühnenverein. Sie begehrten die Feststellung, der Verein sei nicht berechtigt, den ihm als Mitglieder angeschlossenen Bühnen zu verbieten, einem Sänger eine höhere Gage als 1.000 pro Abend zu bezahlen. Es ging dabei also um ein zwischen dem beklagten Bühnenverein und dem ihm angeschlossenen Bühnen bestehendes Rechtsverhältnis, dessen Klärung aber die Rechte der Kläger berührte. Der Gesellschafter einer GmbH kann auch gegen

715 BGH, Urteil vom 24.02.1954, Az.: II ZR 3/53 = BGHZ 12, 308, 311.

716 *Henckel* (Fn. 694) 87.

717 *Henckel* (Fn. 694) 88.

718 BGH, Beschluss vom 10.12.1951, Az.: GSZ 3/51 = BGHZ 4, 153, 165; Urteil vom 04.06.1959, Az.: VII ZR 217/58 = BGHZ 30, 162, 166; Urteil vom 23.02.1978, Az.: VII ZR 11/76 = BGHZ 70, 389, 394; BGH, Urteil vom 10. 11. 1999, Az.: VIII ZR 78/98 = NJW 2000, 738 ff.

719 *Zeiss/Schreiber* ZPrR 11. Aufl. 2009 132 f. Krit. *Kubis,* Schutz des Schuldners bei Forderungsabtretung und Einziehungsermächtigung (*in Vorbereitung*).

720 *Henckel* (Fn. 694) 88.

721 RG, Urteil vom 24.03.1930, Az.: VI 383/29 = RGZ 128, 92, 94.

einen Dritten auf Feststellung der Nichtigkeit der Abtretung der eigenen Geschäftsanteile der GmbH an diesen Dritten klagen.[722] Dabei geht es um die Klärung der Mitgliedschaft in der GmbH und die Vermeidung von Beeinträchtigungen, die sich aus der Rechtsanmaßung des Dritten für die eigene Gesellschafterstellung des Klägers ergeben können.[723] Feststellungsklagen über fremde Rechte sind danach zulässig, wenn der Kläger damit eigene Rechte oder Interessen schützen will und kann.[724] Was unterscheidet die Feststellungsklage von der Leistungsklage? Da das geschützte und das festzustellende Recht auseinander fallen können, genügt nicht allein ein Feststellungsinteresse des Klägers, sondern hinzutreten muss, dass er wegen des Rechtsschutzobjektes prozessführungsbefugt ist.[725] Richtiger Beklagter der Feststellungsklage ist derjenige, demgegenüber der Kläger ein Interesse auf Feststellung des Rechtsverhältnisses hat.[726] Demgegenüber kommt es weder darauf an, ob der Beklagte aus dem Rechtsverhältnis verpflichtet ist, noch ob er wegen Gegenständen, auf die sich das Rechtsverhältnis bezieht, verfügungsbefugt ist.[727]

### 5. *Verfügungsbefugnis über das behauptete Recht als Grundlage der Prozessführungsbefugnis*

21 Die Prozessführungsbefugnis des Klägers hat ihre Grundlage in dem Interesse der Partei an einer Prozessführung aufgrund ihrer Verfügungsbefugnis über das behauptete Recht im Falle von Leistungsklagen, das zu schützende Recht im Falle von Feststellungsklagen oder dass das Gestaltungsinteressen begründende und möglicherweise vom Urteil betroffenen Recht im Falle von Gestaltungsklagen“[728]. Die Prozessführungsbefugnis des Beklagten setzt voraus, dass sich das Interesse des Klägers gegen die von ihm als Beklagten genannte Person richtet und dass dieser Beklagte wenigstens über eines der für den behaupteten Anspruch haftenden Vermögens verfügungsbefugt ist, wenn der Anspruch auf eine Geldleistung gerichtet ist; soweit Duldung der Zwangsvollstreckung verlangt wird, kann dies auch gegen eine Person klagweise geltende gemacht werden, die nicht allein über eines der haftenden Vermögen verfügen kann, wenn nur der Schuldner gerade des Anspruchs für den die Vollstreckung mit dem Duldungstitel ermöglicht werden soll, über eines der haftenden Vermögen allein verfügen

722 RG JW 1936, 323 Nr. 12.
723 *Henckel* (Fn. 694) 89.
724 *Henckel* (Fn. 694)
725 *Henckel* (Fn. 694)
726 *Henckel* (Fn. 694) 90.
727 *Henckel* (Fn. 694)
728 *Henckel* (Fn. 694) 105.

kann.[729] Beklagter einer Feststellungsklage ist jeder, der dem Kläger Anlass zur Klage gegeben hat, gegen den damit eine Interesse an der Feststellung begründet ist. Demgegenüber sind Unterlassungsklagen gegen die Person zu richten, von der sich der Kläger in seinem Recht oder Interesse verletzt glaubt.

22 Der Ansatz *Henckels*, bei einem eigenen Interesse der Partei ansetzend, dessen Prozessführungsbefugnis zu begründen, bereitet im Rahmen der Begründung der Parteistellung des Insolvenzverwalters Probleme, die *Henckel* selbst einräumt.[730] Denn ein eigenes in seiner Person begründetes Interesse hat der Verwalter einer Prozessführung nicht. *Henckel*[731] zeigt aber, dass ein durch den Verwaltungszweck bestimmtes und geformtes Interesse, das der Verwalter wahrzunehmen verpflichtet ist, der Prozessführungsbefugnis zugrundeliegt. Freilich spricht dies noch nicht für die Amtstheorie, da eine derartige Situation bei einer jeden Form von Organschaft oder Vertretung gegeben sein kann, wenn das Organ bzw. der Vertreter zu einer bestimmten Form der Wahrnehmung seiner Aufgaben angehalten ist. Ausschlaggebend soll, so *Henckel*, das verwaltete Vermögen als „Interessevermögen" sein[732], was aber nur insoweit überzeugend ist, als dass das deutsche Recht subjektlose Vermögensmassen nicht anerkennt, wie bereits früher angesprochen worden ist.

23 Die Verfügungsbefugnis ist damit Grundlage der Prozessführungsbefugnis.[733] Legt man mit *Henckel* dieses Kriterium zugrunde, wird deutlich, weshalb es zwischen der Vertretertheorie und der Amtstheorie einen Streit über die Stellung des Insolvenzverwalters geben kann.[734] Weder die Konkursordnung noch die InsO haben freilich diesen Streit entschieden, obwohl die Judikatur des BGH zur Freigabe[735] eine Art der Interpretation des Gesetzes vorgeschlagen hat, der zufolge der Gesetzgeber den Prämissen der Amtstheorie soll Rechnung getragen haben - was sich freilich in den dunklen Materialien zur InsO nicht widergespiegelt findet.[736] Der Gesetzgeber mag gemeint haben, der Streit zwischen Vertreter- und Amtstheorie sei „unfruchtbar"[737]. Wie die Freigabeproblematik gezeigt hat, kommt es indes auf die Sachargumente an, die mit dieser Diskussion ange-

---

729 *Henckel* (Fn. 694) 106.

730 *Henckel* (Fn. 694) 122.

731 *Henckel* (Fn. 694)

732 *Henckel* (Fn. 694) 123.

733 *Fr. Weber*, KTS 1955, 102 ff.; unter Rückgriff auf *Kohler*, Prozess des Rechtsverhältnisses, 96, *Henckel* (Fn. 694) 107.

734 *Henckel* (Fn. 694) 119.

735 BGH, Urteil vom 21.4. 2005, Az.: IX ZR 281/03 = BGHZ 163, 32.

**736 Vgl. Entwurf einer Insolvenzordnung (RegE InsO 1992), BT-Drucks. 12/244.**

737 *Henckel* (Fn. 694) 119, hat dies bereits für sinnlos gehalten, diesen Theorienstreit so abzutun.

sprochen werden. Die Vertretertheorie beruht auf folgender Annahme: Der Insolvenzschuldner behält, wie wohl sein Vermögen von einem Insolvenzbeschlag belegt wird, die Verfügungsbefugnis hierüber, darf diese aber nicht mehr durch seine eigenen organschaftlichen Vertreter bzw. in eigener Person ausüben, sondern nunmehr durch einen gerichtlich eingesetzten Zwangsvertreter – wie es *Karsten Schmidt*[738] an verschiedenen Stellen in der Tat nachzuweisen versucht hat. In der Tat kennt unsere Rechtsordnung derartige Fälle, etwa im Zusammenhang der Nachlassverwaltung nach § 1975 BGB, der den Nachlassverwalter als Pfleger bezeichnet und gleichzeitig dem Erben die Verwaltungs- und Verfügungsbefugnis entzieht.[739] *Henckel*[740] hat vor diesem Hintergrund ausgeführt, der Vertretertheorie sei allenfalls entgegenzuhalten, dass sie für den Insolvenzverwalter eine besondere, dem Gesetz sonst unbekannte Form der gesetzlichen Vertretung schaffe, nicht aber dass diese Konstruktion rechtlich unmöglich sei.

24 Auch die Vertretertheorie lässt die Nebenintervention des Vermögensinhabers in dem vom Verwalter geführten Prozess zu.[741]

## 6. Übergang des streitigen Anspruchs oder Rechts auf einen anderen Rechtsträger nach Rechtshängigkeit - § 265 ZPO[742]

### *a) Abkehr vom materiellen Parteibegriff*

25 Nach dem materiellen Parteibegriff sind Parteien die Subjekte des streitigen Rechtsverhältnisses. Beim Übergang des Anspruchs auf einen anderen Rechtsträger oder beim Wechsel des passiven Subjekts des streitigen Rechtsverhältnisses würden nach dieser Prämisse auch Parteien des Prozesses wechseln.[743] Der Gesetzgeber der ZPO hat dies durch § 265 ZPO ausgeschlossen.[744] Der Übergang zum formellen Parteibegriff hätte, nimmt man den Wortlaut des Gesetzes ernst, zur Folge gehabt, dass die Klage als unbegründet, gegebenenfalls als unzulässig, abzuweisen gewesen wäre. Der formelle Parteibegriff behalf sich aber damit, weiter einen materiellen Parteiwechsel anzunehmen, aber die Fortführung des Prozesses zu ermöglichen, obwohl die Klage an sich wegen der Veränderung der Rechtszuständigkeit hätte abgewiesen werden müssen.[745] Nach den

738 *K. Schmidt*, Wege zum Insolvenzrecht der Unternehmen, 1990, S. 107 ff.; *ders.*, NJW 1995, 911, 913.

739 *Henckel* (Fn. 694) 120.

740 *Henckel* (Fn. 694).

741 *Lent*, in: Jaeger/Lent, KO, 8. Auflage 1958, § 6 Anm. 18.

742 *Zeiss/Schreiber* ZPrR 11. Aufl. 2009 Rn. 358 ff.

743 *Henckel* (Fn. 694) 145.

744 *de Boor*, Parteiwechsel, S. 33 ff.

745 *de Boor*, Parteiwechsel, S. 42 ff.; Henckel, S. 146.

Prämissen des formellen Parteibegriffs nimmt die Parteistellung derjenige ein, der Rechtsschutz begehrt bzw. gegen den Rechtsschutz begehrt wird. Damit wird das Prozessrechtsverhältnis bezeichnet. Treten Ereignisse ein, die das Prozessrechtsverhältnis beenden, wird damit auch der Prozess beendet. Der Streit kann danach zwischen anderen Personen nach Erlöschen des Prozessrechtsverhältnisses grundsätzlich nicht weitergeführt werden. Der Parteiwechsel hat dann die Funktion, dass er eine an sich eintretende Beendigung des Prozessrechtsverhältnisses verhindert, indem eine andere Person in dieses Prozessrechtsverhältnis eintritt. Für den Tod einer Partei ist dies nachvollziehbar.[746] In diesen Fällen allerdings kommt es zu einer Unterbrechung des Prozesses, §§ 239, 240 ZPO, die allein es legitimiert, dass ein Urteil ergehen kann.[747]

Der Parteiwechsel gem. § 265 ZPO setzt voraus, dass die Partei für einen 26
der materiellen Rechtsänderung angepassten Antrag an sich nicht mehr die richtige Partei wäre. Hinzutreten muss, dass die Prozessführung der Partei vor dem Zeitpunkt der „Veräußerung" die Person bindet, zu deren Gunsten und Lasten der Partei zwischen den Altparteien vorgesetzt werden soll. Das setzt voraus, dass die Rechtsstellung des Erwerbers von den Rechtshandlungen des Veräußerers materiell abhängig ist, weil der Erwerber die Verfügung über den veräußerten Gegenstand gegen sich gelten lassen muss, soweit sie vor der Veräußerung vorgenommen wurde.[748] Daraus folgert *Henckel*[749], dass der gutgläubige Erwerber der Sache in seiner Rechtsstellung von den Verfügungen, die der Vorgänger vor der Veräußerung getroffen hat, unabhängig ist und daher § 265 ZPO nicht zur Anwendung gelangt.

Anders als die gemeinrechtliche *litis contestatio*[750] schließt gem. § 265 Abs. 27
1 ZPO die Rechtshängigkeit nicht das Recht der einen oder der anderen Partei aus, die in Streit befangene Sache zu veräußern oder den geltend gemachten Anspruch abzutreten. Gem. § 265 Abs. 2 S. 1 ZPO hat die Veräußerung oder Abtretung auf den Prozess keinen Einfluss. Als „Sache" i. S. d. § 265 ZPO kommen dabei auch Rechte in Betracht; § 90 BGB greift hier nicht ein. Für die Abtretung von Ansprüchen ergibt sich dies schon aus dem Gesetzeswortlaut selbst. Streitbefangen i. d. S. ist die *Sache*, wenn die Aktivlegitimation des Klägers bzw. die Passivlegitimation des Beklagten auf der rechtlichen Beziehung zu ihr beruht. Unproblematisch ist das bei Forderungsabtretung oder ähnlichen Vorgängen.

746 *Henckel* (Fn. 694) 149.
747 *Henckel* (Fn. 694) 150.
748 *Henckel* (Fn. 694) 160; *ders*., Bedingte Übertragungen im Rechtsverkehr und im Rechtsstreit, S. 109.
749 *Henckel* (Fn. 694) 160.
750 Vgl. nur *Zeiss/Schreiber ZPrR* 11. Aufl. 2009 Rn. 358.

*b) Regelungsgehalt des § 265 Abs. 1 ZPO*

28 Nach § 265 Abs. 1 ZPO hat nach alledem die nach Rechtshängigkeit erfolgte Veräußerung der streitbefangenen Sache oder die Abtretung des geltend gemachten Anspruchs auf den Prozess keinen Einfluss. Der BGH[751] versteht die Vorschrift als Vorkehrung zum Schutz des Prozessgegners und „der Prozessökonomie“. Nach Veräußerung der im Streit befangenen Sache soll der bisherige Rechtsstreit trotz Verlusts der „Sachlegitimation“ fortgeführt werden können, sofern das abschließende Urteil nach § *325* ZPO auch gegen den Rechtsnachfolger wirkt.[752] Daher verliert der Veräußerer seine Stellung als Partei nicht und führt den Rechtsstreit als gesetzlicher Prozessstandschafter im eigenen Namen und für den Rechtsnachfolger weiter[753].

29 In dem vom BGH entschiedenen Fall war die Klägerin im Grundbuch als Eigentümerin mehrerer überwiegend aus Waldflächen, Ackerland und Grünland bestehender Grundstücke eingetragen. Mit notariellem Vertrag vom 9. Juni 1992 verkaufte sie ihren Grundbesitz an den Beklagten mit der Abrede, den Kaufpreis in sechs Jahresraten zu entrichten und es wurden zugunsten des Beklagten Auflassungsvormerkungen in das Grundbuch eingetragen. In der Folgezeit zahlte der Beklagte vertragsgemäß den Kaufpreis auf das Notaranderkonto ein. Nun verlangte die Klägerin von dem Beklagten die Einwilligung in die Löschung der Auflassungsvormerkungen Zug um Zug gegen Rückzahlung der hinterlegten Kaufpreisraten mit der Begründung, der Kaufvertrag vom 9. Juni 1992 sei wegen Sittenwidrigkeit nichtig. Mit notariellem Kaufvertrag vom 15. März 1994 veräußerte der Beklagte den Grundbesitz unter "Abtretung" der Auflassungsvormerkungen weiter an E. Die Auflassungsvormerkungen wurden am 14. Januar 1997 umgeschrieben. Der BGH hat darauf erkannt, der Beklagte sei zwar für den Anspruch auf Einwilligung in die Löschung nach Umschreibung der Auflassungsvormerkungen nicht mehr passiv legitimiert, was aber nach § *265* Abs. 1, Abs. 2 Satz 1 ZPO unbeachtlich sei.

30 Der BGH hat die Ansicht vertreten, § 265 Abs. 1 ZPO sei von seinem Zweck her weit auszulegen. Streitbefangen ist daher jeder Gegenstand, dessen Übertragung die Sachlegitimation beseitigt[754]. Hierzu zählt nach der Judikatur

---

751 BGH, Urteil vom 5. 7. 2002, Az.: V ZR 97/ 01.

752 *Zeiss/Schreiber ZPrR* 11. Aufl. 2009 Rn. 362 zur Rechtfertigung der Regelung des § 265 Abs. 1 ZPO.

753 NGH, Beschluss vom. 23.08.2001, Az.: V ZB 10/01 = BGHZ 148, 335 = NJW 2001, 3339.

754 *Becker-Eberhard*, in: MünchKomm, ZPO, § 265 Rn. 17; *Foerste*, in: Musielak, ZPO, § 265 Rn. 3.

des BGH[755] auch die Eintragung einer Vormerkung im Grundbuch, deren Berichtigung wegen Unwirksamkeit des gesicherten Anspruchs verlangt wird. Denn ebenso wie die gegen den Beklagten auf Zustimmung zu der Berichtigung seiner Eintragung als Eigentümer gerichtete Klage die Berechtigung an der erlangten Buchstellung streitbefangen macht[756], so lässt auch die gegen die Eintragung einer Vormerkung gerichtete Grundbuchberichtigungsklage nach § 894 BGB analog die Buchstellung des Vormerkungsberechtigten streitbefangen sein. Dass die Vormerkung aufgrund ihres akzessorischen Charakters nicht selbst übertragen werden kann, sondern mit dem gesicherten Anspruch übergeht, steht einer Anwendung des § 265 Abs. 2 ZPO nicht entgegen. Für den Schutz des Prozessgegners ist es ohne Bedeutung, ob sich die "Veräußerung" als das unmittelbare oder nur als das mittelbare Ergebnis eines Rechtsgeschäfts oder eines anderen rechtserheblichen Vorgangs darstellt. Liegt - wie hier - ein auf Berichtigung des Grundbuchs gerichteter Rechtsstreit vor, in dem grundsätzlich nur der im Grundbuch Eingetragene Beklagter ist und durch den erstrebt wird, dass der Eingetragene die von ihm erlangte Buchstellung zugunsten des Klägers aufgebe, so ist Veräußerer derjenige, der seine Buchstellung nach Eintritt der Rechtshängigkeit verloren hat, und sein Rechtsnachfolger derjenige, der sie nach diesem Zeitpunkt erlangt hat [757].

*c) Parteiwechsel durch Eintritt des Rechtsnachfolgers*

Gemäß § 265 Abs. 2 S. 2 ZPO besteht allerdings die Möglichkeit, durch Eintritt des Rechtsnachfolgers einen Parteiwechsel herbeizuführen, der die Zustimmung des Beklagten voraussetzt. Beim Sonderfall der Veräußerung der streitbefangenen Sache nach Rechtshängigkeit enthält § 265 Abs. 2 S. 2 ZPO nach allgemeiner Ansicht eine Spezialregelung, nach der ein Parteiwechsel nicht ohne Zustimmung des Prozessgegners möglich ist; diese kann nicht dadurch ersetzt werden, dass das Gericht den Parteiwechsel als sachdienlich ansieht[758]. Fehlt es an dieser Voraussetzung, ist der Eintretende durch Endurteil aus dem Prozess zu weisen[759]. 31

755 BGH, Urteil vom 5. 7. 2002, Az.: V ZR 97/ 01.

756 RG, Urteil vom 04.07.1928, Az.: V 466/27 = RGZ 121, 379, 381; *Becker-Eberhard*, in: MünchKomm, ZPO, § 265 Rn. 23, 26; *Foerste*, in: Musielak, ZPO, 8. Auflage 2011, § 265 Rn. 3.

757 RG, Urteil vom 04.07.1928, Az.: V 466/27 = RGZ 121, 379, 381.

758 *Reichold*, in: Thomas/Putzo § 265, ZPO, Rn. 17; BGH Urteil vom 27.06.1996- IX ZR 324/95, NJW 1996, 2799.

759 *Reichold*, in: Thomas/Putzo, ZPO, § 265, Rn. 17: "Der erklärte Parteiwechsel ist unzulässig."

32 Besonderheiten können sich aus § 266 ZPO bei Veräußerung eines streitbefangenen Grundstücks ergeben (lex specialis zu § 265 ZPO).

aa) Grenzen

33 § 265 Abs. 3 ZPO bestimmt, dass dem Kläger, der die streitbefangene Sache veräußert oder das streitige Recht abgetreten hat, der Einwand entgegengesetzt werden kann, dass er zur Geltendmachung des Anspruchs nicht mehr befugt - er nicht mehr „aktivlegitimiert" sei.[760] Voraussetzung dafür ist aber, dass das Urteil nicht nach § 325 ZPO gegen den Rechtsnachfolger wirksam sein würde:

34 Nach § 265 Abs. 3 ZPO ist dann *keine* gesetzliche Prozessstandschaft gegeben, wenn die Rechtskraft nicht gemäß § 325 Abs. 1 ZPO gegen den Rechtsnachfolger wirkt, wenn dieser sich also auf § 325 Abs. 2 ZPO berufen kann.[761] Dann ist dem Beklagten die Fortführung des Prozesses wegen der Gefahr einer neuerlichen Inanspruchnahme *unzumutbar,* weil dieser Prozess sinnlos ist.[762] Die gesetzliche Prozessstandschaft nach § 265 Abs. 3 ZPO setzt voraus, dass der Erwerber nicht gutgläubig i. S. d. § 325 Abs. 2 ZPO war[763]; dann nämlich wirkt die Rechtskraft dieses Urteils gemäß § 325 Abs. 1 ZPO auch gegen ihn. ***Nur*** im Falle der Veräußerung durch den Kläger ist § 265 Abs. 3 ZPO anwendbar.[764]

35 Im Rahmen des § 325 Abs. 2 ZPO ist doppelte Gutgläubigkeit erforderlich. D.h. der Erwerber muss sowohl hinsichtlich *des Rechts* (oder der Verfügungsbefugnis, vgl. § 366 HGB!) als auch *der fehlenden Rechtshängigkeit* gutgläubig sein.[765]

bb) Freigabe des streitbefangenen Gegenstandes durch den Insolvenzverwalter

36 *Henckel*[766] wendet § 265 ZPO auch in dem Fall an, in dem der streitbefangene Gegenstand zu einem Vermögen in ein anderes überwechselt, ohne dass der Rechtsträger sich ändert. Dies soll der Fall sein, wenn der Insolvenzverwalter während des Prozesses den streitbefangenen Gegenstand freigibt. § 265 ZPO kommt im Falle einer Geldforderungsklage nicht zur Anwendung, wenn der Schuldner wechselt. Denn die Schuldnachfolge hat auf die Verwaltungsbefugnis über die Gegenstände des Vermögens keinen Einfluss.[767]

760 *Becker-Eberhard*, in: MünchKomm, ZPO, § 265 Rn. 104.
761 *Becker-Eberhard*, in: MünchKomm, ZPO, § 265 Rn. 105.
762 *Foerste*, in: Musielak, ZPO, § 265 Rn. 12.
763 Becker-Eberhard, in: MünchKomm, ZPO, § 265 Rn. 104.
764 *Foerste*, in: Musielak, ZPO, § 265 Rn. 12.
765 *Reichold*, in: Thomas/Putzo, ZPO, § 325 Rn 8.
766 *Henckel* (Fn. 694) 164; *Weber*, KTS 1955, 102, 110; *de Boor*, Parteiwechsel, S. 65 ff.
767 *Henckel* (Fn. 694) 167.

Der V. Zivilsenat des BGH[768] hat zur Ausübung des Leistungsverweigerungsrechts nach § 320 BGB durch den Insolvenzschuldner folgenden, hier vereinfacht wiedergegebenen Sachverhalts entschieden. 37

Fall: Der spätere Insolvenzschuldner hatte mit einer Stadt einen nicht im Grundbuch vollzogenen Erbbauvertrag geschlossen. Er begann nach Inbesitznahme des Grundstücks mit dem Bau eines Einfamilienhauses, das allerdings im Rohbauzustand steckenblieb und den Erbbauzins, den er zahlen sollte, entrichtete er nicht. Die Stadt setzt darauf eine Frist zur Nachzahlung des rückständigen Entgelts und trat, nachdem diese Frist ohne Zahlung des Schuldners verstrichen war, vom Erbbaurechtsvertrag zurück und klagte gegen den Schuldner auf Herausgabe des Grundstücks. Nach Rechtshängigkeit wurde das Insolvenzverfahren über das Vermögen des Schuldners eröffnet. Der Insolvenzverwalter teilte der Klägerin mit, keinen Besitz an dem Erbbaugrundstück auszuüben, woraufhin sie den Rechtsstreit wieder aufnahm. Der beklagte Schuldner strebte die Verurteilung Zug um Zug gegen Ersatz seiner Aufwendungen für den Bau an. 38

Das Berufungsgericht hatte den Streitwert nach § 41 Abs. 2 GKG nach dem einjährigen Nutzungsentgelt für das Grundstück auf ca. 4.300 Euro festgesetzt. Daraufhin verzichtete es auf die Wiedergabe des Parteivorbringens gem. § 540 Abs. 2 iVm § 313 a Abs. 1 S. 1 ZPO; das Berufungsurteil enthielt keine tatsächlichen Feststellungen. Der erkennende Senat hat das Berufungsurteil wegen des Fehlens tatsächlicher Feststellungen aufgehoben und die Sache zur erneuten Entscheidung zurückverwiesen, da es ihm auch aufgrund einzelner Sachverhaltselemente, die sich den Gründen entnehmen ließen, nicht auf den entscheidungserheblichen Sachverhalt insgesamt schließen konnte.[769] Ein Verzicht auf einen Sachverhalt darf das Urteil nämlich nur dann enthalten, wenn es durch ein Rechtsmittel nicht mehr angegriffen werden kann und sich das Berufungsgericht hiervon von Amts wegen vergewissert hat.[770] Im vorliegenden Fall waren aber der Wert des herauszugebenden Grundstücks mit ca. 107.000 Euro sowie das Leistungsverweigerungsrecht für die baulichen Aufwendungen mit ca. 78.000 Euro anzusetzen. Für die Nichtzulassungsbeschwerde gegen oberlandesgerichtliche Urteile liegt aber die Wertgrenze bei 20.000 Euro nach § 26 Nr. 8 EGZPO, so dass im vorliegenden Fall die Nichtzulassungsbeschwerde als Rechtsmittel gegen das oberlandesgerichtliche Urteil jedenfalls zulässig war. 39

In der Sache hat der V. Zivilsenat gesehen, dass es sich bei dem Anspruch auf Ersatz der Aufwendungen wegen des Rohbaus, der auf dem herauszugebenden Grundstück errichtet worden war, um eine zur Insolvenzmasse gehörende 40

768 BGH, Urteil vom 15.3.2013, Az. : V ZR 201/11 = ZIP 2013, 890.
769 BGH, Urteil vom 6.6.2003, Az.: V ZR 392/02 = NJW RR 2003, 1290, 1291; BGH, Urteil vom 30.9.2003, Az.: VI ZR 438/02 = BGHZ 156, 216, 220.
770 BGH,Beschluss vom 18.9.2012, Az.: VI ZR 51/12 = NJW RR 2012, 1535.

Forderung handelt. Da mit Eröffnung des Insolvenzverfahrens das Verwaltungs- und Verfügungsrecht über die Gegenstände der Insolvenzmasse gem. § 80 Abs. 1 InsO auf den Insolvenzverwalter übergeht, ist allein dieser dazu „aktiv legitimiert“ eine solche massezugehörende Forderung im Wege von Klage oder Widerklage gegen den Drittschuldner geltend zu machen. Der Schuldner ist nur unter Voraussetzung prozessführungsbefugt, dass der Insolvenzverwalter ihn zur Geltendmachung der massezugehörigen Forderung ermächtigt.[771] In dem vom V. Zivilsenat zu entscheidenden Fall hatte der Insolvenzverwalter den Schuldner freilich nicht zur Geltendmachung der Forderung auf Abgeltung der Aufwendungen bei der Errichtung des Rohbaus ermächtigt. Der V. Zivilsenat geht aber davon aus, dass es im Rahmen der Geltendmachung des Leistungsverweigerungsrechts nach § 320 BGB nicht darauf ankommt, ob der sich auf § 320 BGB berufende Schuldner hierzu durch den Insolvenzverwalter ermächtigt worden sei. Der Senat verweist dabei auf die vergleichbare Situation bei einer Abtretung des Anspruchs auf die Gegenleistung. Der Zedent verliert in diesem Fall nämlich ebenfalls sein Verwaltungs- und Verfügungsrecht. Gleichwohl wird sein durch § 320 BGB geschütztes Interesse, die Leistung verweigern zu dürfen, solange der andere Teil seinen vertraglichen Leistungspflichten nicht nachkommt, geschützt, auch ohne dass es eine Ermächtigung zur Geltendmachung des Leistungsverweigerungsrecht durch den Zessionar bedürfe.[772] Im Zusammenhang der Einzelzwangsvollstreckung beruft sich der V. Zivilsenat dabei darauf, auch hier dürfe der Schuldner nach Pfändung des Anspruchs auf die Gegenleistung das Leistungsverweigerungsrecht nach § 320 BGB dann ausüben, wenn er die Bewirkung der Gegenleistung an den Vollstreckungsgläubiger erreichen will. Würde man bei Zession bzw. Pfändung des Anspruchs auf die Gegenleistung anders entscheiden, würde dem Drittschuldner die Möglichkeit eröffnet, seinen Anspruch gegen den Schuldner zu titulieren, ohne die Gegenleistung erbringen zu müssen. Das aber liefe den Interessen der Gläubiger das Leistungsverweigerungsrecht beanspruchenden Schuldners entgegen.[773] Mit erfrischender Präzision vollzieht der erkennende V. Zivilsenat nun die insolvenzrechtliche Lage nach. Der den Prozess aufnehmende Kläger macht hier ein Aussonderungsrecht an dem massefremden Grundstück geltend (§ 47 iVm § 86 Nr. 1 InsO). Hätte der Insolvenzverwalter Besitz an dem Aussonderungsgut, wäre er als Beklagter in der Lage gewesen, durch die Geltendmachung des massezugehörigen Leis-

---

771 BGH, Urteil vom 29.5.1961, Az.: VII ZR 46/60 = BGHZ 35, 180, 184; BGH, Urteil vom 19.3.1987, Az.: III ZR 2/86 = BGHZ 100, 217, 218.

772 BGH, Urteil vom 26.7.2007, Az.: VII ZR 262/5 = NJW RR 2007, 1612, 1613.

773 Der V. Zivilsenat zitiert OLG Braunschweig, Entscheidung vom 23.11.1954, Az.: 1 U 38/54 = JR 1955, 342.

tungsverweigerungsrechts nach § 320 BGB – so der V. Zivilsenat wörtlich – „Druck auf den Gläubiger“ auszuüben, „seine Gegenleistung in die Masse zu erbringen“. Nach Freigabe des Grundstücks an den Schuldner kann der Insolvenzverwalter dies freilich nicht mehr. Wohl aber kann der Schuldner diesen „Druck“ realisieren, soweit er die Gegenleistung einredeweise geltend macht.

cc) Stellung des Erben nach Eröffnung des Nachlassinsolvenzverfahrens

Der Erbe verliert durch die Eröffnung des Nachlassinsolvenzverfahrens zunächst 41
nur die Verfügungsbefugnis über den Nachlass. Da der Erbe über sein eigenes Vermögen noch frei verfügen kann, könnte man annehmen, dass er zur Fortführung eines Prozesses um Nachlassgegenstände oder –verbindlichkeiten befugt bleibt.[774] Ein Aktivprozess darf der Erbe aber jedenfalls deshalb nicht führen, weil zu erlangende Gegenstände in die Masse fallen und insoweit keine Vermögensverwaltungsbefugnis vorliegt. Nichts anderes gilt aber für den Passivprozess, solange das Nachlassinsolvenzverfahren an die Haftung des Erben zu beschränken geeignet ist. Wegen der Sonderung von Haftungsmassen, die dann eintritt, ist nur der Insolvenzverwalter beim Streit um Nachlassverbindlichkeiten die richtige Partei. Wird um Eigenverbindlichkeiten des Erben gestritten, ist der Erbe Partei.[775]

dd) Personenhandelsgesellschaften

Besonderheiten ergeben sich bei Personenhandelsgesellschaften. Führt die oHG 42
für die gesamthänderisch gebundenen Gesellschafter einen Aktivprozess und wird während dessen Verlauf die Gesellschaft liquidiert und das Gesellschaftsvermögen unter die Gesellschafter verteilt, wäre § 265 ZPO anzuwenden, wenn der eingeklagte Gegenstand einem Gesellschafter im Wege der Einzelnachfolge übertragen würde. Allerdings besteht die gesamthänderische Verbundenheit der Gesellschafter in diesem Fall nicht mehr. Das RG[776] hat vertreten, die Parteirolle im Aktivprozess ändere sich in diesem Fall nicht, aber verlangt, dass die Klage auf Leistung an den Rechtsinhaber umgestellt und der neue Rechtsträger in den Prozess unter den Voraussetzungen des § 265 ZPO zugelassen werde.[777] Wird die Gesellschaft dagegen aufgelöst und ihr Vermögen von einem Gesellschafter mit aktiven und passiven übernommen, wechselt damit die Verfügungsbefugnis über das gesamte Vermögen, was den Parteiwechsel zur Folge hat.[778] Wird die Gesellschaft, während eines gegen sie gegen sie gerichteten Prozesses durch

774 *Henckel* (Fn. 694) 171.
775 *Henckel* (Fn. 694) 171.
776 RG, Urteil vom 07.03.1895, Az.: VI 372/94 = RGZ, 35, 388, 389 = RGZ 141, 277, 281.
777 *Henckel* (Fn. 694) 178.
778 *Henckel* (Fn. 694) 179.

Verteilung des Vermögens an die Gesellschafter beendet, kommt § 265 ZPO nicht in Betracht. Ein gesetzlicher Parteiwechsel tritt nicht ein, vielmehr muss der Kläger, um nicht abgewiesen zu werden, die Gesellschaft als Gesamtschuldner mit ihrem eigenen Vermögen in Anspruch nehmen.[779] Ein automatischer Parteiwechsel kann nicht eintreten.

43 *Henckel* verknüpft die Parteifunktion mit dem Begriff des Interessevermögens. Ist das Prozessinteresse nicht in dem eigenen, sondern im verwalteten fremden Vermögen begründet, so ist die Parteistellung durch die Beziehung zu diesem Vermögen gekennzeichnet. Die Parteistellung ist nicht dieselbe, wenn der Kläger einerseits mit seinen eigenen, andererseits mit dem fremden Vermögen Partei ist. Damit gelingt es *Henckel* jeden regelungsbedürftigen Konflikt zwischen zwei selbständigen Vermögen im Zweiparteienprozess zum Ausgleich zu bringen.[780] Er hält damit am formellen Parteibegriff fest, da Partei diejenige ist, die Schutz für ihr Recht begehrt. Unabhängig davon, ist Partei, wer Schutz für ein Recht begehrt, unabhängig davon, für wen dies geschieht.

### 7. Herausgabetitel des Sicherungseigentümers gegen den Sicherungsgeber in dem über dessen Vermögen eröffneten Insolvenzerfahren

44 Hat der Sicherheitseigentümer vor Eröffnung des Insolvenzverfahrens gegen den Schuldner und Sicherungsgeber einen Herausgabetitel gem. § 883 ZPO[781] oder nach § 794 Abs. 1 Nr. 5 ZPO zur Verwertung erstritten, fragt sich, ob der absonderungsberechtigte Gläubiger die Zwangsvollstreckung aus diesem Titel auf Herausgabe des Sicherungsgutes betreiben kann[782]. Denn der Titelinhaber kann den Titel zwar wie der Inhaber eines allgemeinen Schuldtitels noch im Klauselerteilungsverfahren gem. § 727 ZPO[783] gegen den Insolvenzverwalter umschreiben lassen.[784] Der Insolvenzverwalter rückt nämlich als Partei kraft Amtes[785] in die prozessuale Stellung des Schuldners ein. Denn der Insolvenzverwalter muss gem. § 325 Abs. 1 ZPO grundsätzlich das gegen den Schuldner ergan-

779 *de Boor*, Parteiwechsel, 74; *Henckel* (Fn. 694) 180.
780 *Henckel* (Fn. 694) 188.
781 *Schilken*, in: MünchKomm-ZPO, 2. Aufl. 2000, § 883 Rn. 2, 13.
782 *Smid*, in: LSZ, InsO, 2. Aufl. 2001, § 89 Rn. 2; *Wittkowski,* in: Nerlich/Römermann, InsO, § 89 Rn. 19.
783 *Hintzen, in:* Kölner Schrift zur InsO, 2. Aufl. 2000, S. 1107, 1109 (Rn. 5); *Wolfsteiner*, in: Münchkomm, ZPO, 2. Aufl. 2000, § 727 § Rn. 18; *Paulus*, in: *Wieczorek/Schütze* ZPO, 3. Aufl. 1999, § 727 Rn. 36, 28.
784 *Smid*, Kreditsicherheiten in der Insolvenz, 2. Aufl. 2006 § 16 Rn. 7.
785 Vgl. nur *Rattunde*, in: Smid, InsO, 2. Aufl. 2001, § 80 Rn. 27 ff.

gene rechtskräftige Herausgabeurteil gegen sich wirken lassen.[786] Mit der gesetzlichen Anordnung der Verwertungsbefugnis des Insolvenzverwalters steht indessen fest, dass er „als Partei kraft Amtes" jedenfalls ein eigenes Recht zum Besitz des Sicherungsgutes erlangt.[787] An dieser Stelle muss noch nicht erörtert werden, ob sich die Verwertungsbefugnis als ein den Herausgabeanspruch des Sicherungseigentümer hemmendes oder gar ausschließendes Recht darstellt; hier genügt, dass mit seiner Einsetzung dem Insolvenzverwalter ein eigenes Recht gegen die Verwertung des Sicherheitengutes durch den Sicherungsnehmer zusteht, aus dem sich eine nach dessen Titulierung auftretende Einwendung ergibt.[788]

## 8. Kritik des § 325 ZPO: Gewährleistung rechtlichen Gehörs gem. Art. 103 Abs. 1 GG

Zutreffend hat *Pawlowski*[789] darauf hingewiesen, dass diese gesetzlichen Regelungen bedenklich sind. Denn gegen den Zessionar einer streitbefangenen Forderung kann nach § 727 ZPO stets die Zwangsvollstreckung aus dem gegen den Zedenten erwirkten Titel betrieben werden.[790] 45

In der Tat: Das geltende Recht – das sich trotz der Reformen der sozialdemokratischen Justizminsterin *Däubler-Gmelin* vom Anfang des 21. Jahrhunderts seit 1879 in der Grundstruktur nicht geändert hat – trägt den Grundanforderungen eines due and fair process of law jedenfalls in Ansehung der Rechtsstellung des von dem zu fällenden Urteil betroffenen Rechtsinhaber nicht hinreichend Rechnung. 46

---

786 *Gottwald*, in: MünchKomm, ZPO, 2. Aufl. 2000, § 325 Rn. 18; *Leipold*, in: Stein/Jonas, ZPO, 22. Aufl. 2002, § 325 Rn. 55; *Musielak*, ZPO, 4. Aufl. 2005, § 325 Rn. 21; *Henckel*, ZZP 70 (1957), 448, 464; vgl. aber auch *Koss*, Prozeßstandschaft und Rechtskraftwirkung, Diss. Frankfurt/M., 1972, S. 522; *Smid* (Fn. 784) Rn. 8.

787 *Smid* (Fn. 784, 786).

788 *Smid* (Fn. 784) Rn. 22.

789 *Pawlowski* JZ 1975, 681.

790 *Zeiss/Schreiber* 11. Aufl. 2009 Rn. 364; nicht überzeugend die Gegenkritik gegen *Pawlowski* durch *Jauernig* ZPrR § 87 III 3 IV 1.

## II. Regelungen gesetzlicher Prozessstandschaft: Parteien kraft Amtes

### 1. Verfolgung von Unterhaltsansprüchen Minderjähriger gegen einen Elternteil durch den anderen bei Anhängigkeit einer Ehesache

47 Der Gesetzgeber kann allerdings anordnen, dass Rechte des Rechtsträgers nur von einem anderen im Prozess zu verfolgen sind. Man spricht hier von der gesetzlichen Prozessstandschaft.

48 § 1629 Abs. 3 BGB bestimmt, dass ein Elternteil Unterhaltsansprüche des Kindes gegen den anderen Elternteil nur im eigenen Namen geltend machen kann, solange die Eltern getrennt leben oder eine Ehesache zwischen ihnen anhängig ist, wenn die Eltern des Kindes miteinander verheiratet sind. Eine von einem Elternteil erwirkte gerichtliche Entscheidung und ein zwischen den Eltern geschlossener gerichtlicher Vergleich wirken auch für und gegen das Kind.

### 2. Prozesstandschaft des Überweisungsgläubigers wegen der Geltendmachung der Forderung des Zwangsvollstreckungsschuldners[791]

*a) Verbleib der gepfändeten Forderung im Haftungsverband des Zwangsvollstreckungsschuldners*

49 Durch die Überweisung zur Einziehung wird die gepfändete Forderung nicht aus dem Vermögen des Schuldners entfernt.[792] Sie verbleibt in dessen Haftungsverband; der Schuldner bleibt Inhaber der Forderung.[793] Deren Einziehung ersetzt lediglich die nach bürgerlichem Recht erforderlichen Formen.[794] Auf den Gläubiger geht allein die Kompetenz über, die Forderung im eigenen Namen geltend zu machen. Der Akt der Überweisung zur Einziehung selbst stellt damit eine Mehrung der Gläubigerbefugnisse dar.[795] Er versetzt im Falle der Überweisung zur Einziehung den Gläubiger jedoch nicht in die Lage eines (unmittelbaren) Gläubigers des Drittschuldners. Denn die Verwertung der Forderung kann aus unterschiedlichen Gründen fehlschlagen, deren Risiken andernfalls den Gläubi-

---

791 Eingehend Kleinheisterkamp, Prozessführung über gepfändete Geldforderungen, 2001.

792 *Smid*, in: MünchKomm, ZPO, § 835 Rn. 2.

793 BGH, Urteil vom 25.03.1991, Az.: II ZR 13/90 = BGHZ 114, 138, 141.

794 *Brehm*, in: Stein/Jonas, ZPO § 836 Rn. 1.

795 *Erkel* , Die Stellung von Gläubiger, Schuldner und Drittschuldner bei der Forderungspfändung unter besonderer Berücksichtigung von Prozessstandschaft und Rechtskraft, Diss. Frankfurt 1952, S. 35; *Schmidt-Jortzig,* Die Auswirkung der Forderungsüberweisung zur Einziehung (§ 835 Abs. 1 ZPO), Diss. Kiel 1969*,* S. 99.

ger treffen würden.[796] Der Schuldner kann grundsätzlich nach der Überweisung der Forderung zur Einziehung diese nicht mehr im eigenen Namen geltend machen.[797] Er kann auch nicht mehr die Hinterlegung der Forderung verlangen. Der Schuldner kann jedoch noch auf Feststellung der Forderung klagen. Der Schuldner kann den Drittschuldner grundsätzlich auf Erfüllung der gepfändeten Forderung an die Pfändungsgläubiger verklagen.[798] Behauptet der Schuldner, die Befriedigung der Pfändungsgläubiger zehre die Forderung gegen den Drittschuldner nicht vollständig auf, kann er darüber hinaus auf Zahlung nach Befriedigung der Pfändungsgläubiger klagen. Voraussetzung dafür ist, dass er den Eintritt von Verzögerungsschäden wegen drohender Verjährung oder die Gefahr eines Vermögensverfalls des Drittschuldners abwehren will. Die Sicherung, die dem Schuldner aus der Gewährleistung von Schadensersatzansprüchen gemäß § 842 ZPO gegen den Gläubiger gegeben ist, reicht nämlich oftmals nicht hin, da der Schuldner damit dem Risiko eines weiteren Prozesses wie dem eines Vermögensverfalls beim Gläubiger ausgesetzt wäre. Da der Gläubiger aber als Prozessstandschafter des Schuldners handelt und die Stellung des Drittschuldners maßgeblich verschlechtert würde, wenn man ihn parallelen Prozessen sowohl gegen den Gläubiger als auch gegen den Schuldner aussetzte,[799] können Gläubiger und Schuldner demnach auch nicht etwa deshalb parallel gegen den Drittschuldner prozessieren, weil man zum Teil von verschiedenen Streitgegenständen dieser Klagen ausgeht.[800] Es können daher auch keine divergierenden Urteile ergehen, die inter partes wirken.[801] Die Klageanträge müssen die einzelnen Pfändungsgläubiger ihrem Rang entsprechend bezeichnen, die Höhe ihrer Forderungen beziffern, den vom Drittschuldner zu leistenden Gesamtbetrag angeben und die

---

796 Anders im Falle der Überweisung an Zahlung Statt, vgl. hier vorerst *Schmidt-Jortzig* (Fn. 795) S. 12.

797 BGH LM § 859 Nr. 4 = BGH, Urteil vom 12.07.1968, Az.: V ZR 29/66 = NJW 1968, 2059, 2060; RG, Urteil vom 17.10.1901, Az.:VI 209/01 = RGZ 49, 201, 204; OLG Düsseldorf, Beschluss vom 25.1.1995, Az.: 11 W 1/95 = OLG-Rp. 1995, 87; grundsätzlich *Schmidt-Jortzig*, (Fn. 795), S. 150 f.

798 BGH NJW 1979, 924; WM 1991, 1125; *Brehm*, in: Stein/Jonas, ZPO,§ 835 Rn. 33; a. A. *Schneider,* in: JurBüro 1966, 191, 193. Vgl. im Übrigen *Hau,* WM 2002, 325.

799 *Erkel* (Fn. 795) S. 75 ff. m. Nachw. der älteren Literaturmeinungen.

800 *Hellwig,* Wesen und subjektive Begrenzung der Rechtskraft, 1901, S. 43 f. Unklar dagegen *Schmidt-Jortzig*, (Fn. 795), S. 160.

801 Vgl. zu Ansichten, die von einer Rechtskrafterstreckung des im Prozess von Gläubiger und Drittschuldner auf den Schuldner ausgehen, *Schmidt-Jortzig* (Fn. 795) S. 159.

Erklärung enthalten, dass an den Kläger nur der nach Befriedigung der Pfändungsgläubiger verbleibende Restbetrag auszukehren ist.[802]

*b) Begründung der Prozessstandschaft des Zwangsvollstreckungsgläubigers durch die Überweisung der Forderung zur Einziehung*

50 Die Überweisung legitimiert den Gläubiger dazu, die in seinem Haftungsverband verbleibenden Rechte des Schuldners aus der Forderung[803] im eigenen Namen geltend zu machen.[804] Für eine Klage des Gläubigers gegen den Drittschuldner ist derselbe Rechtsweg gegeben, wie für eine Klage des Schuldners gegen den Drittschuldner.[805] Die Überweisung begründet eine eigene Einziehungskompetenz des Gläubigers als Berechtigung, die Forderung geltend zu machen, d. h. das gepfändete und überwiesene Recht auszuüben.[806] Die Möglichkeit des Gläubigers, aufgrund seiner Einziehungskompetenz die Zahlung durch den Drittschuldner durchzusetzen, hängt selbstverständlich vom Bestand der gepfändeten Forderung des Schuldners ab. D.h. seine Einziehungsbefugnis setzt voraus, dass der Gläubiger ein bestehendes Recht des Schuldners gepfändet und durch die Überweisung an diesem wirklich bestehenden Recht Kompetenzen erlangt hat. Selbstverständlich beruht seine Einziehungskompetenz nicht auf dem Bestand der titulierten Forderung, aus der vom Gläubiger vollstreckt wird.[807] Die Rechtskraft des von dem Drittschuldner gegen den Schuldner erstrittenen Urteils auf Vertragserfüllung bindet den Vollstreckungsgläubiger, der den Anspruch des Schuldners aus ungerechtfertigter Bereicherung wegen Unwirksamkeit des Vertrages gepfändet hat, nicht.[808] Die Einziehungsbefugnis des Gläubigers kann selbst übertragen und gepfändet werden.[809] Die Gegenmeinung macht geltend, die Befugnisse des Zwangsvollstreckungsgläubigers aus einem Pfändungs- und Überweisungsbeschluss unterlägen nicht der Pfändung, da sie nicht übertragbar seien[810], was nicht überzeugt. Er hat m. a. W. aufgrund der

---

802 BGH, Urteil vom 05.04.2001, Az.: IX ZR 441/99 = BGHZ 147, 225; dazu *Berger* JZ 2002, 46; *Jost* JR 2002, 237; *K. Schmidt,* JuS 2001, 1030.

803 *Brehm,* in: Stein/Jonas, ZPO, § 835 Rn. 8.

804 *Stöbe,* Forderungspfändung, Rn. 589; *Brehm,* in: Stein/Jonas, ZPO, § 835 Rn. 14.

805 OLGR Stuttgart 1999, 242.

806 *Schmidt-Jortzig*, (Fn. 795), S. 147 f.; *Brehm,* in: Stein/Jonas, ZPO, § 835 Rn. 25, beide m. umf. Nachw. auch des älteren Schrifttums.

807 *Schmidt-Jortzig*, (Fn. 795), S. 128 ff., 131.

808 BGH, Urteil vom 8.11.1995, Az.: VIII ZR 269/94 = NJW 1996, 395 m. Anm. *Vollkommer,* WuB VII A § 325 ZPO 1.97.

809 BAG AP § 829 Nr. 6; LG Osnabrück, Beschluss vom 08.02.1956, Az.: 8 T 384/55 = NJW 1956, 1076 f. m. Anm. *Fleischmann*; *Brehm,* in: Stein/Jonas, ZPO, § 835, Rn. 26; a. A. *Stöber,* Forderungspfändung, Rn. 590; *Becker,* in: Musielak, ZPO, Rn. 11.

810 LG Leipzig, Beschluss vom 24.3.2000, Az.: 1 T 2152/00 = Rpfleger 2000, 401.

Überweisung die Kompetenz, alle bis dahin dem Schuldner zustehenden Rechtsgeschäfte und Handlungen vorzunehmen, die zur Herbeiführung der Leistung des Drittschuldners dienen.[811] Der Gläubiger ist aufgrund der Überweisung der Forderung zur Einziehung der alleinige materiellrechtliche Inhaber der Einziehungskompetenz an der Forderung.[812] Der unselbständige Auskunftsanspruch des Bankkunden wird von der Pfändung und Überweisung des Hauptanspruchs mit erfasst.[813] Er kann daher insbesondere den Drittschuldner in Verzug setzen, die noch nicht fällige Forderung kündigen[814] oder dem Schuldner zustehende Ersetzungs- und Wahlrechte ausüben, Leistungen an Zahlung statt vereinbaren,[815] oder er kann aufrechnen[816] u. dgl. Die Aufrechnung muss sich gegen eine Forderung des Drittschuldners gegen den Gläubiger richten. Sie steht dem Gläubiger auch dann offen, wenn er selber Drittschuldner ist und ihm die gepfändete Forderung nicht an Zahlungsstatt überwiesen wird. Der Gläubiger kann auf die durch die Überweisung erworbenen Befugnisse gemäß § 843 verzichten.[817] Umgekehrt können nach der Überweisung dem Gläubiger gegenüber Erklärungen abgegeben werden, für deren Empfang bis dahin der Schuldner zuständig war, wie besonders die Aufrechnung des Drittschuldners. Seine Einziehungskompetenz legitimiert ihn zu allen Handlungen und Erklärungen, durch die nach §§ 203 ff. BGB die Verjährung gehemmt wird oder neu beginnt.[818] Der Gläubiger darf im Rahmen des § 267 BGB Gegenleistungen an den Drittschuldner erbringen, zu denen er aufgrund der Überweisung jedoch nicht verpflichtet ist und die ihm auch keine Rangvorteile verschaffen.[819] Indessen werden von der dem Gläubiger zustehenden Einziehungsbefugnis all diejenigen Handlungen nicht

---

811 BGH, Urteil vom 27.4.1978, Az.: VII ZR 219/77 = NJW 1978, 1914 f.;BGH, Urteil vom 8.10.1981, Az.: VII ZR 319/ 80= BGHZ 82, 28, 31 ff. = NJW 1982, 173, 174.

812 *Schmidt-Jortzig*, (Fn. 795), S. 148.

813 OLG Karlsruhe, Urteil vom 22.8.1998, Az.: 19 U 217/96 = NJW-RR 1998, 990.

814 RG, Urteil vom 12.5.1911, Az.: VII 519/10 = RGZ 76, 276, 282.

815 RG, Urteil vom 27.3.1942, Az.: VII 130/42 = RGZ 169, 54, 56; a. A. *Schmidt-Jortzig*, (Fn. 795), S. 48, der – begrifflich argumentierend – meint, es handele sich dabei nicht um eine „Einziehungs"handlung und werde daher nicht von der Legitimationswirkung des Überweisungsbeschlusses gedeckt.

816 RG, Urteil vom 12.5.1911, Az.: VII 519/10 = RGZ 76, 276, 282; *Stöbe,* Forderungspfändung, Rn. 602; a. A. *Schmidt Jortzig*, (Fn. 795), S. 148, unklar *Brehm*, in: Stein/Jonas, ZPO, § 835 Rn. 18.

817 *Rosenberg/Gaul/Schilken,* Zwangsvollstreckungsrecht, § 55 II 1 b.

818 BGH, Urteil vom 27.4.1978, Az.: VII ZR 219/77 = NJW 1978, 1914; a. A. *Marburger* JR 1972, 7, 15.

819 *Brehm,* in: Stein/Jonas, ZPO, § 835 Rn. 19; a. A. *Lüke*, in: Wieczorek/Schütze,§ 835 Rn. 22 a. E.

gedeckt, die nicht als Einziehungsmaßnahmen anzusehen sind.[820] Daher ist es dem Gläubiger nicht möglich, mit Wirkung gegen den Schuldner dem Drittschuldner Nachlass zu gewähren, die Forderung zu erlassen oder sie zu stunden.[821] Auch kann der Gläubiger die Forderung nicht abtreten.[822] Dagegen gehört es zu den aus der Überweisung fließenden Kompetenzen des Gläubigers, dass er mit der überwiesenen Forderung aufrechnen darf.[823]

*c) Rechtsstellung des Zwangsvollstreckungsgläubigers nach Überweisung zur Einziehung*

51 Die Rechtsstellung des Gläubigers nach der Überweisung zur Einziehung entspricht der des Pfandgläubigers nach dem BGB nach Eintritt der Pfandreife.[824] Die Befugnisse des Zwangsvollstreckungsgläubigers aus einem Pfändungs- und Überweisungsbeschluss unterliegen nicht der Pfändung, da sie nicht übertragbar sind.[825] Die Überweisung erfolgt nach Wahl des Gläubigers entweder „zur Einziehung" der Forderung durch den Gläubiger oder „an Zahlungs Statt". Die Überweisung zur Einziehung stellt die reguläre, weil die in den meisten Fällen für den Gläubiger weniger risikoreiche[826] Form der Verwertung nach § 835 dar und ist daher im Zweifelsfall als vom Gläubiger gewählte Form anzunehmen,[827] zumal die Überweisung an Zahlungs Statt gewöhnlich nur auf ausdrücklichen Antrag des Gläubigers erfolgt.[828] Ist zugunsten nur eines von mehreren Titelgläubigern der Pfändungs- und Überweisungsbeschluss erwirkt worden, ist nur dieser im Einziehungsprozess aktiv legitimiert. Das ändert nichts daran, dass Zahlungen des Drittschuldners an den im Pfändungs- und Überweisungsbeschluss bezeichneten Gläubiger auch befreiende Wirkung gegenüber dem anderen haben.[829]

52 Der Gläubiger kann (und muss gegebenenfalls) als Partei i. S. d. § 50 ZPO[830] im eigenen Namen gegen den Drittschuldner auf Zahlung aus der Forderung klagen. Dabei stehen ihm, wie vor der Pfändung dem Schuldner, alle pro-

---

820 *Schmidt-Jortzig*, (Fn. 24), S. 48 ff., der diesen Bereich freilich zu begrifflich-eng fasst.
821 *Stöber*, Forderungspfändung Rn. 604.
822 *Brehm*, in: Stein/Jonas, ZPO, § 835 Rn. 18.
823 RG, Urteil vom 03.05.1904, Az.: VII 372/03 = RGZ 58, 105, 108 f.
824 *Erkel,* (Fn. 795), S. 33.
825 LG Leipzig, Beschluss vom 24.03.2000, Az.: 1 T 2152/00 = Rpfleger 2000, 401(Fn. 129).
826 *Brehm*, in: Stein/Jonas, ZPO, § 835 Rn. 7.
827 *Rosenberg/Gaul/Schilken* § 55 II 2; a. A. soweit ersichtlich allein *Schmidt-v. Rhein*, in: AK-ZPO, § 835 Rn. 4 ohne nähere Begründung.
828 *Lüke,* JZ 1959, 270, 271.
829 LAG Niedersachsen LAGE § 428 BGB Nr. 1.
830 *Schmidt-Jortzig*, (Fn. 795), S. 34 ff., 147 ff.

zessualen Instrumentarien auch der summarischen Verfahren unverkürzt zur Verfügung. Der Überweisungsgläubiger nimmt die Stellung eines Prozessstandschafters des Schuldners ein.[831] Abzulehnen ist die Meinung des OLG Köln, ein Überweisungsbeschluss zur Einziehung führe *nicht* zu einer Prozessstandschaft des Pfändungspfandrechtsgläubigers im Einziehungsverfahren, sondern zu einer „materiellen Verfügungsgewalt". Aus dieser ergebe sich die Prozessführungsbefugnis von selbst.[832] Es ist nicht hilfreich, eine vermeintliche Evidenz an die Stelle dogmatisch abgesicherter Konstruktion zu setzen.

*d) Streitverkündung gem. § 841 ZPO*

aa) Gesetzliche Regelung

Aufgrund der Überweisung zur Einziehung hat der Gläubiger die Kompetenz, 53
die weiter dem Haftungsverband des Schuldners zugeordnete Forderung einzuziehen und prozessual geltend zu machen.[833] Der Gläubiger hat nach § 841 ZPO dem Schuldner den Streit zu verkünden, wenn er – in Ausnahmefällen[834] – nach der Pfändung oder nach der Überweisung auf die Forderung hin gegen den Drittschuldner klagt. Dies gilt gleichermaßen für Klagen auf Leistung, Hinterlegung oder auf Feststellung.[835] Eine gegen den Gläubiger ergehende Entscheidung berührt nämlich auch die Interessen des Schuldners.[836] Dem Schuldner ist daher die Gelegenheit zu geben, sich am Prozess zu beteiligen. Auch in diesem Fall kann eine Drittschuldnerklage nicht wirksam an den Schuldner zugestellt werden.[837]

bb) Klage des Schuldners gegen den Drittschuldner

Eine Anwendung des § 841 ZPO auf Fälle, in denen der Schuldner gegen den 54
Drittschuldner klagt, kommt nicht in Betracht. Der gegen den Drittschuldner klagende Schuldner ist daher nicht in entsprechender Anwendung des § 841 ZPO dazu verpflichtet, dem Gläubiger den Streit zu verkünden. Denn § 841

831 OLG Düsseldorf, Urteil vom 12.7.2002, Az.: 22 U 108/02 = OLGR Düsseldorf 2003, 280; *Rosenberg-Gaul-Schilken* § 55 II 1 b und *Rosenberg-Schwab* § 46 II 2 f, g; a. A. *Jauernig* § 19 VI 2; *Leipold*, in: Stein/Jonas, ZPO, Vor § 50 Rn. 36; *Brehm*, in: Stein/Jonas, ZPO, § Rn. 25, die meinen dass der Gläubiger kein Prozessstandschafter des Schuldners sei, da er selber zur Führung von Prozessen berechtigt sei, ohne Inhaber des streitigen materiellen Rechts zu sein, weil ihm insofern eine eigene materielle Einziehungsbefugnis zustehe.

832 OLG Köln, Urteil vom 5.8.2003, Az.: 25 UF 5/03 = InVo 2003, 398

833 *Schmidt-Jortzig,* (Fn. 795), S. 12 ff.

834 *Smid*, in: MünchKomm, ZPO § 829 Rn. 37.

835 *Brehm*, in: Stein/Jonas, ZPO, § 841 Rn. 1.

836 BGH, Urteil vom 27.4.1978, Az.: VII ZR 219/77 = JR 1978, 504, 505; *Stöber*, Forderungspfändung Rn. 660; *Baumbach/Lauterbach/Albers/Hartmann*, ZPO, § 841 Rn. 1.

837 LAG Bremen, Beschluss vom 27.10.1995, Az.: 4 Sa 56/95 = BB 1996, 538.

ZPO soll allein die Risiken des Schuldners aus der Kompetenzverlagerung an den Gläubiger aus den §§ 829, 835 ZPO kompensieren. Allerdings ist aus Gründen der prozessualen Waffengleichheit der Drittschuldner, dessen rechtliche Stellung durch die Pfändung nicht beeinträchtigt werden darf, nicht zwei unabhängig voneinander zu beurteilenden Verfahren seitens Gläubiger und Schuldner ausgesetzt.[838] Daher ist der Gläubiger an die Feststellungen im Urteil gebunden, wenn der Schuldner gegen den Drittschuldner klagt.

cc) Rechtsfolgen unterlassener Streitverkündung

55 Unterlässt der Gläubiger die Streitverkündung und verliert er den Prozess gegen den Drittschuldner, dann stehen dem Schuldner ggf. Schadensersatzansprüche gegen ihn zu.[839] Voraussetzung dafür ist, dass gegen den Schuldner nunmehr vom Gläubiger anderweitig vollstreckt wird und dass den Gläubiger der Vorwurf der mangelhaften Prozessführung (§ 68 ZPO) trifft.[840] Den Schuldner treffen für den Nachweis des Bestandes der Forderung die Anforderungen, die an ihn in einem Prozess gegen den Drittschuldner zu stellen gewesen wären.[841] Dem Gläubiger obliegt es, nachzuweisen, dass der Prozess auch mit der Streitverkündung verloren worden wäre.

## III. Partei kraft Amtes: Unterbrechung und Aufnahme des Prozesses

### 1. Amtstheorie

56 Herrschend und in ihrer praktischen Anwendung insbesondere von der höchstrichterlichen Judikatur[842] vertreten ist die sog. Amtstheorie[843]. Hiernach ist der Verwalter Inhaber eines eigenen privaten Amtes, im Prozess wird er als „Partei

838 *Brehm*, in: *Stein/Jonas, ZPO,* § 841 Rn. 2; Krit. dagegen *Lüke*, in: *Wieczorek/Schütze* Rn. 4

839 RG, Urteil vom 26.9.1913, Az.: III 249/13 = RGZ 83, 116, 121; *Baumbach/Lauterbach/Albers/Hartmann, ZPO, §841* Rn. 3; *Seiler*, in: Thomas/Putzo, ZPO, § 841 Rn. 1.

840 *Brehm*, in: Stein/Jonas, ZPO, § 841 Rn. 1.

841 *Brehm*, in: Stein/Jonas, ZPO, § 841 Rn. 1.

842 RG, Urteil vom 18. 3. 1892, Rep. I 255/91 = RGZ 29, 29; BGH, Beschluss vom 27. 10. 1983, Az.: I ARZ 334 = BGHZ 88, 331, 334; Urteil vom 14. 4. 1987, Az.: IX ZR 260/86 = BGHZ 100, 346, 351; Urteil vom 5. 10. 1994, Az.: XII ZR 53/93 = BGHZ 127, 156.

843 Nachweise bei *Henckel*, in: Jaeger, KO, § 6 Rn. 7; *Gottwald/Heilmann/Klopp,* Insolvenzrechts –Handbuch, § 23 Rn. 9; *Wittkowski*, in: Nerlich/Römermann, InsO, § 80 Rn. 40.

kraft Amtes“ bezeichnet[844]. Deshalb sollte, ungeachtet der im Theorienstreit vertretenen Meinungen, jedenfalls für die forensische Praxis, der klagende oder beklagte Verwalter stets als Partei kraft Amtes tätig sein oder in Anspruch genommen werden. Richtig heißt es also für den Kläger, dass z. B. „Rechtsanwalt X als Verwalter über das Vermögen der Y-GmbH“ klage oder dieser verklagt werde. Die Bezeichnung, dass Rechtsanwalt X „Partei kraft Amtes“ der Y-GmbH sei, ist überflüssig, aber unschädlich. Im Prozess bedeutet dies, dass Rechtsanwalt X Partei des Rechtsstreits, nicht aber etwa Vertreter der Y-GmbH ist. Deren Geschäftsführer der insolvenzschuldnerischen Gesellschaft ist denn auch Zeuge, nicht etwa Partei. Der Gemeinschuldner kann im Prozess seines Verwalters selbst als Zeuge vernommen werden, was einen nicht unerheblichen Vorteil im Zivilprozess darstellt[845].

Mit der „Partei kraft Amtes“ liegt aber nicht nur eine Hilfskonstruktion vor, 57
um ein bestimmtes Problem der Gesamtvollstreckung[846] durch eine bestimmte Form des *Rubrums*[847] zu bewältigen. Dahinter stehen vielmehr eine Reihe von Sachproblemen des materiellen Rechts, die in der Frage zusammenlaufen, gegen wen die Feststellungen des Urteils in dem Prozess, an dem der Insolvenzverwalter für die Masse teilgenommen hat, in Rechtskraft erwachsen.[848]

## 2. § 239 ZPO

Bekanntlich wird der Erbe oder werden die Erben Gesamtrechtsnachfolger des 58
Erblassers nach § 1922 Abs. 1 BGB. D.h., dass sie Inhaber der dem Erblasser zu Lebzeiten zustehenden Forderungen werden.[849] Hat der Erblasser noch zu Lebzeiten als Kläger Aktivprozesse gegen seine Schuldner rechtshängig gemacht, muss der Veränderung in der gesetzlichen Zuständigkeit im Wege des Erbganges Rechnung getragen werden. Entsprechendes gilt für den Fall, dass der Erblasser noch Lebzeiten von seinen Gläubigern verklagt worden ist. Denn der oder die Erben haben – vorbehaltlich der Ausschlagung der Erbschaft – für die Nachlassschulden gem. § 1967 BGB einzustehen.[850] Hieraus zieht die ZPO Konsequenzen[851]: Im Falle des Todes einer Partei tritt nach § 239 Abs. 1 ZPO eine Un-

---

844 Vgl. § 116 S. 1 Nr. 1 ZPO; hierzu *Thöne*, Die Verwaltung des Testamentsvollstreckers, 1994, S. 4 ff., 6.

845 *Stephan*, in: Zöller, ZPO, § 373 Rn. 5

846 Vgl. *Smid*, InsolvenzR Handbuch, § 1 Rn. 6.

847 *Musielak*, Grundkurs ZPO, Rn. 490.

848 Vgl. *Smid*, in Leonhardt/Smid/Zeuner, InsO, § 80 Rn. 66 ff.

849 *Leipold*, in: MünchKomm, § 1922 Rn. 16, 148 ff.

850 *Küpper*, in: MünchKomm, § 1967 Rn. 1.

851 *Zeiss/Schreiber ZPrR* 11. Aufl. 2009 Rn. 367.

terbrechung des Verfahrens bis zu dessen Aufnahme durch die Rechtsnachfolger ein.

### 3. § 240 ZPO

#### *a) Differenzierung zwischen der Person des Verwalters und dem Verwalter als Inhaber des privaten Amtes*

59 Die bekannteste Auswirkung der Amtstheorie ist, dass im Zivilprozess der Verwalter sich als Partei kraft Amtes bezeichnet. Hiervon ist selbstverständlich die Inanspruchnahme als Person zu unterscheiden, wenn der Verwalter etwa auf Schadensersatz in Anspruch genommen wird; dann kommt es auf die wörtliche Formulierung an, ob sich die Klage gegen den Verwalter als Person oder den Verwalter als Partei kraft Amtes richtet[852]. Als Träger eines privaten Amtes handelt der Verwalter, wo er Verfügungen vornimmt oder massebezogene Prozesse führt, im eigenen Namen[853].

#### *b) Stellung des Insolvenzschuldners*

60 Der Insolvenzschuldner verliert infolge der Eröffnung des Insolvenzverfahrens nicht seine Prozessfähigkeit, sondern nur seine Prozessführungsbefugnis, die auf den Verwalter übergeht[854], vgl. §§ 85, 86 InsO. Mit Eröffnung des Insolvenzverfahrens werden laufende Prozesse[855], an denen der Gemeinschuldner als Partei beteiligt ist, unterbrochen, § 240 ZPO[856]. Dies gilt auch für ein Zwangsversteigerungsverfahren über ein massezugehöriges Grundstück.[857] § 240 ZPO ist auf die Regelung des § 80 InsO zurückzuführen, wonach der Gemeinschuldner mit Verfahrenseröffnung die Verwaltungs- und Verfügungsbefugnis über sein Vermögen verliert und diese auf den Insolvenzverwalter übergeht. Dem Verwalter muss die Möglichkeit gegeben werden, sich in das neue Verfahren einzuarbeiten. § 240 ZPO und damit die Erlangung der Prozessführungsbefugnis durch den

---

852 Vgl. LG Baden-Baden, Urteil vom 19. 10. 1990, Az.: 2 O 218/90 m. Anm. *Lenzen* EWiR § 398 BGB 3/90, 1179.

853 *Smid,* Grundzüge, § 7 Rn. 38.

854 RG, Urteil vom 1. 7. 1880, Rep. II. 116/90, RGZ 26, 66, 68; RG, Urteil vom 19. 10. 1900, Rep. VII. 176/00, RGZ 47, 372, 374; zum österreichischen Recht vgl. *Riel*, Die Befugnisse des Masseverwalters im Zivilverfahrensrecht, 1995.

855 Nach Zustellung der Klageschrift an den Beklagten: BGH, Beschluss vom 11.12.2008, Az.: IX ZB 232/08 = ZIP 2009, 240.

856 Ebenso aufgrund eines anerkennungsfähigen Auslandskonkurses, OLG München, Beschluss vom 24.1.1996, Az.: 25 W 2281/95 = ZIP 1996, 385.

857 FK-*App*, § 85 Rn. 6; a. A. AG Göttingen, Beschluss vom 16. 11. 1999, Az.: 71 K 2/98, NZI 2000, 95 = ZInsO 2000, 50=InVo 2000, 110 m. Anm. *Hintzen* § 31 ZVG 1/2000 EWiR 255; *Wittkowski*, in: Nerlich/Römermann, InsO, § 85 Rn. 4.

Insolvenzverwalter greift nicht, wenn der Schuldner vorkonkurslich zur Prozessführung als gewillkürter Prozessstandschafter für einen anderen (z. B. den Zessionar bei einer stillen Zession) ermächtigt worden ist.[858] Die Unterbrechung gem. § 240 ZPO tritt kraft Gesetzes ein, ohne dass es eines gerichtlichen Beschlusses bedarf[859].

*c) Aufnahme des Teilungsmassestreits*

Erforderlich ist, dass der Schuldner als Partei einen Rechtsstreit um eigene Rechte und Pflichten führt. Daraus ergibt sich eine Reihe von Einschränkungen des § 240 ZPO: Ist der Schuldner als einfacher Streitgenosse gem. § 61 ZPO an einem Prozess beteiligt, wird von § 240 ZPO der Prozess nur soweit berührt, wie er die Partei betrifft, über deren Vermögen das Insolvenzverfahren eröffnet worden ist[860]. Handelt es sich dagegen um einen Fall notwendiger Streitgenossenschaft, darf der Prozess auch soweit nicht fortgesetzt werden, wie er die nicht insolventen Streitgenossen betrifft[861]. Führt der Schuldner den Prozess als Partei kraft Amtes (Nachlassverwalter, Testamentsvollstrecker oder Insolvenzverwalter), so endet sein Amt mit der Verfahrenseröffnung (§§ 1975, 1915, 1886, 1781 Nr. 3, 2227 BGB). Der laufende Prozess wird insoweit aber nicht betroffen[862]; er tangiert nicht die Masse. Dagegen greift § 85 InsO ein, wenn der Schuldner ein eigenes wirtschaftliches Interesse daran hat, den Prozess im eigenen Namen über fremde Rechte zu führen[863]. Es kommt insoweit nicht darauf an, dass der streitbefangene Gegenstand nicht zur Masse gehört; auschlaggebend ist, dass der Schuldner nicht mehr dazu befugt ist, das in der Masse begründete wirtschaftliche Interesse im Wege gewillkürter Prozessstandschaft selbst wahrzunehmen. An dessen Stelle agiert der über sein Vermögen eingesetzte Insolvenzverwalter[864]. Der Schuldner hat aber die Möglichkeit, am Prozess als streitgenössischer Nebenintervenient teilzunehmen[865]. 61

Der durch die Eröffnung des Insolvenzverfahrens unterbrochene Teilungsmassegegenstreit kann sowohl durch den Verwalter als auch durch den Gegner aufgenommen werden. Auf einen entsprechenden Entschluss des Verwalters kommt es nicht an. Die Aufnahme des Prozesses durch den Gegner ist einer zeit- 62

858 So zutr. *G. Vollkommer*, MDR 1998, 1269, 1271; a. A. LG Görlitz,Beschluss vom 27.04. 1998, Az.: 4 O 120/97, MDR 1998, 1308 f.

859 *Zöller/Stophan*, ZPO, § 240 Rn. 1

860 *Henckel*, ZZP 74 (1961), 165.

861 BGH, Urteil vom 29. 11. 1961, Az.: V ZR 181/60 = BGHZ 36, 187, 188.

862 *Henckel*, in: Jaeger, KO, § 10 Rn. 6.

863 *Henckel*, (Fn. 694), 46.

864 *Henckel*, in: Jaeger , KO, § 10 Rn. 7.

865 *Kohler*, Lehrbuch des Konkursrechts, 1891, 284.

lichen Begrenzung nicht unterworfen, was den Verwalter frühzeitig im Verfahren einer Reihe von Prozessen ausgesetzt sehen kann. Dieses Risiko kann er allerdings aufgrund der vorangegangenen Begutachtung und der vorläufigen Verwaltung übersehen und begrenzen; es ist wegen des Wegfalls unechter Masseverbindlichkeiten überschaubarer geworden und dadurch im Hinblick auf eine Unternehmensfortführung weniger gefährlich, weil der Verwalter gegebenenfalls die Vollstreckungsbeschränkung des § 90 InsO geltend machen kann. § 90 InsO führt aber nicht zu einem zeitlich begrenzten Wegfall des Rechtsschutzinteresses des den Teilungsmassegegenstreits aufnehmenden Gegners.

63 Mit einem Beschluss von Ende Oktober 2012 hat der II. Zivilsenat des BGH[866] die Voraussetzungen zur Aufnahme eines Rechtsstreits zur Feststellung einer zur Insolvenztabelle angemeldeten Forderung für den Fall, dass der Forderung im Prüfungsverfahren widersprochen wurde, zu entscheiden gehabt.

64 In erster Instanz war eine Wirtschaftsprüfungsgesellschaft auf Zahlung von Schadenersatz in Höhe von ca. 37.000 Euro in Anspruch genommen und antragsgemäß verurteilt worden. Auch in der Berufungsinstanz unterlag sie; das OLG ließ die Revision nicht zu, woraufhin die unterlegene Gesellschaft die Nichtzulassungsbeschwerde einlegte. Das Nichtzulassungsbeschwerdeverfahren wurde nach § 240 ZPO unterbrochen, da über das Vermögen der verurteilten Gesellschaft das Insolvenzverfahren eröffnet wurde. Nach Eröffnung des Insolvenzverfahrens über das Vermögen der Beklagten trat die H AG auf Seiten der Beklagten dem Rechtsstreit bei, als Gläubigerin der Beklagten widersprach sie der streitgegenständlichen Forderung, die von der Klägerin zur Tabelle angemeldet wurde. Auch der Insolvenzverwalter widersprach. Die Klägerin hat ausdrücklich nur gegen die Streithelferin gem. § 250 ZPO i.V.m. § 179 Abs. 1 und § 180 Abs. 2 InsO den Prozess aufgenommen. Hiergegen wandte sich die Streithelferin. Grundsätzlich ist der Gläubiger einer Forderung dazu befugt, den Rechtsstreit aufzunehmen, wenn der Widersprechende seinen Widerspruch nicht verfolgt. Dies gilt auch dann, wenn für die Forderung bereits ein vollstreckbarer Schuldtitel bzw. ein Endurteil vorlag. Ebenso grundsätzlich tritt derjenige Gläubiger bzw. der Insolvenzverwalter anstelle des Schuldners in den als Feststellungsstreit aufgenommenen Rechtsstreit ein, der im Insolvenzverfahren der Forderung widersprochen hat. Im vorliegenden Fall war aber der Streitverkündende an das bisherige Ergebnis des Prozesses gebunden, § 67 ZPO. Die Aufnahme des Rechtsstreits allein gegen die Streithelferin aber konnte jedenfalls nicht erfolgen. Sie hätte gegenüber allen widersprechenden Personen auch gegenüber dem Insolvenzverwalter erfolgen müssen. Denn andernfalls hätte das Rechtsschutzziel – nämlich die Aufnahme zur Tabelle – nicht erreicht werden können.

---

866 BGH,Beschluss vom 31.10.2012, Az.: III ZR 204/12 = ZIP 2012, 2369.

*d) Fallgruppen des § 240 ZPO*

§ 240 ZPO erfasst Leistungs- und Feststellungsklagen, sofern sie Forderungen bzw. die Feststellung[867] von Rechten betreffen, die massezugehörig sind bzw. Prozesse, die die Masse betreffen. Hierzu gehören auch Kostenfestsetzungsverfahren.[868] Von § 240 ZPO werden die echten Streitsachen nach dem FamFG, nicht aber Nichtstreitverfahren, erfasst.[869] 65

Bei Gestaltungsklagen ist eine differenzierende Betrachtung vorzunehmen. Erhebt der Schuldner Auflösungsklage wegen einer OHG, deren Gesellschafter er ist, erledigt sich dieser Prozess mit Eröffnung des Insolvenzverfahrens über sein Vermögen (§ 131 Nr. 5 HGB)[870]; dies gilt auch für die Ausschließungsklage, wenn der Kläger wegen der über sein Vermögen eröffneten Gesamtvollstreckung gem. § 138 HGB aus der OHG ausscheidet[871]. Wird die Gesellschaft infolge des über das Vermögen des Schuldners eröffneten Insolvenzverfahrens aufgelöst, kann demgegenüber vom Verwalter der gegen einen anderen Gesellschafter vorkonkurslich begonnene Ausschließungsprozess aufgenommen werden, da ein rechtliches Interesse der Masse daran bestehen kann, dass der auszuschließende Gesellschafter nicht mehr an der Liquidation der OHG beteiligt ist. Auch die gegen den Schuldner gerichtete Ausschließungsklage wird nicht durch die Eröffnung des Insolvenzverfahrens über sein Vermögen erledigt, da auch insoweit ein Interesse der Masse an Beteiligung an der Liquidation besteht. Wird ein Gesellschafterbeschluss gem. §§ 243 ff. AktG, 51 GenG angefochten, wird der diesbezügliche Prozess dann unterbrochen, wenn die Masse durch ihn tangiert wird[872]. 66

Früher wurde folgende Ansicht vertreten: Wird eine Unterlassungsklage gegen den Schuldner wegen einer tatsächlichen von ihm ausgehenden Störung erhoben, bewirkt der Erlass des Eröffnungsbeschlusses keine Unterbrechung gem. § 240 ZPO; die zu treffende Rechtsfeststellung betrifft den Schuldner in personam[873]. Soweit indes die Masse durch den Rechtsstreit betroffen sein kann, erleidet dieser Grundsatz Ausnahmen und die Eröffnung des Insolvenzverfahrens bewirkt die Unterbrechung des Prozesses gem. § 240 ZPO[874]; dies leuchtet ein, 67

867 RG, Urteil vom 18.1.1886, Rep I 253/85 = RGZ 16, 116, 118.

868 KG, Beschluss vom 18. 1. 2000, Az.: 1 W 2378/99 = ZInsO 2000, 171.

869 *Lüke*, in: Kübler/Prütting/Bork, InsO, § 85 Rn. 34.

870 RG, Urteil vom 21. 1. 1929, VIII ZS 286/28 = RGZ 123, 151, 153.

871 *Henckel*, in: Jaeger, KO, § 10 Rn. 14.

872 BGH, Urteil vom 10. 3. 1960, II ZR 56/59, BGHZ 32, 114, 121.

873 *Lobe,* ZZP 39 [1909] 493 ff.; zutr. Krit. gegen die pauschale Ablehnung der Unterbrechung jedweder Unterlassungsprozesse durch *Lobe,* vgl. *Henckel*, in: Jaeger, KO, § 10 Rn. 25.

874 Vgl. die Darstellung bei *Henckel*, in: Jaeger, KO, § 10 Rn. 17 ff.

weil es für vermögensrelevante Unterlassungsansprüche nicht darauf ankommt, ob der Schuldner oder der Verwalter handelt: Hatte der Schuldner in personam gehandelt, so hat dies für die Frage der Unterbrechung des Prozesses keine Bedeutung, wohl aber für die der Erledigung des Rechtsstreits[875]. Die Begründungen für eine Unterbrechung von Unterlassungsprozessen differieren stark: Zum Teil wird, ausgehend von der Organtheorie, die Verteidigung eines nicht zur Masse gehörigen Rechts als Aussonderungsstreit konstruiert[876]. Dieser Ansatz begegnet den Zweifeln, die auch aus den allgemeinen Bedenken gegenüber der modifizierten Organtheorie herrühren. Darüber hinaus ist nicht in allen Fällen eine Aussonderungsklage gegeben, in denen eine Unterbrechung des Prozesses gem. § 240 ZPO stattfinden sollte. So ist ein Aussonderungsrecht nicht berührt, wenn der Kläger auf Unterlassung eines vermeintlichen Patents klagt und der Verwalter der Klage unter Leugnung des Patents entgegentritt[877]; ein Aussonderungsrecht kann demgegenüber vorliegen, wenn der Verwalter, der ein vom Kläger behauptetes Recht als Massebestandteil verwertet, etwa geltend macht, dem Schuldner stünde eine Lizenz zu. Gegenüber der Anknüpfung an die Voraussetzungen eines Aussonderungsstreits überzeugt es mehr, an der „Betroffenheit" der Masse durch den Unterlassungsstreit anzuknüpfen. Damit scheiden solche Unterlassungsprozesse aus, die mit der Vermögenssphäre des Schuldners nichts zu tun haben[878]

68 Streitigkeiten, die höchstpersönliche Pflichten des Schuldners betreffen, berühren die Masse nicht; sie werden daher auch nicht von § 240 ZPO erfasst. Im einzelnen bleibt der Schuldner prozessführungsbefugt in allen Ehe- und Kindschaftssachen, den seinen persönlichen Status betreffenden Verfahren, dem Namensstreit natürlicher Personen, dem Streit um Ausschließung aus einem nichtrechtsfähigen Verein, der nicht im wesentlichen wirtschaftliche Zielsetzungen verfolgt[879].

69 Der Verwalter ist grundsätzlich an die bisherige Prozessführung des Schuldners gebunden. Er muss daher im Allgemeinen die Versäumung von Fristen gegen sich gelten lassen. Alle Prozesshandlungen des Schuldners behalten also nach Eröffnung des Insolvenzverfahrens ihre Wirksamkeit: Anerkenntnis, Geständnis und Verzicht können aber gegebenenfalls im Wege der Insolvenzanfechtung vom Verwalter angegriffen werden. Nach § 132 Abs. 2 InsO kann der Verwalter aber auch die Fristversäumnis als bloße Unterlassung seitens des

875 *Henckel*, in: Jaeger , KO, § 10 Rn. 25 a. E.
876 *K. Schmidt*, ZZP 90 (1977) 38, 42 ff., 51.
877 So überzeugend *Henckel*, in: Jaeger, KO, § 10 Rn. 23.
878 *Henckel*, in: Jaeger, KO, § 10 Rn. 25 a. E.
879 BGH, Urteil vom 27. 2. 1954, II ZR 17/53, BGHZ 13, 5.

Schuldners anfechten. Der Verwalter kann insoweit auch alle Einspruchs- und Rechtsmittelmöglichkeiten ausschöpfen oder auch nach Aufnahme des Prozesses die noch zulässigen Angriffs- und Verteidigungsmittel anführen, die Klage erweitern, ermäßigen oder zurücknehmen, §§ 263, 264, 269 ZPO. Schadensersatzansprüche aus § 826 BGB kann ein Verwalter kraft seines Amtes aus eigenem Recht nur dann auf dem Rechtsweg verfolgen, wenn die vorsätzliche sittenwidrige Schädigung, auf der sie beruhen, den Schuldner oder doch wenigstens die Gesamtheit der Insolvenzgläubiger durch Verkürzung der ihrer gemeinschaftlichen Befriedigung dienenden Masse getroffen hat. Das soll nach Ansicht des BGH[880] nicht der Fall sein, wenn der Geschäftsführer der Gemeinschuldnerin angesichts erheblicher wirtschaftlicher Schwierigkeiten Kredite bei einer Bank zurückführt, für die er sich persönlich verbürgt hatte.

Wegen der Auswirkung des Eröffnungsbeschlusses auf ein Mahnverfahren ist zu unterscheiden: Bei Insolvenzeröffnung vor Zustellung des Mahnbescheids an den Schuldner kann kein Unterbrechungsfall vorliegen, da das Mahnverfahren noch nicht begonnen wurde[881]. War der Mahnbescheid bei Verfahrenseröffnung bereits zugestellt, ist zwar dadurch noch keine Rechtshängigkeit eingetreten, doch ist § 240 ZPO entsprechend anzuwenden[882]. 70

## 4. Beispielsfälle

### *a) Wandelungsfall I*

Im „Wandelungsfall"[883] hatte der Kläger hilfsweise beantragt, seinen Schadenersatzanspruch gem. § 103 Abs. 2 InsO zur Tabelle festzustellen. Ein Anmeldungs- und Prüfungsverfahren im Rahmen des über das Vermögen der Verkäufer eröffneten Insolvenzverfahrens war dem nicht vorangegangen. Denn der Kläger hatte im Insolvenzverfahren nicht den nach § 103 Abs. 2 InsO zu berechnenden Differenzschaden[884] zur Tabelle angemeldet, sondern seinen wandelungsrechtlichen Rückgewähranspruch. Da die Forderungsanmeldung funktionales Äquivalent einer klagweisen Geltendmachung des Anspruchs ist, behandelt der BGH den vom Kläger erhobenen Hilfsantrag bezogen auf das Insolvenzverfahren – auf das mit dem begehrten Feststellungsurteil eingewirkt werden soll – als Klageänderung. Im *Allgemeinen* wird die Umstellung des vorkonkurslich 71

880 BGH, Urteil vom 28. 1. 1986, Az.: VI ZR 201/84 = WM 1986, 386 m. Anm. *Wellensiek* EWiR § 6 KO 1/86, 493.

881 RG, Urteil vom 4. 7. 1930, Az.: II 96/30 = RGZ 129, 339, 344.

882 *Henckel*, in: Jaeger, KO, § 10 Rn. 27.

883 BGH, Urteil vom 23. 10. 2003, Az.: IX ZR 165/02 = ZIP 2003, 2379 m. Anm. von *Holzer* EWiR .2004, 191.

884 *Zeuner*, in Leonhardt/Smid/Zeuner, InsO, § 103 Rn. 51.

erhobenen Leistungs- auf den insolvenzrechtlichen Feststellungsantrag gem. § 180 InsO mit der Judikatur des BGH[885] freilich für zulässig erachtet.[886]

72 Fall: Der Beklagte ist Insolvenzverwalter in dem über das Vermögen der Lieferantin eröffneten Insolvenzverfahrens, von der eine Leasinggesellschaft vorkonkurslich ein Fahrzeug erworben hatte, das an den Kläger als Leasingnehmer ausgeliefert worden war. Nach den AGB der Leasinggesellschaft waren deren Gewährleistungsansprüche gegen die Lieferantin an den Kläger abgetreten. Der Kläger nimmt den Beklagten auf Rückzahlung des Kaufpreises aufgrund Wandelung in Anspruch.

73 Der IX. Zivilsenat[887] hat auch den Hilfsantrag des Klägers, den Anspruch auf Rückzahlung des Kaufpreises Zug-um-Zug gegen Rückgabe des Pkw zur Tabelle festzustellen, als unbegründet verworfen. Denn dieser Antrag würde dem Käufer das insolvenzfeste Recht geben, die Wandelung des Kaufvertrages – in Ansehung des Kaufpreisrückzahlungsanspruches begrenzt auf die Quote - gegen den Willen des Insolvenzverwalters durchzusetzen. Die im Insolvenzverfahren sich verwirklichende Haftungsordnung beruht auf einer quotalen Beteiligung der Insolvenzgläubiger an dem aus der Masseverwertung erzielten Erlös. Das setzt voraus, dass eine Quote rechnerisch aus der Höhe der jeweils angemeldeten Forderung ermittelt werden kann. Ihrer geldmäßigen Höhe nach zunächst unbestimmte Forderungen müssen daher – bezogen auf den Zeitpunkt der Eröffnung des Insolvenzverfahrens – in einem konkreten Geldbetrag ausgedrückt werden, um diesen sich aus der Struktur des Insolvenzverfahrens ergebenden Anforderungen Genüge tun zu können.[888] In dem über das Vermögen des *Käufers* eröffneten Insolvenzverfahren sind daher Ansprüche des Verkäufers auf Rückgewähr gegen den Käufer aufgrund Wandelung des Kaufvertrages[889] zu kapitalisieren; im Werkvertrag gilt dies für Ansprüche des Bestellers auf Nachbesserung und Mängelbeseitigung gem. § 633 BGB.[890]/[891] Im Schrifttum[892] wird die Möglichkeit einer Anmeldung des Rückzahlungsanspruchs angesprochen. Der IX. Zivilsenat stützt sich neben der Meinung *Henckels*[893], es gebe für die Anmeldung des Anspruchs auf Rückzahlung des Kaufpreises Zug-um-Zug gegen Rückgabe des

---

885 BGH, Urteil 08.11.1961, Az.: VIII ZR 149/60 = NJW 1962, 153, 154 f.

886 Vgl. statt aller allein *Lüke*, in: MünchKomm, ZPO, § 264 Rn. 32.

887 BGH, Urteil vom 23.10.2003, Az.: IX ZR 165/02 = ZIP 2003, 2379 m. Anm. von *Holzer* EWiR 2004, 191.

888 *Smid/Leonhardt*, in: Leonhardt/Smid/Zeuner, InsO, § 45 Rn. 1.

889 RG, Urteil vom 30. 1. 1907, Rep V 153/06 =RGZ 65, 132, 133.

890 *Heidland*, BauR 1981, 21, 22.

891 *Smid/Leonhardt*, in: Leonhardt/Smid/Zeuner, § 45 Rn. 6.

892 *Huber*, in: MünchKomm-InsO § 103 Rn. 139; anders *Henckel*, in: Jaeger, KO, § 17 Rn. 92.

893 *Henckel*, in: Jaeger, KO, § 17 Rn. 92.

Pkw zur Tabelle keine gesetzliche Grundlage, auf eine *verfahrensrechtliche Argumentation*. Im insolvenzrechtlichen Feststellungs- und Verteilungsverfahren ist nämlich keine Befriedigung des Insolvenzgläubigers in einer den §§ 756, 765 ZPO entsprechenden Weise vorgesehen.

Der ursprünglich erhobene, auf Leistung gerichtete Antrag wird unzulässig. 74
Nach § 180 Abs. 2 InsO ist diese Klage „durch Aufnahme“ (§ 240 ZPO) zu verfolgen[894]. Mit der Minute der Eröffnung des Insolvenzverfahrens über das Vermögen des Schuldners beginnt die Unterbrechung des Prozesses[895]; mit der Einsetzung des Verwalters durch Wirksamwerden des Eröffnungsbeschlusses endet die Prozessführungsbefugnis des Insolvenzschuldners.[896] Damit der Kläger aber anstelle der zunächst geforderten Leistung (Rückzahlung des Kaufpreises) Verurteilung des beklagten Insolvenzverwalters verlangen kann, eine Schadenersatzforderung zur Tabelle aufzunehmen, müssen für diesen neuen Antrag die Prozessvoraussetzungen gegeben sein. Die Unterbrechung des vorkonkurslich rechtshängig gemachte Leistungsprozesses, der nicht unter § 86 InsO fällt, sondern eine Insolvenzforderung zum Gegenstand hat (*Passivprozess zur Schuldenmasse*), bleibt bis zum Prüfungstermin unterbrochen.[897] Der klagende Insolvenzgläubiger kann den Prozess erst unter der Voraussetzung aufnehmen, dass seine angemeldete und geprüfte Forderung bestritten worden ist.[898] Die Forderung wird nicht festgestellt, wenn der Verwalter oder ein Insolvenzgläubiger (§ 38 InsO) einer angemeldeten Forderung widerspricht[899]; dies kann nur mündlich im Prüfungstermin erfolgen[900]. Wird festgestellt, dass dem Gläubiger einer bestrittenen Forderung die Forderung zustehe, so muss nicht nur der unterlegene Bestreitende, sondern müssen alle Insolvenzgläubiger diese Entscheidung gem. § 178 Abs. 3 InsO gegen sich gelten lassen[901]; das Urteil tritt m.a.W. an die Stelle der Prüfung und Anerkennung der Forderung.[902]

---

894 *Wittkowski*, in: Nerlich/Römermann, InsO, § 87 Rn. 8 ff.

895 *Gehrlein*, in: MünchKomm, ZPO, § 240 Rn. 21.

896 *Smid*, in: Leonhardt/Smid/Zeuner, InsO, § 87 Rn. 7.

897 *Gehrlein*, in: MünchKomm, ZPO, § 240 Rn. 33.

898 *Gehrlein*, in: MünchKomm, ZPO, § 240 Rn. 33.

899 *Smid*, in: Leonhardt/Smid/Zeuner, InsO, § 178 Rn. 6.

900 RG, Urteil vom 3. 3. 1904, Az.: I 466/03 = RGZ 57, 270, 274; Kölner Schrift-*Eckardt* S. 743, 756 Rn. 25; *Pape*, in: Kübler/Prütting/Bork, InsO, § 176 Rn. 6; a. A. *Becker*, in: Nerlich/Römermann, InsO, § 176 Rn. 21; *Kuhn/Uhlenbruck*, KO, 11. Auflage 1994, § 144 Rn. 2 e.

901 *Weber*, in: Jaeger, KO, § 147 Rn. 1; *Kuhn/Uhlenbruck*, KO, 11. Auflage 1994, § 147 Rn. 1; krit. mit Rücksicht auf eine mögliche Konstellation mehrerer erhobener Widersprüche und darauf gründenden Feststellungsklagen Kölner Schrift-*Eckardt* 743, 775 f. Rn. 58.

902 RG, Urteil vom 1. 7. 1903, Rep. V 78/03 = RGZ 55, 158, 160; RG, Urteil vom 4. 7. 1904, Rep. VI 309/93 = RGZ 58, 369, 375; *Smid*, in: Leonhardt/Smid/Zeuner, InsO, 183 Rn. 2.

75 Hatte wie in dem vom BGH entscheidenden „Wandelungsfall" der Kläger der Feststellungsklage gem. § 180 InsO eine von der streitgegenständlichen abweichende, *andere* Forderung zur Tabelle angemeldet, wird die Klage mit der Umstellung auf die andere Forderung unzulässig. Denn in dem vom IX. Zivilsenat entschiedenen Fall war die Schadenersatzforderung des Klägers nicht geprüft und bestritten worden.

*b) Wandelungsfall II*

76 § 85 InsO bestimmt, dass Aktivprozesse, die vom Insolvenzschuldner als Partei[903] über das zur Insolvenzmasse gehörige Vermögen geführt werden, in der jeweiligen Lage vom Insolvenzverwalter aufgenommen werden können, in der sie sich zum Zeitpunkt der Eröffnung des Insolvenzverfahrens befinden.[904] Um einen Aktivprozess handelt es sich, wenn ein Recht geltend gemacht wird, das der später zu verteilenden Masse zukommt. *Jaeger* hat insofern eindrucksvoll vom „Teilungsmassestreit" gesprochen.[905] Der Insolvenzschuldner nimmt in diesen Streitigkeiten ein Recht in Anspruch, das der Masse zugute kommt;[906] der Gegner ist insofern „Angegriffener". Es kann ihm zugemutet werden, auf die Entscheidung über die Aufnahme des Prozesses durch den Insolvenzverwalter eine angemessene Frist zu warten.[907] Wird der (spätere) Gemeinschuldner als Beklagter dagegen vom Kläger mit der Behauptung eines Rechts prozessual in Anspruch genommen, das – nach Insolvenzeröffnung – dem Kläger ein Recht auf Aussonderung oder auf Absonderung oder auf Befriedigung aus der Insolvenzmasse als Massegläubiger (vgl. § 55 Abs. 2 InsO!) verschaffen würde, greift § 86 InsO ein.[908] Danach können sowohl der Insolvenzverwalter als auch der Gegner diesen Prozess aufnehmen.[909] In einer Entscheidung hat der V. Zivilsenat des BGH[910] den Geltungsbereich des § 85 Abs. 1 InsO näher bestimmt und den Aktiv- vom Passivprozess abgegrenzt; folgender vereinfacht wiedergegebener Sachverhalt liegt der Entscheidung zugrunde:

---

903 *Henckel*, in: Jaeger, KO, § 10 Rn. 5, 8; *Lüke*, in: Kübler/Prütting/Bork, InsO, § 85 Rn. 22 ff.; einschränkend *Gottwald/Gerhardt,* Insolvenzrechts-Handbuch, § 32 Rn. 21; auf Parteirolle kommt es nicht an, *Schumacher*, in: MünchKomm, InsO, § 85 Rn. 4.

904 Dies gilt auch für das selbständige Beweisverfahren: OLG Hamburg, Beschluss vom 22.3.2000, Az.: 11 W 11/00 = ZInsO 2001, 132; *Uhlenbruck*, InsO, § 85 Rn. 1, 8.

905 *Jaeger,* Lehrbuch des Konkursrechts, S. 49.

906 *Eickmann*, in: HK-InsO, § 85 Rn. 5.

907 *Jaeger* (Fn. 131); *Gottwald/Gerhardt,* Insolvenzrechts-Handbuch, § 32 Rn. 31; *Schumacher*, in: MünchKomm, InsO, § 85 Rn. 35.

908 *Gottwald/Gerhardt,* Insolvenzrechts-Handbuch, § 32 Rn. 35. Zu den prozessualen Fragen vgl. weiters *Garlichs,* Passivprozesse des Testamentsvollstreckers, 1995.

909 *Gehrlein*, in: MünchKomm, ZPO, § 240 Rn. 32 f.

910 BGH, Beschluss vom 12. 2. 2004, Az.: V ZR 288/03 = ZIP 2004, 769.

Fall: Die Beklagte – über deren Vermögen später das Insolvenzverfahren eröffnet worden ist, verkaufte an die Klägerin ein Grundstück für DM 2.200.000,-. Mit ihrer Klage begehrt die Klägerin Zustimmung der Beklagten zur Wandelung des Kaufvertrages. Widerklagend begehrte die Beklagte die Verurteilung der Klägerin zur Kaufpreiszahlung. Das Landgericht wies die Klage ab und verurteilte entsprechend dem widerklagend gestellten Antrag die Klägerin zur Zahlung. Daraufhin leistete die Beklagte entsprechende Sicherheit, während die Klägerin den Klagbetrag zuzüglich Kosten zahlte. Auf die Berufung der Klägerin hin verurteilte das OLG unter Aufhebung des erstinstanzlichen Urteils zur Erstattung des von dieser gezahlten Betrages Zug um Zug gegen Freigabe der hinterlegten Sicherheit. Kurz nach Einlegung der Revision gegen das Berufungsurteil durch die Beklagte wurde über deren Vermögen das Insolvenzverfahren eröffnet. Nach Freigabe der mit der Widerklage geltend gemachten Kaufpreisforderung durch den Insolvenzverwalter hat die Beklagte die Aufnahme des Verfahrens erklärt. 77

Mit seinem Beschluss hat der BGH die Entscheidung über die Annahme der Revision „derzeit" abgelehnt, da die Unterbrechungswirkung des § 240 ZPO anhalte. Denn der Rechtsstreit sei nicht als Aktiv-, sondern als Passivprozess zu qualifizieren. Die *Klage* sei nämlich darauf gerichtet, durch Erlangung der Zustimmung zur Wandelung die gegen die Klägerin für die Insolvenzmasse gerichtete Kaufpreisforderung endgültig zum Erlöschen zu bringen (vgl. heute: Rücktritt vom Vertrage gem. § 437 Nr. 2 BGB). Zutreffend führt der V. Zivilsenat aus, es komme insofern für die Qualifikation des Prozesses als Aktiv- oder Passivprozess nicht darauf an, in welcher Parteirolle der Insolvenzschuldner (als Kläger, Beklagter, Widerkläger oder Widerbeklagter) stehe. Ausschlaggebend sei allein, ob darüber gestritten wird, ob eine Leistung in die Masse zu erbringen sei – dann handelt es sich um einen Aktivprozess i.S.v. § 85 InsO –, oder ob eine in die Masse gelangte Leistung aus dieser herauszugeben sei – dann ist das Verfahren als Passivprozess i.S.v. § 86 InsO zu qualifizieren. Wenn die zugunsten des Insolvenzschuldners ausgeurteilte Leistung erbracht und nach Aufhebung des erstinstanzlichen Urteils in der Rechtsmittelinstanz über seine Rückerstattung gestritten wird (§ 717 Abs. 2 S. 2 ZPO) wird Gegenstand des Rechtsstreits, ob der in die Masse geleistete Gegenstand in dieser verbleibt. Der V. Zivilsenat führt eindrucksvoll aus, dass „die Zahlung der Urteilssumme vor Eröffnung des Insolvenzverfahrens ... insoweit den vorherigen Aktivprozess in einen Passivprozess" wandele. Die Erklärung des Beklagten, den Prozess aufnehmen zu wollen, genügte daher nicht. 78

*c) Klage nach § 717 Abs. 2 ZPO*

79 Mit einem Urteil aus dem April 2005 hat der IX. Zivilsenat des BGH seine Judikatur zur näheren Bestimmung des Bereichs von Aktivprozessen der Masse[911] ausgebaut.[912] Dabei ging es um folgenden Sachverhalt:

80 Fall: Der heutige Kläger war Mitgesellschafter einer Gesellschaft Bürgerlichen Rechts, deren Zweck es war, ein Fachwerkhaus zu erwerben, umzubauen, in Wohnungseigentum aufzuteilen und die einzelnen Eigentumseinheiten zu veräußern bzw. selber zu nutzen. Hierzu erbrachte der heutige Kläger Architektenleistungen. Seine vorläufige Kostenzusammenstellung über ca. 850.000 DM wurde von den tatsächlichen Baukosten in Höhe von DM 1,5 Mio. um nahezu das Doppelte überschritten, weshalb ihn seine Mitgesellschafter auf Schadenersatz in Anspruch nahmen. Vor dem LG Göttingen wurde der Kläger durch Teilurteil zur Zahlung von DM 380.000 nebst Zinsen verurteilt; das Urteil war für die späteren Beklagten gegen Sicherheitsleistung in Höhe von DM 540.000 vorläufig vollstreckbar, die auch durch eine Bürgschaft der Sparkasse erbracht wurde. Nach Zustellung der Bürgschaft an den Kläger zahlte dieser insgesamt 563.000 DM. Das landgerichtliche Urteil wurde durch Urteil des OLG Celle danach aufgehoben und die Bürgschaftssumme von 540.000 DM an den Kläger ausgezahlt. Der Kläger nahm daraufhin seine früheren Mitgesellschafter gem. § 717 Abs. 2 ZPO auf Schadenersatz in Anspruch, wegen des von der Bürgschaft nicht gedeckten Betrages in Höhe von DM 20.000. Auf das zu seinen Gunsten hin ergangene Urteil hat allein der Beklagte Berufung eingelegt, die als unzulässig verworfen wurde. Hiergegen hat der Beklagte rechtzeitig begründete Revision eingelegt. Der auf den 6.6.2002 anberaumte Termin zur mündlichen Verhandlung ist indes aufgehoben worden, nachdem bekannt geworden war, dass über das Vermögen des Beklagten am 4.6.2002 das Insolvenzverfahren eröffnet worden ist. Mit Schriftsatz des Insolvenzverwalters vom 1.7.2004 hat dieser dem erstinstanzlichen Prozessbevollmächtigten des Klägers gegenüber erklärt, dass er nicht beabsichtige, das Verfahren aufzunehmen. Darauf hat der Kläger mit Schriftsatz vom 29.11.2004 die Wiederaufnahme des Rechtsstreits erklärt und beantragt, das Verfahren fortzusetzen. Dabei trägt der Kläger vor, es liege ein Aktivprozess vor, denn der Kläger habe aufgrund des Instanzurteils zwar keine Zahlung erhalten, jedoch Sicherheitsleistung erwirkt. Dies begründet der Kläger mit einer seinem Aufnahmeschriftsatz in Ablichtung beigefügten Urkunde vom 15.12.1998, mit der die Sparkasse unter Bezugnahme eine Bankbürgschaft in Höhe von 147.000 DM zur Abwendung der Vollstreckung begründet.

81 Die gegen den Insolvenzschuldner gerichtete Klage auf Schadenersatz aus § 717 Abs. 2 ZPO ist als Schuldenmassestreit gem. § 87 InsO zu qualifizieren, der nach Eröffnung des Insolvenzverfahrens über das Vermögen des Beklagten einer Fortsetzung bzw. einer Aufnahme durch den Kläger nicht zugänglich ist. Vielmehr wird der Schuldenmassestreit gem. § 240 ZPO bis zur Beendigung des

911 BGH, Beschluss vom 12.2.2004, Az.: V ZR 288/03 = ZIP 2004, 769.

912 BGH, Beschluss vom 14.4.2005, Az.: IX ZR 221/04 = ZIP 2005, 952.

Insolvenzverfahrens unterbrochen; dem Kläger bleibt es unbenommen, seine Forderung durch Anmeldung zur Tabelle zu betreiben. Der IX. Zivilsenat des BGH stellt zutreffend fest, dass die Qualifikation eines Prozesses als Aktiv- oder Passivprozess nicht von der formellen Parteirolle abhängig ist, sondern danach zu beurteilen ist, ob in dem anhängigen Rechtstreit über die Pflicht zu einer Leistung gestritten wird, die in die Masse zu gelangen hat.[913] Mit seiner Entscheidung aus dem Jahre 2004[914] hat der BGH bereits erkannt, dass, wenn der Titelschuldner ein Rechtsmittelverfahren wegen seiner Leistung gem. § 717, Abs. 2 ZPO Ersatz verlangt, die er aufgrund eines vom Insolvenzschuldner vorinstanzlich titulierten Anspruchs erbracht hat, ein Aktivprozess nicht vorliegt. Die besondere Situation im diesem Fall liegt darin, dass es nicht um einen im Rechtsmittelverfahren anhängig gemachten Anspruch aus § 717 Abs. 2 ZPO geht, sondern der Schadenersatzanspruch in dem Verfahren, auf das hin das vorliegende Urteil ergangen ist, gesondert eingeklagt worden ist. Dies aber begründet – wie der IX. Zivilsenat des BGH überzeugend ausführt – keinen rechtserheblichen Unterschied für die Frage, ob ein Aktiv- oder Passivprozess vorliegt. Der Umstand, dass der durch die vorangegangene Zwangsvollstreckung seitens des Beklagten geschädigte Kläger mit seinem Anspruch aus § 717 Abs. 2 ZPO durch die nach § 711 ZPO zu stellende Bürgschaft gesichert ist, begründet, wie der BGH im Jahr 2004 bereits ausgeführt hat, keine abweichende Betrachtung. Daher ist der Kläger zu einer Aufnahme nach § 86 InsO nicht befugt.

Durch die Aufnahme des Verfahrens wird der Lauf der nach § 249 Abs. 1 82
ZPO durch die Eröffnung des Verfahrens unterbrochenen Fristen erneut begonnen. Wo vorkonkurslich im Prozess durch den Vorsitzenden gesetzte Einlassungs- und Erklärungsfristen während des Unterbrechungszeitraums verstrichen sind, hat das Gericht diese erneut zu setzen.

## IV. Gewillkürter Parteiwechsel

Anders als Fälle des gesetzlich geregelten Parteiwechsels im Todes- oder Insol- 83
venzfall wird der Fall des sogenannten gewillkürten Parteiwechsels – zu Recht – in der ZPO im Rahmen der Klageänderung geregelt.[915] Das ist überzeugend, da – in der Sache – der gewillkürte Parteiwechsel sich als Klagrücknahme gegen

---

913 BGH, Urteil vom 27.3.1995, Az.: II ZR 140/93 = ZIP 1995, 643 m. Anm. *Weipert*, EWiR 1995, 893.

914 BGH, Beschluss vom 12.2.2004, Az.: V ZR 288/03 = ZIP 2004, 769 m. Anm. *Johlke/Schröder,* EWiR 2004, 813.

915 So zutr. BGH, Urteil vom 13.7.1956, Az.: VI ZR 32/55 = BGHZ 21, 285, 287 ff.; BGH, Urteil vom 4.10.1985, Az.: V ZR 136/84 = JZ 1986, 107; vgl. bereits RG, Urteil vom 10.7.1924, Az.: V 11/24 = RGZ 108, 350.

den bisherigen Beklagten darstellt.[916] Denn entweder stellt sich der „gewillkürte Parteiwechsel“ als neue Klageerhebung gegen eine andere Partei als die des „Erstprozesses“ dar. Oder der bisherige Beklagte stimmt der „Auswechselung“ im laufenden Prozess zu.

84 So geht der BGH[917] davon aus, dass die Wohnungseigentümergemeinschaft Ansprüche der Erwerber von Wohnungseigentum aus Bürgschaften nach § 7 MaBV und Ansprüche von Erwerbern, die noch nicht im Grundbuch stehen, und die auf Freigabe von auf dem Wohnungseigentum lastenden Grundschulden als gewillkürter Prozesstandschafter geltend machen könne.

85 Dagegen kann eine schuldnerische Gesellschaft bürgerlichen Rechts - eine Grundstücksgesellschaft - im Rahmen einer Sanierungsvereinbarung vom Gläubiger eines an sie gewährten notleidenden Darlehens nicht wirksam ermächtigt werden, die Darlehensforderungen gegen einen ihrer ausgeschiedenen Gesellschafter einzuklagen. Die Abwicklung der Rechtsbeziehungen zwischen Gesellschaft und ausgeschiedenem Gesellschafter erfolgt nach den §§ 738 ff. BGB. Dies sollte durch die Klage der Gesellschaft als Prozessstandschafter der Bank „ausgehebelt“ werden – was das OLG München[918] dazu veranlasst hat, von einem überwiegen der schutzwürdigen Interessen des beklagten ausgeschiedenen Gesellschafters vor denen von Gesellschaft und Bank zu sprechen. Hinter dieser – vordergründig als Abwägung im Einzelfall erscheinenden Erwägung – steht systematisch der Gesichtspunkt, dass die gewillkürte Prozessstandschaft nicht materieller Strukturen der Rechtsverhältnisse der Beteiligten unterlafen darf.

## V. Verbandsklagen

### 1. Abgrenzung zu Prozessstandschaftsfällen

86 Grundsätzlich erfordert die Zulässigkeit einer Klage, dass der Kläger ein Rechtsschutzbedürfnis hat, was regelmäßig voraussetzt, dass der Kläger geltend macht, wegen eigener Rechte zu prozessieren.[919] In einigen gesetzlich gesondert geregelten Fällen kann ein Recht aber auch durch einen Verband eingeklagt werden. Dabei kann es sich um ein eigenes materielles Recht des Verbandes handeln oder um das Recht eines Verbandsmitglieds, das der Verband in Prozessstandschaft für das Mitglied geltend macht.[920] Insbesondere können Ver-

916 So zutr. *Kisch*, Parteiänderung im Zivilprozeß, 1912.

917 BGH, Urteil vom 12. 4. 2007, Az.: VII ZR 50/06 = ZIP 2007, 1320.

918 OLG München, Urteil vom 29.11.2006, Az.: 3 U 1840/05 m. Anm. *Jungmann* EWiR § 51 ZPO 1/07, 319f.

919 *Rosenberg/Schwab/Gottwald*, § 46 Rn. 5; *Weth*, in: Musielak, ZPO, § 51 Rn. 14 ff.

920 *Weth*, in: Musielak, ZPO, § 51 Rn. 33 f.

braucherschutzverbände auf Unterlassung oder Widerruf zur Durchsetzung von Verbraucherschutzvorschriften Klage nach dem Unterlassungsklagengesetz erheben.[921] Diese Unterlassungsklagen sind durch das Unterlassungsklagengesetz (UKlaG) im Rahmen der Schuldrechtsmodernisierung 2002 einer eigenen gesetzlichen Regelung unterworfen worden, um die verfahrensrechtlichen Vorschriften des *AGB-Gesetzes*, dessen materiell-rechtlicher Teil in die *§§ 305 –* 310 BGB überführt worden ist, zu ersetzen.

Verbandsklagen kennen die § 15 GebrMG,[922] § 3 Abs. 2 GWB,[923] § 81 PatG,[924] § 11 Abs. 1 Nr. 2, 3 WZG[925], § 8 Abs. 3 Nr. 2 UWG,[926] die eine Prozessführung im Gruppeninteresse ermöglichen.[927] 87

Das UKlaG soll dem Verbraucherschutz dienen.[928] Der Gesetzgeber ist der Ansicht, dass Individualbeschwerden für die Durchsetzung des Verbraucherschutzes vor unlauteren Allgemeinen Geschäftsbedingungen nur unzureichend schützen. Um dem abzuhelfen, wurde ein eigenständiges Verbandsklagerecht geschaffen. Auch in anderen Gesetzen, so etwa in § 8 Absatz 3 Nr. 2 UWG, wird Verbänden die Möglichkeit gegeben, zur Förderung gewerblicher oder selbständiger beruflicher Interessen Klage auf Beseitigung oder Unterlassung einer unlauteren Handlung zu erheben.[929] 88

Der Sache nach handelt es sich um ein Normenkontrollverfahren.[930] 89

## 2. Funktionsweisen

Erachtet das Gericht die Klage nach § 1 UKlaG für begründet, so enthält gem. § 9 UKlaG die Urteilsformel die beanstandeten Bestimmungen der Allgemeinen Geschäftsbedingungen im Wortlaut, die Bezeichnung der Art der Rechtsgeschäfte, für welche die den Unterlassungsanspruch begründenden Bestimmungen der Allgemeinen Geschäftsbedingungen nicht verwendet oder empfohlen werden dürfen, sowie das Gebot, die Verwendung oder Empfehlung inhaltsgleicher Bestimmungen in Allgemeinen Geschäftsbedingungen zu unterlassen. 90

921 *Micklitz*, in: MünchKomm, ZPO, § 3 UKlaG Rn. 12.

922 *Mes*, in: Mes, PatG/GebrMG, § 15 GebrMG Rn. 3.

923 *Emmerich*, in: Immenga/Mestmäcker, GWB, § 33 Rn. 103 ff.

924 *Mes*, in: Mes, PatG/GebrMG, § 81 PatG Rn. 16.

925 Ingerl/Rohnke, in: Ingerl/Rohnke, MarkenG, § 128 Rn. 6; dies. ebenda, § 135 Rn. 17.

926 *Bergmann*, in: Harte-Bavendamm/Henning-Bodewig, UWG, § 8 Rn. 268.

927 *Smid*, Rechtsprechung, S. 39 ff.; *Thiere*, Überindividuelle Interessen im Zivilprozess, S. 70 ff.; *Hergenröder*, Rechtsfortbildung, S. 222.

928 *Rosenberg/Schwab/Gottwald*, § 47 Rn. 4.

929 *Bergmann*, in: Harte-Bavendamm/Henning-Bodewig, UWG, § 8 Rn. 268.

930 Eingehend hierzu *Fehl*, Systematik des Rechts der Allgemeinen Geschäftsbedingungen, Heidelberg 1979, S. 63 ff.

Handelt der verurteilte Verwender einem auf § 1 UKlaG beruhenden Unterlassungsgebot zuwider, ist gem. § 11 UKlaG die Bestimmung in den Allgemeinen Geschäftsbedingungen als unwirksam anzusehen, soweit sich der betroffene Vertragsteil auf die Wirkung des Unterlassungsurteils beruft.[931]

## VI. Dispositionen des nichtberechtigten Klägers im Vermögensprozess

### 1. Erbschaftsfälle

91 Der nichtberechtigte Kläger kann gleichwohl Dispositionen im Vermögensprozess vornehmen. Das zeigt sich an dem vom *Henckel*[932] angeführten Fall des Urteils, das die Erbunwürdigkeit des Erben ausspricht – womit auch mit Wirkung gegenüber den Nachlassgläubigern dem Erben seine Erbenstellung entzogen wird. Die Nachlassgläubiger können dadurch benachteiligt werden, wenn der erbunwürdig Erklärte über Vermögen verfügt und unbeschränkbar haften würde, wenn der Nachlass nicht zur Deckung der Gläubiger ausreicht. Anerkenntnis oder Säumnis im Erbunwürdigkeitsstreit führt damit dazu, dass der Erbe sich der persönlichen Haftung für die Nachlassverbindlichkeiten zu entziehen vermag.[933] Die Ansicht *A. Blomeyers*[934], in diesen Fällen sei die Untersuchungsmaxime anzuwenden und Anerkenntnis und Versäumnisurteile gegen den beklagten Erben auszuschließen, was aber nicht überzeugt.

### 2. Vormundschaftsgerichtliche Fälle

92 Fraglich ist, wie sich Parteidispositionen im streitigen Prozess auf Verfügungen auswirken, die der vormundschaftsgerichtlichen Genehmigung nach den §§ 1643, 1821, 1822 BGB bedürfen. Der BGH[935] hat in diesem Zusammenhang die Ansicht vertreten, dass Prozessdispositionen, die verfügungsähnliche Erfolge herbeiführen, weder ausgeschlossen sind noch einer Genehmigung des Vormundschaftsgerichts bedürfen. Denn die Einholung von vormundschaftsgerichtlichen Genehmigungen zur Vornahme von Prozesshandlungen würde den Prozess unübersichtlich machen und in die Länge ziehen, wie *Henckel*[936] ausgeführt hat. Das Vormundschaftsgericht kann nämlich nicht anstelle der Eltern oder des

931 *Micklitz*, in: MünchKomm, ZPO, § 11 Rn. 5 ff.

932 *Henckel*, Prozessrecht und materielles Recht, 1970, 135.

933 *A. Blomeyer*, Zivilprozessrecht § 62 III 1 S. 300.

934 *A. Blomeyer* (Fn. 933).

935 BGH, Verzichtsurteil vom 1.7.1955, Az.: V ZR 56/50 = ZZP 69, 34.

936 *Henckel* (Fn. 932) 139.

Vormunds den Prozess führen. Das Prozessgericht kann in diesem Zusammenhang im Übrigen auch nicht dadurch die Aufgabe erfüllen, die Interessen des Kindes zu wahren, dass man von der Partei zur Untersuchungsmaxime übergeht.[937] Das Vormundschaftsgericht kann aber entweder den Eltern Sicherheitsleistungen auferlegen nach § 1688 BGB, ihnen als ultima ratio die Vermögensverwaltung nach § 1669 BGB entziehen oder einem Vormund für die Prozessführungen Weisungen nach § 1637 Abs. 1 BGB erteilen.[938]

937 *Henckel* (Fn. 932) 139/140.
938 *Henckel* (Fn. 932) 140.

# § 10 Der richtige Beklagte im prozessualen Erkenntnisverfahren

## I. Bestimmung des Beklagten durch den Klageantrag?

An dieser Stelle kann an die Überlegungen angeknüpft werden, die eingangs des § 6 zu den richtigen Aussagen im formellen Parteibegriff angestellt worden sind: Die Bestimmung der Person des Beklagten als „richtige Partei" verursacht ebensolche Probleme, wie die Bestimmung des richtigen Klägers. Legt man die Grundsätze des formellen Parteibegriffs zugrunde, erstaunt dies zunächst. Denn es scheint, als sei derjenige "der Beklagte" (und damit "der richtige"), gegen den sich nach dem Rubrum die Klage richtet. Das ist auch in einer gewissen Weise zutreffend. Denn derjenige, der im Rubrum als Beklagter genannt wird, muss u.U. die Wirkungen eines gegen ihn erstrittenen Urteils gegen sich gelten lassen, auch wenn er mit der Sache „materiell" gar nichts zu tun hat. Dies allein wird aber, wie sich sogleich erweisen wird, den Problemstellungen nicht wirklich gerecht. 1

Im Allgemeinen ergibt sich der richtige Beklagte aus der Klageschrift als bestimmendem Schriftsatz:[939] 2

So hatte der VII. Zivilsenat des BGH[940] darüber zu entscheiden gehabt, wer Beklagter eines Rechtsstreits in dem Fall ist, dass der Kläger zwar eine existierende juristische Person korrekt bezeichnet hat, er aber eine andere juristische Person verklagen wollte, die mit der bezeichneten Partei Namensähnlichkeit aufweist und unter gleicher Anschrift firmiert. 3

> Fall: Die Klägerin hatte mit der S. Projektentwicklung GmbH einen Generalunternehmervertrag geschlossen, aufgrund dessen sie über ca. 1,15 Mio. Euro Schlussrechnung legte. Später beantragte die Klägerin den Erlass eines Mahnbescheides, in dem auf die Schlussrechnung v. 29.3.2007 Bezug genommen wurde und die sich auf einen Betrag von 1,5 Mio. Euro belief. Im Mahnbescheid war eine S. Real Estate GmbH angegeben, der auch entsprechend zugestellt worden war. Auf Widerspruch des Antragsgegners wurde das Verfahren an das LG abgegeben. In ihrer Anspruchsbegründung hat die Klägerin dann ausgeführt, die S. Real Estate GmbH habe früher unter S. Projektentwicklung GmbH firmiert. Mit ihr sei der Werkvertrag geschlossen worden. Dies war ihr von dritter Seite mitgeteilt worden. In der Tat handelte es sich aber um zwei verschiedene Gesellschaften. 4

Der VII. Zivilsenat führt aus, grundsätzlich werde diejenige Person Partei, die durch die fehlerhafte Parteibezeichnung erkennbar betroffen werden sollte. Der gesamte Inhalt der Klageschrift sowie beigefügte Anlagen seien insoweit bei der 5

939 *Zeiss/Schreiber* ZPrR 11. Aufl. 2009 Rn. 134.
940 BGH, Urteil vom 24.1.2013, Az.: VII ZR 128/12 = ZIP 2013, 647.

Auslegung des Rubrums der Klageschrift zu berücksichtigen. Entscheidend kommt es – wie der VII. Zivilsenat überzeugend ausführt – darauf an, welchen Sinn die Klägererklärung aus der Sicht des Gerichts sowie des Prozessgegners als ihren Empfänger hat.[941]

6 Wird ein Kaufmann unter seinem Handelsnamen (der Firma) verklagt, ist nicht etwa „die Firma" (das Unternehmen) Partei des Rechtsstreits. Vielmehr ist nach § 17 HGB Partei der Inhaber der Firma.[942]

7 Bereits bei der auf Geldzahlung gerichteten Klage ist dabei aber nicht immer nicht einfach derjenige als richtige Partei bezeichnet, der vom Kläger als Schuldner des geltend gemachten Anspruchs bestimmt wird. Denn in diesen Fällen kann auf der Schuldnerseite ein Amtswalter als Partei kraft Amtes auftreten. *Henckel*[943] weist in diesem Zusammenhang darauf hin, dass es nicht ausreicht, dem Schuldner erst im Kontext des Zwangsvollstreckungsverfahrens Möglichkeiten einzuräumen, die Kongruenz zwischen der Verfügungsbefugnis und den entsprechenden prozessrechtlichen Voraussetzungen auf der Passivseite herzustellen. Zwar kann aus einem Titel gegen den Schuldner nur in das Vermögen vollstreckt werden, dass seiner freien Verfügungsbefugnis unterliegt, so dass beispielsweise der Gläubiger den gegen einen einzelnen Erben erstrittenen Titel nur zur Zwangsvollstreckung in dessen eigenes Vermögen nutzen kann, während der Titel nicht dazu rechtfertigt, in den Nachlass zu vollstrecken (§ 747 ZPO).[944] *Henckel*[945] führt zutreffend aus, dass derjenige, der nicht berechtigt ist über die Gegenstände des Vermögens, in das vollstreckt werden soll, zu verfügen, nicht mit einer Klage überzogen werden muss, um die Vollstreckung in dieses Vermögen vorzubereiten. Gegen denjenigen Beklagten, von dem feststeht, dass er keine Verfügungsbefugnis über ein bestimmtes Vermögen oder Sondervermögen hat, darf kein Urteil ergehen, das zur Vollstreckung führen kann.

8 *Henckel*[946] erklärt dies in den Kategorien der ihn leitenden Interessenjurisprudenz[947] damit, es bestehe keine „Interesse" daran, diesen Beklagten zu verurteilen. Daraus leitet er die Unzulässigkeit einer Verurteilung des Beklagten ab. Das ist im Ergebnis überzeugend. Denn die Prozessführung des Beklagten könnte in dem Fall, in dem dieser keine Verfügungsbefugnis über das Vermögen hat, dem Vermögen nicht zugerechnet werden, wie *Henckel* im Hinblick auf den

941 BGH, Beschluss vom 5.2.2009, Az.: IX ZB 136/06 = NJW RR 2009, 854; BGH, Beschluss vom 15.5.2006, Az.: II ZB 5/05 = NJW RR 2006, 1569.

942 *Zeiss/Schreiber* ZPrR 11. Aufl. 2009 Rn. 138.

943 *Henckel*, Parteilehre und Streitgegenstand im Zivilprozeß, 1961, S. 52 f.

944 *Henckel*, (Fn. 943) S. 52.

945 *Henckel*, (Fn. 943)S. 53.

946 *Henckel* (Fn. 943)ebenda.

947 Krit. *Pawlowski*, Methodenlehre für Juristen, Rn. 131.

„schlecht geführten Prozess“ ausführt.[948] Fehler in der Prozessführung kämen in ihren Wirkungen einem rechtsgeschäftlichen Verzicht nahe. Hat der Beklagte aber keine Verfügungsbefugnis, sind gerade Vergleich und Verzicht im Hinblick auf das Vermögen ausgeschlossen.

## II. Fallgruppen

### 1. Haftung des in Anspruch genommenen Vermögens

Der Beklagte kann sich damit verteidigen, er sei zur Verfügung über das für den 9
Anspruch haftende Vermögen nicht berechtigt. Ferner kann er geltend machen, das Vermögen, über das er frei verfügen darf, hafte für den behaupteten Anspruch nicht. In diesem Fall ist die Klage als unzulässig abzuweisen. Denn der Beklagte ist dann nicht die richtige Partei für eine gegen ihn allein gerichtete Leistungsklage.

### 2. Testamentsvollstreckung

Ist eine Testamentsvollstreckung angeordnet, darf der Erbe zwar nicht über den 10
Nachlass verfügen. Dennoch ist er die „richtige“ Partei für die Leistungsklage wegen Pflichtteilsansprüchen gem. § 2213 Abs. 1 S. 3 BGB i. V. m. § 748 Abs. 3 ZPO. Demgegenüber darf gegen den Testamentsvollstrecker nicht auf Leistung, sondern nur auf Duldung der Zwangsvollstreckung geklagt werden, da der Erbe in Pflichtteilsangelegenheiten stets gehört werden soll, um in den zu behandelnden persönlichen Fragen beteiligt zu werden.[949]

### 3. Nießbrauch

Ist eine Forderung, für die eine Immobilie haftet, vor der Belastung des Grund- 11
stücks mit einem Nießbrauch begründet worden, muss der Nießbraucher auf Duldung der Zwangsvollstreckung verklagt werden, § 737 ZPO.[950]

### 4. Der auf Unterlassung in Anspruch genommene Beklagte

Das BGB regelt in den §§ 12, 872, 1004, 1053 und 1134 Voraussetzungen der 12
Unterlassungsklage - in diesen Vorschriften ist davon die Rede, es könne auf „Unterlassung“ geklagt werden - jedoch wird hier kein materieller Unterlas

948 *Henckel*, (Fn. 943) S. 50.
949 *Henckel.*, (Fn. 943) S. 69.
950 *Henckel*, (Fn. 943) S. 71.

sungsanspruch geregelt.[951] *Henckel* meint,[952] die Qualifikation der Unterlassungsklage als selbständiger Rechtsschutzform neben der Leistungsklage sei möglich. Er hält dies aber nicht für notwendig. Um den richtigen Beklagten bei der Unterlassungsklage zu bestimmen, ist es wichtig, dass diese nicht auf das Vermögen des Beklagten gerichtet ist, sondern auf die Befolgung einer persönlichen Pflicht.[953]

### 5. Obligatorischen Herausgabeansprüche

13 Im Falle der klagweisen Geltendmachung von obligatorischen Herausgabeansprüchen muss der Schuldner der Forderung nicht Besitzer der Sache sein, da er unabhängig von seinem unmittelbaren oder mittelbaren Besitz zur Herausgabe verpflichtet ist.

### 6. Klage zur Abgabe von Willenserklärungen

14 Die Klage zur Abgabe einer Willenserklärung strebt die Ersetzung der Erklärung des Beklagten mit Eintritt der Rechtskraft des Urteils an (§ 894 ZPO).[954] Dabei handelt es sich um ein Leistungsurteil, nicht etwa um ein Gestaltungsurteil.[955]

## III. Auseinandertreten von haftendem Vermögen und Beklagten in der Leistungsklage: Insolvenzverwalter als Partei Kraft Amtes

### 1. Haftung für Masseverbindlichkeiten

15 Der Insolvenzschuldner haftet für Masseverbindlichkeiten nach Eröffnung des Insolvenzverfahrens nicht persönlich.[956] Eine gegen ihn gerichtete Klage (vgl. § 53 InsO) wäre daher in Ermangelung einer „Passivlegitimation" wegen fehlender persönlicher Haftung abzuweisen, obwohl der Schuldner aus seinem Vermögen die Befriedigung der Masseverbindlichkeiten schuldet. Die Feststellung der Schuld des Schuldners im Leistungsurteil wäre nach alledem nicht unzutref-

---

951 *Henckel*, (Fn. 943)S. 79.

952 *Henckel*, (Fn. 943) S. 83.

953 *Henckel*, (Fn. 943) S. 84.

954 *Lackmann*, in: Musielak, ZPO, § 894 Rn. 10.

955 RG, Urteil vom 10.04.1916, Az.: VI 18/16 = RGZ 88, 198, 202; Urteil vom 05.02.1934, Az.: VI 383/33 = RGZ 143, 267, 274; *Henckel* (Fn. 943) S. 77.

956 *Andres*, in: Nerlich/Römermann, InsO, § 53 Rn. 5.

fend. *Henckel*[957] meint nun, die Leistungsklage müsse als unzulässig abgewiesen werden, weil ein Interesse an der Feststellung dem Insolvenzschuldner gegenüber nicht bestehe. Das ist zwar richtig, der Kläger könnte aber beispielsweise eine Klage auf künftige Leistung dann erheben, wenn die Leistungsbereitschaft des Schuldners für die Zeit nach Aufhebung des Insolvenzverfahrens zweifelhaft wäre – immer dann, wenn der Schuldner derartiges in einem Insolvenzplan vorsieht und hierfür die Zustimmung der Gruppe der abstimmenden Gläubiger erlangt. Im Übrigen aber kann während des laufenden Insolvenzverfahrens der Insolvenzschuldner über das haftende Vermögen nicht verfügen. Daher darf ein Leistungsurteil, das der Zwangsvollstreckung gegen den Schuldner Raum geben würde, nicht erlassen werden. Das ist auch deshalb nicht anders zu beurteilen, weil der Insolvenzschuldner gegebenenfalls über beschlagfreies eigenes Vermögen verfügt, über das er verfügen kann.

## 2. Der wegen Masseverbindlichkeiten in Anspruch genommene Schuldner

In dem oben gebildeten Beispielsfall des wegen Masseverbindlichkeiten in Anspruch genommenen Schuldners hat dieser ein rechtlich geschütztes Interesse daran, nicht nach Aufhebung des Insolvenzverfahrens wegen Masseverbindlichkeiten in Anspruch genommen zu werden.[958] Zwar haftet er im eröffneten Insolvenzverfahren (derzeit) nicht für diese Verbindlichkeiten, wegen seiner Schuld droht ihm aber eine Inanspruchnahme, der er grundsätzlich mit einer negativen Feststellungsklage entgegentreten könnte.[959] Daher stellt sich die Frage, ob der Beklagte, der in diesen Fällen als „falsche“ Partei identifiziert worden ist, gleichwohl eine Sachabweisung beantragen kann. [960] 16

Im Übrigen kann auch der Insolvenzgläubiger eine Klage gegen den Schuldner erheben, sofern er auf die Teilnahme am Insolvenzverfahren verzichtet. Aus einem dabei erlangten Titel kann der Insolvenzgläubiger in das beschlagfreie Vermögen des Schuldners vollstrecken. Damit wird ihm aber regelmäßig nicht geholfen sein. Denn entweder handelt es sich bei dem beklagten Insolvenzschuldner um eine Gesellschaft, deren beschlagfreies Vermögen regelmäßig aufgrund Freigabe gem. § 85 Abs. 2 InsO[961] auch für einen Zwangsvollstreckungsgläubiger nicht werthaltig ist. Oder das Insolvenzverfahren endet infolge des Insolvenzplans gem. § 225 InsO - oder aber nach Aufhebung im Fal- 17

957 *Henckel* (Fn. 943) S. 53.
958 *Meller-Hannich*, in: Jaeger-InsO, § 201 Rn. 8.
959 Vgl. hingegen *Hinzen*, in: MünchKomm, InsO, § 201 Rn. 16.
960 *Henckel* (Fn. 943) S. 61.
961 BGH, Urteil vom 21.04.2005, Az.: IX ZR 281/03 = jurisPR-BGHZivilR 34/2005 Anm. 5.

le der Eröffnung des Verfahrens über das Vermögen natürlicher Personen gem. §§ 200, 286 ff. InsO mit einer „Wohlverhaltensperiode". In beiden Fällen werden aus dem vom Insolvenzbeschlag gem. § 35 InsO belegten Vermögen und dem beschlagfreien Eigenvermögen des Schuldners das nunmehr seiner Vermögensbefugnis unterworfene Vermögen. Der Insolvenzgläubiger muss dann aber die Wirkungen der Restschuldbefreiung aufgrund des Insolvenzplans oder des Vollstreckungsmoratoriums im Restschuldbefreiungsverfahren bzw. der schließlich erteilten Restschuldbefreiung gegen sich auch dann gelten lassen, wenn er ausdrücklich am Verfahren nicht teilgenommen hat.[962] Da aber trotz dieser Möglichkeiten die Befugnis zur freien konkurslichen Nachforderung (§§ 200, 201 InsO) auch im geltenden Recht besteht, rechtfertigt bereits die Befugnis zur Vollstreckung in freie Vermögensmassen des Schuldners die gegen den Insolvenzschuldner erhobene Klage.

### 3. Klage des Absonderungsberechtigten gegen den Insolvenzverwalter aus § 168 InsO

18 Die Pflicht des Insolvenzverwalters, dem absonderungsberechtigten Gläubiger Mitteilung von der geplanten Verwertung zu machen, das Selbsteintrittsrecht des Sicherheitengläubigers sowie der Nachweis einer besseren Verwertungsmöglichkeit, rufen in der Praxis nicht selten Konflikte hervor, wie folgender, vom OLG Karlsruhe[963] entschiedener Fall deutlich macht, das über folgenden, hier vereinfacht wiedergegebenen Sachverhalt zu entscheiden hatte:

19 Fall: Der beklagte Insolvenzverwalter hatte Gaststätteninventar verwertet, das der Klägerin zur Sicherheit übereignet worden war, die den Beklagten auf Schadenersatz in Anspruch nimmt. Der Insolvenzverwalter hatte die Klägerin mit Schreiben vom 24.11.2008 darauf hingewiesen, dass er beabsichtige, dass Inventar freihändig zu veräußern. Die Klägerin hatte daraufhin in einem Schreiben an den Insolvenzverwalter den in Aussicht gebotenen Kaufpreis überboten, was wohl bedeutet, dass sie eine günstigere Verwertungsart nachgewiesen oder zu dem günstigeren Preis einen Selbsteintritt in Aussicht gestellt hat. Später aber war der erzielbare Kaufpreis gestiegen. Der beklagte Insolvenzverwalter hat daraufhin das Gaststätteninventar an einen Dritten veräußert. Das LG hat die Schadenersatzklage abgewiesen. Das OLG Karlsruhe hat zunächst einen Schadenersatzanspruch nach § 60 Abs. 1 InsO gegen den Insolvenzverwalter geprüft. Dieser setzt die Verletzung einer insolvenzspezifischen Pflicht voraus, die in der Mitteilung der Verwertungsabsicht gem. § 168 Abs. 1 InsO liegen kann. In diesem Zusammenhang hat das LG aber zutreffend festge-

---

962 *Lüer*, in: Uhlenbruck, InsO, § 254 Rn 4; die Ausführungen von *Henckel* (Fn. 943) 54, sind daher heute nur noch eingeschränkt mit der geltenden Rechtslage in Übereinstimmung zu bringen.

963 OLG Karlsruhe, Urteil vom 9.10.2008, Az.: 9 U 147/08 = ZIP 2009, 282.

stellt, dass der beklagte Insolvenzverwalter seiner Mitteilungspflicht aus § 168 Abs. 1 InsO durch das Schreiben vom 24.11.2005 hinreichend nachgekommen ist. Eine weitere Mitteilung, dass das Sicherungsgut zu einem die Verwertungsmöglichkeiten des Absonderungsberechtigten noch verbessernden Konditionen veräußert werden kann, bedarf es nicht; aus § 168 Abs. 1 InsO lässt sich wie das OLG Karlsruhe überzeugend darstellt, eine derartige Verpflichtung nicht ablesen.

Auch hier handelt es sich um einen Fall, in dem der Kläger seine Klage gegen 20
einen falschen Beklagten gerichtet hat (vgl. oben Rn. 4): Zur Mitteilung nach § 168 Abs. 2 InsO ist der Insolvenzverwalter als für die Masse handelnde Partei kraft Amtes verpflichtet, während sich der Schadenersatzanspruch gem. § 60 Abs. 1 InsO gegen den Insolvenzverwalter in personam richtet.

### 4. Keine Massezugehörigkeit des im Eröffnungsverfahren auf Anderkonten des vorläufigen Verwalters eingegangenen Geldern

Fall: In dem über das Vermögen einer natürlichen Person eröffneten vereinfachten 21
Insolvenzverfahren war die beklagte Rechtsanwältin als Treuhänderin bestellt worden. Sie unterrichtete die klagende Landesbank über die Eröffnung des Insolvenzverfahrens unter Aufforderung, die Konten des Schuldners aufzulösen und etwaige Guthaben auf das angeführte Anderkonto zu übertragen. Hierauf kam es zur Überweisung von 3.700 € auf das Anderkonto, der aber ein Versehen der Klägerin zugrunde lag, die den Schuldner mit einem anderen Kunden gleichen Namens verwechselt hatte. Die Beklagte lehnte eine Rückzahlung ab und verwies die Klägerin auf die Insolvenzmasse und zeigt Masseunzulänglichkeit an. Mit ihrer Zahlungsklage war die klagende Bank in der Berufungsinstanz erfolglos, drang aber mit ihrer Revision durch.

Fraglich war nämlich, ob das auf dem Treuhandkonto eingehende Geld, die 22
streitgegenständliche Zahlung der Klägerin, mit der Folge Teil der Insolvenzmasse geworden ist, dass der Klägerin ein bereicherungsrechtlicher Rückforderungsanspruch gemäß § 55 Abs. 1 Nr. 3 InsO zustand, der nach Anzeige der Masseunzulänglichkeit allein nach § 209 InsO berücksichtigt werden durfte. Dies lehnt der BGH ab, da er der Ansicht ist, dass Zahlungen, die von einem auf einem von einem Rechtsanwalt als Insolvenzverwalter oder Treuhänder eingerichtete Anderkonto eingehen, weder in das Schuldnervermögen noch in die Masse fallen. Sie stehen vielmehr ausschließlich dem das Anderkonto unterhaltenden Insolvenzverwalter zu, der damit Adressat von Bereicherungsansprüchen ist. Diese Überlegung stützt der erkennende IX. Zivilsenat darauf, dass von den Beschlagswirkungen des Insolvenzverfahrens nach § 35 InsO das gesamte Vermögen erfasst wird, das dem Schuldner zurzeit der Eröffnung des Verfahrens gehört und das er als Neuerwerb während der Dauer des Verfahrens erlangt.

Dies ist aber nun gerade nicht der Fall, wenn Zahlungen auf dem Anderkonto des Insolvenzverwalters oder Treuhänders eingehen.

23 Im vorliegenden Fall hat die Klägerin mit dem Insolvenzverwalter als für die Masse handelnder Partei kraft Amtes also den Falschen verklagt. Richtiger Beklagter wäre der Insolvenzverwalter in personam als Inhaber des Kontos gewesen.

24 Dahinter steht, dass der vorläufige Zustimmungsverwalter über das Schuldnervermögen verfügen können will, obwohl er die Masse zu verpflichten nicht ermächtigt ist. Eine solche Ermächtigung kann zwar nach § 22 Abs. 2 InsO erteilt werden, ist aber von den Insolvenzgerichten nach Berichten der Praxis oft nicht zu erreichen. Darauf kann es aber nicht ankommen. Denn die verbreitete Praxis der Separierung von zur künftigen Masse gehörenden Mitteln, um daraus – insolvenzzweckwidrig – Insolvenzforderungen zu befriedigen, ist bedenklich: Was geschieht, wenn ein anderer als der Insolvenzverwalter zum Insolvenzverwalter bestellt wird?

25 Auch die Einrichtung eines Treuhand-Sonderkontos hilft nicht, da dieses Konto vor Verfahrenseröffnung dem Schuldner zustehen würde. Hilfreich ist es allein, nach dem Gesetz zu verfahren und trotz aller Hemmnisse von Seiten der Insolvenzgerichte auf die Ermächtigung nach § 22 Abs. 2 InsO zu setzen.

### 5. *Planüberwachender Sonderverwalter als Beklagter*

26 Das OLG Düsseldorf[964] hatte über folgendem – hier vereinfacht wiedergegebenen - Sachverhalt zu entscheiden:

27 Der spätere Beklagte hatte als Insolvenzverwalter der X AG einen Insolvenzplan ausgearbeitet, der von der Gläubigerversammlung angenommen und vom Insolvenzgericht bestätigt worden ist. Der Insolvenzplan sah vor, dass nach der - schließlich erfolgten - Aufhebung des Insolvenzverfahrens der bisherige Insolvenzverwalter die Planerfüllung als Sachwalter überwachen sollte. Im Aufhebungsbeschluss des Insolvenzgerichts[965] finden sich achtzehn Einzelermächtigungen, die dem Sachwalter Masseverwaltungsaufgaben auferlegen. Die Insolvenzschuldnerin nimmt mit ihrer Klage den Sachwalter auf Erstattung anteiliger Kosten aus der Erstellung und Prüfung von Jahresabschlüssen in Anspruch. Sie trägt vor, diese Kosten seien daraus entstanden, dass sich in ihrem Aktivvermögen Immobilien befunden haben, die zu Gunsten der Insolvenzgläubiger verwer-

---

964 OLG Düsseldorf I-7 U 148/05, Vorinstanz: LG Düsseldorf, Urteil vom 31. 5. 2005, beide NZI 2006, 201.

965 Hinweise hierauf finden sich in dem Urteil des OLG Düsseldorf; den Aufhebungsbeschluss (AG Essen, Beschluss vom 7. 5. 2000, Az.: 160 IN 20/99) hat mir freundlicherweise Herr Rechtsanwalt *Burkhard Niesert*, Köln, zur Verfügung gestellt.

tet werden sollten. Die dabei entstehenden Kosten seien daher von den Insolvenzgläubigern zu tragen. Hierfür sei der Sachwalter zuständig gewesen; er könne daher wie ein Insolvenzverwalter verklagt werden. Das LG Düsseldorf ist der Rechtsansicht des verklagten Sachwalters gefolgt, dass er nicht wie der Insolvenzverwalter als Partei kraft Amtes verklagt werden könne.

Das erstinstanzliche Urteil war *evident* falsch. Der Beklagte war, soweit 28
lässt sich dies dem Sachverhalt des Urteils entnehmen, aufgrund welchen Rechtsverhältnisses auch immer, Verwalter von bestimmten Bestandteilen des Vermögens der Klägerin. Ihm die *Passivlegitimation* abzusprechen, hätte zur merkwürdigen Folge, dass z. B. nach dem Ablauf der gesetzlichen Höchstfrist von drei Jahren für die Planüberwachung (§ 268 Abs. 1 Nr. 2 InsO) eine Leistungsklage gegen den Sachwalter nach Beendigung seines Amtes als Insolvenzverwalter ausgeschlossen wäre – was evident abwegig wäre. Soweit das LG davon ausging, der Sachwalter sei nicht „parteifähig", hat das OLG dagegen zutreffend ausgeführt, das dies rechtlich unter keinem Gesichtspunkt haltbar ist. Unter Parteifähigkeit versteht das geltende Recht in § 50 Abs. 1 ZPO eine der Rechtsfähigkeit parallele Fähigkeit, überhaupt im Prozess als Partei aufzutreten. Dass der Sachwalter, der nach § 261 Abs. 1 InsO i. V. m. § 56 Abs. 1 InsO zwingend eine natürliche Person ist[966], rechtsfähig und damit parteifähig ist, steht zunächst einmal außer Zweifel: Natürliche Personen, *Menschen,* sind parteifähig.[967] Parteifähigkeit des Schuldner- als Sondervermögen. Soweit das LG Düsseldorf mit seiner Überlegung auf die Frage zielt, ob aufgrund der Anordnung der Planüberwachung das Vermögen des Schuldners ein „Sondervermögen" sei, das nicht rechtsfähig ist, wie es nach dem festgestellten Sachverhalt der beklagte Sachwalter vorgetragen hat, ist darauf aufmerksam zu machen, dass dies bereits dem Rubrum des vorliegenden Urteils nicht entspricht. Danach nimmt der Sachwalter in Person, nicht ein Sondervermögen, die Beklagtenrolle ein.

---

966 Statt aller *Rechel*, in: Leonhardt/Smid/Zeuner-InsO, § 56 Rn. 33.

967 So wörtlich *Hüßtege*, in: Thomas/Putzo, § 50 Rn. 2; *Lindacher*, in: MünchKomm, ZPO, § 50 Rn. 7; *Hausmann*, in: Wieczorek/Schütze-ZPO, § 50 Rn. 5.

# § 11 Die Beteiligung in nichtstreitigen Verfahren

## I. Beteiligung im technischen und untechnischen Sinn

### 1. Beteiligte im technischen Sinn: Äquivalent zum prozessualen Parteienbegriff

In Verfahren der freiwilligen Gerichtsbarkeit wirken die Entscheidungen üblicherweise im Unterschied zum zivilprozessualen Urteil nicht nur gegen die Personen, die sich formell an Verfahren beteiligt haben, sondern grundsätzlich für und gegen alle. So haben besonders vormundschaftsgerichtliche Entscheidungen des Familiengerichts (§ 151 Nr. 4 FamFG) eine statusrechtliche Bedeutung.[968] So muss beispielsweise die Anordnung einer Vormundschaft oder die Bestellung eines Vormundes jeder gegen sich gelten lassen bzw. kann sich jeder auf sie berufen. Der Kreis der Beteiligten kann daher im Unterschied zum Zivilprozess von vornherein nicht auf die formell Beteiligten begrenzt werden. 1

Mit dem Terminus Beteiligte bezeichnet man im technischen Sinne nicht alle, sondern nur bestimmte der am Verfahren beteiligten Personen. Der § 7 FamFG spricht davon, Beteiligte seien diejenigen Personen, deren Rechte und Pflichten die zu erwartende Entscheidung unmittelbar betreffen bzw. ändern kann.[969] Zu diesen Personen gehören also weder der Richter noch die Sachverständigen oder Zeugen, obwohl all diese Personen eine Rolle im Verfahren spielen. In dem von § 7 FamFG gemeinten technischen Sinne ist der Beteiligtenbegriff daher eingeschränkt und soll für das Gebiet der freiwilligen Gerichtsbarkeit die Aufgaben leisten, die im Zivilprozessrecht der Parteibegriff erfüllt. 2

Diese Parallelität zum zivilprozessualen Parteibegriff wird besonders in § 7 Abs. 1 FamFG deutlich, der (die Selbstverständlichkeit) bestimmt, dass in Antragsverfahren der Antragsteller Beteiligter ist.[970] 3

### 2. Beteiligte im untechnischen Sinn: Herstellung der Voraussetzungen sachgerechter Aufgabenerfüllung

Im Amtsverfahren – etwa in Vormundschaftssachen -, also einem Verfahren, das vom Richter eingeleitet wird, fehlt es naturgemäß an einem Antragsteller. Wie eine Person, die an das Gericht in solchen Verfahren einen Antrag richtet, ver- 4

---

968 Durch eine Vormundschaft ändert sich der Status von Vormund und Mündel, insbesondere durch die Anordnung oder Aufhebung der Vormundschaft, ferner durch die Auswahl des Vormunds, *Musielak/Borth*, FamFG, § 151 Rn. 10.

969 *Musielak/Borth*, FamFG, § 7 Rn. 3; Bruns, NJW 2009, 2797.

970 *Zimmermann*, in: Keidel, FamFG, § 7 Rn. 8.

fahrensrechtlich behandelt wird, obwohl diese Person zur Antragstellung nicht befugt ist, wird später behandelt. Grundsätzlich sind nur die Personen (oder Amtsträger) durch den Richter am Amtsverfahren zu beteiligen, denen das Gesetz die Mitwirkung an den Aufgaben übertragen hat, um die es in diesem Verfahren geht. Man spricht in diesem Zusammenhang von den sogenannten materiell Beteiligten. Als materiell Beteiligte sind gem. § 7 Abs. 2 Nr. 1 FamFG diejenigen hinzuzuziehen, deren Recht durch das Verfahren unmittelbar betroffen wird. § 7 Abs. 2 Nr. 1 FamFG trägt dem Umstand Rechnung, dass ein dem Zivilprozess entlehnter formeller Beteiligtenbegriff den Kreis derjenigen nicht zu erfassen geeignet wäre, die von der zu fällenden Entscheidung in ihren Rechten betroffen sein können und ordnet an, die Beteiligung am Verfahren materiell zu bestimmen.[971] Daher ist im Hinblick auf jeden, dessen Rechte in einer bestimmten Beziehung zu dem Verfahrensgegenstand steht, eine Beteiligung zu prüfen.

5 Zum materiell Beteiligten wird eine Person daher, wenn ihre eigenen Rechte und Pflichten Gegenstand des Verfahrens der freiwilligen Gerichtsbarkeit sind. Das ist der Fall, wenn die Entscheidung in diesem Verfahren unmittelbar auf die eigenen Rechte und Pflichten einwirkt oder einwirken kann. Daher sind z.B. die Eltern wegen ihres Sorgerechts und der Vormund wegen seines Rechts auf eine Vergütung zu beteiligen.

### 3. Gesetzliche Anordnung formeller Beteiligungsrechte

6 Darüber hinaus können von Gesetzes wegen bestimmten Personen einzelne – formelle – Beteiligungsrechte zugewiesen sein. Daher sind nach § 7 Abs. 2 Nr. 2 FamFG diejenigen als Beteiligte hinzuzuziehen, die auf Grund des FamFG oder eines anderen Gesetzes von Amts wegen oder auf Antrag zu beteiligen sind. Hierzu zählen auch diejenigen Personen, die einen unzulässigen Antrag stellen. Hierdurch werden diesen Personen keine weitergehenden Verfahrensrechte eingeräumt.

7 Bereits oben hat sich gezeigt, dass, soweit dies im FamFG (z.B. in § 8 Abs. 3FamFG) oder einem anderen Gesetz vorgesehen ist, das Gericht im Übrigen von Amts wegen oder auf Antrag weitere Personen als Beteiligte hinzuziehen kann.[972]

8 Anders als üblicher Weise im Zivilprozess, sind nämlich in einem Verfahren über die Vormundschaftsangelegenheiten von Minderjährigen regelmäßig eine große Anzahl von Personen mit unterschiedlichen Rollen zu beteiligen. Materiell beteiligt sind der Minderjährige und seine Eltern, der Vormund und gegebe-

---

971 *Zimmermann*, FPR 2009,5,7.

972 Vgl. § 7 Abs. 3 FamFG, sog. Kann-Beteiligte, dazu u.a. *Musielak/Borth*, FamFG, § 7 Rn. 7.

nenfalls noch ein Gegenvormund gem. § 1799 BGB. Dazu können noch Personen kommen, die geltend machen, zum Vormund berufen zu sein (§§ 1776 – 1778 BGB). Das Beschwerderecht und damit die Beteiligung Verwandter in Betreuungssachen gem. § 69g FGG und in Vormundschaftssachen gem. § 57 Nr. 1 FGG hat das FamFG nicht übernommen.

„Beteiligt", wenn auch nicht in dem engen technischen Sinn des § 7 FamFG, 9
ist natürlich der Familienrichter in Vormundschaftsverfahren. Da es in dem Verfahren der Vormundschaft über Minderjährige um die Erziehung des Minderjährigen geht, hat der Richter hier eigene Aufgaben der „Obervormundschaft" zu erfüllen.[973]

## II. Gedoppelte Beteiligung

### 1. Der Minderjährige

Eine besondere Stellung nimmt der Minderjährige als Beteiligter im Verfahren 10
in Vormundschaftssachen ein. Denn der Minderjährige ist notwendig an allen vormundschaftsgerichtlichen Verfahren über seine Person beteiligt, da alle Entscheidungen, die in dem Vormundschaftsverfahren ergehen, seine Recht und Pflichten in irgendeiner Weise betreffen. Dabei kann es um sein Recht auf Erziehung und Unterhalt oder um seine Vermögensrechte gehen – mag es sich um Anordnungen handeln, mit denen ein Vormund bestellt wird oder nur um die Bestimmung der Vergütung dieses Vormunds (§ 1837 BGB).[974] Der Minderjährige kann diese Beteiligung aber solange nicht selbst wahrnehmen, wie er nicht prozessfähig ist. Daher müssen ihn die Eltern oder der Vormund als Inhaber der Personen- oder Vermögenssorge vertreten.[975]

Der Minderjährige kann sich in einem gewissen Umfang persönlich neben 11
den Inhabern der elterlichen Sorge mit eigenem Vorbringen an dem Verfahren beteiligen: Nach § 1612 Abs. 2 Nr. 2 BGB kann der Minderjährige unter bestimmten Voraussetzungen beantragen, dass das Vormundschaftsgericht die Art der Unterhaltsleistung durch die Eltern ändert.[976] Darüber hinaus ist ihm z.B. gegen die Auswahl oder auch gegen die Entlassung eines Vormundes (vgl. § 60 S. 1 FamFG[977]) ein eigenes Beschwerderecht eingeräumt.

973 Ferner: *Dieckmann*, ZRP 2002, 425, 428.
974 *Wagenitz*, in: MünchKomm, BGB, § 1837 Rn. 1 ff.
975 Vgl. *Schael*, Verfahrenshandbuch Familiensachen, Rn. 246.
976 *Berger/Mansig*, in: Jauernig, BGB, § 1612 Rn. 9.
977 *Meyer-Holz*, in: Keidel, FamFG, § 60 Rn. 1.

12 Diese Beteiligung des Minderjährigen ist davon unabhängig, ob sein gesetzlicher Vertreter in der gleichen Angelegenheit die Rechte des Minderjährigen in dessen Namen geltend macht.[978] So kann z. B. der Vater im Namen des Minderjährigen und auch in eigenem Namen gegen die Anordnung von Heimerziehung Beschwerde einlegen, während gleichzeitig der Minderjährige in eigenem Namen gegen die Anordnung Beschwerde einlegt. Der Minderjährige kann sich dabei auch eines eigenen Anwalts bedienen. Die Anträge und Anregungen, die der Minderjährige dann in eigenem Namen verfolgt, können sich dabei von denen unterscheiden, die sein gesetzlicher Vertreter im Namen des Minderjährigen verfolgt.

13 Diese verfahrensrechtliche Lage wird dadurch beschrieben, dass der Minderjährige an einem Verfahren sozusagen doppelt beteiligt sein kann.[979] Diese Doppelbeteiligung beruht darauf, dass der Minderjährige zum einen in eigener Person mit eigenen Anträgen am Verfahren teilnimmt. Zum anderen beruht seine Verfahrensteilnahme darauf, dass er durch seine gesetzlichen Vertreter teilnimmt. Das hat zur Folge, dass der Minderjährige im vormundschaftsgerichtlichen Verfahren zugleich zwei verschiedene, ja gegebenenfalls entgegengesetzte Meinungen vertreten kann. Das ist nicht sachwidrig, sondern den unterschiedlichen Rollen der Verfahrensbeteiligten geschuldet. Die Rolle des Minderjährigen in dem vormundschaftsgerichtlichen Verfahren ist passiv, da es im Verfahren um die Abstimmung seiner Erziehung unter den verschiedenen Erziehern geht. Da die Erziehung immer „Erziehung zu einer eigenverantwortlichen … Persönlichkeit“ (§ 1 KJHG) führen soll, sind die (anderen) Beteiligten des Vormundschaftsgerichtlichen Verfahrens jedenfalls soweit auf die Mitwirkung des Minderjährigen angewiesen, wie der Minderjährige hierzu aufgrund seines Entwicklungsstandes in der Lage ist.[980] Der Minderjährige tritt damit in seiner aktiven persönlichen Teilnahme an dem Verfahren in Vormundschaftssachen gewissermaßen der Gesamtheit seiner Erzieher gegenüber – den Eltern, dem Vormund, dem Vormundschaftsrichter etc. Seine persönliche Beteiligungsrechte sind Rechte im Verfahren der Erziehung – und nicht im Verfahren über die Vormundschaft im eigentlichen Sinne, also nicht im Verfahren der Verkehrsregelung unter den verschiedenen Erziehern.

978 Ferner: *Musielak/Borth*, FamFG, § 60 Rn. 2.

979 vgl. *Bumiller/Harders*, in: FamFG, § 60 Rn. 1; siehe auch: *Meyer-Holz*, in: Keidel, FamFG, § 60 Rn. 16.

980 Eingehend *Pawlowski*, in: Pawlowski/Smid, Freiwillige Gerichtsbarkeit, S. 80 ff.

## *2. Die Inhaber der elterlichen Sorge*

Das Gesetz spricht in den §§ 1626 Abs. 1; 1793 BGB den Eltern bzw. dem Vormund als eigenes Recht die Befugnis zur Vertretung des Minderjährigen als eigenes Recht zu.[981] Die Vertretung des Minderjährigen fällt daher mit der Wahrnehmung eigenen Rechts der Inhaber der Sorge für den Minderjährigen zusammen. Diese Doppelvertretung endet mit dem Ende des Amtes. Ist den Eltern die elterliche Sorge (also das Recht, den Minderjährigen in persönlichen und in vermögensrechtlichen Angelegenheiten zu vertreten) gem. §§ 1666 f. BGB entzogen worden, können sie gegen diese Entziehung nicht mehr in Vertretung des Minderjährigen Beschwerde einlegen, da ihnen die Befugnis hierzu entzogen worden ist. Sie können aber nach wie vor deshalb gegen diese Verfügung angehen, weil sie dadurch in ihrem eigenen Recht beeinträchtigt sind (§ 7 Abs. 2 Nr. 1 FamFG). 14

Geht es z. B. in dem Verfahren in Vormundschaftsangelegenheiten um eine Änderung der Vergütung des Vormunds (§ 1836 BGB[982]), so betrifft dieses Verfahren zweifellos auch eigene Rechte des Vormunds – nämlich dessen Vergütungsanspruch. Der Vormund ist daher an dem Verfahren auch selbst materiell beteiligt. Neben ihm ist allerdings an diesem Verfahren auch noch der Minderjährige beteiligt, da die Vergütung des Vormunds aus seinem Vermögen bezahlt wird, wobei er vom Vormund vertreten wird.[983] Daneben ist auch noch eine persönliche Beteiligung des Minderjährigen denkbar – wenn nämlich die Vergütung seinen Unterhalt und damit seine persönliche Sphäre und damit seine Rechte beeinträchtigt (§ 7 Abs. 2 S. 1 FamFG[984]). Der Vormund tritt in dieser Konstellation für zwei Beteiligte auf. 15

Diese gemeinsame Vertretung zweier Beteiligter hat jedoch für das Verfahren in der jeweiligen Instanz kaum Bedeutung. Insbesondere ist der Vormund (oder sind die Eltern) nicht etwa „gedoppelt“, sondern im Verfahren nur einmal zu hören. Während die Doppelvertretung daher regelmäßig verfahrensrechtlich keine Probleme bereitet, muss der Familienrichter im Vormundschaftsverfahren aber prüfen, ob insbesondere im Rahmen von Angelegenheiten nach §§ 1796, 1909 BGB ein Pfleger zu bestellen ist[985], mit der die doppelte materielle Beteiligung auch in den Verfahren durch die Bestellung von Amtsträgern zum Aus- 16

981 Huber, in: MünchKomm, BGB, § 1626 Rn. 7

982 *Wagenitz*, in: MünchKomm, BGB, § 1836 Rn. 1 ff.

983 Wenn nicht das Vormundschaftsgericht nach § 1796 BGB einen Pfleger bestellt; die Voraussetzungen des § 1795 BGB liegen nicht vor, da nicht der Minderjährige, sondern das Vormundschaftsgericht die Höhe der Vergütung bestimmt.

984 *Zimmermann*, in: Keidel, FamFG, § 7 Rn. 11 ff.

985 *Schwab*, in: MünchKomm, BGB, § 1909 Rn. 7 ff.

druck gebracht wird. Dazu wird aber nur bei besonders gelagerten Fällen Anlass bestehen.

## III. Behördenbeteiligung am Beispiel des Jugendamtes

### 1. Jugendamt im kindschaftsrechtlichen Verfahren

17 An einer Reihe von Verfahren der freiwilligen Gerichtsbarkeit nehmen neben den beteiligten Privatpersonen Behörden teil, was im Folgenden am Beispiel des Jugendamtes im vormundschaftsgerichtlichen Verfahren beschrieben werden soll. Da Behörden die Aufgabe haben, in einem Verfahren der freiwilligen Gerichtbarkeit fremde (öffentliche) Interessen wahrzunehmen, scheinen sie in diesen Verfahren keine eigenen subjektiven Rechte wahrzunehmen und daher nur eine formelle Beteiligtenstellung innezuhaben.[986] Dies scheinen die §§ 7 Abs. 2 S. 1 i.V. m. § 8 Nr. 3 FamFG zu bestätigen. Demgegenüber hat sich bei der Analyse der Doppelvertretung erwiesen, dass andere Amtsinhaber (so die Inhaber elterlicher Sorge) fremdnützige Pflichtrechte vertreten, die sie zu materiell Beteiligten machen können. Denn die materielle Beteiligung kann auch auf Rechten beruhen, die sich aus einem Amt dieser Person ergeben, wozu das Amt der Eltern zu zählen ist, bzw. aus einer Vormundschaft, einer Pflegschaft.

18 So ist das Jugendamt auch in Streitverfahren zu beteiligen, wenn es dies beantragt, vgl. § 204 Abs. 2 FamFG für den Streit um die Ehewohnung.

### 2. Bestimmung der vom Jugendamt im Verfahren wahrgenommenen Rechte

19 Alle Rechte, die aus der Amtsstellung fließen, sind subjektive Rechte der Amtsträger. Diese Personen haben also das Recht – oder die Zuständigkeit -, darüber zu entscheiden, ob diese Rechte ausgeübt (geltend gemacht) werden sollen oder nicht. Diese Rechte sind aber nicht „eigennützig“, da sie diesen Personen nicht um ihrer selbst willen zustehen. Diese Rechte gehören m.a.W. nicht zu den Persönlichkeitsrechten dieser Personen (oder, um es angelsächsisch zu formulieren: zu ihren property rights) – wie Eigentum oder Vermögen. Die Amtsrechte sind vielmehr alle fremdnützige Rechte – Rechte, die Aufgaben (Pflichten) begründen.

20 Vor diesem Hintergrund haben die vom Jugendamt im Verfahren wahrgenommenen Rechte keine grundsätzlich andere Qualität als die Rechte des Vormunds, Pflegers oder auch der Eltern. Soweit das Jugendamt also die Aufgaben

---

986 Vgl. *Kollhosser*, FGG, § 2, VII, S. 32; *Baur*, FGG, § 12, III 2, S. 132; *Bärmann*, FGG, § 8, IV, S. 69; *Bumiller/Winkler*, FGG, Vor § 13, 1c; *Göppinger*, Die Justiz 1967, S. 124 ff., 125; *Eickmann*, Rpfleger 1982, S. 449 ff., 450.

wahrnimmt, die ihm das Gesetz übertragen hat, ist es auch an dem Verfahren in den Angelegenheiten der Vormundschaft in derselben Weisen beteiligt wie der Pfleger oder Vormund; es geht in diesem Verfahren in dem gleichen Sinne um eigene Rechte des Jugendamtes[987] wie um die eigenen Rechte des Vormunds an der Vertretung des Minderjährigen. Grund dafür ist, dass dem Jugendamt seine Befugnisse vom Gesetz die Aufgabe übertragen worden sind, um seine Aufgaben erfüllen zu können, die Personensorge der Mündel seines Bezirks zu überwachen; vgl. die §§ 2, 16 ff., 42 ff., 50 ff. KJHG.

## IV. Formelle Beteiligung des materiell Berechtigten im Grundbuchverfahren

### 1. Antragsprinzip

An den Eintragungsverfahren materiell beteiligt ist derjenige, den eine Eintra- 21
gung begünstigt, sowie derjenige, dessen Recht sie beeinträchtigt (betrifft). Im Vormundschaftsverfahren ging es demgegenüber darum, jeden materiell Beteiligten auch formell an dem Verfahren zu beteiligen: Ihn zu hören etc. Das war jedoch eine Folge der Tatsache, dass es im Vormundschaftsverfahren um unverzichtbare, pflichtgebundene Rechte ging. Im Eintragungsverfahren in Grundbuchsachen geht es dagegen um verzichtbare Rechte - nämlich um das Eigentum und um beschränkte dingliche Rechte. Dem Recht auf Gehör, das jedem zusteht, der materiell an einem Verfahren beteiligt ist, wird also schon Rechnung getragen, wenn sich jeder materiell Beteiligte an dem Verfahren beteiligen kann - wenn er die Möglichkeit hat, einen Antrag zu stellen. Der Grundbuchrichter braucht also die materiell Beteiligten nicht von Amts wegen zuzuziehen: Er kann warten, bis sie sich selbst melden, bis sie einen Antrag stellen[988]20. Stellt jemand einen Eintragungsantrag, so ergibt sich danach ein Problem, das der Fragestellung geradezu entgegengesetzt ist, die sich im Vormundschaftsverfahren stellte: Es geht jetzt nämlich darum, ob derjenige, der sich formell (durch einen Antrag) an dem Verfahren beteiligt, auch wirksam am Verfahren zu beteiligen ist - d. h. ob sein Antrag zu einer Sachentscheidung führen kann. Während im Vormundschaftsverfahren also der Begriff der materiellen Beteiligung dazu diente, den Kreis der tatsächlich - formell - Beteiligten zu erweitern, führt der Begriff der materiellen Beteiligung im Grundbuchverfahren gerade umgekehrt zu einer Begrenzung der Beteiligten: Nur der materiell Beteiligte und kein an-

987 *Pawlowski*, in: *Pawlowski/Smid*, § 5 S. 90 ff.

988 Vgl. z. B. OLG Hamm, Beschluss vom 22.06.1965, Az.: 15 W 294/64 = OLGZ 1965, S. 342 ff.

derer kann einen wirksamen Antrag stellen - d. h. einen Antrag, über den durch Sachentscheidung zu entscheiden ist. Der Antrag eines anderen muss als unzulässig abgewiesen werden - und das auch dann, wenn die von ihm beantragte Eintragung das Grundbuch richtig machen würde oder wenn die von ihm beantragte rechtsändernde Eintragung dem materiellen Recht entspricht. Denn nach dem materiellen Recht hat nur der unmittelbar Betroffene die Zuständigkeit, die Rechtsänderung herbeizuführen. Aus dieser Verbindung von materiellem und formellem Recht folgt daher, dass die Frage der materiellen Beteiligung von Amts wegen zu prüfen ist, und zwar als erste Frage, bevor das Gericht in die sachliche Prüfung eintritt[989]. Denn ein Eintragungsverfahren kann erst in Gang kommen, wenn diese Voraussetzung geklärt ist[990].

22 Bei dieser Amtsprüfung ist das Gericht daher auch nicht auf die besonderen Beweis- und Ermittlungsvorschriften des Eintragungsverfahrens beschränkt. Es kann vielmehr auch Tatsachen berücksichtigen, die nicht in der Form des § 29 GBO nachgewiesen sind[991]. Erklärt z. B. der Hypothekar, dass er die Valuta empfangen habe, so muss sein Antrag auf Löschung der Hypothek als unzulässig zurückgewiesen werden, gleichviel, ob er diesen Antrag mit einer löschungsfähigen Quittung oder mit einer Bewilligung rechtfertigt[992] - und das auch dann, wenn er die Erklärung über den Empfang der Valuta nicht in der Form des § 29 GBO abgegeben hat[993]25: Denn wenn dem Grundbuchrichter bekannt ist, dass

989 Vgl. *D. Eickmann,* GVR, 5. Kap, § 1,1, S. 64.

990 Vgl. Kuntze/Ertel, GBR, Einl. C 67; *Hegele/Scböner/Stöber,* GBR, Rz 280 ff.; Meikel/*Böttcher,* GBR, § 18, 35,

991 BayOblG, Beschluss vom 13. 1. 1967, Az.: BReg. 2 Z 60/66 = BayObLGZ 1967, S. 13 ff.; 1986, S. 81 ff.; BGH, Beschluss vom 03.10.1985, Az.: V ZB 18/84 = Rpfleger 1986, S. 9 f.; S. 215 f.; BGH, Beschluß vom 28.4.1961, Az.: V ZB 17/60 = BGHZ 35, S. 135 ff.; *Kuntze/Ertl,* GBR, Einl. C 70; Meikel/*Brambring,* GBR, § 29, Rz 14; *Horber/Demharter,* GBO, § 29, 2a; *D. Eickmann,* GVR, Kap 5 § 3, S. 175 ff.; *den.,* Rpfleger 1979, S. 169 ff, 172; *Haegele/Schöner/Stöber,* GBR, Rz 159 f.; *Meikel/Böttcher,* GBR, Anh zu § 18, Rz 42 ff, 65.

992 *Horber/Demharter,* GBO, § 27, 8 a aa; vgl. aber *Haegele/Scböner/Stöber,* GBR, Rz 1304b.

993 Das Grundbuchamt hat eine Eintragung zwar auch vorzunehmen, wenn es *nur* Zweifel an der Richtigkeit der Tatsachen hat, die Voraussetzung der Eintragung sind (BGH, Beschluss v. 28.4.1961, Az.: V ZB 17/60 = BGHZ 35, S. 135 ff.; BayObLG, Beschluss vom 5.11.1987, Az.: BReg 3 Z 41/87 = BayObLGZ 1987, S. 359 ff.;BayObLG, Beschluss vom 7.8.1985, Az.: BReg 2 Z139/84 = 1985, S. 290 ff.; BayOblG, Beschluss vom 7.3.1981, Az.: BReg 2 Z 76/80 = 1981, S. 110 ff, 112). Steht es aber zur Überzeugung des Gerichts fest, dass die Voraussetzungen einer Eintragung *nicht* vorliegen, dann ist der Eintragungsantrag zurückzuweisen, auch wenn die Eintragungshindernisse nicht in der Form des § 29 GBO nachgewiesen sind.

die Hypothek dem Hypothekar nicht mehr zusteht, dann weiß er, dass dieser durch die Eintragung nicht mehr betroffen wird - dass er nicht mehr materiell an dem Verfahren beteiligt ist und daher keinen wirksamen Antrag mehr stellen kann.

## 2. Verfahren rechtbegründender Eintragungen

Das Verfahren auf rechtsbegründende Eintragung einer Belastung kommt nur auf Initiative der Beteiligten in Gang und d.h. verfahrensrechtlich gesprochen, dass es gem. § 13 GBO einen Antrag voraussetzt. Diesen Antrag können nur die unmittelbar Beteiligten stellen[994]. Geht es also z. B. um die Eintragung oder die Löschung einer Hypothek, so muss man wissen, wer beteiligt ist - wen es unmittelbar angeht, was das folgende Beispiel deutlicher machen soll. 23

Fall: Im Grundbuch ist der G als Eigentümer des Grundstücks Nr. 1 eingetragen. Auf seinem Grundbuchblatt soll für H in Abt. III eine Hypothek von 100.000 Euro eingetragen werden - und zwar an 3. Stelle nach zwei Hypotheken von je 100.000 Euro. Das Grundstück hat wahrscheinlich einen Wert von 150.000 Euro. 24

Beteiligt sind hier zweifellos G als Betroffener[995] und H als Begünstigter[996] gem. § 13 Abs. 2 GBO. Es fragt sich aber, ob die Eintragung auch das Recht der Inhaber der zwei vorstehenden Hypotheken betrifft? Hierfür könnte sprechen, dass der einzutragende Hypothekar nach der Eintragung seine Hypothek zwangsweise durchsetzen könnte - wodurch bei einer Versteigerung des Grundstücks für 150.000 Euro für den 2. Hypothekar nur noch 50.000 Euro übrig bleiben würden. Nach den §§ 44 f. ZVG sind die dem Anspruch des Gläubigers vorgehenden Rechte jedoch in das geringste Gebot aufzunehmen; sie werden daher durch die Versteigerung nicht berührt (vgl. § 52 ZVG). Die Eintragung der Hypothek betrifft also die vorstehenden Hypothekengläubiger nicht. 25

Wenn dagegen G dem H eine Eigentümergrundschuld überträgt, nach der noch zwei Hypotheken der Gläubiger H4 und H5 eingetragen sind könnten diese jetzt bei einer Zwangsvollstreckung durch H leer ausgehen, während sie bis jetzt eine Zwangsvollstreckung durch E nicht zu befürchten brauchten, da E sein Grundstück nicht selbst zur Zwangsversteigerung bringen konnte. Betrifft also die Eintragung des H an 3. Stelle jetzt unmittelbar die Rechte von H4 und H5? - Sind diese jedenfalls dann betroffen, wenn ihre Hypotheken nach dem 1.1. 1978 26

994 *Vgl. Horber/Demharter, GBO, § 13, 13a; Kuntze/Herrmann, GBR, § 13, Rn. 57 f.*

995 Betroffen ist der, der durch die Eintragung sein Recht verliert oder dessen Recht durch die Eintragung eingeschränkt wird; vgl. *Horber/Demharter*, GBO, § 13, 13b*; Kuntze/Herrmann*, GBR, *§ 13,* Rn. 60.

996 Begünstigt ist derjenige, dessen Rechtslage sich nach der Eintragung als besser darstellt; vgl. *Kuntze/Herrmann*, GBR, § 13, Rn. 61; *Horber/Demharter*, GBO, § 13, 13c.

eingetragen sind, sodass sie nach § 1179a BGB vom Eigentümer H die Löschung der Eigentümergrundschuld verlangen konnten?

27 In diesem Fall liegt zwar auf der Hand, dass die Eintragung der Hypothek des H an der 3. Stelle die Rechte der nachgehenden Hypothekeninhaber wirtschaftlich beeinträchtigt - rechtlich liegt aber keine Beeinträchtigung vor. Denn ihnen gegenüber ist die Eintragung der Hypothek aufgrund der gesetzlichen Vormerkung des § 1179 a BGB - relativ - unwirksam (§ 883 Abs. 2 BGB).[997] Im Übrigen schließt § 1179a BGB aber Verfügungen des Eigentümers nicht aus5.

28 Die Beteiligung im Verfahren auf Eintragung einer Belastung ist daher nach der unmittelbaren rechtlichen Veränderung zu beurteilen, die die Eintragung bewirkt. Beteiligt sind daher im Verfahren auf Eintragung der Hypothek nur der Eigentümer und der Hypothekar H - nicht aber die übrigen vor- oder nachstehenden Hypothekare und auch nicht die Gläubiger des Eigentümers oder des Hypothekars, die ein Interesse daran haben, dass die Eintragung vorgenommen oder nicht vorgenommen wird.

29 Will also z. B. ein Gläubiger des Hypothekars an die zu bestellende Hypothek heran, um sich aus ihr zu befriedigen, so kann er nach der Pfändung der Forderung nicht die Eintragung der Hypothek betreiben; er muss vielmehr nach Pfändung der Forderung den Anspruch auf Eintragung der Hypothek im Wege der Hilfspfändung pfänden und sich überweisen lassen (§§ 857, 835 ZPO) - erst dann kann er nach § 836 ZPO den Antrag auf Eintragung der Hypothek für den Schuldner stellen und auf Grund des § 13 Abs. 2 GBO auf Eintragung seines Pfandrechts an dieser Hypothek: Denn sein Pfandrecht setzt sich an der Forderung an der Hypothek fort.

30 Diese enge Begrenzung des Kreises der Beteiligten ist erforderlich, damit die Rechtsänderung, die die Eintragung herbeiführt, nur von denen veranlaßt werden kann, die auch materiell über das betroffene Recht verfügen können. An dem Verfahren auf Eintragung einer rechtsbegründenden Eintragung sind nach alledem nur die Personen beteiligt, die durch die Eintragung ein Recht erwerben oder deren Recht durch die Eintragung unmittelbar eingeschränkt wird - d. h. diejenigen, die nach dem materiellen Recht über die Ausübung des eingetragenen oder einzutragenden Rechtes entscheiden können. Am Verfahren auf Eintragung einer rechtsbezeugenden Eintragung - also am Verfahren der Berichtigung - sind auch die Gläubiger der Begünstigten beteiligt (und damit antragsberechtigt), die einen vollstreckbaren Titel besitzen, der sie dazu berechtigt, eine weitere Eintragung vornehmen zu lassen.

---

997 *Vgl. nur O. Jauernig, BGB, § 1179, 6; Baur/Stürner, SachenR, § 46, IV 1, S. 478.*

## 3. Antragsbefugnis des formell Eingetragenen

Damit ist aber noch nichts darüber gesagt, ob derjenige einen Antrag stellen kann, dessen formelles (nämlich eingetragenes) Recht durch die Eintragung betroffen wird oder der, der materiell betroffen ist - ob sich also das Betroffensein eines Rechts aus der formellen Eintragung (Buchposition) ergibt oder aus dem materiellen Recht. Hinsichtlich der Begünstigung kann diese Frage nicht auftauchen: Die Begünstigung muss sich immer unmittelbar aus der Eintragung ergeben. Zweifel haft ist aber, wie es mit dem Betroffenen ist. 31

Fall: Der Hypothekar H erteilt dem Eigentümer eine sog. löschungsfähige Quittung - d. h, er bescheinigt in der Form des § 29 GBO[998], dass der eingetragene Eigentümer an ihn 100 000 DM und 6 000 DM Zinsen gezahlt und dadurch die Hypothekenforderung getilgt hat[999]. Dann beantragt er, die Hypothek zu löschen und fügt die nach den §§ 27 GBO, 1183 BGB erforderliche Zustimmung des Eigentümers zur Löschung der Hypotheken bei. Hat das Grundbuchamt diesem Antrag stattzugeben? 32

Rechtsprechung und herrschende Lehre lehnen dies übereinstimmend ab[1000], weil die Hypothek mit der Tilgung der Hypothekenforderung auf den Eigentümer übergeht (§§ 1163 Abs. 1 S. 2, 1177 Abs. 1 S. 1 BGB). Daraus folgt aber, dass die Löschung der Hypothek nicht mehr das Recht des Hypothekars betrifft. Wenn der Hypothekar weiterhin den Antrag auf Löschung stellen könnte, so würde er damit über ein Recht verfügen, das dem Eigentümer zusteht und das daher materiell nur noch der Eigentümer ausüben kann. Der Hypothekar kann nach Erteilung einer löschungsfähigen Quittung also nicht mehr einen Antrag auf eine rechtsändernde Eintragung stellen. Anders ist es dagegen im Verfahren auf Vornahme einer rechtsbezeugenden Eintragung - also im Berichtigungsverfahren: Würde also der Hypothekar im vorliegenden Falle beantragen, die Hypothek in eine Eigentümergrundschuld umzuschreiben, so wäre diesem Antrage wegen § 1167 BGB stattzugeben, da durch die löschungsfähige Quittung nachgewiesen ist, dass das Grundbuch hinsichtlich der Eintragung des Hypothekars gem. § 22 Abs. 1 GBO unrichtig ist. Dem Eigentümer steht jetzt gem. § 894 BGB ein Anspruch auf Grundbuchberichtigung zu, den der Hypothekar freiwil- 33

998 *In einer öffentlich beglaubigten Urkunde, die diese Erklärung enthält; vgl. Haegele/Schöner/Stöber, GBR, Rn. 2279; anders (öffentliche Urkunde): D. Eickmann, GVR, S. 168.*

999 *Zu den Anforderungen an eine löschungsfähige Quittung vgl. Haegele/Schöner/Stöber, GBR, Rn. 2729 ff.; Horber/Demharter, GBO, § 27, 8 a (mit Nachw.); § 28, 2b; Kuntze/ Ertl, GBR, § 27, Rn. 23 ff.*

1000 *Vgl. z. B. KG vom 26.4.1965, Az.: 1 W 1027/65 = Rpfleger 1965, S. 366; Horber/Demharter, GBO, §27, 8a aa (mit Nachw.);* *Kuntze/*Ertl, *GBR, § 27, R. 24; Hegele/Schöner/Stöber, GBR, Rz 2732; MeikeV Böttcher, GBR, Anh zu § 18, Rn. 55.*

lig erfüllen können muss. Im Verfahren der Berichtigung ist der Hypothekar nach alledem noch betroffen, im Verfahren zur Eintragung einer rechtsändernden Eintragung ist der Hypothekar nicht (mehr) betroffen.

### *4. Antragsbefugnis des Notars*

34 Neben den Personen, die als Begünstigte oder Betroffene an den Eintragungsverfahren materiell beteiligt sind, kann nach § 15 GBO auch der Notar, der die zu einer Eintragung erforderlichen Erklärungen beurkundet oder beglaubigt hat, im Namen eines Antragsberechtigten die Eintragung beantragen. Der Notar hat jedoch nicht das Recht, einen eigenen Antrag zu stellen; er kann nur einen Antrag im Namen eines Berechtigten stellen - dies allerdings nach der herrschenden Lehre auch neben den Berechtigten. § 15 GBO gibt nur eine widerlegbare19 Vermutung der Vollmacht des Notars, der derartige Beglaubigungen oder Beurkundungen vorgenommen hat. Der Notar wird nicht selbst Beteiligter.

## V. Nachlassverfahren

35 Für das Nachlassverfahren trifft § 345 FamFG eine Regelung der Beteiligung. Nach § 345 Abs. 1 FamFG ist im Verfahren auf Erteilung eines Erbscheins der Antragsteller zwingend zu beteiligen. Das Nachlassgericht kann darüber hinaus als Beteiligte namentlich die gesetzlichen Erben, diejenigen, die nach dem Inhalt einer vorliegenden Verfügung von Todes wegen als Erben in Betracht kommen, die Gegner des Antragstellers, wenn ein Rechtsstreit über das Erbrecht anhängig ist, hinzuziehen. Es liegt auf der Hand, dass diese „kann“-Vorschrift dem Gericht ein pflichtgemäß auszuübendes Ermessen einräumt. Insbesondere bei einem Erbprätendentenstreit ist auch im Erbscheinsverfahren dem Prozessgegner des Antragstellers rechtliches Gehör zu gewähren.

36 Der Nachlassrichter hat den materiell Beteiligten Gehör zu gewähren, § 345 Abs. 1 FamFG.[1001] Er hat ihnen m.a.W. die Möglichkeit zu geben, sich auch formell am Verfahren zu beteiligen. Wie in anderen Verfahren der freiwilligen Gerichtsbarkeit auch so besteht aufgrund der in Art. 103 Abs. 1 GG enthaltenen Gewährleistung des rechtlichen Gehörs43 auch im Erbscheinsverfahren Anlaß zu einer verfassungskonformen Auslegung. Danach sind alle unmittelbar Beteiligten zu hören - also zunächst die oben (Fn. 35) genannten Antragsberechtigten und in den Fällen, in denen eine letztwillige Verfügung vorliegt, alle gesetzlichen und nicht nur die durch eine Privaturkunde ausgeschlossenen Erben, wie es

1001 Zimmermann, in: Keidel, FamFG, § 345 Rn. 10.

§ 2360 Abs. 2 BGB vorsieht[1002]. Es ist daher davon auszugehen, dass die in § 2360 Abs. 1 und Abs. 2 BGB genannten Personen zu hören sind und nicht nur gehört werden sollen.[1003] Dem trägt nun § 345 Abs. 1 FamFG Rechnung.[1004]

37 Von dieser Anhörung darf auch nicht schon dann abgesehen werden, wenn sie sich als „untunlich“ darstellt (§ 2360 Abs. 3 BGB[1005]), weil „zahlreichen“ oder „weit entfernt wohnenden“ oder schwierig zu vernehmenden« Personen Gehör gewährt werden muss[1006]. Von Art. 103 Abs. 1 GG her darf der Richter vor der Erteilung eines Erbscheins von der Anhörung eines materiell Beteiligten vielmehr nur absehen, wenn dieser faktisch nicht zu erreichen ist.[1007] In einem derartigen Fall hat sich das Nachlassgericht aber an den Voraussetzungen zu orientieren haben, unter denen in einem Prozess über das Erbrecht die öffentliche Zustellung zulässig wäre (§§ 203 ff. ZPO).

38 In diesem Zusammenhang ist die in § 2358 Abs. 2 BGB genannte Möglichkeit zu beachten, eine öffentliche Aufforderung zur Anmeldung der anderen Personen zustehenden Erbrechte zu erlassen. Diese Aufforderune hat heute nicht nur Bedeutung für die Ermittlungstätigkeit des Gerichts. Vielmehr hat sie auch vor dem Hintergrund der verfassungsmäßigen Garantie des rechtlichen Gehörs in Art. 103 Abs. 1 GG Relevanz, da es um die Ermittlung materiell Beteiligter geht, die auf diesem Wege herangezogen werden. Hat das Gericht Anlass zu der Annahme, dass „andere Erben“ vorhanden sind und kann es deren Namen und Adressen nicht auf anderem Wege feststellen, so hat es eine derartige Aufforderung zu erlassen.

## VI. Insolvenzverwalter im Insolvenzplanverfahren

39 Nach alledem erscheint es bedenklich, wenn der IX. Zivilsenat des BGH in seiner Phoenix-Entscheidung dem Insolvenzverwalter als Träger eines hoheitlich begründeten privaten Amtes die Befugnis abspricht, im Insolvenzplanverfahren gegen die Ablehnung der Bestätigung des mehrheitlich angenommenen Planes die sofortige Beschwerde einzulegen.

40 In dem Phoenix-Insolvenzverfahren hatte das *LG Frankfurt*[1008] auf sofortige Beschwerde einer Gläubigerin hin den Bestätigungsbeschluss des Insolvenzge-

---

1002 BayObLG, Beschluss vom 28.10.1960, Az.: BReg. 2 Z 130/60 = BayObLGZ 1960, S. 423 ff.; OLG Köln, Beschluss vom 14.5.1962, Az.: BReg 2 Z 1/62 = NJW 1962, S. 1727 ff.

1003 H.L.: Vgl. allein *Brehm,* FGG, § 27, V 2.

1004 Bumiller/Harders, FamFG, § 345 Rn. 7 ff.

1005 In etwa: Zimmermann, in: Keidel, FamFG, § 345 Rn. 17.

1006 BayObLGZ 1960, 432 ff (Fn. 6).

1007 BayObLG (Fn. 6).

1008 LG Frankfurt/M., Beschluss vom 29.10.2007, Az.: 2/9 T 198/07 = ZIP 2007, 2229.

richts aufgehoben und dem vom Insolvenzverwalter vorgelegten Plan die Bestätigung versagt. Gegen den beschwerdegerichtlichen Beschluss richtete sich u.a. die Rechtsbeschwerde des Insolvenzverwalters. Der IX. Zivilsenat des *BGH* hat die Rechtsbeschwerde des Insolvenzverwalters als unzulässig verworfen, da bereits seine sofortige Beschwerde nicht zulässig gewesen wäre.[1009] Gegen die Versagung der Bestätigung des Insolvenzplans stehe nach § 253 InsO nur den Gläubigern und den Schuldnern die sofortige Beschwerde zu. In der Tat ist die überwiegende Meinung im Schrifttum[1010] geneigt, wegen des Wortlauts des § 253 InsO dem Insolvenzverwalter kein Beschwerderecht gegen die Versagung der Bestätigung des Insolvenzplans zu geben. Nun hält dies den *BGH* in anderen Zusammenhängen nicht davon ab, dem Insolvenzverwalter die Befugnis einzuräumen, die von ihm verwaltete Masse gegen Entscheidungen, die in den Bestand der Masse eingreifen, ein Recht auf sofortige Beschwerde zuzugestehen. So hat der IX. Zivilsenat des BGH ohne weiteres die sofortige Beschwerde des nach § 57 InsO gewählten und vom Gericht bestätigten Insolvenzverwalters gegen den Beschluss über die Festsetzung der Vergütung seines Amtsvorgängers für statthaft erachtet.[1011] Immerhin, § 64 Abs. 3 InsO spricht jedenfalls vom „Verwalter", so dass der BGH seine sinnvolle Entscheidung zu Gunsten einer Beschwerdebefugnis des zweiten Insolvenzverwalters hat fällen können. Hieran sah sich der IX. Zivilsenat im Phoenix-Fall gehindert und hat auch in § 231 Abs. 3 InsO keinen Anlass gesehen, das Beschwerderecht des § 253 InsO auch dem Verwalter zuzubilligen. Dies begründet der *BGH* damit, dass die Beschwerdebefugnis nach § 231 Abs. 3 InsO allein darauf gerichtet sei, dass der Insolvenzverwalter seine Planvorlagebefugnis nach § 218 Abs. 1 S. 1 InsO gegen eine Abweisungsentscheidung nach § 231 InsO verteidigen könne. Dieses Recht stehe aber bei der Frage der Bestätigung des Insolvenzplans nicht zur Debatte. Für den *BGH* ist ausschlaggebend, dass der Insolvenzverwalter gleichsam außenstehender Dritte sei, dessen subjektive Rechte durch den Plan nicht berührt würden. Daher soll, so der IX. Zivilsenat, der Insolvenzverwalter auch nicht die Befugnis haben, durch die Beschwerde gegen die Versagung der Bestätigung die Wirksamkeit eines Planes erstreiten, der seine Rechte nicht berührt. Der IX. Zivilsenat formuliert dies so, dass der Insolvenzverwalter als außenstehender Dritter nicht das Recht habe, den Gläubigern einen Insolvenzplan aufzuzwingen, da er, der Insolvenzverwalter, den Plan zwar auszuführen habe, den inhaltlichen Gestaltungen des Plans aber nicht persönlich unterworfen sei. Der Insolvenzver-

1009 BGH, Beschluss vom 5.2.2009, Az.: IX ZB 230/07 = ZIP 2009, 480.

1010 Siehe: Lüer, in: Uhlenbruck, InsO § 253 Rn. 2.

1011 BGH, Beschluss vom 10.11.2005, Az.: IX ZB 168/04 = NZI 2006, 165 = DZWiR 2006, 159; Beschluss vom 29.5.2008, Az.: IX ZB 303/05 = NZI 2008, 485.

walter hat daher die Befugnis, den Gläubigern „aufzuzwingen“ durch die sofortige Beschwerde nach § 231 Abs. 3 InsO, dass diese sich in vom Insolvenzverwalter kreierte Abstimmungsgruppen einteilen lassen und sich dem Verfahren der Erörterung und Abstimmung des Insolvenzplans aussetzen müssen. Damit kann der Insolvenzverwalter den Gläubigern also ein Verfahren aufzwingen, in dem ggfls. die Mehrheitsentscheidungen durch die Art der Gruppenbildung vorbestimmt sind.

## VII. Anhörung

Wir werden noch sehen, dass sich die Anhörung in Verfahren der freiwilligen Gerichtsbarkeit vielfach als Mittel der Sachverhaltsermittlung darstellt. 41

Den Beteiligten ist gem. § 30 Abs. 4 FamFG Gelegenheit zu geben, zum Ergebnis einer förmlichen Beweisaufnahme Stellung zu nehmen, soweit dies zur Aufklärung des Sachverhalts oder zur Gewährung rechtlichen Gehörs erforderlich ist. 42

In Verfahren nach dem FamFG kommt § 141 ZPO auch nicht entsprechend zum Zuge, sondern § 33 FamFG. Im Insolvenzverfahren greift § 141 InsO auch nicht über § 4 InsO, sondern es kommen die Sonderregelungen des § 10 InsO und der §§ 97, 98 InsO zur Anwendung.[1012] Bei der Ladung zu einem Gütetermin greift § 141 ZPO ebenfalls nicht ein.[1013] In einer gemeinsamen Ladung zum Gütetermin und zur anschließenden streitigen Verhandlung kann das persönliche Erscheinen der Partei zur streitigen Verhandlung angeordnet werden.[1014] 43

In der Vergangenheit ist unter der Geltung des FGG darüber gestritten worden, ob die Beteiligten in den Verfahren der freiwilligen Gerichtsbarkeit unabhängig davon, ob im Streng- oder im Freibeweisverfahren vorgegangen wird, ein Recht darauf haben, bei der Erhebung des Zeugenbeweises anwesend zu sein. Diese Parteiöffentlichkeit hat im streitigen Verfahren solange ihren Sinn, wie nicht höchst persönlichkeitsrelevante Themen zur Debatte stehen. Betrachtet man die unterschiedlichen Funktionen der verschiedenen Verfahren der freiwilligen Gerichtsbarkeit wird klar, dass es nicht sinnvoll ist, den Beteiligten generell einen Anspruch auf Anwesenheit bei der Beweisaufnahme zu geben. 44

Wenn und soweit die rechtlichen Feststellungen des Verfahrens nur durch gemeinsame Handlungen aller Beteiligten als der Verfahrenssubjekte möglich sind, sind die entscheidungserheblichen Tatsachen im Wege des Freibeweises zu ermitteln. Soweit es dagegen im Rahmen von Prognose- bzw. die Zweckmäßig- 45

1012 A. A. Kirchhof, in: Kreft, InsO, § 4 Rn. 11.
1013 Stadler, in: Musielak, ZPO, § 141 Rn. 3; Greger, in: Zöller, ZPO, § 141 Rn. 1.
*1014* Foerste, in: Musielak, ZPO, § 278 Rn. 5.

keitsentscheidungen um die Ermittlung von Tatsachen geht, die dem Freibeweis zugänglich sind, ändert im nichtstreitigen Verfahren, in administrative Aufgaben erledigt werden, auch die strengbeweislich erfolgende Tatsachenermittlung nicht das materielle Ziel des untersuchenden Richters, der die Beweisaufnahme anordnet. Wenn z.B. der Familienrichter in Vormundschaftssachen eine Auskunftsperson nur deshalb in den Formen der ZPO zu einer Zeugenaussage lädt, weil er sie anders nicht zur Aussage zwingen kann, dann ändern sich mit der Art des Verfahrens und dessen Zielen nicht die Wahl dieser Beweisform. Denn die Ermittlung der Tatsachen richtet sich auch jetzt nicht auf den Beweis von Tatsachen als Grundlage der Anwendung von rechtlich normierten Tatbeständen. Es geht in einer derartigen Beweisaufnahme vielmehr weiterhin um die Vorbereitung einer Prognoseentscheidung, in der es darum geht, Meinungen, Eindrücke, Erwartungen oder auch Hörensagen zu ermitteln und festzustellen.

46 Die Vorbereitung der Prognose- und Zweckmäßigkeitsentscheidungen kann „der Natur der Sache nach" – aufgrund ihrer strukturellen Eigenheiten - immer nur von dem Entscheidenden selbst getroffen werden können.

47 Wenn es sich z. B. wie beim Erbschein um die Verwandtschaft oder bei der Festsetzung einer Ordnungsstrafe um die subjektive Pflichtwidrigkeit eines Vormunds um die Feststellung von rechtlich beschriebenen Tatbestandsmerkmalen handelt, ist der Beweis im formalen Sinn zu führen. Dieser Strengbeweis kann nicht durch einen Freibeweis ersetzt werden. In diesem Fall haben die Beteiligten das Recht, an dem Beweisverfahren teilzunehmen.

48 Eine Reihe amtlicher Stellen ist verpflichtet, in Verfahren der freiwilligen Gerichtsbarkeit dem Richter Amts- oder Rechtshilfe zu leisten.[1015] Ein beispielhafter Fall ist wiederum der Familienrichter im vormundschaftsrechtlichen Verfahren. Er kann etwa das Jugendamt ersuchen, die häuslichen Verhältnisse des Minderjährigen zu untersuchen, um den Grad seiner etwaigen Verwahrlosung festzustellen. Verwehren dann die Eltern der Fürsorgerin den Zutritt zu der Wohnung, so kann sich das Jugendamt aber den Zutritt nicht mit Gewalt verschaffen; In einem derartigen Verfahren kann der Richter dem Jugendamt die Berechtigung zum Zutritt zur Wohnung auch nicht dadurch verschaffen, dass der Jugendrichter die Eltern anweist, dem Jugendamt Zutritt zu gewähren.[1016]

49 Nach § 162 Abs. 1 FamFG hat das Gericht in Verfahren, die die Person des Kindes betreffen, das Jugendamt anzuhören.[1017] Nun hat das Familiengericht

---

1015 So zunächst das Jugendamt (vgl. § 48 KJHG), aber auch andere Behörden; vgl. Art, 35 GG, §§ 2 FGG; 157 ff. GVG.

Das Jugendamt kann sich zwar der Hilfe der Polizei bedienen; ob aber diese sich Zutritt zu der Wohnung verschaffen kann, hängt wieder von den einzelnen Polizeigesetzen ab.

1017 Engelhardt, in: Keidel, FamFG, § 162 Rn. 2 ff.

gerade in Verfahren, die die Personensorge des Kindes betreffen, gegebenenfalls Verfügungen zu treffen, ohne dass das Jugendamt angehört werden kann. Hier ordnet § 162 Abs. 1 FamFG an, dass, wenn die Anhörung wegen Gefahr im Verzug unterbleibt, sie unverzüglich nachzuholen ist.[1018]

50 Nach § 162 Abs. 2 FamFG ist das Jugendamt auf seinen Antrag an dem Verfahren zu beteiligen. Nach § 162 Abs. 3 FamFG sind dem Jugendamt alle Entscheidungen des Gerichts bekannt zu machen, zu denen es nach § 162 Abs. 1 S. 1 FamFG zu hören war. Gegen den Beschluss steht dem Jugendamt die Beschwerde zu.

51 Nach § 160 Abs. 1 S. 1 ZPO soll das Familiengericht in Verfahren, die die Person des Kindes betreffen, die Eltern persönlich anhören[1019], § 160 Abs. 1 S. 2 ZPO sieht vor, dass in Verfahren nach den §§ 1666, 1666a BGB die Eltern persönlich anzuhören sind.[1020] Dies gilt nach § 160 Abs. 2 S. 2 FamFG nicht für einen Elternteil, dem die elterliche Sorge nicht zusteht, sofern von der Anhörung eine Aufklärung nicht erwartet werden kann. Das Verfahren hat eine rechtsfürsorgerische Funktion – es geht immer um das Wohl des Kindes. Daher sieht § 160 Abs. 3 FamFG vor, dass von der Anhörung nur aus schwerwiegenden Gründen abgesehen werden darf. Unterbleibt die Anhörung allein wegen Gefahr im Verzug, ist sie nach § 160 Abs. 4 FamFG unverzüglich nachzuholen.

52 Nach § 159 Abs. 4 FamFG soll das Kind über den Gegenstand, Ablauf und möglichen Ausgang des Verfahrens in einer geeigneten und seinem Alter entsprechenden Weise informiert werden, soweit nicht Nachteile für seine Entwicklung, Erziehung oder Gesundheit zu befürchten sind – und ihm ist Gelegenheit zur Äußerung zu geben.[1021] Hat das Gericht dem Kind nach § 158 FamFG[1022] einen Verfahrensbeistand bestellt, soll nach § 159 Abs. 4 S. 2 FamFG die persönliche Anhörung in dessen Anwesenheit stattfinden.[1023]

53 Das Gericht hat nach § 159 Abs. 1 S. 1 FamFG das Kind persönlich anzuhören, wenn es das 14. Lebensjahr vollendet hat. Von einer persönlichen Anhörung kann nach § 159 Abs. 1 S. 2 FamFG abgesehen werden, wenn das Verfahren ausschließlich das Vermögen des Kindes betrifft.[1024] Voraussetzung für dieses Absehen von der Anhörung ist, dass sie nach der Art der Angelegenheit nicht angezeigt ist.[1025] Hat das Kind das 14. Lebensjahr noch nicht vollendet, greift §

1018 Engelhardt, in: Keidel, § 162 Rn. 9.
1019 Schumann, in: MünchKomm, ZPO, § 160 FamFG Rn. 3.
1020 Schumann, in: MünchKomm, ZPO, § 160 FamFG Rn. 4.
1021 Engelhardt, in: Keidel, § 159 Rn. 14 ff.
1022 Engelhardt, in: Keidel, § 158 Rn. 1 ff.
1023 Engelhardt, in: Keidel, § 159 Rn. 16.
1024 Engelhardt, in: Keidel, § 159 Rn. 6.
1025 Engelhardt, in: Keidel, § 159 Rn. 6.

159 Abs. 2 FamFG ein. Danach ist es persönlich anzuhören, wenn die Neigungen, Bindungen oder der Wille des Kindes für die Entscheidung von Bedeutung sind oder wenn eine persönliche Anhörung aus sonstigen Gründen angezeigt ist. § 159 Abs. 3 FamFG ordnet an, dass von einer persönlichen Anhörung nach § 159 Abs. 1 FamFG oder § 159 Abs. 2 FamFG das Gericht aus schwerwiegenden Gründen absehen darf.[1026] Unterbleibt eine Anhörung allein wegen Gefahr im Verzug, ist sie unverzüglich nachzuholen.

1026 Musielak/Borth, FamFG, § 159 Rn. 4.

# § 12 Fähigkeit, sich an einem zivilgerichtlichen Verfahren zu beteiligen

## I. Zivilprozess

### 1. Bezug der Parteifähigkeit zur Personenqualität

Dass eine Person Partei eines Prozesses sein kann, also als Kläger klagen oder als Beklagter überhaupt verklagt werden kann – also die „Parteifähigkeit" einer Person – setzt deren Rechtsfähigkeit voraus. Das verweist also auf die materielle Fähigkeit der Person, Träger von Rechten und Pflichten zu sein, § 50 ZPO.[1027] Darüber kann man streiten. So war zunächst nur die passive Parteifähigkeit von nichtrechtsfähigen Vereinen anerkannt (vgl. den Wortlaut von § 50 ZPO i.d.F. bis 2009[1028]), um gegen Arbeitskampfmaßnahmen Gewerkschaften mit Prozessen überziehen zu können.[1029] Erst später ist die aktive Parteifähigkeit von nichtrechtsfähigen Vereinen (Gewerkschaften und politischen Parteien) anerkannt worden, als die Koalitionsfreiheit im Allgemeinen rechtlich geschützt wurde.[1030] Deren körperschaftliche Verfassung sprach freilich für ihre aktive wie passive Parteifähigkeit.[1031] Probleme eigener Art haben sich für BGB-Gesellschaften gestellt, die unter bestimmten Voraussetzungen als Zwangsvollstreckungsschuldner angesehen wurden. Diese Beispiele zeigen, dass die Fähigkeit einer natürlichen Person oder einer „rechtlichen Personifikation", Partei eines Zivilprozesses sein und damit verklagt werden zu können, im allgemeinen von ihrem rechtlichen Status abhängt, der aus den allgemeinen bürgerlichrechtlichen Maßstäben abzuleiten ist. 1

So sind juristische Personen parteifähig - namentlich der eingetragene Verein, die AG, die GmbH, die KGaA und die eingetragene Genossenschaft. Den juristischen Personen wird der nichtrechtsfähige Verein in Ansehung seiner Parteifähigkeit gleich gestellt. Parteifähig sind weiter z.B. eine in der Schweiz gegründete AG mit Verwaltungssitz in Deutschland[1032]; eine im englischen Companies House gelöschte Private Limited Company by Shares, die in Deutschland noch über Restvermögen verfügt[1033]. Parteifähig sind weiter die oHG gem. § 124 HGB und die KG gem. § 161 Abs. 2 HGB. 2

---

1027 Hartmann, in: Baumbach/ Lauterbach/Albers/Hartmann, ZPO, § 50 Rn. 4.

1028 Lindacher, in: MünchKomm, ZPO, § 50 Rn. 35 ff.

1029 Vollkommer, in: Zöller, ZPO, § 50 Rn. 22.

1030 Schmidt-Bleibtreu/Klein, GG, Art. 9 Rn. 12.

1031 Vgl. BGHZ 109, 117, NJW 1990, 186-187

1032 BGH, Urteil vom 27. 10. 2008, Az.: II 290/07 = ZInsO 2009, 149.

1033 OLG Düsseldorf, Hinweisbeschluss vom 10.05.2010, Az.: I-24 U 160/09 = ZIP 2010, 1852; für die Private Company by Shares der Isle of Man verlangt das KG (Urteil vom

3 Reine Innengesellschaften, die keine Rechtsbeziehungen zu Dritten begründen, sind nicht parteifähig.[1034] Die BGB-Gesellschaft wird mittlerweile als parteifähig angesehen.[1035] Und der BGH[1036] hat die Wohnungseigentümergemeinschaft als rechts- und damit als parteifähig angesehen, wenn und soweit sie bei der Verwaltung des gemeinschaftlichen Eigentums am Rechtsverkehr teilnimmt.[1037]

4 Damit war eine Änderung der bis dahin ständigen Rechtsprechung verbunden, was für die Kläger, die bis dahin gegen die Wohnungseigentümer als Beklagte ihre Ansprüche klageweise verfolgten, nicht unerhebliche Probleme auslöste. Denn zum Zeitpunkt der Klageerhebung wäre eine Klage gegen die Wohnungseigentümergemeinschaft als unzulässig abgewiesen worden; im Verlauf des Prozesses wurde dagegen durch die Änderung der Rechtsprechung die Klage gegen die Wohnungseigentümer unzulässig[1038], da richtiger Beklagter die Wohnungseigentümergemeinschaft wurde.[1039] Eine Berichtigung des Rubrums genügt daher nicht; es war ein Parteiwechsel erforderlich.

### 2. Bezug der Prozessfähigkeit zur Geschäftsfähigkeit

5 In diesem Zusammenhang geht es um die Frage, ob der Minderjährige selbst Prozesse führen kann, mit oder ohne Einwilligung seiner gesetzlichen Vertreter. Die herrschende Lehre lehnt dies mit zutreffenden Gründen im Zivilprozess ab[1040], da sie § 52 ZPO dahingehend versteht, dass eine Person insoweit prozessfähig ist, als sie sich durch Verträge verpflichten kann und daher nur derjenige prozessfähig sei, der sich selbständig ohne die Zustimmung eines anderen durch Verträge verpflichten könne. Denn eine „selbständigen Verpflichtungsfähigkeit" sieht § 52 ZPO nicht vor. Die Vorschriften der ZPO verweisen dagegen ebenso auf das BGB (und damit auf die Bestimmungen über die Geschäftsfähigkeit).

6 Eine „selbständige Verpflichtungsfähigkeit" sieht der Text des § 52 ZPO freilich nicht vor. Die Vorschriften der ZPO verweisen dagegen ebenso auf das

---

11.02.2005, Az.: 5 U 291/03 = ZIP 2005, 989) die Vorlage der Gründungsbescheinigung (Certifikate of Incorporation) sowie eine aktuelle Bescheinigung des Companies Registry der Isle of Man.

1034 Dazu u.a. Ulmer, in: MünchKomm, BGB, 3 705 Rn. 305 ff.

1035 Zur Entwicklung der BGB-Gesellschaft: Schücking, in: Münchener Handbuch des Gesellschaftrsrechts, § 1 Rn. 48.

1036 BGH, Urteil vom 2.06. 2005, Az.: V ZB 32/05 = ZIP 2005, 1233.

1037 Vgl. auch BGH, Urteil vom 12.04. 2007, Az.: VII ZR 50/06 = ZIP 2007, 1320.

1038 BGH, Urteil vom 10.03. 2011, Az.: VII 54/10 = ZIP 2011, 707.

1039 Krit. Jacoby, der in seiner Anm. zum Urteil Fn. 1038 schreibt, die Klägerin habe sich „etwas konsterniert" die Augen gerieben.

1040 Anders nur Oertmann, Judicium 1, S. 169 ff.; zust. Rümelin, AcP 131, S. 248.

BGB (und damit auf die Bestimmungen über die Geschäftsfähigkeit), wie § 9 Abs. 1 FamFG. Die zivilprozessuale Lehre sich daher dazu entschieden hat, dem beschränkt Geschäftsfähigen auch dann die Prozessfähigkeit abzusprechen, wenn er mit der Genehmigung (Einwilligung) seines gesetzlichen Vertreters handelt, weil unter Prozessfähigkeit mehr zu verstehen ist als die Abgabe prozessualer Erklärungen. Prozessfähigkeit hängt mit der Aufgabe des Prozesses zusammen und bezeichnet die Fähigkeit, vor Gericht zu handeln und damit an der Fortbildung und Neubildung der Rechtsordnung mitzuwirken. Das ist ersichtlich mehr als die Fähigkeit, einzelne Rechtsgeschäfte abzuschließen. Da das Recht im Prozess durch die Anträge der Parteien umgebildet und verändert wird und der Prozess damit eine zentrale Funktion für die objektive (Zivil)Rechtsordnung hat, ist es richtig, das diejenigen, die für diese Fortbildung des Rechts zuständig sind, persönlich (selbst) an dem Prozess mitwirken und teilnehmen. Von daher leuchtet es ein, dass die Lehre des Zivilprozesses die Prozessfähigkeit an die Fähigkeit knüpft, sich selbständig durch Verträge zu verpflichten. Der Minderjährige, der sich nur mit Einwirkung des gesetzlichen Vertreters (der Eltern oder des Vormundes) verpflichten kann, wirkt an der Fortbildung des Rechts nicht selbständig mit.

## II. Nichtstreitige Verfahren der freiwilligen Gerichtsbarkeit

### 1. Bestimmung der Reichweite der Fähigkeit zur Beteiligung am Verfahren nach dessen Aufgaben

Es liegt nahe, dass in Verfahren, in denen es nicht um die Entscheidung eines 7
Rechtsstreits geht, die rechtliche Fähigkeit, am Verfahren teilzunehmen, in einer vom Zivilprozess abweichenden Art bestimmt werden muss. § 8 FamFG bestimmt, dass natürliche und juristische Personen, Vereinigungen, Personengruppen und Einrichtungen, soweit ihnen ein Recht zustehen kann, und Behörden beteiligtenfähig sind. Damit korrespondiert § 9 FamFG, der die Verfahrensfähigkeit dieser rechtlichen Entitäten regelt. Dabei ist § 9 Abs. 1 Nr. 1 FamFG selbstverständlich.

### 2. Geschäftsfähigkeit

Verfahrensfähig sind die nach bürgerlichem Recht Geschäftsfähigen. Dies gilt 8
auch für § 9 Abs. 1 Nr. 2 FamFG, der die Verfahrensfähigkeit soweit anerkennt, wie eine Person für bestimmte Gegenstände als geschäftsfähig anerkannt wird sowie gem. § 9 Abs. 1 Nr. 3 FamFG wegen der Anerkennung der Fähigkeit der

Person, die ihr 14. Lebensjahr vollendet hat, zur Geltendmachung eines ihr nach bürgerlichem Recht zustehenden Rechts.

### 3. Zusammenhang mit der Doppelvertretung im vormundschaftsrechtlichen familiengerichtlichen Verfahren

#### *a) Zur Regelung des § 9 Abs. 2 FamFG*

9 Missverständlich ist demgegenüber § 9 Abs. 2 FamFG. Dort ist geregelt, dass die gesetzlichen Vertreter für Minderjährige verfahrensrechtlich handeln, wie bereits zur Doppelvertretung gezeigt, § 9 Abs. 2 FamFG. Das ist nicht so zu verstehen, dass eine Vertretung des Minderjährigen im vormundschaftsgerichtlichen Verfahren nach § 151 Nr. 4 FamFG nur soweit erfolgt, wie nicht § 9 Abs. 1 Nr. 2 i. V. m. § 7 Abs. 2 FamFG greift. Vielmehr kann der Minderjährige eigene Rechte gegenüber den Erziehern geltend machen.

#### *b) Analoge Anwendung der §§ 51, 52 ZPO?*

10 Die herrschende Lehre verwies unter Geltung des FGG auch wegen der Bestimmung der Verfahrensfähigkeit des Minderjährigen auf die Bestimmungen des BGB über die Geschäftsfähigkeit[1041] und lehnte eine analoge Anwendung der §§ 51, 52 ZPO ab. Andere wollten in dieser Hinsicht jedoch die ZPO heranziehen. § 9 Abs. 1 Nr. 1 FamFG verweist nunmehr auf die Regelungen des BGB und statuiert, dass Geschäftsfähige verfahrensfähig sind. Beschränkt Geschäftsfähige sind nach § 9 Abs. 1 Nr. 2 FamFG verfahrensfähig, soweit sie für den Gegenstand des Verfahrens nach dem bürgerlichen Recht als geschäftsfähig anerkannt werden, was auf §§ 112, 113 BGB verweist. Soweit Minderjährige, die das 14. Lebensjahr vollendet haben, ein ihnen nach bürgerlichem Recht zustehendes Recht gelten machen, sind sie nach § 9 Ab. 1 Nr. 3 FamFG verfahrensfähig. Für die Frage des eigenen Handelns des Minderjährigen im Rahmen „gedoppelter Teilnahme" eines vormundschaftsgerichtlichen Verfahrens ist es nun interessant, dass § 9 Abs. 1 Nr. 4 FamFG vorsieht, dass diejenigen verfahrensfähig sind, denen aufgrund des FamFG oder eines anderen Gesetzes Verfahrensfähigkeit zugebilligt wird. Dies verweist auf zum einen auf betreuungsrechtliche Verfahren (§§ 275, 316 FamFG), zum anderen auf Kindschaftsverfahren nach § 151 Nrn. 6 und 7 FamFG.

---

1041 Reichert, in: Keidel, FGG, § 13, Rn. 32; Bumiller/Winkler, FGG, Vor § 13, 3a; Jansen, FGG, § 13, Rn. 12; f. Schlegelberger, FGG, § 13, 7; BGH, Beschluss vom 22.3.1961, Az.: IV ZB 308/60 = BGHZ 35, S. 1 ff., 4; BGH, Beschluss vom 24.4.1967, Az.: AnwZ (B) 11/66 = BGHZ 52, S. 1 ff.; BayOblG, Beschluss vom 9.10.1981, Az.: 2 Z 81/81 = MDR 1982, S. 228. Anders Baur, FGG, § 13 II, S. 146 ff.; Habscheid, FGG § 15, II, S. 104 ff.; Bärmann, FGG, § 9, II, S. 73; Brehm, FGG, § 12, II, S. 108.

Das erscheint sachgerecht, weil der Minderjährige ohne Genehmigung des gesetzlichen Vertreters weder im Zivilprozess noch in den klassischen Verfahren der freiwilligen Gerichtsbarkeit wirksame Prozesshandlungen vornehmen kann - wenn man einmal von den Fällen der §§ 112, 113 BGB absieht, in denen er auf bestimmten Gebieten voll geschäftsfähig und daher auch prozessfähig ist. 11

Der Minderjährige kann nach alledem auf dem Gebiet der freiwilligen Gerichtsbarkeit ein Verfahren allein selbst dann weder einleiten noch durchführen, wenn der gesetzliche Vertreter es ihm erlaubt hat. Die herrschende Lehre lehnt dies mit zutreffenden Gründen im Zivilprozess ab[1042], da sie § 52 ZPO dahingehend versteht, dass eine Person insoweit prozessfähig ist, als sie sich durch Verträge verpflichten kann und daher nur derjenige prozessfähig sei, der sich selbständig ohne die Zustimmung eines anderen durch Verträge verpflichten könne. 12

*c) Verfahrensrechtliche Stellung des Vormundes*

Der Vormund ist daher aber nicht allein berechtigt, den Minderjährigen in dem Verfahren über die Angelegenheiten der Vormundschaft zu vertreten. Vielmehr ist er dazu auch verpflichtet. Der Vormund kann sich dieser Verpflichtung nicht dadurch entziehen, dass er dem Minderjährigen erlaubt, das Verfahren im eigenen Namen zu betreiben[1043]. Man muss also in den Verfahren der freiwilligen Gerichtsbarkeit davon ausgehen, dass der Minderjährige wegen seiner beschränkten Geschäftsfähigkeit nicht prozessfähig ist[1044]. 13

Darüber hinaus ist danach zu fragen, ob sich ein prozessfähiger Beteiligter eines beschränkt geschäftsfähigen Vertreters bedienen kann. Dies ist sowohl für den Zivilprozess als auch für Verfahren der freiwilligen Gerichtsbarkeit zu verneinen. Im Zivilprozess verweist § 79 ZPO auf die Regelung der Prozessfähigkeit, wonach eine Vertretung durch Minderjährige ausscheidet. Dies gilt auch für die Verfahren der freiwilligen Gerichtsbarkeit.[1045] Bisweilen wird in diesem Zusammenhang zwar auf § 165 BGB verwiesen. Betrachtet man beispielsweise das Verfahren in Kindschaftssachen (Vormundschaftssachen), wird selbst von 14

1042 Anders nur Oertmann, Judicium 1, S. 169 ff.; zust. Rümelin, AcP 131, S. 248.

1043 Selbst Jansen, FGG, § 13, Rn. 33, der an sich davon ausgeht, dass sich ein Beteiligter in den Verfahren der fG auch eines beschränkt geschäftsfähigen Vertreters bedienen dürfe (dazu Rn. 172), hebt hervor, dass die gesetzlichen Vertreter dem minderjährigen Mündel keine Vollmacht erteilen könnten.

1044 Habscheid, FGG, § 15, V, S. 110; Bärmann, FGG, § 9, II 1, S. 73; Jansen, FGG, § 13, Rn. 17.

1045 So Brehm, FGG, § 13, I 2b, S. 115; Habscheid, FGG, § 17, II 2 c, S. 120; Lukes, ZZP 69, S. 141 ff.; Baur, FGG, § 15, A III 1, S. 156; anders Reichert, in: Keidel, FGG, § 13, Rn. 11; Bumiller/Winkler, FGG, § 13, 2; Bärmann, FGG, § 10, II 3 b, S. 82; Schlegelberger, FGG, § 13, 18.

diesem Ausgangspunkt her eine Vertretung des (oder der) gesetzlichen Vertreters durch den Minderjährigen ausgeschlossen.[1046]

# III. Die Postulationsfähigkeit und der Anwaltszwang

## 1. Die Vertretung der Partei im Prozess

### *a) Im Zivilprozess*

15 Grundsätzlich sind die Parteien und Beteiligten in zivilgerichtlichen Verfahren postulationsbefugt, d.h., sie haben die prozessuale Macht, wirksam Anträge zu stellen und Erklärungen im Verfahren abzugeben und damit auf den Lauf des Verfahrens Einfluss zu nehmen.[1047] Dies wird von § 79 Abs. 1 ZPO positivrechtlich damit zum Ausdruck gebracht, dass die Parteien den Rechtsstreit selbst führen können, soweit eine Vertretung durch Rechtsanwälte nicht geboten ist.[1048] Damit erleidet der Grundsatz, dass die Parteien ihre Rechte im Prozess selbst geltend machen können, dort Einschränkungen, wo der Anwaltszwang gilt.

16 Nach § 78 Abs. 1 S. 1 ZPO müssen sich die Parteien vor den Landgerichten und Oberlandesgerichten durch einen Rechtsanwalt vertreten lassen. § 78 Abs. 1 S. 3 ZPO bestimmt, dass sich die Parteien vor dem BGH durch einen bei dem BGH zugelassenen Rechtsanwalt vertreten lassen müssen. Rechtsanwälte, die nach dieser Vorschrift postulationsbefugt sind, können sich nach § 78 Abs. 4 ZPO selbst vertreten. Soweit Anwaltszwang nach Maßgabe des § 78 ZPO greift, sieht § 78b Abs. 1 ZPO vor, dass der Partei auf ihren Antrag vom Gericht durch Beschluss für den Rechtszug ein Rechtsanwalt zur Wahrnehmung ihrer Rechte beizuordnen ist, wenn sie einen zu ihrer Vertretung bereiten Rechtsanwalt nicht findet und die Rechtsverfolgung oder Rechtsverteidigung nicht mutwillig oder aussichtslos erscheint.

17 Der Anwaltszwang dient zum einen dem Schutz der wirksamen Vertretung der Partei in Prozessen, die nicht nur kleinere Streitsachen betreffen. Darüber hinaus, wichtiger noch, dient er dem öffentlichen Interesse an einer funktionierenden Rechtspflege.[1049]

18 Nach § 79 Abs. 1 S. 2 ZPO müssen sich darüber hinaus Parteien, die eine fremde oder ihnen zum Zweck der Einziehung auf fremde Rechnung abgetretene Geldforderung geltend machen, durch einen Rechtsanwalt als Bevollmächtigten vertreten lassen. Etwas anderes gilt nach § 79 Abs. 2 ZPO für Beschäftigte der

---

1046 Diederichsen, in: Palandt-BGB, § 1781 Rn.1

1047 Musielak, Grundkurs ZPO, Rn. 156; Schilken, Zivilprozessrecht, Rn. 278.

1048 Toussaint, in: MünchKomm, ZPO,§78 Rn. 1 sowie § 79 Rn. 5.

1049 Zuck, JZ 1993, 500, 506; Toussaint, in: MünchKomm, ZPO, § 78 Rn. 2.

Partei oder eines mit ihr verbundenen Unternehmens (§ 15 AktG); Behörden und juristische Personen des öffentlichen Rechts einschließlich der von ihnen zur Erfüllung ihrer öffentlichen Aufgaben gebildeten Zusammenschlüsse können sich auch durch Beschäftigte anderer Behörden oder juristischer Personen des öffentlichen Rechts einschließlich der von ihnen zur Erfüllung ihrer öffentlichen Aufgaben gebildeten Zusammenschlüsse vertreten lassen, volljährige Familienangehörige, Personen mit Befähigung zum Richteramt und Streitgenossen, wenn die Vertretung nicht im Zusammenhang mit einer entgeltlichen Tätigkeit steht; Verbraucherzentralen und andere mit öffentlichen Mitteln geförderte Verbraucherverbände bei der Einziehung von Forderungen von Verbrauchern im Rahmen ihres Aufgabenbereichs und Personen, die Inkassodienstleistungen erbringen (registrierte Personen nach § 10 Abs. 1 Satz 1 Nr. 1 RDG) im Mahnverfahren bis zur Abgabe an das Streitgericht, bei Vollstreckungsanträgen im Verfahren der Zwangsvollstreckung in das bewegliche Vermögen wegen Geldforderungen einschließlich des Verfahrens zur Abnahme der eidesstattlichen Versicherung und des Antrags auf Erlass eines Haftbefehls, jeweils mit Ausnahme von Verfahrenshandlungen, die ein streitiges Verfahren einleiten oder innerhalb eines streitigen Verfahrens vorzunehmen sind.

*b) §§ 114, 10 FamFG*

Das FamFG trifft in seinem § 114 eine dem § 78 ZPO entsprechende Regelung: 19
Nach Abs. 1 dieser Vorschrift müssen sich die Ehegatten in Ehesachen und Folgesachen und die Beteiligten in selbständigen Familienstreitsachen vor dem Familiengericht und dem OLG durch einen Rechtsanwalt vertreten lassen[1050]; nach § 144 Abs. 2 FamFG müssen sich die Beteiligten vor dem BGH durch einen beim BGH zugelassenen Rechtsanwalt vertreten lassen.

Im Übrigen bestimmt § 10 Abs. 1 FamFG in Anlehnung an § 79 Abs. 1 20
ZPO, dass die Beteiligten das Verfahren selbst betreiben können, soweit (§ 114 FamFG) eine Vertretung durch Rechtsanwälte nicht geboten ist.[1051] Nach § 10 Abs. 2 S. 1 FamFG können sich die Beteiligten freilich durch einen Rechtsanwalt als Bevollmächtigten vertreten lassen.

*c) Verstoß gegen den Anwaltszwang*

Wird gegen den Anwaltszwang dadurch verstoßen, dass eine nicht postulations- 21
fähige Person Prozesshandlungen vornimmt bzw. im Prozess Erklärungen abgibt, sind diese nicht wirksam: Die nicht ordnungsgemäß durch einen Rechtsanwalt im Anwaltsprozess vertretene Partei gilt als säumig i.S.d. §§ 330, 331 ZPO (dazu unten § 19). Ein Rügeverzicht nach § 295 ZPO führt in diesen Fällen

1050 Bumiller/Harders, FamFG, § 114 Rn. 1ff.

1051 Gomille, in: Haußleiter, FamFG, § 10 Rn. 1 f.

nicht zur Heilung.[1052] Auch wenn sich für die Partei im Nachhinein ein postulationsfähiger Vertreter bestellt, tritt hierdurch eine rückwirkende Heilung nicht ein.[1053] Vielmehr muss der Rechtsanwalt die nichtige Prozesshandlung wiederholen.

## 2. Prozessvollmacht

22 Der Prozessanwalt wird zu seinem Auftreten durch eine ihm erteilte Prozessvollmacht legitimiert. Nach § 81 ZPO ermächtigt diese Prozessvollmacht den Prozessbevollmächtigten der Partei dazu, alle den Rechtsstreit betreffenden Prozesshandlungen einschließlich der Erhebung einer Widerklage, einer Wiederaufnahme des Verfahrens, einer Rüge nach § 321a ZPO und die Zwangsvollstreckung vorzunehmen; zur Bestellung eines Vertreters sowie eines Bevollmächtigten für die höheren Instanzen; zur Beseitigung des Rechtsstreits durch Vergleich, Verzichtleistung auf den Streitgegenstand oder Anerkennung des von dem Gegner geltend gemachten Anspruchs; zur Empfangnahme der von dem Gegner oder aus der Staatskasse zu erstattenden Kosten.[1054]

23 Der durch § 81 ZPO gesetzlich festgelegte Umfang der Prozessvollmacht kann gem. § 83 Abs. 3 ZPO dem Gegner gegenüber nur insoweit wirksam beschränkt werden, als – wie es im Gesetz heißt - diese Beschränkung die Beseitigung des Rechtsstreits durch Vergleich, Verzichtleistung auf den Streitgegenstand oder Anerkennung des von dem Gegner geltend gemachten Anspruchs betrifft.[1055]

24 In Parteiprozessen, also Verfahren, in denen die Partei postulationsfähig ist, kann nach § 83 Abs. 2 ZPO eine Vollmacht für einzelne Prozesshandlungen erteilt werden – also eine Beschränkung der Prozessvollmacht wirksam über den Rahmen des § 83 Abs. 1 ZPO hinaus vorgenommen werden.[1056]

---

1052 OLG Köln, Beschluss vom 28.6.1982, Az.: 20 W 15/82 = MDR 1982, 1024; Zöller/*Vollkommer* Rdn. 3; die Vorschriften über die Postulationsfähigkeit sind von Amts wegen zu beachten, BGH, Beschluss vom 30.6.1992, Az.: VI ZB 15/92 = NJW 1992, 2706;

BVerfG, Beschluss vom 23.7.1958, Az.: 1 BvL 1/52 = BVerfGE 8, 95; BGH, Urteil vom 1.3.1984, Az.: IX ZR 33/83 = BGHZ 90, 249, 253; BGH, Urteil vom 7.6.1990, Az.: III ZR 142/89 = NJW 1990, 3085, 3086; OLG Köln, Beschluss vom 28.6.1982, Az.: 20 W 15/82 = MDR 1982, 1024; Stein/Jonas/*Leipold* 20 Rdn. 10.

1054 Weth, in: Musielak, ZPO, § 81 Rn. 2 ff.

1055 Toussaint, in: MünchKomm, ZPO, § 83 Rn. 2ff.

1056 Weth, in: Musielak, ZPO, § 83 Rn. 3.

# Teil 3: Rechtswirkungen von Entscheidungen als „Ziel" zivilgerichtlicher Verfahren

## § 13 Rechtskraft

### I. Formelle Rechtskraft

Im Zivilprozess werden Urteile und urteilsersetzende Beschlüsse mit der vorläufigen Vollstreckbarkeit und spätestens mit der formellen Rechtskraft wirksam. Die formelle Rechtskraft tritt mit der Zustellung der Unanfechtbarkeit der Entscheidung ein (§ 704 ZPO).[1057] Dies setzt voraus, dass entweder ein Rechtsmittel überhaupt nicht gegen eine Entscheidung statthaft ist oder die zur Einlegung des Rechtsbehelfs zu wahrenden Fristen verstrichen sind – (§ 517 ZPO Berufung, § 548 ZPO Revision, § 33 Einspruch, § 321a ZPO Rüge). 1

### II. Materielle oder prozessuale Wirkung der Rechtskraft

#### 1. Inter partes-Wirkung

Materielle Rechtskraft - § 322 ZPO – bedeutet im weitesten Sinne, dass Urteile für das ausgeurteilte Recht Auswirkungen haben. Zur Erklärung der Funktionsweise der Rechtskraft streiten eine materielle und eine prozessuale Theorie. Die materielle Rechtskrafttheorie geht von einer Einwirkung der rechtskräftigen Entscheidung auf die materielle Rechtslage aus, indem das Urteil private Rechte begründet oder beendet.[1058] Diese Wirkung entsteht aber nach § 325 Abs. 1, 1. Var. ZPO nur inter partes.[1059] In diesem Verhältnis stimmen der Inhalt der Entscheidung und materielle Rechtslage überein. Und eben in dieser Wirkung zwischen den Parteien und diejenigen Dritten, gegen die die Entscheidung wirkt, liegen auch die Schwächen der materiellen Rechtskrafttheorie, in deren Konsequenz unterschiedliche materielle Rechtslagen entstehen können. Gegen diese spricht auch der Zweck gerichtlicher Entscheidungen. Das Gericht soll, von Gestaltungsurteilen abgesehen, nicht auf die materielle Rechtslage einwirken, sondern sie im Prozess feststellen. Vorherrschend ist in Rechtsprechung[1060] und Li- 2

---

1057 Vgl. nur Zeiss/Schreiber ZPrR 11. Aufl. 2009 Rn. 554.

1058 Kohler, Der Prozeß als Rechtsverhältnis, 1888,64; Pagenstecher, Zur Lehre von der materiellen Rechtskraft, 1905, insb.305 ff.

1059 Pagenstecher,69 f.

1060 BGH, Urteil vom 24.1.2008, Az.: VII ZR 46/07 = NJW-RR 2008, 762; BGH, Urteil vom 18.01.1985, Az.: V ZR 233/83 = NJW 1985, 1711; BGH, Urteil vom 9.2.1979, Az.: V ZR 108/77 = NJW 1979, 1408.

teratur[1061] die prozessuale Theorie. Im Gegensatz zu den Annahmen der materiellen Theorie wirkt nach der prozessualen Theorie das rechtskräftige Urteil, von Gestaltungsurteilen abgesehen, nicht auf die materiell-rechtliche Rechtslage ein, sondern führt zu einer prozessualen Bindung der Entscheidung des Erstprozesses im Folgeprozess. Danach ist eine erneute Verhandlung und Entscheidung mit identischem Streitgegenstand ausgeschlossen.[1062] Von der Identität der Streitgegenstände ist auch bei einer kontradiktorischen (gegenläufigen) Klage auszugehen. Dies hat zur Folge, dass eine rechtskräftige Entscheidung bei gleichem Streitgegenstand daher eine Bindungswirkung besitzt, so dass in einem erneuten Prozess nicht von der ursprünglichen Entscheidung abgewichen werden darf. Die Möglichkeit zu einem erneuten Verfahren trotz Bindungswirkung existiert nur ausnahmsweise, wenn hieran ein schutzwürdiges Interesse besteht.[1063]

## 2. Prozesshindernis oder Präjudizialität

3 Im neuen Prozess kann die Rechtskraft Prozesshindernis sein oder präjudiziell (vorgreiflich) wirken.[1064] Unbestritten ist, dass Rechtskraft wenigstens besagt, dass ein Gericht in einem späteren Verfahren nicht aus denselben Tatsachen andere rechtliche Folgen ableiten kann, als sie das rechtskräftige Urteil in seinem Tenor gezogen hat. Unter Rechtskraft versteht man in diesem Sinne, dass das Verbot des *ne bis in idem* gilt. Das bedeutet, dass eine erneute Klage unzulässig ist, wenn über ihren Streitgegenstand bereits rechtskräftig entschieden wurde („ne bis in idem-Grundsatz“).[1065] Dem Gesetz ist dies ausdrücklich nicht zu entnehmen. Dieser Schluss folgt aber aus §§ 322 Abs. 1, 323 Abs. 1 ZPO und vor allem aus § 261 Abs. 3 Nr. 1 ZPO, der entsprechend anwendbar ist. Wenn bereits die Rechtshängigkeit eine neue Klage über denselben prozessualen Anspruch verbietet, dann gilt dies erst recht für die Rechtskraft.[1066] Das Vorliegen einer rechtskräftigen Entscheidung über denselben Streitgegenstand zwischen

---

1061 Stein, Über die bindende Kraft der richterlichen Entscheidung nach österreichischem Recht, 1897; Hellwig, Wesen und subjektive Begrenzung der Rechtskraft, 1901; Rosenberg/Schwab/Gottwald, § 151 Rn. 7; W. Lüke Rn. 359; Musielak, in: Musielak, ZPO, § 322 Rn. 5.

1062 BGH, Urteil vom 24.1.2008, Az.: VII ZR 46/07 = NJW-RR 2008, 762; Rosenberg/Schwab/Gottwald, § 151 Rn. 10.

1063 Musielak, in: Musielak, ZPO, § 322 Rn. 9; Rosenberg/Schwab/Gottwald, § 151 Rn. 13 m.w.N.

1064 Gottwald, in: MünchKomm, ZPO, § 322 Rn. 11 f; W. Lüke Rn. 352.

1065 BGH, Urteil vom 24.1.2008, Az.: VII ZR 46/07 = NJW-RR 2008, 762; Musielak, in: Musielak, ZPO, § 322 Rn. 9; Lüke Rn. 353.

1066 Vgl. Rosenberg/Schwab/Gottwald, § 151 Rn. 11.

den Parteien ist eine von Amts wegen zu beachtende negative Prozessvoraussetzung.[1067]

§ 322 Abs. 1 ZPO spricht davon, dass die Rechtskraft der Entscheidung den Streitgegenstand ergreift. Die Reichweite der Rechtskraft folgt daher der Definition des Streitgegenstandes.[1068] Der Umfang des Streitgegenstandes[1069] wird indessen unterschiedlich betrachtet. Nach der Lehre vom eingliedrigen Streitgegenstand[1070] wird der Streitgegenstand allein durch den Antrag als formalisierten Ausdruck des Klagezieles bestimmt. Der Sachverhalt soll dafür grundsätzlich keine Rolle spielen. Durchgesetzt hat sich dagegen der sog. zweigliedrige Streitgegenstandsbegriff: Der Streitgegenstand (der prozessuale Anspruch) wird demzufolge durch den Klageantrag bestimmt, in dem sich die vom Kläger in Anspruch genommene Rechtsfolge konkretisiert, und den Lebenssachverhalt (Klagegrund), aus dem der Kläger die begehrte Rechtsfolge herleitet.[1071] Nach dessen Annahmen wird[1072] der Streitgegenstand durch den klägerischen Antrag und den vom Kläger dazu vorgetragenen Sachverhalt bestimmt. Antrag und Sachverhalt sind also gleichwertige Elemente des Streitgegenstandes. Darüber hinaus vertritt der EuGH[1073] – abweichend vom deutschen Recht – einen sehr weit verstandenen Streitgegenstandsbegriff. Dabei kommt es nicht entscheidend auf die formale Kongruenz der Klageanträge, sondern auf den „Kernpunkt" des Streits in den verschiedenen Verfahren an, der beiden Abänderungsklagen gemein ist. 4

Beispiel: Wird der Geschäftsführer einer GmbH im Rechtsstreit auf Klage des Sozialversicherungsträgers verurteilt, wird damit nicht (zwingend) rechtskräftig festgestellt, dass der Anspruch auf einer vorsätzlich begangenen unerlaubten Handlung beruht.[1074] – Wird ein squeeze-out-Beschluss nach §§ 246, 249 AktG angefochten und der darauf gestellte Freigabeantrag rechtskräftig als 5

1067 BGH, Urteil vom 24.1.2008, Az.: VII ZR 46/07 = NJW-RR 2008, 762; Gottwald, in: MünchKomm, ZPO, § 322 Rn. 39; Rosenberg/Schwab/Gottwald, § 151 Rn. 10.

1068 Musielak, in: Musielak, ZPO, § 322 Rn. 16; Rosenberg/Schwab/Gottwald, § 154 Rn. 2.

1069 Rosenberg/Schwab/Gottwald, § 92 Rn. 1 ff.

1070 Schwab, Der Streitgegenstand im Zivilprozeß, 1954.

1071 BGH, Beschluss vom 24. März 2011, Az.: I ZR 108/09.

1072 BGH, Urteil vom 8.5.2007, Az.: XI ZR 278/06 =NJW 2007, 2560; BGH, Urteil vom 19.3.2003, Az.: VIII ZR 60/03 = NJW 2004, 1252; Becker-Eberhard, in: MünchKomm, ZPO, Vorb. §§ 253 ff. Rn. 32; Rosenberg/Schwab/Gottwald, § 92 Rn. 10; Habscheid, Der Streitgegenstand im Zivilprozeß und im Streitverfahren der freiwilligen Gerichtsbarkeit, 1956,206 ff.

1073 EuGH, Urteil vom 8.12.1987, Az.: 144/86 - NJW 1989, 665; EuGH, Urteil vom 6.12.1994, Az.: C-406/92 = NJW 1995, 1883.

1074 BGH, Urteil vom 5. 11. 2009, Az.: IX ZR 239/07 = ZIP 2010, 150.

unbegründet abgewiesen, hindert dies nicht einen erneuten –Freigabeantrag nach einer Bestätigung des squeeze-out-Beschlusses gem. § 144 Abs. 1 AktG.[1075]

6 Der BGH[1076] meint, dass mit der Klage nicht etwa ein bestimmter materiellrechtlicher Anspruch geltend gemacht wird. Gegenstand des Rechtsstreits ist der als „Rechtsfolgenbehauptung aufgefasste eigenständige prozessualer Anspruch". Der IX. Zivilsenat hält damit an der Judikatur des BGH fest, dass daraus folgt, dass der Streitgegenstand des Prozesses, mit dem ein Anleger vertragliche Ansprüche aus einer Vereinbarung über Finanzdienstleistungen gegen einen Finanzdienstleister verfolgt, im Falle einer fehlenden behördlichen Erlaubnis ggfls. auch deliktische Ansprüche des Anlegers erfasst. Macht demgegenüber der Anleger aus einer fehlerhaften Beratung Schadenersatzansprüche geltend, betrifft dies einen anderen Streitgegenstand – da der Lebenssachverhalt hier eine besondere Beurteilung erfordert. Man spricht insoweit von einem zweigliedrigen Streitgegenstandsbegriff.[1077] Diese Theorie ist geeigneter, unerwünschte Parallelprozesse und widersprechende Entscheidungen zu verhindern. Die Kernpunkttheorie ist zwar von deutschen Gerichten zu beachten,[1078] jedoch gilt das „lex-fori-Prinzip", wonach ein Zivilprozess vor deutschen Gerichten grundsätzlich auch deutschem Prozessrecht unter Einbeziehung der EG-rechtlichen Bestimmungen und der jeweiligen Völkerverträge unterliegt.[1079]

7 Rechtskraft setzt voraus, dass eine Entscheidung jedenfalls für das erlassende Gericht bereits bindend geworden ist. Denn andere Gerichte sind an eine Entscheidung solange nicht gebunden, wie das entscheidende Gericht sie noch frei abändern kann[1080]. Die Frage der Rechtskraft tritt erst auf, wenn die Entscheidung unanfechtbar geworden ist. Unanfechtbar ist eine Entscheidung, wenn sie entweder nur binnen einer bestimmten Frist angefochten werden kann[1081] und diese Frist abgelaufen ist oder wenn es sich um eine letztinstanzliche Entscheidung handelt. Danach stellt sich die Frage nach der Rechtskraft immer nur im Zusammenhang formell rechtskräftiger Entscheidungen: Kann eine Entscheidung noch durch Rechtsmittel oder Rechtsbehelf der Parteien aufgehoben werden, geht von der Entscheidung keine inhaltliche Bindung und damit auch keine materielle Rechtskraftwirkung aus.

---

1075 OLG Frankfurt/M.,Beschluss vom 5.11.2007, Az.: 5 W 22/07 = ZIP 2007, 2004.

1076 BGH, Urteil vom 25.10.2012-IX ZR 207/11 = ZIP 2013, 188.

1077 BGH, Urteil vom 19.12.1991, Az.: IX ZR 96/91 = BGHZ 117, 1, 5; Gottwald, in: MünchKomm § 322 Rn. 111; Büscher, in: Wiezorek-Schütze § 322 Rn. 115 ff.

1078 Rosenberg/Schwab/Gottwald, § 92 Rn. 21.

1079 Rosenberg/Schwab/Gottwald, § 6 Rn. 2 f.

1080 Soweit es in diesem Stadium darum geht, widersprüchliche Entscheidungen zu verhindern, wäre dies durch das Institut der Rechtshängigkeit zu gewährleisten.

1081 Vgl. allein Gottwald, in: MünchKomm, ZPO, § 322 Rn. 22.

Die Präjudizialität einer rechtskräftig festgestellten Rechtsfolge hindert eine neue Klage nicht. Sie entfaltet jedoch Bindungswirkung für die Parteien und das Gericht an die rechtskräftige Feststellung des Ersturteils.[1082] Daher müssen sie im zweiten Prozess Bestehen und Wirkung der Vorentscheidung ungeprüft hinnehmen.[1083] Mithin ist jede Verhandlung, Beweisaufnahme oder Entscheidung, die der rechtskräftigen Feststellung widerspricht, unzulässig.[1084] Das ist die unmittelbare Wirkung materieller Rechtskraft. 8

Zweifelhaft ist, wie Fälle charakterisieren sind, in denen zwar derselbe Streit noch einmal aufkommt, in denen aber eine Anzahl neuer Tatsachen bekannt geworden sind, die bei der ersten Entscheidung noch nicht bekannt waren. Dieser Fragenkreis wird mit dem Begriff der Präklusion gekennzeichnet.[1085] Die Frage der Bindung an die Entscheidung über den Sachverhalt, so wie er sich in dem ersten Verfahren darstellte, ist von der Frage zu trennen ist, ob die Entscheidung des ersten Verfahrens auch dann noch bindend ist, wenn neue Tatsachen bekannt geworden sind. Beide Fragen können jedenfalls verschieden beantwortet werden. Man muss sich in jedem einzelnen Fall darüber klar werden, ob sie gleich oder verschieden zu beantworten sind. Die h. L.[1086] spricht auch in diesen Fällen von Rechtskraft und meint damit also, dass ein Gericht auch in diesen Fällen grundsätzlich kein Urteil fällen dürfe, das von dem rechtskräftigen Urteil abweicht, wovon sie allerdings verschiedene Ausnahmen zulässt. 9

Nach *W. J. Habscheid*[1087] ergibt sich dagegen aus der Rechtskraft allein, dass in jedem neuen Verfahren auf Grund des im ersten Verfahren behandelten Sachverhaltes keine andere Entscheidung ergehen kann. Wenn A, dessen Klage auf Zahlung von Kaufpreis rechtskräftig abgewiesen worden sei, in einem späteren Verfahren mit B wieder über denselben Kaufpreis streite, und dabei eine Anzahl anderer (neuer) Tatsachen anführe, dann sei ein abweichendes Urteil nur ausgeschlossen, wenn diese Tatsachen schon vor der letzten richterlichen Verhandlung im ersten Verfahren vorhanden waren. A ist bei Vorliegen eines solchen Sachverhalts nach § 767 Abs. 2 ZPO mit diesem Vortrag präkludiert. Im Übrigen kann A Tatsachen, die später entstanden sind, vorbringen und dann auch ein abweichendes Urteil erstreiten. Es ist nun weniger wichtig, ob man hier 10

1082 Gottwald, in: MünchKomm, ZPO, § 322 Rn. 51.

1083 Gottwald, in: MünchKomm, ZPO, § 322 Rn. 51; Rosenberg/Schwab/Gottwald, § 151 Rn. 15.

1084 Musielak, in: Musielak, ZPO, § 322 Rn. 12.

1085 So vor allem Habscheid, FGG, § 28, I 3,204 mit Nachw.; ders., Der Streitgegenstand im Zivilprozess und im Streitverfahren der freiwilligen Gerichtsbarkeit. 1956,282 ff.; AcP 152, 169 ff.; zust. Pikart/Henn, FGG,100.

1086 Z. B. Rosenberg/Schwab, ZPO, § 155, I,184 ff.; Jauernig/Hess, ZPO, § 62 Rn. 14.

1087 Habscheid ZZP 75 (1962),164 – 172.

von Rechtskraft oder von Präklusion spricht. Es muss nur klar sein, dass es in diesem Zusammenhang um unterschiedliche Fragen geht: Die Terminologie der Lehre ist hier nicht einheitlich: Manche Autoren sprechen z. B. in den Fällen der §§ 323 oder 767 ZPO von einer Durchbrechung der Rechtskraft, beziehen also die Rechtskraft zunächst auch auf Tatsachen, die erst später eintreten und machen dann positive Ausnahmen von der bindenden Wirkung der Rechtskraft. Andere wiederum schließen diese Fälle von vornherein aus dem Fragenkreis der Rechtskraft aus. Dennoch liegt auf der Hand, dass es sich hier um verschiedene Sachprobleme handelt, die in den verschiedenen Fällen auch verschieden gelöst werden können.

11 Bei der Präklusion sind im Übrigen noch zwei Fallgruppen zu unterscheiden: Die Frage, ob eine Entscheidung auch dann noch bindet, wenn inzwischen neue Tatsachen bekannt geworden sind, kann ersichtlich verschieden beantwortet werden, je nachdem, ob es sich um Tatsachen handelt, die bereits vor der ersten Entscheidung vorhanden waren, die dem Gericht aber unbekannt geblieben sind, oder ob es sich um Tatsachen handelt, die erst nach Erlass der Entscheidung eingetreten sind.

## III. Reichweite der Rechtskraft

### 1. Streitgegenstand

12 Mit der Rechtskraft wird die Funktion des Zivilprozesses, eine Rechtserkenntnis zu produzieren, geschützt. Eine erneute Inanspruchnahme der Justiz wegen eines identischen Streitgegenstandes oder im Falle der Präjudizialität eines Urteils ruft nämlich die Gefahr widerstreitender Entscheidungen hervor. Diesem Schutz, der Funktion der Rechtspflege, steht freilich das Risiko der Parteien gegenüber, im Prozess nicht das geltend machen zu können, um was es ihnen geht.[1088]

13 Wer einen Prozess führt, weiß grundsätzlich, dass in dem Prozess mit dem „Streitgegenstand" zusammenhängende Rechtsfragen angesprochen werden können – und damit das zu erwartende Urteil für Folgeprozesse „präjudiziell" sein kann.[1089] Dieses Phänomen hat *Albrecht Zeuner*[1090] mit dem Kriterium des Sinnzusammenhangs einzugrenzen versucht. *Rimmelspacher*[1091] hat dieses Kriterium auf den Gesichtspunkt der Überschaubarkeit der Rechtskraftfolgen für die Parteien zuzuspitzen unternommen. Kann die Partei nämlich eine der Pro-

---

1088 Rimmelspacher, Materiellrechtlicher Anspruch im Zivilprozeß, 1970,177.

1089 Rimmelspacher, (Fn. 1088)179.

1090 A. Zeuner, Die objektiven Grenzen der Rechtskraft im Rahmen rechtlicher Sinnzusammenhänge, 1959,86 et passim.

1091 Rimmelspacher, (Fn. 1088)185.

zesslage und ihrer Entwicklung im Verlauf des Verfahrens angepassten Rechtsposition einnehmen – wie es ihr § 264 ZPO ermöglicht – kann von der Präjudizialität des Urteils ausgegangen werden. Ist dagegen eine Änderung, wie nach § 263 ZPO, ausgeschlossen, muss ein neuer Prozess über den von der Partei nicht vorgebrachten Aspekt möglich sein.[1092] Denn wenn die Parteien gebunden sein sollen, muss im Prozess geprüft und beurteilt worden sein, worum es ihnen geht.[1093] Gegenstand der Rechtskraft ist die Entscheidung des Gerichts. Objekt der Entscheidung ist der Anspruch - was freilich bei Feststellungs_ und Gestaltungsklagen nicht unproblematisch ist.[1094]

Die „Reichweite" der Rechtskraft beschreibt *Rimmelspacher*[1095] mit dem 14
aussagekräftigen Beispiel, dass im Vorprozess der Beklagte aus dem Anspruch auf Rückzahlung eines Darlehens verurteilt worden ist. Er kann dann im Folgenprozess nicht den Grund der Zinsforderung – die sich zwanglos aus der präjudiziellen Feststellung der Darlehensforderung ergibt –, sondern allein die Höhe und sonstige besondere Bedingungen der Zinszahlungspflicht bestreiten.

Geht es im Prozess um behauptete Rechte, während die materiell-rechtliche 15
oder vorprozessuale Ordnung[1096] gleichsam von „feststehenden" Rechten ausgeht, handelt es sich dabei um verschiedenartige Erscheinungen, die die Rechtsposition in prozessualer und außerprozessualer Rücksicht betreffen, wie *Rimmelspacher*[1097] überzeugend ausgeführt hat. Daher handelt es sich bei dem Anspruch, von dem § 322 Abs. 1 ZPO spricht, um die Rechtsposition, wie sie *Rimmelspacher* entwickelt hat.[1098]

Wie in einem Vorprozess nicht über den Bestand der Klageforderung 16
schlechthin entschieden, sondern allein über die Fälligkeit, dann kann von Präjudizialität für einen Folgeprozess nicht die Rede sein.[1099] Steht nämlich fest, dass die Fälligkeit der Forderung noch nicht vorliegt, führt dies zur Entscheidungsreife der Sache im Erstprozess. Wegen bereitesten Grund entscheidet dann dass Gericht durch Klagabweisung mangels Fälligkeit. Ob die Forderung an sich selbst besteht, wird damit aber nicht entschieden. Einer Geltendmachung der Forderung in einem Folgeprozess steht damit nichts entgegen.[1100] Für den Um-

1092 Rimmelspacher, (Fn. 1088)193.

1093 Rimmelspacher, (Fn. 1088)195.

1094 Rimmelspacher, (Fn. 1088)204.

1095 Rimmelspacher, (Fn. 1088)216.

1096 Rimmelspacher, (Fn. 1088)205; Pawlowski, Rechtsgeschäftliche Folgen nichtiger Willenserklärung, 1966,283 ff.

1097 Rimmelspacher, (Fn. 1088)207.

1098 Rimmelspacher, (Fn. 1088)213 unten.

1099 Henckel, Prozessrecht und materielles Recht, 1970,152.

1100 Henckel, (Fn. 1099)152.

fang der Bindung an die Entscheidung ist maßgeblich, inwieweit die Parteien durch den Gang des Verfahrens veranlasst waren, zur Feststellung des Sachverhalts beizutragen.[1101] Erfolgt eine Klageabweisung wegen Nichtigkeit des der Klageforderung zugrunde liegenden Vertrages, ist – wenn der Kläger die fehlende Fälligkeit nicht bestritten hat – dies für ihn im Folgeprozess nicht bindend, da es hierauf im Erstprozess nicht angekommen ist.[1102] Hat der Kläger sein Begehren auf alternative Klagegründe gestützt, reicht die Bindung des Beklagten an ein stattgebendes Urteil nur soweit, wie die Feststellungen des Gerichts getroffen worden sind.[1103] Ist daher beispielsweise im Erstprozess der Beklagte zur Zahlung verurteilt worden, weil entweder ein Darlehen oder eine Bereicherungsforderung vorliegt, ist für den später wegen der Zinsen vom Kläger angestrengten Prozess eine Bindung nicht gegeben.[1104] *Henckel* versucht, diese Überlegungen mit dem Kriterium des so genannten wirtschaftlichen Wertes – der im Streit befindlich ist – auszudrücken.[1105]

17 Beispiel: In einer zivilgerichtlichen Amtshaftungsklage ist das Zivilgericht an die Feststellung der Rechtswidrigkeit des aufgehobenen Verwaltungsaktes im Verwaltungsgerichtsurteil gebunden. Ist dagegen eine Gestaltungsklage (eine Anfechtungsklage) streitgegenständlich, dann stellt sich die Feststellung der Rechtswidrigkeit als Vorfrage dar, §§ 113, 114 VwGO.[1106] Fraglich ist, wie es sich mit einem abweisenden Verwaltungsgerichtsurteil verhält. Hier kann eine Bindung des Zivilgerichts nicht greifen, weil mit der Klageabweisung im Verwaltungsgerichtsurteil nicht zwingend die Feststellung der Rechtmäßigkeit des Verwaltungsakts, auf dessen Vornahme die Amtshaftungsklage beruht, verbunden ist.[1107] Der BGH[1108] geht von der Präjudizialität des Urteils, mit dem die Klage gem. § 767 ZPO rechtskräftig abgewiesen worden ist, für eine Schadensersatzklage des Schuldners wegen der Zwangsvollstreckung aus.[1109]

---

1101 Henckel, (Fn. 1099) 1970,156.

1102 Henckel, (Fn. 1099) 1970,157;

anders RG, Urteil vom 13.10.1882, Az.: III 286/82 = RGZ 7, 395; BGH, Urteil vom 3.7.1961, Az.: II ZR 19/60 = BGHZ 35, 338; zu diesen Entscheidungen Henckel, Prozessrecht und materielles Recht, 1970, 162.

1103 Henckel, (Fn. 1099) 1970, 166.

1104 Henckel, (Fn. 1099) 1970, 168.

1105 Henckel, Prozessrecht und materielles Recht, 1970, 173.

1106 BGH, Urteil vom 9.7.1953, Az.: III ZR 193/51 = BGHZ 10, 220; BGH, Urteil vom 7.10.1954, Az.: III ZR 106/53 = 15, 17 ff.

1107 BGH, Urteil vom 20.4.1953, Az.: III ZR 268/51 = BGHZ 9, 329 ff.; anders dagegen Henckel, (Fn. 1099) 223, der aber wie der BGH bei alternativen Sachabweisungsgründen entscheiden will.

1108 BGH, Beschluss vom 8.6.1960, Az.: IV ZR 105/59 = NJW 1960, 1460.

1109 Zum Ganzen Henckel (Fn. 1099) 224 ff.

## 2. Klage gem. § 179 InsO gegen mehrere Widersprechende

Klagt ein Insolvenzgläubiger auf Feststellung seiner Forderung gegen mehrere 18
Widersprechende (§ 179 InsO), stehen die Widersprechenden in besonderer Streitgenossenschaft. Dies wird zum einen aus der Rechtskrafterstreckung gem. § 183 InsO[1110], zum anderen aus der Identität des Streitgegenstandes[1111], hergeleitet. *Henckel*[1112] meint, zwar sei im Prozess die festzustellende Forderung streitbefangen, es handele sich bei der Insolvenzfeststellungsklage aber deshalb um eine Feststellungsklage gem. § 256 ZPO, weil eine Leistungsklage ausgeschlossen sei (heute § 87 InsO) und für eine Gestaltung kein Anlass bestehe.[1113] Für diese Feststellungsklage sei das Feststellungsinteresse durch den gegen die Forderungsanmeldung erhobenen Widerspruch indiziert.[1114] Feststellung der Forderung bedeutet, dass die Forderung nicht bestritten wird oder nach dem alle Widersprüche, die gegen die Anmeldung der Forderung erhoben worden sind, beseitigt wurde.[1115] Die Klage des Gläubigers zielt darauf, dass seine Forderung i. S. v. § 178 InsO zur Feststellung gebracht wird.[1116] Feststellung i.S.d. Insolvenzfeststellungsklage ist daher etwas anderes als die Feststellung, die mit der Feststellungsklage i. S. v. § 256 ZPO begehrt wird. Da der Widerspruch eines jeden Widersprechenden auf unterschiedlichen Gründen fußen kann, muss der Feststellung begehrende, klagende Gläubiger gegen jeden einzelnen Widersprechenden klagen und die Feststellung durchsetzen, da ansonsten eine Rechtskrafterstreckung eines einzelnen Feststellungsurteils auf die übrigen Widersprechenden nicht in Betracht kommt.[1117] Eine Rechtskrafterstreckung kommt nur im Falle der Klagabweisung in Betracht.[1118] *Jaeger*[1119] hat dagegen die Auffassung vertreten, durch die rechtskräftige Abweisung der Klage gegen einen der Widersprechenden würden die schwebenden oder anhängigen Prozesse gegen die anderen Widersprechenden gegenstandslos. Denn eine Feststellung i. S. v. § 144 KO (heute § 178 InsO) sei nicht mehr zu erzielen, wenn der klagende Gläubiger in einem Prozess um seine angemeldete und bestrittene Forderung unterle-

1110 Lent, JhJb. 90,43; Schwab, in: Lent-Festschrift,281 ff.

1111 Schumacher, in: MünchKomm, InsO, § 179 Rn. 15; Schultes, in: MünchKomm, ZPO, § 62 Rn. 1, 12.

1112 Henckel (Fn. 1099) 204.

1113 Henckel (Fn. 1099)204.

1114 Henckel (Fn. 1099) 1970,204.

1115 Henckel (Fn. 1099) 1970,205.

1116 Henckel (Fn. 1099)205.

1117 Henckel (Fn. 1099)206.

1118 Jonas, Konkursfeststellung in ihrer prozessualen Durchführung, 1907, 31; Henckel, Prozessrecht und materielles Recht, 1970,206; Schwab, in: Festschrift-Lent,281 ff.

1119 Jaeger, KO,6/7. Aufl., § 146 Anm. 9.

gen sei. In der Tat bedarf es einer Rechtskrafterstreckung der Entscheidung, die eine Klage gegen einen von mehreren Widersprechenden abweist, nicht.[1120]

## III. Bindung des Zivilgerichts an seine Entscheidung und Urteilsabänderung

### 1. Keine nachträgliche Fehlerkorrektur

19 Im Zivilprozess ist das erlassende Gericht nach § 318 ZPO mit dem Erlass an seine Entscheidung gebunden. Ist eine Entscheidung einmal erlassen, so kann sie nur von der nächsten Instanz geändert werden. Ausnahmen von diesem Grundsatz regeln die §§ 319 – 321 ZPO. Offenbare Unrichtigkeiten (§ 319 ZPO)[1121], Unklarheiten oder Widersprüche des Tatbestandes (§ 320 ZPO) können vom Gericht berichtigt oder Nebenentscheidungen nachgeholt werden (§ 321 ZPO).

20 Auch wenn das Gericht zu der Überzeugung gelangt, dass die Entscheidung aus rechtlichen oder aus tatsächlichen Gründen falsch ist, darf es dagegen seine Entscheidung nicht mehr ändern. Einen Rechtsirrtum wie z.B. das Übersehen einer Beteiligtenhaftung gem. § 830 BGB im Schadenersatzprozess, in dem das Gericht nur §§ 823 und 826 BGB gesehen und abgelehnt hat, darf es daher nicht korrigieren. Weiter darf das Gericht seine Entscheidung auch nicht deshalb ändern, weil neue Tatsachen oder neue Beweismittel bekannt geworden sind. Die einmal gefällte Entscheidung ist also für das Prozessgericht bindend, auch wenn sich nachher herausstellt, dass sie aus Rechtsgründen oder aus tatsächlichen Gründen ungerechtfertigt war.

21 Etwas anderes gilt daher auch dann nicht, wenn nach dem Erlass der Entscheidung neue Tatsachen auf das festgestellte Rechtsverhältnis einwirken. Haben sich die rechtserheblichen Verhältnisse nach dem Erlass der Entscheidung geändert, darf das Gericht seine Entscheidung nicht ändern. Hierzu bedarf es vielmehr eines neuen Verfahrens nach den §§ 323[1122] bzw. 767 ZPO[1123], in dem dieser neue Sachverhalt festgestellt wird und eine neue Entscheidung trägt. Erbringt der Beklagte beispielsweise die Leistung, zu der er verurteilt wurde, so wird die Vollstreckbarkeit des Urteils auf seinen Antrag hin nach § 767 ZPO aufgehoben. Steigt oder sinkt das Einkommen, das Grundlage für eine Verurteilung zur Zahlung einer Unterhaltsrente war, so kann dieses Urteil nach § 323

1120 Henckel (Fn. 1099)207.

1121 Also Schreibfehler oder Rechenfehler; vgl. Braun, JuS 1986, 364, 366, sowie zur freiwilligen Gerichtsbarkeit die Entscheidungen BayObLG FuR 1991, 162 und BayObLGZ 1968, 190.

1122 Borth, in: Musielak, ZPO, § 323 Rn. 1, 19 f.

1123 K. Schmidt/Brinkmann, in: MünchKomm, ZPO, § 767 Rn. 42.

ZPO bzw. – wenn es sich um aus einem familienrechtlich begründeten Unterhaltsanspruch handelt – § 238 FamFG[1124] abgeändert werden. Bei einer derartigen Abänderung wird die Entscheidung des früheren Urteils aufrechterhalten – obgleich man bei dieser Fallgruppe nicht selten von einer Durchbrechung der Rechtskraft spricht[1125]: So bleibt z. B. bei einem Unterhaltsurteil der alte Aufteilungsschlüssel bestehen, nach dem vielleicht der Ehemann 4/7 und die Ehefrau 3/7 des verfügbaren Einkommens erhielt – der neue Beschluss nach § 238 FamFG passt nur die ziffernmäßige Höhe des Unterhalts dem gestiegenen Einkommen an[1126].

## 2. Korrektur von Urteilen mit Prognoseelementen – Klagen auf künftige Leistung

Im 19. Jahrhundert war eine Klage auf künftige Leistung an sich ausgeschlossen. Nach gemeinrechtlicher Doktrin ergab sich nämlich das Klagerecht nicht bereits aus dem Recht, sondern erst aus der behaupteten Rechtsverletzung. Da eine Forderung nach dieser Auffassung erst bei Fälligkeit in diesem Sinn verletzt werden konnte, konnte aus ihr vorher auch kein Klagerecht erwachsen. Daraus folgte, dass Klagen auf künftige, noch nicht fällige Leistungen nicht eingeklagt werden konnten. Mit der Klage nach § 323 ZPO bzw. dem Antrag nach § 238 FamFG zugrunde, wird die Abänderung eines bereits bestehenden Titels über zukünftig fällig werdende wiederkehrende Leistungen i. S. d. § 258 ZPO begehrt, Legt man allein den Wortlaut des § 323 ZPO bzw. des § 238 FamFG ist Voraussetzung einer solchen Abänderung, dass in den Umständen, die zum Zeitpunkt der Leistungsbemessung maßgebend waren, nachträglich eine wesentliche Veränderung eingetreten ist. Die Abänderungsklage wird als eine prozessuale Gestaltungsklage qualifiziert[1127], hat jedoch auch die gleiche Rechtsnatur wie die Klage des Vorprozesses, ist also gleichzeitig Leistungs- oder Feststellungsklage.[1128] 22

Sowohl § 323 Abs. 1 ZPO als § 48 Abs. 1 FamFG setzen für die Abänderbarkeit einer Entscheidung mit Dauerwirkung die Wesentlichkeit der Änderung 23

1124 Meyer-Holz, in: Keidel, FamFG, § 238 Rn. 21 ff.

1125 Vgl. z. B. Baur, FGG, § 25, 1,264; Jauernig/Hess, Zivilprozessrecht, § 63 Rn. 47; Hartmann, in: Baumbach/Lauterbach/Albers/Hartmann, ZPO, § 323 Rn.1; Zimmermann, in: Keidel, FGG, 15. Aufl., 2003, § 31 Rn. 22b; Braun, ZZP 93, 340, 343; ders., JuS 1986, 364, 369.

1126 Vgl. nur Hartmann, in: Baumbach/Lauterbach/Albers/Hartmann, ZPO, § 323 Rn. 45.

1127 Gottwald, in: MünchKomm, ZPO, § 323 Rn. 3; Dötsch, in: MünchKomm, FamFG, § 238 Rn. 4.

1128 Gottwald, in: MünchKomm, ZPO, § 323 Rn. 4; Dötsch, in: MünchKomm, FamFG, § 238 Rn. 4.

der Verhältnisse voraus, die der abzuändernden Entscheidung zugrunde gelegen haben. Hierbei handelt es sich, wie *J. Braun*[1129] gezeigt hat, um eine prozessuale Schranke. Braun hat gezeigt, dass diese Schranke sich nicht allein aus formellen Gründen rechtfertigen ließe.[1130] Denn mit der Verurteilung zu einer künftigen Leistung werden in dem Prozess, der dem Urteil zugrunde liegt, nur diejenigen Einwendungen gehört, die zum Zeitpunkt der letzten mündlichen Verhandlung vom Beklagten haben geltend gemacht werden können. Würde die Wesentlichkeitsschranke formell aufrechterhalten, würde damit der Beklagte von später auftretenden Einwendungen gegen die Fortdauer seiner Leistungspflicht abgeschnitten werden. Dies würde dem Grundsatz rechtlichen Gehörs in Art. 103 Abs. 1 GG widersprechen.[1131] Daher wäre es verfehlt, die Bestimmung der Reichweite des Wesentlichkeitserfordernisses in das Ermessen des Gerichts zu stellen.[1132] Versuche in der Judikatur, als wesentlich solche Änderungen anzusehen, die einen bestimmten absoluten Betrag bzw. einen bestimmten Prozentsatz des zugesprochenen Betrags überschreiten oder sich deshalb als nachhaltig darstellen, weil sie eine bestimmte Zeit andauern,[1133] habe sich deshalb als nicht überzeugend erwiesen, weil sie auf eine Kasuistik hinauslaufen, die sich in ihren Ausformungen nicht auf einen verallgemeinerungsfähigen Grundsatz zurückführen lassen, der die Gleichbehandlung gleicher Fälle ermöglichen würde.[1134] *Braun*[1135] hat demgegenüber versucht, die Wesentlichkeit der Änderung, die von den §§ 323 ZPO und 48 FamFG vorausgesetzt wird, nach materiellen Gesichtspunkten zu bestimmen. Er weist in diesem Zusammenhang darauf hin, dass der Unterhalt gewöhnlich als eine Schwankungen unterworfenen Durchschnittsrente gewährt wird. So sind in den Wintermonaten erhöhter Bedarf gegenüber den Sommermonaten zu berücksichtigen – da Kleidung und Energieversorgung hier zu Buche fallen. *Braun* weist insoweit darauf hin, dass der Durchschnittsbetrag, auf den sich der Unterhaltsanspruch als monatliche Geldrente richtet, ziffernmäßig soweit nicht ausgewiesen werden kann, wie er nicht richterlich festgestellt wird. Der Unterhaltsanspruch liege daher gleichsam seiner Natur nach auf der Nahtstelle von materiellem Recht und Prozessrecht, wie es *Braun* wörtlich ausführt.[1136] Daher hat der Richter, der über die Abänderungsklage zu befinden hat,

---

1129 Braun, Grundfragen der Abänderungsklage, 1994, 245.

1130 Braun (Fn. 1129) 13 ff.

1131 Braun (Fn. 1129) 246; ders. NJW 1992, 1593, 1596.

1132 so aber RG, Urteil vom 29.10.1934, Az.: IV 139/34 = RGZ 145, 302, 306; krit. Braun (Fn. 1129) 247 f.

1133 vgl. hierzu Braun, 248.

1134 Braun (Fn. 1129) 258.

1135 Braun (Fn. 1129) 266 ff.

1136 Braun (Fn. 1129) 267.

zu prüfen, wieweit Schwankungen in die Durchschnittsberechnung Eingang gefunden haben. Ist dies der Fall, dann kommt eine Abänderung des gefällten Urteils deshalb nicht in Betracht, weil der Beklagte insoweit Gehör gefunden hat. Handelt es sich demgegenüber um Schwankungen, die nicht haben berücksichtigt werden können, müssen diese später in einem Abänderungsprozess zum Gegenstand gemacht werden können.

Dies betrifft im Wesentlichen den Bereich des § 48 Abs. 1 FamFG. Soweit 24
es sich um den nach Inkrafttreten des FamFG noch verbliebenen Geltungsbereich des § 323 Abs. 1 ZPO handelt, geht es hier im Wesentlichen um Schadensersatzrenten. *Braun* führt in diesem Zusammenhang aus, dass – im Unterschied zu Unterhaltszahlungen aufgrund ehe- und familienrechtlicher Beziehungen – die fehlende Leistungsfähigkeit des Schadenersatzschuldners für die im Hinblick auf die Verpflichtung zu berücksichtigende Leistungspflicht keine Rolle spielt. Der Eintritt der Leistungsunfähigkeit des Schuldners rechtfertigt m.a.w. in diesen Fällen keine Abänderung – sie ist nicht wesentlich iSv § 323 Abs. 1 ZPO. Vielmehr ist sie allenfalls (soweit nicht eine Versicherung eintritt) im Rahmen der Zwangsvollstreckung zu berücksichtigen.[1137]

*Braun* schlägt vor, § 323 ZPO so zu verstehen, dass die Klage für die zu- 25
rückliegende Zeit zulässig sei, soweit sie auf Gründe gestützt wird, die erst nach dem Schluss der mündlichen Verhandlung entstanden sind, in der eine Erweiterung des Klageantrags oder die Geltendmachung von Einwendungen spätestens hätte erfolgen müssen. Damit wird § 323 Abs. 2 ZPO in den systematischen Rahmen des § 767 ZPO eingestellt. Bei Urteilsmängeln des Ersturteils[1138] stellt sich § 323 Abs. 2 ZPO als verfassungsrechtlich außergewöhnlich problematisch dar. Denn dem Schuldner wird der Nachweis abverlangt, dass gerade die objektiven Verhältnisse ursprünglich anders waren, was der Beklagte regelmäßig deshalb nicht beweisen kann, wenn das Urteil keine ausreichenden Angaben hierzu enthält.[1139] *Braun* schlägt daher vor, § 323 Abs. 2 ZPO dahingehend verfassungskonform auszulegen, dass der Abänderungskläger nur mehr geltend machen muss, dass sich die Verhältnisse zum Zeitpunkt der Abänderungsklage anders darstellen als seinerzeit. In diesem Fall kann er die Abänderungsklage nur mit Wirkung für die Zukunft erheben.[1140] Liegen Mängel bei der Feststellung des Grundverhältnisses vor, greift die Abänderungsklage nicht. Vielmehr gehört dies in den Bereich der Restitutionsklage nach § 580 ZPO.[1141]

1137 Braun (Fn. 1129) 268.
1138 Braun (Fn. 1129) 214 ff.
1139 Braun (Fn. 1129) 231.
1140 Braun, (Fn. 1129)  233.
1141 Braun (Fn. 1129) 239, 242 f.

## 3. Abänderungsklagen, § 323 ZPO

26 Parteien des Abänderungsprozesses können grundsätzlich nur die Parteien des Vorprozesses sein, in dem die abzuändernde Entscheidung ergangen ist. Darüber hinaus kommen deren Rechtsnachfolger oder diejenigen Personen in Betracht, auf die sich die Rechtskraft der Erstentscheidung erstreckt.

27 Die abzuändernde Entscheidung muss künftig fällig werdende wiederkehrende Leistungen betreffen. Dies sind solche i. S. d. § 258 ZPO. Der Begriff der wiederkehrenden Leistungen in § 258 ZPO und § 197 Abs. 2 BGB ist nicht identisch. Wiederkehrende Leistungen i.S.v. §§ 258, 323 ZPO sind einseitige Ansprüche. Ansprüche des § 197 Abs. 2 BGB sind dagegen solche aus einem Gegenseitigkeitsverhältnis. Zu den oben genannten Ansprüchen zählen Unterhaltsansprüche und Renten (z.B. Schmerzensgeldrente), nicht aber Gehaltsansprüche, Kaufpreisraten, Hypothekenzinsen oder Miet- und Pachtzinsen.[1142] Rechtskräftig muss die abzuändernde Entscheidung nicht sein, solange eine Vollstreckung aus ihr noch zulässig ist.[1143] Ist das abzuändernde Urteil dagegen rechtskräftig, stellt seine Rechtskraft kein Prozesshindernis dar. Vielmehr muss die Abänderungsklage denselben Streitgegenstand wie im Vorprozess betreffen.[1144]

28 Der Kläger muss eine wesentliche Veränderung für die Bejahung oder Verneinung des Anspruchs behaupten, dessen Umstände für seinen Inhalt oder Umfang maßgebend waren. Die Änderungen dürfen erst nach dem durch § 323 Abs. 2 ZPO bestimmten Präklusionszeitpunkt eingetreten sein. Dies ist der Schluss der mündlichen Tatsachenverhandlung in der ersten Instanz; bzw der Schluss der mündlichen Verhandlung in der Berufungsinstanz, wenn das Rechtsmittel zulässig eingelegt wurde.[1145] War die Berufung unzulässig, gilt wiederum der Schluss der ersten Instanz.[1146] Im schriftlichen Verfahren entspricht der Präklusionszeitpunkt dem vom Gericht bestimmten Zeitpunkt, bis zu dem Schriftsätze eingereicht werden können (§ 128 Abs. 2 S. 2 ZPO).[1147] Im Falle eines Versäumnisurteils ist dagegen der Ablauf der Einspruchsfrist maßgeblich.[1148] Ist ein Einspruch möglich, ist dieser der Abänderungsklage nach § 323 Abs. 2 ZPO vorzuziehen. Eine Wahlmöglichkeit zwischen Einspruch und Abänderungsklage

---

1142 Becker-Eberhard, in: MünchKomm, ZPO, § 258 Rn. 9.

1143 OLG München, Beschluss vom 03.12.1998, Az.: 12 WF 1327/98 = BeckRS 1998, 31148268; Gottwald, in: MünchKomm, ZPO, § 323 Rn. 50.

1144 Gottwald, in: MünchKomm, ZPO, § 323 Rn. 6.

1145 Borth, in: Musielak, ZPO, § 323 Rn. 25.

1146 Gottwald, in: MünchKomm, ZPO, § 323 Rn. 41.

1147 Büscher, in: Wieczorek/Schütze, ZPO, § 323 Rn. 64; Borth, in: Musielak, ZPO, § 323 Rn. 25.

1148 BGH, Urteil vom 21.04.1982, Az.: IVb ZR 696/80 = NJW 1982, 1812.

besteht nicht.[1149] Das Rechtsschutzbedürfnis fehlt, wenn die Vollstreckung aus dem Titel beendet ist.[1150] Ein Rechtsschutzbedürfnis für eine Abänderungsklage wird nach h. M. auch dann bejaht, wenn der Unterhaltsschuldner den verlangten Unterhalt freiwillig bezahlt.[1151]

Nach § 323 Abs. 1 ZPO müssen sich die Verhältnisse wesentlich geändert haben, die für die Verurteilung der Höhe oder Dauer nach maßgebend waren. Die Änderung muss tatsächlicher Art sein. Eine abweichende Betrachtung unveränderter Verhältnisse genügt nicht.[1152] Eine Änderung der Rechtslage kann einer Tatsachenänderung gleichzustellen sein.[1153] Außerdem muss die Änderung der Verhältnisse wesentlich sein. Dies ist sie, „wenn die Abänderung sie nach Maßgabe des materiellen Recht zu einer anderen Beurteilung des Bestehens, der Höhe und der Dauer des Anspruchs führt, und zwar in einer nicht unerheblichen Weise. 29

Nach der Judikatur ist eine Änderung wesentlich, die in etwa 10% des Unterhaltsanspruchs ausmacht.[1154] Die 10%-Grenze darf aber keineswegs starr angewandt werden. Stattdessen bedarf es einer umfassenden Einzelfallprüfung. Somit kann die „Opfergrenze" insbesondere bei „beengten wirtschaftlichen Verhältnissen" auch unter dieser Schwelle liegen.[1155] Die „Wesentlichkeitsschwelle" ist hingegen bei Erhöhungsbegehren einer Schmerzensgeldrente wegen der Veränderung des Lebenshaltungsindexes höher anzusetzen als bei Unterhaltsrenten.[1156] 30

Es ist dagegen fraglich, ob durch 323 Abs. 2 ZPO auch solche Gründe präkludiert sind, die zwar nach dem maßgeblichen Zeitpunkt entstanden sind, in diesem jedoch bereits vorhersehbar waren.[1157] Insbesondere betrifft diese Problematik die Nichtberücksichtigung einer höheren Altersstufe der Unterhaltstabellen eines Unterhaltsgläubigers. Dessen Unterhaltspflicht wird nämlich nicht nur nach den Einkommensverhältnissen des Unterhaltspflichtigen, sondern auch 31

1149 Büscher, in: Wieczorek/Schütze, ZPO, § 323 Rn. 4.

1150 Büscher, in: Wieczorek/Schütze, ZPO, § 323 Rn. 64.

1151 Gottwald, in: MünchKomm, ZPO, § 323 Rn. 52; Büscher, in: Wieczorek/Schütze, ZPO, § 323 Rn. 64.

1152 OLG Hamm, Urteil vom 06.06.1983, Az.: 8 UF 67/83 = NJW 1843, 315; Gottwald, in: MünchKomm, ZPO, § 323 Rn. 54;

1153 Etwa für die Änderung der höchstrichterlichen Rspr. BGH, Urteil vom 28.2.2007, Az.: XII ZR 37/05 = NJW 2007, 1961.

1154 Borth, in: Musielak, ZPO, § 323 Rn. 24.

1155 Borth, in: Musielak, ZPO, § 323 Rn. 24, vgl. auch BGH, Urteil vom 23.04.1986 - IVb ZR 30/85 = NJW 1986, 2055, 2056.

1156 BGH, Urteil vom 15.5.2007, Az.: VI ZR 150/06 = NJW 2007, 2475.

1157 Gottwald, in: MünchKomm, ZPO, § 323 Rn. 68.

nach dem Alter des Berechtigten bemessen. Vielfach wird daher in der Praxis die Ansicht vertreten, dass das Erreichen der nächsten Altersstufe vorhersehbar ist und der Unterhaltskläger dies auch geltend machen muss.[1158] Nach Ansicht des BGH kann der Unterhaltsgläubiger jedoch, sollte er im Erstprozess nicht seinen gesamten berücksichtungsfähigen Unterhalt eingeklagt haben, bei Eintritt einer Abänderungssituation seinen vollen Unterhaltsanspruch durchsetzen.

32 Der Abänderungsgegner muss im ersten Abänderungsprozess Abänderungswiderklage erheben, soweit ihm dies zumutbar und rechtlich möglich ist, um nicht mit Gründen präkludiert zu sein, die im ersten Verfahren bereits vorlagen. Versäumt er dies, ist eine spätere Abänderungsklage, die sich auf Gründe stützt, die bereits zur Zeit des ersten Verfahrens vorlagen, wegen § 323 Abs. 2 ZPO präkludiert.[1159]

33 Nach Ansicht des BGH soll die Rechtskraftpräklusion nach § 323 Abs. 2 ZPO nur für den Abänderungskläger gelten. Der Beklagte eines Abänderungsverfahrens soll dagegen das Urteil des Erstprozesses auch mit alten, bisher nicht vorgebrachten Tatsachen verteidigen können. Dies wird in der Rechtsprechung des BGH damit begründet, dass § 323 Abs. 3 ZPO seinem Wortlaut nach allein die Berücksichtigung klagebegründender Tatsachen regele. Damit werde eine zeitliche Schranke für den Abänderungskläger begründet. Demgegenüber soll die Vorschrift nach Ansicht des BGH eine Einschränkung der Rechtsverteidigung des Beklagten nicht regeln. Die aus dieser Ansicht resultierende Missachtung der gebotenen Gleichheit der Parteien[1160] durch den BGH hat der Abänderungskläger wohl hinzunehmen.

34 Nach § 323 Abs. 3 S. 1 ZPO darf das Urteil nur für die Zeit nach Erhebung der Abänderungsklage (§ 253 Abs. 1 ZPO) geändert werden.[1161] Für Zeitabschnitte, die der Klageerhebung vorausgehen, ist die Abänderungsklage unzulässig. Diese Vorschrift ist Ausdruck des Vertrauensschutzes für den Verpflichteten, der sich auf Zahlungen in der betitelten Höhe eingestellt hat und dem keine rückwirkende Änderung aufgebürdet werden soll. Weiterhin „ist die Vorschrift im Gesetzgebungsverfahren mit der Zweckmäßigkeitserwägung begründet worden, dass die Ermittlung des Zeitpunktes, in dem die Änderung der maßgeblichen Verhältnisse in der Vergangenheit eingetreten ist, meist mit erheblichen Schwierigkeiten verbunden wäre."[1162] Ausnahmen von der Zeitschranke des § 323 Abs. 3 S. 1 ZPO sieht § 323 Abs. 3 S. 2 ZPO für die Fälle vor, in denen Un-

1158 OLG Köln, Urteil vom 23.10.1979, az.: 4 UF 98/79 = FamRZ 1980, 398.

1159 BGH, Urteil vom 1.10.1997 - XII ZR 49/96, NJW 1998, 161; Gottwald, in: MünchKomm, ZPO, § 323 Rn. 42; Büsche, in: Wieczorek/Schütze, ZPO, § 323 Rn. 8.

1160 Krit. daher Gottwald, in: MünchKomm, ZPO, § 323 Rn. 66 und 79.

1161 Gottwald, in: MünchKomm, ZPO, § 323 Rn. 85.

1162 BGH, Urteil vom 16.3.1988, Az.: IVb ZR 36/87 = NJW 1988, 1734, 1735.

terhalt nach den materiell-rechtlichen Vorschriften der §§ 1360a Abs. 3, 1361 Abs. 4 S. 4, 1585b Abs. 2, 1613 Abs. 1 BGB für die Vergangenheit verlangt werden kann.

Die Wirkung der Zeitschranke für diese Unterhaltsregelungen hat das (Kindesunterhaltsgesetz) KindUG zum 1.7.1998 beseitigt. Nach dem in § 238 Abs. 3 FamFG kann auch ein Beschluss für die Zeit vor der Klageerhebung abgeändert werden, soweit nach dem BGB Unterhalt für die Vergangenheit verlangt werden kann. „Das prozessuale Abänderungsrecht folgt nunmehr dem materiellen Recht.“[1163] 35

Im Prozess wird durch die Erkenntnis des Rechts der Streit zwischen den Parteien entschieden. Wie *Goldschmidt* es ausgedrückt hat, zielt der Prozess darauf, den Streit der Parteien endgültig zu entscheiden und damit den Rechtsfrieden wieder herzustellen – er sieht damit das Ziel des Prozesses in der rechtskräftigen Entscheidung.[1164] Eine wiederholte Überprüfung von Entscheidungen ist daher im Allgemeinen lediglich unter der Voraussetzung zulässig, solange diese noch nicht in formelle Rechtskraft erwachsen sind. Die Überprüfung und Korrektur von Urteilen erfolgen mit Rechtsmitteln der Berufung und Revision bzw. im Falle von urteilsersetzenden Beschlüssen mit dem der sofortigen Beschwerde bzw. der Rechtsbeschwerde. Insofern wird von der h. M. vertreten, zur Behebung von Fehlern der Erstentscheidung - wie ein Rechtsmittel - diene die Abänderungsklage nicht. Vielmehr sichert sie die Korrektur einer Prognoseentscheidung.[1165] 36

## 4. Vollstreckungsabwehrklagen, § 767 ZPO

Die Vollstreckungsabwehrklage wird allgemein als eine prozessuale Gestaltungsklage bezeichnet.[1166] Das hat damit zu tun, dass davon ausgegangen wird, das vom Kläger mit der Vollstreckungsabwehrklage angestrebte Urteil gestalte die vollstreckungsrechtliche Lage zwischen den Parteien um. Der klagende Titelschuldner wolle bewirken, dass mit der angestrebten Entscheidung gleichsam auf den Titel gestaltend eingewirkt werde, aus dem der beklagte Zwangsvollstreckungsgläubiger die Exekution betreibt.[1167] 37

1163 Weber NJW 1998, 1992, 2001.

1164 Goldschmidt, Der Prozeß als Rechtslage, 1925,151.

1165 Borth, in: Musielak, ZPO, § 323 Rn. 2.

1166 BGH, Urteil vom 15.10.1956, Az.: III ZR 226/55 = NJW 1957, 23; K. Schmidt/Brinkmann, in: MünchKomm, ZPO, § 767 Rn. 3; Lackmann, in: Musielak, ZPO, § 767 Rn. 2.

1167 K. Schmidt/Brinkmann, in: MünchKomm, ZPO, § 767 Rn. 3.

38 Damit geht einher, dass die Behauptung aufgestellt wird, mit der Vollstreckungsabwehrklage werde die materielle Rechtskraft des die Leistungspflicht des Vollstreckungsschuldners und Abwehrklägers feststellenden Urteils „durchbrochen“ werde.[1168]

39 Der Sache nach handelt es sich bei der Klage nach § 767 ZPO um eine negative Feststellungsklage. Die Rollen der Parteien sind gleichsam vertauscht. Denn der Vollstreckungsschuldner als Kläger begehrt der Sache nach die Feststellung, dass die titulierte Vollstreckungsforderung nicht mehr besteht.[1169]

---

1168 Anders: Gottwald, in: MünchKomm, § 322 Rn. 216; BGH, Urteil vom 8.6.2005, Az.: XII ZR 294/02 - BGHZ 163, 187.

1169 Braun ZZP Bd. 89 (1976) 93 ff., 95 f.

# § 14 Wirkungen von Entscheidungen in Verfahren der freiwilligen Gerichtsbarkeit

## I. Rechtskraft als Verfahrens"zweck"

### 1. Wirkungen von Entscheidungen im Zivilprozess

Bei der Frage nach den Wirkungen gerichtlicher Entscheidungen denken wir gewöhnlich an Rechtskraft – auf die im folgenden Paragraphen einzugehen sein wird. Aus den verschiedenen Prozessarten, die unser Recht kennt, sind wir gewohnt, als Verfahrensziel daran zu denken, dass die Entscheidung hinfort die Rechtsbeziehungen der Parteien zueinander dadurch ordnet, dass der Streit der Parteien beendet wird[1170]. Vom Zivilprozess her wissen wir, dass das Urteil (oder ein urteilsersetzender Beschluss wie der nach § 91 a ZPO – unten § 21 Rn. 31ff.) die Aufgabe hat, den Streit zwischen den Parteien dadurch zu beenden, dass es die Unsicherheit über das inter partes geltende Recht ausräumt, feststellt, was zwischen den Parteien „rechtens" ist. Auf der Grundlage der Feststellung des inter partes geltenden Rechts kann das Urteil dann Voraussetzungen der zwangsweisen Durchsetzung des Rechts der obsiegenden Partei schaffen – also die Rechtsfeststellung mit einem Leistungsgebot verknüpfen oder Rechtsgestaltungen vornehmen. 1

Aus dem Zivilprozess lassen sich diese Fragen rechtlichen Kategorien zuordnen: Um den Streit der Parteien sinnvoll beenden zu können, müssen Urteile irgendwann einmal unanfechtbar - formell rechtskräftig - werden[1171]. Im Zentrum des Problems der Urteilswirkungen im Zivilprozess bewegt sich das Verbot des ne bis in idem, das weitere Prozesse in derselben Sache ausschließt[1172]. Man kann geradezu sagen, dass diese Wirkung eines gerichtlichen Urteils „wesenseigen" ist. Ne bis in idem und Präjudizialität des Urteils - die Verbindlichkeit seiner Vorentscheidung in anderen, in Folgeprozessen[1173] - machen seine materielle Rechtskraft aus; wenn wir an Gestaltungsurteile wie das Scheidungsurteil gem. § 1564 BGB denken, dann spielt die Gestaltungs- oder Tatbestandswirkung dieser Entscheidungen eine Rolle. Das Urteil ist gegenüber jedermann verbindlich. Die Bindung an die gefällte Entscheidung vereist zunächst auf die Selbstbindung des das Urteil erlassenden Gerichts, dem die Abänderung des Urteils im Zivilprozess untersagt ist (§ 318 ZPO); die Frage nach der Verbindlichkeit des Ur- 2

1170 Smid, Richterliche Rechtserkenntnis 58 f.

1171 Baumbach/Lauterbach/Albers/Hartmann, ZPO, Einf. §§ 322-327 Rn. 1.

1172 Pawlowski/Smid, Freiwillige Gerichtsbarkeit, Rn. 348 ff.; Habscheid, Freiwillige Gerichtsbarkeit, § 27 II 2c, § 28 II 3, III.

1173 Habscheid, § 29 I 1, § 28 I, IV.

teils stellt sich dort, wo die unterlegene Partei in einem neuen Prozess neue Tatsachen vorträgt (man fragt hier nach der Reichweite der Präklusion dieses neuen Tatsachenvortrags)[1174].

## 2. Besondere Fragestellungen in Verfahren der freiwilligen Gerichtsbarkeit

### *a) Weite der Verfügungen von Gerichten in nichtstreitigen Verfahren der freiwilligen Gerichtsbarkeit*

3 In Verfahren der freiwilligen Gerichtsbarkeit sind indessen die Akzente gegenüber denen verschoben, die im allgemeinen Prozessrecht gesetzt sind. Das liegt daran, dass in „Kernbereichen" derjenigen gerichtlichen Verfahren, die wir unter dem Oberbegriff der freiwilligen Gerichtsbarkeit zu erfassen versuchen[1175], vom Gericht Aufgaben erfüllt werden, die sich in ihrer Grundlage - ihrer Struktur - weit von Urteilen im Zivilprozess unterscheiden. Freilich genügt es nicht, insoweit darauf hinzuweisen, dass die Gerichte „der" freiwilligen Gerichtsbarkeit gem. „Verfügungen" treffen – dass also die Entscheidungen in der freiwilligen Gerichtsbarkeit einen sehr weiten Rahmen abdecken, u. a. teilweise auch formlos gefällt werden können. Unter Geltung des alten Rechts konnte man auf den Wortlaut des § 16 Abs. 1 FGG hinweisen; im FamFG findet sich hier kein ausdrücklicher Hinweis mehr, aber die Sachprobleme sind mit denen im alten Recht identisch geblieben.Denn dieser gesetzliche Befund erklärt sich nicht selbst und auch nicht, woher die Fragen kommen, die sich im Zusammenhang der Entscheidungswirkungen stellen.

4 Die Unterschiedlichkeit rührt her aus den besonderen Aufgaben, die in diesen Verfahren zu bewältigen sind. Charakteristisch für sie ist, dass der Staat dem einzelnen oder der Allgemeinheit durch seine Gerichtsbarkeit Fürsorge gewährt, weil er sich ihre Anliegen zu eigen macht. Einige Stichworte mögen dies illustrieren: Der Registerrichter hat die Sicherheit des Rechtsverkehrs durch die Richtigkeit des Registers zu gewährleisten und nicht etwa einen Streit über das dem Register zugrunde liegende eingetragene oder nicht eingetragene Recht zu entscheiden; der Familienrichter hat in Kindschaftsverfahren selbst Aufgaben eines „staatlichen Obervormundes" wahrzunehmen[1176] und nicht etwa einen Streit zwischen den Parteien zu entscheiden, um nur zwei Aufgabenbereiche aus dem Gebiet der freiwilligen Gerichtsbarkeit zu nennen. Statt Streitentscheidungen

---

1174 Rosenberg/Schwab/Gottwald, ZPR, 15. Aufl. (1993), § 68 Rn. 1ff.

1175 Eingehend: Brehm, Freiwillige Gerichtsbarkeit, § 1 Rn. 44.

1176 Pawlowski/Smid, Rn. 73.

werden dort rechtsfürsorgerisch den Beteiligten Hilfestellungen erbracht[1177]. Betrachtet man diese gerichtlichen Tätigkeiten, so liegt es nahe, sie nicht dem Bereich materieller Rechtsprechung zuzuordnen, sondern sie als materielle Verwaltung zu qualifizieren[1178].

*b) Echte Streitverfahren der freiwilligen Gerichtsbarkeit*

Keine „Besonderheiten" im Bereich „der" freiwilligen Gerichtsbarkeit treten in 5
den sogenannten echten Streitverfahren[1179] nach dem FamFG auf. Denn dort geht es um die Entscheidung von Rechtsstreitigkeiten zwischen Parteien, die den strengen Regeln der ZPO z. T. entzogen werden, um den materiellrechtlichen Besonderheiten Rechnung tragen zu können[1180]; werden etwa im Hausratsteilungsverfahren verfahrensrechtlich mit den „freieren" Instrumentarien des FamFG materiellrechtlich Probleme einer Realteilung[1181] gelöst, die das BGB im Übrigen nicht kennt: Am Ende von echten Streitverfahren steht aber eine Entscheidung, die abschließend und verbindlich sein soll und die insofern dem Urteil im Zivilprozess grundsätzlich gleichsteht.

Freilich zeigen sich bereits aufgrund der materiellrechtlichen Spezifik der 6
echten Streitverfahren nach dem FamFG Besonderheiten, die den gesamten Bereich auch der nichtstreitigen Verfahren durchziehen, aber durchaus auch dem Zivilprozess nicht fremd sind. Typisch für das Urteil im Zivilprozess ist, dass über einen tatsächlich abgeschlossenen Streit entschieden wird. *Baur*[1182] hat eindrucksvoll davon gesprochen, es werde ein „Schnitt" durch die Beziehungen der Parteien gezogen, der die endgültige Feststellung dessen ermögliche, was zwischen ihnen rechtens ist. Dass das Urteil formell und materiell der Rechtskraft fähig ist, wird plausibel, wenn man bedenkt, dass der Verkehrsunfall, aus dem Ansprüche nach § 7 StVG oder § 823 BGB hervorgegangen sind, in der Vergangenheit liegt und sich als singuläres Ereignis erweist.

Es hat sich bei der Auseinandersetzung mit Abänderungsklagen gezeigt, 7
dass es aber auch im Zivilprozess es Urteile gibt, die nicht auf einen in der Vergangenheit liegenden, abgeschlossenen Sachverhalt bezogen sind, sondern Dau-

---

1177 Baur, Freiwillige Gerichtsbarkeit, § 1 III 1 a.E., § 25 I 2 und „§ 22 A I; ähnlich: Münzel, ZZP 66 (1953), 334 340 ff.

1178 Smid, Rechtsprechung: Zur Unterscheidung von Rechtsfürsorge und Prozess,397 ff.; vgl. schon Baur, DNotZ 1955, 507, 516.

1179 Keidel/Kuntze/Winkler, Freiwillige Gerichtsbarkeit, Teil A, Komm. z. FGG, § 31 Rn. 1, § 12 Rn. 195, 197.

1180 Keidel/Kuntze/Winkler, § 12 Rn. 197.

1181 Schöpf, Die Hausratsteilung im System der ehelichen Vermögensordnung,9 ff.; Limbacher, JuS 1978, 577, 578.

1182 Baur, § 25 I 2.

erwirkungen zeitigen[1183]: Man denke an Unterhaltsurteile, die u. a. auf einem prognostizierten Bedarf des Unterhaltsberechtigten beruhen. § 323 ZPO normiert für derartige Urteile eine Abänderungsmöglichkeit in späteren, weiteren Verfahren, wenn sich die tatsächliche Entscheidungsgrundlage nach Erlass der Entscheidung verändert hat. Hierauf wird noch unten (Rn. 47) einzugehen sein.

8 Es wird sich noch im Fortgang dieser Überlegungen zeigen, dass die (naturgemäß immer: spätere) Änderung einer Entscheidung sowohl auf solchen später auftretenden neuen Tatsachen (sogenannten facta supervenientia)[1184] als auch in bestimmten, noch näher darzustellenden Fällen auf einer anderen rechtlichen Beurteilung des Falles beruhen kann. Beiden Fällen, die rechtlich im Übrigen unterschiedlich behandelt werden, ist es gemeinsam, dass hier die Zeitdimension von Verfahren in den Blick gerät.

*c) Folgenorientierung von Entscheidungen in der freiwilligen Gerichtsbarkeit, besonders in nichtstreitigen Verfahren*

9 Namentlich in nichtstreitigen Verfahren werden von den Gerichten Daueraufgaben wahrgenommen. Die Fortdauer des Verfahrens in der Zeit kann paradigmatisch anhand des vormundschaftsgerichtlichen Verfahrens deutlich gemacht werden: Die Vormundschaft dauert gem. § 1882 BGB bis zu dem Eintritt der Volljährigkeit als staatliche Aufgabe an, die von den Gerichten wahrgenommen wird. Innerhalb dieses Dauerverfahrens kommt es ggf. fortlaufend zu Entscheidungen, aber auch zur Notwendigkeit, aufgrund von Neubeurteilungen einmal gefällte Entscheidungen zu modifizieren[1185].

## 3. Gang der Darstellung

10 Schon dieser kurze Überblick macht deutlich, dass sich die Betrachtung der Entscheidungswirkungen in Verfahren „der" freiwilligen Gerichtsbarkeit zunächst einer Systematisierung verschließt. So empfiehlt es sich insbesondere nicht, von vornherein für alle Verfahren der freiwilligen Gerichtsbarkeit nach formeller oder materieller Rechtskraft zu fragen. Dennoch lassen sich aber durchaus allgemeine, gemeinsame Fragen formulieren.

11 Im Folgenden wird zunächst (Rn. 12-19) danach gefragt, welche Wirkungen Entscheidungen der freiwilligen Gerichtsbarkeit auf die Rechtsbeziehungen der Beteiligten haben, also die Gestaltungs- bzw. Tatbestandswirkung dieser Entscheidungen diskutiert. Sodann wird eingehend die Frage der Abänderbarkeit von Entscheidungen nach § 48 FamFG (Rn. 20-50) behandelt. Unter IV wird es

1183 Habscheid, § 27 III 5; Pawlowski/Smid, Rn. 324.

1184 Gottwald, in: MünchKomm ,ZPO, § 323 Rn. 1.

1185 Habscheid, § 27 II; Keidel/Kuntze/Winkler, § 18 Rn. 2, 28, 42.

um die Zulässigkeit oder den Ausschluss solcher weiteren Verfahren gehen, die auf neue Tatsachen gestützt sind – also um die Präklusion von Tatsachenvorbringen, was die Frage nach der formellen Rechtskraft von Entscheidungen in der freiwilligen Gerichtsbarkeit nahelegen wird. Schließlich wird erst untersucht werden (Rn. 55-62), wieweit und aus welchen Gründen Entscheidungen in der freiwilligen Gerichtsbarkeit in materielle Rechtskraft erwachsen können.

## II. Gestaltungswirkungen, Tatbestandswirkungen

### 1. Fragestellung

*a) Weites Verständnis von „Vollstreckung“*

Wenn wir die Wirkung von Entscheidungen im Zivilprozess unter dem Gesichtspunkt ihrer zwangsweisen Durchsetzung betrachten, denken wir an Vollstreckung; Urteile ohne vollstreckungsfähigen Inhalt, also Feststellungs- und Gestaltungsurteile, bleiben dabei außer Betracht. In der freiwilligen Gerichtsbarkeit sind die Schwerpunkte wiederum anders gesetzt. Die Rechtsgestaltung steht im Vordergrund. So verweist § 38 Abs. 1 S. 1 FamFG auf ein viel weiteres Verständnis von „Vollstreckung“, was seine Erklärung in der Vielgestaltigkeit der materiellen Verfügungen des Gerichts in der freiwilligen Gerichtsbarkeit findet. § 38 Abs. 1 S. 1 FamFG spricht nämlich davon, dass durch Beschluss entschieden wird, soweit damit der Verfahrensgegenstand ganz oder teilweise erledigt wird. 12

*b) Grundbucheintragung als Entscheidung und als Vollzugsakt*

Worum es geht, macht ein Blick auf das Grundbuchverfahren deutlich. Dort ist die „Eintragung“ die begehrte Entscheidung. Die Eintragung hat nun einen Doppelcharakter: Sie ist gleichzeitig Entscheidung und gerichtliche Handlung - nämlich ein Vollzugsakt. So beendet die Eintragung z. B. das einzelne Grundbuchverfahren endgültig - eine Beschwerde gegen die Eintragung ist ausgeschlossen (§ 71 Abs. 2 S. 1 GBO). Denn den Vollzug (bzw. die Vollstreckung) einer Entscheidung kann man nur in einem neuen Verfahren korrigieren. Im Grundbuchverfahren handelt es sich dabei um ein Berichtigungsverfahren oder ausserhalb des Grundbuchverfahrens um ein Klageverfahren (vgl. die §§ 894, 812 ff. BGB). Die Eintragung ist nämlich nicht nur für die Personen von Bedeutung, die an dem Grundbuchverfahren beteiligt sind, sondern auch für Dritte, die aufgrund der Eintragung gutgläubig Rechte erwerben können. Die Beteiligten können daher gegenüber einer ihrer Meinung nach falschen Eintragung im Wege der Beschwerde nicht die Löschung (Aufhebung) der einmal getroffenen und vollzogenen Entscheidung verlangen, sondern nur die Eintragung eines 13

Amtswiderspruchs nach § 53 GBO. Anders verhält es sich dagegen in den Fällen, in denen eine Eintragung nicht die Möglichkeit eines gutgläubigen Erwerbs begründet. Das ist einmal der Fall, wenn ein inhaltlich unzulässiges Recht eingetragen worden ist (§ 53 Abs. 2 GBO) - wie z. B. das berühmte dingliche Mietrecht. Und das ist zum anderen bei den bereits erwähnten Eintragungen von Tatsachen der Fall, die nur dazu dienen, den jeweiligen Verfügungsgegenstand zu charakterisieren- wie u. a. Angaben zur Größe des Grundstücks oder zur Firma des Hypothekars u. ä. m.. Und dies betrifft schließlich die Eintragung von Widersprüchen[1186], Verfügungsbeschränkungen[1187], Klarstellungsvermerken. In diesen Fällen hat nämlich die Eintragung keinen Vollzugsscharakter, weil ein inhaltlich unzulässiges Recht auch nicht durch einen staatlichen Akt entstehen kann, weil auch der gute Glaube nicht vorhandene Tatsachen nicht ersetzen kann, weil Widersprüche, Verfügungsbeschränkungen usf. einen gutgläubigen Erwerb nicht begründen, sondern ausschließen usf. Derartige Eintragungen sind daher wie normale Entscheidungen zu behandeln - sie sind beschwerdefähig[1188].

## 2. Gestaltungswirkung

### *a) Wirkung von Entscheidungen gegenüber jedermann*

14 Unter Gestaltungswirkung versteht man die von Entscheidungen der freiwilligen Gerichtsbarkeit ausgehende Bindung für andere Gerichte und Behörden[1189]. Sie kommt denjenigen Entscheidungen zu, die ein Rechtsverhältnis unmittelbar gestalten oder die Vollendung eines Rechtsgeschäfts herbeiführen. Diese Entscheidungswirkung darf – auch in Streitsachen – nicht mit materieller Rechtskraft verwechselt werden. Rechtskraft greift nur inter partes des Rechtsstreits, auf den hin das Urteil erlassen wird[1190]. Rechtskraft bewirkt eine Entscheidung nur gegenüber denjenigen, die an der Entscheidung verfahrensmäßig beteiligt waren, Art. 103 Abs. 1 GG! Die Gestaltungswirkung hingegen kommt den Verfügungen der freiwilligen Gerichtsbarkeit gegenüber jedermann zu[1191].

---

1186 BayObLG, Beschluss vom 19.8.1982, Az.: 2 Z 51/82 = Rpfleger 1982, 470; RG, Beschluss vom 27.6.1927, Az.: V B 7/27 = RGZ 117, 346 ff, 352; Kuntze, GBR, § 71, Rz 25; Horber/Demharter, GBO, § 71, 13 a, aa.

1187 Vgl. Horber/Demharter, GBO, § 71, 13 a, aa; Kuntze, GBR, § 71, Rn. 27 ff. mit Nachw.

1188 Gegen die es dann die sog. Fassungsbeschwerde gibt; vgl. BayObLG, Beschluss vom 28.4.1988, Az.: 2 Z 34/88 = BayObLGZ 1988, 124; 1972, 374 ff.; OLG Stuttgart, Entscheidung vom 7.4.1981, Az.: 8 W 585/80 = MDR 1981, 680 f.; Haegele/Schöner/Stöber, GBR, Rn. 111; Horber/Demharter, GBO, § 71, 13 d..

1189 Baur, § 2 A IV 3, B VI 3.

1190 Habscheid, § 38 I 1.

1191 Pawlowski/Smid, Rn. 336-338; Baur, § 25 II 2 a.

Beispiel[1192]: Der Abwesenheitspfleger hatte für einen im Jahre 1937 Verschollenen gesellschaftsrechtlich relevante Willenserklärungen abgegeben, wegen derer später vor den ordentlichen Gerichten ein Streit ausbrach. Der BGH führte aus, die Bestellung beruhe auf einem staatlichen Hoheitsakt. Die Gerichte könnten daher nicht überprüfen, ob die tatsächlichen Voraussetzungen für die Bestellung eines Abwesenheitspflegers vorgelegen hätten. 15

Die Bindung tritt allerdings nur ein, wenn die Verfügung wirksam geworden und nicht nichtig ist. In diesem Zusammenhang ist eine andere Entscheidung des BGH[1193] zu sehen, in der es darum ging, dass der Vormundschaftsrichter entgegen § 1882 BGB a.F. einen Vormund für einen Volljährigen bestellt hatte. Dieser Beschluss greift nicht, denn so weit reicht die Kompetenz des Gerichts nicht. 16

*b) Gestaltung und Vollstreckung*

aa) Grundbuchverfahren

Bei der Entwicklung der hier zu verfolgenden Fragestellung (oben Rn. 12) ist darauf aufmerksam gemacht worden, dass die Gestaltungswirkung von Entscheidungen im Zusammenhang der Herstellung der mit der Entscheidung zu erreichenden materiellen Zustände zu sehen ist – also im weitesten Sinne mit ihrer Vollstreckung. Dies wird insbesondere deutlich, wenn man das Grundbuchverfahren in den Blick nimmt. 17

bb) Andere registerrechtliche Verfahren

Für andere registerrechtliche Verfahren trifft § 38 Abs. 1 S. 2 FamFG eine Sonderregelung. 18

cc) Bestellung eines Vormundes

Gestaltungswirkung, die z. B. in der Bestellung eines Vormundes liegt, ist von den Fragen der Rechtskraft zu unterscheiden.[1194] Gestaltungswirkung können auch Willenserklärungen oder Verwaltungsakte haben, die nicht rechtlich bindend sind. Im Übrigen wirkt eine rechtskräftige Entscheidung immer nur denen gegenüber, die an dem Verfahren beteiligt waren (Art. 103 Abs. 1 GG). Demgegenüber tritt die Gestaltungswirkung einer Entscheidung gegenüber allen Rechtsgenossen, namentlich auch gegenüber Behörden, ein. Wenn daher beispielsweise der Familienrichter im Vormundschaftsverfahren einen Vormund für einen Volljährigen bestellt, so geht die überwiegende Lehre davon aus, dass 19

1192 BGH, Urteil vom 28.2.1952, Az.: IV ZR 157/50 = BGHZ 5, 210.

1193 Vgl. BGH, Beschluss vom 15.4.1964, Az.: IV ZR 165/63 = BGHZ 41, 303, 305.

1194 Vgl. Bumiller/Winkler, FGG, § 31, 3; Jansen, FGG, § 31, Rn. 10; BayObLG, Beschluss vom 9.5.1985, Az.: BReg 1 Z 31/85 = BayObLGZ 1985, 184 ff.

die Bestellung unwirksam sei.[1195] Dies wird damit begründet, dass auch die zu Recht angeordnete Vormundschaft nach § 1882 BGB a.F. mit Wegfall der Voraussetzungen endigt, die sie begründen (also bei Erreichung der Volljährigkeit) – daher müsse sie auch endigen, bzw. überhaupt nicht entstehen, wenn sie angeordnet werde, ohne dass diese Voraussetzung vorhanden war. Setzt das Vormundschaftsgericht den V als Vormund des Minderjährigen M ein, so kann V den M vertreten: Alle Behörden und Privatpersonen haben die Erklärungen des V, die dieser im Namen des M abgibt, als Erklärung des M anzuerkennen - niemand kann daran zweifeln, dass V den M vertreten kann[1196]. Das nun aber nicht deshalb, weil die Verfügung des Vormundschaftsrichters, die den V zum Vormund des M bestellte, alle anderen Rechtsgenossen bindet. V hat nur deshalb Vertretungsmacht, weil der Vormundschaftsrichter in derselben Weise die Rechtsmacht hat, einen Vertreter für M zu bestellen wie z. B. jeder Privatmann die Rechtsmacht hat, für sich selbst einen Vertreter zu bestellen. Man mag dann später bezweifeln, ob die Bestellung des Vertreters rechtsgültig war. Aber diese Zweifel können sich in derselben Weise gegen die Bestellung eines Vormunds richten wie gegen die Bestellung des Vertreters durch eine Privatperson.

### 3. Tatbestandswirkung

20 Von Tatbestandswirkung spricht man im Hinblick auf Entscheidungen der Gerichte der freiwilligen Gerichtsbarkeit, die nur feststellende Bedeutung haben. Der Unterschied lässt sich an der Erteilung des Erbscheins verdeutlichen: Das Prozessgericht ist bei seiner Entscheidung über das zwischen den Parteien streitige Erbrecht nicht an die Verfügung des Nachlassgerichts gebunden. Es kann, wie § 2362 BGB zeigt, zu dem Ergebnis kommen, dass derjenige, dem der Erbschein erteilt worden ist, nicht der Erbe ist. Der Entscheidung des Nachlassgerichts im Erbscheinsverfahren kommt eben keine Gestaltungswirkung zu. Jedoch entfaltet die Entscheidung des Nachlassgerichts insoweit Tatbestandswirkung, als ein gutgläubiger Dritter wirksam von dem durch den Erbschein aus-

---

1195 BGH, Urteil vom 22.1.1964, Az.: V ZR 37/62 = BGHZ 41,23 ff., 29; BGH, Beschluss vom 26.9.1956, Az.: IV ZB 140/56 = FamRZ 1956,379; Baur, FGG, § 27 B II,303; Bärmann, FGG, § 24, IV 3a,170; Engler, in: Staudinger-BGB, § 1773, Rn. 16; Schlegelberger, FGG, § 7; vgl. auch Habscheid, FGG, § 25, Ii 1a,187 oder Bassenge/Herbst, FGG, § 7, 3 b bb (Unwirksamkeit der Übertragung der elterlichen Sorge nach § 1671 BGB, wenn diese nicht mehr besteht); BGH MDR 1964,310 (zu vergleichbaren Problemen bei der Testamentsvollstreckung); anders z. B. Soergel/Damrau, BGB, 1774, Rn. 8; Jansen, FGG, § 7, Rn. 25.

1196 Vgl. z. B. BGH, Urteil vom 6.3.1952, Az.: IV ZR 80/51 = BGHZ 5, 240 ff., 242; BGH, Urteil vom 15.4.1964, Az.: VIII ZR 232/62 = BGHZ 41,303 ff., 310.

gewiesenen Nichterben rechtsgeschäftlich einen Erbschaftsgegenstand erwerben kann, § 2366 BGB.

## III. Abänderbarkeit von Entscheidungen der freiwilligen Gerichtsbarkeit

### 1. Gesetzliche Regelung

#### *a) § 318 ZPO als Vergleichsfolie der Regelungen der freiwilligen Gerichtsbarkeit*

Weshalb diese Frage vorrangig diskutiert werden muss, sofern man sich mit der freiwilligen Gerichtsbarkeit beschäftigt, wird deutlich, wenn man sich als Vergleichsfolie die zivilprozessuale Regelung vor Augen führt. Im Zivilprozess ist das Thema der Abänderbarkeit von Entscheidungen recht eindeutig geregelt. § 318 ZPO bestimmt, dass das Gericht an das Urteil gebunden ist, das es erlassen hat. Das hat verschiedene Gründe, auf die wir z. T. auch noch in der freiwilligen Gerichtsbarkeit stoßen, die aber dort nicht in Gestalt eines allgemeinen Abänderungsverbots gefasst sind: Zum einen sollen Rechtsmittel gegen die erlassene Entscheidung nicht durch deren Abänderung konterkariert werden; wesentlicher ist, dass es der „Zweck"[1197] des Zivilprozesses ist, endgültige Entscheidungen zu produzieren – was den Ausschluss der Abänderbarkeit instanzgerichtlicher Entscheidungen durch das erlassende Gericht denknotwendig voraussetzt. Andernfalls würde nie verbindlich festgestellt werden können, was zwischen den streitenden Parteien rechtens ist, da das erkennende Gericht im Falle „besserer" Erkenntnis stets sein Urteil abändern könnte. Hiervon sind bekanntlich die Fälle der Berichtigung offenbarer Unrichtigkeit gem. § 319 ZPO, der Tatbestandsberichtigung gem. § 329 ZPO und der Nachholung unterlassener Nebenentscheidungen gem. § 321 ZPO zu unterscheiden[1198], weil sie am Ergebnis – Rechtserkenntnis inter partes – nichts ändern und daher von Gesetzes wegen zugelassen sind. Im Zivilprozess ist daher im Allgemeinen eine abweichende Entscheidung nur unter der Voraussetzung zulässig, dass neue Tatsachen vorgebracht werden, mit denen der Kläger des zweiten Prozesses nicht präkludiert (ausgeschlossen) ist. 21

#### *b) § 48 Abs. 1 FamFG*

§ 48 Abs. 1 FamFG normiert demgegenüber eine bereits im Ansatz abweichende Regelung. Das erlassende Gericht (Richter oder Rechtspfleger) kann und – ge- 22

1197 Goldschmidt, Der Prozess als Rechtslage, 1927,151.
1198 Rosenberg/Schwab/Gottwald, § 61 I 3, 4.

gebenenfalls, also wenn die Voraussetzungen hierfür aufgrund eines Handlungsbedarfs vorliegen – muss seine Entscheidung grundsätzlich abändern[1199]: § 48 Abs. 1 S. 1 FamFG sieht vor, dass das Gericht des ersten Rechtszugs eine rechtskräftige Endentscheidung mit Dauerwirkung aufheben oder ändern kann. Voraussetzung dafür ist, dass sich die zugrunde liegende Sach- oder Rechtslage nachträglich wesentlich geändert hat. Wesentlich ist, dass diese Abänderungsbefugnis vom Auftreten neuer Tatsachen oder einer Veränderung der Rechtslage abhängig ist: § 48 Abs. 1 S. 2 FamFG bestimmt, dass Voraussetzung für die Abänderung einer Entscheidung ist, dass sich die zugrunde liegende Sach- oder Rechtslage nachträglich wesentlich geändert hat.[1200]

23 Eine neue Rechtslage liegt etwa in folgenden Fällen vor: Im Freiheitsentziehungsverfahren fallen die Voraussetzungen der Freiheitsentziehung weg; die freiheitsentziehende Maßnahme und die ihr zugrunde liegende Verfügung sind dann aufzuheben[1201]; die Entscheidung über die Begründung der Vormundschaft gem. § 1773 BGB wird gegenstandslos mit dem Eintritt der Volljährigkeit gem. § 1882 BGB[1202].

24 Ebenso wie im Rahmen des § 323 Abs. 1 ZPO greift sie daher gerade dann nicht, wenn das Gericht den Sachverhalt anders rechtlich beurteilt als in der abzuändernden Entscheidung niedergelegt[1203]. Nun kann es einem Richter im Prozess durchaus passieren, dass er nach dem Erlass des Urteils einen Sachverhalt anders würdigt – etwa weil der BGH nunmehr entschieden hat oder ein den Richter überzeugender Aufsatz erschienen ist oder dergleichen mehr. Im Prozess geht es immer um den Versuch der Findung richtigen Rechts, sein Zweck ist die Rechtserkenntnis, mag auch sein Urteil gewiss „falsch" sein. Es gilt der Satz: roma locuta, causa finita.

25 Voraussetzung für das Eingreifen des § 48 Abs. 1 FamFG ist, dass überhaupt „nach außen" eine Entscheidung vorliegt, die nicht bloß gerichtliches Internum geblieben ist[1204] - dass die Entscheidung also i. S. von §§ 40, 41 FamFG „erlassen" ist[1205].

1199 Baur, § 24 B I 2.

1200 Ulrici, in: MünchKomm, ZPO, § 48 Rn. 1,7-9.

1201 Vgl. für Freiheitsentziehungen BGH NJW 2009, 299; siehe die „Sonderregelungen" in: Bumiller/Harders, in: FamFG, § 48 Rn. 8.

1202 Habscheid, § 27 III 1.

1203 Habscheid, § 27 II 1 b; Keidel/Kuntze/Winkler, § 18 Rn. 1.

1204 Baur, § 24 A I 1.

1205 Keidel/Kuntze/Winkler, § 18 Rn. 2.

Neben dem Erlass der Entscheidung muss die abzuändernde Entscheidung auch in den Aufgabenbereich des abändernden Gerichts fallen. 26

Beispiel[1206]: Das Nachlassgericht ist daran gehindert, eine von ihm für fehlerhaft gehaltene Testamentseröffnung des Verwaltungsgerichts aufzuheben, weil es sich bei der Testamentseröffnung um eine selbständige Aufgabe handelt. 27

*b) Ausschluss einer Abänderung aufgrund der Sachstruktur der Entscheidung*

aa) Erbschein

In manchen Verfahren kommt eine Abänderung nicht in Betracht. 28

Beispiel[1207]: Im Erbscheinverfahren kommt die Abänderung der Verfügung, aufgrund derer der Erbschein erteilt worden ist, nicht in Frage. Da die Wirkungen zu beseitigen sind, die vom Erbschein ausgehen, ist der Erbschein gem. § 2361 BGB einzuziehen[1208]. 29

bb) Genehmigung von Rechtsgeschäften, § 48 Abs. 3 FamFG

Von der Abänderung gerichtlicher Verfügungen im Bereich der freiwilligen Gerichtsbarkeit können andere nachdrücklich betroffen werden. Die Aufhebung im Wege der Abänderung wirkt nicht rückwirkend. Rechtsgeschäfte, die der Betreffende aufgrund der ursprünglichen Verfügung vorgenommen hat, bleiben von der Abänderung der Verfügung in ihrem Bestande unberührt[1209]. Daher bestimmt § 48 Abs. 3 FamFG, dass gegen einen Beschluss, durch den die Genehmigung für ein Rechtsgeschäft erteilt oder verweigert wird, eine Wiedereinsetzung in den vorigen Stand, eine Rüge nach § 44 FamFG, eine Abänderung oder eine Wiederaufnahme nicht stattfindet, wenn die Genehmigung oder deren Verweigerung einem Dritten gegenüber wirksam geworden ist. 30

Nach dem FGG wurde dies dann anders beurteilt, wenn der Dritte beispielsweise wusste, dass der Vormund die Erteilung der Genehmigung vom Vormundschaftsrichter erschlichen hat. In diesen Fällen soll sich der Dritte später nicht auf die Beschränkung der Abänderungsbefugnis berufen können[1210]. 31

---

1206 Vgl. OLG Hamburg, Beschluss vom 20.2.1985, Az.: 2 W 5/85 =Rpfleger 1985, 194.

1207 Vgl. BayObLG, Beschluss vom 4.11.1988, Az.: BReg 1a Z 10/88 = FamRZ 1989, 550.

1208 Möglich ist aber die Berichtigung eines Erbscheins, der eine offenbare Unrichtigkeit enthält bzw. wenn es sich um eine Berichtigung oder Ergänzung unzulässiger oder überflüssiger Zusätze handelt, die den sachlichen Inhalt des Erbscheins unberührt lassen und die am öffentlichen Glauben nicht teilnehmen: Keidel/Kuntze/Winkler, § 18 Rn. 59.

1209 Brehm, § 16 Rn. 4.

1210 Pawlowski/Smid, Rn. 333.

32 Früher kam man zu diesem Ergebnis durch eine Anwendung materiellen Zivilrechts. Man ging dabei von einer Anfechtbarkeit der Genehmigung nach § 123 oder § 119 BGB[1211] aus und sprach von einer Doppelnatur der vormundschaftsgerichtlichen Genehmigung[1212]. Das war auch plausibel. Das Handeln des Vormundschaftsrichters wurde als materiellrechtliches Tätigwerden verstanden - weil es materiellrechtliche Auswirkungen hatte, ohne über streitige Rechte zu entscheiden. Der genehmigende Richter ist in anderer Weise Dritter im Bunde als der streitentscheidende. Diese Beschreibung war zweifelsohne zutreffend und lässt sich heute noch ohne weiteres verstehen. Nach der zwischenzeitlich vollzogenen Ausbildung eines Verwaltungs- und Verwaltungsverfahrensrechts (das seinerseits anhand von Wertungen des Bürgerlichen Rechts und des Zivilprozessrechts entwickelt worden ist) empfiehlt es sich aber, dieses „materielle" Tätigwerden des Richters in der freiwilligen Gerichtsbarkeit in nichtstreitigen Verfahren als Ausübung von Verwaltungstätigkeiten zu beschreiben, was für die Grenzen der Abänderbarkeit von Verfügungen nichtstreitiger freiwilliger Gerichtsbarkeit auf die bereits angesprochenen Schranken verweist, die sich aus der Lehre vom Widerruf rechtswidriger Verwaltungsakte ergeben.

cc) Ausschluss der Abänderungsbefugnis als Folge der Devolution

33 Des Weiteren ist die Abänderung jedenfalls dann ausgeschlossen, wenn die Entscheidungskompetenz vom Gericht der ersten Instanz auf das Beschwerdegericht übergegangen ist[1213]. Das ist dann der Fall, wenn das Beschwerdegericht in der Sache entschieden hat[1214]. Das Gericht der ersten Instanz kann nämlich nur seine eigene Entscheidung abändern, aber nicht die des nächsthöheren Gerichts[1215]. Dabei geht es um die Befugnis der zweiten Instanz: Durch diese Schranke der Abänderungsbefugnis soll die Kompetenzordnung geschützt werden. Mangels Sachentscheidung des Beschwerdegerichts ist die Abänderungsbefugnis des erlassenden Gerichts daher nicht tangiert, wenn sich das Rechtsmittel als unzulässig erweist[1216] oder wenn wirksam Rechtsmittelverzicht erklärt wor-

1211 Vgl. RG, Urteil vom 09.07.1932, Az.: VI 205/32 = RGZ 137, 324, 345; Beschluss vom 13.04.1928, Az.: IV B 11/28 = RGZ 121, 30, 36; Schlegelberger, FGG I, 7. Aufl. (1956), § 55 Rn. 16, 19.

1212 Pawlowski/Smid, Rn. 333; Baur, § 24 B III 1 c.

1213 Keidel/Kuntze/Winkler, § 18 Rn. 8.

1214 Keidel/Kuntze/Winkler, § 18 Rn. 7.

1215 OLG Hamm, Beschluss vom 24.9.1965, Az.: 15 W 195/65 = Rpfleger 1966, 334; OLG Hamm, Beschluss vom 26.5.1970, Az.: 1526/70 = NJW 1970, 2118 f.; Bumiller/Winkler, § 18 Anm. 6.

1216 OLG Hamm, Beschluss vom 7.4.1972, Az.: 15 W 135/72 = FamRZ 1972, 520.

den ist[1217]. Für die Beschwerdeinstanz ergibt sich daraus, dass die beschwerdegerichtliche Entscheidung in formelle Rechtskraft erwächst, die nicht durch eine Abänderungsbefugnis des Eingangsgerichts durchbrochen wird, denn das Beschwerdegericht kann, wie wir gesehen haben, seine Entscheidung selbst nicht mehr abändern[1218].

Für die Rechtsbeschwerdeinstanz ist § 74 Abs. 4, 5 FamFG zu beachten. 34
Danach dürfen AG und LG der weiteren Beschwerde nicht abhelfen, § 68 Abs. 1 S. 1 FamFG, sobald sie eingelegt ist[1219]. Das hat einen Sinn, der sich erschließt, sobald man die Funktion der weiteren Beschwerde näher in den Blick fasst. In nichtstreitigen Verfahren stellt sich nämlich die Rechtsbeschwerdeinstanz als einzige Instanz dar, vor der über Recht oder Unrecht der vorinstanzlichen Verfügungen gleichsam – wie es Bötticher[1220] ausgedrückt hat – „vertikal" gestritten wird. Ich habe dies einmal so ausgedrückt, dass die Rechtsbeschwerdeinstanz als Instanz materieller Rechtsprechung den Rechtsweg darstellt, den Art. 19 Abs. 4 GG gegen administrative Verfügungen der Gerichte der nichtstreitigen freiwilligen Gerichtsbarkeit eröffnet[1221] - damit aber müssen die rechtsbeschwerdegerichtlichen Entscheidungen der formellen Rechtskraft fähig sein, was ihre Abänderbarkeit ausschließt.

## 2. Abgrenzung

### *a) Problem*

Die Abänderbarkeit von Verfügungen gem. § 48 Abs. 1 FamFG muss von ande- 35
ren Fällen unterschieden werden, in denen Entscheidungen in Verfahren der freiwilligen Gerichtsbarkeit später abgeändert werden bzw. in denen abweichende Entscheidungen getroffen werden können.

### *b) §§ 319 bis 321 ZPO*

Hierzu gehören zunächst die bereits angesprochenen Tatbestände der Urteils- 36
bzw. Tatbestandsberichtigung sowie der Ergänzung des Urteils nach §§ 319 bis 321 ZPO, die selbstverständlich in echten Streitverfahren nach dem FamFG, entsprechend aber auch im Bereich der nichtstreitigen Angelegenheiten der freiwilligen Gerichtsbarkeit anwendbar sind[1222].

---

1217 BayObLG, Beschluss vom 27.6.1961, Az.: BReg 1 Z 77/60 = BayObLGZ 1961, 200.

1218 Keidel/Kuntze/Winkler, FamFG, § 18 Rn. 8, § 25 Rn. 9.

1219 Baur, § 24 B III 3.

1220 Bötticher, in: Festschr. f. Lent, 1957,89 ff.

1221 Smid, Rechtsprechung66.

1222 Keidel/Kuntze/Winkler, § 18 Rn. 57, 60, 61.

### 3. Berücksichtigung verdeckter Tatsachen?

37 Hier gibt es einen Streit, der folgende Frage aufwirft: Gilt § 48 Abs. 1 FamFG auch für solche Fälle, in denen dem Richter nachträglich weitere Beweismittel bekannt werden, die ihm vor der Entscheidung nicht bekannt waren? *Habscheid*[1223] spricht sich gegen die Berücksichtigung sog. verdeckter Tatsachen, die vorgelegen haben, aber den Beteiligten nicht bekannt waren, aus. Anders die – zutreffende – h. M.[1224], für die spricht, dass es nicht darauf ankommt, weshalb die zuvor getroffene gerichtliche Entscheidung fehlerhaft ist. Wenn diese Fälle nicht zur Abänderung führen würden, müsste die Möglichkeit einer Korrektur unter dem Gesichtspunkt der §§ 578 ff. ZPO geprüft werden[1225].

38 Dies wäre nach § 48 Abs. 2 FamFG möglich, der bestimmt, dass ein rechtskräftig beendetes Verfahren in entsprechender Anwendung der Vorschriften des Buches 4 der ZPO wiederaufgenommen werden kann.[1226]

### 4. Notwendigkeit zur Abänderung der Entscheidung in besonderen Fällen nichtstreitiger Verfahren

*a) Problem*

39 Was unterscheidet den Richter im Prozess nun vom Richter „der“ freiwilligen Gerichtsbarkeit? Diese Frage lässt sich nicht einfach beantworten – sie kann nämlich schon nicht so undifferenziert gestellt werden. So unkompliziert, wie das Abänderungsverbot des § 318 ZPO aussieht, so schwierig ist die Abänderbarkeit von Entscheidungen der freiwilligen Gerichtsbarkeit. Und diese Schwierigkeit rührt aus der Komplexität der freiwilligen Gerichtsbarkeit her – nämlich der Inhomogenität ihrer Verfahren. Die Abänderungsfrage ist sehr unterschiedlich zu behandeln, je nachdem, ob es sich um Nichtstreitverfahren oder echte Streitsachen handelt[1227]. Darauf wird noch zurückzukommen sein.

*b) Regelung des früheren § 18 FGG*

40 Der Regelung des § 18 FGG sah man diese Schwierigkeiten freilich nicht auf den ersten Blick an. Das FGG ist uns aus einer Zeit überkommen[1228], in der ech-

1223 Habscheid, § 28 III.

1224 Bumiller/Winkler, § 18 Anm. 1 a; Pawlowski/Smid, Rn. 329; U. Schäfer, Abänderbarkeit und Rechtskraft im Verfahren der freiwilligen Gerichtsbarkeit, 1992,4.

1225 Baur, § 25 II 2 d.

1226 Ulrici, in: MünhKomm, ZPO, § 48 FamFG Rn. 12 ff.

1227 Baur, § 2 B I a.E.

1228 Das FGG v. 17.5.1898 (RGBl,342) trat zusammen mit dem BGB am 1.1.1900 in Kraft (vgl. § 185 I FGG i. V. mit Art. 1 EGBGB).

te Streitfragen kaum vorkamen – nichtstreitige Verfahren die Regel waren (wovon ja der Name des österreichischen Pendants zum früheren FGG noch Zeugnis ablegt: Außerstreitverfahrensgesetz). Nichtstreitige Verfahren aber sind Verfahren, in denen materiell Verwaltungsaufgaben erledigt werden[1229] - was, wie noch zu zeigen sein wird, auf Fragen verweist, die wir im modernen allgemeinen Verwaltungsverfahrensrecht unter der Überschrift der Aufhebung (Rücknahme oder Widerruf) von Verwaltungsakten[1230] diskutieren: Hier kommt nämlich erneut die Zeitdimension zum Tragen. Verwaltungshandeln bedarf der Anpassung nicht allein an veränderte Umstände, sondern an veränderte Bewertungen[1231]. Im Grundsatz gilt dies auch für Verfügungen im Bereich der nichtstreitigen freiwilligen Gerichtsbarkeit. Baur[1232] hat daher schon früh darauf aufmerksam gemacht, dass die Abänderungsproblematik einen Teilabschnitt aus dem allgemeinen Bereich des Widerrufs (der Rücknahme) von Staatsakten darstellt.

§ 18 FGG ist freilich mit dem Inkrafttreten des FamFG kein geltendes Recht 41
mehr, macht aber die Problemstellungegn deutlich, um die es geht.

Das erlassende Gericht änderte nach § 18 FGG mithin seine Entscheidung 42
ab, wenn es zu einer abweichende Wertung gelangt und sie nunmehr für „ungerechtfertigt“ erachtete (§ 18 Abs. 1 FGG).

*c) § 1696 BGB*

„Zwischen“ Fällen der facta supervenientia und der Abänderungsbefugnis nach 43
dem früheren § 18 FGG bewegt sich die Abänderungsbefugnis des Vormundschaftsrichters gem. § 1696 BGB[1233].

Einen Fall der Abänderung wegen facta supervenientiae stellt die Regelung 44
des § 1696 Abs. 2 BGB dar, der anordnet, dass eine Maßnahme nach den §§ 1666,1667 BGB oder einer anderen Vorschrift des Bürgerlichen Gesetzbuchs, die nur ergriffen werden darf, wenn dies zur Abwendung einer Kindeswohlgefährdung oder zum Wohl des Kindes erforderlich ist (kindesschutzrechtliche Maßnahme), aufzuheben ist, wenn eine Gefahr für das Wohl des Kindes nicht mehr besteht oder die Erforderlichkeit der Maßnahme entfallen ist.[1234]

Anders verhält es sich aber im Falle des Abs. 1 S. 1 des § 1696 BGB. Da- 45
nach „ist“ eine Entscheidung zum Sorge- oder Umgangsrecht oder ein gerichtlich gebilligter Vergleich zu ändern, wenn dies aus „triftigen“, das Wohl des Kindes nachhaltig berührenden Gründen angezeigt ist. Während der Dauer der

1229 Brehm, § 1 Rn.43; Smid,58 f.

1230 Vgl. §§ 48, 49 VwVfG.

1231 Vgl. Wolf/Bachof/Stober, VerwR I, 10. Aufl. (1994), § 51 VI 3 a.

1232 Baur, § 24 A.

1233 Habscheid, § 27 III 4.

*1234* Olzen, in: MünchKomm, BGB, § 1696 Rn. 41.

elterlichen Sorge kann das Vormundschaftsgericht seine Entscheidung abändern, wenn dies im Interesse des Kindes angezeigt ist, wenn – so die Judikatur – triftige, das Kindeswohl nachhaltig berührende Gründe die Abänderung tragen[1235]. Der Grund hierfür liegt in der Grenze der Ausübung staatlicher Oberformundschaft im Pflichtrecht der Eltern.

46 Beispiel[1236]: Beide Eltern sind Tunesier. Die Ehe war in Tunesien geschieden worden. Das Sorgerecht war durch Entscheidung des Berufungsgerichts Tunis dem Vater zugewiesen worden. Die Mutter begehrte nun die Änderung dieser Entscheidung und Zuweisung des Sorgerechts an sich vor den deutschen Gerichten. Dem gab schließlich der BGH statt, da nach deutschem Recht – den §§ 1671, 1696 BGB – beim Vorliegen triftiger, das Kindeswohl nachhaltig berührender Gründe eine Abänderung der vorliegenden Sorgerechtsentscheidung zulässig sei, weil im vorliegenden Fall die Mutter in Deutschland lebt und enge Beziehungen des Kindes zur Mutter und anderen Personen in Deutschland bestanden.

47 Die dargestellten Beispiele verweisen auf eine im materiellen Recht angelegte Abänderungsbefugnis des Gerichts der freiwilligen Gerichtsbarkeit[1237].

## 5. Echte Streitverfahren

### *a) Parallele zu § 323 ZPO*

48 Die bisher angeführten Beispiele machen deutlich, dass die besonders materiellrechtlich zugelassene Abänderungsbefugnis etwa mit der bereits angesprochenen Zeitdimension dieser Verfahren zu tun hat, die als Dauerverfahren für tatsächliche Änderungen anfällig sind[1238]. In echten Streitverfahren nach dem FamFG stellt sich die Frage nach der Zeitdimension ihrer Entscheidungen. Bereits hier liegt die Parallele zu Unterhaltsurteilen und ihrer Abänderung nach § 323 ZPO nahe[1239], beispielsweise bei der Abänderung von Beschlüssen über die Hausratsteilung. Denn bei der Hausratsteilung geht es nicht nur um die Realteilung des Hausrats gem. § 1361a BGB[1240], sondern die Entscheidung des Ge-

---

1235 BGH, Beschluss vom 28.5.1986, Az.: IVb ZB 36/84 = NJW-RR 1986, 1130; KG, Beschluss vom 28.5.1980, Az.: 18 UF 1322/80 = FamRZ 1980, 821, 822; KG, Beschluss vom 2.8.1983, Az.: 17 UF 2956/83 = FamRZ 1983, 1055, 1056; BayObLG, Beschluss vom 26.3.1974, Az.: BReg 1 Z 12/74 = FamRZ 1974, 318 f.; Staudinger/Coester, BGB, 12. Aufl. (1992), § 1696 Rn. 11; Hinz, in: MünchKomm, BGB, 2. Aufl. (1992), § 1696 Rn. 4.

1236 Vgl. BGH, Beschluss vom 28.05.1986, Az.: IVb ZR 36/84 = NJW-RR 1986, 1130 (Fn. 66).

1237 Keidel/Kuntze/Winkler, § 18 Rn. 2.

1238 Habscheid, § 27 III 5.

1239 Braun, Grundfragen der Abänderungsklage, 1994,133.

1240 Weber-Monecke, in: MünchKomm, BGB, § 1361a Rn. 4 ff., 14.

richts hat, wie besonders die Berücksichtigung des Bedarfs der Kinder gem. § 1361a BGB[1241] zeigt, eine unterhaltsrechtliche Komponente[1242]. Bei Entscheidungen nach dem Wohnungseigentumsgesetz ist dessen § 45 Abs. 4 zu berücksichtigen, der an § 17 HausratsVO a.F. angelehnt ist.

*b) Abänderung von Unterhaltstiteln*

§ 238 Abs. 1 S. 1 FamFG sieht vor, dass jeder Teil die Abänderung beantragen kann, wenn eine in der Hauptsache ergangene Endentscheidung des Gerichts eine Verpflichtung zu künftig fällig werdenden wiederkehrenden Leistungen ausgesprochen hat.[1243] Der Antrag ist nach § 238 Abs. 1 S. 2 FamFG zulässig, sofern der Antragsteller Tatsachen vorträgt, aus denen sich eine wesentliche Veränderung der der Entscheidung zugrunde liegenden tatsächlichen oder rechtlichen Verhältnisse ergibt.[1244] Die Abänderung ist im Allgemeinen nach § 238 Abs. 3 S. 1 FamFG zulässig für die Zeit ab Rechtshängigkeit des Antrags.[1245] Allerdings bestimmt § 238 Abs. 3 S. 2 FamFG, dass die Abänderung auch zulässig für die Zeit ist, für die nach den Vorschriften des bürgerlichen Rechts Unterhalt für die Vergangenheit verlangt werden kann, wenn der Antrag auf Erhöhung des Unterhalts gerichtet ist.[1246] § 238 Abs. 3 S. 3 FamFG sieht vor, dass der Antrag auch zulässig für die Zeit ab dem Ersten des auf ein entsprechendes Auskunfts- oder Verzichtsverlangen des Antragstellers folgenden Monats ist, wenn er auf Herabsetzung des Unterhalts gerichtet ist.[1247] Allgemein ist ein Abänderungsbegehren aber nach § 238 Abs. 3 S. 4 FamFG für eine mehr als ein Jahr vor Rechtshängigkeit liegende Zeit nicht zulässig.[1248] § 238 Abs. 4 FamFG bestimmt, dass die Entscheidung unter Wahrung ihrer Grundlagen anzupassen ist, wenn eine wesentliche Veränderung der tatsächlichen oder rechtlichen Verhältnisse vorliegt.[1249] 49

Nach § 240 Abs. 1 FamFG[1250] kann jeder Teil die Abänderung beantragen, 50
wenn eine rechtskräftige Endentscheidung nach § 237 FamFG oder § 253 FamFG eine Verpflichtung zur Unterhaltsleistung, also zu künftig fällig werdenden wiederkehrenden Leistungen enthält, sofern nicht bereits ein Antrag auf Durch-

1241 Weber-Monecke, in: MünchKomm, BGB, § 1361a Rn. 4,11,12.
1242 Schöpf (Fn. 1181) 111.
1243 Schlünder, in: MünchKomm, FamFG, § 238 Rn. 1 ff.
1244Schlünder, in: MünchKomm, FamFG, § 238 Rn. 19 f.
1245 Meyer-Holz, in: Keidel, FamFG, § 238 Rn. 65.
1246 Meyer-Holz, in: Keidel, FamFG, § 238 Rn. 70 f.
1247 Meyer-Holz, in: Keidel, FamFG, § 238 Rn. 77.
1248 Meyer-Holz, in: Keidel, FamFG, § 238 Rn. 78.
1249 Borth, in: Musielak, FamFG, § 238 Rn. 35 f.
1250 Meyer-Holz, in: Keidel, FamFG, § 240 Rn. 1 f.

führung des streitigen Verfahrens nach § 255 FamFG gestellt worden ist. Die Abänderung ist gem. § 240 Abs. 2 FamFG[1251] nur zulässig für die Zeit ab Rechtshängigkeit des Antrags.

51 Die – zeitlich unbegrenzte, genauer: bei Dauerverfahren nur durch die Verfahrensdauer limitierte – Abänderungsbefugnis liegt beim Gericht der ersten Instanz[1252], regelmäßig aber nicht immer beim Amtsgericht[1253]. Dagegen steht dem Instanzgericht keine Abänderungsbefugnis zu[1254]. Um keine Ausnahme handelt es sich, wenn davon die Rede ist, das Beschwerdegericht könne selbständige Zwischenverfügungen abändern, für deren Erlasse es erstinstanzlich zuständig ist[1255].

## IV. Formelle Rechtskraft von Entscheidungen der freiwilligen Gerichtsbarkeit

52 Das FamFG spricht an einer Reihe von Stellen von „Rechtskraft" (vgl. §§ 22, 120 FamFG). Gemeint ist damit stets die formelle Rechtskraft, also die Unanfechtbarkeit der Entscheidung[1256]. Formell rechtskräftig werden Entscheidungen in folgenden Fällen:

(1) wenn ein Rechtsmittel gegen sie nicht mehr gegeben ist, beispielsweise bei der Bestimmung der örtlichen Zuständigkeit gem. § 3 Abs. 3 FamFG[1257];

(2) bei einfacher, unbefristeter Beschwerde beim Wirksamwerden der letztinstanzlichen Entscheidung[1258]:

53 Beispiel[1259]: E beantragt die Ausstellung eines Erbscheins auf sich. Das Nachlassgericht hat diesen Antrag abgelehnt, wogegen dem E die einfache Beschwerde gem. § 58 FamFG zusteht; legt E das Rechtsmittel nicht ein, so wird die nachlassgerichtliche Entscheidung nicht formell rechtskräftig. Dies tritt erst ein, wenn das OLG entschieden hat. Wie wir gesehen haben, ist dann die Abänderung der Entscheidung durch das erstinstanzliche Gericht ausgeschlossen.

---

1251 Bumiller/Harders, § 240 Rn. 6.

1252 Baur, § 24 B IV 1.

1253 Keidel/Kuntze/Winkler, § 18 Rn. 7 a. E.; anders z. B. nach § 99 AktG oder § 143 FGG, nach denen das LG erstinstanzlich zuständig ist und dem daher die Abänderungsbefugnis zusteht.

1254 Habscheid, § 27 II 1 c.

1255 Brehm, Freiwillige Gerichtsbarkeit § 16 Rn. 9ff..

1256 Keidel/Kuntze/Winkler, § 31 Rn. 1.

1257 Habscheid, § 26 II 2 a.

1258 Habscheid, § 26 II 2 b.

1259 Vgl. OLG Karlsruhe, Entscheidung vom vom 21.12.1953, Az.: Wl 15/52 = Rpfleger 1954, 316.

(3) bei sofortiger oder sofortiger weiterer Beschwerde bei ungenutztem Ablauf der Rechtsmittelfrist[1260] - wobei gegebenenfalls bei Fristversäumnis Wiedereinsetzung in den vorigen Stand gem. § 17 Abs. 1 FamFG begehrt werden kann; 54
(4) bei Verzicht der Beteiligten auf Rechtsmittel[1261].
(5) Formelle Rechtskraft tritt im Übrigen ein, wenn die Entscheidung durch das erstinstanzliche Gericht nicht mehr abänderbar ist.

### 1. Abänderbarkeit formell rechtskräftiger Entscheidungen

*a) Voraussetzungen*

Das besagt aber noch nicht viel, denn eine formell rechtskräftige Entscheidung, die keine materielle Rechtskraft entfaltet, kann in einem erneuten Verfahren abgeändert werden, wenn sie sich als ungerechtfertigt erweist[1262]. 55

In der freiwilligen Gerichtsbarkeit kann der Richter anders als der Zivil-[1263] oder Strafrichter[1264] seine Entscheidungen auch dann noch nachträglich ändern[1265], wenn diese schon wirksam geworden sind und angefochten werden können, sofern nicht eine Verfügung vorliegt, die der sofortigen Beschwerde unterliegt, § 58 FamFG. 56

*b) Schreib- und Rechenfehler*

Bei der Berichtigung von Rechenfehlern, Schreibfehlern kommt in Verfahren der nichtstreitigen und der streitigen freiwilligen Gerichtsbarkeit § 42 FamFG zur Anwendung. Das Gericht erlässt dann einen Berichtigungsbeschluss, gegen den die Beschwerde nach § 58 FamFG gegeben ist.[1266] Vergessene Nebenentscheidungen können ebenfalls innerhalb der Beschwerdefrist in entsprechender Anwendung des § 321 ZPO nachgeholt werden. Dagegen kommt in nichtstreitigen Verfahren der freiwilligen Gerichtsbarkeit eine entsprechende Anwendung des § 320 ZPO zur Berichtigung des Tatbestandes bei Dunkelheiten und Widersprüchen nicht. Namentlich Entscheidungen der nichtstreitigen freiwilligen Ge- 57

---

1260 Habscheid, § 26 II 2 c.

1261 Brehm, Freiwillige Gerichtsbarkeit § 17 Rn. 2.

1262 Keidel/Kuntze/Winkler, § 18 Rn. 20.

1263 Nach § 318 ZPO.

1264 Obgleich in der StPO eine § 318 ZPO vergleichbare Bestimmung fehlt; vgl. Roxin, Strafverfahrensrecht. 22. Aufl. 1991, § 47, A I,324.

1265 Brehm, Freiwillige Gerichtsbarkeit, § 16 Rn. 2ff.

1266 Vgl. Roessink, in: Scholz/Kleffmann/Motzer, Praxishandbuch Familienrecht, Rn. 464; Borth, in: Musielak, FamFG, § 42 Rn. 1; vgl. zum FGG: Reichert, in: Keidel, FGG, § 18, Rn. 57; Jansen, FGG, § 18, Rn. 37, Bumiller/Winkler, FGG, § 18, 1c; BayObLGZ 1968,190 ff., 193.

richtsbarkeit, die der Begründung bedürfen, weisen allerdings einen Tatbestand auf. Dieser Tatbestand aber nicht die Beweisfunktion und Beweiskraft, die der Tatbestand des Zivilurteils nach § 314 ZPO hat.

58 Dies zeigt, dass die Frage der Abänderbarkeit der Verfügungen durch die Sachzusammenhänge bestimmt ist, über die in diesen Verfügungen entschieden wird: Während es in den Streitverfahren bei der Unabänderlichkeit bleibt, die auch die Urteile der Prozessgerichte kennzeichnen, gilt für die fürsorgerischen, verwaltenden Verfahren, dass der Richter die Möglichkeit hat, Irrtümer zu korrigieren: Der Vormundschaftsrichter soll – soweit es geht – dem Mündel die Erziehung zukommen lassen, die nach seiner jeweiligen Einsicht die beste ist; er soll daher auch durch eine Entscheidung nicht gehindert werden, einen Irrtum zu korrigieren, der ihm unterlaufen ist – solange dies noch tatsächlich möglich ist.

### 2. Befriedungsfunktion formeller Rechtskraft in nichtstreitigen Angelegenheiten

59 Während die Beurteilung der Wirkung von Beschlüssen in echten Streitverfahren wenig Probleme bereitet – die Gerichte üben in diesen Verfahren materielle Rechtsprechung aus -, stellt sich die Beantwortung der Frage nach der Rechtskraftfähigkeit von Entscheidungen der nichtstreitigen freiwilligen Gerichtsbarkeit als schwierig dar. Die Argumente in dem Streit, der hier geführt wird, gehen freilich z. T. aneinander vorbei. *Habscheid*[1267] meint, von materieller Rechtskraft könne nur dort gesprochen werden, wo über Bestehen oder Nichtbestehen eines subjektiven Rechts eines Beteiligten entschieden worden sei. Im Übrigen vertreten er und andere die Auffassung, es sei eine fallweise Beurteilung der materiellen Rechtskraft nach Nützlichkeitserwägungen abzulehnen, die in der Literatur Befürworter[1268] zu finden scheint, die materielle Rechtskraft dort annehmen wollen, wo es ein Interesse an der endgültigen Befriedung der Angelegenheit gibt. Diese Ablehnung fallweiser Beurteilung der materiellen Rechtskraftfähigkeit von Entscheidungen der nichtstreitigen freiwilligen Gerichtsbarkeit ist zunächst sympathisch, da sie systematische Erwägungen stark macht. Fragen drängen sich aber auf: Wie ist es zu sehen, wenn beispielsweise Pflichtrechte Verfahrensgegenstand sind?

60 *Baur* und *Bärmann* haben in diesem Zusammenhang auf die Befriedigungsfunktion der Rechtskraft hingewiesen[1269], die in einigen nichtstreitigen Angelegenheiten zu berücksichtigen sei: So wird in Vergütungsfestsetzungsverfahren

1267 Habscheid, § 28 II 3 a. ., III 2 b.

1268 Bärmann, Freiwillige Gerichtsbarkeit und NotarR, 1968, § 22 I 3; Baur ,§ 25 III; Keidel/Kuntze/Winkler, § 31 Rn. 20 ff.

1269 Bärmann, § 22 I 3; Baur, § 25 I 1.

z.B. bei der Festsetzung der Vergütung eines Gründungsprüfers gem. § 27 Abs. 2 AktG davon gesprochen, die Entscheidungen des Gerichts der freiwilligen Gerichtsbarkeit erwüchsen „in Rechtskraft", freilich im Sinne eines ne bis in idem: Die Festsetzung soll endgültig sein, sobald Rechtsmittel gegen die Entscheidung nicht mehr eingelegt werden können. Dies soll auch gelten, wenn und soweit es sich um die Beendigung von „Amtsstellungen" handelt: Beispiele hierfür sind die Entlassung des Vormundes gem. § 1886 BGB oder die des Testamentsvollstreckers gem. § 2227 BGB. *Lent*[1270] hat plastisch ausgedrückt, diese Personen hätten beim Eintritt der formellen Rechtskraft ein Recht darauf, „in Ruhe gelassen zu werden", wenn das Gericht ihre Entlassung abgelehnt hat – es sei denn, neue Tatsachen treten auf.

Die Einwände, die heute dagegen geltend gemacht werden, sind insoweit 61
nicht inplausibel, als sie sich gegen Abwägungen im Einzelfall wenden. *Lents* Überlegungen liegt aber ein Sachargument zugrunde, das deutlicher wird, wenn man die verfahrensrechtlichen Rollen näher ansieht, die beispielsweise im vormundschaftsgerichtlichen Verfahren wahrgenommen werden: Vormund und Vormundschaftsgericht verhandeln über die richtige Ausübung der Vormundschaft. Dabei kann es konträre Positionen geben[1271] - es kann zum Streit über die richtige Erziehung oder die richtige Ausübung der Vermögenssorge kommen. Dieser Streit muss einmal endgültig entschieden werden – durch das Rechtsbeschwerdegericht, da es dort nur um die Rechtmäßigkeit der Verfügungen des Vormundschaftsgerichts als „Beteiligten" des vormundschaftsgerichtlichen Verfahrens geht[1272]

## 3. Grenzen der Abänderbarkeit

### *a) Abänderbarkeit von Genehmigungen: Verkehrsschutz und Minderjährigenschutz*

Eine nachträgliche Änderung ist in den Fällen ausgeschlossen, in denen sie in 62
die Rechte Dritter eingreifen würde, die nicht an dem Verfahren beteiligt waren. So kann z.B. der Familienrichter, der im Vormundschaftsverfahren den A zum Vormund des M und diesem eine Vergütung bewilligt hat, diese Verfügungen nachträglich abändern. Dem Vormund kann daher auch rückwirkend der Vergütungsanspruch entzogen werden. Dagegen wirkt gegenüber Dritten, die mit A als Vertreter des M Verträge geschlossen haben, die nachträgliche Rücknahme der Bestellung nicht. Insbesondere kann der Familienrichter im Vormundschaftsverfahren eine von ihm erteilte Genehmigung eines für das Mündel abgeschlosse-

1270 Lent, Freiwillige Gerichtsbarkeit, § 18 VI,68.

1271 Habscheid, § 28 IV 4.

1272 Vgl. auch Pawlowski/Smid, Rn. 355.

nen Vertrages nur solange ändern (widerrufen), solange diese nicht durch Mitteilung des Vormunds einem Dritten gegenüber wirksam geworden ist.

63 Der Gesetzgeber hat die Wahrnehmung der mit der Kontrolle des Vormunds und der Eltern verbundenen Verwaltungsaufgaben zwar der Justiz übertragen. Das spricht aber nicht dafür, einem Dritten auf Kosten des Minderjährigen mehr Vorteile zu belassen, als es den allgemeinen Grundsätzen des Verwaltungsrechts entspricht.[1273] In diesen Fällen ist ein Widerruf der Genehmigung nach den Grundsätzen des geltenden Verwaltungsrechts zulässig[1274], wenn der begünstigte Dritte die Täuschung kennt oder grob fahrlässig nicht kennt.[1275]

*b) Tatbestände des Ausschlusses der Abänderbarkeit*

64 In manchen Verfahren kommt eine Abänderung nicht in Betracht. Dies ist der Fall, wenn anstelle der Abänderung einer Entscheidung äquivalente Maßnahmen in Betracht kommen.

65 Beispiel[1276]: Im Erbscheinverfahren kommt die Abänderung der Verfügung, aufgrund derer der Erbschein erteilt worden ist, nicht in Frage. Da die Wirkungen zu beseitigen sind, die vom Erbschein ausgehen, ist der Erbschein gem. § 2361 BGB einzuziehen[1277].

66 Weiter können Bestandsschutzgesichtspunkte greifen: Von der Abänderung gerichtlicher Verfügungen im Bereich der freiwilligen Gerichtsbarkeit können andere nachdrücklich betroffen werden. Zwei Tatbestände tragen den Problemen Rechnung, die daraus herrühren. § 48 Abs. 3 FamFG betrifft die Änderung von Verfügungen, durch die jemandem die Befugnis zur Vornahme von Rechtsgeschäften zugesprochen worden ist. Die Aufhebung im Wege der Abänderung wirkt nicht rückwirkend. Rechtsgeschäfte, die der Betreffende aufgrund der ursprünglichen Verfügung vorgenommen hat, bleiben von der Abänderung der

1273 Anders allerdings die überwiegende Lehre; diese meint, dass sich die Korrekturmöglichkeit in diesen Fällen aus dem FGG ergeben müsste (vgl. u. a. MK/Schwab, BGB, § 1828, Rn. 6 mit weit. Nachw.; Gernhuber, FamR, § 53, III 1,793 f.; Habscheid (FGG, § 25, IV 3,191 und schon FamRZ 1957,109 ff., 113) verweist hier auf die Wiederaufnahme des Verfahrens.

1274 Vgl. die §§ 48 Ii 3 Nr. 3, 48 III 2 VwV freiwillige Gerichtsbarkeit und dazu die Darstellung bei Stelkens/Sachs, Verwaltungsverfahrensgesetz. 3. Aufl. 1990, § 48, 107.

1275 Täuscht der Vertragspartner den Vormund, dann kann (und wird) dieser den Vertrag anfechten – woraufhin der Vormundschaftsrichter die Genehmigung auch nach § 18 FGG ändern kann.

1276 Vgl. BayObLG, Beschluss vom 4.11.1988, Az.: BReg 1a Z 10/88 = FamRZ 1989, 550.

1277 Möglich ist aber die Berichtigung eines Erbscheins, der eine offenbare Unrichtigkeit enthält bzw. wenn es sich um eine Berichtigung oder Ergänzung unzulässiger oder überflüssiger Zusätze handelt, die den sachlichen Inhalt des Erbscheins unberührt lassen und die am öffentlichen Glauben nicht teilnehmen: Keidel/Kuntze/Winkler, § 18 Rn. 59.

Verfügung in ihrem Bestande unberührt[1278]. Anders soll dies dann sein, wenn der Dritte beispielsweise wusste, dass der Vormund die Erteilung der Genehmigung vom Vormundschaftsrichter erschlichen hat. In diesen Fällen soll sich der Dritte später nicht auf die Beschränkung der Abänderungsbefugnis berufen können[1279]. Früher kam man zu diesem Ergebnis durch eine Anwendung materiellen Zivilrechts. Man ging dabei von einer Anfechtbarkeit der Genehmigung nach § 123 oder § 119 BGB[1280] aus und sprach von einer Doppelnatur der vormundschaftsgerichtlichen Genehmigung[1281]. Das war auch plausibel. Das Handeln des Vormundschaftsrichters wurde als materiellrechtliches Tätigwerden verstanden – weil es materiellrechtliche Auswirkungen hatte, ohne über streitige Rechte zu entscheiden. Der genehmigende Richter ist in anderer Weise Dritter im Bunde als der streitentscheidende. Diese Beschreibung war zweifelsohne zutreffend und lässt sich heute noch ohne weiteres verstehen. nach der zwischenzeitlich vollzogenen Ausbildung eines Verwaltungs- und Verwaltungsverfahrensrechts (das seinerseits anhand von Wertungen des Bürgerlichen Rechts und des Zivilprozessrechts entwickelt worden ist) empfiehlt es sich aber, dieses „materielle" Tätigwerden des Richters in der freiwilligen Gerichtsbarkeit in nichtstreitigen Verfahren als Ausübung von Verwaltungstätigkeiten zu beschreiben, was für die Grenzen der Abänderbarkeit von Verfügungen nichtstreitiger freiwilliger Gerichtsbarkeit auf die bereits angesprochenen Schranken verweist, die sich aus der Lehre vom Widerruf rechtswidriger Verwaltungsakte ergeben.

Die Abänderung ist aus Gesichtspunkten der Kompetenzordnung dann ausgeschlossen, wenn die Entscheidungskompetenz vom Gericht der ersten Instanz auf das Beschwerdegericht übergegangen ist[1282]. Das ist dann der Fall, wenn das Beschwerdegericht in der Sache entschieden hat[1283]. Das Gericht der ersten Instanz kann nämlich nur seine eigene Entscheidung abändern, aber nicht die des nächsthöheren Gerichts[1284]. Dabei geht es um die Befugnis der zweiten Instanz: Durch diese Schranke der Abänderungsbefugnis soll die Kompetenzordnung geschützt werden. mangels Sachentscheidung des Beschwerdegerichts ist die 67

1278 Brehm, Freiwillige Gerichtsbarkeit, § 16 Rn. 4,6.

1279 Pawlowski, in: Pawlowski/Smid,§ 9 Rn. 333.

1280 Vgl. RG, Urteil vom 29.9.1932, Az.: IV 131/32 = RGZ 137, 324, 345; RG, Beschluss vom 13.4.1928, Az.: IV B 11/28 = RGZ 121, 30, 36; Schlegelberger, FGG I, 7. Aufl. (1956), § 55 Rn. 16, 19

1281 Pawlowski, in: Pawlowski/Smid, § 9 Rn. 333; Baur (o. Fn. 8), § 24 B III 1 c.

1282 Keidel/Kuntze/Winkler,§ 18 Rn. 8.

1283 Keidel/Kuntze/Winkler, § 18 Rn. 7.

1284 OLG Hamm, Beschluss vom 24.9.1965, Az.: 15 W 195/65 = Rpfleger 1966, 334; OLG Hamm, Beschluss vom 26.5.1970, Az.: 15 W 26/70 = NJW 1970, 2118 f.; Bumiller/Winkler (o. Fn. 31), § 18 Anm. 6.

Abänderungsbefugnis des erlassenden Gerichts daher nicht tangiert, wenn sich das Rechtsmittel als unzulässig erweist[1285] oder wenn wirksam Rechtsmittelverzicht erklärt worden ist[1286]. Für die Beschwerdeinstanz ergibt sich daraus, dass die beschwerdegerichtliche Entscheidung in formelle Rechtskraft erwächst, die nicht durch eine Abänderungsbefugnis des Eingangsgerichts durchbrochen wird, denn das Beschwerdegericht kann, wie wir gesehen haben, seine Entscheidung selbst nicht mehr abändern[1287].

68 Für die Rechtsbeschwerdeinstanz ist § 58 FamFG zu beachten. Danach dürfen AG und LG der weiteren Beschwerde nicht abhelfen, sobald sie eingelegt ist[1288]. Das hat einen Sinn, der sich erschließt, sobald man die Funktion der weiteren Beschwerde näher in den Blick fasst. In nichtstreitigen Verfahren stellt sich nämlich die Rechtsbeschwerdeinstanz als einzige Instanz dar, vor der über Recht oder Unrecht der vorinstanzlichen Verfügungen gleichsam – wie es *Bötticher*[1289] ausgedrückt hat – „vertikal“ gestritten wird. Ich habe dies einmal so ausgedrückt, dass die Rechtsbeschwerdeinstanz als Instanz materieller Rechtsprechung den Rechtsweg darstellt, den Art. 19 Abs. 4 GG gegen administrative Verfügungen der Gerichte der nichtstreitigen freiwilligen Gerichtsbarkeit eröffnet[1290] - damit aber müssen die rechtsbeschwerdegerichtlichen Entscheidungen der formellen Rechtskraft fähig sein, was ihre Abänderbarkeit ausschließt.

## 4. Abänderung aufgrund facta supervenientia

69 Wie in streitigen Verfahren können facta supervenientia zu einer Abänderungsbefugnis Anlass geben. Ein Beispiel hierfür bietet das Freiheitsentziehungsverfahren. Wenn dort die Voraussetzungen der Freiheitsentziehung wegfallen, so sind nach § 10 FEVG die freiheitsentziehende Maßnahme und die ihr zugrunde liegende Verfügung aufzuheben. Ein weiteres Beispiel ist die Entscheidung über die Begründung der Vormundschaft gem. § 1773 BGB. Diese wird gegenstandslos mit dem Eintritt der Volljährigkeit gem. § 1882 BGB[1291].

---

1285 OLG Hamm, Beschluss vom 7.4.1972, Az.: 15 W 135/72 = FamRZ 1972, 520.

1286 BayObLG, Beschluss vom 27.6.1961, Az.: BReg 1 Z 77/60 = BayObLGZ 1961, 200.

1287 Keidel/Kuntze/Winkler (o. Fn. 10), § 18 Rn. 8, § 25 Rn. 9.

1288 Bar, § 24 B III 3.

1289 Bötticher, in: Festschr. f. Lent, 1957,89 ff.

1290 Smid, Rechtsprechung, 66

1291 Habscheid (o. Fn. 3), § 27 III 1.

## V. Materielle Rechtskraft

Von materieller Rechtskraft ist in zweierlei Beziehungen zu sprechen. Zum einen bildet das Verbot des ne bis in idem den Kern der Rechtkraft – es gewährleistet die Endgültigkeit der Entscheidung[1292]. Zum anderen bedeutet materielle Rechtskraft auch Verbindlichkeit der Rechtsanerkenntnis in anderen (weiteren) Verfahren (Präjudizialität)[1293]. Von materieller Rechtskraft, also der Verbindlichkeit einer Entscheidung in anderen Verfahren, kann nur soweit gesprochen werden, als die Entscheidung der formellen Rechtskraft fähig ist[1294]. 70

### 1. Echte Streitverfahren

Einigkeit[1295] besteht darüber, dass die Entscheidungen in echten Streitverfahren der freiwilligen Gerichtsbarkeit der materiellen Rechtskraft fähig sind. Das gilt in dem Sinne, dass ihr Erlass eine weitere Entscheidung über denselben Streitgegenstand ausschließt - eine zweite Entscheidung beispielsweise im Hausratsverfahren ist nur unter der Voraussetzung des § 43 Abs. 1 S. 1 FamFG bei Vorliegen neuer Tatsachen, also über einen anderen Verfahrensgegenstand, zulässig[1296]. Und, um beim Hausratsverfahren zu bleiben, der Beschluss des Familiengerichts entfaltet auch materielle Rechtskraft insofern, als seine Rechtsfeststellung präjudiziell in späteren Verfahren sein kann, etwa wenn der Ehegatte, dessen Klavier gegen Zahlung eines Ausgleichsbetrages gem. § 1372 ff. BGB dem anderen zugewiesen worden ist, später auf Feststellung seines Eigentums klagt. Freilich ist dies auch Folge der Gestaltungswirkung des Beschlusses! 71

### 2. Nichtstreitige Verfahren

Während die Beurteilung der Wirkung von Beschlüssen in echten Streitverfahren wenig Probleme bereitet - die Gerichte üben in diesen Verfahren materielle Rechtsprechung aus -, stellt sich die Beantwortung der Frage nach der Rechtskraftfähigkeit von Entscheidungen der nichtstreitigen freiwilligen Gerichtsbarkeit als schwierig dar. Die Argumente in dem Streit, der hier geführt wird, gehen freilich z. T. aneinander vorbei. Habscheid[1297] meint, von materieller Rechtskraft könne nur dort gesprochen werden, wo über Bestehen oder Nichtbestehen eines subjektiven Rechts eines Beteiligten entschieden worden sei. Im Übrigen vertreten er und andere die Auffassung, es sei eine fallweise Beurteilung der materiellen Rechtskraft nach Nützlichkeitserwägungen abzulehnen, die in der Literatur 72

1292 Habscheid, § 28 I 1; Pawlowski/Smid, Rn. 342.

1293 Brehm, Freiwillige Gerichtsbarkeit Rn. 454.

1294 Habscheid, § 28 II 1.

1295 Brehm, Freiwillige Gerichtsbarkeit § 17 Rn. 5.

1296 Baur, § 25 II 1 b, f.

1297 Habscheid, § 28 II 3 a.E., III 2 b.

Befürworter[1298] zu finden scheint, die materielle Rechtskraft dort annehmen wollen, wo es ein Interesse an der endgültigen Befriedung der Angelegenheit gibt. Diese Ablehnung fallweiser Beurteilung der materiellen Rechtskraftfähigkeit von Entscheidungen der nichtstreitigen freiwilligen Gerichtsbarkeit ist zunächst sympathisch, da sie systematische Erwägungen stark macht. Fragen drängen sich aber auf: Wie ist es zu sehen, wenn beispielsweise Pflichtrechte Verfahrensgegenstand sind?

### 3. Verfahrensentscheidungen und Sachentscheidungen

73 Bei der Rechtskraft geht es nach alledem um die Bindung von Gerichten (des erlassenden, aber auch anderen) in anderen Verfahren. Davon kann erst die Rede sein, wenn Entscheidungen in formelle Rechtskraft erwachsen[1299] (in administrativen Verfahren erlangen die Entscheidungen ebenfalls äußere Unanfechtbarkeit, man spricht dort von Bestandskraft)[1300]; diese greift erst ein, wenn keine Rechtsmittel mehr gegen die Entscheidung gegeben sind. Wenn man von der Reichweite materieller Rechtskraft spricht, dann ist im Prozess der Unterschied von Sach- und Prozessurteil wichtig[1301], da die Prozessentscheidung nicht res iudicata (die Sache) betrifft. Für die echten Streitverfahren gilt nichts anderes; Baur[1302] weist darauf hin, dass für diese Unterscheidung deshalb in Amtsverfahren kein Raum ist, weil dort „Prozessvoraussetzungen" nicht vorliegen; es fehlt bereits an einem Antrag (einer Klage), die als unzulässig zurückgewiesen werden könnte.

### 4. Präjudizialität

74 Die Verbindlichkeit vor Vorentscheidungen in anderen Verfahren ist in echten Streitverfahren ebenso wie bei Urteilen im Zivilprozess zu beurteilen[1303]; in nichtstreitigen Verfahren ist von Tatbestandswirkung die Rede[1304].

### 5. Keine Präklusion in Amtsverfahren

75 Gegenüber *ne bis in idem* und Präjudizialität bedarf die Präklusion weiterer Begründungen. In Amtsverfahren ist die Präklusion ausgeschlossen. Wenn dem Gericht und - anders als im Zivilprozess - nicht den Parteien die Aufgabe obliegt, den Sachverhalt zu ermitteln, dann kann man es den Betroffenen (bei-

1298 Bärmann, Freiwillige Gerichtsbarkeit und NotarR, 1968, § 22 I 3; Baur, § 25 III; Keidel/Kuntze/Winkler, § 31 Rn 20 ff.

1299 Pawlowski/Smid, Rn. 340.

1300 Vgl. nur Maurer, Allg. VerwR, 9. Aufl. (1994), § 11 I 1.

1301 Baur, § 22 B III 1.

1302 Baur, § 22 B III.

1303 Baur, § 29 I 1.

*1304* Habscheid, § 29 II.

spielsweise dem Mündel) nicht vorwerfen, wenn Tatsachen nicht ermittel worden sind[1305]. Anders ist dies in Streitverfahren. Dort wird die Präklusion an die gleichen Kriterien geknüpft wie im Zivilprozess[1306]

1305 Pawlowski/Smid, Rn. 362 ff., 366.
1306 Brehm, Freiwillige Gerichtsbarkeit § 17 Rn. 12 ff.

# Teil 4: Einleitung des Verfahrens

## § 15 Die Einleitung nichtstreitiger Verfahren der freiwilligen Gerichtsbarkeit

### I. Abhängigkeit der Form der Verfahrenseinleitung von der Verfahrensfunktion

Wie sich in den vorangegangenen Paragraphen gezeigt hat, werden zivilgerichtliche Verfahren auf unterschiedliche Weise eingeleitet, die von der Art – der Aufgabe – abhängt, die das Verfahren zu erfüllen hat. Der Zivilprozess setzt eine - zulässige - Klage voraus.[1307] Die Zwangsvollstreckung erfolgt auf Antrag (das Gesetz spricht im Rahmen der Mobiliarzwangsvollstreckung altertümlich vom Auftrag, § 753 Abs. 1 ZPO, vgl. für die Immobiliarvollstreckung §§ 15, 146 Abs. 1 ZVG, § 867 Abs. 1 S. 1 ZPO)[1308], das Insolvenzverfahren wird eingeleitet (§§ 13, 14 InsO)[1309] durch Antrag. Ein vormundschaftsgerichtliches Verfahren wird dagegen sehr häufig von Amts wegen durch das Gericht eingeleitet werden.[1310] 1

In den unterschiedlichen zivilgerichtlichen Verfahren kommt den Handlungen der Maßnahmen des Gerichts unterschiedliche Bedeutung für den Verlauf des Verfahrens zu. Bevor in die im Verfahren zu fällenden Sachentscheidungen eingetreten werden kann bedarf es der Beantwortung einer Reihe von Fragen: 2

- Worum geht es in dem Verfahren,
- Wird das Verfahren aufgrund Initiativen von Parteien eingeleitet oder hat das Gericht von Amts wegen tätig zu werden; im engen Zusammenhang damit:
- Wer definiert demn Gegenstand des Verfahrens, und wiederum im Zusammenhang damit:
- Wer ist am Verfahren zu beteiligen.

1307 Vgl. Schilken, Zivilprozessrecht, § 7 Rn. 254 ff.

1308 Jauernig/Berger, Zwangsvollstreckungs- und Insolvenzrecht, §8 Rn. 6; RGZ 82, 298.

1309 Smid/Leonhardt, in: Leonhardt/Smid/Zeuner, InsO, § 13 Rn. 2ff.

1310 Pawlowski, in: Pawlowski/ Smid, Freiwillige Gerichtsbarkeit, § 3 Rn. 61.

## II. Herstellung des Verfahrensgegenstandes

### 1. Antragsrechte und amtswegigen Verfahrenseinleitung

*a) Materielle Antragsrechte*

3 In den Antragsverfahren der freiwilligen Gerichtsbarkeit gilt das sogenannte Dispositionsprinzip (zu den Prozessmaximen unten § 19): Diese Verfahren können also nur auf einen Antrag hin eingeleitet werden, der dann – im Unterschied zu verfahrensrechtlichen Anträgen auch den Gegenstand des Verfahrens festlegt. Ein materielles Antragsrecht kann darauf beruhen, das einem Beteiligten gesetzlich wie in den §§ 1628 Abs. 1, 1685 Abs. 1, 1686 BGB ein Antragsrecht zugewiesen ist.

*b) Materielles Antragsrechte und amtswegiges Aufgreifen des Verfahrens*

4 So kann beispielsweise der Vormundschaftsrichter in einen Streit der Eltern gem. § 1628 BGB nur unter der Voraussetzung eingreifen, wenn dies ein Elternteil beantragt[1311], während er Meinungsverschiedenheiten zwischen Vormündern (oder zwischen Vormund und Pfleger) von Amts wegen regeln kann. Das schließt allerdings nicht aus, dass der Vormundschaftsrichter von Amts wegen ein Verfahren nach § 1666 BGB einleitet, wenn er erfährt, dass Streitigkeiten zwischen den Eltern das Wohl des Kindes gefährden.[1312] Ein derartiges Verfahren, dass sich darauf richtet, einem Personensorgeberechtigten (teilweise)[1313] das Sorgerecht zu entziehen, hat dann aber einen anderen Gegenstand als ein Verfahren nach § 1628 BGB.

*c) Beispiel: Familiengerichtliche Genehmigungen in Kindschaftssachen*

5 Mit einem materiellen Antragsrecht kann der Aufgabe des Beteiligten im Verfahren entsprochen werden und sich damit aus der materiellrechtlichen Zuweisung solcher Aufgaben ergeben. Diese führt zu einer rechtlich bestimmten Rollenverteilung im Verfahren. Ob ein materielles Antragsrecht vorliegt, lässt sich nicht immer ohne weiteres ermitteln. So ist es im Bereich familiengerichtlicher Genehmigungen streitig, ob das Familiengericht Genehmigungen nur auf Antrag erteilen oder ob es von Amts wegen tätig werden darf. Auch durch das FamFG ist dieser Streit nicht entschieden.

---

1311 Huber, in: MünchKomm, BGB, § 1628 Rn. 1.

1312 Olzen, in: MünchKomm, BGB, § 1666 Rn. 12.

1313 Bei Eingriffen in die elterliche Sorte ist jeweils der Grundsatz der Verhältnismäßigkeit zu beachten, nach dem jeweils nur der geringste Eingriff zulässig ist. Danach ist also grundsätzlich nicht die elterliche Sorge zu entziehen, sondern immer nur ein bestimmter Teil der elterlichen Sorge; vgl. nur Diederichsen, in: Palandt, BGB, § 1666 Rn. 20.

Die vom Familiengericht zu erteilende Genehmigung beruht auf einer Reihe 6
gesetzlicher Vorschriften, mit denen die Vertretungsbefugnis und die Vertretungsmacht der Inhaber der elterlichen Sorge dadurch beschränkt wird, dass Vormund oder Eltern bestimmte Geschäfte erst wirksam abschließen können[1314] oder sollen[1315], wenn eine Genehmigung durch das Familiengericht eingeholt worden ist. Die wichtigsten Bestimmungen hierüber enthalten die §§ 1821 ff. BGB; daneben finden sich aber auch in anderen Bestimmungen des §§ 1683 Abs. 2, 1803 Abs. 2, 1810, 1811 BGB wie auch in anderen Gesetzen[1316] Genehmigungsvorbehalte. So wird bei den sog. Außengenehmigungen wie z. B. denen der § 1821 f. BGB das Geschäft erst wirksam, wenn die Personensorgeberechtigten die Genehmigung dem Geschäftspartner des Minderjährigen mitteilen (§ 1829 BGB[1317]) – was sie selbst dann unterlassen dürfen (und müssen), wenn sie nach der Erteilung der Genehmigung zu der Auffassung gelangen, dass das Geschäft nicht im Interesse des Mündels liegt.[1318]

Legt man in diesem Zusammenhang man allein den Wortlaut der §§ 1821 f. 7
BGB zugrunde, scheint ein Verfahren über eine vormundschaftsgerichtliche Genehmigung auch ohne Antrag der Personensorgeberechtigten aufgrund eines Tätigwerdens des Familiengerichts von Amts wegen eingeleitet werden zu können. Darauf gründet sich die Meinung, dass das Verfahren über die vormundschaftsgerichtliche Genehmigung ein Amtsverfahren sei und daher keines Antrags bedürfe.[1319] Dies wird durch die Ansicht eingeschränkt, dass der Familienrichter eine Genehmigung ohne Antrag des Vormunds jedenfalls versagen kann[1320] und

1314 Nämlich §§ 1821, 1822 BGB.

1315 Nämlich bei den sog. Innengenehmigungen – wie z. B. der des § 1823 BGB, bei denen die Geschäfte auch rechtlich wirksam sind, wenn der gesetzliche Vertreter sie ohne Genehmigung tätigt. Das Handeln ohne Genehmigung kann dann aber Schadensersatzpflichten begründen oder dem Vormundschaftsrichter Anlass gebe, das Sorgerecht des Handelnden zu beschränken; vgl. nur Diederichsen, in: Palandt, BGB, § 1823, Rn. 1.

1316 Vgl. u. a. die §§ 607 Ii, 640b ZPO oder die §§ 19, 25 I des Gesetzes über die Reichs- und Staatsangehörigkeit vom 22.7.1913.

1317 Wagenitz, in: MünchKomm, BGB, § 1829 Rn. 3.

1318 Pawlowski, AT, Rn. 809 mit Nachw.

1319 BayObLG, Beschluss vom 26.2.1981, Az.: BReg 3 Z 5/81 = BayObLGZ 1981, 44 ff., 47; Kuntze, in: Keidel, FGG, § 55, Rn. 5; Bumiller/Winkler, FGG, § 55, 2. Schmidt, FGG, Rn. 987; Diederichsen, in: Palandt, BGB,§ 1828, Rn. 8; Gernhuber, FamR, § 52, III 7, S. 795; Pikart/Henn, FGG, S. 217; Zimmermann, FGG, S. 186.

1320 KG, Beschluss vom 20.1.1976, Az.: 1 W 1341/75 = OLGZ 1976, 302 ff.; zust. Schwab, in: MünchKomm, BGB, § 1828 Rn 30; Jansen, FGG, § 55, Rn. 4; Pikart/Henn, FGG, S. 217. Pikart/Henn sprechen allerdings nur von der Versagung einer Innengenehmigung.

diese Genehmigungen nicht gegen den Willen des Vormunds (oder der Eltern) erteilen dürfe.[1321]

8 Beispielsfall: So hat der Bundesgerichtshof im Anschluss an eine Entscheidung des Kammergerichts[1322] aus dem Jahr 1919 in einem Amtshaftungsprozess darauf erkannt, dass der Vormundschaftsrichter in das Erziehungsrecht der Eltern oder des Vormunds eingreife, wenn er eine vormundschaftsgerichtliche Genehmigung ohne deren Antrag erteile. Ohne dass Eltern oder Vormund einen Antrag auf Erteilung der Genehmigung gestellt haben, darf der Familienrichter daher keine Genehmigung des fraglichen Rechtsgeschäfts erteilen[1323].

9 In dem vom Kammergericht entschiedenen Fall hatte ein Vater im Namen seines Kindes einen genehmigungsbedürftigen Grundstückskaufvertrag abgeschlossen. Der Notar regte nun beim Vormundschaftsrichter an, diesen zu genehmigen, woraufhin der Vormundschaftsrichter die Genehmigung erteilte, obwohl sich der Vater dagegen ausdrücklich verwahrt hatte, da ihm inzwischen ein günstigeres Angebot vorlag. Damit hatte der Vater erst mit seiner weiteren Beschwerde vor dem Kammergericht Erfolg.

10 Das Kammergericht begründete seine Entscheidung mit materiellrechtlichen Argumenten. Es hält ein Verfahren über eine derartige Genehmigung gegen und ohne den Antrag des Vormunds oder Vater zwar für prozessrechtlich zulässig – der Vormundschaftsrichter darf jedoch das Geschäft aus materiellrechtlichen Gründen nicht genehmigen. Ausschlaggebend war für das Kammergericht, dass die §§ 1828, 1829 BGB es ausdrücklich in das Ermessen des Vormunds stellen, von der erteilten Genehmigung Gebrauch zu machen oder nicht. Wenn er schon zum Ausdruck gebracht habe, dass er von einer noch nicht erteilten Genehmigung später keinen Gebrauch machen wolle, so dürfe die Genehmigung nicht erteilt werden. Die Erteilung der Genehmigung verletzt dagegen die Amtspflicht des Richters.[1324]

---

1321 H. M.; vgl. BGH, Urteil vom 25.1.1967, Az.: VIII ZR 173/64 = DNotZ 1967, 320 (zust. Schwab, in: MünchKomm, BGB, § 1828, Rn. 30): „Die Genehmigung wird auf Antrag des Vormunds oder auf sein Ersuchen hin von Amts wegen erteilt" und im Übrigen BayObLG, Beschluss vom 17.5.1976, Az.: BReg 1 Z 37/76 = FamRZ 1977, 141 ff., 144; KG, OLGZ 1976, 302 ff. (Fn. 14) ; KG, Beschluss vom 29.12.1919, Az.: 1a X 716/19 = KGJ 52, 43; Schmidt, FGG, Rn. 987; Diederichsen, in: Palandt, § 1828, Rn. 8; Pikart/Henn, FGG, S. 217. Anders aber Gernhuber, FamR, § 52, III 7, S. 795 f.; Soergel/Damrau, BGB, § 1828, Rn. 21.

1322 KG, Beschluss vom 29.12.1919, Az.: 1a X 716/19 = KGJ 52, 43.

1323 BGH, Urteil vom 04.10.1966, Az.: VI ZR 13/65 = DNotZ 1967, 320 ff (Fn. 15).

1324 Vgl. Kuntze, in: Keidel, FGG § 55, Rn. 5; Bumiller/Winkler, FGG, § 55 Rn. 2; Pikart/Henn, FGG, S. 217 und auch BGH, Urteil vom 04.10.1966, Az.: VI ZR 13/65 = DNotZ 1967, 320 ff (Fn. 15).

Entgegen dieser herrschenden Lehre ist es aber schon sinnwidrig, ohne einen Antrag des Vormundes oder der Eltern ein Verfahren über die Genehmigung zu beginnen – also Auskunftspersonen[1325] oder gar Zeugen zu hören, was Kosten auslöst, die zu Lasten des Vermögens des Mündels gehen. Es widerstreitet aber der Aufgabe des Verfahrens, das Vermögen des Mündels – das durch das Genehmigungsverfahren geschützt werden soll! – mit Kosten zu belasten, wenn es hierfür keinen Anlass gibt, etwa wenn die Inhaber der elterlichen Sorge sich noch nicht dazu entschieden haben, ein bestimmtes Rechtsgeschäft durchzuführen. So ist es verfehlt, wenn der Familienrichter ein Genehmigungsverfahren ohne einen derartigen Antrag auf Genehmigung einleitet und z. B. die Verwandten nach § 1847 BGB hört. Denn dadurch würden sie einen Anspruch auf Ersatz ihrer Auslagen erhalten. Auch wenn der Vormundschaftsrichter aufgrund dieser Ermittlungen zu der Auffassung kommen sollte, dass ein so oder so formulierter Vertrag im Interesse des Mündels liegt, so kann er dies doch nicht durch eine Genehmigung des Vertrags in einer Entscheidung zum Ausdruck bringen, da er den Entschluss des Vormunds, einen derartigen Vertrag durchzuführen, nicht ersetzen kann. 11

Daher ist *Pawlowski*[1326] zu folgen, der ausgeführt hat, es sei aus dem materiellen Recht auch die prozessualen Konsequenz zu ziehen und anzuerkennen, dass die Verfahren über die Erteilung einer vormundschaftsgerichtlichen Genehmigung zu den Antragsverfahren gehören. 12

## 2. Amtswegige Überprüfung der Vermögensorge durch das Familiengericht als Vormundschaftsgericht

Dagegen spricht auch nicht, dass es dem Familienrichter möglich sein muss, die Art der Vermögenssorge durch Eltern oder Vormund zu kontrollieren und einzugreifen, wenn eine ihm zweckwidrig erscheinende Art des Umgangs mit der Genehmigung eines aus Sicht des Familienrichters zweckmäßigen Geschäfts ihn zum Tätigwerden veranlasst. Denn Zweifel des Familienrichters an der Zweckmäßigkeit der Vermögenssorge durch Eltern oder Vormund sind nicht im Genehmigungsverfahren zu prüfen, dessen Einleitung es zum Schutz der Rechte des Minderjährigen nicht bedarf. Der Richter ist zu Ermittlungen wegen der Zweckmäßigkeit der Vermögenssorge schon aufgrund seiner allgemeinen Kontrollfunktion befugt, die zu dem allgemeinen Verfahren in Vormundschaftssachen zählen. Dies aber kann er aufgrund der Hinweise, die ihm in dem vom Kammergericht entschiedenen Fall durch die Anregung des Notars gegeben 13

1325 Vgl. die §§ 1826 BGB, 50a, 50b FGG.

1326 Pawlowski, in: Pawlowski/Smid, Freiwillige Gerichtsbarkeit, S. 48 ff.

worden sind, einleiten. Das Kammergericht hat sich daher mit Recht ausdrücklich auf § 1666 BGB berufen.[1327]

## III. Verfahrensrechtlicher Anspruch auf Herbeiführung einer Entscheidung

### 1. Antragsrechte in Amtsverfahren

14 Es fragt sich, ob in den klassischen nichtstreitigen Verfahren der freiwilligen Gerichtsbarkeit den Beteiligten immer dann auch ein Antragsrecht zuzubilligen ist, wenn sie gegen eine etwaige Entscheidung Beschwerde einlegen können, § 59 Abs. 1 FamFG.[1328] Ein derartiger Schluss wäre aber nicht richtig: So zeigt das Polizeirecht, dass es etwas anderes ist, ob man sich gegen eine ungünstige Verfügung beschweren (und damit eine zweite Entscheidung verlangen) kann oder ob man ein Recht auf den Erlass einer Verfügung (also auf eine erste Entscheidung) hat. Denn dort kann man z. B. als Betroffener immer gegen eine belastende (Polizei-) Verfügung angehen – einen Anspruch auf den Erlass einer bestimmten Verfügung hat man aber nur in seltenen Fällen. Denn grundsätzlich steht der Erlass einer Polizeiverfügung im Ermessen der Polizei[1329], was eine allgemeine Widerspruchsbefugnis ausschließt. Nicht anders verhält es sich in Verfahren auf dem Gebiet der nichtstreitigen freiwilligen Gerichtsbarkeit: Z. B. hat das Mündel im vormundschaftsgerichtlichen Verfahren vor dem Familiengericht kein Antrags-, wohl aber als ein in seinen Rechten gem. §§ 7 Abs. 2 Nr. 1, 59 FamFG Betroffener ein Beschwerderecht.

15 In der Tat ist weiter auszuholen, als es die vorliegenden Erläuterungen zum FamFG tun. Ob in einem Amtsverfahren der Richter aufgrund des Antrages einer zu beteiligenden Person die dienstliche Pflicht haben kann, zu entscheiden, lässt sich am ehesten beurteilen, wenn man betrachtet, wie die Rechtslage in Antragsverfahren ist. Dies ergibt folgendes Bild: Der Richter hat in den Antragsverfahren die Pflicht, *überhaupt* eine Entscheidung zu fällen. Wenn die Sache insgesamt entscheidungsreif ist, folgt dies für den Zivilprozess aus den §§ 300 f. ZPO. Diese Bestimmung ist als Ausdruck eines allgemeinen Rechtsgedankens

---

1327 KG, Beschluss vom 20.1.1976 - 1 W 1341/75 = OLGZ 1976, 302 ff., 303 f. (Fn. 14); vgl. auch Jansen, FGG, § 55 Rn 4; oder Schmidt, FGG, Rn. 987: Der Vormund kann entlassen werden.

1328 So z. B. Baur, FGG, § 12, III 1, S. 129, Fn. 8; Jansen, FGG, § 6, Rn. 5; Lindacher, JuS 1978, S. 577 ff.; vgl. dagegen aber Rn.94 f., 154 ff.

1329 Die Polizei braucht nur einzugreifen, wenn sie dies nach Abwägung der einschlägigen Rechtsgüter für opportun hält; vgl. nur Götz, Allgemeines Polizei- und Ordnungsrecht. 10. Aufl., 1991, § 14, Rn. 264 ff.

zu verstehen. So ordnen eine vergleichbare Entscheidungspflicht die §§ 17, 18, 19 GBO für das Grundbuchverfahren an. Bleibt der Richter dagegen in diesen Verfahren auf eine Klage oder einen Antrag hin untätig und fällt er keine Entscheidung, können Antragsteller und Gegner dies mit einer Dienstaufsichtsbeschwerde rügen (ob ihnen die Möglichkeit einer Untätigkeitsbeschwerde zu Gebote steht, kann hier dahingestellt bleiben). Auf solche Dienstaufsichtsbeschwerden hin kann der Dienstvorgesetzte den Richter anweisen, (überhaupt) zu entscheiden, was sich nicht als Eingriff in die richterliche Unabhängigkeit darstellt. Denn der Richter ist aufgrund des § 300 ZPO oder anderer gesetzlicher Regelungen dazu verpflichtet, überhaupt tätig zu werden und eine Entscheidung zu fällen. Ein rechtswidriger Eingriff in die richterliche Unabhängigkeit läge dagegen nur vor, wenn der Dienstvorgesetzte den Richter zu einer Entscheidung bestimmten Inhalts anweist würde.

Die Überlegungen zur Beteiligung lassen es geboten erscheinen, auch im Amtsverfahren in Vormundschaftssachen jedenfalls bestimmten Beteiligten ein Antragsrecht zuzubilligen. Ein derartiges Antragsrecht ist der Ausdruck eines prozessualen Anspruchs darauf, dass auf ihre Anregungen eine wie immer geartete Entscheidung (Verfügung) des Richters ergeht. 16

## 2. Keine „reinen" obrigkeitlichen Amtsverfahren

Wäre ein „reines" Amtsverfahren denkbar, dessen Einleitung allein und ausschließlich vom Richter abhinge, wäre dies anders. Dort gäbe es keinerlei Antragsrecht der Beteiligten. Der Richter übte in einem solchen „reinen" Amtsverfahren sein Amt hier gerade dadurch aus, indem er *allein* über die Einleitung des Verfahrens entschiede. 17

Unabhängig davon, ob ein in diesem Sinne „reines" Amtsverfahren einen Ort in der Wirklichkeit des geltenden Rechts hat, lässt sich folgendes sagen: Da die Amtsbefugnisse des Richters in einem Amtsverfahren im Unterschied zum Zivilprozess die Verfahrenseinleitung umfassen, darf der Dienstvorgesetzte in die Ausübung der Amtsbefugnisse grundsätzlich nicht mit Dienstaufsichtsmaßnahmen eingreifen. Soweit in einem gedachten reinen Amtsverfahren kein verfahrensrechtlicher Anspruch eines Beteiligten darauf besteht, dass überhaupt entschieden wird, liegt eine Dienstpflichtverletzung des Richters, der das Verfahren nicht einleitet und folglich nicht entscheidet, nicht vor. Da der Richter von Amts wegen allein dann zu entscheiden hat, wenn er eine Verfügung nach seinem Ermessen für erforderlich hält, wäre eine Dienstaufsichtsmaßnahme rechtswidrig, die rügt, dass er aus einer fehlerhaften Rechtsauffassung heraus nicht entscheide. Denn sie würde ersichtlich in die richterliche Unabhängigkeit eingreifen. 18

19 Nun kann man aber nichtstreitige Amtsverfahren keineswegs in einem derartigen Sinne als reine Amtsverfahren begreifen. Dies hat *Pawlowski*[1330] am Beispiel des Vormundschaftsverfahrens nachgewiesen. Würde man das Vormundschaftsverfahren vor dem Familienrichter als ein Verfahren verstehen, dessen Einleitung ausschließlich in der Befugnis des Familienrichter liegen würde, könnten die übrigen das Jugendamt und die Eltern als die an der Führung der Vormundschaft beteiligten Behörden und Personen den Richter nicht zu Entscheidungen veranlassen. Vielmehr müssten sie zuwarten, bis der Richter es für geboten erachtet, von Amts wegen einzugreifen. Erst dann wären sie befugt, seine Entscheidungen mit der Beschwerde anzugreifen. Im Übrigen könnten die Beteiligten nur darauf hoffen, dass der Richter wegen der Gefahr einer Amtshaftung auf ihre Anregungen hin eine beschwerdefähige Entscheidung erlässt, die sie dann vom Beschwerdegericht überprüfen lassen könnten.

20 Bereits der Prämisse aber, dass es sich beim Vormundschaftsverfahren vor dem Familiengericht um ein „reines" Amtsverfahren handle, dessen Eröffnung allein in der Befugnis des Familienrichters liege, ist daher die Zustimmung zu versagen, weil die Annahme eines derartigen Verfahrens dem geltenden Recht nicht angemessen wäre. Denn es hat sich bereits erwiesen, dass eine derartige Auslegung des geltenden Rechts den Aufgaben und Rollen der Verfahrensbeteiligten nicht entsprechen würde.

21 Es wäre nämlich unangemessen, dem Richter eine allein obrigkeitliche Haltung zuzuweisen, aufgrund derer er ausschließlich dann handeln würde, wenn dies nach seinem Ermessen geboten erschiene. Im Vormundschaftsverfahren haben sowohl die Eltern oder der Vormund, als auch das Jugendamt und der Vormundschaftsrichter im Hinblick auf den Minderjährigen eigene Erziehungsaufgaben zu erfüllen. Daraus folgt bereits, dass alle Personen, die in dieser Weise verfahrensrechtlich an der Erziehung beteiligt sind, jeweils auf Information durch die anderen „Erzieher" angewiesen sind. Daraus lässt sich zwanglos darauf schließen, dass der Vormundschaftsrichter von Rechts wegen verpflichtet ist, auf die Anregungen der übrigen Beteiligten einzugehen. Daher ist es nicht allein ein Zeichen von Courtoisie oder good will, wenn er muss zu ihren Anregungen Stellung nimmt. Vielmehr trifft das Gericht die Dienstpflicht gehörig, nämlich in Form einer Verfügung als der hier gebotenen Form der Entscheidung[1331] einzugehen.

22 Daraus ist zu schließen, dass der Richter auch in den Amtsverfahren in Vormundschaftssachen, wenn er es nach seinem Ermessen für notwendig hält Entscheidungen (Verfügungen) nicht ausschließlich von Amts wegen erlassen

1330 Pawlowski, in: Pawlowski/Smid, § 8 Rn. 289 ff.
1331 Pawlowski, in: Pawlowski/Smid, § 9 Rn. 310 ff.

muss. Vielmehr ist er dazu auch verpflichtet, wenn bestimmte Beteiligte den Erlass einer Entscheidung anregen. Amtsverfahren und Antragsverfahren unterscheiden sich nach alledem nicht dadurch, dass in den Amtsverfahren das Verfahren nur von Amts wegen eingeleitet wird, während dies in den Antragsverfahren nur auf Antrag geschieht. Die Unterscheidung ist vielmehr nach anderen Kriterien zu vollziehen. In den Amtsverfahren kann das Verfahren auch ohne Antrag eingeleitet werden. Es muss aber auf Antrag der materiell Beteiligten hin eingeleitet werden, während im Antragsverfahren das Verfahren nur auf Antrag eingeleitet werden kann und muss.

Allerdings muss der Familienrichter im Vormundschaftsverfahren z.B. er- 23
wägen, ob ihm die von einem Nachbarn, dem Insolvenzgericht oder dem Standesbeamten mitgeteilten Tatsachen Anlass zu weiteren Maßnahmen geben. Dabei kann es sich um weitere nach § 26 FamFG anzustellende Ermittlungen handeln, die von Amts wegen anzustellen sind und mit deren Durchführung er in diesen Fällen nach § 50 KJHG das Jugendamt beauftragen kann. Hält der Familienrichter derartige Maßnahmen aber angesichts der ihm vorliegenden Mitteilungen Dritter nicht für erforderlich, so kann er diese Mitteilung beiseitelegen, ohne irgendeine Entscheidung (Verfügung) zu treffen[1332].

### 3. Antragsbefugnis bei Beteiligung an der durch das Verfahren wahrzunehmenden Aufgabe: Materielle Beteiligung

Mit der Frage nach einer verfahrensrechtlichen Antragsbefugnis im nichtstreiti- 24
gen Amtsverfahren lässt sich auch die nach der Reichweite einer solchen Antragsbefugnis beantworten. Dritte wie der Nachbar, der Insolvenzrichter oder Standesbeamte sind nicht an der im Vormundschaftsverfahren abzuarbeitenden Aufgabe der Erziehung beteiligt. Sie haben weder die Pflicht noch ein Recht, für die Erziehung des Minderjährigen zu sorgen. Dagegen sind Eltern, Vormünder oder das Jugendamt von Gesetzes wegen zur Erziehung des Minderjährigen berechtigt und verpflichtet (§ 1626 Abs. 2 BGB, §§ 1, 42 ff., 79 KJHG, 1850 BGB).

Die materiell Beteiligten können im Amtsverfahren nur Verfahrensanträge 25
stellen, jedoch keine Sachanträge. Im Amtsverfahren führen die Anträge der materiell Beteiligten nach alledem ausschließlich dazu, dass der Familienrichter ein Verfahren einzuleiten, die Personen zu hören hat, deren Anhörung gesetzlich vorgeschrieben ist, und eine Entscheidung zu fällen hat. Daraus folgt, dass der Richter gegebenenfalls Ermittlungen anzustellen, Beweise zu erheben (§ 30 Abs. 1 FamFG) und eine beschwerdefähige Entscheidung (Verfügung) zu treffen hat, die er dann nach § 31 Abs. 4 FamFG denen gegenüber bekannt zu ma-

1332 Vgl. nur Bärmann, FGG, § 8 IV a, S. 68.

chen hat, „für welche sie ihrem Inhalt nach bestimmt ist“[1333] – heute heißt es, soweit dies zur Aufklärung des Sachverhalts erforderlich und zur Gewährung rechtlichen Gehörs geboten ist.

### 4. Keine Verwandlung eines Amts- in ein Antragsverfahren

26 Das Amtsverfahren wird durch den Antrag aber nicht etwa zu einem Antragsverfahren. Es hat sich nämlich gezeigt, dass der Antrag im Amtsverfahren keine notwendige Voraussetzung der Entscheidung ist: Seine Rücknahme beendet daher im Unterschied z.B. der Rücknahme des Antrags eines Ehegatten auf Ersetzung der Zustimmung des anderen Ehegatten zu einem Vertrag „über sein Vermögen im ganzen“ oder über „Gegenstände des ehelichen Haushalts“ (§§ 1365 Abs. 2, 1369 Abs. 2 BGB) das Verfahren nicht[1334] .

## IV. Anzeigepflicht von Behörden

27 In Amtsverfahren wird von Gesetzes wegen eine Anzeigepflicht all derjenigen Behörden, die im Verlauf ihrer Tätigkeit notwendig von entscheidungserheblichen Tatsachen und Umständen Kenntnis erlangen, statuiert. So hat der Familienrichter als Vormundschaftsgericht tätig zu werden und ein Vormundschaftsverfahren einzuleiten, wenn er z.B. davon aufgrund einer Anzeige des Jugendamtes Kenntnis davon erlangt, dass ein Minderjähriger verwaist ist. So wird gewährleistet, dass dem Familienrichter alle Fälle bekannt werden, in denen es angebracht erscheint, eine Vormundschaft oder Pflegschaft anzuordnen.

28 Anzeigepflichtig sind u. a.

- der Standesbeamte (§ 1310 BGB)[1335], der bei der Führung des Personenstandsregisters z. B. von dem Tod der Eltern eines minderjährigen Kindes (§ 1773 BGB) oder von der Geburt eines nichtehelichen Kindes (vgl. die §§ 1706, 1709 BGB) Kenntnis erhält. Er hat die Anzeige an das Vormundschaftsgericht über das Jugendamt zu leiten; vgl. § 57 KJHG und § 168 a FamFG.
- der Insolvenzrichter sowie der Strafrichter, wenn diese bei ihrer Amtstätigkeit entweder Tatbestände setzen oder von Tatbeständen Kenntnis erhalten[1336], die die Einleitung eines Vormundschaftsverfahrens durch das Familiengerichts erfordern (§ 151 Nr. 4 FamFG). So führt z. B. die Eröffnung des Insol-

1333 Wer das ist, ergibt sich z. T. aus der Entscheidung selbst, z. T. aus den verschiedenen gesetzlichen Bestimmungen §§ 51 ff. FGG, 1828 BGB u. a. m.; dazu im Übrigen Rn. 317 ff.

1334 Vgl. Lindacher, JuS 1978, S. 577 ff., 578.

1335 Brudermüller, in: Palandt, BGB, § 1310 Rn. 2.

1336 Vgl. zum Strafrichter ferner: Heilmann, in: MünchKomm, ZPO, § 151 FamFG, Rn. 45.

venzerfahrens über sein Vermögen zum Verlust der Vermögenssorge des Vormunds, § 1781 Nr. 3 BGB. So die Strafrichter z. B. bei Verfahren der Kindesmisshandlung, aber auch bei anderen schweren Straftaten – wenn auch der frühere § 1676 BGB aufgehoben ist, nach dem die elterliche Sorge bei einer Verurteilung wegen Verbrechens oder vorsätzlichen Vergehens gegen das Kind zu 6 Monaten endete.

- das Jugendamt, das bei seinen Kontrollen z. B. erfährt, dass ein schon bestellter Vormund gestorben ist (vgl. die §§ 50, 53 Abs. 3 KJHG)
- die Inhaber der elterlichen Sorge (§ 1909 Abs. 2 BGB), den Erben eines Vormunds (§ 1894 BGB).

## V. Die Anregung

### 1. „Anstoß", ein Verfahren durchzuführen

Gemeint ist denn auch etwas anderes. Auch in Amtsverfahren erfolgt die Einleitung des Verfahrens in aller Regel durch einen "Anstoß" von Außen, aber eben nicht durch einen Antrag eines Beteiligten, mit dem dieser eigene Ziele (die Herbeiführung bestimmter Folgen) verfolgt. Ein solcher, nicht als Antrag zu qualifizierender Anstoß kann darin bestehen, dass das Gericht aufgrund eines Zeitungsberichts über die Zustände in einem Heim oder einer ähnlichen Einrichtung Anlass sieht, von sich aus tätig zu werden. Im Übrigen werden Amtsverfahren auf "Anregungen" hin eingeleitet.[1337] Darunter kann man eine anonym bleibende Denunziation verstehen, aber auch eine wie auch immer geartete Mitteilung eines an der Durchführung eines Verfahrens Interessierten: 29

### 2. Anregungsrechte

*a) Anregung und fehlende Antragsbefugnis*

Wenn im Übrigen aber von einem "Anregungsrecht" ausgegangen wird[1338], das von § 24 Abs. 1 FamFG formuliert werden soll, geht dies an dem einfachen Umstand vorbei, dass § 24 Abs. 1 FamFG eine bloße Selbstverständlichkeit formuliert, dass sich jedermann an die Gerichte mit Anregungen wenden darf; spricht man dagegen von einem Antragsrecht ist damit gemeint, dass eine Person eine rechtliche Stellung einnimmt, aufgrund derer sie eine das Gericht zur Einleitung eines Verfahrens verpflichtende Verfahrenshandlung in Form des Antrages vorzunehmen rechtlich in der Lage ist. An den Antrag ist das Gericht gebunden[1339], 30

1337 Ulrici, in: MünchKomm, ZPO, § 23 FamFG Rn. 10.
1338 So die Überschrift vor Ulrici, in: MünchKomm, ZPO, § 24 FamFG Rn. 3.
1339 Ulrici, in: MünchKomm, ZPO, § 23 FamFG Rn. 14.

nicht hingegen an eine Anregung. Fehlt es dem Antragsteller im Antragsverfahren an der Antragsbefugnis, fehlt es an einer Sachentscheidungsvoraussetzung. Sein Antrag ist dann förmlich zu bescheiden, um ihm Rechtsmittel zu eröffnen, die durch die bloße Unterrichtung gem. § 24 Abs. 2 FamFG dem Anregenden nicht gewährt werden.[1340]

*b) Pflicht des Richters zur Entscheidung aufgrund einer Anregung*

31 Es fragt sich daher, ob sich die Pflicht des Richters, eine Entscheidung zu erlassen, in den klassischen nichtstreitigen Verfahren der freiwilligen Gerichtsbarkeit auf die Fälle beschränkt, in denen das Gesetz einem Beteiligten ein Antragsrecht zubilligt. Der Richter wäre dann nur verpflichtet, (ablehnende) Entscheidungen zu erlassen, wenn das Gesetz den übrigen Beteiligten ein Antragsrecht zuspricht. So ist der alleinerziehende Elternteil gem. §§ 1685, 1690 BGB oder das Jugendamt gem. § 87 Abs. 3 KJHG antragsbefugt.

*c) Verbescheidung des nicht antragsbefugten Antragsstellers*

32 Fraglich ist vor diesem Hintergrund aber, ob nicht auch in einem Amtsverfahren der - strukturell nicht antragsbefugte - Antragsteller ebenfalls formell zu bescheiden ist, wie insbesondere *Brehm*[1341] meint. Als Ausgangspunkt der Beantwortung dieser Frage wird angesehen, dass das Gericht außerhalb des Verfahrens keine Entscheidungen fällen könne - daher sei auch die Unterrichtung des Anregenden gem. § 24 Abs. 2 FamFG darüber, dass ein Verfahren nicht eingeleitet werde, keine - anfechtbare - Entscheidung, sondern eine formlose Verrichtung des Gerichts.[1342] dass das FamFG keine Untätigkeitsbeschwerde in Anlehnung nach § 75 VwGO vorsähe.[1343] Diese bereits zum FGG vertretene und bereits zum früheren Recht umstrittene Meinung ist allerdings durchaus nicht zwingend.

*d) Untätigkeitsbeschwerde*

33 Ob nach alledem eine Untätigkeitsbeschwerde statthaft ist, ergibt sich nicht allein aus dem Text des FamFG. Das folgt allein schon daraus, dass das bloße Postulat, der Antragsteller sei formell Verfahrensbeteiligter[1344] und daher formell zu bescheiden, dann nicht weiterhilft, wenn das Gericht sich auf den Standpunkt stellt, es greife allein § 24 Abs. 2 FamFG ein. Fehlt nämlich dem Antrag-

---

1340 Ulrici, in: MünchKomm, ZPO, § 23 FamFG Rn. 9.

1341 Brehm, Freiwillige Gerichtsbarkeit, § 7 Rn. 4

1342 So Ulrici, in: MünchKomm, ZPO, § 24 FamFG Rn. 10.

1343 Ulrici, in: MünchKomm, ZPO, FamFG, § 23 Rn. 9.

1344 Amtl. Begr. zum FamFG, BT-Drucks. 16/6308, S. 178. Die Literatur hat sich dem allerdings z. T. versagt: Heinemann, DNotZ 2009, 6, 8; Zimmermann, FamFG Rn. 73.

steller die Antragsbefugnis, ist sein „Antrag“ umzudeuten als Anregung, so dass er - wird sein rechtliches „Unterrichtungsinteresse“ bejaht - zu unterrichten ist. Ja, § 24 Abs. 2 FamFG liefe leer, würde in einem Amtsverfahren durch die Annahme der formellen Beteiligung des nicht Antragsbefugten aufgrund einer nicht statthaften Antragstellung dem Gericht ein förmliches Verfahren aufgezwungen: Es läge dann in der Hand des Stellers eines nicht statthaften Antrages, dem Gericht entgegen 24 Abs. 2 FamFG den Erlass eines förmlichen und damit rechtsmittelfähigen Beschlusses aufzuzwingen.

Die Vertreter der Gegenansicht berufen sich auf § 52 Abs. 1 FamFG, der bestimmt, dass das Gericht auf Antrag eines Beteiligten in einer vom Gericht zu bestimmenden Frist das Hauptsacheverfahren einzuleiten hat, wenn eine einstweilige Anordnung erlassen ist. § 52 Abs. 2 FamFG sieht vor, dass in Verfahren, die nur auf Antrag eingeleitet werden, das Gericht auf Antrag anzuordnen hat, dass der Beteiligte, der die einstweilige Anordnung erwirkt hat, binnen einer zu bestimmenden Frist Antrag auf Einleitung des Hauptsacheverfahrens oder Antrag auf Bewilligung von Verfahrenskostenhilfe für das Hauptsacheverfahren stellt. Wird dieser Anordnung nicht Folge geleistet, ist die einstweilige Anordnung aufzuheben. Weiter wird auf § 87 Abs. 1 S. 2 FamFG hingewiesen, der sagt, dass das Gericht in Verfahren von Amts wegen tätig wird, die von Amts wegen eingeleitet werden können. Es bestimmt die im Fall der Zuwiderhandlung vorzunehmenden Vollstreckungsmaßnahmen. Der Berechtigte kann die Vornahme von Vollstreckungshandlungen beantragen; entspricht das Gericht dem Antrag nicht, entscheidet es durch Beschluss. 34

## VI. Nichtstreitige Antragsverfahren am Beispiel des Erbscheinsverfahrens

### 1. Nebeneinander von Amts- und Antragsverfahren

Wie im Vormundschafts- oder im Grundbuchverfahren so gibt es auch im Erbscheinsverfahren nebeneinander Antrags- und Amtsverfahren. Angesichts der Rechte, um die es im Erbscheinsverfahren geht, liegt es auf der Hand, dass ein Erbschein nicht von Amts wegen erteilt wird, sondern nur auf den (Sach-)[1345] Antrag eines unmittelbar Beteiligten hin. Frei disponierbare Rechte werden nicht etwa von Amts wegen zugeteilt. *Unmittelbar* durch die Entscheidung über den Erbschein betroffen und daher an dem Verfahren beteiligt sind dabei zunächst 35

1345 Vgl. BGH, Beschluss vom 11.10.1961, Az.: V BLw 13/60 = FamRZ 1962, 18 ff.: Der Antrag auf Erteilung eines Erbscheins ist ein Sachantrag und nicht ein bloßer Verfahrensantrag.

die Erben[1346] oder ihre Vertreter[1347] sowie die dinglichen Erwerber eines Erbteils[1348] - nicht aber Vermächtnisnehmer oder Pflichtteilsberechtigte und auch nicht der Käufer einer Erbschaft, da auch ihn die Erteilung des Erbscheines nur *mittelbar* betrifft, weil ihm nur ein schuldrechtlicher Anspruch auf den Nachlass zusteht[1349].

## 2. Bestimmtheitsanforderungen an den Antrag

36 Im Erbscheinsverfahren hat der Antrag das beanspruchte Erbrecht genau anzugeben (§ 2354 ff. BGB) - nämlich nach Berufungsgrund[1350] (Testament oder gesetzliche Erbfolge)[1351], Erbquote (§ 2357 Abs. 2 BGB[1352]) und Art des Erbscheins.

37 So kann man folgende Arten des Erbscheins unterscheiden: Alleinerbschein (§ 2353 BGB 1. Fall),, gemeinschaftlicher Erbschein als Zeugnis über alle Erben und Erbteile (§ 2357 BGB), Teilerbschein (§ 2353 BGB 2. Fall), gemeinschaft-

---

1346 Alleinerben, Miterben, Vorerben, Erbeserben (auf den Namen des Erben), bei Eintritt des Nacherbfalls auch der Nacherbe; vgl. nur *Palandt-Edenhofer,* BGB, § 2353, Rn. 10 ff.; *Jauernig/Stürner,* BGB, § 2353, 3; Lange/*Kuchinke,* ErbR, § 41, II 3, S. 782; *H. Brox,* ErbR, Rn. 592.

1347 Nämlich einmal die gesetzlichen oder gewillkürten Vertreter des Erben (vgl. nur Lange/*Kuchinke,* ErbR, § 41, II 3, S. 782 f.) wie auch etwaige Testamentsvollstrecker, Nachlassverwalter oder Nachlassinsolvenzverwalter (Stau*dinger/Firsching,* BGB, § 2353, Rn 48 m.w. Nachw.). Dabei handelt es sich um »Parteien kraft Amtes« und nicht als Vertreter zu bezeichnen - was aber nicht ausschließt, dass man sie (auch) als Vertreter behandelt, was sie nach Vorstellung des Gesetzgebers waren; vgl. *Pawlowski,* AT, Rn. 688. Von daher ist es konsequent, daß man dem Nachlasspfleger kein Antragsrecht im Erbscheinsverfahren zubilligt (vgl. dazu nur *Palandt-Edenhofer,* BGB, § 2353, Rz 16 f. oder *W. Brehm,* FGG, § 27, III, S. 231), da dieser den Nachlass nicht für einen bestimmten Erben vertritt – wohl aber hat der Nachlasspfleger die Befugnis, das Nachlassinsolvenzverfahren zu beantragen, BGH, Beschluss vom 12.7.2007, Az.: IX ZB 82/04 = ZIP 2007, 1868.

1348 *W. Habscheid,* FGG, § 55 II, 2b; S. 429; *W. Brehm,* FGG, §27, III, S. 231; *B. Klüsener,* FGG, Rn. 327; Staudinger*lFirsching,* BGB, § 2553, Rn. 44.

1349 So zu Recht die h. L., weil weder die ablehnende noch die zusprechende Entscheidung *unmittelbar* in die Rechtsstellung des nur schuldrechtlich Berechtigten eingreift; vgl. *Lange-Kuchinke;* ErbR, § 41, II 3.

1350 BayObLG, Beschluss vom 25.1.1973, Az.: BReg 1 Z 83/72 = 1973, 28 ff.; OLG Frankfurt, Beschluss vom 18.10.1977, Az.: 20 W 804/77 = MDR 1978, 228; OLG Hamm, Beschluss vom 10.5.1968, Az.: 15 W 532/67 = NJW 1968, 1682; *W. Brehm,* FGG, § 27 II 1Palandt-*Edenbofer,* BGB, § 2353, Rn. 11.

1351 Die Angabe kann notwendig sein, wenn sie bei der Berufung auf verschiedene Bruchteile aus verschiedenen Gründen (§§ 1951, 2088 BGB) zur Bezeichnung des Umfangs des Erbrechts dient; vgl. BayObLGZ 1973, 28 ff (Fn. 44).

1352 J. Mayer, in: MünchKomm, BGB, § 2357 Rn. 6.

licher Teilerbschein, der das Erbrecht einiger, aber nicht aller Miterben bezeugt, Mindestteilerbschein als Zeugnis über einen Erbteil, der dem Erben auf jeden Fall anfällt (z. B. „zu mindestens ¼“), Erbschein für den Vor- bzw. Nacherben (§ 2363 BGB), Nascituruserbschein (vgl. § 1923 Abs. 2 BGB), Sammelerbschein, nämlich ein Erbschein, der mehrere Erbscheine in einer Urkunde bezeugt, der gegenständlich beschränkte Erbschein (§ 2369 BGB).

Die Rechtsprechung lässt aber beim Erbschein gewissermaßen unbezifferte Anträge zu, also Anträge, bei denen man aus Gründen der Zumutbarkeit auf einzelne Bestimmtheitsanforderungen verzichtet: Der Antragsteller braucht z. B. die genaue Erbquote nicht anzugeben, wenn sich dies aus tatsächlichen Gründen als unzumutbar darstellt , er kann auch seinen Antrag wahlweise auf Verfügung von Todes wegen oder auf gesetzliches Erbrecht stützen, wenn die Gültigkeit der letztwilligen Verfügung zweifelhaft ist und der Erbschein aus beiden Gründen zu erteilen wäre[1353]. Derartigen Zweifeln soll der Antragsteller schließlich auch dadurch Rechnung tragen können, dass er dem Hauptantrag einen Hilfsantrag beifügt, der nach diesem zu prüfen ist[1354]. 38

### 3. Bindung des Nachlassgerichts an den gestellten Antrag

Das Gericht darf keinen anderen als den beantragten Erbschein erteilen[1355] und 39
nicht etwa wie bei einer Klage dem Antragsteller, der einen Alleinerbschein beantragt hat, einen Erbschein »auf die Hälfte« etc. erteilen[1356]. Es kann den Antragsteller aber darauf hinweisen, welcher Antrag nach seiner Auffassung zulässig wäre und ihn so zu einer Änderung seines Antrages veranlassen[1357], die hier unbeschränkt zulässig ist.

### 4. Darlegungslast des Antragstellers und Ermittlungshilfeaufgabe des Nachlassgerichts

Der Antragsteller hat im Erbscheinsverfahren aber nicht nur einen bestimmten 40
Antrag zu stellen; ihn trifft vielmehr auch eine bestimmte Darlegungslast, nach

1353 RG, Beschluss vom 25.11.1937, Az.: IV B 34/37 = RGZ 156, 172 ff.; OLG Hamm, Beschluss vom 5.1.1967, Az.: 15 W 216/65 = OLGZ 1967, 71 ff.; BayObLG, Beschluss vom 28.11.1974, Az.: BReg. 1 Z 94/73 = BayObLGZ 1974, 460 ff, 464 ff.; BayObLG, Beschluss vom 25.1.1973, Az.: BReg 1 Z 83/72 = 1973, 29 ff.; OLG Frankfurt, Beschluss vom 18.10.1977, Az.: 20 W 804/77 = MDR 1978, 228.

1354 H. L. seit RGZ 156, S. 172 ff (Fn. 47).

1355 Vgl. RGZ 156, S. 172 ff. (Fn. 47); BGH, Beschluss vom 11.10.1961, Az.: V BLw13/60 = FamRZ 1962, S. 18 ff.; OLG Hamm OLGZ 1967, S. 71 ff. (Fn. 47); NJW 1968, 1682 (Fn. 44); BayObLGZ 1973, 28 ff (Fn. 44).

1356 OLG Hamm NJW 1968, 1682 (Fn. 44).

1357 *B. Klüsener,* FGG, Rn 324; *Jauernig/Stürner,* BGB, § 2353, 3b

der er dem Antrag eine Reihe von Angaben beizufügen hat (§§ 2354 f. BGB). § 2356 BGB, der dem Antragsteller eine formelle Beweisführungspflicht auferlegt, verlangt von ihm schließlich eine bestimmte Ermittlungshilfe. Die eigene Ermittlungstätigkeit des Nachlassgerichts regelt dann § 2358 BGB.

41 Hierin liegt eine Unterschied zum Grundbuchverfahren - in dem es auch um die Gewährleistung von Verkehrsschutz geht -, dann wird deutlich, dass sich das Verhältnis von amtlicher Aufklärung und privatautonomer Verantwortlichkeit nach diesen Bestimmungen anders darstellt als dort: Im Grundbuchverfahren erschöpft sich die amtliche Aufklärung auf die Verhinderung von Eintragungen, die das Grundbuch unrichtig machen, sie ergeben sich damit direkt aus der eigenen Aufgabe des Grundbuchamts, während im Erbscheinsverfahren die §§ 2354 ff. BGB die Pflichten des Antragstellers begrenzen und im übrigen dem Nachlassgericht eigene Aufgaben bei der Ermittlung der Erbfolge zuweisen. Das Nachlassgericht hat also nicht nur zu ermitteln, soweit es um die Gewährleistung des Verkehrsschutzes geht; es hat vielmehr auch die Aufgabe, den Antragsteller bei der Ermittlung der Erbfolge zu unterstützen. Das macht verständlich, dass diese Ermittlungsaufgaben § 82a GBO teilweise verstärkt werden.

42 Zunächst hat das Nachlassgericht aber zu prüfen, ob der Antragsteller die ihm obliegenden Pflichten erfüllt hat - ob also der Antrag den Anforderungen genügt und ob die dazu abgegebenen Erklärungen sowie die beigefügten Beweismittel den Anforderungen entsprechen. Ist dies nicht der Fall, so ist der Antrag unzulässig[1358]. Dies wird aber das Nachlassgericht nur dann dazu veranlassen, den Antrag sofort abzuweisen, wenn es davon ausgehen muss, dass der Antragsteller die Mängel des Antrages nicht beheben können wird[1359].

43 Im Übrigen trifft das Nachlassgericht die Aufgabe, von Amts wegen „dahin zu wirken, dass die Parteien ... die sachdienlichen Anträge stellen“, wie es § 139 ZPO (eingehend hierzu unten § 22 Rn. 4 ff.) ausdrückt, der insofern einen allgemeinen Rechtsgedanken enthält. Der Nachlassrichter hat daher wie das Grundbuchamt im Grundbuchverfahren den Antragsteller im Wege einer Zwischenverfügung zur Behebung der Mängel aufzufordern.[1360] Dabei hat des den Antragsteller darauf hinzuweisen, auf welchem Wege die Mängel behoben werden sollen sowie darauf, wie in diesem Falle ein zulässiger Antrag lauten könne und ihm anheimstellen, seinen Antrag zu ändern.

---

1358 *W. Brehm,* FGG, § 27, VI 1.

1359 BGH, Beschluss vom 18.4.1956, Az.: IV ZB 18/56 = BGHZ 20, 255, 258; OLG Hamm, Beschluss vom 29.8.1969, Az.: 15 W 304/69 = OLGZ 1970, 117 ff.

1360 Zimmermann, in: Keidel, FamFG, § 352 Rn 134.

# § 16 Klage und Antrag

## I. Die Klage und die Begründung des Prozessrechtsverhältnisses

### 1. Bindung des Gerichts an den (Klage-)Antrag im Zivilprozess

Löst die im vorangegangenen Paragraphen behandelte „Anregung" das amtswegige Tätigwerden des Gerichts in nichtstreitigen Verfahren aus, liegt auf der Hand, dass diese Anregung nicht allein formfrei ist, sondern einen weithin beliebigen Inhalt haben kann - sofern dieser nur geeignet ist, dem Gericht die Notwendigkeit eines Einschreitens deutlich zu machen. 1

In prozessualen Erkenntnisverfahren, sei es nach der ZPO, sei es nach dem FamFG, verhält es sich mit dem das Verfahren einleitenden Antrag grundlegend anders. Dies wird nicht ganz deutlich, wenn man den Wortlaut des § 23 Abs. 1 FamFG liest, der allein die Begründungspflicht des Antrags vorschreibt und das die zur Begründung dienenden Tatsachen und Beweismittel angegeben sowie die Personen benannt werden sollen, die als Beteiligte in Betracht kommen. Aber auch die Vorschrift des § 253 Abs. 2 ZPO geht scheinbar darüber nicht wesentlich hinaus, wenn sie anordnet, dass die Klageschrift die Bezeichnung der Parteien und des Gerichts und die bestimmte Angabe des Gegenstandes *und* des Grundes des erhobenen Anspruchs enthalten muss. § 253 Abs. 2 Nr. 2 ZPO schreibt freilich zudem vor, dass der Antrag, mit dem die Klage erhoben wird, "bestimmt" zu sein hat. 2

Der Antrag ist in streitigen Verfahren deshalb von wesentlicher Bedeutung, weil des Gericht nicht befugt ist, den Parteien etwas zuzusprechen, was sie nicht beantragt haben, § 308 Abs. 1 S. 1 ZPO.[1361] Diese „negative" Formulierung bringt die Bindung des Gerichts an die Anträge der Parteien zum Ausdruck. Der Antrag bildet m.a.W. den Rahmen, innerhalb dessen das Gericht seine Entscheidung fällen darf und muss.[1362] 3

Allerdings: In Ergänzung des sozialen Schutzes des Mieters durch das materielle Mietrecht ordnet § 308a ZPO an, dass der Richter von Amts wegen – also ohne einen entsprechenden Antrag – im Urteil die Dauer und Bedingungen einer Fortsetzung des Mietverhältnisses zu regeln hat.[1363] 4

---

1361 Musielak, in: Münch/Komm, ZPO, § 308 Rn. 1.

1362 Vgl. auch Rosenberg/Schwab/Prütting § 132 Rn. 6 ff.

1363 Hergenröder, Rechtsfortbildung, 1995, S. 263.

## 2. Der „unbezifferte" Klagantrag

### *a) Gesetzeswortlaut bürgerlich rechtlicher Vorschriften als Ansatzpunkt für „unbezifferte" Klageanträge*

5 Besondere Probleme wirft der sog. unbestimmte bzw. unbezifferte Klagantrags im Zivilprozess auf: In einer Reihe von Fällen braucht der Kläger nicht wie sonst die Zahlung einer nach Euro und Cent bestimmten Summe zu beantragen. Er kann vielmehr die Höhe der Summe „dem Ermessen des Gerichts" überlassen. Dies ist namentlich der Fall bei Klagen auf Herabsetzung einer „unangemessen hohen" Vertragsstrafe (§ 343 BGB) oder bei Schadensersatzklagen, in denen über die Höhe des zu leistenden Schadenersatzes das Gericht nach § 287 ZPO „unter Würdigung aller Umstände nach freier Überzeugung" zu entscheiden hat (zur richterliche Schadensschätzung hier § 26 Rn. 17 ff.)[1364]. Entgegen der früher vertretenen Auffassung, der Klagantrag sei mit dem Hinweis auf das „Ermessen des Gerichts" genügend bestimmt ist heute unstreitig, dass ein derartiger Hinweis für sich genommen nicht ausreicht, um einen bestimmten Antrag i.S.v. 253 ZPO zu stellen. Auch in diesen Fällen ist ein *unbestimmter* Antrag nicht zulässig. Daher muss der Kläger vielmehr nicht nur gegenüber dem Richter (§ 308 ZPO), sondern auch gegenüber dem Beklagten[1365] klarstellen, wieviel er verlangt - z. B. der Größenordnung nach. Der Beklagte muss den geltend gemachten Anspruch »anerkennen« können - wozu er dessen Höhe kennen muss. Denn es ist davon auszugehen, dass der Beklagte sich auch gegen eine Klage auf 1000 Euro anders verteidigen als gegen eine Klage auf 10.000 oder gar 100.000 Euro. Das Gebot, die Klage zu „beziffern", folgt daher aus dem der Waffengleichheit der Parteien. Ergeht auf die Klage hin ein Grundurteil, so muss erkennbar sein, in welcher Höhe die Entscheidung im Betragsverfahren gebunden ist.

### *b) Die Aufnahme der Herausgabeklage des Sicherungseigentümers in dem über das Vermögen des Sicherungsgebers eröffneten Insolvenzverfahren*

6 Gegenüber den soeben dargestellten Fällen stellt die auf Herausgabe gerichtete Leistungsklage des Sicherungseigentümers in dem über das Vermögen des Sicherungsgebers und Schuldners eröffneten Insolvenzverfahren einen besonderen Fall dar, der auf die Notwendigkeit hinausläuft, dem klagenden Sicherungsnehmer die Umstellung seines ursprünglich auf Herausgabe des Sicherungsgutes gerichteten Klageantrags auf einen unbezifferten Zahlungsantrag umzustellen. Diese Herausgabeklage ist nämlich nicht etwa deshalb ausgeschlossen, weil das Sicherungseigentum im Wege der Anmeldung (§ 174 InsO) geltend zu machen

---

1364 Vgl. *P. Arens,* ZZP 88, S. 1 ff.; *BL/Hartmann,* ZPO, § 287, 30 ff.

1365 *Pawlowski,* NJW 1961, 341 ff, 343; *ders.,* ZZP 82, 131 ff.

und im Streitfall mit der Insolvenzfeststellungsklage gem. § 179 InsO zu verfolgen wäre; dies ist nicht der Fall.[1366] Jedenfalls wegen der §§ 179 ff. InsO ist daher der Sicherungseigentümer nicht daran gehindert, eine gegen den Schuldner erhobene Herausgabeklage gegen den Insolvenzverwalter aufzunehmen oder den Insolvenzverwalter auf Herausgabe des Sicherungsgutes zu verklagen; seine Klage wäre daher zulässig. Auch das Verwertungsrecht des Insolvenzverwalters steht dieser Klage nicht entgegen.[1367]

Hieran können Zweifel nur dann auftreten, wenn man nach dem Rechts- 7
schutzbedürfnis des Sicherungseigentümers fragt, seine Herausgabeklage nach Eröffnung des Insolvenzverfahrens über das Vermögen des Sicherungsgebers weiter zu verfolgen. Das Rechtsschutzbedürfnis des Herausgabeklägers wäre aber nur dann zu verneinen, wenn er des begehrten Rechtsschutzes nicht bedürfte oder den erstrebten Erfolg auf anderem Wege erreichen könnte.[1368] Während dies der – unzulässigen – Leistungsklage des Insolvenzgläubigers entgegengehalten werden könnte, greift dieser Einwand nicht gegenüber einer Herausgabeklage des Sicherungseigentümers gegen den Insolvenzverwalter. Denn ob der Kläger vom Insolvenzverwalter die Herausgabe einer Sache verlangen kann, hängt von zum Teil komplizierten materiellrechtlichen Fragen ab wie der Qualifikation der vertraglichen Beziehungen zwischen Schuldner und Kläger, dem Schicksal gelieferter Sachen oder der Behandlung der als Absonderungsgut zu qualifizierenden Sache durch den Insolvenzverwalter (§ 168 Abs. 3 InsO); es wäre verfehlt, dem Sicherungseigentümer den Rechtsweg dadurch zu verkürzen, dass diese mannigfaltigen Probleme unter der Überschrift des Rechtsschutzbedürfnisses „erledigt" würden.[1369]

Damit ist aber allein die *Zulässigkeit* einer Herausgabeklage des Siche- 8
rungseigentümers erörtert; offen bleibt, welche Wirkungen die Eröffnung des Insolvenzverfahrens über das Vermögen des Sicherungsgebers im allgemeinen wegen der Begründetheit einer solchen Klage zeitigt.[1370] Mit der gesetzlichen Anordnung einer Verwertungsbefugnis des Insolvenzverwalters durch § 166 Abs. 1 InsO hat sich diese Lage verändert.[1371]

1366 Smid, Kreditsicherheiten in der Insolvenz, 2. Aufl. 2008, § 16 Rn. 33.
1367 Anders Lüke, in: Kübler/Prütting, InsO, § 86 Rn. 5.
1368 Vgl. Lüke, in: MünchKomm-ZPO, 2. Aufl. 2000, Vor § 253 Rn. 10.
1369 Smid (Fn. 1366) Rn. 34.
1370 Smid (Fn. 1366) Rn. 35.
1371 Smid (Fn. 1366) Rn. 36.

9 Denn die Herausgabeklage steht in Bezug auf materielle Ansprüche und ihnen korrespondierende Einreden und Einwendungen[1372]. Sie stellen deren „Wirklichkeitsform“ dar[1373]. Aber auch der Übergang der Prozessführungsbefugnis *für die Masse* auf den Insolvenzverwalter hindert den Sicherungsnehmer nicht daran, eine Herausgabeklage gegen den Schuldner als mittelbaren Besitzer[1374] des Sicherungsgutes zu erheben.[1375] Wird der Schuldner als mittelbarer Besitzer zur Herausgabe des Sicherungsgutes verurteilt, hat der Insolvenzverwalter nach Beendigung des durch Eröffnung des Insolvenzverfahrens begründeten Besitzmittlungsverhältnisses das Sicherungsgut an den Vindikationskläger herauszugeben[1376] – wenn der Insolvenzverwalter das Sicherungsgut nicht zwischenzeitlich verwertet hat.[1377] Eine Herausgabeklage des Sicherungseigentümers gegen den Insolvenzverwalter hat daher keine Aussicht auf Erfolg.[1378] Dies ist ein Teil der dem Rechtsinstitut des Sicherungseigentums innewohnenden Schranken und keine bloße, einen dinglichen Herausgabeanspruch des Sicherungseigentümers hemmende Einwendung nach § 986 BGB.[1379]

10 In Teilen des Schrifttums wird angedeutet, ein auf Herausgabe des Sicherungsgutes gerichteter Leistungsantrag sei auf einen Feststellungsantrag umzustellen[1380]; das Prozessgericht habe gegebenenfalls einen entsprechenden Hinweis nach § 139 ZPO[1381] zu geben.[1382] Dem Sicherungseigentümer steht aufgrund seines Anspruchs auf Auskehr des Erlöses nach Maßgabe der §§ 170, 171 InsO gegen die Masse (gegen den Insolvenzverwalter) eine Leistungsklage zu.

---

1372 Henckel, Prozessrecht und materielles Recht, 1970, S. 215 ff.; Rimmelspacher, Materiellrechtliche Anspruch und Streitgegenstandsprobleme im Zivilprozess, 1970, S. 170 ff.

1373 Binder, Prozess und Recht, 1927.

1374 Zum mittelbaren Besitz des Schuldners an der vom Insolvenzverwalter in Besitz ergriffenen Gegenstände der Masse (zu denen die vom Verwertungsrecht nach § 166 Abs. 1 InsO erfassten Sicherungsgegenstände zählen) vgl. Holzer, in: Kübler/Prütting, InsO, § 148 Rn. 8.

1375 BGH v. 29. 10. 1969 - VIII ZR 202/67 - BGHZ 53, 29, 31; Gursky, in: Staudinger, BGB, § 985 Rn. 53; Medicus, in: MünchKomm-BGB, 4. Aufl. 2004, § 985 Rn. 11; Schwab/Prütting, Sachenrecht, 24. Aufl. 1993, § 47 III 3.

1376 Vgl. den Fall LG Bonn, Urteil vom 16.10.1967, Az.: 9 O 175/67, FamRZ 1967, 678, 679; anders OLG Hamburg, Urteil vom 19.04.1974, Az.: 14 U 129/73 = MDR 1974, 754 (Abtretung des Herausgabeanspruchs).

1377 Smid (Fn. 1366) Rn. 42.

1378 H.L.: Wittkowski, in: Nerlich/Römermann, InsO, § 86 Rn. 7 aE; widersprüchlich Eickmann, in: Kreft, InsO, § 86, Rn. 4 a.E. und Rn. 8.

1379 Smid (Fn. 1366) Rn. 55.

1380 Wittkowski, in: Nerlich/Römermann, InsO, § 86 Rn. 7 a.E.; Eickmann, in: Kreft, InsO, § 86 Rn. 8.

1381 Smid, in: Wiezcorek/Schütze, ZPO, § 139 Rn. 145 ff.

1382 Smid (Fn. 1366) Rn. 56.

Für eine (allgemeine) Feststellungsklage des Sicherungsnehmers wird demgegenüber regelmäßig ein Feststellungsinteresse nach § 256 Abs. 1 ZPO nicht bestehen; ein Antrag des Sicherungseigentümers auf Feststellung seines besitzlosen Mobiliarpfandrechts gegenüber dem Insolvenzverwalter wäre daher unzulässig. Der prozessuale Antrag des Sicherungsnehmers hat sich an seinem materiellen Anspruch zu orientieren. Bereits vorkonkurslich hätte bei Eintritt des Sicherungsfalles der Sicherungsnehmer einen Anspruch auf Herausgabe des Sicherungsgutes zum Zweck der Verwertung, was regelmäßig eine Selbstübernahme zu eigener Nutzung bereits nach der üblichen Sicherungsabrede ausschließt: Nach den Sicherungsabreden – die den Inhalt des Sicherungseigentums konstituieren – ist der Sicherungseigentümer anders als der „Volleigentümer" durchaus nicht berechtigt, die Sachen nach Belieben (§ 903 BGB) zu gebrauchen, zu derelinquieren o.dgl.m. Das ist evident; der Sicherungseigentümer kann die Herausgabe nur zur Verwertung betreiben.[1383] Da dieser Anspruch auf Herausgabe zur Verwertung im eröffneten Insolvenzverfahren zu einem Anspruch auf bevorrechtigte Befriedigung vorab nach Maßgabe der §§ 170, 171 Abs. 1 InsO konkretisiert ist – hat der Anspruchsberechtigte seine vorkonkurslich erhobenen Herausgabeklage auf einen entsprechenden *Leistungsantrag* umzustellen. Der Leistungsantrag muss dabei nicht beziffert werden, § 253 Abs. 2 Nr. 2 ZPO.[1384]

Ein unbezifferter Klageantrag ist in diesen Fällen zulässig, weil er den be- 11
klagten Insolvenzverwalter nicht belastet – die Waffengleichheit der Parteien im Prozess nicht verletzt. Denn der Insolvenzverwalter kann aufgrund seiner Amtsstellung die Reichweite der Zahlungsverurteilung absehen.

### 3. Klage als ultima ratio

Soweit die Beteiligten eines gerichtlichen Verfahrens über das zur Entscheidung 12
stehende Recht disponieren können, tritt die Entscheidungsbefugnis eines Gerichts nur unter der Voraussetzung an die Stelle der Rechtsmacht der Parteien, das zwischen ihnen geltende Recht vergleichsweise zu klären (§ 779 BGB), wenn eine Partei die Voraussetzungen eines Vergleichs nicht für gegeben erachtet – weil weder der Gegner noch sie selbst zu einem „Nachgeben" bereit ist. In einer derartigen Lage ist davon die Rede, das zwischen ihnen geltende Recht sei zwischen den Parteien streitig. Ob die Rechtsungewissheit, auf der dieser Streit beruht, von den Parteien als so unerträglich wahrgenommen wird, dass sie einen Dritten – das Gericht – einschalten, um Klärung herbeizuführen, ist eine quaestio facti. Da es aber jedenfalls um das Recht der Parteien geht, nimmt „die

1383 Smid (Fn. 1366) Rn. 41.
1384 Smid (Fn. 1366) Rn. 59.

Rechtsordnung" diese Ungewissheit hin. Das hinter dem Streit der Parteien stehende „bürgerliche Unrecht"[1385] berührt den Staat nicht, solange nicht übergeordnete Ordnungsprinzipien berührt werden, wie sie strafrechtliche Normen erfassen. Und auch in derartigen Fällen bleibt die „Verfolgung" bürgerlichen Unrechts außerhalb der Belange des Staates – die zivilrechtlichen Ansprüche im Gefolge von Straftaten werden nicht von einer staatlichen Behörde verfolgt. Der Streit über die in der bürgerlichen Gesellschaft getroffenen Abreden wird nach alledem nur unter der Voraussetzung zum Gegenstand gerichtlicher Verfahren, dass eine der Parteien einen Prozess einleitet – eine Klage einreicht.

## II. Die Klageschrift

### 1. Funktion der Regelungen über die Anforderungen an die Klageschrift

13 Mit der Klage führt der Kläger eine Reihe von Wirkungen herbei. Das Gericht wird tätig – sein verfassungsrechtlicher Justizgewährungsanspruch im Verhältnis zum Staat wird erfüllt. Kommt das Gericht zum Schluss, dass die Klage den gesetzlichen Anforderungen (in den folgenden Rn. 8 ff.) genügt, also die Prozessvoraussetzungen gegeben sind, kann in der Sache entschieden werden.

14 Die Vorschriften über den Aufbau und den Inhalt der Klageschrift betreffen keine bloße Förmlichkeit, sondern sagen etwas über die Funktionsweise des Zivilprozesses aus. Nach § 253 Abs. 2 Nr. 1 ZPO muss der Kläger einen Antrag stellen, d.h. die Rechtsfolge bezeichnen, die aus den gem. § 130 Nr. 3 ZPO vorzutragenden Tatsachen, die den Antrag tragen sollen, entsteht, sowie den vom Kläger mitzuteilenden tatsächlichen Erklärungen, die der Beklagte ihm gegenüber gemacht hat, § 130 Nr. 4 ZPO. *Hergenröder*[1386] zeigt eindrucksvoll, dass der Kläger nach § 130 Nr. 3 und 4 ZPO den subsumtionsfähigen Untersatz, mit seinem bestimmten Antrag den Obersatz dem Gericht vorzutragen hat. Dafür spricht § 136 Abs. 3 ZPO - der Vorsitzende hat dafür Sorge zu tragen, dass die Parteien die Sache erschöpfend erörtern, wobei sie neben den tatsächliche auch die rechtlichen Fragen der Sache vorzutragen haben, § 137 Abs. 2, Halbs. 2 ZPO.[1387]

---

1385 So der treffende Ausdruck Hegels, Grundlinien der Philosophie des Rechts, 1820, § 83.

*1386* Hergenröder, Richterliche Rechtsfortbildung, S. 127 f.

1387 Mit anderer Gewichtung auf eine richterliche Dominanz: Hergenröder, Richterliche Rechtsfortbildung, 1995, S. 128.

### 2. Bestimmtheit des Gegners: Keine Klage gegen den, den es angeht

Diese Klage kann sich naturgemäß nicht gegen eine unbestimmte Zahl von Personen oder gar an die Allgemeinheit richten, wie folgendes Beispiel des Hamburger Hafenstraßenfalles deutlich macht: 15

16 Fall: Der Eigentümer E begehrt Räumung (§§ 862, 823 Abs. 1 i. V. m. 1004, 985 BGB) seines von vermummten Globalisierungsgegnern besetzten Hauses, deren Identität er nicht kennt, wohl aber deren Aufenthalt. Gegen „Unbekannt" mag er mit der Folge Strafanzeige erstatten, dass die Strafverfolgungsorgane Ermittlungen anstellen und dabei die Identität der Hausfriedensbrecher feststellen – was eine zivilrechtliche Klage ermöglichen kann.

17 Die Klage muss sich daher, wie sich bereits oben gezeigt hat, gegen einen Beklagten als bestimmte Person richten, deren Identität nach Namen unverwechselbar und nach ihrem Wohnsitz in einer Weise bestimmt ist, dass die Klageschrift ihr zugestellt werden kann, vgl. § 253 Abs. 2 Nr. 1 ZPO[1388] - wobei Räumungsklagen „gegen Unbekannt" u.U. als zulässig angesehen werden.[1389] Dabei ist die Parteibezeichnung auszulegen, wobei der gesamte Inhalt der Klageschrift unter Einschluss der ihr beigefügten Anlagen zu berücksichtigen ist (vgl den Beispielsfall oben § 10 Rn. 3 ff.).[1390]

Wird irrtümlich eine am materiellen Rechtsverhältnis nicht beteiligte Person verklagt, kann dieser „Scheinbeklagte" beantragen, dass er durch gerichtliche Entscheidung aus dem Rechtsstreit entlassen wird. Dem Kläger sind dann die Kosten des Scheinbeklagten aufzuerlegen, wenn er die falsche Zustellung veranlasst hat.[1391] 18

## III. Bestimmtheit des Klageantrags

### 1. Bestimmte Angabe des Gegenstandes des Rechtsstreits in der Klageschrift

Nach § 253 Abs. Nr. 2 ZPO muss die Klageschrift nach den eingangs (Rn. 1 ff.) angestellten Erwägungen neben der bestimmten Angabe des Gegenstands und des Grundes des erhobenen Anspruchs auch einen bestimmten Antrag enthalten. Dadurch soll erreicht werden, dass der Streitgegenstand abgegrenzt und zugleich eine Voraussetzung für die etwa erforderlich werdende Zwangsvollstreckung 19

1388 Greger, in: Zöller, ZPO, § 253 Rn. 8.

1389 OLG Oldenburg, Beschluss vom 24.2.1995, Az.: 5 W 24/95 = NJW-RR 1995, 1164; *Raeschke-Kessler* NJW 1981, 663.

1390 BGH, Urteil vom 27. 11. 2007, Az.: X ZR 144/06 0 NJW-RR 2008, 582.

1391 BGH NJW- RR 2008, 582 (Fn. 1390).

geschaffen wird.[1392] Daran gemessen ist ein Klageantrag grundsätzlich hinreichend bestimmt, wenn er den erhobenen Anspruch konkret bezeichnet, dadurch den Rahmen der gerichtlichen Entscheidungsbefugnis (§ 308 ZPO) absteckt, Inhalt und Umfang der materiellen Rechtskraft der begehrten Entscheidung (§ 322 ZPO) erkennen lässt, das Risiko eines Unterliegens des Klägers nicht durch vermeidbare Ungenauigkeit auf den Beklagten abwälzt und schließlich eine Zwangsvollstreckung aus dem Urteil ohne eine Fortsetzung des Streits im Vollstreckungsverfahren erwarten lässt.[1393/1394]

20 Mittlerweile sieht § 206 Abs. 1 Nr. 1 FamFG ausdrücklich vor, dass das Gericht die Bestimmtheitsanforderungen, die § 253 Abs. 2 Nr. 2 ZPO für die Klage im Leistungsprozess formuliert, dem Antragsteller im Hausratsteilungsverfahren dadurch auferlegen kann, dass es bestimmt, dass der Antragsteller den Gegenstand, dessen Zuteilung er begehrt, bestimmt anzugeben hat.[1395] Bemerkenswert ist freilich, dass dies nicht zwingend der Fall sein muss.

## 2. Unselbständige Rechnungsposten eines einheitlichen Streitgegenstandes

21 Hat das Gericht über einen einheitlichen Streitgegenstand zu erkennen, der aus unselbständigen Rechenposten gebildet wird, soll es der Höhe nach diese Positionen verschieben können.[1396] Daraus folgt, dass das Gericht im Schadenersatzprozess verschiedene Berechnungsgrundlagen gegeneinander austauschen kann.[1397]

## 3. Problem der Teilklagen[1398]

### *a) Judikatur des BGH*

22 Unter Teilklagen versteht man solche Klagen, die auf einen Teilbetrag einer Forderung gerichtet sind. Die Judikatur[1399] hält solche Teilklagen grundsätzlich für zulässig. Denn sie können im Interesse beider Parteien liegen, weil durch den

---

1392 Jüngst BGH, Urteil vom 09.01.2013, Az.: VIII ZR 94/12 = BeckRS 2013, 02368.

1393 BGH, Urteil vom 17.12.1998, Az.: IX ZR 1-98 = NJW 1999, 954; BGH, Urteil vom 11.10.1990, Az.: I ZR 35/89 = NJW 1991, 1114; Zöller/Greger, ZPO, 20. Aufl., § 253 Rdnr. 13.

1394 BGH NJW 1999, 954 (Fn. 33).

1395 Amtl. Begr. zu § 206 FGG-RG, BT-Drucks. 16/6308, S. 250.

1396 BGH, Urteil vom 16.11.1989, Az.: I ZR 15/88 = MDR 1990, 698.

1397 BGH, Urteil vom 22.11.1990, Az.: IX ZR 73/90 = WM 1991, 609.

1398 Vgl. zu den Rechtskraftfragen Friedrich, Probleme der Teilklage, Diss. Köln 1995, 11 ff.

1399 Z.B. OLG Frankfurt a.M., Beschluss vom 08.08.2005, Az.: 6 W 107/05.

niedrigeren Klagebetrag Gerichts- und Anwaltskosten niedriger gering gehalten werden können. Für einen über den weiteren Betrag zu führenden Rechtsstreit erhalten die Parteien einen Anhaltspunkt, wie das Gericht die Angelegenheit bewertet. Die prozessuale Rechtsstellung des Beklagten wird im übrigen schon deshalb nicht verschlechtert, weil er eine negative Feststellungswiderklage erheben und damit sofort die ganze Forderung zum Gegenstand des Verfahrens machen kann. Nichts anderes gilt im Allgemeinen für den Kläger: Ergibt sich im Laufe des Prozesses ein für den Kläger positives Zwischenergebnis, kann die Klage nach § 264 Nr. 2 ZPO erweitert werden. Eine solche Klageerhöhung bedarf keiner Zustimmung des Beklagten nach § 263 ZPO. Das Gericht kann sie nicht als nicht sachdienlich nach § 267 ZPO zurückweisen, wenn der zugrunde liegende Sachverhalt bereits mit der Klage vorgetragen wurde. Die Klageerhöhung ist nicht verspätet, da es sich weder um ein "Angriffsmittel" noch um ein "Vorbringen" handelt, sondern um den Angriff selbst.[1400]

Die Judikatur[1401] differenzierte eine solche Teilklage von dem Fall, dass auf 23
dem gleichen Lebenssachverhalt beruhende Unterlassungsansprüche mittels verschiedener Eilverfahren geltend gemacht werden. Dies sei nicht zulässig, weil der Gegner in einem solchen Fall der daraus folgenden Kostenmehrbelastung nicht entgehen könne.

Gibt der Kläger an, dass er seinem behaupteten Anspruch nur einen Teil gel- 24
tend machen will und behält er sich ausdrücklich oder konkludent die restliche Geltendmachung vor, spricht man von einer Teilklage.[1402] Unterlässt er dies, und lässt nicht erkennen, dass er nur einen Teil geltend macht, spricht man von einer verdeckten Teilklage.[1403] Ist der Anspruch seiner Natur teilbar, so erfasst das Urteil über eine Teilklage nur den Teil, über den entschieden wurde. Der Kläger kann den Rest in einer weiteren Klage geltend machen. Das gilt auch dann, wenn der Kläger sich die Geltendmachung weiterer Teile nicht vorbehalten hat (sogenannte verdeckte Teilklage).[1404]

Die Teilklage muss wie die Klage über den gesamten Forderungsbetrag 25
gem. § 253 Abs. 2 Nr. 2 ZPO hinsichtlich des geltend gemachten Teilanspruchs eindeutig bestimmt sein.[1405] Um den Anforderungen des § 253 Abs. 2 Nr. 2 ZPO zu genügen, kann der Gesamtanspruch dargestellt und ein Teilanspruch geltend gemacht werden.[1406] Dies gilt sowohl bei einheitlichem Zahlungsanspruch als

1400 BGH, Urteil vom 9.4.1997, Az.: IV ZR 113/96 = NJW 1997, 1990.
1401 OLG Frankfurt a.M., Beschluss vom 08.08.2005, Az.: 6 W 107/05.
1402 Musielak, in: Musielak , ZPO, § 322 Rn. 67; Rosenberg/Schwab/Prütting § 154 Rn. 14.
1403 Gottwald, in: Münch/Komm, ZPO, § 322 Rn. 127.
1404 BGH, Urteil vom 9.4.1997, Az.: IV ZR 113/96 = BGHZ 135, 178.
1405 BGH, Beschluss vom 8.5.2003, Az.: I ZB 40/02 = NJW-RR 2003, 1075, 1076.
1406 BGH, Beschluss vom 8.5.2003, Az.: I ZB 40/02 = NJW-RR 2003, 1075, 1076.

auch bei mehreren Positionen. Dies löst für den vom Kläger im Falle seiner Teilklage zu stellenden Antrag erhebliche Probleme aus. So liegt eine unabgrenzbare Teilklage[1407] vor, wenn der Kläger mehrere selbständige Schadenspositionen angibt, von der Gesamtsumme nur einen Teil einklagen will, aber nicht angibt, welche Positionen gekürzt werden sollen. Dies kann der Fall sein, wenn verschiedene unerlaubte Handlungen vorgenommen worden sind oder wenn durch eine unerlaubte Handlung verschiedene Schäden (beispielsweise nebeneinander Sach- und Personenschäden) verursacht worden sind.[1408]

26 So hat das Reichsgericht[1409] im Silberfuchsfall, in dem wegen des Lärms landender und startender Flugzeuge auf einem nahegelegenen Flugplatz in einer Silberfuchsfarm Muttertiere an verschiedenen Tagen ihre Jungen totgebissen hatten, vom Schadenersatz begehrenden Kläger die Aufteilung des Schadens auf die einzelnen Schadensfälle verlangt.

27 Damit soll die Reichweite der Rechtskraft der Entscheidung bei einer Teilabweisung der Klage nach dem Streit- und Urteilsgegenstand bestimmt werden.

28 Mit einer Entscheidung aus dem Juli 2008[1410] hat der IX. Zivilsenat des BGH die Substantiierungspflicht des Sicherungsnehmers bei einer Teilklage auf Auskehr des Verwertungserlöses des im Insolvenzverfahren versteigerten Sicherungsgutes näher bestimmt. Dem Sicherungsnehmer wird im diesem Zusammenhang auferlegt, die im Einzelnen veräußerten Gegenstände zu bezeichnen und den darauf jeweils entfallenen Verwertungserlös zu beziffern. Dieser Entscheidung lag folgender Sachverhalt zugrunde, der hier vereinfacht wiedergegeben wird:

29 Die Schwester des Geschäftsführers und Mehrheitsgesellschafters der Schuldnerin hatte zugunsten der Bank der Schuldnerin eine Grundschuld an ihrem Grundstück bestellt. Damit wurden mehrere Darlehen gesichert, die der Schuldnerin von der Bank gewährt wurden. Am Tage der Grundschuldbestellung kam die Schwester des Mehrheitsgesellschafters mit der Schuldnerin zu einer Vereinbarung, aufgrund derer ihr zur Sicherheit der gesamte Fahrzeug-, Maschinen- und Gerätebestand sowie sonstiges Inventar nach Maßgabe eines Inventarverzeichnisses des Sicherungsgebers übereignet wurde. Wenige Monate später wurde die Bank mit der Zwangsvollstreckung in das Grundstück zu deren Abwendung in die Eigentümerin den Betrag zahlte. Kurz darauf wurde über das Vermögen der Schuldnerin das Insolvenzverfahren eröffnet und der spätere Beklagte zum Insolvenzverwalter ernannt, der die Versteigerung der nach Ansicht

1407 Greger, in: Zöller, ZPO, § 253 Rn. 15 f.

1408 BGH, Urteil vom 8.11.1993, Az.: IX ZR 244/92 = BGHZ 124, 164 ff.

1409 RG, Urteil vom 4.7.1938, Az.: V 17/38 = RGZ 158, 34 ff.

1410 BGH, Urteil vom 17.7.2008, Az.: IX ZR96/106 = ZIP 2008, 1638.

der Sicherungsnehmerin von der Sicherungsübereignung erfassten Sachen betrieb. Die Sicherungsnehmerin klagte darauf gegen den Insolvenzverwalter auf Auskehrung des Versteigerungserlöses in Höhe eines Teilbetrags von 100.000 € nebst Zinsen. Gegen die stattgebenden vorinstanzlichen Entscheidungen wandte sich der beklagte Insolvenzverwalter erfolgreich mit seiner Revision.

Der IX. Zivilsenat kommt in seinem Urteil auf eine lange Reihe von Ent- 30
scheidungen des BGH zu den allgemeinen prozessualen Anforderungen der Substantiierung einer Teilklage gem. § 253 Abs. 2 Nr. 2 ZPO zurück. Diese Judikatur geht davon aus, dass eine Teilklage ohne weiteres zulässig ist, wenn mit ihr ein Teilbetrag eines einzigen Anspruchs geltend gemacht wird. Dann – aber nach der Judikatur nur dann – liegt in der summenmäßigen Bezifferung der Teilleistungsklage ihre hinreichende Bestimmtheit. Verhält es sich dagegen so, dass dem Kläger mehrere selbständige Ansprüche zur Seite stehen, soll die Teilleistungsklage nur dann substantiiert erhoben sein, wenn der Kläger den eingeklagten Betrag auf die einzelnen Ansprüche verteilt und darlegt, in welcher Reihenfolge diese Ansprüche bis zu der geltend gemachten Gesamtsumme zur Entscheidung des Gerichts gestellt werden sollen. Unterlässt der Kläger eine Verteilung, führt dies nach ständiger Judikatur des BGH deshalb zur Unzulässigkeit der Teilklage, weil diese nicht hinreichend substantiiert sei.[1411] Im vorliegenden Fall stand der Klägerin eine Gesamtforderung aus dem Gesichtspunkt des Regresses gegen die Schuldnerin in Höhe von ca. 500.000 € zu. Diese Forderung beruhte auf einem einheitlichen Anspruch; dieser Anspruch war aber Insolvenzforderung gem. § 38 InsO. Soweit die klagende Sicherungsnehmerin die Ausschüttung eines Teilbetrages aus der Verwertung des Sicherungsgutes begehrte, machte sie nicht ihre Insolvenzforderung geltend, sondern stützte sich auf den Anspruch auf Auskehr von Verwertungserlös gem. § 170 Abs. 1 InsO. Dieser Anspruch aus § 170 Abs. 1 S. 2 InsO stellt sich indes nur insoweit als eine einheitliche Anspruchsgrundlage dar, die nach den Prämissen der Judikatur eine Teilklage bereits allein durch die Bezifferung des geltend gemachten Betrages zulässig werden ließe, als überhaupt nur *ein* Sicherungsgegenstand zur Verwertung gestanden hat. Das hat mit der „Rechtsnatur" des Anspruchs aus § 170 Abs. 1 S. 2 InsO zu tun: Der Anspruch auf Auskehr des Verwertungserlöses tritt an die Stelle des früheren dinglichen Herausgabeanspruchs gem. § 4 Abs. 2 KO.[1412]

---

1411 BGH, Urteil vom 18.11.1993, Az.: IX ZR 244/92 = BGHZ 124, 164, 166; BGH, Urteil vom 22.5.1984, Az.: VI ZR 228/82 = NJW 1984, 2346, 2347; BGH, Urteil vom 8.12.1989, Az.: V ZR 174/88 = NJW 1999, 2068, 2069; BGH, Urteil vom 9.10.2006, Az.: II ZR 193/05 = ZIP 2007, 79, 80.

1412 Smid, Praxishandbuch Insolvenzrecht, § 8 Rn. 26.

Dieser Anspruch wird folglich in der Literatur[1413] als Surrogat des Absonderungsgegenstandes angesehen. Die Gegenansicht, die § 170 Abs. 1 InsO als Spezialfall des Ersatzabsonderungsrechts ansieht[1414], führt nicht zu abweichenden Ergebnissen, wie der IX. Zivilsenat in der vorliegenden Entscheidung hervorhebt. Für jeden zu veräußernden Sicherungsgegenstand gibt § 170 Abs. 1 S. 2 InsO dem Sicherungsnehmer einen Anspruch auf Erlösauskehr, so dass bei einer Gesamtheit von Sicherungsgegenständen dem Sicherungsnehmer mehrere selbständige Ansprüche nach § 170 Abs. 1 S. 2 InsO zustehen. Um daher eine Teilklage erheben zu können, ist nach den allgemeinen Prämissen der Zivilsenate des BGH zur Auslegung des § 253 Abs. 2 Nr. 2 ZPO für die Zulässigkeit einer Teilleistungsklage erforderlich, dass der klagende Sicherungsnehmer folgende Spezifizierungen der Klageforderung vornimmt:

- Angaben, welche Sicherungsgegenstände im Einzelnen veräußert worden sind;
- welchen Preis ein jeder der Sicherungsgegenstände erzielt hat bzw. wie sich bei der Veräußerung einer Sachgesamtheit der Preis aufgrund der Bewertung der einzelnen Gegenstände gebildet hat;
- Gegenüberstellung des so ermittelten Erlöses einzelner, vom Sicherungsübereignungsvertrag erfasster versteigerter Gegenstände gegenüber der Klageforderung.

31 In der Tat ist diese bei der Verwertung des Sicherungsgutes im Wege der Versteigerung – insbesondere durch einen professionellen Verwerter – dem klagenden Sicherungsnehmer durchaus zuzumuten. Denn der Verwerter hat immer eine entsprechende, auf die Verwertung des einzelnen Sicherungsgegenstandes bezogene Erlösübersicht, die er zur Abrechnung seines Auftrages gegenüber dem Insolvenzverwalter diesem vorlegt; der Insolvenzverwalter aber ist, wie der IX. Zivilsenat in der vorliegenden Entscheidung betont, gegenüber dem Sicherungsnehmer zur Rechnungslegung über das Ergebnis seiner Verwertung verpflichtet. Verletzt der Insolvenzverwalter diese Rechnungslegungspflicht, steht dem Sicherungsnehmer mit der Stufenklage ein geeignetes Instrument zur Verfügung, seine Forderung zu verfolgen und die Informationen zu erlangen, derer er bedarf, um die vom BGH aufgestellten Anforderungen der Teilklage zu erfüllen.

*b) Pawlowskis Kritik an der Judikatur des BGH*

32 Gegen die Grundannahmen der Judikatur des BGH hat *Pawlowski*[1415] eine Reihe von Bedenken geäußert. Die Frage der Bestimmtheit der Rechtskraft kann, so

1413 Lwowski/Tetzlaff, in: Münch/Komm, InsO, § 170 Rn. 38; Brinkmann, in: Uhlenbruck, InsO, § 170, Rn. 9.

1414 Ganter/Bitter, ZIP 2005, 93, 98.

1415 Pawlowski ZZP Bd. 78 (1965) 307 ff.

*Pawlowski*[1416], auch in anderen Prozessen auftreten, etwa, wenn nicht unbestimmt geblieben ist, ob z.B. von einem Gesamtbetrag klägerischer Forderungen in Höhe von 2000 Euro bei einer Teilklage in Höhe von 1000 Euro diese aus Darlehen oder Werkvertrag ausgeurteilt worden sind, sondern der Beklagte nur teilweise seinen Verpflichtungen nachkommt. Hier bestimmt freilich § 366 Abs. 1 BGB, dass der Schuldner ein Leistungsbestimmungsrecht hat. *Pawlowski*[1417] zieht aus § 366 BGB den Schluss, dass es dem Kläger ausserprozessual materiellrechtlich verwehrt sei, seinen Klageanspruch nach seiner Wahl – und damit nach seinem Belieben – aufzuteilen; im Prozess kann er dies aber tun. Sachurteilsvoraussetzung ist die – vom Prozessgericht gegebenenfalls durch die nach § 145 ZPO vorzunehmende Trennung der um die verschiedenen Gegenstände der Teilklage geführten Prozesse herbeizuführende[1418] – Aufteilung des Klageantrags in Fällen von Grundurteilen – weil dort in besonderem Maße die rechtliche Klärung für das Betragsverfahren erreicht werden muss[1419], oder in Fällen, in denen eine Leistung für verschiedene Personen erreicht werden soll.[1420]

### 4. Sonderfall Teilaufnahme von gem. § 240 ZPO unterbrochenen Streitigkeiten durch Erhebung einer Insolvenzfeststellungsklage gem. § 179 InsO

Der II. Zivilsenat des BGH[1421] hat über die Frage der Zulässigkeit der Teilaufnahme eines nach § 240 ZPO unterbrochenen Rechtsstreits mit der Feststellungsklage nach § 179 ZPO zu entscheiden gehabt. 33

Fall: Der Kläger hatte eine Wirtschaftsprüfungsgesellschaft auf Zahlung von Schadenersatz in Höhe von ca. 80.000 Euro in Anspruch genommen und verklagt. Nachdem die Beklagte in der Berufungsinstanz unterlegen war, legte sich – nachdem das OLG die Revision nicht zugelassen hatte – hiergegen Beschwerde ein. Dieses Beschwerdeverfahren wurde durch die Verhängung eines allgemeinen Verfügungsverbots durch das zuständige Insolvenzgericht nach § 240 S. 2 ZPO unterbrochen. Später wurde das Insolvenzverfahren über das Vermögen der beklagten Insolvenzschuldnerin eröffnet. Im Insolvenzverfahren widersprach die H. AG, eine Gläubigerin der beklagten Insolvenzschuldnerin, der Anmeldung der Forderung durch die Klägerin. Der Insolvenzverwalter hatte diese Forderung in Höhe der ursprünglichen Schadenersatzpflicht anerkannt, im Übrigen aber wegen Zinsen in Höhe von ca. 14.000 Euro und Kosten in Höhe von ca. 9.000 Euro widersprochen. Die H. AG war nach Eröffnung des Insolvenzverfahrens dem Rechtsstreit auf Seiten der beklagten 34

1416 Pawlowski (Fn. 1415) 314/315.
1417 Pawlowski (Fn. 1415) 315.
1418 Pawlowski (Fn. 1415) 317.
1419 Pawlowski (Fn. 1415) 319 f.
1420 Pawlowski (Fn. 1415) 320.
1421 BGH, Beschluss vom 27.3.2013, Az.: III ZR 367/12, = ZIP 2013, 1094.

Insolvenzschuldnerin beigetreten. Die Klägerin nahm den Rechtsstreit in Höhe des vom Insolvenzverwalter anerkannten und von der Gläubigern H. AG mit Widerspruch begegneten Betrages in Höhe von 80.500 Euro auf. Demgegenüber hat die H. AG als Streithelferin der Beklagten den Antrag gestellt, dass festgestellt werde, das Verfahren sei weiterhin unterbrochen.

35 Die Aufnahme des Verfahrens erfolgte ausdrücklich nur gegen die Streithelferin der Beklagten als widersprechende Gläubigerin gem. § 180 Abs. 2 InsO. Der IX. Zivilsenat des BGH hatte vor kurzem[1422] darauf erkannt, dass die Aufnahme auch eines zurzeit der Eröffnung des Insolvenzverfahrens in der Revisionsinstanz anhängigen Rechtsstreits möglich sei und dies auch für den Zeitraum der Nichtzulassungsbeschwerde gelte.[1423] Mit ihrem Antrag hat die Streithelferin begehrt, über die Zulässigkeit der beschränkt auf ihre Person gerichteten Insolvenzfeststellungsklage als Aufnahme des unterbrochenen Rechtsstreits eine Entscheidung herbeizuführen – mithin führt sie gegen den Kläger einen Zwischenstreit über die Wirksamkeit der vom ihm erklärten Aufnahme über den entsprechend § 303 ZPO zu entscheiden ist durch Beschluss.[1424] Der III. Zivilsenat macht in diesem Zusammenhang klar, unter welchen Bedingungen die „Teilaufnahme" eines nach § 240 ZPO unterbrochenen Rechtsstreits möglich ist.

36 Grundsätzlich kann, wenn der Anmeldung der Forderung mehrere Personen gem. § 178 Abs. 1 S. 1 InsO widersprochen haben, die Aufnahme wirksam nur gegenüber allen Widersprechenden erklärt werden.[1425] Denn ansonsten würde entgegen § 180 Abs. 2 InsO immer nur der Widerspruch einer Person durch das angestrebte Urteil beseitigt. Damit aber die Frage, ob die angemeldete Forderung zur Tabelle widerspruchsfrei festzustellen ist oder nicht, bis zum Urteil gegen den letzten der Bestreitenden aufgeschoben – was der Beschleunigungsfunktion der zitierten Vorschriften widerspricht und wegen der Formierung von Prozessen mit erheblichen Kosten verbunden wäre.

37 Die Teilaufnahme des unterbrochenen Rechtsstreits ist dagegen dann möglich, wenn in Höhe eines bestimmten Teils dieser Forderung – wie im vorliegenden Fall – nur ein Gläubiger widersprochen hat. Denn unter dieser Voraussetzung erledigt der Forderungsfeststellungsstreit zwischen dem anmeldenden klagenden Gläubiger und dem widersprechenden Gläubiger als Beklagten (oder Streithelfer des Beklagten wie im vorliegenden Fall) die Ungewissheit darüber, ob die Forderung zur Tabelle festzustellen sei.[1426] Ist aber der Teil des angemeldeten Gesamtanspruchs, dem der Gläubiger – wie im vorliegenden Fall – wider-

1422 BGH, Beschluss vom 31.10.2012, Az.: III ZR 204/12 = ZIP 2012, 2369.
1423 BGH, Beschluss vom 31.10.2012, Az.: III ZR 204/12 = ZIP 2012, 2369.
1424 BGH, Beschluss vom 31.10.2012, Az.: III ZR 204/12 = ZIP 2012, 2369.
1425 So bereits BGH, Beschluss vom 31.10.2012, Az.: III ZR 204/12 = ZIP 2012, 2369.
1426 Vgl. bereits BGH, Beschluss vom 7.7.1994, Az.: V ZR 270/93 = NJW RR 1994, 1213.

sprochen hat, eine Hauptforderung und will der die Feststellungsklage betreibende Gläubiger allein Nebenforderungen, nämlich Zinsen und Kosten, nicht weiter verfolgen, so ist eine Teilaufnahme ausgeschlossen. Denn diese würde die Gefahr nach sich ziehen, dass wegen der Hauptforderung im Forderungsfeststellungsstreit auf der einen Seite und im Übrigen wegen der Nebenforderungen widersprechende Entscheidungen ergehen.

Daher ist es nachvollziehbar, dass der III. Zivilsenat ausführt, die Teilaufnahme eines nach § 240 ZPO unterbrochenen Rechtsstreits sei nur möglich, wenn es ausgeschlossen werden kann, dass in Bezug auf den aufgenommenen Teil des Rechtsstreits um den nicht aufgenommenen Teil widersprechende Entscheidungen ergehen. 38

## IV. Antragsschrift nach dem FamFG

### 1. Einleitung eines Verfahrens

§ 23 FamFG, dessen Absatz 1 nähere Anforderungen regelt, geht davon aus, dass – bestimmte – Verfahren aufgrund Antrages eingeleitet werden. Unter einem Antrag ist zu eine Verfahrenshandlung zu verstehen, mittels derer der Antragsteller das Verfahren in Gang zu setzen trachtet; der Antrag ist es, der das Gericht zum Tätigwerden veranlasst. Die Vorschrift des § 23 FamFG macht indes deutlich, dass ein Antrag nicht generell Voraussetzung der Einleitung eines Verfahrens der freiwilligen Gerichtsbarkeit ist.[1427] Missverständlich wird in diesem Zusammenhang formuliert, das Gericht müsse keinen von außen kommenden Anstoß abwarten, um ein Verfahren einzuleiten, das als Amtsverfahren qualifiziert sei.[1428] Zwar lässt es sich denken, dass einmal eingeleitete Amtsverfahren durch das Gericht fortbetrieben werden, ohne dass hierzu ein "Anstoß" von außen das Gericht zu seiner Tätigkeit bestimmt hat - es ist in diesem Zusammenhang z. B. daran zu denken, dass das FamG in einem familiengerichtlichen Verfahren deshalb seine einmal getroffene Entscheidung abändert, weil es nunmehr eine andere Entscheidung für geboten hält (zu einer besseren Einsicht gelangt ist). Denn die innerverfahrensrechtliche Bindung ist in diesen Fällen nicht in Anlehnung an § 318 ZPO zu begründen, auf dessen Wirkungsweise noch später einzugehen sein wird. 39

1427 Ulrici, in: Münch/Komm, FamFG, § 23 Rn. 6.
1428 Ulrici, in: Münch/Komm, FamFG, § 23 Rn. 6.

### 2. Echte Streitsachen der freiwilligen Gerichtsbarkeit

40 Die Zuweisung des Wohnungseigentumsverfahrens an die streitige freiwillige Gerichtsbarkeit hat für die Ausgestaltung der Erfordernisse nachhaltige Folgen, die an die Anforderungen an den Antrag gestellt werden. Die Freiheit der Verfahrensgestaltung im Streit der Wohnungseigentümer hat nicht zuletzt Bedeutung für die Frage der Bindung der Beteiligten an die Anträge, die sie im Verfahren stellen. Denn die flexiblere Ausgestaltung des Verfahrens der freiwilligen Gerichtsbarkeit erlaubt es, die Anträge der Parteien besser an die materiellrechtlichen wie an die verfahrensrechtlichen Bedürfnis des Falles anzupassen, als es aufgrund des Bestimmtheitserfordernisses des § 253 Abs. 2 Nr. 2 ZPO der Fall wäre.

41 Nicht anders verhält es sich in Hausratsteilungsverfahren, in denen – wie oben gezeigt - § 206 Abs. 1 Nrn. 1 und 2 FamFG regeln, dass das FamFG den beteiligten Ehegatten aufgeben kann, die ihnen zuzuweisenden Hausratsgegenstände konkret zu benennen.

## V. Widerklage

### 1. Funktion und Voraussetzungen

42 Der Beklagte ist nicht darauf beschränkt, Einwendungen gegen den Klageanspruch vorzubringen – sich gegen die – rechtshängige[1429] (unten Rn. 32 ff.) - Klage zu verteidigen. Nach § 33 Abs. 1 ZPO ist dem Beklagten die prozessuale Möglichkeit eröffnet, gleichsam zum „Gegenangriff"[1430] überzugehen. Die Vorschrift steht im Kontext der Regelungen über die örtliche Zuständigkeit und sieht vor, dass eine Widerklage bei dem Gericht der Klage erhoben werden kann. § 33 Abs. 1 ZPO bestimmt dabei, dass die Widerklage am Gericht, an dem die Klage erhoben worden ist, zulässig ist, wenn der Gegenanspruch mit dem in der Klage geltend gemachten Anspruch oder mit den gegen ihn vorgebrachten Verteidigungsmitteln „in Zusammenhang steht". Von einem solchen Zusammenhang (Konnexität) von Gegenanspruch des widerklagenden Beklagten und dem Klageanspruch ist auszugehen, wenn Klage und Widerklage auf einem innerlich zusammengehörigen, einheitlichen Lebensverhältnis beruhen. Dann dient § 33 Abs. 1 ZPO dazu, dem Beklagten mit der Widerklage das prozessuale Mittel an die Hand zu geben, um zu verhindern, dass der Klagespruch ohne Rücksicht auf den mit der Widerklage geltend gemachten verwirklicht werden könnte – wobei ihm zu Gute kommt, dass er nicht am Gerichtsstand des Klägers

1429 Zeiss/Schreiber ZPrR, 11. Aufl. 2009, Rn. 402.
1430 Zeiss/Schreiber ZPrR, 11. Aufl. 2009, Rn. 400.

(§§ 12, 13 ZPO), sondern an dem der Klage (also u.U. seinem eigenen Gerichtsstand) seinen Gegenanspruch verfolgen kann.

Fehlt es an der Konnexität, ist nach der Judikatur[1431] die Widerklage unzulässig, was nicht wirklich überzeugt. Denn die Widerklage wird vom Zeitpunkt ihrer Erhebung an als selbständige Klage behandelt.[1432] Das Gericht kann daher bei einem fehlenden Zusammenhang von Klage und Widerklage den Prozess um den mit der Widerklage erhobenen Anspruch nach § 145 Abs. 2 ZPO abtrennen– was dem Kläger die Möglichkeit eröffnet, die örtliche Zuständigkeit zu rügen. 43

## 2. Parteistellungen und Widerklagen Dritter sowie Widerklagen gegen Dritte

Grundsätzlich sind die Parteien des mit der Klage anhängig gemachten Rechtsstreits auch die der Widerklage – der Kläger ist dann zugleich Widerbeklagter, der Beklagte ist Widerkläger. Ein Dritter kann grundsätzlich nicht im Wege der Widerklage am Prozess beteiligt werden. In der Rechtsprechung[1433] werden hiervon aber Ausnahmen zugelassen. 44

In einem vom BGH entschiedenen Fall hatten die Beklagten den Kaufpreis, den sie der Klägerin aus dem Kauf ihres Tabakgeschäfts schuldeten, nur zum Teil bezahlt und später den Kaufvertrag wegen arglistiger Täuschung angefochten. Nachdem die Klägerin im Urkundsprozess obsiegte (§§ 592, 599 ZPO), haben die Beklagten im Nachverfahren (§ 600 ZPO) Widerklage sowohl gegen die Klägerin als auch gegen die bis dahin am Verfahren nicht beteiligten Widerbeklagten zu 2 erhoben, die sie mit der Klägerin und Widerbeklagten zu 1 als Gesamtschuldner aller durch den Abschluss des Kaufvertrages entstandener Schäden in Anspruch nahm. 45

Der BGH hat zwar „begrifflich“ und „logisch“ die Einbeziehung Dritter Widerbeklagter als problematisch angesehen, aber zwei Argumente für ihre Zulässigkeit unter bestimmten Voraussetzungen angeführt: Stehen Kläger und die bislang nicht am Prozess beteiligten Widerbeklagten als Streitgenossen zueinander – wenn sie also hinsichtlich des Streitgegenstandes in Rechtsgemeinschaft stehen oder wenn sie aus demselben tatsächlichen und rechtlichen Grund berechtigt oder verpflichtet sind (§ 59 ZPO) oder wenn gleichartige und auf einem im Wesentlichen gleichartigen tatsächlichen und rechtlichen Grund beruhende Ansprüche oder Verpflichtungen den Gegenstand des Rechtsstreits bilden (§ 60 ZPO) – soll der widerklagende Beklagte die Möglichkeit haben, die gemeinsame Verhandlung zu erzwingen und nicht nur darauf verwiesen, sein, dass das Gericht 46

1431 BGH, Urteil vom 17. 10. 1963, Az.: II ZR 77/61 = BGHZ 40, 185, 187.
1432 BGH (Fn. 1431) 189.
1433 BGH (Fn. 1431).

Verfahren verbindet. Die isolierte Widerklage gegen den Zedenten der Klageforderung, mit der die Feststellung beantragt wird, dass dem Zedenten keine Ansprüche zustünden, wird daher vom BGH[1434] als zulässig angesehen. Die Widerklage gegen einen Dritten stellt sich dann als eine Klageänderung dar.

## VI. Rechtshängigkeit[1435]

### 1. Gesetzliche Voraussetzungen und verfahrensrechtliche Wirkungen der Rechtshängigkeit

47 Die Einreichung der Klage begründet allerdings das „Prozessrechtsverhältnis" noch nicht – denn der Klage- bzw. Antragsgegner im echten Streitverfahren nach dem FamFG – die Klage ist dann erst beim Gericht anhängig. Erst mit der Zustellung der Klageschrift an den Beklagten wird gem. § 261 Abs. 1 ZPO die Klage „rechtshängig":

48 § 261 Abs. 1 bestimmt allerdings, dass die Rechtshängigkeit der Streitsache durch die Erhebung der Klage begründet wird. § 261 Abs. 2 ZPO sieht dabei vor, dass die Rechtshängigkeit eines erst im Laufe des Prozesses erhobenen Anspruchs tritt mit dem Zeitpunkt ein, in dem der Anspruch in der mündlichen Verhandlung geltend gemacht oder ein den Erfordernissen des § 253 Abs. 2 Nr. 2 ZPO entsprechender Schriftsatz zugestellt wird.[1436]

49 Nach § 261 Abs. 3 Nr. 1 ZPO kann während der Dauer der Rechtshängigkeit die Streitsache von keiner Partei anderweitig anhängig gemacht werden (*ne bis in idem*[1437]) – d. h., dass ein unter Verstoß gegen diese Vorschrift anhängig gemachte Klage unzulässig ist.[1438] Der Beklagte kann sich daher gegen die Zulässigkeit der „Zweitklage" damit verteidigen, bereits in der Sache verklagt worden zu sein.[1439] § 261 Abs. 3 Nr. 2 ZPO bestimmt, dass die Zuständigkeit des Prozessgerichts durch eine Veränderung der sie begründenden Umstände nicht berührt wird. Man spricht hier von der *perpetuatio fori*[1440] – der Fortdauer der Zuständigkeit eines Gerichts nach Anhängigkeit trotz Veränderung der zuständigkeitsbegründenden Umstände.[1441]

---

1434 BGH, Urteil vom 13. 6. 2008, Az.: V ZR 114/07 = NJW 2008, 2852.

1435 Herrmann, Die Grundstruktur der Rechtshängigkeit, 1988.

1436 Foerste, in: Musielak, ZPO, § 261 Rn. 6.

1437 Herrmann (Fn. 1435) 7930 ff.

1438 Foerste, in: Musielak, ZPO, § 261 Rn. 9 ff.

1439 Die Beweislast trägt der Beklagte: Becker-Eberhard, in: MünchKomm, § 261 Rn.45.

1440 Herrmann (Fn. 1435) 79 ff.

1441 Foerste, in: Musielak, ZPO, § 261 Rn. 13 ff

50 Die Rechtshängigkeit bewirkt dagegen keine *litiscontestation* in dem gemeinrechtlichen Sinne, dass die Veräußerung des streitbefangenen Gegenstandes ausgeschlossen wird[1442] – da insoweit § 265 ZPO eine abweichende Regelung trifft (vgl. oben § 9 Rn. 25 ff., 27).

## 2. Wirkungen der Rechtshängigkeit auf den Anspruch

### *a) Judikatur des BGH*

51 Was die Rechtshängigkeit sei, glaubt man aus der Lektüre des § 261 Abs. 2, 3 ZPO wissen zu können, nämlich die Klage, die dem Beklagten zugestellt worden ist. Anhängig dagegen sind – legt man allgemeine Darstellungen des Zivilprozessrechts in der Lehrbuchliteratur und den Kommentaren zugrunde – solche Klagen, die bei dem Gericht eingereicht worden sind. Der IX. Zivilsenat des BGH[1443] hat nun darüber zu entscheiden gehabt, unter welchen Voraussetzungen der Insolvenzverwalter, dessen Amt nach Bestätigung des Insolvenzplanes und der Aufhebung des Verfahrens endet, für Anfechtungsprozesse prozessführungsbefugt ist.

52 Fall: Der über das Vermögen der P GmbH & Co. KG am 1.1.2010 bestellte Insolvenzverwalter hatte am 28.5.2010 gegen die Beklagte Zahlungsklage über einen Betrag von ca. 126.000 Euro erhoben. Die mit der schuldnerischen GmbH & Co. KG in ständiger Geschäftsbeziehung befindliche Beklagte hatte gegen Kaufpreisforderungen der Schuldnerin in Höhe von 126.000 Euro am 3.12.2009, also in Monatsfrist, vor Eröffnung des Insolvenzverfahrens mit Provisionsforderungen in entsprechender Höhe aufgerechnet. Das Insolvenzgericht hatte mit Beschluss vom 05.07.2010 den von den Gläubigergruppen angenommenen Insolvenzplan mit Wirkung zum 3.7.2010 bestätigt. In ihm war vorgesehen, dass der Insolvenzverwalter zur Fortführung solcher Rechtsstreitigkeiten auch nach Aufhebung des Verfahrens befugt sein solle, die eine Insolvenzanfechtung zum Gegenstand haben.

53 Das Amt des Insolvenzverwalters endet mit Aufhebung des Insolvenzverfahrens. Da der Insolvenzverwalter zur Insolvenzanfechtung befugt ist (§ 129 Abs. 1 InsO), endet diese Rechtsmacht mit seiner allgemeinen Verwaltungs- und Verfügungsbefugnis über die beschlagnahmte Masse nach Aufhebung des Insolvenzbeschlages. Für allgemeine Zahlungsklagen ist der vormalige Insolvenzverwalter daher nach Beendigung seines Amtes nicht mehr rechtszuständig, § 80 Abs. 1 InsO. Hier lag freilich eine Zahlungsklage vor, die der Sache nach die Insolvenzanfechtung zum Gegenstand hatte, da anfechtungsrechtliche Gesichtspunkte die Beurteilung der Wirksamkeit der Verrechnung durch den Beklagten betrafen. Nach § 259 Abs. 3 S. 1 InsO kann der Insolvenzplan allerdings vorse-

1442 Vgl. nur Zeiss/Schreiber ZPrR 11. Aufl. 2009 Rn. 358.
1443 BGH, Urteil vom 11.4.2013, Az.: IX ZR 122/12 = ZIP 2013, 998.

hen, dass der Insolvenzverwalter einen zum Zeitpunkt der Aufhebung des Insolvenzverfahrens anhängigen Rechtsstreit fortzuführen ermächtigt wird. Das Gesetz sieht damit einen besonderen Fall gewillkürter Prozessstandschaft vor, denn der Plan kann eine Befriedigung der Gläubiger aus solchen Beträgen vorsehen, die aus anhängigen Anfechtungsprozessen, die vom Insolvenzverwalter nach Aufhebung des Verfahrens fortgeführt werden, zur Verteilung zur Verfügung stehen. Obwohl § 269 Abs. 3 InsO, wie der IX. Zivilsenat ausdrücklich ausführt, den Gläubigern die Entscheidungsbefugnis darüber einräumt, die Prozessführungsbefugnis des Verwalters für schwebende Insolvenzanfechtungsprozesse über die Dauer des Insolvenzverfahrens hinaus aufrechtzuerhalten, hat er dies im vorliegenden Fall nicht für erfüllt angesehen. Vielmehr führt er unter Rückgriff auf seine vorherige Judikatur[1444] aus, neue erst später anhängig zu machende Anfechtungsklagen könnten nicht von dieser Ermächtigung erfasst werden. Hier - in dem vom BGH entschiedenen Fall - soll ein anhängiger Rechtsstreit iSv § 269 Abs. 3 S. 1 InsO nicht vorgelegen haben. Die Anfechtungsklage sei nämlich nur eingereicht, aber noch nicht zugestellt worden, da die Zustellung erst am 22.7.2010, mithin 19 Tage nach Aufhebung des Insolvenzverfahrens, erfolgte. Damit habe aber Rechtshängigkeit nicht mehr während der Dauer über das Vermögen der schuldnerischen GmbH eröffneten Insolvenzverfahrens begründet werden können. Der BGH geht nun davon aus, dass anhängiger Rechtsstreit i.S.v. § 269 Abs. 3 S. 1 InsO nicht bereits die anhängig gemachte Klage sei. Der Begriff „Rechtsstreit" in Verbindung mit dem Wort „anhängig" verweise vielmehr darauf, dass es sich nicht allein um die Klage handle, die beim Gericht eingereicht sei, sondern um ein rechtshängiges Verfahren – dass es also auf die Zustellung an den Beklagten ankomme. Das ist natürlich für die Verfahrensbeteiligten ein Wort. In der Tat ist – argumentiert man begrifflich – die anhängige Klage noch kein Rechtsstreit, der rechtshängig ist. Ob ein anhängiger Rechtsstreit, der im Übrigen in § 261 ZPO nicht begrifflich vorkommt, zwingend auf die Rechtshängigkeit im Sinne dieser zivilprozessualen Vorschrift schließen lassen muss, mag man bezweifeln. Der IX. Zivilsenat ist aber weit davon entfernt, hier allein begrifflich zu argumentieren. Betrachtet man nun § 269 Abs. 3 S. 1 InsO, wird die Entscheidung des BGH verständlicher. Denn sie wehrt allen Anfängen einer Überdehnung der Ermächtigung des bisherigen Insolvenzverwalters zur Prozessführung nach Aufhebung des Insolvenzverfahrens. Gleichwohl ist nicht ganz zu verstehen, weshalb die bereits anhängig gemachte Klage substanziell etwas anderes als der rechtshängige Rechtsstreit ist. Sieht man nämlich die Gründe, die für die Regelung des § 269 Abs. 3 InsO sprechen, erscheint es wenig sachgerecht, dem Verwalter die Möglichkeit der Fortführung einer an-

1444 BGH, Urteil vom 10.12.2009, Az.: IX ZR 206/08 = ZIP 2010, 102.

hängig gemachten Anfechtungsklage nicht möglich machen zu können. Denn für das bestätigende Insolvenzgericht ist ebenso wie für die Gläubiger, die über den Insolvenzplan abgestimmt und ihn angenommen haben und nicht zuletzt auch für den klagenden Insolvenzverwalter kaum absehbar, ob die Anfechtungsklage „in time"" zugestellt wird. Mehr noch. Eine Aufhebung des Insolvenzverfahrens mit all den komplizierten daran hängenden Quisquilien, wie die Neufinanzierung der Betriebsfortführt, von den Zufälligkeiten der im Amtsbetrieb durchzuführenden Zustellung der Klagschrift abhängig zu machen, erscheint nicht wirklich sinnvoll zu sein. Da hat sich der IX. Zivilsenat bei weitem nicht auf eine im schlechten Sinne begriffsjuristische Art der Argumentation verlegt. Vielmehr basiert seine Art der Entscheidung hier auf dem Versuch einer Harmonisierung der Auslegung des § 259 Abs. 3 InsO mit § 240 ZPO. Die Eröffnung des Insolvenzverfahrens über das Vermögen einer Partei bewirkt nach der Judikatur des Senats[1445] die Unterbrechung des Prozesses nur, wenn er aufgrund der Zustellung der Klagschrift rechtshängig geworden ist iSv § 261 ZPO. Setzt die Unterbrechung des Prozesses nach § 240 ZPO dessen Rechtshängigkeit voraus, scheint die Auslegung der Begriffe anhängiger Rechtsstreit in § 259 Abs. 3 InsO nichts anderes als den Gleichklang der Vorschriften herbeizuführen. Der erkennende Senat meint weiter, dies – nämlich das Verständnis von anhängig iSv Rechtshängigkeit – liege auch §§ 85, 86 InsO zugrunde – was allerdings in diesen Vorschriften deshalb naheliegt, weil sie unmittelbar auf § 240 ZPO verweisen.

Allerdings geht der Senat nicht allein von der Rechtshängigkeit des Anfech- 54
tungsrechtsstreits, sondern von der *Klageerhebung* aus.[1446] Er führt nämlich aus, die Aufhebung des über das Vermögen des Schuldners eröffneten Insolvenzverfahrens sei mit der Beschlussfassung – des Insolvenzgerichts – am 5. Juli 2012 wirksam geworden und, so der IX. Zivilsenat wörtlich, damit vor Klageerhebung. Damit wird ein weiterer „Begriff" eingeführt. Betrachtet man das zivilprozessuale Zivilprozessrechtsverhältnis als ein Verhältnis nicht allein zwischen den beiden Parteien, sondern zieht seine „publizistische Seite", nämlich das Verhältnis jeder Partei zum Gericht mit in Betrachtung ein, dann wird deutlich, dass die Klageerhebung (die Rechtsmittel des Klägers) sich an das Gericht richtet – was mit dem Begriff der Anhängigkeit zum Ausdruck kommt. Dies braucht hier alles nicht weiter ausgeführt zu werden. Es bestehen Zweifel daran, ob die vorliegende Entscheidung zivilprozessual zwingend ist. Aus der Sicht der Gläubiger, deren Rechtsdurchsetzungschancen durch einen Insolvenzplan verbessert

1445 BGH, Beschluss vom 11.12.2008, Az.: IX ZB 232/08 = ZIP 2009, 240.
1446 BGH (Fn. 1) Rn. 12.

werden sollen, ist die Entscheidung betrüblich. Dem Anfechtungsgegner verschafft sie einen Prozesssieg, der unverdient erscheint.

*b) Zur Zustellung*

55 Der erkennende Senat meint, § 167 ZPO komme hier nicht zur Anwendung. Diese Vorschrift besagt, dass wenn durch die Zustellung eine Frist gewahrt werden oder die Verjährung neu beginnen oder nach § 204 BGB gehemmt werden soll, diese Wirkung bereits mit Eingang des Antrags oder der Erklärung eintritt, wenn die Zustellung demnächst erfolgt.[1447]

56 Das lenkt den Blick auf „die Zustellung“ als prozessrechtliches Institut. Sie dient dazu, dass der Adressat von dem Inhalt des zuzustellenden Schriftstücks Kenntnis erlangen kann.[1448] Namentlich die Klageschrift gem. § 270 ZPO bzw. andere Schriftsätze, in denen Sachanträge gestellt oder deren Stellung in der mündlichen Verhandlung angekündigt wird,, aber auch Urteile gem. § 317 Abs. 1 ZPO werden daher zugestellt.[1449]

57 Liegt die Zustellung – ausnahmsweise – bei den Parteien, erfolgt sie gem. § 192 Abs. 1 S. 2, 194 ZPO durch den Gerichtsvollzieher. Die im Regelfall amtswegig zu betreibende Zustellung nimmt nach § 168 Abs. 1 S. 1 ZPO die Geschäftstelle des Gerichts wahr, die sich dabei regelmäßig nach § 168 Abs. 1 S. 2 ZPO der Post bedient.[1450]

58 Dabei ist nach ständiger Rechtsprechung des BGH keine rein zeitliche Betrachtungsweise zugrundezulegen. Diese Verzögerungen können von den Parteien nicht beeinflusst werden, da die Zustellung der Klageschrift gem. § 166 Abs. 2 ZPO[1451] von Amts wegen geschieht, so dass die Parteien vor Nachteilen durch Verzögerungen innerhalb des gerichtlichen Geschäftsbetriebes zu bewahren sind.[1452] Der BGH hat daher darauf erkannt, dass es deshalb keine absolute zeitliche Grenze gibt, nach deren Überschreitung eine Zustellung nicht mehr als „demnächst“ anzusehen ist.[1453] Dies gilt auch dann, wenn es - wie hier - zu mehrmonatigen Verzögerungen kommt.[1454] Denn Verzögerungen im Zustel-

1447 Zeiss/Schreiber ZPrR § 11 2009 Rn.241.

1448 Zeiss/Schreiber ZPrR § 11 2009 Rn. 230.

1449 Zeiss/Schreiber ZPrR § 11 2009 Rn. 231.

1450 Zeiss/Schreiber ZPrR § 11 2009 Rn 238.

1451 Zeiss/Schreiber ZPrR § 11 2009 Rn. 232.

1452 BGH, Urteil vom 16.12.1987, Az.: VIII ZR 4/87 = BGHZ 103, 20, 28 f.; BGH, Urteil vom 31.10.2000, Az.: VI ZR 198/99 = BGHZ 145, 358, 362; BGH, Urteil vom 11.07.2003, Az.: V ZR 414/02 = NJW 2003, 2830.

1453 BGH, Urteil vom 12. 7. 2006, Az.: IV ZR 23/05

1454 BGH, Urteil vom 11.07.2003, Az.: V ZR 414/02; BGH, Urteil vom 5. 2.2003, Az.: IV ZR 44/02 = VersR 2003, 489, beide m.w.Nachw. der Judikatur.

lungsverfahren, die durch eine fehlerhafte Sachbehandlung des Gerichts verursacht sind, muss sich der Kläger grundsätzlich nicht zurechnen lassen.[1455] Allerdings geht der Bundesgerichtshof in ständiger Rechtsprechung auch davon aus, dass einer Partei solche nicht nur geringfügigen Verzögerungen zuzurechnen sind, die sie oder ihr Prozessbevollmächtigter bei sachgerechter Prozessführung hätten vermeiden können. Hat die Partei alle von ihm geforderten Mitwirkungshandlungen für eine ordnungsgemäße Klagzustellung erbracht, insbesondere den Gerichtskostenvorschuss eingezahlt, so sind sie und ihr Prozessbevollmächtigter im Weiteren nicht mehr gehalten, das gerichtliche Vorgehen zu kontrollieren und durch Nachfragen auf die beschleunigte Zustellung hinzuwirken.[1456]

## VII. Aufrechnung im Prozess

### 1. Die Aufrechnung des Beklagten im Prozess

Nach § 322 Abs. 2 ZPO kann die Rechtskraft des Urteils eine zur Aufrechnung 59
gestellte Gegenforderung ergreifen. Wird nämlich die Prozessaufrechnung erklärt, dann kann das Urteil rechtskräftig darüber erkennen, dass die aufgerechnete Gegenforderung von Anfang an nicht bestanden hat. Wird mit der Klage vom Beklagten die Zahlung von 10.000 Euro begehrt und erklärt der Beklagte hilfsweise die Aufrechnung mit einer Gegenforderung in einer Höhe von 12.000 Euro und wird der Beklagte antragsgemäß verurteilt, dann folgt aus § 322 Abs. 2 ZPO, dass über die Gegenforderung entschieden worden ist – nämlich dass diese Forderung nicht besteht, jedenfalls in Höhe von 10.000 Euro. Wird nach der Aufrechnung in diesem Beispiel die Klage als unbegründet abgewiesen, weil die Klageforderung durch die Aufrechnung mit der Gegenforderung nach § 389 BGB erloschen ist, wird im Urteil auch das Erlöschen der Gegenforderung – also ihr Nichtbestehend infolge der Aufrechnung – rechtskräftig festgestellt.[1457]

Wird die Prozessaufrechnung nicht wirksam in den Prozess eingeführt, stellt 60
sich die Frage, wie mit der materiellen Wirkung der Aufrechnung nach § 389 BGB umzugehen ist. Derartige Fälle können auftreten, wenn die Aufrechnungseinrede ist nach § 296 ZPO, § 533 ZPO verspätet (Berufungsinstanz). Würde nun aber die materiell-rechtliche Aufrechnung Wirkung entfalten, wäre zu fragen, wie mit dem Urteil umzugehen ist, in dem der Beklagte trotz der Wirkung des § 389 BGB auf Zahlung auf die Klageforderung verurteilt wird. *Henckel*[1458] versucht, diese Fälle dadurch zu lösen, dass er § 387 und § 389 BGB gleichsam um ein ungeschriebenes Tatbestandsmerkmal erweitert. Dabei hält er die Auf-

1455 BGH, Urteil vom 01.04.2004, Az.: IX ZR 117/03 = NJW-RR 2004, 1575.

1456 BGH, Urteil vom 12. 7. 2006, Az.. IV ZR 23/05.

1457 RG, Urteil vom 23.6.1939, Az.: III 163/38 = RGZ 161, 167, 171.

1458 ZZP 1974, 165, 174 ff.

rechnung dann für materiell-rechtlich unwirksam, wenn sie im Prozess erklärt, dort aber nach prozessualen Normen nicht mehr zulässig ist. Die Lehrbuchliteratur[1459] wendet für den Fall einer vorprozessual erklärten Aufrechnung, deren Geltendmachung im Prozess als verspätet zurückgewiesen wird, § 139 BGB an. Der BGH[1460] hält dafür, dass über die zur Aufrechnung gestellte Gegenforderung dann nicht entschieden werde, wenn die auf sie gestützte Einrede prozessual nicht mehr zulässig eingeführt werden könne.

61 Die Zulässigkeit der Aufrechnung setzt nicht das Vorliegen der Prozessvoraussetzungen voraus; auch ist sie nicht wie die Widerklage[1461] auf Fälle konnexer Gegenforderungen beschränkt. Denn der Aufrechnungsgegner ist insofern nicht besonders prozessual – schutzwürdig, da der Aufrechnende allenfalls seine zur Aufrechnung gestellte Gegenforderung verliert.[1462]

62 § 388 S. 2 BGB verbietet die unter einer Bedingung gestellte Aufrechnung. Hätte diese Vorschrift Auswirkungen auf die Prozessaufrechnung, könnte die Aufrechnungserklärung durch den Beklagten die Sache entscheidungsreif iSv § 300 Abs. 1 ZPO machen, ohne dass ein im Übrigen vom Beklagten vorgebrachte Verteidigung gegen die Klagforderung Berücksichtigung finden müsste.[1463] Daher wird dem Beklagten das Recht eingeräumt, die Aufrechnung eventualita zu erklären. Er vermeidet auf diese Art eine Erstreckung der Rechtskraft des Urteils gem. § 322 Abs. 2 ZPO auf die zur Aufrechnung gestellte Gegenforderung. Bei Eventualaufrechnung hat daher das Gericht zunächst darüber Beweis zu erheben, ob die Klagforderung besteht.[1464] Die so genannte Klageabweisungstheorie, nach der bei einer unstreitigen Gegenforderung die Klage abzuweisen sei, da entweder die Hauptforderung an sich nicht bestehe oder aufgrund der Aufrechnung mit der unstreitigen Gegenforderung erloschen sei, geht demgegenüber daran vorbei, dass damit die den Parteien mit dem Prozess gewollte Klärung nicht erreicht werden könne.

63 Mit einem Vorbehaltsurteil kann insbesondere darauf reagiert werden, dass bei der Prozessaufrechnung durch den Beklagten zwar die Verhandlung über die zur Aufrechnung gestellte Gegenforderung nicht nach § 145 Abs. 3 ZPO abgetrennt wurde, aber doch zunächst über die Klageforderung verhandelt werden soll.[1465]

---

1459 Rosenberg/Schwab/Gottwald, ZPO § 105 IV aa.

1460 BGH, Urteil vom 11.1.1955, Az.: I ZR 106/53 = BGHZ 16, 124, 140.

1461 Braun ZZP Bd. 89 (1976) 93 ff., 100.

1462 Braun ZZP Bd. 89 (1976) 93 ff., 97 f.

1463 Zeiss/Schreiber, ZPr. 11. Aufl. 2009, Rn. 398, 1. Abs.

1464 BGH, Urteil vom 25.6.1956, Az.: II ZR 78/55 = ZZP 69, 429; Zeiss/Schreiber, ZPr. 11. Aufl. 2009, Rn. 398, 4. Abs.

1465 Zeiss/Schreiber, ZPr. 11. Aufl. 2009, Rn. 399.

## 2. Die Aufrechnung des Klägers im Prozess

Besondere Probleme wirft die Aufrechnungserklärung des Klägers gegen die vom Beklagten zur Aufrechnung gestellte Gegenforderung im Prozess auf – die der Wortlaut des § 322 Abs. 2 ZPO nicht vorsieht.[1466] Dabei wird das ursprüngliche Bestehen der Gegenforderung des Klägers zur Vorfrage der Prüfung, ob die Forderung, mit der der Beklagte die Aufrechnung erklärt hat, noch besteht. 64

1466 Zum Ganzen Braun ZZP Bd. 89 (1976) 93 ff.

# § 17 Der richtige Antrag und das „Rechtsschutzziel" des Klägers

## I. Konstitution des Verfahrensgegenstandes

### 1. Der Antrag lässt das Interesse des Klägers an der Rechtsfeststellung erkennen

Wie sich oben erwiesen hat, zielt die Klage, mit der der Zivilprozess eingeleitet wird, auf die Erkenntnis des zwischen den Parteien geltenden Rechts ab. Außerhalb der Feststellungsklage wird das Feststellungsinteresse nicht ausdrücklich durch die Klageanträge als Klagebegehren dokumentiert. *Pawlowski*[1467] hat aber darauf hingewiesen, dass das Feststellungsinteresse die unabdingbare Voraussetzung einer jeden Leistungs- und Gestaltungsklage ist.[1468] 1

Der Gegenstand des Verfahrens wird auf unterschiedliche Weise konstituiert. Im Zivilprozess wird er durch die Klage definiert – worauf im Folgenden näher einzugehen ist. In nichtstreitigen Zivilgerichtsverfahren ergibt sich der Verfahrensgegenstand aus den Aufgaben, die das Gericht mit und in dem Verfahren wahrnimmt. 2

Der Klageantrag entscheidet über die sachliche Zuständigkeit des Gerichts (§ 23 GVG)[1469] und die Kosten des Rechtsstreits (§ 3 Abs. 1 GKG[1470], § 2 Abs. 1 RVG[1471]). 3

### 2. Antrag und actio

#### *a) Leitbild der Leistungsklage*

Herkömmlich wird der Zivilprozess von einem Leitbild der Leistungsklage her betrachtet.[1472] Dieser Sichtweise liegen verschiedene Voraussetzungen zugrunde. So ist die Leistungsklage gleichsam der nächste Nachfahre der actio. Der geltend gemachte „Anspruch" auf eine Leistung des Beklagten wird mit der Leistungsklage verfolgt. 4

In der Tat wird von § 194 BGB das Unterlassen dem Tun gleichgestellt.[1473] Im Folgenden wird sich erweisen, dass sich im System der zivilrechtlichen Kla- 5

---

1467 Pawlowski, ZZP 80 (1967), 345 ff.

1468 So auch Hergenröder, Rechtsfortbildung,236

1469 Wittschier, in: Musielak, ZPO, § 23 GVG, Rn. 1ff.

1470 Petzold, in: Binz, GKG-FamGKG-JVEG, § 3, Rn. 1.

1471 Klees, in: Mayer/Kroiß, RVG, § 2, Rn. 1.

1472 Spiegelbildlich zum materiell-rechtlichen Anspruch auf ein „Tun oder Unterlassen", vgl. § 194 BGB.

1473 Grothe, in: MünchKomm, BGB, § 194, Rn. 1f.

gen ein erheblicher Unterschied zwischen der auf positives Tun gegenüber der auf ein Unterlassen des Beklagten gerichteten Klage ergibt, weshalb das Unterlassen trotz des § 194 BGB vorerst ausgeblendet bleiben soll.

6 Es hat sich bereits oben gezeigt, dass der „actionenrechtliche“ Ansatz im 19. Jahrhundert angesichts der Zulassung von Feststellungsklagen (heute: § 256 ZPO) an seine Grenzen gestoßen war. Das Paradigma der Leistungsklage hat daher heute vornehmlich deshalb Erklärungswert, weil der auf Leistung des Beklagten gerichtete Antrag des Klägers unmittelbar auf die Titulierung der Leistungspflicht, also auf eine auf das Urteil folgende Vollstreckung gegen den Beklagten gerichtet ist. In der Tat ist § 253 ZPO gleichsam die allgemeine Vorschrift, die über den Bereich der Leistungsklage auch für alle anderen Klageformen greift. In dem hier angesprochenen Zusammenhang ist § 253 Abs. 2 Nr. 2 ZPO von Interesse: Diese Vorschrift fordert, dass der Kläger einen „bestimmten“ Antrag zu stellen hat.[1474] Die Stellung eines „bestimmten“ Antrags ist deshalb wesentlich, weil damit der Entscheidungsrahmen des Gerichts festgelegt wird, § 308 ZPO. Das Gericht darf mit seinem Urteil nicht über den Antrag der Parteien hinausgehen.

*b) Problem der Unterlassungsklage*

7 Die Unterlassungsklage führt zu einem der Zwangsvollstreckung fähigen Titel, mit dem der Anspruch (vgl. § 194 Abs. 1 BGB) auf das Unterlassen des Beklagten festgestellt wird. Die Vollstreckung dieses Titels läuft durch die Verhängung des im Titel angedrohten Ordnungsgeldes bzw. der Ordnungshaft. Nach § 890 Abs. 1 ZPO erfolgt die Vollstreckung durch das Prozessgericht. Denn das Unterlassungsurteil wird dadurch vollstreckt, dass eine Ordnungsstrafe verhängt wird. Mit Blick auf Art. 92 und Art. 104 GG setzt aber die Verhängung einer Ordnungsstrafe voraus, dass durch Richter i. S. v. DRIG die Feststellung in einem prozessförmigen Verfahren erfolgt. Damit stellt sich das Unterlassungsurteil als Verhängung einer konkreten Strafnorm dar[1475]. Es wird in dem Unterlassungsurteil eine Strafnorm formuliert für den konkreten Einzelfall. Ob der Adressat – der Beklagte – gegen diese Strafnorm verstoßen hat, wird in einem Prozess über die Verhängung der Strafe festgestellt.

8 Von dem Unterlassungsurteil i. S. v. § 890 ZPO, mit dem über den Unterlassungsanspruch erkannt und wegen des Unterlassungsanspruchs eine konkrete Strafnorm aufgestellt wird, ist das Urteil zu unterscheiden, das nach §§ 8, 9 UKlaG erlassen wird. § 1 UKlaG zeigt, dass es hier um die Frage der Verwendung solcher Allgemeiner Geschäftsbedingungen geht, die nach AGB-rechtlichen

1474 Becker-Eberhard, in: MünchKomm, ZPO, § 253 Rn. 66.

1475 W. Böhm, Zwangsvollstreckung nach § 890 ZPO, 1971; ders., Bestrafung nach § 890 ZPO, MDR 1974, 441; Brehm, Probleme der Unterlassungsvollstreckung, WRP 1975, 203.

Normen unangemessen sind und daher nicht Vertragsinhalt werden. Das UKlaG gibt nun in seinen §§ 3, 4 bestimmten Verbraucherschutzverbänden eine Klagebefugnis, um die Unzulässigkeit der Verwendung bestimmter Allgemeiner Geschäftsbedingungen feststellen lassen zu können. Mit diesen Unterlassungsklagen wird ein Urteil erwirkt, das feststellt, dass die angegriffene Geschäftsbedingung unwirksam ist. Dieses Urteil wird in ein Register aufgenommen (§ 16 Abs. 2 UKlaG), auf das sich in Prozessen, in denen sich der Verwender auf die AGB beruft, der andere Teile sich auf die Feststellung der Unwirksamkeit mit der Folge berufen kann, dass das erkennende Gericht im Zweitprozess an diese Feststellung gebunden ist. Der Sache nach handelt es sich, obwohl § 9 UKlaG von einer Unterlassungspflicht der Verwendung oder der Empfehlung einer AGB spricht, bei diesem Unterlassungsurteil nicht um ein Unterlassungsurteil i. S. v. § 890 ZPO. Denn die Vollstreckung dieser Urteile erfolgt nicht durch die Verhängung von Zwangsgeldern, sondern durch Berücksichtigung des Urteils in weiteren Prozessen. Wie *N. Fehl*[1476] gezeigt hat, stellt sich diese Unterlassungsklage als Normenkontrollklage dar.

### 3. Bestimmtheit des Klageantrages und Stufenklage

§ 254 ZPO eröffnet die Möglichkeit, eine verjährungshemmende Klage auch 9
dann zu erheben, wenn die Bezifferung des Klagebetrages von einer Auskunft des Beklagten abhängt, die zuvor vom Beklagten abzugeben ist. Die Vorschrift sieht vor, dass, wenn mit der Klage auf Rechnungslegung oder auf Vorlegung eines Vermögensverzeichnisses oder auf Abgabe einer eidesstattlichen Versicherung die Klage auf Herausgabe desjenigen verbunden wird, was der Beklagte aus dem zugrunde liegenden Rechtsverhältnis schuldet, die "bestimmte Angabe" der Leistungen gem. § 253 Abs. 2 Nr. 2 ZPO, die der Kläger beansprucht, vorbehalten werden, bis die Rechnung mitgeteilt, das Vermögensverzeichnis vorgelegt oder die eidesstattliche Versicherung abgegeben ist.

### 4. Verbot von Alternativklagen

Alternativklagen verstoßen gegen den in § 253 Abs. 2 Nr. 2 ZPO normierten 10
Bestimmtheitsgrundsatz. Bei solchen Alternativklagen werden dem Gericht wahlweise zwei gleichrangig nebeneinanderstehende Streitgegenstände zur Entscheidung vorgelegt. In diesen Fällen lässt sich nach Ansicht des BGH die materielle Rechtskraft des Urteils nach § 322 Abs. 1 ZPO nicht bestimmen.[1477] Stützt

1476 Fehl, Systematik des Rechts der Allgemeinen Geschäftsbedingungen, 1979, 116 ff et passim.

1477 BGH, Beschluss vom 24.3.2011, Az.: I ZR 108/09 = BGHZ 189, 56; BGH, Urteil vom 25.4.2013, Az.: IX ZR 62/12 = ZIP 2013, 1082.

dagegen der Kläger seine Ansprüche auf zwei selbständige prozessuale Ansprüche – z. B. geltend gemachte Ansprüche auf Mietzins zum einen, zum anderen aus einer Einredeverzichtsvereinbarung – dann liegt doch eine unzulässige alternative Klagehäufung dann nicht vor, wenn eine Rangfolge benannt worden ist, in der der Kläger die Ansprüche zur Überprüfung durch das Gericht stellen will; wenigstens muss dies durch die Klagschrift hinreichend deutlich gemacht werden.[1478]

11 Beispiel: Soweit für voraus abgetretene Forderung die Frist des § 110 Abs. 1 S. 1 InsO abgelaufen ist, kommt es wegen der Wirksamkeit der Vorausabtretungen in dem über das Vermögen des Zedenten eröffneten Insolvenzverfahren allein auf § 91 Abs. 1 InsO an.[1479] Insofern unterscheiden sich nach dem vorliegenden Beschluss des BGH voraus abgetretene Mietzinsforderungen von Leasingraten beim Finanzierungsleasingvertrag. Mietforderungen sind aufschiebend befristet. Der Anspruch auf Entrichtung des Mietzinses (oder der Miete, wie man heute sagt) entsteht erst zum Anfangstermin des jeweiligen Nutzungsüberlassungszeitraums.[1480] Mit Ablauf der Frist des § 110 InsO wird daher die Abtretung solcher Forderungen unwirksam.[1481] Beim Finanzierungsleasing verhält sich dies anders. Man kann nämlich den Finanzierungsleasingvertrag, der sich als typengemischter Vertrag erweist, als Mietverhältnis qualifizieren.[1482] Dauer der „Mietzeit, Fälligkeit und Höhe der Leasingraten“ sind aber, wie der IX. Zivilsenat überzeugend ausführt, als wesentliche Bestandteile des Finanzierungsleasing, dessen Kündigungsmöglichkeit vor Ablauf der Grundmietzeit regelmäßig ausgeschlossen ist,[1483] in einer Art und Weise von vornherein festgelegt, dass diese Forderungen in ihrer Gesamtheit den „Kaufpreis“ der Nutzungsüberlassung darstellen. Aus all diesen Gründen werden die Raten beim Finanzierungsleasing als betagte Forderungen behandelt[1484]. Daher folgt der IX. Zivilsenat nicht Erwägungen der Literatur, die sich aus „masse-„ bzw. „verwalterfreundlichen“ Erwägungen stützen. Diese Meinung geht davon aus, es sei aus Gründen des Schutzes der Insolvenzmasse über die zeitlichen Schranken des § 110 Abs. 1 InsO hinaus die Vorausabtretung von Leasingraten unwirksam.

---

1478 BGH, Urteil vom 25.4.2013, Az.: IX ZR 62/12 = ZIP 2013, 1082.

1479 BGH, Urteil vom 25.4.2013, Az.: IX ZR 62/12 = ZIP 2013, 1082, 1084 f.

1480 BGH, Urteil vom 17.9.2009, Az.: IX ZR 106/08 = ZIP 2010, 38.

1481 BGH, Urteil vom 11.10.2012, Az.: IX ZR 30/10 = ZIP 2012, 22414.

1482 Hierzu eingehend Fehl, Finanzierungsleasing, xxx.

1483 BGH, Urteil vom 30.1.1997, Az.: IX ZR 89/96 = ZIP 1997, 513, 514.

1484 BGH, Urteil vom 28.3.1990, Az.: VIII ZR 17/89 = BGHZ 111, 84, 94 f.; BGH, Urteil vom 10.11.2011, Az.: IX ZR 142/10 = BGHZ 191, 277.

## II. Entscheidungsreife und Festlegung des Entscheidungsprogramms durch den Kläger

### 1. *Da mihi facta, dabo tibi ius*

Der Kläger soll dagegen nach einer mittlerweile überholten Auffassung[1485] das 12
Gericht nicht dazu verpflichten können, eine bestimmte Rechtsfolge auszusprechen. Dies wurde auf den Satz *da mihi facta dabo tibi ius*[1486] gestützt; positivrechtlich gesprochen sieht § 300 ZPO und für echte Streitverfahren nach dem FamFG dessen § 38 Abs. 1[1487] vor, dass ein Urteil zu erlassen ist, wenn die Sache zur Endentscheidung reif ist.[1488] Dies wurde so verstanden, das eine Klärung streitiger Tatsachen herbeigeführt *und* das Gericht entweder die Klage mit Prozessurteil als unzulässig bzw. durch Sachurteil als unbegründet abzuweisen hat, weil keine denkbare Anspruchsgrundlage einschlägig ist, *oder* auf der Grundlage *einer* Anspruchsgrundlage (aus bereitestem Grund[1489]) der Klage stattzugeben hat.[1490] Dabei soll das Gericht diejenige Anspruchsgrundlage seiner Entscheidung zugrunde zu legen haben, die ohne weitere Beweisaufnahme festgestellt werden kann.[1491] Für die Anwendung des Rechts soll also das Gericht zuständig sein, ohne dass die Parteien auf seine Rechtserkenntnis Einfluss nehmen könnten. Der Einfluss der Parteien wäre danach auf die Feststellung der Tatsachengrundlage des Urteils beschränkt. Das scheint im Übrigen auch einen prozessökonomischen Vorteil[1492] zu haben. Es werden dann nämlich diejenigen Tatsachenfeststellungen nicht getroffen, die deshalb nicht erforderlich erscheinen, weil das Urteil aus anderem Rechtsgrund auch ohne sie erlassen werden kann.[1493] Der letzte Fall interessiert in diesem Zusammenhang. Wenn diese Sicht der Dinge nämlich zutreffend wäre, könnte der Kläger nicht erreichen, dass der Beklagte aus bestimmten Gründen verurteilt würde.

---

1485 Mettenheim, Der Grundsatz der Prozeßökonomie im Zivilprozeß,21; Stein, Über die Voraussetzungen des Rechtsschutzes.

1486 Dt.: Gib mir die Tatsachen, ich werde dir das (daraus folgende) Recht geben.

1487 Meyer-Holz, in: Keidel, FamFG, § 38 Rn. 1ff.

1488 Ohne Auseinandersetzung mit der Frage der Entscheidung über bestimmte Rechtsbehauptungen: Musielak, in: MünchKomm, ZPO, § 300, Rn. 2.

1489 Vgl. Musielak, in: Musielak, ZPO, § 300 Rn. 9.

1490 Mettenheim, Der Grundsatz der Prozeßökonomie im Zivilprozeß,21ff.

1491 Musielak, in: MünchKomm, ZPO, § 300 Rn. 4.

1492 Zur Kritik der Prozessökonomie als Maßstab Smid, Richterliche Rechtserkenntnis,90.

1493 Musielak, in: MünchKomm, ZPO, § 300 Rn. 4

13 Einfache Rechtsbegriffe wie Kauf oder Darlehen werden von der Judikatur Tatsachen gleichgestellt.[1494] Das macht Parteidispositionen möglich.[1495]

## 2. Grundrechtlicher Anspruch der Parteien auf ein Rechtsgespräch

14 Gegen diese überkommene Auffassung sprechen zunächst verfassungsrechtliche Gesichtspunkte. Art. 103 Abs. 1 GG garantiert den Parteien das Recht auf ein Rechtsgespräch mit dem Gericht, das auf die rechtlichen Argumente der Parteien einzugehen verpflichtet ist.[1496] Käme es freilich dem Kläger allein darauf an, die beantragte Verurteilung des Beklagten zu erreichen, wäre er auch in seinem Verfahrensgrundrecht nicht verletzt, wenn das Gericht aus bereitestem Grund unter Vernachlässigung anderer möglicher Anspruchsgrundlagen urteilt, deren Beurteilung weitreichende Beweiserhebungen voraussetzen würden.

## 3. Verurteilung (auch) wegen vorsätzlich begangener unerlaubter Handlung

### *a) Vollstreckungsprivileg des § 850 f Abs. 2 ZPO*

15 In der Tat ist aber nicht nur die Verurteilung aus (irgendeinem) Rechtsgrund, sondern aufgrund einer Anspruchsgrundlage nicht selten das legitime Prozessziel des Klägers. Dies ist in den vergangenen Jahren in Fällen deutlich geworden, in denen der Verkäufer als Kläger die Verurteilung des beklagten Käufers nicht allein aus § 433 Abs. 1 BGB, sondern aus dem Gesichtspunkt eines durch den Abschluss des Kaufvertrages verwirklichten Eingehungsbetruges aus § 823 Abs. 2 BGB begehrt hat.

16 Der Deliktsgläubiger genießt gegen seinen Vollstreckungsprivileg Schuldner nach § 850 f Abs. 2 ZPO das Recht privilegierter Vollstreckung, dass es ihm erlaubt, aufgrund besonderen vollstreckungsgerichtlichen Beschlusses auch auf den im Allgemeinen nach §§ 850, 850 c ZPO unpfändbaren Teil seines Arbeitseinkommens die Zwangsvollstreckung zugreifen zu dürfen.[1497] Für die Gläubiger ist diese Vorschrift von erheblicher Bedeutung, nachdem aus sozialpolitischen Erwägungen die Pfändungsfreibeträge des § 850 c Abs. 1 ZPO eine Befriedigung des betreibenden Gläubigers stark einschränken. Voraussetzung für die Gewährung dieses bevorrechtigten Zugriffs ist, dass dem Gläubiger eine Titelforderung aus *vorsätzlicher* unerlaubter Handlung gegen seinen Schuldner

1494 BGH, Urteil vom 17.9.1986, Az.: IV a ZR 13/85 = JZ 1987, 150.

1495 Hergenröder, Rechtsfortbildung,322.

1496 Schmidt-Aßmann, in: Maunz/Dürig, GG, Art. 103 Rn. 1ff.

1497 Smid, in: MünchKomm, ZPO, § 850 f Rn. 14.

zusteht.[1498] Der klagende Verkäufer kann im Falle der Titulierung seiner Forderung als Zwangsvollstreckungsgläubiger eine Beschränkung der dem Schuldner zu belassenden Freibeträge gem. § 850 c ZPO nicht aufgrund einer allgemeinen Härteklausel, sondern allein in Fällen der Durchsetzung bestimmter Arten von Forderungen erwirken. Durch § 850 Abs. 2 ZPO wird zugunsten des Gläubigers und seines Rechtsnachfolgers gegenüber dem Schuldner eine Durchbrechung der durch § 850 c seiner Pfändung gesetzten Grenzen für die Fälle normiert, in denen der Gläubiger wegen einer Forderung aus einer vorsätzlich begangenen unerlaubten Handlung gem. §§ 823 ff. BGB vollstreckt.[1499] Das Vollstreckungsprivileg des § 850 f Abs. 2 ZPO beruht auf der Erwägung, dass der Schuldner für vorsätzliches unerlaubtes Handeln bis zur Grenze seiner Leistungsfähigkeit einstehen soll. Bei der zu vollstreckenden Forderung muss es sich also selbst entweder um einen deliktischen Schadensersatzanspruch i.S. der §§ 823 ff. BGB handeln oder, sofern dies nicht der Fall ist, muss aus demselben Lebenssachverhalt wenigstens ein mit der zu vollstreckenden Forderung konkurrierender deliktischer Schadensersatzanspruch gegeben sein.

*b) Ausschließliche Zuständigkeit des Prozessgerichts zur streitigen Rechtsfeststellung*

Die Entscheidung über den Umfang der dem Gläubiger zu gewährenden Rechts- 17
durchsetzungskompetenz liegt beim Prozessgericht.[1500] Nur auf dieser Basis kann das Vollstreckungsgericht prüfen, ob die verfahrensrechtlichen Voraussetzungen für privilegierte Pfändungen nach § 850 Abs. 2 ZPO vorliegen. Das Vollstreckungsgericht ist an diese Feststellung des Prozessgerichts gebunden, - nicht allein, um widersprechende Gerichtsentscheidungen zu vermeiden, sondern aufgrund seiner Stellung in der Justizorganisation. Dies gilt insbesondere auch, soweit besondere Gründe – wie offenkundige Fehlschlüsse des Prozessgerichts – vorliegen, die (denkt man die vorliegende Entscheidung des Prozessgerichts weg) eine andere Entscheidung im Erkenntnisverfahren gerechtfertigt hätten. Auch derartige Fehlschlüsse u. dgl. m. rechtfertigen keine Abweichungen in der vollstreckungsgerichtlichen Entscheidung von der des Prozessgerichts. Daher ist auch die Ansicht abzulehnen, nach der das Vollstreckungsgericht dadurch eine eigene, vom Titel abweichende Entscheidung fällen können soll, dass es (summarisch) nach der Lage der Prozessakten des Erkenntnisverfahrens entscheidet, wenn das Urteil über das Vorliegen eines nach § 850 Abs. 2 ZPO rele-

1498 Statt aller: Stöber, Forderungspfändung, Rn. 1190 m. w. Nachw.

1499 Unter die vorsätzlich begangenen unerlaubten Handlungen können Taten nach den §§ 242, 263, 267, 246, 223 ff. StGB usw. fallen, *Stöber* (Fn. 1498) Rn. 1190.

1500 Smid, in MünchKomm, ZPO, § 850f Rn.18; vgl. mit zum Teil anderer Begründung: Brehm, in: Stein/Jonas, ZPO, § 850f Rn. 10.

vanten Rechtsgrundes der Verurteilung des Schuldners keinen Aufschluss bietet.[1501] Grundsätzlich kann der Gläubiger den Nachweis, dass er die Zwangsvollstreckung aus einer vorsätzlichen unerlaubten Handlung des Schuldners betreibt, auch noch im Vollstreckungsverfahren erbringen. So steht z. B. der Auszug aus der Insolvenztabelle mangels Bestreitens des Schuldners nach § 201 Abs. 2 InsO einem vollstreckbaren Urteil gegen den Schuldner gleich.[1502] Sofern sich aber das Gericht im Wege dieser Prüfung keinen Aufschluss über die Anspruchsgrundlage des Titels zu verschaffen vermag, greift es zu kurz, wenn apodiktisch behauptet wird, die Qualifikation des dem Vollstreckungstitel zugrundeliegenden Rechtsgrundes sei Sache des Vollstreckungsgerichts.[1503]

*c) Judikatur des BGH*

18 Der BGH[1504] hat Ende der achtziger Jahre des 20. Jahrhunderts die bis dahin verbreitete Meinung, dem Vollstreckungsgericht stehe eine eigene materielle Prüfungskompetenz zu, ob der Kläger aus vorsätzlich begangener unerlaubter Handlung berechtigt sei[1505], ausdrücklich abgelehnt. Damals hatte der BGH für Fälle, in denen sich aus dem Titel – z. B. einem Anerkenntnis- oder Versäumnisurteil bzw. Vollstreckungsbescheid oder einfach einem unter außer Achtlassen des § 823 BGB aus bereitestem Grund ergangenen Urteils– nichts für die Frage ergäbe, ob dem Anspruch eine vorsätzlich begangene unerlaubte Handlung des Schuldners zugrunde gelegen habe, dem betreibenden Gläubiger die Option eingeräumt, eine Feststellungsklage nach § 256 Abs. 1 ZPO mit dem Ziel zu erheben, die Voraussetzungen des § 850 f Abs. 2 ZPO feststellen zu lassen.[1506] Die Durchführung einer streitigen Verhandlung mit Beweisaufnahme durch das Vollstreckungsgericht zur Feststellung, ob eine vorsätzliche unerlaubte Handlung vorliegt, ist ausgeschlossen. Die Judikatur anderer Oberlandesgerichte[1507] hat denn auch anerkannt, dass die Prüfungsbefugnis des Vollstreckungsgerichts sich auf den Titel selbst (einschließlich Tatbestand und Entscheidungsgründen) beschränkt, ob der Zwangsvollstreckung eine Forderung

---

1501 LG München, Beschluss vom 22.10.1964, Az.: 14 T 530/64 = Rpfleger 1965, 277.

1502 LG Heilbronn, Beschluss vom 22.9.2004, Az.: 1 T 291/04 InVo 2005, 197.

1503 *A. Blomeyer,* Vollstreckungsverfahren, § 56, VIII 2.

1504 BGH, Urteil vom 30.11.1989, Az.: III ZR 215/88 = BGHZ 109, 275 ff. = ZZP 103 (1990) 335 m. Anm. Smid.

1505 Kritisch gegen diese frühere Meinung auch Smid, in: MünchKomm, ZPO, § 850 f Rn. 16, 17; W. Lüke, in: Wiezcorek-Schütze, ZPO, § 850 f, Rn. 28.

1506 BGHZ 109, 275 ff. (Fn. 144); Becker, in: Musielak, ZPO, § 850 f, Rn. 10 aE; hierzu vgl. auch Riedel, ProzRB 2003, 335.

1507 OLG Hamm, Beschluss vom 27.10.1999, Az.: 14 W 100/99 = InVo 2000, 429 unter Aufgabe von OLG Hamm, Beschluss vom 26.2.1973, Az.: 14 W 2/73 = NJW 1973, 1332.

aus vorsätzlich begangener unerlaubter Handlung zugrunde liegt, ohne dass eine Beweisaufnahme durch das Vollstreckungsgericht in Betracht käme.[1508] Mit Beschluss aus dem Jahr 2002[1509] hat der IX. Zivilsenat des BGH ausdrücklich entschieden, dass, wenn in dem zu vollstreckenden Titel keine oder nur eine vertragliche Anspruchsgrundlage genannt ist, der Gläubiger im Vollstreckungsverfahren ohne Zustimmung des Schuldners nicht mehr nachweisen kann, dass der titulierte Anspruch auch auf einer vorsätzlich begangenen unerlaubten Handlung beruht. Stellt der Schuldner eine unerlaubte Handlung in Abrede, ist es dem Gläubiger zuzumuten, Feststellungsklage zu erheben, um dem Schuldner, der bisher keinen Anlass hatte, sich gegen den Vorwurf einer vorsätzlichen unerlaubten Handlung zu wehren, eine sachgerechte Verteidigung vor dem Prozessgericht zu ermöglichen.[1510] Das Rechtsschutzinteresse eines Gläubigers für eine Klage auf Feststellung, dass einer titulierten Forderung (auch) eine vorsätzlich begangene unerlaubte Handlung zu Grunde liegt, kann nicht deshalb verneint werden, weil das Vollstreckungsgericht diese Frage auch selbst prüfen könne – da dies nicht der Zuständigkeitsverteilung zwischen Prozessgericht und Vollstreckungsgericht entspräche. Denn die Rechtswirkungen der im Vollstreckungsverfahren erzielbaren Entscheidung würden hinter denjenigen eines Feststellungsurteils zurückbleiben. Das Vollstreckungsgericht könnte das Vorliegen eines Anspruchs aus vorsätzlich begangener unerlaubter Handlung nur als materiell-rechtliche Vorfrage und in Bezug auf eine bestimmte Vollstreckungsmaßnahme prüfen. Seine Annahme, die Voraussetzungen eines solchen Anspruchs seien erfüllt, würde weder in materieller Rechtskraft erwachsen noch über die konkrete Vollstreckungshandlung hinauswirken.[1511]

*d) Zur Aufgabe des Klauselerteilungsverfahrens*

Der BGH hat mit seinem Ansatz zwar zutreffend zwischen den Aufgaben des 19
Erkenntnisverfahrens und denen des Vollstreckungsverfahrens und den daran anknüpfenden Zuständigkeiten von Prozess- und Vollstreckungsgericht unter-

---

1508 OLG Stuttgart, Beschluss vom 16.3.2000, Az.: 8 W 58/00 = InVo 2000, 284.

1509 BGH, Urteil vom 19.6.2002, Az.: IV ZR 168/01 = BGHZ 152, 148 m. Anm. Hintzen EWiR 2003, 91 und Behr Rpfleger 2003, 91, gegen OLG Celle, Beschluss vom 22.1.1998, Az.: 4 W 310/97 = InVo 1998, 326; OLG Celle, Beschluss vom 29.12.1999, Az.: 4 W 302/99 = InVo 2000, 428; OLG Zweibrücken, Beschluss vom 213.12.1999, Az.: 3 W 277/99 = InVo 2000, 214; die Entscheidung haben bestätigt: OLG Hamm, Beschluss vom 27.10.1999, Az.: 14 W 100/99 = InVo 2000, 429 und OLG Stuttgart, Beschluss vom 16.3.2000, Az.: 8 W 58/00 = InVo 2000, 284.

1510 BGH, Beschluss vom 16.3.2000, Az.: W 58/00 ZVI 2003, 301; OLG Hamm, Beschluss vom 27.10.1999, Az.: 14 W 100/99 = InVo 2000, 429.

1511 LG Karlsruhe, Urteil vom 15.1.2002, Az.: 5 C 322/01 = InVo 2002, 376.

schieden. Ob die durch diese Judikatur erzwungene Verdoppelung von Prozessen in einer Sache notwendig war, ist dagegen zweifelhaft. Die Schwierigkeiten, die Rechtsprechung und Lehre mit diesen Prüfungsvorgängen und ihrer rechtlichen Einordnung haben, rühren daher, dass es sich dabei um Aufgabenbereiche handelt, die funktional vom Prozessgericht im Klauselerteilungsverfahren abzuarbeiten sind. Das Klauselerteilungsverfahren bzw. ggf. die Klage auf Erteilung einer Vollstreckungsklausel wegen der Voraussetzungen des § 850 f Abs. 2 ZPO würde aber gerade für die Fälle, in denen der Gläubiger aus einem Vollstreckungsbescheid vollstrecken will, voraussetzen, dass aufgrund einer entsprechenden Auslegung des § 726 Abs. 1 ZPO der Zugang zu diesem Verfahren auch in dieser Fallkonstellation eröffnet wird.[1512] Hat daher das Urteil als bereitesten Grund keine vorsätzliche unerlaubte Handlung ausgewiesen und trägt der Gläubiger vor, dass diese eine weitere Anspruchsgrundlage bilde, so kann der Gläubiger im Vollstreckungsverfahren auch nicht in dem diesem gesetzten Rahmen den Nachweis erbringen, dass der Schuldner auch aus unerlaubter Handlung hafte.[1513] Folgt man dieser Interpretation, stünde es dem betreibenden Gläubiger offen, eine *titelergänzende Klausel* entsprechend §§ 725, 726 ZPO zu beantragen. Hierzu „kann“[1514] der Schuldner nach § 730 ZPO gehört werden[1515] - was zweckmäßig ist, um ihm und dem Gläubiger einen Feststellungsprozess nach § 731 ZPO zu ersparen.[1516] Dies aber liegt jedenfalls heute im Sinn der Prozessvermeidung durch die Ermöglichung frühzeitigen gütlichen Ausgleichs (arg. § 278 ZPO[1517]). Im Falle des Gläubigerantrags gem. § 850 f Abs. 2 ZPO ist nach alledem dem Schuldner rechtliches Gehör zu gewähren.[1518]

20 Der BGH hat für die Parteien des Zwangsvollstreckungsverfahrens die Option offen gehalten, die Voraussetzungen des § 850 f Abs. 2 ZPO einvernehmlich festzustellen. Denn dies bindet nach Ansicht des IX a. Zivilsenat das Vollstreckungsgericht – was wegen der Rechtserkenntnisfunktion des von den Parteien geschlossenen Vergleichs überzeugt. Für die Erweiterung des Titels zur

---

1512 Hierzu eingehend *Smid*, ZZP 102 (1989) 22 ff.

1513 a. A. aber *Frisinger,* 124 ff.

1514 Wolfsteiner, in: MünchKomm, ZPO, § 730 Rn. 4; Lackmann, in: Musielak, ZPO, § 730 Rn. 1 gehen von einer weitgehenden Einschränkung des rechtlichen Gehörs des Schuldners aus.

1515 Wolfsteiner, in: MünchKomm, ZPO, § 730 Rn. 1, 2.

1516 Lüke, in: Wiezcorek-Schütze, ZPO, § 850f Rn. 28, hat allgemein darauf hingewiesen, der Gläubiger könne beim Prozessgericht „Urteilsergänzung“ beim Prozessgericht beantragen.

1517 Statt vieler Prütting, in: MünchKomm, ZPO-Reform, 2002, § 278 Rn. 1, 2 m. w. Nachw.

1518 Lüke, in: Wiezcorek-Schütze,§ 850f Rn. 30 mit Nachw. der entgegenstehenden Judikatur.

Feststellung auch einer deliktischen Anspruchsgrundlage spricht daher ein weiterer Beschluss[1519], in dem der IX. Zivilsenat einen Fall zu entscheiden gehabt hat, in dem der Gläubiger erst auf Grund von Erkenntnissen, die ihm nach Erwirken des Titels „zuwuchsen", zur erfolgreichen Geltendmachung eines Anspruchs aus unerlaubter Handlung in der Lage war. Der BGH hat entschieden, dass auch in einer solchen Fallkonstellation das Vollstreckungsgericht dem Antrag auf eine privilegierte Pfändung gemäß § 850 f Abs. 2 ZPO nur stattgeben kann, wenn der Schuldner zustimmt. Fehlt es an dieser Zustimmung, muss der Gläubiger Feststellungsklage erheben, um dem Schuldner, der bisher keinen Anlass hatte, sich gegen den Vorwurf einer vorsätzlichen unerlaubten Handlung zu wehren, eine sachgerechte Verteidigung vor dem Prozessgericht zu ermöglichen.

*e) Titelergänzende Feststellungsklagen*

Die Judikatur zur titelergänzenden Klage auf Feststellung einer deliktischen An- 21
spruchsgrundlage des Klageanspruchs macht deutlich: Die Anträge der Parteien richten sich nicht allein auf eine Tenorierung der eingeklagten Leistung, sondern auch auf deren Rechtsgrund. Denn Kern der Leistungsklage ist immer zugleich die Feststellung eines Rechtsverhältnisses zwischen den Parteien.

## 4. Sonderfall der Tabellenfeststellungsklage gem. §§ 179, 181, 183 InsO

*a) Problem der Bestimmtheit des Antrages*

§ 179 InsO behandelt das Verfahren, wenn der Verwalter oder ein Gläubiger 22
eine angemeldete Forderung bestreitet, da diese dann gem. § 178 Abs. 1 InsO nicht „festgestellt" werden kann[1520]. Liegt ein Widerspruch vor, wird das (weitere) Verfahren der Feststellung der Forderung außerhalb des Insolvenzverfahrens vor dem fachlich zuständigen Gericht betrieben. Dabei wird in § 179 Abs. 1 InsO der Fall des Widerspruchs von Verwalter oder Insolvenzgläubiger gegen nichttitulierte und in § 179 Abs. 2 InsO gegen titulierte Forderungen behandelt.[1521] Für die Bestimmtheit des Klageantrages gelten Besonderheiten:

Fall: Die Bundesrepublik hat durch die BvS der (später) insolvenzschuldnerischen 23
SKL-M in der Zeit von Juli 1997 – März 2000 diverse Darlehen in Höhe von insgesamt ca. 55 Mio. Euro gewährt. Im September 2000 erfolgte die Eröffnung des Insolvenzverfahrens über das Vermögen der SKL-M durch das AG - Insolvenzgericht - Magdeburg. Der Gläubigerin war vom Insolvenzverwalter ein von ihm erstelltes

1519 BGH ZVI 2002, 422; hierzu Ahrens, JurBüro 2003, 401 und NJW 2003, 1371.

1520 Schumacher, in: MünchKomm, § 179 Rn. 3; Braun/Specovius, § 179 Rn. 6; Graf-Schlicker/Graf-Schlicker, § 179 Rn. 1.

1521 Smid, in: LSZ, InsO, 3. Aufl. 2010 § 179 Rn. 1.

Merkblatt für die Forderungsanmeldung übergeben worden, in dem die Anforderungen des § 174 InsO in allen Einzelheiten korrekt wiedergegeben waren. Im Oktober 2000 erfolgte die Anmeldung einer Forderung auf Rückzahlung geleisteter Darlehen durch die Bundesrepublik (BvS) zur Tabelle. Im April 2002 erfolgte die Entscheidung der Kommission der EU darüber, dass die gewährten Darlehen gegen europarechtliche Grundsätze der Beihilfegewährung verstoßen haben. Der Insolvenzverwalter hat die angemeldeten Forderungen der Bundesrepublik mit der Begründung bestritten, es handle sich um nachrangige Forderungen iSv § 39 Abs. 1 Nr. 5 InsO. Hierüber führte der Insolvenzverwalter mit der BvS Verhandlungen, letztmalig am 27. Oktober 2003. Im Jahr 2004 erhob die Bundesrepublik (BvS) Klage auf Feststellung der angemeldeten Forderungen. In erster und zweiter Instanz ist der Insolvenzverwalter antragsgemäß verurteilt worden. Mit Urteil vom 5.7.2007 hat der BGH die Feststellungsklage als unzulässig abgewiesen; in den Gründen hat der erkennende Senat u.a. ausgeführt, die angemeldeten Forderungen nähmen aufgrund des europarechtlichen Grundsatzes des effet utile den Rang von nicht nachrangigen Insolvenzforderungen ein; allerdings beruhe der Anspruch der Bundesrepublik nicht auf § 488 BGB, da die Darlehensverträge wegen Verstoßes gegen europäisches Beihilferecht gem. § 134 BGB nichtig seien. Der Klägerin stehen aber Forderungen aus § 812 BGB gegen die insolvenzschuldnerische SKL-M zu, die aber nicht angemeldet worden sind.

24 § 180 Abs. 1 S. 1 InsO fasst den allgemeinen (zivil-)prozessualen Grundsatzes *ne eat iudex ultra petita partium* (§ 308 Abs. 1 ZPO) näher für die Tabellenfeststellungsklage: Während das Zivilgericht im Allgemeinen nur das zuzusprechen befugt ist, was von den Parteien beantragt worden ist, begrenzt § 181 InsO die Antragsbefugnis des Klägers im Insolvenzfeststellungsstreit auf die Feststellung, dass die angemeldete Forderung in dem Umfang, in dem der Kläger sie als Insolvenzgläubiger angemeldet hat (§ 174 Abs. 1 InsO), zur Tabelle festgestellt wird[1522].Der BGH hat in seinem Urteil vom 5.7.2007[1523] hierzu auf Folgendes erkannt:

25 Der IX. Zivilsenat hat ausgeführt, dass die Feststellung nach Grund, Betrag und Rang der Forderung nur in der Weise begehrt werden kann, wie die Forderung in der Anmeldung oder im Prüfungstermin bezeichnet worden ist (§ 181 InsO). Die Anmeldung zur Tabelle ist Sachurteilsvoraussetzung; eine Feststellungsklage ohne Anmeldung ist unzulässig[1524]. Der Grund für das vorrangig zu betreibende Anmeldungs- und Prüfungsverfahren liegt darin, dass das Feststellungsurteil gegenüber dem Insolvenzverwalter und allen Gläubigern wirkt (§

1522 Amtl. Begr. zu §§ 207 bis 209 RegEInsO, BT-Drucks. 12/2443, 185.

1523 BGH, Urteil vom 5. 7. 2007, Az.: IX ZR 221/05 = ZIP 2007, 1760, 1761 f.

1524 BGH, Urteil vom 27.09.2001, Az.: IX ZR 71/00 = WM 2001, 2180, 2181; Urteil vom 23.10.2003, Az.: IX ZR 165/02 = WM 2003, 2429, 2432; Schumacher, in: Münch/Komm, InsO, § 181 Rn. 3.

183 Abs. 1 InsO); diese müssen ebenso wie der Verwalter selbst zunächst Gelegenheit erhalten, die angemeldete Forderung zu prüfen und gegebenenfalls zu bestreiten. Maßgebend für diese Prüfung ist der Sachverhalt, der in der Anmeldung angegeben worden ist (§ 174 Abs. 1 Satz 1, Abs. 2 InsO). Dieser Sachverhalt (der „Grund" des Anspruchs) bestimmt, soweit die Forderung als anerkannt in die Tabelle eingetragen wird, den Umfang der Rechtskraft der Eintragung gegenüber den Gläubigern (§ 183 InsO) und, soweit die Forderung bestritten wird, den Umfang der Rechtskraft des im Feststellungsprozess ergehenden Urteils. Deswegen muss der Anspruchsgrund bei der Anmeldung zur Tabelle angegeben werden. Wird er nach der insolvenzrechtlichen Prüfung geändert, so bedarf es einer neuen Anmeldung; ohne sie ist eine auf den anderen Anspruchsgrund gestützte Feststellungsklage ebenso unzulässig wie eine Klage ohne jede Anmeldung.[1525]

Die Insolvenzgläubiger haben gem. § 174 Abs. 1 S. 1 InsO ihre Forderungen 26
schriftlich beim Insolvenzverwalter anzumelden. Und § 174 Abs. 2 InsO bestimmt, dass bei der Anmeldung der Grund und der Betrag der Forderung anzugeben sind. Daraus folgt u.a., dass z.B. Sammelanmeldungen, die mehrere Gläubiger aus Gründen der Kostenersparnis für ihre gleichartigen Forderungen (z. B. Kaufpreisforderungen aufgrund von Lieferungen an den Schuldner) durch einen Treuhänder vornehmen lassen, grundsätzlich zulässig sind[1526]. Sie genügen aber nur dann den Bestimmtheitsanforderungen, wenn die einzelnen Forderungen vom Verwalter dergestalt individualisiert werden können, dass es ihm und den übrigen Gläubigern möglich ist, den Bestand jeder einzelnen Forderung zu prüfen und ggf. zu bestreiten[1527].

Streitgegenstand der Insolvenzfeststellungsklage ist nach alledem nicht das 27
Bestehen der angemeldeten Forderung. Das Bestehen der angemeldeten Forderung ist allein Vorfrage der Insolvenzfeststellungsklage.[1528] Streitgegenstand der

---

1525 BGH, Urteil vom 27.09.2001 und vom 23.09.2003, jew. aaO

1526 BAG, Urteil vom 19.12.1979, Az.: 5 AZR 96/76; AP Nr. 10 zu § 112 BetrVG 1972 m. Anm. Uhlenbruck = ZIP 1980, 378, 379; BAG, Urteil vom 3.12.1985, Az.: 1 AZR 545/84 = NJW 1986, 1896; Gottwald/Eickmann, Insolvenzrechtshandbuch, 3. Aufl., § 63 Rn. 8; Novak, in: MünchKomm, InsO, § 174 Rn. 12.

1527 Mohrbutter, KTS 1974, 221, 223; Uhlenbruck/Uhlenbruck, § 174 Rn. 15; Nowak, in: MünchKomm, ZPO § 174 Rn. 12.

1528 BGH, Urteil vom 25.10.2004, Az.: II ZR 413/02 = ZIP 2005, 42 zum feststellungsfähigen Rechtsverhältnis.

Insolvenzfeststellungsklage ist demgegenüber das Recht des anmeldenden Gläubigers auf Beteiligung an der Insolvenzmasse.[1529]

28 Die Klage nach § 179 Abs. 1 InsO richtet sich auf Feststellung der Forderung zur Tabelle, nicht auf Feststellung der Forderung schlechthin. Entgegen einer vorherrschenden Meinung ist daher davon auszugehen, dass es sich bei der Klage nach § 179 Abs. 1 InsO um eine Feststellungsklage besonderer, nämlich insolvenzrechtlicher Art handelt, mit der die haftungsrechtliche Partizipation des Klägers verfolgt wird.[1530]. Dafür spricht, dass nach § 183 Abs. 1 InsO die Feststellung (unmittelbar) gegenüber dem Insolvenzgericht, dem Insolvenzverwalter und den Insolvenzgläubigern wirkt[1531], das zu erwirkende Urteil mithin einen haftungsrechtlichen Charakter trägt. Streitgegenstand ist nach alledem das Teilnahmerecht des Gläubigers an dem der Gläubigergemeinschaft haftungsrechtlich zugewiesenen Vermögen des Schuldners.[1532]

## III. Feststellungsklage

### 1. Subsidiarität der Feststellungs- gegenüber der Leistungsklage

29 Die Feststellungsklage ist gegenüber einer Leistungsklage nicht deshalb subsidiär, weil mit der Leistungsklage durch die Titulierung des Anspruchs „mehr“ erreicht werden kann. Vielmehr ist, sofern das von § 256 Abs. 1 ZPO geforderte Feststellungsinteresse vorliegt, die Feststellungsklage im Allgemeinen statthaft. Besondere Probleme ruft dabei freilich Frage nach der „Geeignetheit“ der Feststellungsklage hervor, um die zwischen den Parteien strittige Frage endgültig zu klären.[1533] In der Regel fehlt es an dem erforderlichen Feststellungsinteresse, wenn der Kläger auf Leistung klagen kann.[1534] So fragt es sich z.B., ob – für den Fall eines derzeit unbezifferbaren Leistungsanspruchs - die Zulässigkeit eines Feststellungsantrags gegeben ist, wenn der Kläger einen Freistellungsanspruch geltend machen kann.[1535]

---

1529 Eingehend und auch für die InsO in den Strukturaussagen maßgeblich: Spellenberg, Zum Gegenstand des Konkursfeststellungsverfahrens (§§ 138 ff. KO), Göttingen, 1973, 124 et passim.

1530 Spellenberg (Fn. 1529) 15 ff.

1531 Uhlenbruck/Uhlenbruck, § 179 Rn. 11; KS-Eckardt, 773, Rn. 54; Schumacher, in: MünchKomm, § 183 Rn. 3ff.

1532 Spellenberg (Fn. 1529) 81 ff.; KS-Eckardt,743, Rn. 1 f, 39.

1533 Lüke, in: MünchKomm, ZPO, § 256 Rn. 43.

1534 BGH, Urteil vom 9.6.1983, Az.: III ZR 74/82 = NJW 1984, 1118 f.; BGH, Urteil vom 4.6.1996, Az.: VI ZR 123/95 = NJW 1996, 2725 f.; Lüke, in: MünchKomm, ZPO, § 256, Rn. 49.

1535 Vgl. aber Lüke, in: MünchKomm,ZPO, § 256, Rn. 52.

## 2. Anspruch auf Feststellung eines Rechtsverhältnisses? Zum Problem der sog. Anerkennungsklagen

Ursprünglich sollte der Feststellungsklage ein aus dem materiellen Recht er- 30
wachsener Anspruch auf Feststellung oder Anerkennung zugrunde liegen.[1536] Dieser Feststellungsanspruch konnte im materiellen Recht kaum noch niedergelegt werden, so dass *Windscheid* die actio praeiudicialis als ausschließlich prozessrechtliche Erscheinung betrachtet hat.[1537] Vor diesem Hintergrund hat *Wach*[1538] an die Stelle des zweifelhaft zu begründenden materiellen Feststellungsanspruchs einen neuen Anspruchsbegriff aus dem Kontext des Prozessrechts selbst zu konstruieren versucht, den er in einem Recht auf zivilprozessualen Schutz[1539] zu sehen versucht, das sowohl gegen den Staat als auch gegen des Prozessgegner gerichtet sein sollte. Es ist ersichtlich, dass damit an eine Verdoppelung der Streitgegenstände gedacht war.[1540]

Wie *Jacobs*[1541] ausgeführt hat, ist das Merkmal des Rechtsverhältnisses in § 31
256 Abs. 1 ZPO von Anbeginn des Inkrafttretens der Vorgängernorm des § 256 ZPO (§ 231 CPO) an unklar gewesen und bei der Frage nach der Zulässigkeit der Feststellungsklage dadurch in den Hintergrund getreten, dass „großzügig" mit diesem Kriterium umgegangen worden ist. Dabei sind Feststellungsklagen zum Zwecke der abstrakten Norm- und Vertragsinterpretation[1542] aufgetreten, die im Verbandsrecht ihren Niederschlag in Beschlussnichtigkeitsklagen wie denen der Anfechtungsklagen nach §§ 243, 245, 246 AktG sowie §§ 241, 249 AktG gegen Hauptversammlungsbeschlüsse bzw. § 51 GenG gegen Generalversammlungsbeschlüsse aufgetreten[1543]. Dabei werden regelmäßig Beschlussnichtigkeitsfeststellungen zur Klärung einer abstrakten Rechtsfrage[1544] vorgenommen. Im Arbeitsrecht – wo zwischen den Beteiligten Dauerrechtsbeziehungen herrschen – dienen Feststellungsklagen häufig der Klärung gerade dieser Beziehungen[1545]. Das Problem der Feststellungsklage liegt darin, dass sie – anders als die Leistungsklage – sich nicht auf ein Verhalten des Beklagten, nämlich die

---

1536 Henckel, Parteilehre,25.

1537 Windscheid, Die Actio des römischen Civilrechts vom Standpunkt des heutigen Rechts, 1, 103 f.

1538 Wach, Feststellungsanspruch,15, 31 f.

1539 Wach, Feststellungsanspruch, S.15.

1540 Henckel, Parteilehre,27.

1541 Jacobs, Der Gegenstand des Feststellungsverfahrens, 2005, passim.

1542Jacobs (Fn. 1541) 15.

1543 Jacobs (Fn. 1541) 17.

1544 Jacobs (Fn. 1541) 18.

1545 Jacobs (Fn. 1541) 33.

Nichterfüllung des Leistungsanspruchs des Klägers – bezieht und der Beklagte daher auch ohne Veranlassung zur Klage mit dieser überzogen zu werden droht[1546]. Verschiedene Fallgruppen werden in diesem Zusammenhang diskutiert. Schweigt etwa der Beklagte, meint der BGH, dass eine Feststellungsklage dann zulässig sei, wenn der Kläger nach Treu und Glauben mit einer eindeutigen Erklärung rechnen könne[1547]. Ferner wird darüber diskutiert, ob der Geschäftsführer einer GmbH eine Klage auf Feststellung erheben kann gegen die Gesellschaft, dass diese keine Ersatzansprüche gegen ihn habe[1548]. RG[1549] und BGH gestatten eine Feststellungsklage, die an und für sich nicht auf die Feststellung von Tatsachen gerichtet ist, auch unter der Voraussetzung, dass den Klägern sonst ein Verlust von Beweismitteln drohe[1550]. In diesem Zusammenhang wird zum Teil mit prozessökonomischen Erwägungen gearbeitet[1551].

32 Abstrakte Feststellungsklagen werden zum Teil durch Gesetz – wie § 9 TVG, der die anlassunabhängige Auslegung der normativen Vorschriften eines Tarifvertrages ermöglicht - vorgesehen[1552]. Die Bedeutung der Feststellungsklagen ist durch die „Zukunftsklagen“, die mit § 259 ZPO eingeführt wurden, erweitert worden[1553].

33 § 256 Abs. 1 ZPO wurde zunächst auf Anerkennungsklagen angewendet, die wiederum auf einem Recht auf Anerkennung des Verhältnisses zwischen den Parteien beruhten.[1554]

34 *Jacobs* sieht in Unterlassungsklagen einen Sonderfall der Leistungsklagen[1555], verkennt dabei aber die Bedeutung der Vollstreckungsform für die geltend gemachte Rechtschutzform. Zu Popularklagen[1556], zur objektiven Rechtskontrolle als Fremdkörper im System des Rechtschutzes[1557], zu subjektivem Recht als Rechtschutzzusage[1558].

---

1546 Jacobs (Fn. 1541) 62.

1547 BGH, Urteil vom 4.6.1996, Az.: VI ZR 123/95 = BGHZ 69, 37, 46; Jacobs,62/63.

1548 Jacobs (Fn. 1541) 83.

1549 RG, Urteil vom 27.1.1930, Az.: VI ZR 186/29 = RGZ 127, 179, 184; RG, Urteil vom 8.12.1934 I 143/34 = RGZ 146, 193, 201; BGH, Urteil vom 7.2.1986, Az.: V ZR 201/84 = NJW 1986, 2507.

1550 Jacobs (Fn. 1541) 64/65.

1551 Jacobs (Fn. 1541) 67.

1552 Jacobs (Fn. 1541) 87.

1553 Jacobs (Fn. 1541) 107.

1554 Jacobs (Fn. 1541) 150.

1555 Jacobs (Fn. 1541) 169.

1556 Jacobs (Fn. 1541) 194

1557 Jacobs (Fn. 1541) 193.

1558 Jacobs (Fn. 1541) 189.

*Jacobs* meint, dass besonderer Zweck der Feststellungsklage die Erlangung von Rechtsgewissheit durch materielle Rechtskraftwirkung sei.[1559] Damit werde eine Planungsbasis für das zukünftige Verhalten der Parteien geschaffen[1560]. Mit Hilfe der Feststellungsklage werde den Parteien eine Orientierungshilfe gewährt, die ihnen durch richterliche Rechtsfortbildung vermittelt werde[1561]. 35

### 3. Unverjährbar-prozessualer Anspruch auf Rechtsfeststellung? - BGH, Urteil vom 2.12.2010, Az.: IX ZR 41/10 = ZIP 2011, 39

In einer Entscheidung vom 2.12.2010, die dem am gleichen Tag ergangenen Urteil des IX. Zivilsenats zur Unverjährbarkeit des Anspruchs auf Feststellung des Rechtsgrunds der vorsätzlich begangenen unerlaubten Handlung[1562] zur Seite tritt, hat der IX. Zivilsenat[1563] zum Rechtsschutzinteresse für Klagen eines Gläubigers mit vollstreckbarem Titel auf Feststellung des Rechtsgrundes der unerlaubten Handlung zu entscheiden gehabt. Dieser Entscheidung lag folgender, hier vereinfacht wiedergegebener Sachverhalt zugrunde: 36

> Fall: Die Klägerin hatte ein rechtskräftiges Urteil gegen den Beklagten auf Zahlung von ca. 75.000 Euro erstritten. In den Urteilsgründen wurde ausgeführt, der Anspruch beruhe auf § 823 Abs. 2 BGB iVm § 266a StGB. In dem über das Vermögen des Beklagten eröffneten Insolvenzverfahren meldete die Klägerin den titulierten Anspruch an, der mit dem Schuldgrund „Forderung aus vorsätzlich begangener unerlaubter Handlung“ vom Verwalter zur Tabelle festgestellt wurde. Daraufhin widersprach der Schuldner dem Rechtsgrund der Forderung. Hiergegen richtete sich die Feststellungsklage der Klägerin, die in den Vorinstanzen für unzulässig gehalten wurde, da dieser Klage das Rechtsschutzbedürfnis fehle[1564]. Dies war schon aus allgemeinen prozessualen Gründen verfehlt. Wie der IX. Zivilsenat des BGH zutreffend feststellt, fehlt es nach dem auf den Rechtsgrund beschränkten Widerspruch des Schuldners der Klage eines Titelgläubigers nicht an einem rechtlich geschützten Interesse. Denn die Bekämpfung des Widerspruchs des Schuldners, mit dem dieser sich gegen eine nachkonkursliche Vollstreckung aus der Tabelle zur Wehr setzen kann (§ 201 Abs. 2 InsO), dient dem Titelgläubiger dazu, die sich aus dem Titel ergebenden Wirkungen auch seinem vollstreckbaren Tabellenauszug beimessen zu lassen. Der IX. Zivilsenat stellt fest, dass der Gläubiger dies nicht nach § 183 Abs. 2 InsO durch Berichtigung der Tabelle erreichen kann, da die Tabelle nach Eintragung des Widerspruchs des Schuldners nicht unrichtig geworden ist. Es liegt auch kein 37

1559 Jacobs (Fn. 1541) 218.

1560 Jacobs (Fn. 1541) 225 ff.

1561 Jacobs (Fn. 1541) 234.

1562 BGH, Urteil vom 2.12.2010, Az.. IX ZR 247/09 = ZIP 2011, 37.

1563 BGH, Urteil vom 2.12.2010, Az.: IX ZR 41/10 = ZIP 2011, 39.

1564 Im einzelnen OLG Brandenburg, Urteil vom 11.2.2010, Az.: 12 U 164/09 = ZIP 2010, 2022.

Fall des § 184 Abs. 1 InsO vor, da der Gläubiger den auf § 823 BGB gestützten Titel nicht allein hat erstreiten können, weil ein vorsätzlich begangenes deliktisches handeln des Schuldners vorlag, sondern ein derartiger Titel auch im Falle vorsätzlich begangenen unerlaubten Handelns möglich gewesen sein kann. Daher wird in diesem Fall dem Gläubiger die Führung eines Forderungsfeststellungsstreits zugemutet, der damit aber auch zulässig auf ein Feststellungsinteresse gegründet ist.

38 Die Titulierung seiner Forderung gegen den Schuldner wird dem Gläubiger schon deshalb häufig nicht genügen, weil er in der Individualzwangsvollstreckung nur dann in den Genuss der Privilegierung des § 850 f Abs. 2 ZPO gelangt, mit der er in das im übrigen pfändungsfreie Vermögen des Schuldners vollstrecken kann, wenn seine Forderung auf eine vom Schuldner vorsätzlich begangene unerlaubte Handlung gestützt wird – was sich häufig auch aus den Gründen des Titels nicht ergibt. Im Rahmen der Gesamtvollstreckung wird der diese Forderung nicht von der Restschuldbefreiung erfasst, weshalb § 174 Abs. 2 InsO vorsieht, dass bei der Anmeldung neben dem Grund und dem Betrag der Forderung die Tatsachen anzugeben sind, aus denen sich nach Einschätzung des Gläubigers ergibt, dass ihr eine vorsätzlich begangene unerlaubte Handlung des Schuldners zugrunde liegt. Der IX. Zivilsenat des BGH hat darauf erkannt, dass eine nicht oder ohne den Hinweis auf den Rechtsgrund der vorsätzlich begangenen unerlaubten Handlung angemeldete Forderung auch dann von der Restschuldbefreiung erfasst wird, wenn die unterbliebene oder unvollständige Anmeldung nicht auf einem Verschulden des Gläubigers beruht.

39 Dieser Entscheidung lag folgender Sachverhalt zugrunde: Das vom Kläger der schuldnerischen Gesellschaft bürgerlichen Rechts gewährte Darlehen war mit der Sicherungsübereignung von Teilen des – zuvor anderweitig sicherungsübereigneten – Anlagevermögens besichert worden. Das Insolvenzverfahren über die Gesellschaft wurde mangels Masse eingestellt; die beiden Gesellschafter stellten, verbunden mit Restschuldbefreiungsanträgen, Eigenanträge. In den daraufhin eröffneten Insolvenzverfahren meldete der Kläger Darlehensforderungen zur Tabelle an; vom Insolvenzverwalter wurde er über die seiner Sicherung zeitlich vorgehende Sicherungsübereignung unterrichtet. In beiden Insolvenzverfahren wurde am 15. Januar 2007 bzw. am 25. Oktober 2006 die Restschuldbefreiung angekündigt; zugleich wurden die Insolvenzverfahren aufgehoben. Darauf klagt der Kläger nunmehr auf Feststellung, dass ihm die Beklagten auf Schadenersatz wegen unerlaubter Handlung gem. § 823 Abs. 2 BGB, § 263 StGB haften.

40 Der IX. Zivilsenat des BGH hat zutreffend ausgeführt, dass es sich bei der Klage um eine allgemeine Feststellungsklage gem. § 256 Abs. 1 ZPO, nicht dagegen um eine Feststellungsklage nach § 184 InsO, handelt. Da der Kläger es versäumt hatte, seine Forderung unter dem Rechtsgrund der unerlaubten Hand-

lung anzumelden, ist für eine Feststellungsklage nach § 184 InsO kein Raum, die dem Gläubiger das Mittel an die Hand gibt, dem Widerspruch des Schuldners gegen den Bestand der Forderung oder gegen den Rechtsgrund der unerlaubten Handlung entgegenzutreten.[1565] Fraglich und vom Berufungsgericht verneint war, ob die Klage zulässig oder wegen fehlenden Feststellungsinteresses deshalb als unzulässig abzuweisen war, weil der Kläger nach Erteilung der Restschuldbefreiung seine Forderung nicht mehr verfolgen konnte. Da das Feststellungsinteresse gemäß § 256 Abs. 1 ZPO nur für ein stattgebendes Urteil Sachurteilsvoraussetzung ist[1566] stellte sich die Frage, wie zu verfahren war. Nach der Auslegung durch die st. Rechtsprechung ist ein rechtliches Interesse an einer alsbaldigen Feststellung des Bestehens oder Nichtbestehens eines Rechtsverhältnisses gegeben, wenn dem Recht oder der Rechtslage des Klägers eine gegenwärtige Gefahr der Unsicherheit droht und wenn das Urteil auf die Feststellungsklage geeignet ist, diese Gefahr zu beseitigen.[1567] Der IX. Zivilsenat meint nun, dass ein Interesse für die Klage auf Feststellung eines Anspruchs aus einer vorsätzlich unerlaubten Handlung in dem von ihm zu entscheidenden Fall vorlag, weil damit geklärt werden *kann*, ob der Kläger die der Klage zugrunde liegende Forderung ungeachtet der fehlenden Anmeldung des Rechtsgrundes der unerlaubten Handlung noch nach Erteilung der Restschuldbefreiung gegenüber den Beklagten verfolgen kann. Der BGH hat es dahingestellt bleiben lassen, ob ein gegenwärtiges Feststellungsinteresse an der Ungewissheit, ob die Beklagten nach Ablauf der Wohlverhaltensperiode (§ 287 Abs. 2 Satz 1 InsO) überhaupt in den Genuss von Restschuldbefreiung gelangen werden, scheitert, weil sich das klägerische Begehren in der Sache als unbegründet erwies. Denn in der Sache konnte der Kläger keinen Erfolg haben, weil infolge der Umgestaltung der klägerischen Forderung durch Gewährung der Restschuldbefreiung in eine unvollkommene Verbindlichkeit das Begehren auf Feststellung des Rechtsgrundes der unerlaubten Handlung und damit der Durchsetzbarkeit der Forderung nicht begründet war.

41 Nur sofern der Gläubiger die entsprechende Forderung unter Angabe dieses Rechtsgrunds nach § 174 Abs. 2 InsO angemeldet hat, werden gem. § 302 Nr. 1 InsO von der Erteilung der Restschuldbefreiung Verbindlichkeiten des Schuldners aus einer vorsätzlich begangenen unerlaubten Handlung nicht berührt. Er-

---

1565 BGH, Urteil vom 18.01.2007, Az.: IX ZR 176/05 = WM 2007, 659 Rn. 8 ff; Urteil vom 18.12.2008, Az.: IX ZR 124/08 = WM 2009, 313 Rn. 6 ff; v. 25.6.2009, Az.: IX ZR 154/08 = WM 2009, 1619 Rn. 6.

1566 BGH, Urteil vom 24.2.54, Az.: II ZR 3/53 = BGHZ 12, 308, 316; BGH, Urteil vom 14.03.1978, Az.: VI ZR 68/76 = NJW 1978, 2031, 2032; Urteil vom 02.07.2007, Az.: II ZR 111/05 = WM 2007, 1932 Rn. 66.

1567 BGH, Urteil vom 22.06.1977, Az.: VIII ZR 5/76 = BGHZ 69, 144, 147.

folgt keine - wenigstens nachträgliche - Anmeldung bis zum Schlusstermin, greift § 302 Nr. 1 InsO nicht. Mangels einer Anmeldung mit dem Rechtsgrund einer unerlaubten Handlung erfasst die Restschuldbefreiung die von dem Kläger vorliegend geltend gemachte Forderung. Eine besondere Schutzbedürftigkeit des Klägers mit der Folge, dass ihm auch ohne eine dem § 174 Abs. 2 InsO genügende Anmeldung nach Erteilung der Restschuldbefreiung gegen den Beklagten die Durchsetzbarkeit seiner Deliktsforderung zu gewähren wäre, verneint der IX. Zivilsenat, der sich in diesem Zusammenhang der Auffassung anschließt, dass die gesetzliche Regelung des § 301 Abs. 1 Satz 2, § 302 Nr. 1 InsO in Hinsicht auf den Eintritt der Restschuldbefreiung keine Ausnahme zugunsten solcher Gläubiger vorsieht, die schuldlos an der Anmeldung ihrer Forderung oder an der Angabe der eine unerlaubte Handlung begründenden Umstände gehindert waren, da die Regelungen der §§ 301, 302 InsO die Rechtssicherheit der Verhältnisse des Schuldners in den Vordergrund stellen. Dass deckt sich damit, dass auch im Übrigen hinnehmen eine verspätet angemeldete Forderung nicht bei der Verteilung berücksichtigt[1568] oder eine nicht angemeldete Forderung gem. § 254 Abs. 1 S. 1 und 3 InsO durch den Insolvenzplan gekürzt wird.

42 Prozessual überzeugt das Urteil, soweit der BGH die Auslegung des § 256 Abs. 1 ZPO vornimmt. Es ist indes vor dem Hintergrund des § 139 Abs. 1 ZPO unbefriedigend. Denn der IX. Zivilsenat stellt zutreffend fest, dass für den Fall, dass die Beklagten die aus der mehrfachen Sicherungsübereignung herrührende Deliktsforderung des Klägers zwecks Erreichung der Restschuldbefreiung bewusst verschwiegen hätten, ein Ersatzanspruch aus § 826 BGB in Betracht käme.[1569] Der BGH stellt nun lakonisch fest, ein solcher Sachverhalt nicht vorgetragen worden sei. Es liegt aber auf der Hand, dass dies Gegenstand des von § 139 Abs. 1 S. 2 ZPO geforderten „Rechtsgesprächs“ in den Vorinstanzen hätte sein müssen – wäre von diesen mit Blick auf die §§ 256 Abs. 1 ZPO, 184 InsO richtig verfahren worden. Für die Praxis lässt sich hieraus der Schluss ziehen, jedenfalls § 826 BGB als Anspruchsgrundlage in vergleichbaren Fallkonstellationen zu nennen.

### 4. Feststellungsinteresse

#### *a) Beispiel: Leugnende Feststellungsklagen zur Hemmung der Verjährung*

43 In dem Beispielsfall § 7 Rn 21 hat sich für den Insolvenzverwalter die Frage gestellt, ob er zur Hemmung der Verjährung des Anfechtungsanspruchs eine negative Feststellungsklage gegen den Anfechtungsgegner erheben konnte, der

1568 BGH, Urteil vom 2.07.2009, Az.: IX ZR 126/08 = WM 2009, 1578.
1569 BGH, Beschluss vom 6. 11. 2008, Az.: IX ZB 34/08=NZI 2009, 66.

seinerseits nach Bestreiten seiner angemeldeten Forderung durch den Insolvenzverwalter keine Feststellungsklage nach § 179 Abs. 1 InsO erhoben hatte.

Die den Anspruch des Gegners leugnende negative Feststellungsklage setzt voraus, dass der Kläger ein rechtliches Interesse an der Feststellung des Nichtbestehens der Forderung hat. Dies ist im Allgemeinen gegeben, wenn der Rechtslage des Klägers eine gegenwärtige Gefahr der Unsicherheit droht und das Feststellungsurteil geeignet ist, diese Gefahr zu beseitigen, wie der BGH[1570] in ständiger Judikatur ausführt.[1571] Im Allgemeinen ist dies zu bejahen, wenn die Unsicherheit der Rechtslage Vermögensrechte des Klägers betrifft. Dies ist hier evident nicht der Fall, da der klagende Insolvenzverwalter als Partei kraft Amtes[1572] prozessiert und dabei Vermögensinteressen des Schuldners („der Masse“) wahrnimmt. Für die Fälle der gesetzlichen Prozessstandschaft, um die es sich bei der Prozessführung durch den Insolvenzverwalter nach § 80 Abs. 1 InsO, § 85 f. InsO handelt, gilt aber immer, dass es sich um insoweit fremde Vermögensinteressen handelt, die der Kläger in eigenem Namen im Prozesswege verteidigt. Insofern ist hier zu bejahen, dass es sich im Sinne des von § 256 Abs. 1 ZPO geforderten Feststellungsinteresse bei den Vermögensinteressen der insolvenzschuldnerischen Gesellschaft insoweit um die Amtstätigkeit als Insolvenzverwalter betreffende Vermögensinteressen des Klägers handelt. Regelmäßig liegt insoweit eine Gefährdung der Vermögenslage, die der klagende Insolvenzverwalter von Amts wegen zu schützen verpflichtet ist, vor, wenn und soweit sich der mit der Klage in Anspruch zu nehmende künftige Beklagte eines Rechts gegen den Kläger – bzw. hier: des vom Kläger von Amts wegen wahrzunehmende Vermögensinteresse – berühmt.[1573] Eine außerprozessuale Berühmung des Anspruchs durch den Beklagten, die hier wegen der mit den Rechtsanwälten der künftigen Beklagten geführten Verhandlungen zu bejahen ist, genügt im Übrigen, die Gefährdung des vom Kläger wahrzunehmenden Rechts zu begründen. Im Übrigen wird das Feststellungsinteresse auch ohne weitere Erklärungen des mit der negativen Feststellungsklage in Anspruch zu nehmenden Beklagten begründet, wenn die Verjährung der Rechtsbehelfe des Klägers droht. Hier läuft der Kläger Gefahr, dass die Verjährung des gegen die aus dem abstrakten Schuldanerkenntnis der Insolvenzschuldnerin geltend zu machenden Anfechtungsansprüche eintritt. An dieser Stelle der Prüfung kann indes dahingestellt 44

1570 BGH, Urteil vom 8. 12. 1954, Az.: II ZR 291/53 = BGHZ 15, 382, 390; BGH, Urteil vom 22. 6. 1977, Az.. VIII ZR 5/76 = BGHZ 69, 144, 147.

1571 Hierzu Nachw. bei Becker-Eberhardt, in: MünchKomm, ZPO, § 256 Rn. 37.

1572 Vgl. allein Smid, in: Leonhardt/Smid/Zeuner, InsO, § 80 Rn. 37 ff. m.w.Nachw.

1573 Ständige Rechtsprechung des BGH, Urteil vom 04.04.1984, Az.: VIII ZR 129/83 = BGHZ 91, 37, 41; Urteil vom 20.05.1985, Az.: II ZR 165/84 = BGHZ 94, 324, 329; vgl. Becker-Eberhardt, in: Münch/Komm, ZPO, § 256 Rn. 38.

bleiben, ob insoweit ein Interesse des Insolvenzverwalters an alsbaldiger Feststellung besteht.[1574] Denn hier stellt sich die Frage, ob das mit der Feststellungsklage bzw. negativen Feststellungsklage angestrebte Feststellungsurteil das am besten geeignete Mittel ist, um die zwischen den Parteien strittigen Fragen endgültig zu klären.[1575] Das kann aber jedenfalls nicht deshalb bereits bejaht werden, weil eine rechtskräftige Entscheidung über die aus dem abstrakten Schuldanerkenntnis der Insolvenzschuldnerin hergeleitete Forderung der Feststellungsbeklagten für den Fall, dass die Feststellungsbeklagte künftig die Feststellungklage gem. § 179 Abs. 1 InsO gegen das Bestreiten des Insolvenzverwalters verfolgt.

45 Fraglich ist aber zunächst, ob dem klagenden Insolvenzverwalter andere Rechtschutzmöglichkeiten als die der negativen Feststellungsklage zu Gebote stehen, was insbesondere dann der Fall wäre, wenn er das Rechtschutzziel unmittelbarer als im Wege der negativen Feststellungsklage durch eine Leistungsklage oder einen vergleichbaren Rechtsbehelf verfolgen könnte. Da in diesen Fällen die Leistungsklage nicht in Betracht kommt, ist danach zu fragen, ob anstelle der negativen Feststellungsklage eine Anfechtungsklage nach den §§ 129 ff. InsO vom Insolvenzverwalter gegen die Beklagte erhoben werden könnte. So könnte man daran denken, dass der Insolvenzverwalter bereits heute, auch ohne dass die beklagte Bank ihre hieraus abgeleitete Forderung zur Tabelle anmeldete, die Abgabe des abstrakten Schuldanerkenntnisses durch die Insolvenzschuldnerin im Jahr 2007 im Wege der Insolvenzanfechtung angreifen könnte. Denn die Forderung, die von der klageweise in Anspruch zu nehmenden Bank geltend gemacht wird, beruht unmittelbar auf dem abstrakten Schuldanerkenntnis.

46 Die InsO bezeichnet die Rechtshandlung als Gegenstand der Anfechtung. Dies ist jedoch missverständlich, da Handlungen durch das Recht nicht beseitigt oder rückgängig gemacht werden können[1576]. Es kann ihnen lediglich die rechtlichen Wirkungen nehmen und den Anfechtungsgegner verpflichten, die Folgen seiner Handlung zu beseitigen. Die Rechtsfolgen der Anfechtung beziehen sich demnach nur auf die Wirkungen, die mit der Handlung herbeigeführt oder ausgelöst worden sind. Die Rechtshandlung „Abgabe des abstrakten Schuldversprechens" ist auch Ursache der für die Insolvenzanfechtung vorausgesetzten Gläubigerbenachteiligung. Voraussetzung ist eine Verringerung des Aktivvermögens oder, wie im vorliegenden Fall, eine Vermehrung der Passiva[1577], also der

1574 Becker-Eberhardt, in: MünchKomm, ZPO, § 256 Rn. 46.

1575 Becker-Eberhardt, in: MünchKomm, ZPO, § 256 Rn. 43.

1576 Kölner Schrift zur Insolvenzordnung-Henckel, 813, 814 Rn. 3; Jaeger/Henckel, InsO, § 129 Rn. 14.

1577 Jaeger-Henckel-Gerhardt § 178 Rn. 47 f.

Schuldnermasse.[1578] Die Anfechtung ist auch nicht deshalb ausgeschlossen, weil § 143 Abs. 1 InsO als Rechtsfolge der Anfechtung vorsieht, dass der in anfechtbarer Weise weggegebene Gegenstand nach bereicherungsrechtlichen Vorschriften zurückzugeben ist. Bei anfechtbar weggegebenen Gegenständen wird § 143 Abs. 1 InsO aber von der überzeugenden Lehre *Henckels*[1579] im Sinne einer haftungsrechtlichen Unwirksamkeit der benachteiligenden Verfügungen bzw. verfügungsähnlichen Rechtshandlungen verstanden. In Fällen wie dem vorliegenden, in dem durch die anfechtbare Rechtshandlung eine Mehrung der Schuldenmasse erfolgt ist, führt diese Auslegung zu dem überzeugenden Ergebnis, dass der Anfechtungsgegner sich infolge der Insolvenzanfechtung nicht mehr auf die ihm eigenräumte Rechtsposition berufen kann. *Henckel* formuliert dies überzeugend mit den Worten, dass die haftungsrechtliche Konsequenz der Anfechtung der Schuldbegründung darin bestehe, dass die Masse für diese Verbindlichkeit nicht haftet.[1580] Die Anfechtung zielt in diesen Fällen daher nicht darauf, einen Gegenstand in die Masse „zurückzuholen", um ihn der Verwertung durch den Insolvenzverwalter zu unterwerfen. Bei der Anfechtung der Schuldbegründung, um die es im vorliegenden Fall geht, beschränkt sich die Insolvenzanfechtung auf die Abwehr der anfechtbar begründeten Forderung; Verwertungshandlungen sind in diesem Fall nicht Gegenstand des Begehrens des Verwalters.[1581]

*b) Klage auf Verzicht der streitbefangenen Forderung als Alternative zur leugnenden Feststellungsklage?*

*Henckel*[1582] folgt einer in der landgerichtlichen Judikatur[1583] vertretenen Ansicht 47
darin, dass der Insolvenzverwalter auf Verzicht auf die anfechtbar begründete Forderung klagen könne. Diesem haftungsrechtlichen Ansatz von *Henckel* wiederspricht die sog. schuldrechtliche Theorie der Insolvenzanfechtung – auf deren Begründung hier nicht näher einzugehen ist. Sie geht davon aus, den Anfechtungsgegner treffe die Pflicht, die anfechtbar erworbene Forderung nicht geltend zu machen. Der Insolvenzverwalter habe den sich daraus ergebenden Unterlassungsanspruch einredeweise geltend zu machen.[1584] Im Falle des § 179 Abs. 2

---

1578 BGH, Urteil vom 11.07.1991, Az: IX ZR 230/90 = NJW 1992, 624, 627; Jaeger-Henckel-Henckel, InsO, § 129 Rn. 77.

1579 Jaeger Henckel, InsO, § 143 Rn. 23 ff., 32.

1580 Jaeger-Henckel, InsO, § 143 Rn. 37.

1581 So überzeugend Jaeger-Henckel, InsO, § 143 Rn. 37, der ausführt, § 147 Abs. 1 InsO passe hier nach seinem Wortlaut nicht

1582 Jaeger-Henckel, InsO, § 143 Rn. 37.

1583 LG Potsdam, Urteil vom 03.06.1997, Az.: 33 O 88/97 = ZIP 1997, 1383.

1584 So zur Konkursordnung, Jaeger/Lent, KO, 8. Auflage, § 37 Rn. 5.

InsO soll der Insolvenzverwalter dies auch klageweise geltend machen können. Für den hier zu beurteilenden Fall würde aus der schuldrechtlichen Theorie der Insolvenzanfechtung folgen, dass - wegen der bis dato unterlassenen Forderungsanmeldung durch die Y-Bank - in Ermangelung der Möglichkeit einer einredeweisen Geltendmachung der Anfechtbarkeit der Forderung aus dem abstrakten Schuldversprechen sich die Frage einer negativen Feststellungsklage stellt.

48 Es erweist sich vor dem Hintergrund der schuldrechtlichen Theorie aber die Frage, ob der Insolvenzverwalter ein rechtliches Interesse an dieser Klage hätte, als entscheidendes Problem: Die Insolvenzordnung begreift die Anfechtung als Anspruch des Insolvenzverwalters.[1585] Dieser Anspruch unterliegt zwar der Verjährung (§ 146 Abs. 1 InsO). Die Verjährung führt aber bereits im Allgemeinen nicht dazu, dass der Anspruch vernichtet wird; dieser bleibt vielmehr des Verjährungseintritts ungeachtet materiell bestehen.[1586] Im Kontext des Anfechtungsanspruchs des Insolvenzverwalters hat der Verjährungseintritt daher nicht allein zur Folge, dass der Anfechtungsgegner gegen einen Rückgewähranspruch eine Einrede erheben kann. In dem hier interessierenden Fall der Anfechtung einer Schuldeingehung trifft § 146 Abs. 2 InsO die – insoweit konsequente – Regelung, dass „auch wenn der Anfechtungsanspruch verjährt ist, […] der Insolvenzverwalter die Erfüllung einer Leistungspflicht verweigern [kann], die auf einer anfechtbaren Handlung beruht." Versteht man diese Vorschrift unter den von der schuldrechtlichen Theorie gemachten Bedingungen, kann der Verwalter dem Leistungsbegehren des Anfechtungsgegners insbesondere in der Forderungsanmeldung die Anfechtbarkeit der Forderung weiter entgegenhalten.

49 Für eine negative Feststellungsklage würde daraus folgen, dass es dem Kläger an dem geforderten rechtlichen Interesse an alsbaldiger Feststellung fehlen würde. Fraglich ist freilich, ob dem Insolvenzverwalter eine Klage auch dann zur Verfügung steht, wenn, wie im vorliegenden Fall, der Gläubiger (hier: die verklagte Bank) zwar die Forderung angemeldet und er die angemeldete Forderung (vorläufig) bestritten hat, aber die anmeldende Gläubigerin die Feststellungsklage nach § 179 InsO nicht erhebt. In diesem Fall verhält es sich nämlich anders als in den unter Darstellung des Meinungs- bzw. Streitstandes geschilderten Fragestellungen, ob der Insolvenzverwalter gegen den Inhaber einer anfechtbar begründeten Forderung eine Verzichts- oder eine Unterlassungsklage zu erheben legitimiert ist.

---

1585 Vgl. allein LSZ-Zeuner § 143 Rn. 9.

1586 Grothe, in: MünchKomm, BGB, § 194 Rn. 5.

*c) Judikatur von RG und BGH*

Im Schrifttum wird nach alledem verbreitet die Meinung vertreten[1587], der Bestreitende habe *im Allgemeinen* kein rechtliches Interesse an einer negativen Feststellungsklage gegen den Anmeldenden auf Nichtbestehen der Forderung. Diese Meinung stützt sich auf eine Entscheidung des Reichsgerichts[1588] und eine – ältere – Entscheidung des BGH[1589]. 50

Das Reichsgericht[1590] hat ausgeführt: „Indem nun das Gesetz … den Gläubigern streitig gebliebener Forderungen überläßt, die Feststellung derselben gegen die Bestreitenden zu betreiben, gibt dasselbe durch diese Ausdrucksweise schon zur Genüge zu erkennen, dass lediglich das Ermessen des Gläubigers darüber zu befinden habe, ob er die Feststellung seiner Forderung betreiben wolle oder nicht. Dieses Ermesse würde illusorisch gemacht, wenn auch dem bestreitenden Konkursverwalter gestattet würde, nach jener Richtung thätig zu werden.“ 51

Dem lag zugrunde, dass der Beklagte, über dessen Vermögen später der Konkurs eröffnet worden war, rechtskräftig im Wechselprozess mit bedingtem Endurteil dazu verurteilt worden war, zu schwören, für einen Wechsel keinen Gegenwert im Wechselbetrag erhalten zu haben. Nachdem der Konkurs eröffnet worden versuchte der Konkursverwalter den unterbrochenen Prozess aufzunehmen. 52

Das Feststellungsinteresse des Konkursverwalters hätte sich hier „allein“ auf den Anspruch des Gemeinschuldners auf Kostenerstattung gerichtet. Diesen erachtete der erkennende Senat als „so untergeordnet“[1591], dass ein Feststellungsinteresse des Konkursverwalters hierauf nicht gestützt werden könne. Immerhin: Damit hat das Reichsgericht in der Tat seine auf die unisono in der damaligen Kommentarliteratur gestützte Prämisse jedenfalls relativiert, ein Feststellungsinteresse des bestreitenden Konkursverwalters sei aufgrund der im Wortlaut des Gesetzes (heute: § 179 Abs. 1 InsO) zum Ausdruck gebrachten Struktur der Klagelast und des Prozessführungsermessens des anmeldenden Gläubigers ausgeschlossen. 53

In der im Schrifttum zur Stützung der Meinung, der bestreitende Konkursverwalter könne keine leugnende Feststellungsklage gegen die angemeldete und von ihm bestrittene Forderung erheben, zitierte Entscheidung des BGH im 19. 54

1587 Schumacher, in: Münch/Komm, § 179 Rn. 21.

1588 RG, Beschluss vom 24.6.1886, Az.. Beschw.-Rep. IIIa 18/86 = RGZ 16, 358 ff.

1589 BGH, Urteil vom 28.11.1955, Az.: III ZR 181/54 = NJW 1956, 180.

1590 RG, Beschluss vom 24.6.1886, Az.: Beschw.-Rep. IIIa 18/86 = RGZ 16, 358, 361.

1591 RG, Beschluss vom 24.6.1886, Az.: Beschw.-Rep. IIIa 18/86 = RGZ 16, 358,362.

Band der Amtlichen Sammlung[1592] trägt diese Meinung ebenfalls nicht. Dort ging es um eine negative Feststellungsklage des Vorrechts des anmeldenden Gläubigers bestreitenden Konkursverwalters. Der BGH[1593] hat im Gegenteil die Ansicht vertreten, „dass aus Gründen der Prozesswirtschaftlichkeit über eine das Vorrecht leugnende Feststellungsklage des Konkursverwalters jedenfalls dann sachlich entscheiden werden kann, wenn sich der Gläubiger auf diese Klage sachlich eingelassen und somit zu erkennen gegeben hat, dass auch ihm eine Entscheidung über Bestehen oder Nichtbestehen des von ihm behaupteten Vorrechts erwünscht ist".

55 In dem vom Reichsgericht im Jahre 1927 entschiedenen Fall[1594] lag eine durch entsprechenden Bescheid titulierte, angemeldete Steuerforderung vor, deren – nicht tituliertes![1595] – Vorrecht der Konkursverwalter mit der negativen Feststellungsklage leugnete.

56 Das Reichsgericht hob dabei hervor, die Aktivlegitimation zur negativen (Konkurs)Feststellungsklage (heute: nach § 179 Abs. 2 InsO) ergebe sich aus dem Gesetz; „ungezwungen" folge aber ebenfalls aus dem Gesetz, dass der Konkursverwalter, der gegen den Titel mit der leugnenden Konkursfeststellungsklage vorgehe zugleich auch das Vorrecht mit der negativen Feststellungsklage angreifen könne.[1596]

57 Wendet man die Grundsätze, die der skizzierten Judikatur zugrunde liegen, auf den vorliegenden Fall an, kommt man zu dem Schluss, dass das Feststellungsinteresse vor dem Hintergrund der hier gegebenen besonderen Haftungslage des Verwalters wegen des drohenden Verjährungseintritts zu bejahen ist. Es bedarf aber des Nachweises eines besonderen Feststellungsinteresses des die negative Feststellungsklage erhebenden bestreitenden Insolvenzverwalters überhaupt nicht. Die vom Reichsgericht vertretene Meinung, die Verlagerung der Feststellungslast schließe eine negative Feststellungsklage des Insolvenzverwalters von Gesetzes wegen aus, ist falsch. Sie verkennt zwei Gesichtspunkte:

58 Heute herrscht die Meinung vor, die Insolvenzfeststellungsklage nach § 179 InsO „sei" eine Feststellungsklage iSv § 256 ZPO.[1597] Daraus könnte man für den vorliegenden Fall den vom Reichsgericht im 16. Band seiner Amtlichen Sammlung vertretenen Schluss zu ziehen geneigt sein. Dies aber erscheint nicht richtig zu sein. Denn: „das Reichsgericht hat wiederholt ausgesprochen, dass Zweck und Charakter der Feststellungsklage aus § 146 KO ein wesentlich ande-

---

1592 BGH, Urteil vom 28.11.1955, Az.: III ZR 181/54 = BGHZ 19, 163 ff.

1593 BGH, Urteil vom 28.11.1955, Az.: III ZR 181/54 = BGHZ 19, 163, 164 f.

1594 RG, Urteil vom 18.3.1927, Az.: VI 540/26 = RGZ 116, 368, 372.

1595 So ausdrücklich das RG, Urteil vom 18.3.1927, Az.: VI 540/26 = RGZ 116, 368, 374.

1596 RG, Urteil vom 18.3.1927, Az.: VI 540/26 = RGZ 116, 368, 372

1597 Vgl. zum Meinungsstand (krit.) Jaeger-Henckel-Gerhardt § 179 Rn. 12, 13.

rer sei als der einer Feststellungsklage aus § 256 ZPO, die eine rein grundsätzliche Entscheidung bezwecke".[1598] Wenn die Feststellungsklage aus § 146 KO auch nicht auf eine Leistung geht, so „hat die Forderung feststellende Erkenntnis doch in Verbindung mit dem daraufhin erfolgten Tabelleneintrag neben der Wirkung, dass die Forderung am Konkurs teilnehmen kann, noch die gleiche Wirkung wie eine Leistungsklage, nämlich die Wirkung der Vollstreckbarkeit über den Konkurs hinaus, falls der Gemeinschuldner im Prüfungstermin nicht widersprochen hat."[1599]

*d) Ansicht Häsemeyers*

*Häsemeyer*[1600] bejaht die Aktivlegitimation des Insolvenzverwalters zur Verfolgung seines Betreitens mittels einer negativen Feststellungsklage. Er begründet dies überzeugend aus allgemeinen prozessualen Gesichtspunkten der Waffengleichheit der Parteien. Dagegen spricht, wie *Häsemeyer*[1601] mit guten Gründen darlegt, nicht etwa, dass der Insolvenzverwalter im Falle des § 179 Abs. 1 InsO durch die gesetzliche Verteilung der Feststellungslast begünstigt ist. Denn dies soll nicht gegen ihn gewendet werden. Häsemeyer kommt daher zu dem Schluss, dass „Widersprüche gegen nichttitulierte Forderungen … vom Verwalter … mit negativer Feststellungsklage verfolgt [werden können"][1602] 59

## 5. Zwischenfeststellungsklage

Die Zwischenfeststellungsklage gem. § 280 ZPO dient dazu, das Prozessrechtsverhältnis vor dem Hintergrund der Möglichkeit zu ordnen, dass aus dem streitigen Grundlage des Klageanspruchs bildenden Rechtsverhältnis weitere Ansprüche hervorgehen, wie *Rimmelspacher*[1603] ausgeführt hat. 60

1598 RG JW 1900, 393 Nr. 13; 1903315 Nr. 12; Urteil vom 23.03.1889 I 33/89 = RGZ 24, 405.

1599 RG, Urteil vom 18.3.1927 – VI 540/26, RGZ 116, 368, 372.

1600 Häsemeyer, Insolvenzrecht, Rn. 22.38.

1601 Häsemeyer, Insolvenzrecht, Rn. 22.38.

1602 Häsemeyer, Insolvenzrecht, Rn. 22.38.

1603 Rimmelspacher, Materiell-rechtlicher Anspruch und Streitgegenstandsprobleme im Zivilprozess, 216.

## IV. Duldungsklage

### 1. Übersicht

61 In der Literatur[1604] werden Duldungsklagen (z. B. § 1147 BGB) als Erscheinungsform bestimmter prozessualer Gestaltungen angesehen. Gestaltungsklagen zielen aber in ihrem Kern auf eine Rechtsfeststellung. Dies wird für Klagen auf Duldung der Zwangsvollstreckung im Übrigen auf von *Henckel*[1605] so gesehen. Er meint, mit diesen Klagen werde die Feststellung der Haftung bestimmter Gegenstände oder Vermögensmassen angestrebt. Die Feststellung der Haftung ist im Allgemeinen bei einem Leistungsurteil nicht erforderlich, da im Allgemeinen das gesamte Vermögen des Titelschuldners haftet. Das haftende Vermögen wird also durch die Person des Schuldners festgestellt. Hierzu gehört die gegen den Insolvenzverwalter gerichtete Klage auf Feststellung einer Forderung zur Tabelle. Jedenfalls die Klage, mit der gem. § 7 AnfG[1606] die Anfechtung außerhalb des Insolvenzverfahrens durchgesetzt werden soll und die Klage gegen den Testamentsvollstrecker auf Duldung der Zwangsvollstreckung gem. § 2213 Abs. 3 BGB, 748 Abs. 2 ZPO[1607]. Denn diese Duldungsklage dient zur Feststellung der Haftung der vom Testamentsvollstrecker verwalteten Gegenstände.[1608] Allerdings könnte mit einer Leistungsklage die Zwangsvollstreckung über den gesamten Nachlass eröffnet werden. Sofern eine beschränkte Verwaltungsbefugnis des Testamentsvollstreckers vorliegt, ist allein die Duldungsklage zulässig.[1609] Neben dem Duldungstitel gegen den Testamentsvollstrecker ist allerdings auch ein Leistungstitel gegen den Erben erforderlich (§ 748 Abs. 2 ZPO). Schließlich bedarf es der Feststellung der Haftung im Erkenntnisverfahren, wenn im eingeklagten Recht gar keine Schuld des Gegners gegenübersteht, sondern es lediglich um eine Sachhaftung geht.

### 2. Insbesondere: Die Duldungsklage des Grundpfandgläubigers

62 Mit der Duldungsklage verfolgt der Grundpfandgläubiger das Ziel, durch Erlangung eines dinglichen Titels die Verwertung des verpfändeten Grundstücks im Wege der Zwangsvollstreckung durchführen zu können. Regelmäßig stellt sich freilich die Notwendigkeit einer Duldungsklage deshalb nicht, weil sich der Eigentümer und spätere Schuldner in aller Regel formularmäßig in den notariellen

1604 Vgl. Eickmann, in: MünchKomm, BGB, § 1147 Rn. 3.
1605 Henckel, Parteilehre,62.
1606 Henckel, Parteilehre,65.
1607 Henckel, Parteilehre,67.
1608 Lenz, ZZP 70,406, 411, 417 f.
1609 Henckel, Parteilehre, S.68.

Urkunden der Bestellung von Grundpfandrechten unter die sofortige Zwangsvollstreckung in das Grundstück unterworfen hat. In Betracht kommen solche Duldungsklagen insbesondere bei für den Fiskus oder für Bauhandwerker bestellten Sicherungshypotheken.[1610]

## V. Gestaltungsklage

### 1. Publizistischer Gestaltungsanspruch

63 Seit dem Jahr 1899[1611] ist von Gestaltungsklagen die Rede. In die Struktur der Theorie vom Rechtsschutz integriert wäre die Gestaltungsklage als Verfolgung eines Anspruchs auf Rechtsschutzgewährung in Form der gerichtlichen Gestaltung des fraglichen Rechtsverhältnisses zu transformieren.[1612] Die Gestaltungsklage würde also auf einen Hoheitsakt zielen, dem ein subjektiv-öffentliches Recht (ein publizistischer Gestaltungsanspruch) zugrunde liegen würde.[1613] Nach der vorherrschenden Art der Betrachtungsweise ist aber Gegenstand der Gestaltungsklage ein subjektives Gestaltungsrecht des Klägers, das dem bürgerlichen Recht angehört.[1614] *Henckel*[1615] hat dies mit überzeugenden Erwägungen in Frage gestellt. Denn zum einen ist dem materiellen Recht ein Gestaltungsrecht bekannt, das ohne Inanspruchnahme des Gerichts durch Parteierklärung ausgeübt werden kann. Hierzu zählen das Recht zur Kündigung, zur Anfechtung oder zum Rücktritt. Der Berechtigte übt mit dem Gestaltungsrecht die Befugnis aus, die Rechtslage durch einseitige Erklärung zu ändern. Der Kläger der Gestaltungsklage hat diese Befugnis indes gerade nicht – deshalb muss er klagen, anstatt außerhalb des Prozesses seine Erklärung abgeben zu können.[1616] Der Kläger kann daher nicht durch einfache Erklärung seine Ehe scheiden oder die oHG, deren Gesellschafter er ist, auflösen.

64 *Henckel* meint nun, aufgrund des mittlerweile obsoleten Tatbestandes des „Recht auf Scheidung“ gem. §§ 42 Abs. 2, 49, 50 Abs. 1 EheG von einem klassischen publizistischen Rechtsschutzanspruch sprechen zu können, der gegenüber dem Gericht besteht, die Scheidung durch Urteil bzw. seit dem Inkrafttreten des § 137 FamFG[1617] durch urteilsersetzenden Beschluss zu verwirklichen

1610 Smid, Kreditsicherheiten in der Insolvenz, 2. Aufl. 2008, § 18 Rn. 3.
1611 Schruttka Rechtenstamm, Grünholz Bd 16, 1889,619
1612 Henckel (Fn. 1541) 32.
1613 Henckel (Fn. 1541) 33.
1614 Henckel (Fn. 1541) 33; sowie Bötticher, Rosenberg- F. 73 ff.
1615 Henckel (Fn. 1541) 33.
1616 Henckel (Fn. 1541) 33.
1617 Weber, in: Keidel, FamFG, § 137 Rn. 1ff.

(vgl. heute allein § 1564 BGB[1618]). *Bötticher*[1619] hat demgegenüber darauf hingewiesen, dass diese Gestaltungsklagen eine materielle Rechtslage widerspiegeln und nur deshalb gerichtlich verfolgt werden müssen, um eine für alle Beteiligten klare und offensichtliche Rechtslage herbeizuführen. Der Schwerpunkt, der den Gesetzgeber zur Verweisung der Angelegenheiten auf eine gerichtliche Entscheidung veranlasse, liege in einem deklaratorischen Element des Urteilsausspruches. Die Gestaltung sei lediglich ein „Zusatz" der sich von selbst verstehe.[1620]

65 *Henckel*[1621] hat ausgeführt, dass den Besonderheiten der Gestaltungsklage nicht hinreichend Rechnung getragen werden kann, soweit ihr Streitgegenstand in die Struktur des Anspruchs gepresst wird. Nicht anders als im Falle der Feststellungsklage kann die Rechtsschutzform der Gestaltungsklage von der Anspruchsstruktur gelöst werden.

66 Beklagter der Gestaltungsklage ist derjenige, der über das von der Gestaltung unmittelbar betroffene Rechtsverhältnis verfügungsbefugt ist.[1622]

### 2. Fragen des Parteiwechsels im Übergang von der Anfechtungsklage nach dem AnfG zur Insolvenzanfechtung des Insolvenzverwalters

67 § 16 Abs. 1 S. 1 AnfG sieht vor, dass der Insolvenzverwalter berechtigt ist, die von den Insolvenzgläubigern vorkonkurslich erhobenen Anfechtungsansprüche zu verfolgen, wenn über das Vermögen des Schuldners das Insolvenzverfahren eröffnet wird. Und § 17 Abs. 1 S. 1 und 2 AnfG regeln, dass ein Verfahren über den Anfechtungsanspruch, das im Zeitpunkt der Eröffnung des Insolvenzverfahrens noch rechtshängig ist, unterbrochen wird und vom Insolvenzverwalter aufgenommen werden kann.

68 Nun ist aber in diesen, mit der Insolvenzrechtsreform des Jahres 1999 zur Anpassung an die Diktion des Insolvenzanfechtungsrechts neu gefassten, Gesetzesregelungen von einem „Anfechtungsanspruch" des Zwangsvollstreckungsgläubigers die Rede, der auf gegen den Dritten als Gegner der Anfechtungsklage auf Duldung der Zwangsvollstreckung in sein Vermögen (nämlich in den im übrigen materiellrechtlich wirksam vom Zwangsvollstreckungsschuldner erworbenen Vermögensgegenstand) gerichtet ist (§ 11 Abs. 1 AnfG: „Was durch die anfechtbare Rechtshandlung aus dem Vermögen des Schuldners veräußert, wegge-

1618 Berger/Mansel, in: Jauernig, BGB § 1564 Rn. 1ff.

1619 Bötticher, Rosen-F, 83; ders., Gestaltungsrecht und Unterwerfung im Privatrecht,5 ff.

1620 Krit. dagegen Henckel (Fn. 1541) 35.

1621 Henckel (Fn. 1541) 95.

1622 Henckel (Fn. 1541) 106.

geben oder aufgegeben ist, muss dem Gläubiger zur Verfügung gestellt werden, soweit es zu dessen Befriedigung erforderlich ist"). Zwar sieht § 13 AnfG vor, dass der Klageantrag im Falle der klagweisen Geltendmachung des Anfechtungsanspruchs bestimmt zu bezeichnen hat, in welchem Umfang und in welcher Weise der Anfechtungsgegner das Erlangte zur Verfügung stellen soll. Der Zwangsvollstreckungsgläubiger kann aber jedenfalls nicht die Herausgabe an sich verlangen.

## VI. Selbständiges Beweisverfahren

### 1. Funktionales Äquivalent zum „vollständigen" Prozess

Eine Sonderstellung nehmen die Selbstständigen Beweisverfahren der §§ 485 ff. ZPO ein. Auf Antrag einer Partei kann nach § 485 Abs. 1 ZPO während oder außerhalb eines Streitverfahrens die Einnahme des Augenscheins, die Vernehmung von Zeugen oder die Begutachtung durch einen Sachverständigen angeordnet werden, wenn der Gegner zustimmt oder zu besorgen ist, dass das Beweismittel verloren geht oder seine Benutzung erschwert wird. Eine Partei kann darüber hinaus nach § 485 Abs. 2 ZPO die schriftliche Begutachtung durch einen Sachverständigen über den Zustand einer Person oder den Zustand oder Wert einer Sache, über die Ursache eines Personenschadens, Sachschadens oder Sachmangels oder über den Aufwand für die Beseitigung eines Personenschadens, Sachschadens oder Sachmangels auch dann beantragen, wenn ein Rechtsstreit noch nicht anhängig ist. Voraussetzung dafür ist, dass der Antragsteller ein rechtliches Interesse daran hat, dass die Feststellungen über die Gutachtenthemen getroffen werden. § 485 Abs. 2 S. 2 ZPO ordnet dabei ausdrücklich an, dass ein rechtliches Interesse anzunehmen ist, wenn die Feststellung der Vermeidung eines Rechtsstreits dienen kann - was in der verjährungshemmenden Wirkung des Antrags[1623] nach § 485 ZPO zum Ausdruck gelangt. 69

Die Beweisaufnahme erfolgt gem. § 492 Abs. 1 ZPO nach den für die Aufnahme des betreffenden Beweismittels überhaupt geltenden Vorschriften. 70

### 2. Vergleichsweise Einigung der Parteien als Ziel des selbstständigen Beweisverfahrens

Das selbstständige Beweisverfahren dient damit der Prozessvermeidung.[1624] 71
Dies ergibt sich schon aus § 493 Abs. 1 ZPO, der anordnet, dass, wenn sich eine Partei im Prozess auf Tatsachen beruft, über die selbständig Beweis erhoben

1623 Zeiss/Schreiber, ZPrR 11. Aufl. 2009 Rn. 451.
1624 Schreiber, in: MünchKomm., ZPO § 485 Rn. 1.

worden ist, die selbständige Beweiserhebung einer Beweisaufnahme vor dem Prozessgericht gleichsteht. Damit werden im Falle des § 485 Abs. 1 ZPO Verzögerungen vermieden.[1625] Mehr noch. Im Falle des § 485 Abs. 2 ZPO – dem selbstständigen Beweisverfahren „ohne“ anhängigen Prozess - haben die Parteien mit diesem Verfahren die Möglichkeit, auf der Grundlage des mit ihnen vom Gericht gem. § 285 i.V.m. § 492 Abs. 1 ZPO zu erörternden Ergebnisses der Beweisaufnahme den Rechtsstreit zum Ende zu bringen: Denn § 492 Abs. 3 ZPO sieht vor, dass das Gericht im selbstständigen Beweisverfahren die Parteien zur mündlichen Erörterung laden kann, wenn eine Einigung zu erwarten ist. Nur sofern dies nicht möglich ist, wird nach § 494a Abs. 1 ZPO unter Fristsetzung angeordnet, dass der Antragsteller die Klage zu erheben habe – schon um nach § 494a Abs. 2 ZPO über die Kosten entscheiden zu können.

### 3. Keine Verweisung des FamFG auf die §§ 485 ff. ZPO

72 Das FamFG verweist nicht auf die §§ 485 ff. ZPO. Das liegt weniger daran, dass in der freiwilligen Gerichtsbarkeit kein „starkes Bedürfnis“ an den vermögensrechtlichen Feststellungen bestehe, wie sie in § 485 Abs. 2 ZPO vorgesehen seien.[1626] Betrachtet man die Amtsverfahren, so fällt auf, dass dort durch das Gericht Gefahrenabwehr betrieben wird (arg. z.B. § 1666 Abs. 1 BGB) – und es damit eines selbstständigen Beweisverfahrens nicht bedarf. Und im Güterrechtsstreit als echtem Streitverfahren des FamFG eröffnet z.B. § 1385 BGB die Möglichkeit, einen vorzeitigen Zugewinnausgleich zu betreiben – was ein (dem „eigentlichen“ Prozess „vorgezogenes“) selbstständiges Beweisverfahren verzichtbar erscheinen lässt.

---

1625 So Schreiber, in: MünchKomm., ZPO § 493 Rn. 1.

1626 So aber Schreiber, in: MünchKomm., ZPO § 485 Rn. 2, der aber konzediert, dass im Verbundverfahren solche Interessen im Güterrechtsstreit vorliegen können.

# § 18 Die Disposition über den Verfahrensgegenstand durch Antragsänderung

## I. Herstellung entscheidbarer Anträge: Materielle Prozessleitung des Gerichts

### 1. Vollstreckbarkeit des Antrags

1 Die bisherigen Überlegungen haben gezeigt, dass streitige Verfahren, namentlich der Zivilprozess, allein auf Initiativen von Beteiligten (Parteien), nicht aber auf Initiative des Gerichts (von Amts wegen) eingeleitet werden. Im vorangegangen Paragraphen ist diese Herrschaft der Parteien über das Prozessrechtsverhältnis und den zu verhandelnden Streitgegenstand als Ausdruck der Herrschaft der Dispositionsmaxime bezeichnet worden. Die Parteien definieren das Streit- und Entscheidungsprogramm des Rechtsstreits durch ihren Antrag. Die Parteien bestimmen durch ihre Herrschaft über den Prozess. Sie legen damit den Umfang der richterlichen Entscheidungspflicht fest.

2 Das Gericht hat das Verfahren gewissermaßen „zweckfrei“ zu betreiben und zu entscheiden[1627] - bzw. der Vorsitzende seine Leitungsaufgaben entsprechend auszuüben. Denn eigene (persönliche) wirtschaftliche oder wie auch immer geartete subjektive Zwecke zu verfolgen, ist den Parteien überlassen, die im Prozess ihre Freiheit betätigen. Insofern ist der Prozess eine schlicht „eingabeorientierte“ Feststellung des zwischen den Parteien geltenden Rechts auf Basis eines in der Vergangenheit liegenden Sachverhalts. Daraus folgt, dass es allein die Parteien sind, die Beginn, Gegenstand und Ende des Verfahrens festlegen.

3 Welcher Antrag geeignet ist, zu einer nachhaltigen Entscheidung des zwischen den Parteien geführten Streits führen zu können, lässt sich oftmals nicht ohne weiteres beantworten. Dies mag ein Beispiel zeigen:

4 Fall: In einem Wohnraummietvertrag hat sich der Vermieter neben der Nutzungsüberlassung von Räumen zur Lieferung von Wärme in einer bestimmten Heizperiode verpflichtet. Als er dieser Lieferpflicht nicht nachkommt, klagt der Mieter auf Leistung mit dem Antrag, den Vermieter zur Wärmelieferung zu verurteilen. Dieser Antrag ist zwar Ausdruck der vertraglichen Leistungsbeziehung zwischen Vermieter und Mieter. Bei der Entscheidung ist aber nicht allein zu berücksichtigen, dass der Beklagte zu der vordergründig (materiellrechtlich) geschuldeten Leistung verurteilt wird. Das macht der Beispielsfall deutlich – denn der beklagte Vermieter schuldet nicht nur eine einmalige „Lieferung“ von Wärme, zu der er mit einem Leistungsurteil verurteilt werden könnte. Vollstreckt man das Leistungsurteil, indem der Gerichtsvollzieher mit einem Handwerker die Heizungsanlage in Betrieb nimmt o.dgl.m., wäre der mit dem Leistungsurteil ausgesprochene Titel „verbraucht“.

---

1627 Sticken, Die „neue“ materielle Prozeßleitung, 2004, 51.

Nimmt man aber die schuldrechtliche Beziehung zwischen den Parteien näher in den Blick, stellt sich heraus, dass die Lieferungspflicht auf eine Dauerschuld hinausläuft. Naheliegender Weise ist der Vertrag nur so zu verstehen, dass vom Vermieter zwischen Oktober und März dauerhaft Wärme zu liefern ist. Ein auf Leistung gerichteter Antrag ist daher auf Unterlassung der Nichtbelieferung umzustellen.

5 Dieser materiellrechtlichen Struktur der schuldrechtlichen Beziehung zwischen den Parteien trägt das Vollstreckungsrecht Rechnung. Um einen Titel zu erlangen, der dem Kläger später als Vollstreckungsgläubiger die Möglichkeit eröffnet, die Achtung seines Rechts in jedem Fall einer Leistungspflichtverletzung des lieferpflichtigen Vermieters als Vollstreckungsschuldners zu erzwingen, bedarf es eines anderen Instruments als des Mittels der Leistungsklage und des Leistungsurteils.

6 Deshalb ist der auf Erlass eines Leistungsurteils gerichtete Antrag in dem Beispielsfall der Wärmelieferungspflicht des Vermieters nicht sachgerecht. Denn er ist nicht geeignet, das „Rechtsschutzziel“ des klagenden Mieters angemessen abzubilden.

## 2. Parteiprozess und Anwaltszwang

### *a) Antrag und streitige Parteimeinung*

7 Das Beispiel gibt den Fall eines Prozesses wieder, für den nach § 23 Nr. 2 a GVG die amtsgerichtliche Zuständigkeit begründet ist und in dem kein Anwaltszwang nach § 78 ZPO herrscht. Aber auch in solchen Prozessen, in denen Anwaltszwang herrscht und die Anträge der Parteien folglich von professionellen Juristen ausgearbeitet und gestellt werden, ist damit nicht zwingend die Gewähr dafür gegeben, dass ein sachgerechter Antrag gestellt wird. Gerade in komplexen Rechtslagen kann auch ein Anwalt irren, oder auch nur eine Rechtsansicht vertreten, die im vorliegenden Fall von der Gegenpartei und dem Gericht nicht geteilt wird.

### *b) Materielle Prozessleitung des Gerichts: Hinweis zur Stellung sachdienlicher Anträge*

8 Ob ein Antrag sinnvoll „entscheidbar“ ist, hängt von den rechtlichen Beurteilungen der Sachlage nicht allein durch den Kläger (und den Beklagten) ab, sondern nicht zuletzt auch von der des Gerichts ab. Um den Prozess zu einer sinnvollen Entscheidung bringen zu können sieht daher § 139 Abs. 1 S. 2 ZPO vor, dass das Gericht die Parteien zur Stellung „sachdienliche Anträge“ veranlassen soll. § 139 ZPO stellt sich nach alledem als Generalklausel, vergleichbar derjenigen des § 242 BGB, dar.[1628] § 253 ZPO verlangt dem Kläger nämlich mehr ab,

1628 Henckel, Prozessrecht und materielles Recht, 1970, 145/146.

als er leisten kann. Daher ist die Korrektur dieser Vorschrift durch die materielle Prozessleitung des Gerichts nach § 139 Abs. 1 ZPO erforderlich.[1629] Dies gilt auch für den Anwaltsprozess, da die Gerichte gerade auch in diesen Prozessen eine eigene Aufgabe der Förderung der Rechtsfortbildung haben.[1630]

Die Grenze der Prüfungsbefugnis des Gerichts ergibt sich aus § 308 Abs. 1 ZPO.[1631] Und damit ergibt sich, dass der Umfang der Entscheidungsbefugnis des Gerichts aus den §§ 139, 264 ZPO folgt.[1632] 9

Der Wortlaut des Gesetzes ist insofern nicht wirklich geglückt. Gemeint ist, dass das Gericht nicht allein darauf hinzuwirken hat, dass die angekündigten Anträge, wenn sie sachdienlich sind, auch gestellt werden, sondern vornehmlich, dass es, wenn der angekündigte Antrag nach seinem Dafürhalten nicht sachdienlich ist, auch dahin wirkt, dass der Antrag entsprechend geändert wird[1633]. 10

Der Grundsatz des Vertrauensschutzes und der Anspruch der Parteien auf ein faires Verfahren gebieten es, dass das Gericht insbesondere bei Rechtsstreitigkeiten aus Spezialgebieten, wozu auch das Anfechtungsrecht gehört, auf die Stellung sachdienlicher Klageanträge hinwirkt.[1634] Nach der Judikatur des OLG Köln sind bei der Prüfung der Berufsunfähigkeit im Rahmen der Berufsunfähigkeitszusatzversicherung sowohl erhöhte Anforderungen an die Substantiierung des diesbezüglichen Parteivortrags als auch an den einer sachverständigen Begutachtung zugrunde zu legenden Sachverhalt zu stellen. Die Anforderungen an die Feststellung der Berufsunfähigkeit bedeuten über den materiellrechtlichen Aspekt hinaus spezifische Anforderungen an die Verfahrensausgestaltung in einschlägigen Prozessen im Sinne einer gesteigerten Aufklärungs- und prozessualen Fürsorgepflicht. Ohne Hinweis- und Auflagenbeschlüsse sei in diesen Fällen eine angemessene Strukturierung und Konkretisierung des Streitstoffs nicht zu erreichen.[1635] Das Gericht hat auch im Informationserzwingungsverfahren gem. § 51a GmbHG auf eine sachgerechte Antragstellung hinzuwirken und dem Antragsteller Gelegenheit zu geben, Mängel des Antrags zu beseitigen.[1636] Die Pflicht zur Förderung sachdienlicher Anträge gem. § 139 Abs. 1 S. 2 ZPO greift in allen Verfahrensarten: Fehlt es beispielsweise dem Klageantrag an der 11

1629 Henckel, (Fn. 1628) 130.

1630 Henckel, (Fn. 1628) 131.

1631 Rimmelspacher, Materiellrechtlicher Anspruch und Streitgegenstandsprobleme, 1970, 239.

1632 Rimmelspacher (Fn. 1631) 230/231; 234/235.

1633 Leipold, in: Stein/Jonas, Rn. 47, 48 mit Nachw. aus der Rspr.

1634 OLG Köln, Beschluss vom 9.6.2004, Az.: 2 W 46/04 = OLGR 2005, 53.

1635 OLG Koblenz, Urteil vom 23.1.1998, Az.: 10 U 179/97 = OLGR 1998, 259; OLG Koblenz, Urteil vom 31.7.1998, Az.: 10 U 746/97 = OLGR 1999, 56.

1636 OLG Frankfurt/M., Beschluss vom 10.8.1995, Az.: 20 W 364/92 = NJW-RR 1996, 415.

nötigen Bestimmtheit, ist das Gericht im Prozesskostenhilfeprüfungsverfahren verpflichtet, auf die Behebung dieses formellen Mangels hinzuwirken.[1637] Dies gilt auch für die Möglichkeit der prozessualen Gestaltungsklage nach § 767 analog, wenn es den abzuändernden Titel mangels Bestimmtheit für nicht vollstreckungsfähig hält.[1638] Im Wohnungseigentumsverfahren als Verfahren der freiwilligen Gerichtsbarkeit sind an die Bestimmtheit der Anträge weniger strenge Anforderungen zu stellen als im Zivilprozess; sie sind auch in weiterem Maße auslegungsfähig. Das Gericht hat aber jedenfalls auf die Stellung sachdienlicher Anträge hinzuwirken.[1639]

### 3. Richterliche Neutralität und Einflussnahme auf Stellung sachdienlicher Anträge

#### *a) Richterliche Hinweispflicht und Unparteilichkeit des Gerichts*

12 Diese Hinweis- und Hinwirkungspflicht des Gerichts greift tief in die Herrschaft der Parteien über Prozessrechtsverhätnis und Streitgegenstand ein. Denn wie eingangs (oben Rn. 2) ausgeführt dient der Zivilprozess der Erkenntnis und Feststellung des zwischen zwei Parteien ungewissen und streitigen Rechts durch den unparteiischen Richter.[1640] Diese Organisation des Prozesses als Zweiparteienstreit, der vor einem "Dritten" durch die Stellung von Anträgen und die entsprechende Beweisführung ausgetragen wird, verweist auf eine dialogische Struktur dieses Verfahrens. Indem die Parteien vor dem Richter verhandeln, verfolgen allein *sie* im Prozess als freie Rechtsgenossen konkrete Zwecke. Der Richter hat seine Neutralität zu wahren, um unparteiisch und damit "gerecht" entscheiden zu können.[1641] Vor allem die Notwendigkeit, das Verfahren unparteiisch und neutral zu leiten, gibt die Feststellungsfunktion des Prozesses vor[1642]: Es ist notwendig, dass das Gericht keine eigenen Zwecke mit dem Verfahren verfolgt, will es unabhängiger „Dritter" im Streit der Parteien sein.

13 Die Regelungen des § 139 ZPO nehmen eine zentrale Stellung im geltenden Zivilprozessrecht ein. In ihnen erscheint "das Gericht" nicht nur als Dritter, von dem schließlich der Rechtsstreit entschieden wird, sondern im Prozess als aktiv auf die Erklärungen, ja die Prozesshandlungen der Parteien, einwirkende Autorität.[1643] Das Gericht ordnet nicht allein den äußeren Ablauf des Prozesses, son-

1637 OLG Hamburg, Beschluss vom 3.1.2000, Az.: 14 W 85/99 = OLGR 2000, 262.

1638 BGH, Urteil vom 7.12.2005, Az.: XII ZR94/03 = NJW 2006, 695.

1639 OLG Frankfurt, Beschluss vom 16.11.2004, Az.: 20 W 219/03 = OLGR 2005, 510.

1640 Rensen, MDR 2002, 1175 ff.; Smid, Rechtsprechung,§ 2 S. 160 ff.

1641 Sticken, (Fn. 1627), S. 42 ff.

1642 Sticken, (Fn. 1627), S. 43, 51 ff.

1643 Rechtsvergleichend Weber, ZZPInt 5 (2000), 579 ff.

dern nimmt mittelbar auf die Voraussetzungen der Entscheidung in der Sache Einfluss. Grund und Grenzen der Befugnisse des Richters werden durch die Reichweite seiner materiellen Prozessleitung bestimmt. Von § 139 ZPO wird daher gesagt, sie sei „die Magna Charta des Zivilprozesses“[1644] und „eine der wichtigsten und auch schwierigsten Vorschriften der ZPO“[1645].

14 Die Leitung des Prozesses durch das Gericht stellt eine alltägliche Routine richterlicher Tätigkeit dar. Erhebliche Aufmerksamkeit genießt dabei die richterliche Hinweispflicht nach § 139 ZPO, in der die unparteiliche Beurteilung der Rechtslage mit einer Intervention in die Prozesshandlung der Parteien ineinander geht. Es ist daher nicht überraschend, dass § 139 ZPO den Mittelpunkt des Interesses der Zivilprozessrechtswissenschaft auf dem Feld der richterlichen Prozessleitung bildet.

15 Die richterlichen Prozessleitungspflichten lassen sich danach mit diesem Verständnis des Zivilprozesses in Einklang bringen, als auch sie Bedingung der unparteiischen Entscheidung sind: Die richterliche Prozessleitung gewährleistet allgemein die formelle Chancengleichheit der Parteien im Prozess.[1646] Sie sichert demnach - wie das rechtliche Gehör[1647] und die Wahrheitspflicht nach § 138 Abs. 1 ZPO (dazu unten) - die Möglichkeit der unparteiischen Entscheidung ab.[1648]

16 Diese Vorüberlegungen machen deutlich, dass § 139 ZPO nichts daran ändert, dass der Kläger darüber zu entscheiden hat, ob er ein ihm zustehendes Recht im Prozess ausüben will.[1649] Nach § 253 ZPO ist der Kläger verpflichtet, seinem prozessualen Begehren eine Form zu verleihen, über die das Gericht entscheiden kann. Im Kontext der Leistungsklagen orientiert sich diese Form regelmäßig an der Art und Weise, wie der auszusprechende Titel vollstreckt wird. Trifft daher der Kläger bei der Formulierung seines Prozessziel

17 s auf eine vom Gericht entscheidbare Form hin bereits bei Leistungsklagen auf Schwierigkeiten, können diese sich nach der materiellen Gestaltung des Begehrens weiter komplizieren, wenn der Kläger statt Leistung z. B. Freistellung von einer Inanspruchnahme u. a. verlangt oder wenn seinem Leistungsbegehren ein Feststellungsantrag gem. § 256 ZPO vorgelagert ist, für den ebenfalls gilt, dass das festzustellende Rechtsverhältnis in einer Weise zu bestimmen ist, auf-

---

1644 Baumbach/Lauterbach/Albers/Hartmann, ZPO, Rn. 1; Danelzik, WRP 1999, 18 ff..

1645 Baumbach/Lauterbach/Albers/Hartmann, ZPO, Rn. 1; vgl. auch Borck, WRP 2005, 1139 und Neuhaus, MDR 2002, 438 ff.

1646 Smid, Rechtsprechung, § 4 S. 291 ff; Smid, Richterliche Rechtserkenntnis, 1989, S. 29.

1647 *Sticken,* (Fn. 1627), *S.* 65 ff.

1648 *Sticken,* (Fn. 1627), *S.* 66 ff.

1649 So überzeugend Henckel, Parteilehre und Streitgegenstand im Zivilprozeß, Heidelberg 1961, S. 130.

grund derer die begehrte Feststellung vom Gericht getroffen werden kann. Ob der Antrag im Sinne einer Entscheidbarkeit durch gerichtliches Urteil richtig ist, also dem Prozessziel des Klägers die richtige Form verleiht, aufgrund derer das angestrebte Urteil erlassen werden kann, kann bereits bei Klageeinlegung zweifelhaft sein. Denn dies verweist auf Rechtsfragen, die sowohl von den Parteien als auch vom Gericht auf jeweils andere Art und Weise gesehen werden können. Im Schrifttum[1650] ist daher zum Teil davon die Rede, das Gesetz verlange mit dem Bestimmtheitserfordernis des § 253 ZPO mehr von dem Kläger, als ihm häufig „zugemutet werden" könne. Dies aber trifft nicht die eigentliche prozessuale Frage. Geht man von Zumutbarkeiten aus, ist dabei noch das Bild des die Partei in Person im Amtsgerichtsprozess lenkende Gestalt des Amtsrichters angesprochen. § 139 ZPO korrigiert aber nicht Zumutbarkeiten eines „an sich" bestehenden Systems prozessualer Anforderungen, sondern das gemeinsam von Gericht, Kläger und Beklagten im Prozess verfolgte Ziel ist es, das zwischen den Parteien streitige Recht durch ein endgültiges Urteil zu erkennen; ebenso wie das Bestimmtheitsgebot des § 253 ZPO der Entscheidbarkeit des Rechtsstreits dient, kann das Urteil doch allein auf einem Rechtsgespräch der Parteien beruhen, das sie miteinander und mit dem Gericht führen. Dieses Rechtsgespräch aber dient dazu, herauszuarbeiten, welches die materiell rechtliche Fragestellung ist, die dem Rechtsstreit unterlegt ist. Hiervon, nämlich vom materiellen Recht, ist es abhängig, in welcher Form das Urteil gefällt wird. Bei seinem Urteil aber ist das Gericht nach § 308 Abs. 1 ZPO an den Antrag der Parteien gebunden, so dass das Rechtsgespräch zwischen Gericht und Parteien im wesentlichen auch darüber geführt wird,in welcher Gestalt dieser Antrag zu fassen sei.

18 Anders als im römischen Prozess, in dem der Prätor darüber befand, welche Rechtsfolgen das Gericht aus einem bestimmten Sachverhalt herleiten werde, kennt der moderne Zivilprozess kein Verfahren der Zulassung bestimmter Klagformeln. *Henckel*[1651] weist zutreffend darauf hin, dass die Funktion des römischen Prätors weder den Parteien noch ihrem Anwalt überantwortet ist. Die prätoriale Funktion der Zulassung eines bestimmten Antrages ist aber auch dem Gericht nicht ausschließlich zugewiesen. Denn dem Gericht ist regelmäßig zu dem Zeitpunkt, zu dem die Klage bei ihm eingelangt ist, der Sach- und Streitstand noch nicht in der Weise verfügbar, dass es abschließend die richtige Klageform – den richtigen Klagantrag – zu beurteilen im Stande wäre. Dies zu beurteilen, muss es mit den Parteien bzw. den Prozessbevollmächtigten verhandeln. Dies wird durch einen ergänzenden Gedankengang deutlicher: Das Gericht, das den falschen, nämlich in diesem Rechtstreit nicht entscheidbaren Antrag ohne

---

1650 Henckel, (Fn.1649), S. 130.
1651 Henckel, (Fn. 1649), S. 131.

weitere Umstände zurückwiese, würde damit nicht allein eine von beiden Parteien nicht erwartbare Überraschungsentscheidung fällen, die das Gesetz nunmehr ausdrücklich verbietet. Vielmehr würde, wäre ein solches Verfahren zulässig, das Bestimmtheitserfordernis des § 253 ZPO entweder die Prozessführung des Klägers überhaupt zu einem unkalkulierbaren Risiko machen – da er sich nicht auf die Entscheidung eines Prätors stützen kann. Oder, wie *Henckel*[1652] bemerkt, müssen unzulässige Anträge entgegen § 253 ZPO zugelassen werden.

*b) Keine Verlagerung der Verantwortung für die Prozessführung von den Parteien auf das Gericht*

Nach zutreffender Ansicht gestattet § 139 ZPO nicht, dass vom Gericht der Partei die Entscheidung darüber angenommen wird, welche Rechte die Partei im Prozess verfolgen will. Denn bei der Rechtsverfolgung im Prozess handelt es sich um die Ausübung des subjektiven Privatrechts. Diese besteht allein in der Disposition der Partei.[1653] Das Risiko, dass die Partei ihr Prozessziel mit untauglichen verfahrensrechtlichen Mitteln verfolgt, ist aber zu mindern, da es Ziel der gemeinsamen Verhandlung von Gericht und Parteien ist, das Risiko der falschen rechtlichen Würdigung zu reduzieren. Das Bestimmtheitserfordernis des § 253 ZPO, das Gebot einer gütlichen Streitbeilegung und die materielle Prozessleitung bilden also Gravitationspunkte eines Dreiecks, innerhalb dessen die gemeinsame Förderung des Prozessziels durch Gericht und Parteien stattfindet. 19

## 4. Sachdienlichkeit eines Antrags

*a) Kein abstrakt-prozessualer Begriff der Sachdienlichkeit*

Sachdienlich ist, was einer „Sache" dienlich ist, nämlich der, in Bezug auf welche nach der Sachdienlichkeit gefragt wird. „Sachdienlichkeit" schlechthin ergibt keinen Sinn: Stets ist zu fragen, in Bezug auf was Sachdienlichkeit bestehen soll. „Sache" ist im hier gegebenen Zusammenhang nicht sachenrechtlich zu verstehen - als „res" -, sondern in einem - insbesondere auch „causa" erfassenden - umfassenderen Verständnis. In § 139 Abs. 1 S. 2 ZPO geht es um die Sachdienlichkeit von Anträgen. Hier stellt sich die Frage, ob der Antrag der Sache, die mit ihm verfolgt werden soll, dienlich ist. In § 263 ZPO hingegen geht es um die Sachdienlichkeit einer Klagänderung und also nicht oder doch jedenfalls nicht unmittelbar um die Sachdienlichkeit des zu ändernden oder des geänderten Antrages. Das gilt auch dann, wenn sich aus dem Sachvortrag der Partei ergibt, dass auch ein weitergehender Antrag zulässig und begründet wäre, würde 20

1652 Henckel, (Fn. 1649), S. 130.
1653 Henckel, (Fn. 1649), S. 132.

er nur gestellt worden sein. In solchen Fällen wird zwar eine Klagänderung, entschließt sich der Kläger hierzu, sachdienlich sein; dessen ungeachtet ist aber auch schon der umgeänderte Antrag sachdienlich, nur eben enger. Nun ist allerdings umstritten, ob „sachdienlich“ in § 139 Abs. 1 S. 2 ZPO dieselbe Bedeutung hat wie in § 263 Abs. 1 ZPO, nach welcher Vorschrift eine Klagänderung dann zulässig ist, wenn „das Gericht sie für sachdienlich erachtet“. Hierzu gibt es im Wesentlichen drei Ansichten, von denen die dritte richtig ist: So wird vertreten, zulässig sei nur der Hinweis, der sich im Rahmen des vom Kläger vorgebrachten Antrags halte.[1654] Im Ergebnis wird also ein aus § 263 ZPO abgeleitetes Kriterium der "objektiven Sachdienlichkeit" zurückgewiesen. Nach dieser Ansicht ist in § 139 Abs. 1 ZPO „der Begriff sachdienlich im subjektiven Sinn zu verstehen, während er in § 263 ZPO im objektiven Sinn verstanden werden muss“. Nach einer anderen Ansicht[1655] hingegen weist „nicht nur derselbe Wortlaut in den §§ 139 Abs. 1, 263 ZPO darauf hin“, sondern zwingt „auch und gerade die Funktion beider Vorschriften ... zu dem Schluss, dass der Begriff der Sachdienlichkeit in beiden Regelungen gleichen Inhalt hat“, weshalb „der Richter nach § 139 Abs. 1 S. 2 ZPO verpflichtet“ sei, „auf eine sachdienliche Klagänderung hinzuwirken“. Demgegenüber ist zwar richtig, dass der Begriff „sachdienlich“ in beiden Vorschriften der nämliche ist, nicht aber auch, dass deshalb der Vorsitzende verpflichtet ist, auf eine Klagänderung hinzuwirken : § 139 ZPO setzt voraus, dass der Antrag nicht sachdienlich ist; in diesem Fall ist auf eine entsprechende Änderung des Antrages hinzuwirken. In § 263 ZPO hingegen muss die Klagänderung, um zulässig zu sein, sachdienlich sein. Es sind aber mühelos Fälle zu finden, in denen trotz fehlender Sachdienlichkeit des ursprünglichen Antrages auch die Klagänderung nicht sachdienlich ist; denn es genügt ja nicht die Änderung als solche, sie muss vielmehr zu einem sachdienlichen Antrag führen. Andererseits mag es auch einmal sachdienlich sein, trotz sachdienlicher Anträge die Klage zu ändern, etwa dazu, den „Klagantrag in der Hauptsache zu erweitern“: Eine solche Änderung ist zwar nach § 264 Nr. 2 ZPO nicht „als eine Änderung der Klage... anzusehen“, dessen ungeachtet aber der Sache nach eine *subjektiv*e Klagänderung, die nur deshalb gemäß § 264 Nr. 2 ZPO nicht als solche „anzusehen“ ist, weil sie *objektiv* ersichtlich sachdienlich und daher zulässig ist.

*b) Prozessziel der Parteien als Maßstab*

21 Sachdienlich sind daher die Anträge, mit denen die Parteien aus dem Sach- und Streitstand die Schlüsse gezogen haben, die für die Erreichung ihres Prozesszie-

1654 Rensen, Hinweispflicht S. 191 ff.; ders. MDR 2002, 1175, 1177.

1655 Peters, in: MünchKomm, ZPO, § 139, Rn. 31; ders. FS Beys, 1243, 1248; Leipold, in: Stein/Jonas, ZPO, § 263 Rn. 12.

les geboten sind. Der Hinweis des Gerichts auf sachdienliche Anträge soll daher helfen, das von der Partei verfolgte materielle Prozessziel mit dem prozessualen Antrag in Übereinstimmung zu bringen.[1656] Daher spricht man davon, die Sachdienlichkeit iSv § 139 Abs. 1 S. 2 ZPO sei in einer „subjektiven" Hinsicht - nämlich auf die Rechtsverfolgung durch die Partei hin - zu verstehen, während der Begriff im Regelungszusammenhang des § 263 ZPO objektive Bedeutung - im Rahmen des Prozesses - habe.[1657] Gemeint ist damit, dass die Parteien ihre „subjektiven" Zwecke im Prozess verfolgen, was im Übrigen damit umschrieben wird, im Zivilprozess habe die Dispositionsmaxime Geltung. Die Parteien bestimmen den Streitgegenstand; daran ist das Gericht gebunden. Aufgabe der gerichtlichen materiellen Prozessleitung ist es, zu fördern, dass dieser „subjektiven" Bestimmung der Reichweite des Prozesses und des Urteils die prozessuale Form zu geben, dass über das Ziel der Parteien in gehöriger Form entschieden werden kann.

Mit einer Entscheidung aus dem Februar 2008[1658] hat der IX. Zivilsenat des 22
BGH die Anforderungen an die Ausübung des Anfechtungsrechts durch den Insolvenzverwalter gem. § 129 InsO näher bestimmt. Der Entscheidung lag folgender, hier vereinfacht wiedergegebener Sachverhalt zugrunde:

23

Fall: Im Januar 1999 waren der Beklagten technische Anlagen des von der Schuldnerin betriebenen Heizkraftwerks sicherungsübereignet worden. Im darauf folgenden Juni 1999 kaufte die Beklagte von der Schuldnerin diese technischen Anlagen unter Vereinbarung der Verrechnung mit Verbindlichkeiten der Schuldnerin. Diese stellt im September 1999 ihren Geschäftsbetrieb ein, stellte dann am 7.7.2000 Insolvenzantrag, woraufhin am 2.6.2001 das Insolvenzverfahren eröffnet und der Kläger zum Insolvenzverwalter bestellt wurde. Dieser hat die Verrechnung mitsamt der Verrechnungsvereinbarung angefochten. Im Prozess hat er u. a. die Auffassung vertreten, einer Anfechtung der Sicherungsübereignung bedürfe es nicht, weil diese infolge der Verrechnung obsolet geworden sei, er hat sich aber im Verlauf des Anfechtungsprozesses im Jahr 2002 auf eine „Einrede der Anfechtbarkeit" der Sicherungsübereignung berufen.

24

Hat das Tatsachengericht Zweifel, ob der Insolvenzverwalter bestimmte Rechtsgeschäfte von der Anfechtung ausnehmen will, hat es gem. § 139 Abs. 1 S. 2 ZPO auf eine Klarstellung hinzuwirken. Ein Ablauf der Frist nach § 146 Abs. 1 InsO hindert eine Klarstellung, Ergänzung oder Berichtigung des Tatsachenvortrags des anfechtenden Insolvenzverwalters nicht.

1656 BAG, Urteil vom 18.2.2003, Az.: 9 AZR 356/02 = NJW 2003, 2771, 2773.

1657 Leipold, in: Stein/Jonas, ZPO, Rn. 47.

1658 BGH, Urteil vom 21.2.2008, Az.: IXZR209/06 = ZIP 2008, 888.

*c) Streitiges Interesse der Parteien als Grenze*

25 Damit wird die Grenze deutlich, die dem richterlichen Hinweis zur Stellung sachdienlicher Anträge gezogen ist: Das dem Gericht unterbreitete **streitige Interesse** der Parteien bestimmt daher die Grenze, innerhalb derer sich die Tätigkeit des Gerichts nach § 139 Abs. 1 ZPO zu bewegen hat.[1659]

*d) Fallgruppen*

26 Anträge, die keine Entscheidung über das mit dem Antrag verfolgte „Prozessziel" zulassen, unzulässige Anträge also, sind niemals sachdienlich. Daher ist, wenn ein Antrag noch ergänzt werden muss, um sachdienlich zu werden, auf diese Ergänzung und wenn er der Änderung bedarf, auf die erforderliche Änderung hinzuwirken. Hinzuwirken ist nicht nur darauf, dass überhaupt „sachdienliche Anträge" gestellt werden, sondern darauf, „dass „die sachdienlichen Anträge" - und also alle - gestellt werden : Auch wenn die Sachanträge, um deren rechtliches Schicksal es letztlich geht, sachdienlich sind, kann geboten sein, darauf hinzuwirken, dass ergänzende Anträge gestellt werden, die gleichsam in dienender Funktion im Verhältnis zum Sachantrag sachdienlich sein würden. Dies bedeutet nicht etwa, dass „er die Parteien dazu anhalten muss, überhaupt Anträge zu stellen". Vielmehr geht die ZPO davon aus, dass die Verhandlung, in welcher erforderlichenfalls auf das Stellen der sachdienlichen Anträge hinzuwirken ist, schon zuvor gemäß § 137 Abs. 1 ZPO dadurch eingeleitet wird, dass die Parteien ihre Anträge stellen, gleichviel, ob diese nun sachdienlich sind oder nicht.

27 Werden Anträge ausdrücklich oder implizit angekündigt, aber nicht gestellt, ist dies Anlass zu Nachfragen.[1660] Verändert sich die Rechtslage, kann sich hieraus die Notwendigkeit ergeben, die Parteien zur Stellung entsprechender sachdienlicher Anträge anzuregen.[1661] Beispiele hierfür sind die Rechtsnachfolge während des Prozesses gem. § 265 ZPO[1662] und die Erledigung des Rechtsstreits in der Hauptsache, § 91a ZPO.[1663]

28 Die Aufforderung bzw. Anregung zur Stellung sachdienlicher Anträge kann auf die Präzisierung unvollständiger oder nicht hinreichend bestimmter Anträge[1664], namentlich die Reichweite des Antrags zielen, auf Nachbesserung[1665] un-

1659 Leipold, in: Stein/Jonas, ZPO, Rn. 50.

1660 RG, Urteil vom 5.1.1883, Az.: II 420/82 = RGZ 8, 372; KG, Urteil vom 24.10.1982, Az.: 24 U 2582/82 = NJW 1983, 580, 581; LG Saarbrücken, Urteil vom 17.12.1992, Az.: 2 S 165/92 = NJW-RR 1993, 830.

1661 Leipold, in: Stein/Jonas, Rn. 50.

1662 RG JW 1921, 1548.

1663 RG JW 1912, 914.

1664 RG, Urteil vom 20.11.1930, Az.: VI 108/30 = RGZ 130, 264, 267.

klarer oder widersprüchlicher Anträge, namentlich die Klärung, ob Leistung begehrt oder ein Feststellungsantrag[1666] gestellt wird, gerichtet sein. Streiten die Parteien beispielsweise darüber, ob und mit welchen Mitteln oder mit welcher räumlich-körperlichen Ausgestaltung die im Patentverletzungsprozess angegriffene Ausführungsform Merkmale des Patentanspruchs verwirklicht, so hat das Gericht darauf hinzuwirken, dass die Mittel, aus denen sich nach dem Klagevorbringen die Benutzung des Patentanspruchs ergeben soll, im Klageantrag so konkret bezeichnet werden, dass eine dem Klageantrag entsprechende Urteilsformel die Grundlage für die Zwangsvollstreckung bilden kann. Die Wiedergabe des Wortlauts des Patentanspruchs reicht insoweit auch dann nicht aus, wenn der Kläger eine wortsinngemäße Verletzung geltend macht.[1667]

Zulässige, aber unbegründete Anträge sind regelmäßig sachdienlich: Zwar 29
geht es der Partei, die einen Antrag stellt - von gelegentlichen Musterprozessen abgesehen - nicht so sehr darum, dass überhaupt entschieden wird, als vielmehr um eine ihr günstige Entscheidung; primäres Prozessziel kann aber immer nur sein, dass überhaupt in der Sache, um die es mit dem Antrag gehen soll, entschieden wird. Sachdienlich ist daher jeder Antrag, der eine Entscheidung über das mit dem Antrag verfolgte petitum zulässt, mag diese auch dem Antragsteller unerwünscht sein.

## II. Anpassung des Klageantrages

### 1. Grenze in der Gewährleistung der Waffengleichheit der Parteien

#### *a) Beschränkung der Abänderung des Klageantrages*

Damit wird deutlich, dass den Parteien die Gelegenheit zur Anpassung ihrer An- 30
träge durch das Gesetz eröffnet ist – um ihre Waffengleichheit zu wahren. Daraus ergibt sich aber zugleich, dass die Änderung der Anträge nicht ins Belieben der Parteien gestellt sein kann. Dies gilt freilich zunächst einmal für den Kläger. Denn die Modifikation des Klagabweisungsantrags des Beklagten verletzt die prozessualen Chancen des Klägers erkennbar nicht. Und ob er seinen zunächst uneingeschränkt gestellten Klagabweisungsantrag modifiziert, liegt beim Beklagten. Anders verhält es sich dagegen mit den Klageanträgen. Denn mit ihnen wird der Beklagte in das Prozessrechtsverhältnis gezogen. Wäre es dem Kläger nun anheimgestellt, seine Anträge beliebig umzustellen, wäre der Beklagte auf Vermeidung des Prozessverlustes hin gezwungen, sich stets auf neue Verfah-

1665 OLG Köln, Entscheidung vom 1.6.1973, Az.: 6 U 39/73 = NJW 1973, 1848.

1666 BAG, Urteil vom 10.12.1991, Az.: 9 AZR 319/90 = DB 1992, 1195.

1667 BGH, Urteil vom 30.5.2005, Az.: X ZR 126/01 = BGHZ 162, 365 ff. m. Anm. Kühnen GRUR 2006, 180

renslagen einzustellen. Damit wäre die Waffengleichheit seiner Verteidigung mehr als in Frage gestellt.

31 In den §§ 263 bis 268 ZPO wird geregelt, unter welchen Voraussetzungen die Klage (im weitesten Sinne) geändert werden darf. Dabei wird danach unterschieden, ob eine Klagänderung im gesetzestechnischen Sinne vorliegt, was davon abhängt, ob sich der Streitgegenstand der Klage nach Rechtshängigkeit ändert. Um die Waffengleichheit des Beklagten zu wahren, ordnet § 263 ZPO an, dass der Streitgegenstand nach Eintritt der Rechtshängigkeit nur geändert werden darf, wenn entweder der Beklagte ausdrücklich oder stillschweigend durch rügelose Einlassung auf die abgeänderte Klage (§ 267 ZPO) einwilligt, oder aber das Gericht die Änderung als sachdienlich anerkennt.

*b) Klageänderung bei Änderung des Streitgegenstandes*

32 Folgt man dem vorherrschenden sogenannten zweigliedrigen Streitgegenstandsbegriff, ist von einer Klagänderung auszugehen, wenn ein neuer Antrag gestellt wird oder der bisherige oder der genänderte Antrag mit einem neuen Lebenssachverhalt begründet wird. Keine Klagänderung liegt daher vor, wenn der Kläger lediglich einen Schreibfehler in der Klage berichtigt oder sein Tatsachenvorbringen weiter substantiiert, da sich in beiden Fällen der Streitgegenstand nicht ändert, wie sich im übrigen aus § 264 Nr. 1 ZPO ergibt. Auf den von der vorherrschenden Meinung vertretenen zweigliedrigen Streitgegenstandsbegriff ist noch einzugehen; hier genügt festzuhalten, dass sich Inhalt und Umfang des Streitgegenstandes vor seinem Hintergrund „gleichrangig" durch den zur Begründung der Klage vorgetragenen Lebenssachverhalt (Klagegrund) und den gestellten Antrag bestimmen.[1668]

33 Der Klagegrund wird durch einen neuen Sachvortrag zur haftungsausfüllenden Kausalität jedenfalls solange nicht isv. § 263 ZPO mit der Folge geändert, dass es der Einwilligung des Beklagten oder der Sachdienlichkeitserklärung des Gerichts bedürfte, wenn einzelne Posten des gleichen Schandes vorgetragen werden, da einzelne Schadensposten eines identischen Schadens allein unselbständige Faktoren eines einheitlichen Schadensersatzanspruchs darstellen.[1669]

---

1668 BGH, urteil vom 27.3. 1996, Az.: IV ZR 185/95 = NJW 1996, 1743; BGH, Urteil vom 14.5.1997, Az.: XII ZR 140/95 = NJW-RR 1997, 1216, 1217; BGH, Urteil vom 11.7.1996, Az.: III ZR 133/95 = MDR 1996, 1241, 1242.

1669 BGH, Urteil vom 24.10. 2005, Az.: II ZR 339/03 = ZIP 2006, 778.

## 2. ‚Sachdienlichkeit als Zulässigkeitsvoraussetzung der Klageänderung

Die Zulässigkeit einer Klageänderung richtet nach alledem nach § 263 ZPO, der im Falle mangelnder Einwilligung des Beklagten mit der durch den Kläger erklärten Änderung seiner Klage die Sachdienlichkeit der Änderung voraussetzt. War der ursprüngliche Klageantrag abweisungsreif (§ 300 ZPO) und wurde zur Begründung der im Wege der Klageänderung in dem Verfahren geltend gemachten (neuen) Klageforderung völlig neuer Prozessstoff vorgetragen, während der bisherige nicht zu verwerten gewesen wäre, hat der BGH[1670] darauf erkannt, dass „der Gedanke der Prozesswirtschaftlichkeit ... nicht zwingend für die Sachdienlichkeit der Klageänderung [spreche]". 34

Dem lag folgender Sachverhalt zugrunde: Die Klägerin beauftragte die Beklagte mit Vertrag vom 22./28. März 1990 als Generalunternehmerin mit der schlüsselfertigen Bebauung zweier Grundstücke zum Pauschalpreis von 2,4 Mio. DM. Vertragsgemäß übergab sie der Beklagten eine selbstschuldnerische Bankbürgschaft bis zum Höchstbetrag von 240.000 DM für die Vertragserfüllung; Zahlung sollte auf erste schriftliche Anforderung des Generalunternehmers erfolgen. Das Bauvorhaben wurde in der Folgezeit aus Gründen, die zwischen den Parteien streitig sind, nicht ausgeführt. Unter dem 11. Februar 1991 übersandte die Beklagte der Klägerin eine Rechnung über insgesamt 270.000 DM. Abgerechnet wurden Kosten für ein geologisches Gutachten, damit zusammenhängende Erdarbeiten, Rodungsarbeiten, allgemeine Nebenkosten in Höhe von 7,5 % des Pauschalpreises und Preiserhöhungen von 6 %. Mit Schreiben vom 18. Februar 1991 kündigte die Klägerin den Generalunternehmervertrag aus wichtigem Grund; ihrer Aufforderung, die Bürgschaftsurkunde zurückzugeben, kam die Beklagte nicht nach. Um eine Inanspruchnahme der Bürgin zu verhindern, erhob die Klägerin Klage auf Herausgabe der Bürgschaftsurkunde. Die Beklagte erwirkte indessen gegen die Bürgin ein Urteil des Landgerichts Stuttgart, durch das ihr der Bürgschaftsbetrag von 240.000 DM zugesprochen wurde. Dieses Urteil wurde im Berufungsverfahren abgeändert, vom Bundesgerichtshof[1671] aber wiederhergestellt. Die Bürgin zahlte daraufhin die Bürgschaftssumme an die Beklagte aus. Im vorliegenden Rechtsstreit änderte die Klägerin nunmehr ihren Antrag. Statt der Herausgabe der Bürgschaftsurkunde verlangte sie die Rückzahlung der Bürgschaftssumme abzüglich einer als berechtigt zugestandenen Forderung der Beklagten in Höhe von 24.047,87 DM (anteilige Kosten des geologischen Gutachtens) sowie 200.000 DM Schadensersatz, insgesamt 35

1670 BGH, Urteil vom 11.07.1996, Az.: IX ZR 80/95 = NJW 1996, 2869.
1671 BGH, Urteil vom 28. Oktober 1993, Az.: IX ZR 141/93 = NJW 1994, 380

also 415.952,13 DM. Den ursprünglichen Antrag erklärte sie hilfsweise in der Hauptsache für erledigt. Zur Begründung der Schadensersatzforderung führte sie aus, dass nach der von der Beklagten zu vertretenden Kündigung des Generalunternehmervertrags die Bauausführung durch Dritte Mehrkosten von über 1,6 Mio. DM verursacht habe; hiervon mache sie einen Teilbetrag von 200.000 DM geltend.

36 Wird die Klage vom Herausgabe- auf den Zahlungsantrag insoweit umgestellt, als erstmals ein Schadensersatzanspruch erhoben wurde, stellt dies aber auch keine Klageerweiterung im Sinne von § 264 Nr. 2 ZPO dar. Denn die Fallgruppen des § 264 ZPO setzen voraus, dass der Klagegrund, also der zur Begründung des Klageantrags vorgetragene Lebenssachverhalt[1672], unverändert bleibt. Dies ist aber nicht der Fall, wenn anstelle der Herausgabe einer Sache Schadenersatz begehrt wird. Denn mit der Schadensersatzforderung führt die Klägerin einen neuen prozessualen Anspruch ein. Darin liegt eine nachträgliche objektive Klagehäufung, die wie eine Klageänderung nach § 263 ZPO nur unter der durch diese Vorschrift normierten Voraussetzung zulässig wäre, dass die Beklagte in die Änderung einwilligte oder das Gericht sie für sachdienlich erachtete.[1673]

37 Weiter hat der BGH im Übergang vom Anspruch auf Kostenvorschuß zu dem auf Schadensersatz eine Klageänderung i. S. von § 263 ZPO gesehen[1674], da Vorschuß- und Schadensersatzbegehren „ihrem Wesen" nach verschieden seien. Sie begründeten daher nach Ansicht des BGH unterschiedliche Streitgegenstände. Der erkennende Senat hat dies damit begründet, dass es dem Besteller nach Erhalt des Kostenvorschusses obliege, diesen zur Mangelbeseitigung einzusetzen und später abrechnen und nachweisen, dass er den gezahlten Betrag dafür verwendet hat, wobei sich sowohl eine Nachzahlungspflicht des Unternehmers als auch eine Erstattungspflicht des Bestellers ergeben könne. Im Gegensatz dazu werde im SchadensersatzProzess endgültig entschieden und es sei unerheblich, ob das als Schadensersatz Geleistete zur Mängelbeseitigung benutzt werde. Daher handelt es sich deshalb beim Übergang vom einen zum anderen Anspruch nicht um eine Erweiterung oder eine Beschränkung des jeweils anderen im Sinne des § 264 Nr. 2 ZPO, sondern um einen Wechsel des Streitgegenstandes[1675], der nach § 263 ZPO entweder der Einwilligung des Beklagten bedarf oder sachdienlich sein muss.

---

1672 BGH, Urteil vom 19.12.1991, Az.: IX ZR 96/91 = BGHZ 117, 1, 5 m. w. N.; BGH, Urteil vom 18. November 1993, Az.: IX ZR 244/92 = NJW 1994, 460.

1673 BGH, Urteil vom 6. Juli 1989, Az.: IX ZR 280/88 = WM 1989, 1546, 1548.

1674 BGH Urteil vom 13.11.1997, Az.: VII ZR 100/97 = NJW-RR 1998, 1006.

1675 Grunsky, NJW 1984, 2545 ff; Staudinger/Peters, BGB, 13. Bearb., § 633 Rdn. 211; Soergel, in: MünchKomm , ZPO, 3. Aufl., § 633 Rdn. 158.

## 3. „Prozesswirtschaftlichkeit" als Maßstab der Sachdienlichkeit der Klageänderung

Ist eine Klagänderung nicht schon aus Gründen des § 264 ZPO oder wegen Einwilligung des Beklagten zulässig, muss das Gericht prüfen, ob die Änderung sachdienlich ist. Die Judikatur meint dabei, die Sachdienlichkeit sei nach der Prozesswirtschaftlichkeit unter Berücksichtigung der objektiven Prozesslage zu beurteilen. Sachdienlich ist die Änderung insbesondere dann, wenn ein Rechtsstreit vermieden wird und zudem die im bisherigen Verfahren gewonnenen Erkenntnisse (z. B. bisheriger Parteivortrag, Ergebnis einer Beweisaufnahme) auch für den neuen Streitgegenstand sinnvoll verwendet werden können. An der Sachdienlichkeit fehlt es folglich, wenn ein völlig neuer Streitstoff mit der Änderung eingeführt werden soll.[1676] Im Rahmen der Prozesswirtschaftlichkeit kann zudem eine Verfahrensverzögerung, etwa wegen der Erforderlichkeit einer Beweisaufnahme, bei der Entscheidung über die Sachdienlichkeit berücksichtigt werden.[1677] 38

## 4. Zulässigkeit der Klagänderung durch Einwilligung oder rügelose Einlassung des Beklagten

Die Beschränkung der Zulässigkeit von Klagänderungen in den §§ 263 ff. ZPO nach Eintritt der Rechtshängigkeit dient, wie bereits angesprochen, den berechtigten Interessen des Beklagten. Daher steht es diesem frei, in die Klagänderung einzuwilligen und somit auf eine Entscheidung über den ursprünglichen Klagantrag zu verzichten. Dies kann der Beklagte schriftsätzlich, aber auch in der mündlichen Verhandlung tun. Die Einwilligung ist nach der Rechtsprechung auch anzunehmen, wenn sie in einem vorbereiteten Schriftsatz enthalten ist, sobald dieser dem Gegner zugeht.[1678] Das Gericht hat keine Möglichkeit die Änderung bei Einwilligung des Beklagten zu verhindern, insbesondere kann es die Änderung nicht nach § 296 ZPO als verspätet zurückweisen, da es sich um den Angriff selbst und nicht um ein Angriffsmittel handelt. Darüber hinaus wird eine Zustimmung des Beklagten unwiderleglich vermutet, wenn er sich rügelos auf die geänderte Klage einlässt (§ 267 ZPO). Auf die Kenntnis des Beklagten von der Einlassung kommt es nicht an. 39

1676 BGH, Urteil vom 10.1.1985, Az.: III ZR 93/83 = MDR 1985, 741.
1677 BGH, Urteil vom 21.12.1989, Az.: VII ZR 84/89 = NJW-RR 1990, 505, 506.
1678 BGH, Urteil vom 27.2.1992, Az.: I ZR 35/90 = NJW 1992, 2235.

### 5. Zulässigkeit der Klagänderung durch gerichtliche Befassung (§ 268 ZPO)

40 Gemäß § 268 ZPO ist die Entscheidung über die Zulassung der Klagänderung oder die Entscheidung, dass keine Klagänderung vorliegt, nicht anfechtbar. Eine solche Entscheidung liegt nicht nur dann vor, wenn sich das Gericht in einem Urteil damit befasst, sondern auch dann, wenn es sich mit der geänderten Klage inhaltlich befasst, etwa einen Beweisbeschluss erlässt. Ob sich das Gericht der Problematik der Klagänderung dabei bewusst oder die Änderung sachdienlich war, ist dabei ohne Bedeutung.

## III. Anpassung des Klageantrages gem. § 264 ZPO

### 1. Übersicht über die Tatbestände des § 264 ZPO

*a) Ergänzung oder Berichtigung der tatsächlichen oder rechtlichen Ausführungen gem. § 264 Nr. 1 ZPO*

41 § 264 ZPO ordnet nämlich an, dass bestimmte Änderungen nicht als Klagänderung anzusehen sind. Es ist bereits gezeigt worden, dass dies im Falle der Ergänzung oder Berichtigung der tatsächlichen oder rechtlichen Ausführungen gem. § 264 Nr. 1 ZPO bereits aus dem Begriff des Streitgegenstandes folgt. Demgegenüber handelt es sich bei § 264 Nr. 2 und 3 ZPO entgegen dem Wortlaut von § 264 ZPO um Klagänderungen, da ein modifizierter Antrag gestellt wird. Diese Änderungen werden aber durch das Gesetz für zulässig erachtet, ohne dass die in § 263 ZPO vorgesehenen Einschränkungen greifen.

*b) Reaktion auf nachträgliche Veränderungen des Streitgegenstandes § 264 ZPO*

42 Des weiteren ist eine Änderung des Antrages nach § 264 Nr. 3 ZPO möglich, wenn statt des ursprünglich geforderten Gegenstandes wegen einer nachträglichen Veränderung ein anderer Gegenstand oder das Interesse gefordert wird. Dieser Tatbestand trägt dem Umstand Rechnung, dass der Kläger wegen von ihm nicht zu vertretender Änderung der tatsächlichen Verhältnisse nicht an seinem ursprünglichen Klageantrag soll festgehalten werden müssen. Nachträglich bedeutet, dass die Veränderung nach Erhebung der Klage eingetreten oder dem Kläger bekannt geworden ist, mag auch die Unkenntnis auf Fahrlässigkeit beruhen.[1679] Geht eine Sache, die Gegenstand einer Herausgabeklage war unter, kann

1679 Thomas/ Putzo § 264 Rn.7; a. A. RG, Urteil vom 26.02.1909, Az.: II 445/08 = RGZ 70, 337, 338 nur schuldlose Unkenntnis.

der Kläger daher nach § 264 Nr. 3 ZPO die Klage auf Schadensersatz oder auch Herausgabe eines Surrogates umstellen.[1680]

Daran wird aber auch deutlich, dass die Grenze der Änderung des Klageantrags zu – stets von Gesetzes wegen als sachdienlich qualifizierten – Anpassungen fließend ist. Im Unterschied zu den oben zitierten Fällen sieht die Rechtsprechung den Übergang vom Antrag auf Herausgabe der Bürgschaftsurkunde zum Zahlungsantrag gem. § 264 Nr. 3 ZPO als zulässig an, soweit die Klägerin statt der Herausgabe die Rückzahlung der Bürgschaftssumme verlangte. Denn § 264 Nr. 3 ZPO sieht es nicht als eine Änderung der Klage an, wenn statt des ursprünglich geforderten Gegenstandes wegen einer später eingetretenen Veränderung ein anderer Gegenstand oder das Interesse gefordert wird. Sowohl der Anspruch auf Herausgabe der Bürgschaftsurkunde, der sich grundsätzlich aus einer Sicherungsabrede ergeben konnte[1681], als auch der Anspruch auf Rückzahlung der Bürgschaftssumme wegen ungerechtfertigter Bereicherung[1682] setzten voraus, dass die Beklagte nach der Kündigung des Generalunternehmervertrags keine durch die Bürgschaft gesicherten Forderungen hatte. Dann hatte die Beklagte kein Recht mehr zum Besitz der Bürgschaftsurkunde und keinen Anspruch auf den Bürgschaftsbetrag. Dementsprechend bezog sich die Klägerin zur Begründung des Rückzahlungsanspruchs im Wesentlichen auf den Vortrag, auf den sie bereits den Herausgabeanspruch gestützt hatte. 43

## 2. Besonders: Streitgegenstand bei Schadensersatzansprüchen

Besondere Abgrenzungsfragen werfen Schadenersatzklagen auf. Dabei ist zunächst darauf aufmerksam zu machen, dass es sich um eine objektive Klaghäufung handelt, wenn der Kläger verschiedene Schadensarten mit einer Klage geltend macht.[1683] Stützt der Kläger daher seinen Anspruch zunächst auf vermehrte Bedürfnisse und später - etwa nach einem gerichtlichen Hinweis - auf Verdienstausfall, so handelt es sich um eine Klagänderung. Ob bei einer Änderung des Antrages eine Klagänderung vorliegt, bestimmt sich daher nach der Rechtsprechung insbesondere danach, ob hinsichtlich des geltend gemachten Schadens die Schadensart geändert wird. Im einzelnen ist hier zu beachten: Ändert der Kläger lediglich den Schadensberechnungsansatz, etwa die Umstellung von einer abstrakten auf eine konkrete Berechnung, so liegt keine Klagänderung vor, da die Berechnungsansätze lediglich unselbständige Faktoren eines einheitlichen 44

1680 Becker-Eberhard, in: MünchKomm, ZPO, § 264, Rn. 31.

1681 BGH, Urteil vom 2. Februar 1989, Az.: IX ZR 182/87 = WM 1989, 521, 524

1682 BGH, Urteil vom 27. Februar 1992, Az.: IX ZR 57/91 = WM 1992, 773, 776.

1683 Vgl. Becker-Eberhard, in: MünchKomm, ZPO, § 260, Rn 4 ff.

Schadens sind.[1684] Stellt der Kläger jedoch von einem Vermögensschaden auf einen immateriellen Schaden, z. B. Schmerzensgeld, um, so liegt eine Klagänderung vor. Ob dies auch noch gilt, seit der Schmerzensgeldanspruch gem. § 847 BGB a. F. in das allgemeine Schadensersatzrecht überführt worden ist (§ 253 Abs. 2 BGB), erscheint fraglich.

## IV. Sonderfall: Erweiterungen oder Beschränkungen des Klageantrages gem. § 264 Nr. 2 ZPO im Verhältnis zur Klagerücknahme

### 1. Regelung des § 264 Nr. 2 ZPO

45 Schließlich bestimmt § 264 Nr. 2 ZPO, dass Erweiterungen oder Beschränkungen des Klagantrages in der Hauptsache oder in Bezug auf Nebenforderungen seitens des Klägers möglich. Dies umfasst insbesondere quantitative Erhöhungen oder Ermäßigungen der eingeklagten Geldforderung oder auch eine Änderung des Zinsbeginns oder der Zinshöhe, sofern jeweils der zugrundeliegende Lebenssachverhalt gleich bleibt. Ebenso möglich sind qualitative Änderungen des Antrages, wie etwa die Umstellung eines Zahlungs- auf einen Feststellungsantrag, wie etwa bei einer einseitigen Erledigungserklärung. Ebenso kann der Kläger einen Feststellungsantrag in einen Zahlungsantrag umstellen. Ebenfalls von § 264 Nr. 2 gedeckt ist die Umstellung einer Zahlung an sich auf Zahlung an einen Dritten oder eine Gesamthand.[1685] Zu beachten ist zudem, dass Umstellung von einer Minderungsklage auf Wandlung nach der Rechtsprechung eine Klagänderung ist, da es sich um eine Änderung des Klagegrundes handelt.[1686]

### 2. Klagerücknahme

*a) Klagerücknahme als radikale Form der Klageänderung*

46 Als die radikalste Form der Anpassung des Klageantrags erscheint die Klagerücknahme, mit der der Kläger darauf reagiert, dass seine Klage in der erhobenen Form als aussichtslos erscheint. Sie ist der Klageänderung gem. § 263 ZPO parallel geregelt, sieht aber keine gerichtliche Sachdienlichkeitsentscheidung vor:

---

1684 BGH, Urteil vom 21.2.1985, Az.: VII ZR 160/80 = NJW 1985, 1840 f.

1685 BGH, Urteil vom 21.12.1989, Az.: VII ZR 84/89 = NJW-RR 1990, 505.

1686 BGH, Urteil vom 1.6.1990, Az.: V ZR 48/89 = NJW 1990, 2682.

*b) Voraussetzungen der Klagerücknahme*

47 Die Klage kann frühestens nach Zustellung an den Beklagten zurückgenommen werden. Bis zur mündlichen Verhandlung über die Hauptsache ist die Zurücknahme ohne Einwilligung des Beklagten rücknehmbar (§ 269 Abs. 1 ZPO[1687]), danach muss der Beklagte einwilligen.[1688] Dabei bedeutet Verhandeln über die Hauptsache das Verhandeln über die Streitsache, eine Verhandlung über Verfahrensfragen (z.B. Zulässigkeit) fällt nicht darunter. Entsprechend kann auch nach einer mündlichen Verhandlung über die Zulässigkeit die Klage noch zurückgenommen werden. Die Klage kann bis zur Rechtskraft des Urteils zurückgenommen werden.[1689]

48 Die Rücknahme und ggf. die Einwilligung müssen gem. § 269 Abs. 2 S. 2 ZPO entweder durch Erklärung in der mündlichen Verhandlung oder durch Einreichung eines Schriftsatzes gegenüber dem Gericht erklärt werden, was auch konkludent geschehen kann. Wird die Rücknahme per Schriftsatz eingereicht, so ist er gem. § 269 Abs. 2 S. 3 ZPO dem Beklagten zuzustellen, dessen Einwilligung als erteilt gilt, wenn er nicht innerhalb einer Notfrist von zwei Wochen widerspricht.

*c) Wirkungen der Klagerücknahme*

49 Die Klagerücknahme beendet den Prozess in der Weise, dass die Rechtshängigkeit des Klageanspruchs rückwirkend wegfällt.[1690] Sie verhindert, dass das zwischen dem Beklagten und ihm streitige Recht festgestellt wird.[1691] Die wirksame Rücknahme der Klage bewirkt gem. § 269 Abs. 3 S. 1, 1.Halbs. ZPO, dass der Rechtsstreit rückwirkend als nicht anhängig geworden anzusehen ist. Ein bereits ergangenes, aber noch nicht rechtskräftiges Urteil wird dadurch gem. § 269 Abs. 3 S. 1 Hs. 2 ZPO ohne weiteres wirkungslos. Auf Antrag gemäß § 269 Abs. 4 ZPO kann das Gericht die Wirkungslosigkeit des Urteils durch Beschluss feststellen, der Beschluss hat nur deklaratorische Wirkung.[1692] Da der materielle Anspruch von der Rücknahme unberührt bleibt, kann der Kläger die Klage jederzeit neu erheben.[1693]

50 Die Klärung der streitigen Rechtslage durch richterliches Urteil kann der Kläger allerdings mit einer neuen Klage nur gem. § 269 Abs. 4 ZPO unter der

1687 BGH, Urteil vom 6.10.2005, Az.: I ZB 37/05 (zum Verhältnis zu Art. 19 Abs. 4 GG) m. Anm. Just EWiR § 269 ZPO 1/06, 159

1688 Zeiss/Schreiber ZPrR 11. Aufl. 2009 Rn. 486.

1689 Foerste, in: Musielak, ZPO, § 269 ZPO, Rd. 6.

1690 Zeiss/Schreiber ZPrR 11. Aufl. 2009 Rn. 489.

1691 Becker-Eberhard, in: MünchKomm, ZPO, § 269, Rn. 37.

1692 Becker-Eberhard, in: MünchKomm, ZPO, § 269, Rn. 68.

1693 Foerste, in: Musielak, ZPO, § 269 ZPO, Rd. 18.

Voraussetzung erreichen, dass er zuvor dem Beklagten die Kosten des Vorprozesses erstattet hat, und zwar ohne Rücksicht darauf, um welchen Betrag die Parteien im neuen Prozess streiten.[1694] Auch wenn der Kläger im Wege einer neuen Leistungsklage nur einen Teil des Anspruchs geltend machen würde, kann der Beklagte gegen die Klage die Einrede mangelnder Kostenerstattung erheben.[1695]

*d) Kostenerstattungsanspruch des Beklagten*

51 Dem Beklagten steht bei Rücknahme der Klage gegen den Kläger ein Kostenerstattungsanspruch zu. Erhebt der Kläger nunmehr erneut Klage, kann der Beklagte – sofern die Kostenerstattung nicht erfolgt ist – die Einrede der mangelnden Kostenerstattung nach § 269 Abs. 6 ZPO entgegenhalten. Voraussetzung ist freilich, dass dieser Anspruch auf Kostenerstattung nicht erloschen ist. Dies ist aber der Fall, wenn der Kläger gegen den Kostenerstattungsanspruch mit Forderungen aus dem Vorprozess die Aufrechnung erklärt.

52 Fall: In einem vom BGH[1696] entschiedenen Fall, hatte der Kläger im Vorprozess Ansprüche gegen den Beklagten aus einem zuvor bestehenden Mietverhältnis geltend gemacht. Gegen den Beklagten war Antrag auf Eröffnung des Insolvenzverfahrens gestellt und mangels Masse abgelehnt worden, woraufhin die beklagte Gesellschaft aus dem HRG gelöscht worden war. Nach Rücknahme der Klage, mit der ein unstreitiger Anspruch in Höhe von 920,00 Euro geltend gemacht worden war, machte die Beklagte ihren Kostenerstattungsanspruch im Wege der Kostenfestsetzung in Höhe von ca. 600,00 Euro geltend. Dagegen rechnete die Klägerin mit ihrer Forderung aus dem Vorprozess auf und erhob, nachdem die beklagte Gesellschaft aus dem Kostenfestsetzungsbeschluss die Zwangsvollstreckung betrieb, Vollstreckungsgegenklage nach § 767 ZPO.

53 Wäre die Aufrechnung mit einer im Vorprozess streitigen Klageforderung erfolgt, wäre die Vollstreckungsgegenklage als unzulässig abzuweisen gewesen.[1697] Denn das Bestehen oder Nichtbestehen der bestrittenen Klageforderung wäre in diesem Fall Streitgegenstand des Vorprozesses gewesen, mit der Folge, dass in der letzten, der Titulierung der Zwangsvollstreckungsforderung vorangegangenen mündlichen Verhandlung, der Kläger wegen der Feststellung seiner streitigen Klageforderung, rechtliches Gehört hätte gewährt bekommen können. In dem hier behandelten Fall[1698] ging es aber darum, dass erst nach Schluss der

1694 Becker-Eberhard, in: MünchKomm, ZPO, § 269, Rn. 80.

1695 Becker-Eberhard, in: MünchKomm, ZPO, § 269, Rn. 83.

1696 BGH, Urteil vom 13.4.2011, Az.: VIII ZR 106/10 = MDR 2011, 808.

1697 BGH, urteil vom 9.7.1986, Az.: VII ZR 283/85 = NJW RR 1987, 61; BGH, Urteil vom 24.3.1992 = ZIP 1992, 645.

1698 BGH, Urteil vom 9.7.1986, Az.: VIII ZR 283/85; Urteil vom 24.3.1992, Az.: XI ZR 223/91.

mündlichen Verhandlung durch Klagerücknahme es zur Titulierung der Zwangsvollstreckungsforderung (des Kostenerstattungsanspruchs) gekommen ist. Mit der Vollstreckungsgegenklage begehrt der Zwangsvollstreckungsschuldner und Kläger des Vorprozesses hier nicht etwa die streitige Feststellung seiner Klageforderung aus dem Vorprozess – da diese ja unstreitig war. Es geht im Vollstreckungsgegenklagenprozess nur mehr um das Erlöschen der titulierten Forderung, aufgrund der nach Schluss der mündlichen Verhandlung erklärten Aufrechnung. Soweit § 269 Abs. 6 ZPO den Beklagten schützen soll, wird dieser Schutz, wie der VIII. Zivilsenat[1699] zutreffend festgestellt hat, durch die Vollstreckungsgegenklage nicht unterlaufen. Ausschlaggebend ist daher, dass der mit der zurückgenommenen Klage geltend gemachte Anspruch in der vorliegenden Konstellation im Prozess über die Vollstreckungsgegenklage nicht erneut geprüft werden musste.

*e) Gerichtlicher Ausspruch der Unwirksamkeit der Klagerücknahme*

Kommt das Gericht zu der Ansicht, dass die Rücknahme unwirksam war, spricht 54
es dies entweder in einem Zwischenurteil gem. § 280, § 303 ZPO[1700] oder im Endurteil aus. Kommt es zu der Ansicht, dass die Rücknahme wirksam ist, entscheidet es dadurch über Beschluss[1701], nach a. A. mittels Urteils[1702].

Dem Beklagten wird, wie wir früher gesehen haben, im Zivilprozess die 55
Einlassung auf die Klage zugemutet, soweit diese zulässig ist. Nicht nur im Anwaltsprozess wird ihm daher zugemutet, Kosten zu tragen, um die Verteidigung gegen den klägerischen Angriff auf die Beine zu stellen. Denn nicht allein Anwaltskosten fallen an; der Zeitaufwand, die Verteidigungsmittel bereitzustellen (man denke an Recherchen in innerbetrieblichen Archiven, die Ermittlung von Zeugen oder die Zusammenstellung von Unterlagen über tatsächliche Hergänge usf.) stellt sich als nicht zu unterschätzender Faktor dar, der den Beklagten nicht unerheblich belastet. Der gegen den Beklagten organisierte Einlassungszwang wäre unerträglich, könnte sich der Kläger ohne weiteres aus dem Prozess zurückziehen. Der Prozess ist nicht zuletzt deshalb als Rechtsverhältnis zwischen den Parteien zu denken, weil der Kläger sich mit und durch die Klage bindet. Unter bestimmten Verhältnissen kann der Kläger sich nicht einseitig aus der prozessualen Auseinandersetzung mit dem Beklagten lösen. Das Gesetz knüpft dabei nicht an die allgemeinen Aufwendungen an, die der Beklagte zu seiner Rechtsverteidigung mobilisiert. Denn diese allgemeinen Aufwendungen gehören zu den Gemeinkosten eines jeden Teilnehmers am Rechtsverkehr; jeder muss

---

1699 BGH, Urteil vom 13.4.2011, Az.: VIII ZR 106/10 = MDR 2011, 808.

1700 Zeiss/Schreiber ZPrR 11. Aufl. 2009 Rn. 488.

1701 BGH, Beschluss vom 19.10.1977, Az.: VIII ZB 23/77 = NJW 1978, 1585.

1702 Reichold, in: Thomas/Putzo, ZPO, § 269 Rn. 19).

dafür Sorge tragen, dass er in der Lage ist, sich gegebenenfalls gegen klagweise Inanspruchnahmen zu verteidigen. Stellt sich die Rechtsbehauptung des anderen Teils als unrechtmäßig dar, ist schließlich daran zu denken, dass dem Angegriffenen materielle Kostenerstattungsansprüche[1703] gegen den Angreifer zustehen, die sich aus dem Gedanken von Pflichtverletzungen (§§ 280, 283 BGB) oder aus deliktischen Gründen (§§ 823, 826 BGB) ergeben können.

56 Bis zur streitigen Verhandlung über die Sache - also bis zur Stellung der Anträge - ist der Kläger aber befugt, sich durch Rücknahme der Klage auch ohne Mitwirkung des Beklagten oder des Gerichts aus dem Prozess zurückzuziehen und das Prozessrechtsverhältnis einseitig zu beendigen.

*f) Besonderheiten für den scheidungsrechtlichen Verbund*

57 Besonderheiten gelten für das „Mischverfahren“ von streitigen und nichtstreitigen Sachen im Scheidungsverbund (§ 137 FamFG). § 141 S. 1 FamFG sieht vor, dass sich die Wirkungen der Rücknahme auch auf die Folgesachen erstrecken, wenn ein Scheidungsantrag zurückgenommen wird. § 141 S. 2 FamFG schließt die Geltung der Erstreckung nach § 141 S. 1 FamFG für nichtstreitige Folgesachen aus, die die Übertragung der elterlichen Sorge oder eines Teils der elterlichen Sorge wegen Gefährdung des Kindeswohls auf einen Elternteil, einen Vormund oder Pfleger betreffen. Weiter gilt die Erstreckung nach § 141 S. 1 FamFG für Folgesachen nicht, als selbständige Familiensachen fortgeführt werden, weil wegen dieser Sachen ein Beteiligter vor Wirksamwerden der Rücknahme ausdrücklich erklärt hat, sie fortführen zu wollen.

### 3. Abgrenzung von Klagermäßigung und Klagerücknahme

58 Vor diesem Hintergrund bedarf die ohne weiteres zulässige Ermäßigung des Klageantrages und die teilweise Klagerücknahme einer sinnvollen Abgrenzung.

59 Die Ermäßigung des Klageantrages nach § 264 Nr. 2 ZPO wurde ursprünglich im Zusammenhang mit § 92 Abs. 2 ZPO gesehen. Deshalb sollten diesem Institut nur geringfügige Änderungen unterfallen.[1704] Die „Verbesserung“ des Klageantrages, die noch in § 264 Nr. 1 ZPO angesprochen wird, hatte zum Zweck, geringfügige Ermäßigungen ohne Zustimmung des Beklagten zu ermöglichen. Darüber hinausgehende Ermäßigungen wurden als Teilrücknahme dem Institut des § 269 ZPO unterworfen, mit der Folge, dass eine Zustimmung des Beklagten erforderlich wurde.[1705] Da im Laufe der Zeit Antragsermäßigungen in immer größerem Ausmaß unter den § 264 Nr. 2 ZPO subsumiert wurden, ent-

---

1703 Loritz, Die Konkurrenz materiellrechtlicher und prozessualer Kostenerstattung, S. 19 ff.

1704 Eingehend hierzu Gollhofer, Die Ermäßigung des Klageantrages, 64 ff.

1705 Gollhofer (Fn. 1704) 88.

standen die Probleme, wie sie uns auch heute noch beschäftigen. Die immer weitere Ausdehnung des Instituts versperrte letztlich den Zugang zu der eigentlichen Problematik. In diesem Zusammenhang ist auch verständlich geworden, dass heutzutage die Nrn. 2 und 3 des § 264 ZPO als zulässige Formen einer Klageänderung aufgefasst werden[1706], obwohl in § 264 ZPO ausdrücklich steht: „Als eine Klageänderung ist es nicht anzusehen, wenn …“. Hier liegt somit kein „Redaktionsversehen“ vor, wie es heute in der Literatur[1707] dargestellt wird, sondern es ist ein Verständniswandel dieses Instituts eingetreten.

Die Kumulationstheorie bedarf einer Modifikation, die es ermöglicht, Theorie und Praxis in Einklang zu bringen. Der Richter wird nicht länger genötigt, eine Zustimmung zur Teilrücknahme konstruieren zu müssen. 60

Diese Form der Problembehandlung führte zwangsläufig auch zu einer Änderung der Perspektive im Hinblick auf die dogmatische Einordnung der Antragsermäßigung. Sie konnte nun in ihrer „Neutralität“ erhalten bleiben. Gerade dadurch, dass eine ausdrückliche Zustimmung für die Teilrücknahme entbehrlich wurde, lässt sich die Antragsermäßigung zu sinnvollen Ergebnissen führen. 61

Eine Aufklärungspflicht des Richters erübrigt sich, da es aufgrund der funktionalen Betrachtungsweise unerheblich ist, zu „was“ der Beklagte zugestimmt hat. Mit anderen Worten ausgedrückt, kann es dahingestellt bleiben, welches Institut sich hinter der Antragsermäßigung verbirgt. Durch eine Anwendung der Klageänderungsvorschrift auch auf Fälle der „neutralen“ Antragsermäßigung lässt sich der Schutz des Beklagten sogar noch verstärken.[1708] 62

Die in Folge einer neueren Entwicklung bei der übereinstimmenden Erledigungserklärung aufgeworfene Frage einer Kostenentscheidung von Amts wegen lässt sich durch die dogmatische Einordnung der Erledigungserklärung als „Bestreben nach einer streitigen Kostenentscheidung“ zwanglos bewältigen.[1709] 63

Wenn in dem Vortrag beider Parteien keinerlei Anhaltspunkte für eine streitige Kostenentscheidung erkennbar sind, kann es dem Richter im Rahmen seiner Aufklärungspflicht nicht zugemutet werden, nun – gewissermaßen erst durch seine Befragung – einen Kostenstreit in solchen Fällen hervorzurufen. Es spricht jedoch gerade in solchen Fällen viel dafür, dass die Parteien sich außergerichtlich geeinigt haben und daher keine Kostenentscheidung anstreben. 64

1706 Gollhofer (Fn. 1704) 68 ff.
1707 Gollhofer (Fn. 1704) 35 ff.
1708 Gollhofer (Fn. 1704) 92 f.
1709 Gollhofer (Fn. 1704) 101 ff.

65 Nimmt der Kläger daher seine Klage teilweise zurück, so ist hierfür im Hinblick auf § 269 ZPO grundsätzlich eine Einwilligung es Beklagten erforderlich.[1710] Die Einwilligung kann aber auch in analoger Anwendung des § 267 ZPO durch rügeloses Einlassen erfolgen. Der Kläger hat gem. § 269 ZPO auf Antrag des Beklagten die insoweit entstandenen Kosten zu tragen. Ermäßigt der Kläger seinen Klageantrag, ohne dass ein dahinterliegendes Institut erkennbar wird, so ist von einer funktionalen Betrachtungsweise auszugehen. Dies bedeutet, dass der Beklagte, falls er zu dieser Ermäßigung schweigt, mit ihr einverstanden ist. Im übrigen darf eine Kostenentscheidung hierbei nicht erfolgen, da eine streitige Kostenentscheidung nicht angestrebt wird und im Übrigen keine Kostenanträge gestellt sind.[1711]

## V. Streit über die Erledigung des Rechtsstreits in der Hauptsache

66 Der Erledigungsstreit ist – wenn man so will – die „ältere" Form der Behandlung einer Erledigungserklärung. Bis zu der Regelung, die als § 91a ZPO in das Gesetz Eingang gefunden hat, wurde auch im Falle der übereinstimmenden Erledigungserklärung in einem Feststellungsstreit über die anfängliche Begründetheit der Klage gestritten, um daraus eine Kostenentscheidung zu gewinnen. Nunmehr ist dies auf Fälle beschränkt, in denen der Beklagte der Erledigungserklärung entgegentritt und an seinem Klageabweisungsantrag festhält.

67 Fall:[1712] Die Schuldnerin war dem Antrag der Gläubigerin auf Eröffnung des Insolvenzverfahrens dadurch entgegengetreten, dass sie sowohl die Forderung der Gläubigerin als auch das Vorliegen der Eröffnungsvoraussetzungen bestritt. Das Insolvenzgericht wies zunächst unter Einholung eines Gutachtens den Eröffnungsantrag ab und erlegte der Gläubigerin die Verfahrenskosten auf, wogegen sich die Gläubigerin mit der sofortigen Beschwerde wehrte. Während des Beschwerdeverfahrens wurden Stundungsvereinbarungen getroffen, deretwegen die Gläubigerin dann ihren Antrag für erledigt erklärte. Die Schuldnerin trat der Erledigungserklärung entgegen. Darauf hob das Insolvenzgericht den Beschluss über die Abweisung des Eröffnungsantrags auf, stellte die Erledigung des Antrags fest und erlegte die Verfahrenskosten der Schuldnerin auf, wogegen sich diese nunmehr folglos mit der sofortigen Beschwerde wandte.

68 Der IX. Zivilsenat hielt die Rechtsbeschwerde nach § 574 Abs. 1 Satz 1 Nr. 2 ZPO i.V.m. § 91a Abs. 2 Satz 1 ZPO für statthaft, da das Beschwerdegericht „formal" eine Entscheidung nach § 4 InsO i.V.m. § 91a Abs. 2, § 99 Abs. 2, §

---

1710 Gollhofer (Fn. 1704) 83 ff.

1711 Gollhofer (Fn. 1704) 112.

1712 BGH, Beschluss vom 25.9.2008, Az.: IX ZB 131/07 = ZIP 2008, 2285.

567 ff. ZPO getroffen habe. Damit war die Rechtsbeschwerde aufgrund ihrer Zulassung durch das Beschwerdegericht gegeben. Der BGH hielt die Rechtsbeschwerde aber deshalb für unbegründet, weil im Insolvenzeröffnungsverfahren anders als im Zivilprozess kein isolierter Erledigungsstreit zwischen Antrag stellenden Gläubigern und Schuldner über die Kostentragungspflicht geführt werden kann; ein solcher „reiner Parteienstreit" über die Kostentragungspflicht ist, wie der IX. Zivilsenat nicht unplausibel ausführt, mit der spezifischen Natur des Insolvenzverfahrens nicht vereinbar – wobei der erkennende Senat auf § 5 Abs. 1 Satz 1 InsO verweist. Daher war der vom Beschwerdeführer gestellte Antrag zwar nicht unstatthaft aber doch unbegründet.

Wird aber die Erledigungserklärung des Gläubigers im Eröffnungsverfahren 69
durch den Schuldner bestritten, bleibt der durch die Erledigungserklärung geänderte Eröffnungsantrag anhängig. Die Feststellung der Erledigung durch das Insolvenzgericht kann dann vom Schuldner gemäß §§ 6, 34 Abs. 2 InsO mit der sofortigen Beschwerde dahingehend angegriffen werden, dass der fortwirkende Eröffnungsantrag abgewiesen werde. Ergeht dann eine Entscheidung des Beschwerdegerichts, findet nach den allgemeinen Regeln des § 7 InsO die Rechtsbeschwerde statt. Die Schuldnerin hätte daher gemäß §§ 6, 34 Abs. 2 InsO sofortige Beschwerde mit dem Ziel der Abweisung des Insolvenzantrags einlegen können und müssen. Da sie nur beantragt hat, die Kostenentscheidung zum Nachteil der Gläubigerin zu ändern, blieb ihrem Rechtsmittel der Erfolg versagt.

Diese Art der Entscheidung ist nicht wirklich befriedigen. Ob nämlich die 70
Rechtsmittel führende Partei sich über die Bedeutung ihres Antrages vollständig im Klaren gewesen ist, mag dahingestellt bleiben. Die Entscheidung lässt das ungute Gefühl zurück, dass im Lauf der Instanzen des Verfahrens eine Maßnahme materieller Prozessleitung des Gerichts durch Erteilung eines Hinweises zur Stellung sachdienlichen Antrages geboten gewesen wäre, § 139 Abs. 1 ZPO.

Dass der Schuldner die Überbürdung mit den Kosten des Eröffnungsverfah- 71
rens nach Aufhebung des Eröffnungsbeschlusses durch dessen Anfechtung (!) anzugreifen hat, wird bereits die Vorinstanzen erstaunen; ob es dem Schuldner möglich war, einen sachgerechten Antrag zu stellen, begegnet durchaus Zweifeln.

## VI. Wirkung auf die Zuständigkeit

Sofern es durch die nach § 264 Nr. 2 und 3 möglichen Änderungen zu einer ge- 72
änderten Zuständigkeit vom Amts- zum Landgericht kommt, kommt § 506 ZPO zum Zuge. Demgegenüber ändert eine Klagreduzierung die sachliche Zuständigkeit nicht; es greift die *perpetuatio fori* gem. § 261 Abs.3 Nr.2).

73 Die Klagänderung erfolgt durch den Kläger entweder durch Zustellung eines Schriftsatzes (§ 261 Abs. 2 ZPO) oder durch Verlesung oder Bezugnahme auf einen zu Protokoll zu reichenden Schriftsatz in der mündlichen Verhandlung (§§ 261 Abs. 2, 297 ZPO). Das Gericht entscheidet, über die Änderung in einem Urteil. Bei einer zulässigen Klagänderung bleiben nach h. M. die früheren Prozesshandlungen des Gerichts und der Parteien wirksam, soweit sie einen Bezug zur geänderten Klage aufweisen.[1713] Das Gericht entscheidet nur über den geänderten Streitgegenstand, die Rechtshängigkeit des ursprünglichen Streitgegenstandes erlischt. Hinsichtlich der Kostenentscheidung ist zu beachten, dass bei einer Beweisaufnahme, die infolge der Klagänderung überflüssig wird, der Kläger entsprechend § 96 ZPO die Kosten zu tragen hat. Es handelt sich um einen Ausnahmefall der zulässigen Kostentrennung. Ebenfalls anteilig die Kosten zu tragen hat auch der Kläger, der den Klaganspruch reduziert und mit dem ermäßigten Antrag obsiegt. Hier hat der Kläger eine Quote zu tragen, die dem Anteil der von ihm durch den ursprünglichen Antrag verursachten Mehrkosten entspricht.

74 Nimmt das Gericht die Unzulässigkeit der Änderung an, so bleibt die ursprünglichen Klage rechtshängig, wobei über den ursprünglichen Antrag nur zu entscheiden ist, wenn der Kläger einen entsprechenden Hilfsantrag stellt. Ansonsten ist zu klären, ob hinsichtlich der ursprünglichen Klage eine Klagerücknahme (§ 269 ZPO), ein Klageverzicht (§ 306 ZPO), eine Erledigung in der Hauptsache (§ 91 a ZPO) oder eine Säumnis des Klägers (§ 333 ZPO) vorliegt. Die Entscheidung des Gerichts über die Unzulässigkeit ist anders als die Entscheidung über die Zulässigkeit überprüfbar im Hinblick auf Ermessensfehler oder eine Überschreitung des Beurteilungsspielraumes. Dem Kläger bleibt mangels besonderen Rechtsbehelfs aber nur die Anfechtung mit der Endentscheidung (§§ 512, 548 ZPO). Ist unklar, über welchen der Anträge das Gericht entschieden hat oder fehlen Ausführungen zur Zulässigkeit der Änderung im Urteil, so kann das Rechtsmittelgericht die Zulässigkeit der Klagänderung nachprüfen.[1714] § 268 ZPO steht dem nicht entgegen.

---

1713 Zöller-Greger, § 263 Rn.1 und 16.

1714 BGH, Urteil vom 16.5.1979, Az.: IV ZR 57/78 = MDR 1979, 829; Zöller-Greger § 268 Rn.3.

# VII. Nichtstreitige Verfahren und Streitverfahren der Freiwilligen Gerichtsbarkeit

## 1. Nichtstreitige Amtsverfahren

Die vorstehenden Erwägungen lassen erkennen, dass die erörterten Fragen der Antragsänderung und der Antragsrücknahme ihre spezifische Bedeutung im Prozess zwischen zwei Parteien erlangen. Denn dort geht es zum einen um den Schutz des Beklagten vor einer Umstellung des klägerischen Antrages oder gar vor dem Rückzug des Klägers aus dem Prozess, mit dem er den Beklagten überzogen hat. Dieser Schutz indes ist Folge des Grundsatzes der den Parteien zu gewährenden Waffengleichheit. 75

In nichtstreitigen Verfahren (Amtsverfahren) wird nicht zwischen den Parteien um das zwischen ihnen geltende Recht mit den Waffen des Prozessrechts gekämpft. Die Rede von der Gewährung gleicher prozessualer Bedingungen zur Herstellung von Waffengleichheit hat daher dort auch dann keinen Sinn, wenn sich die Beteiligten tatsächlich z.B. wegen Maßregeln der Erziehung eines Minderjährigen bis aufs Messer befehden. Denn Ziel des Verfahrens ist die Verteidigung der Rechte des Minderjährigen gegen den Streit, der zwischen den Erziehern tobt, nicht aber Entscheidung des Streits der Erzieher. 76

## 2. Nichtstreitige Antragsverfahren

Im Falle von nichtstreitigen Antragsverfahren ist demgegenüber eine differenzierte Betrachtung geboten. 77

Der Eintragungsantrag muss im übrigen unbedingt sein (§ 16 Abs. 1 GBO) - d. h. er darf lediglich die Bedingung enthalten, dass er nur zusammen mit einem anderen Antrag erledigt werden soll (§ 16 Abs. 2 GBO). Dabei muss der Antrag den Gegenstand der Eintragung genau bezeichnen.[1715] Das hängt zum einen mit dem Bestimmtheitsgrundsatz des Sachenrechts zusammenhängt.[1716] Zum anderen ist diese Bestimmtheit aber auch aus verfahrensrechtlichen Gründen erforderlich ist, damit die Zulässigkeit des Antrags geprüft werden kann. 78

Das bedeutet indessen nicht, dass der Eintragungsantrag immer genau den Inhalt der Eintragung enthalten müßte. In der Praxis wird diese Bestimmtheit meist dadurch erreicht, dass der Antrag auf die Eintragungsbewilligung Bezug nimmt - bzw. auf die Auflassung. Diese muss dann aber jedenfalls die genaue Bezeichnung des einzutragenden Rechts enthalten. 79

---

1715 *Vgl. Kuntze/*Ertl, *GBR, Einl C 7, E 11, G 26; Horber/Demharter, GBO, Anhang zu § 13, 4; K. Stöber, GBO, Rn. 173 ff.*

1716 Vgl. allein *M. Wolf, SachenR, Rz 25 ff.*

80 Der bestimmte Antrag, den § 253 Abs. 2 ZPO für die Klage fordert, bestimmt freilich den Gegenstand des Verfahrens nicht in der Weise, dass dieser damit für das gesamte Verfahren festgelegt wäre. Vielmehr läßt die ZPO die Klagänderung zu (§§ 263, 264).[1717] Im Eintragungsverfahren bestehen derartige „Nachbesserungsmöglichkeiten“ nicht. Dem Antragsteller darf nämlich nicht die Möglichkeit eingeräumt werden, einen zunächst unzulässigen (weil nicht genau bestimmten) Antrag in einen zulässigen Antrag umzuwandeln - so z. B. einen Antrag auf Eintragung einer rechtsändernden Eintragung in einen Antrag auf Eintragung einer rechtsbezeugenden Eintragung. Eine derartige Möglichkeit gibt es jedoch wegen der *materiellrechtlichen* Konsequenzen des Antrags im Eintragungsverfahren nicht: Die Anträge sind im Grundbuchverfahren nämlich in der Reihenfolge ihres Eingangs zu bearbeiten (§ 17 GBO). Dies führt dazu, dass sich der Rang der Eintragung nach der Zeitfolge der Anträge bestimmt (§ 45 GBO) – und das schließt eine nachträgliche Änderung aus.

1717 Im Strafprozeß vgl. die Veränderung des rechtlichen Gesichtspunktes (§ 265 StPO) und die Nachtragsanklage (§ 266 StPO).

# Teil 5: Rechtliche Struktur des Gangs des Verfahrens

## § 19 Unterschiedliche Regelungen der Aufgaben von Gerichtsverfahren – die Prozessmaximen

In den vorangegangenen Überlegungen hat sich bei der Betrachtung von Gericht und Beteiligten zivilgerichtlicher Verfahren gezeigt, wer in diesen Verfahren handelt. Es ist nun an der Zeit zu erörtern, wie die Abläufe in den unterschiedlichen Verfahren ausgestaltet sind. Das wirft zunächst die Frage auf, wie – mittels welcher Instrumentarien – in den Verfahren gehandelt wird. Nach den bisherigen Überlegungen ist zu erwarten, dass sich die Frage nach den gerichtlichen Verrichtungen i.w.S. ebenso wie die nach den Handlungen der Beteiligten in Verfahren je nachdem anders darstellen wird, um welche Art von Verfahren es sich handelt. Diese Unterschiede lassen sich aber durch Gegensatzpaare verdeutlichen, mit denen die strukturellen Besonderheiten von Verfahren beschrieben werden. 1

Eine eher „rechtstheoretische“ Vorbemerkung ist erforderlich, um verständlich zu machen, was mit der Beschäftigung mit „Prozessmaximen“ für das Verständnis zivilgerichtlicher Verfahren gewonnen werden kann: Die Auseinandersetzung mit Prozess- oder Verfahrensmaximen ist herkömmlich ein Bestandteil allgemeiner und grundlegender Erwägungen des Verfahrensrechts. Diese Art der Beschreibung lässt aber bereits nach den bisher angestellten Erwägungen wenig Erkärungswert erwarten. Denn es fällt auf, dass bereits in den verschiedenen streitigen und nichtstreitigen Verfahren, die vom FamFG geregelt werden, unterschiedliche Prozessmaximen nebeneinander wirksam werden, ohne dass sich ihre Geltung dadurch ausschließt. Nichts anderes gilt für den Zivilprozess. 2

## I. Von vernunftrechtlichen Handlungsanweisungen zu Beschreibungsmitteln der gesetzlichen Struktur unterschiedlicher Verfahren

### 1. Vernunftrechtliche Handlungsanweisungen an einen unabhängigen Richter

3 Die Unterschiede der zivilgerichtlichen Verfahren werden gewöhnlich dadurch beschrieben, dass in ihnen verschiedene „Prozessmaximen“ wirken.[1718] Die *Prozessmaximen* waren seit ihrer Formulierung durch *N. Th. Gönner*[1719] als das Element gedacht, durch dessen Analyse erfasst werden könne, nach welchem rechtlichen Kriterium der Richter den Prozess zu leiten habe. Bei *Gönner* erscheinen die Prozessmaximen — durchaus *kantisch* gedacht — nicht allein als „Gesichtspunkt“, als topoi, die *opportun* eingesetzt werden können. Vielmehr standen sie für nicht positive gesetzlich geregelte, sondern aus der Vernunft folgende, und gerade deshalb kategorisch-verbindliche Anweisungen an den Richter, nach denen er handeln muss, um einen rechtlichen, ordnungsgemäßen Prozess zu organisieren. Die Zeit der großen Kodifikationen und damit die Bindung des Richters an rechtliche Vernunft verbriefendes Recht und Gesetz dämmerte erst heran, als man begann, von Prozessmaximen zu sprechen. Wir befinden uns auf dem Zenith einer Epoche, die durch die Herrschaft des Gesetzes beschrieben wird.

4 Dass der Richter sich bei Ausübung seiner Urteilstätigkeit auf seine Vernunft verlassen sollte, ist banal; die Richtigkeit seiner Entscheidungen wird indes dadurch sichergestellt, dass er sie rechtlich begründet und zu ihnen in einem und aufgrund eines gesetzlich strukturierten Verfahren findet. Dem entspricht es, dass Prozessmaximen nicht mehr „rein“ in den verschiedenen Verfahren anzutreffen sind, sondern sich gleichsam Mischformen finden, die den unterschiedlichen Bedingungen und Aufgaben der Verfahren Rechnung tragen. Der rechtliche Gehalt der Prozessmaximen ist damit nicht abgetan, sondern findet in einer neuen Gestalt Eingang in das Prozessrecht.

### 2. Richter als Gestalter des Rechts

5 Der Richter konnte von dieser Beschreibung aus im Fortgang der Diskussion als öffentlich-rechtlich handelnder Staatsbeamter (und nicht *nur* als der unbeteiligte, unparteiische Dritte, als „Kampfrichter“ der gemeinrechtlichen Tradition) gedacht werden. Durch den Ansatz bei Prozessmaximen wird es möglich, an den

---

1718 Rauscher, in: MünchKomm, ZPO, Einl. Rn. 289.

1719 Vgl. Gönner, Handbuch des deutschen gemeinen Processes, VIII §1 ff (S. 176 ff.).

Richter als „Gestalter“ des Rechts zu denken, worauf besonders *P. Böhm*[1720] hingewiesen hat.

Mit der Rede von Prozessmaximen wird es nämlich sowohl möglich, von verschiedenartigen „Zwecken“ oder „Aufgaben“ des Prozesses zu sprechen, als auch im Gefolge der Ausbildung undd Unterscheidung des Verwaltungsgerichtsprozesses von der ordentlichen Gerichtsbarkeit deren jeweiligen *Besonderheiten* zu dramatisieren. M. a. W. findet ein radikaler Funktionswandel des Gebrauchs der Kategorie der Prozessmaximen statt. Boten sie *Gönner* noch die Gewähr dafür, den Prozess als eine einheitliche Erscheinung des Rechts aus Maximen, *Vernunftgründen,* beschreiben zu können, werden die Prozessmaximen zum Instrument der Beschreibung jeweils unterschiedlicher, den jeweiligen Prozessarten vindizierter Zwecke, sobald die *Zwecke* des Gesetzgebers überhaupt gegen Ende des 19. Jh. methodisch in den Blick treten. So konnten und können besonders "sozialstaatliche" Modelle des Prozesses seit den Darstellungen *F. Klein*[1721] (der bekanntlich Schüler des »Kathedersozialisten« *A. Menger*[1722] war) unter dem Titel der Funktion der Prozessmaximen (besonders der *Verhandlungsmaxime)* diskutiert und nicht nur für das österreichische Prozessrecht auf eindrucksvolle Weise folgenreich werden. Indem aber das richterliche Prozessleitungsamt auf diese Weise von vornherein von der Wahrnehmung bestimmter, jeweils nach Prozessart und Gerichtsbarkeit modifizierter *öffentlicher Aufgaben* her begriffen wird, gerät *der Prozess* als eigenartige und einheitliche Erscheinung des Rechts zugunsten einer Betrachtungsweise aus dem Blick, in der sich der Prozess in *verschiedene* Formen des richterlichen procedere aufspaltet, die sich dann scheinbar unter dem Titel der Geltung der Verhandlungsmaxime im Zivilprozess, des Amtsermittlungsgrundsatzes im Straf- und Verwaltungsgerichtsprozess u. dgl. m. erfassen lassen. Die wissenschaftliche Erkenntnis des Gemeinsamen, des "proprium" rechtsprechender Tätigkeit — des Rechtsganges, Prozesses — wird mit dieser Art der Darstellung erschwert. 6

1720 Böhm, Bewegliches System und Prozeßzwecke , in: Bydlinski, Das bewegliche System im geltenden und künftigen Recht, S. 220, 228 ff.

1721 Klein, Vorlesungen über die Praxis des Civilprocesses (1900), Vorwort.

1722 U.a.: Das bürgerliche Recht und die besitzlosen Volksklassen, A. Menger bemängelte u.a. auch die soziale Rückständigkeit des Entwurfes zum BGB.

## 3. Prozessmaximen als Vermittlung von Prozessrecht und Rechtspolitik

7 *Fr. Weber*[1723] hat die Schwierigkeiten im Umgang mit Prozessmaximen als erkenntnisleitende "Gesichtspunkte" der Prozessrechtsdogmatik kenntlich gemacht, indem er selbst ausgeführt hat, Prozessmaximen seien in dem (öffentlichrechtlich zu verstehenden) Prozess das Resultat "beherrschende(r) rechtspolitische(r) Prinzipien" — und wegen der damit angelegten *Vermittlung* von Prozessrecht und Rechtspolitik sei der Prozess nicht bloß "technisches" Recht. Damit tut sich von den Prozessmaximen her als Ausgangspunkt einer dogmatischen Aufarbeitung des Prozessrechts ein verhängnisvoller Zwiespalt auf. Das Prozessrecht *bleibt* nämlich in einer solchen Art der Beschreibung nur-technisches, „aller Ewigkeitswerte bares“ Recht[1724], weil es dieser umso radikaler entkleidet wird, als sie ihm als *äußerliche* Attribute nur durch rechtspolitische *Dezision* zugeordnet erscheinen. Die Dezision des Gesetzgebers „für die Rechtssicherheit“, „die materielle Gerechtigkeit“ usf., die sich in der Dominanz von Prozessmaxinien niederzuschlagen scheint, scheint dann die Prozessrechtsdogmatik zu beherrschen. Und d. h.: es wäre dann der Wille des Gesetzgebers als "Ursache« der Ordnung des (jeweiligen) Prozesses zu erforschen. Wenn auf rechtspolitische Dezisionen verwiesen wird, dann bedeutet dies herkömmlich aber das gerade Gegenteil von Dogmatik bzw. dogmatischer Analyse des Rechts, was in der Methodenlehre durch die Unterscheidung zwischen Rechtserkenntnis "im weiteren" und solcher "im engeren Sinne" deutlich gemacht wird.

8 Hier kann zusammengefasst werden: Es ließen sich die Prozessmaximen *nur so lange* als Strukturprinzipien des Prozesses begreifen, wie sie in der Tat als „a priori richtige Axiome“ angesehen werden konnten — was *Fr. Weber*[1725] zu Recht mit Nachdruck abgelehnt hat. Dass dies aber heute nicht mehr möglich ist, liegt nicht an den Prozessmaximen, sondern ist der Entwicklung und Differenzierung des Prozessrechts geschuldet.

9 Freilich: Die Stellung des Richters zu den Tatsachen, die dem zu entscheidenden Streit zugrundeliegen und damit seine Distanz und Unparteilichkeit, regeln zwar nicht, aber beschreiben die „Prozessmaximen“. Diese „Maximen“ wurden Ende des 18. Jahrhunderts ausgearbeitet und in die uns heute noch bekannte Form gebracht. Ihrem Inhalt nach sind sie freilich keine Entwicklung jener Zeit. Sie entsprachen in ihrer Darstellung z. B. durch *N. Th. Gönner* zunächst der allgemeinen Struktur des Prozesses. Denn in den Prozessmaximen

1723 Vgl. Weber, studium generale 1960, 183 ff. und ders., Sachaufklärung und Offenbarungseid in der Zwangsvollstreckung.

1724 Vgl. Weber (Fn. 1723) studium generale 185.

1725 Weber (Fn. 1723) studium generale 183 ff., 185.

wurde festgehalten, was der Richter zu beachten hatte, um unparteiisch einen Prozess der streitigen Rechtserkenntnis unter waffengleichen Parteien zu leiten. Die Prozessmaximen treffen besonders über die Art der Feststellung des Sachverhalts im Prozess (und damit über das Verhältnis des Richters zu ihm) Festlegungen. Das macht sie auch heute trotz der dargestellten Kritik interessant.

## II. „Maximen" des zivilprozessualen Streitverfahrens

10 Der Zivilprozess wurde seit *N. Th. von Gönners*[1726] Darstellungen durch die Dispositionsmaxime (d. h. die Herrschaft der Parteien über das „Prozessrechtsverhältnis") und die Verhandlungsmaxime als Herrschaft der Parteien über den Tatsachenstoff beschrieben.

11 Die Parteien bestimmen durch ihre Herrschaft über den Prozess, zugleich definieren sie den Umfang der richterlichen Entscheidungspflicht. Da sie dies im allgemeinen nicht durch Vereinbarungen darüber tun können, wie der Richter das geltende Recht anzuwenden habe, vollzieht sich ihre Disposition über die Verfügung über den Bestand des Prozessrechtsverhältnisses sowie über ihren Tatsachenvortrag,[1727] was von der Dispositions- auf die Verhandlungsmaxime verweist, um im Bild der Prozessmaximen zu bleiben.

12 Grundsätzlich ist es Sache der Parteien, ob sie bestimmte Sachverhalte vor Gericht ausbreiten wollen — und diese damit publik werden lassen, was den Parteien oftmals unliebsam sein wird. Die Parteien können bestimmte Teilfragen in einem anhängigen Prozess unstreitig stellen, Geständnisse ablegen usf. und so Tatsachenfragen der Beurteilung durch das Gericht entziehen. Freilich erleidet diese Aussage bereits in den verschiedenen Verwaltungsgerichtsverfahren Einschränkungen, die aus der besonderen Aufgabenstellung dieser Verfahren herrühren, „neben" der Streitentscheidung durch Rechtsanwendung als „Kontrollinstanz" gegenüber der Verwaltung zu fungieren. Die Sachverhaltsfeststellung ist dort im Wege des „Amtsermittlungsprinzips" als Aufgabe des Gerichts definiert und damit der Verfügung der Parteien wenigstens partiell entzogen.

13 Eine Beschreibung des Richters in Amtsermittlungsverfahren als „Amme" der Parteien, wie sie etwa *R. Stürner*[1728] vertreten hat, ist wenigstens äußerst zweifelhaft. Wenn wir nämlich davon ausgehen, dass die Rechtsprechung sich funktional als unparteiische Feststellung streitigen Rechts darstellt, das von den Parteien und nicht von einem obrigkeitlich verfassten Staat definiert wird, so geht es nicht an, hinsichtlich der Streitentscheidung den Richter als „Rechtsfür-

---

1726 Gönner (Fn. 1719).

1727 Vgl. *Rauscher*, in: MünchKomm, ZPO, Einl. Rn. 290 ff., insb. 296.

1728 Stürner, Aufklärungspflicht der Parteien des Zivilprozesses, S. 64.

sorger“ zu konzipieren. — Die Folgen dieser Überlegung reichen freilich über die Kritik von Ansätzen wie dem Stürners hinaus. Diese stellen sich nämlich nach eigenem Bekenntnis auch als Ausdruck einer Tendenz gesetzgeberischer Eingriffe in das Prozessrecht dar.

14 Ob diese Eingriffe zugunsten der „Stärkung“ der Rolle des Richters sich als angemessen, d. h. im Hinblick auf die Aufgabe von Verfahren der Rechtsprechung als funktional darstellen, wird nach unseren bisherigen Überlegungen fragwürdig.

15 Solange noch davon ausgegangen wurde, dass die Parteien vermittels der Verhandlungsmaxime Herren der Tatsachengrundlage des richterlichen Urteils sind, stimmte diese Art der Darstellung problemlos mit dem Ausschluss des Zeugen als Richter gem. § 41 Nr. 5 ZPO überein. Nun ist dies mit der Entwicklung von Forderungen nach einem „sozialen“ Zivilprozess zweifelhaft geworden. Den Argumentationen gegen eine Herrschaft der Parteien über die Tatsachengrundlage des Urteils aus der Annahme einer Forderung nach „Folgenorientierung“ der Zivilgerichtsbarkeit kann mit unseren Überlegungen zur Konstitution der Rechtsprechung durch den Ausschluss von Folgenorientierungen begegnet werden.

## III. Verbandsklagen und Musterprozesse

16 Die neuen zivilprozessualen Verfahrensformen wie namentlich das Rechtsentscheidsverfahren nach dem KapMuG kehren sich von den überkommenen zivilprozessualen Maximen ab.[1729] Namentlich hat in diesem Verfahren die Dispositionsmaxime nurmehr eine eingeschränkte Bedeutung. Denn es hat sich bereits gezeigt, dass es in diesen Verfahren nicht mehr primär um die Entscheidung eines Streits zwischen zwei Parteien geht, der auf einem vergangenen, abgeschlossenen Sachverhalt beruht. Sondern im Vordergrund steht die Rechtserkenntnis über den Sachverhalt, um damit eine Vielzahl von Streitigkeiten gleichförmig entscheiden zu können. Das KapMuG-Verfahren ist damit Rechtsprechung, bei der die Rechtserkenntnis (und ggf. die Rechtsfortbildung) im Vordergrund steht: Eine Rücknahme des Musterfeststellungsantrags hat gem. § 13 Abs. 1 KapMuG auf die Stellung als Musterkläger oder Musterbeklagter keinen Einfluss. Nimmt der Musterkläger im Laufe des Musterverfahrens seine Klage in der Hauptsache zurück, so bestimmt das Gericht gem. § 13 Abs. 1 S. 2 KapMuG einen neuen Musterkläger. Die Klagerücknahme von Beigeladenen hat gem. § 13 Abs. 3 KapMuG auf den Fortgang des Musterverfahrens keinen Einfluss.

---

1729 Hergenröder, Rechtsfortbildung, S. 394 ff.

Für Verbandsklagen nach dem UKlaG wird zudem der Amtsermittlungsgrundsatz gefordert.[1730] 17

## IV. Streitverfahren der freiwilligen Gerichtsbarkeit

### 1. Aufgabe der echten Streitverfahren der freiwilligen Gerichtsbarkeit

Die Zuweisung echter Streitsachen an die Gerichte der freiwilligen Gerichtsbarkeit (zu denen hier auch das Familiengericht zu zählen ist) hatte und hat nicht den Zweck, öffentliche Interessen[1731] gegen die (bzw. unter Einschränkung der) Dispositionsbefugnis der Beteiligten über ihr Recht im Verfahren durchzusetzen. Die Organisation des Prozesses nach den summarischen Regeln früher des FGG und heute des FamFG sollte im Gegenteil den Beteiligten die Rechtsverfolgung erleichtern[1732]. Wir treffen hier wieder auf die Ambivalenz der Bedeutung summarischer Verfahren im Spannungsfeld zwischen Rechtsprechung und Verwaltung: Zum einen stellt die Umorganisation des Prozesses zum summarischen Verfahren das angemessene, richtige Mittel dar, den Bürgern die streitige Geltendmachung ihres Rechts zu erleichtern oder gar erst zu ermöglichen; zum anderen bildet sie tendenziell das Instrument, den Richter als Administrator dieses Rechtsverhältnisses einzusetzen. In dieser Hinsicht wird aber auch deutlicher, weshalb der Vergleich von freiwilligen Gerichtsbarkeit und Verwaltungsgerichtsbarkeit etwa durch *F. Baur*[1733] einen zutreffenden Kern hat, der darin liegt, dass – sofern die Gerichte echte Streitsachen der freiwilligen Gerichtsbarkeit zu entscheiden haben (seien es privatrechtliche oder öffentlichrechtliche Streitsachen wie nach dem LwVG) – diese Prozesse wie der Verwaltungsgerichtsprozess einen summarischen Charakter haben, ohne darüber ihre Qualität als Prozess zu verlieren. 18

### 2. Einzelne Streitverfahren der freiwilligen Gerichtsbarkeit

Die verschiedenen Streitverfahren der freiwilligen Gerichtsbarkeit weisen freilich verfahrensrechtlich untereinander große Ähnlichkeiten auf. Ihre jeweiligen Besonderheiten erklären sich dann aus der spezifischen materiell-rechtlichen Problemstellung, um die es in dem einzelnen Verfahren geht. 19

1730 Hergenröder, Rechtsfortbildung, S. 395.

1731 Vgl. auch Monich, ZZP 33 (1904), S. 63.

1732 Fabricius, Ehesachen, S. 4, 10 et passim.

1733 DNotZ 1955, S. 507 ff., 508.

20 Dies macht das Hausratsteilungsverfahren nach den § 200 FamFG iVm §§ 203 FamFG und den §§ 1361a und 1361b BGB iVm §§ 206 FamFG deutlicher. Können sich die Ehegatten anlässlich ihrer Scheidung nicht über die Verteilung des Hausrats und die Nutzung der Ehewohnung einigen, stellte die 6. DVO zum EheG (HausratsVO) ein Verfahren bereit, in dem die Rechtsverhältnisse zwischen den Ehegatten an Ehewohnung und Hausrat durch richterliche Entscheidung geregelt werden können (§ 1 Abs. 1 HausratsVO)[1734]. Bei dieser Entscheidung über die Nutzung von Ehewohnung und Hausrat handelte es sich ursprünglich um einen Akt der richterlichen Vertragshilfe[1735]. Denn die HausratsVO diente bei ihrem Erlass 1944 als Instrument der Zwangsbewirtschaftung. Aufgrund der Kriegssituation war Wohnraum knapp und Hausrat in der Regel unersetzbar. Daher wurde mit der HausratsVO ein Verfahren bereitgestellt, um einer materiellen Notsituation der Ehegatten entgegenzutreten, die in Folge ihrer Ehescheidung auftreten konnte. Hintergrund der Notwendigkeit, ein eigenes Verfahren der Hausratsteilung einzurichten, waren die materiell-rechtlichen Regeln des BGB über die Teilung von Gemeinschaften (§§ 752, 753 BGB)[1736]: Danach konnte zwar jeder der Ehegatten die Gegenstände an sich nehmen, die ihm gehörten. Für Haushaltsgegenstände, die im Miteigentum der Ehegatten standen, war nach den §§ 752, 753 BGB eine Teilungsversteigerung durchzuführen, deren Erlös dann unter den Ehegatten zu verteilen war. Eine Realteilung derjenigen Hausratsgegenstände, die im Miteigentum der Ehegatten standen, war dagegen nicht vorgesehen. Hielten sich also die Ehegatten an diese Regeln des BGB, so gingen nach der Ehescheidung der Gebrauchswert der Hausratsgegenstände für die Ehegatten verloren. Denn der aufgrund der Teilungsversteigerung erzielte Erlös bot für den verloren gegangenen Gebrauchswert in aller Regel kein Äquivalent, da er meist nicht ausreichte, um entsprechende Hausratsgegenstände wiederzubeschaffen. Eine nur am Eigentum orientierte Auseinandersetzung war zudem vielfach auch deshalb unbefriedigend, weil mit ihr die Belange der Familie nicht gewahrt werden konnten – so z. B. dann nicht, wenn ein Ehepartner bei der Trennung die ihm gehörende Waschmaschine mitnahm, obwohl der andere Ehegatte, der die gemeinsamen Kinder zu versorgen hat, das Gerät dringend benötigte. Die Verteilung nach der Eigentumslage hätte daher spezifisch familienbezogene Belange nicht hinreichend berücksichtigen können. Verfahrensrechtlich wird nunmehr durch die Mitteilung der Entscheidung an das Jugendamt erreicht (§ 205 Abs. 2 S. 1 FamFG), das auf seinen Antrag zu beteiligen ist. Die

1734 Vgl. zum Folgenden Schöpf, Die Hausratsteilung im System der ehelichen Vermögensordnung. 1991 (Diss. Mannheim 1990).

1735 Schöpf, Hausratsteilung, S. 24 ff. m. w. Nachw.

1736 Dazu eingehend Schöpf, Hausratsteilung, S. 9 ff. m. w. Nachw.

Finanzierung der Anschaffungen von Hausratsgegenständen erfolgt im Übrigen heute sehr häufig im Wege der Aufnahme von Verbraucherkrediten durch die Ehegatten. Die Trennung der Ehegatten ruft daher regelmäßig die Frage hervor, von wem die Kosten zu tragen sind, die von den Kreditaufnahmen der Ehegatten verursacht worden sind. Das Hausratsteilungsverfahren bietet auch hierfür eine Grundlage: § 204 Abs. 1 FamFG sieht die Beteiligung des Kreditgebers am Verfahren vor, um eine Regelung der Rechtsverhältnisse zwischen den Ehegatten auch mit Bindungswirkung für und gegen den Kreditgeber im Verfahren gewährleisten zu können. Mehr noch: Die Nutzung der Ehewohnung macht Regelungen erforderlich, die es erlauben, den Vermieter als Dritten hinzuziehen, um eine Regelung ihm gegenüber vornehmen zu können. Angesichts der im Jahre 1944 herrschenden Wohnungsnot – und der heute in vielen Großstädten herrschenden Schwierigkeit, Wohnraum zu beschaffen – besteht aber auch die Notwendigkeit, Regelungen der Nutzung der Ehewohnung durch das Gericht in einer Weise vornehmen zu lassen, die es den Ehegatten auch Dritten gegenüber erlauben, unter möglichst geringen Reibungsverlusten in der früheren Ehewohnung getrennt zu leben.[1737] Die materiellrechtlichen Regelungen finden sich heute in den §§ 1360a, 1360b BGB für das Getrenntleben der Ehegatten und in den §§ 1568a und 1568b für die Ehescheidung.

## V. „Maximen“ anderer Formen des Streitverfahrens: Ein vergleichender Blick auf Straf- und Verwaltungsgerichtsprozess

### 1. Fragestellung

Streitige „Rechtsprechung“ umschreibt nicht nur den Zivilprozess. Zu ihrem Bereich zählt ebenso der Verwaltungsgerichtsprozess und nicht zuletzt auch der Strafprozess. Bislang haben wir die Einheit dieser Prozessordnungen als Rechtsprechung betont. Diese Prozessordnungen weisen jeweils „Eigenarten“ auf. Freilich haben wir schon bei der Qualifikation des Strafprozesses als materielle Rechtsprechung gesehen, dass dort — im Gegensatz zum Zivil- und Verwaltungsgerichtsprozess —etwa die Dispositionsmaxime nur eingeschränkt gilt.[1738] Der Strafprozess kommt zwar nur auf Antrag der Staatsanwaltschaft in Gang (§ 151 StPO).[1739] Aber den „Parteien“ des Strafprozesses stehen weder eine Form der Klagrücknahme noch Erledigungserklärungen oder Geständnisse zur Verfü- 21

1737 Ferner: Götz, in: Johannsen/Henrich, § 1361b BGB, Rn. 6.

1738 Ferner: Rauscher, in: MünchKomm, Einl. Rn. 293.

1739 Pfeiffer, StPO, § 151 Rn. 1 ff.

gung. Seit 2009 sind mit § 257c StPO allerdings plea bargainings - „Vergleichsschlüsse“ - zwischen Staatsanwaltschaft und Angeklagtem vom Gesetz zugelassen worden — die als ein „Aushandeln“ des Strafmaßes rechtlich möglich sind.[1740] Jedenfalls aber bietet § 266 StPO mit der Nachtragsanklage zur Einbeziehung weiterer Taten im prozessualen Sinne eine Möglichkeit für die Staatsanwaltschaft, ihren Antrag zu erweitern.[1741]

### 2. Gemeinsamkeit: Nemo iudex sine actore

22 Allen Prozessordnungen ist der Satz nemo iudex sine actore gemein. Ein amtswegiges Tätigwerden der Richter bei der Einleitung von Prozessen – einer streitigen Rechtserkenntnis - ist nach jeder Prozessordnung ausgeschlossen; von dort her droht der richterlichen Unparteilichkeit keine Gefahr. Unsere Darstellung kann dabei an Teile der Literatur anknüpfen. So hat *K. A. Bettermann* aus dem Erfordernis richterlicher Neutralität in streitentscheidenden Verfahren einen verfassungsrechtlichen Ausschluss der Offizialmazime für den "Kernbereich" der Rechtsprechung gefolgert, der sich nach den bisherigen Überlegungen als Bereich funktionaler Rechtsprechung i. S. d. Art. 19 Abs. 4 GG (gegenüber dem heute vom Großteil der Literatur umrissenem historisch-faktischen "Bestand an Rechtsprechung" aus richterlichen Aufgaben) darstellt.

23 Mit diesem Fragenkreis der Herrschaft über den Prozess, wie er in der Unterscheidung von Dispositions- und Offizialmazime angesprochen ist, hängt weiter der der Herrschaft über den Prozessstoff zusammen, womit auf den Verhandlungs- bzw. den Untersuchungsgrundsatz verwiesen wird.

### 3. Untersuchungsmaxime

24 Straf- und Verwaltungsgerichtsprozess unterscheiden sich nämlich in einem gravierenden Punkt vom Zivilprozess. In ihnen gilt die Untersuchungsmaxime. Zwar wird nicht bezweifelt, dass beide Prozessarten als materielle Rechtsprechung zu qualifizieren sind. Die Geltung der Untersuchungsmaxime in Straf- und Verwaltungsgerichtsprozess wird aber als Beleg dafür angeführt, dass es nicht möglich sei, einheitliche prozessuale Kriterien für das Vorliegen rechtsprechender Verfahren anzugeben. Gerade prozessual scheinen sich beide Prozessarten grundlegend vom Zivilprozess zu unterscheiden. Wir haben jedoch bereits gesehen, dass die bloße Untersuchungsmaxime für sich genommen doch so lange noch nichts an der verfassungsrechtlichen Stellung des Gerichts als neutral rechtsanwendenden Drittem im Prozess ändert, wie der Richter nicht

---

1740 Geuenich/Höwer, DStr 2009, 2320 ff; Jahn/Müller, NJW 2009, 2625 ff.

1741 Engelhardt, in: KK, StPo, § 266 Rn. 1f.

selbst den Sachverhalt ermittelt und dadurch sein eigener Zeuge oder Sachverständiger wird, sondern wie er in Gestalt von Parteien und Verfahrensbeteiligten über eigene, gegenüber dem Gericht selbständige Ermittlungsorgane zur Aufklärung des Sachverhaltes verfügt und damit organisatorisch darauf verwiesen ist, den entscheidungserheblichen Sachverhalt weithin von den Beteiligten vorgetragen zu erhalten. Oder, anders ausgedrückt: Solange der Richter nicht in eigener Person oder durch einen eigenen Ermittlungsapparat über die Möglichkeit verfügt, selbst den entscheidungsrelevanten Sachverhalt zu erheben. Unterschiede ergeben sich indes auch im Hinblick auf das Verhältnis des Richters zu den (anderen) Beteiligten — und zum Verfahrensgegenstand. Das Verhältnis des Gerichts zu dem Verfahrensgegenstand hatte sich aber oben bereits als wesentliches Kriterium einer verfassungsrechtlich begründeten, funktionalen Differenzierung von Rechtsprechung und Verwaltung erwiesen, als die unterschiedlichen „Programmierungen" vom Verfahren der Rechtsprechung und der Verwaltung in den Blick kamen. Der Tätigkeit der *Verwaltung* liegen kein *Streitgegenstand* - kein Streitprogramm -, sondern die unterschiedlichsten zu erreichenden Zwecke des jeweiligen Verfahrens zugrunde. Nach den bisherigen methodischen Vorüberlegungen besteht daher Anlass zu der Erwartung, dass sich aus einer Betrachtung der Verfahrenssubjekte und ihrer „Struktur" Folgerungen für die in den unterschiedlichen Verfahren zu erarbeitenden Entscheidungsvoraussetzungen und die Instrumentarien ihrer Herstellung ziehen lassen.

## VI. Waffengleichheit und Unparteilichkeit des Gerichts als Fragestellungen von Prozessmaximen

### 1. Reaktion des Prozessrechts auf Unterschiede der Rechtsmacht von Parteien

Diese Überlegungen treffen daher auch auf Strafprozess und Verwaltungsge- 25
richtsprozess zu. Wir werden noch unten eingehend auf die besonderen Probleme der Feststellung des Tatbestandes in diesen Prozessen eingehen. Die Geltung der *Untersuchungsmaxime* in diesen Prozessen scheint vordergründig daher zu rühren, dass in ihnen besondere staatliche Aufgaben (die Verbrechensbekämpfung, die Kontrolle der Verwaltung) erfüllt werden. Wir haben aber bereits oben gesehen, dass es die Funktion sowohl des Strafprozesses als auch des Verwaltungsgerichtsprozesses ist, ein Verfahren der unparteilichen Erkenntnis des Rechts zu gewährleisten. Die vorderhand unterschiedlich erscheinenden Strukturen der verschiedenen Prozesse sind als Mittel zu begreifen, um *allgemeine* Problem der Konstitution einer unparteilichen Streitentscheidung zu bewältigen. Von dieser Überlegung aus kann verstanden werden, dass die unterschiedliche

Reichweite der "Untersuchungsmaxime" den Problemen bei der Gewährleistung der *Waffengleichheit* der "Parteien" dieser Prozesse geschuldet ist. Im Verwaltungsgerichtsprozess muss die die prozessuale Ungleichheit zwischen Bürger und Verwaltung ausgeglichen werden, die nicht zuletzt aus dem überlegenen Informationsstand der Verwaltung resultiert.[1742] Gleiches gilt für den Strafprozess. Dort beherrscht die Staatsanwaltschaft das Ermittlungsverfahren und ist deshalb von vornherein prozessual der Verteidigung überlegen. Um dem Angeklagten die Waffengleichheit zu sichern *(nicht* um ihn durch den Strafrichter "zu überführen") gilt die Untersuchungsmaxime.[1743]

## 2. Bedeutung richterliche Untersuchungstätigkeit

26 Ein gewichtiges Argument *für* die Identifikation von Rechtsprechung mit richterlicher Ermittlungstätigkeit könnte sich aus dem historischen Inquisitionsprozess ergeben. Der Inquisitionsprozess sei — so könnte argumentiert werden — *auch* eine *historische* Erscheinungsform der Rechtsprechung als unparteilicher, uninteressiert entscheidender Gewalt gewesen. Und weiter könnte eingewandt werden, ob der Richter in personam "ermittle" oder ob dies den Parteien anvertraut sei, hänge von historisch zufälligen, prozessual aber nicht zwingenden Bedingungen der historischen Entwicklung *rechtsstaatlicher* Verfahrensformen ab. Wenn diese Argumentation richtig wäre, dann würde sich die Distanzierung von Richter und Tatsachengrundlage des Urteils — verfassungsrechtlich ausgedrückt — *allenfalls* als Ausfluss des Rechtsstaatsgebots des Art. 20 Abs. 2 GG[1744] darstellen.

27 Dagegen ließe sich allerdings bereits einwenden, dass der Inquisitionsprozess eine *historische* Erscheinungsform von Rechtsprechung gewesen sei, die aber durch die Evolution des Prozessrechts überholt worden ist.[1745] Im Inquisitionsprozess agiert der Inquisitionsrichter aber nicht inter partes, gewährt nicht rechtliches Gehör, sondern handelt *gegenüber* den Parteien als Ermittlungsorgan.[1746]

28 Deshalb aber ist der Inquisitionsprozess in der Wende des 18. zum 19. Jh. nachdrücklich angegriffen worden. Diese Angriffe standen aber ebensogut wie unter dem Vorzeichen der Verteidigung der richterlichen Unparteilichkeit unter

---

1742 Redeker, NVwZ 1982, 81, 83.

1743 Dazu vgl. ferner: Haas, Strafbegriff, Staatsverständnis und Prozessstruktur, S. 355, 356; vgl. auch Kwaschik, Die Parteivernehmung und der Grundsatz der Waffengleichheit im Zivilprozess, S. 61.

1744 Grzeszik, in: Maunz/Dürig, GG, Art. 20 und die allgemeine Rechtsstaatlichkeit, Rn. 1 ff.

1745 Smid, Rechtsprechung, 537 ff.

1746 Vgl. ferner: von Selle, Beck-OK, ZPO, § 139 Rn. 7 m.w.N.

dem der Befreiung des Richters von den überkommenen *Beweisregeln.* Denn der Inquisitionsprozess beruhte auf der prozessualen *wie auch personellen* Trennung der Ermittlungs- und der „Rechtsanwendungs"station. Der Richter, der das Urteil fällte, traf seine Entscheidung aufgrund der Ermittllungen des Inquisitionsrichters. Dieser hatte einen Katalog feststehender Fragen zu beantworten und zu diesem Zwecke zu ermitteln. Der urteilende Richter (oder der urteilende Spruchkörper) konnte naturgemäß die so erbrachten Beweise nicht "frei würdigen". Er war vielmehr darauf angewiesen nach *Beweisregeln* das Ergebnis der Beweisaufnahme festzustellen.[1747]

### 3. Verhandlungsmaxime

Worauf beruht also im Zivilprozess strukturell die dort überwiegend greifende Verhandlungsmaxime? Es genügt nicht, ihre Geltung daraus zu erklären, es würden, mit der Beschaffung des Sachverhalts diejenigen betraut, die als Parteien am Prozess interessiert seien und deren Tätigkeit daher die Bemühungen der Wahrheitsermittlung optimiere.[1748] Dieser Ansatz ist seines dialektischen Charakters wegens zwar reizvoll und zunächst unmittelbar plausibel, greift aber doch zu kurz. Man kann sich auf den behaupteten Optimierunsgseffekt nämlich nicht ohne weiteres verlassen (was den Protagonisten eines an der „materiellen", abbildhaft verstandenen „Wahrheit" orientierten Prozesses Sorgen bereitet). Die Tatsachenermittlung kann deshalb auf die Parteien übergehen, da diese Teil ihrer "Dispositionsbefugnis" ist. Anders ausgedrückt bezieht sich die Tatsachenbeschaftung durch die Parteien, zum einen auf deren Verfügung über ihr Recht, zum anderen aber auch darauf, dass — normativ — die Parteien des Zivilprozesses immer Gleichgeordnete sind.[1749] Sobald daran Zweifel auftreten, gerät indes auch die Verhandlunsgsmaxime im Zivilprozess in den Sog der Bedenken gegenüber der Privatautonomie. 29

Aus Beschreibungen des Prozesses als einer staatlichen Gewährung von „Rechtsschutz" ergibt sich, dass die Person des Richters in den Vordergrund rückt, dem die Aufgabe des „Rechtsschutzes" nach dieser Art der Darstellung anvertraut ist. Damit eröffnet sich folgerichtig ein Feld der *Abwägung* zwischen Parteidisposition (gerade auch über die Tatsachen) und *Richtermacht.* Denn der Richter muss zu nachdrücklicher, bestimmender Aktivität im Prozess aufgefordert sein, vindiziert man ihm die Funktion, gleichsam als „Schirmherr" des Rechts der Parteien aufzutreten. So kommt es zu Auslegungen insbesondere des 30

1747 Schmoeckel, Humanität, S. 194.

1748 Der Staat sei nicht an bürgerlichen Rechtsstreitigkeiten interessiert: Wach, Vorträge, S. 53; vgl. K. Heß, Wahrheits-, Vollständigkeits- und Aufklärungspflicht im Zivilprozess, S. 4.

1749 Vgl. etwa: Rauscher, in: MünchKomm, Einl. Rn. 307.

*§* 139 ZPO als dem Ausdruck einer *rechtsfürsorgerischen* Tätigkeit des Prozessrichters[1750] — die über den Zivil- als den klassischen Parteiprozess hinaus ihre Wirkung um so stärker in den Prozessordnungen haben, in denen die Untersuchungsmaxime derartige Konzeptionen plausibel erscheinen läßt. *W. Grunsky*[1751] hat zu Recht darauf hingewiesen, dass diese Auslegungen eine gegenwärtig noch vorherrschende Tendenz darstellen, gegen die zu argumentieren nicht leicht fiele, was wenigstens dann nicht zu bestreiten ist, wenn man der Konzeption vom Prozess als Verfahren einer „Rechtsschutzgewährung" anhängt.

## VII. Offizialprinzip

31 In allen Amtsverfahren der nichtstreitigen freiwilligen Gerichtsbarkeit gilt das Offizialprinzip, während im Zivilprozess wie auch in dem Antragsverfahren der freiwilligen Gerichtsbarkeit das Dispositionsprinzip herrscht.

### 1. Amtswegige Einleitung des Verfahrens

32 Spricht man von der Geltung des Offizialprinzips, wird damit angesprochen, dass der Richter einerseits diese Verfahren ohne Antrag einleiten kann – wie z. B. das Verfahren in Angelegenheiten der Vormundschaft – dass er die Verfahren aber andererseits auf Antrag eines Beteiligten einleiten muss. Geltung des Dispositionsprinzips heißt, dass Verfahren nur auf Antrag eingeleitet werden können – wie z. B. ein Zivilprozess. In Verfahren, in denen das Dispositionsprinzip gilt, bestimmen die Beteiligten mit ihrem Antrag auch das Verfahrensziel. Denn wenn ein Verfahren nur auf einen Antrag hin eingeleitet werden kann, dann kann und darf der Richter in seiner Entscheidung zwar hinter dem Antrag zurückbleiben, er kann ihn aber nicht durch eine eigene Bestimmung ersetzen (§ 308 ZPO). Gilt das Offizialprinzip, bestimmt der Richter auch das Verfahrensziel.[1752] Dies ist auch dann der Fall, wenn das Verfahren in concreto durch den Antrag eines Beteiligten eingeleitet worden ist.

33 Leitet das Gericht ein Verfahren ein, ohne dass dies von einem Beteiligten angeregt oder beantragt worden ist, muss es zunächst Nachforschungen darüber anstellen, wen er an dem Verfahren beteiligten muss. Hier greift also das Amts- oder Offizialprinzip in den nichtstreitigen Verfahren der freiwilligen Gerichtsbarkeit ein: Beispielsweise kann der Vormundschaftsrichter im Unterschied zum Richter im Zivilprozess nicht abwarten, bis sich die einzelnen Beteiligten melden.

---

1750 Vgl. etwa: Stadler, in: Musielak, ZPO, § 139 Rn. 1.

1751 Grunsky, Zivilprozessrecht, Rn. 51 a, S. 48.

1752 Vgl. ferner: Burschel, Beck-OK, FamFG, § 26 Rn. 31.

So meldet sich der Beklagte, der mit der Zustellung der Klageschrift dazu aufgefordert wird, seine Verteidigungsbereitschaft anzuzeigen, § 271 Abs. 2, 499 ZPO. Auch ein Nebenintervenient nimmt am Verfahren dadurch teil, dass er seine Intervention anzeigt (§ 66 ZPO). Sowohl der Beklagte als auch der Nebenintervenient müssen ihre Beteiligung selbst herstellen. 34

## 2. Amtsbetrieb: Amtswegige Vornahme von Verfahrensleitungsmaßnahmen

*a) Zivilprozess*

Im Zivilprozess ist dies bei der Zustellung von Anwalt zu Anwalt (§ 198 ZPO) der Fall, weiter bei der Zustellung von Beschlüssen über Anträge auf Arrest und einstweilige Verfügung (§§ 922 Abs. 2, 936 ZPO), auf Antrag bei der Zustellung von Vollstreckungsbescheiden (§ 699 Abs. 4 ZPO) sowie bei Zustellungen im Vollstreckungsverfahren (§ 750 Abs. 1 S. 2 ZPO). Im Übrigen herrscht auch im Zivilprozess der Amtsbetrieb (§§ 270, 317 ZPO). 35

*b) Amtsbetrieb in nichtstreitigen Verfahren der freiwilligen Gerichtsbarkeit*

(1) Instruktionsprinzip“

Neben dem Offizialprinzip herrscht in den vormundschaftsgerichtlichen Verfahren (Kindschaftssachen) selbstverständlich der Amtsbetrieb.[1753] Das heißt, dass der Richter den Fortgang der Verfahren von Amts wegen bestimmt – dass er also von Amts wegen die Termine festlegt sowie Zustellungen und Ladungen etc. verfügt. Der Gegensatz zum Amtsbetrieb ist der Parteibetrieb, den unser heutiges Prozessrecht nur noch in sehr wenigen Fällen kennt[1754]. 36

In Verfahren, in denen das Offizialprinzip herrscht, muss auch der Untersuchungsgrundsatz[1755] (oder das Inquisitionsprinzip) herrschen, da sonst das Offizialprinzip leer laufen würde. Der Name „Instruktionsprinzip“[1756] verweist darauf, dass der Richter den Ermittlungsbehörden Instruktionen zu geben hat, der Name „Inquisitionsprinzip“ verweis auf das Fragerecht des Richters. Stehen dem Richter also keine Ermittlungsbehörden zur Verfügung, so kann man nur vom Inquisitionsprinzip sprechen. Der Richter kann seiner Aufgabe, ein Verfahren von Amts wegen einzuleiten und durchzuführen nicht nachkommen, wenn er nicht die Befugnis hat, sich die erforderlichen Tatsachen selbst zu beschaffen. Insofern gehört also der Untersuchungsgrundsatz notwendig zum Offizialprin- 37

1753 Vgl. Musielak/Borth, FamFG, § 26 Rn. 3.

1754 Vgl, etwa Vollkommer, in: Zöller, ZPO, § 929, Rn. 12.

1755 Schilken, Zivilprozessrecht, § 8 Rn. 345.

1756 Vgl.dazu zum Instruktionsprinzip im Strafprozess: Pfeiffer/Hannich, KK- StPO, Einl. Rn. 7.

zip. So kann insbesondere der als Vormundschaftsrichter tätige Familienrichter seine Entscheidungen nicht allein auf die Tatsachen stützen, die ihm die Beteiligten von selbst mitteilen. Er muss jedenfalls Erwägungen darüber anstellen, ob, eine weitere Ermittlung zur weiteren Aufklärung des Sachverhalts erforderlich ist.[1757]

38 Der Zivilprozess ist allerdings nicht zwingend durch eine Einheit von Dispositionsmaxime und Verhandlungsgrundsatz gekennzeichnet. Vielmehr weisen Zivilprozesse durchaus unterschiedliche Erscheinungsformen auf. Zum Dispositionsprinzip gehört nicht zwingend der Verhandlungsgrundsatz. Dies ist besonders für die Streitverfahren nach dem FamFG der Fall. Im Zivilprozess sind diese beiden Verfahrensprinzipien zwar im weiteren Umfang vorhanden. So gilt insbesondere im Eheverfahren– wie auch in den Antragsverfahren der klassischen freiwilligen Gerichtsbarkeit und selbst in den Streitverfahren, wie den Verfahren der Hausratsteilung – die Dispositionsmaxime in Verbindung mit dem Untersuchungsgrundsatz. Der Untersuchungsgrundsatz ist in diesen Verfahren Ausdruck der Herstellung der Bedingungen eines waffengleichen Verfahrens. So dient der (eingeschränkte) Untersuchungsgrundsatz im Ehescheidungsverfahren (§ 127 Abs. 1 und Abs. 2 FamFG[1758]) dazu, dem Beteiligten, der emotional durch den Zusammenbruch seiner Ehe angespannt und unter Umständen teilweise oder ganz handlungsunfähig ist, vor übereilten Erklärungen zu schützen.[1759]

39 Dabei ist freilich darauf aufmerksam zu machen, dass § 127 FamFG eine Differenzierung erforderlich macht. Denn im Güterrechtsstreit ist § 127 FamFG einschränkend auszulegen – da es in diesen Verfahren allein um vermögensrechtliche Streitigkeiten geht. Hier ist ebensowenig wie in anderen Vermögensstreitigkeiten nach der ZPO eine Amtsermittlung nicht am Platz. Demgegenüber kann – und muss – das Familiengericht diejenigen Tatsachen, die es aufgrund von Beweisaufnahmen im Rahmen eines Güterrechtsstreits erfahren hat, bei der nach § 8 VAG vorzunehmenden Inhaltskontrolle einer Vereinbarung der Ehegatten über den Versorgungsausgleich nach § 6 VAG verwerten; im übrigen erfolgt die Amtsermittlung nach § 8 Abs. 2 VAG durch Einholung der Erklärung der Versorgungsträger über Erteilung oder Versagung der Zustimmung zu der Einigung der Ehegatten.

---

1757 Vgl. Weber, in: Keidel, FamFG, § 127 Rn. 5.

1758 Weber, in: Keidel, FamFG, § 127 Rn. 5.

1759 Smid, Jura 1990,400, 402f.

(2) Beispiel: Vormundschaftssachen (Kindschaftsverfahren)

aa) Ausschluss von Dispositionsakten

Aus dem Offizialprinzip folgt, dass es in dem von ihm beherrschten nichtstreiti- 40
gen Verfahren keine Verfahrenshandlungen geben kann, durch die die Beteiligten über den Gegenstand des Verfahrens verfügen: So gibt es in Vormundschaftssachen (in der Diktion des FamFG: Kindschafts- und Betreuungssachen) ebenso wenig Anerkenntnisse, Geständnisse, wie Zuständigkeitsvereinbarungen oder Schiedsabreden.[1760]

bb) Vergleichsschlüsse nach § 156 FamFG

Freilich sind Vergleichsschlüsse möglich, die aber rechtliche Wirksamkeit nur 41
unter der Voraussetzung ihrer familiengerichtlichen Billigung entfalten: § 156 FamFG sieht vor, dass die Beteiligten einen sog. gerichtlich gebilligten Vergleich schließen können: § 156 Abs. 2 S. 1 FamFG sieht vor, dass, wenn die Beteiligten Einvernehmen über den Umgang oder die Herausgabe des Kindes erzielen, die einvernehmliche Regelung als Vergleich aufzunehmen ist, wenn das Gericht diese billigt (gerichtlich gebilligter Vergleich). Und § 156 Abs. 2 S. 2 FamFG regelt, dass das Gericht die Umgangsregelung billigt, wenn sie dem Kindeswohl (vgl. § 1697a BGB) nicht widerspricht.

cc) Besondere Aufgaben des Familienrichters in vormundschaftsg richtlichen Verfahren (Kindschaftssachen)

In der Geltung von Offizialprinzip und Untersuchungsgrundsatz kommt zum 42
Ausdruck, dass der Richter in nichtstreitigen Verfahren der freiwilligen Gerichtsbarkeit eigene materielle Aufgabe zu erfüllen hat. Dies wird besonders im Vormundschaftsverfahren deutlich, in dem die Erfüllung seiner ihm obliegenden eigenen Aufgaben dem als Vormundschaftsrichter tätigen Familienrichter von den anderen an der Erziehung beteiligten Personen auch nicht durch gemeinsame übereinstimmende Erklärungen abgenommen werden können. Da der Vormundschaftsrichter von Gesetzes wegen für die Vormundschaft eines bestimmten Jugendlichen zuständig ist, begründet dies notwendig seine Teilnahme an der Aufgabe der Erziehung des Minderjährigen. Hier wird deutlich, dass der obrigkeitsstaatliche Ausdruck einer Obervormundschaft des Vormundschaftsrichters zwar heute antiquiert und sogar anstößig erscheinen mag, aber einen zutreffenden Gehalt aufweist. Der vormundschaftsrechtliche Angelegenheiten bearbeitende Familienrichter entscheidet nicht nur, wenn es zwischen den anderen Erziehern zum Streit kommt. Vielmehr hat er eigene Aufgaben im Rahmen der Erziehung wahrzunehmen.

---

1760 Burschel, Beck-OK, FamFG, § 26 Rn. 32.

*c) Abstufung der Verfahrensmaximen am Beispiel des Grundbuchverfahrens zur Klarstellung von der Rangverhältnisse (§§ 90 - 115 GBO)*

43 In den Verfahren zur Klarstellung der Rangverhältnisse (§§ 90 - 115 GBO) wird deutlich, dass eine Abstufung der Verfahrensprinzipien stattfindet. Im Klarstellungsverfahren geht es um den Verfügungsgegenstand »Grundpfandrecht« (Hypothek oder Grundschuld): Diese Verfahren kann das Grundbuchamt aus besonderem Anlaß von Amts wegen einleiten - so z. B. bei anstehender Umschreibung von Grundbuchblättern oder zur Erleichterung bevorstehender Zwangsversteigerungsverfahren[1761]. Auf Antrag eines Beteiligten muss es ein derartiges Verfahren einleiten (§ 90 GBO) - wenn Unklarheiten in den Rangverhältnissen[1762] bestehen. Dieses Verfahren sollte mit einer Einigung aller Beteiligten (§ 92 GBO) enden (§ 102 GBO) - für die der Grundbuchrichter evtl. einen Vorschlag zu erarbeiten hat (§ 103 GBO). Streiten sich die Parteien über die Rangverhältnisse, so kann der Richter das Verfahren aussetzen und den Beteiligten eine Frist zu Erhebung einer Klage bei dem Prozessgericht setzen (§ 106 Abs. 2 GBO). Er kann aber auch selbst einen Feststellungsbeschluß treffen und dann nach dessen formeller Rechtskraft das Grundbuch umschreiben (§ 111 GBO). In diesem Verfahren gelten im übrigen wie im Verfahren in Vormundschaftssachen die Regelungen des Amtsverfahrens der freiwilligen Gerichtsbarkeit. Es geht in ihm um die Konstituierung eines Verfügungsgegenstandes – und damit um das Interesse des Staates an der Verbesserung des Institutes des Grundkredits. Auch in diesen Amtsverfahren findet man nach alledem die Abstufung der Verfahrensprinzipien: Volles Amtsprinzip, wenn es um die Konstituierung des Verfügungsgegenstandes geht; Mischung von Amts- und Parteiverfahren bei der Sicherung des Eigentums (Amtswiderspruch) und völlige Parteiherrschaft, soweit es um die urkundliche Feststellung der Belastungen geht.

## VIII. Verbundverfahren in Ehescheidungssachen

### 1. Scheidung und Folgesachen

44 Besonderheiten gelten für das Verbundverfahren in Ehescheidungssachen nach den §§ 137 ff. FamFG. Was verbirgt sich nun hinter dem Ausdruck „Verbundverfahren“ oder „Ehescheidungsverbund“? Um diese Frage beantworten zu können, empfiehlt es sich, zunächst zu rekapitulieren, was die Scheidung der Ehe

---

1761 *Kuntze,* GBR, § 90, Rn 1.

1762 Es muss sich um materielle Unklarheiten handeln, da eine formelle Unübersichtlichkeit innerhalb des Grundbuchblattes durch bloße Umschreibung beseitigt werden kann - so zu Recht *Haegele/Schöner/Stöber,* GBR, Rn 328; anders *Kuntze,* GBR, § 90, Rn 2.

heute rechtlich bedeutet. Die Ehegatten können ihre Ehe beenden, wenn sie die eheliche Lebensgemeinschaft aufgeben, weil die Ehe gescheitert ist (§§ 1565 Abs. 1, 1566 Abs. 1 BGB[1763]). Mit dem Getrenntleben der Ehegatten enden dann bereits eine ganze Reihe von rechtlichen Folgen, die an die eheliche Lebensgemeinschaft geknüpft sind[1764]. Die Beendigung der statusrechtlichen Folgen der Ehe hängt davon ab, dass auf Antrag eines oder beider Ehegatten ein Gericht in einem Scheidungsprozess durch (ein entsprechendes Gestaltungsurteil ersetzenden) Beschluss gem. § 142 FamFG[1765] (bis 2009: Urteil) nach § 1564 S. 1 BGB die Scheidung der Ehe ausspricht.[1766]. Dieser Beschluss stellt gegenüber Dritten klar, dass die Ehe der Parteien beendet ist; es stellt damit gegenüber neuen Partnern die Heiratsfähigkeit der Geschiedenen wieder her und es führt gegenüber den Gläubigern der Ehegatten zu Änderungen in den Haftungsverhältnissen.[1767]

Das Gesetz hat zudem an den Scheidungsantrag und die Scheidung der Ehe 45
eine Reihe weiterer rechtlicher Konsequenzen geknüpft: Denn die Ehegatten bilden nicht nur eine Lebensgemeinschaft, in der sie beide als Partner oder Kontrahenten vorkommen, sondern sie sind u. U. Eltern gemeinsamer Kinder, sie sind Mieter oder Eigentümer einer gemeinsamen Wohnung, sie sind zusammen Schuldner, wenn sie fremdfinanziert - „auf Kredit“ - Hausrat erworben haben. An der Ehescheidung hängen daher eine Reihe von möglichen Folgen, die über die statusrechtlichen Konsequenzen der Ehescheidung hinausreichen. Diese Zusammenhänge hat § 137 FamFG[1768] mit der Regelung des Verbundes von Scheidungs- und Folgesachen erfasst. Die in § 137 Abs. 2 FamFG aus dem Bereich der Familiensachen des § 111 FamFG ausgewählten Verfahren bilden die sog. Folgeverfahren des eigentlichen Scheidungsprozesses. Aufgrund des Verfahrensverbundes von Scheidung und Folgesachen werden sie vom Scheidungsantrag gem. § 137 Abs. 1 FamFG ausgelöst oder können doch ausgelöst werden.[1769]

---

1763 Ey, in: MünchKomm, BGB, § 1564 Rn. 13ff.

1764 So z. B. der Mitbesitz und damit das Hausrecht an der gemeinsamen Ehewohnung beim Auszug eines Partners; vgl. Smid, Zur Dogmatik der Klage auf Schutz des „räumlich-gegenständlichen Bereichs“ der Ehe, 1983, S. 117 ff.; vgl. ferner Pawlowski, Die „bürgerliche Ehe“ als Organisation, 1983, S. 90 ff.

1765 Heiter, in: MünchKomm, ZPO, § 142 FamFG, Rn. 1; vgl. auch Ey, in: MünchKomm, BGB, § 1564 Rn. 3.

1766 Beitzke, Familienrecht, 25. Aufl. 1988, § 19 II; Smid, Rechtsprechung, § 3 III.

1767 Ey, in: MünchKomm, BGB, § 1564 Rn. 6.

1768 Heiter, in: MünchKomm, ZPO, § 137 FamFG, Rn. 1ff.; Fest, in: Haußleiter, FamFG, § 137 Rn. 1ff.; Weber, in: Keidel, FamFG, § 137 Rn. 1ff.

1769 Vgl. Fest, in: Haußleiter, FamFG, § 137 Rn. 6.

46 Im Ehescheidungsverbund werden Verfahren unterschiedlicher rechtlicher Qualität miteinander zur gemeinsamen Entscheidung (§ 142 Abs. 1 FamFG) verknüpft, da die Ehescheidung auf unterschiedliche Rechtsbeziehungen der Ehegatten untereinander ausstrahlt - so können sich Fragen des Unterhalts der Ehegatten gegeneinander stellen. Zudem stellten sich oftmals güterrechtliche Fragen: Beim gesetzlichen Güterstand können durch die Beendigung der Zugewinngemeinschaft, zu der die Ehescheidung führt, Ansprüche auf Ausgleich des Zugewinns ausgelöst werden. Im Falle der Gütergemeinschaft steht die Auseinandersetzung nach § 1478 BGB an.[1770] Schließlich gilt es vielfach auch, die Nutzung der Ehewohnung rechtlich zu regeln und den vorhandenen Hausrat zu verteilen. Aber auch die Rechtsbeziehungen der Ehegatten zu Dritten werden durch die Ehescheidung berührt, namentlich muss es jedenfalls möglich sein, in irgendeiner den Kindern zuträglicher Form eine Regelung der elterlichen Sorge zu treffen, wenn die Ehegatten gemeinschaftliche Kinder haben. Häufig bedarf es dann einer Regelung des Umgangsrechts und ggf. muss über Herausgabeansprüche wegen der Kinder und über ihre Unterhaltsansprüche entschieden werden - § 137 Abs. 3 FamFG sieht daher vor, dass auch Kindschaftssachen gem. § 151 FamFG Folgesachen sein können.

47 Bei diesen gerade aufgezählten Angelegenheiten, die an einer Scheidung tatsächlich hängen oder hängen können, handelt es sich also um sog. Folgesachen der Scheidung. Wenn nun ein Ehegatte einen Scheidungsantrag stellt, dann muss er nach § 133 Abs. 1 Nr. 1 FamFG[1771] neben dem Antrag, mit dem er die Scheidung der Ehe begehrt, u. a. auch noch angeben, ob gemeinschaftliche Kinder vorhanden sind und nach § 133 Abs. 1 Nr. 2 FamFG[1772] eine Erklärung darüber abgeben, ob die Ehegatten eine Regelung der elterlichen Sorge getroffen haben. Denn das Familiengericht entscheidet aufgrund des Scheidungsantrages nicht nur über die Frage – auch noch über die Regelung der elterlichen Sorge für gemeinschaftliche Kinder und über den Versorgungsausgleich.[1773]

48 Sind bereits weitere Familiensachen aus dem Katalog des § 137 Abs. 2 FamFG anhängig – worauf der Scheidungswillige nach § 133 Abs. 1 Nr. 3 FamFG in seiner Antragsschrift hinzuweisen hat – oder stellt der Scheidungswillige Anträge betreffend weiterer Folgesachen, werden diese Folgeverfahren ebenfalls in den scheidungsrechtlichen Verfahrens- und Entscheidungsverbund einbezogen.[1774] Beide Parteien – Antragsteller und Antragsgegner – können im Übrigen

---

1770 Kanzleiter, in: MünchKomm, BGB,§ 1478, Rn. 1.

1771 Weber, in: Keidel, FamFG, § 133 Rn. 5.

1772 Weber, in: Keidel, FamFG, § 133 Rn. 6.

1773 Weber, in: Keidel, FamFG, § 133 Rn. 5f.

1774 Fest, in: Haußleiter, FamFG, § 133 Rn. 16; ders. , in Haußleiter, FamFG, § 137 Rn. 30.

noch bis spätestens zwei Wochen vor der mündlichen Verhandlung im ersten Rechtszug Anträge in Folgesachen mit der Konsequenz stellen, dass über diese Anträge im Verfahrensverbund entschieden wird (§ 137 Abs. 2 FamFG[1775]).

## 2. Funktion des Verfahrensverbundes

### *a) Problem der Amtsermittlung im Verbundverfahren*

Im Ehescheidungsverfahren ist mit der Herrschaft des Untersuchungsgrundsatzes keine eigene Ermittlungstätigkeit des Gerichts verbunden. Dem Familiengericht stehen im Eheprozess keine eigenen Ermittlungsbeamten zur Seite. Das Gericht ist auf die Hilfe der Beteiligten (der Parteien des Scheidungsverfahrens) angewiesen, wenn es insbesondere im Ehescheidungsverfahren bestimmte Tatsachen ermitteln will.[1776] Verweigern die Parteien die Mitwirkung, kann ihnen das Gericht zwar prozessuale Nachteile auferlegen – nämlich zu ihren Ungunsten entscheiden -, es kann die Ermittlungen aber nicht selbst vornehmen.[1777] 49

Die Unterschiedlichkeit der Materien, um die es in diesen Teilverfahren geht, schlägt sich auch in den verfahrensrechtlichen Regelungen nieder, die in den jeweiligen Teilen des Entscheidungsverbundes anzuwenden sind. Dies ist nicht mehr wirklich einfach nachzuvollziehen, nachdem alle Verfahren unter dem „einheitlichen“ Dach des FamFG geregelt werden - was die auftretenden Sachprobleme indes nicht beseitigt hat. War bis zum Inkrafttreten des FamFG der Regelung des § 621a ZPO zu entnehmen, welche verfahrensrechtlichen Regelungen auf welche Familiensachen als Folgesachen der Ehescheidung anzuwenden waren, muss dies nunmehr aus den zu lösenden Sachproblemen ermittelt werden. 50

### *b) Verbund von streitigen und nichtstreitigen Verfahren*

Im Scheidungsverbundverfahren treffen Verfahren der nichtstreitigen freiwilligen Gerichtsbarkeit mit streitigen Verfahren zusammen, die nach der ZPO und solche, die nach Regeln der nichtstreitigen freiwilligen Gerichtsbarkeit zu behandeln sind. Daraus ergeben sich naturgemäß eine Reihe von Fragen – so insbesondere danach, wie sich die Verfahrensgrundsätze der einzelnen Verfahren im Verbundverfahren zueinander verhalten. 51

Die Organisation dieses Verfahrensverbundes soll verschiedenen Zwecken dienen. Im Vordergrund steht der Gedanke, dass es möglich sein soll, grundsätz- 52

1775 Bumiller/Harders, in:Bumiller/Harders, FamFG, § 137 Rn. 3ff.

1776 Vgl. Bergmann, in: Scholz/Kleffmann/Motzer, Praxishandbuch Familienrecht, Teil M Rn. 72.

1777 Vgl. Bergmann, in: Scholz/Kleffmann/Motzer, Praxishandbuch Familienrecht, Teil M Rn. 73.

lich mit der Ehescheidung durch eine Entscheidung des Gerichts – der Verbundbeschluss – zugleich mit der Statusänderung der Ehegatten sämtliche an dieser Statusänderung hängenden weiteren Rechtsfolgen aus dem Verhältnis der Ehegatten zueinander abzuwickeln. Mit dem Ausspruch der Ehescheidung soll also grundsätzlich die Auseinandersetzung der Ehe abgeschlossen werden können.

53 Durch die grundsätzlich zeitgleiche Entscheidung über Ehescheidung und Folgesachen wird im Falle der von Amts wegen durchzuführenden Folgesachen sichergestellt, dass den öffentlichen Zwecken Rechnung getragen wird, die mit der Entscheidung über die elterliche Sorge und den Versorgungsausgleich verfolgt werden. Mit der Beendigung der Ehe soll aus Gründen des Schutzes des Kindes und seins Wohls jedenfalls sichergestellt sein, dass klar ist, wer in Zukunft die Verantwortung für das Kind hat.[1778]

*c) Schutz des Schwächeren*

54 Im Übrigen führt der Entscheidungsverbund dazu, dass den Parteien durch ihre Anwälte[1779] die Mannigfaltigkeit der rechtlichen Konsequenzen ihrer Ehescheidung deutlich gemacht wird[1780]. Dies soll dem Schutz des schwächeren Partners dienen – also häufig, aber nicht notwendig, des wirtschaftlich schwächeren Partners, in Scheidungsangelegenheiten aber auch des aufgrund seiner emotionalen Belastung und Bindung schwächeren, weil manipulierbareren Partners, des Verlassenen usf. Denn der Schwächere erhält durch die Organisation des Entscheidungsverbundes von Scheidung und Folgesachen die Chance, dass die Scheidung nur dann ausgesprochen wird, wenn zugleich die Folgesachen entschieden werden, die für ihn wichtig sind. Die Scheidung vernichtet insbesondere für den Gegner des Scheidungsantrags wenigstens partiell seine Lebensgrundlage. Durch den Entscheidungsverbund kann gewährleistet werden, dass die Härten, die aus der Auflösung der ehelichen Lebensgemeinschaft erwachsen, gemindert werden.

55 Es sei hier nur an so existentiell wichtige Angelegenheiten erinnert, wie die Entscheidung über den Unterhalt nach Scheidung der Ehe (§§ 1569 bis 1586 b BGB), die Entscheidung über die Nutzung der Ehewohnung (§ 1361b BGB) oder auch an die über den vermögensrechtlich höchst bedeutsamen Zugewinnausgleich. Würde über diese Fragen grundsätzlich unabhängig vom Scheidungsausspruch in eigenen Verfahren verhandelt und durch besondere Entscheidungen befunden, wäre zudem eine Perpetuierung des Streits der doch schon geschiede-

1778 Ey, in: MünchKomm, BGB, § 1564 Rn. 68.

1779 Im Verfahren vor den Familiengerichten besteht nach Maßgabe der Bestimmungen des § 78 Abs. 2 ZPO Anwaltszwang.

1780 Vgl. nur OLG Bamberg, Urteil vom 3.12.1987, Az.: 2 UF 160/87 = FamRZ 1988, 531.

nen Ehegatten zu befürchten, der zeitlich u. U. weit über die Scheidung ihrer Ehe hinausreichen würde.

Die Notwendigkeit für einen derartigen Schutz des Schwächeren lässt sich auch am Unterhaltsrecht verdeutlichen: Wenn z. B. der Unterhalt in der Zeit des Getrenntlebens der Ehegatten durch einen notariell beglaubigen Vertrag über den Unterhalt für die Zeit des Getrenntlebens geregelt war - aus dem der Berechtigte auch ohne weiteres Urteil vollstrecken kann (vgl. § 794 Abs. 1 Nr. 5 ZPO) -, wäre der daraus berechtigte Unterhaltsgläubiger schlechter gestellt, wenn vor der Entscheidung über den nachehelichen Unterhalt ein isolierter Scheidungsbeschluss erlassen werden dürfte: Denn mit der Scheidung würde der Titel über den Unterhalt für die Zeit des Getrenntlebens gegenstandslos, ohne dass dann für den nachehelichen Unterhalt mit dem Verbundurteil ein Titel an seine Stelle treten würde[1781]. Der Unterhaltsgläubiger müsste dann – ohne dass ihm Mittel zur Verfügung stehen würden – einen u. U. langwierigen Unterhaltsprozess führen und im Wege einstweiliger Anordnungen Unterhalt zu erlangen versuchen. 56

### 3. Harmonisierung von Güterrechts- und Hausratsentscheidung

Hinzu kommt, dass z. B. zwischen der Entscheidung über den Zugewinnausgleich und der im Verfahren über Ehewohnung und Hausrat besonders dann Harmonisierung erforderlich ist, wenn bei der Hausratsteilung wirtschaftlich wertvolle Hausratsgegenstände, die im Alleineigentum eines Partners stehen, dem anderen zugewiesen und aufgrund der Lage des Falles gem. § 1361a BGB[1782] eine unter ihrem Wert liegende Vergütung festgesetzt wird[1783]. Die Harmonisierung lässt sich vornehmen, wenn im Verbund zugleich über Hausrat und Zugewinn entschieden wird. Probleme treten in diesem Zusammenhang namentlich dann auf, wenn nach § 1384 BGB i.V. m. § 140 Abs. 2 Nr. 1 FamFG erst später – außerhalb des Verbundes nach dem Ausspruch der Scheidung – über den Zugewinnausgleich entschieden wird.[1784] 57

---

1781 Vgl. nur OLG Düsseldorf, Entscheidung vom 12.11.1987, Az.: 10 UF 104/87 = FamRZ 1988, 312.

1782 Weber-Mohnecke, in: MünchKomm, BGB, § 1361a, Rn. 8ff.

1783 Sedemund-Treiber, FamRZ 1986, S. 209 ff., 210; zum Verhältnis von Hausratsteilung und Zugewinnausgleich vgl. BGH , Urteil vom 13.10.1983, Az.: IX ZR 106/82 = NJW 1984, 434 ff. und krit. Smid, NJW 1985, S. 173 ff.

1784 Vgl. allgemein zum Zugewinnausgleich: Kogel, Strategien beim Zugewinnausgleich, Rn. 875 ff.

# § 20 Rechtsfolgen der Säumnis – der Einlassungszwang

## I. Warum muss sich der Beklagte gegen die Klage verteidigen?

Die in der Überschrift gestellte Frage lässt sich durchaus nicht durch den Verweis auf Selbstverständlichkeiten beantworten – obwohl die zivilprozessuale Literatur diesen Schluss vordergründig nahelegt. Der Beklagte muss sich nämlich nur dann „einlassen", also sich gegen die gegen ihn erhobene Klage mit Gründen, die die Schlüssigkeit der Klage leugnen, also ihre Begründetheit in Frage stellen, verteidigen, wenn Sachurteilsvoraussetzungen gegeben sind – die Klage also zulässig ist. Ist dies nicht der Fall, liegt kein „Zwang" zur Einlassung vor – und d.h.: Der Beklagte „könnte" die unzulässige Klage in dem Vertrauen darauf „ignorieren" – auf die Klage hin schweigen – ohne prozessuale Nachteile besorgen zu müssen. 1

81 Diese Lagebeschreibung ist aber nicht wirklich zutreffend. Und zwar nicht nur aus pragmatischen Gründen: Der Beklagte, der eine gegen ihn erhobene Klage für unzulässig hält, mag die Rechnung ohne den Wirt gemacht haben – und der „Wirt" ist das Gericht, dass die Zulässgkeit der Klage anders als der Beklagte beurteilen mag. Dann ist es immer noch möglich, dass eine höhere Instanz der prozessrechtlichen Meinung des Beklagten Recht gibt; bis dahin aber kann sich der Beklagte der Zwangsvollstreckung aus eines gegen ihn ergangenen Titel ausgesetzt sehen.

82 Mehr noch. Es wird noch zu erörtern sein, dass die h.L., nach der die Prozessvoraussetzungen, von deren Vorliegen die Zulässigkeit der gegen den Beklagten erhobenen Klage ausmacht, von Amts wegen zu prüfen seien, durchaus nicht ohne Kritik geblieben ist. Wenn aber die Lehre von der Prüfung der Prozessvoraussetzungen von Amts wegen nicht in der Allgemeinheit greift, von der die h.L ausgeht, kann es dem Beklagten nicht empfohlen werden, auf eine Einlassung gegen eine von ihm als unzulässig angesehene Klage deshalb zu verzichten, weil er die Klage für unzulässig hält.

## II. „Verhandeln“ als Form der Einwirkung auf den Prozessverlauf durch die Parteien

2 Wird nicht im schriftlichen Verfahren vorgegangen, “verhandeln” die Parteien dadurch, dass sie in der mündlichen Verhandlung Anträge stellen, § 137 Abs. 1 ZPO.[1785] Nach § 297 Abs. 1 S. 1 ZPO sind die Anträge aus den vorbereitenden Schriftsätzen zu verlesen[1786], können aber auch nach Zulassung durch den Vorsitzenden gem. § 297 Abs. 1 S. 2 ZPO zu Protokoll erklärt werden, dem gem. § 136 Abs. 1 ZPO überantwortet ist, die Verhandlung zu eröffnen und zu leiten. Nach § 137 Abs. 3 S. 1 ZPO ist dabei eine Bezugnahme auf Dokumente zulässig, soweit keine der Parteien widerspricht und das Gericht sie für angemessen hält.

83 „Verhandeln“ bedeutet also, dass die Parteien Anträge stellen.[1787]

84 Der Termin, der gem. § 220 Abs. 1 ZPO mit dem Aufruf der Sache beginnt, ist gem. § 220 Abs. 2 ZPO von einer Partei versäumt, wenn sie bis zum Schluss nicht verhandelt. Die Versäumung einer Prozesshandlung hat gem. § 230 ZPO “zur allgemeinen” Folge, dass die Partei mit der vorzunehmenden Prozesshandlung ausgeschlossen wird. Einer Androhung der gesetzlichen Folgen der Versäumung bedarf es gem. § 231 Abs. 1 ZPO nicht.[1788] Diese Vorschrift ordnet an, dass diese Folgen gem. § 230 ZPO (also der Ausschluss mit der versäumten Prozesshandlung) von selbst eintreten. Anders ist dies, wenn das Gesetz einen auf Verwirklichung des Rechtsnachteils gerichteten Antrag erfordert – der insbesondere Voraussetzung des Erlasses eines Versäumnisurteils nach den §§ 330, 331 ZPO ist. § 231 Abs. 2 ZPO bestimmt insofern, dass die versäumte Prozesshandlung nachgeholt werden kann, solange nicht der Antrag gestellt und die mündliche Verhandlung über ihn geschlossen ist.

## III. Der Grund von Säumnisregelungen

### 1. Si in ius vocat itur

3 Unabhängig davon, ob das Gericht das persönliche Erscheinen der Parteien angeordnet hat und die Missachtung der damit begründeten Pflicht durch Verhängung von gerichtlichen Ordnungsmaßnahmen geahndet werden kann, stellt sich besonders aus der Sicht des Beklagten, ob sich aus dem Fernbleiben vom Ver-

1785 Wagner, in: MünchKomm, ZPO, § 137 Rn. 1ff.

1786 Prütting, in: MünchKomm, ZPO, § 297 Rn. 3.

1787 Stadler, in: Musielak, ZPO, § 137 Rn. 1f.

1788 Gehrlein, in: MünchKomm, ZPO, § 231 Rn. 1.

fahren Nachteile ergeben können. Zunächst geht es darum, ob der Beklagte gezwungen ist, sich gegen die gegen ihn erhobene Klage zu verteidigen – also darum, unter welchen Voraussetzungen sich der Beklagte zur Klage einlassen *muss*?

4 Im frühen römischen Recht hieß es: „*si in ius vocat itur*".[1789] Kontumazialsentenzen[1790] wurden später gegen den säumigen Beklagten erlassen. Isoliert betrachtet ergibt sich daraus folgendes Bild des Prozesses: Aufgrund eines vom Kläger an den Richter gerichteten Antrags (§ 253 ZPO) wird gegen den Beklagten Zwang ausgeübt, dem er um die Vermeidung des Prozessverlusts willen Folge leisten muss. Es kann dahingestellt bleiben, ob diese Sichtweise eine Grundlage hätte, sähe eine Rechtsordnung eine unabhängig von der Prozesslage gegen den säumigen Beklagten zu verhängende Strafe wegen einer aus seinem Fernbleiben gefolgerten Missachtung des Gerichts vor.

5 Die prozessuale Lage des Beklagten unterscheidet sich in diesem Zusammenhang von der des Zeugen: Gegen den ordnungsgemäß geladenen, aber unentschuldigt der Verhandlung fernbleibenden Zeugen können Zwangs- und Ordnungsmittel verhängt werden (§ 380 ZPO[1791]). Die Zeugenpflicht ist öffentlichrechtlicher Natur. Der gegen ihn erlassenen Ladung muss er Folge leisten. Darüber, ob diese Rechtspflicht besteht oder nicht, ist in einem Zwischenfeststellungsstreit (§ 387, § 388 ZPO) zu entscheiden. Der Beklagte, der die Einlassung zur Klage verweigert, kann natürlich nicht in einem Zwischenfeststellungsstreit Klärung begehren, ob an seine Säumnis ihm nachteilige Folgen geknüpft werden können. Denn anders als beim Zeugen, der über Wahrnehmungen beweiserheblicher Tatsachen in einem Rechtsstreit zwischen anderen Parteien aussagen soll, geht den Beklagten der Prozess etwas an, weil er Adressat der Klage ist.

## 2. Geständnisfiktion

6 Das geltende Recht widerspricht einer solchen Art der Darstellung geradezu: Der Zivilprozess dient nicht einseitig einer Partei gegen die andere.[1792] Das Versäumnisurteil gem. § 331 ZPO bestraft den dem Prozess fernbleibenden Beklagten *nicht* dadurch, dass es dem Kläger den Prozesssieg *unabhängig* von der Rechtslage zuspricht.[1793] Das ist nach dem Gesetzeswortlaut überraschend. Denn

---

1789 In der Zwölf-Tafel-Gesetzgebung: Wenn (der Kläger den Beklagten) vor Gericht ruft, muss (der Beklagte dorthin) gehen.

1790 Vom lat. contumax (ungehorsam), Honsell/Mayer-Maly/Selb, Römisches Rechts, 4. Aufl., S. 557.

1791 Damrau, in: MünchKomm,ZPO, § 380 Rn. 1.

1792 So eindrucksvoll Degenkolb, Einlassungszwang und Urteilsnorm, S. 22, 24.

1793 Degenkolb, Einlassungszwang und Urteilsnorm, S. 23.

§ 331 Abs. 1 S. 1 ZPO spricht davon, das tatsächliche Vorbringen des Klägers sei bei Säumnis des Beklagten als zugestanden anzunehmen. Mit seiner Klage macht der Kläger geltend, das von ihm Begehrte sei rechtens - sein Antrag entspreche der Rechtsordnung, aus der das Gericht ein zusprechendes Urteil erkennen werde. Soweit es das Verhältnis des Klägers zum Gericht angeht, kommuniziert der Kläger mit dem Gericht über eben diesen Erkenntnisakt - eine ihm günstige richterliche Rechtskognition.

7 Der Kläger begehrt daher nicht allein, den mit seinem Antrag geforderten Gegenstand „zugesprochen" zu bekommen. Mit seiner Klage unterstellt er sich einem auf den Maßstäben der Gesamtrechtsordnung beruhendem Urteil. Das Urteil beruht als Rechtserkenntnisakt darauf, beide Parteien zu hören, was heute sogar deutschen Verfassungs- und gar europäischen Menschenrechtsrang genießt (Art. 103 Abs. 1 GG[1794], Art. 6 Abs. 1 EMRK[1795]). Das Urteil wird nicht einseitig erlassen, sondern als Schlusspunkt eines Verfahrens, in dem beide Parteien vor dem Gericht miteinander *verhandeln*. Die klärungsbedürftigen Tatsachen sind ebenso wie die streitigen Rechtsfragen im Prozess nicht Gegenstand wirtschaftlichen oder sozialen Kalküls der Parteien, sondern den Rechtsregeln des Verfahrens unterworfen. Hat der Kläger einmal den Prozess eingeleitet, ist er dessen rechtlicher Struktur unterworfen. Hierauf ist später im Zusammenhang mit der Frage der Beendigung des Prozesses zurückzukommen. Durch die „vereinte Tätigkeit der Parteien"[1796] - durch Behauptungen, Beweisantritte, Erklärungen bewegt - schreitet der Gang der Erkenntnis des Rechts fort, wird das Urteil auf einen Prozess, ein Verfahren gegründet.

8 Die Prozessrechtsliteratur des 19. Jahrhunderts begründet dies daraus, Kläger und Beklagter seien dem Recht und dem es erkennenden Richterspruch schlechthin *unterworfen*.[1797] Das Recht und der Richterspruch seien Erscheinungen der hoheitlichen Gewalt, der gegenüber die Parteien als Untertanen gehorsampflichtig seien. Das ist wegen der bereits oben erörterten Legitimation des Rechts aus der Volkssouveränität heute so nicht mehr ohne weitere Erklärungen angemessen. Die Parteien nehmen als Staatsbürger an der Formulierung und Setzung des Rechts teil; den Bürgern wird die staatliche Gesetzgebung als eigener Willensakt zugerechnet.[1798]

---

1794 Schmidt/Aßmann, in: Maunz/Dürig, GG, Art. 103 Rn. 1.

1795 Meyer-Ladewig, in: Meyer-Ladewig, EMRK, Art. 6 Rn. 32ff.

1796 Degenkolb, Einlassungszwang und Urteilsnorm, S. 24.

1797 Degenkolb, Einlassungszwang und Urteilsnorm, S. 25; J. Kohler, Der Prozess als Rechtsverhältnis,
S.112.

1798 J. Kohler, Der Prozess als Rechtsverhältnis, S.112, S. 13ff.

Der ausbleibende, säumige Beklagte verweigert sich nicht allein dem im Klageantrag formulierten Begehren des Klägers, sondern der Teilnahme am Prozess als Rechtserkenntnismittel. *Heinrich Degenkolb* hat dies mit den Worten formuliert, der Kläger verlange vom „Verklagten, dass er das Recht an sich verwirklichen und in seinem Fortbestand erhalten helfe.“[1799] Durch seine Säumnis verweigert der Beklagte die rechtsförmige Feststellung seines Rechts gegenüber dem Kläger: Ob die Verweigerung der eingeklagten Leistung oder die Rechtsberühmung, gegen die negative Feststellungsklage erhoben worden ist, rechtens war und ist, kann nur aufgrund eines Prozesses beurteilt werden. Durch sein Fernbleiben setzt der Beklagte sich daher zu der *Erkenntnisform* des Rechts *überhaupt* in Widerspruch.[1800] Außerhalb des Urteils kann das Recht nicht erkannt werden (*Julius Binder* sprach vom Prozess als Wirklichkeitsform des Rechts[1801]). Das Urteil ist nicht möglich ohne Mitwirkung beider Parteien – ohne rechtliches Gehör.[1802] Die Verweigerung des Beklagten, rechtliches Gehör wahrzunehmen, mag ein Affront gegenüber dem Gericht und eine Verletzung des Rechts des Klägers sein. Hier kommt es darauf an, dass der Beklagte sich zu seiner eigenen Rechtsberühmung in Widerspruch setzt. Daher steht dem physischen Fernbleiben von der Verhandlung gleich, wenn er nicht verhandelt.[1803] 9

# IV. Die gesetzliche Regelung des Säumnisverfahrens

## 1. Säumnis des Beklagten

### *a) Gesetzliche Regelung*

§ 331 Abs. 1 S. 1 ZPO behandelt die Säumnis des Beklagten so, als habe er – im Prozess erschienen – auf das Vorbringen des Klägers geschwiegen: Da der Prozess auf der gemeinsamen Tätigkeit beider Parteien beruht, müssen sich beide Parteien zum Vorbringen des anderen erklären, § 138 Abs. 2 ZPO.[1804] Anders als außerhalb des Prozesses ist das Schweigen daher beredt; es wird als Zugeständnis der nicht bestrittenen Tatsachenbehauptungen der anderen Partei behandelt, § 138 Abs. 3 ZPO.[1805] Grund dieser Geständnisfiktion sind Stellung und Rolle der Partei: Ihre Erklärungen und ihr Schweigen gewinnen aus dem Sinnzusammenhang des Prozesses ihre Bedeutung. Da es im Prozess um nichts ande- 10

1799 Degenkolb, Einlassungszwang und Urteilsnorm, S. 36.

1800 Degenkolb, Einlassungszwang und Urteilsnorm, S. 35.

1801 J. Binder, Prozeß und Recht, S. 136 f.

1802 Smid, Rechtsprechung, § 1, S. 42.

1803 Wagner, in: MünchKomm,ZPO, § 300 Rn. 24.

1804 Wagner, in: MünchKomm,ZPO, § 138 Rn. 1.

1805 Hartmann, in Baumbach/Lauterbach/Abers/Hartmann,ZPO, § 138 Rn. 37.

res als um das Recht der Parteien geht, kann sich die säumige Partei durch ich Fernbleiben diesem Sinnzusammenhang des Prozesses nicht entziehen. Sie wird so angesehen, als wirke sie an der Rechtserkenntnis mit.

*b) Säumnis nur bei Zulässigkeit der Klage*

11 Der Beklagte muss sich nur einlassen, wenn die Klage zulässig ist. Daher ist die vor dem örtlich oder sachlich unzuständigen Gericht erhobene Klage jedenfalls auch dann als unzulässig abzuweisen, wenn der Beklagte sich nicht verteidigt.[1806] Der Beklagte kann sich gegen eine unzulässige Klage verteidigen und wird dies vorsichtshalber in praxi häufig tun – wenn er dies tut, muss er bedenken, dass, wer sich rügelos auf die vor dem unzuständigen Gericht erhobene Klage einlässt, sich nicht mehr auf Verfahrensfehler berufen kann, § 295 Abs. 1 ZPO.[1807] Da die Prozessvoraussetzungen von Amts wegen zu prüfen sind[1808] muss das Gericht die unzulässig erhobene Klage auch ohne Verteidigung des Beklagten als unzulässig abweisen.

12 § 331 Abs. 1 S. 2 ZPO nimmt von der Geständnisfiktion der Säumnis des Beklagten das tatsächliche Vorbringen des Klägers daher insoweit aus, als es die Zuständigkeit des Gerichts aufgrund Vereinbarungen über die Zuständigkeit oder Gerichtsstandsvereinbarungen zwischen den Parteien nach §§ 29 Abs. 2, 38 ZPO betrifft.[1809]

*c) Kein Strafcharakter des Versäumnisurteils*

13 Die Geständnisfiktion ersetzt nur die Einlassung des Beklagten; sie stellt keine Strafe mit automatischem Prozessverlust dar. Ein Versäumnisurteil ergeht nur dann gegen den Beklagten, wenn dessen für wahr unterstelltes Vorbringen schlüssig ist.[1810] Dies ist ebenso wie die Prozessvoraussetzungen vom Gericht zu prüfen[1811], ohne dass es einer Einlassung des Beklagten bedürfte. Dies hat nicht mit dem Satz *iura novit curia* zu tun, sondern damit, dass die Klage nicht durch die Säumnis des Beklagten schlüssig wird[1812]: Der unschlüssigen Klage ist auch nicht aufgrund der Säumnis des Beklagten der Prozesserfolg beschieden, der ihr versagt bleibt, wenn sich der Beklagte verteidigt.

---

1806 Prütting, in: MünchKomm,ZPO, § 335 Rn. 3f.
1807 Prütting, in: MünchKomm,ZPO, § 295 Rn. 44.
1808 Becker-Eberhard, in:, Vor § 253 Rn. 1.
1809 Hartmann, in: Baumbach/Lauterbach/Abers/Hartmann,ZPO, § 331 Rn. 8.
1810 Schilken, Zivilprozessrecht, § 12 Rn. 583.
1811 Schilken, Zivilprozessrecht, § 12 Rn. 583.
1812 Degenkolb, Einlassungszwang und Urteilsnorm, S. 22/23.

## 2. Die Säumnis des Klägers

Erscheint zur mündlichen Verhandlung der Kläger trotz ordnungsgemäßer Ladung nicht oder verhandelt er nicht zur Sache, so wird seine Klage ohne Sachprüfung abgewiesen. 14

### *a) Das Versäumnisurteil*

Das Versäumnisurteil stellt eine gerichtliche Entscheidung dar, die auf Grund einer mündlichen Verhandlung gegen eine Partei ergeht, die trotz ordnungsgemäßer Ladung nicht erschienen ist oder die trotz Erscheinens nicht zur Sache verhandelt. Erscheint der Beklagte in der mündlichen Verhandlung nicht so gilt dadurch das gesamte Vorbringen des Klägers - mit Ausnahme des Vortrags zur örtlichen Zuständigkeit - als zugestanden. Soweit dieser Tatsachenvortrag schlüssig ist, also den Klageantrag rechtfertigt, ist nach dem Klageantrag durch Versäumnisurteil zu erkennen. Schlüssigkeit korrespondiert mit dem geltend gemachten Anspruch bzw. Gestaltungsrecht.[1813] Soweit auch bei Richtigkeit des Tatsachenvortrags ein Anspruch im Sinne des Klageantrags nicht gegeben ist wird durch Klage durch sog. unechtes Versäumnisurteil zurückgewiesen. 15

Das Versäumnisurteil besteht nur aus Rubrum und Tenor, § 313b ZPO.[1814] 16
Es bedarf keiner Abfassung des Tatbestands und der Entscheidungsgründe. Eine Ausnahme gilt nur dann, wenn die Vollstreckung voraussichtlich im Ausland zu erfolgen hat.[1815] Dann müssen auch Tatbestand und Entscheidungsgründe angefügt werden, weil nicht mit einer Begründung versehene Entscheidungen von den ausländischen Autoritäten sehr häufig nicht als Vollstreckungsgrundlage anerkannt werden. Das unechte Versäumnisurteil ist dagegen kein Versäumnisurteil in diesem Sinne. Es ergeht gegen den anwesenden Kläger wegen seines unzureichenden Sachvortrags. Es ist daher zu begründen wie jedes andere Urteil auch.[1816]

### *b) Streitverfahren nach dem FamFG*

Dies gilt, wie § 34 Abs. 3 FamFG zeigt, mit Einschränkungen auch für die Streitverfahren der freiwilligen Gerichtsbarkeit.[1817] 17

1813 Hergenröder, Rechtfortbildung, S. 165.
1814 Musielak, in: MünchKomm,ZPO, § 313b Rn. 1ff.
1815 Musielak, in: MünchKomm,ZPO, § 313b Rn. 8.
1816 Im Umkehrschluss: Musielak, in: MünchKomm,ZPO, § 313b Rn. 3.
1817 Ulrici, in: MünchKomm, ZPO, § 34 FamFG, Rn. 1ff.

## 3. Rechtsbehelfe

18 Das (echte) Versäumnisurteil kann mit dem Rechtsbehelf des Einspruchs angegriffen werden. Der Einspruch ist binnen zwei Wochen seit Zustellung des Versäumnisurteils schriftlich bei dem Gericht, dessen Entscheidung angefochten wird, einzulegen. Die Einspruchsschrift hat die Einspruchsbegründung zu enthalten. Wird die Einspruchsbegründung erst später gegeben kann der Einsprechende mit seinem Vortrag ausgeschlossen (präkludiert) sein. Der unzulässige Einspruch wird durch ein Urteil, dem keine weitere mündliche Verhandlung vorausgeht, verworfen. Der zulässige Einspruch versetzt den Rechtsstreit in den Zustand vor der Säumnis zurück und führt deshalb in aller Regel zur Anberaumung eines neuen Termins zur mündlichen Verhandlung.

19 Erscheint die säumige Partei auch in der auf den Einspruch einberaumten weiteren mündlichen Verhandlung nicht oder verhandelt sie dort nicht zur Sache, so wird der Einspruch durch ein sogenanntes „technisch zweites Versäumnisurteil“[1818] verworfen. Gegen dieses Urteil gibt es keinen neuen Einspruch, sondern nur das Rechtsmittel der Berufung. Diese Berufung kann allein darauf gestützt werden, dass eine schuldhafte Versäumung des zweiten Termins nicht vorgelegen habe. Umstritten ist, ob in der Berufung gegen das zweite Versäumnisurteil geprüft wird, ob das erste Versäumnisurteil zu Recht ergangen ist - die Klage also tatsächlich schlüssig begründet worden war. Die herrschende Meinung in der Literatur[1819] und die Rechtsprechung[1820] lehnen dies ab.

20 Die Säumnis des Berufungsbeklagten hat zur Folge, dass das zulässige tatsächliche Vorbringen des Berufungsklägers als zugestanden anzunehmen ist, § 539 Abs. 2 ZPO.[1821] Nach dem Antrag ist zu erkennen, ob der Berufungsantrag gerechtfertigt ist; ist dies nicht der Fall, muss die Berufung zurückgewiesen werden. Ist der Berufungskläger säumig so wird seine Berufung ohne Sachprüfung zurückgewiesen. Entsprechendes gilt auch für die Säumnis im Revisionsverfahren.[1822]

---

1818 Stadler, in: Musielak, ZPO, § 345 Rn. 1.

1819 Stadler, in: Musielak,ZPO, § 345 Rn. 4; Stadler/Jarsumbek, JuS 2006, 135, 135; Prütting, in:
MünchKomm, ZPO, Rn. 9 ff; Wieczorek/Schütze/Borck,ZPO, § 345 Rn. 19 ff.

1820 BGH, Urteil vom 6.5.1999, Az.: V ZB 1/99 = NJW 1999, 2599 = ZZP 1999, 491.

1821 Rimmelspacher, in: MünchKomm, ZPO, § 539 Rn. 10ff.

1822 Rimmelspacher, in: MünchKomm, ZPO, § 539 Rn. 3.

## V. Besonderheiten des Versäumnisverfahrens im Scheidungsverfahren

Im Scheidungsverbundverfahren gelten besondere Regelungen, die sich aus der ehefreundlichen Ausgestaltung des Verfahrens ergeben[1823]: Nach § 127 FamFG sind von Amts wegen nur ehefreundliche Tatsachen zu berücksichtigen. Das verbietet es, an die Säumnis des Antragsgegners Geständnisfiktionen zu knüpfen.[1824] Nach § 130 Abs. 1 FamFG ist die Versäumnisentscheidung gegen den Antragsteller dahin zu erlassen, dass der Antrag als zurückgenommen gilt.[1825] Und nach § 130 Abs. 2 FamFG ist eine Versäumnisentscheidung gegen den Antragsgegner sowie eine Entscheidung nach Aktenlage unzulässig.[1826] 21

## VI. Zwang zur Verfahrensteilnahme in nichtstreitigen Verfahren der freiwilligen Gerichtsbarkeit

### 1. Grenzen der „Freiwilligkeit"

In der nichtstreitigen – freiwilligen – Gerichtsbarkeit wird durchaus nicht immer „freiwillig" verfahren – legt man die Willensrichtung der Beteiligten zugrunde: Zwar beantragt der Veräußerer die Eintragung einer Auflassungsvormerkung für den Erwerber, aber bereits die Zwangslöschung einer vollbeendigten KG macht deutlich, dass auch im registergerichtlichen Verfahren die „Freiwilligkeit" auf Grenzen stößt. So werden die Eltern, denen die Sorge für das Kind entzogen wird, der Obervormundschaft des Gerichts unterworfen. Das Verfahren nimmt seinen Lauf, auch ohne, dass sie an ihm teilhaben *wollen.* 22

Soweit Verfahren von Amts wegen der nichtstreitigen freiwilligen Gerichtsbarkeit eingeleitet werden, können sich die Beteiligten gezwungen sehen, ihre Teilnahmebefugnis auszuüben und vor Gericht zu erscheinen, um darauf Einfluss zu nehmen, wie die Verfahrenszwecke verfolgt werden. Damit ist allerdings nicht notwendig der vom Gericht ausgeübte Zwang verbunden, dass die beteiligten Personen tatsächlich körperlich vor Gericht erscheinen und dort Erklärungen abgeben. Zwar sehen sowohl die ZPO (§ 141 ZPO[1827]) als auch das FamFG (§ 33 FamFG[1828]) die Möglichkeit vor, dass neben der gegen Zeugen und Sachverständige gerichteten Anordnung, vor Gericht zu erscheinen, um dort 23

1823 Weber, in: MünchKomm, ZPO, § 127 FamFG Rn. 4.
1824 siehe auch: Weber, in: MünchKomm,ZPO, § 127 FamFG Rn. 5.
1825 Bumiller/Harders, § 130 Rn. 2.
1826 Hilbig, in: MünchKomm, ZPO, § 130 FamFG Rn. 6.
1827 Baumbach/Lauterbach/Albers Hartmann, § 141 Rn. 2f.
1828 Meyer-Holz, in: MünchKomm, ZPO, § 33 FamFG Rn. 1f.

Aussagen zu machen bzw. Gutachten zu erstatten, auch das persönliche Erscheinen von Parteien bzw. Beteiligten angeordnet werden kann, damit diese zum entscheidungserheblichen Sachverhalt vortragen und zu dessen Klärung Beiträge leisten. Darum aber geht es hier nicht. Vielmehr wird an dieser Stelle danach gefragt, ob Verfahrensbeteiligte diesseits im Falle der Anordnung des persönlichen Erscheinens zu einer mündlichen Verhandlung angedrohter Ordnungsmittel Nachteile dadurch erleiden, dass sie an dem Verfahren nicht teilnehmen.

### 2. Wirkungen des Fernbleibens von Beteiligten in nichtstreitigen Verfahren

*a) Familiengerichtliche Verfahren in Kindschaftssachen*

24 In nichtstreitigen Verfahren der freiwilligen Gerichtsbarkeit, in denen der Verfahrensgegenstand und damit das Verfahrensziel nicht von den Beteiligten mittels ihrer Anträge definiert wird, lassen sich in der Tat allein nur faktische Nachteile erkennen, die das Fernbleiben vom Verfahren nach sich zieht. Verfahrensrechtliche Nachteile kann das Fernbleiben nämlich nur unter der Voraussetzung haben, dass daraus Schlüsse gezogen werden, dass der fernbleibende Beteiligte es in Folge seiner Absenz unterlässt, im Verfahren Anträge zu stellen. Es liegt auf der Hand, dass es für den Fortgang eines Verfahrens der Erziehung des Minderjährigen keine rechtlichen Auswirkungen haben kann und darf, wenn Eltern oder Vormund dem Verfahren fernbleiben.[1829] Das Familiengericht muss gleichwohl dem Verfahren der Vormundschaft den Fortgang geben, weil es in ihm um den Schutz der Rechte des Kindes geht.

25 Dabei ist zu beachten: Ein beschränkt Geschäftsfähiger ist besonderen Gefahren bei der Unterlassung von Prozesshandlungen ausgesetzt, wenn der gesetzliche Vertreter vorteilhafte Handlungen unterlässt oder nicht rechtzeitig vornimmt. Diesen Gefahren wird, durch einstweilige Zulassung nach § 56 Abs. 2 ZPO begegnet.

*b) Insolvenzverfahren*

26 In nichtstreitigen Antragsverfahren der freiwilligen Gerichtsbarkeit hat das Fernbleiben des Antragstellers regelmäßig keinen Einfluss auf das Verfahren. Erscheint der Antragsteller im Insolvenzeröffnungsverfahren nicht zu einer nach § 5 Abs. 1 S. 2 InsO möglichen Anhörung, hat dies auf seinen Antrag keine Auswirkungen, sofern dieser überhaupt nach § 14 Abs. 1 InsO zulässig und begründet ist. Und auf den Gang des eröffneten Insolvenzverfahrens ist es ohne

1829 Vgl.Heilmann, in: MünchKomm, ZPO, § 155 FamFG Rn. 26ff. (Beschleunigungsgebot) und 65f. (Beteiligte).

Einfluss, wenn der Antragsteller z.B. der Gläubigerversammlung gem. §§ 156, 157 InsO fernbleibt.

Anders ist es dagegen, wenn der Gläubiger in dem nichtstreitigen Insolvenzverfahren seine Forderung nicht beim Insolvenzverwalter anmeldet (§ 174 InsO). Denn die Anmeldung ist die insolvenzverfahrensrechtliche Form der Geltendmachung seiner Forderung. 27

*c) Nachlassverfahren*

Im Nachlassverfahren greift § 365 Abs. 2 FamFG ein. Diese Vorschrift regelt zwar ausdrücklich „nur“ den Inhalt der Ladung der Beteiligten zum Verhandlungstermin (vgl. § 345 FamFG). Sie lässt aber erkennen, was „Säumnisfolge“ ist – das mögliche Verhandeln ohne die Anwesenheit des ausbleibenden Beteiligten. 28

# § 21 Prozesshandlungen

## I. Prozesshandlungen als Verhaltensweisen, die auf das Verfahren von und vor Rechtspflegeorganen bezogen sind

### 1. Prozessuales Handeln und materielle Rechtswirkungen

In den vorangegangenen Überlegungen hat sich gezeigt, wie die Parteien durch Anträge darauf hinzuwirken versuchen, das von ihnen angestrebte Prozessziel zu erreichen. Allgemeiner gesprochen nehmen die Parteien durch Regelungen des Prozessrechts strukturierte Handlungen auf den Prozess und seinen Verlauf Einfluß; man spricht dabei von Prozesshandlungen.[1830] 1

Das wirft die Frage auf, wie sich das prozessuale Handeln der Parteien auf ihre materielle Rechtslage auswirkt.[1831] Bereits in den einleitenden Überlegungen (oben § 1 Rn. 23f.) hat sich erwiesen, dass Prozessrecht und materielles Recht nicht als Rechtsmaterien oder Rechtsgebiete erscheinen, die einander ausschließen bzw. in dem Sinne gegeneinander abgegrenzt zu werden haben, dass sie unterschiedliche Bereiche betreffen. Vielmehr sind Prozess und materielles Recht sinnhaft aufeinander bezogen. Handelt es sich um prozessual abgewickelte Regelungen bzgl. unterschiedlicher Lebensbereiche bzw. eine Handlung, die im Prozess vorgenommen wird, ist es, wie *Henckel* meinte, kein außerprozessualer Vorgang. Es kann aber an einen prozessualen Vorgang eine materiellrechtliche Rechtsfolge geknüpft werden. Ebenso wie außerprozessuale Ereignisse Tatbestand einer prozessualen Norm sein können.[1832] 2

Wie die Prozesshandlung zu definieren und vom Rechtsgeschäft des bürgerlichen Rechts abzugrenzen ist, ist in Rechtsprechung[1833] und Schrifttum[1834] nicht unumstritten. Der BGH bezeichnet eine Prozesshandlung als einen Akt, dessen Voraussetzungen und Wirkungen vom Prozessrecht geregelt werden. In der Literatur wird die Prozesshandlung als ein äußeres auf einem Handlungswillen beruhendes Verhalten, das auf einen Erfolg gerichtet ist, dessen Wirkungen hauptsächlich auf prozessualem Gebiet liegen, definiert.[1835] Damit ist ein weites 3

1830 Vgl. nur Zeiss/Schreiber, ZPrR 11. Aufl. 2009, Rn. 211.

1831 Zeiss/Schreiber, ZPrR 11. Aufl. 2009, Rn. 213 ff.

1832 Henckel, Prozessrecht und materielles Recht, 1970, 25.

1833 BGH, Urteil vom 29.2.1968, Az.: VII ZR 102/65 = BGHZ 49, 384, 386.

1834 Rosenberg/Schwab/Gottwald, § 63 Rn. 1f; siehe aber auch: Reichhold, in: Thomas/Putzo, Einl. III Rn. 3 u. Rauscher, in: MünchKomm-ZPO, Einl. Rn. 391.

1835 Musielak, Grundkurs-ZPO, Rn. 153.

Feld umrissen; so zählen Gerichtsstandsvereinbarungen[1836] oder die Erteilung einer Prozessvollmacht[1837] gleichermaßen zu den Prozesshandlungen.

## 2. Beispiele

4 So ist die Vereinbarung der Erfüllung des Erfüllungsortes als eine materiell-rechtliche, von den Parteien vorgenommene Abrede zu qualifizieren, die aber prozessuale Folgen in Ansehung des § 29 ZPO zeitigt. Demgegenüber stellt die Prorogation als prozessualer Vertrag nach § 38 ZPO prozessuale Wirkungen aus sich selbst heraus her[1838]. Schiedsabreden führen zu prozesshindernden Einreden.[1839]

5 Und der abstrakte Prozessvergleich erweist sich ausschließlich als eine Prozesshandlung, da er nur prozessuale Wirkungen hat, weil er allein der Prozessbeendigung dient. Das materielle Streitverhältnis bleibt durch ihn unberührt. Der Prozessvergleich, der materiell-rechtliche Wirkung entfaltet (das Rechtsverhältnis zwischen den Parteien umgestaltet), bezweckt und bewirkt die Beendigung des Rechtsstreits und ist daher nicht etwa nur eine prozessuale Folge materiell-rechtsgeschäftlicher Wirkungen.[1840] Er hat aber darüber hinaus materiell-rechtliche Wirkungen, da er auch seinen Rechtsfolgen nach ein Vergleich gem. § 779 BGB ist.[1841]

## 3. Abgrenzung

6 Vor diesem Hintergrund stellen sich Prozesshandlungen als Verhaltensweisen dar, die auf das Verfahren von und vor Rechtspflegeorganen bezogen sind.[1842] Es liegt dabei auf der Hand, dass etwa das „in Akten Lesen" oder das Herumblättern in anderen Schriften eines Richters sich nicht als Prozesshandlung erweist – auch wenn dies während der mündlichen Verhandlung stattfindet.[1843] Soweit es sich um das (amtliche) Tätigwerden des Gerichts handelt, spricht man von der Prozessleitung – also denjenigen Maßnahmen, um den Prozess zu seinem Ziel, nämlich einem rechtskraftfähigen Urteil, zu führen.[1844] Hierauf ist be-

1836 Musielak, in: Musielak,ZPO, Einl. Rn. 59.
1837 Rauscher, in: MünchKomm-ZPO, Einl. Rn. 391.
1838 Henckel (Fn. 1832) 34.
1839 Henckel (Fn. 1832) 35 f.
1840 Henckel (Fn. 1832) 39.
1841 Henckel (Fn. 1832) 39/40.
1842 Henckel (Fn. 1832) 27.
1843 Henckel (Fn. 1832) 27.
1844Henckel (Fn. 1832) 28.

reits oben (§ 18) näher eingegangen worden, soweit es um die Mitwirkung des Gerichts an der Herstellung entscheidbarer Anträge geht.

Auf der Seite der Parteien handelt es sich nicht um Prozesshandlungen, wenn die Partei mit ihrem Anwalt spricht oder sich verbotenerweise ungebührlich benimmt (§ 178 GVG).[1845] Parteiprozesshandlungen sollen gestaltend auf das Verfahren einwirken und können als zulässig, unzulässig, wirksam, unwirksam beurteilt werden.[1846] 7

### 4. Bewirkungs- und Erwirkungshandlungen

Von einer Bewirkungshandlung (also einer rechtsgestaltende Prozesserklärung) spricht man, wenn dadurch unmittelbar ein Erfolg bewirkt wird (z.B. Klagerücknahme), von einer Erwirkungshandlung, wenn damit eine Tätigkeit des Gerichts ausgelöst werden soll. Darunter zählen namentlich alle Anträge. Bei Bewirkungshandlungen fragt man ob sie wirksam sind, bei Erwirkungshandlungen fragt man ob sie zulässig und begründet sind. 8

Erwirkungshandlungen können zurückgenommen werden, wenn sie nicht eine Prozesslage geschaffen haben, die auch im Interesse der Gegenpartei ist. Ist letzteres der Fall, muss die Gegenpartei einwilligen. 9

Bewirkungshandlungen können nach Eintritt des prozessualen Erfolgs grundsätzlich nicht widerrufen werden, es sei denn, die Prozesshandlung beruht auf einem Umstand der Grund für eine Restitutionsklage gemäß § 580 ZPO wäre. Die Rücknahme erfolgt dann analog § 580 ZPO. Dies ist etwa dann der Fall, wenn zB. die Partei aufgrund einer Drohung den mit der Klage geltend gemachten Anspruch anerkennt. Noch im weiteren Verlauf stellt sich dies heraus. 10

## II. Materiell-rechtliche Wirksamkeitsvoraussetzungen von Prozesshandlungen

### 1. §§ 116 ff. BGB

a) *Prozesshandlungen als Willenserklärungen*

Besondere Vorschriften über Prozesshandlungen sieht die ZPO nicht vor. Deshalb liegt es nahe, zur näheren Bestimmung der Wirksamkeitsvoraussetzungen von Willenserklärungen auf den Allgemeinen Teil des BGB zurückzugreifen werden.[1847] Dabei kommen zunächst die Regelungen über Willenserklärungen in 11

1845Henckel (Fn. 1832) 28.

1846Henckel (Fn. 1832) unten.

1847 Rauscher, in: MünchKomm,ZPO, Einl. Rn. 399.

den Blick.[1848] Prozesshandlungen sind meist einseitig, jedoch existieren auch zweiseitige Prozesshandlungen, wie der Prozessvergleich.[1849] In dieser Konstellation sind die Prozesshandlungen auch nicht nur rein prozessual, sondern sind gleichzeitig auf Abschluss eines Prozessvertrages gerichtet, also Willenserklärungen.[1850]

12 So hat sich bereits gezeigt, dass bei den Voraussetzungen des Prozessvergleichs seine Doppelnatur[1851] zum Tragen kommt[1852]: Zum einen handelt es sich um einen materiellen Vertrag gem. § 779 BGB, dessen Voraussetzungen vorliegen müssen: gegenseitiges Nachgeben und die Rechts- und Geschäftsfähigkeit der Parteien, sowie ordnungsgemäße Vertretung. Zum anderen handelt es sich um eine Prozesshandlung.[1853] Es müssen insoweit alle Voraussetzungen für deren Wirksamkeit vorliegen[1854], d.h. der Vergleich muss vor einem deutschen Gericht geschlossen werden, er muss den Streitgegenstand eines anhängigen Verfahrens betreffen und diesen zumindest teilweise erledigen, der Streitgegenstand muss der Dispositionsbefugnis der Parteien unterliegen (z. B. nicht bei Ehescheidung) und beide Parteien müssen partei-, prozess- und postulationsfähig sein.

b) *Keine Irrtumsanfechtung*

13 Die §§ 116 ff. BGB sind im Allgemeinen auf Prozesshandlungen nicht anwendbar.[1855] Denn Adressat einer Prozesshandlung ist immer das Gericht.[1856] Vor diesem Hintergrund wird die Ansicht vertreten, die Regeln über die Anfechtung von Willenserklärungen seien nur dann heranzuziehen, sofern die andere Partei noch nicht schutzbedürftig war, sie also noch nicht auf die Prozesshandlung vertraut hat. So hat der Widerruf eines unwahren Geständnisses strukturelle Ähnlichkeiten mit der Irrtumsanfechtung des bürgerlichen Rechts. Es genügt nämlich nicht allein der Widerruf der im Geständnis zugrunde gelegten Wissenser-

---

1848 Rauscher, in: MünchKomm,ZPO, Einl. Rn. 399.

1849 Schilken, Zivilprozessrecht, § 5 Rn. 125.

1850 Lackmann; in: Musielak, ZPO, § 794 Rn. 3; vergleiche hierzu hingegen: Rosenberg/Schwab/Gottwald, § 130 Rn. 6.

1851 Zeiss/Schreiber ZPrR 11. Aufl. 2009 Rn. 213, 2. Abs. spricht von einem „Doppeltatbestand“.

1852 BGH, Urteil vom 3.12.1980, Az.: VIII ZR 274/79 = BGHZ 79, 71, 74; BGH, Urteil vom 11.6.1987, Az.:IX ZR 87/86 = NJW 1988, 63, 65.

1853 Lackmann; in: Musielak,ZPO, § 794 Rn. 3.

1854 Rauscher, in: MünchKomm,ZPO, Einl. Rn. 400; Lackmann; in: Musielak,ZPO, § 794 Rn. 4f.

1855 BGH, Urteil vom 27.05.1981, Az.: IVb ZR 589/80 = BGHZ 80, 389, 392.

1856 Rauscher, in: MünchKomm,ZPO, Einl. Rn. 401.

klärung; vielmehr muss auch die Willens- oder Wollenserklärung, die in dem Geständnis liegt, gem. § 290 ZPO angefochten werden.[1857]

### 2. Anfechtung des Prozessvergleichs

Wird ein Prozessvergleich angefochten, besteht kein schutzwürdiges Interesse des Gegners daran, dass der materiell-rechtliche unwirksame Vergleich weiterhin prozessbeendigende Wirkungen zeitigt. Der Abschluss eines materiell-rechtlich unwirksamen Prozessvergleichs führt m.a.W. dazu, dass die Parteien den Rechtsstreit in der Prozesslage und der Instanz fortsetzen müssen, in der sich der Prozess bei Abschluss des Vergleichs befunden hat.[1858] Denn die Klage ist als noch rechtshängig anzusehen, so dass eine neue Klage über den Anspruch, der im Prozess streitgegenständlich ist, unzulässig wäre.[1859] 14

## III. Aufhebung des rechtskräftig für vollstreckbar erklärten Schiedsspruchs

Die Aufhebung des rechtskräftig für vollstreckbar erklärten Schiedsspruchs kann demgegenüber nur beantragt werden, wenn glaubhaft gemacht wird, dass die Partei ohne ihr Verschulden außerstande gewesen ist, den Anfechtungsgrund in den früheren Verfahren geltend zu machen.[1860] Fragt man nach der Funktion oder dem Zweck des Prozesses, dann soll damit kein Instrument geschaffen werden, um Einzelprobleme des Prozessrechts zu behandeln und Lösungsansätze hieraus deduzieren zu können. Vielmehr dient die Frage nach der Funktion oder dem Zweck des Prozesses der Förderung des Verständnisses prozessualer Regelungen im Gesamtzusammenhang der bürgerlichen Rechtsordnung.[1861] 15

### 1. Treu und Glauben[1862]

Es herrscht im Schrifttum eine verbreitete Ansicht[1863], der zu Folge Prozesshandlungen ihre Wirkungen zu versagen sein soll, wenn sie gegen Treu und Glauben verstoßen. Dies gilt zunächst aufgrund §§ 157, 242 BGB zwischen den 16

1857Henckel (Fn. 1832) 81.
1858so zutreffend Henckel (Fn. 1832) 91.
1859Henckel (Fn. 1832) 91.
1860Henckel (Fn. 1832) 78.
1861Henckel (Fn. 1832) 47.
1862 Zeiss/Schreiber, ZPrR 11 Aufl. 2009, Rn. 220.
1863 vgl. zum widersprüchlichen Verhalten: Leipold, in: Stein/Jonas,ZPO, § 138 Rz. 37.

Parteien, soll aber auch im Verhältnis der Parteien zum Gericht gelten.[1864] Daran ist richtig, dass die arglistige Schaffung prozessualer Befugnisse und Rechtslagen verboten ist. Sie stellt sich als widersprüchliches Verhalten dar und kann daher als Missbrauch prozessualer Befugnisse angesehen werden.[1865] An einer allgemeinen Geltung der Beurteilung von Prozesshandlungen mit Instrumentarien des § 242 BGB kann man aber freilich deshalb zweifeln, weil es die vielfältigen Gesetzgebungen zur ZPO und zuletzt das FamFG nicht allein im Unterschied zum BGB keine Generalklausel eines Verbotes arglistigen Verhaltens formuliert, sondern durch die Präklusion, die Verschleppung und mit der Wahrheitspflicht die Prozesslüge verboten haben.[1866] Erschwert wird die Fragestellung zudem dadurch, dass die - zutreffende - Feststellung Goldschmidts[1867], der Prozess sei "moralinfrei", z.T. in der Literatur bestritten wird, um für eine Anwendung des Grundsatzes von Treu und Glauben zu votieren.[1868] Bereits der Gegensatz ist verfehlt. Moralische Urteile haben im Recht nichts zu suchen und werden auch durch Generalklauseln nicht in das Recht implementiert; eine „Moralfreiheit" auch des Zivilprozessrechts spricht aber nicht gegen eine Anwendung des § 242 ZPO auf Prozesshandlungen.

17 So wird insbesondere danach gefragt, ob die Vermeidung eines die streitige Rechtslage zwischen den Parteien klärenden Urteils durch Vergleich oder Klagerücknahme rechtsmissbräuchlich sein könne[1869] – was nicht allein daran vorbeigeht, dass das Gericht auf eine vergleichsweise Einigung hinwirken muss (§ 278 ZPO), sondern dass die Parteien die Befugnis haben, den Streitgegenstand dem Urteil des Gerichts zu entziehen.

18 Es stellt sich die Frage, ob eine Prozessführung, deren Ziel die Schädigung des Gegners ist, sich als rechtswidrig erweist. Der BGH[1870] hat diese Frage verneint. Das lässt sich, wie Henckel[1871] meint, aber nicht halten, wie sich bereits aus der Schadenersatznorm des § 717 Abs. 2 ZPO zeigt.

---

1864 Hergenröder, Rechtsfortbildung, S. 273/274.

1865 Zeiss, Arglistige Prozeßpartei, S. 51; Hergenröder, Rechtsfortbildung, S. 273.

1866 So bereits mit z.T. anderen Schlussfolgerungen: Zeiss, Arglistige Prozeßpartei 24, 30 et passim.

1867 Goldschmidt, Prozeß als Rechtslage, S. 292.

1868 Zeiss, Arglistige Prozeßpartei, S. 32.

1869 Hergenröder, Rechtsfortbildung, S. 282 ff.

1870 BGH, Urteil vom 29.9.1961, Az.: IV ZR 59/61 = BGHZ 36, 11, 18.

1871 Henckel (Fn. 1832) 293.

## 2. Die Rechtzeitigkeit des Vorbringens

Die richtige Anwendung der Vorschriften über den verspäteten Vortrag von Angriffs- und Verteidigungsmitteln gem. § 296 Abs. 1 ZPO war lange Zeit Gegenstand der Befassung des BVerfG.[1872] Mit § 321a ZPO hat der Gesetzgeber darauf reagiert, dass das BVerfG insbesondere in solchen Fällen wegen der Zurückweisung von Angriffs- und Verteidigungsmitteln angerufen worden ist, in denen es um letztinstanzlich, regelmäßig amtsgerichtliche Urteile ging und damit der Rechtsweg erschöpft war. Diese Vorschrift , weist ihre eigenen Probleme auf. Sie eröffnet allerdings die Möglichkeit über die Versagung rechtlichen Gehörs, die mit der Zurückweisung verspäteten Vorbringens verbunden ist, zu entscheiden. 19

Angriffs- und Verteidigungsmittel definiert § 282 Abs. 1 ZPO als Behauptung, Bestreiten, Einwendungen, Einreden, Beweismittel und Beweiseinreden.[1873] § 146 ZPO definiert Angriffs- und Verteidigungsmittel, die sich auf denselben Anspruch beziehen, mit Klagegründen, Einreden, Repliken usw.[1874] Diejenigen tatsächlichen Behauptungen, die die Voraussetzungen der Norm die der Klage zugrunde liegt ergeben sollen, stellen den Klagegrund dar.[1875] Unter Einreden im prozessualen Sinn versteht man diejenigen tatsächlichen Behauptungen, die den Tatbestand einer Gegennorm, also einer Norm, die der rechtsbegründeten Norm entgegenwirkt und eine andere Rechtsfolge als diese eintreten lassen, womit sich die Klage als unbegründet erscheinen lässt, ergeben. Mit der Replik wird vom Kläger eine die tatsächliche Behauptung erhoben, mit der die Voraussetzung einer weiteren Norm dargelegt wird, die der Gegennorm, die mit der Einrede geltend gemacht wird, entgegensteht.[1876] Einwendungen sind das Leugnen der Klage (des Klagegrundes) und das Vorbringen von Einreden.[1877] Hierzu gehört namentlich das Bestreiten, das in § 282 Abs. 1 ZPO genannt ist.[1878] Damit stellt sich u. a. die Frage, ob Gestaltungsrechte oder Einreden des Bürgerlichen Rechts hiervon erfasst sind.[1879] Namentlich ist dies in Ansehung 20

---

1872 Zur Auslegung der Zurückweisungsvorschriften vor dem Hintergrund der Gewährung rechtlichen Gehörs gem. Art. 103 Abs. 1 GG eingehend Weth, Die Zurückweisung verspäteten Vordringens im Zivilprozess, 1988, 11 ff. sowie zur Prozessualen Waffengleichheit (Art. 3 Abs. 1 GG) 40 ff. wie zum Rechtsstaatprinzip 49 ff.

1873 Weth (Fn. 1872) 67.

1874 Weth (Fn. 1872) 67/68.

1875 Rosenbert/Schwab, ZBR § 105, II 1.

1876 Weth (Fn. 1872) 68.

1877 Weth (Fn. 1872) 68.

1878 Weth (Fn. 1872) 69.

1879 Weth (Fn. 1872) 71 ff.

der Aufrechnung problematisch, die der BGH[1880] als Verteidigungsmittel in dem hier angeführten prozessualen Sinne bedarf. Anders als die Widerklage, die kein Verteidigungsmittel, sondern selbständiger Angriff ist, und damit nicht der Zurückweisung als verspätet unterliegt, stellt sich die Frage, wie bei materiellrechtlich wirksam erklärter Aufrechnung die prozessuale Lage zu sehen ist, wenn der Tatbestand der Aufrechnung verspätet im Prozess geltend gemacht wird.[1881] In den Gesetzesmaterialien[1882] ist die Aufrechnungserklärung ausdrücklich unter die Angriffs- und Verteidigungsmittel, die der Verspätung unterliegen können, gefasst worden.[1883]

21 Zu den Angriffs- und Verteidigungsmitteln, die der Verspätung unterliegen, gehören weder Sach- noch Prozessanträge, wie von Weth[1884] aus dem Wortlaut des 282 Abs. 2 ZPO gefolgert wird.

22 Wegen des Grundsatzes *jura novit curia* können Rechtsausführungen niemals verspätet sein.[1885] Dies gilt insbesondere auch für den Inhalt ausländischen Rechts, das zu ermitteln dem Gericht obliegt – es gilt insoweit der Untersuchungsgrundsatz.[1886]

23 Zulässigkeitsrügen des Beklagten sind Verteidigungsmittel und unterliegen der Zurückweisung gem. § 296 Abs. 3 ZPO soweit sie nicht von Amts wegen zu berücksichtigen sind.[1887] Verzichtbar und daher Verspätung zugänglich sind die Rüge der fehlenden Ausländersicherheit § 110 ff. ZPO, der fehlenden Kostenerstattung nach § 269 Abs. 4 ZPO und die Zuständigkeitsrüge gem. § 39 ZPO sofern nicht § 40 Abs. 2 ZPO etwas anderes regelt.[1888]

24 Wenn in der Literatur[1889] ausgeführt wird, das Gericht habe völlig unabhängig vom Vorbringen der Parteien von sich aus den Sachverhalt restlos aufzuklären, sofern der Untersuchungsgrundsatz gilt, ist dies missverständlich. Denn diese Aufgabe des Gerichts reicht nur soweit, wie ihm Anhaltspunkte für eigenes Nachfragen durch den Sachverhaltsvortrag der Parteien nahegelegt werden. Gemeint ist vielmehr, dass das Gericht auch solchen Vortrag der Parteien zu be-

---

1880 BGH, Urteil vom 24.10.1984, Az.: VIII ZR 140/83 = WM 1985, 144.

1881 vgl. allein Weth (Fn. 1872) 72.

1882 Begründung des Gesetzesentwurfs der Vereinfachungsnovelle durch die Bundesregierung, BT-Drucks. 7/2729, S. 73.

1883 Weth (Fn. 1872) 73.

1884 Weth (Fn. 1872) 86.

1885 Weth (Fn. 1872) 90.

1886 BGH. Urteil vom 20.03.1980, Az.: III ZR 151/79 = BGHZ 77, 32, 38; Urteil vom 10.05.1984, Az.: III ZR 206/82 = NJW 1984, 2764.

1887 Weth (Fn. 1872) 111.

1888 Weth (Fn. 1872) 112.

1889 Weth (Fn. 1872) 129.

rücksichtigen hat, der nicht auf ordnungsgemäße Art und Weise in den Prozess eingeführt worden ist – was namentlich auf die Postulationsvoraussetzungen verweist.

25 Die Prozessförderung durch die Präklusion verspäteten Vorbringens hat, wie namentlich *Damrau*[1890] ausgeführt hat, eine Wiederbelebung der Eventualmaxime zur Folge gehabt. Um nicht mit einem Angriffs- oder Verteidigungsmittel (einem Sachverhaltsvortrag) präkludiert zu werden, zwingt die Eventualmaxime die Partei, eventualita für den Fall des Versagens des in erster Linie vorgebrachten vorzutragen. Damit wird freilich eine Partei gezwungen u. U. in sich widersprüchlich *eventualita* vorzutragen. Dies hat in der Literatur[1891] dazu veranlasst, auszuführen, dass die Prozessförderungspflicht, die durch die Präklusionsvorschriften erzwungen wird, eine prozesstaktische Staffelung des Parteivorbringens nicht verbiete. Diese sei vielmehr unter der Voraussetzung erlaubt, dass es für die vorläufige Zurückhaltung eines Teils des Sachverhalts aus der Sicht eines objektiven Beobachters dafür vernünftige Gründe gibt, die nicht auf Prozessverzögerung zielen.' Allerdings hat diese Auffassung Kritik gefunden.[1892]

26 Um ihrer Prozessförderungspflicht nachzukommen, müssen die Parteien zeitig und mit genügendem Inhalt vortragen. Für den Beklagten ergibt sich dies mit der Klageerwiderung. Für den Kläger nicht bezüglich der Klagschrift sondern im Hinblick auf die Erwiderung auf die Klagerwiderung.[1893]

## IV. Bedingungsfeindlichkeit von Prozesshandlungen

### 1. Inner- und außerprozessuale Bedingungen

27 Prozesshandlungen dürfen nicht mit einer außerprozessualen Bedingung verknüpft werden[1894], um Ungewissheiten im Prozess zu vermeiden. Die Verknüpfung von *Erwirkungshandlungen* – die auf die Erwirkung einer bestimmten Entscheidung des Gerichts abzielen[1895] - mit innerprozessualen Bedingungen ist aber zulässig[1896] (z.B. bei der eventuellen Klagehäufung[1897]).

---

1890 Damrau, Die Entwicklung einzelner Prozessmaximen seit der Reichszivilprozessordnung von 1877, 1975, 27 f.

1891 Bender/Belz/Wax, Das Verfahren nach der Vereinfachungsnovelle und vor dem Familiengericht, 1977 Rn. 42.

1892 Weth (Fn. 1872) 143.

1893 Weth (Fn. 1872) 198.

1894 BGH, Urteil vom 19.1.1989, Az.: IX ZR 83/89 = NJW-RR 1989, 766, 767.

1895 Seit Goldtschmidt, Der Prozeß als Rechtslage, 1925, 364 ff.

1896 Rauscher, in: MünchKomm, ZPO, Einl. Rn. 404.

1897 Lüke, Zivilprozessrecht, § 19 Rn. 213.

28 Bewirkungshandlungen rufen ohne Tätigkeit des Gerichts unmittelbar Wirkungen wie die Klagerücknahme nach § 269 ZPO, der Rügeverzicht nach § 295 ZPO oder der § 342 ZPO.[1898]

## 2. Beispielsfall

29 Der Schuldner kann - obwohl für ihn diese Verbindung wesentlich ist - den Eigenantrag nach § 13 InsO als bedingungsfeindliche Verfahrenshandlung nicht unter die Bedingung der Anordnung der Eigenverwaltung stellen. Reicht sein Vermögen aber nicht für eine Verfahrenseröffnung aus, kann ein Gläubiger die Gewährung eines Verfahrenskostenvorschusses davon abhängig machen, nur eine bestimmte Form des Verfahrens finanzieren zu wollen. Zwar ist auch die Gewährung des Verfahrenskostenvorschusses bedingungsfeindliche Verfahrenshandlung; an eine entsprechende im Gutachten zu berücksichtigende Erklärung ist der Gläubiger aber nur insoweit gebunden, als das Verfahren eröffnet wird, das zu finanzieren er sich bereit erklärt.[1899]

30 Im Fall AG Charlottenburg, Beschluss vom 22.12.2004, Az.: 101 IN 2808/04 hatte der Beschwerdeführer zugleich mit seinem Eigenantrag auf Eröffnung des Insolvenzverfahrens über sein Vermögen Antrag auf Anordnung der Eigenverwaltung gestellt. Die Insolvenzordnung sieht in ihrem § 27 Abs. 1 vor, dass ein Insolvenzverfahren entweder in der Weise durchgeführt wird, dass zur Verwertung der Masse ein Insolvenzverwalter eingesetzt wird, oder aber, bei Vorliegen eines entsprechenden Antrags des Schuldners und der weiteren hierfür vom Gesetz geforderten Voraussetzungen, dass dem Schuldner die Masseverwertung übertragen wird (Eigenverwaltung). Der Antrag des Schuldners auf Eröffnung eines Insolvenzverfahrens über sein Vermögen unter Anordnung der Eigenverwaltung zielte somit auf einen anderen Gegenstand als ein ohne den Antrag gemäß § 270 InsO gestellter Eröffnungsantrag.[1900] Für die Eröffnung des vom Beschwerdeführer beantragten Insolvenzverfahrens unter Anordnung der Eigenverwaltung liegt eine die Kosten des Verfahrens deckende Masse vor. Die Ehefrau des Beschwerdeführers hatte nach dem vom AG Charlottenburg mitgeteilten Sachverhalt einen Massekostenvorschuss im Umfang der bei einem Insolvenzverfahren unter Anordnung der Eigenverwaltung anfallenden Kosten zugesichert.

---

1898 Zeiss/Schreiber ZPrR 11. Aufl. 2009 Rn. 215.

1899 Wehdeking, DZWIR 2003, 133, 137.

1900 Schilken in: Jäger/Henckel, Insolvenzordnung, § 34 Rn. 22; Smid DZWIR 2004, 359, 366 ff; Smid/Wehdeking, in: Flöther/Smid/Wehdeking, Die Eigenverwaltung, München 2005, Kapitel 1.

31 Die Zahlung von Massekostenvorschüssen auf ein Verfahren, das der Antragsteller als Eigenverwaltungsverfahren begeht, steht nicht unter einer – unzulässigen – „Bedingung". Die vorliegende Entscheidung geht am Sachverhalt hartleibig vorbei. Früher – unter Geltung der KO – wäre die vorliegende Entscheidung nachvollziehbar gewesen. Denn die KO sah nur die Möglichkeit eines Eigenantrages vor, der auf die Eröffnung eines Konkursverfahrens unter Bestellung eines Konkursverwalters gerichtet war. Für den Fall, dass eine verfahrenskostendeckende Masse nicht vorlag, konnte ein Gläubiger einen Massekostenvorschuss erbringen. Wollte der Schuldner die Fremdverwaltung durch einen Konkursverwalter vermeiden, musste er einen Vergleichsantrag stellen. Schon mit Blick auf die zu versprechenden Quoten stellte sich die Frage der Gewährung von Massekostenvorschüssen damals nicht. Heute stellt sich die Rechtslage völlig anders dar:

32 Der Gesetzgeber[1901] will die – reale, nicht irgendwie nur in einem sehr schlechten Sinn rechtstheoretische – Eigenverwaltung des insolventen Schuldners ermöglichen.[1902] Die heutige politische Sphäre mag dazu verführen, das nicht ernst zu nehmen. Das wäre aber nicht nur fatal, sondern, schlimmer noch: falsch.

33 Die zugleich auf Verfahrenseröffnung gerichteten Anträge richten sich nicht auf irgendeine beliebige „Verfahrenseröffnung". Sie zielen auf die Eröffnung eines spezifischen Verfahrens ab. Dieses Insolvenzverfahren soll das Vermögen des Schuldners haftungsrechtlich seinen Gläubigern zuweisen; ihm dabei die Befugnis einräumen, die zur weitgehenden und im übrigen strikt am Gleichheitssatz orientierten Schritte zur Befriedigung seiner Gläubiger erforderlichen Schritte zu gehen.

34 Würde man der in dem vorliegenden Beschluss vertretenen Ansicht folgen, hätte zwar der Schuldner die geschilderten Rechte, der vorschussleistende Gläubiger wäre dem Belieben des Gerichts unterworfen. Die Erklärung eines Gläubigers, Verfahrenskostenbeiträge zu leisten, orientiert sich an diesem Verfahrensgegenstand. Richtern mag dies exotisch erscheinen. Es entspricht aber nicht nur unserer Wirklichkeit, sondern *unserem Insolvenzrecht*. Wenn der Gläubiger ein Verfahren nach §§ 27 Abs. 1 S. 2 i.V. m. § 270 InsO zu finanzieren beabsichtigt, will er keine Subsidien an einen Insolvenzverwalter zahlen – weil das Verfahren, um das es ihm geht, durch den Antrag des Schuldners definiert ist. Nun könnte man auf die Idee kommen, der Schuldner sei gleichsam der „Vertreter" des vorschussleistenden Gläubigers, da er „für" den Gläubiger durch sofortige Beschwerde die Eröffnung eines „Verwalterverfahrens" gem. § 27 Abs. 1 S. 1

1901 Amtl. Begr. RegEInsO, BT-Drucks. 12/2443, Allg. 4. c), 99 f.
1902 Flöther/Smid/Wehdeking, Eigenverwaltung, 2005, insbes. Kap. 2.

InsO verhindern könnte. Der am gleichen Tag erlassene „Konsumgenossenschafts-“Beschluss des IX. Zivilsenats[1903] könnte eine solche Interpretation nahe legen. Indes – sie wäre abwegig. Dabei kommt es nicht entscheidend darauf an, dass die Interessen von massekostenvorschussleistendem Gläubiger und des Schuldners voneinander abweichen können. Der massekostenvorschussleistende Gläubiger kann den Bezug seiner Zahlung zum Antrag des Schuldners nur dadurch herstellen, dass er diese Zahlung unter der Bedingung verspricht, dass das Gericht dem schuldnerischen Antrag folgt.

35 Der einzahlende Gläubiger stellt seine Vorschussleistung damit aber keinesfalls unter eine - verfahrensrechtlich unzulässige - Bedingung, wenn er ein Verfahren zu finanzieren beabsichtigt, das unter Anordnung der Eigenverwaltung des Schuldners eröffnet werden soll. Er erklärt – verfahrensrechtlich völlig unbedenklich – vielmehr, ein *bestimmtes* (eben nicht: „bedingtes“) Verfahren zu finanzieren. Der erkennende Senat verkennt völlig – wie zuvor das Landgericht als Beschwerdegericht – die prozessuale Lage. In der Tat sind Prozess- bzw. Verfahrenshandlungen *im Allgemeinen* bedingungsfeindlich.[1904] Dies gilt auch im Insolvenzverfahrensrecht. Dies gilt allerdings nur für *außerprozessuale Bedingungen*[1905] einer Verfahrenshandlung. Denn diese würde einen Schwebezustand nach sich ziehen, der es nicht erlauben würde, die verfahrensrechtliche Lage eindeutig zu beurteilen. So darf der Verfahrenskostenvorschuss *nicht* unter der Bedingung versprochen werden, dass bestimmte Massegegenstände verwertet oder bestimmte Quoten ausgeschüttet werden, da dies außerprozessuale Ereignisse betrifft, deren Eintritt ungewiss ist. Es wäre dann nicht sicher, ob die gesetzlichen Tatbestandsvoraussetzungen der Verfahrenseröffnung vorliegen oder nicht. Schon im Recht des streitigen Prozesses gilt aber etwas anderes für *innerprozessuale Bedingungen.*[1906] So ist die hier interessierende Verfahrenshandlung an die (inzidente) Bedingung geknüpft, dass das Gericht über die miteinander in einem Sinnzusammenhang stehenden zulässigen Anträge des Schuldners entscheidet. Die vom Bedingungsverbot perhorreszierte Ungewissheit *kann* in dieser Fallgestaltung schlechthin *nicht* eintreten. Es wäre sehr eigenartig, wollte man behaupten, es sei ungewiss, ob das Insolvenzgericht über einen zulässigen Antrag entscheiden wolle oder nicht.

---

1903 BGH, Beschluss vom 07.07.2005, Az.: IX ZB 266/04 = DZWIR 2005, 475; krit. Wehdeking juris praxis-report Insolvenzrecht 14/2005 v. 27. 10. 2005 Anm. Nr. 1; Smid, NZI 2005, 613.

1904 Rosenberg/Schwab/Schilken, Zivilprozessrecht, § 65 Rn. 23.

1905 Rosenberg/Schwab/Gottwald, Zivilprozessrecht, § 65 Rn. 24.

1906 Rosenberg/Schwab/Gottwald, Zivilprozessrecht, § 65 Rn. 25.

Für das Gericht ist die Entscheidungslage nämlich eindeutig: 36
- Entweder sieht es die Voraussetzung der Anordnung der Eigenverwaltung nach § 270 Abs. 2 Nr. 2 InsO als gegeben an; für diesen Fall liegen auch die Voraussetzungen der Verfahrenseröffnung nach § 26 Abs. 1 InsO wegen des an keine weitere Bedingung als die der Entscheidung über die Schuldneranträge geknüpften Versprechens, einen Verfahrenskostenbeitrag zu leisten, vor;
- oder das Insolvenzgericht verwirft den Schuldnerantrag. Dann kommt das Insolvenzgericht überhaupt nicht mehr zur Frage der Verfahrenskostendeckung gem. § 26 Abs. 1 InsO. Denn die Erö nungeines „Verwalterverfahrens" war nicht beantragt.
Demgegenüber läuft die vom Insolvenzgericht, dem Landgericht Berlin und dem BGH vertretene Meinung nicht allein darauf hinaus, dem Insolvenzgericht die Befugnis zu geben, über den Schuldnerantrag hinauszugehen und gleichsam von Amts wegen ein so nicht beantragtes Verfahren zu eröffnen. Vielmehr wird die eigene verfahrensrechtliche Stellung des vorschussleistenden Gläubigers vernachlässigt.

## V. Auslegung von Prozesshandlungen

### 1. Nachfragen und prozessuale Lage

Unklare oder fehlerhafte Prozesshandlungen sind grundsätzlich auszulegen. 37
Freilich gelten auch hier Besonderheiten, die sich aus dem Prozess selbst ergeben. Denn solange die Parteien in der mündlichen Verhandlung gegenwärtig sind, besteht die Möglichkeit für das Gericht, durch Nachfragen den Sinn des Handelns der Parteien zu ermitteln. Dass das Gericht bei ordnungsgemäßer Verhandlungsführung hierzu verpflichtet ist, ergibt sich bereits aus § 139 Abs. 1 ZPO, wie sich bereits gezeigt hat. Und diese Nachfrage ist auch dann geboten, wenn die Partei sich nicht erklärt oder nicht verhandelt.

Oftmals ergibt sich die Bedeutung des Parteihandelns aus der prozessualen 38
Lage, wie der im Anschluss darzustellende Beispielsfall deutlich machen wird.

Ergibt sich der Sinn der Prozesshandlung nicht ohne weiteres aus der pro- 39
zessualen Lage, in der sie vorgenommen worden ist und kommt eine Nachfrage nicht mehr in Betracht, stellt sich die Aufgabe der Auslegung der Prozesshandlung. Hier wird vertreten, es seien die Maßstäbe der Rechtsordnung zugrunde zu legen und die recht verstandene Interessenslage der Partei.[1907]

1907 Rosenberg/Schwab/Gottwald, Zivilprozessrecht, § 65 Rn. 19f.

### 2. Umdeutungen. Heilung

40 Ist eine Auslegung nicht möglich, ist die Prozesshandlung unwirksam, kann aber durch Umdeutung, fehlerfreie Wiederholung, Genehmigung und Eintritt der Rechtskraft der erwirkten Entscheidung geheilt werden. Ausdrücklich sieht das Gesetz Heilungsmöglichkeiten für Zustellungsmängel (§ 189 ZPO) und verzichtbare Verfahrensverstöße (§ 295 ZPO) vor.

## VI. Die beiderseitige Erledigungserklärung vor einer Beweisaufnahme

41 Fall: Der Kläger, ein Handwerker, hatte mit dem Beklagten, einem Unternehmer, einen Werkvertrag im Rahmen eines Bauvorhabens geschlossen und daraufhin auch Werkleistungen erbracht. Der Werklohn sollte nach den Vereinbarungen der Parteien mit der Abnahme des Bauvorhabens durch den Vertragspartner des Unternehmers fällig werden. Der Kläger nimmt nun den Beklagten mit der Behauptung in Anspruch, die fälligkeitsbegründende Abnahme sei zu einem Zeitpunkt vor der Klageerhebung erfolgt. Der Beklagte bestreitet diesen Vortrag; beide Parteien benennen einen Angestellten des Beklagten als Zeugen für ihre Behauptungen. Noch vor der Beweisaufnahme zahlt der Beklagte und stimmt der darauf folgenden Erledigungserklärung des Klägers mit der Behauptung zu, die Abnahme sei erst während des Prozesses erfolgt. Beide Parteien stellen streitige Anträge zu den Kosten.[1908]

### 1. Spannungsverhältnis von Billigkeit der Kostenentscheidung und der Gewährung rechtlichen Gehörs

#### *a) Beweisaufnahme in Verfahren nach § 91a ZPO*

42 Wie ist in dieser Fallkonstellation „billig" über die Kosten zu entscheiden? Oder, anders gefragt: Muss das Gericht auch nach den übereinstimmenden Erledigungserklärungen der Parteien noch die beantragte Beweisaufnahme durchführen, um dadurch eine Tatsachengrundlage für die Feststellung gewinnen zu können, wer ohne den Eintritt der Erledigung in der Hauptsache obgesiegt hätte[1909]? Über diese Frage nun wird seit geraumer Zeit in der Literatur gestritten.

43 So wird - unter Hinweis auf das Gebot der Interpretation verfahrensrechtlicher Normen unter der Prämisse der Prozessökonomie - von einigen Stimmen in der Literatur[1910] die Durchführung einer weiteren Beweisaufnahme abgelehnt.

---

1908 Fall nach LG Mannheim, Az. 2-0-210/81 (unveröff.).

1909 Vgl. allein statt aller Bork, in: Stein/Jonas, ZPO, § 91 a Rn. 26 ff, 27.

1910 Vgl. Baumbach/Lauterbach/Hartmann, ZPO, § 91a Anm. 3 Ac.

Dagegen häufen sich in Rechtsprechung[1911] und Schrifttum[1912] Ansichten, die auf der einen Seite auch „im Verfahren nach § 91a ZPO", also zur Vorbereitung des Beschlusses über die Kostenfrage, weitere Sachverhaltsermittlungen zulassen wollen. Auf der anderen Seite wird auch von den Vertretern dieser Ansicht geäußert, dass unter prozessökonomischen Aspekten diese weitere Sachverhaltsermittlung zu beschränken sei.

Den Befürwortern einer weiteren Sachverhaltsermittlung nach Erledigung des Rechtsstreits in der Hauptsache erscheint es „unbillig", das Gericht zu veranlassen, eine Kostenentscheidung auf „unbekannter" oder „unsicherer" Tatsachengrundlage zu erlassen; einer ebenfalls weit verbreiteten Ansicht[1913] wird damit widersprochen, die in Fällen „fehlender" Tatsachengrundlage „nach billigem Ermessen" die Kosten hälftig teilen oder gegeneinander aufheben will. 44

Der BGH[1914] hat in zwei *obiter dicta* - anlässlich der Beurteilung der Frage, ob für Kostenentscheidungen nach § 91a ZPO das Richterprivileg des § 839 Abs. 2 BGB einschlägig sei - geäußert, auch im Verfahren nach § 91a ZPO seien noch weitere Beweisaufnahmen zulässig. Doch weder die Rechtsprechung noch das Schrifttum haben Kriterien angegeben, aufgrund deren die Frage nach der Tatsachengrundlage der Entscheidung aus § 91a ZPO und ihrer Beschaffung beantwortet werden kann. 45

*b) Funktion des § 91a ZPO*

Die Schwierigkeiten der Fragestellung rühren daher, dass bei der Auslegung des § 91a ZPO zwei scheinbar unvereinbare „Zwecke" dieser Vorschrift berücksichtigt werden müssen: Auf der einen Seite sollte es die Einführung des Instituts der „Erledigung der Hauptsache" dem Kläger ermöglichen, den Prozess „ohne Verluste" beenden zu können, wenn der Beklagte die Klage während des Verfahrens durch außerprozessuale Zahlung u. dgl. m. unschlüssig machte[1915]. 46

---

1911 Aus der Vielzahl der Entscheidungen vgl. hier vorerst allein LG Stuttgart, Entscheidung vom 29.5.1956, Az.: 1 T 148/56 = ZZP 69, 399; OLG Stuttgart, Entscheidung vom 17.10.1957, Az.: 2 W 65/57 = MDR 1958, 111.

1912 Göppinger, Die Erledigung des Rechtsstreits in der Hauptsache, 1958 S. 205 ff.; ders., ZZP 67, 468; ZZP 68, 26; Thomas/Putzo, ZPO, § 91 a Anm. 10a; Habscheid, RPfl 1955, 35.

1913 Vgl. Hartmann, in: Baumbach/Lauterbach/Albers/Hartmann, ZPO, § 91a.

1914 Vgl. BGH, Urteil vom 27.4.1954, Az.: ZR 239/52 = BGHZ 13, 145 und dazu Ostendorf, DRiZ 1973, 388; ferner BGH, Urteil vom 14.7.1956, Az.: III ZR 29/55 = BGHZ 21, 298.

1915 Zur historischen Diskussion vgl. insbes. Pfitzer, GruchB Bd. 30 S. 96 ff.; Weiß, GruchB Bd. 72 S. 297 ff. Zur Entwicklungsgeschichte des heutigen § 91a ZPO eingehend Smid, ZZP Bd. 97 (1984) S. 246 Teil I S. 250 ff.

47 Die Erledigung der Hauptsache machte es möglich, die unschlüssig gewordene Klage nicht abzuweisen, sondern den Streit um die Kosten fortzusetzen, als wäre die Hauptsache noch anhängig[1916]. Die Normierung des heutigen § 91a ZPO[1917] verfolgte dagegen einen „umgekehrten" Zweck: die unökonomische Fortsetzung des Streits allein um die Kosten sollte zugunsten einer schnell und ohne Aufwand zu erlangenden Billigkeitsentscheidung abgeschnitten werden. Klägerschutz und Prozessökonomie also gilt es, in einer geeigneten Weise bei der Auslegung des § 91a ZPO zu vermitteln. Die Gegner einer weiteren Beweisaufnahme nach § 91a ZPO argumentieren damit, beide Parteien „wollten" allein eine „Billigkeitsentscheidung". Sie hätten ihr Einverständnis auch mit einer Kostenentscheidung erklärt, die für sie ungünstig sei[1918]. So ist im Ausgangsfall bei einer hälftigen Kostenteilung eine der Parteien evident entgegen der materiell-rechtlichen Klageveranlassung mit den Kosten belastet.

48 Diese Begründung lässt sich jedoch nicht halten. Zum einen zeigt die Geschichte des § 91a ZPO, dass sein Zweck nicht die Prozessbeendigung durch einen „Verzicht"[1919] der Parteien, sondern im Gegenteil der Schutz des Klägers durch Fortführung des Prozesses war. Zum anderen würde den Parteien durch eine pauschale Kostenteilung das rechtliche Gehör abgeschnitten: Der Ausgangsfall macht deutlich, dass die Parteien hinsichtlich der Kosten in der Tat noch streiten und in diesem Streit angehört werden wollen.

49 Auch die Befürworter einer weiteren Beweisaufnahme nach Erledigung der Hauptsache versuchen, die prozessökonomische Funktion des § 91a ZPO zu berücksichtigen. Um den Streit wegen der Kosten trotz der geforderten Beweisaufnahme nicht „ausufern" zu lassen, wollen deren Befürworter sie allein in einem eng begrenzten Katalog von Fallkonstellationen zulassen[1920]. So sollen bereits erlassene Beweisbeschlüsse durchgeführt oder sogar „neue" erlassen werden können, wenn sie aufgrund der Anwesenheit der Beweismittel in der mündlichen Verhandlung (etwa wenn die Parteien Zeugen mitgebracht oder Urkunden vorgelegt haben) ohne weitere Verzögerungen durchgeführt werden können. Auch wird vorgeschlagen, unstreitiges neues Vorbringen der Parteien, präsente Beweismittel wie Urkunden und anwesende Zeugen, zwar zur Feststellung der

---

1916 Näher Smid, ZZP (1984), 245, 252.

1917 Seit § 4 der 3. VereinfachungsVO v. 16.5.1942, RGBl I S. 333.

1918 Vgl. etwa auch die von Rinsche, NJW 1971 S. 1349 f. mitgeteilte und besprochene Entscheidung des OLG Hamm.

1919 Die „Klageverzichtstheorien" sind – wie bereits Habscheid, Lent-F 1957 S. 157 dargestellt hat – allein historisch von Bedeutung; vgl. näher Smid, ZZP (1984), 245, 260.

1920 Vgl. Baumgärtel, MDR 1969 S. 883 f.; Schneider, MDR 1976 S. 885 ff.

Tatsachengrundlage der Kostenentscheidung nach § 91a ZPO zu berücksichtigen, jedoch keine weiteren förmlichen Beweisverfahren mehr durchzuführen[1921].

50 Die Zulassung allein bestimmter Beweismittel im Verfahren nach § 91a ZPO freilich bereitet eigene Schwierigkeiten: Wäre im Eingangsfall der präsente Zeuge etwa nur von dem Beklagten benannt worden, so hätte die Beschränkung der Beweisaufnahme auf diesen Zeugen eine Schlechterstellung des Klägers im Prozess zur Folge. Gleiches würde gelten, wenn sich aufgrund der Beweisaufnahme eine veränderte Sachlage ergäbe und eine oder beide Parteien noch Gelegenheit zur weiteren Stellungnahme begehrten.

51 Schon diese Überlegungen zeigen, dass sich eine angemessene Auslegung des § 91a ZPO weder auf apodiktisch behauptete noch verabsolutierte „Zwecke" des § 91a ZPO stützen kann. Diese „Zwecke" sind disparat, gegenläufig. Auch wäre es nicht angemessen, einseitig von der „Gewährung rechtlichen Gehörs" auf der einen oder einer „Praktikabilität" auf der anderen Seite auszugehen, um von dort aus auf die Frage kurzzuschließen, ob im Verfahren nach § 91a ZPO Beweisaufnahmen durchzuführen seien.

*c) Kein Überwiegen „prozessökonomischer" Argumente über den Anspruch auf rechtliches Gehör*

52 Und doch ist es einsichtig, dass bei der Auslegung des 91a ZPO die Gesichtspunkte der „Prozessökonomie"[1922] wie aber auch die Gewährung rechtlichen Gehörs (Art. 103 1 GG) eine Rolle spielen. Dass die grundrechtlich verbürgte Gewährung rechtlichen Gehörs nicht durch „prozessökonomische" Aspekte relativiert werden darf[1923], kann als Ausgangspunkt der weiteren Überlegungen zunächst festgehalten werden.

## 2. Erklärungsgehalt der beiderseitigen Erledigungserklärungen

*a) Alternativlosigkeit der Erledigungserklärung des Klägers*

53 Dabei ist allerdings zu beachten, dass die Parteien der Sache nach sich bereits in Form ihrer Erledigungserklärungen geäußert haben: Sie haben ihren Anspruch auf rechtliches Gehör wahrgenommen und durch die übereinstimmende Erklärung der Erledigung der Hauptsache tatsächlich Einfluss auf den Prozess genommen. Für die nähere Interpretation der Erledigungserklärungen der Parteien selbst kann daher davon ausgegangen werden, dass weitere Beweisaufnahmen nicht mehr erforderlich sind, um Kriterien zu liefern, nach denen unter Beachtung des Art. 103 Abs. 1 GG die Kostenentscheidung des 91a ZPO zu fällen sei.

1921 Insbesondere Schneider, MDR 1976 S. 885 ff.

1922 Hierzu allgemein Schumann, Larenz-F (1973) S. 271 ff. m. w. N.

1923 Grundlegend für den Zivilprozess vgl. Baur, AcP 153, 409.

54 Dies ist im Folgenden im Hinblick auf die konkrete Stellung der Parteien im Prozess zu zeigen. Diese unterscheidet sich deutlich aufgrund der konträren prozessualen Stellung von Kläger und Beklagtem. Für den Kläger lässt sich diese Frage aufgrund der Entwicklungsgeschichte des heutigen § 91a ZPO ohne weiteren Aufwand beantworten. So haben auch die oben angeführten Beispielsfälle vorgeführt, dass der Kläger etwa nach der Zahlung durch den Beklagten (oder durch den nicht mehr am Prozess beteiligten, erstinstanzlich verurteilten Gesamtschuldner) keine verfahrensrechtlich akzeptable Alternative zur Erledigungserklärung zur Verfügung hat. Allein durch die Erklärung der Erledigung des Rechtsstreits in der Hauptsache kann der Kläger auf die Befriedigung seines Anspruches und den dadurch bedingten Fortfall der Begründetheit seiner Klage reagieren, ohne Kostennachteile hinnehmen zu müssen[1924]. Der Kläger kann nämlich mit seiner Erledigungserklärung - im Gegensatz zur „bedingungslosen" Klagerücknahme und der mit ihr verbundenen Kostentragungspflicht gem. § 269 Abs. 3 ZPO - unter dem „Vorbehalt" vom Rechtsstreit Abstand nehmen, dass die Kosten dem Beklagten auferlegt werden. Der Kläger reagiert also allein auf den Fortfall der Begründetheit seiner Klage. Der Beklagte dagegen stimmt der Erledigungserklärung des Klägers zu, obwohl er andere Möglichkeiten hätte, sich prozessual gegen den Kläger zu verteidigen.

*b) Asymmetrie der Stellung der Parteien im Erledigungsfall*

55 Mit anderen Worten besteht eine Asymmetrie[1925] - eine Ungleichgewichtigkeit - in den prozessualen Handlungsmöglichkeiten, die dem Kläger auf der einen und dem Beklagten auf der anderen Seite zur Verfügung stehen[1926]. So braucht der Beklagte, wenn die Klage wie im Ausgangsfall erst während des Prozesses begründet wird, nicht außerprozessual zu zahlen, um darauf mit dem Kläger die Erledigung der Hauptsache zu erklären, sondern er kann ein sofortiges Anerkenntnis mit der Kostenfolge des § 93 ZPO abgeben. Der Beklagte erleidet dadurch keine Nachteile[1927]. Die Verzögerung der Zahlung geht vielmehr wirtschaftlich zu Lasten des Klägers. Das ist gerechtfertigt, da der Kläger eine zunächst unbegründete Klage erhoben hat, deren Folgen er - und nicht der Beklagte - zu tragen hat. Zum anderen kann der Beklagte auch schon vor der Abgabe seines sofortigen Anerkenntnisses im Verfahren an den Kläger unter Vorbehalt

---

1924 Vgl. allein m. w. N. Ansorge, Die einseitige Erledigungserklärung im Zivilprozess, 1973 S. 9.

1925 Zu diesem methodischen Argumentationstopos nunmehr eingehend: Florstedt, Recht als Symetrie, Habilitationsschrift (unveröff.). 2013.

1926 Smid, ZZP (1984), 245, 292.

1927 Zur Kritik der widersprechenden Auffassung Baumgärtels, MDR 1969 S. 883 f.; vgl. näher Smid, ZZP (1984), 245, 288.

nach § 362 BGB[1928] leisten[1929], wenn er - aus welchen Gründen auch immer - an der Herbeiführung des wirtschaftlichen Erfolges seiner Leistungen interessiert ist.

## 3. Anerkenntnis des Beklagten

Die Parteien können ferner im Rahmen der Beschwerde gegen eine auf ein sofortiges Anerkenntnis des Beklagten nach § 93 ZPO hin ergangene Kostenentscheidung des Anerkenntnisurteils im Rahmen der allgemeinen zivilprozessualen Regelungen auch mit „neuem" Vorbringen gehört werden. Die gem. § 99 Abs. 2 ZPO zulässige isolierte Anfechtung der Kostenentscheidung nach § 93 ZPO verhilft den Parteien über die Regelung des § 570 ZPO also zu einer Erweiterung der Tatsachengrundlage der Entscheidung[1930]. 56

## 4. Erledigungsstreit

### *a) Rechtsschutzmöglichkeiten des Beklagten*

Und auch in anderen Fallkonstellationen braucht der Beklagte sich nicht auf die klägerische Erledigungserklärung einzulassen. So wurde bereits oben darauf hingewiesen, dass sich Fälle denken lassen, in denen sich der Streit aufgrund einer Zahlung Dritter erledigt. Oder es verlangt der Kläger - zu Unrecht - eine Sache vom Beklagten heraus, die dort während des Prozesses untergeht. Wenn der Kläger in dieser Situation die Erledigung erklärt, muss der Beklagte aus Gründen der Waffengleichheit - zu seinem Schutz[1931] - im Prozess die Möglichkeit haben, dieser Erklärung entgegenzutreten[1932], also einen Erledigungsstreit zu führen. 57

Doch es kann nicht ohne weiteres von dieser zunächst apodiktischen Behauptung auf die prozessuale Stellung der Parteien und damit auf die Möglichkeit des Beklagten, durch Beibehaltung seines Klagabweisungsantrags rechtliches Gehör zu erhalten, „kurzgeschlossen" werden. 58

---

1928 Palandt/Heinrichs, § 362 Anm. 2.

1929 So schon Lazarus, GruchB 52, 606; ebenso Köst, Die Erledigung in der Hauptsache, 1939 S. 39. Auch Baumgärtel greift dies auf, ohne jedoch für seine Untersuchung weitre Konsequenzen zu ziehen.

1930 Vgl. allein Reichold, in: Thomas/Putzo, ZPO, § 570 Anm. 1.

1931 Vgl. Ansorge, S. 51 mit umf. Nachw.

1932 Blomeyer, JuS 1962, 215.

*b) Klageänderungstheorie*

59 Die heute vorherrschende, von *Habscheid*[1933] als „Klagänderungstheorie"[1934] bezeichnete Ansicht geht von einer Umstellung der Klage durch die klägerische Erledigungserklärung bei Widerspruch des Beklagten aus. Das heißt, der Beklagte kann in dem auf die Feststellung der Erledigung der Hauptsache umgestellten Streit mit all seinem ursprünglich gegen die Klage erhobenen Vorbringen gehört werden, über die in einem „normalen" Erkenntnisverfahren gegebenenfalls auch Beweis zu erheben ist.

*c) Göppinger und Schwab: Ausschluss des § 91a ZPO im Erledigungsstreit*

60 Die gegenteilige Ansicht *Göppingers*[1935] und *Schwabs*[1936], es komme auch im Erledigungsstreit § 91a ZPO zur Anwendung, lässt sich dagegen nicht halten. Denn es kann entgegen der Auffassung Schwabs und Göppingers eine Verkürzung des gewöhnlichen Erkenntnisverfahrens auf ein summarisches Verfahren nach § 91a ZPO nicht allein damit begründet werden, dies sei eine „wirtschaftlichere" Lösung gegenüber der Fortsetzung des Prozesses[1937].

## 5. Auslegung der Erledigungserklärung

*a) Berücksichtigung der prozessualen Interessenlage des Beklagten*

61 Von hier aus können nun die übereinstimmenden Erledigungserklärungen näher als Einflussnahmen der Parteien auf den Prozess interpretiert und daraus Kriterien für die Kostenentscheidung nach § 91a ZPO gewonnen werden. Diese Kriterien machen zugleich deutlich, welche prozessualen Voraussetzungen diese Kostenentscheidung hat.

62 Die heute „gebräuchlichen" Maßstäbe der nach § 91a ZPO zu fällenden Kostenentscheidungen bleiben, wie eingangs skizziert, unscharf. So ist davon die Rede, es solle den Beklagten die Kostenlast treffen, sofern er dem Kläger „Anlass" zur Klage gegeben habe oder „willkürlich" das erledigende Ereignis

---

1933 Lent-F /Fn. 12); JZ 1963 S. 625.

1934 Zum Verhältnis von Erledigung der Hauptsache, Klagänderung und Klagrücknahme vgl. in Kürze: Gollhofer, Die Ermäßigung des Klagantrags, Diss. Mannheim 1984.

1935 Göppinger, Die Erledigung des Rechtsstreits in der Hauptsache S. 69, 115 f.; AcP (156), 474; ZZP 71, 75 ff., 115 f. m. w. N.

1936 Schwab ZZP 72, 129; Rosenberg/Schwab, Zivilprozessrecht 13. Aufl. 1981 § 133 III 4 S. 790 ff.; vgl. auch Deubner, JuS 1962, 2; näher zu den Differenzen im Ansatz Göppingers und Schwabs vgl. Lindacher, Jura 1970, 692 sowie jüngst Wachshöfer, ZZP BD. 79 S. 296 ff. und Bd. 90 S. 185 f.

1937 Zu den rechtshistorischen Gründen, die Schwab und Göppinger veranlassen, vgl. im einzelnen Smid, ZZP (1984), 245, 295.

herbeigeführt habe[1938]. Der Kläger soll dagegen die Kosten des Verfahrens dann zu tragen haben, wenn er seinerseits die Klage „willkürlich" erhoben hat[1939]. Auch wird immer noch davon gesprochen, Gedanken des § 93 ZPO sollten bei der Entscheidung nach § 91a ZPO entsprechende Berücksichtigung finden[1940].

Das aber bedeutet, dass seine Zustimmung zur klägerischen Erledigungser- 63
klärung zunächst zu Lasten des Beklagten geht. Diese Kriterien können einen nachvollziehbaren Inhalt bekommen, auch ohne dass bei der Kostenentscheidung die Ermittlung eines Sachverhalts im Wege einer Beweisaufnahme vorausgesetzt werden muss. Denn es bedarf nicht notwendig der weiteren Sachverhaltsermittlung, um Folgerungen hinsichtlich der „Klagveranlassung" oder der „willkürlichen" Herbeiführung des erledigenden Ereignisses oder der Klagerhebung ziehen zu können. Es kann vielmehr die dargestellte Ungleichheit der prozessualen Interessenlage der Parteien zum Maßstab der Entscheidung nach § 91a ZPO gemacht werden. Nach den bisherigen Überlegungen kann nämlich gesagt werden, dass nicht der Beklagte den Kläger durch die außerprozessuale Herbeiführung eines erledigenden Ereignisses zur Abgabe der Erledigungserklärung mit der Folge veranlassen können darf, dass der Beklagte sich mit seiner Zustimmung zur klägerischen Erledigungserklärung stets zu einem Teil aus seiner kostenrechtlichen Verantwortung entfernt.

Die prozessuale Interessenlage des Beklagten nämlich (so etwa im Bei- 64
spielsfall des Streits um die Fälligkeit der Klageforderung) legt es nahe, die Übereinstimmung mit der Erledigungserklärung des Klägers des Beklagten als Abstandnahme von der ihm möglichen weiteren Verteidigung zu interpretieren. Diese wäre ihm im Erledigungsstreit oder im Verfahren nach § 93 ZPO weiterhin möglich gewesen. Wenn er sie nicht wahrnimmt und stattdessen durch die Erklärung seiner Zustimmung zur klägerischen Erledigungserklärung die Beendigung des Verfahrens herbeiführt, kann das Verhalten des Beklagten im Sinne eines *confessus pro iudicio habetur*[1941] ausgelegt werden. Denn anstatt sich mit den ihm zu Gebote stehenden Mitteln zu verteidigen, entgeht er durch seine Erledigungserklärung dem Erlass eines streitigen Urteils. Und es kann zugleich mit dieser Auslegung § 91a ZPO mit dem übrigen Kostenrecht insofern abgestimmt werden, als bei dieser Auslegung § 91a ZPO als besondere Ausgestaltung des allgemeinen Prinzips der Orientierung der Kostenentscheidung am Obsiegen oder Unterliegen der Parteien verstanden werden kann.

---

1938 Vgl. heute etwa Wieczorek, § 91 a Rn. B Ib.

1939 Bork, in: Stein/Jonas, ZPO, § 91 a Rn. 29.

1940 So z. B. OLG Düsseldorf, Beschluss vom 26.9.1979, Az.: 2 W 6060/79 = GRUR 1980, 135 m. w. N.

1941 Pfitzer, GruchB Bd. 30 S. 98 ff., vgl. für die heutige Rechtslage näher Smid, ZZP (1984), 245 (299ff).

*b) Überwiegende Gegenmeinung im Schrifttum*

65 Diese Interpretation wird allerdings durchweg in den einschlägigen Kommentierungen des § 91a ZPO abgelehnt[1942]. Es soll - so lautet die Kritik - die Erledigungserklärung des Beklagten grundsätzlich nicht zu seinen Lasten interpretiert werden können. Betrachtet man jedoch die in dieser Literatur zitierten konkreten Fälle, so wird deutlich, dass mit der Ablehnung einer grundsätzlich zu Ungunsten des Beklagten erfolgenden Interpretation seiner Erklärung ausschließlich solche Fallgestaltungen angesprochen werden, in denen aufgrund der Möglichkeit, über das hypothetische Obsiegen des Beklagten in dem Kostenbeschluss Aussagen zu treffen, die Überbürdung der Kosten auf den Beklagten falsch wäre[1943].

### 6. Möglichkeit der Korrektur der grundsätzlich gegen den Beklagten zu fällenden Kostenentscheidung

66 Die grundsätzlich gegen den Beklagten zu fällende Kostenentscheidung ist also zu korrigieren, wenn dem Gericht ein „Mehr" an Sachverhalt vorliegt, als allein in den Erledigungserklärungen der Parteien gegeben ist. Dies ist der Fall, wenn bereits Beweisaufnahmen stattgefunden haben, die Parteien allein um Rechtsfragen streiten[1944] oder - im äußersten Fall - das bereits abgesetzte Urteil durch die übereinstimmenden Erledigungserklärungen hinfällig wird[1945]. Denkbar sind auch Fälle der Teilerledigung, in denen aus dem streitig entschiedenen Teil kostenrechtlich auf den erledigten Teil geschlossen werden kann, wenn beide Teile auf demselben Sachverhalt beruhen. Und auch nach § 91a ZPO kann der Richter nach § 287 ZPO durch Wahrscheinlichkeitsüberlegungen die Stichhaltigkeit des Vorbringens der Parteien werten[1946].

67 In Mietprozessen oder Eherechtsstreitigkeiten wäre - auch ohne Eintritt der Erledigung der Hauptsache - die Kostenentscheidung häufig unabhängig vom

1942 Vgl. Baumbach/Lauterbach/Hartmann, § 91 a Anm. 3 Ac m. w. Nachw.

1943 So etwa beispielhaft OLG Frankfurt/M., Beschluss vom 13.1.1977, Az.: 6 W 116/76 = NJW 1977, 1783 f.

1944 Vgl. OLG Bremen, Entscheidung vom 12.10.1977, = FamRZ 1978, 133.

1945 Putzo, in: Thomas/Putzo, § 91a Anm. 6a aa.

1946 Abzulehnen ist dagegen die Berücksichtigung sog. materieller Kostenerstattungsansprüche im Verfahren nach § 91a ZPO (vgl. Smid, ZZP XXX S. 308 ff. m. N. der Rechtsprechung). Denn es wird den Parteien das rechtliche Gehör genommen, wenn diese Ansprüche im summarischen Verfahren unentschieden bleiben.

Obsiegen oder Unterliegen der Parteien zu fällen. Dieser „sozialrechtliche Einfluss[1947] auf das Kostenrecht setzt sich auch auf § 91a ZPO durch.

1947 Vgl. Putzo, in: Thomas/Putzo, ZPO, § 93b Anm. 1, ferner Pawlowski, Allgemeiner Teil, 2. Aufl. 1983 Rn. 17 ff.

# § 22 Verhandlung und Verhandlungsleitung durch richterliche Hinweise

## I. Verhandlung der Sache und richterliche materielle Prozessleitung

### 1. Erteilung „des Wortes“ an die Parteien

Die Leitung der Verhandlung durch den Vorsitzenden zielt darauf, dass ein Verfahren gewährleistet ist, dass es den Parteien ermöglicht, durch ihre Prozesshandlungen auf das Verfahren einzuwirken und den entscheidungserheblichen Sachverhalt umfassend vorzutragen und zu erörtern – kurz: ihr Recht auf Gehör wahrzunehmen.[1948] Dabei hat der Vorsitzende nach § 136 Abs. 3 ZPO dafür Sorge zu tragen, dass die Sache erschöpfend erörtert und die Verhandlung ohne Unterbrechung zu Ende geführt wird.[1949] Nach § 136 Abs. 2 ZPO erteilt der Vorsitzende den Parteien das Wort. Das Wort erhält die Partei, damit sie ihrer durch § 138 Abs. 2 ZPO statuierten Last nachkommen kann, sich über die von dem Gegner behaupteten Tatsachen zu erklären.[1950] 1

### 2. „Erschöpfende Erörterung der Sache“

*a) Aufgabe des Gerichts*

Die Vorträge der Parteien haben nach § 137 Abs. 2, 2. Halbs. ZPO das Streitverhältnis in tatsächlicher und rechtlicher Beziehung zu umfassen.[1951] Der Vorsitzende hat nach § 136 Abs. 3 ZPO dafür Sorge zu tragen, dass die Sache erschöpfend erörtert und die Verhandlung ohne Unterbrechung zu Ende geführt wird; erforderlichenfalls hat er die Sitzung zur Fortsetzung der Verhandlung sofort zu bestimmen. 2

*b) Unanschaulichkeit des deutschen Zivilprozesses*

Der deutsche Zivilprozess ist trotz seiner Mündlichkeit unanschaulich. Das hat mit einer im Gesetz ermöglichten Straffung zu tun: Die Vorlesung von Dokumenten findet gem. § 137 Abs. 3 ZPO nur insoweit statt, als es auf ihren wörtlichen Inhalt ankommt. Insbesondere kann die Verlesung der Anträge gem. § 297 3

---

1948 Stadler, in: Musielak, ZPO, § 139 Rn. 1; Wagner, in: MünchKomm, ZPO, § 136 Rn. 2; Gerken, in: Wieczorek/Schütze, ZPO, § 136 Rn. 14.

1949 Wagner, in: MünchKomm, ZPO, § 136 Rn. 2.

1950 Stadler, in: Musielak, ZPO, § 136 Rn. 4.

1951 Wagner, in: MünchKomm, ZPO, § 137 Rn. 6.

Abs. 2 ZPO dadurch ersetzt werden, dass die Parteien auf die Schriftsätze Bezug nehmen, die die Anträge enthalten.[1952]

## II. Hinwirken auf tatsächlichen Vortrag der Parteien durch das Gericht

### 1. Unklarer Vortrag der Parteien

4 Die materielle Prozessleitung gem. § 139 Abs. 1 ZPO bezieht sich nicht allein darauf, dass auf die Stellung sachdienlicher Anträge hingewirkt wird, sondern nicht zuletzt auch darauf, dass durch die Parteien ihr tatsächliches Vorbringen ergänzt wird.[1953]

5 Einen Anlass für Fragen oder Hinweise des Gerichts kann sowohl das Verhalten der Partei als auch die Verhandlung durch das Gericht selbst bieten.[1954] Der Parteivortrag kann Fragen und Hinweise des Gerichts auslösen, wenn er unklar, widersprüchlich[1955] oder unschlüssig ist, oder die Erklärungen der Partei dem Gericht deutlich werden lassen, dass die Partei sich über die Bedeutung des Ganges oder den Stand des Verfahrens nicht hinreichend klar ist, oder das Gericht erkennt, dass seine Fragen und Hinweise von einer Partei nicht verstanden worden sind.[1956] Das Gericht kann selbst einen Anlass für Fragen und insbesondere Hinweise geben, wenn es im Verlauf der Verhandlung neue rechtliche Aspekte – namentlich eine veränderte Bewertung von Tatsachen – in das Verfahren einführt, was nicht zuletzt mit dem Verbot von Überraschungsentscheidungen gem. § 139 Abs. 2 ZPO zu tun hat. Weiterhin kann sich die Notwendigkeit gerichtlicher Hinweise ergeben, wenn frühere Hinweise des Gerichts sich im Verlauf des Verfahrens als unrichtig und korrekturbedürftig herausstellen.[1957]

6 Die Frage oder der Hinweis des Gerichts kann sich jeweils nach der konkreten Prozesslage an eine Partei richten[1958], ist aber der anderen Partei bekanntzumachen, so dass sich beide Parteien auf die Einschätzung der Prozesslage (des Sach- und Streitstandes) durch das Gericht einstellen können. Dies ist ein Gebot des Prinzips der Gleichbehandlung, das das Gericht verpflichtet, bei der Aus-

---

1952 Hartmann, in: Baumbach/Lauterbach/Albers/Hartmann, ZPO, § 297 Rn. 15.

1953 Stadler, in: Musielak, ZPO, § 139 Rn. 8.

1954 Leipold, in: Stein/Jonas, ZPO, § 139 Rn. 24.

1955 BGH, Urteil vom 11.9.2003, Az.. VII ZR 136/02 = NJW-RR 2003, 1718.

1956 BGH, Urteil vom 21.1.1999, Az.: VII ZR 269/97 = NJW 1999, 1264; BGH, Urteil vom 25.06.2002, Az.: X ZR 83/00 = NJW 2002, 3317, 3320; Danelzik WRP 1999, 18 (Unterlassungsanträge).

1957 Leipold, in: Stein/Jonas, ZPO, § 139 Rn. 24.

1958 Leipold, in: Stein/Jonas, ZPO, § 139 Rn. 25.

übung der Pflichten aus § 139 ZPO die Interessen des Gegners zu berücksichtigen[1959].

Das Gericht ist gem. § 139 ZPO gehalten, die Parteien auf den fehlenden Sachvortrag, den es als entscheidungserheblich ansieht, in klarer und eindeutiger Weise hinzuweisen und ihnen die Möglichkeit zu eröffnen, ihren Vortrag sachdienlich zu ergänzen.[1960] Die Hinweispflicht des Gerichts geht nicht so weit, einer Partei Anregungen zu geben, welches Verteidigungsvorbringen möglich sein könnte.[1961] Ist der Sachvortrag einer Partei nach Ansicht des Gerichts unschlüssig und damit mangelhaft und unvollständig, ist grundsätzlich ein gerichtlicher Hinweis auf die Unschlüssigkeit erforderlich.[1962] Seiner Hinweispflicht nach § 139 Abs. 1 S. 2 ZPO genügt das Gericht nur dann, wenn es die Partei auf fehlenden Sachvortrag unmissverständlich hinweist und ihr die Möglichkeit eröffnet, ihren Sachvortrag sachdienlich zu ergänzen.[1963] 7

Ziel der materiellen Prozessleitung des Gerichts durch Fragen und Hinweise an die Parteien ist dagegen nicht die „Klärung" des Sachverhaltes als solchen.[1964] Zugespitzt ausgedrückt kennt der Zivilprozess keinen „unklaren" Sachverhalt. Der Sachverhalt ist nämlich immer nur in Bezug auf das entscheidungserhebliche Vorbringen einer Partei „unklar" – nämlich zwischen den Parteien streitig. Das bestrittene Vorbringen einer Partei darf vom Gericht dem Urteil nicht zugrunde gelegt werden, es sei denn, die Partei hat Beweis angeboten und geführt. Das Urteil ergeht daher jedenfalls nach Beweislastregeln, ohne dass eine gerichtliche Sachverhaltsklärung erforderlich wäre. Will man daher überhaupt unklar von der „Klärung" des Sachverhalts im Zivilprozess sprechen, erfolgt diese im Beweisverfahren.[1965] 8

Anlass zu Fragen und Hinweisen des Vorsitzenden bestehen nach alledem, wenn die eine oder andere Partei sich nicht über alle erheblichen Tatsachen[1966] erklärt hat oder doch jedenfalls nicht vollständig[1967]: In solchen Fällen ist noch Raum für die Vervollständigung der Erklärung und besteht daher die Pflicht für den Vorsitzenden, auf diese Vervollständigung hinzuwirken[1968]. 9

---

1959 OLG Köln, Urteil vom 18.6.1975, Az.: 2 U 105/73 = OLGZ 1976, 239.

1960 OLG Hamm, Urteil vom 1.7.1993, Az.: 17 U 65/93 = NJW-RR 1994, 474; OLG Dresden, Urteil vom 30.10.2002, Az.: 7 U 730/02 = BauR 2003, 400.

1961 OLG Celle, Urteil vom 17.7.2003, Az.: 14 U 83/01 = OLGR 2003, 375, 376.

1962 OLG Köln, Urteil vom 11.7.2001, Az.: 11 U 179/00 = OLGR 2002, 107, 108.

1963 OLG Köln, urteil vom 6.3.1998, Az.: 19 U 242/97 = OLGR 1998, 256.

1964 Zutr. Leipold, in: Stein/Jonas, ZPO, § 139 Rn. 22.

1965 Smid, in: Wieczorek/Schütze, ZPO, § 139 Rn. 100.

1966 BGH, Beschluss vom 18.12.2003, Az.: I ZB 21/03 = GRUR 2004, 47, 76.

1967 Hartmann, in: Baumbach/Lauterbach/Albers/Hartmann, ZPO, § 139 Rdn. 27.

1968 OLG Köln, Urteil vom 16.3.2001, Az.: 19 U 102/00 = ZMR 2002, 660.

## 2. Gegenstand der Erklärung

10 Gegenstand der Erklärung, auf deren Vervollständigung der Vorsitzende erforderlichenfalls gem. § 139 Abs. 1 S. 1 ZPO hinzuwirken hat, sind nach dem Wortlaut des Gesetzes „alle erheblichen Tatsachen". Insbesondere bei der Anwendung des § 287 ZPO kommt der Hinweispflicht des Gerichts eine besondere Bedeutung zu, weil es für den Rechtsuchenden oft nicht erkennbar ist, ob dem Gericht die vorgetragenen Tatsachen als Grundlage für eine Schadensschätzung ausreichen oder nicht.[1969] Haben beispielsweise die Beklagten schlüssig vorgetragen, sie hätten in der alten Wohnung erheblich mehr Heizöl verbraucht, als sie in dem neuen Haus bei rechtzeitiger Fertigstellung verbraucht hätten und zur behaupteten Höhe des Schadens Verbrauchsrechnungen und Verbrauchskalkulation vorgelegt, welche dem Tatrichter eine Schadensschätzung nach § 287 ZPO erlauben, so darf das Gericht den Anspruch jedenfalls nicht mit der Begründung verneinen, die aufgemachte Rechnung über den erhöhten Ölverbrauch sei nicht verständlich und daher der Ersatzanspruch nicht schlüssig vorgetragen. Sollten die vorgelegten Unterlagen dem Gericht nicht für eine Schätzung ausreichen, so müssen die Beklagten darauf hingewiesen werden. Es muss ihnen dann Gelegenheit zu weiteren Beweisantritten, etwa Einholung eines Sachverständigengutachtens, gegeben werden.[1970]

11 Es ist dabei aber nicht Aufgabe des Gerichts oder eines von ihm beauftragten Sachverständigen, aufgrund globaler Darlegungen des Klägers die einzelnen Buchungsfehler erst aufzuspüren oder nach diesen zu forschen. Ist der Kläger auf seinen mangelhaften Sachvortrag vom Gericht eindeutig hingewiesen worden, dann besteht für weitere Aufklärungsmaßnahmen nach § 139 ZPO kein Anlass mehr.[1971] Auch wenn beispielsweise an den Sachvortrag im Arzthaftungsprozess[1972] keine übersteigerten Anforderungen zu stellen sind, so muss ein Behandlungsfehler doch wenigstens ansatzweise dargetan sein. Denn es kann nicht die Aufgabe des Gerichts sein, eine völlig neue Anspruchsgrundlage einzuführen und damit eine Klage nachträglich schlüssig zu machen.[1973] Das Gericht hat eine anwaltlich vertretene Partei nicht rechtlich zu belehren, in welchem Umfang sie anspruchsbegründende Voraussetzungen darzulegen hat.[1974] Ist nicht

---

1969 OLG Köln, Urteil vom 4.4.1984, Az.: 6 U 142/83 = WRP 1984, 569, 571.

1970 BGH, Urteil vom 22.1.1987, Az.: VII ZR 376/85, = NJW-RR 1987, 797.

1971 OLG Düsseldorf, Urteil vom 27.3.1980, Az.: 8 U 132/79 = DStR 1981, 575 m. Anm. Messmer DStR 1981, 576.

1972 Vgl. Ziegler VersR 2003, 545 ff.

1973 OLG München, Urteil vom 10.5.1990, Az.: 1 U 6654/89 = VersR 1991, 103.

1974 BGH, Urteil vom 9.11.1983, Az.: VIII ZR 349/82 = NJW 1984, 310; BGH, Urteil vom 14.1.1981, Az.: IVb ZR 554/80 = FamRZ 1981, 347; OLG Frankfurt/M., Entscheidung vom 24.1.1984, Az.: 4 UF165/83 = FamRZ 1984, 395.

klar, was der Kläger vorgetragen hätte, wenn er den vermissten Hinweis vom Gericht erhalten hätte, bedarf es eines solchen Hinweises nach § 139 ZPO nicht.[1975] Das Gericht muss nach § 139 Abs. 1 S. 2 ZPO nicht etwa den sachdienlichen Vortrag oder sachdienliche Anträge der Parteien effektiv bewirken: Es schuldet gleichsam nicht den Erfolg, sondern nur das Bemühen um den Erfolg. Hier wird es nicht selten scheitern, sei es schon an der Uneinsichtigkeit der Partei oder eines Prozessbevollmächtigten, sei es im Gegenteil an deren besserer Einsicht oder auch einfach daran, dass eine Partei sich aus Gründen des konkreten Einzelfalles gar nicht mehr näher erklären, insbesondere die gestellten Fragen beantworten und den gegebenen Hinweisen nachgehen kann.[1976]

Gelingt es dem Gericht nicht zu bewirken, dass eine Partei sich vollständig 12
erklärt, dann ist bei der Entscheidung der Vortrag dieser Partei zugrunde zu legen, wie er nun einmal vorliegt. In der Regel wird die Position der Partei ungünstiger sein, als sie hätte sein können, wenn auf die Fragen und Hinweise des Vorsitzenden eingegangen worden wäre. Gleichwohl muss die Verweigerung nicht notwendig den Verlust der Instanz nach sich ziehen: Nicht selten geht es um eine von mehreren Anspruchsgrundlagen oder Verteidigungslinien. Ganz entsprechend ist, wenn die nach Ansicht des Gerichtes sachdienlichen Anträge nicht gestellt werden, über die tatsächlich angekündigten und verlesenen Anträge zu entscheiden, mögen diese auch möglicherweise als unzulässig abzuweisen sein: Auch insoweit führt die Verweigerung gegenüber Hinweisen und Fragen des Vorsitzenden in der Regel zu einer Verschlechterung der Position der sich verweigernden Partei.[1977]

---

1975 BAG, Entscheidung vom 19.1.2006, Az.: 6 AZR 600/04 = ZIP 2006, 1058, 1059.

1976 Smid, in: Wieczorek/Schütze, ZPO, § 139 Rn. 89.

1977 Smid, in: Wieczorek/Schütze, ZPO, § 139 Rn. 91.

# § 23 Aufgaben des Gerichts bei der Organisation des Prozesses

## I. Prüfung der Prozessvoraussetzungen

### 1. Prüfung der Prozessvoraussetzungen vor der Prüfung des Rechtsstreits in der Sache

Die Ausbildung des Prozessrechts zu einem eigenen Rechtsgebiet vollzog sich, als in der Wissenschaft besondere prozessuale Beziehungen der Parteien zueinander und gegenüber dem Gericht festgestellt wurden. Dazu bestand Anlass bei der Analyse der Prozessvoraussetzungen. *O. Bülow* begann bekanntlich 1868 mit seiner Untersuchung über „Die Lehre von den Processeinreden und die Processvoraussetzungen" die systematische Ausarbeitung des Prozesses als - nach seinem Verständnis dem öffentlichen Recht angehörenden - Prozessrechtsverhältnis[1978]. Mit dieser im Fortgang besonders von *J. Kohler*[1979] aufgegriffenen Kategorie wurde abgebildet, dass der Richter im Prozess nicht allein „Kampfrichter" ist, als der er im Gemeinen Prozess begriffen wurde. Sein Handeln - die Prozessleitung - konnte mit eigenen Kategorien als Agieren im Prozessrechtsverhältnis, nämlich als dessen „Verwaltung" und als eigene Aufgabe des Richters begriffen werden. 1

Tatsächlich ist die Organisation des Prozessrechtsverhältnisses die genuine Aufgabe des Gerichts. Darin aber erschöpft sich der Prozess keineswegs: Die Feststellung der Prozessvoraussetzungen usf. würde - in gemeinrechtlichen Kategorien gesprochen - das Verfahren der litis contestatio betreffen, auf das das Verfahren in iudicio als „eigentliches" Rechtserkenntnisverfahren überhaupt erst folgen musste. Mit der Konstruktion des Prozesses von der Tätigkeit des Richters her wird m. a. W. das Verfahren bis zur litis contestatio als Beschreibung des Prozesses insgesamt verabsolutiert. Daher gehört es zu den Grundvorurteilen im deutschen Zivilprozessrecht, das Gericht habe, bevor es in die Sachprüfung einsteigen dürfe, die sogenannten Prozessvoraussetzungen zu prüfen. 2

### 2. Kritik Rimmelspachers

Die Lehre vom Vorrang der Prozessvoraussetzungen ist, wie *Rimmelspacher*[1980] überzeugend ausgeführt hat, nicht unproblematisch.[1981] Denn wenn Kläger und 3

---

1978 Bülow, Die Lehre von den Processeinreden und die Prozessvoraussetzungen, Gießen 1868, S. 2 f. et passim.

1979 Kohler, Der Prozeß als Rechtsverhältnis, 1888, S. 6 ff. et passim.

1980 Rimmelspacher, Zur Prüfung von Amts wegen im Zivilprozess, 109 ff.

1981 Hierzu auch Henckel, Prozessrecht und materielles Recht, 1970, 227/228.

Beklagter um die Begründetheit und nicht um das Vorliegen der Prozessvoraussetzungen streiten, hat keiner der Parteien ein Interesse an dem Erlass eines Prozessurteils. Denn auch nach dessen Erlass wird der Streit fortgesetzt werden, wenn die Zulässigkeitsmängel beseitigt werden.[1982] Der Beklagte wird hierdurch nicht belastet. Denn er ist nur daran interessiert, von einem unzuständigen Gericht nicht verurteilt zu werden – also dass ein unzuständiges Gericht der Klage stattgibt. Erlässt das unzuständige Gericht dagegen ein Urteil, mit dem die Klage der Sache nach abgewiesen wird, wird sein Schutzinteresse nicht verletzt.[1983] Dass dagegen ein öffentliches Interesse an der Klageabweisung durch Prozessurteil bestehe, könnte nur unter der Voraussetzung vertreten werden, dass man die Inanspruchnahme des staatlichen Justizapparates überhaupt für das Schutzgut hält, das mit den Prozessvoraussetzungen und ihrer Prüfung verbunden ist.[1984] Ist das im Übrigen wirksame, also nicht den Fällen des § 579 ZPO unterfallende Urteil rechtswidrig-unrechtmäßig ergangen, aber für vorläufig vollstreckbar erklärt, dann ist die Vollstreckung hieraus, wenn ihre Voraussetzungen im Übrigen vorliegen (Titel, Klausel, Zustellung), nicht rechtswidrig, sondern rechtmäßig.[1985] Im Verhältnis zum Vollstreckungsorgan rechtfertigt nämlich das Urteil die durch den Zwangsvollstreckungsgläubiger vorgenommene Vollstreckung. Wird das Urteil später aufgehoben, weil es rechtswidrig ergangen ist, erweist sich aber die Zwangsvollstreckung im Verhältnis zum Zwangsvollstreckungsschuldner als unrechtmäßiges Verhalten.[1986] Die Formalisierung der Vollstreckungsvoraussetzungen begrenzt die Verantwortung der Vollstreckungsorgane und überantwortet diese auf den Zwangsvollstreckungsgläubiger.[1987] Dabei normiert § 717 Abs. 2 ZPO nur die Rückabwicklung bei erzwungenen Leistungen.[1988] Es handelt sich dabei aber nicht um einen Bereicherungsanspruch. Wenn nämlich das Urteil aus prozessualen Gründen aufgehoben wird, besteht materiell der Anspruch. Es erweist sich daher § 717 Abs. 2 ZPO als Schadenersatzanspruch wegen des unrechtmäßigen Gläubigerverhaltens.[1989]

---

1982 Henckel (Fn. 1981) 228.
1983 Rimmelspacher (Fn. 1980) 113 ff.
1984 Henckel(Fn. 1981) 229/230.
1985 Henckel (Fn. 1981) 241.
1986 Henckel (Fn. 1981) 1970, 251.
1987 Henckel (Fn. 1981) 256.
1988 Henckel (Fn. 1981) 259.
1989 Henckel (Fn. 1981) 267.

## II. Prozessvorbereitung

### 1. Mündlichkeit, früher erster Termin und schriftliches Vorverfahren

Die Überlegungen im vorangegangenen Paragraphen haben freilich dem chronologischen Gang eines Prozesses vorgegriffen. Denn mit dem Eingang der Klageschrift hat das Gericht zunächst das weitere Verfahren durch vorbereitende Maßnahmen einzuleiten. Dabei hat es darüber zu entscheiden, in welcher Form zu prozedieren sein wird. 4

Das Gericht hat gemäß § 272 Abs. 2 ZPO eine Wahlmöglichkeit. Nach Einreichung der Klage kann es einen frühen ersten Termin (§ 275 ZPO) zur Vorbereitung der Hauptverhandlung bestimmen.[1990] Die Anberaumung eines frühen ersten Termins bietet sich dann an, wenn eine rasche Erledigung der Sache möglich und geboten ist. Ein früher erster Termin soll verhindern, dass die Prozessparteien durch redundante Schriftsätze den Prozessstoff unübersichtlich werden lassen. Bestimmt der Vorsitzende einen frühen ersten Termin, so erhält der Beklagte mit der Zustellung der Klage die Ladung zur mündlichen Verhandlung. Zur Vorbereitung der mündlichen Verhandlung kann der Vorsitzende oder ein von ihm bestimmtes Mitglied des Prozessgerichts dem Beklagten eine Frist zur schriftlichen Klageerwiderung setzen (§ 275 Abs. 1 S. 1 ZPO). Die Frist zur Klageerwiderung beträgt mindestens zwei Wochen (§ 277 Abs. 3 ZPO). 5

Ausnahmsweise kann das Gericht im Verfahren erster Instanz zusammen mit der Zustellung der Klageschrift an den Beklagten anordnen, dass dieses schriftliche Vorverfahren durchgeführt wird.[1991] Mit der Zustellung der Klage wird der Beklagte aufgefordert, innerhalb einer Notfrist von zwei Wochen (§ 276 Abs. 1 S. 1 ZPO) anzuzeigen, ob er sich gegen die Klage verteidigen will (*Verteidigungsanzeige*).[1992] Unterlässt der Beklagte diese Verteidigungsanzeige, kann gegen ihn auf Antrag des Klägers - der schon in der Klagschrift gestellt werden kann - ein Versäumnisurteil erlassen werden (§ 331 Abs. 3 ZPO). Erklärt der Beklagte seine Verteidigungsabsicht, so muss er innerhalb einer vom Gericht zu bestimmenden weiteren Frist von mindestens zwei Wochen inhaltlich auf die Klage erwidern. Das Versäumen dieser Klageerwiderungsfrist führt allerdings nicht dazu, dass gegen ihn durch Versäumnisurteil entschieden werden kann, sondern kann allenfalls Präklusionsfolgen nach den Vorschriften der §§ 282, 296 ZPO über verspätetes Vorbringen nach sich ziehen. Mit Zustimmung der Parteien kann das Gericht im Übrigen auch ganz ohne mündliche Verhand- 6

1990 Prütting, in: MünchKomm, ZPO, § 272 Rn. 6.

1991 Prütting, in: MünchKomm, ZPO, § 272 Rn. 7.

1992 Foerste, in: Musielak, ZPO, § 276 Rn. 1.

lung entscheiden (§ 128 Abs. 2 ZPO).[1993] In diesem Fall bestimmt es Schriftsatzfristen und einen Termin zur Verkündung der Entscheidung; allerdings dürfen zwischen der Zustimmung der Parteien und der Entscheidung nicht mehr als drei Monate verstrichen sein. Auch bei amtsgerichtlichen Verfahren mit geringem Streitwert (bis 600 Euro) kann schriftlich, also ohne mündliche Verhandlung, entschieden werden (im Rahmen eines sog. Verfahrens nach billigem Ermessen gem. § 495a ZPO).

### 2. Terminsbestimmung

7 Geht eine Klage ein, hat das Gericht den Termin zur mündlichen Verhandlung unverzüglich (§ 216 Abs. 2 ZPO) von Amts wegen (§ 216 Abs. 1 ZPO) zu bestimmen. Denn die Klage wird durch einen Antrag (§ 253 Abs. 2 ZPO) eingereicht, über den (abgesehen vom Fall des § 276 ZPO) nur nach mündlicher Verhandlung entschieden werden kann, § 216 Abs. 1 ZPO.

### 3. Weitere vorbereitende Maßnahmen

8 Zur Vorbereitung jedes Termins kann der Vorsitzende oder ein von ihm bestimmtes Mitglied des Prozessgerichts insbesondere Behörden oder Träger eines öffentlichen Amtes um Mitteilung von Urkunden oder um Erteilung amtlicher Auskünfte ersuchen (§ 273 Abs. 2 Nr. 2 ZPO), das persönliche Erscheinen der Parteien anordnen (§ 273 Abs. 2 Nr. 3 ZPO), Zeugen, auf die sich eine Partei bezogen hat, und Sachverständige zur mündlichen Verhandlung laden sowie eine Anordnung nach § 378 ZPO (§ 273 Abs. 2 Nr. 4 ZPO) und Anordnungen nach den §§ 142, 144 ZPO (§ 273 Abs. 2 Nr. 5 ZPO) treffen.[1994]

9 Nach § 274 Abs. 1 ZPO hat das Gericht nach der Bestimmung des Termins zur mündlichen Verhandlung die Ladung der Parteien durch die Geschäftsstelle zu veranlassen; dem Beklagten ist die Ladung nach § 274 Abs. 2 ZPO mit der Klageschrift zuzustellen, wenn das Gericht einen frühen ersten Verhandlungstermin bestimmt, wobei gem. § 274 Abs. 3 S. 1 ZPO zwischen der Zustellung der Klageschrift und dem Termin zur mündlichen Verhandlung ein Zeitraum von mindestens zwei Wochen liegen muss.[1995] Man spricht hier von der Einlassungsfrist.[1996]

---

1993 Wagner, in: MünchKomm, ZPO, § 128 Rn. 27 ff.

1994 Überblick bei Prütting, in: MünchKomm, ZPO, § 273 Rn. 18 ff.

1995 Foerste, in: Musielak, ZPO, § 274 Rn. 3.

1996 Vgl. die amtliche Überschrift zu § 274 ZPO.

## III. Anordnung des persönlichen Erscheinens der Partei

### 1. Öffentlichrechtliche Pflicht der Parteien, an der mündlichen Verhandlung teilzunehmen

a) *Übersicht*

10 Nach den §§ 141-144 ZPO kann das Gericht konkrete Prozessleitungsmaßnahmen treffen und den Parteien prozessuale Pflichten auferlegen.

11 Die Partei trifft keine Erklärungspflicht[1997], denn das deutsche Zivilprozessrecht statuiert keine Einlassungspflicht, auf der eine Pflicht zur Abgabe von Erklärungen gegründet werden könnte. Schweigt die Partei, soweit können dann Behauptungen unsubstantiiert oder Beweisangebote unbeachtlich bleiben[1998]. Das Schweigen der Partei kann ebenso wie ihre Erklärungen im Rahmen der Beweiswürdigung gem. § 286 ZPO berücksichtigt werden[1999].

12 Parteierklärungen, die im Rahmen einer Anhörung (auch nach § 137 Abs. 4 ZPO) erfolgen, kommt keine Geständniswirkung (§ 288 ZPO) zu[2000]. Davon zu unterscheiden ist jedoch ein mögliches Unstreitigwerden von Tatsachen nach § 138 Abs. 3 ZPO[2001]. Erklärt sich etwa eine persönlich erschienene Partei jedoch zu den Fragen des Gerichtes nach tatsächlichen Umständen – trotz Möglichkeit und Zumutbarkeit - nicht substantiiert, wirkt sich ihr Schweigen nach § 138 Abs. 3 ZPO zu ihrem Nachteil mit der Folge aus, dass das Gericht das Vorbringen der Gegenseite als richtig unterstellt[2002]. Durch die Anordnung wird aber eine öffentlichrechtliche Pflicht der Partei, in der mündlichen Verhandlung zu erscheinen, begründet. Die Partei kann jedoch nach richtiger Ansicht nicht zur Aussage gezwungen werden[2003]. Sagt sie aus, ist das der freien Würdigung nach § 286 ZPO zugänglich. So typischerweise etwa, wenn der Versicherungsnehmer für den zu fordernden Nachweis des äußeren Bildes der Entwendung seines Fahrzeugs keines der üblichen Beweismittel (v. a. Zeugen) aufbringen kann und vernommen wird[2004].

---

1997 OLG Hamburg, entscheidung vom 15.1.1997, Az.: 12 WF 6/97 = MDR 1997, 596; OLG Naumburg, Entscheidung vom 15.3.1999, Az.: 9 W 16/99 = MDR 1999, 1020.

1998 Leipold, in: Stein/Jonas, ZPO, § 141 Rn. 24.

1999 Hartmann, in: Baumbach/Lauterbach/Albers/Hartmann, ZPO, § 141 Rn. 29.

2000 OLG Hamm, Urteil vom 28.12.195, Az.: 31 U 117/94 = NJW-RR 1997, 999 = WM 1996, 669, 672.

2001 OLG Hamm, Urteil vom 29.4.1996, Az.: 6 U 187/95 = MDR 1996, 962, 963 = NJW-RR 1997, 156, 158 = VersR 1997, 853, 855.

2002 OLG Hamm, Urteil vom 26.7.1996, Az.: 12 UF 16/96 = FamRZ 1997, 431, 433.

2003 Wagner, in: MünchKomm, ZPO, § 141 Rn. 19; Greger, in: Zöller, ZPO, § 141 Rn. 1.

2004 OLG Köln, Urteil vom 8.5.2001, Az.: 9 U 68/00 = RuS 2001, 405 f. = Schaden-Praxis 2001, 386.

13 Das persönliche Erscheinen der Partei kann in erster Linie im streitigen Klageverfahren angeordnet werden, in dem eine mündliche Verhandlung obligatorisch ist[2005]. Darüber hinaus ist die Anordnung des persönlichen Erscheinens immer dann möglich, wenn eine fakultative mündliche Verhandlung durch das Gericht angeordnet worden ist[2006].

14 Adressat der Anordnung nach § 141 Abs. 1 ZPO ist die Partei[2007]. Besonderheiten gelten, wenn die Partei durch einen gesetzlichen Vertreter handelt. In diesen Fällen der Prozessführung durch juristische Personen oder durch Prozessunfähige[2008] ist der gesetzliche Vertreter Adressat der Anordnung, da nur er in personam die der juristischen Person obliegenden prozessualen Pflichten zu erfüllen imstande ist[2009]. Die Gegenansicht[2010], der zufolge die Ladung einer prozessunfähigen Partei zulässig sein soll, verkennt, dass die prozessunfähige Partei auch zur wirksamen Entsendung eines Vertreters gem. § 141 Abs. 3 S. 2 ZPO[2011] außerstande wäre.

15 Um in Fällen der Verhinderung der Partei oder Fällen, in denen die dem Rechtsstreit zugrundeliegenden Verhältnisse nicht von der Partei in personam, sondern unterrichteten Angestellten, Verwandten oder anderen Dritten wahrgenommen worden sind, bedarf es des persönlichen Erscheinens der Partei dann nicht, wenn gem. § 141 Abs. 2 S. 2 ZPO an ihrer Stelle ein Dritter als „Vertreter in der Auskunft“ in die Verhandlung entsandt wird. Auf das Rechtsverhältnis dieses „Vertreters in der Auskunft“ zur Partei kommt es nicht an. Allein zur Abgabe der gebotenen Erklärungen muss der „Vertreter in der Auskunft“ ermächtigt sein. Der zur Aufklärung aufgrund seiner Sachverhaltskunde bereite Vertreter muss darüber hinaus aber *nicht* zur Abgabe prozessualer Erklärungen, wie besonders dem Abschluss eines Prozessvergleichs, bevollmächtigt sein, da die Anordnung des persönlichen Erscheinens nicht zwingend die gütliche Beilegung des Verfahrens befördern soll[2012]. Der Wortsinn von § 141 Abs. 3 S. 2 ZPO steht

2005 Hartmann, in: Baumbach/Lauterbach/Albers/Hartmann, ZPO, § 141 Rn. 5.

2006 Leipold, in: Stein/Jonas, ZPO, § 141 Rn. 6.

2007 Greger, in: Zöller, ZPO, § 141 Rn. 2.

2008 BGH, Urteil vom 20.10.1964, Az.: VI ZR 101/63 = NJW 1965, 106; Leipold, in: Stein/Jonas, ZPO, § 141 Rn. 7; der gesetzliche Vertreter muss namentlich bezeichnet sein: OLG Köln, Beschluss vom 30.9.1996 = OLGR 1997, 102 f.

2009 Leipold, in: Stein/Jonas, ZPO, § 141 Rn. 7, str.: anders Vonderau NZA 1991, 336, 337.

2010 Rosenberg/Schwab/Gottwald, Zivilprozessrecht, § 44 III 1b; Greger, in: Zöller, § 141 ZPO Rn. 2.

2011 Smid, in: Wieczorek/Schütze, ZPO, § 141 Rn. 55 f.

2012 Ähnlich Tschöpe/Fleddermann, NZA 2000, 1269, 1274; Wagner, in: MünchKomm, ZPO, § 141 Rn. 22; aA OLG München, Beschluss vom 23.01.1992, Az.: 28 U 1604/91 = NJW RR 1992, 827; Greger, in: Zöller, ZPO, § 141 Rn. 18; Hartmann, in: Baumbach/Lauterbach/Albers/Hartmann, ZPO, § 141 Rn. 50.

dem nur scheinbar entgegen, denn Regelungsgegenstand des § 141 Abs. 3 ZPO ist allein die Zulässigkeit der Verhängung von Ordnungsgeld gegen die Partei.

b) *Nicht verteidigungsbereiter Beklagter*

Voraussetzung der an den Beklagten als Partei gerichteten Anordnung ist nicht, dass der Beklagte sich einzulassen gewillt ist. Zwar ist nicht von der Einlassungsbereitschaft des Beklagten auszugehen[2013], was etwa im Falle einer unschlüssigen Klage nicht der Fall sein oder selbst auf einer rechtlichen Fehlbeurteilung durch das Gericht beruhen kann; ausschlaggebend ist vielmehr der prozessökonomische Gesichtspunkt, dass die Anordnung das Verfahren zu beschleunigen geeignet ist. Verweigert der Beklagte aber die Einlassung, können aus der Anordnung gegen ihn keine Sanktionsfolgen hergeleitete werden. Denn § 141 ZPO statuiert keinen sanktionsbewehrten Einlassungszwang. 16

## 1. Anordnung nach § 141 ZPO und Verfahrensbeschleunigung

*a)Sammlung des Streitstoffes*

Die Anordnung des persönlichen Erscheinens der Parteien nach § 141 ZPO stellt einen Fall der prozessleitenden Tätigkeiten des Gerichts dar, mittels derer das Verfahren vom Gericht sachgerecht organisiert wird. Die Anordnung nach § 141 ZPO gehört damit zu den Maßnahmen, mittels derer das Gericht das Prozessrechtsverhältnis der Parteien „verwaltet", um einen sinnvollen Ablauf des Verfahrens – einen waffengleichen Prozess – zu ermöglichen. Die Anordnung des persönlichen Erscheinens der Parteien steht daher neben seinen Aufgaben der Veranlassung sachdienlichen Sachvortrags und der Stellung sachdienlicher Anträge nach § 139 ZPO[2014]. Bei alledem kommt der Vorschrift ein verfahrensbeschleunigendes Moment zu[2015]. Zu bestimmen, welche Funktion die Anordnung über diese Aufgabe der Verfahrensbeschleunigung hinaus hat, wirft indessen durchaus Probleme auf. Die Aussage der Partei kann nämlich nach den §§ 445 ff. ZPO als Beweismittel dienen. Im *Allgemeinen* wird behauptet[2016], es stehe außer Frage, dass die Anordnung des persönlichen Erscheinens der Partei der Aufklärung des im Prozess streitigen Sachverhaltes diene. Das indes rückt die 17

2013 So aber Leipold, in: Stein/Jonas, ZPO, § 141 Rn. 7.

2014 Wagner, in: MünchKomm, ZPO, § 141 Rn. 1; Leipold, in: Stein/Jonas, ZPO, § 141 Rn. 1; in der Sache auch Greger, in: Zöller, ZPO, § 141 Rn. 1. Zu der Reform dieser Vorschrift und deren darauf gründender Auslegung nun Sticken, Die „neue" materielle Prozessleitung (§ 139 ZPO) und die Unparteilichkeit des Richters, 2004.

2015 Leipold, in: Stein/Jonas, ZPO, § 141 Rn. 1; ferner OLG Koblenz, Beschluss vom 16.08.1994, Az.: 14 W 415/94 = MDR 1995, 424 f.

2016 Wagner, in: MünchKomm, ZPO, § 141 Rn. 1; a. A. Greger, in: Zöller, ZPO, Rn. 1.

Anordnung nach § 141 ZPO ebenso wie die nach den §§ 142 bis 144 ZPO[2017] in die Nähe des Beweises[2018] – worauf die Probleme beruhen, die bei der Anwendung der Vorschrift erwachsen. Die Anordnung des persönlichen Erscheinens der Partei in der mündlichen Verhandlung ist jedoch nach zutreffender Ansicht kein Instrument der Beweiserhebung, wie sich insbesondere mit Blick auf die besondere Voraussetzung der Erschöpfung der dem Beweisführer bekannten Beweismittel gem. § 448 ZPO auf der einen Seite und den Regelungen der Abs. 1 S. 2 und Abs. 3 S. 2 auf der anderen Seite zeigt[2019]. Zutreffend ist insoweit die Interpretation der Vorschrift, der zufolge die Parteianhörung nach § 141 ZPO *auch* der Sammlung des Streitstoffes dient; ihr Ergebnis aber nicht Beweisstoff ist[2020]. Diese Meinung schließt freilich eine Sachaufklärung zum Zwecke der Abschätzung der Aussichten gütlicher Streitschlichtung im Zuge der Betonung des Vergleichsgedankens[2021] ausdrücklich aus. Dies folgt auch aus dem Weiteren:

*b)Rechtliches Gehör*

18 Die Anordnung des persönlichen Erscheinens der Parteien nach § 141 ZPO erfolgt nicht zum Zwecke der Gewährung rechtlichen Gehörs gem. Art. 103 Abs. 1 GG. Die Parteien haben auf ihren Erlass keinen Anspruch, denn ihnen ist – zwingend – im Verlauf des Verfahrens Gehör auch dann zu gewähren, wenn ihr persönliches Erscheinen nicht angeordnet war. Im Übrigen kann eine Partei die Vernehmung der anderen Partei nur unter den Voraussetzungen der §§ 445 ff. ZPO herbeiführen. Erkennt man dies als richtig an, kann die Anhörung der Partei, deren persönliches Erscheinen angeordnet worden ist, nicht dem Beweis streitigen Vortrages dienen.

---

2017 Smid, in: Wiezcorek/Schütze, ZPO, § 142 Rn. 1 und 20 f.

2018 Wagner, in: MünchKomm, ZPO, § 141 Rn. 1; Brehm, Bindung des Richters an den Parteivortrag und Grenzen freier Verhandlungswürdigung, 1982, S. 241 f.; auch schon Glücklich, Parteivernehmung nach deutschem Zivilprozeßrecht, 1938, S. 198; a. A. aber Schöpflin, NJW 1996, 2134; Greger, in: Zöller, ZPO, Rn. 1.

2019 Wagner, in: MünchKomm, ZPO, § 141 Rn. 1; Brehm, Bindung des Richters an den Parteivortrag und Grenzen freier Verhandlungswürdigung, 1982, S. 241 f.; auch schon Glücklich, Parteivernehmung nach deutschem Zivilprozeßrecht, 1938, S. 198

2020 Wagner, in: MünchKomm, ZPO, § 141 Rn. 1; siehe auch BVerfG, Beschluss vom 10.11.1997, Az.: 2 BvR 429/97 = NJW 1998, 892; OLG Brandenburg, Beschluss vom 25.11.1998, Az.: 13 W 12/98 = MDR 1999, 508 = OLGR 1999, 42-44 = JurBüro 1999, 155 f: Sachaufklärung als Ziel der Anordnung nach § 141.

2021 Durch Gesetz vom 27. 7. 2001, BGBl. I 2001, 1887 ff. (fortan kurz ZPO-RG), welches die „Verfahrensrechtliche Stärkung des Schlichtungsgedankens“ beabsichtige: Regierungsentwurf BT-Dr. 14/4722 S. 60.

Positiv ausgedrückt folgt daraus, dass die Anordnung des persönlichen Erscheinens der Parteien die Aufgabe hat, dem Gericht die Befragung der Parteien zu ermöglichen, um näher festlegen zu können, über welche tatsächlichen Behauptungen die Parteien sich streiten. Der hieraus zu erwartende Beschleunigungseffekt beruht darauf, dass der anderweitig zwischen dem Rechtsanwalt und der Partei als Mandanten zu veranlassende Informationsaufwand obsolet wird[2022]. 19

*c) Anwaltsprozess*

Die Anordnung des persönlichen Erscheinens belastet die betroffene Partei in erheblichem Maße. Sie ist allein im Anwaltsprozess geboten, da im Übrigen die Vorschriften über das Versäumnisurteil (§§ 330, 331 ZPO – oben § 20 Rn. 3) die Einlassung der Partei in gebotener Weise erzwingen. Die Vorteile des Anwaltsprozesses – die Prozessführung zur eigenen Entlastung weitestgehend dem professionell agierenden Advokaten übertragen zu können – werden durch die Anordnung des persönlichen Erscheinens der Partei weithin konterkariert. Daher ist Auffassungen in der Literatur[2023] *mit Nachdruck* zuzustimmen, die einer Praxis entgegentreten, in der die Anordnung des persönlichen Erscheinens der Partei generell als regelmäßig zu erlassende Verfügung erfolgt. Die Anordnung des persönlichen Erscheinens der Partei ist vielmehr nur unter der Voraussetzung zulässig, dass die Art des Streitgegenstandes und der bisherige schriftliche oder mündliche Vortrag der Partei ihr persönliches Erscheinen zum Zwecke der Klärung ihres Vortrages sinnvoll erscheinen lassen. Dabei ist seitens des Gerichts zu berücksichtigen, dass die Partei durch die Anordnung in nachhaltiger Weise belastet wird; der Gesetzgeber trägt dem in § 141 Abs. 1 S. 2 ZPO dadurch Rechnung, dass er es zulässt, in den gesetzlich normierten Fällen der Anordnung des persönlichen Erscheinens entgegenzutreten. Diese Gründe sind freilich nicht abschließend. 20

## 2. § 141 ZPO und Beweis

*a) Strengbeweis und Freibeweis*

Nach alledem stellt sich die Anordnung des persönlichen Erscheinens der Partei zum Zwecke ihrer Anhörung zwar nicht als verfahrensrechtliches Mittel dar, das es erlaubt, streitige Behauptungen der Partei als festgestellt oder widerlegt be- 21

2022 OLG Koblenz, Entscheidung vom 16. 11. 78 14 W 483/78 = JurBüro 1979, 442; Bender/Belz/Wax, Das Verfahren nach der Vereinfachungsnovelle und vor dem Familiengericht, 1977, Rn. 21; Burger MDR 1982, 91, 92; Kollhosser, ZZP 91 (1978), 102, 106.
2023 Leipold, in: Stein/Jonas, ZPO, § 141 Rn. 1.

handeln zu können[2024]. Soll eine solche Tatsachenfeststellung erfolgen, ist der Erlass eines Beweisbeschlusses durch das erkennende Gericht unerlässlich. Die bloße Verwertung der Äußerung der Partei im Rahmen ihrer Anhörung ist in diesem Zusammenhang nicht entscheidend. Nur die förmliche Beweiserhebung zieht im Übrigen die Auslösung einer Beweisgebühr nach sich[2025]. § 141 ZPO erlaubt es demzufolge dem Gericht nicht, tatsächliche Behauptungen einer Partei ohne weiteres aufgrund des Eindrucks, den die persönlich erschienene und außerhalb des strengbeweislich verfassten Verfahrens angehörte Partei hinterlassen hat, als glaubwürdig und damit wahr oder als unwahr zu behandeln.[2026] Soll die Aussage der Partei zum Zwecke des Beweises gewertet werden können, ist deren *förmliche* Vernehmung unter den strengen Voraussetzungen erforderlich, die von den Regelungen der §§ 445 ff. normiert werden. Denn nur die im Rahmen des Strengbeweises vorgenommene Parteivernehmung dient dem Zwecke des Beweises. Die Anhörung der Partei vermag demgegenüber allein Anhaltspunkte dafür zu liefern, wie der förmlich erhobene Beweis zu würdigen ist.

22 Soweit das Gericht aber einen Sachverhalt nicht strengbeweislich zu ermitteln hat, sondern sich des sog. Freibeweises zu bedienen befugt ist, kann die Anordnung des persönlichen Erscheinens der Partei der Ermittlung des Sachverhalts dienen. Im Zivilprozess ist in diesem Zusammenhang besonders die Ermittlung des Vorliegens solcher Prozessvoraussetzungen zu nennen, die ihren Grund in der Person der Partei selbst haben. Bestehen Zweifel an der Prozessfähigkeit einer natürlichen Person als Partei, kann sich vor der Anordnung entsprechender ärztlicher Untersuchungen usf. als weitreichenderer Maßnahme die Anordnung des persönlichen Erscheinens der Partei als richtig erweisen.

b) *Keine richterliche Amtsermittlung aufgrund § 141 ZPO*

23 Die Anhörung gem. § 141 ZPO ist darüber hinaus aber kein Mittel einer eigenen richterlichen Untersuchungsaufgabe; sie verdrängt im Hinblick auf die Ermittlung des streitigen Prozessstoffes nicht die Verhandlungsmaxime durch eine richterliche Inquisition. Glaubt die Partei, eine Tatsachenbehauptung zwar nicht beweisen zu können, aber für sie Anhaltspunkte zu haben, darf ihr die Möglichkeit, diese Behauptung durch die Prozessführung ihres Anwalts zu verfolgen, nicht genommen werden.

2024 Leipold, in: Stein/Jonas, ZPO, § 141 Rn. 2.

2025 Str.: wie hier Greger, in: Zöller, ZPO, § 141 Rn. 22, wenn Anhörung der Sachverhaltsaufklärung dient, anders, wenn sie als Beweis gewürdigt und verwertet wird.

2026 So aber Schmidt, in: AK, ZPO, §§ 141-144 Rn. 7 f.; krit. hierzu unten in § 24.

*c) Keine Gleichwertigkeit von Parteianhörung und Beweisaufnahme? – Zur Judikatur des EGMR*

24 Eine Parteianhörung iSd § 141 ZPO steht nach einer in der Judikatur verbreiteten Rezeption der Rechtsprechung des EGMR – namentlich der Entscheidung des EGMR vom 27.10.1993[2027] - bei entsprechender Würdigung des Wahrheitsgehalts der Bekundung dem Beweismittel der Parteivernehmung gleich[2028]. Dies ist aber zweifelhaft. Im deutschen Recht dient die Anordnung des persönlichen Erscheinens der Partei nicht der Gewährung des verfassungsrechtlich garantierten rechtlichen Gehörs der Partei. Denn unabhängig von der Anordnung ihres persönlichen Erscheinens durch das Gericht nach § 141 Abs. 1 ZPO hat jede Partei das Recht, *in personam* vor Gericht zu erscheinen und sich dort zur Sache zu äußern (§ 137 Abs. 4 ZPO). Art. 103 Abs. 1 GG kann danach zur Auslegung des § 141 ZPO nicht herangezogen werden[2029].

25 Demgegenüber wird in der Judikatur die Ansicht vertreten, die Anordnung nach § 141 Abs. 1 ZPO sei insbesondere in der Berufungsinstanz geboten, wenn ihr Unterlassen sich als Versagung rechtlichen Gehörs darstelle: Will das Berufungsgericht von der Beweiswürdigung im angefochtenen Urteil abweichen, so sei es verfassungsrechtlich geboten, auch die als einziges „Beweismittel" auf der einen Seite stehende Partei, die in der Vorinstanz angehört worden war, zu hören und deren Vorbringen in der neuerlichen Sammlung des Tatsachen- bzw. Beweisstoffs zu würdigen. Beschränke das Berufungsgericht hingegen die Beweisaufnahme auf eine erneute Vernehmung des Zeugen der anderen Partei (hier: Beklagte), so stelle diese Verfahrensweise eine mit dem Anspruch auf rechtliches Gehör und der Gewährleistung der prozessualen Waffengleichheit nicht im Einklang stehende Begünstigung eines Verfahrensbeteiligten dar[2030]. Diese Entscheidung wird dabei nicht durch das neue Rechtsmittelrecht im Zuge des ZPO-RG berührt: Auch soweit die Berufung nunmehr vornehmlich der Fehlerkontrolle und -beseitigung[2031] denn erneuter Tatsachensammlung dient, müsste, unterstellt man die Richtigkeit dieser Ansicht, nach § 529 Abs. 1 Nr. 1 ZPO im Grundsatz der erstinstanzliche Tatsachenstoff (mithin auch das Ergebnis erstin-

2027 EMGR, Urteil vom 27.10.2993 - 37/1992/382/460 = NJW 1995, 1413-1415 (Dombo Beheer BV/Niederlande).

2028 BVerfG, Kammerbeschluss vom 21.2.2001, Az.: 2 BvR 140/00 = NJW 2001, 2531; BGH, Beschluss vom 25.9.2003, Az.: III ZR 284/02 = NJW 2003, 3636; SächsLAG, Beschluss vom 15.9.1999, Az.: 2 Sa519/99 = NZA-RR 2000, 497.

2029 So zutreffend Leipold, in: Stein/Jonas, ZPO, § 141 Rn. 11.

2030 BVerfG, Kammerbeschluss vom 21.2.2001, Az.: 2 BvR 140/00 NJW 2001, 2531, 2532 (Durch das Rechtsmittelgericht unterbliebene Parteieinvernahme zum umstrittenen Inhalt eines Vier-Augen-Gesprächs).

2031 BT-Dr. 14/4722 S. 61, 64, 100.

stanzlicher Parteianhörung) der Berufungsentscheidung zugrunde gelegt werden, soweit dieser Gegenstand einer verfahrensfehlerfreien Ermittlung gewesen ist.

26 In der Judikatur sind diese Grenzen indes verwischt worden. So ist etwa im Zusammenhang mit arbeitsgerichtlichen Fällen davon die Rede gewesen, das Gericht habe zwingend das persönliche Erscheinen einer oder beider Parteien anzuordnen, um der vielfach dadurch entstehenden Beweisnot des betroffenen Arbeitnehmers entgegenzuwirken, dass dieser allein und ohne Zeugen Verhaltensweisen ausgesetzt ist, die als „Mobbing" einzustufen seien[2032]: Der betroffenen Partei sei durch eine den Grundsätzen eines fairen und auf Waffengleichheit achtenden Verfahrens entsprechende Anwendung der §§ 286, 448, 141 Abs. 1 S. 1 ZPO dergestalt zu helfen, dass die im Zweifel erforderliche Anhörung einer Partei bei der gerichtlichen Überzeugungsbildung berücksichtigt werden müsse[2033]. In diesem Zusammenhang wird die förmliche strengbeweisliche Ermittlung des Sachverhalts in den Hintergrund gerückt: Es wird behauptet, das Gericht sei dabei nicht gehindert, der Aussage bei der Anhörung nach § 141 ZPO einen stärkeren Beweiswert beizumessen als einer Parteivernehmung nach § 448 ZPO[2034]. Voraussetzung sei aber jeweils, dass die Partei dem Gericht *glaubwürdig* erscheint[2035].

---

2032 LAG Thüringen, Urteil vom 10.4.2001, Az.: 5 Sa 402/2000 = DB 2001, 1204, 1206 = BB 2001, 1358, 1362; LAG Thüringen, Urteil vom 15.2.2001, Az.: 5 Sa102/2000 = DB 2001, 1783, 1785 = NZA-RR 2001, 577, 586.

2033 LAG Thüringen, Urteil vom 10.4.2001, Az.: 5 Sa 402/2000 = DB 2001, 1204, 1206 = BB 2001, 1358, 1362; LAG Thüringen, Urteil vom 15.2.2001, Az.: 5 Sa102/2000 DB 2001, 1783, 1785 = NZA-RR 2001, 577, 586 zur Zulässigkeit der Beiziehung von Tagebuchaufzeichnungen bei Vernehmung des Mobbingopfers, wobei aber bei der Glaubwürdigkeitsprüfung ein strenger Maßstaben obwalten muss; allgemeiner BGH, Urteil vom 16.7.1998, Az.: I ZR 32/96 = NJW 1999, 363, 365 = MDR 1999, 699 = VersR 1999, 994, 996 = GRUR 1999, 367, 369 zur Anwendung des § 141 ZPO zur Herstellung prozessualer Waffengleichheit.

2034 OLG Koblenz, Urteil vom 7.3.2002, Az.: 5 U 1591/01 = NJW-RR 2002, 630 f.; ähnlich. LAG Sachsen, Beschluss vom 15.9.1999, Az.: 2 Sa519/99 = MDR 2000, 724 = NZA-RR 2000, 497-499 (bei beweisbedürftigem Inhalt von "Vier-Augen-Gesprächen" steht eine Parteianhörung - bei entsprechender Würdigung des Wahrheitsgehalts der Bekundung - dem Beweismittel der Parteivernehmung gleich).

2035 BGH, Urteil vom 19.2.1997, Az.: IV ZR 12/96 = NJW-RR 1997, 663 = MDR 1997, 546 = VersR 1997, 691 = DAR 1997, 248 f.; OLG Schleswig, Beschluss vom 5.1.1999, Az.: 16 W 215/98 = OLGR 1999, 148.

## 3. Waffengleichheit und beweiswürdigungsrechtliche Berücksichtigung der Anhörung der Partei nach § 141 ZPO

### *a) Versicherungsrechtliche Kfz-Diebstahlsfälle*

Typischerweise tritt auch in Verkehrssachen das Bedürfnis nach einer Handhabung der Anhörung entsprechend denen eines Beweisantritts auf: So wurde unter Bezugnahme auf die Grundsätze des fairen Verfahrens und der Waffengleichheit entschieden, dass persönliche Angaben im Rahmen der Beweiswürdigung entsprechend zu berücksichtigen seien, wenn dieser Partei Zeugen nicht zur Verfügung stehen und die Gegenseite lediglich den oder die eigenen Fahrer oder Beifahrer als Zeugen benennt[2036]. 27

In Fällen, in denen zwischen der Diebstahlsversicherung und Versicherungsnehmer über das Vorliegen der Voraussetzungen der Einstandspflicht des Versicherers gestritten wird, ist in vielen in Entscheidungen die Anordnung des persönlichen Erscheinens des Versicherungsnehmers als Partei als Mittel behandelt worden, den Sachverhalt aufzuklären; § 141 ZPO wird dabei als Mittel des Beweises der entscheidungserheblichen Tatsachen angesehen. Diese Entscheidungen argumentieren folgendermaßen. Kann der Versicherungsnehmer für das äußere Bild des Diebstahls keinen Zeugenbeweis antreten, kann er die Mindesttatsachen hierfür im Einzelfall auch im Rahmen seiner Anhörung nach § 141 beweisen[2037]. Die Judikatur stellt auch insoweit auf die Dignität des Versicherungsnehmers ab: Danach können, wenn dem Versicherungsnehmer weitere Beweismittel für einen behaupteten Fahrzeugdiebstahl nicht zur Verfügung stehen, im Rahmen der nach § 286 ZPO gebotenen freien Würdigung des Verhandlungsergebnisses die Darlegungen des Versicherungsnehmers und insbesondere auch seine Angaben bei einer Anhörung nach § 141 ZPO zur Feststellung der erforderlichen Mindesttatsachen ausreichen. Voraussetzung hierfür ist aber die Glaubwürdigkeit des Versicherungsnehmers[2038]. Voraussetzung für die Anhörung des Versicherungsnehmers gemäß § 141 ZPO ist daher, dass er dem Gericht als „uneingeschränkt glaubwürdig" erscheint[2039]. Der Versicherungsnehmer kann dagegen den erleichterten Nachweis des äußeren Bildes des Kfz- 28

2036 LG Berlin, Urteil vom 14.2.2000, Az.: 58 S 314/99 = MDR 2000, 882 f.; anders aber bei einem Wildschadenfall, wo der Versicherungsnehmer in der Regel nicht von vornherein und unabwendbar in Beweisnot ist, so dass ihn sowohl in Berührungsfällen als auch in Rettungskostenfällen die volle Beweislast trifft: AG Dortmund, Urteil vom 6.9.2000, Az.: 136 C 2398/00 = Schaden-Praxis 2001, 209 f.

2037 OLG Koblenz, Urteil vom 1.10.1999, Az.: 10 U 1846/97 = OLGR Koblenz 2000, 455; OLG Frankfurt/M., urteil vom 15.9.1999, Az.: 7 U 84/95 = NJW-RR 2000, 1344.

2038 OLG Karlsruhe, Urteil vom 17.6.1999, Az.: 12 U 307/98 = OLGR Karlsruhe 2000, 209.

2039 HanseatOLG Hamburg, Urteil vom 7.5.1999, Az.: 14 U 288/98 = VersR 2000, 1272.

Diebstahls nicht führen, wenn seine Angaben und die des maßgeblichen Zeugen zum Abstellort des Fahrzeugs „Ungereimtheiten und Widersprüche" aufweisen, etwa wenn widersprüchliche Angaben zur Art der Überlassung des Fahrzeugs an einen Zeugen gemacht werden[2040].

29 Es wird dabei sogar behauptet, dass, soweit auf Seiten des Gegners Zeugen ins Feld geführt werden, die sich auf ein Zeugnisverweigerungsrecht nach §§ 383 f. ZPO berufen dürfen (es aus naheliegenden Gründen aber nicht tun), eine damit eintretende „Schieflage" mittels der Aufwertung der Parteianhörung nach § 141 Abs. 1 ZPO kompensiert werden müsse, um den Grundsätzen des fairen und waffensymmetrischen Verfahrens zu genügen[2041].

30 In der Judikatur wird diese extrem weite Ausdehnung des Anwendungsbereichs des § 141 ZPO allerdings eingeschränkt. Sind zwar Zeugen vorhanden, reichen deren Aussagen aber zum Beweis nicht aus, kommt es nicht in Betracht, die Beweisnot beispielsweise des Versicherungsnehmers auf dem Wege des § 141 ZPO zu überspielen[2042]. Im Deckungsprozess gegen eine Kfz-Kaskoversicherung nach einem behaupteten Fahrzeugdiebstahl kommt eine Parteianhörung bzw. Parteivernehmung zum äußeren Bild des Diebstahls weiterhin dann nicht in Betracht, wenn dafür vorhandene Zeugen nicht benannt wurden[2043].

31 Die im vorangegangenen dargestellten Fallgruppen machen deutlich, dass die Judikatur Fälle betrifft, in denen das Gericht die aufgrund der materiellrechtlichen Beweislastverteilung angenommene „Unterlegenheit" einer Partei – geradezu typischerweise: des Arbeitnehmers oder des Versicherungsnehmers – durch eine Aufweichung der Strukturen des Beweisrechts des Parteiprozesses zu beheben versucht hat. Es lässt sich allerdings nicht übersehen, dass es zu den vornehmlichen Aufgaben der richterlichen Prozessleitung gehört, die Waffengleichheit der Parteien herzustellen. Der Sache nach geht es aber, wie die Fälle der Mobbingprozesse (oben Rn. 24 ff.) und der Klagen von Versicherungsnehmern gegen Diebstahlsversicherer deutlich machen, um ohne eine durch die Auslegung des materiellen Rechts mögliche „Korrektur" der den Arbeitnehmer oder den Versicherungsnehmer treffenden Beweislast ein als „sachgerecht" vermutetes Urteil zu erreichen. Der Rückgriff auf § 141 ZPO ist in diesem Zusammenhang aus den bereits ausgeführten Überlegungen heraus rechtsdogmatisch verfehlt. Gleichwohl erscheint das Anliegen der Gerichte, in den zitierten

2040 OLG Köln, Urteil vom 27.4.1999, Az.: 9 U 159/98 = RuS 1999, 232.

2041 Greger, in: Zöller, ZPO, § 141 Rn. 3.

2042 OLG Hamburg, Urteil vom 29.1.1999, Az.: 14 U 235/98 = NJW-RR 2000, 106 f = NVersZ 1999, 576 f = OLGR 1999, 243.

2043 KG Berlin, Urteil vom 22.6.1999, Az.: 6 U 6232/98 = KGR Berlin 2000, 3; Hamburg, Urteil vom 29.1.1999, Az.: 14 U 235/98 = OLGR Hamburg 1999, 243.

Fällen der unterlegen erscheinenden Partei den Beweis zu erleichtern, nachvollziehbar. Aus diesen Bemühungen darf indes nicht verallgemeinernd auf die Funktion des § 141 ZPO geschlossen werden.

b) *Beweisnotstand*

Umgekehrt wird das Unterlassen der Anordnung nach § 141 ZPO als geboten 32
angesehen, wenn die Anhörung der Partei die in der Judikatur geschilderten Aufgaben einer freibeweislichen Sachverhaltsklärung nicht zu erreichen vermag: Dies ist etwa dann der Fall, wenn schwerwiegende Zweifel an der Glaubwürdigkeit des Klägers im Prozess gegen den Versicherer bestehen, weil er wegen Raubes vorbestraft ist und überdies wechselnde Angaben zu wesentlichen Umständen des behaupteten Kfz-Diebstahls gemacht hat.[2044] Auch sei es dem Geschädigten zumutbar (und damit eine Anordnung nach § 141 ZPO unzulässig), die Umzugshelfer selbst dann als Zeugen für das Vorhandensein von Stehlgut vor dem Versicherungsfall zu benennen, wenn er sie der Beteiligung an dem Einbruch verdächtigt; eine Parteianhörung ist mangels Beweisnotstandes unzulässig[2045]. In der Tat kennzeichnet diese Fälle, dass das Gericht jedenfalls nicht an den allgemeinen Beweisregeln vorbei auf die Aussage der Partei zurückzugreifen berechtigt ist, um den Sachverhalt festzustellen.

Soweit die persönlich erschienene Partei postulationsfähig ist, kann sie un- 33
eingeschränkt angehört werden. Im Anwaltsprozess setzt die Anhörung dagegen voraus, dass die Partei ordnungsgemäß vertreten, also von ihrem Anwalt als Prozessbevollmächtigten begleitet wird[2046]. Ist dies nicht der Fall, bleibt schon deshalb kein Raum für eine Anhörung, da in diesem Fall die Partei mit der Folge säumig geblieben ist, dass ein Versäumnisurteil gegen sie ergehen kann.

---

2044 OLG Köln, Urteil vom 4.9.2001, Az.: 9 U 190/00 = RuS 2001, 496 f = NVersZ 2002, 3 f = VersR 2002, 478 f.; ähnlich LG Köln, Urteil vom 31.8.2000, Az.: 2 O 51/00 = Schaden-Praxis 2001, 275 f. (Vorstrafe wegen Betruges); OLG Karlsruhe, Beschluss vom 21.1.2001, Az.: 12 W 33/01 = OLGR 2002, 139 f zur Zurückweisung eines Antrags auf Anhörung im PKH-Verfahren; siehe ferner OLG Hamm Urteil vom 2.2.2001, Az.: 20 U 142/00 = r+s 2001, 273 f.; OLG Karlsruhe, Urteil vom 17.06.1999, Az.: 12 U 307/98 = VersR 2000, 487 (grundsätzliche Annahme von Redlichkeit, die aber verneint werden muss, soweit Umstände vorliegen, die daran Zweifel aufkommen lassen – diese müssen nicht zwingend im Zusammenhang mit Schadensfall stehen).

2045 OLG Düsseldorf, Urteil vom 21.9.1999, Az.: 4 U 167/98 = r+s 1999, 514 f.

2046 Hartmann, in: Baumbach/Lauterbach/Albers/Hartmann, ZPO, § 142 Rn. 8.

## IV. Besonderheiten im Scheidungsverfahren

34 Im Scheidungsverfahren soll das Gericht nach § 128 Abs. 1 S. 1 FamFG das persönliche Erscheinen der Ehegatten anordnen und sie anhören. Nach § 128 Abs. 1 S. 2 FamFG hat die Anhörung eines Ehegatten in Abwesenheit des anderen Ehegatten stattzufinden, falls dies zum Schutz des anzuhörenden Ehegatten oder aus anderen Gründen erforderlich ist. Sind gemeinschaftliche minderjährige Kinder vorhanden, ordnet § 128 Abs. 2 FamFG an, dass das Gericht die Ehegatten auch zur elterlichen Sorge und zum Umgangsrecht anzuhören und auf bestehende Möglichkeiten der Beratung hinzuweisen hat.

## V. Anordnung der Vorlage von Urkunden und Akten

### 1. Funktion des § 142 ZPO, § 142 ZPO

35 Die Regelung der richterlichen Anordnung der Vorlage von Urkunden hat nach zutreffender h. L.[2047] eine mehrfache Funktion. Zum einen ergänzt die Vorschrift die richterliche Hinweispflicht nach § 139 ZPO dadurch, dass es dem Gericht möglich ist, den Parteien zur Ergänzung und Klarstellung ihres Sachverhaltsvortrages die Urkundsvorlegung aufzugeben (Aufklärungsfunktion)[2048]. Zum anderen dient die Anordnung nach § 142 ZPO der Bereitstellung von Beweismitteln zur Feststellung von streitigen Tatsachen (Beweisfunktion)[2049]. Überdies leitet sich aus der Intention der jüngsten Reform[2050] eine Beschleunigungsfunktion ab[2051].

36 Wie die Anordnung der Urkundenvorlegung und die Anordnung nach § 144 ZPO hat die der Vorlegung von im Besitz der Parteien befindlicher Akten sowohl eine Aufklärungs- als auch eine Beweisfunktion.[2052] Anders als nach § 142 ZPO geht es im Rahmen des § 143 ZPO allerdings lediglich um solche Akten, die zur Prozessführung bereits genutzt oder für diese bestimmt waren[2053]. Richtigerweise kann § 143 ZPO also lediglich eine Vervollständigungsfunktion zu-

2047 Wagner, in: MünchKomm, ZPO, § 144 Rn. 1.

2048 Nach BAG, Beschluss vom 20.1.1976, Az.: 1 ABR 48/75 = DB 1976, 828 kann einer Partei nach § 142 ZPO auch die Vorlage solcher Urkunden aufgegeben werden, auf die sie sich nicht zuvor bezogen hatte; LAG München AMBl BY 1978 C 22.

2049 Stadler, in: Musielak, ZPO, § 142 Rn. 1.

2050 Zivilprozessreformgesetz (fortan ZPO-RG) vom 27. 07. 2001: BGBL I 2001, 1887 ff.

2051 Begründung des Ersten Entwurfs, BT-Dr. 14/3750 S. 53: „Das Gericht erhält die Möglichkeit, sich … möglichst früh einen Überblick … zu verschaffen.“

2052 Smid, in: Wieczorek/Schütze, ZPO, § 142 Rn. 1.

2053 Stadler, in: Musielak, ZPO, § 143 Rn. 1.

gesprochen werden[2054]. Demgemäß hat die Vorschrift wenig praktische Bedeutung.

Die Statuierung der Befugnis des Gerichts, nach § 142 ZPO in eigener Verantwortung die Parteien zur Vorlegung der in § 142 Abs. 1 ZPO aufgeführten Schriftstücke zu veranlassen[2055], durchbricht die Verhandlungsmaxime[2056]. Das lässt sich nicht einfach damit rechtfertigen, dass man sich darauf beruft, die Prozessmaximen stellten „abstrakte Modelle“ dar, die der Kombination zugänglich seien[2057]. So richtig diese abstrakte Behauptung ist, wird die Frage doch problematisch, wenn man die Unparteilichkeit des Richters in den Blick nimmt. Die Besorgnis der Befangenheit nach § 42 Abs. 2 ZPO erscheint zwar dann ausgeschlossen, wenn das Gericht in zulässiger Weise eine Anordnung nach § 142 ZPO getroffen hat. Wann das allerdings der Fall ist, bedarf einer eingehenderen Bestimmung. Unzulässig ist jedenfalls die Vorlage, die auf Ausforschung der Parteien zielt und ein Vorbringen provoziert, welches im Parteiverhalten bislang nicht angeklungen ist. Denn § 142 ZPO verpflichtet das Gericht nicht zur Ermittlung des Sachverhalts von Amts wegen[2058]. 37

Das Gesetz trifft Regelungen, die das Spannungsfeld von Prozessförderungspflicht des Gerichts auf der einen Seite und dem durch Befolgung dieser Pflicht drohendem Verdacht der Parteilichkeit auf der anderen Seite Rechnung trägt. Dem Richter wird für den Erlass der Anordnungen nach § 142 ZPO ein pflichtgemäßes Ermessen („kann“) eingeräumt. Damit kann aber nicht gemeint sein, dass beliebigen Abwägungen Tür und Tor geöffnet wird[2059]. Das ist insbesondere wegen der Schaffung der Drittvorlagepflicht zu beachten, weil insoweit Rechte (möglicherweise) Unbeteiligter betroffen sind.[2060] Bei der Bestimmung der Maßstäbe, die an die Pflichtgemäßheit der Ermessensentscheidung anzulegen sind, ist auf die Aufgabe zurückzugreifen, die das Gericht bei seiner Prozessförderung zu erfüllen hat. Allgemein kann gesagt werden, dass die Anordnung nach § 142 ZPO nicht dazu dienen darf, der Partei die Beweisführung und 38

2054 Schreiber, S. 86 ff.; anders hingegen die Rechtsprechung des BAG, die der Vorlageverpflichtung insoweit keine Grenzen setzt: Siehe etwa BAG PersV 1974, 249.

2055 BGH, Urteil vom 26.6.2007, Az.: IX ZR 277/05 = ZIP 2007, 2989.

2056 Allgemeine Meinung: Greger, in: Zöller, ZPO, § 142 Rn. 1; Stadler, in: Musielak, ZPO, § 142 Rn. 1; Hartmann, in: Baumbach/Lauterbach/Albers/Hartmann, ZPO, § 142 Rn. 1.

2057 So aber noch Peters, in: MünchKomm, ZPO, 2. Aufl., §§ 142 – 144 Rn. 2.

2058 Leipold, in: Stein/Jonas, ZPO, Rn. 1.

2059 Wenn Wagner, in: MünchKomm, ZPO, § 144 Rn. 3 von „pflichtgemäßer“ Ermessensausübung spricht, ist damit kein Erkenntnisgewinn über die das Ermessen lenkenden Determinanten verbunden. Ähnlich unklar Leipold, in: Stein/Jonas, ZPO, § 142 Rn. 1.

2060 Smid, in: Wieczorek/Schütze, ZPO, § 142 Rn. 25 ff.

die damit verbundenen Lasten abzunehmen[2061]. Daran ändert auch die Intention des Gesetzgebers[2062] nichts, die materielle Prozessleitung stärken zu wollen[2063]. Wollte man dies zum Anlass nehmen, der Partei die Beweisführung abzunehmen, hieße das in der Sache die Etablierung der Inquisitionsmaxime. Andererseits bedeutet dies nicht, dass im Einzelfall eine Ermessensschrumpfung und damit Vorlagepflicht geboten sein kann: In Arzthaftungssachen hat das Gericht bei Erhebung von Sachverständigenbeweis in aller Regel, um einen Verfahrensfehler zu vermeiden, zweckmäßigerweise die Krankenunterlagen vor Einholung des Gutachtens beizuziehen und dem Sachverständigen zugänglich zu machen[2064].

39 Bereits nach dem Wortlaut der Vorschrift darf das Gericht daher die Vorlegung von Schriftstücken nur soweit anordnen, wie sich eine Partei darauf bezogen hat. Stellt man dieses Tatbestandsmerkmal in den Sinnzusammenhang der Unparteilichkeit des Gerichts, verliert es an der Unklarheit, die bisweilen in der Literatur[2065] beklagt wird. Das Gericht soll der Partei nicht in den Mund legen, welche Urkunden für den Prozess von Belang sind. Freilich ist der Kritik darin Recht zu geben, dass es wenig plausibel ist, dass Handelsbücher des Kaufmanns gem. § 258 HGB und Tagebücher des Maklers gem. § 102 HGB nicht ausdrücklich angesprochen sind. Hieraus wird der Schluss gezogen, die Bezugnahme der Partei könne nicht als Tatbestandsmerkmal für die Vorlageanordnung dienen[2066]. Ausschlaggebend ist die im Hinblick auf die Geltung der Verhandlungsmaxime erforderliche Beschränkung der richterlichen Befugnisse, die ein funktionsorientiertes Verständnis des § 142 ZPO bedingen muss.

2061 Den Kern des Problems trifft auch Leipold, in: Stein/Jonas, ZPO, § 142 Rn. 1 nicht, wenn er darauf abstellt, dass § 142 ZPO eine Beweiserhebung von Amts wegen gestatte.

2062 Vergl. insoweit die amtlichen Begründungen in BT-Dr. 14/4722 S. 58, 60 f.

2063 Keine grundsätzliche Neuorientierung im Rahmen des § 142 auch bei Greger, in: Zöller, ZPO, 24. Aufl., § 142 Rn. 1.

2064 OLG Oldenburg, Urteil vom 6.2.1996, Az.: 5 U 134/95 = NJW-RR 1997, 535.

2065 Hartmann, in: Baumbach/Lauterbach/Albers/Hartmann, ZPO, § 142 Rn. 9; Stadler, in: Musielak, ZPO, § 142 Rn. 1, 4; Greger, in: Zöller, ZPO, § 142 Rn. 2.

2066 BAG, Urteil vom 10.9.1975, Az.: 4 AZR 456/76 = DB 1976, 1020 und das überwiegende Schrifttum: Schreiber, S. 77 f.; Prütting, NJW 1980, 361, 363; Schöpflin, S. 234 f.; Schneider, MDR 1992, 20; Stadler, in: Stein/Jonas, ZPO, § 142 Rn. 2; a. A Hartmann, in: Baumbach/Lauterbach/Abers/Hartmann, ZPO, § 142 Rn. 9.

## 2. Berücksichtigung der Beweislast

### *a) Funktion des § 420 ZPO*

Ebenso wie im Rahmen des § 273 Abs. 2 Nr. 1 ZPO[2067] ist die Beweislastverteilung zu beachten: Der Gegner der beweisbelasteten Partei ist im Allgemeinen nicht Adressat der Vorlegungspflicht, soweit damit Beweiszwecke erfüllt werden. Denn § 142 ZPO hebt die Grundregel des § 420 ZPO nicht auf, der zufolge der Beweisantritt beim Urkundenbeweis im Wege der Vorlegung *durch den Beweisführer* erfolgt. Andernfalls würde man den Gegner dazu nötigen, dem anderen Teil Beweismittel zu verschaffen. 40

### *b) Vorlagepflichten aus Treu und Glauben?*

Im Schrifttum haben *Peters*[2068] und *Stürner*[2069] hingegen mit z. T. differenzierten Argumentationsfolgen eine Mitwirkungspflicht der Parteien (gemeint ist immer der nicht beweisbelastete Gegner!) aus den §§ 138, 372a ZPO hergeleitet[2070]. Demnach obliegt auch dem Gegner der beweisbelasteten Partei eine grundsätzliche Vorlagepflicht. Der BGH[2071] hat sich im Ergebnis diesen Erwägungen, prozessuale Hilfestellungen des nicht beweisbelasteten Gegners anzuerkennen, zwar nicht verschlossen. Allerdings verschreibt er sich keiner konkreten dogmatischen Konstruktion, sondern stützt sich vielmehr auf Treu und Glauben[2072]. Daran ist richtig, dass das materielle Recht keine allgemeinen – wohl *spezielle* - Aufklärungspflichten kennt, ihre Etablierung demnach auch nicht Aufgabe des Prozessrechts sein kann[2073]. 41

---

2067 Der Wegfall der Vorlagepflicht bezüglich Urkunden und Gegenständen nach § 273 II Nr. 2 ZPO a. F. durch das ZPO-RG 2001 (siehe oben Fn. 4) bringt insofern keine Änderung.

2068 Peters, ZZP 76 (1963) 200 ff., insbesondere 208 ff.

2069 Stürner, S. 86 f, 98 ff., 134 ff., 234 ff.; ders., ZZP 98 (1985) 237.

2070 Ablehnend insoweit noch RG, Beschluss vom 21.6.1906, Az.: VI 97/06 = RGZ 63, 410; BGH, Entscheidung vom 11.7.1958, Az.: VI ZR 198/57 = VersR 1958, 768.

2071 Prägend insoweit BGH, Urteil vom 20.1.1961, Az.: I ZR 79/59 = NJW 1961, 826 = MDR 1961, 387 = BB 1961, 350.

2072 BGH, urteil vom 11.6.1990, Az.: II ZR 159/89 = NJW 1990, 3151; BGH, Urteil vom 25.10.1989, Az.: VIII ZR 105/88 = BGHZ 109, 139 = NJW 1990, 314, 316; Urteil vom 8.6.1988, Az.: IVb ZR 51/87 = NJW 1989, 161, 162; Urteil vom 13.11.1970, Az.: I ZR 49/69 = GRUR 1971, 164, 167.

2073 BGH, Urteil vom 11.6.1990, Az.: II ZR 159/89 = NJW 1990, 3151 = JR 1991, 415 (Schreiber).

*c) Spezifizierung durch § 422 ZPO*

42 Insofern bedarf es Determinanten, die eine Bestimmung der Maßstäbe von Treu und Glauben im Sinnzusammenhang der Regelung des § 142 ZPO ermöglichen. Diesbezüglich sind die Wertungen der §§ 420 ff. ZPO zu beachten. Die allgemeinen Mitwirkungspflichten (§ 138 Abs. 1 und Abs. 2 ZPO, § 372a ZPO) würden überdehnt, würde man sie zur Legitimation der Aufhebung der prozessualen Lastenverteilung heranziehen. Die Vorlegung kann daher gegenüber dem Gegner zunächst nur in den im gesetzlichen Beweisrecht geregelten Sonderfällen erfolgen. Verfahrensrechtlich greifen dort die §§ 424, 425 ZPO. Sie kann daher dann nach § 425 ZPO angeordnet werden, wenn die Voraussetzungen des § 422 ZPO vorliegen, der Gegner mithin zur Herausgabe oder Vorlegung der Urkunde der anderen Partei nach Vorschriften des bürgerlichen Rechts verpflichtet ist[2074].

43 Zu den gesetzlichen Vorlagepflichten i.S.v. § 422 ZPO gehören die Fälle[2075] des § 259 Abs. 1 BGB (Pflicht zur Vorlage von Belegen bei Verwaltungstätigkeit); des § 402 BGB (Pflicht des Zessionars zur Ablieferung von die Forderung beweisenden Urkunden); § 667 BGB (Herausgabepflicht aus Auftrag, ggf. i. V. m. §§ 675, 681 oder 2218 BGB aus auftragsähnlichem Rechtsverhältnis); § 716 Abs. 1 BGB (Recht des Gesellschafters auf Einsichtnahme in Geschäftsbücher und Papiere); § 810 BGB (Gestattung der Einsicht bei rechtlichem Interesse); §§ 896, 1145 BGB (Pflicht zur Vorlage des Grundpfandrechtsbriefs); § 952 BGB (i. V. m. § 985 BGB Herausgabeanspruch des Forderungsgläubigers an der Schuldurkunde); §§ 1698, 1890 BGB (Herausgabeansprüche i. R. der Rechnungslegung); § 1799 Abs. 2 BGB (Recht auf Einsichtnahme des Gegenvormunds); § 2130 BGB (umfänglicher Herausgabeanspruch des Nacherben gegenüber Vorerben).

44 Nach einer Entscheidung des LG Ingolstadt ist der Insolvenzverwalter verpflichtet, solche Unterlagen dem Prozessgericht vorzulegen, die er als Dritter im Besitz hat und deren Inhalt für die Beweisführung in einem Verfahren von Bedeutung ist[2076]. Dies begegnet Zweifeln[2077], soweit der Insolvenzverwalter damit verpflichtet würde, zu *prozessualen* Lasten der Masse Urkunden entgegen der Beweislastverteilung herauszugeben. Soweit die Herausgabe masseneutral ist, nimmt der Insolvenzverwalter als Partei kraft Amtes keine andere Stellung ein als ein anderer Dritter, der nicht Partei des Rechtsstreits ist.

---

2074 Rosenberg/Schwab/Gottwald, § 117 VI 2.; Schreiber, S. 78, 86; Leipold, in: Stein/Jonas, ZPO, § 142 Rn. 3.

2075 Siehe auch Reischl, JR 1997, 404.

2076 LG Ingolstadt, Urteil vom 13.8.2002, Az.: 4 O 1729/01 = ZInsO 2002, 990.

2077 Uhlenbruck, NZI 2002, 589; Lüpke/Müller, NZI 2002, 588.

### 3. Lage in nichtstreitigen Verfahren der freiwilligen Gerichtsbarkeit

Bei der Anordnung des persönlichen Erscheinens der Parteien geht es, wie sich gezeigt hat, entgegen dem Wortlaut des § 141 Abs. 1 S. 1 ZPO nicht um Ermittlung und Beweisaufnahme geht. Die Auslegung des § 142 Abs. 3 ZPO hat gezeigt, dass die Parteien hier in ihrer Funktion als Prozesssubjekt angesprochen werden, was auf ihre Fähigkeit, Erklärungen (und nicht Aussagen) abzugeben und damit über den Prozessgegenstand zu verfügen. Die Parteien des Zivilprozesses werden also in § 141 ZPO in Eigenschaften und Fähigkeiten angesprochen, die die Beteiligten in nichtstreitigen Verfahren der freiwilligen Gerichtsbarkeit nicht ohne weiteres haben. Es hat sich aber ebenfalls bereits gezeigt, dass die Beteiligten auch in den nichtstreitigen Verfahren der freiwilligen Gerichtsbarkeit Verfahren als Subjekte des Verfahrens anzuerkennen sind. Damit bestimmen sie ebenfalls den Gegenstand des Verfahrens in einem gewissen Umfang. Diese Stellung als Subjekt des Verfahrens ergab sich dabei aus ihren jeweiligen materiellen Aufgaben. Daher sieht auch § 33 Abs. 1 S. 1 FamFG die Möglichkeit vor, das persönliche Erscheinen der Beteiligten anzuordnen. 45

## VI. Ladung von Zeugen und Sachverständigen

### 1. Vorbereitende Ladung von durch die Parteien schriftsätzlich benannten Zeugen

Zum Katalog seiner Prozessvorbereitungsmaßnahmen nach § 273 Abs. 2 ZPO gehört, dass der Vorsitzende vorbereitend Zeugen laden kann, auf die sich eine Partei bezogen hat.[2078] Damit wird erreicht, dass der schriftsätzlich angekündigte Beweisantritt einer Partei noch im frühen ersten Termin berücksichtigt werden kann. Denn nach § 279 Abs. 2 ZPO soll der streitigen Verhandlung im Haupttermin die Beweisaufnahme unmittelbar folgen.[2079] Die vorbereitende Ladung der Zeugen erlaubt es daher, den Beweis durch ihre Einvernahme zügig zu erheben.[2080] Eine Ladung solcher Auskunftspersonen als Zeugen, auf die sich die Parteien nicht bezogen haben, kommt demgegenüber im streitigen Prozess nicht in Betracht.[2081] 46

2078 Prütting, in: MünchKomm, ZPO, § 273 Rn. 24.

2079 Hartmann, in: Baumbach/Lauterbach/Albers/Hartmann, ZPO, § 279 Rn. 11; Foerste, in: Musielak, ZPO, § 279 Rn. 6.

2080 Hartmann, in: Baumbach/Lauterbach/Albers/Hartmann, ZPO, § 273 Rn. 23; Foerste, in: Musielak, ZPO, § 273 Rn. 1 und 14.

2081 Foerste, in: Musielak, ZPO, § 273 Rn. 14.

## 2. Vorbereitende Ladung von Sachverständige

47 Anders verhält es sich dagegen mit der weiter nach § 273 Abs. 2 Nr. 4 ZPO zulässigen Ladung von Sachverständigen. Dabei geht es nicht um die Ermöglichung einer § 279 Abs. 2 ZPO entsprechenden alsbald an die streitige Verhandlung anschließenden Beweisaufnahme, denn das Gericht lädt gegebenenfalls einen Sachverständigen auch dann, wenn die Parteien keinen Sachverständigenbeweis angekündigt haben.[2082] Der Sachverständige, der nach § 273 Abs. 2 Nr. 4 ZPO vorbereitend geladen ist, unterscheidet sich vom Sachverständigen, der als Beweismittel von einer Partei zur Erstellung eines Gutachtens und zur Einvernahme nach § 402 ZPO zum Beweise einer streitigen Tatsache angeboten wird.

48 Der nach § 273 Abs. 2 Nr. 4 ZPO vorbereitend geladene Sachverständige nimmt die Rolle eines Richtergehilfen ein. Er dient auf der Seite des Gerichts dazu, komplexen Tatsachenvortrag gleichsam „zu übersetzen“. So ist selbst dann nicht zu erwarten, dass sich Richter selbst in komplizierte medizinische, bautechnische oder chemophysikalische Vorgänge einarbeiten können, wenn sie über langjährige Erfahrungen mit Arzthaftungs-, Bauprozessen oder Rechtsstreitigkeiten über technische Fragen haben. Im Gegenteil. Der Richter, der sein eigener Sachverständiger zu werden versucht, läuft Gefahr, vom Richteramt ausgeschlossen zu sein – auf die Funktion des § 41 Nr. 5 ZPO ist oben bereits hingewiesen worden. Die Anordnung nach § 273 Abs. 2 Nr. 4 ZPO dient also dazu, Verständnisdefizite auszugleichen.

---

2082 Wagner, in: MünchKomm, ZPO, § 144 Rn. 4.

# § 24 Pflichten der Parteien

## I. Prozessförderungspflichten

Zu den prozessualen „Pflichten“, die eine Partei treffen, gehört seit den Reformen der 70er Jahre des 20. Jahrhunderts die so genannte Prozessförderungspflicht. Diese werden durch eine Anforderung des Gerichts in Gestalt einer Fristsetzung nach §§ 275, 276 ZPO ausgelöst. Aber auch ohne eine Fristsetzung sind nach § 282 Abs. 1 ZPO Angriffs- und Verteidigungsmittel so zügig vorzubringen, wie es einer sorgfältigen Prozessführung, die auf die Förderung des Verfahrens bedacht ist, entspricht. Nach § 282 Abs. 2 ZPO müssen Angriffs- und Verteidigungsmittel so rechtzeitig vorgetragen werden, dass der Gegner auf diese in der mündlichen Verhandlung reagieren kann, weil es ihm möglich war, zuvor etwaige Erkundigungen einzuziehen. Schließlich sieht § 282 Abs. 3 ZPO vor, dass die Zulässigkeit der Klage betreffenden Rügen vom Beklagten gleichzeitig vor seiner mündlichen Verhandlung zur Sache – also vor seiner Antragstellung gem. § 137 Abs. 1 ZPO – vorgebracht werden müssen. Nur soweit das Gericht die Parteien zur Prozessförderung durch Setzung von Fristen nach §§ 275, 276 ZPO angehalten hat, bestimmt § 296 Abs. 1 ZPO, dass ein Vortrag, der nicht innerhalb der gerichtlich gesetzten Frist erbracht worden ist, zwingend zurückzuweisen ist. Die Partei ist also mit diesem Vortrag präkludiert, soweit sie nicht die Verspätung genügend entschuldigt. Soweit eine Partei ihrer allgemeinen Prozessförderungspflicht aus § 282 Abs. 1 bzw. Abs. 2 ZPO nicht nachkommt, kann ein Vortrag zurückgewiesen werden, soweit die Verspätung des Vorbringens auf grober Nachlässigkeit beruht. Die Vorschriften der Abs. 1 und 2 des § 296 ZPO dienen allerdings keinem Selbstzweck einer Verfahrensbeschleunigung oder gar einer Vereinfachung des zu berücksichtigenden Sachverhalts durch das Gericht. Vielmehr greift die Zurückweisung verspäteten Vorbringens nur unter der Voraussetzung, dass die Berücksichtigung des Vortrages zu einer Verzögerung der Erledigung des Rechtsstreits führen würde. Ist dies nicht der Fall, wird also die Erledigung des Rechtsstreits nicht dadurch verzögert, dass das verspätete Vorbringen berücksichtigt wird, würde die Präklusion eine Beschneidung des rechtlichen Gehörs bewirken, ohne dass damit der Ablauf des Prozesses effektiver gestaltet würde. Wann eine solche Verzögerung der Erledigung des Rechtsstreits vorliegt, bestimmt sich danach, wie man den Begriff der Verzögerung fasst. Dabei wird zwischen einem so genannten absoluten und einem relativen Verzögerungsbegriff unterschieden. Wir vergleichen, wann der Rechtsstreit zu entscheiden wäre, würde das verspätet vorgebrachte Verteidigungsmittel noch berücksichtigt und wann die Entscheidung erfolgen könnte, wenn eine Zurückweisung erfolgen würde, spricht man vom absoluten Verzöge- 1 rungsbegriff, der vom BGH in ständiger Rechtsprechung zugrunde gelegt wird. Denn dieser Verzögerungsbegriff geht von der Perspektive des Gerichts aus, das ansonsten hypothetische Erwägungen über den Prozessverlauf bei Berücksichtigung des verspäteten Parteivortrages vermeiden kann. Der so genannte relative Verzögerungsbegriff fragt demgegenüber danach, ob eine frühere Entscheidung des Rechtsstreits hätte vorgenommen werden können, wenn der Vortrag fristgemäß vorgebracht worden wäre. Das BVerfG[2083] hat mit Blick auf eine Vermeidung der nicht verhältnismäßigen Beschränkung rechtlichen Gehörs gefordert, den relativen Verzögerungsbegriff in solchen Fällen zugrundezulegen, in denen der Prozess bei rechtzeitigem Vorbringen evident nicht hätte schneller beendet werden können als bei Präklusion des verspäteten Vortrages.

2 Grob nachlässig ist die Verspätung des Vortrages insbesondere dann nicht, wenn die Partei ohne eigene Sachkunde eine Tatsache, die sie vorträgt, nicht hat ermitteln können. Dies ist insbesondere dann der Fall, wenn der Partei erst aufgrund eines in den Prozess eingeführten Sachverständigengutachtens eine Tatsache bekannt wird.[2084]

## II. Die Anordnung des persönlichen Erscheinens der Parteien vor Gericht

3 Betrachtet man den Prozess in seiner Beziehung zu materiellen oder auch prozessuale Pflichten der Parteien gegeneinander, treten die Wahrheitspflicht und die im vorangegangenen Paragraphen erörterte Erscheinenspflicht zutage. Die Pflicht, vor Gericht zu erscheinen, kann in der Tat – wird sie verletzt – bestraft werden. Eine bloße prozessuale Sanktionierung, wie durch den Erlass eines Versäumnisurteils, kommt nicht in Betracht, wenn das persönliche Erscheinen der Parteien nach § 141 ZPO angeordnet worden ist. Denn hier ist nicht nur gemeint, dass die Partei überhaupt vertreten ist, wie in den §§ 330, 331 ZPO vorausgesetzt, sondern dass sie in personam erscheint – was mit einem Versäumnisurteil nicht erreicht werden könnte.[2085] Die Strafe soll erzwingen, dass die Partei auch gegen ihre eigenen Interessen an der Aufklärung des Sachverhalts mitzuwirken hat. Hier besteht – wie Henckel[2086] gezeigt hat – der Zusammenhang mit § 139 ZPO. § 141 ZPO hat m.a.W. den Zweck, eine friedliche Beilegung des Streits zu ermöglichen, jedenfalls aber durch die Mitwirkung der Parteien an der Sachverhaltsaufklärung seine Erledigung zu beschleunigen; die ge-

2083 BVerfG, Beschluss vom 5.5.1987, Az.: 1 BvR 903/85 = BVerfGE 75, 302, 315 f.

2084 Huber, in: Musielak, ZPO, § 296 Rn. 18.

2085 Henckel, Prozessrecht und materielles Recht, 1970, 15.

2086 Henckel (Fn. 2085) 16.

gen die Partei verhängte Ordnungsstrafe bei Verletzung dieser Pflicht dient also der Sanktionierung der Vereitelung dieser Zwecke.[2087]

# III. Wahrheit der Tatsachenfeststellungen des Gerichts

## 1. Übersicht

*a) Gesetzliche Regelung*

Im Zivilprozess ist es nach dem die Aufgabe der Parteien, den Tatsachenstoff zu sammeln und durch einen entsprechenden Vortrag in den Prozess einzuführen – diese Technik ist oben (§ 16) als Beibringungs- und als Verhandlungsgrundsatz beschrieben worden. Auf dieser Grundlage fällt das Gericht sein Urteil. Die Parteien sind es m.a.W., die Inhalt und Umfang der Tatsachen bestimmen, die in den Prozess eingeführt und zur Urteilsgrundlage gemacht werden.[2] Demgegenüber verpflichtet § 138 Abs. 1 ZPO[3] die Prozessparteien zur wahrheitsgemäßen und vollständigen Erklärung: Die Parteien haben ihre Erklärungen über tatsächliche Umstände vollständig und der Wahrheit gemäß abzugeben. Sie scheinen damit *prozessual* verpflichtet, wahrheitsgemäß vorzutragen. Wahrheitspflicht und Parteiherrschaft scheinen damit in einem Widerspruch zu stehen. 4

*b) Persönliche Reichweite*

In persönlicher Hinsicht unterliegen der Wahrheitspflicht nicht bloß die Parteien selbst, sondern auch ihre gesetzlichen Vertreter. Sie besteht nicht nur gegenüber dem Prozessgegner, sondern auch gegenüber dem Gericht.[16] Gegen eine Mindermeinung[17], die den Prozessbevollmächtigten nicht zu dem Kreis der Verpflichteten zählt, wird angeführt, dass die Wahrheitspflicht der Partei selbst letztendlich ausgehebelt werden würde, würde man den Anwalt von dieser Verpflichtung entbinden. Wenigstens in Verfahren mit Anwaltszwang (§ 78 ZPO) ist es der Prozessbevollmächtigte, der die Prozessführung maßgeblich gestaltet. Deshalb müsse man im Interesse einer redlichen prozessualen Vorgehensweise auch den Anwalt zum wahrheitsgemäßen Vortrag anhalten. Ausschlaggebend ist aber, dass der Vertreter, um den es sich beim Prozessbevollmächtigten handelt, kein Privileg zur Lüge im Prozess trifft. 5

2087 Henckel (Fn. 2085) 16.

## 2. Entwicklung des Rechtsinstituts der Wahrheitspflicht der Parteien

### *a) Liberalistisches Modell der CPO*

6 Die CPO von 1877 sah noch keine Regelung einer „Wahrheitspflicht" der Prozessparteien vor. Im Allgemeinen wird dazu gesagt, die CPO habe auf einer liberal- individualistischen Prozessauffassung beruht.[2088] Der Gesetzgeber sei davon ausgegangen, dass der Staat kein Interesse an den bürgerlichen Rechtstreitigkeiten habe und diese deshalb reine Privatangelegenheit der streitenden Parteien seien.[2089] Die Prozessführung überließ man dem „freien Kräftespiel der Parteien", während dem Richter nur die Rolle eines „passiven Wächters" über die Einhaltung der Kampfesregeln zukam.[2090] Die Lüge der Parteien wurde dabei als ein moralisch zu verurteilendes[2091], aber wegen der Kampfnatur des Prozesses legitimes, Mittel der Prozessführung angesehen – sofern sie nicht die Grenzen zum strafrechtlich zu ahndenden Betrug überschritt.[2092] Die Wiederherstellung des Rechtsfriedens durch den Richterspruch erschien als Aufgabe des Prozesses.[2093] Ob das vom Richter gefällte Urteil auf Tatsachenfeststellungen beruhte, die einer materiellen, vorprozessualen Wahrheit entsprachen, trat hinter die Streitentscheidungsaufgabe des Prozesses zurück. Die Feststellung einer „Wahrheit" wurde nicht als Zweck des Zivilprozesses begriffen, sondern allenfalls als sein zufälliges Resultat angesehen.[2094] Die Kodifizierung einer Wahrheitspflicht in der Zivilprozessordnung wurde folgerichtig zumeist als unvereinbar mit dem die Parteiherrschaft prägenden Verhandlungsgrundsatz und dem Beweislastsystem abgelehnt.[2095]

### *b) Entwicklung seit 1933*

7 Mit der nationalsozialistischen Machtergreifung vollzog sich auch im prozessrechtlichen Denken ein Umschwung. Bereits im Jahre 1933 wurde mit dem Abs. 1 des § 138 ZPO die ausdrückliche Bestimmung einer Wahrheitspflicht der Par-

---

2088 Vgl. J. Schmidt JuS, 1974, 441, 445; Wildermuth, S. 11 f; Bernhardt, JZ 1963, 245, 246.

2089 Koffka, Beilage Nr. 15 zu JW 1913, 8.

2090 K. Heß, Wahrheits- und Aufklärungspflicht im Zivil- und Arbeitsgerichtsprozeß, S. 4.

2091 Titze, Festschrift für Schlegelberger, 165; Wurzer, ZZP 48 (1920), 463, 464.

2092 Wach, Vorträge, S. 218 f; Wagner, in: MünchKomm, ZPO, § 138 Rdn 16; Rosenberg, ZZP 58 (1934), 283, 292.

2093 Bernhardt, Festschrift für Rosenberg, 9; Stürner, Aufklärungspflicht, S. 53.

2094 Wach, Vorträge, S. 199.

2095 Vgl. K. Heß, Wahrheits- und Aufklärungspflicht im Zivil- und Arbeitsgerichtsprozeß, S. 13.

teien des Zivilprozesses in das Gesetz eingeführt.[2096] Nun schien die Frage nach der Wahrhaftigkeit prozessualer Einlassungen nicht allein eine Frage der Moral oder strafrechtlicher Verantwortlichkeit, sondern eine prozessrechtliche Frage zu sein.

*c) Wahrheit von Tatsachen, nicht von Rechtsbehauptungen*

Entgegen einer vereinzelt vertretenen Ansicht[2097] erstreckt sich die Wahrheits- 8
pflicht nicht auch auf Rechtsausführungen, sondern nur auf Erklärungen über Tatsachen, wie man am unmissverständlichen Wortlaut des § 138 Abs. 1 ZPO erkennen kann.[2098] Tatsachen sind alle konkreten Vorgänge oder Zustände der Vergangenheit oder der Gegenwart, die dem Beweis zugänglich sind. [2099] Rechtsausführungen aber sind als das Ergebnis der Tatbestandssubsumtion Schlussfolgerungen und mithin gerade nicht beweisbar.

Beispiel: Der Kläger behauptet, der Beklagte habe den Ball in das Fenster 9
seines Kraftfahrzeugs geschossen und habe deshalb den eingetretenen Schaden zu vertreten. Die Tatsache, dass der Beklagte den Ball geschossen habe, unterliegt der Wahrheitspflicht, die Behauptung, dass dies eine unerlaubte Handlung sei oder dass ihn die Schuld treffe, dagegen nicht.

## 3. „Wahrheit" und Tatsachengrundlage des Urteils

*a) Keine Wahrheitsermittlung als abstrakte Aufgabe des Prozesses*

Wenn daher überhaupt sinnvoll im Prozessrecht von der Wahrheit als einem 10
*„Ziel"* prozessualer Maßnahmen die Rede sein kann — wovon sogleich näher zu handeln sein wird — dann in Ansehung des Beweises. Mehr noch: Mit dieser Forderung nach „Wahrheitsermittlung" werden Prozessrechtsverstöße oder Aufweichungen scheinbar „nur-formaler" und deshalb scheinbar materiellrechtlich nicht "haltbarer" Regelungen gerechtfertigt. Für die Abwägungen der heute vorherrschenden Lehre zwischen prozessualer und materiellrechtlicher Richtigkeit von Entscheidungen[2100] besteht daher zwischen dem von ihr behaupteten Postulat der „Wahrheitsermittlung" im Prozess und der Parteidisposition

2096 Novelle vom 27. Oktober 193; dazu ausführlich u.a. : K. Heß, Wahrheits- und Aufklärungspflicht im Zivil- und Arbeitsgerichtsprozeß; Brüggemann, Wahrheitspflicht und Verhandlungsmaxime im heutigen Prozeßrecht; Eisele, Die Wahrheitspflicht nach § 138 I ZPO.

2097 v. Hippel, S. 124 – 131.

2098 Stadler, in: Musielak, ZPO, § 138 Rn. 2.

2099 Thomas/Putzo/Reichold, ZPO, Vorbem § 284 Rn 13; BGH, Urteil vom 25. 11. 1997, Az.: VI ZR 306–96 = NJW 1998, 1223, 1224.

2100 Vgl. K. Heß, Wahrheits- und Aufklärungspflicht im Zivil- und Arbeitsgerichtsprozeß, S. 8 f.

ein notwendiger Widerspruch, wie er jüngst insbesondere von *R. Stürner*[2101] thematisiert wurde. Denn die Anerkennung der Privatautonomie und die Dispositionsbefugnis als ihre prozessuale Entsprechung stehen scheinbar unverträglich der Forderung nach der Ermittlung "materieller Wahrheit" im Prozess gegenüber.[2102]

*b) Vortrag der Parteien und empirische Wahrnehmung*

11 Grundsätzlich bedeutet „Wahrheit" die Übereinstimmung von Erklärung und tatsächlichem Geschehen.[11] Ob § 138 Abs. 1 ZPO fordern kann, dass dies von den Erklärungen der Parteien im Zivilprozess erreicht wird, ist indes zweifelhaft. Denn einem empirischen Vorgang folgt ein Akt von individuellen - inneren - Wahrnehmungs- und Verarbeitungsprozessen nach. Die Einlassung einer Partei bezieht sich auf empirische Vorgänge. Eine objektive Wahrheit ist aber der Erkenntnis nicht zugänglich. Wahrheit der Einlassung einer Partei kann immer nur die Wiedergabe der Erkenntnis der Partei bedeuten.[2103] Die Wahrheitspflicht, in die das Gesetz die Partei nimmt, kann diese daher nur dazu verpflichten, ihrer subjektiven Wahrnehmung und Überzeugung entsprechend vorzutragen. Daher kann § 138 Abs. 1 ZPO jedenfalls entnommen werden, dass es einer Partei nicht erlaubt ist, wider besseres Wissen Tatsachen zu behaupten oder zu bestreiten: Die Prozesslüge ist verboten.[2104]

12 Die Partei kann daher nicht gegen die Wahrheitspflicht gem. § 138 Abs. 1 InsO verstoßen, wenn und soweit sie Tatsachen behauptet, die zwar „objektiv" falsch sein mögen –sich nämlich im weiteren Verlauf des Prozesses als Ergebnis der Würdigung einer Beweisaufnahme durch das Gericht als falsch erweisen, von deren Richtigkeit die Partei aber überzeugt war oder ist.[2105]

13 Die Partei darf nämlich Tatsachen behaupten, von denen sie zwar nicht mit Gewissheit überzeugt ist, sondern die sie nur vermutet oder für möglich hält und Vorbringen des Gegners bestreiten, deren Richtigkeit sie zumindest nicht ganz ausschließt.[2106] Oftmals kommt die Partei gerade in die Situation, über Tatsachen eine Behauptung aufstellen zu müssen, von denen sie keine eigene Kenntnis hat. Dies ist bei dem dann zulässigen Bestreiten mit Nichtwissen der Fall, wenn es sich um Tatsachenvorgänge beim Gegner handelt.[2107] Das § 138 Abs. 1

---

2101 Stürner, Die Aufklärungspflicht der Parteien des Zivilprozesses, S. 9.

2102 Vgl. K. Heß, Wahrheits- und Aufklärungspflicht im Zivil- und Arbeitsgerichtsprozeß, S. 152.

2103 Vgl. Brinkmann, Das Beweismaß im Zivilprozess aus rechtsvergleichender Sicht, S. 6.

2104 Wagner, in: MünchKomm, ZPO, § 138 Rn. 2 ff.

2105 Vgl. Wagner, in: MünchKomm, ZPO, § 138 Rn. 9.

2106 Vgl. Wagner, in: MünchKomm, ZPO, § 138 Rn. 9.

2107 Vgl. dazu ausführlich: Lange, NJW 1990, 3233ff.

ZPO nicht ausschließt, dass die Partei auch bei eigener Tatsachenunkenntnis vorzutragen berechtigt ist, erschließt sich zwanglos bereits daraus, dass für den Fall, dass der Partei derartige Tatsachenbehauptungen untersagt wären, dies im Ergebnis auf eine Rechtsverweigerung hinauslaufen würde.

### *c) Vortrag von Eventualverhältnissen*

Das erweist sich auch dort, wo Parteien Eventualverhältnisse vortragen. Denn § 14
138 Abs. 1 ZPO verlangt der Partei nach alledem nicht ab, dass ihre Erklärungen widerspruchsfrei sind. Allerdings heben sich widersprüchliche Behauptungen regelmäßig gegenseitig auf. Darauf kommt es aber nicht an. Denn die Partei kann ihre Klage auf eine Haupt- und eine Hilfsbegründung stützen (sog. Eventualverhältnis).[2108]

Beispiel: Der Beklagte erklärt, die gegen ihn gerichtete Forderung aus § 433 15
Abs. 2 BGB sei bereits wegen Erfüllung erloschen, jedenfalls aber verjährt. Mit einer Hilfsbegründung, die die Partei nur für den Fall vorträgt, dass die Hauptbegründung nicht zum Ziel führen sollte, stellt sie sich auf die ungeklärte Sachlage ein.[3] Ebenso ist es der Partei nicht versagt, sich auch Vorbringen der Gegenseite zu Eigen machen, die sich mit den eigenen Erklärungen nicht vertragen und die sie vorher bestritten hat (äquipollentes Vorbringen), solange sie nicht von deren Unrichtigkeit weiß.[39]

Beispiel: Der Kläger macht eine Werklohnforderung aus § 631 Abs. 1 BGB 16
gegen den Beklagten in Höhe von 5000 Euro geltend. Dieser tritt der Klage entgegen. Er trägt vor, die behauptete Forderung bestehe nur in Höhe von 2500 Euro. Hier kann der Kläger sein Begehren hilfsweise auf Zahlung des vom Beklagten zugestandenen Betrages erweitern, damit er im Falle einer Niederlage wenigstens einen Teil der Leistung erhält.

## 4. Geständniswirkungen Bestreiten mit Nichtwissen

### *a) Bestreiten mit Nichtwissen*

§ 138 Abs. 4 ZPO erlaubt der Partei weiter das Bestreiten einer Tatsache mit 17
Nichtwissen. Voraussetzung dafür ist, dass die streitigen Tatsachen nicht Gegenstand der eigenen Wahrnehmung der Partei waren und deshalb nur vermutungsweise bestritten werden können.[2109] Es ist indes darüber hinaus kein Grund ersichtlich, warum dies nicht auch in positiver Hinsicht, also für das Behaupten nur vermuteter Tatsachen, gelten soll.

2108 Wagner, in: MünchKomm, ZPO, § 138 Rn. 12.

2109 Lange, NJW 1990, 3233.

18 Der IX. Zivilsenat des BGH[2110] hat zur Reichweite des § 138 Abs. 4 ZPO in folgendem, hier vereinfacht wiedergegebenen Fall zu entscheiden gehabt:

19 Die Schuldnerin hatte Software an die spätere Beklagte geliefert, die von dieser unter eigenem Namen weiterverkauft werden sollte; später wurde über das Vermögen der Schuldnerin das Insolvenzverfahren eröffnet. Die Beklagte hatte vertraglich ein „Retourenrecht" unter Gewährung von Gutschriften gegen die Schuldnerin im Falle von Defekten und Retouren der Software eingeräumt bekommen. Der Insolvenzverwalter machte daraufhin im eigenen Namen insgesamt ca. 130.000 Euro zzgl. Zinsen gegenüber der Beklagten geltend. Hiergegen hat die Beklagte sich auf das „Retourenrecht" berufen. Der klagende Insolvenzverwalter hat den Einwand der Beklagten, sie habe eine Belastungsanzeige an die Schuldnerin übersandt, mit Nichtwissen bestritten. Der IX. Zivilsenat führt hierzu aus, dass die Voraussetzungen des § 138 Abs. 4 ZPO nicht vorgelegen haben. Denn der Insolvenzverwalter und hier der vorläufige Insolvenzverwalter muss aufgrund seiner Amtsstellung eigene Ermittlungen anstellen, namentlich die Geschäfts... des Schuldners sichten bzw. den Schuldner oder organschaftliche Vertreter der schuldnerischen Gesellschaft auf den Sachverhalt hin befragen. Hierzu muss er sich erklären und kann erst, wenn er derartige Anstrengungen zur Sachverhaltsaufklärung unternommen und diese im Prozess dargetan hat, pauschal mit Nichtwissen bestreiten.[2111] Das ergibt sich schon daraus, dass nach § 22 Abs. 3 S. 2 InsO der vorläufige Insolvenzverwalter vom Schuldner Einsicht in dessen Bücher und Geschäftspapiere gewährt zu bekommen hat und die erforderlichen Auskünfte vom Schuldner nach §§ 97, 98 und 101 InsO erhalten kann.

*b) Geständniswirken des Nichtbestreitens*

20 Nach § 288 ZPO bedürfen die von einer Partei behaupteten Tatsachen insoweit keines Beweises, als sie im Laufe des Rechtsstreits von dem Gegner bei einer mündlichen Verhandlung oder zum Protokoll eines beauftragten oder ersuchten Richters zugestanden sind.[2112]

21 Uneinigkeit besteht über die Frage, ob § 138 Abs. 1 ZPO vollkommen willkürliche, aus der Luft gegriffene Parteibehauptungen verbietet. Nach einer Ansicht ist ein Verstoß gegen die Wahrheitspflicht dann anzunehmen, wenn die Partei ohne jeden greifbaren, objektiv nachvollziehbaren Anhaltspunkt willkürliche Tatsachenbehauptungen „aufs Geratewohl" aufstellt.[2113] Solche Behauptungen „ins Blaue hinein" laufen, werden sie unter Beweis gestellt, darauf hin-

2110 BGH, Urteil vom 15.3.2012, Az.: IX ZR 249/09.

2111 BGH, Urteil vom 1.12.2005, Az.: IX ZR 95/04 = ZIP 2006, 192, 194.

2112 Zeiss/Schreiber ZPrR 11. Aufl. Rn. 407 ff.

2113 Wagner, in: MünchKomm, ZPO, § 138 Rn. 8.

aus, dass die Erhebung eines im Übrigen unzulässigen Ausforschungsbeweises begehrt wird[2114] - der schon aus anderen prozessualen Gründen unzulässig wäre. Die bloße Vermutung der Partei scheitert dann im Falle des Bestreitens des Gegners. Solange aber der Erklärende die von ihm aufgestellten Tatsachenbehauptung zumindest für möglich hält, ganz gleich welchen Wahrscheinlichkeitsgrad er seiner Erklärung beimisst, handele er nicht wider besseres Wissen.[2115] Lässt sich der Gegner daher auf den Vortrag des anderen ein und bestreitet nicht, folgt daraus eine Geständniswirkung, § 138 Abs.3 ZPO – der Vortrag ist der Entscheidung zugrundezulegen.[2116]

Aus der Dispositionsbefugnis der Prozessparteien folgt, dass sie es selbst 22
entscheiden können, ob sie eine als unwahr erkannte Behauptung des Gegners gegen sich gelten lassen wollen oder nicht.[2117] Sofern sie sich dazu entscheiden zu schweigen, wohl wissend, dass das den Verlust des Prozesses nach sich zieht, hat dies die gleiche Wirkung, als wenn sie von vornherein auf ihren Anspruch verzichtet hätten. § 138 Abs. 1 ZPO fordert in derartigen Fällen weder aus Rücksicht auf die schützenswerten Interessen des Gegners noch auf Belange der Öffentlichkeit eine auf die objektive Wahrheit gerichtete Bestreitenspflicht.[2118] Verzichtet eine Partei durch das Nichtbestreiten von „unwahren“ Behauptungen der Gegenseite auf eine Verteidigungsmöglichkeit, obwohl sie hätte bestreiten und den Gegner dadurch zur Beweiserhebung zwingen können, hat das Gericht dies nicht zu beachten.

*c) Materielle Wahrheitspflichten, aus § 242 BGB?*

In Teilen des Schrifttums wird § 138 Abs. 1 ZPO als Ausfluss von Treu und 23
Glauben im Zivilprozess begriffen.[2119] Folgt man dem, ist aber die Wahrheitspflicht der Parteien dort einzuschränken, wo ihnen eine wahrheitsgemäße Aussage aufgrund eigener, schützenswerter Interessen nicht mehr zugemutet werden kann.[2120]

2114 Stadler, in: Musielak, ZPO, § 138 Rn. 6.
2115 Wagner, in: MünchKomm, ZPO § 138 Rn. 9.
2116 Wagner, in: MünchKomm, ZPO § 138 Rn. 23 ff.
2117 Stadler, in: Musielak, ZPO, § 138 Rn. 12.
2118 Vgl. Bischoff, JA 2010, 532.
2119 Vgl. Bruns, Zivilprozeßrecht, Rn. 85; Baumgärtel, ZZP 69 (1956), 89, 103.
2120 Wagner, in: MünchKomm, ZPO, § 138 Rn. 13; Thomas/Putzo/Reichold, ZPO, § 138 Rn. 7.

*d) Schutz der Sphäre der Partei*

aa) Keine Pflicht zur Selbstbezichtigung

24 Beispiel: Der auf Schadensersatz verklagte Beauftragte könnte durch Offenlegung seiner Transaktion über seine Vertragstreue aufklären, müsste aber gleichzeitig eine begangene Steuerhinterziehung offenbaren.

25 Eine im Vordringen befindliche Auffassung will die Partei verpflichten, sich auch in solchen Konstellationen vollständig und wahrhaftig zu erklären. Sie argumentiert, die Position des Zeugen sei mit derjenigen der Prozesspartei nicht vergleichbar.[2121] Der Zeuge werde als außenstehender Dritter unfreiwillig in den Prozess hineingezogen und könne eine Vernehmung von sich aus nicht verhindern.[2122] Die Parteien hätten aber die Möglichkeit einer ungelegenen Beweisaufnahme dadurch zu entgehen, dass sie die Klage zurückzunehmen (§ 269 ZPO), eine Klageforderung anerkennen (§ 307 ZPO) oder ein Versäumnisurteil über sich ergehen lassen (§§ 330, 331 ZPO). Aus diesem Grund läge die Zumutbarkeitsgrenze bei den Parteien niedriger als beim Zeugen.

26 Das ist nicht richtig, denn bereits das allgemeine Persönlichkeitsrecht aus Art. 2 Abs. 1 GG i. V. m. Art. 1 Abs. 1 GG sowie die Menschenwürde gebieten, dass niemand sich selbst belasten muss (nemo-tenetur-Grundsatz); dieser Grundsatz gilt auch im Zivilprozess.[2123] Das Verweigerungsrecht des Angeklagten im Strafprozess aus § 243 Abs. 4 S. 1 StPO würde entwertet, wenn man die Partei im Zivilprozess durch eine Verpflichtung zur Wahrheit, dazu zwingen würde, sich selbst einer Straftat zu bezichtigen. Deshalb muss der Partei zumindest gestattet sein zu schweigen. Freilich riskiert sie dadurch wegen § 138 Abs. 3 ZPO unter Umständen den Verlust des Zivilprozesses. Das ist ihr aber zuzumuten. Auch muss bedacht werden, dass der Gegner des potentiellen Straftäters im Zivilverfahren einen schützenswerten Anspruch auf Durchsetzung seiner Rechte hat. Sein Rechtsschutzanspruch darf nicht zugunsten des potentiellen Straftäters vernachlässigt werden.[2124] Die schweigende Partei muss damit leben, dass der Richter sein Schweigen nach § 446 ZPO im Rahmen der Gesamtwürdi-

---

*2121* Stadler, in: Muslielak, ZPO, § 138 Rn 3 Prütting, in: Gehrlein/Prütting, ZPO § 138 Rn 5.

2122 Stadler, in: Muslielak, ZPO, § 138 Rn 3 Prütting, in: Gehrlein/Prütting, ZPO § 138 Rn 5.

2123 In Anlehnung an BVerfG, beschluss vom 13.1.1981, Az.: 1 BvR 116/77 = BVerfGE 56, 37, 44 = NJW 1981, 1431, insbes. Stein/Jonas/Leipold, ZPO, § 138 Rn 13.

2124 Vgl. K. Heß, Wahrheits- und Aufklärungspflicht im Zivil- und Arbeitsgerichtsprozeß, S. 36.

gung zu ihren Lasten beurteilen kann[2125] und dadurch unter Umständen der Gegner mit seinen Rechten durchdringt.

bb) Betriebsgeheimnisse, Know-how usw.

Eine Partei kann in die Situation geraten, unter Beachtung ihrer Vollständigkeitspflicht, Tatsachen darlegen und dabei aber wichtige Unternehmensinterna offen legen zu müssen. Fraglich ist, ob einem Unternehmen das zugemutet werden kann, insbesondere im Hinblick auf die Preisgabe von wichtigem Know-how, das dem Unternehmen am Markt gegenüber der Konkurrenz einen Vorteil verschafft. Das Problem ist besonders brisant, wenn im Zivilprozess zwei Unternehmen aus derselben Branche aufeinander treffen. Davor, dass empfindliche Informationen an die Öffentlichkeit gelangen, ist die Partei dadurch ausreichend geschützt, dass das Gericht in solchen Fällen nach § 172 Nr. 2 GVG die Öffentlichkeit von der Verhandlung ausschließen kann.[2126] Einen vergleichbaren Schutzmechanismus gibt es gegenüber dem Prozessgegner aber nicht. An dieser Stelle soll nur ein kurzer Überblick über die vorgeschlagenen Lösungsmöglichkeiten gegeben werden, da eine differenzierte Auseinandersetzung den Rahmen dieser Arbeit sprengen würde. *Stürner*[2127] will das Problem dadurch lösen, dass die beweisbelastete Partei von der Beweisaufnahme ausgeschlossen und das Ergebnis ihr in der Form mitgeteilt wird, dass keine Rückschlüsse auf das Geheimnis möglich sind. Ein solches Geheimverfahren ist aber weitgehend auf Kritik gestoßen, insbesondere hinsichtlich eines Verstoßes gegen § 357 Abs. 1, § 285 Abs. 1 ZPO und gegen Art. 103 Abs. 1 GG. Teilweise wird deshalb vorgeschlagen, das Verfahren so zu gestalten, dass jedenfalls der Rechtsanwalt der beweisbelasteten Partei von den Geheimnissen der nicht beweisbelasteten Partei erfährt; ob dies genügt, mag bei allem Respekt vor Organen der Rechtspflege bezweifelt werden. 27

*e) Bewusst unwahre Geständnisse und der Schutz Dritter*

Nach einer vereinzelt anzutreffenden Meinung soll aber das bewusst unwahre Geständnis, sofern es als solches erkannt wird, vom Gericht nicht zu berücksichtigen sein, weil es unter Verstoß gegen die zivilprozessuale Wahrheitspflicht zustandegekommen sei.[2128] Denn die prozessuale Wahrheitspflicht entfalte rechtliche Wirkungen nicht bloß zwischen den Parteien, sondern auch gegenüber dem 28

2125 Ferner vgl. K. Heß, Wahrheits- und Aufklärungspflicht im Zivil- und Arbeitsgerichtsprozeß, S. 138

2126 Zimmermann, in: MünchKomm, ZPO, § 172 GVG, Rn. 6; dazu auch: K. Heß, Wahrheits- und Aufklärungspflicht im Zivil- und Arbeitsgerichtsprozeß, S. 39 f.

2127 Stürner, Aufklärungspflicht, S. 223 ff; ders., JZ 1985, 453.

2128 Görres, ZZP 34 (1905), 1, 36; Roth, S. 69.

Gericht. Das Gericht werde durch eine Bindung an ein falsches Geständnis zum Instrument von Parteiinteressen herabgewürdigt.[2129] Es gebe keine Dispositionsbefugnis der Parteien über Tatsachen[2130], weil diese eben nur wahr oder unwahr sein könnten. Das geht an der Struktur des Prozesses vollständig vorbei. Denn eine Bindung an das Geständnis folgt bereits aus dem eindeutigen Regelungsgehalt des § 290 ZPO, wonach ein Widerruf des Geständnisses nur möglich ist, wenn es durch einen Irrtum veranlasst wurde.[2131] Daraus ergibt sich, dass ein bewusst falsches Geständnis nicht widerrufen werden kann. Es bleibt bindend.[2132] Daher ist das Gericht grundsätzlich auch an das bewusst unwahre Geständnis einer Partei gebunden.[2133] Es kommt dabei nicht darauf an, ob der Richter die „Unwahrheit" des Geständnisses erkannt hat oder nicht, weil die Parteien kraft ihrer Dispositionsbefugnis über den Tatsachenstoff jederzeit dazu berechtigt sind, eine Überprüfung des Wahrheitsgehalts einer Behauptung durch das Gericht zu verhindern.[2134] Die Wahrheitspflicht stehe einer Bindung des Gerichts nicht entgegen, da diese nur die Lüge zu eigenen Gunsten verbietet. Ein Zugestehen von Tatsachen zu eigenen Ungunsten kann keine Verletzung des § 138 Abs. 1 ZPO verwirklichen, weil die zugestehende Partei sich nur selbst schade und damit nicht unredlich agiere.

29 Das bewusst unwahre Geständnis ist mithin unbeachtlich. Eine Grenze ist allerdings dort zu ziehen, wo die Parteien arglistig zusammenwirken, um einen Dritten zu schädigen, weil die Parteien nicht nur das Gericht belügen, sondern dabei auch noch in den Rechtskreis eines Außenstehenden eingreifen.[2135]

30 Beispiel:[145] Der Beklagte gesteht ein, er habe den Pkw des Klägers gerammt. In Wirklichkeit haben die Parteien diesen Verkehrsunfall nur erfunden, um dadurch die Haftpflichtversicherung des Beklagten zur Auszahlung zu bewegen.

---

2129 Vgl. dazu die Darstellung von K. Heß, Wahrheits- und Aufklärungspflicht im Zivil- und Arbeitsgerichtsprozeß, S. 155 ff.

2130 Ferner: Grunsky, Grundlagen des Verfahrensrechts, § 18 III, S. 169 f..

2131 Vgl. dazu: K. Heß, Wahrheits- und Aufklärungspflicht im Zivil- und Arbeitsgerichtsprozeß, S. 153.

2132 BGH, Urteil vom 24.05.1962, Az.: VII ZR 46/61 = BGHZ 37, 154, 155; ebenso Schilken, Zivilprozessrecht,

Rdn 422; Leipold, in: Stein/Jonas, ZPO, § 138 Rn. 15; Wagner, in: MünchKommm, ZPO, § 138 Rn. 17.

2133 BGH, Urteil vom 24.05.1962, Az.: VII ZR 46/61 = BGHZ 37, 154, 155.

2134 Vgl. K. Heß, Wahrheits- und Aufklärungspflicht im Zivil- und Arbeitsgerichtsprozeß, S. 154.

2135 Vgl. K. Heß, Wahrheits- und Aufklärungspflicht im Zivil- und Arbeitsgerichtsprozeß, S. 154.

Erfährt das Gericht hier von der wahren Sachlage, ist das Geständnis des Beklagten freilich nicht unbeachtlich. Denn das Urteil wirkt inter partes, nicht aber gegenüber der Versicherung. Anders wäre dies nur unter der Voraussetzung, dass der Versicherung der Streit verkündet und damit Nebeninterventionswirkungen herbeigeführt wären: Es hat sich oben gezeigt, dass der Nebenintervenient ein Geständnis der Hauptpartei nach nur unter der Voraussetzung widerrufen kann, dass die Hauptpartei nicht an ihrem Geständnis festzuhalten gedenkt und eine entsprechende Erklärung abgegeben hat.[2136] In diesem Fall hat die Versicherung die Möglichkeit, im Prozess als Streitverkündeter dem Geständnis entgegenzutreten. 31

*f) Gerichtsnotorische Tatsachen*

Sonderfragen des unwahren Geständnisses stellen sich, wenn das Geständnis einer gerichtsnotorischen Tatsache widerspricht. 32

Beispiel: Die Klägerin klagt auf Zahlung des vereinbarten Zinses aus dem Darlehensvertrag. Die Beklagte ist säumig, was zur Fiktion des Geständnisses führt. Die Sittenwidrigkeit des vereinbarten Zinssatzes ist eine dem Gericht offenkundige Tatsache, da sich das aus dem Monatsbericht der Deutschen Bundesbank ergibt. Das Gericht ist an das fingierte Geständnis nicht gebunden. Die Klage ist deshalb abzuweisen. 33

§ 331 Abs. 1 S. 1 1 ZPO fingiert zwar das Geständnis des säumigen Beklagten[2137], der mündliche Tatsachenvortrag des Klägers entspreche der Wahrheit und enthebt diesen insoweit der Beweisbedürftigkeit (§ 288 Abs. 1 ZPO[2138]). Folglich ist die Situation beim echten und dem durch Säumnis fingierten Geständnis gleichgelagert. Der Richter hat daher bei Schlüssigkeit der Klage das beantragte Versäumnisurteil auszusprechen, selbst wenn er Zweifel an der Wahrheit der zugestandenen Tatsache hat. 34

# IV. Materiellrechtliche Schadenersatzpflichten des „Prozesslügners“?

## 1. § 138 Abs. 1 ZPO als Schutzgesetz i.S.v. § 823 Abs. 2 BGB?

Eine Verletzung der Wahrheitspflicht kann unter Umständen Schadensersatzansprüche aus § 823 Abs. 2 BGB i. V. m. § 263 Abs. 1 StGB oder § 826 BGB auslösen.[2139] Strittig ist, ob § 138 Abs. 1 ZPO als Schutzgesetz zu qualifizieren und 35

2136 BGH, Urteil vom 14.10.1975, Az.: VI ZR 226/74 = NJW 1976, 292.
2137 BGH, Urteil vom 14.10.1975, Az.: VI ZR 226/74 = NJW 1976, 292.
2138 BGH, Urteil vom 14.10.1975, Az.: VI ZR 226/74 = NJW 1976, 292.
2139 Wagner, in: MünchKomm, ZPO, § 138 Rn. 16.

ob folglich ein Schadensersatzanspruch auch aus § 823 Abs. 2 BGB i. V. m. § 138 Abs. 1 ZPO hergeleitet werden kann.[2140] Die Befürworter dieser Meinung berufen sich darauf, dass der Gesetzgeber 1933 in der Präambel zur Novelle der Zivilprozessordnung ausdrücklich angeführt hat, neben der Rechtspflege auch die Prozessparteien schützen zu wollen. Das ist aber nicht tragfähig: Nach zutreffender Ansicht dient § 138 Abs. 1 ZPO allein dem Interesse der Allgemeinheit an einer geordneten Rechtspflege. Soweit sich § 138 Abs. 1 ZPO auch zugunsten des Einzelnen auswirkt, handele es sich um eine bloße Reflexwirkung. Eine Ausdehnung dieser Vorschrift zum Schutzgesetz brächte außerdem die Gefahr des Wiederaufrollens einer rechtskräftig erledigten Sache mit sich.[2141]

## 2. Wahrheit prozessualer Tatsachenfeststellungen

36 Die Tatsachengrundlage des Urteils kann selbst danach beurteilt werden, oh sie *richtig* oder *falsch* zustande gekommen ist (ob die Urteile über die streitigen Tatsachenbehauptungen der Parteien als „wahre" oder „unwahre" Behauptungen *richtig* oder *falsch* zustande gekommen sind). Tatsachenfeststellungen in administrativen Entscheidungen können dagegen nicht in diesem *normativen* Sinne als „richtig" oder „falsch" bezeichnet werden. Denn sie *erweisen* sich erst als *angemessen* oder *unangemessen,* als *zutreffend* oder *unzutreffend*:

37 Die „Wahrheit" prozessualer Tatsachenfeststellung verweist auf die *Richtigkeit* oder *Unrichtigkeit* des *Verfahrens* der Tatsachenfeststellung. Dieses Verfahren muss, um als Prozess (materielle, unparteiliche Rechtsprechung) zu funktionieren, die Waffengleichheit der streitenden Parteien gewährleisten. Die Waffengleichheit der Parteien wäre außer Kraft gesetzt, wenn ein Verfahren organisiert würde, in dem die "Wahrheit" oder „Unwahrheit" von Behauptungen einer Partei von vornherein feststünde. Die Waffengleichheit der Parteien im Prozess basiert hinsichtlich der Feststellung des Sachverhalts wesentlich darauf, dass auch der Tatbestand des Urteils anfänglich ungewiss ist. Denn die Einlassung der Parteien kann sich im Prozess ändern, Streitiges kann unstreitig, umgekehrt aber auch vorher Unstreitiges streitig werden; auch wenn der Sachverhalt unstreitig scheint, kann doch die Entscheidung auf Fragen beruhen, die von den Parteien *vor* dem Prozess überhaupt nicht bedacht worden sind.[2142]

---

2140 Für ein Schutzgesetz z.B. Stadler, in: Musielak, ZPO, § 138 Rn. 8, Kiethe MDR 2007, 625, 626 Wagner, in: MünchKomm, ZPO, § 138 Rn. 16; Schilken, Rn. 156; a.A.: Henckel, Prozessrecht, S. 297, 298

2141 Vgl. Baumbach/Lauterbach, ZPO, § 138 Rn. 65.

2142 Ferner: Wagner, in. MünchKomm, ZPO, § 138 Rn. 10.

*Henckel* hat daher überzeugend dargelegt, dass die so genannte Wahrheitspflicht des § 138 Abs. 1 ZPO dadurch sanktioniert wird, dass die Partei, der ein Wahrheitsverstoß zur Last gelegt werden kann, dadurch Nachteile erleidet, dass ihre Aussage nicht verwertet wird und im Übrigen ggfls. neben strafrechtlichen Verfolgungen wegen Prozessbetrugs die Wiederaufnahme des Verfahrens nach § 580 Nr. 4 ZPO betrieben werden kann.[2143] Die „Wahrheitspflicht" der Parteien verweist damit auf den Prozess zurück — sie konkretisiert das Verbot, Richter in eigener Sache zu sein, oder, anders ausgedrückt: Die prozessuale Wahrheitspflicht legt die Rechtsprechung nicht darauf fest, einen Sachverhalt „selbst" zu „ermitteln", sondern hindert die Parteien daran, einseitige Definitionen des Tatbestandes in das Urteil einfließen zu lassen So zeigt der Restitutionsgrund des Prozessbetruges, dass ein Urteil, das aufgrund eines durch derartige Parteiaktivitäten „gestörten" Prozesses hin ergeht, nicht als Rechtserkenntnis Bestand haben kann — seine Rechtskraft kann durchbrochen werden. — Diesseits aller Probleme im Detail wird für unsere Fragestellung deutlich, dass mit § 138 Abs. 1 ZPO den Parteien zwar abverlangt wird, unzulässiger Manipulationen am Tatbestand zu entraten, dass aber in Ansehung der Funktion der Rechtsprechung allein deren Unparteilichkeit sichergestellt wird. 38

Diese Überlegung zur Verwirklichung des objektiven Rechts durch den Richter im Prozess lässt sich nunmehr genauer fassen. Wir haben bereits gesehen, welches der entscheidende, nämlich *prozessuale* Gesichtspunkt ist, der eine *eigene Verantwortung* des Richters im Prozess für die Feststellung der Tatsachengrundlage begründet. Keine Partei soll in die Lage versetzt werden, Richter in eigener Sache zu sein. Dies wäre sie, wenn sie *einseitig* über den Sachverhalt bestimmen könnte. Die „Wahrheitspflicht" der Parteien im Prozess (§ 138 Abs. 1 ZPO), die für das Restitutionsrecht relevant ist, lässt sich nach *J. Brauns*[2144] Darstellung als Konsequenz des Satzes *nemo iudex in sua* causa und damit als Instrument der Herstellung prozessualer Waffengleichheit verstehen. Die Wahrheitspflicht des § 138 Abs. 1 ZPO folgt m. a. W. nicht aus quasi-materiellrechtlichen „Pflichten" der Parteien „im Prozessrechtsverhältnis" gegeneinander. Die Parteien sind vielmehr dadurch zur „Wahrheit" verpflichtet, dass sie nur ein unparteiliches Urteil begehren können. Nur in einem unparteilichen Urteil liegt der Versuch, die objektive Rechtsordnung mit den Rechtsansichten der Parteien in Einklang zu bringen. 39

2143 Henckel (Fn. 2085) 14, 15.

2144 Braun, Rechtskraft und Restitution Bd. 2, S. 165 ff.

# Teil 6: Feststellung der entscheidungserheblichen Tatsachen

## § 25 Feststellung der Tatsachengrundlage der Entscheidung im streitigen Prozess

### I. Notwendigkeit des Beweises und die Beweislast

#### 1. Beweisbedürftigkeit bestrittener Tatsachen

Wer eine ihm günstige Tatsache in den Prozess einführen und damit den Versuch unternehmen will, sie zur Sachverhaltsgrundlage des zu fällenden Urteils zu machen, muss grundsätzlich entsprechende „Behauptungen“ aufstellen – ihn trifft dann die sogenannte Darlegungslast.[2145] Nur soweit der Gegner Behauptungen nicht bestreitet, sind diese im allgemeinen zur Tatsachengrundlage der Entscheidung des Gerichts zu machen. Durch das Bestreiten einer Tatsachenbehauptung wird der Darlegungsbelastete genötigt, seine Behauptungen unter Beweis zu stellen. Man spricht von der Beweislast. 1

#### 2. Beweislast und Beweislastumkehr

*a) Abhängigkeit vom materiellen Recht*

Wie die Beweislast in einem konkreten Rechtsstreit verteilt ist, kann sich sehr unterschiedlich darstellen. Dies hängt nicht zuletzt davon ab, welche Regelungen (und „Wertungen“) des materiellen Rechts zu berücksichtigen sind. 2

*b) Beispiel: Beweislast im Streit zwischen Insolvenzverwalter und Globalsicherungszessionar um das Bestehen und die Anfechtbarkeit von dinglichen Sicherheiten*

Dies mag ein Beispielsfall deutlicher werden lassen, der eine typische Streitlage betrifft, nämlich die Frage nach der Beweislast im Streit zwischen Insolvenzverwalter und Globalsicherungszessionar um das Bestehen und die Anfechtbarkeit von dinglichen Sicherheiten. 3

Fall: Die A. und W. L. GmbH & Co KG (im folgenden: schuldnerische Gesellschaft) hatte die ihr gegen Kunden gegenwärtig und künftig zustehenden Forderungen global an die Bank abgetreten; dabei war vereinbart, dass ein Erwerb der Sicherheiten erst unter der Voraussetzung vollzogen werden sollte, dass an den Sicherungsgegenständen keine Rechte von Lieferanten mehr bestünden. Der schuldneri- 4

---

2145 Prütting, in: MünchKomm, ZPO, § 286 Rn. 134; Saenger, in: Saenger, ZPO, § 287 Rn. 84.

schen Gesellschaft waren von ihren Lieferanten Rohstoffe und Halbfertigprodukte sowie Fertigprodukte unter einfachem Eigentumsvorbehalt sowie unter verlängerten und erweiterten Eigentumsvorbehalt geliefert worden. Am 27. bzw. 28.7.1999 traf die spätere Insolvenzschuldnerin mit der Bank eine Vereinbarung, die vorsah, dass die in den Geschäftsräumlichkeiten der Schuldnerin befindlichen Gegenstände an die Bank zur Sicherung übereignet werden sollten (Raumsicherungsübereignungsvereinbarung), soweit diese nicht mit Rechten der Lieferanten belastet waren. Zudem wurden die Forderungen, die der Schuldnerin aus dem Verkauf dieser Gegenstände zustanden, global an die Volksbank abgetreten, soweit nicht anderen Dritten, namentlich Lieferanten aus verlängerten Eigentumsvorbehalten, diese Forderungen übertragen wären. Das zuständige AG-Insolvenzgericht hat am 4.4.2006 durch vorläufige Anordnung Rechtsanwalt W. zum vorläufigen Insolvenzverwalter bestellt und zugleich gegenüber der Schuldnerin verfügungsbeschränkende Maßnahmen beschlossen. Die Bank hat am 12.4.2006 der Schuldnerin sowie dem Insolvenzverwalter eine jegliche Verfügung über die ihr eingeräumten Sicherheitsgegenstände untersagt. Zum Zeitpunkt der Anordnung der verfügungsbeschränkenden Maßnahmen befanden sich in den Sicherungsräumen Bestände an unfertigen und fertigen Erzeugnissen in Höhe eines Inventarwertes von ca. 180.000 €. Weiter wurden zwischen dem 4.4.2006 und dem Tag der Insolvenzeröffnung Gelder durch den vorläufigen Insolvenzverwalter auf den von ihm angelegten Anderkonten bei der Sparkasse ca. 230.000 € vereinnahmt . In diesem Zeitraum vom 4.4.2006 bis zum Tag der Eröffnung des Insolvenzverfahrens sind weiter auf den Geschäftskonten der Schuldnerin ca. 240.000 € eingegangen. Mit den Zahlungseingängen sind nach der Ansicht eines vom Verwalter eingeholten anwaltlichen Rechtsgutachtens die Forderungen erloschen, die der Volksbank bzw. den Lieferanten aufgrund verlängerten Eigentumsvorbehaltes zugestanden haben. Die Lieferbedingungen sehen i.d.R. vor, dass bei einer Übersicherung des Verkäufers und Eigentumsvorbehaltslieferanten dieser sich zur Freigabe der Sicherheiten verpflichtet; es kann hier davon ausgegangen werden, dass die Lieferbedingungen nicht gegen § 138 Abs. 1 BGB verstossen und daher wirksam vereinbart worden sind. Nach den Lieferbedingungen haben die Lieferanten – erwerben die Vorbehaltslieferanten bei Vermengung, Vermischung oder Verarbeitung des Sicherungsgutes Miteigentum an der dadurch gebildeten Sachgesamtheit bzw. der neu hergestellten Sache nach Maßgabe des Rechnungswertes der gelieferten Eigentumsvorbehaltsware. Für den Fall der dem Eigentumsvorbehaltskäufer genehmigten Weiterveräußerung der Ware erfolgt eine Vorausabtretung aller daraus erlangten Forderungen, allerdings bei Miteigentum an der Ware nur zu dem Miteigentumsanteil. Die Eigentumsvorbehaltslieferanten haben sich vorbehalten, das dem Eigentumsvorbehaltkäufer eingeräumte Recht zur Weiterveräußerung der Ware bei Zahlungseinstellung, Beantragung oder Eröffnung eines Konkurs- oder Insolvenzverfahrens zu widerrufen. Dies ist bei weitem nicht durch alle Eigentumsvorbehaltslieferanten erklärt worden. In Ziffer 3.1.1 und 3.1.2 der Allgemeinen Sicherungsbedingungen der Globalzessionarin heißt es u.a. wörtlich: „Soweit Forderungen bereits bei Abschluss dieses Vertrages an einen Dritten, z. B. aufgrund der Lieferungsbedingungen von Lieferanten verlängerter Eigentumsvorbehalt auch als erweiterter Eigentumsvorbehalt ganz oder teilweise abgetreten sein sollten, gehen diese – ganz bzw. teilweise – erst dann auf die Bank über, wenn der Sicherungsgeber diese Forderungen ganz oder teilweise, z. B. durch Befriedigung von Lieferanten erwirbt. Forderungen, die einem nach Abschluss dieses Vertrags wirksam zustande gekommenen branchenüblichen verlängerten Eigentumsvorbehalt eines Lieferanten unterliegen, gehen erst dann auf die Bank über, wenn sie nicht mehr von diesem verlängerten Eigentumsvorbehalt erfasst werden; soweit diese Forderungen einem Lieferanten nur teilweise zustehen, ist die Abtretung dieser Forderungen an die Bank zunächst auf dem in dem Sicherungsgeber zustehenden Forderungsteil beschränkt; der Restteil geht auf die Bank erst über, wenn er von diesem verlängerten Eigentumsvorbehalt nicht mehr erfasst wird." Soweit die Bank ihren Sicherungsrechtserwerb hinter die Rechte der Lieferanten zurückgestellt habe, was hier der Fall wäre, seien daher jedenfalls die Sicherungsrechte der Eigentumsvorbehaltslieferanten untergegangen, so dass ein darauf folgender Erwerb durch die Bank nicht in die Betracht hat kommen können. Die belieferte Ware wurde in Mischtürmen jeweils unmittelbar vor der Lieferung erstmalig zusammengemixt. Fertigware lag in Gestalt von „Sackware" vor.

### aa) Darlegung und Beweis des wirksamen Erwerbs eines Sicherungsrechts

Streiten sich nun Insolvenzverwalter und Bank über die Frage, ob die Bank an den Verkaufserlösen eine Sicherungsrecht gem. § 51 Nr. 1 InsO erworben hat, geht es in diesem Streit um folgende Fragen: Sind insoweit die Eigentumsvorbehaltslieferanten befriedigt worden? Muss und gegebenenfalls kann die Bank bestimmen, an welchen Sachen sie Sicherungseigentum und an welchen Forderungen sie kraft der Globalsicherungszession Sicherungsrechte erworben hat?[2146] 5

Nach den Allgemeinen Sicherungsbedingungen der Bank kommt ein Erwerb der Waren aufgrund der Raumsicherungsübereignung nur unter der aufschiebenden Bedingung zustande, dass das vorbehaltene Eigentum der Lieferanten untergegangen und eigene Sicherungsrechte der Lieferanten nicht mehr bestehen. Denn der Schuldner kann der finanzierenden Bank kein besitzloses Pfandrecht (kein Sicherungseigentum) an schuldnerfremden Sachen verschaffen; ein gutgläubiger Erwerb des Sicherungseigentums kommt nicht in Betracht, da die Allgemeinen Sicherungsbedingungen zeigen, dass die Bank sich nicht in gutem Glauben befindet. Hilfsweise ist darauf hinzuweisen, dass es schon deshalb am guten Glauben der Bank mangelt, weil hierzu erforderlich wäre, dass sich der gute Glaube auf einen konkreten Miteigentumsanteil des Schuldners an der gelieferten Ware beziehen würde, was nicht feststellbar ist. Damit der Insolvenzverwalter in dem über das Vermögen der Sicherungsgeberin eröffneten Insolvenzverfahren ein Absonderungsrecht der Bank als Sicherungseigentümerin anerkennen darf, muss die Bank den Erwerb von Sicherungseigentum aufgrund der mit dem Schuldner vereinbarten Vorwegverpfändung (antezipierten Sicherungs- 6

2146 Zum Ganzen Smid, ZInsO 2009, 2217 ff.

übereignung) künftig erworbener Waren aufgrund des Raumsicherungsvertrages darlegen und beweisen. Hierzu genügt es nicht, dass sie die – unstreitige – antezipierte Sicherungsübereignung darlegt, da sich hieraus noch nicht der behauptete konkrete Rechtserwerb ergibt.

7 Die Bank erwirbt nach ihren Allgemeinen Sicherungsbedingungen im Wege der antezipierten Globalzession ein publizitätsloses Pfandrecht an den vom Schuldner erworbenen Forderungen nur soweit, wie nicht den Eigentumsvorbehaltslieferanten Eigentum oder aufgrund verlängerten oder erweiterten Eigentumsvorbehalt ein Absonderungsrecht an den Forderungen zusteht. Um aufgrund von Rechten als Globalzessionarin der Forderungen der Schuldnerin in dem über deren Vermögen eröffneten Insolvenzverfahren die abgesonderte Befriedigung verlangen zu können, muss die Bank als Globalzessionarin daher darlegen und beweisen, dass sie eine Sicherungszession an konkreten Forderungen durch Befriedigung der Eigentumsvorbehaltslieferanten und damit den Wegfall der durch die aus verlängertem Eigentumsvorbehalt folgenden Sicherungszessionen der Eigentumsvorbehaltslieferanten erworben hat. Die Globalzessionarin muss m.a.W. darlegen und beweisen, in welchem Umfang die Eigentumsvorbehaltslieferanten befriedigt worden sind. Dabei ist zu berücksichtigen, dass zur Vermeidung einer sittenwidrigen Knebelung des Eigentumsvorbehaltskäufers die Lieferbedingungen der Lieferanten vorsehen, dass die Sicherungszession der durch Veräußerung der Ware resultierenden Forderungen an die Eigentumsvorbehaltslieferanten aufgrund verlängertem Eigentumsvorbehalts die Forderungen nur in Höhe Rechnungswertes der gelieferten Ware umfasst. Daraus würde folgen, dass im übrigen die Forderungen dem Schuldner unbelastet mit dem Sicherungszessionsrecht der Lieferanten zustehen und daher die antezipierte Globalzession zugunsten der Bank als Globalzessionarin in dem Umfang des den Rechnungsbetrages der unter Eigentumsvorbehalt gelieferten Ware übersteigenden Maße erfassen würde.

8 Aufgrund der Abreden zwischen Bank und Schuldner wird dieser zwar häufig zur regelmäßigen Dokumentation der in das Warenlager gelieferten Ware und der Berechtigung der Eigentumsvorbehaltslieferanten verpflichtet sein[2147], die die Bank unter Umständen zur Substantiierung ihrer Berechtigung in Stand gesetzt hätte. Es kann hier ausser Acht bleiben, dass die Bank selbst die Einhaltung dieser Verpflichtung nicht eingefordert hat. Jedenfalls aber kann die Bank aufgrund der Pflichtverletzung des Schuldners ihre Berechtigung nicht durch deren Behauptung aufgrund einer Beweislastumkehr zulasten des Insolvenzverwalters durchsetzen.[2148]

---

2147 Vgl. Majic, Covenants und Insolvenz, 2013, bes. 10 ff.

2148 BGH, Urteil vom 17.5.1978, Az.: VIII ZR 11/77 = NJW 1978, 1632.

Der Insolvenzverwalter ist in diesen Fällen nicht etwa aus § 167 Abs. 1 InsO, dazu verpflichtet, der Bank Tatsachen mitzuteilen, aus denen sich eine Substantiierung des behaupteten, aber in nicht konkret dargelegten Sicherungseigentums der Bank ergeben würde.[2149] Die bloße unsubstantiierte Behauptung eines sachenrechtlich nicht spezifizierten oder spezifizierbaren Absonderungsrechts genügt nicht, um die Auskunftspflicht des Insolvenverwalters auszulösen: Der Insolvenzverwalter schuldet dem absonderungsberechtigten Gläubiger nur in Bezug auf diejenigen Gegenstände Auskunft, die seiner Verwertungsbefugnis unterworfen sind[2150]. Daher schuldet der Insolvenzverwalter Auskunft über solche in seinem Besitz befindliche Sachen, an denen publizitätslose Sicherheiten bestehen (§ 51 Nr. 1 InsO). Keine Auskunftspflicht besteht hinsichtlich solcher im Besitz des Insolvenzverwalters befindlicher Sachen, an denen ein Absonderungsrecht nicht besteht. 9

Vielmehr muss die Bank die Eigentumsvermutung zugunsten der Eigentumsvorbehaltslieferanten gem. § 1006 Abs. 2 BGB entkräften und darlegen und beweisen, dass und in welchem Umfang aufgrund des Eigentumserwerbs des Schuldners ein Erwerb des Sicherungseigentums hat stattfinden können. Daher kann sich die Globalzessionarin sich nicht auf einen Erwerb an den ihr zur Sicherheit übereigneten Sachen berufen; da die Eigentumsvermutung des § 1006 BGB nicht für das Eigentum des Schuldners im Warenlager spricht, muss die Globalzessionarin den Eigentumserwerb beweisen. 10

Um die Beweislastsituation in einem Prozess Bank (Globalzessionarin) gegen den Insolvenzverwalter zu untersuchen, ist daher auf die gesetzlichen Vermutungsregelungen der Abs. 1 und 2 des § 1006 BGB einzugehen. Die Eigentumsvorbehaltslieferanten verlieren durch die Vermengung und Vermischung ihr Eigentum an den gelieferten Waren und erlangen Miteigentum an der neuen, durch Vermengung und Vermischung entstandenen Sachgesamtheit. Ihre Rechte, sofern sie den Anteil ihres Miteigentums nicht bestimmen können, ergeben sich aus § 742 BGB. Sie sind daher zu gleichen Teilen an der neuen Sachgesamtheit beteiligt. Tritt durch Befriedigung einzelner Eigentumsvorbehaltsverkäufer die Bedingung des Eigentumserwerbs des Schuldners ein (§§ 929 S. 2, 158 BGB), erwirbt der Schuldner den Miteigentumsanteil des Eigentumsvorbehaltslieferanten in dem Umfang, in dem er die Kaufpreisschuld gegenüber diesem Lieferanten getilgt hat. Läßt sich der durch den Schuldner erworbene Miteigentumsanteil nicht sachenrechtlich bestimmen, fehlt es also an einer Bestimmbarkeit aufgrund vorliegender Unterlagen und Dokumentationen des Schuldners, greift § 1006 Abs. 2 BGB zugunsten der Eigentumsvorbehaltslieferanten ein. 11

2149 Smid NZI 2009, 669 ff.

2150 NR/Becker, § 167 Rn. 3; K/P-Kemper, § 167 Rn. 3.

Danach gilt die Eigentumsvermutung zugunsten der Lieferanten als früheren Besitzern der gelieferten Waren. Demgegenüber kommt nicht § 1006 Abs. 1 S. 1 BGB zum Zuge, aufgrund dessen das Eigentum des Schuldners als gegenwärtigen Besitzers vermutet wird. Denn der Schuldner hat den Besitz an der Ware vermöge des vereinbarten Eigentumsvorbehalts als Besitzkonstitut als unmittelbarer Fremdbesitzer für die Eigentumsvorbehaltsverkäufer erworben, was die Vermutungswirkung des § 1006 Abs. 2 BGB nicht entkräftet.

12 Ob einzelne Eigentumsvorbehaltslieferanten in einem Herausgabeprozess gegen den Eigentumsvorbehaltskäufer oder gegen den Insolvenzverwalter gem. § 47 InsO ihren Anteil darlegen und beweisen müssen und können, ist für die Berechtigung der Globalzesionarin unbeachtlich. Geht man von der Rechtsprechung des Reichsgerichts und der älteren Judikatur des BGH aus, nach der das aus § 948 BGB erworbene Miteigentum der Lieferanten an den vermengten und vermischten Vorräten die Bestimmtheit ihrer Miteigentumsanteile voraussetzt, ist die Lage der Globalzessionarin nicht anders zu beurteilen. Auch insofern muss die Globalzessionarin beweisen, dass ein Eigentumserwerb der Schuldnerin stattgefunden hat, da auch in diesem Fall die Vermutung des § 1006 BGB nicht für das Eigentum der Schuldnerin spricht.

13 Es genügt insofern nicht, dass der Bank sicherungsweise das vom Schuldner an der gelieferten Ware erworbene Anwartschaftsrecht eingeräumt worden ist; denn soweit der Schuldner durch Befriedigung der Eigentumsvorbehaltslieferanten Eigentum an der Ware erworben hat, ist das Anwartschaftsrecht untergegangen. Es setzt sich an dem Eigentum an der Ware auch nicht insofern fort, als der Bank insofern ein Ersatzabsonderungsrecht entsprechend § 48 InsO zuständе. Unabhängig davon, ob die Herbeiführung des Bedingungseintritts nach § 929 S. 2, § 158 BGB durch Kaufpreiszahlung eine Verfügung iSv § 48 InsO über das Anwartschaftsrecht, an dem ein Absonderungsrecht bestellt worden ist, darstellt, ist dies doch durch den Schuldner nicht rechtswidrig herbeigeführt. Denn der Schuldner war zur Kaufpreiszahlung und damit zur Herbeiführung des Bedingungseintritts grundsätzlich nach § 433 Abs. 2 BGB verpflichtet; die Einräumung einer Sicherheit an dem Anwartschaftsrecht hat den Schuldner weder zum vertragsuntreuen Verhalten gegenüber den Lieferanten berechtigen noch gar verpflichten können. Etwas anderes ergibt sich auch nicht für den Fall, dass einzelne Eigentumsvorbehaltslieferanten ihr Aussonderungsrecht gegen die Masse (den Insolvenzverwalter) in dem über das Vermögen des Eigentumsvorbehaltskäufer und Sicherungsgeber eröffneten Insolvenzverfahren nicht verfolgen.

14 Die Judikatur hat eine Beweislastumkehr in Fällen abgelehnt, in denen eine Darlegung des Gegenstandes eines Sicherungsrechts an dessen fehlender Bestimmtheit scheitert:

Der BGH hat bereits unter Geltung der Konkurs- und der Vergleichsordnung entschieden, dass der Zessionar, der die Schuldner von im Rahmen eines verlängerten Eigentumsvorbehalts abgetretenen Forderungen nicht ermitteln kann, weil der Zedent es entgegen einer vertraglichen Vereinbarung unterlassen hat, hierüber Aufzeichnungen zu führen, zwar gegen den Zedenten einen Schadensersatzanspruch hat. Er kann aber nicht beliebige Kundenforderungen des Zedenten als abgetretene Forderungen in Anspruch nehmen und dem Zedenten die Beweislast dafür zuschieben, dass diese Forderungen nicht vom verlängerten Eigentumsvorbehalt erfaßt seien. Das gilt auch, wenn über das Vermögen des Zedenten das Vergleichsverfahren eröffnet wird und der Zessionar deshalb mit seiner Schadensersatzforderung auf die Vergleichsquote angewiesen bleibt.[2151] 15

In dem vom BGH damals entschiedenen Fall war unstreitig wegen unterlassener Aufzeichnungen der Beklagten nicht aufklärbar, in welchen Fällen der Klägerin Kundenforderungen der Beklagten durch deren Weiterverkauf von Geräten, in die von ihr geliefertes Material im Wert von 79.261,77 DM eingebaut war, aufgrund der mit dem verlängerten Eigentumsvorbehalt verbundenen Vorausabtretung zustehen könnten; denn es sei infolge der mangelhaften Materialbuchhaltung der Beklagten nicht einmal feststellbar, an welche Kunden solche Geräte verkauft worden seien. Soweit die Beklagte die von ihr nach den AGB der Klägerin vertraglich geschuldeten Aufzeichnungen unterlassen habe, stehe dieser ein Schadensersatzanspruch aus positiver Vertragsverletzung (heute als „Pflichtverletzung“ bezeichnet: § 280 BGB) zu. Mit diesem Anspruch nehme die Klägerin aber am Vergleich teil. Sie könne diese Forderung nicht außerhalb des Vergleichs geltend machen. Die klagende Lieferantin hatte die Meinung vertreten, der Umstand, dass ihr die Beklagte schuldhaft die Geltendmachung der ihr wirksam vorausabgetretenen Forderungen unmöglich gemacht habe, führe zu einer Umkehrung der Beweislast in dem Sinne, dass alle bei Eröffnung des Vergleichsverfahrens offenen und später noch an die Beklagte bezahlten Kundenforderungen als an sie abgetreten angesehen werden müßten und die Beklagte jeweils beweisen müsse, dass eine bestimmte Forderung aus der Lieferung eines Geräts herrühre, bei dem keines der von der Klägerin gelieferten Teile eingebaut gewesen sei. 16

Dem ist der damalige VIII. (Fach-Konkursrechts) Zivilsenat des BGH entgegengetreten. Er hat daran festgehalten, dass eine „Beweislastumkehr“ von der Rechtsprechung dann angenommen wird, wenn in einem Streit der an sich nicht Beweispflichtige durch sein fahrlässiges Verhalten dem beweispflichtigen Teil 17

2151 BGH, Urteil vom 17.5.1978, Az.: VIII ZR 11/77 = NJW 1978, 1632.

die Beweisführung unmöglich macht.[2152] Darum sei es seinerzeit jedoch nicht gegangen; denn die Beklagte hatte nicht etwa die für die Klägerin zum Nachweis eines ihr zustehenden Anspruchs notwendigen erheblichen Beweismittel fahrlässig untergehen lassen[2153], sondern eine ihr gegenüber der Klägerin obliegende Nebenpflicht aus den Kaufverträgen und Lieferungsverträgen nicht erfüllt und deshalb einen Schadensersatzanspruch der Klägerin ausgelöst. Die Klägerin wollte nun aber an dessen Stelle Ersatzaussonderungsrechte (§ 26 Abs 1 VerglO, § 46 KO – heute: § 48 InsO) oder einen Bereicherungsanspruch gegen die Masse (§ 816 BGB, § 59 Abs 1 Nr 4 KO) deswegen für sich in Anspruch nehmen, weil sie wegen der Vertragsverletzungen der Beklagten nicht dazu in der Lage war, die einzelnen, ihr abgetretenen Forderungen zu bezeichnen, für die sie aufgrund des verlängerten Eigentumsvorbehalts ein Absonderungsrecht hätte geltend machen können.

18 In dem vom BGH entschiedenen Fall waren unstreitig nach der Eröffnung des Vergleichsverfahrens Kundenzahlungen zur Liquidationsmasse geflossen. Darunter hatten sich möglicherweise auch Zahlungen auf Forderungen befunden, die der Klägerin vorausabgetreten waren und bei denen durch die Zahlung an die Beklagte das Absonderungsrecht der Klägerin untergegangen war und an dessen Stelle ein Ersatzaussonderungsrecht oder ein Bereicherungsanspruch getreten wäre.[2154] Feststellbar war das aber nicht mehr. Der Sicherungsnehmer muss daher ein behauptetes Absonderungsrecht an den ihm zur Sicherung im voraus abgetretenen Forderungen unter Beweis stellen. Der klagende Gläubiger muss also nach der Judikatur des BGH[2155] jede einzelne Forderung genau bezeichnen, die bei ihrer Entstehung unmittelbar kraft der Vorausabtretung auf ihn übergegangen ist. Das kann der Sicherungsnehmer dann jedenfalls kaum, wenn der Sicherungsgeber eine vollständige Lagerbuchhaltung nicht geführt hat und darum vertragswidrig dem Gläubiger die erforderlichen Auskünfte nicht geben kann. Mit dem deshalb entstandenen Schadensersatzanspruch hätte der Gläubiger, wenn kein über das Vermögen des Schuldners eröffnetes Insolvenzverfahren stattgefunden hätte, einen Ausgleich für die ihm vorausabgetretenen Ansprüche, die er infolge des vertragswidrigen Verhaltens der Beklagten nicht geltend machen konnte, verlangen können. Der Gläubiger hätte aber nicht unter Berufung auf eine Beweislastumkehr - praktisch beliebige - Kundenforderungen

---

2152 BGH, Urteil vom 11.6.1952, Az.: II ZR 277/51 = BGHZ 6, 224, 227; Senatsurteil vom 14. April 1976, Az.: VIII ZR 288/74 = WM 1976, 694, 696 = NJW 1976, 1315, 1316.

2153 BGH, Urteil vom 11.6.1952, Az.: II ZR 277/51 = BGHZ 6, 224, 227; RG, urteil vom 12.7.1922, Az.: III 674/21 = RGZ 105, 255, 259.

2154 BGH, Urteil vom 9. 12. 1970, Az.: VIII ZR 52/69 = WM 1971, 71 = JZ 1971, 505 = BB 1971, 17

2155 BGH, Urteil vom 17.5.1978, Az.: VIII ZR 11/77 = NJW 1978, 1632.

der Beklagten als Ersatz aufgrund der Vorausabtretung für sich in Anspruch nehmen können.[2156]

bb) Darlegungs- und Beweislast bei der Insolvenzanfechtung wirksam erworbener Sicherungsrechte

Kann die Bank im Beispielsfall Rn. 4 den Erwerb ihrer Sicherheitenrechte sachenrechtlich bestimmt darlegen und beweisen, stellt sich die Frage der Anfechtung diesen Erwerbs durch den Insolvenzverwalter: 19

Es liegt auf der Hand, dass die Globalzessionarin keine Darlegungs- und Beweisprobleme wegen ihres Mobiliarpfandrechts an den sicherungszedierten Forderungen hätte. Denn jedenfalls steht ihr - vorbehaltlich konkurrierender Sicherungszessionen - vollständig das Sicherungsrecht an den von der Schuldnerin erworbenen Forderungen zu. Dabei ist zu berücksichtigen, dass dem Globalzessionar nicht die Last des Nachweises obliegt, dass die Forderungen iSd Judikatur des BGH[2157] auch vor Antragstellung bzw. vor der kritischen Drei-Monats-Zeit "werthaltig gemacht" worden sind. Der BGH hat mit einem Urteil vom Ende November 2007[2158] die durch die Judikatur einer Reihe von Oberlandesgerichten ausgelöste Unsicherheit über die Wirksamkeit von Globalzessionen ausgeräumt. Der IX. Zivilsenat stellt aber fest, dass auch unter der Geltung der Insolvenzordnung die Abwägung des Sicherungsinteresses des einzelnen Gläubigers und der berechtigten Belange des Schuldners sowie der Schutz der Gläubigergesamtheit es nicht als gerechtfertigt erscheinen lassen, die Bestellung von Globalsicherheiten bzw. deren Erwerb als inkongruent anzusehen. Zum Zeitpunkt des Abschlusses des Globalabtretungsvertrages sind zwar die künftig entstehenden Forderungen nicht konkret bestimmt, gleichwohl liegt die Interessenlage anders als im Fall der Sicherheiten gemäß Nrn. 13-15 AGB-Banken, da die Begründung zukünftiger Forderungen dem freien Belieben des Schuldners entzogen ist. Der IX. Zivilsenat lässt es genügen, dass der Umfang der auf den Sicherungsnehmer übergehenden Forderungen dadurch dinglich bindend durch die Parteien eingegrenzt worden ist, dass er schuldrechtlich bestimmbar festgelegt ist. Da nur durch die Einbeziehung zukünftiger Forderungen des Schuldners im Wege der Globalzession eine taugliche Sicherheit bestimmt und begründet werden kann, fehlt es an dem für inkongruente Sicherheiten typischen Merkmale der Verdächtigkeit einer Leistung in diesen Fällen. Der BGH sieht den Sicherungszessionar dadurch hinreichend geschützt, dass er ein insolvenzfestes Absonderungsrecht an allen Forderungen, die werthaltig geworden sind, erwirbt, bevor er zwingend Umstände erfahren hat, aus denen er nicht anders als auf die Zahlungsunfähig- 20

2156 BGH, Urteil vom 17.5.1978, Az.: VIII ZR 11/77 = NJW 1978, 1632.

2157 BGH, Urteil vom 29.11.2007, Az.: IX ZR 30/07 = ZIP 2008, 183.

2158 BGH, Urteil vom 29.11.2007, Az.: IX ZR 30/07 = ZIP 2008, 183.

keit des Schuldners oder den Eröffnungsantrag schließen kann. Werden aber Rechte auch noch an solchen Forderungen begründet, die zu einem Zeitpunkt entstanden sind bzw. werthaltig werden, zu dem dem Sicherungsnehmer der Eröffnungsantrag bekannt geworden ist, würde dies die Gläubigergemeinschaft benachteiligen.[2159]

21 Die oben beschriebene Globalzessions-Entscheidung des BGH zeigt, dass der Globalzessionar hinsichtlich der Voraussetzungen, unter denen die dem zedierenden Schuldner gegen den debitor cessus zustehende Forderung entsteht, nicht unter Beweis stellen muss. Vielmehr ist die Anfechtbarkeit der Zession für den vom BGH beschriebenen Fall, dass die Forderung erst in der kritischen Zeit werthaltig wird, ein Umstand, der die "an sich" wirksam vorgenommene Globalzession als anfechtbar erscheinen und für die Masse als im Wege der Insolvenzanfechtung angreifbar erscheinen lässt. Diese Umstände sind aber vom Insolvenzverwalter unter Beweis zu stellen, der die allgemeine Beweislast dafür trägt, dass die Voraussetzungen der Insolvenzanfechtung vorliegen.

*c) Die sog. Sekundäre Beweislast*

22 Von sekundärer Darlegungslast spricht man, wenn trotz Beweisbelastung des Gegners die nach den allgemeinen Grundsätzen beweisbelastete Partei „außerhalb des von ihr darzulegenden Geschehensablaufs steht und keine nähere Kenntnis der maßgebenden Tatsachen besitzt“, dem Gegner aber eine Auskunft möglich und zumutbar ist.

23 Fall: Der klagende Insolvenzverwalter nahm die beklagte Krankenkasse im Wege der Insolvenzanfechtung nach § 131 Abs. 1 InsO aufgrund Zahlung von Sozialversicherungsbeiträgen in Anspruch. Vor Prozessbeginn wie im Prozess hatte die Beklagte sich gegen die Inanspruchnahme mit Einwendung verwahrt, die darauf zielten, die Klage sei nicht hinreichend schlüssig gemacht, da der klagende Insolvenzverwalter den Nachweis nicht erbracht habe, dass das Konto über das die Zahlung gelaufen seien, ein Konto der Schuldnerin gewesen sei. Schließlich sei das Konto nach Verbuchung der jeweiligen Zahlung noch im Haben oder zumindest innerhalb eines eingeräumten Kreditrahmens geführt worden. Der klagende Insolvenzverwalter hat sich hierzu im Prozess nicht geäußert; gleichwohl hat die beklagte Krankenkasse den Klagantrag anerkannt unter Verwahrung gegen die Kosten.[2160]

24 Nach § 93 ZPO fallen dem klagenden Insolvenzverwalter die Prozesskosten dann zur Last, wenn der Beklagte den Anspruch zwar sofort anerkennt, aber durch sein Verhalten zur Erhebung der Klage keine Veranlassung gegeben hat. Hier war vor Klageerhebung ein schlüssiger Anspruch nicht geltend gemacht und zunächst auch eine unschlüssige Klage erhoben worden. Der Bundesge-

2159 Krit. Anm. v. Mitlehner, ZIP 2008, 189 ff.

2160 Smid/Rechel, Die Struktur des Insolvenzrechts in der Judikatur des BGH, 2013, 332, f.

richtshof der *BGH* hatte zwar entschieden, dass in der Regel eine objektive Gläubigerbenachteiligung nicht vorliegt, wenn die Tilgung einer Gläubigerforderung mit Mitteln aus einer lediglich geduldeten Kontoüberziehung erfolgt.[2161] Im Rn. 23 zitierten Fall hatte die beklagte Sozialversicherungsträgerin eine Gläubigerbenachteiligung dadurch bestritten, dass sie sich auf diese Judikatur berufen hatte. Da allein dem Insolvenzverwalter die insoweit wesentlichen Umstände bekannt waren, oblag es ihm nach der vorliegenden Entscheidung, im Rahmen der sekundären Behauptungslast nähere Angaben zu machen.[2162]

## II. Beweisverfahren als Erkenntnistechnik

### 1. Verhandlungsmaxime

Bereits bei der Erörterung der Frage, ob das Ziel eines Zivilprozesses die Ermittlung "der Wahrheit" sein könne, ist deutlich geworden, dass dies mit der Disposition der Parteien über das zwischen ihnen streitige Recht nicht vereinbar ist. Der Verhandlungsmaxime, die den streitigen Zivilprozess kennzeichnet, ist es vielmehr eigen, dass die Parteien durch Erklärungen den Sachverhalt definieren. 25

*a) In der Berufungsinstanz zugrunde zulegende Tatsachen*

Nach § 529 Abs. 1 Nr. 1 Halbs. 1 ZPO sind in der Berufungsinstanz solche vom Erstgericht festgestellte Tatsachen zugrunde legen, hinsichtlich derer das erstinstanzliche Gericht aufgrund freier Beweiswürdigung die Entscheidung getroffen hat, dass sie wahr oder unwahr sind, sowie Tatsachen, die es seiner Entscheidung ohne Prüfung der Wahrheit zugrunde gelegt hat, sei es, dass sie offenkundig oder gerichtsbekannt (§ 291 ZPO), ausdrücklich zugestanden (§ 288 ZPO) oder unstreitig (§ 138 Abs. 3 ZPO) waren oder sich aus gesetzlichen Vermutungen oder Beweis- und Auslegungsregeln ergeben haben.[2163] Offenkundig ist eine Tatsache, wenn sie aus allgemein zugänglichen, zuverlässigen Informationsquellen jederzeit verfügbar ist oder dem Richter in amtlicher Funktion aus einem früheren Prozess eine Tatsache bekannt ist, nicht hingegen, wenn Akten ohne Antrag oder Anregung einer Partei beigezogen worden sind.[2164] 26

2161 BGH, Urteil vom 11.1.2007, Az.: IX ZR 31/05 = ZIP 2007, 435; der BGH hat diese Ansicht später (Urteil vom 06.10.2009, Az.: IX ZR 191/05 = ZIP 2009, 2009 ff.) ausdrücklich aufgegeben.

2162 BGH, Urteil vom 17.3.1987, Az.: VI ZR 282/85 = BGHZ 100, 190, 136 = ZIP 1987, 845, 847.

2163 Rimmelspacher, in: MünchKomm, ZPO, § 529 Rn. 6.

2164 BVerfG, Beschluss vom 29. 12.1993, Az.: 2 BvR 65/93 = NJW 1994, 1211.

*b) Fremdes Recht*

27 Nach § 293 ZPO ist das in einem anderen Staat geltende Recht, die Gewohnheitsrechte und Statuten beweisbedüftig nur insofern, als sie dem Gericht unbekannt sind. Bei Ermittlung dieser Rechtsnormen ist das Gericht auf die von den Parteien beigebrachten Nachweise nicht beschränkt; es ist befugt, auch andere Erkenntnisquellen zu benutzen und zum Zwecke einer solchen Benutzung das Erforderliche anzuordnen – also insbesondere Sachverständige zu beauftragen.[2165]

28 Daher kann auch Recht dem Beweis zugänglich sein, soweit es dem deutschen Richter nicht bekannt ist – so ist ausländisches Recht gem. § 293 ZPO dem Beweis zugänglich.[2166] Hier gilt die Verhandlungsmaxime nicht. Denn das Gericht hat grundsätzlich das Recht zu kennen – und diese Kenntnis kann es sich regelmäßig durch Lektüre oder Nachfragen bei fachkundigen Kollegen o.dgl.m. verschaffen. Im Falle ausländischen Rechts ist dies regelmäßig schon deshalb nicht möglich, weil das Gericht weder die Methoden des ausländischen Rechts kennt noch Zugang zu seinen Quellen hat. Daher hat das Gericht von Amts wegen durch Einholung von Sachverständigengutachten zu ermitteln.[2167]

*c) Notorietät*

29 Die Beweisbedürftigkeit entfällt bei Tatsachen, die bei dem Gericht offenkundig sind. Damit bedürfen sogenannte allgemeinkundige Tatsachen ebenso wenig wie gerichtskundige Tatsachen gem. § 291 ZPO eines Beweises.[2168] Die Frage, wie die angesprochenen Verkehrskreise eine bestimmte Werbung verstehen, kann nicht i. S. von § 291 ZPO offenkundig sein, weil sich die Feststellung der Verkehrsauffassung auf Erfahrungswissen stützt, § 291 ZPO indessen nur Tatsachen und nicht Erfahrungssätze betrifft.[2169]

*d) Nochmals: Geständnis*

30 Nach § 138 Abs. 3 ZPO sind nicht ausdrücklich oder konkludent durch entsprechenden Vortrag bestrittene tatsächliche Behauptungen als zugestanden zu be-

---

2165 Prütting, in: MünchKomm, ZPO, § 293 Rn. 23 f

2166 Hergenröder, Rechtsfortbildung, S. 384.

2167 Hergenröder, Rechtsfortbildung, S. 389.

2168 Hergenröder, Rechtsfortbildung, S. 408.

2169 Die Frage, wie die angesprochenen Verkehrskreise eine bestimmte Werbung verstehen, kann nicht i. S. von § 291 ZPO offenkundig sein, weil sich die Feststellung der Verkehrsauffassung auf Erfahrungswissen stützt, § 291 ZPO indessen nur Tatsachen und nicht Erfahrungssätze betrifft unter Aufgabe von BGH, Urteil vom 29. 3. 1990, Az.: I ZR 74/ 88 = WRP 1990, 699

handeln.[2170] Die Erklärung des Gegners, von der tatsächlichen Behauptung nichts zu wissen, ist nur soweit als Bestreiten der Behauptung des Gegners beachtlich, wie die Tatsachen, um die es geht, außerhalb der Wahrnehmung bzw. der Wahrnehmungssphäre des Bestreitenden liegen. Soweit sie sich auf eigenes Handeln oder eigene Wahrnehmung des sein Nichtwissen Erklärenden bezieht, ist dieses Bestreiten gem. § 138 Abs. 4 ZPO unzulässig und wird als Nichtbestreiten § 138 Abs. 3 ZPO gewertet.[2171]

Nur soweit Tatsachen nicht zugestanden und in prozessual gehöriger Form bestritten worden sind, bedürfen sie des Beweises.[2172] 31

Mit dem Geständnis wird ein bestimmter Sachverhalt eingeräumt, der dem Gestehenden zur Last gelegt bzw. dem Begehren einer gegen den Gestehenden zu richtenden Entscheidung zugrunde legt wird. Unter allen Formen des Beweises eines Sachverhalts ist das Geständnis die zuverlässigste. Denn es kann davon ausgegangen werden, dass sich die Partei nicht ohne Grund über Tatsachen erklären und ihr nachteilige Tatsachen gestehen wird. Das macht es klar, weshalb im Römischen Recht der Satz *confessio est regina probationum* (Das Geständnis ist die Königin der Beweismittel) geprägt wurde. Das Geständnis bindet gem. § 288 ZPO den Gestehenden. Für zugestandene Behauptungen entfällt die Notwendigkeit einer (weiteren) Beweisführung, ja Beweisaufnahmen sind nach dem Geständnis wegen der zugestandenen Tatsache sogar unzulässig. Das Geständnis ist – wie gezeigt - nicht frei widerruflich. Die Bindung an das Geständnis kann gem. § 290 ZPO nur unter der Voraussetzung beseitigt werden, dass die widerrufende Partei beweist, dass das Geständnis wahrheitswidrig ist, und durch einen Irrtum veranlasst wurde. Das Geständnis ist daher auch bindend, wenn es auf „Lügen" beruht. 32

Das Geständnis muss sich auf tatsächliche Behauptungen des Gegners beziehen. Ein vorweggenommenes Geständnis ist dabei nur unter der Voraussetzung bindend, dass sich der Gegner darauf beruft. Über den Gesetzestext hinaus, kann sich das Geständnis nicht nur auf Tatsachen sondern auch auf Rechtsbegriffe beziehen, soweit sich die Partei über deren Bedeutung im Klaren ist. 33

## III. Der Freibeweis im Prozess

Der BGH[2173] ist der Ansicht, die Voraussetzungen der Zulässigkeit einer Klage oder eines Rechtsmittels seien durch Freibeweis zu ermitteln – es habe daher die 34

2170 Wagner, in: MünchKomm, ZPO, § 138 Rn. 23.
2171 Wagner, in: MünchKomm, ZPO, § 138 Rn. 27.
2172 Foerste, in: Musielak, ZPO, § 284 Rn. 1.
2173 BGH, Beschluss vom 28.11.2007, Az.: XII ZB 217/05 = NJW 2008, 1531, 1533.

Formen des Strengbeweises nicht zu beachten. *Rimmelspacher* hat nachgewiesen, dass dies problematisch ist.

35 Willigen die Parteien in den Freibeweis gem. § 284 S. 2 ZPO[2174] ein, ist er zulässig. § 495a ZPO sieht im Übrigen vor, dass im Verfahren vor dem AG mit einem Streitwert von nicht mehr als 600 Euro ebenfalls freibeweislich verfahren werden kann.[2175]

## IV. Verfahren und Formen des Strengbeweises

### 1. Beweisbeschluss

36 Die Durchführung eines Verfahrens des Strengbeweises setzt voraus, dass ein Beweisbeschluss erlassen wird. Inhalt dieses Beweisbeschlusses ist, dass gem. §§ 373-401 ZPO die bestimmte Personen als Zeugen zu einem inhaltlich bestimmten Beweisthema zu vernehmen seien.

### 2. Formen des Beweises

37 Nach § 279 Abs. 2 ZPO wird in der mündlichen Verhandlung der ggfls. erforderliche und von der beweisbelasteten Partei auch angebotene Beweis erhoben. Im streitigen Prozess sind die Mittel, mit denen der Beweis erhoben werden kann, beschränkt und gesetzlich definiert. Insofern ist vom so genannten Strengbeweis die Rede. Im Einzelnen ist Beweis zu erheben durch

*a) Augenschein*

38 Hier ist der Beweis durch die Bezeichnung der zu beweisenden Tatsache und des Gegenstandes, der in Augenschein zu nehmen ist, anzutreten, § 371 Abs. 1 S. 1 ZPO. Den Augenscheinbeweis kann das Gericht nach § 144 ZPO von Amts wegen anordnen. Augenschein ist zu eng gefasst. Nicht nur Objekte, die optisch wahrgenommen werden können, sondern alle anderen der unmittelbaren sinnlichen Wahrnehmung zugänglichen Objekte namentlich der akustischen Wahrnehmung oder der taktilen Wahrnehmung sind Gegenstände des Augenscheinbeweises.

*b) Zeugen*

39 Hier ist der Beweis durch die Bezeichnung der zu beweisenden Tatsache und des Gegenstandes, der in Augenschein zu nehmen ist, anzutreten, § 371 Abs. 1 S. 1 ZPO. Den Augenscheinbeweis kann das Gericht nach § 144 ZPO von Amts wegen anordnen. Augenschein ist zu eng gefasst.

---

2174 Prütting, in: MünchKomm, ZPO, § 284 Rn. 27.

2175 Deubner, in: MünchKomm, ZPO, § 495a Rn. 1; Bergerfurth, NJW 1991, 961, 962.

Zeugen haben aufgrund der Ladung die Pflicht vor Gericht zu erscheinen. Diese Pflicht kann gem. §§ 380, 381 ZPO durch Geldstrafe oder Haft erzwungen werden. Der Zeuge hat weiter §§ 395 Abs. 1 und Abs. 2 ZPO[2176] die Pflicht, zum Beweisthema auszusagen. Gegebenenfalls[2177] ist er gem. § 391 ZPO[2178] zur Eidesleistung verpflichtet. 40

Nicht frei von Schwierigkeiten ist die Zulassung der Benennung eines Zeugen *nomen nominandum* (N.N.). Denn zum Zeitpunkt des Beweisangebotes kann die Partei den Zeugen in der Tat noch nicht benennen. Es fragt sich dann, ob die Partei ihrer allgemeinen Prozessförderungspflicht nach § 282 Abs. 1 ZPO nicht hinreichend genügt. Trägt die Partei vor, dass eine Benennung erst im Laufe des Prozesses möglich sein werde, ist jedenfalls in Prozessen ohne Anwaltszwang die Partei darauf hinzuweisen, dass sie die Identität des Zeugen alsbald zu bestimmen habe. Dies gilt grundsätzlich auch in Anwaltsprozessen. Gleichwohl ist davon auszugehen, dass die Angabe des Zeugen mit der Benennung N.N. nicht zu einer Verspätung des Beweisantritts führt, sofern die Partei an der Bestimmung ohne eigenes Verschulden gehindert war. 41

*c) Sachverständigenbeweis*

Auch der Sachverständigenbeweis wird durch Bezeichnung der zu begutachtenden Punkte angetreten, § 403 ZPO. Demgegenüber hat – anders als beim Zeugenbeweis – das Gericht die Aufgabe, den Sachverständigen, der tätig werden soll, auszuwählen, § 404 Abs. 1 S. 1 ZPO. Nach § 404a ZPO kann das Gericht – insbesondere auch auf Nachfrage des Sachverständigen – diesen bei der Erstellung seines Gutachtens anleiten. Zwar sieht § 355 ZPO vor, dass die Beweisaufnahme unmittelbar zu erheben ist. § 411 a ZPO sieht aber vor, dass ein Sachverständigengutachten aus einem anderen Verfahren auch im nachfolgenden Zivilprozess verwendet werden kann. In der mündlichen Verhandlung können die Parteien die mündliche Erläuterung des Gutachtens nach § 411 Abs. 3 ZPO und ggfls. nach Abs. 4 dieser Vorschrift eine schriftliche Ergänzung des Gutachtens verlangen. 42

Hatte der Sachverständige im Auftrag einer Partei vorprozessual ein Gutachten erstellt, fehlt es ihm naturgemäß an der Neutralität, die der gerichtliche Sachverständige aufbringen muss (arg. § 406 ZPO). Er kann dann aber nach § 404 Abs. 1 ZPO als sachverständiger Zeuge vernommen werden. 43

2176 Und zwar zur Angabe seiner Personalien und zu dem, was ihm vom Gegenstand der Vernehmung bekannt ist; vgl. § 390 ZPO.

2177 Nach dem Ermessen des Gerichts.

2178 Zu den Aussageverweigerungsrechten vgl. die §§ 384 f. ZPO.

*d) Urkundsbeweis*

44 Der Antritt des Urkundsbeweis setzt die Vorlage der Urkunde im Original durch die Partei voraus, § 420 ZPO. Unter Urkunden versteht man durch Niederschrift verkörperte Gedankenerklärungen, die geeignet sind, den Beweis für streitiges Parteivorbringen zu erbringen – also die die Beurkundung einer streitigen Tatsache enthalten. Die Urkunde beweist, dass eine bestimmte Erklärung abgegeben worden ist. Wird der Streit über die Echtheit oder die Unechtheit einer Urkunde geführt, bedarf es des Sachverständigenbeweises.

45 Fall[2179]: Beim Amtsgericht waren ca. 786.000 Euro aus der Abrechnung von Lebensversicherungsverträgen hinterlegt. Sie resultierten aus der Abrechnung von Lebensversicherungsverträgen, die eine GmbH dem verstorbenen Ehemann der späteren Klägerin verpfändet hatte. Über das Vermögen der GmbH war das Insolvenzverfahren und der spätere Beklagte zum Insolvenzverwalter bestellt worden. Klägerin und Insolvenzverwalter streiten um die Bewilligung der Herausgabe des gesamten Betrages, wobei die Klägerin verschiedene Urkunden vorlegte, aus denen sich ergeben sollte, dass dem verstorbenen Ehemann der Klägerin Ansprüche aus der Lebensversicherung unter bestimmten Voraussetzungen zustehen sollten. Der Insolvenzverwalter hatte die Echtheit der Urkunden mit Nichtwissen bestritten.

46 Ist die Echtheit einer Urkunde unstreitig bzw. ist die Echtheit einer Urkunde nach § 439 Abs. 1 ZPO anerkannt, bedarf ihre Echtheit gem. § 440 Abs. 1 ZPO keines Beweises. Der beklagte Insolvenzverwalter hatte nun die Echtheit der Urkunde mit Nichtwissen bestritten. Dabei hat er sich darauf berufen, es habe verschiedene Fassungen einer ursprünglichen Urkunde und zudem noch eine Abänderungsurkunde gegeben. Allein der Umstand, dass der Insolvenzverwalter an der Errichtung der Urkunde nicht beteiligt war, ermöglicht es ihm freilich nicht bereits, deren Echtheit mit Nichtwissen zu bestreiten. Denn aus den Unterlagen des Schuldners kann sich ergeben, ob eine Urkunde echt oder unecht ist. Voraussetzung des Bestreitens mit Nichtwissen ist, dass der Insolvenzverwalter ohne Erfolg die ihm einsehbaren Unterlagen sichtet und erforderlichenfalls den Schuldner befragt. Diese Bemühungen muss er, wie der V. Zivilsenat im Anschluss an die Judikatur des IX. Zivilsenats ausführt[2180], in nachvollziehbarer Weise darlegen. Dies hat der Insolvenzverwalter hier getan, da er ausgeführt hat, in den Unterlagen der insolvenzschuldnerischen GmbH keine Original der Vereinbarungen vorgefunden zu haben.

*e) Parteivernehmung*

47 Die Parteivernehmung im Zivilprozess dient der Aufklärung vergangener Tatsachen und Zustände. Sie ist subsidiär und dient ausschließlich der Führung des

---

2179 BGH, Urteil vom 16.11.2012, Az.: V ZR 179/11 = ZIP 2013, 384.

2180 BGH, Urteil vom 15.3.2012, Az.: IX ZR 249/09 = ZIP 2012, 737.

Hauptbeweises. Daher kann die Parteivernehmung nicht gegenbeweislich angeboten werden.

48 Auch die Parteivernehmung ist Mittel des Strengbeweises im Zivilprozess. Allerdings ist sie subsidiär gegenüber den anderen Strengbeweisformen und dient ausschließlich dem Hauptbeweis, kann also nicht gegenbeweislich angeboten werden. Die Parteivernehmung ist daher nur zulässig, soweit alle anderen Möglichkeiten des Beweises ausgeschöpft wurden und der einer Partei obliegende Beweis dadurch nicht geführt werden konnte. Die Parteivernehmung erfolgt auf Antrag der beweispflichtigen Partei gem. § 445 ZPO als Vernehmung des Gegners, mit Zustimmung des Gegners auf Antrag der (zu vernehmenden) Partei gem. § 447 ZPO oder von Amts wegen gemäß § 448 ZPO, die angeordnet werden kann, wenn die Ergebnisse der bisherigen Beweisaufnahme nicht ausreichen oder sie zur Begründung des Beweisergebnisses erforderlich ist, namentlich im Falle der Vernehmung des Beweisführers über seinen Schaden oder sein Interesse gem. § 287 Abs. 1 S. 3 ZPO. Der Antrag auf Vernehmung des Gegners ist unzulässig, wenn er allein zum Zweck der Ausforschung des Gegners und zum Erlangen für den Prozess erheblicher Tatsachen gestellt wird. Auch bei der Parteivernehmung gilt das Verbot, falsche Tatsachenbehauptungen aufzustellen (eine Wahrheitspflicht, oben). Es besteht jedoch keine Pflicht der Parteien, sich vernehmen zu lassen. Das Gericht kann gem. § 446 ZPO aus der Weigerung und den dafür vorgebrachten Gründen allerdings Schlüsse zuungunsten der sich verweigernden Partei ziehen.

49 Es sind grundsätzlich drei Arten der Parteivernehmung zu unterscheiden:

- Die Vernehmung des Gegners auf Antrag der beweispflichtigen Partei gemäß § 445 ZPO.
- Die Parteivernehmung auf Antrag der (eigenen) Partei gemäß § 447 ZPO (mit Zustimmung des Gegners)
- Die Parteivernehmung von Amts wegen gemäß § 448 ZPO.

Die Parteivernehmung von Amts wegen kann bei Vorliegen folgender Voraussetzungen angeordnet werden:

→ Nichtausreichen der Ergebnisse der bisherigen Beweisaufnahme und Erforderlichkeit zur Begründung des Beweisergebnisses § 448 ZPO.

→ Vorliegen der Voraussetzungen einer Schätzungsvernehmung gemäß § 287 ZPO

→ in Ehe- und Kindschaftssachen gemäß §§ 128 und 159 FamFG.

50 Die Anordnung der Parteivernehmung erfordert gemäß § 450 ZPO einen Beweisbeschluss, die Vernehmung ist gemäß § 160 Abs. 3 ZPO zu protokollieren. Die Partei wird durch das Gericht geladen, im Falle der Mittellosigkeit hat sie einen Anspruch auf Reisekostenentschädigung. Im Unterschied zur Zeugen-

aussage ist die Partei berechtigt, sowohl die Aussage als auch die Vereidigung zu verweigern. Beides unterliegt jedoch der freien Beweiswürdigung des Gerichts.

## V. Beweis und Waffengleichheit - die Parteivernehmung

51 Die Partei kann nach allgemeinen Grundsätzen der deutschen ZPO nicht als Zeuge Beweismittel zum Beweis der eigenen strittigen Behauptungen sein. Das macht Prozesse riskant, in denen nur organschaftliche Vertreter einer Partei für diese zu den entscheidungserheblichen Vorgängen Aussagen machen können. Hier hat der Europäische Gerichtshof für Menschenrechte (EGMR) eine weitreichende Entscheidung zur Waffengleichheit im Prozess getroffen. So kam es im „Filialleiterfall“ des EGMR[2181] auf ein Gespräch an, dass zwischen dem Geschäftsführer der klagenden GmbH und dem Filialleiter der beklagten Bank stattgefunden hatte. Während der Filialleiter als Zeuge aussagen konnte, war der Geschäftsführer der Klägerin Parteivertreter war und kam daher als Zeuge nicht in Betracht. Das deutsche Gericht wies die Klage gestützt auf die Aussage des einzigen Zeugen ab. Die beweispflichtige Partei muss Zeugen benennen. Kann sie dies nicht, ist sie beweisfällig und eine Parteivernehmung nach § 448 ZPO oder die Verwertung einer Anhörung nach § 141 ZPO kommt - wie oben gezeigt - nicht in Betracht.

52 Der EGMR sah darin einen Verstoß gegen die Prinzipien eines fairen Prozesses, da die Waffengleichheit der Parteien verletzt werde. Er verlangt von den nationalen Rechtsordnungen für derartige Fallgestaltungen Beweismöglichkeiten vorzusehen, mit denen substantielle Benachteiligungen vermieden werden. Diese Entscheidung hat zu einer Diskussion um das formelle Beweisrecht geführt.[2182] In seiner "Vieraugengespräch"-Entscheidung[2183] hat der BGH gestützt auf die Filialleiter-Entscheidung des EGMR die prozessuale Waffengleichheit der Parteien als Maßstab für eine korrigierende Auslegung der Regelungen über die Parteivernehmung herangezogen. In dem vom BGH entschiedenen Fall kam es entscheidend auf den Verlauf eines zwischen einem Mitarbeiter des Klägers mit dem Beklagten geführten Vieraugengespräch an. Um ein faires waffengleiches Verfahren zu gewährleisten kommt nach Ansicht des BGH in einer derartigen Situation nicht nur eine Beweiserhebung durch Vernehmung des Mitarbeiters als Zeugen in Betracht, sondern es kann auch der Beklagte nach § 448 ZPO vernommen werden, wobei nach Ansicht des BGH auch eine Anhörung nach §

2181 EGMR, Urteil vom 27.10.1993, Az.: 37/1992/382/460 = NJW 1995, 1413.
2182 Schlosser, NJW 1995, 1404; Schöflin, NJW 1996, 2134; Wittschier, DRiZ 1997, 247
2183 BGH, Urteil vom 16.7.1998, Az.: I ZR 32/96 = NJW 1999, 363.

141 ZPO ausreichen würde - was an früherer Stelle kritisiert worden ist. Das BAG ist dem BGH gefolgt und hat ebenfalls darauf erkannt, dass eine Partei den Inhalt eines allein zwischen den Parteien stattgefundenen Gesprächs im Wege der Parteivernehmung beweisen kann.[2184]

In seiner „Vieraugengespräch"-Entscheidung[2185] hat der BGH gestützt auf die Filialleiter-Entscheidung des EGMR die prozessuale Waffengleichheit der Parteien als Maßstab für eine korrigierende Auslegung der Regelungen über die Parteivernehmung herangezogen. In dem vom BGH entschiedenen Fall kam es entscheidend auf den Verlauf eines zwischen einem Mitarbeiter des Klägers mit dem Beklagten geführten Vieraugengespräch an. Um ein faires waffengleiches Verfahren zu gewährleisten kommt nach Ansicht des BGH in einer derartigen Situation nicht nur eine Beweiserhebung durch Vernehmung des Mitarbeiters als Zeugen in Betracht, sondern es kann auch der Beklagte nach § 448 ZPO vernommen werden, wobei nach Ansicht des BGH auch eine Anhörung nach § 141 ZPO ausreichen würde - was an früherer Stelle kritisiert worden ist. 53

## VI. Glaubhaftmachung[2186]

Weiter gibt es noch Fälle, in denen Tatsachen nicht bewiesen, sondern „nur" glaubhaft gemacht werden müssen. Diese Glaubhaftmachung kommt im Zivil-[2187] und Strafprozess[2188] sowie in Verfahren der freiwilligen Gerichtsbarkeit vor. Häufig ist die Glaubhaftmachung Voraussetzung einzelner prozessualer Handlungen wie eines Wiedereinsetzungsgesuchs (§§ 233 ZPO, 17, 18 FamFG) oder von Anträgen auf Akteneinsicht (§§ 299 ZPO, 13, 14 FamFG, 2228, 1953 Abs. 2 BGB) und auf Stellung einer Inventarfrist (§ 1994 BGB). In diesen Fällen der Glaubhaftmachung handelt es sich um Probleme der Konstitution des Prozesses selbst. Hier werden erst die Bedingungen geschaffen, unter denen ein Prozess stattfinden kann bzw. ein Verfahren zur Entscheidung von Rechtsfragen. 54

2184 BAG 22.05.2007, Az.: 3 AZN 1155/06 = NJW 2007, 2427.

2185 BGH, Urteil vom 16.7.1998, Az.: I ZR 32/96 = NJW 1999, 363.

2186 Scherer, Das Beweismaß bei der Glaubhaftmachung, 1996.

2187 Glaubhaftmachung (§ 294 ZPO) ist hier erforderlich bei Anträgen auf Ablehnung von Gerichtspersonen (§§ 44 Abs. 2 und Abs. 4 ZPO), Prozesskostenhilfe (§ 118 Abs. 2 ZPO), Fristverlängerung (§ 224), Zeugnisverweigerung (§ 386 ZPO), Wiedereinsetzung (§§ 233-236 Abs. 1 S. 2 ZPO) und auf Einstellung der Zwangsvollstreckung (§§ 707, 719, 760 ZPO). Daneben wird die Glaubhaftmachung anstelle des Beweises in vorläufigen Verfahren verlangt, nämlich bei Arrest oder einstweiliger Verfügung (§§ 920 Abs. 2, 939 ZPO).

2188 Vgl. hier die §§ 56 (Zeugnisverweigerungen), 26 (Ablehnung von Gerichtspersonen), 45 I (Wiedereinsetzungsgesuchen) StPO.

55 Glaubhaftmachung bedeutet nach h.M. im Zivilprozess, dass für die Tatsachenfeststellung ein herabgesetztes Beweismaß genügt.[2189] Der BGH[2190] hat dies mit den Worten formuliert, „glaubhaft gemacht [sei], wenn dafür die überwiegende Wahrscheinlichkeit“ spreche. Der Beweisführer muss in den Fällen, in denen die Glaubhaftmachung zugelassen ist, nicht wie beim Beweis dem Richter die vollständige persönliche Überzeugung von der Richtigkeit der Tatsachenbehauptung verschaffen. Vielmehr hat er die Tatsache schon dann glaubhaft gemacht, wenn diese dem Richter wahrscheinlich erscheint. Daneben befreit die Möglichkeit der Glaubhaftmachung, die die ZPO in bestimmten Fällen - insbesondere bei der einstweiligen Verfügung - einräumt, von der Einhaltung der Beweisformen des Strengbeweises (Zeuge, Sachverständiger, Urkunde, Augenschein und Parteivernehmung) und der bei ihrer Erhebung vorgeschriebenen Förmlichkeiten. Deshalb kann der Beweisführer sich auch auf eine eidesstattliche Versicherung (sogar seine eigene) stützen.

56 An die Glaubhaftmachung[2191] stellt das Gesetz also geringere Anforderungen als an den vollen Beweis. Maßgeblich ist § 294 ZPO, § 31 FamFG als Ausnahme von dem Grundsatz des Vollbeweises gem. § 286 ZPO. Während die Führung des Vollbeweises voraussetzt, dass die zu beweisende Tatsache aufgrund der Würdigung des Ergebnisses der Beweisaufnahme durch den Richter (§ 286 ZPO) „überzeugend wahrscheinlich“ ist[2192], genügt gem. § 294 ZPO zur Glaubhaftmachung die Vermittlung der Überzeugung „überwiegende Wahrscheinlichkeit“[2193] des glaubhaft zu machenden Umstandes[2194]. Daher ist z.B. die von § 14 Abs. 1 InsO vom Antragsteller im Insolvenzantragsverfahren für seinen Antrag geforderte Glaubhaftmachung der Forderung auch dann erbracht, wenn der Antragssteller ein Versäumnisurteil vorlegt[2195]. Zur Glaubhaftmachung gilt dagegen ein Vorbehaltsurteil nicht[2196], wohl aber, wenn die Beweisaufnahme im Nachverfahren das Vorbehaltsurteil bestätigt[2197]. Dagegen genügt zur

---

2189 Krit. Scherer (Fn. 2186) 4 ff., 17 f. et passim.

2190 BGH, Beschluss vom 3.3.1983, Az.: IX ZB 4/83 = MDR 1983, 749.

2191 Huntemann/Brockdorf/Graf Brockdorf, Der Gläubiger im Insolvenzverfahren, 1999, 29 ff; Schmahl, in: MünchKomm, InsO, § 14 Rn. 33.

2192 Schulte, Der Nachweis des Gläubigerrechts im Konkursverfahren, 1999, 4 f.; LG Duisburg, Beschluss vom 13.2.2002, Az.: 86 T 7/02 = NZI 2002, 666; Hess, § 14 Rn. 59.

2193 Schmahl, in: MünchKomm, InsO, § 14 Rn. 14.

2194 Uhlenbruck, in: Uhlenbruck, § 14 Rn. 58; Hess, § 14 Rn. 59.

2195 Pape, EWiR § 106 KO 1/97, 181, 182; Schulte, Der Nachweis des Gläubigerrechts im Konkursverfahren, 1999, 8; a. A. LG Leipzig, Beschluss vom 29.4.1996, Az.: 12 T 2903/96 = ZIP 1996, 880 m. abl. Anm. Holzer EWiR § 2 GesO 2/96, 601; Hess, § 14 Rn. 79; Kirchhof, in: Kreft, InsO, § 14 Rn. 12.

2196 Kirchhof, in: Kreft, InsO, § 14 Rn. 12.

2197 OLG Frankfurt/M., Beschluss vom 2.11.1982, Az.: 20 W 639/82 = KTS 1983, 149.

Glaubhaftmachung seiner Forderung[2198] bzw. seines Aus- oder Absonderungsrechts durch den Antragssteller eine bloße Forderungsaufstellung nicht[2199]. Der Leistungsbescheid eines Hoheitsträgers (insbes. der Finanzämter) genügt[2200].

Zunächst ist allerdings, liest man den Wortlaut des § 294 Abs. 2 ZPO, die 57
Glaubhaftmachung dadurch gekennzeichnet, dass sie die Beweisführung auf bestimmte Beweismittel beschränkt. Das entspricht dem Umstand dass die Glaubhaftmachung ihre historische Wurzel in dem summarischen Beweis hat, der durch „Bescheinigung“ geführt wurde.[2201] In summarischen Verfahren war somit eine Beschränkung der Beweisführung auf Präsentation liquider Beweismittel gegeben – was sich auch heute noch im Gesetz wiederfindet.

Die zulässigen Mittel der Glaubhaftmachung ergeben sich aus § 294 Abs. 2 58
ZPO, der anordnet, dass alle Beweismittel einschließlich der eidesstattlichen Versicherung zur Glaubhaftmachung zugelassen sind, sofern die Beweisaufnahme sofort erfolgen kann[2202]. Zugelassen sind daher ausschließlich liquide Beweismittel. Taugliche Mittel der Glaubhaftmachung sind daher neben der eidesstattlichen Versicherung, die Vorlage von Urkunden im Original oder in beglaubigten Ablichtungen (öffentliche Urkunden), Titel, auch wenn diese vorläufig vollstreckbar[2203] sind; Privaturkunden, namentlich Buchungsbelege, Rechnungen, Wechsel, Schecks); Aussagen präsenter Zeugen (vgl. § 5 Abs. 1 InsO) und schriftliche Zeugenaussagen gem. § 377 Abs. 3 S. 1 ZPO; anwaltliche Versicherungen[2204].

---

2198 Kirchhof, in: Kreft, InsO, § 14 Rn. 8; Wehr, in: HambKomm, InsO, § 14 Rn. 15.

2199 OLG Hamm, Beschluss vom 3.7.1970, Az.: 15 W 282/70 = KTS 1971, 55; LG Duisburg, Beschluss vom 5.8.1999, Az.: 24 T 157/99 = Kurzwiedergabe in ZIP 1999, 2067; AG Duisburg, Beschluss vom 7.7.1999, Az.: 60 IN 119/99 = ZIP 1999, 2065, 2066 = NZI 1999, 507 m. Anm. Pannen EWiR § 14 InsO 2/2000, 779.

2200 OLG Dresden, Beschluss vom 28.8.2000, Az.: 7 W 1396/00 = InVo 2001, 11 = ZInsO 2000, 560; OLG Hamm, Beschluss vom 13.3.1980, Az.: 15 W 308/79 = ZIP 1980, 258, 259; LG Itzehoe, Beschluss vom 21.4.1989, Az.: 1 T 22/89 = KTS 1989, 730; OLG Naumburg, Beschluss vom 25.8.1999, Az.: 5 W 16/99; Beschluss vom 22.2.2000, Az.: 5 W 20/00; Beschluss vom 06.03.2000, Az.: 5 W 21/00; Beschluss vom 6.3.2000, Az.: 5 W 23/00 = ZInsO 2000, 216.

2201 Vgl. allein Wetzell, System des ordentlichen Civilprozesses, 2. Aufl. 1865, 168 f.; Scherer (Fn. 2186) 31 ff.

2202 Schulte, Der Nachweis des Gläubigerrechts im Konkursverfahren, 1999, 6; Jaeger/Gerhardt, § 14 Rn. 18.

2203 Schmahl, in: MünchKomm, InsO, § 14 Rn. 17; Uhlenbruck, in: Uhlenbruck, InsO, § 14 Rn. 46.

2204 Schulte, Der Nachweis des Gläubigerrechts im Konkursverfahren, 1999, 7; Uhlenbruck, in: Uhlenbruck, InsO, § 14 Rn. 63.

59 *Scherer*[2205] hat in diesem Zusammenhang überzeugend darauf aufmerksam gemacht, dass die Judikatur des BGH[2206] gleichwohl in solchen Fällen überzeugend die Glaubhaftmachung als Form „schwächeren" Beweises überwiegender Wahrscheinlichkeit der Wahrheit der zu beweisenden Tatsache begreift, in denen es um den Nachweis der tatsächlichen Voraussetzungen einer nur vorläufigen Entscheidung geht, die einer Nachprüfung zugänglich ist. Dies entspricht der Lage im Verfahren vorläufigen Rechtsschutzes (vgl. § 920 Abs. 2 ZPO) und beim Fremdantrag gem. § 14 Abs. 1 InsO. Denn im Verfahren vorläufigen Rechtsschutzes hat der Arrestgläubiger das ordentliche Verfahren zu betreiben und nach § 926 Abs. 2 ZPO die Aufhebung des Arrestes durch Endurteil auszusprechen, wenn er dies nicht tut. Und im Eröffnungsverfahren kann der Schuldner die glaubhaft gemachte Forderung bestreiten und damit deren Vollbeweis erzwingen.

60 Geht es dagegen um Entscheidungen, die endgültigen Charakter haben, bedeutet die Glaubhaftmachung Führung des Vollbeweises.[2207]

2205 Scherer (Fn. 2186) 52 ff.
2206 BGH (Fn. 2190).
2207 Scherer (Fn. 2186) 85 ff.

# § 26 Beweiswürdigung

## I. Abkehr des Zivilprozessrechts von Beweisregeln

Der Richter muss am Ende der Beweiserhebung in der Lage sein, zu einer angemessenen Tatsachengrundlage für seine Entscheidung zu gelangen. Allerdings ist, von den Fällen eines non liquet abgesehen, das Ergebnis regelmäßig auch dann nicht ohne weiteres eindeutig, wenn Augenschein erhoben worden ist, die Zeugen eine Aussage gemacht, die Sachverständigen ihr Gutachten erläutert oder eine Urkunde in das Verfahren eingeführt wurde. Was die Beweiserhebung „sagt", welcher Partei sie günstig ist, hat das Gericht durch einen Akt der „Würdigung" des Beweises zu ermitteln. 1

Die Beweiswürdigung kann darauf beruhen, dass dem Gericht bestimmte Beweiswürdigungsregeln auferlegt werden, die es zu befolgen bzw. anzuwenden hat. So kannte der mittelalterliche Prozess beispielsweise den Grundsatz, dass zweier Zeugen Mund die Wahrheit kund täte, was es dem Richter versagte, trotz Vorliegens zweier übereinstimmender Zeugenaussagen gegen die dadurch Begünstigten zu urteilen. Denn die Anwendung der Beweiswürdigungsregel führte dazu, dass die streitige Tatsache unter Vorliegen der von der Regel genannten Voraussetzungen als bewiesen anzusehen war. 2

Von Beweiswürdigungsregeln hat sich das Zivilverfahren im Verlauf seiner neuzeitlichen Entwicklung weitgehend gelöst.[2208] Am Ende des 18. und zu Beginn des 19. Jahrhunderts war von den vielfältigen Beweiswürdigungsregeln noch die Diskussion darüber geblieben, ob die Zivilgerichte an Urteile der Strafgerichte gebunden sein sollten – und umgekehrt. Der Gesetzgeber der CPO von 1877 hat diesen Streit zugunsten eines Grundsatzes der freien richterlichen Beweiswürdigung entschieden, der heute in § 286 Abs. 1 S. 1 ZPO seinen Ort gefunden hat.[2209] Sowohl § 286 ZPO als auch § 287 ZPO betreffen die Beweiswürdigung. Gemeinsam ist beiden als Grundlage ein streitiger Sachverhalt. 3

Daher kennt das geltende Recht nurmehr vereinzelt solche Regeln. So sieht § 168 S. 1 ZPO vor, dass die Beachtung der für die Verhandlung vorgeschriebenen Förmlichkeiten nur durch das Protokoll bewiesen werden kann (S. 1 ) und dass gegen seinen diese Förmlichkeiten betreffenden Inhalt nur der Nachweis der Fälschung zulässig ist (S. 2). Nach § 314 ZPO liefert der Tatbestand des Urteils Beweis für das mündliche Parteivorbringen, wobei der Beweis nur durch 4

2208 Eingehend hierzu Perband, Der Grundsatz der freien Beweiswürdigung im Zivilprozeß (§ 286 ZPO), 2003, passim.
2209 Perband (Fn. 2208).

das Sitzungsprotokoll entkräftet werden kann. Und die §§ 415 ff. ZPO treffen Regeln für den Beweis durch Urkunden.[2210]

## II. Freie richterliche Beweiswürdigung

5 Das Ziel der Behauptung und Beweisführung wird erreicht, wenn der Richter zur freien Überzeugung gelangt, dass eine tatsächliche Behauptung für wahr oder nicht wahr zu erachten ist (§ 286 ZPO). Ziel ist daher, wie sich bereits oben gezeigt hat, nicht die Feststellung einer außerprozessual vorgegebenen Wahrheit, sondern die Herstellung einer Überzeugung beim Richter, dass sich ein Vorgang in der von einer Partei behaupteten Weise zugetragen hat oder bestimmte Tatsachen vorgelegen haben.

6 Dabei ist seit der Einführung der freien richterlichen Beweiswürdigung (§ 286 ZPO oder § 261 StPO) nicht mehr auf bestimmte Beweisregeln (oben Rn. 2) abzustellen. Maßgebend ist (in den Worten des Bundesgerichtshofes) allein, ob der Richter persönlich von der Wahrheit der Tatsachenbehauptung überzeugt ist. Dabei darf der Richter für seine Überzeugung keinen naturwissenschaftlich sicheren Nachweis verlangen, sondern muss sich mit einem für das praktische Leben brauchbaren Grad an Gewissheit zufrieden geben, der letzte (theoretische) Zweifel nicht ausschließt, ihnen aber praktisch Schweigen gebietet.

7 Freie Überzeugung gem. § 286 ZPO bedeutet allerdings nicht, dass die Würdigung des Richters allein seinem subjektiven Ermessen überlassen bleibt. Der Grundsatz freier richterlicher Beweiswürdigung bedeutet nur, dass er von strengen formellen Beweisregeln entbunden ist. Er bedeutet nicht, dass die Entscheidung über die Frage, ob eine Tatsache im Prozess als bewiesen anzusehen ist, einem höchst persönlichen, rational nicht nachvollziehbaren Gefühlsprozess überlassen bliebe. Die Freiheit des Richters bei der Entscheidung ist schon deshalb immer durch gesicherte Erkenntnisse und Erfahrungen begrenzt, weil er im Urteil seine Erwägungen mitzuteilen hat (§ 313 Abs. 1 Nr. 6 i. V. m. Abs. 3 ZPO).

8 Fall:[2211] Anleger, die von der so genannten Göttinger Gruppe (Securenta Göttinger AG) betrogen worden waren, klagten auf Schadenersatz, noch vor der über das Vermögen der Schuldnerin erfolgten Eröffnung des Insolvenzverfahrens. Sie ließen sich dabei durch Anwälte vertreten, die sich ständig mit den Umständen, unter denen Anleger durch die Göttinger Gruppe geschädigt worden waren, befassten. Auf der Internetseite dieser Rechtsanwälte war denn auch ständig über die Lage der späteren Insolvenzschuldnerin Mitteilung gemacht worden. Die Klagen waren dann durch

2210 Zeiss/Schreiber ZPrR 11. Aufl. 2009 Rn. 454.
2211 BGH, Urteil vom 10.1.2013, Az.: IX ZR 13/12 = ZIP 2013, 174.

Vergleichsschlüsse erledigt worden, aufgrund derer auch Zahlungen an die Gläubiger erfolgt waren. Nach der Judikatur des BGH lag hier ein starkes Beweisanzeichen für den Benachteiligungsvorsatz des Schuldners vor, da ihm bei dem Vergleichsschluss seine Zahlungsunfähigkeit bekannt war.[2212]

Der BGH[2213] hat im vorliegenden Urteil nun festgehalten, dass dies auch auf solche Fälle anzuwenden ist, wenn eine kongruente Leistung angefochten wird. Denn der Schuldner nimmt die Benachteiligung der Gläubiger auch in diesen Fällen in Kauf. Voraussetzung der Anfechtung nach § 133 Abs. 1 S. 1 InsO ist aber weiter die Kenntnis des Anfechtungsgegners vom Vorsatz des Schuldners, seine Gläubiger zu benachteiligen. Bekanntlich setzt dies voraus, dass der Gläubiger die Zahlungsunfähigkeit des Schuldners und der Gläubiger durch die Rechtshandlung kannte. Ob dies tatsächlich der Fall war, unterliegt der tatrichterlichen Feststellung. Hierbei hat der Tatrichter im Rahmen der freien Beweiswürdigung nach § 286 ZPO alle maßgeblichen Umstände des Einzelfalles auf der Grundlage des Gesamtergebnisses der Verhandlung zu prüfen und dabei das Ergebnis einer etwaigen Beweisaufnahme zu berücksichtigen. Der IX. Zivilsenat meint insoweit, dass eine Gesamtwürdigung von Beweiszeichen vorzunehmen sei. Hier lag jedenfalls das durch die Internetveröffentlichungen der Anwälte der klagenden Gläubiger bekundete Wissen über die Verhältnisse der Göttinger Gruppe vor, das den klagenden Gläubigern zuzurechnen ist. Hier hatten freilich die Anwälte vorgetragen, ihre zunächst auf ihren Internetseiten dokumentierte Kenntnis einer Zahlungsunfähigkeit der Schuldnerin werde von ihnen nicht aufrechterhalten. Ein solcher, wie der BGH ausdrücklich schreibt, „Gesinnungswandel" des Gegners werde aber nach der Judikatur des Senats[2214] nur dann zu beachten sein, wenn die Umstände nicht mehr gegeben sind, auf denen die ursprüngliche Kenntnis beruhte, was hier allerdings von den Anwälten der Gläubiger schon deshalb nicht hat vorgetragen werden können, weil dies ihre eigene Rechtsposition gegenüber den Initiatoren der Göttinger Gruppe unterminiert hätte. 9

2212 BGH, Urteil vom 13.4.2006, Az.: IX ZR 158/05 = BGHZ 167, 190, BGH, Urteil vom 5.3.2009, Az.: IX ZR 85/107 = BGHZ 180, 98.

2213 BGH, Urteil vom 10.1.2013, Az.: IX ZR 13/12 = ZIP 2013, 174.

2214 BGH, Urteil vom 27.3.2008, Az.: IX ZR 98/07 = ZIP 2008, 930.

## III. Die Widerlegung des Beweises: Gegenbeweis und Beweis des Gegenteils

### 1. Gesetzliche Vermutungen und der Beweis des Gegenteils

10 In einer Reihe von Fällen bestimmt das materielle Recht Vermutungen, so z.B. § 1106 BGB die des Eigentums des Besitzers (oder früheren Besitzers) einer Sache. Beweisbedürftig sind dann nicht mehr Tatsachen, aus denen sich der Erwerb des Eigentums ergibt, sondern nur der Besitz des das Eigentum an der Sache Behauptenden. Wenn das materielle Recht nichts anderes bestimmt, ist der Beweis des Gegenteils als Hauptbeweis zulässig, wenn das Gesetz für das Vorhandensein einer Tatsache eine Vermutung aufstellt. Die somit aufgrund der Vermutungsregel beweisbelastete Partei muss das Gericht von der Wahrheit der Tatsachenbehauptung überzeugen, aus der die gesetzliche Vermutung widerlegt wird.[2215]

### 2. Entkräftung des Hauptbeweises durch Führung des Gegenbeweises

11 Den von der beweisbelasteten Seite geführten Hauptbeweis kann der Gegner durch Führung des sog. Gegenbeweises entkräften. Damit muss nicht die volle Überzeugung des Gerichts von der Richtigkeit der Tatsachenbehauptung des Gegenbeweisführers herbeigeführt werden. Vielmehr erweckt der Gegenbeweisführer Zweifel an der Wahrheit der hauptbeweislich bewiesenen Tatsache.

12 Beispiel: Der klagende Werkunternehmer behauptet die Abnahme des Werkes gem. § 640 Abs. 1 BGB durch den mittlerweile verstorbenen Prokuristen des Bestellers und bietet hierfür Beweis an durch die Zeugenaussage seines, des Klägers Geschäftsführers, der in der Tat die Abnahme bestätigt. Darauf führt der Beklagte gegenbeweislich unter Vorlage von Urkunden an, der verstorbene Prokurist habe sich zu dem fraglichen Zeitpunkt im Ausland befunden und habe daher die Abnahme nicht erklären können. Ferner stellt er die Mangelhaftigkeit des Werks unter Beweis.

13 Damit wird zwar nicht - positiv - bewiesen, dass die Abnahme nicht stattgefunden hat. Es werden aber Tatsachen bewiesen, die die Überzeugung des Gerichts in die Wahrheit der hauptbeweislich bewiesenen Tatsachen zu erschüttern geeignet sind.

---

2215 Zeiss/Schreiber ZPrR 11. Aufl. 2009 Rn. 433.

## 3. Gegenbeweis und prima facie Beweis

Insbesondere die Kausalität der Handlung des auf Leistung des Schadenersatz in Anspruch Genommenen kann zweifelhaft sein; sie bedürfte als anspruchsbegründende Tatsache des Beweises. In derartigen Fällen geht die Judikatur[2216] unter bestimmten Voraussetzungen davon aus, dass es des Beweises der Kausalität der Handlung nicht bedürfe. Man spricht insofern vom Anscheins- bzw. vom prima facie Beweis.[2217] Der prima facie Beweis beruht dabei nicht auf gesetzlichen Vermutungen, sondern auf Beweiswürdigungsregelungen, die keine Umkehr der Beweislast bewirken.[2218] 14

Fall[2219]: Auf einem Kanal begegneten sich zwei Schleppzüge, der spätere Geschädigte mit einem, der Talfahrer mit zwei Schleppkähnen. Nachdem sie Steuerbordsignal gegeben hatten, passierten sie einander Backbord in ca. 5 m Entfernung. Nachdem der andere den Talfahrer bereits bei dem ersten Schleppkahn passiert hatte, scherte der zweite Schleppkahn des Talfahrers aus, rammte den zweiten Kahn des Geschädigten. Der Kahn sank. Hier spricht die allgemeine Lebenserfahrung für eine fehlerhafte Ruderführung des Schädigers. Der Geschädige muss daher keinen Beweis führen. 15

Dem Beklagten bleibt im Beispielsfall aber die Möglichkeit, den Gegenbeweis dafür zu führen, dass ein atypischer Verlauf vorläge. Dies beruht darauf, dass der prima facie Beweis kein Hauptbeweis ist, gegen den der Beweis des Gegenteils zu führen wäre. 16

Kein prima facie Beweis hilft dem Geschädigten dagegen, wenn der Schädiger zwar z.B. straßenverkehrswidrig gehandelt hat, dies aber mit dem Schadensverlauf nichts zu tun hat.[2220] 17

# IV. Richterliche Schadenschätzung

## Reichweite richterlicher Schätzungen

*a) Schadensschätzung*

§ 287 Abs. 1 ZPO stellt für die Fälle, in denen streitig ist, ob ein Schaden entstanden ist und auf welche Summe sich der Schaden beläuft, eine Sonderregel 18

2216 BGH, Urteil vom 23. 5. 1952, Az.: I ZR 163/51 = BGHZ 6, 169 ff.

2217 Eingehend hierzu E. Pawlowski, Der Prima-Facie-Beweis bei Schadenersatzansprüchen aus Delikt und Vertrag, 1966.

2218 Zeiss/Schreiber ZPrR 11. Aufl. 2009 Rn. 457.

2219 BGH, Urteil vom 23. 5. 1952, Az.: I ZR 163/51 = BGHZ 6, 169 ff.

2220 E. Pawlowski (Fn. 2217) 16 ff.

auf.[2221] Vor Inkrafttreten der CPO ergaben sich in den Schadensersatzprozessen Probleme hinsichtlich der Entstehung und Höhe der vorgetragenen Schäden. Voraussetzung eines solchen Anspruches war es, Entstehung und Höhe der Schäden substantiiert anzugeben und zu beweisen. Diese hohen Anforderungen vermochte der Geschädigte häufig nicht zu erfüllen, so dass das der Schädiger von der den klagenden Geschädigten treffenden Beweislast profitierte.

19 § 287 ZPO gilt für alle Arten von Ansprüchen, die i.w.S. als Schadensersatzansprüche zu qualifizieren sind.[2222] Geht es dem Kläger um Schadenersatzforderungen, kommt ihm daher die Beweiserleichterung des § 287 ZPO zugute.[2223] Es kommt dabei nicht darauf an, ob diese auf Vertrag oder unerlaubter Handlung[2224] beruhen. Weiterhin ist es auch bedeutungslos, ob Ersatz wegen eigenem oder fremdem Verschulden zu leisten ist. Weiterhin wird Entschädigung für Ansprüche aus Aufopferung oder Enteignung gewährt. Voraussetzung ist das klägerische Verlangen, einen entstandenen Schaden ausgeglichen zu bekommen, so dass § 287 Abs. 1 ZPO folglich keine Anwendung bei Minderung, Bereicherungsausgleich oder Klagen auf Zahlung einer Vertragsstrafe findet.[2225] In Abgrenzung zu § 286 ZPO besteht darüber weitgehende Einigkeit, dass der Haftungsgrund nach dieser Norm zu beweisen ist.

20 Der Wortlaut des § 287 ZPO ist ungenau. Die Norm gilt einerseits zwar für alle Umstände, die die Entstehung des Schadens betreffen.[2226] Auf der anderen Seite ist jedoch aus dem Zweck der Vorschrift herzuleiten, dass von der richterlichen Schadensschätzung nicht alle Elemente der Rechtsbegründung erfasst werden. Vielmehr greifen die Erleichterungen des § 287 Abs. 1 ZPO erst, wenn die materiellrechtliche Ersatzpflicht des Schädigers nach § 286 ZPO grundsätzlich bewiesen ist.[2227]

21 Der nachzuweisende Haftungsgrund muss also i. S. v. § 286 Abs. 1 ZPO bewiesen sein, bevor man überhaupt zu der Frage des „Ob" bzw. der Höhe des Schadens gelangt.[2228] Der konkrete Haftungsgrund betrifft dabei die Tatbestandsverwirklichung einer Norm, also ein rechtswidriges Tun oder Unterlassen, einschließlich des möglicherweise nötigen Verschuldenselementes. Nur unter

---

2221 Ahrens, in: Wieczorek/Schütze, ZPO, § 287 Rn. 1.
2222 Prütting, in: MünchKomm, ZPO, § 287 Rn. 5.
2223 BGH, Urteil vom 22.10.99, Az.: V ZR 401/98 = BGHZ 143, 42.
2224 Ahrens, in: Wieczorek/Schütze, ZPO, § 287 Rn. 12.
2225 Prütting, in: MünchKomm, ZPO, § 287 Rn. 6.
2226 Differenzierend auch Prütting, in: MünchKomm, ZPO, § 287 Rn. 7.
2227 Foerste, in: Musielak, ZPO, § 287 Rn. 4.
2228 BVerfG, Beschluss vom 27.11.1978, Az.: 2 BvR 165/75 = NJW 1979, 413, 414; Foerste, in: Musielak, ZPO, § 287 Rn. 3 f.

der Voraussetzung, dass ein die Haftung begründendes Ereignis vorliegt[2229], kann im zweiten Schritt ein gegebenenfalls eingetretener Schaden daran angeknüpft werden. Die herrschende Meinung sieht den Haftungsgrund in einer durch eine Handlung des Beklagten verursachten Verletzung eines absoluten Rechts oder Rechtsgutes bzw. (wo eine solche nicht erforderlich ist) des Vermögens.

*b) Weitere Fälle*

22 Die Bemessung der Höhe eines Schadenersatzanspruchs ist in erster Linie Sache des nach § 287 ZPO besonders frei gestellten Tatrichters.[2230] Dem Tatrichter ist keine bestimmte Berechnungsmethode bindend vorgeschrieben, die der revisionsgerichtlichen Überprüfung zugänglich wäre. Denn einzelne Faktoren der speziellen Schadensberechnung sind, wie der BGH ausgeführt hat, zeitbedingt. Soweit es sich allerdings um typische Fälle handelt, muss die Schätzung nach der Judikatur des BGH im Interesse gleichmäßiger Handhabung rechtlich daraufhin überprüft werden, ob sie den Gegenstand des zu entschädigenden Vermögensnachteils beachtet und nicht zu einer grundlosen Bereicherung des Geschädigten oder zu einem verkappten Ausgleich immateriellen Schadens führt.[2231] Als eine in diesem Sinne geeignete Methode der Schadensschätzung hat der BGH z.B. im Rahmen von Kfz-Schäden die von der Rechtsprechung herangezogenen Tabellen von *Sanden/Danner/Küppersbusch*[2232] anerkannt[2233], die von durchschnittlichen Mietsätzen für PKW als einem vom Markt anerkannten Maßstab für die Bewertung der Gebrauchsmöglichkeit eines Kraftfahrzeuges ausgehen.

23 Spielt aber z.B. das Alter des PKW eine wesentliche Rolle, so ist der Tatrichter nicht gehalten, in jedem Einzelfall bei der Beurteilung der entgangenen Gebrauchsvorteile eine aufwendige Berechnung anzustellen, sondern darf grundsätzlich im Rahmen des ihm nach § 287 ZPO bei der Schadensschätzung eingeräumten Ermessens aus Gründen der Praktikabilität und der gleichmäßigen Handhabung typischer Fälle weiterhin mit den in der Praxis anerkannten Tabellen arbeiten, selbst wenn das Fahrzeug darin nicht mehr aufgeführt ist.[2234]

---

2229 Foerste, in: Musielak, ZPO, § 287 Rn. 4.

2230 BGH, Urteil vom 23.11.2004, Az.: VI ZR 357/03 = BGHZ 161, 151.

2231 BGH, Urteil vom 18.5.1971, Az.: VI ZR 52/70 = BGHZ 56, 214, 218.

2232 Sanden/Danner/Küppersbusch, Beil. zu NJW Heft 1 / 2010.

2233 BGH, Urteil vom 18.5.1971, Az.: VI ZR 52/70 = BGHZ 56, 214, 217 u. 219 f.; BGH, Urteil vom 3.6.1969, Az.: VI ZR 27/68 = NJW 1969, 1477.

2234 OLG Frankfurt, Urteil vom 19.9.1984, Az.: 17 U 265/83 = DAR 1985, 58; Danner/Küppersbusch NZV 1989, 11, 12.

24 1924 wurde die Vorschrift § 287 ZPO durch Einführung des Abs. 2 auch auf andere vermögensrechtliche Streitigkeiten als auf reine Schadenersatzfälle ausgedehnt.[2235] Es gelten die Regeln des § 287 Abs. 1 ZPO, mit der Ausnahme des S. 3, der die Vernehmung betrifft, entsprechend. Aus dem Wortlaut „der Höhe der Forderung“ lässt sich schließen, dass es sich um Ansprüche auf Geld oder vertretbare Sachen handeln muss.[2236] Insbesondere sind dies solche Ansprüche, deren Höhe erst zu berechnen oder durch Ermessen zu bestimmen ist[2237], wie beispielsweise bei der Höhe des Verkehrswertes eines Grundstücks[2238] Bereicherungsansprüche[2239], Kindesunterhalt. Voraussetzung ist ansonsten lediglich ein Streit über die Forderung, sowie eine schwierige Aufklärung, die zum streitigen Teil außer Verhältnis stehen würde.[2240] Die Entstehung der Forderung muss jedoch vorab nach § 286 ZPO geklärt sein. Ob anstelle der Feststellung der rechtserheblichen Tatsachen für § 286 ZPO auch eine Schätzung nach § 287 ZPO stehen darf, wenn die Klärung dieser unverhältnismäßig schwierig ist, ist nicht aus § 287 Abs. 2 ZPO herleitbar. Möglich scheint lediglich eine analoge Anwendung bei vermögensbezogener Bewertung; „so ließe sich die Anwendung des § 287 Abs. 2 ZPO auf die Feststellung der Massenunzulänglichkeit“[2241] i. S. d. § 208 InsO begründen.

*c) Beweislast*

25 Die Beweislast führt, wie im Vorangegangenen deutlich geworden ist, gegebenenfalls zu Gewinn oder Verlust des Prozesses. So hat z.B. der Käufer, der wegen Nichterfüllung des Kaufvertrages Ersatz von Aufwendungen verlangt, deren Entstehen unabhängig davon zu beweisen, ob er sie zur Erlangung der Gegenleistung oder im Vertrauen auf den Bestand des Kaufs für ein weiteres Geschäft erbracht hat.[2242]

Fallbeispiel

26 Fall**:** Die Insolvenzschuldnerin hatte von der späteren Klägerin Geschäftsräume mit der Maßgabe gemietet, diese untervermieten zu dürfen. Nach Eröffnung des Insolvenzverfahrens über das Vermögen der Mieterin und der Einsetzung des späteren

2235 Ahrens, in: Wieczorek/Schütze, ZPO, § 287 Rn. 60.

2236 Prütting, in: MünchKomm, ZPO, § 287 Rn. 19.

2237 Vgl. Ahrens, in: Wieczorek/Schütze, ZPO, § 287 Rn. 60.

2238 BGH, Urteil vom 1.7.1982, Az.: III ZR 10/81 = NVwZ 1982, 644; Prütting, in: MünchKomm, ZPO, § 287 Rn. 21.

2239 BGH, Urteil vom 20.4.2005, Az.: VIII ZR 110/04 = NJW 2005, 2074.

2240 BGH, Urteil vom 25.6.2002, Az.: X ZR 83/00 = NJW 2002, 3317, 3320.

2241 BGH, Urteil vom 7.7.2005, Az.: IX ZR 241/01 = NZI 2005, 561, 562; BGH, Urteil vom 3.4.2003, Az.: IX ZR 101/02 = NZI 2003, 369, 372.

2242 BGH, Urteil vom 22.10.99, Az.: V ZR 401/98 = BGHZ 143, 41.

Beklagten als Insolvenzverwalter schloss dieser für die Zeit vom 30. Mai bis 30. September 2003 mit einer Dritten einen Untermietvertrag unter Überlassung des Mietobjektes, nachdem er zum 30. September 2003 das Mietverhältnis zur späteren Klägerin gekündigt hatte. Schon zu diesem Zeitpunkt wurde er von der späteren Klägerin darauf hingewiesen, er habe sich deshalb vertragswidrig verhalten, weil die Untervermietung nach dem Mietvertrag nur mit vorheriger schriftlicher Erlaubnis des Vermieters zulässig gewesen sei. Außerdem habe sie an die betreffende Dritte verschiedentlich vermietet und habe „wenig Freude" an der Mieterin gehabt. In der Tat räumte die Untermieterin weder das Objekt zum Ende des Untermietverhältnisses noch zahlte sie den Untermietzins. Erst im Februar 2005 gelangte die Klägerin wieder in den unmittelbaren Besitz der Räume. Der Beklagte hatte bereits Ende 2003 die Unzulänglichkeit der Masse angezeigt.

Da aber § 60 InsO keinen Ersatzschuldner schafft, sondern eine gesetzliche Haftung statuiert, die auf Ersatz negativen Interesses gerichtet ist,[2243] ist der Geschädigte so zu stellen, als wenn der Insolvenzverwalter die Pflichtverletzung nicht begangen hätte. Für den Mietausfallschaden, der grundsätzlich nach § 252 S. 1 BGB zu ersetzen ist, muss der klagende Geschädigte aber darlegen, in welchem Umfang Mietzins deshalb entgangen ist, weil das Objekt bei rechtzeitiger Rückgabe anderweitig hätte vermietet werden können. Hierfür sind gem. § 252 S. 2 BGB i. V. m § 287 ZPO Anknüpfungstatsachen[2244] vorzutragen und zu beweisen. Aus diesen Anknüpfungstatsachen hat sich die Wahrscheinlichkeit zu ergeben, dass der geltend gemachte Gewinn zu erzielen gewesen wäre. 27

Flowtex-Fall[2245]: Die Sicherungseigentümerin hatte die ihr übereigneten 185 Nutzfahrzeuge der Schuldnerin finanziert. Zum Teil hatten die Fahrzeuge eine nicht marktgängige Ausstattung wie z. B. Horizontalbohrsysteme nebst Versorgungseinheiten. Der Eröffnungsbeschluss war am 1.4.2000 erlassen worden, Berichtstermin fand am 23.5.2000 statt. Der beklagte Verwalter gab der Klägerin am 14.7.2000 88 Fahrzeuge zur Verwertung frei. Am 29. Juli 2000 gab der Verwalter der Klägerin einen marktgängig ausgestatteten Bus sowie 14 Fahrzeuge, die sich im Besitz von ausländischen Betriebsgesellschaften befunden hatten, frei. Weitere 51 Fahrzeuge wurden am 29.1.2001 freigegeben. 31 Fahrzeuge, die an in- und ausländische Unternehmen vermietet waren, veräußerte der Beklagte mit Hilfe eines Verwerters im Jahr 2000. Die klagende Sicherungseigentümerin begehrte Zinsen für die Zeit vom Berichtstermin bis zum jeweiligen Zeitpunkt der Freigabe der Fahrzeuge. Landgericht und Berufungsgericht gaben der Klage statt und führten aus, der beklagte Insolvenzverwalter habe nicht hin- 28

2243 BGH, Urteil vom 6.5.2004, Az.: IX ZR 48/03 = BGHZ 159, 104, 118 = ZIP 2004, 1107, 1112 m. Anm. Vallender EWiR 2004, 765.

2244 BGH, Urteil vom 24.4.2012, Az.: XI ZR 360/11 = NJW 2012, 2266.

2245 BGH, Urteil vom 16.2.2006, Az.: IX ZR 26/05 = DZWIR 2006, 422.

reichend darlegen können, durch die spätere Rückgabe der Fahrzeuge an die Klägerin sei die Verwertung nicht verzögert worden. Bei einer unmittelbar im Anschluss an den Berichtstermin erfolgten Freigabe der Fahrzeuge hätte die Klägerin diese früher verwerten können. Zweifel, ob dies der Klägerin wirtschaftlich zugute gekommen wäre, gingen zu Lasten des beweisbelasteten Beklagten. Nach dem Gesetz löse jede im Interesse der Masse eingetretene Verzögerung den Zinsanspruch aus, was im Übrigen auch für fruchtlose Verwertungsversuche des Insolvenzverwalters gelte.

29 Demgegenüber hat der IX. Zivilsenat ausgeführt, nach § 169 S. 1 InsO seien dem Gläubiger vom Berichtstermin zwar laufend die geschuldeten Zinsen aus der Insolvenzmasse zu zahlen. Voraussetzung sei, dass ein Gegenstand, zu dessen Verwertung der Insolvenzverwalter nach § 166 InsO berechtigt ist, nicht verwertet werde, wobei die Zinszahlung ein Ausgleich dafür sein soll, dass der gesicherte Gläubiger wegen des Verlustes seines Einziehungsrechts im Interesse der Insolvenzmasse auf die ihm zustehenden Verwertungserlöse warten müsse. Ausschlaggebend ist daher nicht die Verfahrenseröffnung, sondern der Berichtstermin, da erst von diesem Termin an der Insolvenzverwalter die Pflicht und das Recht hat, die zur Insolvenzmasse gehörenden Vermögensgegenstände „unverzüglich“ zu verwerten. Denn erst im Berichtstermin ergehen entsprechende Beschlüsse der Gläubigerversammlung, die den Insolvenzverwalter legitimieren bzw. an die Stelle der Masseverwertung andere Maßnahmen der Insolvenzverwaltung treten lassen. Vom Berichtstermin an greift indes keine gleichsam automatische Verzinsungspflicht. Denn es gehört nicht zu den Rechten des Sicherungsgläubigers, dass er von der Insolvenzmasse die Bewahrung der Werthaltigkeit des Sicherungsgutes verlangen kann. Aus der Insolvenzmasse ist dem Sicherungsgläubiger nur insoweit zu zahlen, wie ihm Schutz vor einer Verzögerung der Verwertung gewährleistet wird. Dies schließt der BGH aus S. 3 des § 169 InsO. Danach kann der Sicherungsgläubiger keine Zinsen verlangen, soweit nach Höhe der gesicherten Forderung und dem Wert und der sonstigen Belastung des Gegenstandes mit einer Befriedigung des Gläubigers aus dem Verwertungserlös nicht gerechnet werden kann. Eine vergleichbare Regelung trifft § 30e Abs. 3 ZVG. Der BGH hat dies bereits für sicherungszedierte Forderungen entschieden.[2246] Deren fehlende Bonität führt dazu, dass die Verzinsungspflicht gegenüber dem Sicherungszessionar entfällt. Der BGH bestimmt die Grenzen der Verzinsungspflicht folgendermaßen:

30 Ist das Sicherungsgut überhaupt nicht verwertungsfähig, entfällt die Verzinsungspflicht vollkommen. Das kann der Fall sein etwa bei Spezialgeräten, die nur für die von Schuldnerin betriebenen Produktionen einsatzfähig waren, auf-

2246 BGH, Urteil vom 16.3.2000, Az.: I ZR 214/97 = BGHZ 144, 72, 86 f.

gebrauchten Maschinen, Mobiliar, das in dieser Form nicht gebraucht wird usf. Weiter sind für den Zeitraum keine Zinsen geschuldet, der sich aus Verzögerung in der Verwertung bei der Verwertung ergibt, die in Gründen liegen, die sich unmittelbar aus der Beschaffenheit des Gutes ergeben. Denn auch der Gläubiger hätte in diesem Fall nicht schneller als der Insolvenzverwalter verwerten können. Schließlich entfällt eine Verzinsung, wenn der Verwalter zu einem Zeitpunkt nach dem Berichtstermin freigegeben hat und dem Gläubiger eine frühere Verwertung nach dem Berichtstermin nicht möglich gewesen wäre.

Die Beweislast hierfür trägt in der Tat der Insolvenzverwalter. Dies leitete 31
der BGH aus dem Wortlaut des § 169 S. 3 InsO ab, der als Ausnahmetatbestand ausgestaltet ist und etwa § 932 Abs. 2 BGB entspricht. Für das Eingreifen eines Ausnahmetatbestandes trägt derjenige die Darlegungslast, der sich auf ihn beruft.[2247] Dies gilt nach allgemeiner Meinung auch für § 169 S. 3 InsO.[2248] Sachlicher Grund hierfür ist, dass der Insolvenzverwalter regelmäßig die bessere Möglichkeit zur Verwertung des Sicherungsguts besitzt als der Sicherungsgläubiger, der außerhalb des Unternehmens steht. Die Darlegungs- und Beweislast des Insolvenzverwalters ist daher primär hinsichtlich des Fehlens von Verwertungsmöglichkeiten begründet. Erst soweit der Insolvenzverwalter den Gegenstand nicht selbst verwertet, sondern nach dem Berichtstermin an den Gläubiger das Sicherungsgut freigegeben hat, ist eine vom BGH als sekundäre Darlegungs- und Beweislast bezeichnete Last des Sicherungsgläubigers begründet, aufgrund derer er darzulegen hat, ob und mit welchem Ergebnis er nach erfolgter Freigabe Verwertungsbemühungen entfaltet hat. Entscheidend ist aber Folgendes: Der BGH geht davon aus, dass die Verzinsungspflicht einen Entschädigungscharakter hat.[2249] Der Vollbeweis des Fehlens einer Verwertungsmöglichkeit ist für den Insolvenzverwalter mit unverhältnismäßigen Schwierigkeiten verbunden. Daher kommt ihm die Beweiserleichterung des § 287 ZPO zugute. Das Prozessgericht entscheidet daher unter Würdigung einer Umstellung nach freier Überzeugung, ob und in welchem Umfang eine Verzögerung der Verwertung auf insolvenzspezifischen oder nicht insolvenzspezifischen Ursachen beruht hat. Daraus ergibt sich eine Reihe von Maßstäben. Sicherungsgut durchschnittlicher Beschaffenheit und folglich gewöhnlicher Verwertungsfähigkeit begründen wegen jeder Verzögerung der Verwertung eine Verzinsungspflicht, im vorliegenden Fall hinsichtlich der am 14.7.2000 freigegebenen 88 Nutzfahrzeuge und des am 29.7.2000 zur Verfügung gestellten Busses. Insofern liegen nämlich keine besonderen Umstände vor, die vom Gericht als Begründung dafür hätten gewertet

2247 BGH, Urteil vom 16.6.1983, Az.: VII ZR 370/82 = BGHZ 87, 393, 399 f.

2248 BGH, Urteil vom 16.6.1983, Az.: VII ZR 370/82 = BGHZ 87, 393, 399 f.

2249 BGH, Urteil vom 20.3.2003, Az.: IX ZR 81/02 = BGHZ 154, 72, 86 f.

werden können, dass die Verzögerung der Verwertung auf in der Beschaffenheit der Umstände beruht habe. Dem Insolvenzverwalter war es nämlich bereits vor dem Berichtstermin möglich, die Verwertungschancen abzusehen – er hatte sogar die Pflicht dazu, da dies Teil seines Berichts zu sein gehabt hätte. Demzufolge hätte er unverzüglich nach dem Berichtstermin die Freigabe erklären können. Im vorliegenden Fall freilich hatte der Insolvenzverwalter geltend gemacht, die Parteien hätten aufgrund einer einheitlichen Verwertungsstrategie die Fahrzeuge als einheitliches Zentralbausystem verkaufen oder vermieten wollen. Hierfür hat der BGH keine hinreichenden Anhaltspunkte gesehen, was angesichts der Werthaltigkeit eines solchen Systems nicht vollständig überzeugt, betrachtet man die Würdigung der Beweisaufnahmen durch das Berufungsgericht.

32 Beim „gerechtigkeitsbezogenen" richterlichen Ermessen geht es daher – nicht anders als bei der Ausübung eines „Tatbestandsermessens" – um Fragen der richtigen Rechtsanwendung[2250]. Dort wird dem Richter beispielsweise die Schätzung der Schadenshöhe nach § 287 ZPO in sein „billiges" Ermessen gegeben[2251]. Oder ihm wird ein Entscheidungsermessen hinsichtlich der Kostenfolge der beiderseitigen Erledigungserklärung im Prozess eingeräumt. Im zweiten Falle wird dem Gericht beispielsweise in § 273 Abs. 2 ZPO ein Ermessenspielraum bei der Vorbereitung des Termins zur mündlichen Verhandlung eingeräumt. Nun richtet sich das Ermessen des Gerichts in den zuerst genannten Beispielen nicht darauf, eine vom Vortrag der Parteien und der Anwendung des (materiellen) Rechts im Prozess unabhängige Entscheidung fällen zu können, obwohl dies als Beleg für die Behauptung der Existenz eines Feldes volitiven Entscheidungs- und Ermessensspielraums des Richters angeführt wird[2252]. Diese würde

2250 Schwinge, Grundlagen des Revisionsrechts, S. 47; Jansen, FGG § 27 Rn. 24.

2251 Vgl. Gottwald, Schadenszurechnung und Schadensschätzung: Zum Ermessen des Richters im Schadensrecht und im Schadensersatzprozess, 1979.

2252 Vgl. Behrens, Die Nachprüfbarkeit zivilrichterlicher Ermessensentscheidungen, 1979, S. 36 ff. Seine von Peters betreute Arbeit nimmt insofern eine Sonderstellung in der Literatur ein, als er versucht, aus einer Wesensgleichheit des zivilrichterlichen und des Verwaltungsermessens (S. 38) eine rechtsmittelrechtliche Unüberprüfbarkeit zivilrichterlicher Ermessensentscheidungen aus dem analog anzuwenden § 114 VwGO (!) zu begründen. Behrens argumentiert damit, es sei nicht gewährleistet, dass die Rechtsmittelinstanzen zweckmäßiger entscheiden können als ihre Vorinstanzen (S. 95 ff.). Das ist völlig richtig und entspricht soweit der hier vertretenen Ansicht, als in keinem Verfahren funktionaler Rechtsprechung die Zweckmäßigkeit der zu treffenden Entscheidung sichergestellt werden kann, weil es um die Anwendung des Rechts geht. Weil dies aber den funktionalen Unterschied zwischen Rechtsprechung und Verwaltung ausmacht, sind Behrens Prämissen einer strukturellen Gleichheit beider Entscheidungsprozesse falsch. Behrens führt zwar mit der heute vorherrschenden Strömung einer Leugnung der Differenzierungsmöglichkeit von Exekutive und Judikative aus (S. 36 f.), aufgrund der Ausübung eines ihm eingeräumten Ermessens werde

sich stets als willkürlich darstellen – sie würde dem Gebote der Gleichbehandlung zuwiderlaufen, wenn z. B. die „Billigkeitsentscheidung“ des Richters von der Überlegung beeinflusst wäre, ob der Beklagte bei einem Haftpflichtversicherer Regress nehmen könne usf., wenngleich derartige Überlegungen von Dogmatik und Gesetzgebung selbstverständlich in ihre Entscheidungen einzubeziehen sind. Vielmehr geht es bei der Einräumung richterlichen Ermessens (insbesondere gem. § 287 ZPO) darum, bestimmte verfahrensrechtliche Vereinfachungen zu ermöglichen: Es brauchen im Bereich der richterlichen Schadensschätzung nicht mehr alle erforderlichen Sachverständigengutachten usf. eingeholt werden, obwohl „an sich“ noch Beweiserhebungen durchzuführen gewesen wären[2253]. Diese Fälle betreffen also – um in der oben in diese dogmatischen Zusammenhänge eingeführten, systemtheoretischen Ausdrucksweise zu bleiben – die „konditionale Programmierung“ des Entscheidungsvorganges. Sie führen zu einer Modifikation der entscheidungserheblichen Umstände, stellen aber den Richter bei seiner Entscheidung nicht von der Gesetzesanwendung frei. Ob dem Kläger in der behaupteten Höhe Schadensersatz zusteht oder nicht, liegt nicht in der „Willkür“ des Richters[2254]; auch dessen Schätzung nach § 287 ZPO ist selbst Bestandteil des Rechts und einer rechtlichen Überprüfung soweit zugänglich, wie die richterliche Schätzung auf Kriterien beruht, die eine Gleichbehandlung im Schadensersatzrecht gewährleisten wie die Annahme allgemeiner Kausalgesetze oder im Bereich des Schmerzensgeldes auf der, durch Schmerzensgeldtabellen zu Übersichten zusammengefassten Kasuistik einer Großzahl von Entscheidungen vergleichbarer oder benachbarter Fälle[2255]. Mit anderen Worten bleibt die Entscheidung eine „rein rechtsanwendende“ Erkenntnis. Nun hört die Bindung an das Gesetz allerdings auch in der zweiten Fallgruppe nicht auf. Doch verändert sich dort gegenüber der erstgenannten augenscheinlich die Problemstellung. Denn während es in der ersten um die Veränderung der Grundlagen der Streitentscheidung (als dem zu erreichenden „Zweck“ der zu erfüllenden

der Zivilrichter nicht zum Verwaltungsbeamten. Doch wird mit dieser Art der Darstellung die weitere Arbeit Behrens unklar, weil er die Differenz von Rechtsprechung und Verwaltung nur justizorganisationsrechtlich, nicht aber prozessual versteht.

2253 Dies räumt auch Behrens (Fn. 2252), S. 29, 31 ein; § 91a vgl. Göppinger, Die Erledigung des Rechtsstreits in der Hauptsache, 1957, S. 205 ff.

2254 So ausdrücklich Goldschmidt, Der Prozess als Rechtslage, S. 256; Bettermann, Jellinek-GS, S. 367.

2255 Bettermann (Fn. 2254) S. 366 f. weist im Anschluss an W. Jellinek, Gesetz, Gesetzesanwendung und Zweckmäßigkeit, S. 52-54 darauf hin, dass es bei richterlichen Schätzungen zwar um ein ungenaues Maß, aber doch um ein „Maß“ i.S.e. normativen Kriteriums der Entscheidung handle, das deren Nachprüfbarkeit erlaube. Zur freien Beweiswürdigung Goldschmidt, Der Prozess als Rechtslage, S. 257.

Aufgabe des Verfahrens) ging, hat sich hier die Perspektive hin zur technischen Durchführung des Verfahrens selbst verschoben[2256]. Die „Freiheit" des Gerichts ist hier zu verstehen in Bezug auf die konkrete Zweckerreichung – die Veranstaltung eines schnellen, richtigen und preiswerten Prozesses[2257]. Mit anderen Worten verwandelt die Einräumung richterlichen Ermessens den Prozess nicht in ein Verfahren, das von einem dem Richter dispositiven Prozessrecht strukturiert wird – worauf besonders *J. Goldschmidt*[2258] zu Recht hingewiesen hat.

## V. Rechtsfrage und Tatfrage

33 Damit ist indes das Problem der richterlichen Schätzungen insbesondere im Kontext der „Ermessensspielräume", die dem Richter im Schadensersatzprozess eingeräumt sind, noch nicht in dem Umfang ausgeleuchtet, der für das Verständnis der Beweiswürdigung erforderlich ist[2259]. Dieser Themenkreis verweist vielmehr auf eigene Schwierigkeiten, denen wir uns kurz zuwenden müssen, bevor wir unseren Gedankengang wieder aufgreifen können. Im Hinblick auf Elemente tatrichterlicher Entscheidungen, die sich auf die „Tatfrage" beziehen, sollen diese nach lang geübter Judikatur[2260] nicht revisibel sein. M.a.W. bedeutet diese Beschränkung der Revision aber, dass dem Tatrichter ein Spielraum für eigene Wertungen eröffnet wird.

34 Besonders das BAG[2261] hat die Ansicht vertreten, der Tatrichter genieße bei seiner Entscheidung einen „Beurteilungsspielraum", so dass seine Entscheidung immer dann nicht revisibel sei, wenn sie „vertretbar" sei. *H.-E. Henke*[2262] hat freilich zu Recht dargestellt, dass dies ebenso „zu weit" geht wie der in den Begründungen einiger Entscheidungen des BGH[2263] aufgestellte Satz, die „Interessenabwägung im Einzelfall" durch den Tatrichter sei dessen Domäne und damit der Revision entzogen.

2256 Bettermann (Fn. 2254) S. 367.

2257 So ausdrücklich Bettermann (Fn. 2254) S. 365.

2258 Goldschmidt, Der Prozess als Rechtslage S. 304. Goldschmidt rekurriert auf die Kategorie der „Rechtslage": Die Rechtslage als Zusammenfassung der Erfolgsaussichten der Parteien (S. 292) ist nach Goldschmidt die spezifisch prozessuale Abbildung der materiellen Rechtslage und insofern für das Gericht verbindliches Recht (S. 256).

2259 Vgl. bereits Goldschmidt Prozeß als Rechtslage., S. 265-258.

2260 Vgl. allein Henke, Die Tatfrage S. 9 ff. m.um f. N.

2261 BAG, Urteil vom 10.4.1957, Az.: BAGE 4, 152, 155; BAG, Urteil vom 25.4.1960, Az.: BAGE 9, 179, 182 f; BAG, Urteil vom 15.11.1961, Az.: BAGE 12, 36, 39.

2262 Henke (Fn. 2260) S. 228 f.

2263 Nachw. bei Henke (Fn. 2260) S. 235 N. 266.

Das Urteil beruht auf tatsächlichen Feststellungen: dass der vorgetragene 35
Sachverhalt sich so oder so ereignet habe. Sofern der Sachverhalt unstreitig ist, hat es bei der „reinen Rechtsanwendung“ im Urteil sein Bewenden. Der Tatrichter – und im Übrigen auch nicht das Revisionsgericht! – hat insofern keinen „Beurteilungsspielraum“[2264].

Anders stellt sich dies allerdings dar, sobald die Parteien über die tatsächli- 36
chen Grundlagen des Urteils streiten. Es stellt sich dann nämlich in der Beweisstation die Frage, welche der Tatsachenbehauptungen als erwiesen anzusehen und damit dem Urteil (als dem Akt der rechtlichen Würdigung dieser festgestellten Tatsachen) zu unterlegen sind. Nun ist eine Reihe von Schlussfolgerungen des Richters auf diesem Gebiet durchaus revisibel, oder anders ausgedrückt, als Anwendung des Rechts einer „freien“ tatrichterlichen Würdigung des Richters entzogen. Dies ist – fassen wir die Literatur wenigstens grob zusammen – dann der Fall, wenn sich aus dem tatrichterlichen Urteil erkennen lässt, dass das Gericht nur eine unvollständige Würdigung des Sachverhaltes vorgenommen hat[2265]. Die „Verletzung von Denkgesetzen“ durch den Tatrichter steht als prominentes Beispiel für eine solche Revisibilität tatrichterlicher Feststellungen[2266]. Damit bleibt indes immer noch ein „Rest“ der tatrichterlichen Würdigung des Sachverhalts zurück, der allenfalls dann ausgeschlossen werden könnte, wenn wir uns zu einer Rückkehr zu den Beweisregelkatalogen historischer Rechte entschließen würden[2267], wofür freilich schon deshalb nichts spricht, weil diese aus den unterschiedlichsten Gründen nicht die Gewissheit vermitteln, die wir aufgrund unseres bisherigen Erkenntnisstandes für die Herstellung des Tatbestandes des Urteils beanspruchen[2268].

Im Rahmen der Tatfrage fließen daher z. T. nicht voll demonstrierbare Fest- 37
stellungen[2269] in die Entscheidung ein[2270]: Nämlich vornehmlich die „Bewertung“ des Verhaltens von Zeugen oder der Parteien, oder auch der dem Tatrichter vorgelegten Augenscheinsobjekte[2271], die zur subjektiven Überzeugung des

2264 Henke (Fn. 2260) S. 269 ff.

2265 Henke (Fn. 2260) S. 226, 228, 260.

2266 Henke (Fn. 2260).

2267 Aufbieten von Eideshelfern usf. Mit dem bis 1933 zulässigen Parteieid gem. dem damaligen § 459 ZPO „ragte ein Rest des alten förmlichen Beweisrechts in den modernen Prozess hinein“ (Goldschmidt, Der Prozess als Rechtslage, S. 438).

2268 Zum Ganzen die eingehende Untersuchung: Walthers, Freie Beweiswürdigung, 1979, S. 7 ff.

2269 Pawlowski, Methodenlehre für Juristen Rn. 464 – 466.

2270 Dütz ZZP 87 (1974), 362.

2271 Die freilich bereits – nicht anders als Sachverständigengutachten – in eine Grauzone der Revisibilität hereinreichen.

Richters von einem bestimmten Tathergang oder dem tatsächlichen Vorliegen bestimmter Umstände führen.

38 Dies bereitet freilich Probleme besonders im Hinblick auf die Feststellung der subjektiven Tatbestandsmerkmale im Strafprozess, für die nach hL dasselbe wie für die Beweiswürdigung in Ansehung der objektiven Tatbestandsmerkmale gelten soll – was die Gefahr willkürlicher Annahmen des Vorliegens eines subjektiven Tatbestandes durch das Gericht birgt[2272] und daher schon aus Gründen des Nulla-poena-Grundsatzes nach normativen Kriterien verlangt. Lässt man bei der Feststellung des subjektiven Tatbestandes einfach jede „Wertung“ genügen, wird zufälligen Ergebnissen das Feld eröffnet. Die tatsächlichen Feststellungen hinsichtlich des subjektiven Tatbestandes sind daher soweit revisibel, dass durch das Revisionsgericht nachgeprüft werden kann, ob der festgestellte objektive Tatbestand die vom Tatrichter gezogenen Schlüsse auf den subjektiven Tatbestand zulässt.

39 Demgegenüber wird daher der subjektive Tatbestand allgemein – die „Zwecke“ der Parteien oder der verfahrensbeteiligten Rechtsgenossen – durch die Würdigung des äußeren Tatbestandes[2273] gewonnen. So werden persönliche Wertungen des Richters zwar durch das Prozessrecht neutralisiert[2274] – doch bleibt es der Geschicklichkeit der Parteien (oder im Strafprozess des Angeklagten oder seines Verteidigers) überlassen, die Tatfrage so darzustellen, dass später ein für sie rechtliche vorteilhaftes Urteil auf ihrer Grundlage erlassen wird. M.a.W. erscheint der Prozess unter dem Gesichtspunkt der Tatfrage in der Tat als eine Art „Krieg“, wie dies *J. Goldschmidt*[2275] ausdrückte, oder weniger martialisch formuliert ist die Tatfrage „der Ort, an dem die juristische Arbeit ‚zur Kunst‘ wird“[2276]. Und das führt auf unsere Ausgangsfrage zurück. Denn soweit auf dem Gebiet der Tatfrage Raum für nicht voll demonstrierbare Feststellungen ist, schlagen diese „Wertungen“ doch wegen der Trennung von Rechts- und Tatfrage auf die Rechtsanwendung nicht durch[2277].

---

2272 Eingehend jetzt Freund, Normative Probleme der Tatsachenermittlung, 1987, passim.

2273 Fallgruppen aus dem Strafrecht vgl. bei Freund ebd. (Fn. 52).

2274 Bruns, Zivilprozessrecht § 32; Pawlowski, Methodenlehre für Juristen Rn. 469.

2275 Der Prozess als Rechtslage, S. 292: „Es ist im Prozess wie im Krieg und (sic!) in der Politik“.

2276 Pawlowski, Methodenlehre für Juristen, Rn. 468.

2277 Henke (Fn. 2260) S. 187 ff.

# § 27 Sachverhaltsermittlung in Verfahren der freiwilligen Gerichtsbarkeit

## I. Amtsermittlung, § 26 FamFG

### Voraussetzungen

*a) Zweck-Mittel-Relation bei der Bestimmung des Umfangs amtswegiger Ermittlungen*

§ 26 FamFG ordnet an, dass das Gericht von Amts wegen die zur Feststellung der entscheidungserheblichen Tatsachen erforderlichen Ermittlungen durchzuführen hat. 1

Die Art der Sachverhaltsermittlung muss mit der Aufgabe des Verfahrens in Übereinstimmung stehen. Handelt es sich nämlich um ein „rechtspolizeiliches" Verfahren, in dem die Verrichtungen des Gerichts zur Abwehr von Gefährdungen solcher Rechtsgüter geht, deren Schutz ihm anvertraut ist, darf das Verfahren selbst nicht so ausgestaltet sein, dass diese Rechtsgüter im Verfahren selbst Schaden nehmen. 2

So sind Ermittlungen des Familiengerichts zur Vorbereitung der von den Eltern nach § 1643 i.V.m. §§ 1821, 1822 BGB beantragten Genehmigungen dann zweifelhaft, wenn ihre Kosten geeignet wären, das hierfür haftende Kindesvermögen erheblich zu belasten. Daher wird der Familienrichter z.B. bei einem Grundstückskaufvertrag zu bedenken haben, ob er einen Sachverständigen mit einer gutachterlichen Verkehrswertschätzung strengbeweislich beauftragt oder ob er sich auf den freibeweislich eingeholten Rat eines ihm bekannten Makler oder Mitarbeiter der Immobilienabteilung der örtlichen Sparkasse verläßt, der u.U. unentgeltlich eingeholt werden kann. 3

Eine freibeweisliche Ermittlung ist in diesem Zusammenhang insofern aus der Sicht des Antragstellers im Verfahren unbedenklich, da das Gericht nach § 29 Abs. 3 FamFG die Ergebnisse der Beweiserhebung aktenkundig zu machen hat. 4

*b) Besondere Probleme beim Kindeswohlbezug amtswegiger Ermittlungen*

Besondere Probleme ergeben sich in Fällen, in denen es um das Kindeswohl in personensorgerechtlicher Hinsicht geht. Dabei hilft es nicht weiter ohne weiteres auf § 26 FamFG zurückzugreifen. Diese Vorschrift gibt bestimmt, dass das Gericht im Rahmen seiner amtswegigen Ermittlungen die „entscheidungserheblichen Tatsachen" festzustellen hat. In welchem Umfang vom Gericht im vormundschaftsgerichtlichen Verfahren zur Beurteilung des Kindeswohls Tatsachen zu ermitteln sind, lässt sich hieraus nicht ableiten, da es insofern auf zwei Fragen ankommt: Welche Tatsachenfeststellungen benötigt das Gericht, um zur 5

Überzeugung von der Dienlichkeit einer zu treffenden Entscheidung für die Wahrung und Förderung des Kindeswohls gelangen zu können; wie verhält sich die durch diese Ermittlung zu verursachende Belastung des Kindes zu den berechtigten Interessen der anderen Beteiligten - § 1697a BGB.[2278]

6 Eine Grenze der Amtsermittlungen liegt jedenfalls darin, dass das Gericht nicht jeder nur denkbaren Möglichkeit nachgehen muss. Es besteht keine Pflicht zu einer Amtsermittlung „ins Blaue hinein", so dass bloße Verdachtsäußerungen, die jeglicher tatsächlichen Grundlage entbehren, keinen Anlass zur Durchführung von Ermittlungen geben.[2279] In der Judikatur wird aber davon ausgegangen, eine Pflicht zu der Aufklärung dienlichen Ermittlungen bestehe insoweit, als das Vorbringen der Beteiligten und der Sachverhalt als solcher „bei sorgfältiger Prüfung hierzu Anlass" geben.[2280] Daraus wird z.T. der Schluss gezogen, die Ermittlungen seien erst dann abzuschließen, wenn von weiteren Ermittlungen ein sachdienliches, die Entscheidung beeinflussendes Ergebnis nicht mehr zu erwarten ist.[2281] In kindschaftsrechtlichen Familiensachen seien „besondere Anforderungen an die tatrichterliche Sachaufklärung" zu stellen. Letzteres ist richtig. Problematisch ist es aber, wenn die – mit Belastungen des Kindes durch psychologische Sachverständigengutachten u.dgl.m. verbundenen – Amtsermittlungen

7 Fall: In einem vom OLG Saarbrücken entschiedenen Fall[2282] ging es um das Umgangsrecht eines Elternteils. Die Entscheidung hierfür setzt sorgfältige Amtsermittlungen voraus, da das Umgangsrecht unter dem Schutz des Art. 6 Abs. 2 S. 1 GG steht. Das OLG Saarbrücken hat dabei in Erinnerung gerufen, dass das Umgangsrecht dem umgangsberechtigten Elternteil möglich machen soll, sich von dem körperlichen und geistigen Befinden des Kindes und seiner Entwicklung durch Augenschein und gegenseitige Absprache fortlaufend zu überzeugen, die verwandtschaftlichen Beziehungen zu ihm aufrechtzuerhalten und einer Entfremdung vorzubeugen, sowie – so in der abtrakt und lebensfremd anmutenden Diktion des OLG wörtlich – „dem Liebesbedürfnis beider Teile Rechnung zu tragen".

8 Nun ist es in der Tat so, dass, können sich die Eltern über die Ausübung des Umgangsrechts nicht einigen, die Gerichte eine Entscheidung zu treffen haben. Und nachdem das gemeinsame Sorgerecht eingeführt worden ist, scheinen die Kinder im Verfahren den Preis dafür zu zahlen zu haben, dass die Eltern in Konfliktlagen geraten. Denn die Gerichte fühlen sich dazu veranlasst, im Verfahren sowohl die beiderseitigen Grundrechtspositionen der Eltern als auch das Wohl

2278 Olzen, in: MünchKomm, BGB, § 1697a Rn. 1.

2279 BGH, Beschluss vom 30.3.2012, Az.: XII ZB 537/10 = FamRZ 2011, 1047.

2280 BGH, Beschluss vom 30.3.2012, Az.: XII ZB 537/10 = FamRZ 2011, 1047.

2281 BGH, Beschluss vom 17.2.2010, Az.: XII ZB 68/09 = FamRZ 2010, 720.

2282 OLG Saarbrücken, Beschluss vom 03.04.2012, Az.: 6 UF 10/12 = MDR 2012, 1231.

des Kindes und dessen Individualität als Grundrechtsträger zu berücksichtigen. Die Gerichte sehen sich damit im Einzelfall dazu rechtlich gezwungen, den Umfang ihrer amtswegigen Sachverhaltsermittlungen so zu bestimmen, dass sie sich dabei um eine Konkordanz der verschiedenen Grundrechte bemühen. Das kehrt Kindeswohlorientierungen der Amtsermittlung in ihr Gegenteil um, wenn behauptet wird, an die – einfachrechtlich auf § 1684 Abs. 4 BGB zu gründende – Einschränkung oder gar den Ausschluss des Umgangsrechts eines Elternteils seien strenge Maßstäbe anzulegen, deren Wahrung das Gericht von Amts wegen und wegen des stets letztentscheidenden Kindeswohls[2283] auch unabhängig von einem etwaigen Einvernehmen der Eltern[2284] zu überprüfen habe.[2285] Nun lässt es sich – wiederum unabhängig vom Verfahren – konzedieren, dass „eine Einschränkung des Umgangsrechts … nur veranlasst [sei], wenn nach den Umständen des Einzelfalls der Schutz des Kindes dies erfordert, um eine Gefährdung seiner seelischen oder körperlichen Entwicklung abzuwehren."[2286] Das kindeswohlorientierte Verfahren des Familiengerichts kehrt sich in ein Quasi-Streitverfahren um, wenn das OLG Saarbrücken ausführt: Die gefahrenabwehrorientierte Entscheidung zum Schutz es Kindeswohls setze „eine gegenwärtige Gefahr in solchem Maß voraus, dass sich bei ihrem weiteren Fortschreiten eine erhebliche Schädigung der weiteren Entwicklung des Kindes mit ziemlicher Sicherheit voraussehen lässt".[2287]

Die Eltern stritten unter anderem um das Umgangsrecht des Vaters mit dem gemeinschaftlichen Kind M. In einem vorangegangenen Verfahren hatten die Eltern mehrere sehr detaillierte Vereinbarungen geschlossen, die das Familiengericht gerichtlich billigte und mit einer Folgenankündigung nach § 89 Abs. 2 FamFG versah. Nachdem die Mutter entgegen ihrer in diesem gerichtlich gebilligten Vergleich titulierten Verpflichtung dem Vater den Reisepass für M. an zwei Wochenenden im Juni 2010 nicht mitgegeben hatte, verhängte der Senat gegen sie ein Ordnungsgeld von 200 EUR. Zwei weitere Ordnungsgelder von insgesamt 250 EUR ordnete das Familiengericht gegen die Mutter an, weil diese dem Vater erneut zu zwei Umgangsterminen im September 2010 den Reisepass 9

2283 BVerfG, Urteil vom 24.3.1981, Az.: 1 BvR 1516/78, 1 BvR 964/80, 1 BvR 1337/80 = BVerfGE 56, 363; BVerfG, kammerbeschluss vom 18.3.2008 = BVerfG FuR 2008, 338.

2284 BGH, Beschluss vom 1.2.2012, Az.: XII ZB 188/11 = FamRZ 2012, 533.

2285 OLG Saarbrücken, Beschluss vom 03.04.2012, Az.: 6 UF 10/12.= MDR 2012, 1231.

2286 BVerfG. Kammerbeschluss vom 14.7.2010, Az.: 1 BvR 3189/09 = FamRZ 2010, 1622; 2009, 399; BGH, beschluss vom 27.10.1993, Az.: CII ZB 88/92 = FamRZ 1994, 158; Senatsbeschluss vom 24.01.2011, Az.: 6 UF 116/10 = FamRZ 2011, 1409,

2287 BVerfG, Beschluss vom 28. Februar 2012, Az.: 1 BvR 3116/11; BVerfG FamRZ 2009, 1472; Senatsbeschluss vom 16. Februar 2010, Az.: 6 UF 96/09 = FamRZ 2010, 1746 m.w.N., und vom 29. Februar 2012 – 6 UF 13/12 .

von M. nicht ausgehändigt hatte. Im Termin – in dem weder das Jugendamt noch der zwischenzeitlich für M. bestellte Verfahrensbeistand einen eigenen Antrag gestellt haben – hat das Familiengericht M. im Beisein seines Verfahrensbeistandes, die Eltern und die Sachbearbeiterin des Jugendamts persönlich angehört. Der Vater hat in seiner Anhörung mit Nachdruck Umgang und eine „fach- und kindgerechte" Erforschung des wahren Willens von M. eingefordert.

Nachdem die Judikatur in derartigen Fällen das Pflichtrecht auch der getrenntlebenden Eltern einem Primat einer verfassungsrechtlichen Dimension von Art. 6 Abs. 2 GG unterstellt hat, wird behauptet, damit werde auch das Verfahrensrecht und seine Handhabung im Kindschaftsverfahren beeinflusst. Das Verfahren, das nach § 1697a BGB in der Tat dem Schutz des Kindeswohls zu dienen hat, wird dann seiner Ausgestaltung so gefasst, dass es geeignet und angemessen ist, um der Durchsetzung der materiellen Grundrechtspositionen der Eltern (!) wirkungsvoll zu dienen. In der Judikatur wird aber nicht verkannt, dass die Verfahrensgestaltung zwar den Elternrechten Rechnung tragen muss, aber unter dem Primat des Kindeswohls steht. Und es wird durchaus gesehen, dass der Staat im Rahmen seines „Wächteramtes" (früher sprach man von der „Obervormundschaft") gem. Art. 6 Abs. 2 S. 2 GG verpflichtet ist, das Verfahren entsprechend auszugestalten. Hieraus wird aber heute von der herrschenden Judikatur und Lehre[2288] dazu verpflichtet sei, die zur Verfügung stehenden Aufklärungs- und Prüfungsmöglichkeiten hinsichtlich entscheidungserheblicher Tatsachen auszuschöpfen und sein Verfahren so gestalten, dass es möglichst zuverlässig die Grundlage einer am Kindeswohl orientierten Entscheidung erkennen kann.[2289] Soweit in die Rechte eines Elternteils eingegriffen werde, sei es geboten, ein psychologisches Sachverständigengutachten einzuholen, das etwa zu Qualität der Bindungen des Kindes zum umgangsberechtigten Elternteil, seinem wirklichen Willen und den in Betracht kommenden familiengerichtlichen Maßnahmen näheren Aufschluss geben kann.[2290]

---

2288

2289 BVerfG, Kammerbeschluss vom 14.7.2010, Az.: 1 BvR 3189/09 = FamRZ 2010, 1622; BVerfG, Beschluss vom 18.12.2008, Az.: 1 BvR2604/06 = FamRZ 2009, 291, BVerfG, Beschluss vom 5.12.2008, Az.: 1 BvR 746/08 = FamRZ 2009, 399 und BVerfG, Beschluss vom 10.9.2009, Az.: 1 BvR 1248/09 = FamRZ 2009, 1897; BVerfG, Beschluss vom 26.9.2006, Az.: 1 BvR 1827/06 = FamRZ 2007, 105; BGH, Beschluss vom 26.10.2012, Az.: XII ZB 247/11 = FF 2012, 67 m. Anm. Völker; BGH, Beschluss vom 17.2.2010, Az.: XII ZB 68/09 = FamRZ 2010, 720.

2290 BVerfG, Beschluss vom 10.9.2009, Az.: 1 BvR 1248/09 = FamRZ 2009, 1897; BGH, Beschluss vom 28.4.2010, Az.: XII ZB 81/09 = FamRZ 2010, 1060.

Die hL meint nun, der genaue Umfang der erforderlichen Ermittlungen richte sich nach den im konkreten Einzelfall betroffenen Kindeswohlbelangen.[2291] Vereinfacht ausgedrückt: Je intensiver das Kindeswohl betroffen ist, desto umfangreicher hätten die anzustellenden Ermittlungen zu sein. Zu Recht ist einer derartigen Art der Argumentation *Rassek*[2292] entgegengetreten. 11

*Rassek*[2293] hat darauf aufmerksam gemacht, dass der Kindeswohlbegriff zu erheblichen Belastungen des Kindes führt – wenn man ihn als Aufforderung versteht, Tatbestandsvoraussetzungen „positiver" Prognosen zu ermitteln.[2294] Dagegen hat *Rassek*[2295] vorgeschlagen, einen „negativen" Begriff Kindeswohl anhand von normativen Faktoren wie dem Kontinuitätsprinzip[2296] an Tatbestandsmerkmale zu knüpfen, deren Voraussetzungen einfach und schonend ermittelt werden können. 12

## II. Freibeweis

### 1. Was versteht man unter dem Freibeweis?

Das Beweisverfahren der freiwilligen Gerichtsbarkeit ist in den §§ 29 und 30 FamFG geregelt. § 29 FamFG sieht die Möglichkeit eines Verfahrens der Sachverhaltsermittlung in Form eines Freibeweises vor. § 29 Abs. 1 FamFG regelt nämlich, dass das Gericht die erforderlichen Beweise in geeigneter Form erhebt, wobei es hierbei an das Vorbringen der Beteiligten nicht gebunden ist. § 30 Abs. 1 FamFG eröffnet dem Gericht die Möglichkeit einer Sachverhaltsermittlung im Wege des Strengbeweises; Abs. 1 der Vorschrift sieht vor, dass das Gericht nach pflichtgemäßem Ermessen entscheidet, ob es die entscheidungserheblichen Tatsachen durch eine förmliche Beweisaufnahme entsprechend der Zivilprozessordnung feststellt. Eine förmliche Beweisaufnahme über die Richtigkeit einer Tatsachenbehauptung soll gem. § 30 Abs. 3 FamFG stattfinden, wenn das Gericht seine Entscheidung maßgeblich auf die Feststellung dieser Tatsache stützen will und die Richtigkeit von einem Beteiligten ausdrücklich bestritten wird. Im Übrigen hat nach § 30 Abs. 2 FamFG eine förmliche Beweisaufnahme hat stattzufinden, wenn es in diesem Gesetz vorgesehen ist. 13

---

2291 BGH, Beschluss vom 16.3.2011, Az.: XII ZB 40710 = FamRZ 2011, 796; BGH, Beschluss vom 28.4.2010, Az.: XII ZB 81/09 = FamRZ 2010, 1060, jeweils m. Anm. Völker.

2292 Rassek, Begriff und Bestimmung des Kindeswohls, 1983, 7 ff.

2293 Rassek (Fn. 2292) 27 ff.

2294 Vgl. bereits OLG Hamm, Beschluss vom 15.11.1979, Az.: 3 UF 177/79 = FamRZ 1980, 487 f.

2295 Rassek (Fn. 2292) 70.

2296 Rassek (Fn. 2292) 71.

14 Die herrschende Meinung[2297] entnimmt diesen Bestimmungen, dass der Richter der freiwilligen Gerichtsbarkeit nach pflichtgemäßem Ermessen den Weg zu bestimmen hat, auf dem er sich Gewissheit über die für die zu treffende Entscheidung erheblichen Tatsachen beschafft,– und das gilt auch für den Familienrichter in Kindschaftssachen (also in Vormundschaftsverfahren): Daher kann er nach § 30 FamFG im Wege des sogenannten Strengbeweises verfahren und sich damit der Formen des Zivilprozesses bedienen. Er kann sich aber auch auf anderen, formlosen Wegen Gewissheit über die Tatsachen verschaffen: durch formlose Anhörung oder Einsichtnahme in Akten der Verwaltung oder z.B. eines Zivil- oder Strafgerichts.

15 Die ältere Literatur[2298] verstand diejenigen Bestimmungen, die eine Anhörung von Beteiligten vorsah, vielfach als Ergänzung oder Konkretisierung des § 12 FGG: Man sah in ihnen also Vorschriften, die dem Vormundschaftsrichter oder dem Nachlassrichter einen bestimmten Weg vorschrieben, auf dem er sich das notwendige Tatsachenmaterial zu beschaffen hatte.

## 2. Amtsermittlung und Freibeweis?

16 Der Grundsatz der Amtsermittlung hängt stets mit dem Beweisverfahren zusammen[2299]. Daher bedeutet die Geltung des Untersuchungsgrundsatzes, dass der Richter von Amts wegen Beweise erheben lassen kann. Ermittlung und Beweis einer Tatsache gehen, wie es Pawlowski[2300] eindrucksvoll ausgeführt hat, in einem Verfahren, in dem das Gericht den Verfahrensgegenstand beherrscht, ineinander übergehen[2301] Denn die Beweisaufnahme ist in diesen Verfahren nicht auf die Tatsachenbehauptungen beschränkt, über deren Wahrheit die Beteiligten streiten.

---

2297 Vgl. z. B. Jansen, FGG, § 12, Rn. 39; Ameldung, in: Keidel, FGG, § 12, Rn. 42, 175; § 15, Rn. 3; Bumiller/Winkler, FGG, § 12, 7; § 15, 1; Habscheid, FGG, § 21, II, S. 156 ff.; Baur, FGG, § 20, II, S. 200. Dagegen aber Kollhosser (FGG, § 6 VI, S. 200 ff.; ders., ZZP 93, S. 265 ff., 273 ff.), der für den Vorrang des Strengbeweises eintritt.

2298 Vgl. Schlegelberger, FGG, § 12, 19 und noch BGH, Urteil vom 19.6.1953, Az.: V ZR 83/51 = NJW 1953, 1587; OLG Frankfurt, Entscheidung vom 25.1.1962, Az.: 6 W 602/61 = FamRZ 1962, S. 173 f.

2299 Soweit es um Verfahren geht, die ein Richter führt, dessen Unabhängigkeit und Neutralität dadurch gewährleistet werden, dass er sich anders zu den Tatsachen verhält, als ein Verwaltungsbeamter. Bei den Ermittlungen der Polizei oder des Jugendamtes stellen sich daher andere Fragen.

2300 Pawlowski, in: Pawlowski/Smid, § 6 Rn. 243.

2301 Vgl. z. B. Klüsener, FGG, Rn. 57; dagegen Kollhosser, FGG, § 6, V, S. 191 ff. und Brehm, FGG, § 15, II 2 b, S. 134.

Dennoch ergibt sich die Möglichkeit freibeweislicher Ermittlungen des Richters der freiwilligen Gerichtsbarkeit entgegen dem ersten Schein nicht aus dem Untersuchungsgrundsatz. Das zeigt sich bereits daraus, dass der Untersuchungsgrundsatz gem. § 244 Abs. 2 StPO auch im Strafprozess herrscht. Wie bereits in den vorangegangenen Überlegungen ausgeführt gilt auch im Ehescheidungsverfahren gem. § 127 FamFG ein (eingeschränkter) Untersuchungsgrundsatz. 17

Dabei fragt es sich, ob es sich bei dem sogenannten Freibeweis noch nicht um einen Beweis handelt, oder nur um das Verfahren der Stoffsammlung und damit um „Ermittlungen". Dass wäre der Fall, wenn Tatsachen „streitig" sind, eine formale Beweisaufnahme stattfinden müsste – was zutreffen kann, wenn man von einem engen Begriff der „Tatsache" ausgeht. Solange aber klar ist, dass es sowohl beim Frei- als auch beim Strengbeweis um die Feststellung der Umstände geht, die der Richter seiner Entscheidung zugrunde legen kann und muss, kann diese Frage der Bezeichnung dahinstehen. 18

Es hat sich in den vorangegangenen Überlegungen gezeigt, dass eine Tatsache unter der Geltung des Verhandlungsgrundsatzes im Zivilprozess dadurch zum Gegenstand des Verfahrens wird, dass die Parteien sie durch eigene Behauptungen in den Prozess einführen.[2302] Erst aufgrund Bestreitens durch die Gegenpartei bedarf eine Tatsachenbehauptung des Beweises, sofern sie für die Entscheidung erheblich ist. Nach den bisherigen Überlegungen liegt es nahe, dass in einem vom Offizialprinzip beherrschten Verfahren eine derartige Abhängigkeit des Beweisverfahrens von der Streitigkeit einer Tatsache nicht in Betracht kommt. In einem Verfahren, das von Amts wegen eingeleitet werden kann, stellt sich jede Ermittlung als Bestätigung oder Widerlegung einer Annahme dar, die bereits Gegenstand des Verfahrens geworden ist. 19

Gilt der Dispositionsgrundsatz, sind es die Parteien, die durch Erklärungen, Anträge und Beweisantritte den Lauf des Verfahrens beeinflussen. Es geht um das Recht der Parteien, das der Richter im Zivilprozess als unparteiischer Dritter festzustellen hat. Hieraus folgt die in § 139 Abs. 1 ZPO normierte „eigene" Aufgabe des Richters, auf die Stellung „richtiger" Anträge hinzuwirken, die in den vorangegangenen Überlegungen dargestellt worden ist. Hierfür ist in nichtstreitigen Verfahren, in denen das Offizialprinzip gilt, kein Raum. So kann der Vormundschaftsrichter die Beteiligten nicht dazu anhalten, Anträge zu stellen, Beweismittel zu bezeichnen oder Erklärungen abzugeben. Denn die Beteiligten machen im Verfahren nur Aussagen. Da der Richter im Verfahren in Kindschaftssachen (Vormundschaftssachen) die Ermittlungen selbst zu führen hat 20

2302 Vgl. u. a. Reichold, in: Thomas/Putzo, ZPO, § 313, IV B 1; Rosenberg/Schwab, ZPO, § 116, I 2, S. 702; Baur, FGG, § 16, II, S. 162.

und sie nicht den Beteiligten überlassen kann, liegt es bei ihm, Art und Umfang der Ermittlungen ohne Rücksicht auf die Anträge und Anregungen der Beteiligten zu bestimmen. Diese Aufgabe und Befugnis entspricht dem Umstand, dass er das Verfahrensziel selbständig bestimmt. Aus dem Verfahrensziel aber ergibt sich der Gegenstand der Ermittlungen und des gegebenenfalls erforderlichen Beweises.

21 *Kollhosser*[2303] tritt allgemein für den Vorrang des Strengbeweises ein, um so die rechtsstaatlichen Sicherungen der Verfahren der freiwilligen Gerichtsbarkeit zu verstärken. Das erscheint aber nicht sachgerecht und ist auch mit gutem Grund in der Reform nicht in das FamFG eingegangen, da eine derartige Forderung an den unterschiedlichen Funktionen vorbeigeht, die von den unterschiedlichen Verfahren der freiwilligen Gerichtsbarkeit zu erfüllen sind. Wie *Pawlowski* zutreffend ausgeführt hat, geht es sowohl beim Freibeweis als auch beim Strengbeweis darum, die Rechtsstaatlichkeit des Verfahrens zu fördern; zwischen Rechtsstaatlichkeit und Sachgemäßheit besteht kein zwingender Gegensatz.

### 3. Prognoseentscheidungen und Freibeweis?

22 Prognoseentscheidungen richten sich auf zukünftige Ziele. Folgerichtig muss sich das Gericht an Erwartungen orientieren. Daher lässt sich eine derartige Entscheidung nicht auf gegenwärtige und daher beweisbare Tatsachen stützen. Eine Beschränkung der gerichtlichen Sachverhaltsermittlung auf das Verfahren des Strengbeweises wäre in diesen Verfahren verfehlt. Die Richtigkeit von Erwartungen[2304] lässt sich nicht in dem Sinne und mit den Mitteln beweisen, wie die Richtigkeit von Tatsachen. Über die Zweckmäßigkeit einer Erziehungsmaßregel stützen sich nicht nur festgestellte (bewiesene) Tatschen, sondern auch Wahrscheinlichkeiten, Erwartungen und Hoffnungen, Verdachtsmomente und Annahmen: Ob eine Maßnahme der Vermögenssorge wie der Erwerb eines Gewerbebetriebes oder einer Immobilie für den Minderjährigen[2305] wirtschaftlich zweckmäßig ist, kann vielfach nur anhand der Orientierung an Tatsachen beur-

---

2303 FGG; § 6 VI, S. 200 ff.; ders., ZZP 93, S. 265 ff., 273 ff.

2304 Für die Erwartungen haben daher auch persönliche Meinungen Bedeutung – z. B. von Verwandten, Nachbarn etc. (vgl. auch Jansen, FGG, § 12, Rn. 51; Richter, Rpfleger 1969, S. 261 ff., 266), von denen der Richter in vielen Fällen in formalen Beweisverfahren nichts erfahren wird. Es spricht daher angesichts der dem Richter übertragenen Aufgaben nichts dafür, für die Ermittlung dieser Gegebenheiten nur das Strengbeweisverfahren zuzulassen; anders aber Kollhosser, FGG, § 6, VI 1 b, Fn. 209, S. 203 f.

2305 Was der Vormundschaftsrichter sich fragen und beantworten muss, wenn er eine Genehmigung nach den §§ 1821 ff. BGB erteilt.

teilt werden, die nicht im strengen Sinne beweisbar sind. Hierzu zählen alle prognostische Betrachtungen, z.B. Konjunkturverlaufs oder von solchen Tatsachen, die die Vormünder nach ihrem Eindruck als gegeben annehmen. Hierzu ist etwa die Beurteilung der Begabung des Mündels zu zählen, um nur einige Beispiele anzuführen. Z.B. kann der Familienrichter die Tatsachen, die für die Entscheidung im Verfahren erheblich sind, zum großen Teile nicht im Wege des formalen Strengbeweisverfahrens feststellen. Der vormundschaftsrichterliche Funktionen ausübende Familienrichter muss also auch Ermittlungs- bzw. Feststellungsbefugnisse haben, die über die hinausgehen, die auf den Strengbeweis von Tatsachen zugeschnitten ist. Daher bedeutet die Herrschaft des Untersuchungsgrundsatzes im Verfahren in der freiwilligen Gerichtsbarkeit (wie z.B. dem in vormundschaftsrechtlichen Kindschaftssachen) etwas anderes als in den hier beispielshaft angeführten Verfahren wie dem Ehescheidungsverfahren oder dem Strafprozess.

Die Freiheit des Richters der freiwilligen Gerichtsbarkeit von der Bindung 23
an die zivilprozessualen Formen des Beweisverfahrens ist auf die Fälle im nichtstreitigen Verfahren begrenzt, in denen die Durchführung der Beweisaufnahme nicht erzwungen werden muss. Eine Beweisaufnahme kann nicht unabhängig von den Formen der §§ 355 ff. ZPO durchgeführt werden, wenn sie gerichtlich erzwungen werden soll. Denn soweit die Aussagen von Zeugen oder die Vorlage von Gutachten erzwungen werden können, bedarf es der Normierung und Beachtung von Aussagepflichten ebenso wie von Aussageverweigerungsrechten.

Demgegenüber ist der Richter der nichtstreitigen freiwilligen Gerichtsbar- 24
keit beim Freibeweis auf die freiwillige Mitarbeit der Zeugen angewiesen, da ihm keine Zwangsmittel zu Gebote stehen.

So kann der Familienrichter im Vormundschaftsverfahren z.B. die Nachbarn 25
der Familie zunächst im Wege des Freibeweises als Zeugen laden. Verweigern die Geladenen aber ihr Erscheinen bzw. die Erstattung einer Aussage, kann der Familienrichter ist es sinnvoll, dass der Richter den Weg des Strengbeweises beschreitet. Denn dann z.B. durch Festsetzung von Ordnungsgeld und schließlich durch Anordnung von Beugehaft gem. § 390 ZPO die Aussage der Nachbarn erzwungen werden.

Z.B. hat der Familienrichter dagegen im vormundschaftsrechtlichen Kind- 26
schaftsverfahren nicht nur die Beteiligten auf die Rechtlichkeit ihrer Handlungen hin kontrollieren soll, sondern in eigener Person Erziehungsaufgaben wahrzunehmen. Der Richter der nichtstreitigen freiwilligen Gerichtsbarkeit nimmt in m.a.W. in dem materiell administrativen Verfahren eine strukturell andere Stellung zu den Tatsachen ein, als der Richter, der über einen Rechtsstreit zu entscheiden hat. So bemisst sich z.B. in dem vor dem Familiengericht durchgeführten Vormundschaftsverfahren die Zweckmäßigkeit oder Unzweckmäßigkeit von

Erziehungsmaßregeln nicht nach bestimmten rechtlich geformten Tatbeständen, sondern nach dem Gesamtbild der Situation bzw. nach der unmittelbaren Wirklichkeit wie sich Richter darstellt. Jeder beliebige Umstand kann also erheblich sein und nicht nur bestimmte, gesetzlich fixierte Tatbestandsmerkmale.

## III. Strengbeweis

27 Neben dem Zeugenbeweis kann der Richter auch einen Sachverständigenbeweis erheben oder einen Augenscheinsbeweis[2306] und auch einen Urkundenbeweis.

28 Die Möglichkeit, sich eines formalen Beweisverfahrens zu bedienen, gibt dem Richter in nichtstreitigen Verfahren der freiwilligen Gerichtsbarkeit das Mittel in die Hand, Tatsachen zu erfahren, deren Ermittlung im Wege des Freibeweises sich nicht genügend feststellen lassen.

29 Ob z.B. der Familienrichter im Vormundschaftsverfahren in eigener Person Ermittelungen betreiben muss oder ob er die Ermittlungen dem Standesbeamten zu überantworten berechtigt ist, hängt davon ab, welche Ermittlungen sich als das bessere Mittel zur Erreichung des Ziels erweisen, ohne unvermeidbaren Zeitverlust die für die Vorbereitung der jeweiligen einer Erkenntnisse zu produzieren. Aus dem Zweck des Vormundschaftsverfahrens ergibt sich, dass der Familienrichter bemüht sein muss, möglichst schnell zu einer – zudem möglichst richtigen - Entscheidung zu gelangen Er muss also die Art der Ermittlung (bzw. das Beweisverfahren) wählen, die ihm am ehesten die notwendigen Unterlagen für seine Entscheidung liefern wird.

30 Wie es *Pawlowski* ausgedrückt hat, kann der Richter der freiwilligen Gerichtsbarkeit alle Maßnahmen treffen, die ein verständiger Mensch zur Vorbereitung der jeweiligen Entscheidung treffen würde. Freibeweislich darf sich der Richter bei einem Beteiligten oder bei einem verfahrensrechtlich betrachteten Außenstehenden erkundigen.[2307] Denn es ist unabhängig von der verfahrensrechtlichen Stellung der Auskunftsperson, ob und inwieweit die jeweilige Maßnahmen geeignet sind, der Klärung des Sachverhalts zu dienen.

31 Geht es in einem nichtstreitigen Verfahren nicht um Prognoseentscheidungen, sondern allein um die Feststellung bestimmter Tatbestandsmerkmale, dann hat das Gericht diese Tatbestandsmerkmale mit den Instrumentarien des Streng-

---

2306 Die letztere Möglichkeit ist erst 1930 in das Gesetz aufgenommen worden; sie ermöglicht z. B. nach § 372a heute auch die Entnahme von Blutproben u. a. zur Feststellung der Vaterschaft. Die Einzelheiten über diese Beweisaufnahme kann man den Lehrbüchern und Kommentaren zum Zivilprozess entnehmen – der Sachverständige kann z. B. durch die Beteiligten abgelehnt werden (§§ 406, 42 ZPO), u. a. auch wegen Befangenheit usw.

2307 Anders nach § 445 ZPO; danach ist Zeugenvernehmung und Parteivernehmung zu unterscheiden: Partei ist die Person, der der Beweis obliegt.

beweises zu ermitteln. Andernfalls würde bei einer freibeweislichen Ermittlung durch das – materiell Verwaltungstätigkeiten ausübende – Gericht der ersten Instanz freibeweislich und ggf. erst in der Rechtsmittelinstanz strengbeweislich verfahren, was zu vermeidbaren Reibungsverlusten führen würde. Bei Entscheidungen, die sich auf rein rechtliche Erwägungen stützen müssen, ist es geboten, dass da Gericht im Wege des Strengbeweises verfährt. Geht es etwa darum, ob der Vormund gem. § 1837 Abs. 2 BGB zu einer Ordnungsstrafe zu verurteilen ist, oder wird ein Testament im Erbscheinsverfahren ausgelegt, bedarf es des Beweises im Wege strengbeweislicher Formen. Grund dafür ist nicht etwa, dass diese Entscheidungen wichtiger oder grundrechtsrelevanter wären als Entscheidungen z.B. der Vermögenssorge für einen Minderjährigen, die durchaus in dessen Grundrecht nach Art. 14 Abs. 1 GG eingreifen kann. Vielmehr geht es darum, dass die Voraussetzungen der Entscheidung bei einer Rechtsentscheidung im Wege des formalen Beweises dargelegt werden müssen, während bei Prognose- bzw. Zweckmäßigkeitsentscheidungen der Freibeweis erforderlich ist und auch genügt. Die Entscheidung zwischen formalem Beweis und Freibeweis muss sich also an der jeweiligen materiellen Aufgabe des Gerichts ausrichten.

## IV. „Weitere Ermittlungen", Ermittlungsorgane und Beteiligte

Die Befugnis, Verfahrensgegenstand und Gegenstand von Ermittlungen und Beweis zu bestimmen, stellt den in Vormundschaftssachen tätigen Familienrichter nicht frei. Dadurch, dass er Ermittlungen immer zusammen mit den Beteiligten vorzunehmen hat, die er anhört, auf deren Anregungen er jedenfalls im Verfahren einzugehen hat, werden die Untersuchungen des Gerichts sachlich gelenkt. Das geschieht im Wesentlichen dadurch, dass seitens des Jugendamts, des Vormunds oder der Eltern Mitteilungen gemacht werden, die Anlass zu weiteren Ermittlungen geben. Dies gilt besonders für die eigene Ermittlungspflicht des Jugendamtes (§§ 1850 BGB, 50 Abs. 3, 42 ff. KJHG) und die Berichtspflicht der Vormünder (§ 1840 ff. BGB). 32

Die weiteren Ermittlungen dienen immer der Verifizierung von Aussagen, die dem Richter zugegangen sind – also der Verifizierung von Anregungen und Anzeigen Dritter oder der Verifizierung der Behauptungen von Beteiligten, die der Richter zum Gegenstand des Verfahrens gemacht hat: So wäre z. B. die dem Richter zur Kenntnis gebrachte Mitteilung zu verifizieren, dass ein Minderjähriger zu verwahrlosen drohe. 33

Hierzu zählen namentlich die Fälle der §§ 1847, 1862 BGB, nach denen Verwandte und Verschwägerte des Mündels gehört werden sollen oder die des § 34

2 Abs. 3 des Gesetzes über die religiöse Kindererziehung vom 15.7.1921, nach dem neben diesen Personen auch noch die Lehrer des Mündels zu hören sind. Hier zeigt schon die Bestimmung des § 1847 Abs. 2 BGB, nach der die Verwandten einen Anspruch auf Ersatz der Auslagen gegen das Mündel haben, dass ihre Anhörung gewissermaßen ein Teil des Beweisverfahrens ist, dass sie also sozusagen notwendige Zeugen sind.

35 Die tatsächlichen Ermittlungen werden nie vom Gericht durchgeführt, sondern immer von bestimmten Ermittlungsbehörden oder von den Parteien oder Beteiligten – im Strafverfahren von der Polizei oder der Staatsanwaltschaft, im Vormundschaftsverfahren vom Jugendamt, im Finanzgerichtsprozess vom Finanzamt und im Zivilprozess sowie auch in Erbscheins- oder Grundbuchverfahren der nichtstreitigen freiwilligen Gerichtsbarkeit von den Parteien und Beteiligten. Wenn nun in einem dieser Verfahren – hier: im Insolvenzverfahren -, der Untersuchungsgrundsatz herrscht, so heißt das nur, dass der Richter die zuständige Ermittlungsbehörde oder die Beteiligten im mit der Vornahme weiterer Ermittlungen beauftragen kann. Der „geborene" Sachverständige des Insolvenzgerichts aber ist der Insolvenzverwalter.

36 Im Schrifttum ist vertreten worden, Familienrichter hätten die Pflicht, sich einen unmittelbaren Eindruck von den Verhältnissen zu verschaffen, über die sie zu urteilen haben.[2308] Dazu sei es z.B. erforderlich, überraschend bei einem Elternteil aufzutauchen. Dies zeugt jedoch nur von mangelndem Verständnis von Aufgabe und Rolle des Richters – was man sich schon daran verdeutlichen mag, dass der Zeuge (also derjenige, der den Prozessstoff aus eigener Wahrnehmung kenn) nach unserem Recht nicht Richter sein kann: Das Verbot der Verwendung rein privaten Wissens konstituiert auch noch heute die Rolle und die Haltung des Richters[2309]. Es ist daher auch in der freiwilligen Gerichtsbarkeit zu beachten –

2308 Im zivilprozessualen Schrifttum hat früher Bull (vgl. Bull/Puls/Puls, Prozesshilfen. 4. Aufl. 1981, S. 131 f.) die Möglichkeit eines Überraschungsaugenscheins zu Beweiszwecken vorgeschlagen – und sich dazu u. a. auf die Leitsätze der prozessrichterlichen Vereinigung im Berliner Richterverein (JR 1955, S. 294 f., Nr. 7) berufen. Derartige Vorschläge haben jedoch zu Recht keine weitere Anerkennung gefunden; vgl. dagegen u. a. Peters, Der Freibeweis im Zivilprozess. 1962, S. 158 FN; Kollhosser, FGG, § VI, 4, S. 211 f. FN.

2309 Dazu ausführlich die Darstellung bei Smid, Rechtsprechung, § 4, I und II, S. 251 ff., 269 ff., die deutlich macht, dass Unabhängigkeit und Neutralität des Richters nicht zuletzt dadurch gewährleistet werden, dass die Richter (die Rechtsprechung) ein anderes Verhältnis zu den Tatsachenhaben und haben müssen als die Verwaltung: Dem Verbot der Verwendung rein privaten Wissens, das auch in den Verfahren der fG zu beachten ist (vgl. Baur, FGG, § 18, II 1, S. 181 f.; Kollhosser, FGG, § 6, V, S. 196; Reichert, in: Keidel, FGG, § 5, Rn. 19; Jansen, FGG, § 5, Rn. 13; Göppinger, Die Justiz 1967, S. 129; Richter, Rpfleger 1969, S. 261 ff., 265 und schon Rn. 35. Anders allerdings Bärmann, FGG, § 16, II 2, S. 114; Habscheid, FGG, § 21, I 3, S. 156; Amelung, in: Keidel, FGG, § 12, Rn. 185; Bumil-

weil auch die Angelegenheiten der freiwilligen Gerichtsbarkeit, die der Verwaltung zuzuordnen sind, den verfassungsrechtlichen Anforderungen an die Organisation der Rechtsprechung genügen müssen.

So begegnet es Bedenken, wenn die §§ 278 Abs. 1 S. 2 FamFG sogar anordnen, dass sich der Richter in Betreuungssachen von dem Betroffenen einen „unmittelbaren Eindruck" in dessen „üblicher Umgebung" (278 Abs. 1 S. 3 FamFG) verschaffen soll. 37

## V. Antragsverfahren am Beispiel von Insolvenzverfahren

Die Antragsverfahren weisen im Hinblick auf das Verfahren der Ermittlung und des Beweises gegenüber den bisher diskutierten Amtsverfahren keine größeren Besonderheiten auf, abgesehen davon, dass sich Antragsteller de facto mehr von sich aus an den Ermittlungen beteiligen als Beteiligte, die das Verfahren nicht selbst eingeleitet haben. Im Übrigen gilt aber auch in den Antragsverfahren nicht der Verhandlungs-, sondern der Untersuchungsgrundsatz – soweit dieser nicht bei einzelnen Antragsverfahren durch besondere Regelungen eingeschränkt wird. 38

### 1. Amtsermittlung des Insolvenzgerichts

#### *a) Insolvenzverfahren als nichtstreitiges Verfahren*

Da das Insolvenzverfahren wegen der Gefährdung der Rechte der Gläubiger eilbedürftig ist, hat das Gericht ohne Verzug auf den Antrag hin tätig zu werden; das Eröffnungsverfahren ist ein Eilverfahren[2310], in dem summarische Prüfungen des Sachverhalts vorgenommen werden. Der Gläubigerantrag ist zwar gegen den Schuldner als Antragsgegner gerichtet[2311]; gleichwohl ist das Insolvenzverfahren kein (Zwei-Parteien[2312]-) Prozess, in dem es um die streitige Feststellung ungewissen Rechts zwischen den Parteien geht.[2313] Vielmehr regelt das Insolvenzgericht die Abwicklung des unzureichenden Vermögens des Schuldners; das Ver- 39

---

ler/Winkler, FGG, § 6, 2e; Brehm, FGG, § 15, II 3, S. 136), und damit die Trennung von Zeugen und Richter, entspricht nicht etwa die Trennung von Zeugen und Verwaltungsbeamten; vgl. schon Rn. 143.

2310 Gottwald/Uhlenbruck, Insolvenzrechts-Handbuch, § 13 Rn. 29.

2311 Gottwald/Uhlenbruck, Insolvenzrechts-Handbuch, § 13 Rn. 1; Schmahl, in: MünchKomm, § 13 Rn. 26 ff.

2312 Smid, Rechtsprechung, § 5 I 1 (316 ff.).

2313 Smid, in: Leonhardt/Smid/Zeuner, InsO, § 5 Rn. 5.

fahren stellt sich damit als ein administratives Gerichtsverfahren dar, das der nichtstreitigen freiwilligen Gerichtsbarkeit[2314] zuzurechnen ist.

40 Die Autoren, die darauf abstellen, es handle sich beim Insolvenzverfahren um ein besonderes Liquidationsverfahren[2315], tragen damit zwar zunächst wenig zur Erklärung der Struktur des Insolvenzverfahrens bei, machen aber deutlich, dass es keine Aufgaben streitiger Rechtserkenntnis zu erfüllen hat, wie sie dem Prozess überantwortet sind. Wie es in der Begründung zum Entwurf der KO heißt, steht das Konkursverfahren „nämlich im Zusammenhange mit dem allgemeinen Prozessrechte". Zwar ist der Konkurs nicht ein Prozess in dem engeren Sinne einer bürgerlichen Rechtsstreitigkeit unter bestimmten Parteien, vielmehr eine Vermögensliquidation, und die Teilnahme des Gerichts an derselben ist vorwiegend als Ausfluss der freiwilligen Gerichtsbarkeit zu erachten. Daher entsprach es allerdings nicht der Natur der Sache, wenn die gemeinrechtliche Praxis und Gesetzgebung das ganze Konkursverfahren in den Rahmen eines Prozesses einzwängte und dasselbe, abgesehen von der eigentlichen Vermögensverwaltung, stufenweise in die strengen Formen eines Rechtsstreites sich vorwärts bewegen ließ, auch da, wo es an jedem Streite fehlte. Aber es ist immerhin ein der Rechtspflege der ordentlichen Gerichte anvertrautes, unter gerichtlicher Leitung sich abwickelndes Verfahren, durch welches bürgerliche Rechtsansprüche zum Austragen gebracht werden sollen und in welchem richterliche Entscheidungen nicht zu umgehen sind. Der Entwurf beruht auf den Vorschriften der ZPO und setzt diese als integrierenden Teil voraus; er könnte nicht ohne Änderungen aus Prozessgesetzen Ergänzungen finden, welche auf anderen Grundlagen, als der Entwurf der ZPO, beruhen; er beruft sich deshalb ausdrücklich auf die ZPO. Welche einzelnen Vorschriften derselben anwendbar sind, lässt sich weder erschöpfend noch allgemein zutreffend aufstellen. ..." Überall wird die Anwendung nur eine *‚entsprechende'* und nicht unmittelbare sein können, und überall wird vorausgesetzt, dass die Anwendung der Natur des Konkursverfahrens und des in Rede stehenden Verhältnisses entspricht. Selbstverständlich entzieht sich eine große Anzahl und wohl die Mehrzahl der Vorschriften der Zivilprozessordnung jeder Anwendung, und wo eine analoge Anwendung auf Konkursverhältnisse zwar möglich, aber nicht zweckmäßig erscheint, hat der Entwurf für abweichende Bestimmungen Sorge getragen"[2316] [2317].

2314 NR/Becker, § 5 Rn. 1; Jaeger/Gerhardt, § 5 Rn. 12.

2315 Z.B. Uhlenbruck/Uhlenbruck, § 4 Rn. 2.

2316 Hahn, Die gesamten Materialien zu den Reichsjustizgesetzen, KO, 40; vgl. auch Oetker, Konkursrechtliche Grundbegriffe, 13 ff.

2317 Smid, in: Leonhardt/Smid/Zeuner, InsO, § 4 Rn.

An der Richtigkeit dieser Feststellungen hat sich seit dem Jahre 1877 nichts geändert. Im Gegenteil zeigen im reformierten Insolvenzverfahren zahlreiche Aufgaben des Insolvenzgerichts wie die Vorprüfung des Insolvenzplanentwurfs gem. § 231 InsO, die Bestätigungsentscheidung des Plans nach §§ 248, 245 ff. oder die Erteilung der Restschuldbefreiung, dass Aufsichts-, Beurkundungs- und Verwaltungsaufgaben vom Gericht wahrzunehmen sind. Dies gilt nicht minder für die Aufgaben, die das Insolvenzgericht im Umfeld des Verbraucherinsolvenzverfahrens zu erledigen hat. Weniger noch als der überkommene, auf Liquidation gerichtete Konkurs können daher die neuen Insolvenzverfahren auch als bes. Formen von Zwangsvollstreckungsverfahren angesehen werden. Zwar hat, legt man die legislative Zweckbestimmung des § 1 S. 1 InsO[2318] zugrunde, das Insolvenzverfahren die Aufgabe der Verwirklichung der Haftung des insolventen Schuldners, was auf exekutorische Funktionen verweist. Begreift man Insolvenzrecht von einem exekutorischen Verständnis[2319] her, liegt es nahe, seine verfahrensrechtlichen Fragestellungen in den Vordergrund des Interesses zu rücken: Die Ablösung des Zugriffs einzelner Gläubiger auf das Vermögen des Schuldners im Wege der Individualzwangsvollstreckung durch den *concursus creditorum* mit der Beschlagnahme des gesamten pfändbaren Vermögens des Insolvenzschuldners macht es nämlich erforderlich, eine Reihe von Fragen zu klären, die nur vordergründig eine rein technische Bedeutung haben. Die Eröffnung des Verfahrens hat statusrechtliche Folgen für den Gemeinschuldner[2320]. Die Zuweisung seines Vermögens – der Masse – zur Verwertung an die Gläubigergemeinschaft macht es erforderlich, deren Entscheidungsbildung zu organisieren[2321], die Durchführung der erforderlichen komplexen Maßregeln zur Verwaltung und Verwertung der Masse erzwingt es, die Stellung des Verwalters[2322] ebenso wie diejenige des Gerichts zu definieren, das schließlich allein befugt sein kann, die Hoheitsakte[2323] vorzunehmen, auf deren Grundlage aus dem „Zusammenlaufen“ der Gläubiger erst der legale Zugriff auf das Schuldnervermögen in einem geordneten Verfahren wird.[2324] 41

2318 Smid, in: Leonhardt/Smid/Zeuner ,InsO, § 1 Rn. 2 ff.

2319 Henckel, FS Merz, 197, 199.

2320 Jaeger/Gerhardt, § 13 Rn. 3; Ganter, in: MünchKomm, InsO, § 5 Rn. 7.

2321 Zu den Problemen Smid, KTS 1993, 1, 21 ff.; Hegmanns, Der Gläubigerausschuss, 9 ff, 31 ff.

2322 Ganter , in: MünchKomm, InsO, § 5 Rn. 7.

2323 Oetker, FS Windscheid, 1888, 5 ff.; ders., Konkursrechtliche Grundbegriffe, 19 ff; Ganter , in: MünchKomm, InsO, § 5 Rn. 7.

2324 Smid, in: Leonhardt/Smid/Zeuner, InsO,§ 4 Rn. 5.

42 Der Gläubigerantrag ist zwar gegen den Schuldner als Antragsgegner gerichtet[2325]. Gleichwohl ist das Insolvenzverfahren kein (Zwei-Parteien-[2326])Prozess, in dem es um die streitige Feststellung ungewissen Rechts zwischen den Parteien geht. Vielmehr regelt das Insolvenzgericht die Abwicklung des unzureichenden Vermögens des Schuldners zwischen den Gläubigern; das Insolvenzverfahren stellt sich damit als ein administratives Gerichtsverfahren dar, das der nichtstreitigen freiwilligen Gerichtsbarkeit zuzurechnen ist.[2327]

*b) Gegenstand der Amtsermittlung des Insolvenzgerichts*

43 Um die ihm obliegenden rechtsfürsorgerischen Aufgaben erfüllen zu können, hat das Insolvenzgericht die Voraussetzungen seines Tätigwerdens von Amts wegen zu ermitteln[2328], § 5 Abs. 1 S. 1. Dabei werden Amtsermittlungen angestellt, um insolvenzgerichtliche Maßnahmen vorzubereiten oder um Maßnahmen der Insolvenzverwaltung zu unterstützen. Das Gericht hat daher insbesondere die Voraussetzungen der Eröffnung des Insolvenzverfahrens gem. §§ 16 ff. InsO von Amts wegen zu ermitteln, denn es hat das Verfahren erst zu eröffnen, wenn ein Insolvenzgrund vorliegt und glaubhaft gemacht worden ist (vgl. auch § 16 InsO). Da das Gericht – nach § 18 RPflG bis zur Eröffnung des Insolvenzverfahrens also der Insolvenzrichter – aber über keinen eigenen Ermittlungsapparat verfügt und bei eigenen Ermittlungen dringend darauf achten muss, den bösen Schein der Befangenheit zu vermeiden[2329], muss sich das Gericht bei seiner Sachverhaltsermittlung bzw. -prüfung auf die vom Schuldner gem. § 20 InsO zu erteilenden Auskünfte sowie die von den Gläubigern vorgelegten Beweismittel stützen.

44 Folgerichtig ordnet § 5 Abs. 1 InsO an, dass das Insolvenzgericht zur Erfüllung des in Satz 1 der Vorschrift normierten Amtsermittlungsgrundsatz, der es dem Insolvenzgericht auferlegt, von Amts wegen alle Umstände zu ermitteln, die für das Insolvenzverfahren von Bedeutung sind, insbesondere Zeugen und Sachverständige vernehmen kann. In praxi führt dies dazu, das insbesondere zur Vorbereitung vorläufiger Anordnungen, über deren Erlass das Insolvenzgerichts nach § 21 Abs. 1 InsO zu entscheiden hat, Sachverständige bestellt werden. Durch die Formulierung des § 21 Abs. 1 InsO, der davon spricht, dass das Insolvenzgericht die zum Schutz der Masse erforderlichen Maßnahmen zu treffen „hat", gewinnt das Amtsermittlungsprinzip bereits im Eröffnungsverfahren für

2325 Gottwald/Uhlenbruck,Insolvenzrechts-Handbuch, § 13 Rn. 1.

2326 Smid, Rechtsprechung, § 5 I 1 (316 ff.).

2327 Smid, in: Leonhardt/Smid/Zeuner , InsO, § 4 Rn. 6.

2328 Smid, Rechtsprechung, § 4 I 2 (258 ff.), § 9 II (559 ff.).

2329 Rechel, in: Leonhardt/Smid/Zeuner, InsO, § 2 Rn. 16; Smid/Leonhardt, in: Leonhardt/Smid/Zeuner, InsO, § 4 Rn. 8.

die Vorbereitung vorläufiger Maßnahmen Bedeutung. Das Insolvenzgericht hat insofern regelmäßig durch einen Gutachter eine Vorbegutachtung durchführen zu lassen[2330]. Dabei handelt es sich (noch) nicht um einen vorläufigen Verwalter. Zur Vorbereitung der Entscheidung über die Eröffnung des Verfahrens oder die Abweisung der Eröffnung mangels Masse (§ 26 Abs. 1 InsO) bedient sich das Insolvenzgericht insbesondere des Ermittlungsorgans eines sachverständigen Gutachters, der entweder nach § 5 Abs. 1 S. 2 InsO bestellt oder der als vorläufiger Verwalter nach § 22 Abs. 3 InsO mit der Erstellung eines Eröffnungsgutachtens beauftragt wird.

45 Darüber hinaus hat das Gericht Ermittlungen anzustellen, um die (künftige) Tätigkeit des Verwalters für eine wirtschaftliche Abwicklung des Insolvenzverfahrens zu unterstützen. Der Insolvenzverwalter kann im eröffneten Verfahren darum nachsuchen[2331]. Eine Bindung an den Vortrag des Antragstellers greift nicht[2332]. Auch dabei sind dem Gericht freilich enge Grenzen gesetzt, da es zum einen über keinen eigenen Ermittlungsapparat verfügt[2333]

46 Das Amtsermittlungsprinzip des § 5 Abs. 1 S. 1 InsO greift nicht nur im Eröffnungsverfahren, sondern selbstverständlich auch hinsichtlich der Aufsichts- und Prüfungsaufgaben, die dem Insolvenzgericht im eröffneten Insolvenzverfahren obliegen: So hat das Insolvenzgericht im Rahmen seiner Aufsichtsaufgaben von Amts wegen zu ermitteln, ob der Verwalter seine Pflichten erfüllt[2334].

*c) Zulässiger Antrag als Voraussetzung der Amtsermittlungspflicht des § 5 Abs 1 InsO*

47 Der BGH[2335] vertritt zu Recht die Ansicht, dass die Amtsermittlungspflicht nach § 5 Abs. 1 S. 2 erst in dem durch einen *zulässigen* Antrag ausgelösten Eröffnungsverfahren greift.[2336]

*d) Entscheidung nach pflichtgemäßem Ermessen über die Art der Sachverhaltsermittlung*

48 Das Insolvenzgericht hat nach pflichtgemäßem Ermessen darüber zu entscheiden, ob und wieweit es die Voraussetzungen der Eröffnung des Insolvenzverfah-

---

2330 Eingehend Smid, Praxishandbuch, § 4 Rn. 7 ff.

2331 LG Hamburg, Beschluss vom 21.3.1988, Az.: 76 T 8/88 u. 18/88 = ZIP 1988, 590, 591; Kirchhof, in: Kreft, InsO, § 5 Rn. 7.

2332 Wessel, DZWIR 1999, 230, 231 gegen Rendels, NZG 1998, 841.

2333 NR/Becker, § 5 Rn. 1; Gerhardt , in: Jaeger, InsO, § 5 Rn. 12.

2334 Rechel, in: Leonhardtt/Smid/Zeuner, InsO, § 58 Rn. 3.

2335 BGH, Beschluss vom 12.12.2002, Az.: IX ZB 426/02 = DZWIR 2003, 246; Bähr/Smid, Die Rechtsprechung des BGH zur neuen Insolvenzordnung 1999-2006, S. 37 f.

2336 BGH, Beschluss vom 22.3.2007, Az.: IX ZB 164/06 = DZWIR 2007, 347 m. Anm. Thiemann.

rens ermittelt[2337]; ebenso entscheidet es über die Erkenntnismittel, derer es sich dabei bedient[2338]. Das Gericht ist zur Ermittlung der Insolvenzvoraussetzungen verpflichtet, wenn an deren Vorliegen aufgrund der von den Beteiligten vorgelegten Unterlagen Zweifel bestehen. Das Gericht muss sich mithin Gewissheit vom Vorliegen der Antragsbefugnis des Antragstellers sowie vom Vorliegen eines Eröffnungsgrundes gem. §§ 16 ff. InsO verschaffen.

## 2. Reichweite der Amtsermittlung

49 Um die ihm obliegenden rechtsfürsorgerischen Aufgaben erfüllen zu können, hat es die Voraussetzungen seines Tätigwerdens von Amts wegen zu ermitteln[2339]. Dabei werden Amtsermittlungen angestellt, um insolvenzgerichtliche Maßnahmen vorzubereiten oder um Maßnahmen der Insolvenzverwaltung zu unterstützen. Das Gericht hat daher insbesondere die Voraussetzungen der Eröffnung des Insolvenzverfahrens gem. §§ 16 ff. InsO von Amts wegen zu ermitteln, denn es hat das Verfahren erst zu eröffnen, wenn ein Insolvenzgrund vorliegt und glaubhaft gemacht worden ist. Da das Gericht – nach § 18 RPflG bis zur Eröffnung des Insolvenzverfahrens also der Insolvenzrichter – aber über keinen eigenen Ermittlungsapparat verfügt und bei eigenen Ermittlungen dringend darauf achten muss, den bösen Schein der Befangenheit zu vermeiden, muss sich das Gericht bei seiner Sachverhaltsermittlung bzw. -prüfung auf die vom Schuldner gem. § 20 InsO zu erteilenden Auskünfte sowie die von den Gläubigern vorgelegten Beweismittel stützen.[2340]

### *a) Amtsermittlung im Eröffnungsverfahren*

50 Durch die Formulierung des § 21 Abs. 1 InsO, der davon spricht, dass das Insolvenzgericht die zum Schutz der Masse erforderlichen Maßnahmen zu treffen „hat", gewinnt das Amtsermittlungsprinzip bereits im Eröffnungsverfahren für die Vorbereitung vorläufiger Maßnahmen Bedeutung. Das Insolvenzgericht hat insofern regelmäßig durch einen Gutachter eine Vorbegutachtung durchführen zu lassen[2341]. Dabei handelt es sich (noch) nicht um einen vorläufigen Verwalter.[2342]

51 Darüber hinaus hat das Gericht Ermittlungen anzustellen, um die künftige Tätigkeit des Verwalters für eine wirtschaftliche Abwicklung des Insolvenzver-

2337 Schmidt, KTS 1984, 201; Gerhardt , in: Jaeger, InsO, § 5 Rn. 3.

2338 Kirchhof, in: Kreft, InsO, § 5 Rn. 9; Andres, in: Andres/Leithaus, InsO, § 5 Rn. 12.

2339 Smid, Rechtsprechung, § 4 I 2 (258 ff.), § 9 II (559 ff.).

2340 Smid, in: Leonhardt/Smid/Zeuner, InsO,§ 4 Rn. 6.

2341 Eingehend Smid, Praxishandbuch, § 4 Rn. 7 ff.

2342 Smid, in: Leonhardt/smid/Zeuner , InsO, § 4 Rn. 9.

fahrens zu unterstützen. Der Insolvenzverwalter kann im eröffneten Verfahren darum nachsuchen[2343]. Eine Bindung an den Vortrag des Antragstellers greift nicht[2344]. Auch dabei sind dem Gericht freilich enge Grenzen gesetzt, da es zum einen über keinen eigenen Ermittlungsapparat verfügt[2345], zum anderen, weil im Insolvenzplanverfahren nach den §§ 217 ff. wesentliche Entscheidungsbefugnisse wegen der Durchführung des Insolvenzverfahrens bei den Kreditgebern des Schuldners liegen, soweit sie den Schuldner sanieren wollen.[2346]

*b) Amtsermittlung im eröffneten Verfahren*

Das Amtsermittlungsprinzip des § 5 Abs. 1 S. 1 InsO greift nicht nur im Eröff- 52
nungsverfahren, sondern selbstverständlich auch hinsichtlich der Aufsichts- und Prüfungsaufgaben, die dem Insolvenzgericht im eröffneten Insolvenzverfahren obliegen: So hat das Insolvenzgericht im Rahmen seiner Aufsichtsaufgaben von Amts wegen zu ermitteln, ob der Verwalter seine Pflichten erfüllt (vgl. § 58).[2347]

## VI. Die Instrumente der Amtsermittlung

### 1. Ausdrücklich gesetzlich genannte Beweismittel

*a) Der Sachverständige*

Als wesentliches Erkenntnismittel steht dem Insolvenzgericht im Rahmen seiner 53
Amtsermittlung die Möglichkeit offen, ein Gutachten über den wirtschaftlichen Zustand des Gemeinschuldners einzuholen (§ 22 Abs. 1 Nr. 3 InsO), das vom vorläufigen Verwalter oder, wenn ein solcher nicht bestellt wird, von einem Sachverständigen erstellt wird. Liegen Befangenheitsgründe vor, darf der Sachverständige nicht bestellt werden; ein gleichwohl ergangener Bestellungsbeschluss leidet an greifbarer Gesetzeswidrigkeit und ist daher angreifbar[2348]. Im Verbraucherinsolvenzverfahren kann wegen der dem Insolvenzgericht vorliegenden Unterlagen gem. §§ 305 ff. InsO auf die Bestellung eines Gutachters verzichtet werden[2349]. Wegen der weiteren Einzelheiten vgl. § 22 InsO. Der

2343 LG Hamburg, Beschluss vom 21.3.1988, Az.: 76 T 8/88 u. 18/88 = ZIP 1988, 590, 591; Kreft/Kirchhof, § 5 Rn. 7.

2344 Wessel, DZWIR 1999, 230, 231 gegen Rendels, NZG 1998, 841.

2345 NR/Becker, § 5 Rn. 1; Jaeger/Gerhardt, § 5 Rn. 12.

2346 Smid, in: Leonhardt/Smid/Zeuner , InsO, § 4 Rn. 10.

2347 Smid, in: Leonhardt/Smid/Zeuner, InsO, § 4 Rn. 11.

2348 Falsch schon mit Blick auf § 4 InsO AG Göttingen, Beschluss vom 23.3.2000, Az.: 74 IN 22/00 = ZInsO 2000, 347.

2349 AG Göttingen, Urteil vom 13.10.1999, Az.: 74 IK 26/99 - m. Anm. Kohte § 311 InsO EWiR 1/2000, 299; Uhlenbruck/Uhlenbruck, § 5 Rn. 2.

Sachverständige im Rahmen des § 5 Abs. 1 S. 2 InsO leitet seine Befugnisse aus § 20 InsO her, während derjenige nach § 22 Abs. 3 InsO sie aus der einstweiligen Anordnung des Insolvenzgerichts gem. § 21 InsO ableitet.[2350]

54 Die „Vernehmung" des Sachverständigen erfolgt normalerweise in der Form, dass der Sachverständige beauftragt wird, ein schriftliches Gutachten darüber zu erstellen, ob Gründe für die Eröffnung eines Insolvenzverfahrens vorliegen (§§ 17, 19 InsO: Zahlungsunfähigkeit und/oder Überschuldung) und ob nach § 26 InsO das Vermögen ausreicht, die Kosten des Verfahrens zu decken[2351]. Insbesondere hat der Gutachter daher Feststellungen über das Vorhandensein einer die Verfahrenskosten deckenden Masse zu treffen[2352], wobei er den Saldo aus Aktiv- und Passivposten zugrunde zu legen hat[2353]. Die Qualität eines Gutachtens hängt davon ab, welche Qualifikation und Erfahrung der Gutachter hat, welche Unterlagen er vorfindet und wie viel Zeit ihm für die Erstellung des Gutachtens zur Verfügung steht.[2354]

*b) Grundrechtliche Schranken*

55 Die Ermächtigung des Sachverständigen durch das Insolvenzgericht stößt bekanntlich auf grundrechtliche Schranken: Das Gesetz sieht nicht vor, dass der Sachverständige durch das Gericht zum Betreten bzw. zur Durchsuchung der Wohnung und/oder der Geschäftsräume des Schuldners ermächtigt wird. Gleichwohl erlassene Ermächtigungsbeschlüsse sind rechtswidrig; sie unterliegen nach Art. 19 Abs. 4 GG der Anfechtung im Wege der sofortigen Beschwerde. Erzwingt der Sachverständige den Zutritt zur Wohnung/zum Geschäftsraum des Schuldners, kann dies sowohl für den Sachverständigen als auch Richter/Richterin strafrechtliche Folgen nach sich ziehen.[2355]

*c) Zeugenvernehmungen*

56 Das Insolvenzgericht kann Zeugen vernehmen (freilich wird dieses Beweismittel angesichts des summarischen Charakters des Verfahrens weniger häufig greifen). Den Zeugen stehen die allgemeinen Zeugnisverweigerungsrechte der §§ 383 ff. ZPO zu. Soweit dieses Zeugnisverweigerungsrecht auf einer Schweigepflicht des Zeugen gegenüber dem Schuldner beruht (§ 383 Nr. 6 ZPO), steht das Recht, den Zeugen von dieser Schweigepflicht zu entbinden, nach Eröffnung

2350 Smid, in: Leonhardt/Smid/Zeuner, § 5 Rn. 15.
2351 Vgl. Bollig, KTS 1990, 599, 604; Braun/Bußhardt, § 5 Rn. 18.
2352 Wessel, Der Sachverständige im Konkurseröffnungsverfahren, 58.
2353 Einzelheiten bei Wessel (Fußn. 28), 59 ff.
2354 Smid, in: Leonhardt/Smid/Zeuner, InsO,§ 5 Rn. 16.
2355 Smid, in: Leonhardt/Smid/Zeuner, insO § 5 Rn. 17.

des Verfahrens dem Verwalter zu, soweit die Masse betroffen ist[2356]. Vor Eröffnung des Verfahrens geht die Weigerung des Schuldners, den Zeugen von einer ihn betreffenden Schweigepflicht zu entbinden, zu Lasten des Schuldners: Sein Eigenantrag ist ggf. unbegründet, seine Einwendung gegen den Gläubigerantrag ggf. unsubstantiiert. Beruft sich ein Zeuge dagegen auf sein Zeugnisverweigerungsrecht, um einer Inanspruchnahme im Zusammenhang mit einer Insolvenzanfechtung gem. §§ 129 ff. InsO zu entgehen, kann der Verwalter dieses Zeugnisverweigerungsrecht auch nicht dadurch unterlaufen, dass er eine Klage auf Auskunftserteilung wegen des vermeintlich anfechtbaren Rechtserwerbs durch den Zeugen erhebt[2357]. In der Judikatur[2358] ist angenommen worden, das Insolvenzgericht könne Bankangestellte unter Zeugniszwang (!) über den Abschluss von Sicherungsverträgen mit dem Gemeinschuldner vernehmen; Bankgeheimnis und Befreiung vom Zeugniszwang beträfen nur die Organe der Bank. Nach § 377 Abs. 2 Nr. 2 ZPO ist dem Zeugen das Beweisthema vorher mitzuteilen[2359]. § 357 Abs. 1 ZPO gibt dem Schuldner das Recht, bei der Befragung anwesend zu sein[2360].[2361]

Förmliche Zeugenvernehmungen kommen insbesondere in Betracht, wenn beim Schuldner vorkonkurslich Geschäftsführerwechsel vorgefallen sind, was nicht selten auf Manipulationen verweist: Hier kommt die Vernehmung des früheren Geschäftsführers als Zeuge in Betracht[2362]. Außerdem können Angestellte des Schuldners als Zeugen vernommen werden. Soweit Gläubiger als Zeugen vernommen werden sollen, steht ihnen ein Zeugnisverweigerungsrecht dann zu, wenn sie Gefahr laufen, aufgrund ihrer Aussage ihre Rechtsverfolgung zu erschweren oder zu vereiteln[2363]. Allein wegen ihrer Stellung als Angestellte steht den Mitarbeitern des Schuldners kein Aussageverweigerungsrecht zu[2364]. 57

2356 BGH, Urteil vom 30.11.1989, Az.: III ZR 112/88 = BGHZ 109, 270; OLG Schleswig, Beschluss vom 2.6.1983, Az.: 2 W 46/83 = ZIP 1983, 968, 969.

2357 BGH, Urteil vom 18.1.1978, Az.: VIII ZR 262/76 = NJW 1978, 1002; BGH, Urteil vom 6.6.1979, Az.: VIII ZR 255/78 = NJW 1979, 1832.

2358 LG Hamburg, Beschluss vom 21.3.1988, Az.: 76 T 8/88 = ZIP 1988, 590 m. Anm. Brehm EWiR § 75 KO 1/88, 497.

2359 Kreft/Kirchhof, § 5 Rn. 17; Jaeger/Gerhardt, § 5 Rn. 18; Braun/Bußhardt, § 5 Rn. 16.

2360 OLG Nürnberg OLGE 19, 222.

2361 Smid, in: Leonhardt/Smid/Zeuner, InsO, § 5 Rn. 18.

2362 Haarmeyer/Wutzke/Förster, Handbuch zur InsO, III Rn. 150.

2363 Haarmeyer/Wutzke/Förster, Handbuch zur InsO, III Rn. 149.

2364 Kreft/Kirchhof, § 5 Rn. 11; MünchKomm/Ganter, § 5 Rn. 25; Jaeger/Gerhardt, § 5 Rn. 20.

## 2. Mögliche Beweismittel

*a) Vernehmung des Schuldners*

58 Weiter ist die, im Gesetz nicht ausdrücklich vorgesehene, Vernehmung des Schuldners möglich, der selbst Erkenntnismittel des Gerichts ist. Der Schuldner hat freilich im Insolvenzverfahren hinsichtlich seines als Haftungsmasse den Gläubigern zugewiesenen (pfändbaren) Vermögens keine Parteistellung[2365]. Daher greifen die für den Zwei-Parteien-Streit[2366] einschlägigen Vorschriften der §§ 445 ff. ZPO nicht im Insolvenzverfahren[2367]. Dem Schuldner steht mithin kein Aussage- bzw. Zeugnisverweigerungsrecht zu[2368]. Der Schuldner ist aber über den Bereich des § 20 (dort Rn. 16 ff.) und § 97 hinaus nicht verpflichtet, seine Aussage durch eine eidesstattliche Versicherung zu bekräftigen, da diese Pflicht durch § 98 abschließend normiert wird[2369], so dass sich aus § 5 keine allg. Verpflichtung zur eidesstattlichen Versicherung herleiten lässt. Die zivilprozessualen Zwangsmittel des § 380 ZPO können daher insofern nicht gegen den Schuldner eingesetzt werden, da die §§ 97 f. eine abschließende Regelung treffen.[2370]

*b) Vernehmung von Insolvenzgläubigern*

59 Insolvenzgläubiger können in eigener Sache als Partei vernommen werden[2371]. Ihnen kann dann nach § 453 Abs. 2 ZPO ein Aussageverweigerungsrecht zustehen[2372]. Im Übrigen kann das Insolvenzgericht – insoweit über den Rahmen des § 273 Abs. 2 Nr. 2 ZPO hinaus[2373] – auch solche Dritte („Privatleute") vernehmen, die zu Gegenständen das Verfahren betr. aussagebereit sind.[2374]

*c) Einholung von Auskünften*

60 Das Insolvenzgericht kann Auskünfte z. B. der Wirtschafts- und Finanzbehörden, der Arbeitsverwaltungen, aber auch der Wirtschaftsministerien der Länder sowie in den neuen Bundesländern insbes. der Bundesanstalt für vereinigungsbedingte Sonderaufgaben (BvS) einholen. Es kann also die öffentlichen Behör-

---

2365 NR/Becker, § 5 Rn. 13.

2366 Smid, Rechtsprechung, § 5 I 1 (314 ff.).

2367 K/P-Prütting, § 5 Rn. 47; NR/Becker, § 5 Rn. 13 ff.

2368 BVerfG, Beschluss vom 13.1.1981, Az.: 1 BvR 116/77 = ZIP 1981, 361, 364 = NJW 1981, 1431.

2369 OLG Stuttgart, Beschluss vom 2.2.1981, Az.: 8 W 307/80 = ZIP 1981, 254.

2370 Smid, in: Leonhardt/Smid/Zeuner, InsO§ 5 Rn. 19.

2371 Kreft/Kirchhof, § 5 Rn. 10; Ganter, in: MünchKomm, InsO, § 5 Rn. 47.

2372 OLG Düsseldorf, Beschluss vom 21.1.1966, Az.: 3 W 858/65 = KTS 1966, 133.

2373 Kreft/Kirchhof, § 5 Rn. 10; HamK/Rüther, § 5 Rn. 10.

2374 Zum Ganzen: Smid, in: Leonhardt/Smid/Zeuner, InsO, § 5 Rn. 20.

den, die von der Insolvenz amtlich betroffen sind, anhören. Dies ergibt sich bereits aus § 273 Abs. 2 Nr. 3 ZPO; die genannten Stellen sind aufgrund ihrer Hoheitsfunktionen zur amtshilfeweisen Auskunft verpflichtet. Eine Auskunftseinholung kommt auch bei berufsständischen Organisationen und Kammern, denen der Schuldner angehört, in Betracht, wie etwa der IHK, Architekten- oder Ärzte- und Apothekerkammern.[2375]

Zur Auskunftserteilung sind auch der Gerichtsvollzieher und das Vollstreckungsgericht, dessen Akten beigezogen werden können, verpflichtet[2376]. Ferner fallen in den Kreis der anzuhörenden Stellen auch die den Schuldner kreditierenden Banken, die freilich nur in dem ihnen durch den Schuldner eröffneten Rahmen Auskünfte erteilen können und – außerhalb förmlicher Beweisaufnahmen – nicht zur Auskunftserteilung verpflichtet sind). Schließlich kann das Gericht Registerauszüge vom Registergericht und Sachverständigengutachten anfordern (zur Stellung des Sachverständigen vgl. §§ 402 ff. ZPO).[2377] 61

## VII. Ermessen des Insolvenzgerichts bei der Wahl seiner Mittel

### 1. Darstellung im Schrifttum

Im Schrifttum[2378] wird übereinstimmend davon ausgegangen, das Insolvenzgericht habe nach pflichtgemäßem Ermessen darüber zu entscheiden, ob und wieweit es die Voraussetzungen der Eröffnung des Insolvenzverfahrens ermittelt[2379]. Dabei wird behauptet, das Ermessen des Insolvenzgerichts erstrecke sich auf die Entscheidung darüber, welcher Erkenntnis*mittel* es sich dabei bedienen wolle[2380]. Andererseits wird ausgeführt[2381], das Insolvenzgericht sei zur Ermittlung der Insolvenzvoraussetzungen verpflichtet, wenn an deren Vorliegen aufgrund der von den Beteiligten vorgelegten Unterlagen Zweifel bestehen. Daraus wird gefolgert, das Gericht habe sich Gewissheit vom Vorliegen der Antragsbefugnis des Antragstellers sowie vom Vorliegen eines Eröffnungsgrundes gem. §§ 16 ff. InsO zu verschaffen. 62

2375 Smid, in: Leonhardt/Smid/Zeuner, InsO, § 5 Rn. 21.
2376 Haarmeyer/Wutzke/Förster, Handbuch zur InsO, Kap. 3 Rn. 153.
2377 Smid, in: Leonhardt/Smid/Zeuner, InsO, § 5 Rn. 22.
2378 Z.B. Smid, in: Leonhardt/Smid/Zeuner, InsO,§ 4 Rn. 12.
2379 H. Schmidt, KTS 1984, 201; Jaeger/Gerhardt, § 5 Rn. 3.
2380 Kreft/Kirchhof, § 5 Rn. 9; Andres/Leithaus/Andres, § 5 Rn. 12.
2381 Smid, in: Leonhardt/Smid/Zeuner, InsO, § 4 Rn. 12aE.

## 2. Fälle gesetzlicher Bindung des Insolvenzgerichts an zivilprozessuale Beweisformen?

63 Hat der Beteiligte eine Tatsache im Insolvenzverfahren zu beweisen, trifft die Insolvenzordnung über das Beweismaß Regelungen – es ist auf die Glaubhaftmachung von Forderung und Eröffnungsgrund durch den Fremdantragsteller gem. § 14 Abs. 1 InsO und die Schlechterstellung durch den mehrheitlich angenommenen Insolvenzplan durch den dissentierenden Gläubiger hinzuweisen.

*a) Glaubhaftmachung*

64 An die Glaubhaftmachung[2382] stellt das Gesetz, wie oben (§ 26 Rn. 28 ff. gezeigt) geringere Anforderungen als an den vollen Beweis. Maßgeblich sind § 294 ZPO, § 31 FamFG als Ausnahme von dem Grundsatz des Vollbeweises gem. § 286 ZPO. Während die Führung des Vollbeweises voraussetzt, dass die zu beweisende Tatsache aufgrund der Würdigung des Ergebnisses der Beweisaufnahme durch den Richter (§ 286 ZPO) „überzeugend wahrscheinlich" ist[2383], genügt gem. § 294 ZPO zur Glaubhaftmachung die Vermittlung der Überzeugung „überwiegende Wahrscheinlichkeit"[2384] des glaubhaft zu machenden Umstandes[2385]. Daher ist z.B. die von § 14 Abs. 1 InsO vom Antragsteller im Insolvenzantragsverfahren für seinen Antrag geforderte Glaubhaftmachung der Forderung auch dann erbracht, wenn der Antragssteller ein Versäumnisurteil vorlegt[2386]. Zur Glaubhaftmachung taugt dagegen verstädlicherweise ein Vorbehaltsurteil nicht[2387], wohl aber, wenn die Beweisaufnahme im Nachverfahren das Vorbehaltsurteil bestätigt[2388]. Dagegen genügt zur Glaubhaftmachung seiner Forderung[2389] bzw. seines Aus- oder Absonderungsrechts durch den Antragssteller eine bloße Forderungsaufstellung nicht[2390]. Der Leistungsbescheid eines Hoheitsträgers (insbes. der Finanzämter) genügt.[2391]

2382 Huntemann/Brockdorf/Graf Brockdorf, Der Gläubiger im Insolvenzverfahren, 1999, 29 ff; MünchKomm/Schmahl, § 14 Rn. 33.

2383 Schulte, Der Nachweis des Gläubigerrechts, 1999_4 f.; LG Duisburg, Beschluss vom 13.2.2002, Az.: 86 T 7/02 = NZI 2002, 666; Hess, § 14 Rn. 59.

2384 MünchKomm/Schmahl, § 14 Rn. 14; Uhlenbruck/Uhlenbruck, § 14 Rn. 50.

2385 Uhlenbruck/Uhlenbruck, § 14 Rn. 50; Hess, § 14 Rn. 59.

2386 Kreft/Kirchhof, § 14 Rn. 7; Pape EWiR § 106 KO 1/97, 181, 182; Schulte (Fn. 2383) 8; a.A. LG Leipzig, Beschluss vom 29.4.1996, Az.: 12 T 2903/96 = ZIP 1996, 880 m. abl. Anm. Holzer EWiR § 2 GesO 2/96, 601; Hess, § 14 Rn. 79.

2387Kreft/Kirchhof, § 14 Rn. 7.

2388 OLG Frankfurt/M., Beschluss vom 2.11.1982, Az.: 20 W 639/82 = KTS 1983, 149.

2389 Kreft/Kirchhof, § 14 Rn. 8; HamK/Wehr, § 14 Rn. 15.

2390 OLG Hamm, Beschluss vom 3.7.1970, Az.: 15 W 282/70 = KTS 1971, 55; LG Duisburg, Beschluss vom 5.8.1999, Az.: 24 T 157/99 = Kurzwiedergabe in ZIP 1999, 2067; AG

Der Gläubiger muss schlüssig darlegen, Inhaber der Forderung gegen den Schuldner zu sein. Beruht die angemeldete Forderung auf einem (hoheitlich erlassenen) Titel, ist dieser im Antrag wie im Rahmen der Individualvollstreckung durch Angabe von Datum und Aktenzeichen zu bezeichnen[2392]. Der Gläubiger darf die Forderung, auf die er seinen Antrag stützt, auswechseln. Bei Dauerschuldverhältnissen darf er neu entstandene Teilforderungen nachschieben. Es ergeht dann eine Kostenentscheidung je nach Sachlage nach § 269 oder § 91a ZPO[2393]. Nach Abs. 1 ist im Allgemeinen das Bestehen der Forderung des Antragstellers glaubhaft zu machen. Eines Beweises bedarf es im Allg. nicht.[2394] Bestreitet der Schuldner substantiiert[2395], kann die Glaubhaftmachung erschüttert werden und die Zulässigkeit des Antrags wegfallen[2396]. 65

*b) Beweis*

Dem Schuldner steht daher das Mittel einer Gegenglaubhaftmachung zur Seite, durch die er den Insolvenzantrag unzulässig machen kann[2397]. Voraussetzung hierfür ist ein schlüssiger und substantiierter Sachvortrag. Freilich schränkt bei einer titulierten Forderung des Gläubigers § 767 Abs. 2 ZPO die Gegenglaubhaftmachung des Schuldners auf den Vortrag solcher Tatsachen ein, die nach Schluss der mündlichen Verhandlung entstanden sind, auf die hin der Titel erlassen wurde.[2398] Bestreitet der Schuldner die Forderung, bedarf sie des Beweises. Von dem Grundsatz der Glaubhaftmachung der Forderung des Gläubigers macht die hL eine Ausnahme unter zwei Voraussetzungen: Die Forderung muss die einzige sein, die gegen den Antragsgegner erhoben wird und sie muss vom 66

---

Duisburg, Beschluss vom 7.7.1999, Az.: 60 IN 119/99 = ZIP 1999, 2065, 2066 = NZI 1999, 507 m. Anm. Pannen EWiR § 14 InsO 2/2000, 779.

2391 OLG Dresden, Beschluss vom 28.8.2000, Az.. 7 W 1396/00 = InVo 2001, 11 = ZInsO 2000, 560; OLG Hamm, Beschluss vom 13.3.1980, Az.: 15 W 308/79 = ZIP 1980, 258, 259; LG Itzehoe, Beschluss vom 21.4.1989, Az.: 1 T 22/89 = KTS 1989, 730; OLG Naumburg, Beschluss vom 25.8.1999, Az.: 5 W 16/99; Beschluss vom 22.2.2000, Az.. 5 W 20/00; Beschluss vom 6.3.2000, Az.: 5 W 21/00; Beschluss vom 6.3.2000, Az.. 5 W 23/00 = ZInsO 2000, 216.

2392 Uhlenbruck, RPfleger 1981, 377, 378; ders., DStZ 1986, 39, 52 f; Hess, § 14 Rn. 63.

2393 AG Köln, Beschluss vom 15.11.1999, Az.. 71 IN 160/99 = NZI 2000, 94 f.

2394 Smid, in: Leonhardt/Smid/Zeuner§ 14 Rn. 20.

2395 OLG Köln, Beschluss vom 29.2.1988, Az.. 2 W 9/88 = ZIP 1988, 664, 665; LG Göttingen, Beschluss vom 21.7.1994, Az.: 6 T 173/94 = WM 1994, 2031.

2396 LG Düsseldorf, Beschluss vom 6.6.1963, Az.: 14 T 106/63 = KTS 1964, 127; a.A. LG Göttingen, Beschluss vom 26.7.1999, Az.: 71/74 IN 145/99 = ZIP 1999, 1566.

2397 LG Göttingen, Beschluss vom 27.5.2000, Az.: 10 T 27/2000 = DZWIR 2000, 342.

2398 Smid, in: Leonhardt/Smid/Zeuner, InsO, § 14 Rn. 27.

Antragsgegner bestritten werden[2399]. Ausschlaggebend ist nicht, ob der Antragsteller über eine titulierte Forderung verfügt oder nicht[2400]. Ausschlaggebend ist vielmehr, dass in derartigen Fällen die Instrumentarien eines summarischen Verfahrens im Vorverfahren versagen. Wegen einer noch nicht titulierten (einzelnen) Forderung kann noch nicht einmal die Individualvollstreckung betrieben werden. Auch wegen einer für vorläufig vollstreckbar erklärten titulierten Forderung kann es vorkommen, dass die Vollstreckung gem. §§ 707, 719 oder 769 ZPO für unzulässig erklärt wird[2401]. Darauf kommt es aber nicht an: Der Antragsteller begehrt nämlich in einem derartigen Fall keine Universalexekution gegen den Schuldner, sondern der Sache nach die Vollstreckung wegen seiner individuellen Forderung. Der Antrag ist nur dann zulässig, wenn ein Insolvenzgrund (§ 16 InsO) vorliegt. Die dem Fremdantrag zugrunde liegende Gläubigerforderung muss auch dann unter Beweis gestellt werden, wenn der glaubhaft gemachte Eröffnungsgrund allein auf der Gläubigerforderung beruht[2402]. Regelmäßig kommt insoweit ein Urkundsbeweis in Betracht, der durch die Vorlage eines Titels geführt werden kann. Einwände hiergegen geltend zu machen, obliegt dem Schuldner, was bei titulierten Forderungen auf die hierfür durch die §§ 578 ff. ZPO gesetzten prozessualen Grenzen stoßen wird. Denn der Titel beseitigt die Ungewissheit über das Bestehen der geltend gemachten Forderung, aus der ein Eröffnungsgrund vom Gläubiger abgeleitet wird. Ist die Forderung nicht tituliert, liegt die Last, um Zweifel an ihrem Bestand auszuräumen, beim Antrag stellenden Gläubiger, wie der IX. Zivilsenat in der vorliegenden Entscheidung zutreffend ausführt.[2403] Ist in einem vorangegangenen Konkursverfahren die Forderung vom Schuldner bestritten worden, bedarf es ihres Beweises im folgenden Insolvenzeröffnungsverfahren; sie ist vom antragsstellenden Gläubiger nicht glaubhaft gemacht.[2404]

---

2399 BezG Erfurt, Beschluss vom 23.2.1993, Az.: 5 T 6/93.

2400 Uhlenbruck, Die anwaltliche Beratung, 81; vgl. auch Hess, § 14 Rn. 80 f.; Uhlenbruck/Uhlenbruck, § 14 Rn. 44 f.

2401 LG Frankfurt/O., Beschluss vom 30.1.1995, Az.: 16 T 444/94 = ZIP 1995, 485 m. Anm. Haarmeyer EWiR § 2 GesO, 1/95, 363; Uhlenbruck/Uhlenbruck, 3 14 Rn. 46.

2402 BGH, Beschluss vom 14.12.2005, Az.: IX ZB 207/04 = DZWIR 2006, 171 = ZIP 2006, 247; BGH, Beschluss vom 29.6.2006, Az.: IX ZB 245/05 = DZWIR 2006, 477 = ZIP 2006, 1452.

2403 BGH, Beschluss vom 29.3.2007, Az.: IX ZB 141/06 = DZWIR 2007, 351 = ZIP 2007, 1226.

2404 Smid, in: Leonhardt/Smid/Zeuner, InsO, § 14 Rn. 28.

*c) Folgerungen*

In welcher Weise – in welchen Formen - das Gericht sich von der Wahrheit einer Tatsache überzeugt, ergibt sich freilich für sich genommen daraus nicht. 67

# VIII. Beispiel: Ausschluss von Amtsermittlung im Falle unwiderleglicher gesetzlicher Vermutungen: § 270 Abs. 3 S. 2 InsO

## 1. Beweisrechtlicher Regelungsgehalt des § 270 Abs. 3 S. 2 InsO

Hat das Insolvenzgericht im Eigenverwaltungsverfahren Amtsermittlungen wegen solcher Tatsachen anzustellen, aus denen auf eine Nachteiligkeit der Anordnung der Eigenverwaltung zu schließen wäre, gelten Besonderheiten. Denn § 270 Abs. 3 S. 2 InsO bestimmt, dass bestimmt, dass die Anordnung nicht als nachteilig für die Gläubiger gilt, wenn der Antrag von einem einstimmigen Beschluss des vorläufigen Gläubigerausschusses unterstützt wird. Diese Regelung wird als eine unwiderlegliche gesetzliche Vermutung verstanden.[2405] 68

## 2. Unklarheiten in der Literatur

In der Literatur[2406] wird allerdings gefordert, das Insolvenzgericht habe „konkrete Fakten zu ermitteln". Unklar sind auch Behauptungen, das Insolvenzgericht habe festzustellen, dass keine Umstände bekannt seien, aus denen auf die Nachteiligkeit der Anordnung der Eigenverwaltung für die Gläubiger geschlossen werden müsse.[2407] Denn diese „Feststellung" setzt keine Amtsermittlungen voraus; ob z.B. Gläubiger eine Schutzschrift gegen die Anordnung der Eigenverwaltung[2408] eingereicht haben, ist dem Gericht aus der eigenen Aktenlage immer schon bekannt, die zu Sichten es evident keines Sachverständigen bedarf. 69

## 3. § 292 S. 1 ZPO

In diesem vom Gesetzgeber ausdrücklich entschiedenen Fall kann es nun in der Tat angehen, dass dem Gericht durch Gläubiger Tatsachen vorgetragen werden, die geeignet sind, Schlüsse auf eine Nachteiligkeit der Eigenverwaltung zu ziehen, was es nahelegen könnte, die Richtigkeit der Behauptungen der Gläubiger 70

2405 Wimmer, Das neue Insolvenzrecht nach der ESUG-Refom, 2012, 20; Berner, in: Pape/Uhländer, InsO, 2013, § 270 Rn. 17.

2406 Wuschek ZInsO 2012, 110, 113.

2407 So Frindt ZInsO 2012, 1546.

2408 Vgl. hierzu früh Bichmleier DZWIR 1999, 287 ff.

durch namentlich durch einen Sachverständigen amtswegig zu ermitteln. Derartige Amtsermittlungen sind aber im Falle des § 270 Abs. 3 Abs. 2 InsO unzulässig. Über die Verweisung des § 4 InsO kommt nämlich § 292 S. 1 ZPO zur Anwendung, der besagt, dass, wenn das Gesetz für das Vorhandensein einer Tatsache eine Vermutung aufstellt, der Beweis des Gegenteils nur dann zulässig ist, wenn nicht das Gesetz ein anderes vorschreibt.[2409] Dies ist aber der Fall, wenn das Gesetz eine Vermutung wie im vorliegenden Fall des § 270 Abs. 3 S. 2 InsO als unwiderleglich ausgestaltet.[2410]

### 4. § 291 ZPO

71 Aufgrund der gesetzlichen Vermutung des § 270 Abs. 3 S. 2 InsO steht – wie gezeigt - bereits unwiderleglich fest, dass die Anordnung der Eigenverwaltung nicht zu Nachteilen für die Gläubiger führt – eine Amtsermittlung könnte daher keine Erkenntnisse tatsächlicher Art gewinnen lassen, die das Gericht zu einer vom Gesetz abweichenden Entscheidung veranlassen könnte: Ja die Amtsermittlung als Form der Gegenbeweisführung ist wegen § 292 ZPO verboten.[2411] Dies unterlegt die kritischen Überlegungen zu Frindt[2412] mit zivilprozessualer Substanz: Denn die Statuierung einer unwiderleglichen Vermutung verändert nicht etwa die Beweislast. Vielmehr kommt es zu einem gestuften Verfahren. Die Vermutungsbasis ist zu beweisen. Steht die Vermutungsbasis fest oder ist die Vermutungsbasis bewiesen greift die Vermutung ein, ohne dass ein Gegenbeweis zulässig wäre.[2413] Hier bedarf es aber keiner Beweisführung über das Vorliegen der negativen Tatsache mehr, dass keine Tatsachen bekannt sind, aufgrund derer sich die Anordnung der Eigenverwaltung als gläubigerbenachteiligend erweist. Denn nach der gem. § 4 InsO zur Anwendung gelangenden Vorschrift des § 291 ZPO bedürfen Tatsachen, die bei dem Gericht offenkundig sind, keines Beweises.[2414] Die hier ausschlaggebende Tatsache ist gerichtskundig – denn wie oben ausgeführt kennt das Gericht seine Akten und weiß daher, dass keine Tatsachen bekannt geworden sind, aus den darauf zu schließen ist, dass die Anordnung der Eigenverwaltung die Gläubiger benachteiligen würde:

---

2409 Wieczorek/Schütze-Assmann, ZPO 4. Aufl. 2012 § 292 Rn. 2; MünchKomm-Prütting, ZPO, 4. Aufl. 2013, § 292 Rn. 1.

2410 Wieczorek/Schütze-Assmann, ZPO 4. Aufl. 2012 § 292 Rn. 26; MünchKomm-Prütting, ZPO, 4. Aufl. 2013, § 292 Rn. 4.

2411 Wieczorek/Schütze-Assmann, ZPO 4. Aufl. 2012 § 292 Rn.14.

2412 Frindt (Fn. 2407).

2413 Eingehend hierzu MünchKomm-Prütting, ZPO, 4. Aufl. 2013, § 292 Rn. 4.

2414 Wieczorek/Schütze-Assmann, ZPO 4. Aufl. 2012 § 291 Rn. 17; MünchKomm-Prütting, ZPO, 4. Aufl. 2013, § 291 Rn. 18.

Gerichtskundig als Unterfall der Offenkundigkeit[2415] sind all diejenigen Tatsachen, die das erkennende Gericht – also hier: das Insolvenzgericht – in seiner amtlichen Eigenschaft – also hier: bei Entgegennahme von Erklärungen und Führung der Akten – selbst wahrgenommen hat und bei Nachprüfung in den Akten zur Kenntnis genommen werden kann.[2416]

In Betracht kommt daher allein, dass ein Gläubiger den Gegenbeweis gegen die Vermutungsbasistatsache führt, dass die Negativtatsache gem. § 270 Abs. 2 Nr. 2 InsO dem Gericht bekannt geworden sei[2417] – was regemäßig zur Aufhebung der Anordnungen nach §§ 270a oder 270b InsO im Eröffnungsverfahren führen muss – oder im eröffneten Verfahren zur Glaubhaftmachung einer Antrag des Gläubigers nach § 272 Abs. 1 Nr. 2 InsO herangezogen werden wird. 72

## 5. § 21 Abs. 1 GKG

Nur zur Abrundung sei in diesem Zusammenhang darauf hingewiesen, dass § 21 Abs. 1 GKG für solche Fälle bestimmt, dass Kosten, die bei richtiger Behandlung der Sache nicht entstanden wären, nicht erhoben werden. Jedenfalls wird das Schuldnervermögen in derartigen Fällen des § 270 Abs. 3 S. 2 InsO nicht mit Kosten einer Amtsermittlung contra legem belastet. 73

---

2415 Wieczorek/Schütze-Assmann, ZPO 4. Aufl. 2012 § 291 Rn. 11, 1. Abs.

2416 Wieczorek/Schütze-Assmann, ZPO 4. Aufl. 2012 § 291 Rn. 11, 2. Abs.; MünchKomm-Prütting, ZPO, 4. Aufl. 2013, § 291 Rn. 9.

2417 MünchKomm-Prütting, ZPO, 4. Aufl. 2013, § 291 Rn. 19.

# Teil 7: Abschluss des Verfahrens

## § 28 Prozessbeendigung ohne Urteil

### I. Zur Gewährung rechtlichen Gehörs zur Vorbereitung der Kostenentscheidung bei Erledigung des Rechtsstreits in der Hauptsache

Der Prozess kann durch die Rücknahme der Klage gem. § 269 ZPO beendet und damit die Fällung eines Urteils vermieden werden, wie sich bereits in den vorangegangenen Überlegungen gezeigt hat. Davon sind Fälle der Erledigung des Rechtsstreits zu unterscheiden. 1

Im Großen und Ganzen ist die Kostenentscheidung nach § 91a ZPO heute unproblematisch geworden: Die Praxis hat darin „Routine" gewonnen. Auf der anderen Seite bedeutet dies nicht, dass der praktischen Handhabung auch eine dogmatische Klarheit entspricht. Diese Klärung fehlt. Und die Unklarheit der dogmatischen Aufarbeitung schlägt - aller Übung zum Trotz - nicht selten auf die Praxis durch. Die Problemstellung mag ein Fall beispielhaft verdeutlichen: 2

### II. Prozessbeendigung durch Vergleich

Der Prozess richtet sich auf die Erkenntnis des zwischen den Parteien streitigen Rechts. Das Urteil tritt damit an die Stelle der Rechtserkenntnis der Parteien, die, wie sich bereits in der Einleitung gezeigt hat, die Ungewissheit über das zwischen ihnen geltende Recht im Wege eines Vergleichs gem. § 779 BGB ausräumen können. Die Rechtshängigkeit des Gegenstandes hindert die Parteien nun nicht an einem Vergleichsschluss; im Gegenteil: das Gericht soll auf eine derartige Einigung in jeder Lage des Prozesses hinwirken, § 278 Abs. 1 ZPO.[2418] Mit dem Prozessvergleich einigen sich die Parteien gütlich und machen so eine Entscheidung des Gerichts obsolet (vgl. auch oben § 21 Rn. 5 et passim). 3

Soweit der Vergleich reicht, wird der Prozess beendet.[2419] Der prozessbeendende gerichtliche Vergleich zeitigt Wirkungen wie ein Urteil; er ist ein Titel gem. § 794 Abs. 1 Nr. 1 ZPO.[2420] Die gerichtliche Mitwirkung daran ist gleichsam notarieller Art: Der Vergleich ist durch seine Protokollierung zu beurkunden, § 160 Abs. 3 Nr. 1 ZPO.[2421] 4

2418 Zeiss/Schreiber ZPrR 11. Aufl. 2009 Rn. 508.

2419 Zeiss/Schreiber ZPrR 11. Aufl. 2009 Rn. 509.

2420 Hergenröder, Rechtsfortbildung, S. 214.

2421 Hergenröder, Rechtsfortbildung, S. 253.

## III. Nichtstreitige Verfahren und Streitverfahren der Freiwilligen Gerichtsbarkeit

5 Dies macht das Insolvenzantragsverfahren deutlicher: Hält der antragstellende Gläubiger trotz gutachterlicher Feststellung der Masseinsuffizienz an seinem Antrag fest, hat er entsprechend § 91 ZPO die Verfahrenskosten zu tragen; erklärt er wegen der Feststellung die Erledigung seines Antrags, sind die Kosten dem Schuldner entsprechend § 91 a ZPO aufzuerlegen[2422].

## IV. Antragsrücknahme in nichtstreitige Verfahren und Streitverfahren der Freiwilligen Gerichtsbarkeit

6 § 22 Abs. 1 S. 1 FamFG sieht vor, dass der Antrag bis zur Rechtskraft der Entscheidung zurückgenommen werden kann, im Falle von Endentscheidungen bis zum Eintritt der formellen Rechtskraft. § 22 Abs. 1 FamFG sieht vor, dass die Antragsrücknahme nach Erlass der Endentscheidung der Zustimmung der übrigen Beteiligten bedarf. Eine ergangene Entscheidung wird dann nach § 22 Abs. 2 S. 1 FamFG wirkungslos, was durch Beschluss festzustellen ist, § 22 Ab. 2 S. 2 FamFG. In nichtstreitigen Amtsverfahren wirkt die Antragsrücknahme nicht verfahrensbeendigend.

7 Der Antrag auf Eröffnung des Insolvenzverfahrens kann bis zum Eintritt der Rechtskraft des Eröffnungsbeschlusses gem. § 27 InsO[2423] bzw. bis zur rechtskräftigen Abweisung mangels Masse gem. § 26 InsO[2424] mit der Wirkung zurückgenommen werden[2425], dass das Insolvenzgericht in der Angelegenheit nicht weiter tätig bleiben darf. Die Antragsrücknahme führt dazu, dass die Maßnahmen des Gerichts, die es gem. § 21 InsO getroffen hat, aufzuheben sind.

8 Fall: Der BGH hat die prozesshindernde Einrede der Beklagten nach § 269 Abs. 4 ZPO durchgreifen lassen. Der VIII. Zivilsenat[2426] hat in seinem Urteil vom 9. Juli 1986 bereits entschieden, dass der Anwendungsbereich des § 269 Abs. 4 ZPO sich

---

2422 Kirchhof, in: Kreft, InsO, § 26 Rn. 19; Pape, in Kübler/Prütting/Bork, InsO, § 26 Rn. 29.

2423 Konecny, ZIK 1998, 145 ff.; Uhlenbruck, in: Uhlenbruck, InsO, § 13 Rn. 80; Hess, § 13 Rn. 30.

2424 OLG Köln, Beschluss vom 17.7.1992, Az.: 2 W 84/92 = ZIP 1993, 936 m. Anm. Mohrbutter , EWiR § 106 KO 1/93, 801; Uhlenbruck, in: Uhlenbruck, InsO, § 13 Rn. 80; Schmahl, in: MünchKomm, InsO, § 13 Rn. 125.

2425 Aus der Sicht des österreichischen Rechts: Konecny, ZIK 1998, 145.

2426 BGH, Urteil vom 9.7.1986, Az.: VIII ZR 283/85 = WM 1986, 1425.

nicht auf solche Prozesse beschränkt, in denen der Kläger den mit der zurückgenommenen Klage verfolgten Anspruch erneut zum Gegenstand einer Leistungsklage macht. § 269 Abs. 4 ZPO will den Beklagten auch davor schützen, dass ihm, bevor er die Kosten des Vorprozesses erstattet erhalten hat, vom Kläger im prozessualen Gewande einer Vollstreckungsgegenklage eine neue gerichtliche Auseinandersetzung über die Begründetheit des Anspruchs aufgezwungen wird. Dabei ist es, wie der BGH zutreffend ausführt, für die Entscheidung ohne Bedeutung, ob man in solchen Fällen eine unmittelbare oder eine entsprechende Anwendung des § 269 Abs. 4 ZPO für gegeben erachtet.

Nach Auffassung des BGH bietet der vom Reichsgericht herangezogene Halb- 9
satz aus den Motiven, der im Gesetzeswortlaut keinerlei Niederschlag gefunden hat, jedenfalls über einhundertdreißig Jahren nach Inkrafttreten der CPO keine Grundlage mehr für eine einschränkende Auslegung, die aus der Sicht des heutigen Verständnisses dem Sinn und Zweck des Gesetzes widerspricht.[2427] Daher hat nach der eindeutigen Regelung des § 269 Abs. 3 Satz 2 ZPO die Klägerin, ohne dass es auf die Gründe ankäme, aus denen sie die Klage zurückgenommen hat, die Kosten des Vorprozesses zu tragen.

Wie der BGH zutreffend ausgeführt hat, lassen es weder Wortlaut noch 10
Zweck des § 269 Abs. 4 ZPO zu, bei seiner Anwendung auf die subjektiven Motive der ihre Klage zurücknehmenden Klägerin abzustellen und folgerichtig der Beklagten den Schutz des § 269 Abs. 4 ZPO zu verweigern.

Allerdings enthält § 269 Abs. 4 ZPO kein materielles Aufrechnungsverbot 11
gegenüber dem Kostenerstattungsanspruch aus § 269 Abs. 3 S. 2 ZPO. Die Klägerin ist grundsätzlich nicht gehindert, gegen diesen Anspruch mit einer streitigen Gegenforderung aufzurechnen und deren Bestehen in einem neuen Prozess zu beweisen.[2428] Nur für die Aufrechnung mit dem im Vorprozess verfolgten Anspruch bewirkt § 269 Abs. 4 ZPO eine Ausnahme: Nach dem Schutzzweck der Vorschrift darf die sachliche Berechtigung dieses Anspruchs vor Erstattung der Vorprozesskosten nicht gegen den Willen der Beklagten in einem neuen Prozess geprüft werden. Daher kann die Klägerin die Aufrechnung mit diesem Anspruch auch nicht zur Begründung einer Klage aus § 767 ZPO gegen eine titulierte Forderung der Beklagten einsetzen; das gilt auch dann, wenn sich die Klage gegen den Kostenfestsetzungsbeschluss aus dem Vorprozess richtet.

Fraglich ist, ob der Kläger die von § 269 ZPO geforderte Zustimmung des 12
Beklagten zur Beendigung des Prozessrechtsverhältnisses durch Rücknahme der Klage dadurch umgehen kann, dass er die Klage um einen wesentlichen Teilbetrag ermäßigt. Allerdings würde er damit nichts gewinnen, wenn sich die Herabsetzung des Klagebetrages als Klageänderung darstellen würde, die nach § 263

2427 BGH, Urteil vom 8.10.1991, Az.: XI ZR 259/90 = WM 1991, 1983 = BGHZ 115, 268.
2428 BGH, Urteil vom 9.7.1986 aaO. S. 1426 zu II. 2. b.

ZPO nur unter der Voraussetzung zulässig ist, dass der Beklagte ihr zustimmt oder das Gericht sie für sachdienlich erachtet. § 264 ZPO scheint hierfür zu sprechen. Diese Vorschrift ermöglicht es dem Kläger nämlich, die Klage zu ermäßigen, ohne dass dies als Klageänderung zu qualifizieren wäre.

# § 29 Entscheidungen im Prozess und Streitverfahren der freiwilligen Gerichtsbarkeit

## I. Urteil und Beschluss

1 Im Zivil- oder Strafprozess bezeichnen z. B. die Termini „Urteil“ oder „Beschluss“ jeweils eine bestimmte Form der Entscheidung: Ein Urteil ist im Zivilprozess eine Entscheidung, die das Gericht auf eine Klage hin nach einer mündlichen Verhandlung in einem dazu bestimmten Termin (§ 310 ZPO) im Namen des Volkes (§ 311 Abs. 1 ZPO) durch Vorlesung der Urteilsformel (§ 311 Abs. 2 S. 1 ZPO) verkündet. Es hat einen gesetzlich bestimmten Inhalt (§§ 313 ff. ZPO), es muss von dem mitwirkenden Richtern unterschrieben werden (§ 315 Abs. 1 ZPO). Beschlüsse sind im Zivilprozess Entscheidungen, die weniger formbedürftig sind. Sie müssen jedoch nach h. M. schriftlich abgefasst werden; mündliche Äußerungen sind kein vollendeter Beschluss.[2429]

2 Der Beschluss kann, soweit nicht ausdrücklich gesetzlich etwas anderes bestimmt ist, gem. § 128 Abs. 4 ZPO ohne mündliche Verhandlung erlassen werden.[2430]

3 Neben dieser Art der Entscheidung gibt es im Zivilprozess allerdings auch noch andere Formen: Richterliche Verfügungen oder prozessuale Anordnungen. Die normale Form der Entscheidung ist im Zivilprozess (und auch im Strafprozess oder Verwaltungsgerichtsprozess) aber das Urteil oder der Beschluss.

## II. Die gerichtliche Entscheidung als verfahrensrechtlicher Akt

4 Der Vorgang der gerichtlichen Entscheidung durchläuft mehrere Stufen. Die erste Stufe ist als die der Entscheidung i. S. e. Willensbildung des Gerichts zu verstehen. Auf ihr wird die Entscheidung zunächst nach der Beratung beschlossen; die Kollegialgerichte stimmen ab, die Einzelrichter entscheiden sich. Auf diese Willensbildung des Gerichts wird in manchen Fällen gesetzlich eine zweite Stufe vorgesehen. Auf dieser Stufe geht es um die Abfassung der Entscheidung (vgl. die §§ 311 Abs. 2 S. 1, 315 ZPO, vgl. auch § 268 Abs. 3 StPO)[2431]. Nach diesen beiden Stationen ist eine Entscheidung aber noch nicht in dem Sin-

2429 Hartmann, in: Baumbach/Lauterbach/Albers/Hartmann, ZPO, § 329, Rn. 1; vgl. auch § 160 III Ziff. 6 ZPO.

2430 Vgl. allein Zeiss/Schreiber, ZPrR 11. Aufl. 2009, Rn. 522, 2. Abs.

2431 Die Urteilsformeln müssen vorgelesen werden.

ne erlassen, dass sie das Gericht bindet; vielmehr kann es seine Entscheidung noch frei abändern.

5 Wird z.B. ein Rechtsmittel nach Abfassung, aber vor Erlass einer Entscheidung des Rechtsmittelgerichts, zurückgenommen, bleibt die Entscheidung ein innergerichtlicher Akt ohne Außenwirkungen.[2432]

6 Auf der dritten Stufe geht es darum, wann die Willensbildung des Gerichts eine für es selbst verbindliche Form angenommen hat, die Entscheidung erlassen ist. Eine Entscheidung ist erlassen, wenn sie verlautbart wird. Damit tritt sie damit aus dem Bereich der innergerichtlichen Überlegungen und Handlungen heraus. Gem. § 318 ZPO ist Folge des Erlasses einer Entscheidung im Zivilprozess, dass das Gericht an seine Entscheidung gebunden ist und das von dem durch die Entscheidung Beschwerten gegen sie Rechtsmittel eingelegt werden können.[2433]

7 Dass der durch die Entscheidung beschwerte Beteiligte gegen die Entscheidung Rechtsmittel einlegt, setzt aber voraus, dass sie ihm bekannt geworden ist, was noch nicht zwingend zugleich mit ihrem Erlass geschieht. Auf der vierten Stufe geht es daher um die Bekanntgabe der Entscheidung an die „Außenwelt" (den Rechtsgenossen gegenüber). Diese Bekanntgabe erfolgt im Regelfall des mündlichen Verfahrens bei Urteilen[2434] gem. § 310 ZPO durch Verkündung und bei Beschlüssen gem. § 329 ZPO durch Zustellung.

8 Ebenso wie die Regelungen über den Antrag widerspiegeln diejenigen über das Urteil die Funktionsweise des Zivilprozesses. Das Urteil muss die syllogistische Rechtserkenntnis des Gerichts deutlich machen[2435], soweit nicht darauf verzichtet werden kann - weil die Parteien Dispositionsakte des Anerkenntnisses oder des Verzichts vorgenommen haben, § 313b ZPO. Der nach § 313 Abs. 1 Nr. 5 ZPO wiederzugebende Tatbestand stellt sich insofern als Untersatz des Schlusses, der nach § 313 Abs. 1 Nr. 3 ZPO voranzustellende Tenor der Entscheidung als ihr Obersatz, dar; die Gründe, die das Gericht zu seiner Entscheidung bewogen haben, sind gem. § 313 Abs. 1 Nr. 6 ZPO darzustellen, und zwar gem. § 313 Abs. 3 ZPO in einer Weise, die sowohl den Parteien als gegebenenfalls auch dem Rechtsmittelgericht erkennbar werden lassen, welche Erwägungen das Gericht angestellt hat, also wie seine Schlussfolgerung gestaltet war.

9 Bislang ist gleichsam der äußere Vorgang der Entscheidungsbildung durch das Gericht im Zivilprozess nachgezeichnet worden. Es stellt sich aber die Fra-

2432 Vgl. BayObLG, Beschluss vom 29.9.1965, Az.: BReg. 1 a Z 37/65 = NJW 1966, 458.

2433 Musielak, in: Musielak, ZPO, § 38 Rn. 1 ff.

2434 Urteile im schriftlichen Verfahren (vgl. § 128 ZPO) werden naturgemäß nicht verkündet.

2435 Hergenröder, Richterliche Rechtsfortbildung, S. 130.

ge, wann ein Urteil gefällt werden kann und muss - also welche Voraussetzungen prozessual vorliegen müssen, damit ein Urteil gefällt wird.

Hier ist zunächst an die Erwägungen anzuknüpfen, die zur Prozessbeendi- 10
gung ohne Urteil angestellt worden sind.

## III. Prozessurteil und Sachurteil

Entscheidet das Gericht in der Sache über die Begründetheit des Klagebegeh- 11
rens, spricht man von einem Sachurteil. Mit einem Sachurteil wird rechtskräftig (oben § 13) über Bestehen oder Nichtbestehen des zugrundeliegenden Anspruchs mit der Folge entschieden, dass in der Sache ein weiterer Prozess unzulässig wird. Weist das Gericht die Klage als unzulässig zurück, wird damit eine Sachentscheidung ausdrücklich nicht gefällt. Das Urteil entfaltet dann Rechtskraftwirkung allein in Bezug auf die entschiedene prozessrechtliche Frage.

## IV. Arten der Urteile

Betrachtet man den „Gehalt" des Urteils, dann richtet sich dieser gem. § 308 12
ZPO nach dem Klage- bzw. Widerklageantrag (dazu oben § 17): Es handelt sich dann um ein Leistungs-, Feststellungs- oder Gestaltungsurteil.

Im Folgenden geht es um die gesetzlich vorgesehenen Urteilsformen, in de- 13
nen Urteile gefällt werden:

### 1. Verzichtsurteil

Mit „Verzichtsurteil" wird das abweisende Urteil bezeichnet, das bei wirksa- 14
mem Verzicht gemäß § 306 ZPO gegen den Kläger ergeht. In der mündlichen Verhandlung kann der Kläger auf seinen geltend gemachten Anspruch - auch teilweise - gem. § 306 ZPO verzichten. Daraufhin kann - auch ohne Antrag des Beklagten - ein Verzichtsurteil (ohne Tatbestand und Entscheidungsgründe, § 313 b Abs. 1 ZPO) ergehen, denn der Beklagte hat an einem streitigen Urteil kein Rechtsschutzinteresse. Das Verzichtsurteil steht in seinen Wirkungen, insbesondere der materiellen Rechtskraft, einem streitigen Urteil gleich. Der Verzicht hat für den Kläger gegenüber einer Abweisung mit streitigem Urteil nur einen Vorteil bei den Gerichtskosten, die sich gem. Ziff. 1210 GKG Anlage 1 von 3,0 auf 1,0 Gebühren reduzieren. Für diesen geringen Kostenvorteil verzichtet der Kläger auf die Chance, vielleicht doch noch - wenigstens teilweise - zu obsiegen. Verzichtsurteile sind daher in der Praxis selten.

## 2. Anerkenntnisurteil

15 Der Beklagte kann gem. § 307 ZPO den Prozess durch die Erklärung, dass der geltend gemachte Anspruch bestehe - dass er ihn anerkenne - beenden. Wenn und soweit der Beklagte in der mündlichen Verhandlung oder einem schriftlichen Vorverfahren in dieser Weise den geltend gemachten Anspruch anerkennt, ergeht auf Antrag des Klägers ohne sachliche Prüfung des Anspruchs Anerkenntnisurteil. Das Gericht prüft nach der Abgabe eines Anerkenntnisses nur noch die Zulässigkeit der Klage. Das Anerkenntnis ist eine Prozesshandlung, so dass zu dessen Wirksamkeit die Prozesshandlungsvoraussetzungen vorliegen müssen. Der Beklagte muss daher im Anwaltsprozess anwaltlich vertreten sein. Im Unterschied zum Anerkenntnis steht das Geständnis, wo nur einzelne Tatsachen zugestanden werden. Entgegen dem Grundsatz, dass der Unterlegene die Kosten des Verfahrens trägt, können sie bei einem Anerkenntnis dem Kläger auferlegt werden, wenn das Anerkenntnis sofort - nämlich bei der ersten Antragstellung im Prozess - abgegeben worden ist oder der Beklagte keine Veranlassung zur Klageerhebung gegeben hat, etwa wenn der Kläger auf Zahlung einer fälligen Forderung geklagt hat, ohne den Beklagten vorher in Verzug zu setzen.

16 Anerkenntnis und Anerkenntnisurteil sind zwar für das verwaltungsgerichtliche Verfahren nicht ausdrücklich geregelt, kommen aber über die Generalverweisung des § 173 VwGO auch im Verwaltungsgerichtsstreit zur Anwendung. Die Anerkennung des Klageanspruchs steht dem verwaltungsgerichtlichen Amtsermittlungsgrundsatz nicht entgegen, sondern unterliegt der Verfügungsbefugnis der Beteiligten hinsichtlich des Streitgegenstandes.

17 Liegt weder ein Anerkenntnis des Beklagten noch ein Verzicht des Klägers vor, kommen auf die Frage nach den Voraussetzungen eines Urteils zwei Antworten in Betracht. Ein Urteil kann nämlich die Instanz oder einen Zwischenstreit erledigen.

18 § 313b ZPO stellt die Abfassung von Tatbestand und Gründen in Fällen des Anerkenntnis- oder Verzichtsurteils in das Ermessen des Gerichts.[2436]

## 3. Endurteile

19 Nach § 300 ZPO wird als Endurteil ein Urteil bezeichnet, das bei Entscheidungsreife erlassen wird, über den gesamten Prozessstoff entscheidet und die jeweilige Instanz beendet. Das Endurteil ist also Endentscheidung.[2437] Das Endurteil kann materiell über den eingeklagten Anspruch selbst entscheiden, aber

---

2436 Hergenröder, Richterliche Rechtsfortbildung, S. 248.

2437 Vgl. Wortlaut § 300, zur Entscheidungsreife vgl. u.a. Musielak, in: MünchKomm, ZPO § 300 Rn. 1 ff.

auch nur die Instanz dadurch erledigen, dass das Gericht eine prozesshindernde Einrede für durchgreifend erachtet oder die Sache in die Vorinstanz zu anderweiter Verhandlung und Entscheidung zurückverweist. Die Entscheidung ergeht entweder auf Abweisung der Klage oder auf Verurteilung des Beklagten, bzw. bei Feststellungsklagen auf Feststellung des Bestehens oder Nichtbestehens eines Rechtsverhältnisses. Für das Endurteil reif werden kann der Rechtsstreit durch Versäumnis (oben § 19) oder Anerkenntnis des Beklagten, durch Verzicht des Klägers oder durch kontradiktorische Verhandlung und Beweisaufnahme.

Vollstreckbare „Endurteile" sind auch das Teilurteil gem. § 301 ZPO[2438], 20
das Versäumnisurteil gem. § 331 ZPO[2439], das Anerkenntnisurteil gem. § 307 ZPO[2440], sowie das Vorbehaltsurteil gem. § 302 ZPO.[2441] *Keine* Endurteile sind das Zwischenurteil gem. § 303 ZPO[2442] und das Grundurteil gem. § 304 ZPO.[2443] In den meisten Bundesländern wird das Endurteil im Rubrum nur als Urteil bezeichnet. Nur soweit es sich nicht um ein Vollurteil handelt, wird dies besonders hervorgehoben.

## 4. Teilurteil

### *a) Zivilprozess*

Ein Teilurteil ist ein vollstreckbares Urteil, in dem im Gegensatz zum Endurteil 21
das Gericht nicht über den gesamten Streitgegenstand entscheidet, sondern nur über einen selbstständigen Teil. Voraussetzung für den Erlass eines Teilurteils ist gem. § 301 Abs. 1 ZPO, dass von mehreren in einer Klage geltend gemachten Ansprüchen nur der eine zur Endentscheidung reif ist.[2444] Gleiches gilt, wenn nur ein Teil eines Anspruchs oder bei erhobener Widerklage nur die Klage oder die Widerklage zur Endentscheidung reif sind. In diesen Fällen hat das Gericht über die selbständigen Teile des Streitgegenstandes durch Teilurteil als Endurteil zu entscheiden, wenn damit zu erwarten ist, dass sich ein selbstständiger Klageanspruch mit ihm erledigen lässt. Ein Teilurteil ist unzulässig, wenn ein untrennbarer (vgl. § 145 ZPO!) Zusammenhang zwischen Teil- und Schlussurteil besteht. Denn dies ruft die Gefahr widersprechender Entscheidungen hervor, die durch einheitliche Entscheidung vermieden werden kann.[2445] Nach § 301

2438 Saenger, in Saenger, ZPO, § 301 Rn. 15; Götz, in: MünchKomm, ZPO, § 704 Rn. 3.
2439 Pukall, in: Saenger, ZPO, § 331 Rn. 7; Götz, in: MünchKomm, ZPO, § 704 Rn. 3.
2440 Götz, in: MünchKomm, ZPO, § 704 Rn. 3.
2441 Ergibt sich aus §§ 302 Abs. 3, 599 Abs. 3, Götz, in: MünchKomm, ZPO, § 704 Rn. 3.
2442 Musielak, in: MünchKomm, ZPO, § 303 Rn. 2.
2443 Musielak, in: Musielak, ZPO, § 304 Rn. 3.
2444 Musielak, in: MünchKomm, § 301 Rn. 4 ff.
2445 Musielak, in: Musielak, ZPO, § 301 Rn. 3.

Abs. 2 ZPO kann aber der Erlass eines Teilurteils unterbleiben, wenn es das Gericht nach Lage der Sache nicht für angemessen erachtet – weil zu erwarten ist, dass der gesamte Rechtsstreit erledigt werden kann und daher der (auch zeitliche!) Aufwand eines Teilurteils sich als nicht sinnvoll erweist.

22 Fall: Der Kläge verlangte vom Beklagten die Duldung der Zwangsvollstreckung in ein Grundstück gem. § 11 AnfG. Dagegen hatte der Beklagte die Hifsaufrechnung erklärt, die das Gericht für unzulässig ansah. Im übrigen erhob der Beklagte Hilfswiderklage, über die das Gericht durch Teilanerkenntnisurteil entschied.

23 Das Teilurteil konnte erlassen werden, weil Einwendungen gegen den Vollstreckungstitel im Rahmen der Gläubigeranfechtungsklage nur erhoben werden konnten, soweit sie zum Schluss der letzten mündlichen Verhandlung nicht erhoben werden konnten.[2446]

*b) Scheidungsrechtliches Verbundverfahren*

24 Über Scheidung und Folgesachen ist gem. § 137 Abs. 1 FamFG zusammen im sogenannten "Verbund" zu verhandeln und zu entscheiden.[2447] Aus dem scheidungsrechtlichen Verfahrensverbund des § 137 FamFG ergibt sich, dass grundsätzlich kein gesondertes (isoliertes) Verfahren über die Scheidung oder Folgesachen zulässig ist. Folglich dürfen über einzelne Teile des Verfahrensverbundes auch keine isolierten Urteile oder Beschlüsse ergehen.[2448] Kann man also zwar über die Scheidung bereits entscheiden, aber noch nicht über den Versorgungs- oder Zugewinnausgleich, so ist ein „Teilbeschluss" über die Ehescheidung unzulässig. Der Preis für die Einbeziehung der übrigen Folgesachen in den Verbund ist also eine Verlängerung des Ehescheidungsverfahrens.

*c) Anspruchshäufung und Teilurteil im Prozess*

25 Werden dagegen im allgemeinen Zivilprozess verschiedene Ansprüche mit der Klage geltend gemacht und ist die Klage hinsichtlich eines Anspruchs entscheidungsreif – sind also alle erforderlichen Beweise erhoben usf., dann kann über diesen Anspruch nach § 301 Abs. 1 ZPO durch Teilurteil entschieden werden. Macht also z. B. der Kläger einen Anspruch aus § 433 Abs. 2 BGB über € 1.000,-- und einen weiteren Anspruch aus einer Körperverletzung gem. § 823 Abs. 1 BGB über € 500,-- in einem Prozess in Form objektiver Klagehäufung geltend, und sind im Prozess alle Feststellungen darüber getroffen, dass der Anspruch nach § 823 Abs. 1 BGB besteht, stehen aber noch Beweise für das Bestehen des Anspruchs nach § 433 Abs. 2 BGB aus, dann kann hinsichtlich des Anspruchs aus § 823 Abs. 1 BGB ein Teilurteil erlassen werden.

---

2446 BGH, Urteil vom 16.8.2007, Az.: IX ZR 63/06 = ZIP 2007, 1717.

2447 Weber, in: Keidel, FamFG, § 137 Rn. 3.

2448 Vgl. Kemper, in: Saenger, ZPO, § 137 FamFG Rn. 61, § 142 FamFG Rn. 1 ff.

*d) Aufrechnung*

26 Das Endurteil kann gemäß §§ 302 Abs. 3, 599 Abs. 3 ZPO in Fällen der Aufrechnung mit einer unklaren Gegenforderung gegen eine entscheidungsreife Klageforderung, wenn zwischen beiden kein rechtlicher Zusammenhang besteht, § 302 ZPO, oder in Fällen nichturkundliche Einwendungen im Urkundenprozess (§ 599 ZPO)[2449] ergehen. Dabei ergeht das Endurteil als Vorbehaltsurteil unter einer auflösenden Bedingung ergehen. Der Vorbehalt wird im Tenor ausdrücklich ausgesprochen. Dabei wird der Beklagte trotz erhobener Einwendungen verurteilt, um den Prozess zu beschleunigen. Die Bezeichnung des Urteils leitet sich daraus ab, dass es dem Beklagten vorbehalten bleibt, in derselben Instanz die Einwendungen in einem Nachverfahren geltend zu machen. Im Nachverfahren wird dann durch so genanntes „Schlussurteil" über die vorbehaltenen Rechte entschieden. Das Schlussurteil kann darauf ergehen, dass das Vorbehaltsurteil für vorbehaltlos erklärt oder aber aufgehoben wird.

## 5. Zwischenurteil

27 § 303 ZPO bestimmt, dass, wenn ein Zwischenstreit – der regelmäßig über prozessuale Vorfragen des zu fällenden Endurteils geführt wird, zur Entscheidung reif ist, die Entscheidung durch Zwischenurteil ergehen kann. Ein Zwischenurteil ist daher ein Urteil in einem Zivilprozess, dass über prozessuale Vorfragen und nicht den eigentlichen Streitgegenstand gefällt wird.[2450]

28 Als typische Entscheidungen, die durch Zwischenurteil getroffen werden können, sind zu nennen die

- → die Zulässigkeit der Klage oder eines Rechtsmittels gem. § 280 ZPO,
- → die Zulässigkeit der Wiedereinsetzung gem. § 238 ZPO,
- → die Unterbrechung des Verfahrens gem. § 241 Abs. 1 ZPO und
- → die Verpflichtung zur Vorlegung einer Urkunde nach den §§ 422, 423 ZPO.

29 Als "unechte Zwischenurteile" werden Urteile bezeichnet, in denen innerhalb eines Rechtsstreits ein Zwischenstreit zwischen einer Partei und einem Dritten endgültig entschieden wird (§§ 71 Abs. 1 und Abs. 2, 135 Abs. 2 und Abs. 3, 387, 402, 372a ZPO), das den Streit mit diesem Dritten endgültig entscheidet. Denn diese Zwischenurteile führen nicht nur zu einer in dem durch ein Endurteil zu klärenden Rechtslage vorbereitenden prozessuale Klärung, sondern einer abschließenden Streitentscheidung. Als Fallgruppen, in denen ein unechtes Zwischenurteil möglich ist, sind zu nennen, die:

---

2449 Braun, in: MünchKomm, ZPO, § 599 Rn. 1 ff.

2450 Saenger, in: Saenger, ZPO, § 303 Rn. 1 f.

Entscheidung über die Zulässigkeit einer Nebenintervention (§ 71 Absätze 1 und 2 ZPO)

→ Entscheidung über das Bestehen eines Zeugnisverweigerungsrechts für Zeugen und Sachverständige (§§ 387, 402 ZPO)

→ Entscheidung über die Weigerung zur Entnahme der Blutprobe zum Abstammungsnachweis (§§ 372a, 387 ZPO)

30 Zwischenurteile enthalten grundsätzlich keine Kostenentscheidung und können nur in den gesetzlich vorgesehenen Fällen angefochten werden. Nur unechte Zwischenurteile regeln auch die Kosten und sind selbstständig mit sofortiger Beschwerde anfechtbar.

## 6. Grundurteil

31 Ein besonderes Zwischenurteil ist das Grundurteil. Dabei handelt es sich um ein Urteil, das einen Rechtsstreit dem Grunde nach entscheidet. Mit dem Grundurteil wird über den (rechtlichen) Grund des geltend gemachten Anspruchs entschieden (§ 304 ZPO).[2451] Es entscheidet bei einer Zahlungsforderung darüber, ob überhaupt ein Anspruch besteht. Die Höhe des Anspruchs ist dem darauf folgenden Betragsverfahren vorbehalten. Bezüglich der Rechtsmittel ist das Grundurteil - im Unterschied zu anderen Zwischenurteilen - als Endurteil anzusehen. Der Erlass eines Grundurteils ist sinnvoll, wenn es den Rechtsstreit durch Klärung der Rechtslage beendet – und die Parteien unter Verzicht auf das nachfolgende Betragsverfahren zu einer Einigung über den zu zahlenden Betrag gelangen.[2452] Freilich gelingt dies nicht zwingend. Unter Umständen wird der Rechtsstreit durch den Erlass des Grundurteils nicht beendet und es ist auf das Betragsverfahren hin ein Endurteil erlassen. Diese Fälle kennzeichnet, dass die Intentionen des Gerichts zu einer Beschleunigung der Verhandlung[2453] durch Beschränkung der Verhandlung auf den Haftungsgrund gescheitert und das Verfahren durch die Trennung von Grund- und Betragsverfahren verzögert wird.[2454]

---

2451 Zeiss/Schreiber ZPrR 11. Aufl. 2009 Rn. 341, 342.

2452 Pawlowski ZZP Bd. 78 (1965) 307, 319.

2453 Vgl. auch Zeiss/Schreiber ZPrR 11. Aufl. 2009 Rn. 541.

2454 Pawlowski (Fn. 2452).

# § 30 Entscheidungen in Verfahren nach dem FamFG

## I. Echte Streitverfahren

Keine „Besonderheiten“ im Bereich „der“ freiwilligen Gerichtsbarkeit treten in den sogenannten echten Streitverfahren[2455] nach dem FamFG auf. Denn dort geht es um die Entscheidung von Rechtsstreitigkeiten zwischen Parteien, die den strengen Regeln der ZPO z. T. entzogen werden, um den materiellrechtlichen Besonderheiten Rechnung tragen zu können[2456]; etwa im Hausratsteilungsverfahren werden verfahrensrechtlich mit den „freieren“ Instrumentarien des FamFG materiellrechtliche Probleme einer Realteilung[2457] gelöst, die das BGB im Übrigen nicht kennt: Am Ende von echten Streitverfahren steht aber eine Entscheidung, die abschließend und verbindlich sein soll und die insofern dem Urteil im Zivilprozess grundsätzlich gleichsteht. 1

Freilich zeigen sich bereits aufgrund der materiellrechtlichen Spezifika der echten Streitverfahren der freiwilligen Gerichtsbarkeit Besonderheiten, die den gesamten Bereich auch der nichtstreitigen Verfahren durchziehen, aber durchaus auch dem Zivilprozess nicht fremd sind. Typisch für das Urteil im Zivilprozess ist, dass über einen tatsächlich abgeschlossenen Streit entschieden wird. Baur[2458] hat eindrucksvoll davon gesprochen, es werde ein „Schnitt“ durch die Beziehungen der Parteien gezogen, der die endgültige Feststellung dessen ermögliche, was zwischen ihnen rechtens ist. Dass das Urteil formell und materiell der Rechtskraft fähig ist, wird plausibel, wenn man bedenkt, dass der Verkehrsunfall, aus dem Ansprüche nach § 7 StVG oder § 823 BGB hervorgegangen sind, in der Vergangenheit liegt und sich als singuläres Ereignis erweist. 2

Es hat sich aber bereits gezeigt, dass es auch im Zivilprozess Urteile gibt, die nicht auf einen in der Vergangenheit liegenden, abgeschlossenen Sachverhalt bezogen sind, sondern Dauerwirkungen zeitigen[2459]: Auf Unterhaltsurteile, die u. a. auf einem prognostizierten Bedarf des Unterhaltsberechtigten beruhen, und deren von § 323 ZPO normiere Abänderungsmöglichkeit in späteren, weiteren Verfahren, wenn sich die tatsächliche Entscheidungsgrundlage nach Erlas der Entscheidung verändert hat, ist bereits im vorgegangen Paragraphen eingegangen worden. 3

---

2455 Sternal, in: Keidel, FamFG, § 1 Rn. 10 ff.

2456 Sternal, in: Keidel, FamFG, § 1 Rn.10.

2457 Götz, FPR 2009,38 ff. ; zum alten FGG: Schöpf, Die Hausratsteilung im System der ehelichen Vermögensordnung, 1991, S. 9 ff.; Limbacher, JuS 1978, 577, 578.

2458 Baur, FGG, § 25 I 2.

2459 Habscheid (o. Fn. 3), § 27 III 5; Pawlowski, in: Pawlowski /Smid, Freiwillige Gerichtsbarkeit, § 9 Rn. 324.

4 Es wird sich noch im Fortgang dieser Überlegungen zeigen, dass die (naturgemäß immer: spätere) Änderung einer Entscheidung sowohl auf solchen später auftretenden neuen Tatsachen (sogenannten facta supervenientia)[2460] als auch in bestimmten, noch näher darzustellenden Fällen auf einer anderen rechtlichen Beurteilung des Falles beruhen kann. Beiden Fällen, die rechtlich im Übrigen unterschiedlich behandelt werden, ist es gemeinsam, dass hier die Zeitdimension von Verfahren in den Blick gerät.

5 Schon dieser kurze Überblick macht deutlich, dass sich die Betrachtung der Entscheidungswirkungen in Verfahren „der" freiwilligen Gerichtsbarkeit zunächst einer Systematisierung verschließt. So empfiehlt es sich insbesondere nicht, von vornherein für alle Verfahren der freiwilligen Gerichtsbarkeit nach formeller oder materieller Rechtskraft zu fragen. Dennoch lassen sich aber durchaus allgemeine, gemeinsame Fragen formulieren.

## II. Nichtstreitige Verfahren

### 1. Verrichtungen des Gerichts

6 Namentlich in nichtstreitigen Verfahren werden von den Gerichten Daueraufgaben wahrgenommen. Die Fortdauer des Verfahrens in der Zeit kann paradigmatisch anhand des vormundschaftsgerichtlichen Verfahrens deutlich gemacht werden: Die Vormundschaftsdauer gem. § 1882 BGB bis zu dem Eintritt der Volljährigkeit als staatliche Aufgabe an, die von den Gerichten wahrgenommen wird. Innerhalb dieses Dauerverfahrens kommt es ggf. fortlaufend zu Entscheidungen, aber auch zur Notwendigkeit, aufgrund von Neubeurteilungen einmal gefällte Entscheidungen zu modifizieren.[2461]

7 Das FamFG beschreibt das Ergebnis eines vormundschaftsgerichtlichen Verfahrens mit unterschiedlichen Ausdrücken. Es ist von „gerichtliche Handlung" (§ 2 Abs. 3 FamFG) oder „Verfügung" (vgl. z.B. § 14 Abs. 6 FamFG), „Entscheidung" (§ 37 FamFG), „Beschluss" (§ 38 FamFG), „Anordnung" (z.B. §§ 49 ff. FamFG) und „Maßregel" (vgl. § 334 FamFG) die Rede.[2462]

8 Der Familienrichter kann im vormundschaftsgerichtlichen Verfahren einer Kindschaftssache beispielsweise den Vormund dadurch in seinem Amt mit Rat und Tat zu unterstützen, dass er den Minderjährigen vorlädt, um ihm ins Gewissen zu reden oder ihn zu ermahnen. Als Tathandlung bedarf dies keiner beson-

2460 Gottwald, in: MünchKomm, ZPO, § 323 Rn. 2.

2461 Habscheid (o. Fn. 3), § 27 II; Keidel/Kuntze/Winkler (o. Fußn. 10), § 18 Rn. 2, 28, 42.

2462 Vgl. die Zusammenstellung bei Reichert, in: Keidel, FGG, § 7, Rn. 1 oder Jansen, FGG, § 19, Rn. 5 ff.

deren Form.[2463] In den Tathandlungen des Familienrichters in vormundschaftsgerichtlichen Verfahren kommt am ehesten seine Stellung als „Obervormund" zu Ausdruck, der unmittelbar Erziehungshilfe in eigener Person leistet. Eine Anfechtung derartiger Tathandlungen kommt nicht in Betracht. Nimmt ein Beteiligter an der Art des Verhaltens des Richters Anstoß, muss er sich auf dem Weg der Dienstaufsichtsbeschwerde oder gegebenenfalls sogar der Schadensersatzklage (Amtshaftungsklage) gegen Tathandlungen des Richters zur Wehr setzen. Freilich hat sich bei der Erörterung der Reichweite des Neutralitätsgebotes des Richters der nichtstreitigen freiwilligen Gerichtsbarkeit - besonders beim Familienrichter im Vormundschaftsverfahren - gezeigt, dass allein der Umstand, dass allein der Umstand, dass der Familienrichter z.B. den Jugendlichen ermahnt, ihn nicht von der Wahrnehmung des Richteramtes in dem konkreten Verfahren als ungeeignet erscheinen lässt.

## 2. Abgrenzung von Tathandlungen und Entscheidungen

Im Folgenden sind nicht die Tathandlungen des Gerichts, sondern die daher die 9
verfahrensrechtlich relevanten, einem Urteil vergleichbaren Akte zu betrachten, mit denen der Richter in nichtstreitigen Verfahren der freiwilligen Gerichtsbarkeit eine Angelegenheit zu einem Abschluss bringt.

Wird in einem Vormundschaftsverfahren z. B. eine Genehmigung erteilt, 10
beendet dies nicht notwendig das Verfahren. Die Genehmigung kann vom Familienrichter nämlich gem. § 48 FamFG nachträglich wieder aufgehoben werden. Dann nimmt das Verfahren seinen Fortgang.

## 3. Sonderprobleme von Entscheidungen in Dauerverfahren

Damit wird deutlich, dass die Entscheidung in nichtstreitigen Verfahren eine 11
andere Bedeutung hat als im Prozess. Gleichwohl kann sie als Abschluss des Verfahrens in einer einzelnen Angelegenheit angesehen werden. Sie fasst die vorhergehenden Verhandlungen und Ermittlungen zusammen: Sie ist deren Konsequenz und sie gibt dem Ergebnis des Verfahrens zwischen den einzelnen Beteiligten eine verbindliche Wirkung nach außen.

## 4. Verfügung und Beschluss

### *a) Regelung des FamFG*

In den Verfahren der freiwilligen Gerichtsbarkeit gibt es keine Urteile. Die Form 12
der nach außen wirksamen Entscheidung ist nach § 38 FamFG der Beschluss.

---

2463 Oder anders ausgedrückt: Ihre Form ergibt sich aus der Art der Tathandlung selbst.

Die Grundform der Entscheidung ist in den nichtstreitigen Verfahren der freiwilligen Gerichtbarkeit jedoch die Verfügung. Dabei ist der Terminus „Verfügung" zweideutig: Zum einen werden damit in allen zivilgerichtlichen Verfahren und auch damit sowohl in nichtstreitigen als auch streitigen Verfahren der freiwilligen Gerichtsbarkeit alle innergerichtlichen Anordnungen bezeichnet wie z. B., eine Terminsverfügung oder die Ladung von Zeugen. Zum anderen kennt das Zivilverfahrensrecht Verfügungen, die eine gerichtliche Entscheidung enthalten: Nur die letzteren sind anfechtbar.

13 In den Verfahren der nichtstreitigen freiwilligen Gerichtsbarkeit stellt nun die Verfügung die Grundform der Entscheidung dar. Eine Verfügung kann schriftlich, mündlich und sogar auch stillschweigend durch schlüssiges Verhalten des Richters getroffen werden. Der Richter muss aber in der Vorm des Beschlusses entscheiden, wenn das Gesetz dies vorschreibt; er soll in der Form des Beschlusses entscheiden, wenn die Entscheidung von besonderer Wichtigkeit ist (z. B. bei wichtigen vormundschaftsgerichtlichen Genehmigungen, bei ablehnenden Entscheidungen etc.) Ablehnende Entscheidungen und Entscheidungen, über deren Voraussetzungen die Beteiligten verschiedener Ansicht waren, sind zweckmäßigerweise zu begründen; bei diesen Entscheidungen empfiehlt es sich dann auch, Rubrum[2464], Tenor und Gründe zu trennen.

14 Wird mit der Verfügung eine gerichtliche Entscheidung getroffen, sind „Verfügung" und „Urteil" oder „Beschluss" nicht nur verschiedene Bezeichnungen für den gleichen Gegenstand[2465]. Denn zwischen den typischen Fällen des Beschlusses und der Verfügung bestehen deutliche Unterschiede. So hat ein Beschluss i. a. folgenden Wortlaut: B. „In Sachen pp. hat das AG, Familiengericht (bzw. das AG, Vollstreckungsgericht) auf den Antrag des X hin beschlossen …". Dann folgen der Tenor und die Begründung. Und „In Sachen pp." heißt „In den Sachen des X gegenüber den Y". Eine Verfügung – wie z. B. eine Eintragungsverfügung in Grundbuchsachen – lautet dagegen: „V. In das Grundbuch von Kiel, Bd. 10 Bl. 7 Abt. 1 Spalte e lfd. Nr. 5 ist einzutragen …". Die Entscheidungsform der Verfügung bringt also deutlich zum Ausdruck, dass es sich um die Entscheidung in einem Verfahren handelt, das keine Partei kennt – das also mehr fürsorgerischen, verwaltenden Charakter hat. Sie ist also eine Form der Entscheidung, die dem Verwaltungsakt näher steht als dem Urteil: Sie ist flexibler; man kann sie den Bedürfnissen der einzelnen Angelegenheiten eher

2464 Also die Angaben über die Beteiligten und die Sache.

2465 Obwohl man in bestimmten Einzelfällen die gleichen Entscheidungen tatsächlich als „Verfügungen" oder als „Beschluss" bezeichnen kann. Dann muss man sich in der Praxis an die Übung des jeweiligen Gerichtes halten: Der Beschluss ist gegenüber der Verfügung die solemnere Form der Entscheidung – wie andererseits das Urteil gegenüber dem Beschluss.

anpassen. Die Entscheidung in Form des Beschlusses oder Urteils muss immer verkündet oder schriftlich bekannt gegeben werden. Urteil und Beschluss müssen m.a.W. stets in einer Form getroffen werden, die es gewährleistet, dass der Entscheidungssatz dauernd (immer wieder) nachgewiesen werden kann.[2466] Dagegen kann die Verfügung formlos erlassen werden. Die in einem Vormundschaftsverfahren erlassene Genehmigung kann der Familienrichter mündlich erteilen.[2467] Sie kann sich auch aus den Umständen ergeben.[2468] Verkündung oder schriftliche Bekanntgabe gehört nicht zu ihren Entstehungsvoraussetzungen.[2469]

*b) Verfügung und Eintragung im Grundbuchverfahren*

Besonders auch das Grundbuchverfahren kennt zwei verschiedene Arten der Entscheidung kennt – die Entscheidung durch Verfügung oder durch Beschluß wie z. B. die Entscheidung, mit der ein Eintragungsantrag als unzulässig abgewiesen wird. Eine ganz andere Form der Entscheidung ist die Eintragung. Es ist bereits oben (§ 14 Rn. 13) darauf aufmerksam gemacht worden, dass sich die Eintragung (auch) als der Vollstreckungs- bzw. Vollzugsakt des Grundbuchverfahrens darstellt, der die vorherige Entscheidung verwirklicht - nämlich die Eintragungsverfügung, die der Richter (bzw. der Rechtspfleger) erläßt und die dann der Urkundsbeamte der Geschäftsstelle ausführt. Wenn man trotzdem die Eintragung als die Entscheidung bezeichnen muss, die das Grundbuchverfahren (positiv) beendet, so deshalb, weil die Eintragungsverfügung nach der geltenden Regelung nur ein rein innerdienstlicher Vorgang ist; sie bindet nur den Urkundsbeamten, nicht aber das erlassende Gericht: Der Richter kann sie jederzeit ändern, solange sie nicht vollzogen ist,- sie ist den Beteiligten nicht mitzuteilen und sie begründet kein Beschwerderecht - selbst wenn sie ihnen mitgeteilt worden sein sollte . Sie ist also zwar inhaltlich eine bzw. die Entscheidung über den Eintragungsantrag - der Gesetzgeber hat sie aber als reine Dienstanweisung des Richters an den Urkundsbeamten ausgestaltet. Entscheidungscharakter hat daher erst die Eintragung selbst - diese ist Entscheidungs- und Vollzugshandlung in einem. Die Eintragung ist deshalb auch vom Urkundsbeamten und vom Richter 15

2466 Weil das Urteil oder der Beschluss eine Form der Rechtssetzung ist.

2467 Vgl. Diederichsen, in Palandt, BGB, § 1828, Rn. 6, 8; Schlegelberger, FGG, § 55 Rn. 2.

2468 Vgl. Kuntze, in: Keidel, FGG, § 55, Rn. 8a; Bassenge/Herbst, FGG, § 55, 3a, BGHZ 15, S. 97; RG, Beschluss vom 13.04.1928, Az.: IV B 11/28 = RGZ 121, 30; BayObLG, Entscheidung vom 07.01.1963, Az.: BReg. 1 Z 171/61 = BayObLGZ 1963, 1, 4.

2469 Diederichsen, in: Palandt, BGB, § 1828, Rn. 6; RG, Urteil vom 09.07.1932, Az.: VI 205/32 = RGZ 137, 324, 345; RGZ 130, 348, 350; vgl. auch Schwab, in: MünchKomm, BGB, § 1828, Rn. 7, der dabei zu Recht hervorhebt, dass sich aus dem Aspekt der Verkehrssicherheit und im Übrigen aus den Zusammenhängen bestimmter Geschäfte (wie z. B. bei Grundstücksgeschäften) Formerfordernisse aus der Natur der Sache ergeben.

bzw. Rechtspfleger zu unterschreiben (§ 3 AVO zur GBO) - und sie ist erst mit der Unterschrift des Richters erlassen.

## 5. Willensäußerungen des Gerichts

*a) Form*

16 Die Äußerungen des Richters in nichtstreitigen Verfahren der freiwilligen Gerichtsbarkeit werden in mancher Hinsicht ähnlich behandelt wie die Äußerungen (Willenserklärungen) einer Partei. Seine Verfügungen bedürfen nicht in dem Umfang einer besonderen Erklärungsform wie die übrigen Staatsakte (Gesetze, Urteile), die nur in bestimmten Formen wirksam werden, weil sie (individuelle) neue Rechtssätze enthalten. Darin zeigt sich erneut, dass die Stellung des Richters in nichtstreitigen Verfahren der freiwilligen Gerichtsbarkeit in mancherlei Hinsicht als die eines Beteiligten des Verfahrens mit besonderen verfahrensrechtlichen Status zu qualifizieren ist.

*b) Sonderprobleme von familiengerichtlichen Genehmigungen*

17 Verfügungen, die Genehmigungsakte zum Gegenstand haben, werden aber regelmäßig in der Form des Beschlusses erlassen, da z.B. der Vormund diese Genehmigung seinem Geschäftspartner oder bei Grundstücksgeschäften als Eintragungsvoraussetzung in der Form des § 29 GBO dem Grundbuchamt nachzuweisen sind, die durch die Beschlussform ersetzt wird. Die Beschlussform wird darüber hinaus in Einzelbestimmungen für bestimmte Entscheidungen vorgeschrieben: So sind insbesondere nach den §§ 65 FamFG, 77 GBO die Beschwerdeentscheidungen schriftlich begründet werden. Fehlt es an einer Begründung, ist die Entscheidung an sich selbst bereits aus verfahrensrechtlichen Gründen rechtsfehlerhaft.

## 6. Gestaltung der Rechtslage

*a) Wirksamwerden*

18 Die in Entscheidungen in nichtstreitigen Verfahren der freiwilligen Gerichtsbarkeit angeordneten Folgen ändern die Rechtslage mit ihrem Wirksamwerden. Wirksamkeit der Verfügung heißt dabei, dass die Verfügung alle Wirkung entfaltet, die ihr nach materiellem und formellem Recht zukommen. Wann dies der Fall ist, lässt sich nicht einheitlich beantworten. Vielmehr ist zwischen den verschiedenen Arten der Entscheidung zu unterscheiden.

19 Auf die Entscheidungen der freiwilligen Gerichtsbarkeit lässt sich der Mechanismus des Wirksamwerdens von Entscheidungen nach der ZPO durch Eintritt der vorläufigen Vollstreckbarkeit und spätestens der formellen Rechtskraft

nicht übertragen. Denn häufig werden Entscheidungen in Verfahren der nichtstreitigen freiwilligen Gerichtsbarkeit nicht formell rechtskräftig und damit unanfechtbar. Denn dies setzt Beschwerdefristen voraus, die es in der freiwilligen Gerichtsbarkeit nach dem FamFG nur in bestimmten Fällen gibt. In Verfahren der freiwilligen Gerichtsbarkeit muss sich daher die Wirksamkeit der Entscheidungen nach anderen Voraussetzungen bestimmen. Für den Regelfall ordnet das Gesetz in § 40 FamFG an, dass in der freiwilligen Gerichtsbarkeit Entscheidungen mit ihrer Bekanntgabe wirksam werden. Dabei genügt es zum Wirksamwerden einer Entscheidung, dass die Verfügung einem Anwesenden dadurch bekannt gemacht worden ist, dass sie in das Protokoll aufgenommen wird (§ 41 FamFG).

So kam es z.B. in Sachsen-Anhalt Anfang der neunziger Jahre des 20. Jahr- 20
hunderts neben den „üblichen" Schulfällen zu einem staatshaftungsrechtlich bitteren Fall: Ein Richter hatte eine Vielzahl von Eröffnungsbeschlüssen in Gesamtvollstreckungsverfahren nicht unterschrieben.

*b) Bekanntgabe*

aa) § 40 Abs. 1 FamFG

Nach § 40 Abs. 1 FamFG werden die Verfügungen unter der Voraussetzung 21
wirksam, dass sie denjenigen bekannt gemacht werden, für die sie ihrem Inhalt nach bestimmt sind. Die Verfügung der Entlassung eines Vormunds oder eines Testamentsvollstreckers wird daher nicht erst mit der Bekanntgabe an die an diesem Verfahren materiell beteiligten Mündel oder an die (Mit-) Erben, sondern bereits mit Bekanntmachung an Vormund oder Testamentsvollstrecker wirksam.[2470] Eine Verfügung, die ihrem Inhalt nach für mehrere Personen bestimmt ist, kann daher gegenüber diesen Personen zu verschiedener Zeit wirksam werden[2471] - nämlich jeweils zum Zeitpunkt der Bekanntgabe gegenüber einer dieser Personen. Dies ist z. B. der Fall, wenn eine Verfügung nach § 1666a BGB beiden Eltern einen Teil der elterlichen Sorge entzieht, indem sie das Kind in ein Internat einweist oder wenn eine Verfügung die Vermögenssorge des Vaters auf einen Pfleger überträgt. Mit der Bekanntgabe an die in §§ 40, 41 FamFG bezeichneten Personen wird die Verfügung dann aber allen Beteiligten gegenüber wirksam.

---

2470 Reichert, in: Keidel, FGG, § 16, Rn. 9 f.; Bumiller/Winkler, FGG, § 16, 3a; Jansen, FGG, § 16, Rn. 11; KG, Beschluss vom 22. 9. 1970, Az.: 1 W 3096/69 = OLGZ 1971, 201 ff., 202; BayObLG, Beschluss vom 19.5.1971, Az.: BReg 1 Z 156/70 = BayObLGZ 1971, S. 187 ff.; BayOblG, Beschluss vom 11.6.1969, Az.: BReg 1 b Z 102/68 = BayObLGZ 1969, S. 138 ff., 142.

2471 Reichert, in: Keidel, FGG, § 16, Rn. 14; Bassenge/Herbst, FGG, § 16, 2a; Jansen, FGG, § 16, Rn. 13.

bb) Sonderfall des § 1829 Abs. 1 BGB

22 Einen Sonderfall regelt § 1829 Abs. 1 S. 2 BGB für den Eintritt der Wirksamkeit familiengerichtlicher Genehmigungen im Verfahren der Vormundschaft. Diese werden gegenüber den Vertragspartnern des Minderjährigen erst wirksam, wenn sie der Vormund (oder die Eltern) diesen mitteilt. Das entspricht der Verteilung der Rollen und damit den jeweiligen Aufgaben von Vormund und dem vormundschaftsrichterliche Funktionen wahrnehmenden Familienrichter. Wie sich bereits in den vorangegangenen Überlegungen gezeigt hat, liegt die unmittelbare Ausführung der Erziehung und Vermögensverwaltung beim Vormund, der daher auch über die Verwendung der Genehmigungen zu entscheiden hat. Der Vormund kann diese Regelung nicht dadurch unterlaufen, dass er sich gegenüber dem Vertragspartner in seiner Entscheidung über die Verwendung der Genehmigung nicht vorher festlegt.[2472] Auch wenn der Vormund vorher mit den Vertragspartnern ausgemacht hat, dass der Vertrag schon mit Erlass der Genehmigung oder mit Mitteilung der Genehmigung durch das Gericht wirksam werden soll, sieht die h. M. den genehmigten Vertrag solange für unwirksam am, bis der Vormund die Genehmigung dem Geschäftspartner mitteilt.

23 Bei anderen Verfügungen wie denen gem. § 40 Abs. 1 und 2 FamFG geht der Gesetzgeber davon aus, dass sie besonders wichtig sind und daher erst dann wirksam werden sollen, wenn feststeht, dass sie nicht mehr abgeändert werden können. Diese Verfügungen werden daher wird erst wirksam, wenn diese Verfügungen formell rechtskräftig und damit unanfechtbar geworden sind. Diese Unanfechtbarkeit tritt ein, wenn die Beteiligten die Verfügung entweder nicht fristgerecht angefochten haben oder wenn die Entscheidung der letzten Instanz ergangen ist.

## 7. Verfahrenslenkende Entscheidung zur Wahrung materiellen Rechts – die Zwischenverfügung im Grundbuchverfahren

*a) Wahrung des Rangs eines Antrags*

24 Neben der Eintragung im Grundbuchverfahren, die wenn man so will dem Endurteil entspricht, gibt es im grundbuchrechtlichen Eintragungsverfahren noch eine besondere Art der Zwischenentscheidung - die Zwischenverfügung (§ 18 GBO). Die Zwischenverfügung beendet nicht das Eintragungsverfahren. Vielmehr wird mit ihr festgestellt, dass der Antrag des Antragstellers zurückgewie-

2472 Vgl. u. a. Gernhuber, FamR, § 52, III 5, S. 793 f.; Kunth, in: Keidel, FGG, § 55, Rn. 8, 11; Diederichsen, in: Palandt, BGB, § 1829, Rn. 6 f.; Schwab, in: MünchKomm, BGB, § 1828, Rn. 12 ff mit weit. Nachw.

sen wird, wenn nicht nachträglich bestimmte Bedingungen erfüllt werden. Hierfür wird dem Antragsteller eine bestimmte Frist gesetzt (die allerdings auf Antrag oder von Amts wegen verlängert[2473] werden kann). Die Zwischenverfügung hat die Aufgabe, den Rang eines Antrags zu wahren, der nicht sofort durch eine positive Entscheidung erledigt werden kann[2474] - namtlich durch die Eintragung einer Vormerkung oder eines Widerspruchs.

Dagegen ist im Grundbuchverfahren ein sog. Vorbescheid unzulässig, wie ihn Rechtsprechung und Lehre mit bestimmten Einschränkungen im Erbscheinsverfahren anerkennen - also die Ankündigung, dass das Gericht eine bestimmte Entscheidung erlassen werde, wenn nicht binnen einer bestimmten Frist Beschwerde eingelegt wird. Eine Zwischenverfügung ist im Übrigen nur in den Fällen des Eintragungsverfahrens möglich, in denen es darum geht, einen möglichen gutgläubigen Erwerb auszuschließen. In allen anderen Fällen dürfen nur Endentscheidungen erlassen werden. 25

Beispiel: Am 1. 2. beantragt z. B. H1 die Eintragung einer Hypothek auf dem Grundstück des G, die nicht sofort eingetragen werden kann, weil der Antrag nicht ganz den Erfordernissen entspricht. Am 2. 2. beantragt dann H2 die Eintragung einer weiteren Hypothek, die sofort eingetragen werden kann. 26

Würde das Grundbuchamt hier dem Antrag des H2 sofort stattgeben - was ja nach den Unterlagen möglich wäre -, so würde dies dazu führen, dass die am 2. 2. beantragte Hypothek des H2 der am 1. 2. beantragten Hypothek des H1 vorgeht: Weil sich der Rang einer Hypothek nach der Reihenfolge der Eintragung richtet (§ 879 Abs. 1 BGB). Ohne die Regelung des § 18 GBO müßte also das Grundbuchamt entweder warten, bis der Antrag des H1 als früherer Antrag erledigt werden kann (§ 17 GBO) oder ihm durch die sofortige Eintragung der Hypothek des H2 den 2. Rang zuweisen - und damit gegen § 17 GBO verstoßen. Für diese Fälle bestimmt § 18 Abs. 2 GBO, dass der Grundbuchrichter in diesem Falle H1 durch eine Zwischenverfügung aufzugeben hat, seinen Antrag binnen einer bestimmten Frist den rechtlichen Erfordernissen anzupassen - ihn also im Wege der Auslegung zu präzisieren. Er hat dann von Amts wegen eine Vormerkung zur Erhaltung des Anspruchs auf Eintragung der Hypothek des H1 einzutragen - handelte es sich bei dem ersten Antrag um einen Antrag auf Berichtigung des Grundbuches, dann ist ein Widerspruch einzutragen. Wird dann der Antrag auf Eintragung der Hypothek des H2 später zurückgewiesen, so ist diese Vormerkung wieder von Amts wegen zu löschen; wird dem Antrag später stattgegeben, weil H1 seinen Antrag präzisiert hat, so wird seine Hypothek an die 27

2473 Horberl Demharter, GBO, § 18, 8 c bb; Kuntze/Herrmann, GBR, § 18, Rn. 58; Wiegle/Schöner/Stöber, GBR, Rn. 456.
2474 Horber/Dembarter, GBO, § 18, 14 b.

Stelle der Vormerkung eingetragen - also vor der später beantragten Hypothek des H2.

*b) Kein pflichtgemäßes Ermessen zur Entscheidung durch Zwischenverfügung*

28 Richtet sich z. B. der erste Antrag auf Eintragung einer Hypothek für H1, der zweite Antrag auf Übertragung des Eigentums auf G1, so soll der Richter nach einer überkommenen Auffassung nach seinem pflichtgemäßen Ermessen zwischen Abweisung und Zwischenverfügung wählen können[2475], wenn nicht bestimmte Gründe vorliegen, die ihn zur sofortigen Ablehnung verpflichten - wenn dem Antragsteller nämlich die Antragsberechtigung fehlt, wenn die Eintragung eines nicht eintragungsfähigen Rechtes beantragt wird. Dies obwohl die zunächst aufgrund einer Bewilligung des Eigentümers G beantragte Hypothek nicht mehr entstehen kann, wenn er den Antrag auf Eintragung der Hypothek ablehnt, während sie noch entstehen kann, wenn er eine Zwischenverfügung erläßt.

29 Dies überzeugt aber nicht. Denn angesichts dieser materiellrechtlichen Konsequenzen der Zwischenverfügung kann es nicht im Belieben des Grundbuchrichters stehen, ob er einen Antrag abweist, dem er unter den jeweils gegebenen Umständen nicht stattgeben kann, oder ob er dem Antragsteller durch eine Zwischenverfügung gestattet, sich den rechtlichen Erfordernissen anzupassen. Denn damit entscheidet der Richter materiell über den Rang - und nicht selten auch über den Bestand - des Rechts. Es reicht daher nicht aus, wenn man überwiegend nur feststellt, dass der Richter nach seinem pflichtgemäßen Ermessen zwischen der Abweisung des Antrags und der Zwischenverfügung wählen könne[2476] - auch wenn man dabei anerkennt, dass der Antragsteller eine fehlerhafte Ausübung des Ermessens mit der Beschwerde anfechten und dass er den Schaden, den er durch eine fehlerhafte Ausübung des Ermessens erleidet, im Wege der Amtshaftung geltend machen kann. Die Entscheidung zwischen Abweisung oder Rangwahrung muss sich vielmehr nach rechtlichen Kriterien richten.[2477]

30 Ein Eintragungsantrag ist also nicht abzuweisen, sondern durch eine Zwischenverfügung zu bescheiden, wenn es möglich erscheint, dass er materiell berechtigt ist - dass also nur der Nachweis der materiellen Berechtigung fehlt.

---

2475 BayObLG, Entscheidung vom 28.7.1983, Az.: 1 Z 4/83 = Rpfleger 1983, 395.

2476 Vgl. RG, Beschluss vom 23.10.1919, Az.: V B 25/29 = RGZ 126, 109 ff.; BayObLG, Beschluss vom 16.7.1979, Az.: BReg 2 Z 61/78 = BayObLGZ 1979, 85; BayObLG, Beschluss vom 27.3.1956, Az.: BReg 2 Z 219/55 = BayObLGZ 1956, S. 127; OLG Düsseldorf, Beschluss vom 7.3.1986, Az.: 3 Wx 79/86 = NJW 1986, 1819 f.

2477 So auch W. J. Habscheid, NJW 1967, S. 226 ff. und jetzt Kuntze/Herrmann, GBR, § 18, Rn. 43 ff.; Meikel/Böttcher, GBR, § 18, Rn. 32; D. Eickmann, GVR, 7. Kap, § 1, I 3, 201 f.; K. Stöber, GBO, Rn. 439.

Stellt sich dann später heraus, dass die materielle Berechtigung zur Zeit der Antragstellung doch nicht vorhanden war, so ist der Antrag abzuweisen. Ist diematerielle Berechtigung in der Zwischenzeit entstanden, so ist dem Antragdurch Zwischenverfügung ein Rang zuzuweisen, der dem Zeitpunkt des Entstehens der materiellen Berechtigung entspricht. Der Grundbuchrichter hat als in diesem Zusammenhang daher viele differenzierte materiellrechtliche Fragen zu prüfen und zu entscheiden.

# Teil 8: Korrektur fehlerhafter richterlicher Entscheidungen

## § 31 Schadenersatz statt Fehlerkorrektur?

### I. Zum prozessrechtlichen Grund des Haftungsausschlusses nach § 839 Abs. 2 S. 1 BGB

#### 1. Funktion der Haftungsbefreiung für richterliche Amtspflichtverletzungen

Nach § 839 Abs. 2 BGB haftet der Richter nicht für den Ersatz von Schäden, die er durch Amtspflichtverletzungen bei dem Urteil in einer Rechtssache verursacht, es sei denn, dem Richter ist eine Straftat zur Last zu legen[2478]. Diese Einschränkung erscheint heute ebenso unmittelbar überzeugend[2479] wie das Haftungsprivileg aus § 839 Abs. 2 BGB selbst[2480]. Dass es angemessen und richtig ist, den Richter nicht wegen „Fehlentscheidungen" im Prozess schadensersatzrechtlich zur Rechenschaft zu ziehen, wird im allgemeinen als plausibel angesehen; weshalb diese Haftungsbeschränkung richtig ist und wie sie sich in den Kontext unseres Rechts einordnen lässt, ist demgegenüber seit der Gesetzgebungsarbeit am BGB umstritten. 1

Die Befreiung („Exemtion") des (Spruch-)Richters von der haftungsrechtlichen Inanspruchnahme wegen bei seiner Amtsführung verwirklichen Unrechts ist nicht selbstverständlich. Historisch[2481] hatten Instrumente wie die – zugunsten des Verletzten bußbewehrten - Richterschelte[2482] und besonders der Syndikatsprozess[2483] zur Abwicklung, Überprüfung und haftungsrechtlichen[2484] Beur- 2

2478 Haffner, Über die zivilrechtliche Verantwortung der Richter (Syndikatsklage), Diss. Tübingen, Freiburg 1885, S. 19.

2479 Vgl. bereits Weber, Ztschr. f. CivilR und ProzR Bd. 7 (2. Aufl. 1843) S. 1, 6 ff.

2480 Vgl. bereits Preuß. Ob. Tribunal Bd. 3 Nr. 30 S. 253 ff, das von der allgemeinen Haftung der Richter wie der anderen Beamten nach dem ALR abwich.

2481 Vgl. Spillner, Das Haftungsprivileg des urteilenden Richters, Diss. Heidelberg 1910, 3 ff.; W. Gilles, Die Richterhaftung nach § 839 Abs. 2 BGB, Diss. Köln 1936, S. 3 ff.

2482 Gilles, (Fn. 4), S. 7 ff., 17.

2483 Schneider, AöR Bd. 26 (1910) S. 116 ff.; Nöldecke, Gruchot Bd. 42 S. 795 ff.

2484 Die sindici des Rechts der italienischen Comunen des Mittelalters hatten die Amtsführung des podestà zu kontrollieren und nach Ablauf der Amtszeit Sondergratifikationen auszuschütten oder Schadensersatz zu fordern. Später noch wurde die haftungsrechtliche Inanspruchnahme des Richters als Syndikatsprozess bezeichnet. Zur Syndikatsklage nach dem Reichsabschied von 1532 (tit. 3 § 17) und der weiteren Entwicklung bis zum JRA von 1654

teilung der Tätigkeit der Richter (podestà) eine große Bedeutung für die Professionalisierung des europäischen Rechtssystems[2485]. Der Syndikatsprozess war allerdings weithin das einzige Kontrollinstrument, das die italienischen Comunen des 12. und 13. Jahrhunderts als Träger der Gerichtsbarkeit gegen den auf Zeit gewählten obersten Richter und Verwaltungsbeamten der Stadt hatten, um Unregelmäßigkeiten in der Rechtsanwendung zu bekämpfen, die im Übrigen noch nicht in „Rechtsprechung“ oder „Verwaltung“ geschieden war[2486]. Mit der Ausdifferenzierung von institutionalisierten Gerichten und Instanzenzügen als Voraussetzungen eines Rechtsmittelsystems erwies sich ein derartiges Verfahren zusehends als zu umständlich und der Aufgabe professionell arbeitender Richter unangemessen; Dienstaufsicht einerseits und Rechtsmittel andererseits wurden als effizientere Instrumente der Bekämpfung richterlichen Unrechts ausgebaut[2487].

3 Die Klärung der Bedingungen der Haftungsbefreiung gem. § 839 Abs. 2 S. 1 BGB lässt allgemeine Erkenntnisse über die Struktur des Prozesses erwarten. Umgekehrt lässt sich § 839 Abs. 2 S. 1 BGB nur als sinnvolle Vorschrift von prozessrechtlichen Überlegungen her verstehen. Eine Klärung der Kriterien des § 839 Abs. 2 S. 1 BGB verspricht eine größere Sicherheit in der Lösung konkreter Fälle.

4 Nach der vorherrschenden Sprechweise soll § 839 Abs. 2 BGB ein Spruchrichterprivileg normieren, d. h., die Vorschrift soll den Richter bei bestimmten Tätigkeiten haftungsrechtlich gegenüber anderen Beamten (§ 839 Abs. 1 BGB), aber auch gegenüber denjenigen Richtern bevorrechtigen, die keine Spruchrichtertätigkeit wahrnehmen. Der Begriff des „Spruchrichterprivilegs“[2488] scheint dabei vordergründig darauf zu verweisen, dass ein bestimmter Stand – der der Richter – von der Haftung für bestimmte Amtspflichtverletzungen befreit wird[2489]. Freilich spricht wenig für die Annahme, dass durch § 839 Abs. 2 BGB „den Richtern“ eine haftungsrechtliche Wohltat erwiesen werden soll. Für Standesprivilegien ist in einer modernen, funktional strukturierten Gesellschaft kein Raum[2490]. Bereits der Gesetzeswortlaut zeigt, dass es für die Haftungsbefreiung

(§ 157), in denen die Syndikatsklage als Rechtsmittel – remedium – behandelt wurde, vgl. Haffner (Fn. 1) S. 37 ff., 38, 51, 52 f.

2485 Engelmann, Die Wiedergeburt der Rechtskultur in Italien, 1939, bes. S. 243 ff.; Rheinstein, JuS 1974, 409, 411.

2486 Vgl. Köbler, SZ Germ. Abt. 1970, Bd. 87 <100> S. 57 ff., bes. S. 102 ff.

2487 Schneider, AcP Bd. 91 (1901), 233, 235 f.

2488 Zu dieser Begrifflichkeit Prot. d. Komm. f. d. 2. Lesung d. BGB, 1898, S. 2899.

2489 Rheinstein spricht in diesem Zusammenhang gar von einem „Immunitätsprivileg“.

2490 M. w. Nachw. Kniffka, Die haftungsrechtliche Privilegierung der Richter in Deutschland und England, Diss. Bonn 1983, 1 ff., der § 839 Abs. 2 S. 1 BGB als „negatives Privi-

nach § 839 Abs. 2 S. 1 BGB auf die wahrgenommene Funktion, nicht auf den Stand des Schädigers ankommt: Es ist dort vom „Beamten", nicht vom „Richter" die Rede. Denn im Jahr 1900 wurde die Gerichtsbarkeit auch von Beamten, nicht allein von Richtern i. S. der Normen des DRiG, wahrgenommen[2491]. Heute erst ist dieser Ausdruck wegen der Monopolisierung „rechtsprechender Gewalt" bei „den Richtern" i. S. v. Art. 92 GG hinfällig[2492]; er zeigt aber an, dass für § 839 Abs. 2 S. 1 BGB die Art der Tätigkeit des Richters entscheidend ist, um festzustellen, ob der Richter im konkreten Fall wegen eines anlässlich seiner Entscheidung verwirklichten Schadens Haftungen auslöst. Schließlich wird durch § 839 Abs. 2 S. 1 BGB auch nicht das Ansehen der Justiz geschützt[2493], wie manche Autoren meinen. Die Vorschriften des BGB können daher nicht sinnvoll als Zuweisungen von Privilegien durch den historischen Gesetzgeber des BGB interpretiert werden; sie haben diese Funktion erst recht nicht angesichts der rechtlichen Änderungen, die seitdem Raum gegriffen haben. Deshalb ist die Dogmatik seit langem bestrebt, funktionale Kriterien für die Begründung der Haftungsfreistellung zu gewinnen, die sich freilich nicht aus dem Verfassungsrecht, sondern nur aus dem Zusammenhang des Prozessrechts ergeben.

## 2. Unterscheidung von materieller Rechtsprechung und administrativem richterlichem Handeln

Die Begrenzung der Haftungsfreistellung nach § 839 Abs. 2 BGB verweist auf 5
den Spruchrichter, der bei einem Urteil in einer Rechtssache Unrecht begeht und Schäden verursacht. Richter fällen nicht nur Urteile. Nicht jede Tätigkeit der Richter wird von § 839 Abs. 2 S. 1 BGB erfasst. Richterliche Tätigkeiten decken

---

leg" bezeichnet. Am ehesten in die Richtung einer Interpretation des § 829 Abs. 2 S. 1 BGB als Standesprivileg der Richter gehen Ansätze, die als Zweck dieser Norm den Schutz des Rechtsfriedens bestimmen, hinter den Einzelbelangen zurückzutreten hätten (Kommissionsber. d. Staatshaftungskomm., hrsg. v. BMJ und BMI, 1973, S. 101; Steffen, DRiZ 1968, 237; 238; Schneider , S. 231). Das Argument des Schutzes des Rechtsfriedens kommt selbst aus der Formulierung des Allgemeinen Preussischen Landrechts her, die Rechtskraft solle die Perpetuierung von Prozessen verhindern. Dagegen spricht aber bereits, dass Instrumente wie die Restitutionsklage dadurch nicht gehindert werden. Konsequent, aber unzutreffend B. Andresen, Grenzen des Spruchrichterprivilegs, Diss. Kiel 1977, S. 54, der § 839 Abs. 2 S. 1 BGB dort nicht greifen lassen will, wo die Restitutionsklage zuzulassen ist.

2491 Vgl. Schneider, S. 211 f.

2492 RGRK-Kreft, BGB, 12. Aufl. 40. Lieferung 1980 § 839 Rn. 516; Schäfer, in: Staudinger, BGB 12. Aufl., § 839 Rn. 432 f.

2493 Livonius, § 839 Abs. 2 BGB, Diss. Berlin 1968, S. 72 ff.; Steffen, DRiZ 1969, 45; krit. , Andresen, (Fn. 13), S. 37/38.

vielmehr ein weites Feld[2494] von Entscheidungstätigkeiten neben dem Bereich der im materiellen Sinne rechtsprechenden Streitentscheidung[2495] ab, die nicht dem Haftungsprivileg des § 839 Abs. 2 BGB unterfallen.

6 Von Urteilen zu unterscheiden sind dabei nicht nur Akte der Justizverwaltung i. S. d. §§ 23 ff. EGGVG, die eindeutig keine materiellen Rechtsprechungsakte sind[2496]. Das geltende Recht normiert eine Reihe von Verfahren, in denen der Richter keine Streitentscheidungen vornimmt. Richter haben als Vormundschaftsrichter[2497] Aufgaben der staatlichen „Obervormundschaft" dadurch wahrzunehmen, dass sie einem Missbrauch der elterlichen Sorge entgegentreten oder Maßnahmen der Vermögenssorge genehmigen; als Registerrichter überwachen Richter die Tätigkeit der registerführenden Behörden usf. In diesen Verfahren kommt der Richter nicht in den Genuss der Haftungsprivilegierung des § 839 Abs. 2 BGB. All diese Tätigkeiten sind nichtstreitiger Natur[2498]; die beiden erstgenannten gehören dem Bereich der nichtstreitigen freiwilligen Gerichtsbarkeit[2499] an, von deren Verfahren eine große Anzahl Autoren[2500] sagt, sie seien materiell als gerichtliche Verwaltungstätigkeit[2501] zu qualifizieren[2502], womit ein Anknüpfungspunkt gegeben ist, von dem her der Geltungsbereich des § 839 Abs. 2 BGB sinnvoll beschrieben werden kann.

7 Lange Zeit wurde freilich bezweifelt, ob es möglich wäre, materielle Rechtsprechung sinnvoll von materiell verwaltender Tätigkeit zu unterscheiden[2503]. Bestimmungen des Bereichs materieller Rechtsprechung schienen selbst einseitig zu sein. Diese Bedenken können indessen ausgeräumt werden. Rechtsprechung lässt sich als abschließende Entscheidung eines Rechtsstreits über einen zeitlich abgeschlossenen Sachverhalt zwischen zwei Parteien[2504] durch einen

2494 Fischer, Die Richterhaftung, Diss. Köln 1973, S. 53.

2495 So die durchweg h. L.: 434. Zur Gleichsetzung materieller Rechtsprechung mit der Entscheidung von Rechtsstreitigkeiten vgl. Smid, Rechtsprechung § 1.

2496 Vgl. allein Schäfer/Bonk, StaatsHG, 1982 § 5 Rn. 21.

2497 Haffner, (Fn. 1), S. 25 ff.

2498 Vgl. Stalev, in: Habscheid (Hrsg.), Effektiver Rechtsschutz und verfassungsmäßige Ordnung, 1983, S. 253 ff., 270 f.

2499 Brie, Die richterliche Haftung bei Urteilen, 1906, S. 68 ff.; Mogk, Die Ausnahmebestimmungen des § 839 Abs. 2 BGB und ihr Anwendungsgebiet, Dis. Leipzig 1910, S. 46 ff.

2500 Vgl. hier allein statt vieler: Baur, DNotZ 1955, 507 ff; Weber, studium generale, 1960, S. 183 ff., 186.

2501 Grundlegend Bettermann, in: Jellinek-GS und Lent-F., 1957, Zu „Extraiudicialtätigkeiten" des Richters vgl. Schneider, S. 12 ff.

2502 Smid, Rechtsprechung, § 3 IV m. w. Nachw. Diametral entgegengesetzt Kniffka, Diss. (Fn. 13), S. 195/196.

2503 Aus der Literatur zu § 839 Abs. 2 S. 1 BGB vgl. allein Kniffka, Diss. (Fn. 13), S. 193.

2504 Smid, Rechtsprechung, § 5 et passim.

unparteiischen, unbeteiligten Dritten begreifen, der mit seiner Entscheidung keine weiteren Zwecke verfolgt[2505]. Der Recht sprechende Richter erkennt danach das streitige, ungewisse Recht inter partes[2506] ohne eigene „amtliche“ Interessen (Verwaltungszwecke) mit seiner Entscheidungstätigkeit zu verfolgen. Die Richter entscheiden als pouvoir en quelque façon nulle (Montesquieu[2507]). Der Recht sprechende Richter nimmt m. a. W. eine „eindimensionale Rolle“ ein, wohingegen Beamte und Richter bei der Wahrnehmung administrativer Aufgaben vorgegebene Zwecke des Verfahrens verfolgen und dabei Entscheidungen aufgrund ihrer zu erwartenden Folgen fällen[2508].

Der Spruchrichter i. S. v. § 839 Abs. 2 BGB ist also der Richter im Prozess[2509]. Es lässt sich zwanglos zeigen, dass dies auch für den Strafprozess gilt, in dem der Richter ebenfalls „Recht erkennt“ – nämlich die rechtlichen Voraussetzungen der Strafbarkeit des Angeklagten aufgrund des Streits zwischen Anklagebehörde und Verteidigung feststellt[2510]. 8

## II. Schutz der Rechtskraft und der richterlichen Unabhängigkeit durch § 839 Abs. 2 S. 1 BGB?

### 1. Anlass der Fragestellung

Der Gesetzgeber des BGB konnte noch von einem klar umrissenen Bereich derjenigen richterlichen Tätigkeit ausgehen, die von der Haftungsfreistellung des § 839 Abs. 2 S. 1 BGB erfasst werden sollte. Denn für den BGB-Gesetzgeber[2511] war der Bereich rechtsprechender Tätigkeit, deretwegen der Richter von einer Haftung für Amtspflichtverletzungen freigestellt werden sollte, durch den Begriff des Urteils in einer Rechtssache noch klar umrissen[2512]. Dass das Urteil 9

2505 Smid, Richterliche Rechtserkenntnis, 1989, Kap. I, VI et passim.

2506 Fischer, Diss. (Fn. 17), S. 5.

2507 Montesquieu, De l'ésprit des lois, édit. Gr. Truc, paris 1961, p. 165.

2508 Smid, Rechtsprechung, § 2 II 2.

2509 Schneider, (Fn. 10), S. 249-251.

2510 Eingehend Blomeyer, Schadensersatzansprüche des im Prozess Unterlegenen wegen Fehlverhaltens eines Dritten, 1972, S. 81 ff.; Sauer, Grundlagen des Prozessrechts, 1919 S. 306 ff.; Glaser, Handbuch des Prozessrechts, Bd. 1, 1883 S. 18 ff., 36 ff.; Eb. Schmidt, Lehrk. zur StPO, 1 Bd. 1, 1952, Rn. 98-102; Gössel, GA 1980 S. 325 ff., 332 et passim; vgl. bereits Schneider, (Fn. 10), S. 251/251.

2511 Mugdan, S. 1397, 1402, 1409; so heute Kreft, in: RGRK, Rn. 520.

2512 RG, Urteil vom 06.02.1906, Az.: III 501/05 = RGZ 62, 367, 369; RG, Urteil vom 7.10.1916, Az.: III 127/16 RGZ 89, 14; RG, Urteil vom 08.02.1927, Az.: III 113/26 = RGZ

aufgrund eines Prozesses als Akt der materiellen Rechtsprechung ergeht, begegnet keinen Zweifeln. Das RG lehnte es freilich in der Folgezeit unter Berufung auf den Ausnahmecharakter der Haftungsfreistellung ab, das Spruchrichterprivileg „ausdehnend" auszulegen und auch andere Entscheidungen unter § 839 Abs. 2 S. 1 BGB zu fassen. Das zu tun lag aber nahe. Denn es mehrten sich zu Anfang dieses Jahrhunderts Verfahren, in denen wie im Prozess, allerdings nicht durch Urteil, sondern durch Beschluss über Rechtsstreitigkeiten entschieden wird[2513]. Der Gesetzgeber[2514] stellte darauf ab, ob durch die Entscheidung, durch die der Richter eine Amtspflichtverletzung sollte begangen haben, „das Prozessrechtsverhältnis für die Instanz beendet wird"[2515]. Als derartige Akte materieller Rechtsprechung weisen sich aber auch „urteilsersetzende Beschlüsse"[2516] aus.

Freilich wird häufig die Ausübung materieller Rechtsprechung mit der Produktion rechtskräftiger Entscheidungen gleichgestellt[2517]. In der Tat sichert die Rechtskraft die streitentscheidende Funktion der Rechtsprechung. Die Erkenntnis über abgeschlossene Sachverhalte kann und muss endgültig sein, da nur dann von einer Wiederholung des Prozesses ein „besseres" Ergebnis erwartet werden könnte, wenn im ersten Prozess die Waffengleichheit der Parteien durch die Versagung rechtlichen Gehörs oder durch Prozessbetrug u. dgl. m. beschnitten wurde[2518].

---

116, 90; RG, Urteil vom 29.6.1937, Az.: III 205/36 = 156, 34, 44; dafür heute noch Wahl/Soell, AcP Bd. 167 (1967) S. 1, 4/5; Leipold JZ 1970, 26/27; krit. bereits Schneider, S. 252.

2513 Vgl. Brie, (Fn. 22), S. 40 ff. Es wurde nämlich außerhalb des Zivilprozesses zunehmend Streitverfahren nach dem FGG installiert, in denen durch Beschluss entschieden wurde, vgl. Bärmann, AcP Bd. 154 (1955) S. 373 ff.

2514 Mugdan, aaO.

2515 So auch heute BGH, Urteil vom 21.5.1953, Az.: III ZR 272/51 = NJW 1953, 1298, 1299; BGH, Urteil vom 19.9.1966, Az.: III ZR 92/65 = NJW 1966, 2308.

2516 Steffen, DRiZ 1968, 237 ff. Zu Unrecht meint Brie, (Fn. 22), S. 61, z. B. auch vormundschaftsgerichtliche Beschlüsse oder Beschlüsse über die Gewährung von Armenrecht beendeten ein Prozessrechtsverhältnis. In diesen Fällen wird zwar ein „Verfahrensabschnitt" durch die jeweilige Entscheidung beendet (was allerdings wegen Abänderungsmöglichkeiten des Gerichts fraglich sein kann!), aber keine Instanz, in der über streitiges Recht inter partes entschieden wurde.

2517 Achterberg, in: Bonner Kommentar, Art. 92 Rn. 108. Dies verweist auf die Prozesszwecklehre Goldschmidts, Der Prozess als Rechtslage, 1925, S. 151 et passim.

2518 Braun, Rechtskraft und Restitution, Bd. 2, 1985, S. 157 ff, 161 ff.

## 2. Schutz der Rechtskraft als Zweck des § 839 Abs. 2 S. 1 BGB?

Die vorherrschende Ansicht geht davon aus, es sei Voraussetzung des § 839 Abs. 2 S. 1 BGB, dass ein Gericht entschieden habe und damit rechtsprechende Gewalt ausgeübt worden sei[2519]. Damit werden Amtspflichtverletzungen anlässlich von Entscheidungen von der Haftungsprivilegierung ausgenommen, die von Verwaltungsbehörden in gesetzlich geordneten Verfahren erlassen werden[2520]. Von einem Teil der Lehre[2521] wird indes ein „formeller Rechtsprechungsbegriff" vertreten, demzufolge eine jede vom Richter getroffene Maßnahme als Akte der „Rechtsprechung" (i. S. v. Art. 92 GG) zu qualifizieren sein soll. 11

Im Amtshaftungsrecht wird zwar zwischen verschiedenen richterlichen Tätigkeiten unterschieden[2522]. Es fehlt aber an sicheren Gesichtspunkten, nach denen diese verschiedenen Tätigkeiten sachlich differenziert werden können. Die naheliegende Unterscheidung nach „streitigen" und „nichtstreitigen" Verfahren leidet daran, dass sie zunächst die Differenzierung von „Urteilen oder urteilsersetzenden Beschlüssen" gegenüber anderen richterlichen Maßnahmen nur reproduziert. Es scheinen nämlich Kriterien für die Abgrenzung der streitigen von nichtstreitigen Verfahren[2523] zu fehlen. 12

Die Judikatur und Literatur[2524] gehen davon aus, die entscheidenden Gründe für den Haftungsausschluss nach § 839 Abs. 2 S. 1 BGB seien die Rechtsfähigkeit[2525] der auf die jeweiligen Verfahren ergehenden Entscheidungen[2526] auf der einen und der Schutz der richterlichen Unabhängigkeit auf der anderen Seite. Durch den Schutz der Rechtskraft solle zugleich der Rechtsfrieden geschützt 13

---

2519 BGH, Urteil vom 21.5.1953, Az.: III ZR 272/51 = BGHZ 10, 55, 57; BGH LM § 839 Nr. 10; Kreft, in: RGRK, § 839 Rn. 518.

2520 RG, Urteil vom 04.10.1932, Az.: III 404/31 = RGZ 138, 6; RG, Urteil vom 24.11.1939, Az.: III 26/39 = RGZ 162, 230, 235. Zur abw. Rechtsprechung der Instanzgerichte vgl. B. Andresen, Diss. (Fn. 13), S. 17 N. 15 m. w. Nachw.

2521 Vgl. Achterberg, in: Bonner Kommentar, (Fn. 40), Rn. 64 ff, 93 ff.

2522 Vgl. zur Übersicht: Papier, in: MünchKomm, ZPO, § 839 Rn. 279-281 m. w. Nachw.

2523 Das kommt etwa in der Judikatur zum Versorgungsausgleichsverfahren zum Ausdruck, in dem das Familiengericht Rechte überträgt oder Vergleichsschlüsse (nach § 1587 o BGB) beurkundet und das doch vom BGH (Beschluss vom 27.10.1982, Az.: IV b ZB 719/81 = NJW 1983, 173) als streitiges Verfahren angesehen wird (krit. Smid, Rechtsprechung, § 9 IV 1 a).

2524 Soergel-Glaser, BGB, 11 Aufl. § 839 Rn. 217; Luhmann, Öffentlich-rechtliche Entschädigungsansprüche rechtspolitisch betrachtet, 1965, S. 124.

2525 So auch Prot. 2, 663.

2526 BGH, Urteil vom 21.5.1953, Az.: III ZR 272/51 = BGHZ 10, 55, 57; BGHZ 46, 106 (§ 645 Abs. 1 ZPO), Urteil vom 19.9.1966, Az.: III ZR 92/65; BGH, Urteil vom 10.2.1969, Az.: III ZR 35/68 = BGHZ 51, 326 (§ 383 Abs. 2 StPO); BGH, Urteil vom 6.10.1983, Az.: III ZR 194/82 = MDR 1984, 383 (§ 124 n. F. ZPO – obiter dictum).

werden[2527]. Dass hinsichtlich nichtstreitiger Verfahren der freiwilligen Gerichtsbarkeit[2528] und des Vollstreckungsverfahrens[2529] sowie aller Verfahren vorläufigen Rechtsschutzes[2530] deren Beschlüsse nicht als „urteilsersetzend“ angesehen werden, macht allerdings deutlich, dass es bei der Unterscheidung zwischen Urteilen und urteilsersetzenden Entscheidungen auf der einen Seite und anderen richterlichen Entscheidungen auf der anderen Seite um die Funktion der jeweiligen Entscheidung geht, die in der Rechtskraftfähigkeit erst ihre prozessuale Ausformung und Entsprechung findet.

14 Diese Auslegung des § 839 Abs. 2 BGB setzt die Rechtskraftfähigkeit oder –unfähigkeit der jeweiligen Entscheidung voraus, wie sie von der Prozessrechtsdogmatik erarbeitet werden[2531]. Zwar „decken“ sich die Kriterien, die oben als Qualifikationsmerkmale von Rechtsprechung skizziert worden sind, weitgehend mit denen der Judikatur zu § 839 Abs. 2 BGB, soweit diese zu Recht[2532] Verfahren als rechtskraftfähig ansieht; denn diese Entscheidungen werden über abgeschlossene Sachverhalte und nicht auf der Basis von Zweckmäßigkeitsentscheidungen darüber, welche Maßnahmen voraussichtlich künftig die beabsichtigte Wirkung zeitigen werden (wie in den Verfahren der nichtstreitigen freiwilligen Gerichtsbarkeit), gefällt.

15 Der Rekurs auf die Rechtskraft von Urteilen begegnet aber Bedenken. So bezweifelt *D. Merten*[2533], ob die Rechtskraft eines im Vorprozess gefällten Fehlurteils durch das Urteil im Schadensersatzprozess gegen den Staat durch den zu Unrecht Unterlegenen (bzw. im Wege des späteren Regresses gegen den Richter) berührt wird. Das Urteil im Vorprozess ist nämlich für die Entscheidung im Amtshaftungsprozess nicht maßgeblich. Nur im Falle der Maßgeblichkeit des Urteils aber, dessen vermeintliches Unrecht der Kläger im zweiten Prozess nach § 839 Abs. 2 S. 1 BGB schadensersatzweise ausgeglichen haben will, würde die Rechtskraft des ersten Urteils durch ein zusprechendes Urteil im Schadensersatzprozess durchbrochen[2534]. Im Schadensersatzprozess auf Amtshaftung wegen Fehlurteilen würde es weder um einen identischen Streitgegenstand gehen noch vom Kläger des Zweitprozesses das kontradiktorische Gegenteil des Ur-

2527 Soergel-Glaser aaO (Fn. 47); Kreft, in: RGRK, Rn. 514; Leipold, JZ 1967, 737, 739.

2528 BGH, Urteil vom 24.1.1955, Az.: II ZR 100/55 = NJW 1956, 1716.

2529 BGH, Urteil vom 2. 4.1959, Az.: III ZR 25/58 = NJW 1959, 1085.

2530BGH, Urteil vom 21.5.1953, Az.: III ZR 272/51 = BGHZ 10, 55; BGH, Urteil vom 29.5.1959, Az.: III ZR 38/57 = BGHZ 27, 338 (Haftbefehl).

2531 So zu den Voraussetzungen der Abänderbarkeit und der Wiederaufnahme Braun (Fn. 41).

2532 Zu Zweifelsfällen vgl. oben Fn. 46.

2533 Merten, in: Wengler-F., Bd. 2 S. 519 ff., 525/526.

2534 Schneider (Fn. 10) S. 230; Nöldecke (Fn. 6), S. 819.

teils im Erstprozess begehrt. Schließlich wäre das Erkenntnis im Vorprozess auch ersichtlich nicht präjudiziell für die Frage der Haftung des Richters aus Amtshaftung.

16 Ein unmittelbarer Rückgriff auf einen Schutz der Rechtskraft durch Haftungsfreistellung gem. § 839 Abs. 2 S. 1 BGB scheidet aber schon deshalb aus, weil selbstverständlich auch solche Urteile von § 839 Abs. 2 S. 1 BGB erfasst werden müssen, die niemals in Rechtskraft erwachsen können, weil sie im Instanzenzug aufgehoben worden sind.

17 Entscheidend gegen die Begründung der Haftungsfreistellung des § 839 Abs. 2 BGB aus einem Schutz der Rechtskraft des Urteils im Vorprozess spricht schließlich, dass § 839 Abs. 2 BGB eine Reihe von Entscheidungen (Urteilen bzw. urteilsersetzenden Beschlüssen) erfasst, die nicht oder doch nur in vermindertem Maße in Rechtskraft erwachsen[2535]: So kann trotz eines abweisenden Arresturteils unter besserer Glaubhaftmachung erneut ein Arrestprozess (unten IV.) geführt werden, oder es kann unter besserem Vortrag des Feststellungsinteresses gem. § 256 ZPO auch nach einer Abweisung erneut geklagt werden, ohne dass sich deshalb Zweifel an der Urteilsqualität des ersten Arrest- oder Feststellungsurteils i. S. v. § 839 Abs. 2 BGB rühren müssten. Denn es handelt sich bei diesen Entscheidungen zweifellos um materielle Rechtsprechungsakte.

### 3. „Spruchrichterprivileg" und richterliche Unabhängigkeit

18 Die Schwierigkeiten einer Begründung der Haftungsprivilegierung gem. § 839 Abs. 2 S. 1 BGB aus dem Schutz der Rechtskraft lassen sich vermeiden: Nach einer verbreiteten Meinung soll sich das Spruchrichterprivileg des § 839 Abs. 2 S. 1 BGB als Instrument zum Schutz der Unabhängigkeit des Richters in seinem Urteil im Prozess darstellen[2536]. In der Tat scheint § 839 Abs. 2 S. 1 BGB das Pendant zu § 1 GVG zu bilden[2537]. Wenn das richtig wäre, ließen sich jedoch die nach geltendem Recht vorzunehmenden Differenzierungen in der Geltung des Spruchrichterprivilegs insofern nicht sachlich begründen, als sie sich auf die Art der Tätigkeit des Richters beziehen. Auch diese Art der Darstellung ist nämlich

2535 BGH, Urteil vom 21.5.1953, Az.: III ZR 272/51 = BGHZ 10, 55 ff.,; Vgl. weiterhin Braun, S. 293 ff., zur beschränkten Rechtskraftfähigkeit von „Vorausurteilen". – Einen wesentlichen Fall der beschränkten Rechtskraftfähigkeit bildet schließlich das Prozessurteil, vgl. allein Rosenberg/Schwab, Zivilprozessrecht, 1986, § 153 II.

2536 Eingehend Leipold, JZ 1967, 737 ff.; Groß RiA 1963, 326 ff.; Nöldecke, (Fn. 6), S. 820 f.

2537 So bereits Schneider, AöR (Fn. 6), S. 128.

schon deshalb problematisch, weil auch der Richter unabhängig ist, dessen Handeln nicht unter den Schutzbereich des § 839 Abs. 2 S. 1 BGB fällt[2538].

19 Überdies erfüllt die richterliche Unabhängigkeit selbst zwei verschiedene Funktionen: Zum einen soll sie – in nichtstreitigen rechtsfürsorgerischen Verfahren nach dem FamFG – die Neutralisierung der zu fällenden Entscheidung gegenüber politischen Einflussnahmen ermöglichen[2539]. Zum anderen aber fungiert die richterliche Unabhängigkeit als Mittel der statusrechtlichen Absicherung der Verbindlichkeit (Endgültigkeit) der Entscheidung des Richters im Prozess – und verweist damit auf prozessuale Strukturen. Denn der Richter kann nur dann als unparteiischer Dritter die Waffengleichheit im Prozess herstellen, wenn er selbst in Prozessleitung und Urteilstätigkeit von außerprozessualen Einflussnahmen freigestellt ist.

20 Die Schwierigkeiten einer Bestimmung materieller Rechtsprechung aus der Unabhängigkeit ihres Entscheidungspersonals wirken sich aber auch auf Argumentationsstrukturen in der Auseinandersetzung um die Reichweite des „Spruchrichterprivilegs“ aus.

21 Dies mag ein Fall zeigen, den der BGH[2540] entschieden hat. Dabei ging es um Schadensersatzansprüche einer Klägerin, die von ihr gegen Richter wegen angeblich fehlerhafter Entscheidungen in einem dem Schadensersatzprozess vorgängigen Armenrechtsverfahren erhoben wurden. Der Prozess wegen der ursprünglichen Hauptsache war während des Schadensersatzprozesses noch anhängig. Deshalb wiesen die Vorinstanzen die Klage aus § 839 Abs. 1 BGB ab, in der sie eine unzulässige Beeinflussung der Richter des Hauptverfahrens sahen. Der Schutz der richterlichen Unabhängigkeit gem. Art. 97 Abs. 1 GG verbot es nach Ansicht der Vorinstanzen, vor Abschluss des ursprünglichen Verfahrens in der Hauptsache über die Schadensersatzforderung wegen der dortigen Prozessführung durch das Gericht zu entscheiden. Der BGH stellte demgegenüber zu Recht fest, dass die Klägerin gegenüber etwaigen im Armenrechtsverfahren getroffenen, nicht urteilsersetzenden Entscheidungen nicht durch eine Berufung auf Art. 97 Abs. 1 GG schutzlos gestellt werden könne. Denn die Auffassung der Vorinstanzen hätte dazu geführt, dass ein „effektiver Rechtsschutz“ nicht eingegriffen hätte – dass also die Klägerin außerstande gewesen wäre, ihr Recht wirkungsvoll durchzusetzen. Die Klägerin wäre für die gegebenenfalls sehr lange Dauer des Verfahrens in der ursprünglichen Hauptsache schutzlos gestellt gewesen, was insbesondere bei einer u. U. eintretenden Insolvenz der

2538 BGH, Urteil vom 18.9.1961, Az.: III ZR 107/60 = NJW 1962, 37; Kniffka, Diss. (Fn. 13), S. 120.

2539 Smid, Rechtsprechung, § 3 IV.

2540 BGH Urteil vom 6.10.1983, Az.: III ZR 61/83 = DRiZ 1984, 102 ff.

Klägerin zu nachdrücklichen, irreparablen Schäden hätte führen können. Der BGH begründet dies daraus, dass die Entscheidung im (früheren) Armenrechtsverfahren gem. § 121 a. F. ZPO nicht der Rechtskraft fähig war[2541].

22 Die Begründung des „Spruchrichterprivilegs" aus einem ihn vindizierten Zweck des Schutzes der richterlichen Unabhängigkeit oder gar aus einem vermeintlichen Zweck, die richterliche „Unbekümmertheit und Unbefangenheit" bei der Entscheidung oder seine „Entscheidungsfreude" zu schützen (*Leipold*[2542]), ist wenig hilfreich. Zwar scheint dies vordergründig einen Anhaltspunkt im Gesetz selbst zu finden. Denn nach § 839 Abs. 2 S. 2 BGB wird die pflichtwidrige Untätigkeit des Richters haftungsrechtlich nicht „privilegiert"[2543]. Nach § 839 Abs. 2 S. 2 BGB haftet der Richter ungeachtet des Spruchrichterprivilegs für pflichtwidrige Verzögerungen in einer Rechtssache, die er verursacht. Gegen diese Art von Begründungsversuchen des spruchrichterlichen Haftungsprivilegs als Schutzinstrument richterlicher „Unbefangenheit" hat aber *D. Merten*[2544] völlig zu Recht eingewandt, dass der Richter durchaus in keiner Art von Verfahren „unbekümmert" entscheiden soll.

23 Wann der Richter „entscheidungsfroh" sein und eine Entscheidung fällen soll, ergibt sich aus dem Prozessrecht. § 839 Abs. 2 S. 1 BGB schützt nicht die Leichtfertigkeit des Richters beim Urteilen[2545]. Für einen solchen Schutz ist keinerlei Anlass zu erkennen.

## III. Richterspruchprivileg zur Gewährleistung richterlicher Rechtsfortbildung

### 1. Haftungsprivileg und Prozess

24 In der Literatur[2546] wird indessen der Gesichtspunkt des Schutzes richterlicher Unabhängigkeit und „Unbefangenheit" durchaus auch in eine Richtung gewendet. Die Begründung der Haftungsfreistellung nach § 839 Abs. 2 S. 1 BGB als

2541 Insoweit abgedruckt: MDR 1984, 383.

2542 JZ 1967, 737 ff., 739; Motive zum BGB, Bd. 2 S. 284; krit. Merten, (Fn. 56), S. 524 und Blomeyer, (Fn. 33), S. 92 ff.

2543 Schäfer, in: Staudinger, BGB, § 839 Rn. 462.

2544 Fn. 57, S. 524 ff.; krit. bereits Schneider , (Fn. 10), S. 227. Bettermann, Grundrechte Bd. Abs. 2 I/2 S. 523 ff., 779 ff., 838, 839; Schäfer, in: Staudinger, BGB, § 839 Rn. 424. Abw. Hagen, NJW 1970, 1017 ff., 1019.

2545 Merten, (Fn. 56), S. 522 f.

2546 Andresen, Diss. (Fn. 13), S. 29/30; Fischer, Diss. (Fn. 17), S. 75 statt vieler; so bereits Weber, (Fn. 2), S. 9, der sogar schrieb „... Und wollte der Staat seinen Richtern eine solche Responsabilität auflegen, wer würde dann ein Richteramt übernehmen wollen? Er müsste, um sich dazu herzugeben, ja ordentlich wahnsinnig, wenigstens töricht seyn ..."

Instrument zum Schutz der richterlichen Unabhängigkeit kann aber verstanden werden, wenn richterliche Unabhängigkeit und Prozess zusammengedacht werden. Es müssen also, um einen Ausdruck *N. Luhmanns*[2547] zu zitieren, die Bedingungen betrachtet werden, „unter denen Justitia ihr Schwert schwingt". Der Prozess stellt das Verfahren dar, in dem die Parteien das zwischen ihnen geltende, streitige Recht feststellen lassen können. Diese Rechtsfeststellung ist immer notwendig auf die dialogische Mitwirkung der Parteien an der „Rechtsfortbildung" angewiesen. Im Prozess wird nicht statisch, mechanisch vom Richter Recht „subsumiert", sondern das Recht wird „erkannt". Aus der Sicht der Partei, die durch ein Urteil ihr (vermeintliches) Recht abgesprochen bekommt und damit „verliert", mag sich der Prozessverlust als „Schaden" darstellen. Das Ergebnis des Prozesses ist aber prinzipiell offen: Und zwar schon deshalb, weil um ein Recht der Parteien gestritten wird, das nicht von vornherein hoheitlich feststeht, sondern das zunächst einmal behauptetes, hypothetisches Recht ist: Das Recht muss, um erkannt, festgestellt zu werden, bewiesen werden[2548]. Der Prozess ist also kein „Ritual"[2549], dessen Ergebnis nur der formale Nachvollzug einer vorgegebenen Rechtslage wäre. In ihm wird um das Recht „gekämpft"[2550]. Rechtsanwendung und Rechtanerkenntnis folgen dabei zwar methodisch strengen Regeln, aber diese Regeln führen nicht zu einer Aufhebung der Offenheit des Urteils, insbesondere dann nicht, wenn es sich um „neue" Fälle handelt, und noch nicht bekannt ist, wie man in ihnen richtig zu entscheiden hat. Dazu führt das Gericht einen „Dialog" mit den Parteien, und zwar nicht allein über die entscheidungserheblichen Tatsachen und ihren Beweis, sondern auch und nicht zuletzt über die Rechtsauffassungen der Parteien[2551].

25 Hier kommen im Übrigen diejenigen Ansichten zum Tragen, nach denen die Privilegierung von Entscheidungen durch § 839 Abs. 2 S. 1 BGB davon abhängen soll, ob den Parteien rechtliches Gehör gewährt wurde[2552]. Allein die Gewährung rechtlichen Gehörs grenzt für sich genommen aber nicht streitige und nichtstreitige, materiell rechtsprechende und administrative Verfahren voneinander ab. Denn auch in Verwaltungsverfahren[2553] und nichtstreitigen Verfahren der freiwilligen Gerichtsbarkeit[2554] ist dem betroffenen Bürger rechtliches Gehör

2547 Fn. 47, S. 123.

2548 Vgl. Blomeyer, (Fn. 33), S. 117 ff., 217 ff.

2549 Luhmann, Rechtssystem und Rechtsdogmatik, 1972, S. 38 ff.

2550 Goldschmidt (Fn. 40).

2551 Vgl. Smid, Rechtsprechung, § 5 II m. w. Nachw.

2552 Vgl. Groß, RiA 1963, 101.

2553 Scholz, in: Maunz/Dürig/Herzog, Art. 103 I Rn. 92.

2554 Vgl. allein Keidel, Der Grundsatz des rechtlichen Gehörs im Verfahren der freiwilligen Gerichtsbarkeit, Diss. Köln 1964.

zu gewähren. Was diese administrativen Verfahren von solchen materieller Rechtsprechung unterscheidet ist der Umstand, dass (Streit entscheidende) Urteile (und „urteilsersetzende Beschlüsse") allein auf der Grundlage der vorherigen Gewährung rechtlichen Gehörs ergehen dürfen, während nach dem Erlass administrativer Entscheidungen das rechtliche Gehör nachgeholt werden kann und, um deren Ziele nicht zu gefährden, oftmals nachgeholt werden muss[2555].

Die Erkenntnis neuen Rechts setzt aber auch die sachliche Unabhängigkeit der Gerichte von Präjudizien voraus. Denn die Frage, ob sich ein Gericht an Präjudizien orientiert, ist selbst eine Rechtsfrage: Das Gericht hat die Frage zu beurteilen und zu entscheiden, ob eine vorliegende Entscheidung „einschlägig" ist. Auch wenn sich später, nach einer Entscheidung eine bestimmte Behandlungsweise eines dogmatischen Problems als die dogmatisch richtige durchsetzen und höchstrichterliche Anerkennung erlangen sollte, so bedarf es doch oft zur Ausarbeitung einer solchen Judikatur einer Phase, in der auch ein Dissentieren von Obergericht – und erst Recht: unteren Instanzgericht – möglich ist. Die dissentierenden Gerichte sind zur Ausarbeitung ihrer Rechtsauffassungen deshalb nicht zuletzt auch durch eine haftungsrechtliche Befreiung unabhängig gestellt. Es sollen daher „nicht alle schwierigen Probleme, in denen die letzte Instanz anders als eine Vorinstanz entscheidet, in Geld gebadet werden, und zwar aus öffentlichen Mitteln[2556]. 26

## 2. Folgerungen

Die Bedeutung des Ausschlusses der haftungsrechtlichen „Überprüfung" und „Korrektur" von Urteilen in Folgeprozessen wird deutlich, wenn wir die Frage stellen, ob es de lege ferenda sinnvoll wäre, ein Umschwenken im Rechtsstreit durch den Unterlegenen vom Streit gegen den früheren Gegner im Erstprozess auf den Streit gegen den Staat zu ermöglichen. Da andere Rechtsordnungen[2557] sich für die Eröffnung einer solchen Möglichkeit entscheiden oder sie doch zumindest nicht ausgeschlossen haben, könnte ihr Ausschluss in unserer Rechtsordnung nicht als schlechthin zum Schutz der Rechtskraft vor mittelbaren Beeinträchtigungen geboten angesehen werden. 27

Aus diesen Überlegungen ergibt sich auch ohne weiteres, dass Tätigkeiten wie die der Prozessleitung (die Organisation des Prozess-Prozesses) oder die Herbeiführung und Beurkundung eines Prozessvergleichs durch den Richter von § 839 Abs.2 S. 1 BGB erfasst werden. Betrachtet man diese Tätigkeiten isoliert, 28

2555 Paradigmatisch ist § 834 ZPO; das Forderungspfändungsverfahren gem. §§ 828 ff. ZPO ist ein materiell administratives Verfahren (Bruns, AcP Bd. 171 <1971> S. 393 ff.), das unstreitig von der Haftungsprivilegierung des § 839 Abs. 2 S. 1 BGB nicht erfasst wird.

2556 Luhmann, (Fn. 47), S. 123.

2557 Merten, (Fn. 56), S. 519 ff.

so wären sie freilich als administrative Maßnahmen anzusehen[2558]. Die dabei zu treffenden Entscheidungen ergehen aber allein im Hinblick auf die Erkenntnis und Feststellung des inter partes streitigen Rechts[2559] und sind daher von deren Sinnzusammenhang nicht zu lösen.

## IV. Bestimmung der konkreten Reichweite der Haftungsfreistellung nach § 839 Abs. 2 S. 1 BGB

### 1. Zum Beispiel: Zum sachlichen Unterschied zwischen dem Beschluss nach § 91 a ZPO und einem Arrestbeschluss gem. § 922 I 2. Hs. ZPO[2560]

29 Diese Überlegungen lassen sich anhand eines Beispiels besser verstehen. In der Judikatur[2561] wird haftungsrechtlich zwischen Entscheidungen nach § 91 a ZPO einer- und § 922 Abs. 1 2. Hs. ZPO andererseits unterschieden. Im Gegensatz zum Beschluss nach § 922 Abs. 1 2. Hs. ZPO soll der nach § 91 a ZPO über die Kosten bei Erledigung des Rechtsstreits in der Hauptsache durch das Spruchrichterprivileg erfasst werden. Dass für diese differenzierende Behandlung in der Tat Sachgründe sprechen, ist von *W. Grunsky*[2562] angezweifelt worden. Vordergründig scheint vieles für Grunskys Skepsis zu sprechen. Das Verfahren nach § 91 a ZPO wird in der Literatur häufig noch als Verfahren bloß summarischer Rechtsanwendung dargestellt; im Beschluss nach § 922 Abs. 1 2. Hs. ZPO hat das Gericht dagegen den Streitstoff erschöpfend zu würdigen. So scheint zunächst sogar einiges dafür zu sprechen, den Spieß umzudrehen und den Arrestbeschluss als materielle Rechtsprechung zu qualifizieren, während dann der Behandlung des Beschlusses nach § 91 a ZPO als materielle Rechtsprechung Bedenken entgegenstünden.

30 Zudem ist die Entscheidung des BGH[2563] zum Rechtsprechungscharakter des Verfahrens und der Entscheidung über die Kosten bei übereinstimmender Erklärung der Erledigung der Hauptsache durch die Parteien nur schwer nachzuvollziehen. Die Begründung seiner Auffassung steht nämlich auf schwachen Füßen, da das Gericht den Rechtsprechungscharakter von Verfahren und Be-

---

2558 Bettermann, Jellinek-GS, (Fn. 24), S. 369.

2559 Henckel, Materielles Recht und Prozessrecht, 1970, S. 125 ff.

2560 Grunsky, Raiser-F., 1974, S. 141 ff., 145; Zweifel auch bei Schäfer, in: Staudinger, Rn. 452.

2561 BG, Urteil vom 26.4.1954, Az.: III ZR 6/53 = BGHZ 13, 143 ff., 145

2562Grunsky (Fn. 83).

2563 BGH (Fn. 42); vgl. auch BGH, Urteil vom 14.6.1956, Az.: III ZR 29/55 = BGHZ 21, 298, 300

schluss gem. § 91 a ZPO unter Hinweis darauf zu begründen versucht, es hätten gegebenenfalls auch im Verfahren nach § 91 a ZPO Beweisaufnahmen stattzufinden. Diese (als obiter dictum geäußerte) Ansicht des BGH ist allerdings nicht haltbar. Wäre diese Argumentation des BGH zutreffend, dann müsste etwa die Rechtsprechungsqualität der Revision in Zweifel gezogen werden, während in formalisierten Verwaltungsverfahren durchaus Beweisaufnahmen (auch im „Strengbeweis"[2564]) vorgeschrieben sein können. Dass in der Revisionsinstanz aber genuine Rechtsprechung mit der Erkenntnis des streitigen Rechts vorliegt, kann nicht zweifelhaft sein[2565]. Im Ergebnis ist dem BGH gleichwohl wegen seiner Qualifikation des Verfahrens nach § 91 a ZPO Recht zu geben[2566].

## 2. Bedeutung des Verfahrens bei der Herstellung der Entscheidungsgrundlage

Der Unterschied zwischen dem Beschluss nach § 91 a ZPO einer- und dem nach 31 § 922 Abs. 1 2. Hs. ZPO andererseits liegt in der Struktur des jeweiligen Verfahrens begründet. Der Beschluss nach § 91 a ZPO „ersetzt" buchstäblich ein Urteil – nämlich das bis 1942 zu fällende „Erledigungsurteil"[2567]. Das Urteil ergeht aufgrund eines Verfahrens, in dem sich die Parteien in vollem Umfang rechtliches Gehör zur Einflussnahme auf die Erkenntnis verschaffen konnten. Der Beschluss nach § 91 a ZPO ergeht somit aufgrund einer „Rechtslage", die durch den Streit der Parteien im Prozess hervorgebracht wurde. Das gleiche gilt für das Urteil nach § 922 Abs. 1 1. Hs. ZPO. Das Urteil ergeht aufgrund eines „ordentlichen" Prozesses über den Arrestanspruch[2568], in dem beide Parteien ihre Rechtsauffassungen streitig vorbringen können. Es stellt daher im Übrigen einen Akt materiell rechtsprechender Rechtserkenntnis dar, auch wenn seine Wirkung vorläufig durch die endgültige Entscheidung in der Hauptsache bedingt ist. Der Beschluss nach § 922 Abs. 1 2. Hs. ZPO unterscheidet sich dagegen von dem Urteil nach dem 1. Hs. dieser Vorschrift dadurch, dass die Entscheidung ohne mündliche Verhandlung ergeht[2569]. Ausschlaggebend ist nun nicht, dass im Urteilsverfahren ein „Mündlichkeitsprinzip", im Beschlussverfahren ein „Schriftlichkeitsprinzip" obwalte[2570]. Dass dies nicht ausschlaggebend sein kann, zeigt sich bereits daran, dass ein Urteil im Zivilprozess gem. § 128 Abs. 3 ZPO auch

2564 Kopp, VwVfG, 4. Aufl. 1986, § 26 Rn. 2 ff., § 65 Rn. 1.
2565 Pawlowski, ZZP Bd. 80 (1967) 345, 353 ff.
2566 Zur Problematik der Struktur des Verfahrens nach § 91 a ZPO eingehend Smid, ZZP Bd. 97 (1984), 246 ff. m. w. Nachw.
2567 Ders. aaO S. 267.
2568 Vollkommer, in: Zöller, ZPO, 15. Aufl. 1987, § 922 Rn. 16.
2569 Hartmann, in: Baumbach/Lauterbach/Albers/Hartmann, ZPO, § 922 Anm. 1 I A a.
2570 So aber Wahl/Soell, AcP Bd. 167 (1967), 1, 6.

aufgrund eines vorangegangenen schriftlichen Verfahrens ergehen kann[2571]. Vielmehr bildet die mündliche Verhandlung das Forum, vor dem die Parteien über den Arrestanspruch ein streitiges Rechtsgespräch führen, auf dessen Grundlage das Urteil ergeht[2572]. Zur Vorbereitung des Arrestbeschlusses ist es in das Ermessen[2573] des Gerichts gestellt, den Arrestgegner schriftlich anzuhören. Das mag gerechtfertigt sein, wenn sich das Gericht angesichts des Vortrags des Antragstellers noch unschlüssig ist, ob es im Beschluss- oder Urteilsverfahren entscheiden soll. Immer steht die Entscheidung für eine Anhörung des Arrestgegners aber unter der Bedingung, dass durch sie der Sicherungszweck des Arrests nicht vereitelt wird[2574].

32 Nun verfolgen sowohl das Arresturteil als auch der Arrestbeschluss ersichtlich einen Sicherungszweck. Sie sollen den Sinn der Entscheidung über die Hauptsache sichern und dessen Vereitelung durch den Arrestgegner verhindern. Der Unterschied beider Verfahrensarten liegt indes darin, dass mit dem Urteil über den Sicherungsanspruch entschieden wird. Mit ihm wird festgestellt, ob der Antragsteller ein Recht darauf hat, gesichert zu werden[2575]. Diese Entscheidung beruht allein auf der Feststellung des Vorliegens der rechtlichen Voraussetzungen des Sicherungsanspruchs. Der Beschluss ergeht dagegen nicht als Entscheidung der Feststellung des Bestehens des Sicherungsanspruchs. Er wird nicht als Anwendung des Rechts auf die Feststellung des streitigen Anspruchs erlassen, sondern als rechtspolizeilich-sichernde Maßnahme des Gerichts zur Abwendung von möglichen Nachteilen des Antragstellers (vgl. §§ 916 Abs. 1, 921 Abs. 2 ZPO[2576]). Damit stehen sich die Rechtserkenntnis allein aufgrund des Rechts im Beschluss nach § 91 a ZPO und dem Urteil nach § 922 Abs. 1 1. Hs. ZPO einerseits und folgenorientierte, administrative Friedenssicherung im Beschluss nach § 922 Abs. 1 2. Hs. ZPO andererseits gegenüber. Diese Unterscheidung judikativer und administrativer Verfahren einstweiligen Rechtsschutzes nach ihrer verfahrensrechtlichen Ausgestaltung setzt voraus, dass die unterschiedliche Stellung des Richters aufgrund von Struktur und „Programmierung" des Verfahrens thematisiert werden können. Im Verfahren des Arrestes werden administrative

2571 Schäfer, in: Staudinger, Rn. 438.

2572 Insofern verweisen die Bedenken von Wahl und Soell auf prozessuale Kriterien; vgl. auch Staudinger-Schäfer Rn. 444 Abs. 2.

2573 Hartmann, in: Baumbach/Lauterbach/Albers/Hartmann, ZPO, § 921 Anm. 1 I A, § 922 Anm. 2 I A a.

2574 Hartmann, in: Baumbach/Lauterbach/Albers/Hartmann, ZPO, § 922 Anm. 1 I A a. Deshalb meint Cohn (JW 1915, 1338 ff., 1421 ff., 1422) auch, das Gericht übe mit dem Arrestbeschluss materielle Verwaltungstätigkeit aus.

2575 Hartmann, in: Baumbach/Lauterbach/Albers/Hartmann, ZPO, § 922 Anm. 3 I A.

2576 Hartmann, in: Baumbach/Lauterbach/Abers/Hartmann, ZPO, § 921 Anm. 2 Abs. 2 A a.

Zwecke der Sicherung von Rechten verfolgt, im Verfahren nach § 91 a ZPO wird allein Recht erkannt.

Der Arrestbeschluss ergeht daher auch bei Anhörung des Arrestgegners nicht aufgrund eines streitigen Rechtsgesprächs. Nun könnte dieses Rechtsgespräch (wie § 128 Abs. 3 ZPO und § 101 Abs. 2 VwGO, § 1 Abs. 1 EntlastG zeigen) auch im schriftlichen Verfahren stattfinden. Sowohl nach § 128 Abs. 3 ZPO als auch nach § 101 Abs. 2 VwGO setzt dies aber einen übereinstimmenden Verzicht der Beteiligten auf eine mündliche Verhandlung voraus. Und die schriftliche Anhörung könnte u. U. im (wahrscheinlich konstruierten) Fall einer Präsenz des Arrestgegners mündlich erfolgen. Aber es bleibt bei einer Anhörung; diese trägt keinen dialogischen Charakter, der die streitige Struktur des rechtlichen Gehörs im Prozess kennzeichnet[2577]. 33

## V. Rechtfertigung der Haftung für Unrecht bei richterlichen Verwaltungshandlungen

### 1. Administratives Handeln des Richters

Grundlage der vorangegangenen Überlegungen ist die Behauptung, es ließen sich materiell-rechtsprechende und administrative Tätigkeiten des Richters unterscheiden. So problematisch die Differenzierung von Rechtsprechung und Verwaltung auch immer erscheinen mag und gewesen ist, war sie doch stets für die Bestimmung der Grenzen des § 839 Abs. 2 S. 1 BGB relevant[2578]. Denn der „Schutzzweck“ und „Schutzbereich“ der Norm lässt sich von dieser Unterscheidung administrativer und materiell-judikativer Tätigkeiten her genauer bestimmen, da diese Unterscheidung die Gleich- bzw. Ungleichbehandlung von Richtern und Beamten darstellbar werden lässt. Für diese Unterscheidung gewinnen Differenzierungen von streitigen und nichtstreitigen, durch das Auftreten zweier Parteien strukturierter gegenüber hoheitlich-administrativen, rein rechtsanwendenden gegenüber zweckverfolgenden Verfahren an Bedeutung. Denn dort agiert der Richter im Verfolg administrativer Zwecke, zu deren Erreichung er die Beteiligten berät, sie unterstützt, in ihre Rechtsbeziehungen eingreift[2579]. In der Literatur findet sich zwar häufig der Rekurs auf „Akte der rechtsprechenden Gewalt“[2580]. Damit ist nicht hinreichend genau die Art der Tätigkeit (Funktion) beschrieben, deren Ausübung privilegiert wird. Die rechtsprechende Gewalt er- 34

2577 Im Ergebnis ebenso Kreft, in: RGRK, Rn. 522.
2578 Abl. z. B. Kniffka, Diss. (Fn. 13), S. 189 m. w. Nachw.
2579 Nöldecke, (Fn. 6), S. 804; Fischer, Diss (Fn. 17), S. 29/30.
2580 Statt vieler Andresen, Diss. (Fn. 13), S. 27.

kennt und spricht Recht, macht aber auch anderes, nimmt nämlich auch administrative Aufgaben wahr, die in vollem Umfang von der Amtshaftung nach § 839 Abs. 1 BGB erfasst werde[2581].

## 2. § 839 Abs. 2 S. 1 BGB und Art. 19 Abs. 4 GG

35 Die differenzierende haftungsrechtliche Behandlung von materiell rechtsprechenden und verwaltenden richterlichen Handlungen ist z. T. grundsätzlich rechtspolitisch kritisiert worden. So wird die Ansicht vertreten[2582], der Gesetzgeber habe „den Richter" vom „Rechtsschutz" nach Art. 19 Abs. 4 GG ausgenommen und die Exemtion greife unterschiedslos für alle richterlichen Verfahren; diese verfassungsgesetzliche Entscheidung werden aber „umgangen", wenn der Richter haftungsrechtlich in Anspruch genommen werde. Daraus wird der Schluss gezogen, die Beschränkung des Haftungsprivilegs des § 839 Abs. 2 S. 1 BGB auf materiell rechtsprechende Akte des Richters sei unangemessen, da damit die Unabhängigkeit und Unbefangenheit des Richters in nichtstreitigen Verfahren beeinträchtigt werde[2583]. Mit der Übertragung an Richter werde ein exemter Bereich staatlicher Entscheidungen hergestellt. Der Gesetzgeber wolle die richterliche Entscheidung, um zuverlässige Entscheidungen außerhalb des Bereichs des Art. 19 Abs. 4 GG zu erhalten. Das setze aber voraus, dass diese Entscheidungen auch nach § 839 Abs. 2 S. 1 BGB nicht revidiert werden könnten.

36 Damit berühren sich Fragen der Auslegung von § 839 Abs. 2 S. 1 BGB mit denen der Interpretation der Reichweite des Art. 19 Abs. 4 GG. Dieser Zusammenhang ist recht kompliziert, da er auf prozessrechtliche Fragen verweist, die bislang nicht in ihrer vollen Tiefe ausgeschöpft worden sind. Die herrschende Lehre zu Art. 19 Abs. 4 GG als sedes materiae des „Rechtsschutzes" – der Eröffnung des Rechtswegs zu staatlichen Gerichten – geht davon aus, dass gegen richterliche Akte der öffentlichen Gewalt der Rechtsschutz ausgeschlossen sei, ungeachtet, ob der Richter im Prozess urteile oder als Richter der nichtstreitigen freiwilligen Gerichtsbarkeit Verfügungen erlasse[2584]. Diese „teleologische Reduktion"[2585] wird nun damit begründet, die Rechtskraft von Urteilen solle nicht

2581 Vgl. Luhmann, (Fn. 47), S. 126.

2582 Kniffka, Diss. (Fn. 13), S. 194.

2583 Schneider (Fn. 6, S. 153 f.) befürchtete gar psychosomatische Erkrankungen der von einer Haftpflicht betroffenen Richter.

2584 Schenke (Bonner Kommentar Art. 19 IV GG Rn. 278) meint gar, die Abgrenzung zwischen materieller Rechtsprechung und Verwaltung sei derart kompliziert, dass sie für die Auslegung des Art. 19 Abs. 4 GG nicht relevant werden könne.

2585 Zweifel an der methodischen Richtigkeit der Anwendung dieser Technik im Kontext des Art. 19 Abs. 4 GG artikuliert Smid, Rechtsprechung, § 1 I.

durch infinite Anfechtungen der Urteile als Akte öffentlicher Gewalt aufgehoben werden[2586]. Deshalb werde der „Rechtsschutz gegen Richter“ außerhalb des Rechtsmittelzuges ausgeschlossen. In der Tat bezeichnet eine Reihe von Autoren die Verfahren vor den Rechtsmittelinstanzen als Gewährung von Rechtsschutz gegen das vorinstanzliche Urteil[2587].

### 3. „Teleologische Reduktion“ des Art. 19 Abs. 4 GG als Exemtion richterlichen Handelns?

Hier überkreuzen sich nun die Auslegungen von § 839 Abs. 2 S. 1 BGB und Art. 37
19 Abs. 4 GG: Bei § 839 Abs. 2 S. 1 BGB ist jedenfalls klar, dass in denjenigen Verfahren, deren Entscheidungen nicht der materiellen Rechtskraft fähig sind – zu denken ist dabei insbesondere an Verfügungen der nichtstreitigen freiwilligen Gerichtsbarkeit – das Haftungsprivileg des § 839 Abs. 2 S. 1 BGB nicht zum Zuge kommt. Damit scheint aber in diesem Bereich der alte Satz des „dulde und liquidiere“ wieder in Geltung zu treten. Dazu wird z. T. in der Literatur bemerkt, die Richterhaftung fungiere als Instrument des „Primärrechtsschutzes“[2588] und habe seiner Funktion nach einen „Rechtsmittelcharakter“.

Zunächst scheint es so, als stünde in und mit den Differenzierungskriterien 38
des § 839 Abs. 2 BGB eine Widerlegung der überkommenen „teleologischen Reduktion“ des Art. 19 Abs. 4 GG und der dort unterschiedslos vertretenen Exemtion aller richterlichen Tätigkeiten aus der Rechtsweggarantie[2589] zur Verfügung. § 839 Abs. 2 BGB kann aber erst dann als Argument gegen die überkommene Lehre angeführt werden, wenn es gelingt, in ihm selbst sachliche Kriterien für die Differenzierung verschiedener richterlicher Tätigkeiten nachzuweisen. Solange sich die Auslegung der Unterscheidung von haftungsrechtlich exemten Urteilen und sonstigen richterlichen Maßnahmen schließlich wieder Argumentationen aus dem Bereich des Richters selbst reduziert, liefert § 839 Abs. 2 S. 1 BGB für die Differenzierung von Rechtsfürsorge (nichtstreitigen administrativen Gerichtsverfahren) und Prozess (materiell rechtsprechende Streitentscheidung) keine Kriterien.

2586 Vgl. allein Schenke, (Fn. 108), statt aller.

2587 Grundlegend Hellwig, Anspruch und Klagrecht, 2. Aufl. 1910, § 59 S. 485 ff.

2588 Kniffka, Diss. (Fn. 13), S. 171 ff.

2589 Smid, Rechtsprechung, § 1.

### 4. Eröffnung des Rechtswegs gegen administrative Maßnahmen des Richters

39 Soweit von Richtern administrative Aufgaben wahrgenommen werden, ist auch gegen die dabei erlassenen administrativen Akte dem Bürger „der Rechtsweg eröffnet“[2590], freilich anders als gegen Akte der Verwaltungsbehörden im Hinblick auf die Verwaltungsgerichte: Vielmehr gewährleistet Art. 19 Abs. 4 GG, dass über die Rechtmäßigkeit der vom Richter getroffenen Maßnahme im Rahmen des Rechtsmittelzuges vor einer Instanz gestritten werden kann, die ein prozessförmiges Verfahren gewährleistet[2591].

40 Tritt diese Gewährleistung des Rechtswegs auch gegen administratives Handeln von Richtern in den Blick, so wird endgültig deutlich, dass sich der Handlungsraum von Richtern, die verwaltende Tätigkeiten ausüben, auch nicht als haftungsrechtlich exemt darstellt. Vielmehr verhält es sich umgekehrt: Gerade der Umstand, dass administrative Tätigkeiten von Richtern nicht von der Eröffnung des Rechtswegs ausgenommen sind, macht deutlich, dass ihretwegen auch das „Privileg“ des § 839 Abs. 2 S. 1 BGB nicht greifen kann.

## VI. Ergebnisfehlerklage nach § 826 BGB und die Nichtigkeits- und Restitutionsklagen der §§ 579, 580 ZPO

41 Die Rechtsprechung[2592] hat dem Beklagten die Möglichkeit eingeräumt, gegen ein informelle Rechtskraft erwachsenes Urteil eine Klage aus § 826 BGB zu erheben, wenn da der Titel unrichtig, weil im Widerspruch zu den Tatsachen stehend oder weil grundlegende Verfahrensvoraussetzungen verletzend ist. Diese Klage aus § 826 BGB setzt voraus, dass die Ausnutzung des Titels, der in Rechtskraft erwachsen ist, sich als „rechtsmissbräuchlich“ erweisen würde. Ziel der Klage aus § 826 BGB ist es, einer Vollstreckung aus dem fehlerhaften Titel Schadenersatz zu bekommen. Gegen einen Titel, aus dem die Zwangsvollstreckung noch nicht betrieben worden ist, gibt die Klage aus § 826 BGB einen Unterlassungsanspruch auf die Zwangsvollstreckung aus dem Titel und einen An-

2590 Anders freilich noch die vorherrschende Doktrin vom Ausschluss des „Rechtsschutzes gegen Richter“, oben Fn. 108.

2591 Dazu eingehend Smid, Rechtsprechung, § 8.

2592 BGH, Urteil vom 5.6.1963, Az.: IV ZR 136/62 = BGHZ 40, 130, 132 f; BGH, Beschluss vom 29.3.1968, Az.: VIII ZR 141/65 = BGHZ 50, 115; BGH, Urteil vom 24.9.1987, Az.: III ZR 187/86 = BGHZ 101, 380; BGH, Urteil vom 8.11.1972, Az.: IV ZR 109/70 = FamRZ 1973, 182, 183; BSG, Urteil vom 1.7.1987, Az.: VIII ZR 117/86 = BB 1987, 1972 m. Anm. Smid.

spruch auf dessen Herausgabe an den Deliktskläger.[2593] Soweit sich der Kläger mit der Klage aus § 826 BGB gegen ein doloses Prozessverhalten des Gegners oder anderer Verfahrensbeteiligter beruft, geht die Klage in die gleiche Richtung wie die Restitutionsklage nach § 580 Nr. 1-5 ZPO. Im Unterschied zu dieser Klage setzt die aus § 826 BGB aber keine strafrechtliche Verurteilung des Titelinhabers (§ 581 Abs. 1 ZPO) voraus. Daher hat sich die Dogmatik der Klage aus § 826 BGB vom Straf- und Strafprozessrecht unabhängig ausgebildet.[2594] Soweit es um die arglistige Ausnutzung eines Titels geht, der nicht bereits auf dolosem Prozessverhalten des Titelinhabers oder eines anderen Verfahrensbeteiligten beruht, zeigt die Betrachtung des Fallmaterials in der Judikatur, dass es sich hierbei im Wesentlichen um solche Fälle handelt, in denen die mit der Klage aus § 826 BGB angegriffenen Urteile „Dauerfolgen" haben – also im Wesentlichen solche Urteile betrifft, die auf Renten- und Unterhaltszahlungen gerichtet sind und deren Korrektur durch eine Abänderungsklage nach § 323 Abs. 1 ZPO (und heute § 48 Abs. 1 FamFG) wegen der Unklarheiten des dort normierten Wesentlichkeitserfordernisses nicht erreichbar sind.[2595] Der „Rechtsbehelf" der Klage aus § 826 BGB hat darüber hinaus eine weitere Funktion. Während mit den Wiederaufnahme- und Restitutionsklagen nach §§ 578 ff. ZPO der Fehler des rechtskräftigen Urteils nur durch eine besondere Klage geltend gemacht werden kann, bedarf es der expliziten Klageerhebung aus § 826 BGB nicht in allen Fällen. Vielmehr kann in einem Prozess der Fehler des ersten Urteils inzidenter durch Erhebung der Rüge, dieses sei sittenwidrig erlangt bzw. die Berufung auf das erste Urteil stelle sich als arglistige Urteilsausnutzung dar, einredeweise geltend gemacht werden.[2596]

In der Literatur ist der Rechtsbehelf aus § 826 BGB in adäquate Aushöhlung der Rechtskraft kritisiert worden.[2597] Der Rechtsbehelf biete Anreize ohne Rücksicht auf die Frieden stiftende Funktion der Rechtskraft, den ausgeurteilten Gegenstand erneut zur Entscheidung zu stellen. Die Grenzen, die der Rechtskraftdurchbrechung durch die ausdrücklichen Regelungen der §§ 579 und 580 ZPO gezogen seien, würden damit in sachwidriger Weise ignoriert.[2598] Damit wird 42

2593 Staudinger, in: Schulze u.a., BGB, § 826 Rn. 17; BGH, Urteil vom 9.2.1999, Az.: VI ZR 9/98 = DStR 1999, 1083.

2594 Braun, Rechtskraft und Restitution 1. Teil, 1979, insbes. 173 ff.

2595 Braun (Fn. 2594) insbes. 247 ff.

2596 Braun (Fn. 2594) 296 ff.

2597 hier ist insbes. zu erwähnen Gaul, Die Grundlagen des Wiederaufnahmerechts und die Ausdehnung der Wiederaufnahmegründe 1956, bes. 24 ff. mit Umf. nachw.

2598 Vgl. allein Zeiss/Schreiber, ZPrR 11. Aufl. 2009, Rn. 617 1. Abs.

freilich der eigenen Aufgabe, die dem Rechtsbehelf aus § 826 BGB zukommt,[2599] nicht hinreichend Rechnung getragen.

43 Das Zivilprozessrecht kennt zwei Konstellationen der Durchbrechung der Rechtskraft. In der einen geht es darum, dass in dem Verfahren auf das hin das Urteil ergangen ist, schwerwiegende Fehler vorgelegen haben. Diese Fehler können dazu führen, dass das Urteil sich als nichtig erweist. Da das Urteil aber in der Welt ist und somit Wirkungen entfaltet, stellt sich die Frage seiner Nichtigkeit als eine Rechtsfrage dar, über die zwischen dem Titelgläubiger und dem Titelschuldner regelmäßig Ungewissheit bestehen wird. Daher bedarf es eines Prozesses – eines Erkenntnisverfahrens – in dem die Nichtigkeit festgestellt wird. Dieses Erkenntnisverfahren wird mit der Nichtigkeitsklage nach § 579 ZPO eingeleitet. Andere Verfahrensfehler, auf denen das rechtskräftige Urteil beruht, haben nicht seine Nichtigkeit zur Folge. In den Fällen der Nr. 1-5 des § 580 ZPO kann der Titelschuldner vielmehr eine Wiederaufnahmeklage erheben und damit eine erneute Verhandlung der Sache herbeiführen. Anders als die Nichtigkeitsklage führt die Wiederaufnahme oder Restitutionsklage entweder zu einem Zwischenurteil, in dem festgestellt wird, dass der Wiederaufnahmegrund – also der Verfahrensfehler – für die Entscheidung ursächlich war und ob die Beachtung der Verfahrensregeln zu einer dem Wiederaufnahmekläger günstigeren Entscheidung geführt hätte.[2600] Ist dies der Fall, wird das frühere Verfahren entweder durch das Gericht des Wiederaufnahmeprozesses fortgesetzt und ggfls. das frühere Urteil aufgehoben oder das frühere Urteil aufgehoben und mit gleichem Inhalt neu erlassen.[2601]

44 Von den Wiederaufnahmegründen des § 580 Nr. 1-5 unterscheidet sich der nach § 580 Nr. 7 BGB. Dort geht es nämlich nicht um Verfahrensfehler, sondern um die Korrektur eines Ergebnisfehlers.

45 Gemeinsam ist den Klagen nach §§ 578 ff. ZPO, dass diesen enge Grenzen gezogen sind. Die Wiederaufnahmeklage bedarf neben dem Vorliegen der allgemeinen Prozessvoraussetzungen[2602] der Wahrung der Wiederaufnahmefrist des § 586 Abs. 2 S. 2 ZPO. In den Fällen der Nrn. 1-5 des § 580 ZPO muss nach § 581 ZPO der Restitutionsbeklagte wegen der Straftat, die den Grund der Restitutionsklage bildet, rechtskräftig verurteilt worden sein oder die Durchführung eines Strafverfahrens aus anderen Gründen als wegen Mangels an Beweises nicht erfolgt sein.

---

2599 Hierzu eingehend Braun (Fn. 2594) Teil 1.
2600 Zeiss/Schreiber, ZPrR 11. Aufl. 2009, Rn. 607.
2601 Zeiss/Schreiber, ZPrR 11. Aufl. 2009, Rn. 608.
2602 Zeiss/Schreiber, ZPrR 11. Aufl. 2009, Rn. 606.

Es hat sich gezeigt, dass die Nichtigkeitsklage und die Restitutionsklage nach den §§ 580 Nr. 1-5 ZPO eine gemeinsame Struktur in Ansehung der Korrektur von Verfahrensmängeln aufweisen.[2603] Der § 581 Abs. 1 ZPO stellt sich dann als besondere Form der Beweisregel für das Vorliegen eines Verfahrensfehlers im restitutionsrechtlichen Sinne dar,[2604] was mit der moderneren Form des § 286 ZPO nur schwer in Übereinstimmung zu bringen ist. *Braun* schlägt daher vor, § 581 Abs. 1 ZPO berichtigend auszulegen. Danach soll auch unabhängig von der Vorlage eines Strafurteils die Voraussetzung des restitutionsbegründenden Prozessdelikts durch beliebige andere Beweismittel geführt werden können.[2605] Die Ergebnisfehlerrestitution nach § 580 Nr. 7 b ZPO leitet sich aus Fallgestaltungen her, bei denen es um die Korrektur von Urteilen mit Dauerfolgen geht.[2606] Demgegenüber hat *Braun*[2607] nachgewiesen, dass es sich bei der Restitutionsklage gem. § 580 Nr. 7 a ZPO in der Sache um eine Nichtigkeitsklage handelt. 46

2603 Braun, Rechtskraft und Restitution, Teil 2, 1985, 76 ff.
2604 Braun (Fn. 2603) 109 ff., 124 ff.
2605 Braun Braun (Fn. 2603) 131 ff.
2606 Braun Braun (Fn. 2603) 267 ff., 293 ff.
2607 Braun Braun (Fn. 2603) 385 ff, 392 ff.

# § 32 Revision, Berufung, sofortige Beschwerde und Anörungsrüge im geltenden ZivilProzessrecht

## I. Nichtzulassungsbeschwerde

1 Die Nichtzulassung der Revision durch das Berufungsgericht unterliegt gem. § 544 Abs. 1 ZPO der Beschwerde (Nichtzulassungsbeschwerde).[2608] Die Beschwerde ist innerhalb einer Notfrist von einem Monat nach Zustellung des in vollständiger Form abgefassten Urteils, spätestens aber bis zum Ablauf von sechs Monaten nach der Verkündung des Urteils bei dem Revisionsgericht einzulegen. Mit der Beschwerdeschrift soll eine Ausfertigung oder beglaubigte Abschrift des Urteils, gegen das die Revision eingelegt werden soll, vorgelegt werden.[2609]

2 Die Nichtzulassungsbeschwerde setzt nach § 543 Abs. 2 Satz 1 ZPO voraus, dass die Rechtssache grundsätzliche Bedeutung hat (Nr. 1) oder die Fortbildung des Rechts oder die Sicherung einer einheitlichen Rechtsprechung[2610] eine Entscheidung des Revisionsgerichts erfordert (Nr. 2).[2611]

3 Von diesen Zulassungsgründen ist der dritte – Sicherung einer einheitlichen Rechtsprechung – in der Praxis des BGH der wichtigste. Nach mittlerweile gefestigter Rechtsprechung des BGH ist die Revision zur Sicherung einer einheitlichen Rechtsprechung zuzulassen, wenn die Vorinstanz bei ihrer Entscheidungsbegründung von einem unrichtigen Obersatz ausgeht, wobei es unerheblich ist, ob dieser Obersatz in ihrem Urteil formuliert worden ist oder nicht.[2612] Gleiches gilt, wenn die mit der Nichtzulassungsbeschwerde angefochtene Entscheidung auf einem grundlegenden Missverständnis des rechtlichen Ansatzpunktes der höchstrichterlichen Rechtsprechung beruht. Ein solches Missverständnis begründet wie das Zugrundelegen eines unrichtigen Obersatzes eine strukturelle Wiederholungsgefahr.[2613] Auf dieser Grundlage ist die Nichtzulassungsbeschwerde gegen materiellrechtlich falsche Berufungsurteile gegeben, wenn der Rechtsfehler des Berufungsgerichts auch zu einer im Ergebnis unrichtigen Entscheidung geführt hat[2614] und verallgemeinerungsfähig ist.

---

2608 Ball, in: Musielak, ZPO, § 544 Rn. 1 ff.

2609 Krüger, in: MünchKomm, ZPO, § 544 Rn. 10.

2610 Die Judikatur ist hier restriktiv: BGH, Beschluss vom 16.9.2003, Az.: XI ZR 238/02 = NJW 2004, 1167; BGH,Beschluss vom 17. 4. 2007, Az.. XI ZR 343/05 = m. Anm. Derleder EWiR § 543 ZPO 1/07, 543.

2611 Ball, in: Musielak, ZPO, § 544 Rn. 17ff.

2612 BGH, Beschluss vom 18.03.2004, Az.: V ZR 222/03.

2613 BGH, Beschluss vom 08.09.2004, Az.: V ZR 260/03; Beschluss vom 11.05.2004, Az.: XI ZB 39/03.

2614 BGH, Beschluss vom 12.02.2004, Az.: V ZR 274/03.

4 Der Zulassungsgrund der Sicherung einer einheitlichen Rechtsprechung (§ 543 Abs. 2 Satz 1 Nr. 2 Alt. 2 ZPO) liegt ferner dann vor, wenn die angefochtene Entscheidung Verfahrensgrundrechte einer Partei verletzt und die Entscheidung darauf beruht. Darauf, ob dieser Verstoß offenkundig ist, kommt es entgegen der früheren Rechtsprechung insbesondere des XI. Senats des BGH nicht mehr an.[2615] Auf diese Weise können auch gravierende Verfahrensverstöße wie beispielsweise Gehörsverletzungen mit der Nichtzulassungsbeschwerde nach § 543 Abs. 2 Satz 1 Nr. 2 Alt. 2 ZPO gerügt werden; für Gehörsverletzungen ergibt sich dies nunmehr mittelbar aus dem durch das Anhörungsrügegesetz eingefügten neuen Abs. 7 des § 544 ZPO.[2616] Der Tatbestand der Gehörsverletzung geht dabei über das schlichte Übersehen von entscheidungserheblichem Vorbringen einer Partei hinaus; er erfasst auch eine Reihe sonstiger Verfahrensfehler.[2617]

5 Schließlich ist die Revision zur Sicherung einer einheitlichen Rechtsprechung zuzulassen, wenn die angefochtene Entscheidung auf einer Verletzung des Willkürverbots beruht. Das Willkürverbot ist bei einer fehlerhaften Rechtsanwendung verletzt, die sachlich schlechthin unhaltbar ist, weil sie unter keinem denkbaren Aspekt rechtlich vertretbar erscheint und sich deshalb der Schluss aufdrängt, dass sie auf sachfremden Erwägungen beruht.[2618] Damit kann beispielsweise auch eine grob fehlerhafte Vertragsauslegung revisionsgerichtlicher Kontrolle zugeführt werden.

## II. Revision

6 Die Revisionsinstanz ist eine reine Rechtsanwendungs-, im Wesentlichen aber keine neue Tatsacheninstanz.[2619] Denn das Revisionsgericht ist gem. § 559 Abs. 2 ZPO an die tatsächlichen Feststellungen des Berufungsgerichts dergestalt gebunden, dass die Feststellung, ob eine tatsächliche Behauptung wahr oder nicht wahr sei, für das Revisionsgericht bindend ist.[2620] Etwas anderes gilt, wenn in Bezug auf die Feststellung ein zulässiger und begründeter Revisionsangriff erhoben ist. Im Übrigen unterliegt nach § 559 Abs. 1 S. 1 ZPO nur dasjenige Parteivorbringen der Beurteilung des Revisionsgerichts, das aus dem Berufungsur-

2615 BGH, Beschluss vom 11.05.2004, Az.: XI ZB 39/03.

2616 Krüger, in: MünchKomm, ZPO, § 544 Rn. 32 f.

2617 Krüger, in: MünchKomm, ZPO, § 544 Rn. 33.

2618 BGH, Beschluss vom 07.10.2004, Az.: V ZR 328/03.

2619 Ball, in: Musielak, ZPO,§ 546 Rn. 2.

2620 Ball, in: Musielak, ZPO,§ 559 Rn. 20.

teil oder dem Sitzungsprotokoll ersichtlich ist.[2621] Außerdem können nur die in § 551 Abs. 3 Nr. 2 lit. b ZPO erwähnten Tatsachen berücksichtigt werden.

Die Revision stellt sich dabei nicht als eine Instanz zur allgemeinen Kontrolle der Tätigkeit der Vorinstanzen dar; im Revisionsurteil geht es allein darum, Rechtsfehler zu beheben, die dazu geführt haben, dass sich das Berufungsurteil als falsch erweist. Dies zeigt § 561 ZPO, der bestimmt, dass die Revision zurückzuweisen ist, wenn die Begründung des Berufungsurteils zwar eine Rechtsverletzung ergibt, die Entscheidung sich aber aus anderen Gründen als richtig darstellt. 7

Nach § 542 Abs. 1 ZPO findet die Revision mit Ausnahme der Urteile, mit denen ein Arrest oder eine einstweilige Verfügung angeordnet, abgeändert oder aufgehoben worden ist (vgl. § 542 Abs. 2 S. 1 ZPO, ebenfalls nicht revisibel sind gem. § 542 Abs. 2 S. 2 ZPO Urteile über die vorzeitige Besitzeinweisung im Enteignungsverfahren oder im Umlegungsverfahren) gegen die in der Berufungsinstanz erlassenen Endurteile statt. Zulässigkeitsvoraussetzung der Revision ist nach § 543 Abs. 1 ZPO, dass sie das Berufungsgericht in dem Urteil oder das Revisionsgericht auf Beschwerde gegen die Nichtzulassung zugelassen hat.[2622] Nach § 543 Abs. 2 S. 2 ZPO ist das Revisionsgericht an die Zulassung durch das Berufungsgericht gebunden. Das Revisionsgericht kann freilich nach § 552a ZPO die von dem Berufungsgericht zugelassene Revision durch einstimmigen Beschluss zurückweisen, wenn es davon überzeugt ist, dass die Voraussetzungen für die Zulassung der Revision nicht vorliegen und die Revision keine Aussicht auf Erfolg hat.[2623] 8

Nach § 543 Abs. 2 S. 1 ZPO ist die Revision zuzulassen, wenn die Rechtssache grundsätzliche Bedeutung hat oder die Fortbildung des Rechts oder die Sicherung einer einheitlichen Rechtsprechung eine Entscheidung des Revisionsgerichts erfordert. Das Revisionsgericht entscheidet über die Nichtzulassungsbeschwerde gem. § 544 Abs. 4 S. 1 ZPO durch Beschluss. § 544 Abs. 7 ZPO sieht vor, dass das Revisionsgericht abweichend von § 544 Abs. 6 ZPO in dem der Beschwerde stattgebenden Beschluss das angefochtene Urteil aufheben und den Rechtsstreit zur neuen Verhandlung und Entscheidung an das Berufungsgericht zurückverweisen kann, wenn das Berufungsgericht den Anspruch des Beschwerdeführers auf rechtliches Gehör in entscheidungserheblicher Weise verletzt hat. Regelmäßig aber greift § 544 Abs. 6 S. 1 ZPO, der bestimmt, dass das Beschwerdeverfahren als Revisionsverfahren fortgesetzt wird, wenn der Beschwerde gegen die Nichtzulassung der Revision stattgegeben wird; die form- 9

2621 Krüger, in: MünchKomm, ZPO, § 559 Rn. 2a, 3.

2622 Ball, in: Musielak, ZPO, § 543 Rn. 2 f.

2623 Ball, in: Musielak, ZPO, § 552a Rn. 1.

und fristgerechte Einlegung der Nichtzulassungsbeschwerde gilt dann nach § 544 Abs. 6 S. 2 ZPO als Einlegung der Revision.

10 Von diesen Zulassungsgründen ist der dritte – Sicherung einer einheitlichen Rechtsprechung – in der Praxis des BGH der wichtigste. Nach mittlerweile gefestigter Rechtsprechung des BGH ist die Revision zur Sicherung einer einheitlichen Rechtsprechung zuzulassen, wenn die Vorinstanz bei ihrer Entscheidungsbegründung von einem unrichtigen Obersatz ausgeht, wobei es unerheblich ist, ob dieser Obersatz in ihrem Urteil formuliert worden ist oder nicht.[2624] Gleiches gilt, wenn die mit der Nichtzulassungsbeschwerde angefochtene Entscheidung auf einem „grundlegenden Missverständnis" des rechtlichen Ansatzpunktes der höchstrichterlichen Rechtsprechung beruht.[2625] Ein solches Missverständnis begründet wie das Zugrundelegen eines unrichtigen Obersatzes eine strukturelle Wiederholungsgefahr.[2626] Auf dieser Grundlage ist die Nichtzulassungsbeschwerde gegen materiellrechtlich falsche Berufungsurteile gegeben, wenn der Rechtsfehler des Berufungsgerichts auch zu einer im Ergebnis unrichtigen Entscheidung geführt hat[2627] und verallgemeinerungsfähig ist.

11 Der Zulassungsgrund der Sicherung einer einheitlichen Rechtsprechung (§ 543 Abs. 2 Satz 1 Nr. 2 Alt. 2 ZPO) liegt ferner dann vor, wenn die angefochtene Entscheidung Verfahrensgrundrechte einer Partei verletzt und die Entscheidung darauf beruht. Darauf, ob dieser Verstoß offenkundig ist, kommt es entgegen der früheren Rechtsprechung insbesondere des XI. Senats des BGH nicht mehr an.[2628] Auf diese Weise können auch gravierende Verfahrensverstöße wie beispielsweise Gehörsverletzungen mit der Nichtzulassungsbeschwerde nach § 543 Abs. 2 Satz 1 Nr. 2 Alt. 2 ZPO gerügt werden; für Gehörsverletzungen ergibt sich dies nunmehr mittelbar aus dem durch das Anhörungsrügengesetz eingefügten neuen Abs. 7 des § 544 ZPO. Der Tatbestand der Gehörsverletzung geht dabei über das schlichte Übersehen von entscheidungserheblichem Vorbringen einer Partei hinaus; er erfasst auch eine Reihe sonstiger Verfahrensfehler.[2629]

12 Schließlich ist die Revision zur Sicherung einer einheitlichen Rechtsprechung zuzulassen, wenn die angefochtene Entscheidung auf einer Verletzung des Willkürverbots beruht.[2630] Das Willkürverbot ist bei einer fehlerhaften

2624 BGH, Beschluss vom 18.03.2004, Az.: V ZR 222/03.

2625 Krüger, in: MünchKomm, ZPO, § 543 Rn. 17.

2626 BGH, Beschluss vom 08.09.2004, Az.: V ZR 260/03; Beschluss vom 11.05.2004, Az.: XI ZB 39/03.

2627 BGH, Beschluss vom 12.02.2004, Az.: V ZR 274/03.

2628 BGH, Beschluss vom 11.05.2004, Az.: XI ZB 39/03.

2629 Krüger, in: MünchKomm, ZPO, § 544 Rn. 33.

2630 Ball, in: Musielak, ZPO, § 544 Rn. 17d.

Rechtsanwendung verletzt, die sachlich schlechthin unhaltbar ist, weil sie unter keinem denkbaren Aspekt rechtlich vertretbar erscheint und sich deshalb der Schluss aufdrängt, dass sie auf sachfremden Erwägungen beruht.[2631] Damit kann beispielsweise auch eine grob fehlerhafte Vertragsauslegung revisionsgerichtlicher Kontrolle zugeführt werden.

Die Revision kann nach § 545 Abs. 1 ZPO nur darauf gestützt werden, dass 13
die Entscheidung auf einer Verletzung des Rechts beruht. Das Recht ist nach § 546 ZPO verletzt, wenn eine Rechtsnorm nicht oder nicht richtig angewendet worden ist. Eine Entscheidung ist in den Fällen der von § 547 ZPO normierten absoluten Revisionsgründe stets als auf einer Verletzung des Rechts beruhend anzusehen.[2632] Diese liegen vor, wenn das erkennende Gericht nicht vorschriftsmäßig besetzt war; wenn bei der Entscheidung ein Richter mitgewirkt hat, der von der Ausübung des Richteramts kraft Gesetzes ausgeschlossen war, sofern nicht dieses Hindernis mittels eines Ablehnungsgesuchs ohne Erfolg geltend gemacht ist; wenn bei der Entscheidung ein Richter mitgewirkt hat, obgleich er wegen Besorgnis der Befangenheit abgelehnt und das Ablehnungsgesuch für begründet erklärt war; wenn eine Partei in dem Verfahren nicht nach Vorschrift der Gesetze vertreten war, sofern sie nicht die Prozessführung ausdrücklich oder stillschweigend genehmigt hat; wenn die Entscheidung auf Grund einer mündlichen Verhandlung ergangen ist, bei der die Vorschriften über die Öffentlichkeit des Verfahrens verletzt sind oder wenn die Entscheidung entgegen den Bestimmungen dieses Gesetzes nicht mit Gründen versehen ist. Die Revision kann aber nach § 545 Abs. 2 ZPO nicht darauf gestützt werden, dass das Gericht des ersten Rechtszuges seine Zuständigkeit zu Unrecht angenommen oder verneint hat. Und die Verletzung einer das Verfahren der Berufungsinstanz betreffenden Vorschrift kann nach § 556 ZPO in der Revisionsinstanz nicht mehr gerügt werden, wenn die Partei das Rügerecht bereits in der Berufungsinstanz nach der Vorschrift des § 295 ZPO verloren hat.

Ebenfalls wie im Recht der Berufung wird bei der Revision zwischen der 14
Revisioneinlegung durch eine Revisionsschrift und der Revisionsbegründung unterschieden. Der Revisionskläger muss nach § 551 Abs. 1 ZPO – gegebenenfalls durch einen gesonderten Schriftsatz (§ 551 Abs. 2 S. 1 ZPO) - die Revision begründen. Die Revision wird durch Einreichung der Revisionsschrift bei dem Revisionsgericht eingelegt. Die Revisionsschrift muss gem. § 549 Abs. 1 S. 2 ZPO die Bezeichnung des Urteils, gegen das die Revision gerichtet wird und die Erklärung, dass gegen dieses Urteil Revision eingelegt werde, enthalten. Die Revisionsschrift ist gem. § 550 Abs. 2 ZPO der Gegenpartei zuzustellen. Die

2631 BGH, Beschluss vom 07.10.2004, Az.: V ZR 328/03.
2632 Ball, in: Musielak, ZPO, § 547 Rn. 1.

Revisionsbegründung muss Revisionsanträge, also die Erklärung, inwieweit das Urteil angefochten und dessen Aufhebung beantragt werde, und die Angabe der Revisionsgründe, und zwar unter der bestimmten Bezeichnung der Umstände, aus denen sich die Rechtsverletzung ergibt und soweit die Revision darauf gestützt wird, dass das Gesetz in Bezug auf das Verfahren verletzt sei, die Bezeichnung der Tatsachen, die den Mangel ergeben, enthalten. Das Revisionsgericht ist nach § 557 Abs. 3 ZPO aber an die geltend gemachten Revisionsgründe nicht gebunden. Allerdings darf auf Verfahrensmängel, die nicht von Amts wegen zu berücksichtigen sind, darf das angefochtene Urteil nur geprüft werden, wenn die Mängel nach den §§ 551 ZPO und 554 Abs. 3 ZPO gerügt worden sind. In den Fällen, in denen die Revision auf Grund einer Nichtzulassungsbeschwerde zugelassen worden ist, kann zur Begründung der Revision auf die Begründung der Nichtzulassungsbeschwerde Bezug genommen werden.

15 § 554 ZPO eröffnet die Möglichkeit der Anschlussrevision durch Einreichung der Revisionsanschlussschrift bei dem Revisionsgericht, wobei § 554 Abs. 2 ZPO die unselbständige Anschlussberufung für den Fall für statthaft erklärt, dass der Revisionsbeklagte auf die Revision verzichtet hat, die Revisionsfrist verstrichen oder die Revision nicht zugelassen worden ist.[2633] Die unselbständige Anschlussberufung verliert gem. § 554 Abs. 4 ZPO ihre Wirkung, wenn die Revision zurückgenommen, verworfen oder durch Beschluss zurückgewiesen wird.

16 Nach § 552 Abs. 1 S. 1 ZPO hat das Revisionsgericht von Amts wegen zu prüfen, ob die Revision an sich statthaft und ob sie in der gesetzlichen Form und Frist eingelegt und begründet ist. § 552 Abs. 1 S. 2 ZPO bestimmt, dass die Revision als unzulässig zu verwerfen ist, wenn es an einem dieser Erfordernisse mangelt. Die Frist für die Einlegung der Revision (Revisionsfrist) beträgt gem. § 548 ZPO einen Monat; sie ist eine Notfrist und beginnt mit der Zustellung des in vollständiger Form abgefassten Berufungsurteils, spätestens aber mit dem Ablauf von fünf Monaten nach der Verkündung.

17 Soweit das Revisionsgericht die Revision für begründet erachtet, hebt es nach § 562 Abs. 1 ZPO das angefochtene Urteil auf. Das Revisionsgericht hat nach § 563 Abs. 3 ZPO in der Sache selbst zu entscheiden, wenn die Aufhebung des Urteils nur wegen Rechtsverletzung bei Anwendung des Gesetzes auf das festgestellte Sachverhältnis erfolgt und nach letzterem die Sache zur Endentscheidung reif ist. Im übrigen gilt, soweit das Revisionsgericht keine eigene Sachentscheidung fällen kann, § 563 Abs. 1 ZPO. Danach ist im Falle der Aufhebung des Urteils die Sache zur neuen Verhandlung und Entscheidung an das Berufungsgericht zurückzuverweisen. Die Zurückverweisung kann an einen ande-

2633 Ball, in: Musielak, ZPO, § 554 Rn. 2.

ren Spruchkörper des Berufungsgerichts erfolgen. Im Falle der Zurückverweisung hat das Berufungsgericht nach § 563 Abs. 2 ZPO die rechtliche Beurteilung, die der Aufhebung zugrunde gelegt ist, auch seiner Entscheidung zugrunde zu legen.

Kommt im Fall des § 563 Abs. 3 ZPO für die in der Sache selbst zu erlassende Entscheidung die Anwendbarkeit von Gesetzen in Frage, auf deren Verletzung die Revision nach § 545 ZPO nicht gestützt werden kann, in Frage, so kann die Sache zur Verhandlung und Entscheidung an das Berufungsgericht zurückverwiesen werden. 18

## III. Revisionsähnliche Ausgestaltung der Berufung als eingeschränkter zweiter Tatsacheninstanz

Die Berufung ist durch die Reform des Jahres 2002 der Revision angenähert worden. Die Begrenzung der Berufung auf solche Fälle, die nicht erkennbar erfolglos sind, ist angesichts knapper Ressourcen immer nachvollziehbar und vernünftig.[2634] 19

So ist es richtig, das aufwendige Verfahren der Berufung dann nicht durchzuführen, wenn der Berufungskläger allein die rechtliche Subsumtion der erstinstanzlichen Entscheidung angreift und das Berufungsgericht sich dieser Subsumtion mit dem Zurückweisungsbeschluss anschließt. Denn es ist hier weder rational, ein Berufungsverfahren durchzuführen, noch kommt eine Revision in Betracht, wenn die Auslegung durch das Landgericht sich im Rahmen des methodisch vertretbaren hält. 20

Gem. § 511 Abs. 1 ZPO ist die Berufung gegen die im ersten Rechtszug erlassenen Endurteile statthaft, d.h., dass das Gesetz in diesen Fällen grundsätzlich die Berufung vorsieht. Sie ist aber nach § 511 Abs. 2 ZPO nur zulässig, wenn der Wert des Beschwerdegegenstandes 600 Euro übersteigt oder das Gericht des ersten Rechtszuges die Berufung im Urteil zugelassen hat. Die Zulassung der Berufung durch das erstinstanzlich urteilende Gericht setzt nach § 511 Abs. 4 ZPO voraus, dass die Rechtssache grundsätzliche Bedeutung hat oder die Fortbildung des Rechts oder die Sicherung einer einheitlichen Rechtsprechung eine Entscheidung des Berufungsgerichts erfordert und die Partei durch das Urteil mit nicht mehr als 600 Euro beschwert ist. Das Berufungsgericht ist an die Zulassung gebunden. 21

§ 513 Abs. 1 ZPO beschränkt die Berufung darauf, dass mit ihr nur gerügt werden kann, dass die Entscheidung auf einer Rechtsverletzung iSv § 546 ZPO 22

2634 Ferner: Fischer, NJW 2002, 1551 ff.; Stackmann, NJW 2002, 781 ff.

beruht oder nach § 529 ZPO zugrunde zu legende Tatsachen eine andere Entscheidung rechtfertigen.

23 § 529 Abs. 1 ZPO sieht dabei vor, dass das Berufungsgericht seiner Verhandlung und Entscheidung die vom Gericht des ersten Rechtszuges festgestellten Tatsachen zugrunde zu legen hat. Neue Tatsachen dürfen demgegenüber gem. § 529 Abs. 1 Nr. 2 ZPO nur unter der Voraussetzung berücksichtigt werden, dass deren Berücksichtigung zulässig ist – was auf die §§ 530, 531 ZPO verweist: Gem. § 530 ZPO liegt ein Fall des § 529 Abs. 1 Nr. 2 ZPO nicht vor, wenn Angriffs- oder Verteidigungsmittel entgegen den §§ 520 ZPO und 521 Abs. 2 ZPO nicht rechtzeitig vorgebracht worden sind.[2635] § 530 ZPO verweist insofern auf § 296 Abs. 1 und 4 ZPO entsprechend. Weiterhin bleiben gem. § 531 Abs. 1 ZPO Angriffs- und Verteidigungsmittel, die im ersten Rechtszuge zu Recht zurückgewiesen worden sind, auch in der Berufungsinstanz ausgeschlossen. Neue Angriffs- und Verteidigungsmittel sind nach § 531 Abs. 2 ZPO nur zuzulassen, wenn sie einen Gesichtspunkt betreffen, der vom Gericht des ersten Rechtszuges erkennbar übersehen oder für unerheblich gehalten worden ist, infolge eines Verfahrensmangels im ersten Rechtszug nicht geltend gemacht wurden oder im ersten Rechtszug nicht geltend gemacht worden sind, ohne dass dies auf einer Nachlässigkeit der Partei beruht. Mit der Berufungsbegründungsschrift müssen gem. § 529 Abs. 3 Nr. 4 ZPO die neuen Angriffs- und Verteidigungsmittel sowie die Tatsachen bezeichnet werden, auf Grund derer die neuen Angriffs- und Verteidigungsmittel nach § 531 Abs. 2 ZPO zuzulassen sind. Ferner sind gem. § 529 Abs. 1 Nr. 1 ZPO in der Berufungsinstanz neue Tatsachenfeststellungen zu treffen, wenn konkrete Anhaltspunkte Zweifel an der Richtigkeit oder Vollständigkeit der entscheidungserheblichen Feststellungen begründen und deshalb eine erneute Feststellung gebieten.

24 Nach § 512 ZPO unterliegen der Beurteilung des Berufungsgerichts auch diejenigen Entscheidungen, die dem Endurteil vorausgegangen sind, sofern sie nicht nach den Vorschriften dieses Gesetzes unanfechtbar oder mit der sofortigen Beschwerde anfechtbar sind.

25 Voraussetzung der Prüfung des angefochtenen Urteils wegen eines Mangels des Verfahrens, der nicht von Amts wegen zu berücksichtigen ist, ist, dass dieser nach § 520 Abs. 3 ZPO geltend gemacht worden ist. § 520 Abs. 3 Nr. 2 und 3 ZPO bestimmen, dass die Berufungsbegründung die Bezeichnung der Umstände, aus denen sich die Rechtsverletzung und deren Erheblichkeit für die angefochtene Entscheidung ergibt und gegebenenfalls die Bezeichnung konkreter Anhaltspunkte, die Zweifel an der Richtigkeit oder Vollständigkeit der Tatsa-

---

2635 Ball, in: Musielak, ZPO, § 530 Rn. 1 f.

chenfeststellungen im angefochtenen Urteil begründen und deshalb eine erneute Feststellung gebieten, enthalten muss.[2636]

Im Übrigen ist das Berufungsgericht an die geltend gemachten Berufungsgründe nicht gebunden.[2637] 26

Nach § 513 Abs. 2 ZPO kann die Berufung nicht darauf gestützt werden, dass das Gericht des ersten Rechtszuges seine Zuständigkeit zu Unrecht angenommen hat.[2638] 27

Das Gesetz unterscheidet zwischen der Berufungsschrift, die gem. § 519 Abs. 1 ZPO bei dem Berufungsgericht einzulegen ist und nach § 519 Abs. 2 ZPO die Bezeichnung des Urteils, gegen das die Berufung gerichtet wird und die Erklärung, dass gegen dieses Urteil Berufung eingelegt werde, zu enthalten hat, und der nach § 520 Abs. 1 ZPO zwingend gebotenen Berufungsbegründungsschrift, auf deren notwendigen Inhalt gem. § 520 Abs. 3 ZPO bereits eingegangen worden ist. 28

§ 524 Abs. 1 ZPO, sieht vor, dass sich der Berufungsbeklagte der Berufung durch Einreichung der Berufungsanschlussschrift bei dem Berufungsgericht anschließen kann. Dies ist insbesondere dann interessant, wenn der Berufungsbeklagte auf die Berufung verzichtet oder die Berufungsfrist hat verstreichen lassen – die Anschlussberufung ist in nach § 524 Abs. 2 ZPO auch in diesem Fall statthaft und bis zum Ablauf der dem Berufungsbeklagten gesetzten Frist zur Berufungserwiderung zulässig. Diese Frist gilt nicht, wenn die Anschließung eine Verurteilung zu künftig fällig werdenden wiederkehrenden Leistungen (§ 323 ZPO) zum Gegenstand hat. Nach § 524 Abs. 4 ZPO verliert die unselbständige Anschlussberufung ihre Wirkung, wenn die Berufung zurückgenommen, verworfen oder durch Beschluss zurückgewiesen wird; hatte der Berufungsbeklagte indes seinerseits fristgerecht Berufung eingelegt greift diese Vorschrift nicht. 29

Das Berufungsgericht hat die gesetzliche Möglichkeit, eine gegen das klagabweisende Urteil eingelegte Berufung wegen mangelnder Erfolgsaussicht nach § 522 Abs. 2 ZPO durch Beschluss zurückzuweisen. Die Probleme, die dabei auftreten, mag folgender Fall illustrieren: 30

> Fall: Die klagende Partei hatte gegen Vorstandsmitglieder der Securenta AG auf Schadenersatz geklagt. Entscheidungserhebliche Tatsachen, mit denen die Schlüssigkeit der Klagen begründet werden konnten, da sie eine Haftung der Vorstandsmitglieder der Securenta AG zu begründen geeignet waren, sind von der klagenden Partei in der ersten Instanz nicht oder – nach Ansicht des Gerichts – verspätet vorgetragen worden. Die klagende Partei hat vorgetragen, über die Tatsachen durch Ur- 31

2636 Ball, in: Musielak, ZPO, § 520 Rn. 31.

2637 Ball, in: Musielak, ZPO, § 520 Rn. 1.

2638 Rimmelspacher, in: MünchKomm, ZPO, § 513 Rn. 2.

kunden unterrichtet worden zu sein, die sich im Besitz des in dem über das Vermögen der Securenta AG eröffneten Insolvenzverfahrens bestellten Insolvenzverwalter befinden. Zum Zeitpunkt des Prozesses erster Instanz habe der damalige Insolvenzverwalter K keine Auskunft erteilt und Akten nicht herausgegeben und auch keine Einsicht gewährt. Dies sei erst nach Neuwahl Prof. Rs zum Insolvenzverwalter unter Abwahl des K zu einem Zeitpunkt geschehen, zu dem die durch Prof. R als Insolvenzverwalter der Securenta AG der klagenden Partei zur Kenntnis gebrachten Unterlagen bzw. die hieraus erlangten Kenntnisse nicht mehr rechtzeitig in den Prozess eingeführt werden konnten. Das Berufungsgericht hat die Berufungsklägerin darauf hingewiesen, dass es beabsichtige, die Berufung wegen mangelnder Erfolgsaussicht zurückzuweisen.

32 Soweit es um die Frage der Erfolgsaussicht des Klägers und Berufungsklägers (§ 522 Abs. 2 Nr. 1 ZPO) geht, wird in diesem Gutachten die Ebene der materiellen Begründetheit der Klage ausgeblendet. Denn auf diese Fragen kommt es im Verfahren um § 522 Abs. 2 ZPO deshalb nicht an, weil - wie eingehend zu zeigen sein wird - jedenfalls die Voraussetzungen der Nrn. 2 und 3 des § 522 Abs. 2 ZPO nicht erfüllt sind: Der Zurückweisungsbeschluss wäre allein schon deshalb rechtswidrig, weil die Sache von erheblicher wirtschaftlicher und rechtlicher Bedeutung ist und dem Kläger und Berufungskläger in revisiblen Rechtsfragen der Zugang zur Revisionsinstanz verstellt würde. Das OLG Braunschweig hat dabei § 522 Abs. Nrn. 2 und 3 ZPO gesehen und geprüft, aber deren Inhalt vollständig rechtlich verkannt und kündigt deshalb an, mit dem in Aussicht gestellten Zurückweisungsbeschluss eine Fehlentscheidung fällen zu wollen.

33 Eine Entscheidung des OLG im Verfahren nach § 522 Abs. 2 ZPO ist nicht rechtmäßig, wenn der Kläger und Berufungskläger mit nicht präkludierten neuen Sachverhaltsvortrag ansonsten nicht berücksichtigt werden könnte.

34 Nach § 522 Abs. 1 ZPO obliegt dem Berufungsgericht von Amts wegen die Aufgabe der Prüfung der Statthaftigkeit und Zulässigkeit der Berufung. Wegen der durch das ZPO-RG 2001 eingeführten neuen Funktion der Berufung kommt dem Berufungsgericht nach § 522 Ab. 2 ZPO eine weitere Aufgabe der Zurückweisung der Berufung durch einstimmigen Beschluss zu, wenn die Voraussetzungen der Nrn. 1 bis 3 des § 522 Abs. 2 S. 1 ZPO vorliegen. Dies ist gem. § 522 Abs. 2 S. 1 Nr. 1 ZPO der Fall, wenn die Berufung keine Aussicht auf Erfolg hat und die weiteren, Voraussetzungen des § 522 Abs. 2 S. 1 ZPO gegeben sind, die kumulativ vorliegen[2639] müssen.

35 Mangelnde Erfolgsaussicht liegt vor, wenn das Berufungsgericht unter Berücksichtigung des Vorbringens in der Berufungsbegründung, einer eventuellen Berufungserwiderung, einer eventuellen Stellungnahme der Parteien nach § 522

---

2639 Ball, in: Musielak, § 522 Rn. 20.

Abs. 2 S. 2 ZPO sowie der von Amts wegen zu berücksichtigenden Umstände das angefochtene Urteil im Ergebnis als zutreffend ansieht.[2640] Die Berufung muss nicht offensichtlich unbegründet sein.[2641]

36 Wird das erstinstanzliche Urteil wegen seiner tatsächlichen Feststellungen angegriffen, ist eine beschlussmäßige Zurückweisung der Berufung ausgeschlossen, wenn das Vorbringen in der Berufungsbegründung die Richtigkeit der erstinstanzlichen Entscheidung nach den Maßstäben der §§ 529 bis 532 ZPO stichhaltig ist.[2642] Die Gegenansicht[2643], nach der sich aus dem Gesetz keine Maßstäbe ergäben, ist nicht überzeugend, da insofern darauf abzustellen ist, welche Anforderungen das Gesetz an das Vorbringen des Berufungsklägers stellt; hier ist zunächst § 520 Abs. 1 ZPO zu nennen, der dem Berufungsführer die Begründung seiner Berufung auferlegt. Dies wird in § 520 Abs. 3 Nr. 3 und Nr. 4 ZPO konkretisiert, die fordern, dass die Berufungsbegründung die Anhaltspunkte konkret bezeichnet, die Zweifel an der Richtigkeit oder Vollständigkeit der Tatsachenfeststellungen im angefochtenen Urteil begründen und deswegen eine erneute Feststellung gebieten. Legt man diesen gesetzlichen Maßstab zugrunde, liegt „Stichhaltigkeit" der Berufung vor, wenn die Berufungsbegründung die Richtigkeit und/oder Vollständigkeit der erstinstanzlichen Feststellungen mit zulässigem Vorbringen schlüssig in Frage stellt.[2644] Sind die Angriffe gegen die Tatsachenfeststellungen des erstinstanzlichen Urteils zulässig und schlüssig, kann das Berufungsvorbringen nicht von vornherein als erfolglos bezeichnet und die Berufung im Beschlusswege verworfen werden. Denn dies würde eine vorweggenommene Beweiswürdigung bedeuten und damit gegen § 286 ZPO verstoßen.[2645]

37 Stichhaltig ist danach die Berufung, wenn die Tatsachenfeststellungen des erstinstanzlichen Gerichts für das Berufungsgericht nicht bindend ist. Dabei ist zu berücksichtigen, dass das seit 2002 geltende Recht das bis dahin geltende Regel/Ausnahmeverhältnis umkehrt. Grundsätzlich binden nach geltendem Recht die erstinstanzlich getroffenen Tatsachenfeststellungen gem. § 529 ZPO die Berufungsinstanz.[2646] War bis dahin die Tatsachenfeststellung des erstin-

---

2640 So das OLG Rostock, Beschluss vom 11.3.2003, Az.: 3 U 28/03 = NJW 2003, 1676; Rimmelspacher, in: MünchKomm, ZPO, § 522 Rn. 20.

2641 OLG Celle Beschluss vom 20.6.2002, Az.: 2 U 66/02 = NJW 2002, 2400, 2401; OLG Celle, Beschluss vom 6.6.2002, Az.: 2 U 31/02 = NJW 2002, 2800.

2642 Rimmelspacher, in: MünchKomm, ZPO, § 522 Rn. 20.

2643 Gerken, in: Wieczorek, ZPO § 522 Rn. 65.

2644 Rimmelspacher, in: MünchKomm, ZPO, § 522 Rn. 20.

2645 Vgl. zur Zulässigkeit des Freibeweises: BGH, Beschluss vom 16.1.2007, Az.: VIII ZB 75/06 = NJW 2007, 1457 m. weit. Nachw.

2646 Rimmelspacher, in: MünchKomm, ZPO, § 529 Rn. 1.

stanzlichen Gerichts grundsätzlich mit der Berufung anfechtbar, ist dies nach § 529 Abs. 1 Nr. 1 und Nr. 2 ZPO nur dann der Fall, wenn konkrete Anhaltspunkte für die Unrichtigkeit der entscheidungserheblichen Feststellungen vorliegen bzw. die Berücksichtigung neuer Tatsachen zulässig ist. Dies ergibt sich aus den §§ 530, 531 ZPO.[2647]

38 Daraus folgt, dass die Berufung nicht stichhaltig ist und im Beschlusswege verworfen werden kann, wenn die Angriffe gegen die erstinstanzlichen Tatsachenfeststellungen auf „neuen" Tatsachen beruhen, die nicht berücksichtigt werden dürfen. Dann wird das Berufungsgericht durch die festgestellten Tatsachen gebunden, so dass nach § 522 Abs. 2 Nr. 1 ZPO von der Aussichtslosigkeit der Berufung ausgegangen werden kann, wenn sie auf Tatsachen gegründet ist, die nicht zulässig eingeführt werden dürfen. Die Bindungswirkung der erstinstanzlich getroffenen Tatsachenfeststellungen entfällt, wenn Zweifel an ihrer Richtigkeit auftreten. Wenn diese Zweifel aber durch den präkludierten Tatsachenvortrag erweckt werden sollen, kann die darauf gegründete Berufung nicht stichhaltig sein.[2648] Unrichtig sind Feststellungen, wenn deren Unrichtigkeit oder Lückenhaftigkeit aufgrund der konkreten Anhaltspunkte nicht ausgeschlossen werden kann.[2649]

39 In ständiger Rechtsprechung betonen die Zivilsenate des BGH, dass ein Urteil, das auf der Grundlage des gesamten Tatsachenvortrags der Parteien ergangen ist, der wahren Sach- und Rechtslage besser entspricht als eine Entscheidung, die einen Teil des Tatsachenvortrags aus Rechtsgründen nicht berücksichtigt. Entscheidend ist, dass die Präklusionsvorschriften der §§ 296, 531 ZPO die säumige Partei erheblich beschweren. Sie erlauben daher keine ausdehnende Anwendung. Ihre nachteiligen Folgen können der säumigen Partei nur zugemutet werden, wenn die gesetzlichen Voraussetzungen einer Ausschließung *strikt* erfüllt sind.[2650] Neue Angriffs- und Verteidigungsmittel sind u.a. nach § 531 Abs. 2 Nr. 3 ZPO in der Berufungsinstanz zuzulassen, wenn sie im ersten Rechtszug nicht geltend gemacht worden sind, ohne dass dies auf einer Nachlässigkeit der Partei beruht.[2651]

40 Grundsätzlich ist die Partei gehalten, schon im ersten Rechtszug die Angriffs- und Verteidigungsmittel vorzulegen, deren Bedeutung für den Rechtsstreit je bekannt sind oder hätten bekannt sein müssen – unter der Voraussetzun-

---

2647 Rimmelspacher, in: MünchKomm, ZPO, § 529 Rn. 34.

2648 Rimmelspacher, in: MünchKomm, ZPO, § 529 Rn. 20, 21.

2649 Rimmelspacher, in: MünchKomm, ZPO, § 529 Rn. 26.

2650 BGH, Urteil vom 22.02.2006, Az.: IV ZR 56/05 = BGHZ 166, 227-233; so bereits BGH, Urteil vom 17. Oktober 1979 aaO; Grunsky, in: Stein/Jonas, § 528 Rn. 12.

2651 Rimmelspacher, in: MünchKomm, ZPO, § 531 Rn. 26.

ge, dass sie zu deren Geltendmachung imstande war.[2652] Neuer unstreitiger Tatsachenvortrag fällt demgegenüber nie unter die Präklusion[2653]. Die zitierte Entscheidung des BVerfG zeigt, dass gegen die Regelung des § 531 ZPO keine verfassungsrechtlichen Bedenken bestehen. Solange der betreffende Beteiligte ausreichend Gelegenheit hatte, sich zu den für ihn wichtigen Punkten zur Sache zu äußern ist Art. 103 Abs. 1 GG durch Präklusionsvorschriften nicht berührt. Eine Verletzung des Art. 103 Abs. 1 GG liegt aber unter der Voraussetzung vor, dass das Prozessgericht Präklusionsregeln angewendet hat, ohne dass dies durch das Prozessrecht gestützt worden ist.[2654] Eine solche Berufung auf Präklusionsregeln ohne Stütze durch das Prozessrecht liegt u. a. bei richterlichem Fehlverhalten vor, das namentlich auf einer unzulänglichen Verfahrensleitung oder der Verletzung der gerichtlichen Fürsorgepflicht beruhen kann.[2655] Hier liegt die unzureichende richterliche Verfahrensleitung sowie die Verletzung der gerichtlichen Fürsorgepflicht in der Ausblendung der Prüfung des § 830 BGB, womit es den Parteien unmöglich gemacht worden ist, ihre Angriffs- und Verteidigungsmittel und ihren Rechtsvortrag auf diese Vorschrift einzustellen. Ferner liegt sie darin, dass der Partei des Klägers und Berufungsklägers keine Gelegenheit zur Glaubhaftmachung des Umstandes gegeben worden ist, aufgrund dessen der Sachvertrag, der auf die Unterlagen K 100 – K 500 gestützt worden sind, erst nach dem landgerichtlichen Urteil mit der Berufung hat eingeführt werden können. Es greift daher die Faustformel, dass Art. 103 Abs. 1 GG verletzt ist, weil kein Jurist die ZPO so auslegen und anwenden dürfte, wie es durch das Berufungsgericht in dem zitierten Beispielsfall geschehen ist.

Eine Partei verletzt ihre Sorgfaltspflicht, wenn sie in der ersten Instanz Ma- 41
terial nicht vorbringt, dessen Existenz und dessen Relevanz für den Rechtsstreit ihr bekannt war oder bekannt hätte sein müssen, und zu dessen Vorbringen sie dort auch imstande war.[2656]

§ 531 Abs. 2 S. 2 ZPO sieht vor, dass das Gericht die Glaubhaftmachung der 42
Zulassungsvoraussetzungen gem. § 531 Abs. 2 S. 1 ZPO verlangen kann[2657]; hierzu kommen präsente Beweismittel wie Urkunden, aber auch die Aussage präsenter Zeugen in betracht, § 294 ZPO. Jedenfalls im Rahmen der Entscheidung nach § 522 Abs. 2 ZPO stellt sich das berufungsgerichtliche Ermessen, die Glaubhaftmachung der Zulassungsvoraussetzungen nach § 531 ZPO zu verlan-

---

2652 BGH, Urteil vom 8.6.2004, Az.: VI ZR 199/03 = NJW 2004, 2825, 2827; BVerfG (K), Nichtannahmebeschluss vom 24.1.2005, Az.: 1 BvR 2653/03 = NJW 2005, 1768, 1769.

2653 BGH, Urteil vom 18.11.2004, Az.: IX ZR 229/03 = NJW 2005, 291, 292.

2654 Zuck, Die Grundrechtsrüge im Zivilprozess, 2008, Rn. 57.

2655 BVerfG, beschluss vom 5.5.1987, Az.: 1 BvR 903/85 = NJW 1987, 2733.

2656 BGH, Urteil vom 19.3.2004, Az.: V ZR 104/03 = BGHZ 158, 295, 303.

2657 Rimmelspacher, in: MünchKomm, ZPO, § 531 Rn. 29.

gen, dadurch als gebunden dar, als das Berufungsgericht nicht das Fehlen der Erfolgsaussicht der Berufung auf die Präklusion von Tatsachenvorbringen stützen darf, ohne der Partei die Gelegenheit gegeben zu haben, die Zulassungsvoraussetzungen in dem gesetzlich vorgesehenen Verfahren glaubhaft zu machen. Nur wenn die Glaubhaftmachung vor der mündlichen Verhandlung nicht gelungen war kann das Berufungsgericht nach § 522 ZPO entscheiden.[2658] Dies ist im zivilprozessualen Schrifttum völlig unstreitig[2659]: Ergibt nämlich wie im vorliegenden Fall die Berufungsbegründung, dass eine neue oder eine weitere Tatsachenfeststellung erforderlich ist, so hat diese zu erfolgen; die Erfolgsaussicht darf nicht im Wege einer Beweisantizipation oder nach lediglich summarischer Prüfung des Streitstoffs verneint werden. Hier liegt ein Fall der Beweisantizipation[2660] vor.

43 Erst auf einer willkürfreien richterlichen Würdigung könnte, die einem Zurückweisungsbeschluss zwingend vorgehende Entscheidung nach § 531 ZPO ergehen.[2661]

44 Sowohl in dem Fall der angenommenen Verfassungsbeschwerde in BVerfG 1 BvR 2587/06 als auch in seinem späteren Nichtannahmebeschluss vom 25. Februar 2009 – 1 BvR 3598/08 – stellt das BVerfG auf die Revisibilität der vom Berufungsgericht ebenso wie durch das Gericht erster Instanz beurteilten Rechtsnormen als Maßstab dafür aus, ob dem Berufungsführer durch die Zurückweisung der Berufung nach § 522 Abs. 2 ZPO der Zugang zu dem gesetzlich vorgehenden Rechtsmittel unrechtmäßig verstellt und damit der Rechtsweg verweigert wird. Die 1. Kammer des 1. Senats des BVerfG hat dabei insbesondere einen verfassungsrechtlich relevanten Verstoß des Berufungsgerichts gegen das Gebot der Gewährung effektiven Rechtsschutzes gem. Art. 2 Abs. 1 i. V. m. Art. 20 Abs. 3 GG verneint, wenn das Berufungsgericht die Berufung nicht unter Bezugnahme auf die abstrakte Auslegung eines allgemein Geltung beanspruchenden Rechtsatzes für erfolglos angesehen und deshalb die Berufung nach § 522 Abs. 2 ZPO zurückgewiesen hat, sondern seinen Beschluss nach § 522 Abs. 2 ZPO auf „Umstände des Einzelfalles“ stützt, aus denen sich die Anwendung des (an sich: revisiblen) Rechtsatzes gründet. Damit scheint die 1. Kammer des 1. Senats des BVerfG die verfassungsrechtliche Frage auf die Unterscheidung von Rechtsfrage und Tatfrage zu stützen. Geht es um eine einzelfall- und tatfragenbezogene Rechtsanwendung, scheint der Zugang zur Revision nicht gegeben

2658 Rimmelspacher, in: MünchKomm, ZPO, § 531 Rn. 32.

2659 Rosenberg/Schwab/Gottwald, Zivilprozessrecht, § 137 II Rn. 7, S. 969; Schumann/Kramer, Die Berufung in Zivilsachen, Rn. 403.

2660 Vgl. dazu Piekenbrock, JZ 2002, 540.

2661 Hierzu eingehend Rosenberg/Schwab/Gottwald, Rn. 9, S. 970.

und damit ein Zurückweisungsbeschluss nach § 522 Abs. 2 ZPO unbedenklich zu sein.

45 Die Unterscheidung von Rechts- und Tatfrage ist selbst jedenfalls insoweit nicht unproblematisch, als sie auf den prozessualen Zusammenhang der revisionsgerichtlichen Überprüfbarkeit der Feststellungen zur Tatfrage verweist. Denn die tatrichterliche Feststellung erfolgt im Kontext ihrer verfahrensrechtlichen Strukturen.

46 Zu den revisiblen Vorschriften des geltenden Rechts gem. § 545 Abs. 1 ZPO gehören im Übrigen auch verfahrensrechtliche Normen der Zivilprozessordnung. So sind namentlich die Vorschriften der §§ 529, 530, 531 ZPO revisibel. Gerade die Auslegung dieser zivilprozessualen Normen kann durch eine unsachgerechte Zurückeisung der Berufung nach § 522 Abs. 2 ZPO mit einer Wirkung für eine Vielzahl von Fällen vorgenommen werden.

47 Die Zurückweisung der Berufung wäre vorliegend auch deshalb verfahrensfehlerhaft, weil die Sache von grundsätzlicher Bedeutung ist, arg. § 522 Abs. 2 Nr. 2 ZPO. Von grundsätzlicher Bedeutung ist eine Rechtssache, wenn sie eine klärungsbedürftige und klärungsfähige Rechtsfrage aufwirft, die sich in einer unbestimmten Vielzahl weiterer Fälle stellen kann.[2662]

48 Eine grundsätzliche Bedeutung der Sache liegt auch dann vor, wenn das tatsächliche oder wirtschaftliche Gewicht der Sache für den beteiligten Rechtsverkehrt ein besonderes Interesse der Allgemeinheit an einer Entscheidung des Revisionsgerichts begründet.[2663] Danach sind Revisionen – und im Rahmen des § 522 Abs. 2 S. 1 Nr. 2 ZPO Berufungen – zuzulassen, denen zwar keine Grundsatzbedeutung zukommt, die aber eine Leitbildfunktion haben.[2664]

## IV. Sofortige Beschwerde und Rechtsbeschwerde

49 Die sofortige Beschwerde wird gem. § 569 Abs. 1 ZPO in einer Notfrist von zwei Wochen durch Einreichung einer vom Verfahrensbevollmächtigten eigenhändig unterschriebenen Beschwerdeschrift[2665] beim Insolvenzgericht oder in dringenden Fällen beim Beschwerdegericht oder zu Protokoll der Geschäftsstel-

2662 Amtl. Begr. Des ZPO-RG BT-Drucks 14/722 S. 104; BGH, Beschluss vom 4.7.2002, Az.: Az. V ZB 16/02 = BGHZ 151, 221, 223.

2663 Amtl. Begr. Des ZPO-RG BT-Drucks 14/722 S. 105; BGH, Beschluss vom 11.5.2004, Az.: XI ZB 39/03 = BGHZ 159, 135, 138; Ball, in: Musielak, ZPO, § 543 Rn. 5.

2664 Ball, in: Musielak, ZPO, § 543 Rn. 6 a. E; Amtl Begr. Des ZPO-RG BT-Drucks 14/722 S. 67, 104.

**2665** OLG Köln vom 3.5.2000, Az.: 2 W 79/00 = NZI 2000, 435 m. Anm. Römermann, EWiR § 4 InsO 1/2000, 777.

le eingelegt, § 569 Abs. 2 ZPO. Nach § 571 Abs. 2 Satz 1 ZPO kann die sofortige Beschwerde auf neue Tatsachen und Beweise gestützt werden.[2666] Eines bestimmten Antrags bedarf es nicht es genügt, dass eine inhaltliche Änderung der angegriffenen Entscheidung begehrt wird.[2667] Ob ein Beschwerdeantrag vorliegt, ist durch Auslegung zu ermitteln.[2668]

50 Das Beschwerdegericht ist eine vollwertige zweite Tatsacheninstanz. Die zuständige Beschwerdekammer am LG fungiert im Beschwerdeverfahren als Insolvenzgericht, das auch aufgrund neuen Tatsachenvorbringens entscheidet; der Amtsermittlungsgrundsatz des § 5 InsO greift auch hier[2669]; den Schuldner trifft im Beschwerdeverfahren die Auskunftspflicht gem. § 20 InsO. Das Verbot der Schlechterstellung des Rechtsmittelführers (§ 528 Satz 2 ZPO) soll auch im insolvenzrechtlichen Beschwerdeverfahren greifen[2670], soweit es um eine Schlechterstellung des Beschwerdeführers „als solches" gehe. Dies ist aber nur mit der Einschränkung richtig, dass im Falle der Zurückverweisung vom Gericht der 1. Instanz neu entschieden werden kann.[2671]

51 Eine Zurückverweisung (§ 538 Abs. 2 ZPO) an das Erstgericht kommt allerdings nur unter der Voraussetzung in Betracht, dass die Fehlerhaftigkeit des erstinstanzlichen Verfahrens so schwierwiegend ist, dass es keine Grundlage für eine instanzbeendende Entscheidung bieten kann.[2672]

52 Nach § 572 Abs. 1 ZPO kann das Gericht der Ausgangsentscheidung der sofortigen Beschwerde abhelfen.[2673] Dies gilt nicht, wenn der Antragsteller seinen Eröffnungsantrag für erledigt erklärt hat.[2674] Nach richtiger Ansicht[2675] gilt dies auch für den Rechtspfleger. Begründet die Abhilfeentscheidung eine neue Be-

---

**2666** Reichold in: Thomas/Putzo, ZPO, Vor § 567 Rn. 2.

**2667** Kirchhof, in: Heidelberger Kommentar-InsO, § 6 Rn. 30.

**2668** OLG Karlsruhe vom 20. 12. 1999, Az.: 9 W 82/99 = ZInsO 2000, 219; BayObLG, Entscheidung vom 2. 12. 1999, Az. 4Z BR 8/99 = NZI 2000, 129.

**2669** KG, Beschluss vom 17.12.1999, Az.: 7 W 8354/99 = ZinsO 2000, 216.

**2670** Kirchhof in: Heidelberger Kommentar-InsO, § 6 Rn. 33; Kuhn/Uhlenbruck, KO, § 73 Rn. 12 c.

**2671** Vgl. Reichold in: Thomas/Putzo, ZPO, 27. Aufl. 2005, § 536 Rn. 7, 8.

2672 BGH, Urteil vom 1.2.2010, Az.: II ZR 209/08 = ZIP 2010, 776 m. krit.Anm. Baumert EWiR § 538 ZPO 1/10, 475.

**2673** LG Göttingen v. 20. 8. 1999, Az.: 10 T 44/99 = DZWIR 1999, 516 m. Anm. Holzer, § 6 InsO EWiR 1/2000, K/P Prütting in: Kübler/Prütting, Kommentar zur Insolvenzordnung, § 6 Rn. 22; Henckel, ZIP 2000, 2045, 2046; Gerhardt in: FS Uhlenbruck, S. 75, 86 ff.; a. A. Ganter in: MünchKomm-InsO, § 6 Rn. 44: keine Abhilfe bei sofortiger Beschwerde.

**2674** Jaeger/Henckel, InsO, § 6 Rn. 34.

**2675** Jaeger/Henckel, InsO, § 6 Rn. 36.

schwer, sei es für die bisher bereits oder für neue Beteiligte, ist der Beschwerdeweg insofern erneut eröffnet.[2676]

Bei der weiteren sofortigen Beschwerde handelt es sich um ein Rechtsmittel, mit dem nurmehr die Rechtmäßigkeit, nicht aber die Zweckmäßigkeit der angegriffenen Entscheidung zur Überprüfung gestellt wird.[2677] 53

Die Rechtsbeschwerde ist nach § 574 Abs. 1 Nr. 2 ZPO nur noch statthaft, wenn das Beschwerdegericht sie im Beschluss zugelassen hat. Die Zulassungsgründe regeln die § 543 Abs. 2 und § 574 Abs. 2 ZPO. Weitere Zulässigkeitsvoraussetzung für die Rechtsbeschwerde ist, dass die Rechtssache von grundsätzlicher Bedeutung ist oder die Entscheidung durch das Gericht der Rechtsbeschwerde der Sicherung einer einheitlichen Rechtsprechung dient, vgl. § 574 Abs. 2 ZPO n. F.; dem Rechtsbeschwerdegericht obliegt die Prüfung dieser Zulässigkeitsvoraussetzungen.[2678] 54

Die Zulassung der Rechtsbeschwerde setzt voraus, dass der Rechtsmittelführer seine Rechtsbeschwerde auf eine Verletzung des Gesetzes stützt und dass die Überprüfung der angegriffenen Entscheidung für die Wahrung einer einheitlichen Rechtsanwendung von Bedeutung ist. Die Beschwerde muss daher anführen, dass die angegriffene Entscheidung auf einer Nichtanwendung[2679] einer Rechtsnorm[2680] oder auf ihrer unrichtigen Anwendung aufgrund fehlerhafter Interpretation oder Subsumtion[2681] beruht.[2682] Der BGH[2683] geht in st. Rspr.[2684] davon aus, dass die vorinstanzliche Entscheidung einen Sachverhalt aufweisen muss, aus dem das tatsächliche Vorbringen ersichtlich ist, auf dem sie beruht. Diese Sachverhaltsdarstellung bindet das Gericht der Rechtsbeschwerde; umge- 55

**2676** Jaeger/Henckel, InsO, § 6 Rn. 37.

**2677** Smid, in: Leonhardt/Smid/Zeuner, InsO, § 7 Rn. 3.

**2678** Kirchhof, ZInsO 2001, 729.

**2679** Becker in: Nerlich/Römermann, InsO, § 7 Rn. 15; zust. Uhlenbruck in: Uhlenbruck, InsO, 12. Aufl. 2003, § 7 Rn. 25.

**2680** Becker in: Nerlich/Römermann, InsO § 7 Rn. 13.

**2681** Prütting in: Kübler/Prütting, Kommentar zur Insolvenzordnung, § 7 Rn. 23; Uhlenbruck in: Uhlenbruck, InsO, 12. Aufl. 2003, § 7 Rn. 24; Kießner in: Braun, InsO, § 7 Rn. 13.

**2682** Auch im Rahmen der sofortigen weiteren Beschwerde gem. § 7 InsO ist die Vermutung der Gesetzeswidrigkeit einer Entscheidung beim Vorliegen der in § 551 ZPO genannten Fälle zu berücksichtigen, vgl. Prütting in: Kübler/Prütting, InsO, § 7 Rn. 24; Grunsky in: Stein/Jonas, ZPO, § 551 Rn. 25, 26.

**2683** BGH, Beschluss vom 7.4.2005, Az.: IX ZB 63/03 = NJW-RR 2005, 916 = NZI 2005, 414-415.

**2684** BGH, Beschluss vom 20.6.2002 Az.: IX ZB 56/01 = NJW 2002, 2648, 2649; BGH, Beschluss vom 5. 8. 2002 , Az.: IX ZB 51/02 = WM 2002, 1894, 1895; BGH, Beschluss vom 5. 2. 2004, Az.: IX ZB 29/03 = WM 2004, 1686.

kehrt folgt daraus unmittelbar, dass die erstinstanzliche Entscheidung auf einem Rechtsfehler beruht, wenn sie keinen entsprechenden Sachverhalt aufweist.

56 § 133 GVG bestimmt, dass der BGH in bürgerlichen Rechtsstreitigkeiten für die Entscheidung über die Rechtsbeschwerde zuständig ist. Die frühere Zuständigkeit des OLG für Rechtsbeschwerden in Insolvenzsachen ist nach § 119 Abs. 1 GVG n. F. weggefallen[2685].

57 Regelmäßig liegt in der Einlegung der sofortigen weiteren Beschwerde zugleich der an das Rechtsbeschwerdegericht gerichtete Antrag auf Zulassung des Rechtsmittels[2686], der in rechter Form und Frist angebracht werden muss: Die Zulassung hat zu erfolgen, wenn die sofortige weitere Beschwerde statthaft ist und ein Zulassungsgrund vorliegt[2687]; Voraussetzung dafür ist, dass sich die sofortige weitere Beschwerde gegen eine beschwerdegerichtliche Entscheidung[2688] richtet. Mit der sofortigen weiteren Beschwerde wird angegriffen, dass die beschwerdegerichtliche Entscheidung auf einer Gesetzesverletzung beruht. Der Rechtsmittelführer darf daher mit seiner sofortigen weiteren Beschwerde nicht nur geltend machen, eine beschwerdegerichtliche Entscheidung sei möglicherweise wirtschaftlich unzweckmäßig, denn allein dies vermag im allgemeinen seine Rechte nicht zu verletzen; die Würdigung von Tatsachen, die auf den Einzelfall bezogen sind, unterliegen nicht der Überprüfung durch die Rechtsbeschwerdeinstanz.[2689]

58 Für die Einlegung der sofortigen weiteren Beschwerde gilt nach §§ 573 Abs. 2 Satz 2, 78 Abs. 3 ZPO kein Anwaltszwang.[2690] Erforderlich ist der Eingang der Rechtsbehelfsschrift beim zuständigen Landgericht oder beim BGH, der Eingang bei einem anderen Gericht wirkt nicht fristwahrend.[2691]

59 Im Rahmen der sofortigen weiteren Beschwerde hat das Rechtsbeschwerdegericht zu überprüfen, ob der Tatrichter die Würdigung der Mittel der Glaubhaftmachung unter Beachtung der gesetzlichen Beweisregeln und der Denkge-

**2685** Pape, ZInsO 2001, 777, 778; Kießner in: Braun, InsO, 2. Aufl. 2004, § 7 Rn. 45.

**2686** So zutr. Becker in: Nerlich/Römermann, InsO, § 7 Rn. 12.

**2687** Prütting in: Kübler/Prütting, InsO, § 7 Rn. 7.

**2688** Mit Ausnahme einer abhelfenden Entscheidung des Beschwerdegerichts, gegen die wiederum die sofortige Beschwerde gem. § 6 Abs. 1 InsO zulässig ist, vgl. Becker in: Nerlich/Römermann, InsO, § 7 Rn. 1 a. E.

**2689** OLG Celle, Entscheidung vom 8. 3. 2000, Az.: 2 W 23/00 = ZIP 2000, 706.

**2690** OLG Köln, Entscheidung vom 2. 11. 1999, Az.: 2 W 137/99 = ZIP 1999, 1929; OLG Celle, Entscheidung vom 8. 3. 2000 Az.: 2 W 23/00 = ZIP 2000, 706; a. A. SchlHolst OLG, Beschluss vom 1. 2. 2000, Az.: 1 W 51/99 = ZinsO 2000, 170; Becker in: Nerlich/Römermann, InsO, § 7 Rn. 38; Prütting in: Kübler/Prütting, InsO, § 7 Rn. 20; Uhlenbruck in: Uhlenbruck, InsO, 12. Aufl. 2003, § 7 Rn. 13.

**2691** OLG Köln, Beschluss vom 3. 1. 2000, Az.: 2 W 270/99 = ZIP 2000, 195, 196.

setze vorgenommen hat.[2692] Die angegriffene Entscheidung beruht regelmäßig auf einer Rechtsverletzung, wenn das Gericht rechtliches Gehör verletzt hat.[2693]

## V. Die Anhörungsrüge gem. § 321a ZPO

§ 321a Abs. 1 ZPO sieht vor, dass das Verfahren auf die Rüge der durch die Entscheidung beschwerten Partei fortzuführen ist, wenn ein Rechtsmittel oder ein anderer Rechtsbehelf gegen die Entscheidung nicht gegeben ist und das Gericht den Anspruch dieser Partei auf rechtliches Gehör in entscheidungserheblicher Weise verletzt hat.[2694] Damit wollte der Gesetzgeber einer Vielzahl von nach Erschöpfung des Rechtszuges gegen Urteile der Amtsgerichte unter Erreichung der Berufungsbeschwer Rechnung tragen.[2695] 60

§ 321a ZPO schützt des Unterlegenen nicht davor, dass die Rechtslage – d. h. also die Auslegung des materiellen Rechts oder die sich aus dem materiellen Recht ergebende Beweislastlage zur Übergehung des Vortrages der Partei geführt hat.[2696] Bei Zweifeln an der Richtigkeit und Vollständigkeit der entscheidungserheblichen Feststellung, die sich schon aus der Möglichkeit unterschiedlicher Wertung ergeben können, ist nach der gesetzlichen Neufassung des § 529 Abs. 1 Nr. 1 ZPO in der Berufungsinstanz nach der Judikatur des BVerfG eine Beweisaufnahme zwingend geboten, deren Unterlassung ein Verstoß gegen Art. 103 Abs.1 GG darstellt.[2697] Allerdings ist die unterbliebene Zulassung der Revision für sich genommen noch keine Verletzung des Anspruchs auf rechtliches Gehör.[2698] 61

Willkürlich ist ein Richterspruch nur dann, aber dann auf jeden Fall, wenn er unter keinem denkbaren Gesichtspunkt rechtlich vertretbar ist und sich dabei der Schluss aufdrängt, dass er auf sachfremden Erwägungen beruht. Das ist anhand objektiver Kriterien festzustellen. Schuldhaftes Handeln eines Richters ist insoweit nicht erforderlich. Eine fehlerhafte Auslegung eines Gesetzes allein macht eine Gerichtsentscheidung nicht willkürlich. Willkür liegt hier erst vor, wenn eine offensichtlich einschlägige Norm nicht berücksichtigt oder der Inhalt einer 62

---

2692 OLG Köln, Beschluss vom 29. 12. 1999, Az.: 2 W 188/99 = NZI 2000, 78.

2693 OLG Karlsruhe, Beschluss vom 30. 12. 1999, Az.: 11 W 196/99 = ZInsO 2000, 171.

2694 Saenger, ZPO, § 321a Rn. 1 ff.

2695 Musielak, in: MünchKomm, ZPO, § 321a Rn 1.

2696 BGH, Beschluss vom 19.9.2006, Az.: X ZR 178/04 = NJW 2006, 3786; Sangmeister NJW 2007, 2363.

2697 BVerfG (K), Kammerbeschluss vom 22.11.2004, Az.: 1 BvR1935/03 = NJW 2005, 1487; Zuck, Anhörungsrüge im Zivilprozess, 2008, Rn. 33.

2698 BGH, Urteil vom 4.3.2011, Az.: V ZR 123/10 = NJW 2011, 1516.

Norm in krasser Weise missdeutet worden ist.[2699] Die Anhörungsrüge gem. § 321a ZPO gehört zum Rechtsweg iSv § 90 Abs. 2 S. 1 BVerfGG.[2700] Das Anhörungsrügenverfahren nach § 321a ZPO kann sich der betroffene im Prozess Unterlegene auch nicht dadurch ersparen, dass er nicht die Verletzung rechtlichen Gehörs nach Art. 103 Abs. 1 GG, sondern die Verletzung des Willkürverbots rügt. Denn nach dem allgemeinen Subsidiaritätsgrundsatz, der vom BVerfG in Auslegung der Verfassung „richterrechtlich"[2701] entwickelt worden ist, ist der Beschwerdeführer gehalten, über das Gebot der Erschöpfung des Rechtswegs hinaus die ihm zur Verfügung stehenden prozessualen Möglichkeiten zu ergreifen, um eine Korrektur der geltend gemachten Verfassungsverletzungen in dem unmittelbar mir ihr zusammenhängenden Sachnächstenverfahren zu erwirken oder eine Grundrechtsverletzung zu vermeiden.[2702] Den Parteien muss es möglich sein, sich zu allen Tatsachen, die der gerichtlichen Entscheidung zugrunde liegen, selbstbestimmt und situationsspezifisch zu äußern.[2703] Dies ist dann nicht der Fall, wenn das Gericht die Tatsachen auf Rechtssätze hin auslegt, die mit den Parteien zuvor nicht erörtert worden sind.[2704]

---

2699 BVerfG, Beschluss vom 3.11.1992, Az.: 1 BvR 1243/88 = NJW 1993, 996, STRSBR; Zuck, Rn. 194.

2700 Zuck, Die Anhörungsrüge im Zivilprozess, 2008, Rn. 2; BVerfG NJW 2007, 2241, 2242.

2701 so der Ausdruck von Zuck, Anhörungsrüge im Zivilprozess, 2008, Rn. 3.

2702 BVerfG, Nichtannahmebeschluss vom 29.8.2005, Az.: 1 BvR 219/05 = NJW-RR 2005, 1600.

2703 Zuck, Die Anhörungsrüge im Zivilprozess, 2008, Rn. 22.

2704 BVerfG, Beschluss vom 17.2.2004, Az.. 1 BvR 234/00 = EntschSammlg BGB, § 426 Nr. 13.

# Teil 9: Rechtsmittel in der freiwilligen Gerichtsbarkeit – von der Verwaltung zur Rechtsprechung

## § 33 Arten und Aufgaben der Rechtsmittel nach dem FamFG

### I. Die Fragestellung: Prozess- oder Richtervorbehalt

#### 1. Zur Funktion der verfassungsrechtlichen Rechtsweggewähr

Die Probleme des Rechtsmittelrechts werden in den verschiedenen Darstellungen der Streitverfahren der Zivil-, Straf- und Verwaltungsgerichtsbarkeit ausführlich analysiert und dargestellt. Auf diese Darstellungen kann hier insoweit verwiesen werden, als es sich um die Rechtsmittelverfahren in den Angelegenheiten der freiwilligen Gerichtsbarkeit handelt, die als echte Streitverfahren zur Rechtsprechung i. S. des Art. 92 GG zählen. Denn wenn für sie wie u. a. für die Verfahren in Landwirtschaftssachen auch z. T. besondere Rechtszüge eingerichtet worden sind (vgl. die §§ 22 ff. LwVerfG), so teilen sie diese Eigentümlichkeit mit den übrigen Streitverfahren der ordentlichen Gerichtsbarkeit – wie schon das Verbundverfahren in Ehescheidungssachen deutlich gemacht hat. 1

Es hat sich gezeigt, dass sich die Verfahren der nichtstreitigen freiwilligen Gerichtsbarkeit materiell als Verfahren der Verwaltung darstellen. Greift das Gericht in nichtstreitigen Verfahren der freiwilligen Gerichtsbarkeit mit seinen Verfügungen und Maßnahmen[2705] in Rechte der Verfahrensbeteiligten ein, dann ist gegen diese Eingriffe von Verfassungs wegen der Rechtsweg eröffnet[2706]. Denn Art. 19 Abs. 4 GG garantiert, dass über die Rechtmäßigkeit hoheitlicher Eingriffe in einem Prozess gestritten werden kann, in dem über die Recht- oder Unrechtmäßigkeit ein unparteiischer Dritter entscheidet.[2707] Man spricht in diesem Zusammenhang auch von einem Prozessvorbehalt. 2

---

2705 Oder durch sein Untätigbleiben; vgl. unten Rn. 703 ff.

2706 Smid, Rechtsprechung, § 8 S. 473 ff.

2707 Dazu Smid, Rechtsprechung, S. 153 ff. Wenn das Grundgesetz den Bürgern das Recht zuweist, alle Akte der staatlichen Exekutive von Richtern überprüfen zu lassen, so nicht deshalb, weil die Richter als Person vertrauenswürdiger etc. sind als andere staatliche Amtsträger – Art. 19 Abs. 4 GG begründet kein Standesprivileg. Diese Regelung setzt vielmehr voraus, dass die Richter etwas anderes tun, als die Amtsträger der Exekutive: Sie verwalten nicht, sondern sie fällen Urteile – d. h., sie stellen aufgrund eines Prozesses (eines Streitverfahrens) fest, was zwischen den Parteien heute recht und gerecht ist.

3 An dieser Stelle ist der eingangs dargelegte Gedanke wieder aufzugreifen, dass der Richter solange „interessiert“ (und nicht als unparteiischer Dritter) entscheidet, wie er gleichzeitig die konkreten stattlichen Verfahrenszwecke verfolgt und über die Rechtmäßigkeit seiner Maßnahmen entscheidet. Da er der Sache nach – materiell – staatliche Verwaltungsaufgaben wahrnimmt, würde der Richter als „Richter in eigener Sache“ entscheiden, wenn ihm die abschließende Erkenntnis über die Rechtmäßigkeit seines administrativen Handelns anvertraut wäre.[2708]

4 Für die überkommene, frühere Lehre stellten sich freilich lange insoweit keine Probleme: Sie ging nämlich davon aus, dass Art. 19 Abs. 4 GG den Rechtsweg nicht gegen das Tätigwerden des Richters eröffne[2709], da sie diese Bestimmung des Grundgesetzes nicht als Prozess- sondern nur als Richtervorbehalt verstand. Für sie sind daher alle Entscheidungen, auch der Richter in nichtstreitigen Verfahren der freiwilligen Gerichtsbarkeit, Rechtsprechung i. S. v. Art. 19 Abs. 4 GG. Diese Lehre konnte nie überzeugen.

## 2. Rechtsweg gegen Richter nach § 40 VwGO?

5 Art. 19 Abs. 4 GG stellt also die Aufgabe, in administrativen Gerichtsverfahren gegen Akte materieller Verwaltung des Richters bzw. des Gerichts einen allgemeinen Zugang zu einer Rechtsprechungsinstanz zu eröffnen, die eine prozessuale Struktur aufweist. Diese verfassungsrechtlich gebotene Eröffnung des Rechtsweges gegen Entscheidungen der Gericht, die funktional der Verwaltung zuzuordnen sind, stellt sich allerdings solange nicht als eine von der Verfassung gebotene Aufgabe dar, als man in der Beschwerde, die als Zweckmäßigkeitskontrollinstanz konzipiert und eingerichtet ist, mit der h. L. ein Gerichtsschutzverfahren sieht, das dem Richtervorbehalt Rechnung trägt, den nach ihrem Verständnis Art. 19 Abs. 4 GG regelt.

6 Liest man Art. 19 Abs. 4 GG von einem positivistischen Standpunkt aus, dann (aber freilich auch nur dann) scheint es völlig selbstverständlich zu sein,

---

Diese Überlegungen, wie den verfassungsrechtlichen Prozessgarantien im Rechtsmittelverfahren nach dem FGG Rechnung getragen werden könne, können bei aller Kritik an die gegenwärtige Diskussion anknüpfen: vgl. Kollhosser, ZZP 93 (1980), S. 265 ff., 275. Im Grundbuchverfahrensrecht hat – soweit ersichtlich – allein der Kommentar von Meikel/Imhof/Riedel, GBO, vor § 71, Rn. 11 im Zusammenhang des Rechtsmittelrechts auf die Bedeutung des Art. 19 Abs. 4 GG hingewiesen und dabei auf „das Prozessverfahren“ als Gegensatz zu administrativen Gerichtsverfahren aufmerksam gemacht; als Konsequenz wird daraus indes nur die Gewährleistung des Rechts auf Gehör (Art. 103 I GG) gefordert.

2708 Smid, Rechtsprechung, S. 235 ff., 397 ff.

2709 Krit. dagegen Smid, Rechtsprechung., S. 50 ff. m. w. Nachw.

dass gegen administrative Staatstätigkeiten, von welcher Behörde auch immer sie vorgenommen worden sein mögen, vor der Verwaltungsgerichtsbarkeit der Rechtsweg eröffnet ist. Das könnte sich – als argumentum e contrario – aus Art. 19 Abs. 4 S. 2 GG[2710] ergeben, wonach nur in den Ausnahmefällen des mangels einer Zuständigkeit der Verwaltungsgerichte der Rechtsweg gegen Akte der öffentlichen Gewalt vor den ordentlichen Gerichten eröffnet wird. So finden sich tatsächlich mittlerweile Entscheidungen von Verwaltungsgerichten, die durchaus von einer solchen Kompetenz ihrer Gerichtsbarkeit zur Entscheidung über die Rechtmäßigkeit administrativer Akte von Gerichten anderer Gerichtsbarkeiten ausgehen.[2711]

Gleichwohl wäre es mehr als problematisch, wollte man sich damit begnü- 7
gen und unvermittelt von einer prozessualen Letztzuständigkeit der Verwaltungsgerichte ausgehen. Zum einen ist allgemein im geltenden Recht eine Zuständigkeit für die Verhandlung der Anfechtung von Akten einer Gerichtsbarkeit vor den Gerichten der betroffenen Gerichtsbarkeit normiert: Für die Verfahren nach § 23 EGGVG gegen Justizverwaltungsakte sind die ordentlichen Gerichte zuständig. Und es erschiene zum anderen auch wenig sinnvoll, gegen Verfügungen, die in der freiwilligen Gerichtsbarkeit getroffen wurden, den Verwaltungsrechtsweg zu eröffnen. Daran ändert sich auch dann nichts, wenn, wie in nichtstreitigen Verfahren der freiwilligen Gerichtsbarkeit, materiell Verwaltungshandeln vorliegt. Angesichts der Ausdifferenzierung spezialisierter Gerichtsbarkeiten ist es zwar an sich richtig, die Entscheidung um den Streit über die Rechtmäßigkeit von Verwaltungshandeln durch die unterschiedlichen Verwaltungsgerichte vornehmen zu lassen. Doch diese grundsätzliche Einrichtung unterschiedlicher Gerichtsbarkeiten hebt nicht die Gründe auf, die zur Zuweisung der klassischen Verfahren der freiwilligen Gerichtsbarkeit an die ordentliche Gerichtsbarkeit wegen deren besonderen fachlichen Kompetenz geführt haben und die es daher zwingend erforderlich machen, den Prozess i.S. des Art. 19 Abs. 4 GG innerhalb der für das jeweilige administrative Verfahren zuständigen Gerichtsbarkeit durchzuführen.

### 3. Zur Lage in den administrativen Verfahren der freiwilligen Gerichtsbarkeit

Für die Verfahren der freiwilligen Gerichtsbarkeit, die der Wahrnehmung durch 8
staatliche Gerichte zugewiesen sind, empfiehlt es sich jedenfalls nicht, auf § 40 VwGO zurückzugreifen, um Entscheidungen der Verwaltungsgerichte über die

2710 Smid, Rechtsprechung., S. 39; Habscheid, Festschrift für Bötticher, 1969, S. 159 ff.
2711 Vgl. dazu die Nachw. bei LK/Schäfer, GVG, 24. Aufl. 1990, § 21 e, Rn. 77 ff.

Rechtmäßigkeit von administrativen Entscheidungen der Gerichte der freiwilligen Gerichtsbarkeit zu ermöglichen. Diese Zweifel lassen sich nicht aus der überkommenen Interpretation des Art. 19 Abs. 4 GG, sondern nur aus den Erfordernissen begründen, die sich aus der besonderen Funktion und der Zuweisung an die für die Rechtsfürsorge besonders kompetenten ordentlichen Gerichte ergeben. Die Entscheidung des geltenden Gerichtsverfassungsrechts gegen eine allgemeine, den Rechtsweg sowohl im Zivilrecht als auch in öffentlichrechtlichen Beziehungen eröffnende Gerichtsbarkeit bedeutet, dass eine umfassende Rechtsschutzkompetenz der Verwaltungsgerichtsbarkeit ausgeschlossen wird: Es wäre jedenfalls nicht richtig, gegen die von einer Gerichtsbarkeit gefällten Entscheidungen eine andere Gerichtsbarkeit zu mobilisieren. Denn dies[2712] würde nicht allein den Regeln juristischer Sparsamkeit der Mittel[2713] zuwiderlaufen. Darüber hinaus würde so entgegen den organisatorischen Entscheidungen des Grundgesetzes zugunsten fachlich differenzierter Gerichtsbarkeiten in Gestalt der Verwaltungsgerichtsbarkeit eine prinzipiell unkundige Supergerichtsbarkeit eingerichtet.

9 Daher fragt es sich, ob bereits mit dem Instrumentarium des geltenden Rechts der freiwilligen Gerichtsbarkeit im Rechtsmittelzug dieser Verfahren eine prozessuale Instanz als Instanz materieller Rechtsprechung eingerichtet ist. Art. 19 Abs. 4 GG hätte dann die Bedeutung, den Zugang zu dieser Instanz zu eröffnen. Bereits hier lässt sich vermuten, dass diese Überlegungen schließlich auf die Rechtsbeschwerdeinstanz verweisen. Zunächst ist aber nach den Überlegungen zur Zwei-Parteien-Struktur des Prozesses (des „Rechtsweges") auf folgendes Problem einzugehen: Nicht in allen nichtstreitigen Verfahren steht dem Rechtsmittelführer ein Gegner in Gestalt eines weiteren Beteiligten gegenüber. Es wird sich zeigen, dass die Auslegung des geltenden Rechts nicht hinreichen wird, um den Betroffenen den Zugang zu einer Rechtsmittelinstanz zu eröffnen.

10 Das wird im Fortgang dieser Erwägungen dazu zwingen, über Vorschläge de lege ferenda nachzudenken, um in der Rechtsbeschwerdeinstanz nichtstreitiger Verfahren die Zwei-Parteien-Struktur herzustellen, die sich im Vorangegangenen als konstitutiv für die richterliche Unparteilichkeit erwiesen hat.

---

2712 Baur hat dies in seiner Darstellung der Gewährleistung rechtlichen Gehörs (AcP 153 <1952>, S. 398) als ein „offensichtlich abstruses" Ergebnis bezeichnet, da die Verwaltungsgerichte „den anderen Gerichten nicht übergeordnet sind und nicht über die rechtlichen Mittel verfügen, sich ihnen gegenüber durchzusetzen". Diese Überlegungen verweisen ersichtlich auf den Rechtsmittelzug als die Organisation von kompetenziellen Über- und Unterordnungen von Gerichten.

2713 Pawlowski, Methodenlehre für Juristen. 2. Aufl. 1991, Rn. 423 et passim.

## 4. Differenzierte Funktion der Beschwerde gem. §§ 58 ff. FamFG in den verschiedenen Verfahren der freiwilligen Gerichtsbarkeit

### *a) Ursprung der Beschwerde in der historischen Urteilsschelte*

Die Beschwerde in Sachen der freiwilligen Gerichtsbarkeit oszilliert wegen ihrer 11
Ausrichtung einmal auf die Aufsicht über die zweckmäßige Tätigkeit der Unterinstanz und zum anderen auf den Rechtsschutz subjektiver Rechte zwischen einer Dienstaufsichtsbeschwerde[2714] und einem normalen prozessualen Rechtsmittel – d. h. also in unserem heutigen Verständnis[2715]: der Fortsetzung des Rechtsstreits. In ihrer Entwicklung überwog freilich lange noch der Charakter der Beschwerde als einer besonderen Form der Urteilsschelte. Denn mit ihr wurde kein Rechts des Beschwerdeführers verfolgt, sondern die Art der Führung seiner Geschäfte durch den vorinstanzlichen Richter angegriffen[2716]. Die Urteilsschelte[2717] stellte weniger ein Instrument der Wiederholung der Instanz dar als einen Angriff auf den (erstinstanzlich urteilenden) Richter – weshalb z. B. sie auch mit Bußen bewehrt war, um einen Autoritätsverlust des Richters zu wehren[2718]. Das rechtshistorische Schrifttum[2719] hat zur Urteilsschelte herausgearbeitet, dass deren Angriffspunkt besonders die Parteilichkeit des Richters war[2720]. Modern ausgedrückt, wurde mit der Urteilsschelte die Verletzung von Verfahrensrechten angegriffen – und zwar deren Verletzung durch den Richter. Dieser wurde daher „Partei" des Verfahrens. Die Beschwerde richtete sich also auf die Korrektur von Hoheitsakten und war insofern nicht vergleichbar der Fortsetzung des Prozesses in der Berufungsinstanz. *A. Unger*[2721] führte das Bedürfnis nach einer zweiten Instanz auf die Notwendigkeit der Korrektur richterlicher Fehlgriffe zu-

---

2714 Vgl. z. B. die Darstellungen bei Josef, ZZP 33 (1901), S. 518 ff., 520; Eccius, Erörterungen aus dem Gebiete des Vormundschaftsrechts. 1876, S. 32, 33 und aus der neueren Lit. Bärmann, FGG, § 53 II 3 a (unter Hinweis auf die Beschwerde gegen Notare beim LG-Präsidium gem. § 92 BNotO); Habscheid, FGG, § 31, I 1 u. 2.

2715 Schmid, Handbuch des gemeinen deutschen Civilprozesses, III. Teil, 1945, S. 360, bestimmt Rechtsmittel als Instrument, das die Bürger an der Hand haben, um „Verletzungen ihrer Rechte abzuwehren, die durch … Handlungen des Richters … herbeigeführt werden".

2716 Dieser Ausdruck ist im Hinblick auf die historische Urteilsschelte selbstverständlich unangemessen; vgl. Planck, Das Deutsche Gerichtsverfahren im Mittelalter. 1887-1896, S. 268 ff.

2717 Wetzell, System des ordentlichen Civilprozesse. 3. Aufl., 1878, S. 652.

2718 Zu den Strafen wegen Ungebühr bei der Beschwerde vgl. noch Preuß AllGO III 1, §§ 15 ff., bes. § 28.

2719 Zum historischen Verfahren der Urteilsschelte eingehend Planck, Gerichtsverfahren (Fn. 13), bes. S. 248 ff.

2720 Vgl. Battenberg/Eckhardt, Savigny (Germ. Abt.), Bd. 95 (1978), S. 79 ff.

2721 ZZP 34 (1905), S. 233 ff., 245.

rück, was auch auf die Frage nach der Korrektur unzweckmäßig erscheinender Maßnahmen des Richters verweist. Die Fehlerhaftigkeit richterlicher Maßnahmen konnte im Wege eines Angriffs gegen den Richter im Wege der sog. Extraiudizialappellation gerügt werden[2722]. Nun ist es interessant, dass auf diese Weise auch solche richterlichen Entscheidungen angegriffen werden konnten, die heute Gegenstand eines Zwischenstreits sind, wesentlich aber solche, die in summarischen Verfahren[2723] (ohne rechtliches Gehör des Gegners[2724]) oder in Angelegenheiten der (klassischen nichtstreitigen) freiwilligen Gerichtsbarkeit ergangen waren[2725]. Dort diente die Extraiudizialappellation als Rechtsbehelf, da den Entscheidungen der freiwilligen Gerichtsbarkeit kein prozessförmiges Verfahren vorausgegangen war[2726]. Nun stellte diese Extraiudizialappellation ihrer Anlage nach aber einen prozessualen Rechtsbehelf dar, wie es ihre Nähe zum heutigen Zwischenstreit deutlich macht. Es kam daher zu Unklarheiten[2727] über ihre Ausgestaltung – die die Tendenz begünstigten, gegen Entscheidungen des Richters der freiwilligen Gerichtsbarkeit die querela simplex zu geben[2728], die gegen anderweitige als prozessuale Benachteiligungen des Betroffenen durch den Richter eingeräumt war[2729] und die im Ausgang des 18. Jahrhunderts bereits ein Großteil der Zeitgenossen der Extraiudizialappellation gleichstellte[2730]. Diese Richtung des Rechtsbehelfs in nichtstreitigen Angelegenheiten gegen den Richter korrespondierte mit der Ausgestaltung der Stellung des Richters, dessen Unabhängigkeit historisch durchaus nicht selbstverständlich war. So wusste man,

---

2722 Unger, ZZP 34, S. 233 ff., 246; eingehend Eccius, Vormundschaftsrecht (Fn. 11), S. 32: Die Beschwerde „…richtet sich gegen Niemand außer dem Richter“ und „Nur dieser (der Richter, der Verf.) erscheint bei der Extraiudizialappelation als Appellat“ (S. 51); Puchta, Handbuch des gerichtlichen Verfahrens der freiwilligen Gerichtsbarkeit. 1. Teil. 2. Aufl. 1832, § 131, S. 360, führt aus, dass bei dem Rekurs nicht der andere „Geschäftsinteressent“ Gegner sei, sondern der Richter.

2723 Wetzell, Civilprozess (Fn. 14), § 58, S. 769.

2724 Unger, ZZP 34 (1905), S. 233 ff., 246.

2725 Puchta, FGG, Hdb. (Fn. 19), § 131; N. th. von Gönner, Handbuch des deutschen gemeinen Prozesses. 1804, III 67 § 16, 68 § 5; G. W. Wetzel, Civilprozess (Fn. 14), § 58, S. 772.

2726 Unger, ZZP 34 (1905), S. 233 ff., 248. Informativ die Feststellung von Claproth, Theoretisch-practische Rechtswissenschaft von freywilligen Gerichtshandlungen. 3. Aufl. 1789, § 23 b, S. 36: Es stehe „nur eine außergerichtliche Appellation“ zur Verfügung, eine „bloße Beschwerde über unregelmäßiges unbilliges Verfahren bei dem nächsten Oberrichter“.

2727 Vgl. mit umfassenden Nachw. Eccius, Vormundschaftsrecht (Fn.11), S. 30 f.

2728 Unger, ZZP 34 (1905), S. 233 ff., 248; Eccius, Vormundschaftsrecht (Fn. 11), S. 30 f.

2729 Wetzell, Civilprozess (Fn. 14), § 61, S. 813 ff.

2730 Vgl. aus der neueren Literatur die Darstellung Vossius, Zu den dogmengeschichtlichen Grundlagen der Rechtsschutzlehre. 1985, S. 35 f., bes. Fn. 76.

wie Unger[2731] bereichtet, „das sachliche Aufsichtsrecht nicht von der persönlichen Dienstzucht zu scheiden". Und *H. W. Puchta*[2732] unterschied zwischen der „obergerichtlichen Abhilfe der Beschwerde" im Streitverfahren (Prozess) und der aufsehenden Gewalt" in nichtstreitigen Verfahren.

*b) „Aufsichtsbeschwerden"*

Die schwierige Stellung des Rechtsmittels in der nichtstreitigen freiwilligen Ge- 12
richtsbarkeit war folgerichtig bereits Gegenstand rechtsdogmatischer Auseinandersetzungen im 19. Jahrhundert[2733]. Gegenüber einer unbeschränkt jedermann zugängigen Aufsichtsbeschwerde wurde die Beschwerde als Rechtsmittel gegenüber dem vorinstanzlich entscheidenden Richter gesehen. Interessant ist es, worin eigentlich der sachliche Unterschied zwischen der Aufsichtsbeschwerde und der Beschwerde nach diesen im 18. und 19 Jahrhundert vertretenen Konzeption lag, bevor deren Unterschied in Vergessenheit gerieten. Die Aufsichtsbeschwerde konnte mit der heutigen Dienstaufsichtsbeschwerde[2734] verglichen werden, mit ihr wurde die mangelhafte Führung der Dienstgeschäfte durch den Richter bei seinem Dienstherrn gerügt. Gegenstand der Aufsichtsbeschwerde war demnach die Rüge der Missachtung der – gegenüber seinem Dienstherrn bestehenden! – Dienstpflichten durch den Richter. Diese Dienstpflichtverletzung kann heute schadensersatzrechtliche Folgen haben – und nach der Rechtsprechung zu § 826 BGB u. U. sogar zu Rechtskraftdurchbrechungen führen[2735]. Aber im Übrigen kann der Bürger mit der Aufsichtsbeschwerde nur indirekt geltend machen, von der Dienstpflichtverletzung des Richters in seinen Interessen (nicht Rechten!) berührt zu sein (deshalb ist die Dienstaufsichtsbeschwerde auch so sprichwörtlich fruchtlos) - nämlich in Ansehung des Prozesses, den der Bürger gewinnen will). D. h. aber, dass die Dienstaufsichtsbeschwerde Ausdruck der staats- und beamtenrechtlichen Beziehungen zwischen Staat (Souverän) und Bürger ist: Der Bürger rügt, der Richter habe nicht so gehandelt, wie er – an die Stelle des Souveräns gesetzt – hätte handeln müssen.[2736]

Die Beschwerde (und damit auch die Rechtsbeschwerde) entwickelte sich 13
demgegenüber aus der Richter– rsp. Urteilsschelte – sie war und ist das Mittel, das gefällte Urteil bzw. den getroffenen Beschluss anzugreifen. Dabei ging es

2731 ZZP 34 (1905), S. 233 ff., 251. Ebenso Eccius, Vormundschaftsrecht (Fn. 11), S. 31.

2732 FGG-Hdb. (Fn. 19), § 131 Nr. 1.

2733 Unger, ZZP 34 (1905), S. 246; 37 (1908), S. 98.

2734 Vgl. dazu aus der älteren Literatur Josef, ZBlfG, Bc. 5 (1904/1905), S. 163 ff.; Jansen, FGG, § 19, Rn. 40-42; Keidel/Kuntze/Winkler, FGG, § 19, Rn. 96-98; Weirich, FGG, § 17 I 6.

2735 Vgl. Braun, Rechtskraft und Restitution. Bd. 1, 1979, S. 173 ff. m. umfassenden Nachw.

2736 Wolff, Verwaltungsrecht. Bd. III, 4. Aufl. 1968, § 161 IV a2; Habscheid, FGG, § 31 I 2.

zunächst um die Person des Urhebers dieses Beschlusses. denn der erstinstanzliche entscheidende Richter war als Person in das Verfahren der Anfechtung seiner Entscheidung verwickelt[2737]. Die Gründe dafür liegen in der Art der Legitimation des Rechts: Sehr verkürzt ausgedrückt, können feudal strukturierte Gesellschaften evidente Fehlentscheidungen ebenso wenig wie offensichtlichen Rechtswandel vertragen, was es nahe legt, beim Auftreten diese Phänomene diese dem Fehlverhalten von Personen zuzuschreiben. Die Rationalisierung der Gesellschaft zu arbeitsteiligen Organisationsformen erlaubt es demgegenüber, Person, Rolle und Entscheidungsprozess soweit voneinander zu unterscheiden, dass der Angriff auf die getroffene Entscheidung nur noch in sehr wenigen Ausnahmefällen etwas über die Person des Richters oder des Beschwerdeführers aussagt. So konnte der Richter im Laufe des 19. Jahrhunderts erfolgreich aus dem Beschwerdeverfahren herausgenommen werden[2738]. Auffassungen, nach denen sich der erstinstanzliche Richter als Beteiligter dieses Verfahrens darstellte, stellten sich nunmehr als Relikt der überkommenen Legitimation des Rechts dar. Damit ist ein Rationalisierungseffekt verbunden, der aber zugleich die Erkenntnis verdeckt, dass der Richter – und d. h.: der Staat – in nichtstreitigen Verfahren nicht Recht erkennt (spricht), sondern in Rechte der Beteiligten eingreift und daher die Rolle einer Partei im Verfahren einnimmt, die „eigene Zwecke" verfolgt.

## II. Die verschiedenen Rechtsmittel in der freiwilligen Gerichtsbarkeit

### 1. Die Beschwerde

14 Die Gerichte der freiwilligen Gerichtsbarkeit treffen in deren nichtstreitigen Verfahren Maßnahmen, um bestimmte staatliche Zwecke zu erreichen. Mit diesen Maßnahmen greifen sie vielfach in Recht der Beteiligten ein. In den vorangegangen Kapiteln haben wir gesehen, welche Arten sehr unterschiedlicher Maßnahmen in Verfahren nach dem FamFG getroffen werden. Wir haben bereits in verschiedenen Zusammenhängen Fragen der Rechtsmittel angesprochen, die Betroffene gegen Maßnahmen und Entscheidungen der Gerichte der freiwilligen Gerichtsbarkeit einlegen können.

15 Die Gerichte der freiwilligen Gerichtsbarkeit treffen in deren nichtstreitigen Verfahren Maßnahmen, um bestimmte staatliche Zwecke zu erreichen. Mit diesen Maßnahmen greifen sie vielfach in Recht der Beteiligten ein. In den voran-

2737 Eccius, Vormundschaftsrecht (Fn. 11), S. 31 f.

2738 Vgl. Unger, ZZP 34 (1905), S. 233, 242 ff. m. w. Nachw.

gegangen Kapiteln haben wir gesehen, welche Arten sehr unterschiedlicher Maßnahmen in Verfahren nach dem FamFG getroffen werden. Wir haben bereits in verschiedenen Zusammenhängen Fragen der Rechtsmittel angesprochen, die Betroffene gegen Maßnahmen und Entscheidungen der Gerichte der freiwilligen Gerichtsbarkeit einlegen können. Beispiele für Eingriffe der Gerichte der nichtstreitigen freiwilligen Gerichtsbarkeit in Rechte der betroffenen Bürger, die dies deutlicher vor Augen führen können, bieten etwa die Zurückweisung des Eintragungsantrages durch das Grundbuchamt oder die Entziehung der elterlichen Sorge durch das Familiengericht im Vormundschaftsverfahren gem. § 151 Nr. 4 FamFG.

Gegen die Verfügungen des Gerichts der ersten Instanz findet nach § 58 16
FamFG das Rechtsmittel der Beschwerde statt – sofern es sich um eine Verfügung des Richters handelt. Darunter sind all diejenigen Entscheidungen und Maßnahmen zu verstehen, die nicht nur den inneren Dienstbereich des Gerichts betreffen.[2739]

Dabei ist hier, wie überall im Rechtsmittelrecht, zwischen der Zulässigkeit 17
von Rechtsmitteln und ihrer Statthaftigkeit zu unterscheiden[2740]. Vor dem Hintergrund der Unterscheidung der administrativen Tätigkeiten des Gerichts und der Wahrnehmung von Rechtsprechung ergibt sich daraus, dass im Falle der Unstatthaftigkeit von Rechtsmitteln gegen eine rechtswidrige administrative Entscheidung der Eingangsinstanz keine Instanz materieller Rechtsprechung angerufen werden kann. So sind nach der Judikatur des BGH[2741] z. B. auch Zwischenverfügungen im Aufgebotsverfahren nach den §§ 19 und 20 VerschG rechtsmittelfähig, da sie nicht allein eine das Verfahren betreffende Anordnung (eine verfahrensleitende Maßnahme) des Gerichts betreffen, sondern die Rechte der vom Verfahren betroffenen Bürger berühren können. Das gilt auch für Zwischenverfügungen, die das Grundbuchamt gem. § 18 GBO erlässt oder im Erbscheinverfahren. Dagegen sind solche Verfügungen nicht anfechtbar, die den innerdienstlichen Betrieb des Gerichts betreffen, wie z. b. die Anordnung der Einleitung eines familiengerichtlichen Verfahrens in Vormundschaftssachen zur Entziehung der elterlichen Sorge[2742], da sich diese Anordnung zunächst allein auf die Frage des Tätigwerdens des Gerichts bezieht. Ebenso unanfechtbar sind Meinungsäußerungen und Ratschläge, die das Gericht den Beteiligten erteilt.[2743]

2739 BGH, Beschluss vom 29.1.1956, Az.: IV ZB 1/55 = BGHZ 16, 177.

2740 Vgl. nur Weitzel, JuS 1992, S. 625 ff., 627 f.

2741 Vgl. nur die vorstehende Fn. 36.

2742 So z. B. LG Berlin, Beschluss vom 22.6.1936, Az.: 238 T 6980/36 = JW 1936, 2585.

2743 Kahl, in:Keidel, FGG, § 19, Rn. 5 f.

Nicht anfechtbar sind im Übrigen alle Entscheidungen, die Vollzugscharakter haben – wie Eintragungen ins Grundbuch oder die Erteilung eines Erbscheins.

## 2. Die Rechtspflegererinnerung*

18 Ist die Verfügung durch den Rechtspfleger getroffen worden, so ist gegen sie die Rechtspflegererinnerung gem. § 11 Abs. 1 RPflG zulässig. Der Rechtspfleger kann dieser Erinnerung abhelfen, sofern gegen die Entscheidung, wenn sie von einem Richter getroffen worden wäre, wie z. B. § 18 HausratsVO nicht die sofortige Beschwerde (§ 577 ZPO) zulässig gewesen wäre (§ 11 Abs. 2 S. 1 RPflG). Hilft der Rechtspfleger nicht ab, hat er die Erinnerung dem Richter vorzulegen (§ 11 Abs. 2 S. 2 RPflG), der entweder auf die Erinnerung hin die Entscheidung des Rechtspflegers aufhebt – wenn er sie für zulässig und begründet hält – oder die Sache dem nächsthöheren Rechtsmittelgericht vorlegt, wo die Erinnerung dann als Beschwerde zu behandeln ist (§ 11 Abs. 2 S. 2 und 3 RPflG).

19 Gegen Entscheidungen des Rechtspflegers ist in den Fällen, in denen keine sofortige Beschwerde zugelassen ist, die Erinnerung gem. § 11 Abs. 2 Satz 2 RPflG gegeben; das Enumerationsprinzip greift insofern nicht.[2744]

20 Umstritten ist, ob in den Amtsverfahren, in denen die Entscheidung rechtsfehlerhaft dem Verfahrensantrag eines Beteiligten stattgegeben hat, die Beschwerde wegen der materiellen Beschwer zulässig ist[2745], obwohl keine formelle Beschwer vorliegt[2746]. Es entspricht hier der früher dargestellten Organisation der Zusammenarbeit von Gericht und Beteiligten, dass in diesen Fällen die Abänderung der Entscheidung nicht durch Einlegung der Beschwerde im Rechtsmittelzug, sondern durch einen Verfahrensantrag auf erneute Entscheidung zu erreichen ist. Denn das erstinstanzliche entscheidende Gericht ist an seine Entscheidung nicht gebunden, sondern hat die Befugnis zur Abänderung.

21 Die Besonderheit des Rechtsmittelverfahrens der klassischen freiwilligen Gerichtsbarkeit zeigt sich auch in einer Entscheidung des BGH[2747] zu den Anforderungen an die Begründetheit einer Beschwerde gegen eine vom Familiengericht getroffenen Regelung des Besuchsrechts des nicht sorgeberechtigten Vaters: Das Gericht stellt zunächst fest, dass der Vater keinen (bestimmten) Antrag zu stellen brauche. Es hielt es aber nicht für ausreichend, dass der Vater darauf

---

2744Gerhardt in: Uhlenbruck-F., 2000, S. 75, 84.

2745 So z. B. Brehm, FGG, § 33 IV 4, S. 193; Bumiller/Winkler, FGG, § 20, 8; Kahl, in: Keidel, FGG, § 20. Rn. 48.

2746 Gegen die Zulässigkeit der Beschwerde hier Habscheid, FGG, § 32, III 3, S. 234; Zum prozessualen Antragsrecht materiell Beteiligter vgl. oben § 36. Rn. 87 ff.

2747 BGH, Beschluss vom 18.11.1991, Az.: XII ZB128/91 = NJW-RR 1992, 386.

hingewiesen hatte, dass die Entscheidung in sich widersprüchlich sei usf.; Ausreichend sei vielmehr nur eine Begründung, die deutlich werden lasse, aus welchen Gründen der Vater eine andere Regelung anstrebe. Dies leuchtet sofort ein, wenn man sich klar macht, dass auch das Beschwerdegericht eine Zweckmäßigkeitsentscheidung treffen muss, weil man die Zweckmäßigkeit einer Entscheidung nur nach diesen Gründen beurteilen kann. Ginge es dagegen um die Entscheidung eines Rechtsstreites, so müsste der Hinweis auf die innere Widersprüchlichkeit genügen.

Die Einlegung der Beschwerde ist grundsätzlich nicht an eine Frist gebunden; nur die sofortige Beschwerde ist nach § 63 FamFG in einer Rechtsmittelfrist von zwei Wochen einzulegen. Zeitablauf und Verhalten des Beschwerdeführers können aber auch in den Verfahren der freiwilligen Gerichtsbarkeit dazu führen, dass der Beschwerdeführer sein Recht zur Beschwerde verwirkt.[2748] 22

Die Beschwerdeinstanz hat die erstinstanzlich getroffene Verfügung in vollem Umfange zu überprüfen. Daher wird vielfach vertreten, die Beschwerde eröffne den Zugang zu einer zweiten Tatsacheninstanz[2749]. Das scheint eine Parallele zur zivilprozessualen Berufung gegen erstinstanzliche Urteile nahe zu legen, durch die ebenfalls der Zugang zu einer zweiten Tatsacheninstanz eröffnet wird. Für die prozessuale Qualifikation des Beschwerdeverfahrens kommt es aber darauf an, dass die Beschwerdeinstanz nicht nur eine zweite Tatsacheninstanz ist, sondern dass die Beschwerdeinstanz eine vollständige Zweitentscheidungskompetenz in der Sache hat; sie trifft ggf. die angegriffene Entscheidung an Stelle der ersten Instanz. 23

Die weitere Beschwerde gem. § 58 FamFG wird dann häufig mit der zivilprozessualen Revision verglichen. Sie ist nämlich Rechtsbeschwerde; das Gericht der weiteren Beschwerde hat nur die Befugnis, die angegriffene Entscheidung daraufhin zu überprüfen, ob sie auf einer Gesetzesverletzung beruht. Dies greift aber zu kurz, da sich aus der Struktur der weiteren Beschwerde als Rechtsbeschwerde ergibt, dass das Verfahren vor der Rechtsbeschwerdeinstanz i. S. d. Art. 19 Abs. 4 GG als Rechtsweg gegen administrative Entscheidungen der Gerichte in Verfahren der nichtstreitigen freiwilligen Gerichtsbarkeit zu qualifizieren ist. 24

---

2748 Bassenge/Hebst, FGG, § 20, 1c; Bumiller/Winkler, FGG, § 19, 6; BGH, Beschluss vom 25.3.1965, Az.: V BLw25/64 = NJW 1965, 1532; OLG Frankfurt, Beschluss vom 14.9.1982, Az.: 20 W 656/82 = FamRZ 1982, S. 1228.

2749 Habscheid, FGG, § 34 II, 2, S. 240.

## III. Die Untätigkeitsbeschwerde

25 Der in Verfahren der nichtstreitigen freiwilligen Gerichtsbarkeit als Beteiligter involvierte Bürger wird nicht selten auch gerade dadurch beschwert, dass das Gericht überhaupt keine Verfügung erlässt. In diesen Fällen hat sich in der Diskussion in Anlehnung an die verwaltungsrechtliche Untätigkeitsklage das Institut einer Untätigkeitsbeschwerde herausgebildet. Die Einzelheiten sind freilich umstritten.

26 Der Zusammenhang von richterlicher Untätigkeit mit dem Dienstaufsichts- und Rechtsmittelrecht legt eine andere Problemlösung nahe, als sie mit dem Rückgriff auf verwaltungsprozessuale Instrumentarien angeboten wird: Vom Prozess her fragt es sich, wie sich die Untätigkeit des Richters vor dem Hintergrund seiner Unparteilichkeit darstellt. Nun ist in den vorangegangenen Überlegungen deutlich geworden, dass sich Prozess und rechtsfürsorgerische Verfahren gerade im Hinblick auf die strukturelle Unparteilichkeit des Beamten unterscheiden, der die jeweiligen Amtsgeschäfte wahrzunehmen hat. Im Fortgang näher darstellen, dass sich dieser Unterschied im Hinblick auf die Untätigkeit von Richtern oder Verwaltungsbeamten nicht greift. Denn im Hinblick auf die Unparteilichkeit des Gerichts macht es keinen Unterschied, ob es in einem administrativen Gerichtsverfahren untätig bleibt oder in einem Prozess.[2750]

27 Damit stellt sich eine Untätigkeitsbeschwerde aber auch nicht als Instrument dar, mittels dessen ein Justizgewährungsanspruch durchgesetzt würde[2751]. Denn dieser richtet sich nicht allein auf die Zugang zu einem staatlichen Gericht überhaupt (denn bei dem ist der Bürger ja bereits), sondern auf den Zugang zu einer prozessualen Instanz. Die Problematik der Richteruntätigkeit tritt indes sowohl im Prozess als auch in nichtstreitigen, administrativen Verfahren auf. Vom Bürger wird mit seiner Untätigkeitsbeschwerde sowohl die Untätigkeit des administrativ tätigen Gerichts als auch die Verweigerung des Zugangs zu einem rechtsanwendenden Verfahren gerügt. Damit stellt sich die Untätigkeitsbeschwerde zwar als ein Mittel der Effektivierung des Art. 19 Abs. 4 GG dar, wie auch die Untätigkeitsklage aus dem Aspekt des überkommenen Rechtsschutztheorems dargestellt wurde; sie eröffnet jedoch nicht allein den zunächst versperrten Zugang zum Prozess, sondern nimmt diesen verfassungsrechtlich gewährten Zugang zum Prozess gegenüber administrativen Unterlassen in Anspruch.

28 Bei der Verwaltungsgerichtsbarkeit geht es um die Organisation funktionaler Rechtsprechung i. S. einer Produktion von Streitentscheidungen. Das bedeu-

---

2750 Kissel, Der Rechtsschutz in der freiwilligen Gerichtsbarkeit. Diss. Frankfurt 1954, S. 70 ff.; ders., ZZP 69 (1956), S. 3 ff.

2751 Anders Kissel, Diss. (Fn. 49), S. 118.

tet für das Gericht, dass es sich an der Spruchreife der jeweiligen Sache zu orientieren hat. Diese aber wird durch die Entscheidungskompetenzen der Verwaltung begrenzt: Das Gericht kann nicht sein Planungsermessen an die Stelle der Verwaltung setzen, sondern es kann nur ggf. entscheiden, die Verwaltung habe unter Beachtung der Rechtsauffassung des Gerichts neu zu bescheiden[2752]. Im Kontext der Untätigkeitsklage hat dies zur Folge, dass über diese allein im Hinblick auf das Tätigwerden der Verwaltung geurteilt werden kann – das Gericht ist allein mit der Rechtsfrage befasst, ob das Verwaltungshandeln (genauer: sein Unterlassen) rechtmäßig war[2753]. Es leuchtet unmittelbar ein, dass sich in dieser Frage die problematischen Spannungen zwischen der Eröffnung des Rechtsweges (Justizgewährung) und der sachlichen Unabhängigkeit der Gerichte der freiwilligen Gerichtsbarkeit nachdrücklich zuspitzen.

29 Um die dabei auftretenden Fragen in den Blick zu bekommen, ist es erforderlich, die in der freiwilligen Gerichtsbarkeit auftretenden Probleme mit solchen Konstellationen zu vergleichen, wie sie im Zusammenhang von Prozessen der ordentlichen Gerichtsbarkeit diskutiert werden.

30 Nach den bisherigen Überlegungen fragt es sich zuerst, in welchem Sinne diese Verfahren als Verfahren Streitentscheidung und damit als prozessuales Instrument funktionaler Rechtsprechung qualifiziert werden können. Dieser Frage ist *O. Kissel*[2754] nachgegangen. Er ging dabei aber von der überkommenen Auslegung des Art. 19 Abs. 4 GG aus – den er – nicht anders als heute *H. Hormuth*[2755] und *I. Kahl*[2756] - unproblematisch als Richtervorbehalt versteht, ohne seine Bedeutung als Prozessvorbehalt in den Blick zu bekommen. Daher gehören für ihn auch die Entscheidungen der Richter der freiwilligen Gerichtsbarkeit zur Rechtsprechung. Kissel hat dann versucht, der Normierung der Beschwerdeberechtigung nach § 20 Abs. 1 FGG den „gesetzgeberischen Willen“ zu unterstellen, umfassenden Rechtsschutz eben auch durch die Zulassung von Untätigkeitsbeschwerden zu gewähren.[2757] Mit der geschichtlichen Bedeutung der freiwilligen Gerichtsbarkeit scheint demgegenüber eher die überkommene Dogmatik zu harmonieren, die an der Ablehnung einer Untätigkeitsbeschwerde festhält und dem durch die Untätigkeit des Gerichts Betroffenen die Dienstaufsichtsbeschwerde als Hilfsmittel empfiehlt[2758]. Dabei beruft auch sie sich mit Nachdruck

2752 Kopp, Verwaltungsgerichtsordnung. 7. Aufl. 1986, § 75, Anm. 2.

2753 Kopp, VwGO (Fn. 51).

2754 ZZP 69 (1956), S. 3 ff., 14 ff.

2755 Beschwerdeberechtigung und materielle Beschwer im fG-Verfahren. 1976.

2756 Beschwerdeberechtigung und Beschwer in der freiwilligen Gerichtsbarkeit. 1981.

2757 Vgl. zu § 20 Abs. 1 FGG noch eingehend unten Rn. 797, 816 ff.

2758 So Habscheid, FGG, § 31 I, 2, S. 176; grundsätzlich Lindacher, DRiZ 1965, 198 f. Vgl. als historischer „Vorläufer“ Claproth, Rechtswissenschaft (Fn. 23), § 23 b, S. 36: „Wird ei-

auf die vorherrschende Auslegung des Art. 19 Abs. 4 GG[2759]. Dass derartige Empfehlungen so fruchtlos sind wie es die Dienstaufsichtsbeschwerde schon-sprichwörtlich ist, lässt den Standpunkt der überkommenden Dogmatik im Kontext des Art. 19 Abs. 4 GG als besonders prekär erscheinen.

31 *W. F. Lindacher*[2760] hat daher seine Ansicht, dass im Rahmen der freiwilligen Gerichtsbarkeit eine Untätigkeitsbeschwerde unzulässig sei, modifiziert. Er geht davon aus, eine Untätigkeitsbeschwerde solle ausnahmsweise in solchen Fällen statthaft sein, in denen der Richter nicht allein „schweige", sondern „qualifiziert schweige". Dies soll nach *Lindachers* Ansicht in Konstellationen der Fall sein, in denen der Betroffene das Ausbleiben einer Entscheidung dahingehend auslegen könne, der Richter bleibe „aus Rechtsgründen" untätig, etwa weil er sich nicht verpflichtet fühle, eine Entscheidung zu erlassen usf. Damit versicht *Lindacher*[2761] einem weiteren Hindernis aus dem Weg zu gehen, das sich aus der Empfehlung der Dienstaufsichtsbeschwerde ergibt. Denn mittels der Dienstaufsichtsbeschwerde kann nicht in den Arbeits- bzw. Verfahrensbetrieb des zur Entscheidung berufenen Richters eingegriffen werden. Aber auch *Lindacher* vermag keine Kriterien dafür anzugeben, unter welchen Bedingungen ein „beredtes" Schweigen des untätigen Richters vorliegt und somit die Voraussetzungen einer Untätigkeitsbeschwerde gegeben sind. Aufgrund seiner Gleichsetzung der verschiedenen Verfahren behandelt er die Frage der Untätigkeitsbeschwerde als ein Problem der Ersetzung des Richters durch das Beschwerdegericht. Aber darum allein geht es in den verschiedenen administrativen Gerichtsverfahren besonders nach dem FamFG nicht, wo sich die Geltendmachung von Rechtsverletzungen im Wege einer Untätigkeitsbeschwerde immer auch als Beschreiten des Rechtsweges i. S. v. Art. 19 Abs. 4 GG darstellt. Nun hat sich bereits gezeigt, dass sich für die nichtstreitigen Verfahren der freiwilligen Gerichtsbarkeit, die zur justizförmigen Verwaltung zu rechnen sind, das Argument verbietet, Art. 19 Abs. 4 GG garantiere spezifisch judikativen Rechtsschutz bei dem, nicht gegen den Richter. Und auch die Bedenken aus einer Beschränkung

---

ne freywillige Gerichtshandlung unbillig verzögert, so beschwer man sich bey dem nächsten Oberrichter, und wenn dieser nicht hilft bey dem Landesherrn."

2759 Ausdrücklich hierzu Lindacher, DRiZ 1965, 198 und Häsemeyer, Michaelis-F., 1972, S. 134 ff., S. 143.

2760 Lindacher FamRZ 1973, 433 f. Ebenso bereits Josef, Lehrbuch des Verfahrens der Freiwilligen Gerichtsbarkeit im Deutschen Reich und in Preußen. 1902, S. 164/165, sowie ders., ZBlfG Bd. 5 (1904/1905), S. 163 ff. 174; ferner A. Nussbaum, Die freiwillige Gerichtsbarkeit im Reich und in Preußen. 1900, S. 66; vgl. aber zur unklaren Abgrenzung von Aufsichtsbeschwerde und Rechtsmittel im gemeinen Recht oben Rn. 780 ff.

2761 Lindacher DRiZ 1965, S. 198.

der richterlichen Unabhängigkeit greifen nicht durch. Dies macht eine Reihe von Fällen deutlich:

So wies das OVG Bremen[2762] eine Beschwerde zurück, mit der die „stillschweigende Verweigerung" – also Nichtbescheidung – eines Antrags auf Gewährung von Prozesskostenhilfe durch das VG angegriffen wurde. Das OVG stützte sich auf § 146 Abs. 1 VwGO und führte aus, „stillschweigende" Entscheidungen eines Gerichts sähe das Verfahrensrecht des Verwaltungsgerichts nicht vor! Diese Entscheidung ist wegen der Verfahrensqualität der Bewilligung von Prozesskostenhilfe indessen Zweifel ausgesetzt. Denn das Prozesskostenhilfeverfahren stellt sich solange nicht als funktionale Rechtsprechung, sondern als der Verwaltung zuzuordnende Subventionsbewilligung dar, wie die Entscheidung durch das Gericht jederzeit abgeändert werden kann[2763]. Und der VGH Mannheim[2764] hat die Beschwerde gegen die Ablehnung der Terminbestimmung durch das VG abgewiesen, da es an einer beschwerdefähigen Entscheidung mangele – im Fall des VGH lag allein eine „Nachricht" des Vorsitzenden an die Beteiligten vor. Der VGH führte weiter aus, dass wegen der kurzen Verfahrensdauer und des hohen Geschäftsanfalls des VG auch kein Hinweis auf eine Rechtsverweigerung vorläge. 32

Das OLG Karlsruhe[2765] hatte dagegen folgenden Fall zu entscheiden: Ein Einzelrichter am LG hatte in einem zivilrechtlichen Streit einen Beweisbeschluss zur Einholung des Gutachtens einer Rechtsanwaltskammer erlassen. Er gab darauf den Parteien Gelegenheit, sich zu dem Gebührenpunkt zu äußern. Auch nachdem die Parteien von ihrem Recht zur Stellungnahme Gebrauch gemacht hatten, blieb der Richter – abgesehen von einer Wiedervorlageverfügung – untätig. Erst auf die dritte Aktenanforderung des Beschwerdegerichts hin, an das sich der Kläger und Beschwerdeführer zwischenzeitlich gewandt hatte, gab der Richter Weisung, diese Aktenanforderung zu erledigen. Vier Anfragen des Beschwerdegerichts nach § 567 ZPO über en Fortgang des Verfahrens hatte der Richter zuvor unbeantwortet gelassen. Das OLG führte zunächst aus, eine Beschwerde nach § 567 ZPO sei nicht in allen Fällen eines Verfahrensstillstandes zulässig, der durch personelle Unterbesetzung der Gerichte verursacht sein könne. Voraussetzung für die Zulässigkeit einer Beschwerde sei vielmehr eine willkürliche Versagung von Rechtsschutz durch das angegangene Gericht[2766]. Eine Anwendung des § 252 ZPO sei für Fälle des tatsächlichen Stillstandes des Ver- 33

---

2762 Beschluss vom 10.10.1983, Az.: 2 B 96/83 = NJW 1984, 992.

2763 Dazu Smid, Jura 1988, 225 im Rahmen der Diskussion der Reichweite des § 839 II S. 2 BGB.

2764 Beschluss vom 25.1.1984, Az.: 5 S 183/84 = NJW 1984, 993.

2765 Beschluss vom 29.9.1983, Az.: 15 W 56/83 = NJW 1984, 985.

2766 Vgl. OLG Schleswig, Beschluss vom 25.11.1982, Az.: 1 W 212/82 = NJW 1983, 459.

fahrens nicht geboten. Aufgrund des Sachverhaltsvortrages des Beschwerdeführers sei jedoch von der Zulässigkeit und Begründetheit der Beschwerde auszugehen; für die schleppende Verfahrensführung sei ein sachlicher Grund nicht zu erkennen. Das OLG ordnete daher auf die Beschwerde des Klägers hin an, dass dem Rechtsstreit der Fortgang zu geben sei. Damit sei, so führte das OLG aus, keine dienstliche Anweisung erteilt, durch die der Status des betroffenen Einzelrichters beeinträchtigt würde. Vielmehr stelle die Anordnung statt einer unzulässigen Maßnahme der Dienstaufsicht eine zulässige prozessuale Entscheidung dar, die insbesondere die konkrete richterliche Entscheidung (Erlassen oder Exekution von Beweisbeschlüssen u. dgl. m.) nicht erfasse[2767]. Die sachliche Unabhängigkeit des erstinstanzlichen Gerichts werde durch diesen Eingriff nicht berührt[2768].

34 Diese Fälle lassen erkennen, dass die Entscheidung über eine Untätigkeitsbeschwerde als Rechtsbeschwerde vordergründig keine andere Bedeutung hat als ein (verwaltungsrichterliches) Urteil über die Rechtmäßigkeit administrativer Untätigkeit oder eines (zivil- oder verwaltungsprozessualen) Zwischenurteils gem. § 280 ZPO. Beide sind gleichermaßen für Verwaltungsbehörden oder das mit dem Prozess befasste Gericht als Recht verbindlich. Die richterliche (sachliche) Unabhängigkeit kann *ex definitione* davon nicht berührt werden: Da sie den Richter nicht vom Recht suspendiert. Denn der Richter hat kein dahin gehendes Tatbestandsermessen, dass es ihm freistehe, das Recht anzuwenden oder nicht. Umso mehr gilt auch für den Richter der freiwilligen Gerichtsbarkeit, dass er, nicht anders als der Verwaltungsbeamte, die Rechte des Bürgers nicht durch seine Untätigkeit behelligen darf. Daraus folgt aber nicht, dass eine entsprechend der verwaltungsprozessualen Untätigkeitsklage konstruierte Untätigkeitsbeschwerde ein angemessenes Mittel zur Bekämpfung richterlicher Untätigkeit wäre. Dieses Rechtsmittel wäre – in nichtstreitigen Verfahren – kein Mittel, um die Zuständigkeit eines anderen Gerichts für die Sache zu begründen. Analog

2767 Diese Anordnung kann daher allenfalls eine disziplinierende Wirkung haben (was sie bedenklich erscheinen lässt, hat der Richter gegen sie noch nicht einmal die gewöhnlichen Rechtsmittel gem. § 26 III DRiG!). Dennoch ist sie als Ausweg der Judikatur durchaus zu verstehen: sie erscheint als Schritt hin zu der von Häsemeyer (Fn. 58) angebotenen Befangenheitsablehnung.

2768 Anders Kissel, Diss. (Fn. 49), 130: Die Beschwerdeinstanz soll aus verfahrensökonomischen Gründen in der Sache selbst entscheiden. Das ist indes fraglich und nur dann zu rechtfertigen, wenn das Beschwerdegericht in vollem Umfang wie die 1. Instanz eine Zweckmäßigkeitsentscheidung trifft – was Kissel allerdings mit der überkommenen Interpretation der §§ 19 ff FGG annimmt (a. a. O., 131). Dies löst aber nicht allein Bedenken wegen des Ausschlusses des früheren § 18 FGG aus, sondern wirft die Frage nach der prozessualen Qualität dieser „Rechtsschutzgewährung" auf.

zur Untätigkeitsklage könnte das für eine Untätigkeitsbeschwerde zuständige Gericht ausschließlich darauf erkennen, dass die erste Instanz den Bürger unter Berücksichtigung seiner Rechtsauffassung zu verbescheiden hätte. Eine Untätigkeitsbeschwerde wäre daher notwendig eine Rechtsbeschwerde. Es wird noch eingehender zu zeigen sein, dass diese Überlegung auch mit der Qualifikation der Rechtsbeschwerde als Rechtsprechungsinstanz übereinstimmt. Im Kontext des Verwaltungsprozessrechts darf das Verwaltungsgericht jedenfalls nicht die Entscheidung der Verwaltung fällen, da es andernfalls seine strukturelle Unparteilichkeit einbüßte. Es kann aber durch sein urteil die Verwaltung zum Tätigwerden anweisen. Die Verwaltung ist insofern der Verwaltungsgerichtsbarkeit statusrechtlich nicht gleichgestellt. Dem Rechtsbeschwerdegericht in Sachen einer Untätigkeitsbeschwerde würde aber ein statusrechtlich ebenso unabhängiges und weisungsfreies Gericht gegenüberstehen.

*L. Häsemeyer*[2769] hat nun darauf aufmerksam gemacht, dass man eine Untä- 35
tigkeitsbeschwerde von der Überprüfung der Wahrnehmung der Dienstgeschäfte des Richters unabhängig machen könne. Diese könne nämlich an Fristen statt an die (im Rahmen der richterlichen Unabhängigkeit von jeder Anweisung freistellten) Art der Amtsführung gebunden werden. Häsemeyer[2770] hat daher des Weiteren vorgeschlagen, das Verfahren wegen Richteruntätigkeit in Entsprechung zur Befangenheitsablehnung zu konstruieren und den planmäßigen Vertreter des Richters anstelle des Untätigen entscheiden zu lassen. *Häsemeyers* Überlegungen treffen die Problematik der richterlichen Untätigkeit sowohl im Prozess als auch in nichtstreitigen Verfahren. Zunächst zum Prozess: Wenn der Richter dort „untätig“ bleibt, wird dies stets zum Nutzen einer Partei ausschlagen. Der Kläger „erhält sein Recht nicht“. Und der Richter verhält sich deshalb durch seine Untätigkeit parteiisch. Wenn eine Partei der Ansicht ist, der Richter bleibe rechtswidrig untätig, so steht ihr nach § 42 ZPO die Möglichkeit offen, den Richter wegen des Verdachts der Befangenheit abzulehnen. Die Untätigkeit des Richters steht nämlich der parteiischen Wahrnehmung von Amtshandlungen gleich. Wenn der Richter aus „bösem Willen“ oder aufgrund einer vorgefassten Meinung untätig bleibt, ist dies evident. Entscheidet dagegen der Richter aus Unfähigkeit (etwa krankheitsbedingt) nicht, dann ist er nicht parteiisch – und das Verfahren nach § 42 ZPO liefe leer, weshalb gegen ihn Maßnahmen der Dienstaufsicht mit Aussicht auf Erfolg nicht eingeleitet werden können. Grundsätzlich erhält also im Prozess die durch die Untätigkeit des Richters beschwerte Partei durch das Verfahren nach § 42 ZPO die Gelegenheit einer unparteiischen Entscheidung über die Rechtmäßigkeit der Untätigkeit des Gerichts.

2769 Häsemeyer Michaelis-F. (Fn. 58), 134 ff., 146.
2770 Häsemeyer, Michaelis-F. (Fn. 58), 134 ff., 148.

36 In nichtstreitigen Verfahren steht es nicht anders. Nach der Judikatur des Bundesverfassungsgerichts hat auch dort der Bürger die Möglichkeit, den Richter wegen des Verdachts der Befangenheit nach § 41 ZPO aufgrund der Verweisung des 113 FamFG abzulehnen. Und diese Form der Befangenheit wird auch nicht durch den administrativen Charakter dieser Verfahren legitimiert. Damit wird ein zentrales Problem vermieden, dass sich stellen würde, wenn man die Untätigkeitsbeschwerden als eigenständiges Rechtsmittel versteht und regelt. Dann wäre nämlich die Frage der Beschwerdebefugnis einer besonderen Klärung zu unterwerfen. Dabei wäre von vornherein daran festzuhalten, dass solche materiell vom Verfahren Betroffene wie z. B. das Kind nach § 60 FamFG, denen keine Antrags- und Beschwerdebefugnis zustehen, eine verfahrensrechtliche Kompetenz auch nicht auf dem Umweg der Zulassung einer Untätigkeitsbeschwerde erlangen. Die an *Häsemeyer* angelehnte Argumentation aus der Ablehnung des untätigen Richters wegen des Verdachts der Befangenheit entgeht diesen Problemen der Bestimmung der Beschwerdebefugnis nach § 20 Abs. 1 FGG schon deshalb, weil die Ablehnung des Richters nach den §§ 42 ZPO, 6 Abs. 2 FGG nur den formell Verfahrensbeteiligten zusteht.

## IV. Rechtsmittelzug als Rechtsweg gegen materielle Verwaltungsentscheidungen in Verfahren der nichtstreitigen freiwilligen Gerichtsbarkeit

### 1. Fragestellung

37 Sind die Verfahren der nichtstreitigen freiwilligen Gerichtsbarkeit in erster Instanz materiell als „Verwaltung" zu qualifizieren, so stellt sich die Frage, ob mit der Einlegung eines Rechtsmittels vom Rechtsmittelführer der Rechtsweg i. S. v. Art. 19 Abs. 4 GG beschritten wird. Das ist der Fall, wenn sich das zweitinstanzliche Verfahren seiner Struktur (seiner Organisation) nach als funktionale Rechtsprechung darstellt. Hierzu verweist man darauf[2771], dass nach den Lehren vom Rechtsschutzanspruch mit dem Rechtsmittel[2772] ein Anspruch des Rechtsmittelführers auf ein richtiges Urteil durchgesetzt wird – und daher sei im

2771 Kissel, Diss. (Fn. 49), 372 ff.

2772 Zum Ganzen, Gilles, Rechtsmittel im Zivilprozess. 1972, 43 ff.; Walsmann, Anschlussberufung. 1928, 56 ff. und Blomeyer, Zivilprozessrecht. 2. Aufl. 1985, § 98 I (Justizanspruch auf Rechtsmittel) sowie Planck, Lehrbuch des Deutschen Civilprozeßrechts. 1887-1896, § 429 (der von einem „Rechtsmittelklagrecht" spricht). Zur Problematik in Verfahren der freiwilligen Gerichtsbarkeit, vgl. Rüßmann, Das Erfordernis einer Beschwer zur Geltendmachung von Rechtsbehelfen im Rahmen der streitigen und freiwilligen Gerichtsbarkeit. Diss. Frankfurt 1968, 50 et passim.

Rechtsmittelverfahren nicht allein dessen erstinstanzlicher Streitgegenstand (bezogen auf den Prozess), sondern auch das erstinstanzliche Urteil als staatlicher Akt Gegenstand des Verfahrens[2773].

Bei einer Anzahl von Autoren findet sich die Ansicht, dass dem Rechtsmit- 38
telverfahren der freiwilligen Gerichtsbarkeit der Zweck zuzuschreiben sei, subjektive Rechte der Verfahrensbeteiligten zu schützen[2774]. Dabei wird oftmals nicht zwischen streitigen und nichtstreitigen Verfahren unterschieden. Diese Beschreibung des Beschwerdeverfahrens als Schutz subjektiver Rechte hat allerdings Anhaltspunkte im Gesetz: Anlass für dies Auffassung ist § 59 FamFG, der die Beschwerdebefugnis in den Verfahren der fG vordergründig undifferenziert daran knüpft, dass der Beschwerdeführer geltend macht, durch die angegriffene Verfügung in seinen Rechten verletzt zu sein. Dies heißt in der Diktion der überkommenen Lehre ausgedrückt: Der Beschwerdeführer begehrt nach § 58 FamFG auch in der Beschwerdeinstanz nichtstreitiger Verfahren der freiwilligen Gerichtsbarkeit Rechtsschutz.

Diese Annahme ist indes aus verschiedenen Gründen zweifelhaft. Zum ei- 39
nen treten in einer Reihe von Verfahren der freiwilligen Gerichtsbarkeit Beschwerdeberechtigte auf, die im Verfahren keine eigenen Rechte geltend machen – so z. B. im Unterbringungsverfahren die in § 7 Abs. 2 FEGVG genannten Personen. Diese Beschwerdeberechtigten verfolgen in den Beschwerdeverfahren ersichtlich nicht den Schutz eigener subjektiver Rechte. Aber auch die Beteiligten der administrativen Verfahren der freiwilligen Gerichtsbarkeit, die Träger treuhänderischer subjektiver Rechte sind und daher durch die Verfügung des erstinstanzlich entscheidenden Richters materiell betroffen werden, ist der Gegenstand dieser Verfahren doch nicht die Erkenntnis dieser Rechte, sondern der fürsorgerische Schutz von Rechtsgütern – die u. a. auch subjektive Rechte sein können[2775].

---

2773 Hellwig, Anspruch und Klagrecht. 1924 (Neudruck 1967), 488; vgl. auch Gilles, Rechtsmittel (Fn. 2772), S. 45 f; krit. Smid, Rechtsprechung, S. 471 ff.

2774 Kahl, Beschwerdeberechtigung (Fn. ); Habscheid, FGG, § 32 II 3; anders Hormuth, Beschwerdeberechtigung (FN 54), S. 149. Schließlich ist der Widerspruch Hormuths jedoch nicht zu hoch anzusetzen: Er setzt an die Stelle der „subjektiven Rechte" die „rechtlich geschützten Interessen" – die seit v. Jhering weithin als Inhalt des subjektiven Rechts angesehen werden (zu der Auseinandersetzung zwischen Hormuth und Kahl näher im Folgenden). Vgl. ferner Kamm, JuS 1961, 146 ff., 149.

2775 Smid, Rechtsprechung., S. 487 ff.

## 2. Zur Beschwerdeberechtigung in nichtstreitigen Verfahren der freiwilligen Gerichtsbarkeit

40 Nach § 59 FamFG sind diejenigen beschwerdeberechtigt, deren Recht durch die angegriffene Verfügung des Gerichts beeinträchtigt wird bzw. beeinträchtigt sein kann. Damit scheint § 59 FamFG vordergründig einen Sachverhalt zu regeln, der parallel zu § 42 Abs. 2 VwGO angelegt ist. Bei der Auslegung dieser Vorschrift treten Schwierigkeiten auf, die eine allgemeine Strukturfrage des Rechtsmittelrechts in den Zusammenhängen der verschiedenen – streitigen und nichtstreitigen – Verfahren der freiwilligen Gerichtsbarkeit erkennen lässt. Die Probleme der Auslegung des § 59 FamFG werden deutlich, wenn man berücksichtigt, dass diese Bestimmung Popularbeschwerden ausschließen sollte[2776] und soll[2777] - wie auf seinem Gebiet § 42 Abs. 2 VwGO Popularklagen ausschließt. Darin erschöpft sich aber die Bedeutung des § 59 FamFG nicht. Dies zeigt sich in einem Fall, der für das Verständnis des § 59 FamFG entscheidend ist. Vielfach werden Dritte von der Intervention des von der gerichtlichen Verfügung durch Reflexe ihrer Rechtsfolgen betroffen. In diesen Fällen stellt sich die Frage, ob diese „Betroffenen" Rechtsmittel gegen die Verfügung des Gerichts einlegen können[2778].

41 So könnte der Vertragspartner des Kindes bei der Verweigerung einer vormundschaftsgerichtlichen Genehmigung nicht mit der Begründung Beschwerde erheben, seine wirtschaftlichen Interessen am Vertrage (oder gar seine allgemeine Handlungsfreiheit, Art. 2 Abs. 1 GG) seien bedroht. Denn Vertragsgegenstand kann nicht der (zivilrechtlich zu beurteilende) Bestand der vertraglichen Vereinbarung zwischen dem Kinde, vertreten durch seinen Vormund, und dem Dritten sein. Gegenstand im vormundschaftsgerichtlichen Verfahren können ex definitione nicht die Rechte des Dritten aus dem mit dem Mündel geschlossenen Verträge sein[2779].

---

2776 Dorner, Das Reichsgesetz über die Angelegenheit der freiwilligen Gerichtsbarkeit. 1899, § 20, Anm. 1, 2 mit eingehender Darstellung der Unsicherheiten in der Diskussion bei der Gesetzgebungsarbeit, in der lange offenblieb, ob man dem preußischen Vorbild folgend auf eine Regelung – und d. h.: eine Beschränkung – der Beschwerdebefugnis verzichten sollte, was freilich bereits in der preußischen Praxis Probleme bereitete. Vgl. ferner Mendelsohn-Bartholdy, RheinZ, Bd. 13 (1924) S. 316 ff., 321 ff.

2777 Bärmann, FGG, § 29, I 2; Baur, FGG, § 29, A III 1; eingehend Kissel, Diss. (Fn. 49), S. 28 ff.; Lüke, AöR 84 (1959), 185 ff., 187; E. Gögl, ÖJZ 1957, 89 ff., 91.

2778 Vgl. bereits Dorner, FGG (Fn. 72), § 20, Anm. 2; Kahl, Beschwerdeberechtigung (Fn. 55), 41 ff.; Habscheid, FGG, § 32 I 3.

2779 Kissel, Diss. (Fn. 2750) 46 f.

## 3. Rechtsmittel und Verfahrensgegenstand

Die Frage der Beschwerdeberechtigung verweist also auf einen weiteren Zusammenhang, der im Rahmen des Zivilprozesses beispielsweise mit der Frage nach materieller oder formeller Beschwer des Rechtsmittelführers angesprochen wird. Das wird klarer, wenn man bedenkt, dass Verfahren der freiwilligen Gerichtsbarkeit sich nicht als eine einheitliche Erscheinung darstellen. Während sich für die echten Streitverfahren der freiwilligen Gerichtsbarkeit i. d. R. keine besonderen, vom allgemeinen Zivilprozessrecht abweichenden Probleme stellen, stellt sich die Frage der Beschwerdeberechtigung im Rahmen der nichtstreitigen Verfahren der freiwilligen Gerichtsbarkeit als Frage nach der Eröffnung des Rechtsweges gegen administrative Gerichtsentscheidungen, also als Frage danach, ob und wieweit der Beschwerdeführer Zugang zu einer Instanz erhält, in der streitig über sein durch die Verfügung des Gerichts betroffenes Recht und die Rechtmäßigkeit der Verfügung verhandelt und entschieden werden kann. Damit scheint es in der Beschwerdeinstanz um einen anderen Verfahrensgegenstand zu gehen als in der Eingangsinstanz: geht es in der Eingangsinstanz um Verwaltung in justizförmigen Verfahren, so könnte man daran denken, dass es in der Beschwerdeinstanz um materielle Rechtsprechung geht. Trifft dies zu, dann wäre das Verfahren der Beschwerde mit einem Verwaltungsgerichtsprozess vergleichbar. 42

Eine derartige Unterscheidung der Verfahrensgegenstände wurde seit den Untersuchungen *A. Ungers*[2780] weithin anerkannt. In der vorkonstitutionellen Literatur wurden die Rechtsmittelverfahren als die Domäne genuinen prozessualen Gerichtsschutzes gegenüber dem obrigkeitlichen Handeln des rechtsfürsorgenden Richters der Eingangsinstanz der freiwilligen Gerichtsbarkeit behandelt. Da der Beteiligte als Prozesssubjekt in dieser vorkonstitutionellen Konzeption der Verfahren der freiwilligen Gerichtsbarkeit noch nicht in den Blick getreten war[2781], gewann der in das Verfahren involvierte Bürger erst als Betroffener eine Maßnahme des Richters der freiwilligen Gerichtsbarkeit in der verfahrensrechtlich aktiven Rolle eines Beschwerdeberechtigten nach § 59 FamFG in de Dogmatik an Aufmerksamkeit[2782]. Als Beschwerdeführer eröffnete sich dem Betroffenen einer Verfügung des Gerichts durch Einlegung der Beschwerde dieser Konzeption zufolge der Zugang zum Gerichtsschutz durch die Beschwer- 43

2780 Unger ZZP 34 (1905), 233 f.; grundsätzlich heute zum Verhältnis von Beschwerdeberechtigung in den Verfahren nach dem FGG und der Klagbefugnis in der Verwaltungsgerichtsbarkeit, Kamm, JuS 1961, 146.

2781 Nach Rausnitz, Das Reichsgesetz über die Angelegenheiten der freiwilligen Gerichtsbarkeit, 1900, § 12, Anm. 21 sollte allein das Gericht Prozesssubjekt sein.

2782 Kollhosser, FGG, S. 14 ff.; Hormuth, Beschwerdeberechtigung, (Fn. 54) 5.

deinstanz, sofern seine Rechte durch die erstinstanzliche Entscheidung verletzt sind[2783]. Allein schon die Möglichkeit der Einleitung eines zweitinstanzlichen Verfahrens zur Überprüfung der Entscheidung der ersten Instanz wurde als Gewährung des spezifischen gerichtlichen (judikativen) Rechtsschutzes verstanden, den die erste Instanz aufgrund der von ihr wahrgenommenen administrativen Aufgaben nicht bietet. Diese Interpretation bereitet im geltenden Recht der heute vorherrschenden Lehren indes Schwierigkeiten, da sie Art. 19 Abs. 4 GG im Sinne eines Richtervorbehalts versteht, so dass für sie auch im Bereich der klassischen fG bereits der erstinstanzliche Richter Rechtsschutz gewährt. In der Beschreibung der Beschwerdeberechtigung als Eröffnung des Zugangs einer Gerichtsschutz gewährenden Instanz kam die Konnexität der klassischen Sachen der fG mit der Tätigkeit der Verwaltung zum Ausdruck. Bereits im ersten Entwurf des FGG aus dem Jahr 1881[2784] wurde auf die Beziehung der Beschwerdebefugnis nach § 20 Abs. 1 FGG zu den Voraussetzungen der Einlegung von Rechtsbehelfen bzw. Rechtsmitteln im Verwaltungsrecht verwiesen[2785]. Freilich konnte diese noch nicht zu weiterreichenden Erkenntnissen über die Verfahrensstruktur führen.

44 Heute bereitet dieses historische überkommene Verständnis eine Reihe von Schwierigkeiten. Denn der Verweis auf das Verwaltungsverfahrensrecht lässt sich solange nicht mehr als Anlass verstehen, Fragen nach der Eröffnung des Rechtsweges zu stellen, solange der verfassungsrechtliche Prozessvorbehalt als Richtervorbehalt und damit Standesvorbehalt der Richter verstanden wird. Damit rückt die Gestalt des Beschwerdeführers wieder in den Hintergrund der allgemeineren rolle des Verfahrensbeteiligten. Im Übrigen hat nach unseren bisherigen Erkenntnissen die Ausgestaltung der allgemeinen verfahrensrechtlichen Stellung der Verfahrensbeteiligten (und d. h. ihrer Mitwirkungskompetenz) in der ersten Instanz) dem Standard zu entsprechen, der heute durch den Grundrechtsbezug von Verwaltungsverfahren vorgegeben ist. Dagegen stellt die Verwirklichung des verfassungsrechtlichen Prozessvorbehalts in den klassischen Verfahren der freiwilligen Gerichtsbarkeit, die der justizförmigen Verwaltung angehören, an die Ausgestaltung der verfahrensrechtlichen Kompetenz von Beschwerdeführer und –gegner höhere, spezifisch prozessuale Anforderungen, wenn das Rechtsmittelverfahren als Eröffnung des Rechtsweges i. S. des Art. 19

---

2783 Habscheid, FGG, § 32 I 2, beklagt, dass der Gesetzeswortlaut („zulässig und begründet") verunglückt sei und hält ihm die Möglichkeitstheorie entgegen, a.a.O., § 32 II 1.

2784 Unger ZZP 34 (1905), S. 233 ff., 256 f.; 36 (1907), 1 ff., 102 f.

2785 Vgl. aus der vorkonstitutionellen Literatur Kormann, System der rechtsgeschäftlichen Staatsakte. 1910.

Abs. 4 GG begriffen werden soll[2786]. Eine große Anzahl derjenigen Autoren, die die nichtstreitigen Verfahren der freiwilligen Gerichtsbarkeit als materielle Verwaltung qualifizieren, vertreten denn auch die Auffassung, die Beschwerdeinstanz nehme Aufgaben materieller Rechtsprechung wahr[2787]. Dies ist plausibel, wenn man materielle Rechtsprechung mit der Kontrolle von Verwaltung identifiziert. Doch wir haben bereits im Zusammenhang der Freiheitsentziehungsverfahren gezeigt, dass diese Art der Unterscheidung nicht zu brauchbaren Abgrenzungskriterien von Rechtsprechung und Verwaltung führt. Maßstäbe für die Abgrenzung von Rechtsprechung und Verwaltung lassen sich allein daraus gewinnen, dass man die Aufgaben näher in den Blick fasst, die von der jeweiligen Instanz in nichtstreitigen Verfahren der freiwilligen Gerichtsbarkeit zu erledigen sind.

### 4. Kompetenz des Beschwerdegerichts in nichtstreitigen Verfahren der freiwilligen Gerichtsbarkeit

In den Verfahren der nichtstreitigen freiwilligen Gerichtsbarkeit beschränkt sich 45
die Kompetenz der Beschwerdeinstanz ihrer Struktur nach nicht auf eine Rechtmäßigkeitskontrolle der erstinstanzlichen Entscheidung. Man kann daher den Rechtsprechungscharakter der Beschwerdeinstanz nicht schon damit begründen, dass einige Beschwerdeverfahren der freiwilligen Gerichtsbarkeit dadurch als streitige Verfahren organisiert zu sein scheinen, dass in ihnen die Beteiligten tatsächlich streiten und gegeneinander Rechtsmittelanträge stellen - obwohl damit mit der Zwei-Parteien-Konstellation ein Moment vorliegt, das für den Prozess unverzichtbar ist. In der Beschwerdeinstanz der Verfahren der klassischen freiwilligen Gerichtsbarkeit wird nach heutigem Verständnis mit diesem Rechtsmittel in der Sache jedenfalls auch die Zweckmäßigkeitsentscheidung durch die Beschwerdeinstanz begehrt. Daher erhält der Beschwerdeführer durch die Beschwerdeentscheidung auch dann kein Urteil über das zwischen ihm und dem Antragsgegner streitige Recht, das allein über die Rechtmäßigkeit oder Rechtswidrigkeit der vorinstanzlichen Entscheidung erkennt, wenn er sich einem Antragsgegner gegenüber sieht. Die Beschwerdeinstanz hat vielmehr die Aufgabe, die Vorinstanz zu kontrollieren und die Zweckmäßigkeit ihrer Verfügung sicherzustellen[2788]. Überwiegend orientiert sich demgegenüber die Diskussion nämlich daran, den Prozess als Gewährung von Rechtsschutz zu definieren. Der von Art. 19 Abs. 4 GG eröffnete Rechtsweg ist danach immer dann eröffnet,

2786 Dagegen zum Unterschied zum Verwaltungsgerichtsprozess, Kahl, Beschwerdeberechtigung, (Fn. 55), 56.

2787 Außer den in Fn. 59 genannten Autoren; vgl. im Übrigen näher unter Fn. 73.

2788 Unger, ZZP 34 (1905), S. 233 ff., 237.

wenn in einem Verfahren eine Entscheidung von Richtern überprüft werden kann (Richtervorbehalt)[2789]. So beendet etwa Hormuth[2790], seine Studie zur Beschwerdebefugnis in der freiwilligen Gerichtsbarkeit mit der Behauptung, es mache für das praktische Ergebnis keinen Unterschied, „ob man das Beschwerdeverfahren als Gesetz- oder als Zweckmäßigkeitskontrolle ansieht".[2791]

46 § 59 FamFG regelt die Beschwerdebefugnis gegen Entscheidungen im Vormundschaftsverfahren, dessen Gegenstand immer das Recht des Mündels auf Erziehung ist. Die Entscheidungen des Vormundschaftsgerichts können dann neben den Rechten des Mündels auch noch die Pflichtrechte der Erziehungsberechtigten oder des Jugendamtes betreffen. Die in § 60 FamFG genannten Verwandten und Verschwägerten des Mündels haben noch nicht einmal Pflichtrechte; sie sind an dem Vormundschaftsverfahren nur formell beteiligt. Sie werden von diesem Verfahren nicht betroffen, weil sie keine eigenen Aufgaben hinsichtlich des Mündels wahrzunehmen haben. Es geht daher in diesen Verfahren auch nicht um Rechte dieser Beteiligten. Ihre Beschwerdebefugnis hängt denn auch nicht von einer Verletzung eines Rechts durch die erstinstanzliche Verfügung des Vormundschaftsgerichts ab[2792]. Die Verwandten machen also gegenüber der vormundschaftsgerichtlichen Entscheidung nicht geltend, in ihren Rechten verletzt zu sein; sie tragen vielmehr nur vor, dass sich die angegriffene Entscheidung als nicht sachgerecht erweise. Diese spezifische Kompetenz ist ihnen als Amtswaltern der Kindesinteressen zugewiesen; das Gesetz erkennt damit das Interesse der Angehörigen des Familienverbandes (der sog. Großfamilie) als berechtigt an, das diese daran nehmen, dass mit dem Kind in einer ihm günstigen Weise verfahren werde. In Ansehung dieser Beschwerdebefugnis – und nur in Bezug auf sie – kann man von einem Recht der aufgeführten Personen auf eine sachgemäße Geschäftsbesorgung sprechen[2793]. D. h., dass im erstinstanzlichen Verfahren die sachgemäße Besorgung der Geschäfte des Kindes

2789 Vgl. insbes. die Stellungnahme Baurs, DNotZ 1955, S. 507 ff., 519, der, wie die spätere Lehrbuchliteratur, die Frage nach der Dignität des Rechtsmittelverfahrens bereits im Vorfeld erledigen kann – indem er bereits der ersten Instanz Rechtsprechungsqualität vindiziert.

2790 Beschwerdeberechtigung (Fn. 54), S. 148, im Anschluss an Kollhosser, FGG, dort insbes. S. 359 ff. (wo Kollhosser auf eine Stärkung der Unparteilichkeit des Gerichts zielt, S. 360).

2791 Zur historischen Diskussion Hormuth, Beschwerdeberechtigung (Fn. 54), S. 58, m. Nachw.; Kahl, Beschwerdeberechtigung (Fn. 55), S. 56, meint, mit der Beschwerde nach § 20 Abs. 1 FGG sei der Rechtsweg i. S. d. Art. 19 Abs. 4 GG eröffnet, ist aber zugleich der Ansicht, dass sich der „Rechtweg" nach § 20 I FGG vom Rechtsweg nach § 40 VwGO nur dadurch unterscheide, dass in ersterem den Gerichten eine Zweckmäßigkeitskontrolle überantwortet sei.

2792 Vgl. Smid, Rechtsprechung, § 7.

2793 In diesem Sinne auch Unger, ZZP 36 (1907), S. 108 ff.

Verfahrensgegenstand war und dass die gem. § 59 FamFG beschwerdeberechtigten Personen geltend machen können, das Amtsgericht habe die Angelegenheiten des Kindes nicht sachgemäß besorgt: dass also keine sachgemäße Verwaltungsentscheidung vorliege. *A. H. Hormuth* geht daher im Anschluss an *H. Kollhosser*[2794] davon aus, dass sich die Reichweite und die Funktion der Beschwerdebefugnis aus der Betroffenheit rechtliche geschützter Interessen ableiten.

Gegen die Position *Hormuths* hat sich allerdings in der Literatur besonders *I. Kahl*[2795] gewandt, die daran festhalten will, dass die Beschwerdebefugnis nach § 20 Abs. 1 FGG die Verletzung eines subjektiven Rechts des Beschwerdeführers voraussetzt und den Rekurs auf „berechtigte Interessen" ablehnt. Sie wirft Hormuth vor, dieser habe den Begriff des Rechts in § 59 FamFG mit „Interessen" identifiziert, um so an Art. 19 Abs. 4 GG anschließen zu können. Sie räumt dabei übrigens ein, dass auch in der Beschwerdeinstanz Zweckmäßigkeitsentscheidungen zu fällen seien, zieht daraus aber keine Schlüsse. Ihre Kritik trifft daher auch nicht die wirklichen Schwierigkeiten, die mit dem Ansatz *Kollhossers* und *Hormuths* verbunden sind: Diese werden vielmehr durch die Kritik *Schmidt-Aßmanns*[2796] deutlich, der jüngst gezeigt hat, dass Art. 19 Abs. 4 GG die verfassungsrechtliche Anerkennung der Rechtsmacht des Einzelnen darstellt als einer Kompetenz, sein Recht im Prozess geltend zu machen. Dies ist die Kritik, die an *Hormuths* Ansatz geübt werden muss – nicht aber der Einwand Kahls, die *Hormuths* Prämissen nur entgegenhält, dass Art. 10 Abs. 4 GG keinen „Rechtsschutz gegen Richter" gewähre[2797]. Denn in diesem Topos der Auslegung des Art. 19 Abs. 4 GG durch die überkommene Lehre sind sich Hormuth und Kahl schließlich einig. 47

Die Tragweite der Argumentation *A. H. Hormuths*[2798] wird aber erst deutlich, wenn wir den Standpunkt der überkommenen Lehre verlassen und differenzierter fragen. Formulieren wir daher zunächst eine Reihe von Annahmen. Unterscheiden wir nämlich die Verfahren der freiwilligen Gerichtsbarkeit nach prozessual strukturierten Angelegenheiten und administrativen Gerichtsverfahren, so gewinnt *Hormuths* Darstellung eine eigene Bedeutung: *Hormuth* läge dann nämlich mit seiner Ansicht richtig, wenn (in administrativen Verfahren der freiwilligen Gerichtsbarkeit) auch in der Beschwerdeinstanz die Entscheidung des Beschwerdegerichts nicht ausschließlich auf der Erkenntnis des Rechts mit 48

2794 FGG, S. 334.

2795 Beschwerdeberechtigung (Fn. 55), S. 57 ff.

2796 Schmidt-Aßmann, in: Maunz/Dürig/Herzog/Scholz, GG, Art. 19 IV, Rn. 136, 142.

2797 Beschwerdeberechtigung (Fn. 55), S. 57 ff.

2798 Beschwerdeberechtigung (Fn. 54), S. 145.

den Methoden des Rechts beruhen würde[2799]. Die Schwierigkeiten der Literatur bei der Beschreibung der Beschwerdeinstanz als eines Verfahrens, das vom Beschwerdeführer eingeleitet wird, um subjektive Rechte geltend zu machen, liegt daher in der heteronomen Struktur auch des Beschwerdeverfahrens „der freiwilligen Gerichtsbarkeit“ begründet.

49 An dieser Stelle lässt sich genauer bestimmen, wie weit sich die Tätigkeit der Beschwerdeinstanz mit verwaltungsinternen Aufsichtsfunktionen vergleich lässt. Es hat sich nämlich gezeigt, das die Beschwerdeinstanz in den nichtstreitigen Verfahren der freiwilligen Gerichtsbarkeit in der Tat aufgrund ihrer Befugnis, eigene Zweckmäßigkeitsentscheidungen zu fällen, hinsichtlich der Ausübung der Aufgaben durch die Vorinstanz durchaus Aufsichtsfunktionen wahrzunehmen hat. Insofern stellt sich die Beschwerdeinstanz als Gewährleistung einer justizförmig ausgeübten Verwaltungstätigkeit dar. Mit ihr wird die Selbstkontrolle der durch die Justiz wahrgenommenen Verwaltung sichergestellt, die erforderlich ist, da eine hierarchische Kontrolle nach dem Vorbild der allgemeinen staatlichen Verwaltung aufgrund der richterlichen Unabhängigkeit ausscheidet.

50 Rechtstechnisch findet diese Funktion der Beschwerdeinstanz in den nichtstreitigen Verfahren der freiwilligen Gerichtsbarkeit ihren Niederschlag in der bereits angesprochenen besonderen Struktur der Beschwerdeberechtigung. Beschwerdegegenstand ist nicht eine Rechtsbeeinträchtigung des Beschwerdeführers, sondern die Sicherstellung einer sachgemäßen Entscheidung. Umgekehrt heißt das aber auch, dass in der Beschwerdeinstanz nicht nach dem Vorbild des streitigen Erkenntnisverfahrens das ungewisse Recht von Parteien festgestellt wird, sondern es wird eine administrative Zweckmäßigkeitsentscheidung getroffen. Für den Beschwerdeführer bedeutet das, dass er in der Beschwerdeinstanz nicht eine Entscheidung über die Rechtmäßigkeit der getroffenen administrativen Maßnahme des erstinstanzlichen Gerichts der nichtstreitigen freiwilligen Gerichtsbarkeit erhält. Die Beschwerdeinstanz gewährleistet damit in nichtstreitigen Verfahren der fG nicht den „Rechtsweg“, wie er durch Art. 19 Abs. 4 GG auch gegen administrative Maßnahmen von Gerichten garantiert wird. Deshalb ist danach zu fragen, wie in den nichtstreitigen Verfahren der freiwilligen Gerichtsbarkeit der Rechtsweggarantie des Art. 19 Abs. 4 GG Rechnung getragen wird.

51 Im verwaltungsgerichtlichen Verfahren berührt die richterliche Überprüfung der behördlichen Entscheidung Fragen der Zweckmäßigkeit erst, wenn die Verwaltung ihre Entscheidung nicht im Rahmen des ihr eingeräumten Ermessens

---

2799 Wie Schmidt-Aßmann funktionale Rechtsprechung – den Prozess gem. Art. 19 IV GG – charakterisiert: Schmidt-Aßmann , in: Maunz/Dürig/Herzog/Scholz, GG, Art. 19 IV, Rn. 12.

oder aufgrund sachfremder Erwägungen getroffen hat. Das Verwaltungsgericht setzt nicht sein Ermessen (seine Vorstellungen von einer zweckmäßigen Entscheidung) an die Stelle der Entscheidung der Verwaltung – bzw. es soll dies jedenfalls nicht. Es hat vielmehr den Ermessensgebrauch der Verwaltung nur unter dem Gesichtspunkt möglicher Unrechtmäßigkeit zu beurteilen. Die Entscheidungskompetenz des Beschwerdegerichts der freiwilligen Gerichtsbarkeit, die die vollständige Zweckmäßigkeitskontrolle umfasst, ist daher anders zu beurteilen, da hier die Ermessensentscheidungen der Gerichte der ersten Instanz der uneingeschränkten Nachprüfung durch das Beschwerdegericht unterliegen[2800]. Daher wäre hier die Beschränkung des Beschwerdegerichts auf eine Rechtmäßigkeitskontrolle ein Ermessensfehlgebrauch des Beschwerdegerichts[2801].

Das Beschwerdegericht kann seine Nachprüfung der erstinstanzlichen Entscheidung nicht darauf beschränken, festzustellen, ob bei dieser Entscheidung das (administrative) Ermessen des erstinstanzlichen entscheidenden Richters rechtmäßig ausgeübt worden sei (vgl. § 30 VwVfG). Das Beschwerdegericht umfasst vielmehr auch die vollständige Zweckmäßigkeitskontrolle[2802]. Das liegt de lege lata auch dran, dass die Beschwerdeinstanz als vollwertige zweite Tatsacheninstanz ihrer Entscheidung im Rahmen des Verfahrensgegenstandes auch neue Tatsachen zugrunde legen kann (§ 65 FamFG)[2803]. In der Beschwerdeinstanz der Verfahren der freiwilligen Gerichtsbarkeit findet also keine dem § 528 ZPO vergleichbare prozessuale Präklusion statt[2804]. Es geht in diesen Verfahren nicht um den Beweis des geltend gemachten Rechts, sondern um die Schaffung der Beweggründe der bezweckten gerichtlichen Handlung.[2805] Die Zweckmäßigkeitskontrolle durch das Beschwerdegericht beschränkt sich damit nicht auf den Rahmen, wie er der verwaltungsgerichtlichen Überprüfung von Ermessensentscheidungen aufgrund eines „subjektiven Rechts auf fehlerfreie 52

2800 Vgl. hier nur Winkler, in: Keidel, FGG, § 23, Rn. 6; Habscheid, FGG, § 32, IV 2, S. 235 und auch Unger, ZZP 39 (1910), S. 40 ff., 66-68. Anders (von verwaltungsrechtlichem Standpunkt aus) Schultzenstein, ZZP 25 (1899), S. 246 ff., weitere Nachw. bei Kissel, Diss. (Fn. 49), S. 55 f.

2801 KG Beschluss vom 21.3.1966, Az.: 1 W 725/66 = OLGZ 1966, 357, 360.

2802 So auch ausdrücklich Hormuth, Beschwerdeberechtigung (Fn. 54), S. 148 und schon Unger, ZZP 39 (1910), S. 40 ff., 59 et passim. Vgl. im Übrigen nur Keidl/Winkler, FGG, § 23, Rn. 6; Habscheid, FGG, § 32, IV 2, S. 235.

2803 Unger, ZZP, Bd. 39 (1910), S. 40 ff., 56/57; Jansen, FGG, § 23, Rn. 2, 4; Habscheid, FGG, § 34, II 2, S. 235.

2804 Anders bei echten Streitsachen: Habscheid, FGG, § 28, IV, 209 ff.; § 34, II 2, S. 240.

2805 Unger, ZZP 39 (1910), Se. 40 ff., 57.

Beschwerdeinstanz" im Verwaltungsprozess gesetzt ist[2806]. Die Entscheidung der Beschwerdeinstanz richtet sich vielmehr wie die erstinstanzliche Entscheidung auf die sachgerechte Entscheidung, so man hier auch von einem subjektiven Recht auf „die sachgerechte Entscheidung" spricht.[2807]

## V. Verfassungsrechtliche Wirkungen auf Statthaftigkeit und Zulässigkeit von Rechtsmitteln

### 1. Grenzen des Rechtsmittelzuges

53 Rechtsmittel sind statthaft, wenn sie überhaupt gesetzlich vorgesehen sind. Die Zulässigkeit betrifft das Vorliegen der Rechtsmittelvoraussetzungen. Aus dieser Unterscheidung ergibt sich folgende Konsequenz: Ist ein Rechtsmittel wegen Fristversäumnis oder Nichterreichens der Berufungssumme „an sich" unzulässig, so kann doch ggf. wegen offenkundiger Gesetzeswidrigkeit der erstinstanzlichen Entscheidung das Rechtsmittel zulässig werden. Ist ein Rechtsmittel dagegen unstatthaft, dann ist von vornherein keine zweite Instanz eingerichtet, an die sich der Beschwerte wenden könnte. In diesen Fällen kann das nächsthöhere Gericht seine Zuständigkeit im Rechtsmittelzug nicht aus einer etwaigen offenkundigen Gesetzeswidrigkeit der vorinstanzlichen Entscheidung begründen.

54 Die Begrenzung von Rechtsmitteln durch die gesetzliche Anordnung einer Statthaftigkeit nur in solchen Fällen, in denen das Rechtsmittel gegen insolvenzgerichtliche Entscheidungen ausdrücklich gesetzlich zugelassen worden ist, hat bereits im Vorfeld des Inkrafttretens der Regelung des § 6 Abs. 1 InsO im Jahr 1999 Kritik hervorgerufen. Dagegen wurde darauf aufmerksam gemacht, das Insolvenzverfahren stelle ein Verfahren dar, das der Sache nach dem Bereich der

---

2806 Vgl. hier allein die Kommentierung des § 114 VwGO bei Eyermann/Fröhler, Verwaltungsgerichtsordnung. 9. Aufl. 1988, Rn. 2, die darauf verweisen, dass als Kriterien der – rechtlich relevanten, gerichtlich einklagbaren – Ermessensfehlerhaftigkeit allein die Rechtsordnung herangezogen werden kann. Damit sind Kompetenzfragen angesprochen (Rn. 16); freilich hat ausschließlich die Behörde die Befugnis, über die Sachdienlichkeit einer Maßnahme zu befinden.

2807 Die Einführung eines „subjektiven Rechts auf sachgerechte Entscheidung" ist auf Unger zurückzuführen (ZZP 36 (1907), S. 1 ff., 108 f.). Wir werden noch sehen, dass Unger damit kein subjektives Recht im Sinne einer „Normsetzungsbefugnis" (Bucher) des Beschwerdeführers gemeint hat, sondern nur die verfahrensrechtliche Kompetenz, eine erneute Bescheidung durch das Rechtsmittelgericht zu begehren; vgl. auch Josef, ZZP 39 (1910), S. 332 ff., 336; Schlegelberger, FGG, § 20, Rn. 3, 4; Winkler, in: Keidel, FGG, § 20, Rn. 7; Furtner, DNotZ 1966, S. 7, 9 ff.; Kissel, Diss. (Fn. 49), S. 59. Anders die eingehende Darstellung bei Kamm, Die Beschwerdebefugnis in der freiwilligen Gerichtsbarkeit. Diss. Tübingen 1960, S. 30/31 sowie S. 101 ff.

nichtstreitigen freiwilligen Gerichtsbarkeit angehöre. Die Gerichte nehmen in den klassischen nichtstreitigen Verfahren aber keine Aufgaben materieller Rechtsprechung wahr. Vielmehr sind ihre Tätigkeiten als materielle Verwaltung zu qualifizieren. Dort, wo die Gerichte mit ihren Verrichtungen in Rechte der betroffenen Verfahrensbeteiligten eingreifen, stellt sich die Eröffnung eines Rechtsmittelzuges daher in einem anderen Lichte dar, als im streitigen Zivilprozess. Wo zwei Parteien um das zwischen ihnen geltende Recht streiten, dienen die Rechtsmittel im Wesentlichen dazu, Fehler der ersten Instanz bei der Feststellung der Tatsachengrundlage des Urteils zu korrigieren und im Übrigen die Gleichförmigkeit der Rechtsanwendung sicher zu stellen. Denn das Urteil in streitigen Zivilsachen greift nicht in dem Sinne in die Rechte der Parteien ein, wie dies bei Maßnahmen von Verwaltungsbehörden der Fall ist. Es stellt sich als Kognitionsakt dar, mit dem die Ungewissheit über das streitige Recht beseitigt wird (vgl. § 779 BGB zur Funktion des Vergleichs, an dessen Stelle, wird sein Abschluss verfehlt, das streitige Urteil tritt). Das Urteil, wenn der Rechtsstreit zweier Parteien beendet wird, ist der Rechtskraft fähig, d. h. es zielt auf den Abschluss des Streits durch eine endgültige Erkenntnis, die von den Parteien durch spätere Erhebung einer Klage über den betreffenden Streitgegenstand nicht mehr in Frage gestellt werden kann. Mit Entscheidung in Verwaltungsverfahren und Entscheidungen in nichtstreitigen Gerichtsverfahren verhält es sich anders. So sah § 18 FGG die Befugnis des Gerichts vor, in nichtstreitigen Sachen seine Verfügungen nicht allein dann abzuändern, wenn *facta supervenientia* eine abweichende Entscheidung nahe legen, weil sie eine andere rechtliche Subsumtion herbeiführen. Vielmehr kann das Gericht seine Entscheidungen abändern, weil es zu der Überzeugung gelangt ist, dass sie sich als nicht geboten – als unzweckmäßig – erweisen.

## 2. Rechtsmittel als Rechtsweg iSv Art. 19 Abs. 4 GG

### *a) Regelung der Beschwerde im FamFG*

Es hat sich gezeigt, dass in nichtstreitigen Verfahren, die dem Bereich der klassischen freiwilligen Gerichtsbarkeit zuzuordnen sind, Verfügungen getroffen werden, die sich nicht als Streitentscheidungen darstellen, sondern strukturell Gestaltungen der Verwaltung vergleichbar sind. Allein die justizielle Form, in der diese Entscheidungen vorgenommen werden, führt nicht dazu, dass sie bereits als Rechtsprechungsakte anzusehen wären. 55

Nach § 58 Abs. 1 S. 1 FamFG findet die Beschwerde gegen die im ersten Rechtszug ergangenen Endentscheidungen der Amtsgerichte und Landgerichte in Angelegenheiten nach dem FamFG statt, sofern nichts anderes durch Gesetz bestimmt ist. Im allgemeinen sind nach § 58 Abs. 1 S. 2 FamFG diejenigen Ent- 56 scheidungen, die der Endentscheidung vorausgegangen sind, nicht selbständig anfechtbaren, unterliegen aber im Rahmen der Anfechtung der Endentscheidung nach § 58 Abs. 2 FamFG der Beurteilung des Beschwerdegerichts.

57 Die Beschwerde kann nach § 65 Abs. 4 FamFG nicht darauf gestützt werden, dass das Gericht des ersten Rechtszugs seine Zuständigkeit zu Unrecht angenommen hat. Das stimmt mit § 2 FamFG überein.

58 Allgemein gilt nach § 59 Abs. 1 FamFG für alle Verfahrensarten, dass derjenige beschwerdeberechtigt ist, der durch den Beschluss in seinen Rechten beeinträchtigt ist. Dies ist gem. § 59 Abs. 2 FamFG in Antragsverfahren allein der Antragsteller, wenn der Antrag zurückgewiesen worden ist. Die Beschwerdeberechtigung von Behörden bestimmt sich gem. § 59 Abs. 3 FamFG nach den besonderen Vorschriften dieses oder eines anderen Gesetzes.

59 Von erheblicher Bedeutung ist die Regelung des § 62 FamFG. Denn in einer Reihe von Fallgestaltungen kommt es vor, dass, wenn sich die angefochtene Entscheidung in der Hauptsache erledigt hat, das Beschwerdegericht auf Antrag ausspricht, dass die Entscheidung des Gerichts des ersten Rechtszugs den Beschwerdeführer in seinen Rechten verletzt hat. Voraussetzung für eine solche „Fortsetzungsfeststellungsentscheidung" ist, dass der Beschwerdeführer ein berechtigtes Interesse an der Feststellung hat.

60 Die Regelung des § 59 FamFG gilt für alle Verfahrensbeteiligten, also auch für Minderjährige, die auch bei der Einlegung der Beschwerde von ihren Vormündern vertreten werden. Eine Sonderregelung trifft § 60 FamFG abweichend von der Grundregel des § 59 Abs. 1 FamFG für das Beschwerderecht Minderjähriger: S. 1 des § 60 FamFG ordnet an, dass ein Kind, für das die elterliche Sorge besteht, oder ein unter Vormundschaft stehender Mündel in allen seine Person betreffenden Angelegenheiten ohne Mitwirkung seines gesetzlichen Vertreters das Beschwerderecht ausüben kann. Diese Regelung trägt dem Umstand Rechnung, dass eine familiengerichtliche Maßnahme im Interesse des Minderjährigen getroffen und geeignet sein kann, sein Wohl zu fördern. Wäre allein § 59 Abs. 1 FamFG einschlägig, könnte das Rechtsmittel des Minderjährigen daran scheitern, dass die Vormünder der familiengerichtlichen Entscheidung zustimmen. Das Gleiche gilt nach § 60 S. 2 FamFG in sonstigen Angelegenheiten, in denen das Kind oder der Mündel vor einer Entscheidung des Gerichts gehört werden soll. Personen, die geschäftsunfähig sind oder bei Erlass der Entscheidung das 14. Lebensjahr nicht vollendet haben, können dagegen nach § 60 S. 3 FamFG kein Rechtsmittel in eigener Person, sondern nur durch ihre Vormünder einlegen.

61 Nach § 64 Abs. 1 S. 1 FamFG ist die Beschwerde durch Einreichung einer Beschwerdeschrift oder zur Niederschrift der Geschäftsstelle (§ 64 Abs. 2 S. 1 FamFG, Ausnahme: Ehesachen und in Familienstreitsachen, § 64 Abs.2 S. 2

FamFG) bei dem Gericht einzulegen, dessen Beschluss angefochten wird. Dies gilt nach § 64 Abs. 1 S. 2 FamFG auch für Anträge auf Bewilligung von Verfahrenskostenhilfe für eine beabsichtigte Beschwerde. Mit seiner Beschwerde muss der Beschwerdeführer den angefochtenen Beschlusses bezeichnen, erklären, dass Beschwerde gegen diesen Beschluss eingelegt wird und die Beschwerde in personam oder durch seinen Bevollmächtigten unterzeichnen.

Das Gericht, dessen Beschluss angefochten wird, hat gem. § 68 Abs. 1 S. 1 FamFG die Befugnis, der Beschwerde abzuhelfen, wenn es sie für begründet erachtet. Ist dies nicht der Fall, hat es die Beschwerde unverzüglich dem Beschwerdegericht vorzulegen. § 68 Abs. 1 S. 1 FamFG schließt die Abhilfebefugnis aus, wenn die Beschwerde sich gegen eine Endentscheidung in einer Familiensache richtet. 62

Nach § 65 Abs. 3 FamFG kann die Beschwerde auf neue Tatsachen und Beweismittel gestützt werden. Nach § 67 Abs. 1 FamFG ist die Beschwerde unzulässig, wenn der Beschwerdeführer hierauf nach Bekanntgabe des Beschlusses durch Erklärung gegenüber dem Gericht verzichtet hat. Eine entsprechende Regelung trifft § 67 Abs. 2 FamFG für die gem. § 66 FamFG statthafte Anschlussbeschwerde: Diese ist unzulässig, wenn der Anschlussbeschwerdeführer hierauf nach Einlegung des Hauptrechtsmittels durch Erklärung gegenüber dem Gericht verzichtet hat. Dagegen bewirkt gem. § 67 Abs. 3 FamFG der gegenüber einem anderen Beteiligten erklärte Verzicht nur dann die Unzulässigkeit der Beschwerde, wenn der Erklärungsempfänger sich darauf beruft. 63

*b) Die Rechtsbeschwerde*

Die Rechtsbeschwerde ist wie die Revision eine Instanz „reiner Rechtsanwendung“ – und damit eine Instanz, in der das Rechtsbeschwerdegericht Aufgaben materieller Rectsprechung wahrnimmt. Denn § 72 Abs. 1 S. 1 FamFG bestimmt, dass die Rechtsbeschwerde nur darauf gestützt werden kann, dass die angefochtene Entscheidung auf einer Verletzung des Rechts beruht. Und in Anlehnung an § 545 ZPO regelt § 72 Abs. 1 S 2 FamFG, dass das Recht verletzt ist, wenn eine Rechtsnorm nicht oder nicht richtig angewendet worden ist. 64

Auch die Rechtsbeschwerde in FamFG-Verfahren zielt ebensowenig wie die Revision im Zivilprozess auf eine allgemeine Kontrolle beschwerdegerichtlicher Entscheidungstätigkeit. Dies macht § 74 Abs. 1 FamFG deutlich, der bestimmt, dass die Rechtsbeschwerde zurückzuweisen ist, wenn die Begründung des angefochtenen Beschlusses zwar eine Rechtsverletzung ergibt, die Entscheidung sich aber aus anderen Gründen als richtig darstellt. 65

Die Rechtsbeschwerde eines Beteiligten ist gem. § 70 Abs. 1 FamFG statthaft, wenn sie das Beschwerdegericht oder das Oberlandesgericht im ersten Rechtszug in dem Beschluss zugelassen hat, wobei § 570 Abs. 2 FamFG be- 66 stimmt, dass die Rechtsbeschwerde zuzulassen ist, wenn die Rechtssache grundsätzliche Bedeutung hat oder die Fortbildung des Rechts oder die Sicherung einer einheitlichen Rechtsprechung eine Entscheidung des Rechtsbeschwerdegerichts erfordert. Die Rechtsbeschwerde gegen einen Beschluss des Beschwerdegerichts ist gem. § 70 Abs. 3 FamFG ohne Zulassung in Betreuungssachen zur Bestellung eines Betreuers, zur Aufhebung einer Betreuung, zur Anordnung oder Aufhebung eines Einwilligungsvorbehalts, Unterbringungssachen sowie statthaft Freiheitsentziehungssachen.

*c) Judikatur des BVerfG zur Auswahl des Insolvenzverwalters*

67 Die erste *Senats*entscheidung des BVerfG zu Fragen der Auswahl und der Bestellung des Insolvenzverwalters durch das Insolvenzgericht ist von erheblicher Bedeutung, da sie die bisherige Judikatur der Kammer des BVerfG[2808] in diesen Angelegenheiten aufgreift und bestätigt. Dem vorliegenden Beschluss[2809] liegt folgender hier abgekürzt wiedergegebener Sachverhalt zugrunde:

68 Der Verfassungsbeschwerde führende Rechtsanwalt war vom Jahr 1998 an vom Insolvenzgericht in etwa 350 Verfahren zum Insolvenzverwalter bestellt worden und hielt zu der Bewältigung der damit verbundenen Aufgaben einen umfangreichen Mitarbeiterstab vor. Das fragliche Amtsgericht nahm dem Beschwerdeführer im Übrigen in die zentrale Kartei des Gerichts auf, in der die Namen derjenigen Personen gelistet sind, deren Eignung als Insolvenzverwalter von den zuständigen Richtern allgemein bejahrt wurde. Mitte 2004 wurde der Beschwerdeführer als Sachverständiger in einem Eröffnungsverfahren und dann zum vorläufigen Insolvenzverwalter bestellt. Mit dem Eröffnungsbeschluss wurde aber nicht er sondern ein früher bei ihm beschäftigter Rechtsanwalt zum Insolvenzverwalter bestellt und der Beschwerdeführer seit diesem Zeitpunkt vom Insolvenzgericht in nahezu 100 Verfahren nicht berücksichtigt. Beim zuständigen OLG hatte der Beschwerdeführer dann nach § 23 ff. EGGVG beantragt, die Bestellung seines früheren Mitarbeiters aufzuheben und das Insolvenzgericht anzuweisen, ihn bei künftigen Bestellungsentscheidungen nicht zu übergehen. Das OLG verwarf diese Anträge, da die Entscheidung über die Bestellung und Auswahl des Insolvenzverwalters Akte der Rechtsprechung im funktionellen Sinne zum Gegenstand hätten und daher nicht dem Anwendungsbereich des § 23 Abs. 1 EGGVG unterlägen. Dies ist im Übrigen von einem Gutachten von Prof. Dr. Höfling bestätigt worden, der die Verwalterbestellung als von Art. 19 Abs. 4 GG nicht erfasste Rechtsprechungstätigkeit qualifiziert.

---

2808 BVerfG, Beschluss vom 9.2.2005, Az.: 1 BvR 2719/04 = DZWIR 2005, 242.
2809 BVerfG Beschluss vom 23. 5. 2006, Az.: 1 BvR 2530/04 = DZWIR 2006, 362-367.

Dem ist das BVerfG mit zutreffenden Erwägungen entgegengetreten. Die Verwalterauswahl unterfällt dem Bereich materieller Verwaltungstätigkeit der Insolvenzgerichte[2810], gegen die nach Art. 19. Abs. 4 GG grundsätzlich der Rechtsweg eröffnet wird.[2811] Das BVerfG sieht in diesem Zusammenhang insbesondere, dass die Eröffnung des Rechtsweges gegen die materiell zum Bereich verwaltender Tätigkeit der Insolvenzgerichte gehörende Entscheidungen über Auswahl und Bestellung des Insolvenzverwalters nicht durch § 6 Abs. 1 InsO beschränkt wird. Denn als Regelung des einfachen Gesetzesrechts kann § 6 Abs. 1 InsO aber den Rechtsweg nicht verstellen, wenn dieser von Verfassungs wegen eröffnet sein sollte. Auch dies entspricht im Übrigen der Judikatur des BGH in der bekannt gewordenen Sachverständigenentscheidung.[2812] Art. 19 Abs. 4 GG eröffnet den Rechtsweg gegen Entscheidungen, die materiellen Verwaltungscharakter haben, zum Schutz der subjektiven Rechte des Betroffenen. 69

Verletzt das Insolvenzgericht nach Meinung eines übergangenen Prätendenten Art. 3 Abs. 1 GG folgt aus Art. 19 Abs. 4 GG gleichwohl kein „Rechtsschutz" des übergangenen Bewerbers in Gestalt von Konkurrentenklagen. Der erkennende Senat leitet dies u. a. aus dem Grundsatz praktischer Konkordanz[2813] ab, der bei der Auslegung der Grundrechte zu berücksichtigen sei und den er im vorliegenden Fall aus der Abwägung des Interesses des Prätendenten an willkürfreier Entscheidung auf der einen Seite und den grundrechtlich geschützten Eigentumsrechten von Gläubigern und Schuldner auf der anderen Seite ableitet. Letzteren spricht der erkennende Senat Vorrang zu. 70

*d) Judikatur des BGH: Der „Sachverständigenbeschluss"*

Lange wurde verfassungsrechtlich die Auffassung vertreten, gegen Entscheidungen von Gerichten sei von Verfassungswegen die Einrichtung eines Rechtsmittelzuges nicht erzwungen, da ein Rechtsschutz gegen Richter nicht gewährt werde; Art. 19 Abs. 4 GG sei insofern teleologisch zu reduzieren. Seit den 80er 71

---

2810 Smid, Rechtsprechung. Zur Unterscheidung von Rechtsfürsorge und Prozeß, 1990, 397 ff., 473 ff., 555 ff.

2811 Es ist erstaunlich, dass der VID ein Gutachten hat erstellen lassen, das in eklatanter Weise der Judikatur des BGH und des BVerfG widerspricht, die in dieser Angelegenheit mit zutreffenden Argumenten seit 3 Jahren festgelegt sind. Aus rechtstheoretisch-rechtswissenschaftlichen Gründen mag man ja einem formellen Rechtsprechungsbegriff folgen, wie er etwa in Österreich vertreten wird. Dass dies in Deutschland nicht der Rechtslage entspricht, ist lange vor der Judikatur des BVerfG in einer Reihe von Untersuchungen nachgewiesen worden.

2812 BGH, Beschluss vom 4.3.2004, Az.: IX ZB 133/03 = ZIP 2004, 915; hierzu eingehend Smid, DZWIR 2004, 359 ff.

2813 Statt vieler Jarass/Pieroth, GG, Einl. Rn. 10; Hesse, Verfassungsrecht, 20. Aufl. 1999, Rn. 317 ff.

Jahren ist diese Ansicht einer differenzierenden Betrachtungsweise unterworfen worden. Der BGH[2814] hat in diesem Zusammenhang über folgenden Sachverhalt zu entscheiden gehabt:

72 Das Insolvenzgericht hat mit Beschluss vom 22.1.2003 die Einholung eines schriftlichen Sachverständigengutachtens angeordnet, nachdem gegen den schuldnerischen Rechtsanwalt vom Finanzamt wegen einer Steuerforderung von ca. 39.000 € die Eröffnung des Insolvenzverfahrens über das Vermögen des Schuldners beantragt worden ist. Mit seinem Beschluss hat das Insolvenzgericht den Sachverständigen u. a. ermächtigt, die Wohn- und Geschäftsräume des Schuldners zu betreten, soweit dies zur Aufklärung der Vermögensverhältnisse des Schuldners erforderlich sei. Mit auf Anregung des Sachverständigen erlassenen Anordnungsbeschlusses vom 16.4.2003, ist der Sachverständige zum vorläufigen Insolvenzverwalter ernannt worden. Der Schuldner hat sich mit der als unzulässig verworfenen Beschwerde und Rechtsbeschwerde gegen diese Anordnung gewandt.

73 Der IX. Zivilsenat hat seine Entscheidung auf drei Säulen gestützt: Das insolvenzgerichtliche Eröffnungsverfahren ist als nichtstreitiges Verfahren zu qualifizieren, das der nichtstreitigen freiwilligen Gerichtsbarkeit angehört oder doch strukturell entspricht; in diesem nichtstreitigen Verfahren nehmen die Richter Aufgaben materieller Verwaltung wahr; soweit sie damit Grundrechtseingriffe verwirklichen, ist der Rechtsweg gegen ihre Maßnahmen und Entscheidungen gem. Art. 19 Abs. 4 GG eröffnet – was im Wege der Eröffnung des Rechtsmittelzuges geschieht.

74 § 6 Abs. 1 InsO schränkt dies nicht ein, da nach Ansicht des IX. Zivilsenats das Gesetz nur dann Rechtsmittel ausschließt, soweit es sich um Entscheidungen und Maßnahmen handelt, zu denen das Gericht von Gesetzes wegen ausdrücklich befugt ist. Findet sich wie im vorliegenden Fall dagegen keine Ermächtigung des Insolvenzgerichts zu einer bestimmten Entscheidung im Gesetz und greift das Gericht mit seiner nicht von einer entsprechenden gesetzlichen Ermächtigung gedeckten Entscheidung in Grundrechte des betroffenen Adressaten der Entscheidung ein, eröffnet Art. 19 Abs. 4 GG hiergegen den Rechtsweg.

75 Im Einzelnen stellt sich der Argumentationsgang, den der IX. Zivilsenat wählt, folgendermaßen dar: Der IX. Zivilsenat des BGH hat die gegen die Anordnung des Insolvenzgerichts gerichtete Rechtsbeschwerde, mit der der Sachverständige zum Betreten der Wohnung des Schuldners ermächtigt wurde, entgegen der Rechtsauffassung der Vorinstanz als zulässig qualifiziert und sich dabei auf das aus Art. 19 Abs. 4 GG gefolgerte Gebot effektiven Rechtsschutzes

2814 BGH, Beschluss vom 4.3.2004, Az.: IX ZB 133/03 = DZWIR 2004, 381 = ZIP 2004, 915 = BGHZ 158, 212.

gestützt. Denn die Anordnung des Insolvenzgerichts berührt das Grundrecht des Schuldners auf Unverletzlichkeit in seiner Wohnung aus Art. 13 GG. Art. 19 Abs. 4 GG wendet der IX. Zivilsenat einer Judikatur des BVerfG folgend an[2815] und führt aus, auch die richterliche Tätigkeit im Insolvenzverfahren sei als Ausübung exekutiver, nicht judikativer Gewalt zu qualifizieren. Dass anders als z.B. in der Schweiz keine Konkursbehörde, sondern ein Gericht und dort im Eröffnungsverfahren der Richter die funktionale Zuständigkeit im Eröffnungsverfahren ausübe, habe allein den Grund, dass besondere „rechtsstaatliche Gründe" für die Überantwortung derartiger Aufgaben an Richter sprächen – was zutreffend ist, da der Gesetzgeber die statusrechtlich außerordentlich folgenreichen Entscheidungen im Eröffnungsverfahren nicht weisungsgebundenen Behörden, sondern unabhängigen Richtern anvertraut hat. Mit diesen Erwägungen grenzt sich der IX. Zivilsenat klar von der Gegenmeinung ab, die das Eröffnungsverfahren als Teil richterlicher Tätigkeit beschreibt, was im Wesentlichen ergebnisorientiert seinen Grund darin hat, dass diese Meinung damit auf die richterlichen Entscheidungen einschließlich des Erlasses des Eröffnungsbeschlusses das Richterspruchprivileg des § 839 Abs. 2 BGB anwenden will. Dagegen qualifiziert der BGH die Tätigkeit auch des Richters im Eröffnungsverfahren als materiell im Bereich der Verwaltung zugehörende Tätigkeit, die einer „Kontrolle" im Wege der Überprüfung durch Rechtsmittel offen stehen müsse, damit Art. 19 Abs. 4 GG Rechnung getragen werde. Danach wird gegen insolvenzgerichtliche Maßnahmen und Entscheidungen, die materiell einen verwaltenden Charakter haben, der von Art. 19 Abs. 4 GG eröffnete Rechtsweg durch die Einräumung von Rechtsmitteln eröffnet, was schon deshalb plausibel ist, weil es sich verbietet, gegen die Entscheidungen einer Gerichtsbarkeit den Rechtsweg zu einer anderen Gerichtsbarkeit (etwa der Verwaltungsgerichtsbarkeit) zu eröffnen. Die Beschränkung der sofortigen Beschwerde auf diejenigen Fälle, in denen das Gesetz dieses Rechtsmittel gegen eine vom Insolvenzgericht angeordnete Maßnahme zulässt, steht folgerichtig nach Ansicht des IX. Zivilsenats dem nicht entgegen. Zur Begründung hierfür bedient sich der IX. Zivilsenat aber nicht des Argumentationsgangs, der im Verfahrensrecht unter der Überschrift der Zulassung von Rechtsmitteln wegen greifbarer Gesetzeswidrigkeit angegriffenen Entscheidung verhandelt wird. Der BGH fasst in seinem vorliegenden Beschluss die mannigfaltigen damit angesprochenen Probleme für die von ihm zu entscheidende Fallgestaltung konkreter: § 6 Abs. 1 InsO bestimmt, dass die sofortige Beschwerde zulässig ist, wenn insoweit die InsO überhaupt dem Insolvenzge-

2815 BVerfG, Beschluss vom 5.12.2001, Az.: 2 BvR 527/99, 2 BvR 1337/00, 2 BvR 1777/00 = NJW 2002, 2456 ff = BVerfGE 104, 220, 231 ff.; Beschluss vom 30.4.2003, Az.: 1 PBvU 1/02, = NJW 2003, 1924 ff. = BVerfGE 107, 395, 406.

richt die Befugnis einräumt, bestimmte Maßnahmen zu treffen und Entscheidungen zu fällen. Soweit sich gerichtliche Anordnungen in diesem gesetzlichen Rahmen bewegen, kann sich der Betroffene dagegen mit dem Rechtsmittel der sofortigen Beschwerde wehren – etwa um geltend zu machen, dass die gesetzlich geregelten Voraussetzungen für den Erlass der Anordnung im konkreten Fall nicht gegeben sind. Soweit die indes angegriffene gerichtliche Maßnahme „von vorneherein außerhalb der Befugnisse" liegt, „die dem Insolvenzgericht von Gesetzes wegen verliehen sind, fehlt es an einer solchen insolvenzrechtlichen Regelung, auf die sich das Enumerationsprinzip beziehen könnte", wie der IX. Zivilsenat wörtlich ausführt. Ist m.a.W. die Gesetzesverletzung, die der Beschwerdeführer rügt, deshalb „greifbar", weil das Fehlen einer gesetzlichen Ermächtigung sie augenfällig macht, bewegt sich die Frage der Zulässigkeit der sofortigen Beschwerde außerhalb des Rahmens des § 6 Abs. 1 InsO, der ihre Zulässigkeit damit nicht einschränkt. Soweit sich der Beschwerde führende Rechtsanwalt gegen die Ermächtigung des nach § 5 Abs. 1 S. 2 InsO ernannten Sachverständigen zur Durchsuchung seiner Wohn- und Geschäftsräume gewandt hat, greift nach dem vorliegenden Beschluss des IX. Zivilsenats § 6 Abs. 1 InsO daher nicht ein. Denn die InsO ermächtigt das Insolvenzgericht allein zum Erlass einer vorläufigen Anordnung, mit der ein als Gutachter fungierender vorläufiger Insolvenzverwalter (§ 22 Abs. 3 InsO i. V. m. § 21 Abs. 2 Nr. 1 InsO) eingesetzt wird, der dann von Gesetzes wegen die Befugnis zum Betreten der Geschäftsräume des Schuldners hat – wobei der IX. Zivilsenat darauf hinweist, dass Wohnräume aufgrund der zitierten gesetzlichen Ermächtigung nur unter der Voraussetzung betreten werden dürfen, soweit in ihnen ein Teil des Geschäftsbetriebs des Schuldners stattfindet. Da eine solche gesetzliche Ermächtigung zum Betreten der Wohn- und Geschäftsräume des Schuldners durch den nach § 5 Abs. 1 S. 2 InsO bestellten Sachverständigen fehlt, sieht der IX. Zivilsenat den Beschwerdeführer gegen eine derartige Anordnung als beschwerdefähig an[2816].

*e) Beschwer und Rechtsweggarantie*

76 Einer weitere Entscheidung des BGH[2817] zeigt die Reichweite des aus Art. 19 Abs. 4 GG gewährten verfahrensrechtlichen Rechtsschutzes des Schuldners gegen Fehlentscheidungen des Insolvenzgerichts:

77 Die auf fehlende Deckung der Verfahrenskosten gestützte sofortige Beschwerde einer Schuldnerin gegen den Eröffnungsbeschluss des Insolvenzgerichts, der Antrag eines Gläubigers ergangen war, war abgewiesen worden, weil

2816 Die Gegenansicht des OLG Köln, Beschluss vom 1.12.2000, Az.: 2 W 231/00 = NZI 2001, 598 hat der BGH damit als unzutreffend verworfen.

2817 BGH, Beschluss vom 15.7.2004, Az.: IX ZB 172/03 = DZWIR 2003, 387.

das Beschwerdegericht davon ausging, die Schuldnerin sei in ihrer Rechtsstellung durch den Eröffnungsbeschluss nicht beeinträchtigt, da es bereits an einer Beschwer fehle.

Der BGH hat dagegen auf das Vorliegen einer Beschwer erkannt und ausgeführt, im Eröffnungsbeschluss liege jedenfalls eine materielle Beschwer des Schuldners. Der IX. Zivilsenat meint zutreffend, im Falle eines Fremdantrages liege sogar eine formelle Beschwer vor. Allenfalls kann es an einem für die Zulässigkeit der Beschwerde erforderlichen besonderen Rechtsschutzbedürfnis fehlen. Dies wird z.T. angenommen, wenn der Schuldner sich im Falle eines Fremdantrages auf Masseunzulänglichkeit beruft. Dem ist der BGH nicht gefolgt, sondern meint mit überzeugenden Argumenten, dass ein Rechtsschutzbedürfnisses des Schuldners für die Einlegung der sofortigen Beschwerde gegen den Eröffnungsbeschluss aufgrund mangelnder Kostendeckung vorliegt, da er in diesen Fällen schutzwürdig ist. 78

Der IX. Zivilsenat führt dies anhand der Folgen aus, die der Erlass des Eröffnungsbeschlusses über das Vermögen einer KG zeitigt, die keine natürliche Person als persönlich haftenden Gesellschafter aufweist. In diesen Fällen wird die Gesellschaft mit Rechtskraft des Abweisungsbeschlusses aufgelöst (§ 161 Abs. 2, § 131 Abs. 2 Nr. 1 HGB) und von Gesetzes wegen werden sämtliche Gesellschafter zu Liquidatoren berufen, die gemäß § 146 Abs. 1 Satz 1 HGB ihre Gesellschaft abwickeln. Die Eröffnung des Insolvenzverfahrens über das Vermögen der Gesellschaft hat demgegenüber zur Rechtsfolge, dass ein Insolvenzverwalter zu berufen ist, wenn nicht die Insolvenzschuldnerin Antrag gemäß § 270 InsO gestellt hat und die Voraussetzungen für die Anordnung der Eigenverwaltung gegeben sind. Der Schuldner hat daher in Fällen der Eröffnung des Insolvenzverfahrens trotz mangelnder Verfahrenskostendeckung im Sinne von § 26 Abs. 1 InsO ein Rechtsschutzbedürfnis zur Einlegung der sofortigen Beschwerde, da die Schuldnerin durch den Eröffnungsbeschluss regelmäßig daran gehindert wird, durch die hierfür gesetzlich vorgesehenen Organe gleichsam „eigenverwaltend" die Abwicklung ihres Vermögens zu betreiben. Die vorliegende Entscheidung reiht sich somit in die Tendenz der Judikatur des IX. Zivilsenats ein, dem Schuldner effiziente Rechtsbehelfe gegen die Verkürzung seiner Grundrechte durch das und im Insolvenzverfahren einzuräumen. 79

## VI. Keine Deduktion zivilverfahrensrechtlicher Strukturen aus verfassungsrechtlichen Wertungen

### Gefahr einer Verdoppelung der Rechtsordnung

80 Die Öffnung des Rechtswegs gegen Entscheidungen in Verfahren, die der Zivilrechtspflege angehören, muss sich freilich an den jeweiligen Verfahrens- und Rechtslagen orientieren, in denen sich die Beteiligten befinden – muss m.a.W. der Struktur des bürgerlichen materiellen Rechts Rechnung tragen. Dies geschieht freilich nicht immer dann, wenn man allein abstrakt (unter Absehung von der Struktur des materiellen bürgerlichen Rechts) von Art. 19 Abs. 4 GG her argumentiert, wie eine Entscheidung des BVerfG aus dem Jahr 2000 deutlich macht:

81 Dort ging es um einen Fall, in dem der Rechtspfleger Geschäfte des Nachlasspflegers (§ 1960 BGB) eine Genehmigung nach den § 1915 Abs. 1, §§ 1821, 1822 BGB erteilt hatte. Die – nicht hiervon unterrichtete Erbin wandte sich erfolglos gegen die Genehmigung.

82 Das BVerfG[2818] hat judiziert, dass In Verfahren vor dem Rechtspfleger sich die Pflicht zur Anhörung der in ihren Rechten Betroffenen nach dem rechtsstaatlichen Grundsatz eines fairen Verfahrens und nicht nach Art 103 Abs 1 GG bestimmt. Zur Gewährleistung eines möglichst lückenlosen gerichtlichen Schutzes aus Art 19 Abs 4 GG gegen die Verletzung der Rechtssphäre des Einzelnen durch Eingriffe der öffentlichen Gewalt[2819] hat das BVerfG[2820] ausgeführt, Akte des Rechtspflegers gehörten zur öffentlichen Gewalt iSv Art. 19 Abs. 4 GG. Soweit Rechtspflegerin Rechte des Bürgers eingreifen, müssen nach der zitierten Entscheidung des BVerfG[2821] auch diese Akte vollständig, das heißt in rechtlicher und tatsächlicher Hinsicht, der *richterlichen* Prüfung unterstellt werden können. Seinerzeit hat das BVerfG die Regelung der §§ 62, 55 FGG als mit Art 19 Abs. 4 GG unvereinbar angesehen, soweit sie den in ihren Rechten Betroffenen jede Möglichkeit verwehren, Entscheidungen des Rechtspflegers der Prüfung durch den Richter zu unterziehen. Denn § 55 FGG sah vor, dass eine Verfügung, durch welche die Genehmigung zu einem Rechtsgeschäft erteilt oder verweigert wird, von dem Vormundschaftsgericht insoweit nicht mehr geändert werden konnte, als die Genehmigung oder deren Verweigerung einem Dritten gegenüber wirksam geworden ist. Und § 62 FGG sah vor, dass auch das Beschwerdegericht nicht berechtigt, die Verfügung zu ändern, soweit diese nach §

---

2818 BVerfG, Beschluss vom 18.1.2000, Az.: 1 BvR 321/96 = NJW 2000, 1709.
2819 BVerfG, Beschluss vom 27.10.1997, Az.: 1 BvR 385/90 = DVBl 2000, 346.
2820 BVerfG (Fn. 2818).
2821 BVerfG (Fn. 2818).

55 FGG von dem Vormundschaftsgericht nicht mehr geändert werden konnte. Dies konnte, so das BVerfG[2822], zur Folge haben, dass eine richterliche Überprüfung der Rechtspflegerentscheidung faktisch nicht möglich war. Damit sei nicht allein eine Zugangserschwernis zum Rechtsweg, sondern ein vollständiger Rechtswegausschluss verbunden.

Bekanntlich hat der Gesetzgeber hierauf mit der Regelung des § 47 FamFG 83
reagiert.[2823] Danach hat die Aufhebung eines "ungerechtfertigten" Beschlusses, durch den jemand die Fähigkeit oder die Befugnis erlangt, ein Rechtsgeschäft vorzunehmen oder eine Willenserklärung entgegenzunehmen, auf die Wirksamkeit der inzwischen von ihm oder ihm gegenüber vorgenommenen Rechtsgeschäfte keinen Einfluss, soweit der Beschluss nicht von Anfang an unwirksam ist – der Beschluss also nicht "das Kainsmal der Unwirksamkeit auf der Stirn trägt".

Aber auch heute ist es noch aus verfahrensrechts-methodischen Gesichts- 84
punkten interessant, sich mit der Art der Argumentation des BVerfG auseinanderzusetzen – was zugleich deutlich werden lässt, dass die Regelung des § 47 FamFG sich als sachgerecht erweist, obwohl der von einem „ungerechtfertigten" Beschluss belastete Verfahrensbeteiligte (die Miterbin im Falle des BVerfG[2824]) die materiellen Wirkungen des Beschlusses mit dessen rechtsmittelrechtlicher Anfechtung (auch) nach heute geltendem Recht nicht z beseitigen vermag. Gegen die Art der Argumentation des BVerfG hat seinerzeit *Pawlowski*[2825] kritisch bemerkt, dass die – naturgemäß aus der Perspektive des Verfassungsrechts – erfolgende Herangehensweise des BVerfG die verschiedenen verfahrens- und materiellrechtlichen Probleme des Falles in einer Weise vermische, die den Blick auf die aufgeworfenen Sachprobleme verdecke. Verfahrensrechtlich mag nämlich der Genehmigungsbeschluss „ungerechtfertigt" sein. Dessen Verfahrensfehlerhaftigkeit aber betrifft den Vertragspartner (den Dritten), mit dem das gleichwohl immerhin genehmigte Rechtsgeschäft abgeschlossen worden ist, nicht – zumal er regelmäßig keine verfahrensrechtliche Möglichkeit hatte, sich an dem Genehmigungsverfahren zu beteiligen und dort frühzeitig durch entsprechende Rügen die Vermeidung von Verfahrensfehlern zu bewirken.

2822 BVerfG (Fn. 2818).
2823 Bumiller/Harders, in: Bumiller/Harders, FamFG, § 47 Rn. 1.
2824 BVerfG (Fn. 2818).
2825 Pawlowski JZ 2000, 913 ff.

# § 34 Funktion von Rechtsmitteln

## I. Korrekturfunktion und Rechtsvereinheitlichungsfunktion

### 1. Fragestellung

1 Nach den bisherigen Überlegungen lassen sich zwei Funktionen für die gesetzlich zugelassenen Rechtsbehelfe ausmachen: aus der Sicht der Parteien haben Rechtsmittel eine Korrekturfunktion, um die behaupteten Mängel der angegriffenen Entscheidung zu beseitigen.[2826] Aus der Sicht der Justizorganisation haben Rechtsmittel zudem eine Rechtsvereinheitlichungsfunktion.[2827]

2 Man nennt als Zweck des Rechtsmittelzuges auch häufig die Gewährleistung der Richtigkeit der angefochtenen Entscheidung[2828]. Das ist gewiss zutreffend, bleibt aber doch noch zu ungenau, um Aussagen über die Funktion des Rechtsmittelverfahrens zu erlauben. Denn es leuchtet ein, dass die bloße Wiederholung einer Instanz – und damit die Verlängerung des Prozesses bis zur rechtskräftigen Entscheidung – für sich genommen – noch keine Gewähr dafür bietet, dass eine richtigere Entscheidung gefällt werden kann. Es empfiehlt sich daher, in der Analyse des Rechtsmittelverfahrens auf eher technische Erklärungen zurückzugreifen.

### 2. Probleme einer Wiederholung der Tatsacheninstanz

3 Rechtsmittel dienen der Überprüfung der erst- bzw. zweitinstanzlichen Entscheidung.[2829] Die Überprüfung der erstinstanzlichen Entscheidung mit einer zweiten Tatsacheninstanz dient gewiss nicht der Verbesserung des Beweises der streitigen Tatsachen. Denn soweit es nicht um Urkundenbeweis (also die Beweisführung mit Beweiskonserven) geht, verschlechtert sich die Beweislage insbesondere auf dem Gebiet des Zeugenbeweises[2830], da regelmäßig, soweit die Zeugen überhaupt noch greifbar sind, deren Erinnerungsvermögen reduziert ist. Die Wiederholung der Beweisaufnahme in der Berufungs- als Tatsacheninstanz hat daher im Wesentlichen unter der Voraussetzung einen Sinn, dass verfahrensrechtliche Fehler der Vorinstanz korrigiert werden.

2826 Rimmelspacher, in: MünchKomm, ZPO, Vorbem. § 511 ff., Rn. 1, 3.
2827 Rimmelspacher, in: MünchKomm, ZPO, Vorbem. § 511 ff., Rn. 3.
2828 Vgl. Gilles, Rechtsmittel im Zivilprozeß, S. 51 ff.
2829 Ball, in: Musielak, ZPO, Vorbem. § 511 Rn. 1.
2830 Rimmelspacher, in: MünchKomm, § 538 Rn. 43.

4 Die Verdoppelung der (Tatsachen-)Instanzen dient noch vor materiellen Richtigkeitsfragen dem Zweck, die Objektivität – also die Neutralität und Unparteilichkeit – der Entscheidung sicherzustellen[2831]. Die Einrichtung einer Berufungsinstanz stellt sicher, dass die erstinstanzlich entscheidenden Gerichte das Recht unparteiisch und gleichförmig anwenden, wozu das erstinstanzliche Verfahren in der Berufungsinstanz wiederholt werden kann. Die Einrichtung eines Rechtsmittelzuges erfüllt insofern auch einen Disziplinierungszweck: Die Gerichte sind gehalten, sich an die Vorentscheidungen des geltenden Rechts zu halten und von ihnen nur in besonders begründeten Fällen abzuweichen. Andernfalls laufen sie Gefahr, von der höheren Instanz aufgehoben zu werden. Vor diesem Hintergrund erweist sich freilich die Judikatur des Bundesverfassungsgerichts als richtig, sofern sie die Einrichtung von Rechtsmittelzügen im Prozessrecht aus dem Garantiebereich des Art. 19 Abs. 4 GG in die Sphäre der rechtspolitischen Entscheidung verweist – die sich bei ihren Zweckmäßigkeitsentscheidungen freilich als „Rechtserkenntnis im weiteren Sinne" (*Pawlowski*) darstellt, da sie die Folgen einer Streichung von Rechtsmittelzügen für den Prozess zu bedenken hat[2832].

5 Die Revision dient der Kontrolle der richtigen Anwendung des Rechts durch die Vorinstanzen. Diese Kontrolle ist von Gesetzes wegen unter den Vorbehalt gestellt, dass damit eine abweichende Judikatur verschiedener Oberlandesgerichts vermieden werden soll.

## II. Rechtsmittel als „fleet in being"[2833]

6 Nun ist der Instanzenzug im Prozess – also die Kontrolle einer rechtsprechenden Instanz durch die nächste - verfassungsrechtlich nicht garantiert. Das lenkt vom Verfassungsrecht den Blick auf die Funktionsweisen des Prozessrechts.

7 Die bloße Existenz des Rechtsmittels hat heilsame Wirkungen. Rechtsprechung wird von Richtern ausgeübt, die als Menschen vor menschlichen Schwächen nicht geschützt sind. Irrtum aus Unkenntnis, Parteilichkeit aufgrund Verärgerung oder in seltenen Fällen gar böser Wille, welche Ursache auch immer er haben mag, können den Richter dazu veranlassen, eine falsche Entscheidung zu treffen. Sowohl prozessual als auch gerichtsverfassungsrechtlich betrachtet stellen sich Rechtsmittel als das Instrument dar, Fehlentscheidungen zu korrigieren.

2831 Pawlowski, ZZP 80 (1967), S. 345 ff., 380 ff.

2832 Worauf in der Literatur besonders Bauer, Gerichtsschutz als Verfassungsgarantie. 1973, S. 100 f., hingewiesen hat.

2833 Vgl. hierzu F. Leonhardt, Zurückweisung der Berufung durch Beschluss, Diss Kiel 2011, Berlin 2013.

Nun werden Fehlentscheidungen ganz unwillkürlich immer vorkommen. Unabhängig davon, ob vor dem Amtsgericht in erster oder dem BGH in der Revision prozessiert wird, ist es nicht ausgeschlossen, dass ein Sachverhalt missverstanden oder gar das Recht verkannt wird. So wie der Irrtum menschlich ist lassen sich gerichtliche Fehlentscheidungen nie ausschließen.

Doch gibt es einen Bereich zwischen dem Irrtum und der Rechtsbeugung, der beherrschbarer ist als der Unverstand. Denn sowohl der böse Wille als auch Faulheit lohnen sich nicht, wenn die konkrete Gefahr droht, in einer Rechtsmittelinstanz entdeckt und korrigiert zu werden. Unabhängig davon, ob *in concreto* ein Rechtsmittel eingelegt wird, ist die Möglichkeit, eine gerichtliche Entscheidung durch die Einlegung von Rechtsmitteln überprüfen zu lassen, Garant dafür, dass Richter in den meisten Fällen sich bemühen werden, ordentlich das anzuwendende Recht zu ermitteln und es ebenso gewissenhaft anzuwenden. Verfassungsrechtlich ausgedrückt wird die Bindung des Richters an Recht und Gesetz (Art. 20 Abs. 3 GG) in der erdrückenden Vielzahl der Fälle dadurch gewährleistet, dass das Wissen um die Aufhebbarkeit der eigenen Entscheidung disziplinierende Wirkungen zeitigt. 8

Die generelle gesetzliche Regelung von Rechtsmitteln stellt etwas dar, was dem Phänomen einer „fleet in beeing“ entspricht. 9

Ein Beispiel mag dies belegen:[2834] Der Reformgesetzgeber hat vor ein und einem halben Jahrzehnt die Eigenverwaltung insolventer Schuldner als Mittel gesehen, den Schuldner zur frühzeitigen Antragstellung anzuregen.[2835] Die gesetzlichen Regelungen über die Eigenverwaltung des Schuldners werden indes in der Praxis nicht angewandt, sieht man von vereinzelt gebliebenen Fällen ab. Der Gesetzgeber hat hierauf durch die Herabsetzung der Schwellen reagiert, die das Gesetz für die Anordnung der Eigenverwaltung normiert. Die Maßregeln des ESUG zur Förderung der Anordnung der Eigenverwaltung sind indessen nicht auf die Funktionsweise der Justiz hin strukturiert. Die materiell-rechtliche Entschlackung des § 270 InsO geht ins Leere; sie vollzieht weitgehend nur die bisherige Auslegung der Vorschrift nach.[2836] Gesetzes„treue“ der Justiz wird durch den Instanzenzug gewährleistet: Es kommt nicht auf deren Einsatz an, sondern mehr darauf, dass sie ständig bereitstehen, um die Gesetzestreue der Justiz zu erzwingen. Die daher sinnvolle Einführung der sofortigen Beschwerde gegen die Versagung der Anordnung der Eigenverwaltung wurde aber im Ge- 10

---

2834 Zum Folgenden Smid, in: 13. Leipziger Insolvenzrechtstag 2012, 85 ff.

2835 Vgl. allein Wehdeking, Masseverwaltung durch den insolventen Schuldner, 2005, S. 146.

2836 Namentlich die bisher schon vertretene teleologische Reduktion des – abgeschafften - § 270 Abs. 2 Nr. 2 InsO aF; vgl. Wehdeking, DZWIR 2005, 139 – 141.

setzgebungsverfahren als rechtspolitisch unzeitgemäß und „nicht durchsetzbar" abgetan.

## III. Beschwer als Voraussetzung der Rechtsmittelbefugnis

### 1. Formelle Beschwer

11 Ein Rechtsmittel kann nur der Beteiligte einlegen, der durch die erstinstanzliche Entscheidung beeinträchtigt – beschwert – ist. Eine – formelle - Beschwer liegt einmal immer dann vor, wenn die erstinstanzliche Entscheidung in einem Antragsverfahren dem Antrag nicht oder nicht insgesamt stattgegeben hat – wenn also infolge der Abweichung vom Antrag eine formelle Beschwer vorliegt.[2837]

12 Allgemeine Voraussetzung für die Befugnis des Rechtsmittelführers, Rechtsmittel einzulegen, ist, dass der Rechtsmittelführer durch die angegriffene Entscheidung beschwert ist. Das ist der Fall, wenn das Gericht seinem Antrag nicht entsprochen hat (formelle Beschwer)[2838]; es kommt aber auch in Betracht, dass die gerichtliche Entscheidung in die Rechte des Rechtsmittelführers eingreift (materielle Beschwer). Ferner muss Rechtsschutzbedürfnis des Beschwerdeführers vorliegen, was jedenfalls dann der Fall ist, wenn mit der Entscheidung in seine rechtlichen Handlungsmöglichkeiten eingegriffen wird.[2839] Der BGH[2840] hat entschieden, dass die gesetzlich nach § 6 Abs. 1 InsO i. V. m. der jeweiligen gesetzlichen Ermächtigung der sofortigen Beschwerde bestehenden Befugnisse dann nicht greifen, wenn „abschließende Sonderregelungen" einer grundsätzlichen Beschwerdebefugnis entgegenstehen.

---

2837 BGH, Urteil vom 2.2.1999, Az.: VI ZR 25/98 = BGHZ 140, 335, 338; BGH, Urteil vom 12.3.2004, Az.: V ZR 37/03 = NJW 2004, 2019, 2020.

**2838** OLG Hamm, Beschluss vom 10. 3. 1970, Az.: 15 W 512/69 = Rpfleger 1970, 210; OLG Köln, Entscheidung vom 6. 10. 1982, Az.: 2 Wx 27/82 = ZIP 1982, 1364, 1365; LG Göttingen, Beschluss vom 29. 6. 1999, Az.: 10 T 23/99 = NZI 1999, 370 (keine Beschwerdebefugnis des antragsstellenden Gläubiger bei Eröffnung); OLG Celle, beschluss vom 28. 4. 1999, Az.: 2 W 36/99 = NZI 1999, 493; OLG Stuttgart, Beschluss vom 30. 9. 1999, Az.: 8 W 111/99 = NZI 1999, 491 (beide: keine Beschwerdebefugnis des eigenantragsstellenden Schuldners bei Eröffnung).

**2839** Beschwerde des Schuldners gegen Eröffnungsbeschluss bei fehlender Verfahrenskostendeckung: BGH, Beschluss vom 15. 6. 2004 Az.: IX ZB 172/03 = ZInsO 2004, 923.

**2840** BGH, Beschluss vom 17. 7. 2003, Az.: IX ZB 530/02 = DZWIR 2003, 379.

### 2. Beschwer in Amtsverfahren

In Amtsverfahren, in denen ein Beteiligter auch keinen Verfahrensantrag gestellt 13
hat, liegt eine Beschwer immer dann vor, wenn die Entscheidung nicht dem geltenden Recht entspricht (materielle Beschwer[2841]).

## IV. Das Verbot der reformatio in peius

### 1. Dispositionsbefugnis der Parteien im Rechtsmittelverfahren

Nach § 528 ZPO unterliegen der Prüfung und Entscheidung des Berufungsge- 14
richts nur die Berufungsanträge.[2842] Das Urteil des ersten Rechtszuges darf nur insoweit abgeändert werden, als eine Abänderung beantragt ist. Und § 557 Abs. 1 ZPO bestimmt, dass nur die von den Parteien gestellten Anträge der Prüfung des Revisionsgerichts unterliegen.[2843] Dagegen bestimmt § 74 Abs. 3 FamFG[2844] allein für die Rechtsbeschwerde, dass nur die von den Beteiligten gestellten Anträge der Prüfung des Rechtsbeschwerdegerichts unterliegen. Eine entsprechende Vorschrift für die

Die Auseinandersetzung mit den verfahrensrechtlichen Voraussetzungen der 15
Einrichtung einer prozessualen Instanz gem. Art. 19 Abs. 4 GG in administrativen Gerichtsverfahren, denen die Wahrnehmung administrativer Aufgaben anvertraut ist, hat im vorangegangenen Paragraphen zunächst erst vom Umfang der Entscheidungskompetenz des Beschwerdegerichts (seiner „Zweckprogrammierung") her gezeigt, dass dessen Verfahren sich als Wahrnehmung verwaltender Tätigkeiten durch das Beschwerdegericht vom Prozess unterscheiden.[2845] Diese Gedanken gilt es anhand konkreter verfahrensrechtlicher Problemstellungen zu erweitern.

Nach den bisherigen Überlegungen liegt es nahe, dass sich die prozessuale 16
Struktur von Verfahren materieller Rechtsprechung durch die Elemente der Distanzierung des Richters von den Tatsachen des (jeweiligen) Falles sowie gegenüber dem Urteilsgegenstand (den Folgen der Entscheidung) und gegenüber den Parteien bestimmen lässt. Es hat sich gezeigt, dass diese Elemente allgemein den durch Art. 19 Abs. 4 GG gewährleisteten Prozess konstituieren. Wir können annehmen, dass sich – im Hinblick auf die Funktion des Prozesses – dessen erste Instanz strukturell nicht von Verfahren vor dessen Rechtsmittelinstanzen unter-

2841 Pantl/Kreissl, Die Praxis des Zivilprozesses, Rn. 526.
2842 Rimmelspacher, in: MünchKomm, ZPO, § 528 Rn. 1 ff.
2843 Ball, in: Musielak, ZPO, § 557 Rn. 2.
2844 Meyer-Holz, in: Keidel, FamFG, § 74 Rn. 14 ff.
2845 Zum Ganzen Smid, Rechtsprechung, § 8 S. 490 ff.

scheidet. Und daraus folgt unmittelbar, dass die Dispositionsbefugnis der Parteien und mit ihr korrespondierend die Unparteilichkeit des Gerichts nicht anders als die materielle Rechtskraft konstitutiv für die prozessuale Struktur des Rechtsmittelverfahrens und damit seine Qualität als „Rechtsweg" sind[2846].

17 Nun ist es aber einleuchtend, dass die Dispositionsbefugnis der Parteien im Rechtsmittelverfahren besondere Probleme verursacht. Auch wenn nämlich die Berufungsinstanz als Wiederholung der ersten Instanz beschrieben werden muss, so ist doch die Situation des Gerichts eine andere als die des erstinstanzlich entscheidenden Richters oder Spruchkörpers. Denn dessen Erkenntnis ist als beachtliches Datum für die Rechtsmittelinstanz immer bereits in der Welt. In welcher Weise das Instanzgericht entscheiden kann, hängt daher davon ab, wieweit es durch die Disposition der Parteien über ihre Rechtsmittel an die erstinstanzlich vorliegende Erkenntnis gebunden werden kann resp. gebunden wird.[2847]

18 In der Literatur finden sich nun Stellungnahmen, nach denen dies von der Bestimmung des Prozesszwecks abhängen soll[2848]. Nach dieser Art der Argumentation soll eine Betonung des Prozesszwecks i. S. eines Schutzes subjektiver Rechte geeignet sein, weitgehende Dispositionsbefugnisse der Parteien zu rechtfertigen, während eine Betonung von Zwecken der „Bewährung der Rechtsordnung" eher zur Legitimation weitreichender Eigeninitiativen des Gerichts führt. Derartige Rekurse auf „Prozesszwecke" erscheinen freilich als wenig hilfreich, ja wirken eher verdunkelnd und können spätestens im Zusammenhang der Fragen der Rechtswegeröffnung in administrativen Gerichtsverfahren keine Kriterien mehr liefern, obwohl in diesen Rückgriffen auf Prozesszwecke durchaus Aspekte liegen, die auf die Funktion rechtsprechender Verfahren verweisen.

19 Insofern aber zeigen sowohl die Judikatur[2849] als auch das Schrifttum[2850] den Zusammenhang zwischen der Dispositionskompetenz der Parteien, der Entscheidungsbefugnis des Gerichts und der Rechtsprechungsqualität von Rechtsmittelverfahren auf: So hat der BGH in einer Reihe von Entscheidungen[2851] im-

---

2846 K. Lieb, Das Verbot der reformatio in peius, S. 48 ff.

2847 Smid, Rechtsprechung insbes. § 9 S. 588 ff.

2848 Lieb, Das Verbot der reformatio in peius im Zivilprozeß, 1972, S. 28 f.

2849 BGH, Beschluss vom 27.10.1982, Az.: IV b ZB 719/81 = NJW 1983, 173, 175.

2850 Grundsätzlich P. Gilles, ZZP Bd. 91 (1978), 128 ff., 157; vgl. ferner Münch-Komm.-Strobel, Anh. II zu §§ 1587-187 p Vorb. Rdnr. 3 vor § 53 b FGG.

2851 BGH, Beschluss vom 30.11.1955, Az.: IV ZB 90/55 = JZ 1956, 372 m. Anm. Habscheid; BGH, Entscheidung vom 27.1.1953, Az.: V BLw101/52 = RdL 1953, 110 ff., 112; BGH, Beschluss vom 18.5.1978, Az.: VII ZB 30/76 = NJW 1978, 1977 (WEG-Verfahren).

mer wieder ausgeführt, in den „echten Streitverfahren" der freiwilligen Gerichtsbarkeit gelte wie im Prozess das Verbot der reformatio in peius.

Mit der Problematik der Voraussetzungen des Verbots der reformatio in pei- 20
us eröffnet sich ein weites Feld prozessualer Fragen, das hier indes keinesfalls erschöpfend dargestellt werden kann oder soll. Es geht also allein im Zusammenhang der prozessualen Bedeutung des Art. 19 Abs. 4 GG um die Frage, inwieweit sich in dem Verbot einer Schlechterstellung des Rechtsmittelführers die besondere Struktur ausdrückt, die oben allgemein als bestimmend für die Rechtsprechung herausgearbeitet wurde, ohne dass damit bereits an dieser Stelle Aussagen über die Rechtsprechungsqualität von Rechtsmittelverfahren getroffen würden[2852].

Die Dispositionsbefugnis der Parteien im Rechtsmittelverfahren streitiger 21
Gerichtsverfahren – des Prozesses – erstreckt sich auf zweierlei. Zum einen haben es die Parteien in der Hand, zu bestimmen, ob das Verfahren überhaupt nach einem erstinstanzlichen Urteil weitergehen soll, sofern die Möglichkeit der Rechtsmitteleinlegung gegeben ist. Zum anderen disponieren die Parteien durch ihre Entscheidung über den Fortbestand des Prozessrechtsverhältnisses zugleich über ihr im Streit befindliches materielles Recht: Durch die Einlegung von Rechtsmitteln oder Anschlussrechtsmitteln halten die Parteien die Ungewissheit weiter aufrecht, in der ihr Recht bis zur abschließenden, rechtskräftigen Entscheidung befangen ist.

Während oben die Funktion von Entscheidungen funktionaler Rechtspre- 22
chung mittels des Widerspruchs behandelt wurde, der zwischen der Unabänderbarkeit von Entscheidungen und der Ermöglichung einer Restitutionsklage besteht, ist nunmehr das Verhältnis des Verbots der reformatio in peius auf der einen und der Rechtsmitteladhäsion als der Form der Disposition der Parteien auf der anderen Seite daraufhin zu betrachten, welche Bedeutung diese prozessualen Regelungen im Kontext der verfassungsrechtlichen Funktion von Rechtsprechung annehmen werden. Seit der Untersuchung *H. Fenns*[2853] ist nämlich deutlich geworden, dass sich das Verbot der reformatio in peius und die Rechtsmitteladhäsion als Formen der Ausübung der Parteidisposition komplementär zueinander verhalten. Denn mit dem Verbot einer verschlechternden Entscheidung zu Lasten des Rechtsmittelführers wird ausgeschlossen, dass über die Hauptsache durch die Rechtsinstanz amtswegig entschieden wird[2854]. Die Zulassung der

2852 Bärmann, Lb., § 29 II 4 a.

2853 Fenn, Die Anschlussbeschwerde im Zivilprozess und im Verfahren der freiwilligen Gerichtsbarkeit, 1961, S. 56 f.; vgl. ferner Ricci, Reformatio in peius und Anschluss an das Rechtsmittel im Zivilprozess, 1955, S. 3.

2854 Ricci, (Fn. 2853) S. 3; Arnold, AcP Bd. 28 (1846), 87; Fenn, Anschlussbeschwerde, S. 56 f.; K. Lieb, (Fn. 2848) S. 12 f.

Rechtsmitteladhäsion soll die „Härten" ausgleichen, die dem Rechtsmittelgegner aus dem Verbot einer Entscheidung des Rechtsmittelgerichts in peius – zum Nachteil des Rechtsmittelführers – entstehen würden[2855]; er soll die Möglichkeit haben, auf das Rechtsmittel mit eigenen Anträgen reagieren zu können. Anders ausgedrückt stellen sich die Rechtsmitteladhäsion wie das Verbot der reformatio in peius als Instrumente zur Herstellung prozessualer Waffengleichheit im Rechtsmittelverfahren dar[2856].

23 Die reformatio in peius und die Ermöglichung von Anschlussrechtsmittel traten historisch mit den Reformen *Justinians*[2857] auf[2858], um den Parteien eine „flexiblere" Prozessführung zu ermöglichen[2859], und d. h. vor allem: um die Macht des kaiserlichen Beamten-Richters[2860] - in einer historischen Situation des Verfalls des römischen Staatswesens und damit einhergehend der juristischen Dogmatik – zu stärken. Diese Reformen setzten sich in der mittelalterlichen Aufnahme durch Glossatoren und Postglossatoren[2861] in deren Lehre von der Appellationsgemeinschaft fort. Durch die Einlegung eines Rechtsmittels durch eine der Parteien sollte danach zwischen beiden eine *communio appellationis* entstehen, kraft derer der gesamte Rechtsstreit zur weiteren Vorhandlung gelangte, ohne dass es eigener Rechtsmittel des Appellanten[2862] bedurft hätte. Auf der anderen Seite wurde der Richter aufgrund der iustinianischen lex ampliorem für berechtigt und – mehr noch – für verpflichtet gehalten, auch für die abwesende oder nicht verhandelnde Partei deren Interessen wahrzunehmen[2863], was freilich auch bei weisungsgebundenen Beamten Schwierigkeiten bereitet, die – nicht anders als „unabhängige" Richter – als unparteiische Dritte zu fungieren haben[2864]. Erst in der Diskussion des 19. Jahrhunderts vollzog sich in der Dogmatik ein Wandel, der zum positiv-rechtlichen Verbot der reformatio in peius

2855 Fenn, Anschlussbeschwerde, S. 81.

2856 P. Gilles, Rechtsmittel im Zivilprozess, S. 48; F. Baur, Fragistas-F., S. 363.

2857 Zum Verbot der reformatio in peius in der römischen Kaiserzeit durch die Beschränkung auf die Frage des iusta vel iniusta der Appellation vgl. m. Nachw. Kapsa, S. 26, sowie Gilles, Rechtsmittel im Zivilprozess, S. 202 ff.

2858 Lex ampliorem: lex cod. de appell. et consult., 62, 7.

2859 Dies zeigt Linde, AcP Bd. 19 (831), 462 ff., 467 f.

2860 Der die Stellung eines weisungsgebundenen Beamten innehatte; vgl. R. Sohm, Instiutionen, § 16; v. Bethmann-Hollweg, Handbuch des Civilprozeßrechts, S. 4 ff.

2861 Vgl. die Darstellung bei Wetzell, System, S. 747.

2862 Zur Appellationsgemeinschaft näher die Darstellung bei Linde, AcP Bd. 19 (1831), 498 ff.

2863 Sartorius, AcP Bd. 31 (1848), 335; Schultzenstein, ZZP Bd. 31 (1902), 1 ff., 8.

2864 Die Entwicklung des spätkaiserlichen Prozesses vom Schieds- zum Kognitionsprozess als Rechtsanwendung vgl. Sohm und v. Bethmann-Hollweg (aaO).

führte. Es wurde nun die Bedeutung der Dispositionsmaxime[2865] für das Rechtsmittelverfahren gesehen.

Auf der anderen Seite aber begann man im Verlauf dieser Entwicklung damit, gegenüber der Definition der richterlichen Rechtsprechungstätigkeit im Kontext der Parteidisposition im Rechtsmittelverfahren die Besonderheiten des sich – mit der Ausarbeitung des Prozessrechts wie des öffentlichen Rechts als eigener Rechtsdisziplinen - abzeichnenden Bereichs funktionaler Verwaltung von „materieller“ Rechtsprechungstätigkeit abzugrenzen[2866]. So führte Schultzenstein[2867] die verwaltungsgerichtlichen Verfahren als Beispiele für Prozesse an, in denen die Möglichkeit einer „verschlechternden“ Entscheidung sachlich geboten sei, um die dort zur Entscheidung stehenden öffentlichen Interessen wahren zu können[2868]. Dass diese Art der Darstellung ihren Sinn indes erst auf einer Stufe der Entwicklung des Rechts gewinnt, von der aus aufgrund verfassungsrechtlicher Vorentscheidungen die Tragweite des Verbots der reformatio in peius für die prozessrechtliche Konstitution funktionaler Rechtsprechung zu erkennen ist, und damit erst die Zwecke in den Blick genommen werden können, die ihr unterlegt sind, ist einleuchtend. 24

Solange der Rechtsweg gegen Verwaltungshandeln von Verfassungs wegen noch nicht eröffnet war, mochte zwar eine organisatorisch unabhängige Verwaltungs“rechtspflege“ aus den unterschiedlichsten (rechtspolitischen) Gründen institutionell gegenüber der Verwaltung ausdifferenziert worden sein. Dagegen ergab sich daraus noch nicht die Konsequenz einer prozessualen (und damit einer den im Prozessvorbehalt des GG normierten Anforderungen entsprechenden) Ausgestaltung dieser „verwaltungsgerichtlichen“ Verfahren entsprechend derjenigen der Verfahren der ordentlichen Gerichtsbarkeit. 25

### 2. Allgemeine Geltung des Verschlechterungsverbotes aus „rechtsstaatlichen Gründen“?

#### *a) Zur Problemstellung*

Die Funktion dieser Regelungen in dem oben umrissenen Zusammenhang der Aufgaben der Rechtsmittelinstanzen ist daher näher zu betrachten. Weshalb ist das Gericht auch im Rechtsmittelverfahren kraft der Dispositionsbefugnis der 26

---

2865 Zum ganzen insbes. die Darstellung bei Fenn, Anschlussbeschwerde S. 50; ferner H. Bomsdorf, Prozessmaximen und Prozesswirklichkeit.

2866 Schutzenstein, ZZP Bd. 31 (1902), 22 f.

2867 Freilich unterscheidet bereits Schultzenstein, ZZP Bd. 31 (1902), 1 ff., 22, die „Verwaltungsrechtspflege“ (oben §§ 1, 3) von Verwaltungsstreitigkeiten, in denen das Verbot der reformatio in peius zur vollen Geltung gelangen soll (S. 17 ff.).

2868 Schultzenstein, ZZP Bd. 31 (1902), 1 ff., 23.

Parteien an deren Anträge gebunden? Anders gefragt: Weshalb ist das Gericht im Sinne eines *nec ultra petitur*[2869] daran gehindert, den Parteien über deren Anträge hinausgehend etwas zuzusprechen? Und woraus folgt im Zusammenhang der Funktion des Rechtsmittelrechts, dass es dem Gericht verwehrt sei, den Rechtsmittelführer über einen Antrag des Rechtsmittelgegners hinaus schlechter zu stellen[2870], auch wenn diese im Sinne einer „Korrektur" des vorinstanzlichen Urteils angezeigt ist.

27 Eine Begründung der Geltung des Verbots aus dem Gedanken eines allgemeinen Erwerbs prozessualer oder generell verfahrensrechtlicher „Besitzstände" heraus geht an der strukturellen Unterscheidung von Prozess und Administrativverfahren vorbei. Wir haben bereits im Kontext unserer Überlegungen zum Zusammenhang von funktionaler Rechtsprechung und Rechtskraft gesehen, dass es bei den Problemen der Verbindlichkeit prozessualer Entscheidungen nicht um solche des Bestands- und Vertrauensschutzes geht, die dagegen in administrativen Verfahren von wesentlicher Bedeutung sind; ebenso wenig stellt sich für den Prozess vor den Rechtsmittelinstanzen ein Problem des Schutzes von Vertrauen in die Dauerhaftigkeit der vorinstanzlichen Entscheidung, sondern es geht darum, wieweit die Parteien deren Verbindlichkeit durch die Rechtsmitteleinlegung haben suspendieren können. Eine Darstellung von „prozessualen Besitzständen" her wird den eigenen Schwierigkeiten des Prozessrechts und seinem Denken in „Prozesslagen" nicht gerecht; es ist eine inadäquate, materiellrechtliche Form, Probleme der Verbindlichkeit prozessualer Entscheidungen zu fassen.

*b) Stellungnahmen der Literatur*

28 Andererseits besagt diese Beschreibung der Geltung der reformatio in peius im verwaltungsrechtlichen Widerspruchsverfahren noch nicht unmittelbar etwas für seine Funktion in den mannigfaltigen Verfahren vor den ordentlichen Gerichten. Es wird noch im Fortgang der Untersuchung näher auf den Stand der Diskussion um die Frage der Zulässigkeit verschlechternder Entscheidungen der Rechtsmittelinstanzen in den unterschiedlichen Verfahren der freiwilligen Gerichtsbarkeit einzugehen sein. Im Kontext der hier vorbereitend anzustellenden (und damit notwendig vorerst abstrakt bleibenden) Überlegungen ist jedoch bereits ein häufig anzutreffendes, vornehmlich von F. Baur[2871] in die Auseinandersetzung eingeführtes Argument von zentraler Bedeutung. Baur hat den Versuch unternommen, eine allgemeine Geltung des Grundsatzes des Verbotes der reformatio in peius unabhängig vom konkreten Verfahren aus zwei Gründen zu gewinnen.

2869 P. Gilles, Rechtsmittel, S. 42, 47.

2870 Gilles, ZZP Bd. 91 (1978), 128 ff., 158.

2871 Bauer, Lb., § 29 C I 5.

Zum einen soll sich die Geltung des Verschlechterungsverbotes verfahrenstechnisch immer schon daraus ableiten lassen, dass die Durchführung eines Rechtsmittelverfahrens in den gerichtlichen Verfahren auch stets dann der Disposition der Beteiligten unterfällt, wenn es sich in erster Instanz um ein Amtsverfahren handelte[2872]. Zum anderen – und dies ist für den hier erörterten Kontext bedeutsamer – jedoch das „allgemeine Rechtsstaatsprinzip" bei der Organisation gerichtlicher Verfahren unterschiedslos dahin durchschlagen, dass die Verschlechterung erstinstanzlicher Entscheidungen zu Lasten des Rechtsmittelführers ausgeschlossen sei. Andere Autoren neigen zu einer differenzierenden Art der Darstellung: *Bärmann*[2873] präferiert wie Baur ein grundlegendes Verbot der reformatio in peius aus allgemeinen „rechtsstaatlichen" Erwägungen, Andere[2874] befürworten wie *Habscheid*[2875] die Geltung des Verschlechterungsverbots für solche Antragsverfahren, die überwiegend um private Interessen des Antragstellers geführt werden, womit etwas anderes als der Schutz der Dispositionsbefugnis über die Rechtsmitteleinlegung gemeint ist, denn ob ein Beschwerdeantrag gestellt wird oder nicht, liegt schließlich immer beim Beschwerdeführer. Die Argumentation richtet sich vielmehr (besonders in der Darstellung Habscheids) darauf, es dürfe dem Beschwerdeführer nicht eine „Rechtsposition" genommen werden, die er einmal im Verfahren erlangt habe; wir haben oder diese „Bestandsschutzüberlegungen" bereits eingehender kritisiert und gesehen, dass es im Prozess nicht um Vertrauensschutz geht, so dass aus diesen Gesichtspunkten heraus die Zulässigkeit der reformatio in peius dann nicht grundsätzlich in Abrede gestellt werden kann, wenn und solange darauf verzichtet wird, sie mit systematischen Überlegungen zur Funktion des Prozesses zu harmonisieren. Diese verweisen aber unter der Geltung von Art. 19 Abs. 4 GG auf die Unterscheidung von Rechtsprechung und Verwaltung; wird diese Differenzierung in den Blick gefasst, so lässt sich nicht mehr unvermittelt auf die allgemeine Verbindlichkeit rechtsstaatlicher Prinzipien wie das des Vertrauensschutzes zurückgehen. Stattdessen müssen solche Prinzipien in ihrer konkreten Bedeutung in den unterschiedlichen zusammenhängen der Systematik des Prozess- bzw. Verfahrensrechts gesehen werden. Da die überkommene Lehre diese Überlegungen nicht anstellt, wird in ihren Darstellungen eine darin gewiss verborgen liegende zu-

2872 Dagegen führt zu Recht U. Domke, RPfleger 1984, 95 aus, dass sich „die Wesenszüge eines Verfahrens . . . dadurch verändern, dass das Gericht des zweiten Rechtszuges entscheidet". Die Ansicht Domkes, daraus zugleich die Zulässigkeit einer verschlechternden Entscheidung über die Festsetzung des Entgelts des Vormundes folgern zu können, scheint dagegen unangemessen; näher im Folgenden.

2873 Lb., § 31 II 5 b.

2874 Keidel/Kuntze/Winkler, FGG, § 19 Rdnr. 117.

2875 Habscheid Lb., § 34 III 3 a, b.

treffende Erkenntnis verdeckt. Die Geltung des Verbots der reformatio in peius im Beschwerdeverfahren auch der nichtstreitigen, ihrer Funktion nach administrativen Verfahren der freiwilligen Gerichtsbarkeit lässt sich nämlich zwanglos im Kontext der Prozessrechtssystematik denken, wenn wir das Verfahren vor der Beschwerdeinstanz als Verfahren funktionaler Rechtsprechung sehen, das dann hinsichtlich Art und Umfang der Entscheidungskompetenz des Rechtsmittelgegners Restriktionen unterliegt. Allerdings müssten diese Restriktionen unter Darstellung ihrer Folgen für die Auslegung des materiellen Rechts näher erörtert werden, müsste eine Aufgabe erfüllt werden, der sich die überkommene Lehre durch ihren unmittelbaren Durchgriff auf „rechtsstaatliche" Aspekte des Verbots der reformatio in peius nicht stellt und auch nicht stellen muss.

29 Zunächst freilich besticht die Argumentation aus der Dispositionsbefugnis der Parteien hinsichtlich der Rechtsmitteleinlegung. Allerdings wäre diese nur dann ein Argument für die Geltung des Verbots der reformatio in peius in allen Verfahren unabhängig von ihrer verfassungsrechtlichen Qualifikation, wenn diese Disposition sich immer auf ein subjektiv-öffentliches „Widerspruchsrecht" des Rechtsmittelführers gegenüber der angefochtenen Entscheidung beziehen würde. Dies ist aber nicht der Fall. Auch wenn man von einem solchen verfahrensrechtlichen Gestaltungsanspruch ausgeht – und wir haben gesehen, dass dagegen vieles spricht -, treffen doch derartige Überlegungen von vornherein nicht auf administrative Rechtsbehelfsverfahren zu. Im Widerspruchsverfahren entscheidet die Verwaltung nicht über einen feststehenden Streitgegenstand, auch wenn sie den Widerspruchsführer bescheidet: Da sie nicht unparteiisch entscheidet, sondern eigenen Zwecke verfolgt (s. o.), beschränkt sich ihre Entscheidungskompetenz auch durch die Widerspruchseinlegungen durch den betroffenen Bürger (als verfahrensbeteiligten „Interessenwahrer" – *H. Kollhosser*) nicht auf die bloße Rechtsanwendung, sondern erstreckt sich auf eigene Zweckmäßigkeitsüberlegungen der Widerspruchsbehörde in dem oben beschriebenen Sinne. Diese Überlegungen werden bereits (wenn auch in z. T. apokrypher Form) in den Annahmen der bisherigen Dogmatik angestellt. So hat *P. Gilles*[2876] dies für das kontentiöse, unzweifelhaft als Rechtsprechung zu qualifizierende Rechtsmittelverfahren im Zivilprozess unter dem Gesichtspunkt thematisiert, ob die Verfahrenseinrichtung des Rechtsmittels „in erster Linie den parteiinteressen zu dienen bestimmt" sei oder nicht – was der Fall wäre, wenn der Rechtsbehelf als Akt zwischen der entscheidenden Eingangsinstanz und der Rechtswegeröffnung als Instrument administrativer Selbstkontrolle fungierte. Der Rekurs auf die verfahrensrechtliche Rechtsbehelfsdisposition der Beteiligten vermag daher für die Geltung des Verbots der reformatio in peius nichts auszusagen, solange die

2876 Gilles, Rechtsmittel im Zivilprozess, S. 342 f.

Struktur der im Verfahren vorzubereitenden Entscheidung das jeweilige Verfahren als eines funktionaler Rechtsprechung ausweist. Anders ausgedrückt: Die Unterscheidung zwischen Partei- und Offizialeinleitung des Rechtsbehelfsverfahrens gibt für sich genommen noch keine Kriterien für die Beurteilung der Zulässigkeit oder des Verbots der reformatio in peius ab. Diese setzt die Frage voraus, ob in dem Rechtsbehelfsverfahren ein Urteil auf der Grundlage der Rechtsanwendung oder eine zweckorientierte Verwaltungsentscheidung gefällt werden soll.

30 Der Ansatz *F. Baurs*[2877] findet dagegen seinen Ursprung anscheinend weniger in der bereits kurz umrissenen historischen Entwicklung des Verbots der reformatio in peius im Zivilprozess aus der Betonung der Dispositionsmaxime – denn insoweit kommt den Argumenten Baurs allenfalls eine „flankierende" Rolle zu. Die Gründe, die Baur zu seiner Auffassung bewegen, liegen vielmehr in den geschichtlichen Erfahrungen, die vornehmlich im Strafprozess mit der Funktion des Verbotes der reformatio in peius gewonnen wurden. Im Strafverfahren soll nämlich „der Angeklagte in seiner Entscheidung darüber, ob er von dem ihm zustehenden Rechtsmittel Gebrauch machen will, nicht durch die Besorgnis beeinträchtigt werden . . ., es könne ihm . . . ein Nachteil in Gestalt härterer Bestrafung entstehen"[2878]. Nun hat Fenn[2879] darauf aufmerksam gemacht, dass diese Bedeutung des Verbots der *reformatio in peius* im Kontext aller Verfahrensordnungen angeführt werden könne; stets sei es die Aufgabe des Verschlechterungsverbotes, die Entscheidung des Betroffenen über die Rechtsmitteleinlegung von „sachfremden" Überlegungen freizuhalten. Fenn weist damit zwar bereits auf Probleme des Umfanges der richterlichen Entscheidungsbefugnis hin. Es bleibt jedoch offen, woher Kriterien für die „Sachfremdheit" von Überlegungen des Rechtsmittelführers gewonnen werden können. Dabei ist indessen zu unterscheiden. Denn im Zivil- oder auch im Verwaltungsprozess ergibt sich die Freistellung des Rechtsmittelführers von der Besorgnis einer Verschlechterung als Folge seines Rechtsmittels unmittelbar daraus, dass er nicht annehmen muss, dass die Interessen seines Gegners vom Gericht wahrgenommen werden. Dieses verfügt strukturell nicht nur über keinen immediaten Zugang zur richtigen Entscheidung, sondern hat sich im Gegenteil als neutrale Entscheidungsinstanz an dem von den Parteien festgelegten Streitprogramm zu orientieren, was (einseitige) Entscheidungen „zugunsten" oder „zu Lasten" einer

2877 Bauer, Lb., § 29 C I 5 S. 342 f.

2878 BGH, Urteil vom 7.1.1955, Az.: 5 StR638/54 = BGHSt 7, S. 86 ff.

2879 Anschlussbeschwerde, S. 58.

Partei im Rechtsmittelverfahren wie im Erkenntnisverfahren erster Instanz von vornherein ausschließt. Auch für den Strafprozess gilt dasselbe.[2880]

31 Das Verschlechterungsverbot dient daher der Freistellung auch der Rechtsmittelinstanzen im Strafprozess gegenüber staatlichen Strafzwecken; das Verbot der reformatio in peius im Strafverfahren dient somit nicht allgemein der Einhaltung des Rechtsstaatsprinzips im Strafprozess durch die Entbindung des Rechtsmittelführers von Risiken bei der Fortführung des Verfahrens – wofür freilich die gem. § 331 StPO eingeräumte Möglichkeit einer reformatio in peius „zu Lasten" der Staatsanwaltschaft sprechen würde[2881]. Der Zusammenhang zwischen dem Verschlechterungsverbot und prozessualer Rechtsstaatlichkeit in Strafverfahren ist dagegen „vermittelter" – was nach den oben angestellten Überlegungen zum Verhältnis von Rechtsweggarantie und Rechtsschutz nicht mehr überrascht. Das Verschlechterungsverbot garantiert die Konstitution des Strafgerichts als einer neutralen, nur an der Rechtsanwendung und damit am Schuldprinzip orientierten Instanz – oder, nach unseren oben angestellten Überlegungen zur verfassungsrechtlichen Funktion und Qualität des Strafprozesses: die Rechtsprechungsqualität des Strafverfahrens[2882].

### 3. Zum Verhältnis der Rechtsprechungsqualität von Rechtsmittelverfahren und des Verbots der reformatio in peius

#### *a) Einheit des Prozesses und Ausschluss der reformatio in peius*

32 Einige Autoren[2883] lassen die Ansicht anklingen, dass sich Aussagen über den dogmatischen Grund des Verbotes der reformatio in peius aus einem „Wesen des Rechtsmittels" ergeben sollen. *Schultzenstein*[2884] und – ihm später folgend - *Kapsa*[2885] haben dagegen eingewandt, eine solche Argumentation könne die Ausnahmen vom Verschlechterungsverbot nicht erklären, die sich in unseren Verfahrensordnungen finden ließen. Dies ist jedoch nur soweit richtig, als heute

2880 Und dies hat Schultzenstein bereits vor den erwähnten schlechten historischen Erfahrungen der vergangenen fünfzig Jahre gesehen, ZZP Bd. 3(1902), 1 ff., 46 f.

2881 Vgl. LR-Gollwitzer, StPO, § 331 Rdnr. 24.

2882 Bei seiner Suche nach einer allgemeinen dogmatischen Grundlegung für ein umfassendes Verbot der reformatio in peius kommt Kapsa, Reformatio in peius (S. 28 ff.), nicht zu der Struktur des Strafprozesses, sondern versucht im Sinne einer Orientierung allein am positiven Recht „prozessimmanent" zu argumentieren, was indes ohne einen Rekurs auf die dem Prozess unterlegten „Zwecke" wenig hilfreich ist.

2883 E. Josef, Lb., S. 161; Schultzenstein, ZZP Bd. 31 (1902), 1 ff., 29; Freitag, VerwA Bd. 56 (1965), 331; Fenn, Anschlussbeschwerde, S. 208; K. Lieb, Diss., S. 47, 49.

2884 ZZP Bd. 31 (1902), 1 ff., 30.

2885 Kapsa, Reformatio in peius, S. 53.

in der Tat der vorherrschenden unterschiedslosen Art der Betrachtung von Verfahren sich ein Rückgriff auf das „Wesen" von Verfahren oder Verfahrensabschnitten wenig zu empfehlen scheint, da Unklarheiten über das Proprium des „Rechtsweges" i. S. d. Art. 19 Abs. 4 GG herrscht. Andererseits definiert nach unseren bisherigen Überlegungen der jeweilige Verfahrenszweck (seine Funktion) die Art der prozessrechtlichen Ausgestaltung eines Verfahrens. Und unsere Überlegungen unter II. haben gezeigt, dass die Aussagen, die für den Prozess als ganzen getroffen wurden, auch für die unterschiedlichen Stadien des Rechtsmittelverfahrens Geltung beanspruchen.

Die heute vorherrschende Lehre[2886] versucht daher, gegenüber früheren, unmittelbar an den Theorien vom Rechtsschutzanspruch orientierten Auffassungen[2887] Funktionen der Anfechtung von Vorentscheidungen im Rechtsmittelverfahren herauszuarbeiten. Allein durch den Verweis aus Suspensiv- und Devolutiveffekte des Rechtsmittelverfahrens werden diese Fragen nicht gelöst[2888]. Kriterien ergeben sich erst aus einer Analyse der Entwicklung des Streitgegenstandes der ersten Instanz im Rechtsmittelverfahren. Es kann und braucht hier freilich nicht eingehend in diese Diskussion eingegriffen werden[2889], sondern im Zusammenhang unserer Überlegungen müssen wir uns auf die Behandlung der Frage beschränken, ob sich das Rechtsmittelverfahren als Verfahren streitiger Rechtserkenntnis und –anwendung oder als eines der Verfolgung administrativer Zwecke darstellt. 33

Aus Art. 19 Abs. 4 GG soll indes nach h. L. keine Garantie eines Instanzenzuges folgen[2890]. Zweifel können an der Rechtsprechungsqualität der Rechtsmittelverfahren aufkommen, wenn man die durchaus heterogenen Zwecke betrachtet, die ihnen in der Literatur beigemessen werden: Diese sollen von der Garantie richtiger bis hin zur Gewährleistung rechtmäßiger richterlicher Entscheidungen[2891] reichen, ohne dass von der h. L. dieses Verhältnis reflektiert wird. Für unseren Zusammenhang ist diese Frage soweit interessant, als auf diese Weise den Rechtsmittelverfahren im Gegensatz zu den erstinstanzlichen Streitentscheidungen andere Zwecke als die der Rechtsfeststellung zugeschrieben zu werden scheinen. Nun wurde bereits oben bei der Auseinandersetzung mit der Frage nach der Rechtskraftdurchbrechung durch Restitutionsklagen gezeigt, dass mit- 34

2886 P. Gilles, Rechtsmittel im Zivilprozess, S. 29 ff.

2887 Planck, Lb., S. 429

2888 So zu Recht P. Gilles, Rechtsmittel im Zivilprozess, S. 3 ff., 158 ff.

2889 Vgl. eingehend O. P. Behre, Der Streitgegenstand des Wiederaufnahmeverfahrens, S. 25 ff., 82 ff., J. Braun, Rechtskraft und Restitution Bd. 2, S. 375 ff.

2890 Seit BVerfG, Beschluss vom 21.10.1954, Az.: 1 BvL 9/51, 1 BvL 2/53 = BVerfGE 4, 74; vgl. Schmidt-Aßmann, in: Maunz/Dürig/Herzog/Scholz, Art. 19 IV Rdnr. 179.

2891 P. Gilles, Rechtsmittel im Zivilprozess, S. 230 ff. m. w. Nachw.

tels dieser Verfahren nicht abstrakt das Recht oder gar die Wahrheit hergestellt werden soll, sondern sie sich als Reaktionen auf prozessuale Fehler darstellen. Für das „ordentliche" Rechtsmittelverfahren ist eine Differenzierung geboten. Mit der Gewährleistung einer zweiten Tatsacheninstanz scheint eine Instanz vorgesehen zu sein, durch welche die Deckung zwischen Entscheidung und Tatsachen hergestellt werden soll[2892], wobei es richtiger erscheint, diese Instanz als Instrument zur Ermöglichung gründlicherer Befassung mit dem Streit zu begreifen. Freilich ist die Rechtsmittelinstanz im Prozess kein novum iudicium – keine zweite Klage[2893]. Andererseits stellt sich auch – anders als das verwaltungsrechtliche Widerspruchsverfahren – kein Instrument einer „Selbstkontrolle" von Rechtsprechung i. S. der Überprüfung der Zweckmäßigkeit eines Staatsaktes dar.

35 Wenn dies aber richtig ist und sich die Rechtsmittelzüge streitiger Verfahren als funktionale Rechtsprechung erweisen, dann ist damit deutlich geworden, dass das Verbot der reformatio in peius als einer amtswegigen Disposition über den Streitgegenstand notwendig der Konstruktion von Verfahren der Rechtsprechung immanent ist.

36 *P. Gilles*[2894] versucht dies daraus abzuleiten, dass das Rechtsmittel – die Anfechtung des vorinstanzlichen Urteils – nur unter der Voraussetzung der Beschwer des Rechtsmittelführers begründet sei: Ist die Entscheidung der Vorinstanz richtig und wird sie deshalb (mit welcher Begründung auch immer) gehalten, liegt keine „verschlechternde" Entscheidung vor. *Kapsa*[2895] dagegen argumentiert positivistisch aus dem Material an vorhandenen gesetzlichen Regelungen. Unsere Überlegungen haben demgegenüber deutlicher gemacht, dass mit der Struktur von Verfahren argumentiert werden kann. Vor allen Dingen hat dies Bedeutung für die Begründung der Zulässigkeit[2896] „verschlechternder" Entscheidungen in Verfahren, die materiell der Verwaltung zuzurechnen sind.

37 In den bei der Qualifikation funktionaler Rechtsprechung entwickelten Begriffen gesprochen, kann daher gesagt werden, das Gericht wende auch in der Rechtsmittelinstanz allein Recht an und entscheide nicht nach „seiner" Überzeugung von dem „besseren" Recht zwischen den Parteien – denn es sind die Parteien, die durch ihre Anträge auch im Rechtsmittelverfahren Art und Umfang des „Streitprogramms" festlegen.

---

2892 P. Gilles, Rechtsmittel im Zivilprozess, S. 63 ff.

2893 Vgl. allein P. Gilles, Rechtsmittel im Zivilprozess, S. 70.

2894 Rechtsmittel im Zivilprozess, s. 67 Fn. 138.

2895 Reformatio in peius, S. 68 ff.

2896 Vgl. dagegen Kapsa, a.a.O., S. 95 ff., 98.

*b) Verschlechterungsverbot und richterliche Prozessleitung*

Eine „verschlechternde“ Entscheidung über die Hauptsache ist im Prozess unzulässig. Dagegen wird anerkannt, dass es zulässig ist, „verschlechternde“ Entscheidungen im „Prozess-Prozess“ zu fällen. Das Rechtsmittelgericht kann die vorinstanzliche Entscheidung (aus der Sicht des Rechtsmittelführers) insofern „verschlechtern“, als es etwa die von Amts wegen zu prüfenden Prozessvoraussetzungen für nicht gegeben hält. Dies könnte als Ausfluss einer publizistischen Struktur des Verfahrens über das Vorliegen der Prozessvoraussetzungen gedeutet werden, was sich nach unseren bisherigen Überlegungen aber weder empfiehlt noch erforderlich ist. Denn das Gericht hat mit der Prüfung der Prozessvoraussetzungen das Vorliegen der Bedingungen zu untersuchen, unter denen sich der Beklagte im Prozess einlassen muss. Nur wenn diese Voraussetzungen vorliegen, kann der Rechtsmittelführer (sei es der erstinstanzliche Kläger oder der Beklagte) durch seine Rechtsmitteleinlegung über das Recht disponieren. Nur soweit das „Prozessverhältnis“ in der vorangegangenen Instanz prozessrechtlich richtig konstituiert wurde, muss das Rechtsmittelgericht die dort getroffene Entscheidung als bindendes Recht beachten, soweit sie nicht durch Rechtsmittel angegriffen wird. 38

Freilich ist dieser Zusammenhang kaum diskutiert worden und folglich der Ausschluss der reformatio in peius in streitentscheidenden Verfahren nicht unangefochten geblieben[2897]. Diese Kritiken aber lassen entweder den verfassungsrechtlichen Kontext der reformatio in peius dadurch außer Acht, dass sie die Beziehungen zwischen Prozessrecht und Rechtsprechungsfunktion im Rahmen der konstitutionellen Gewaltenteilung verkennen, oder es handelt sich um vorkonstitutionelle Betrachtungen. Letztere sind allein aus der grundsätzlich anderen Perspektive heraus zu verstehen, die von der Prozessrechtsdogmatik vor dem Inkrafttreten des GG mit seinem umfassenden Prozessvorbehalt (Rechtsweggewähr) nach Art. 19 Abs. 4 GG eingenommen wurde. Dort konnten die Prozesszwecke im Gegensatz zur heutigen Art der Betrachtung „umfassender“ bestimmt werden, wie bereits eingangs beschrieben wurde. 39

Richterliche Tätigkeit konnte „ungeteilt“ als obrigkeitliche Verwaltung eines hoheitlichen Rechts begriffen werden, demgegenüber der Bürger keine eigene Kompetenz zur Rechtsdefinition geschweige denn zur Rechtsdurchsetzung hatte. 40

---

2897 Vgl. K. Lieb, Diss., S. 50 ff., und Josef, ZZP Bd. 33 (1904), 518 ff., 521, 524.

41 Die Aufhebung einer vermeintlichen „Benachteiligung" des Rechtsmittelgegners, die zur Begründung der Zulassung einer *reformatio in peius* oftmals ins Feld geführt wird[2898], hatte daher für die angesprochenen vorkonstitutionellen Arbeiten in einer völlig anderen Weise einen angebbaren Inhalt, als dies heute der Fall sein kann.

*c) Ausschluss der reformatio in peius zur Konstitution unparteilicher Rechtsprechung*

42 Auf die Bedeutung des Art. 19 Abs. 4 GG für das Verbot der reformatio in peius haben bislang allein *R. Naumann*[2899] und im Anschluss an ihn die steuerrechtliche Literatur[2900] und Rechtsprechung[2901] im Zusammenhang der „Rechtsschutzfunktion" der Finanzgerichtsbarkeit hingewiesen. Als „Rechtsschutzinstanzen" hätten, so lautet die Argumentation, die FinGe dem Grundsatz des *nec ultra pet*itur zu folgen. *Naumanns*[2902] Argumentation betraf die FGO und dort konkret das Verhältnis der Entscheidung der Eingangsinstanz zu dem angegriffenen Bescheid – und damit das Verhältnis zwischen behördlichen Entscheidungen und ihrer gerichtlichen Anfechtung, nicht hingegen das zwischen zwei Instanzen im gerichtlichen Verfahren. Indes trifft Naumann mit seinem Hinweis auf Art. 19 Abs. 4 GG den Kern des Problems. Dass sich seine Argumentation zwar nach unseren Vorüberlegungen als richtig erweist, von der überkommenen Lehre jedoch nicht verstanden werden konnte, leuchtet ein. So wendet Kapsa[2903] dagegen ein, die Argumentation Naumanns sei allein auf die spezifische Situation der „Rechtsschutzgewährung" durch die FinGe als besonderer Verwaltungsgerichte zugeschnitten und lasse sich daher keinesfalls verallgemeinern; diese Art der Auseinandersetzung überzeugt freilich schon deshalb nicht, weil es Kapsa selbst daran fehlen lässt, sich mit den prozessualen Spezifika zu beschäftigen, durch die das Verbot der reformatio in peius zu begründen ist. Nicht anders fällt die Kritik *K. Liebs*[2904] aus. *Lieb* setzt bei dem Bekenntnis der herrschenden Auslegung des Art 19 Abs. 4 GG als Schutz durch und nicht vor dem Richter ein[2905], geht aber darüber auch hinaus. Denn er wendet gegen die Argumentation Naumanns noch über die Darstellung Kapsas hinaus ein, das Gericht dürfe als

2898 Ferner vgl. Fenn, Anschlussbeschwerde, S. 81; P. Gilles, Rechtsmittel im Zivilprozess, S. 48; F. Baur, Fragistas-F., S. 363.
2899 NJW 1963, 1700, 1704.
2900 Tipke/Kruse, FGO, § 100 Rdnr. 6; Ziemer/Birkholz, FGO, § 100 Rdnr. 100.
2901 Vgl. allein BFH, Urteil vom 18.12.1970, Az.: III R 5/69 = BFHE 101, 470ff., 473.
2902 Naumann NJW 1963, 1704.
2903 Kapsa, Reformatio in peius, S. 39.
2904 Lieb, Diss., S. 21 f.
2905 Lieb, Diss., S. 22.

Folge einer Rechtsanwendungskompetenz die Verwaltungsentscheidung zuungunsten des anfechtenden Bürgers in solchen Fällen „verschlechtern", in denen sich nachträglich die Rechtswidrigkeit der Entscheidung herausstelle und das Gericht sich durch die verschlechternde Entscheidung keine Verwaltungskompetenz anmaße, was etwa dann nicht der Fall sei, wenn es in einer Angelegenheit bloß die Berechnungsvorgaben des Gesetzgebers nachzuvollziehen und kein eigenes Ermessen auszuüben habe. Dies scheint nur auf den ersten Blick problemlos mit der Funktion des Prozesses übereinzustimmen, wie wir sie im Ersten Teil dieser Untersuchung rekonstruiert haben. Denn eine nähere Auseinandersetzung mit *Liebs* Ansatz mach dessen Problematik deutlicher. Lieb übersieht nämlich, dass der Rechtsprechung nicht die Aufgabe anvertraut ist, von Amts wegen Verwaltungsakte in dem Sinne einer Rechtmäßigkeitskontrolle zu unterwerfen, dass sie rechtswidrige Verwaltungsakte unter Durchbrechung der §§ 48, 49 VwVfG[2906] durch rechtmäßige Regelungen ersetze. Die Anmaßung einer administrativen Kompetenz durch die Rechtsprechung läge nämlich immer schon darin, dass die Gerichte in die Kompetenzen der Verwaltung auch ohne Antrag eines Betroffenen (§§ 40, 42 Abs. 2 VwGO) eingriffen.

Die Rechtsprechung unterscheidet sich – wie wir in den vorangegangenen Überlegungen eingehend erörtert haben – von (Selbst-)Kontrollreinrichtungen der Verwaltung wesentlich darin, dass sie die Rechtmäßigkeit des Verwaltungshandelns allein zu dem Zweck „überprüft", einen Rechtsstreit zwischen Bürger und Verwaltung durch die Erkenntnis des Rechts mit den Methoden des Rechts zu entscheiden – was den Umfang ihrer Entscheidungskompetenz freilich auf das Streitprogramm festlegt. Jeder Schritt über das von den Parteien definierte Streitprogramm hinaus führt zum Verlust der Unparteilichkeit des Gerichts. 43

Daher ist es Sache der Verwaltung und nicht des streitentscheidenden Verwaltungsgerichts, zu entscheiden, ob die Wirkung eines rechtswidrigen begünstigenden Verwaltungsaktes bestehen bleibt, und es ist Sache des Bürgers, ob er einen ihn seiner Ansicht nach rechtswidrig belastenden Verwaltungsakt durch Anfechtung zu beseitigen trachtet. Das Verwaltungsgericht würde sich dagegen seiner funktional-unparteilichen Stellung begeben, wenn es an die Stelle dieser Dispositionskompetenzen der Parteien für die Bestimmung der Reichweite seiner Kompetenz abstrakte Rechtsmäßigkeitskontrollmaßstäbe ansetzte. Denn so wird z. B. das FinG u. U. in einigen Fällen[2907] davon ausgehen können, ein Bescheid sei rechtswidrig zu niedrig angesetzt, und mag dies auch in seinen Grün- 44

2906 Freitag, Diss., S. 67 f. bejaht das Verbot der reformatio in peius in öffentlich-rechtlichen Streitverfahren.

2907 Beileibe keineswegs in allen Fällen, da die Steuerfestsetzung häufig auf einem informellen Vergleich der Beteiligten beruht.

den zum Ausdruck bringen. Als Streitentscheidungsinstanz ist es hingegen darauf beschränkt, nach Maßgabe der Parteianträge zu entscheiden. Die Verwaltung hat jedoch nach den Verwaltungsprozessordnungen keine Möglichkeit, gegen ihren eigenen Bescheid zu prozessieren – übrigens auch nicht der Vertreter des öffentlichen Interesses[2908] gem. § 63 Nr. 4 VwGO[2909]. Es liegt damit bei der Verwaltung, die Frage der Rechtmäßigkeit ihrer Akte zu beurteilen und daraus die ihr erforderlich erscheinenden Konsequenzen zu ziehen (etwa durch Rücknahme des Verwaltungsaktes) – die Verwaltungsgerichtsbarkeit stellt insofern keine Prüfungsinstanz für die Verwaltung dar.

45 Soweit in der Literatur gegenwärtig überhaupt ein Zusammenhang zwischen dem Verbot der reformatio in peius und dem verfassungsrechtlichen Prozessvorbehalt des Art. 19 Abs. 4 GG vermutet wird, berufen sich Befürworter der Zulassung „verschlechternder" Entscheidungen im Prozess z. T. darauf, aus diesem Zusammenhang ließen sich keine Kriterien gewinnen. Denn eine strukturelle Unterscheidung Recht sprechender und administrativer Tätigkeiten des Richters sei nicht möglich[2910] oder es ließen sich aus ihr keine prozessualen Kriterien ableiten[2911]. Die dogmatische Unhaltbarkeit einer solchen Rückzugslinie wurde bereits oben aus der unmittelbaren prozessualen Bedeutung des Art 19 Abs. 4 GG begründet; ihre Vertreter indessen können von der überkommenen Auslegung des Art. 19 Abs. 4 GG her so tun, als gäbe es für sie die verfassungsrechtlichen Vorentscheidungen nicht, die den heutigen Rechtszustand von dem unterscheiden, auf den sich die Stellungnahmen früherer Autoren beziehen.

### 4. Die reformatio in peius im Verwaltungsverfahren als Instrument der Zweckmäßigkeitskontrolle

46 Die oben umrissene historische Diskussion um die Zulässigkeit einer reformatio in peius in Verfahren der „Verwaltungsrechtspflege" hat sich in einer Auseinandersetzung um die Zulässigkeit der verschlechternden Entscheidung im verwaltungsrechtlichen Widerspruchsverfahren fortgesetzt[2912]. So ist die *reformatio in peius* im positiven Recht ausdrücklich in § 367 Abs. 2 S. 2 AO (1977) sowie in § 337 Abs. 2 LAG und § 21 Abs. 2 KgfEG zugelassen. Einigkeit besteht in dieser Frage nun darüber, dass sich für die Möglichkeit einer Verschlechterung zu

---

2908 Zu dessen Kompetenzen vgl. allein Eyermann/Fröhler, § 63 Rdnr. 2.

2909 Damit tritt ein weiteres Hindernis ein, das Bestrebungen im Wege steht, § 20 I FGG und § 42 Ii VwGO zu „analogisieren".

2910 Vgl. Zimmermann, RPfleger 1959, 253.

2911 Nachw. bei Zimmermann, a.a.O.

2912 Vgl. Freitag, VerwA Bd. 56 (1965), 314 ff.; A. v. Mutius, Widerspruchsverfahren, S. 220; Renner, DVBl. 1973, 340 ff.; K. Lieb, Diss., S. 69 ff. sowie im Folgenden.

Lasten des Widerspruchsführers durch die Widerspruchsbehörde Schranken aus dem materiellen Verwaltungsakt ergeben[2913], wie sie bereits im Zusammenhang der Erörterung der „Vertrauensschutzgedanken" der §§ 48 und 49 VwVfG dargestellt wurden[2914].

Jenseits dieser materiell-rechtlichen Begrenzung aus Vertrauensschutzaspekten ist von den Befürwortern eines Verbots der reformatio in peius im Verwaltungsverfahren der „Rechtsschutzcharakter" dieses Verfahrens betont worden[2915], worunter diese Autoren nicht einen „Rechtsgüterschutz", sondern eine „gerichtsschutzähnliche" Struktur des verwaltungsverfahrensrechtlichen Rechtsbehelfs verstehen. Bereits im Vorverfahren soll der Widerspruchsführer vor einer Verschlechterung seiner Rechtsposition „geschützt" sein – denn er muss sich, so lautet die Argumentation der Befürworter eines umfassenden Verbotes der reformatio in peius auch in administrativen Verfahren – auf das Widerspruchsverfahren einlassen, um überhaupt (gerichtlichen) „Rechtsschutz" erlangen zu können – um den Zugang zum Rechtsweg eröffnet zu erhalten. Eine solche Darstellung verkennt, dass der Widerspruchsführer im Rahmen des Verwaltungsverfahrens in dessen Widerspruchsinstanz „Rechtsschutz" (wenn im Kontext der Verwaltung davon in der von der überkommenen Lehre gemeinten, mit „Rechtsweg" synonym gesetzten Bedeutung überhaupt sinnvoll die Rede sein kann) allein im Zusammenhang der Erfüllung der Aufgaben der Verwaltung erhält[2916]. Dieses administrative Moment steht daher aber bei dem Tätigwerden auch der Rechtsbehelfsinstanz im Vordergrund, was für eine Zweckprogrammierung[2917] auch der Entscheidung der Widerspruchsbehörde im Sinne der oben 47

2913 BVerwG, Urteil vom 19.9.1969, Az.: IV C 18.67 = DÖV 1970, 137; Urteil vom 29.10.1968, Az.: IV B 7.68 = DÖV 1969, 142; BayVGH, Urteil vom 23.10.1967, Az.: 154 I 67 = Bay.VBl. 1968, 35.

2914 Freitag, VerwA Bd. 56 (1965), 314, 337 ff. m. w. Nachw. näher dazu, dass sich das Verbot der reformatio in peius nicht als Instrument des Vertrauensschutzes darstellt.

2915 C.-H. Ule, Lb., §§ 69-73, Anm. V; Menger/Erichsen, VerwA (1963), 200; (1966), 283 ff.; (1968), 283 f.; (1969), 381; Renck, BayVBl. 1974, 639 f.

2916 Die strukturelle Leistung der Rechtsprechung gegenüber der Verwaltung betont Freitag, VerwA Bd. 56 (1965), 314, 326 gegenüber Forderungen nach einer „Justizialisierung" der Verwaltung – dazu auch oben § 2 II.

2917 F. Becker, Das allgemeine Verwaltungsverfahren in Theorie und Gesetzgebung, S. 201 ff. sieht zwar auf der einen Seite, dass eine Zweckmäßigkeitskontrolle der Widerspruchsinstanz im Verwaltungsverfahren „verschlechternde" Entscheidungen erforderlich macht, soll die Widerspruchsbehörde funktional ihre Aufgabe der effizienten Selbstkontrolle der Verwaltung erfüllen können – zumal Becker diese Zweckmäßigkeitsentscheidungen für eine Effektivierung rechtsstaatlichen Rechtsschutzes hält (a.a.O., S. 39, 55). Er äußert aber gleichwohl Bedenken gegenüber der Zulassung der reformatio in peius, da diese den Widerspruchsführer von der Einlegung des Widerspruchs abhalten könne.

beschriebenen „Output"-Orientierung spricht, die in der eingeschränkten Dispositionsbefugnis des Widerspruchsführer ihren verfahrensrechtlichen Ausdruck findet[2918]. Anders ausgedrückt stellen sich die Normierungen des Verwaltungsverfahrens als materielle, kompentenzielle Voraussetzungen für den Erlass und den Bestand von Verwaltungsakten dar.

48 So ist es sowohl vor dem Hintergrund der verfassungsrechtlichen Unterscheidung von Rechtsprechung und Verwaltung überzeugend als auch für unsere Überlegungen zur Qualifikation der Rechtsmittelverfahren in administrativen Gerichtsverfahren relevant, dass die reformatio in peius im verwaltungsrechtlichen Widerspruchsverfahren in der Judikatur des BVerwGs[2919] durchweg für zulässig erachtet wurde. Und zwar unabhängig von den eher flankierenden Überlegungen des Gerichts, ob das Verbot der reformatio in peius ein „Wesensmerkmal" eines (jeden!) Rechtsbehelfs – d. h. unabhängig von der verfassungs- und verfahrens- bzw. prozessrechtlichen Struktur – sei, ob das Verwaltungsverfahren als eine Einheit erst mit dem Widerspruchsbescheid zum Abschluss gelange (gerichtet gegen die „Rechtsschutzargumentation") oder gar, ob das Verwaltungsverfahrensrecht „weniger formalistisch" sei als das Gerichtsverfahrensrecht. Entscheidend nach den bisherigen Überlegungen ist in dem hier zu erörternden Zusammenhang vielmehr die Argumentation des BVerwG, die sich auf die Aufgabenstellung (die Funktion) des Verwaltungs- und Widerspruchsverfahrens bezieht[2920]. Das Gericht betont[2921] nämlich die Aufgabe der Widerspruchsbehörde, die nach § 68 VwGO eine umfassende Rechts- und Zweckmäßigkeitskontrolle der erstinstanzlichen Entscheidung vorzunehmen habe[2922]. Damit wird auf die besondere Struktur von Verwaltungsentscheidungen verwiesen, wie sie im ersten Teil dieser Untersuchung[2923] behandelt wurde. Gegenüber der interesselosen" Streitentscheidung durch die Rechtsprechung erscheint nämlich Verwaltung als „folgekostenorientiertes" Verfahren der Verfolgung hetero-

2918 Vgl. m. w. N. die Kritik W.-R. Schenkes an der Konzeption des Widerspruchsverfahrens als eines Rechtsschutzverfahrens VBlBW 1982, 313 ff.

2919 BVerwG, Urteil vom 23.5.1962, Az.: V C 73/61 = BVerwGE 14, 175 ff., 179 ff.,; vgl. jetzt eingehend E. Allesch, Die Anwendung der Verwaltungsverfahrensgesetze auf das Widerspruchsverfahren nach der VwGO, S. 144 f.

2920 A. v. Mutius, Das Widerspruchsverfahren der VwGO, S. 112 ff., sowie oben § 1.

2921 BVerwG, Urteil vom 23.5.1962, Az.: V C 73/61 = BVerwGE 14, 175 ff., 179 ff.;OVG Lüneburg, Urteil vom 6.8.1965, OVGE 21, 367, 370. Anders jedoch in Fällen der Beschränkung der Widerspruchsbehörde auf die Rechtsmäßigkeitskontrolle wie etwa in Selbstverwaltungsangelegenheiten, vgl. Sahlmüller, BayVBl. 1973, 344 f. m. w. N.

2922 E. Allesch, Die Anwendung der Verfahrensgesetze auf das Widerspruchsverfahren, S. 144, zeigt, dass die Widerspruchsbehörde anstelle der Ausgangsbehörde entscheidet; vgl. auch dens., a.a.O., S. 161 ff.

2923 Vgl. weiter Smid, Richterliche Rechtserkenntnis, Kap. VI 7, VIII.

gener Zwecke. Dieser Aufgabenstellung von Verwaltung entspricht prozessual die Möglichkeit instanzieller Entscheidung, die an die Stelle der vorinstanzlichen Verfügung eine zweckmäßigere (effizienter erscheinende) Regelung setzt, auch wenn dies zu einer Verschlechterung der Lage des Widerspruchsführers führt. Erst durch die Möglichkeit einer Entscheidung „in peius" kann die Effizienz des Verwaltungshandelns der untergeordneten Behörde von deren Aufsichtsbehörde überprüft und gesteigert werden. Die Widerspruchsbehörde kann kontrollieren, ob die erstinstanzlich getroffenen Maßnahmen sich für die der Verwaltung vorgegebene Zweckerreichung als wirtschaftlich darstellen usf.

Insofern ist es aber auch einsichtig, dass das BVerwG in seinem Katalog 49
von Zulässigkeitsbedingungen einer reformatio in peius im verwaltungsrechtlichen Widerspruchsverfahren betont[2924], dass eine solchermaßen ausgestaltete Entscheidungskompetenz der Widerspruchsbehörde allein unter der Voraussetzung denkbar sei, dass diese – was in einigen Verwaltungsverfahren denkbar ist – mit der Ausgangsbehörde identisch oder als deren nächsthöhere Behörde der Ausgangsbehörde dienstvorgesetzt ist[2925]. Dieser Rekurs auf die interne Struktur der Verwaltungsentscheidungen (auf die Durchführung bestimmter „Zweckverfolgungen" und die Überwachung ihrer Kosten) setzt die Einhaltung der durch die Verwaltungsorganisation gewährleisteten Kompetenzen voraus. Der Grund dafür liegt nicht nur darin, dass eine Effektivitätskontrolle allein dann funktionieren kann, wenn die Aufsichtsbehörde selbst von ihrem Ressort her mit dem Vorgang befasst ist, aus dessen Bereich sie eine Entscheidung fällt.

### 5. Zulässigkeit der reformatio in peius in der Beschwerdeentscheidung nichtsstreitiger Verfahren der freiwilligen Gerichtsbarkeit

Diese Funktion des Beschwerdeverfahrens als „vollwertige" zweite Instanz i. S. 50
struktureller (verfahrensrechtlicher) Vergleichbarkeit mit der Vorinstanz findet in der verfahrensrechtlichen Ausgestaltung der Beschwerdeinstanz ihren rechtlichen Ausdruck. Die Beschwerdeinstanz kann nämlich ihre Zweckmäßigkeitskontrolle dadurch umsetzen, dass sie zu Lasten des Rechtsmittelführers die vo-

2924 BVerwG, Beschluss vom 10.9.1957, Az.: I CB 20/57 = DÖV 1957, 782. Vgl. jedoch R. Herrnritt, Das Verwaltungsverfahren, 138 f.

2925 BVerwG, Urteil vom 23.5.1962, Az.: V C 73/61 = BVerwGE 14, 175; Urteil vom 19.5.1965, Az.: V C 143/63 = BVerwGE 21, 142; Urteil vom 12.7.1968, Az.: VII C 48/66 = BVerwGE 30, 132, 134; Urteil vom 21.3.1973; OVG Lüneburg, OVGE 6, 309; HambOVG, Urteil vom 1.11.1956, Az.: II 24/56 = DVBl. 1957, 284, 285; BayVGH, Beschluss vom 27.4.1971, Az.: 6 V 71 = DÖV 1972, 318; Entscheidung vom 21.03.1973, Az.: 95 II 69 = BayVBl. 1973, 556; K. A. Bettermann, DVBl. 1959, 310; Sahlmüller, BayVBl. 1973, 344 ff.

rinstanzliche Entscheidung „verschlechtert“. Dass die Geltung des Verschlechterungsverbotes – wie oben gezeigt – insgesamt aus rechtsstaatlichen Überlegungen heraus von einigen Autoren[2926] angezweifelt wird, was sich insbesondere in Auseinandersetzungen um das FGG niedergeschlagen hat, braucht nach den soeben dargestellten Diskussionen an dieser Stelle nicht mehr näher behandelt zu werden. Die Forderung nach einem Verbot der reformatio in peius im Beschwerdeverfahren nichtstreitiger Sachen der freiwilligen Gerichtsbarkeit rechtfertigt sich allein aus deren vermeintlich besonderer „Rechtsschutzfunktion“, die ihnen von der heutigen Dogmatik unter teils expliziter, teils nicht näher reflektierter Ausklammerung der Struktur der Aufgaben vindiziert wird, die in Verfahren nichtstreitiger Gerichtsbarkeit auch in deren zweiter Tatsacheninstanz wahrgenommen werden. Diese Überlegung läuft nun freilich auf ein *quid pro quo* hinaus, das durch die überkommene Auslegung des Art. 19 Abs. 4 GG hervorgerufen wird. Ohne dass strukturelle Aussagen über das Beschwerdeverfahren nach dem FGG gemacht werden, ist es nämlich kaum möglich, dessen „Gerichtsschutzfunktion“ angemessen zu beschreiben. Ein Kurzschluss von der „Interessenlage“ der Beteiligten auf die Zulässigkeit oder ein Erfordernis des Verbotes der reformatio in peius ist damit nicht gerechtfertigt. Umgekehrt lassen sich sinnvolle (d. h. systematisch haltbare) Aussagen über die „Interessen“ der Beteiligten nichtstreitiger Verfahren wie auch diejenigen der Parteien im Prozess nur dann treffen, wenn die jeweilige Prozesslage, auf die sich die Rede von „Interessen“ bezieht, in den zeitlichen wie rechtssystematischen Gesamtzusammenhang des konkreten Verfahrens gestellt und von dort aus betrachtet wird[2927] (anders führt der Gebrauch der Kategorie des „Interesses“ zu abstrakten, von dieser Gesamtschau systematischer Kontexte abgelösten Darstellungsweisen – obwohl sie doch gegenüber der „Begriffsjurisprudenz“ vorderhand einen Zuwachs an Konkretion verspricht).

51 Die *reformatio in peius* erscheint daher nach den oben angestellten Vorüberlegungen als das geeignete Instrument, mit dem die administrative Aufgabenerfüllung durch das Gericht auch dann noch sichergestellt wird, wenn diese durch das Handeln des Rechtsmittelführers konterkariert zu werden droht. Ohne die Einlegung des Rechtsmittels hätten der ersten Instanz Abänderungsbefugnisse[2928] zugestanden, mit denen sie die Zweckrationalität ihres Handelns – die Erreichung der vorgegebenen Ziele und die Vermeidung unerwünschter Folgen – hätte sicherstellen können. Dagegen kann der Rechtsmittelführer die Erfüllung

2926 Dazu sh. Rn. 25 ff.

2927 Hierin liegt die wesentliche methodische Differenz unseres Ansatzes zu den Überlegungen W. Henckels, Prozessrecht und materielles Recht, bes. S. 5 ff., et passim.

2928 Vgl. Smid, Rechtsprechung, § 6 S. 381 ff.

der öffentlichen Aufgaben, die dem Richter anvertraut sind, nicht durch eine Bindung an bestimmte „Minimalpositionen" festlegen, die er im Verfahren durch die erstinstanzliche Entscheidung erlangt hat. und über die nach Einlegung der Beschwerde nicht zu seinen Lasten hinausgegangen werden darf[2929].

Insofern geht es bei der reformatio in peius im Beschwerdeverfahren nichtstreitiger freiwilliger Gerichtsbarkeit um die „Wahrung öffentlicher Interessen". Das wird indes von *Kapsa*[2930] bestritten. Entgegen der Literatur[2931] sieht *Kapsa*[2932] „keinen allgemeinen Grundsatz des Inhalts, dass das Privatinteresse stets dem öffentlich zu weichen habe", auf den der Schluss vom öffentlichen Interesse auf die Zulässigkeit der reformatio in peius seiner Meinung nach aufbauen sol. Gewiss ist der Ausgangszeitpunkt beim „öffentlichen Interesse" nicht unbedenklich – so zweifelhaft wie die „Abwägung" privater und öffentlicher Interessen ist, solange nicht die verfahrensrechtliche Dimension zu diesen Fragenstellungen, die freilich von der überkommenen Lehre ebenfalls nicht verfolgt wurden. Denn hinter der Unterscheidung von privaten und öffentlichen Interessen als Verfahrensgegenstand stehen erkennbar die Differenzierung in der Zielrichtung der Verfahren, verschiedenartige Arbeitsweisen und „Programmierungen". Das „öffentliche Interesse" als Verfahrensgegenstand drückt nämlich aus, dass es sich bei nichtstreitigen Verfahren nicht um solche funktionaler Rechtsprechung, sondern um administrative Zweckverfolgung handelt. 52

Dass es sich daher bei diesem verfahrensrechtlich als administrative Kontrollinstanz konzipierten Beschwerdeverfahren nicht um die Gewährleistung von „subjektivem Rechtsschutz" in dem von der vorherrschenden Lehre gemeinten Sinne durch die Umdefinition des Staates als Partei handeln kann, folgt unmittelbar aus der Ausgestaltung des Verfahrens als zweiter Tatsacheninstanz. Nicht die subjektiven Rechte des Beschwerdeverführers gegenüber der Entscheidung des erstinstanzlichen Gerichts sollen im Beschwerdeverfahren „geschützt" werden, wie sich oben gezeigt hat. Es geht im Beschwerdeverfahren der freiwilligen Gerichtsbarkeit nicht darum, streitiges, ungewisses Recht durch den neutralen Rechtsanwender festzustellen. Denn der Beschwerdeführer disponiert allein über die Verfahrenseinleitung und nicht über ihm (unbegrenzt) verfügbare Rechte, die der Zweckverfolgung durch das Gericht nicht zugänglich wären. Es geht bei 53

2929 Insofern greift wie im Kontext von Verfahren der Verwaltung bei der materiellen Verwaltungstätigkeit in den Verfahren der freiwilligen Gerichtsbarkeit diese Begründung einer Zulässigkeit der reformatio in peius als Richtigkeitsgewähr der Entscheidung durch; Richtigkeit wird dabei, wie oben diskutiert, anders („materieller") bestimmt als in Verfahren funktionaler Rechtsprechung.

2930 Kapsa, Reformatio in peius, S. 74 ff., 97.

2931 Insbes. Fenn, Anschlussbeschwerde, S. 206.

2932 Kapsa, Reformatio in peius, S. 16.

der Entscheidungstätigkeit der zweiten Instanz vielmehr um planende, prognostische Entscheidungen, die auf bestimmte Folgenverwirklichungen hin strukturiert sind[2933] und auf deren Grundlage die erstinstanzliche Entscheidung auf ihre Zweckmäßigkeit hin überprüft wird[2934]. Anders ausgedrückt: Auch im Beschwerdeverfahren verfolgt das Gericht der freiwilligen Gerichtsbarkeit noch öffentliche Interessen. Das Beschwerdegericht nimmt damit nicht anders als der erstinstanzlich entscheidende Richter die Rolle eines Beteiligten ein, der am Verfahren interessiert ist. Insoweit ist auch dem Vorbehalt Hormuths[2935] uneingeschränkt Recht zu geben, den er gegenüber der Voraussetzung der Betroffenheit subjektiver Rechte als Bedingung für die Beschwerdebefugnis macht.

54 Wenn nämlich überhaupt das rechtsstaatliche Proprium von Rechtsprechung funktional beschrieben wird, kann nicht mehr unvermittelt die mit der Eröffnung des Zugangs zur zweiten Instanz in dieser gewährte Leitung (die unparteiische Rechtserkenntnis mit den Methoden des Rechts, in der Diktion der überkommenen Lehre von im Prozess verhandelten „Rechtsschutzanspruch“) als „Kontrolle“ der Vorinstanz dargestellt werden. Denn eine Kontrolltätigkeit richtet sich an heterogenen Zielen und Zwecken aus, die selbst nicht notwendig allein auf die Feststellung des streitigen Rechts gerichtet sind[2936]

55 Ob sich die Änderung einer Entscheidung in nichtstreitigen Verfahren der freiwilligen Gerichtsbarkeit als „Verschlechterung“ darstellt und „zu Lasten“ des Beschwerdeführers ausfällt, lässt sich nicht in der gleichen Weise formal feststellen wie im Prozess. Die von einer administrativen Gerichtsentscheidung ausgehende Beschwer kann allein „materiell“ bestimmt werden[2937]. Es kann daher schon begrifflich von einer „Verschlechterung“ zunächst immer dann nicht die Rede sein, wenn – wie in den klassischen Verfahren der freiwilligen Gerichtsbarkeit – kein Streit zwischen den Beteiligten durch das Gericht entschieden wird, sondern es um die „sachgerechte Planung der Zukunft“ geht[2938]. Insofern nämlich wird der Beschwerdeführer nicht in seiner prozessualen Dispositionsbefugnis, d. h. gegenüber seinem Gegner in seiner waffengleichen Stellung durch eine reformatio in peius beeinträchtigt – das Beschwerdegericht erscheint vielmehr von vornherein auch im Beschwerdeverfahren als der beteiligte – inte-

---

2933 Vgl. H. Bonvie, Änderbarkeit, bes. S. 71 ff., (dessen prozessuale Qualifikationen insbes. hinsichtlich der HausratsVO) nicht immer angemessen erscheinen, näher unten V. Zum Ganzen Smid, Richterliche Rechtserkenntnis.

2934 Vgl. auch U. Domke, RPfleger 1984, 94 f.

2935 Beschwerdeberechtigung, S. 29 ff.

2936 Eingehend oben § 1 II.

2937 Smid, Rechtsprechung § 7.

2938 Smid, Rechtsprechung §§ 7, 8.

ressierte Dritte (als Partei), der (autoritativ) regulierend in die Beziehungen der (übrigen) Beteiligten eingreift.

In „materiell" administrativen Gerichtsverfahren – und nur dort, nicht im Prozess! – ist freilich das von den dem Gericht subordinierten Beteiligten im Hinblick auf den Bestand von Entscheidungen des Gerichts gebildete Vertrauen zu berücksichtigen. Das angemessene Instrument des „Vertrauensschutzes"[2939] in den Verfahrensabschnitten administrativ-gerichtlichen Handelns ist damit aber nicht das Verbot einer verschlechternden Entscheidung. Dagegen greifen Bestandsschutzregelungen (wie wir gesehen haben; nicht „Rechtskraft!"[2940]) ein, die der besonderen „Beteiligtenstellung" des Gerichts Rechnung tragen und die bereits oben unter Hinweis auf die §§ 48, 49 VwVfG umrissen wurden[2941], deren Anwendbarkeit in den nichtstreitigen Verfahren der freiwilligen Gerichtsbarkeit heute außer Streit ist. 56

2939 H. Bonvie, Änderbarkeit, S. 70.

2940 Smid, Rechtsprechung, 1990, §§ 6, 7.

2941 Smid, Rechtsprechung, 1990, § 6.

# Teil 10: Erlass von Vollstreckungstiteln durch Rechtspfleger außerhalb des streitigen Verfahrens materieller Rechtsprechung

## § 35 Das Vereinfachte Verfahren über den Kindesunterhalt

Bereits bei der Erörterung der funktionellen Zuständigkeit (§ 3 Rn. 17) ist auf das Verfahren nach den §§ 249 ff. FamFG hingewiesen worden. In diesem Verfahren geht es um die zügige Titulierung des Unterhaltsanspruchs des minderjährigen Kindes gegen den unterhaltsverpflichteteten getrenntlebenden Elternteil.[2942] 1

Das Verfahren ist hoch formalisiert: Mit dem Antrag müssen die von § 250 FamFG normierten Angaben gemacht werden. Dem Gericht ist in § 251 S. 2 FamFG vorgeschrieben, wegen welcher Gegenstände es dem Antragsteller Hinweise zu geben hat und die Einwendungen des Antragsgegners werden nach § 252 Abs. 1 S. 1 FamFG darauf beschränkt[2943], die Zulässigkeit des vereinfachten Verfahrens zu rügen; der Zeitpunkt, von dem an Unterhalt gezahlt werden soll, sei fehlerhaft bestimmt und wegen der Höhe des geltend gemachten Unterhalts, dass die nach dem Alter des Kindes zu bestimmenden Zeiträume, für die der Unterhalt nach dem Mindestunterhalt der ersten, zweiten und dritten Altersstufe festgesetzt werden soll, oder der angegebene Mindestunterhalt nicht richtig berechnet sind; der Unterhalt nicht höher als beantragt festgesetzt werden darf und dass Leistungen der in § 1612b BGB oder § 1612c BGB bezeichneten Art nicht oder nicht richtig berücksichtigt worden sind. Will der unterhaltsverpflichtete Antragsgegner andere Einwendungen gegen den Antrag geltend machen, muss er sich im übrigen daraüber erklären, wieweit er zur Unterhaltsleistung bereit sei und sich hierzu verpflichten, § 252 Abs. 2 FamFG. 2

Erhebt der Antragsgegner keine oder nur nach Maßgabe des § 252 FamFG unzulässige Einwendungen, wird durch Feststellungsbeschluss gem. § 253 S. 2 FamFG ausgesprochen, dass der Antragsgegner den festgesetzten Unterhalt an den Antragssteller zu zahlen hat.[2944] 3

Nur soweit Einwendungen erhoben worden sind , die nach § 252 Abs. 1 S. 3 FamFG nicht zurückzuweisen oder die nach § 252 Abs. 2 FamFG zulässig sind, teilt das Gericht dem Antragsteller dies gem. § 254 S. 1 FamFG mit und setzt 4

2942 Borth/Grandel, in: Musielak/Borth, § 249 Rn. 1.

2943 Borth/Grandel, in: Musielak/Borth,§ 251 Rn. 2ff, § 252 Rn. 1

2944 Giers, in: Keidel, FamFG, § 253 Rn. 6.

nach § 254 S. 2 FamFG auf dessen Antrag den Unterhalt durch Beschluss fest, soweit sich der Antragsgegner nach § 252 Abs. 2 S. 1 und S. 2 zur Zahlung von Unterhalt verpflichtet hat. Hierauf hat das Gericht nach § 254 S. 3 FamFG in der Mitteilung nach § 254 S. 1 FamFG den Antragsgegner hinzuweisen. In diesem Fall wird gem. § 255 Abs. 1 FamFG auf Antrag eines Beteiligten das streitige Verfahren durchgeführt, worauf ebenfalls in der Mitteilung nach § 254 S. 1 FamFG hinzuweisen ist.[2945]

5 Beantragt ein Beteiligter die Durchführung des streitigen Verfahrens, ist nach § 255 Abs. 2 FamFG wie nach Eingang eines Antrags in einer Unterhaltssache weiter zu verfahren, wobei Einwendungen nach § 252 FamFG als Erwiderung behandelt werden.[2946]

---

2945 Macco, in: MünchKomm, ZPO, § 255 FamFG Rn. 1.

2946 Maier, in: Johannsen/Henrich, FamFG, § 255 Rn. 4.

# § 36 Mahnverfahren als Streitentscheidung ohne Prozess – Grenzen der Wirkungen des Vollstreckungsbescheides

## I. Aufgabe und Gang des Mahnverfahrens

### 1. Mahnverfahren als summarisches Verfahren

Mit dem Mahnverfahren steht einem Gläubiger ein vergleichsweise einfacher 1
und kostengünstiger Weg offen, um seine Forderung gegen den Schuldner zu titulieren. Das Mahnverfahren hilft, einen kostspieligeren Prozess zu vermeiden. Im Mahnverfahren können nach § 688 Abs. 1 ZPO ausschließlich Ansprüche geltend gemacht werden, die auf Zahlung einer bestimmten Geldsumme in Euro gerichtet sind. Daher kann eine Forderung wie etwa die Lieferung von Waren oder die Räumung von Wohnraum nicht im Mahnverfahren tituliert werden. Die Besonderheit des Mahnverfahrens besteht darin, dass vom Gericht nicht geprüft wird, ob dem Gläubiger der geltend gemachte Anspruch tatsächlich zusteht. Der Schuldner, dem ein Mahnbescheid zugestellt wird, muss also selbst prüfen, ob er dem Gläubiger die darin genannte Geldsumme schuldet.

### 2. Verfahren nach Antragstellung

Auf den unter Beachtung des § 690 BGB gestellten ordnungsgemäßen Antrag 2
hin erlässt das nach § 689 ZPO zuständige Amtsgericht als „Mahngericht" einen Mahnbescheid, der dem Antragsgegner nach § 693 Abs. 1 ZPO von Amts wegen zugestellt wird. Nach § 692 Abs. 1 ZPO enthält der Mahnbescheid von Gesetzes wegen den Hinweis, dass das Gericht nicht geprüft hat, ob dem Antragsteller der geltend gemachte Anspruch zusteht (Nr. 2) sowie die Aufforderung, innerhalb von zwei Wochen seit der Zustellung des Mahnbescheids, soweit der geltend gemachte Anspruch als begründet angesehen wird, die behauptete Schuld nebst den geforderten Zinsen und der dem Betrag nach bezeichneten Kosten zu begleichen oder dem Gericht mitzuteilen, ob und in welchem Umfang dem geltend gemachten Anspruch widersprochen wird (Nr. 3). Weiter nach Nr. 4 des § 692 Abs. 1 ZPO den Hinweis, dass ein dem Mahnbescheid entsprechender Vollstreckungsbescheid ergehen kann, aus dem der Antragsteller die Zwangsvollstreckung betreiben kann, falls der Antragsgegner nicht bis zum Fristablauf Widerspruch erhoben hat.

## 3. Verfahren bei Widerspruch des Antragsgegners

3 Der Antragsgegner kann nach § 694 Abs. 1 ZPO gegen den Anspruch oder einen Teil des Anspruchs bei dem Gericht, das den Mahnbescheid erlassen hat, schriftlich Widerspruch erheben, solange der Vollstreckungsbescheid nicht verfügt ist. Wird rechtzeitig Widerspruch erhoben und beantragt eine Partei die Durchführung des streitigen Verfahrens, gibt gem. § 696 Abs. 1 S. 2 ZPO das Gericht, das den Mahnbescheid erlassen hat, den Rechtsstreit von Amts wegen an das Gericht ab, das in dem Mahnbescheid gem. § 692 Abs. 1 Nr. 1 ZPO bezeichnet worden ist. Wenn die Parteien übereinstimmend die Abgabe an ein anderes Gericht verlangen, ist an nach § 696 Abs. 1 S. 3 ZPO dieses abzugeben. § 696 Abs. 1 S. 4 ZPO sieht vor, dass der Antrag auf Abgabe an das zuständige Prozessgericht in den Antrag auf Erlass des Mahnbescheids aufgenommen werden kann. Das Gericht hat den Antragsteller dann nach § 695 S. 1 ZPO von dem Widerspruch und dem Zeitpunkt seiner Erhebung in Kenntnis zu setzen. Wird das Mahnverfahren nicht maschinell bearbeitet, so bestimmt § 695 S. 2 ZPO, dass der Antragsgegner die erforderliche Zahl von Abschriften mit dem Widerspruch einzureichen hat. Nach § 697 Abs. 1 ZPO hat die Geschäftsstelle des Gerichts, an das die Streitsache abgegeben wird, dem Antragsteller unverzüglich aufzugeben, seinen Anspruch binnen zwei Wochen in einer der Klageschrift entsprechenden Form zu begründen. Bei Eingang der Anspruchsbegründung sieht § 697 Abs. 2 S. 1 ZPO vor, dass wie nach Eingang einer Klage weiter zu verfahren ist.

## 4. Antragsrücknahme bis zum Beginn der mündlichen Verhandlung

4 Die Durchführung eines streitigen Prozesses ist aber nicht zwingend, wenn der Antragsgegner Widerspruch gegen den Mahnbescheid eingelegt hat. § 696 Abs. 4 ZPO eröffnet dem Antragsteller nämlich die Möglichkeit, den Antrag auf Durchführung des streitigen Verfahrens bis zum Beginn der mündlichen Verhandlung des Antragsgegners zur Hauptsache zurückzunehmen. Mit der Zurücknahme ist die Streitsache als nicht rechtshängig geworden anzusehen.

## 5. Antrag auf Erlass eines Vollstreckungsbescheides: Der Titel

5 Legt der Antragsgegner innerhalb der zweiwöchigen Widerspruchsfrist keinen Widerspruch gegen den Mahnbescheid ein, kann der Antragsteller beim „Mahngericht“ Antrag auf Erlass des Vollstreckungsbescheids stellen. Mit dem Antrag muss er erklären, dass Zahlungen seitens des Antragsgegners nicht erfolgt sind. Der Vollstreckungsbescheid wird nach § 699 Abs. 4 ZPO dem Antragsgegner von Amts wegen zugestellt. Nach § 699 Abs. 1 ZPO erlässt das „Mahngericht“

auf den Antrag hin einen Vollstreckungsbescheid. Nach § 700 Abs. 1 ZPO steht der Vollstreckungsbescheid einem für vorläufig vollstreckbar erklärten Versäumnisurteil gleich.

Erhebt der Antragsgegner keinen Widerspruch gegen den Mahnbescheid und beantragt der Antragsteller den Erlass des Vollstreckungsbescheids nicht binnen einer sechsmonatigen Frist, die mit der Zustellung des Mahnbescheids beginnt, sieht § 701 S. 1 ZPO vor, dass die Wirkung des Mahnbescheids wegfällt. Nach § 701 S. 2 ZPO gilt dasselbe, wenn der Vollstreckungsbescheid rechtzeitig beantragt ist, der Antrag aber zurückgewiesen wird. 6

## II. Beschränkte Rechtskraftwirkung des Vollstreckungsbescheids

### 1. Feststellung der Voraussetzungen einer vollstreckungsrechtlichen Privilegierung gem. § 850f Abs. 2 ZPO

Der VII. Zivilsenat des BGH[2947] hatte über die Rechtsbeschwerde einer Gläubigerin zu entscheiden gehabt, mit der diese vergeblich aus einem von ihr erwirkten Vollstreckungsbescheid die privilegierte Vollstreckung nach § 850 f Abs. 2 ZPO durch Herabsetzung des unpfändbaren Teils des Arbeitseinkommens des Schuldners zu erwirken versucht hatte. Der Vollstreckungsbescheid wies eine Hauptforderung „aus vorsätzlich strafbarer unerlaubter Handlung" aus. In seiner bisherigen Judikatur hatte der (IX. Zivilsenat) BGH offen gelassen, ob ein solcher wie im vorliegenden Fall formulierter Vollstreckungsbescheid den Anforderungen an die vollstreckungsgerichtliche Entscheidung nach § 850 f Abs. 2 ZPO genüge.[2948] In der landgerichtlichen Judikatur waren freilich Entscheidungen aufgetreten, denen zufolge die Voraussetzungen für eine Zusatzpfändung von Arbeitseinkommen nach § 850f Abs. 2 ZPO vorliegen, wenn der Gläubiger einen entsprechenden Vermerk in den Vollstreckungsbescheid hat aufnehmen lassen und er zudem die Umstände darlegt, weshalb die Forderung auf einer vorsätzlich begangenen unerlaubten Handlung beruht.[2949] Das entsprach einer Tendenz landgerichtlicher Entscheidungen, wonach es „Sache des Klägers" sein sollte, im Erkenntnisverfahren dafür zu sorgen, dass der Schuldgrund in die Verurteilung mit aufgenommen wird, da eine nachträgliche Ergänzung des Titels bzw. Prüfung, ob eine strafbare Handlung vorliege, durch das Vollstre- 7

2947 BGH, Beschluss vom 5.4. 2005, Az.: VII ZB 17/05 = NJW 2005, 1663-1664.

2948 Gegen die bejahende Stellungnahme (z. B. OLG Düsseldorf JurBüro 1973, 883; Smid, in: MünchKomm, ZPO, § 850 f Rn. 16; Brehm, in: Stein/Jonas, ZPO, § 850 f Rn. 13. Zum Ganzen auch Ahrens, JurBüro 2003, 401.

2949 LG Münster, Beschluss vom 7.12.1995, Az.: 5 T 1024/95 = JurBüro 1996, 385.

ckungsgericht, auch wenn vieles für ein strafbares Verhalten des Schuldners spricht, nicht stattfinde.[2950] Das LG München II[2951] hatte denn ausdrücklich entschieden, ergebe sich aus dem Vollstreckungsbescheid, dass der titulierte Anspruch aus einer vorsätzlich begangenen unerlaubten Handlung resultiert, so sei dies für das Vollstreckungsgericht im Hinblick auf die Festsetzung des pfandfrei zu belassenden Betrages bindend.

## 2. Beschränkte Feststellungswirkungen des summarischen Verfahrens

8 Nach Ansicht der Vorinstanzen und des VII. Zivilsenats genügt die „formularmäßige" Titulierung im Mahn- bzw. Vollstreckungsbescheid nicht aus. Um in den Genuss einer vollstreckungsgerichtlichen Entscheidung nach § 850 f Abs. 2 ZPO gelangen zu können müsse, so der VII. Zivilsenat des BGH, der betreibende Gläubiger einen auf ein Erkenntnisverfahren hin ergangenes Feststellungsurteil erwirken, in dem darauf erkannt werde, dass der Schuldner eine vorsätzliche unerlaubte Handlung begangen habe. Der Vollstreckungsbescheid genüge nicht, da er auf ein vereinfachtes Verfahren hin[2952] ergeht. Denn, so führt der erkennende Senat unter Berufung auf die Judikatur des BGH[2953] aus, dieser werde (vom Rechtspfleger) ohne die Schlüssigkeitsprüfung des Vorbringens des Antragstellers erlassen, die Voraussetzung eines streitigen Urteils sei. Die Angaben im Vollstreckungsbescheid bänden anders als die Feststellungen in einem Urteil des Prozessgerichts das Vollstreckungsgericht nicht.

9 Im allgemeinen ist es zu begrüßen, dass sich in den vergangenen Jahren in der Judikatur der Zivilsenate des BGH ein verfahrensrechtliches Verständnis vertieft hat, nach dem zwischen kontradiktorisch ausgestalteten streitentscheidenden Verfahren und solchen Verfahren zu unterscheiden ist, in denen keine Rechtserkenntnis[2954] nach Art des Urteils oder urteilsersetzender Beschlüsse erbracht werde. Anknüpfend diese Differenzierung wird zutreffend u. a. die Frage gestellt, ob und in welchem Umfang Rechtsmittel gegen die jeweiligen Entscheidungen von Verfassungswegen zu eröffnen sind.[2955] Die Tragfähigkeit die-

---

2950 LG Stuttgart, Beschluss vom 4.2.1997, Az.: 2 T 62/97 = JurBüro 1997, 548.

2951 LG München II, Beschluss vom 28.7.2004, Az.: 6 T 3443/04 = JurBüro 2004, 673 m. Anm. von Hermann.

2952 Vgl. BGH, urteil vom 21.3.2003, Az.: VII ZR 230/01 = BGHZ 150, 221, 225.

2953 BGH, Urteil vom 25.10.1990, Az.: IX ZR 62/90 = BGHZ 112, 367, 370.

2954 Smid, Richterliche Rechtserkenntnis, 1989, 55 ff., 58 ff., 73 ff.; ders., Rechtsprechung. Zur Unterscheidung von Rechtsprechung und Prozeß, 1990, 48 ff., 153 ff.; Vosskuhle, Rechtsschutz gegen den Richter, 1993, 94 ff.

2955 Vgl. insbesondere jüngst BGH ZIP 2004, 915.

ser Unterscheidung bedarf im konkreten Zusammenhang indes einer jeweils eigenen Bestimmung.[2956]

Allein der Umstand, dass ein Vollstreckungsbescheid in einem summarischen Verfahren erlassen wird, kann freilich für sich genommen die Ansicht des VII. Zivilsenats nicht zu tragen. Der Senat selbst meint, der Vollstreckungsbescheid sei der materiellen Rechtskraft fähig, die sämtliche Rechtsgründe für den geltend gemachten Anspruch erfasse.[2957] Wäre dies so, bleibe doch dunkel, weshalb im Vollstreckungsverfahren als dem typischen Fall, in dem der auf Vollstreckung zielende Titel Bindungsverfahren entfaltet, diese nicht sollen greifen können. Allerdings erweist sich die Rede von der sämtliche Anspruchsgründe umfassenden materiellen Rechtskraft des Vollstreckungsbescheids als façon de parler, die der BGH dort nicht ernst nimmt, wo sie zum Tragen käme: Das ist indes nicht als Inkonsequenz zu kritisieren. Denn bereits vor längerer Zeit hat *Johannes Braun*[2958] darauf aufmerksam gemacht, dass wegen der Abschaffung der Schlüssigkeitsprüfung im Jahr 1976[2959] jedenfalls nicht in dem uneingeschränkten Sinne von einer materiellen Rechtskraftwirkung des Vollstreckungsbescheids die Rede sein könne, wie dies auch in der hier zitierten Judikatur seitdem anklingt.[2960] Freilich ging es in den Diskussionen in den achtziger Jahren des vorigen Jahrhunderts um solche Titel aus Vollstreckungsbescheiden, die auf eine Leistung zielten, die im übrigen – zu Recht oder zu Unrecht[2961] - als sittenwidrig qualifiziert wurden. Es ging damals also um die Frage, ob eine „Rechtskraft" des Vollstreckungsbescheides durchbrochen und ggf. gegen die Vollstreckung nach § 826 BGB vorgegangen werden könne.[2962] *Braun*[2963] stützt seine Argumentation auf die Frage, ob der „Beklagte" (der Antragsgegner) sich auf das Vorbringen des „Klägers" (des Antragstellers) im Mahnverfahren in der Weise „einlassen"[2964] muss, wie er es im Prozess zu tun gezwungen ist, um Nachteile zu vermeiden. In der Tat ist der Beklagte im Prozess nicht gezwungen,

2956 Dies hat insbesondere Pawlowski, JZ 2000, 913-920, im Zusammenhang der bundesverfassungsgerichtlichen Judikatur zum nachlassgerichtlichen Verfahren kritisch deutlich gemacht.

2957 BGH, Urteil vom 25.10.1990, Az.: IX ZR 62/90 = BGHZ 112, 367, 370

2958 Braun, Rechtskraft und Rechtskraftdurchbrechung bei Titeln aus sittenwidrigen Ratenkreditverträgen, 1986, insbes. 91 ff.

2959 Braun (Fn. 29587) 79 ff., 83 ff.

2960 Vgl. die in diese Richtung weisende Argumentation Münzbergs, Rechtsschutz gegen die Vollstreckung des wucherähnlichen Rechtsgeschäfts nach § 826 BGB, NJW 1986, 361 ff.

2961 Hierzu eingehend Braun (Fn. 2958) 12 ff.

2962 Braun (Fn. 17); Münzberg (Fn. 2960).

2963 Braun (Fn. 17) 69 ff.

2964 Braun (Fn. 29587) 72, zitiert in diesem Zusammenhang Degenkolbs Schrift „Der Einlassungszwang", 1877.

sich zur Wahrung seiner Rechte auf die Klage einzulassen, wenn diese unschlüssig ist, denn in diesem Fall darf ein Versäumnisurteil gegen ihn nicht erlassen werden, § 331 Abs. 1 S. 1 ZPO.[2965] Dies greift im Mahnverfahren nicht, da der Mahnbescheid schlechthin auf Antrag dann erlassen wird (§ 688 Abs. 1 ZPO[2966]), wenn beim Antrag die Formalia gem. § 690 ZPO[2967] eingehalten und die Kosten erlegt werden.

11 Diese kurze Rekapitulation scheint vordergründig die Ansicht des VII. Zivilsenats zu untermauern – auch wenn er den systematischen Zusammenhang eingeschränkter materieller Rechtskraft mit dem Fehlen des Einlassungszwangs im Mahnverfahren ausgeblendet lässt.

12 Ob die Vollstreckung durch die Erklärung des Schuldners derart beschränkt worden ist, dass der Gläubiger zunächst den Eintritt von Bedingungen unter Beweis zu stellen hat, ist im Wege der Auslegung zu ermitteln.[2968] Der BGH[2969] geht bislang davon aus, dass der Titel der Auslegung durch das Vollstreckungsgericht jedenfalls soweit zugänglich ist, wie der Inhalt des Titels Ansatzpunkte hierfür hergibt. *Ahrens*[2970] zufolge bildet den ersten Auslegungsmaßstab der Tenor der Entscheidung, nicht in Betracht kämen Schriftsätze der Parteien. Fraglich ist danach, was in den Fällen der § 313a, § 313b, § 540 ZPO und § 564 ZPO dem Vollstreckungsgericht als Auslegungskriterium zur Verfügung steht. Soweit die Vollstreckung vom Vorliegen weiterer Umstände abhängen soll, hat der Gläubiger diese vorzutragen und im Bestreitensfalle unter Beweis zu stellen.[2971] Dabei ist allerdings im Klauselerteilungsverfahren zu verfahren, was auf § 726 ZPO und die dort vorgesehene Beschränkung auf Urkundsbeweis bzw. Offenkundigkeit[2972] verweist.[2973] Andere als die dort vorgesehenen Beweismittel kann der Schuldner nicht als zulässige Beweismittel anordnen, da er mit seiner Erklärung die gesetzlich – zwingend – vorgesehenen Verfahren nicht modifizieren kann.[2974] Im Übrigen muss nicht etwa der Gläubiger eine besondere Feststellung betreiben, aufgrund derer die Vollstreckung aus der Urkunde für zulässig ausgeurteilt würde.

---

2965 Vgl. allein Prütting, in: MünchKomm, ZPO, § 331 Rn. 10, 11 m. w. Nachw.

2966 Statt vieler Holch, in: MünchKomm, ZPO, § 688 Rn. 1.

2967 Statt vieler Holch, in: MünchKomm, ZPO, § 690 Rn. 2.

2968 Wolfsteiner, in: MünchKomm, ZPO, § 794 Rn. 200.

2969 BGH, Urteil vom 6.11.1985, Az.: IVb ZR 73/84 = NJW 1986, 1440; Becker, in: Musielak, ZPO, 850 f Rn. 10.

2970 Ahrens, NJW 2003, 1371.

2971 Wolfsteiner, in: MünchKomm, ZPO, § 794 Rn. 200.

2972 Wolfsteiner, in: MünchKomm, ZPO, § 726 Rn. 35.

2973 Wolfsteiner, in: MünchKomm, ZPO, § 794 Rn. 206.

2974 Wolfsteiner, in: MünchKomm, ZPO, § 794 Rn. 207.

Der Unterschied zwischen dem Fall der Vollstreckung aus einer Unterwerfungserklärung, die eine Bedingung vorsieht, und dem hier zu behandelnden Fall des Nachweises des Vorliegens der Voraussetzungen für das Vollstreckungsprivileg des § 850 f Abs. 2 ZPO liegt darin, dass es im ersten Fall der Schuldner selbst ist, der die Reichweite der Vollstreckung in seiner Verfahren eröffnet – was es zu rechtfertigen scheint, das Beweisverfahren auf das des § 726 ZPO zu beschränken, während im zweiten Fall der Gläubiger den Schuldner mit der Vollstreckung „überzieht“. Das aber würde außer Acht lassen, dass die Zwangsvollstreckung aus Vollstreckungsbescheiden im Allgemeinen keine Klauselerteilung voraussetzt (§ 796 Abs. 1 ZPO).[2975] Steht die Änderung des unpfändbaren Betrages von Arbeitseinkommen zugunsten der Befriedigung einer Forderung aus unerlaubter Handlung in Rede, so ist das Vollstreckungsgericht nur beschränkt berechtigt, selbständig zu prüfen, ob die Forderung auf einer vorsätzlich begangenen unerlaubten Handlung beruht, wenn der Vollstreckungstitel hierzu nicht ohne weiteres etwas ergibt. Für den Umfang der Prüfungskompetenz des Vollstreckungsgerichts ist zu berücksichtigen, dass in der Zwangsvollstreckung der vollstreckbare Anspruch nach dem Inhalt des Titels bestimmt sein muss. Hierbei ist das Vollstreckungsgericht gegebenenfalls auch zur Auslegung verpflichtet, um den wahren Sinn feststellen zu können, und es ist für die Auslegung der Urteilsformel die Heranziehung der Urteilsgründe statthaft.[2976] Wegen des Grundsatzes der Trennung von Erkenntnis- und Zwangsvollstreckungsverfahren ist aber äußerste Grenze des Prüfungsumfanges des Vollstreckungsgerichts jedenfalls, dass die Auslegung nicht dazu führen darf, dass der Titel der Sache nach inhaltlich geändert oder gar durch einen anderen ersetzt wird.[2977] 13

Im Falle von Vollstreckungsbescheiden scheint die Lage vergleichbar zu sein. Denn der vom Gläubiger mit seinem Antrag vorgegebene Inhalt wird vom Schuldner als Antragsgegner dadurch hingenommen, dass er keinen Widerspruch gegen den Mahnbescheid erhebt. Der VII. Zivilsenat des BGH sieht dies indes anders. 14

Das Gericht meint, das Vollstreckungsgericht sei gleichsam nur „dem Grunde nach“ – also im Hinblick auf das Bestehen einer Geldforderung in der betragsmäßigen Höhe gebunden, die der Vollstreckungsbescheid tituliere. Wegen der übrigen Angaben – namentlich der des Schuldgrundes und bei einem Schadenersatzanspruch der Art des Verschuldens – seien diese Angaben für das Vollstreckungsgericht nicht bindend. Das ist deshalb nicht selbstverständlich, weil im Unterschied zum Erlass des Mahnbescheides beim Erlass des Vollstre- 15

2975 Wolfsteiner, in: MünchKomm, ZPO, § 796 Rn. 1.

2976 LG Baden-Baden, Beschluss vom 20.1.1995, Az.: 3 T 47/94 = JurBüro 1995, 385.

2977 LG Baden-Baden, Beschluss vom 20.1.1995, Az.: 3 T 47/94 = JurBüro 1995, 385.

ckungsbescheides der Antragsgegner die Möglichkeit hat, sich mit seinem Widerspruch gegen die Titulierung des geltend gemachten Anspruchs zur Wehr zu setzen.[2978] Der Vollstreckungsbescheid ergeht antragsgemäß „auf der Grundlage des Mahnbescheids", wenn der Widerspruch des Antragsgegners ausgeblieben ist, § 699 Abs. 1 ZPO.[2979]

16 Seine Auffassung begründet der BGH mit einer vermeintlichen Unzumutbarkeit des Widerspruchs des Schuldners gegen den Mahnbescheid zur Beseitigung des Vorwurfs vorsätzlich-unerlaubter Handlung wegen des damit verbundenen Kostenrisikos Hier liegt der Schwerpunkt, auf den der erkennende Senat seinen Beschluss gründet. Wenn der Schuldner den mit dem Mahnbescheid verfolgten Anspruch dem Grunde nach anerkenne, habe er keinen Anlass Widerspruch nach § 694 ZPO einzulegen, „nur" weil der antragstellende Gläubiger Angaben in seinem Antrag zum Anspruchsgrund gemacht habe, die aus der Sicht des Schuldners unzutreffend seien. Dem Schuldner sei es nicht zuzumuten, Widerspruch gegen den Mahnbescheid zum Zwecke der abweichende Feststellung der rechtlichen Begründung einzulegen, da er dadurch gezwungen werde, mit dem Übergang in das streitige Verfahren (§ 697 ZPO) das „volle Kostenrisiko" zu tragen. Dieser Gesichtspunkt trägt aber nicht. Der Widerspruch des Schuldners nach § 694 ZPO würde ihn seiner prozessualen Optionen keineswegs berauben: Im einzuleitenden streitigen Verfahren kann er nämlich unter (insoweit zulässiger) Verwahrung gegen die Kosten[2980] den klägerischen Anspruch dem Grunde nach unter Aufrechterhalten seines Bestreitens eines vom Kläger geltend gemachten Klaggrundes anerkennen – worauf ein Teil-Anerkenntnisurteil zu ergehen hat, während der Kläger die Feststellung seines auf vorsätzlich begangene unerlaubte Handlung des Beklagten gestützte Klage als Feststellungsklage fortsetzen kann. Die Kostenentscheidung ergeht zwar „einheitlich" im Schlussurteil;[2981] zwar kommt § 93 ZPO *im* Mahnverfahren auch nicht zu einer „entsprechenden" Anwendung, wohl aber im anschließenden streitigen Verfahren.[2982] Dabei ist aber § 93 ZPO wegen des hinsichtlich des im Teilurteil ausgeurteilten Klagegrundes erfolgten sofortigen Anerkenntnisses zu berücksichtigen: „Verliert" der Kläger nämlich den um § 823 BGB fortgesetzten Prozess und werden die von ihm begehrten besonderen Feststellungen nicht getroffen, fallen dem Beklagten Kosten auch nicht deshalb zur Last, weil er dem (einen) Grunde nach anerkannt hat. Das Anerkenntnis erweist sich als sofortiges

2978 Holch, in: MünchKomm, ZPO, § 694 Rn. 2.
2979 Holch, in: MünchKomm, ZPO, § 699 Rn. 5, 37.
2980 Musielak, in: MünchKomm, ZPO, § 307 Rn. 7.
2981 Musielak, in: MünchKomm, ZPO, § 301 Rn. 20.
2982 Belz, in: MünchKomm, ZPO, § 93 Rn. 3.

Anerkenntnis im kostenrechtlichen Sinne. Denn der Beklagte hat für die „Klageerhebung“ – also das streitige Verfahren - keinen Anlass gegeben.[2983] „Verliert“ indes der Beklagte den Prozess um § 823 BGB bestand für ihn kein Grund, gegen den Mahnbescheid Widerspruch einzulegen. Denn die dort vom Kläger gemachten Angaben haben sich als richtig erwiesen.

An dieser Stelle wechselt der Argumentationsansatz des Senats: Es geht hier 17
nicht mehr um die Sachfrage von Einlassungszwang und materieller Rechtskraft. In den Mittelpunkt rückt die des Kostenrisikos, prozessual ausgedrückt: der Waffengleichheit der Parteien. Der Senat flankiert seine Erwägung mit der eigenartigen Bemerkung, der Beklagte sei auch im streitigen Verfahren nicht gezwungen, eine negative Feststellungsklage gegen die Behauptungen des Klägers zu erheben, die geeignet sind, dessen Vollstreckungsprivileg gem. § 850 f Abs. 2 ZPO zu begründen: Aus der Sicht des Klägers betrachtet fragt sich, ob denn dieser im Rahmen seiner Leistungsklage die *besondere* Feststellung eines besonderen Klagegrundes begehren könnte, mit dem er in den Genuss des § 850 f Abs. 2 ZPO käme. Dem scheint der Grundsatz des Urteils aus bereitestem Grunde (§ 300 Abs. 1 ZPO[2984]) entgegenzustehen, der seinerseits auf *iura novit curia* beruht. Es ist aber anerkannt, dass dies nicht gilt, wenn bei verschiedenen Rechtsgründen einer dem Kläger eine besondere Rechtsposition in der Zwangsvollstreckung verleiht, wie es in § 850 f Abs. 2 ZPO der Fall ist.[2985] Hier folgt bereits aus Art. 103 Abs. 1 GG, dass das Gericht dies zu klären hat – weil der Rechtsstreit jedenfalls dann nicht zu Endentscheidung reif ist, wenn es Teil des Rechtsbegehrens des Klägers ist, dass eine solche Feststellung erfolgen soll. In diesem Fall ist der Beklagte zu einer negativen Feststellungswiderklage nicht allein nicht gezwungen, sondern schon deshalb daran gehindert, da dieser negativen Feststellungswiderklage gem. § 261 Abs. 3 Nr. 1 ZPO die Rechtshängigkeit der Sache entgegenstünde.[2986]

Begehrt der Kläger im „Erstprozess“ auf Leistung keine solche besondere 18
Feststellung zwingt den Beklagten selbstverständlich nichts zu einer negativen Feststellungswiderklage. Anders als im Falle des besonders mit Tatsachenangaben und Rechtsbehauptungen „angereicherten“ Mahnantrags bzw. – bescheids liegt hierfür kein Anlass vor. Der Beklagte wäre aber in dieser Fallvariante auch nicht daran gehindert, eine negative Feststellungswiderklage zu erheben – um sich gegen eine auf das aus bereitestem Grund ergangene Leistungsurteil nachfolgende Feststellungsklage des Klägers zu schützen und für die Zukunft Klar-

---

2983 Belz, in: MünchKomm, ZPO, § 93 Rn. 7.
2984 Musielak, in: MünchKomm, ZPO, § 300 Rn. 4.
2985 Musielak, in: MünchKomm, ZPO, § 300 Rn. 4.
2986 Lüke, in: MünchKomm ZPO, § 261 Rn. 65.

heit zu erlangen. Ihm steht insofern ein entsprechendes Feststellungsbedürfnis zu Seite.[2987] Dieser kurze Exkurs mag deutlich machen, dass es im Prozess um andere Fragen geht, als sie vom VII. Zivilsenat zu entscheiden waren. Denn ob das im „Erstprozess" oder danach geltend gemachte Feststellungsbegehren sinnvoll ist oder nicht, liegt wie im allgemeinen so auch in dem hier interessierenden Zusammenhang bei den Parteien. In dem vom VII. Zivilsenat zu entscheidenden Fall ging es aber nicht um die „Verfahrenstaktik". Denn der Antragsteller *hatte* aus seiner Sicht alles getan, um einen Titel zu erwirken, der dem Vollstreckungsorgan das Vorliegen der tatsächlichen Voraussetzungen des Vollstreckungsprivilegs des § 850 f Abs. 2 ZPO erkennbar werden zu lassen.

19 Der VII. Zivilsenat sieht auch dies anders. In seinem Beschluss vertritt der Senat die Meinung, der betreibende Gläubiger könne im Vollstreckungsverfahren den Nachweis des Vorliegens der tatsächlichen Voraussetzungen der Vollstreckungsprivilegierung nur durch Vorlage eines Urteils erbringen. Denn die kontradiktorische Prüfung dieser Voraussetzungen sei dem Vollstreckungsgericht verwehrt. Damit werden zwei verschiedene Sachzusammenhänge in unzutreffender Weise vermengt. Den Nachweis der Tatsachen, auf denen die Reichweite der Vollstreckung beruht, führt der betreibende Gläubiger mittels des Titels. Enthält dieser hierzu keine Angaben, kann der Gläubiger auf den dargestellten Wegen mittels Feststellungsklage oder im Klauselergänzungsverfahren die erforderlichen Feststellungen herbeiführen. Darum aber geht es hier nicht, da der Vollstreckungsbescheid als Titel entsprechende „Angaben" aufweist. Diese „Angaben" sind auch nicht zufällig, beiläufig oder anderweits rechtlich für das Vollstreckungsgericht unbeachtlich. Nach § 690 Abs. 1 Nr. 2 ZPO ist der geltend gemachte Anspruch im Mahnantrag und damit im Mahn- und Vollstreckungsbescheid „zu bezeichnen".[2988] Dabei spielt es keine Rolle, dass sich der Antragsteller dabei der Formen und der Wortwahl zu bedienen hat, die der Verordnungsgeber aufgrund der Ermächtigung des § 703 c ZPO vorgeschrieben hat. Denn diese Wortwahl kann zu den bislang aufgetretenen Problemen führen, in deren Gefolge aus gleichsam technischen Gründen die Voraussetzungen einer vorsätzlichen unerlaubten Handlung des Schuldners nicht dargetan werden können. Im vorliegenden Fall war dies aber nicht so. Im Gegenteil hat die Bezeichnung i. S. v. § 690 Abs. 1 Nr. 2 ZPO zugleich die Voraussetzungen des § 850 f Abs. 2 ZPO dargetan.

20 Der Vollstreckungsbescheid stellt sich im Hinblick auf den Nachweis der Vollstreckungsvoraussetzungen und ihrer Reichweite keinesfalls anders dar als andere Titel gem. § 794 ZPO außerhalb der Urteile gem. § 704 ZPO. Im Ver-

2987 Lüke, in: MünchKomm, ZPO, § 256 Rn. 46 ff.

2988 Holch, in: MünchKomm, ZPO, § 690 Rn. 10, 11.

hältnis zum Vollstreckungsgericht stellen sie Urkunden dar, auf deren Grundlage das Vollstreckungsgericht zu verfahren hat. Dabei unterscheidet der Gesetzgeber nicht zwischen Urteilen als „vollwertigen“ Titeln mit Bindungswirkungen und Titeln minderer Dignität, wie es dem VII. Zivilsenat des BGH vorschwebt. Die hier zu beurteilende Lage ist derjenigen vergleichbar, die eintritt, wenn aus anderen Titeln nach § 794 Abs. 1 ZPO vollstreckt werden soll. Namentlich treten Fragen der Vollstreckbarkeit und der Reichweite des Titels bei schuldnerischen Unterwerfungserklärungen in vollstreckbaren Urkunden gem. § 794 Abs. 1 Nr. 5 und Abs. 2 ZPO auf. In diesen Fällen bestimmt der Schuldner durch seine Unterwerfungserklärung den Inhalt des Titels und seine Vollstreckbarkeit.[2989]

---

2989 Wolfsteiner, in: MünchKomm, ZPO, § 794 Rn. 191.

# Stichwortregister

**Schriftenreihe des Centrum für Deutsches und Europäisches Insolvenzrecht Kiel**

Herausgegebenvon Stefan Smid, Silke Wehdeking und Mark Zeuner

Band 1 *in Vorbereitung*

Band 2 Sebastian Wilhelm Deichgräber: Gesellschaftsrechtliche Sitzverlegungen und haftungsrechtliche Begründungen internationaler insolvenzrechtlicher Zuständigkeiten. Zugleich ein Beitrag zur Verwendung in der Judikatur. 2012.

Band 3 Malte Engeler: Die zweigliedrige Personengesellschaft in der Insolvenz. 2012.

Band 4 Sebastian Müller: Verhandlungsgesteuerte Sanierung durch den prepackaged plan. Das Planinitiativrecht des Schuldners aus § 218 Abs. 1 S. 2 InsO als Ausgangspunkt steuer- und planbarer Gestaltungsprozesse. 2013.

Band 5 Christoph Pabst: Materielle Insolvenz – Die retrograde Ermittlung der Zahlungsunfähigkeit. 2013.

Band 6 Torsten Martini: Die Anfechtbarkeit der Zahlung der Vergütung des vorläufigen Insolvenzverwalters im Zweitverfahren. 2014.

Band 7 Stefan Smid: Zivilgerichtliche Verfahren. Grundlagen des Zivilprozesses und der Freiwilligen Gerichtsbarkeit. Ein Studienbuch. 2014.

Band 8 Philipp Schlenkhoff: Insolvenzgründe, Prognose und Antragspflicht. 2014.

www.peterlang.com

www.ingramcontent.com/pod-product-compliance
Ingram Content Group UK Ltd.
Pitfield, Milton Keynes, MK11 3LW, UK
UKHW022107051026
15623UKWH00003B/728

9 783631 643952